# TRAITÉ DES DROITS,

## FONCTIONS, FRANCHISES, EXEMPTIONS, PRÉROGATIVES ET PRIVILÈGES

Annexés en France à chaque Dignité, à chaque Office & à chaque État, soit Civil, soit Militaire, soit Ecclésiastique.



OUVRAGE COMPOSÉ PAR PLUSIEURS JURISCONSULTES ET GENS DE LETTRES,

*Et publié par M. GUYOT, écuyer, ancien magistrat.*

### TOME SECOND.

*A PARIS,*

Chez VISSE, libraire, rue de la Harpe, près de la rue Serpente.

M. DCC. LXXXVII.

*Avec approbation & privilège du Roi.*

# TRAITÉ DES DROITS,

## FONCTIONS, FRANCHISES, EXEMPTIONS, PRÉROGATIVES ET PRIVILÈGES

Annexés en France à chaque Dignité, à chaque Office & à chaque État, soit Civil, soit Militaire, soit Ecclésiastique.

## CHAPITRE LI.

*Du grand fauconnier de France, & des officiers de la grande fauconnerie.*

LA fauconnerie, ou la chasse avec l'oiseau de proie, est depuis long-temps un divertissement usité chez les princes & les grands seigneurs : c'est sur-tout en Allemagne, que la fauconnerie est en honneur : beaucoup de princes en ont une considérable & souvent exercée : celle qui est en France, quoique très-brillante, n'est pas d'un usage si journalier.

Il y a dans la fauconnerie plusieurs sortes de vols : il y a le vol pour le milan, auquel on emploie le gerfaut & quelquefois le sacre, ainsi que pour le vol du héron ; le vol pour la corneille & la pie, celui de la perdrix, celui des oiseaux de rivière, & le vol pour le poil.

Les oiseaux de proie, qu'on dresse à la chasse du vol, sont, ou des *oiseaux niais*, ou des *oiseaux hagards*.

On appelle *oiseaux niais* ou *béjaunes*, ceux qui ont été pris dans le nid; ceux-ci sont les plus aisés à dresser. Les *oiseaux hagards* sont ceux qui ont joui de la liberté avant d'être pris; ces derniers sont plus difficiles à apprivoiser. Les besoins étant le principe de la dépendance de l'oiseau, s'il est trop farouche on l'affame, on cherche même à lui augmenter le besoin de manger, en nettoyant son estomac par des cures qui sont de petits pelotons de filasse qu'on lui fait avaler & qui augmentent son appétit. Se voyant bien traité, l'oiseau se familiarise, & le fauconnier en fait ensuite tout ce qu'il veut. Il y a plusieurs signes de force & de courage dans un oiseau de proie; tels sont le bec court, la poitrine nerveuse, les jambes courtes, les ongles fermes & recourbés. Une marque certaine de bonté dans ces oiseaux, c'est de chevaucher le vent, c'est-à-dire, de se roidir contre, & de demeurer ferme sur le poing quand on les y expose.

Le principal soin du fauconnier, est d'accoutumer l'oiseau de proie à se tenir sur le poing, à partir quand il le jette, à connoître sa voix ou tel autre signal qu'il lui donne, & à revenir à son ordre. Pour amener l'oiseau à ce point, il faut se servir du leurre.

Le leurre est une représentation de proie; c'est un morceau détoffe ou de bois garni d'un bec, de pieds & d'aîles. On y attache de quoi paître l'oiseau. On lui jette le leurre quand on veut le réclamer où le rappeler. La vue d'une nourriture qu'il aime, jointe au cri que fait le fauconnier, le ramène bien vite. Dans la suite la voix seule suffit.

On donne le nom de *tiroir* aux différens plumages dont on équipe le leurre. On change le plumage suivant l'espèce d'oiseau à la chasse duquel on veut dresser le faucon; on substitue au plumage du perdreau celui du héron ou du milan. Pour affriander l'oiseau à son objet, on attache sur le leurre, de la chair de poulet ou autre; mais toujours cachée sous les plumes du gibier. On y ajoute du sucre, de la canelle, de la moële & autres ingrédiens propres à échauffer le faucon plutôt à une chasse qu'à une autre: de sorte que par la suite, quand il s'agit de chasser réellement, il tombe sur sa proie avec une ardeur merveilleuse.

Quand on exerce ainsi l'oiseau, on le tient attaché à une ficelle qui a plusieurs toises de longueur.

Après plusieurs semaines d'exercice, on essaie l'oiseau en pleine campagne, & on lui attache des grelots aux pieds pour être plutôt instruit de ses mouvemens. On le tient toujours chaperonné, c'est-à-dire, la tête couverte d'un cuir qui lui descend sur les yeux, afin qu'il ne voie que ce qu'on lui veut montrer; & sitôt que les chiens arrêtent ou font lever le gibier qu'on cherche, le fauconnier déchaperonne l'oiseau, & le jette en l'air après sa proie. C'est alors une chose amusante que de le voir planer, voler en pointe, monter & s'élever par dégrés & a diverses reprises, jusqu'à perte de vue. Il domine ainsi sur la plaine: il étudie les mouvemens de sa proie que l'éloignement de l'ennemi a rassurée, puis tout-à-coup il fond dessus comme un trait, & la rapporte à son maître qui le réclame. On ne manque pas, sur-tout dans le commencement, à lui donner, quand il est retourné sur le poing, le gezier & les entrailles de la proie qu'il a apportée. Ces récompenses & les caresses du fauconnier animent l'oiseau à bien faire, & à n'être pas libertin ou dépiteux, c'est-à-dire à ne pas s'enfuir, pour ne plus revenir, ce qui lui arrive quelquefois.

On dresse ces oiseaux au poil, c'est-à-dire, à poursuivre le lièvre, & il y en a qui sont au poil & à la plume. On peut même dresser de jeunes faucons forts & vigoureux, à la chasse du chevreuil, du sanglier & du loup. Pour y parvenir, on bourre la peau d'un de ces animaux : on met dans le creux de ses yeux la nouriture qu'on a préparée pour le faucon, & on a soin de ne lui en point donner d'autre : on traîne l'animal mort pour le faire paroître en mouvement, comme s'il avoit vie : le faucon se jette aussi-tôt dessus, & le besoin de manger le rend industrieux & attentif à se bien coller sur le crâne pour foncer son bec dans l'œil, malgré le mouvement. Quand on mène l'oiseau à la chasse, il ne manque pas de fondre sur la première bête qu'il apperçoit, & de se planter d'abord sur sa tête pour lui béqueter les yeux : il l'arrête par ce moyen, & donne ainsi au chasseur le temps de venir & de la tuer sans risque, pendant qu'elle est plus occupée de l'oiseau que du chasseur.

Avant le règne de Charles VI, l'officier qui présidoit chez le Roi à la chasse dont il s'agit, portoit le titre de maître fauconnier. On voit par un compte en rouleau des bailliages de France, depuis 1250 jusqu'en 1258, que Jean de Beaune étoit fauconnier du Roi, à trois sous parisis par jour.

Suivant un compte de l'hôtel du roi Philippe le Hardi, Etienne Granche étoit maître fauconnier du Roi en 1274. Il est appelé chevalier dans un autre compte en rouleau des bailliages de France, où il est dit qu'il prenoit quatre sous parisis par jour, & cent sous *pour manteau à vie.*

Ce traitement fut augmenté en faveur de Pierre de Montguignard, ou Montguyard, chevalier, qui étoit maître fauconnier du Roi en 1313 & en 1321, comme on le voit par les comptes de l'hôtel des rois Philippe-le-Bel & Charles-le-Bel. Ce dernier prince lui assigna cinq sous parisis par jour, & douze livres dix sous par an, pour ses manteaux, à prendre sur la prévôté d'Orléans.

Le premier qui ait eu le titre de grand fauconnier, est Eustache de Gaucour, dit Tassin, seigneur de Viry, chevalier, conseiller & chambellan du Roi : il fut pourvu de la charge de grand fauconnier de France en 1406.

On voit dans un état de la maison du Roi, que Philippes de la Châtre, écuyer, seigneur de Bruillebaut & de Fontancier, prenoit six cents livres de gages en qualité de grand fauconnier de France.

Il se démit de sa charge en 1552, & elle fut conférée à son fils George de la Châtre, auquel on assigna huit cents livres de gages, *pour toutes choses touchant le fait de la fauconnerie.*

Ces gages furent portés à douze cents livres par an, en faveur d'Olivier Salart, chevalier, conseiller & chambellan du Roi, lorsqu'il fut fait grand fauconnier de France vers l'an 1464.

Dans l'histoire manuscrite de choses passées sous les rois Louis XII & François premier, par Robert de la Marck, seigneur de Fleuranges & de Sedan, maréchal de France, on trouve ce que nous allons rapporter d'après Ducange, qui en a fait l'extrait :

« Le grand fauconnier a d'état quatre » mille florins, & a cinquante gentils-» hommes sous lui, qui ont bon état, » & cinquante fauconniers-aides, & ont » lesdits gentilshommes cinq ou six cents » francs d'état, & les aides deux cents » francs, & départ ledit grand faucon-» nier tous ces états, & a bien trois cents » oiseaux sous lui. Et peut ledit grand » fauconnier aller voler par tout le » royaume de France où bon lui semble, » sans que personne lui puisse donner » empêchement, & tous les marchands » d'oiseaux lui doivent tribut, & n'ose-» roient vendre un oiseau en ville du » royaume de France ni à la cour, sans » le consentement dudit grand faucon-» nier, sur peine de confiscation de toute » leur marchandise. Et a ledit grand » fauconnier plusieurs beaux droits, &

» faut que le Roi achette tous les oiseaux, » & a un contrôleur, un trésorier, & » gens ordonnés pour les payemens, aussi » bien que pour la vénerie ou autre état » du royaume de France, & sont tou- » jours ordinaires suivant le Roi par-tout » où il va, aussi bien que font les véne- » ries, oté que quand revient à l'été, » ils vont mettre leurs oiseaux en mue, » mais toujours il en demeure quelque » nombre pour voler les perdreaux avec » les vautours, & lanerets, & les tier- » celets. Et y a une autre façon de faire » merveilleusement belle entre la vé- » nerie & la fauconnerie; car quand ce » vient à la sainte croix de mai, qui est » le temps de mettre les oiseaux en mue, » les véneurs viennent tous habillés de » verd avec leurs trompes & les gaules » vertes, & chassent les fauconniers de » la cour pour ce qu'il faut qu'ils mettent » leurs oiseaux en mue, & le temps des » véneurs approche, pour courre les cerfs » à force; & quand ce vient à la sainte » croix de septembre, le grand fau- » connier vient à la cour, & chasse tous » les véneurs de la cour, parce qu'il est » temps de mettre les chiens aux chenils, » car les cerfs ne valent plus rien. »

Suivant l'état de la France publié par les religieux bénédictins de la congrégation de saint Maur, en 1749, le traitement du grand fauconnier de France consiste en 4200 livres de gages ordinaires; en 3000 livres, d'autres gages, comme chef d'un vol pour corneille, en trois autres milles livres pour l'entretien de ce vol; en 5000 livres pour l'entretien de quatre pages; en 2000 livres pour achat & fourniture de gibecière, de leurres, de gants, de chaperons, de sonnettes, de vervelles & armures d'oiseaux, & en 6000 livres pour l'achat des oiseaux.

Le grand fauconnier de France prête serment de fidélité entre les mains du Roi.

Par le droit de sa charge, le grand fauconnier peut commettre telles personnes que bon lui semble, pour prendre des oiseaux de proie dans tous les lieux, plaines & buissons du domaine du Roi.

Les marchands fauconniers françois où étrangers sont obligés, à peine de confiscation de leurs oiseaux, avant de pouvoir les exposer en vente, de les venir présenter au grand fauconnier, qui choisit & retient ceux qu'il estime nécessaires, ou qui manquent aux plaisirs du Roi.

Si le Roi étant à la chasse veut avoir le plaisir de jeter lui-même un oiseau, les chefs pourvus par le grand fauconnier, présentent l'oiseau à cet officier, qui le met ensuite sur le poing de sa majesté. Quand la proie est prise, le piqueur en donne la tête à son chef, & le chef au grand fauconnier, qui la présente de même au Roi.

Tous les ans le grand maître de l'ordre de Malte envoie douze oiseaux au Roi, & les fait présenter par un chevalier de la nation, & celui-ci, outre les frais de son voyage à la cour de France, que le grand-maître lui fait payer, reçoit encore un présent de mille écus de la part du Roi.

Le roi de Danemarck & le duc de Courlande sont aussi dans l'usage d'envoyer, tous les ans au Roi, des gerfauts & d'autres oiseaux de proie.

M. le comte de Vaudreuil est aujourdh'ui revêtu de la charge de grand fauconnier de France.

### *Des officiers de la grande fauconnerie de France.*

Des motifs semblables à ceux qui avoient déterminé le feu Roi à donner pour la grande vénerie, l'édit du mois de décembre 1737, que nous avons rapporté au chapitre précédent, déterminèrent pareillement ce monarque à donner pour la grande fauconnerie, au mois de mai 1748, un autre édit qui contient les dispositions suivantes:

« *Art. I.* Des vingt-cinq charges de gentils- » hommes de notre grande fauconnerie, » employés sur l'état d'icelle, nous en avons

» éteint & supprimé vingt-trois; éteignons » & supprimons pareillement les vingt » charges de piqueurs de l'équipage du » premier vol pour corneille, dont notre » grand fauconnier est capitaine particu- » lier; ensemble les charges de chirurgien » & d'apothicaire de notredite grande » fauconnerie, dont les gages & appoin- » temens seront rayés de nos états, à » commencer de ce jour.

» *Article II.* Maintenons tous & cha- » cun les officiers qui se trouvent actuel- » lement revêtus des charges dont nous » ordonnons la suppression, & qui seront » employés en l'état qui sera par nous » envoyé en notre cour des aides, dans » tous les privilèges, prérogatives, exemp- » tions & droits attribués à leurs char- » ges, & dont jouissent nos autres offi- » ciers commensaux. Voulons & nous » plaît qu'ils continuent d'en jouir leur » vie durant; ensemble leurs veuves pen- » dant leur viduité, sans qu'ils puissent » y être troublés, sous quelque prétexte » que ce soit.

» *Article III.* Maintenons & conser- » vons dans leurs charges tous & chacun » les capitaines & autres officiers de no- » tredite fauconnerie, employés dans » l'état d'icelle, autres que ceux ci-dessus » énoncés. Voulons qu'ils continuent de » jouir de tous les privilèges, prérogati- » ves, exemptions & droits qui leur sont » attribués, & dont ils ont ci-devant » joui ou dû jouir.

» *Article IV.* Et attendu que nous » croyons qu'il est du bien de notre ser- » vice de nous réserver la pleine & en- » tière disposition des charges de capi- » taines des premier & second vol pour » milan, du vol pour héron, du second » vol pour corneille, & des vols pour » champs, pour rivière, pour pie & pour » lièvre, auxquelles notre grand faucon- » nier avoit ci-devant droit de nommer, » & de nous présenter les personnes qu'il » croyoit capables des les remplir, nous » réservons à nous & à notre personne la » faculté de disposer desdites charges, » & de nommer les personnes que nous » jugerons à propos d'en revêtir, lors- » qu'elles viendront à vaquer par mort, » démission, ou de telle autre manière » que ce puisse être, notre intention étant » néanmoins, que lesdits capitaines des- » dits vols continuent de recevoir les » ordres du grand fauconnier de France; » comme aussi qu'il reçoive le serment » de ceux qui seront à l'avenir revêtus » desdites charges, ainsi & de la même » manière qu'il en a été usé par le passé.

» *Article V.* A l'égard de la charge de » capitaine du premier vol pour cor- » neille, dont notre grand fauconnier » est capitaine particulier, il continuera » d'en jouir; ensemble des gages & ap- » pointemens qui lui sont attribués, & » aux officiers dépendans dudit vol non » compris dans la suppression susdite, de » la même manière qu'ils en ont ci-devant » joui ou dû jouir; notre intention étant » au surplus que notre grand fauconnier, » ainsi que les capitaines particuliers des- » dits vols, ne remplissent les charges » qui dépendent d'eux, chacun en droit » soi, que par des personnes d'un état » convenable à leur titre.

» *Article VI.* Ordonnons que dans » trois mois, pour toute préfixion & dé- » lai, tous les officiers de notre grande » fauconnerie, revêtus de charges, tant » de celles que nous jugeons à propos » de conserver, que de celles dont nous » ordonnons la suppression, soient tenus » d'envoyer au secrétaire d'état ayant » le département de notre maison, leur » certificat de vie, avec copie collation- » née de leurs provisions, par l'un de nos » conseillers secrétaires, ou certifiée par » le plus prochain juge royal de leur ré- » sidence, sur lesquelles pièces il sera » dressé un état desdits officiers dont nous » ordonnons la suppression, pour être » ensuite par nous envoyé en notre cour » des aides; & déclarons déchus de leur » privilège & exemption, tous ceux des-

» dits officiers qui ne satisferont pas au » présent article aux termes y énoncés; » & à l'égard des autres officiers de ladite » grande fauconnerie, que nous maintenons dans leurs charges, ils continue» ront d'être employés comme ci-devant, » dans l'état général de nos vénerie & » fauconnerie.

» *Article VII.* Voulons pareillement » que ceux dont nous supprimons & étei» gnons les charges, soient tenus d'en» voyer tous les ans dans le courant du » mois de janvier, leurs certificats de » vie, à peine d'être déchus de leurs pri» vilèges par ceux qui manqueront d'y » satisfaire, & rayés de l'état qui sera » par nous envoyé annuellement à notre » cour des aides. Si donnons en mande» ment, &c ».

Cet édit a été enregistré à la cour des aides le 28 juin 1748.

Il y a sous le grand fauconnier un premier & un second vol pour milan, dont chacun a un capitaine chef, un lieutenant aide, un maître fauconnier, un porteduc, & cinq piqueurs.

Un vol pour héron qui a un capitaine chef, un lieutenant aide, deux maîtres fauconniers & huit piqueurs.

Un premier & un second vol pour corneille, un vol pour les champs, un vol pour rivière, un vol pour pie, & un vol pour lièvre, avec les officiers nécessaires au service de ces vols.

Les autres officiers de la grande fauconnerie sont un secrétaire général, un aumônier, un maréchal des logis qui va prendre les ordres du Roi quand sa majesté veut aller à la chasse, & deux fourriers.

Indépendamment de la grande fauconnerie, il y a la fauconnerie du cabinet du Roi, qui consiste en un vol pour corneille, un vol pour pie, un vol pour champs, un vol pour émérillon & un vol pour lièvre.

Cette fauconnerie est sous les ordres d'un commandant général qui est capitaine de chacun des vols dont on vient de parler. Il y a d'ailleurs pour ces vols des lieutenans, des maîtres fauconniers & des piqueurs.

Tous ces officiers jouissent des privilèges des commensaux.

Il faut observer que les commandans, lieutenans & gentilshommes de la fauconnerie, doivent être de condition noble. C'est une disposition de l'article II de l'arrêt rendu au conseil d'état du Roi le 15 mai 1778.

# CHAPITRE LII.

## *Du grand louvetier de France, & des officiers de la louveterie.*

QUAND la terre étoit couverte de forêts, il est sensible que les animaux carnaciers devoient se multiplier à un point inconcevable. Des repaires si immenses devoient receler des armées de bêtes féroces.

A mesure que les hommes se rassemblèrent, ils durent former aussi des attroupemens. Obligés de vivre en partie du produit de leur chasse, ils durent porter aussi le fer & le feu dans des forêts, & par-là resserrer de proche en proche les animaux sauvages dans leurs tanières.

Il falloit bien que l'exercice de la chasse & le soin de détruire les bêtes féroces fussent une des grandes occupations de la vie, l'un ne pouvant guères marcher sans l'autre; car pour se frayer une route dans les forêts & pénétrer jusqu'aux animaux a qui la nature n'a pas donné cette férocité, il étoit nécessaire de commencer par écarter ceux qu'elle a rendu si terribles.

Dans l'histoire prophane, où la fable s'est introduite, nos poëtes mettent Hercule au nombre des demi-dieux, mais c'est seulement après qu'il eut exterminé le lion de la forêt de Némée, l'hidre des marais de Lerme, & le sanglier d'Érimanthe. Ailleurs on voit les campagnes de l'Épire désolées par un sanglier furieux. Jason, Thésée, Nestor & d'autres jeunes princes des plus braves de la Grèce marchent à la poursuite du monstre, & acquièrent par-là l'honneur de courir au siège de la ville de Troye. Homère, Virgile nous tracent de semblables tableaux, & l'historien d'Alexandre nous le représente sacrifiant ses momens de loisir à poursuivre les lions & les ours.

Nos Rois, livrés aussi à l'exercice de la chasse, ont créé des officiers qu'ils ont jugés nécessaires pour le maintien des règles auxquels ils vouloient que cet exercice fût soumis : au nombre de ces officiers est le grand louvetier dont il s'agit ici. Voyons les motifs & l'origne de la création de cette charge.

La chasse des loups paroît sans contredit la plus importante & la plus utile, puisqu'elle a pour objet la conservation de notre vie & de notre subsistance. La chasse ordinaire est un amusement, une affaire de luxe, de goût, de fantaisie, de recherches pour la délicatesse de nos tables. Le chasseur ordinaire tue pour son plaisir. Mais le chasseur de loups travaille pour l'intérêt vraiment public (1).

Les anciens en étoient tellement persuadés, qu'ils croyoient faire beaucoup d'honneur à leur Apollon de le qualifier *tueur de loups* (1). Par l'une des lois de Solon, il étoit ordonné que celui qui tueroit un loup, auroit cinq dragmes, & pour une louve une dragme. Cette distinction dans la récompense peut avoir eu deux motifs : le premier, que, selon les naturalistes, il y a bien plus de mâles de cette espèce, que de femelles ; & le second, que les loups sont bien plus cruels que les louves, & conséquemment plus à craindre : au surplus cette même loi porte qu'en payant cinq dragmes, c'étoit alors le prix d'un bœuf, & une dragme celui d'une brebis, ainsi cette récompense étoit considérable (2).

Il y avoit autrefois un si grand nombre de loups en Angleterre, que selon Polydore Virgile, qui étoit anglois & qui a écrit l'histoire de son pays, Memprisius, l'un de leurs Rois, ayant eu un jour l'imprudence de se séparer de ses gens, fut dévoré par les loups ; les Rois, successeurs de ce prince, n'imaginèrent rien de mieux pour exterminer la race de ces dangereux animaux, que d'imposer à chaque noble un tribut annuel de têtes de loup.

Ils commuèrent ensuite les peines de mort ou de bannissement, en celle de tuer un certain nombre de ces animaux, & d'en apporter les têtes. Ainsi les criminels se rendoient habiles à remplir promptement ce nombre qui devoit les remettre en liberté (3).

Edgarus, qui régnoit en Angleterre vers la fin du dixième siècle, fut celui qui fit le plus d'effort pour détruire ces ennemis publics ; il en extermina un fort grand nombre. Edouard troisième, sur la fin du onzième siècle, faisoit donner un écu à tous ceux qui lui apportoient une tête de loup, & Henri Ier son fils acheva d'en délivrer totalement l'Angleterre. Ainsi, dit

(1) Les tigres, les lions, les léopards, les ours, ne sont pas connus dans tous les lieux. Mais il en est peu où il n'y ait des loups. Le loup est le plus dangereux ennemi des hommes & des bêtes. C'est le plus goulu, le plus carnacier, & le plus fin de tous les animaux féroces.

(1) Plutarq. quels animaux sont les plus avisés ?

(2) Leg. Solon 29 ; Demetrius, apud Plutarq. in Solon.

(3) Polyd. Virg. hist. Angl. l. 1.

le commissaire la Marre, qui nous fournit ces traits historiques, on ne voit plus dans ce royaume aucun loup; les bêtes à laine & les autres bestiaux sont abandonnés pendant la nuit dans les campagnes pour y paître en toute sûreté.

Il n'en est pas de même de l'Ecosse; les loups y sont en très-grand nombre; ce qui oblige les Anglois de faire garder par plusieurs de leurs plus forts dogues, les gorges des montagnes qui séparent les deux royaumes; & comme ces passages sont forts étroits, cette précaution leur a réussi jusqu'à présent.

La France n'a pas été exempte de ce fléau; comme elle a beaucoup de bois & de forêts, elle a aussi des loups en quantité, & l'histoire nous apprend qu'ils ont fait des courses dans les campagnes, entrant dans les villages, & même jusques dans Paris, dévorant tout ce qu'ils rencontroient (1): c'est aussi cette bête féroce qu'on s'est davantage efforcé de détruire, & la seule contre laquelle on a établi un certain nombre d'officiers, chargés de lui faire, pour ainsi dire, une guerre continuelle dans toutes les parties du royaume. Charlemagne ordonna à tous les comtes qui étoient alors les gouverneurs & principaux magistrats des provinces, d'établir dans chaque lieu de leur gouvernement ou juridiction, deux hommes sous le titre de *louvetiers*, pour prendre les loups, soit à force de chiens, soit par des pièges, ou autrement, & de lui envoyer tous les ans les peaux des loups ou louveteaux qu'ils auroient pris (2).

Les baillis & sénéchaux ayant pris la place des comtes au commencement de la troisième race de nos Rois, ce même soin de détruire les loups leur fut confié.

(1) Annales Francor. ann. 846; Vincent de Beauvais, l. 29, ch. 16; Belleforêt, hist. de France, tom. 1, pag. 526.

(2) Carol. Magn. anno 800, capitul. regum. Francor, pag. 340, *idem*. ann. 813, *ibid*. pag. 508.

Ils établirent des louvetiers dans toutes les provinces, & leur donnèrent des gages sur les domaines du prince. Chaque particulier avoit aussi la liberté de tuer ou de prendre des loups, & on lui payoit cinq sous de chaque loup ou louveteau dont il représentoit la tête, ou qu'il amenoit vivant. Cela se voit dans les comptes que ces magistrats rendoient tous les ans du revenu des domaines de leurs bailliages ou sénechaussées, où ils couchoient en dépense un chapitre qui avoit pour titre: *pro lupis & lupellis captis* (1) & dans les journaux de la chambre qui contiennent cette même dépense, lorsque les sommes en étoient tirées immédiatement du trésor royal.

Les guerres civiles dont la France fut affligée sous le règne de Charles VI, y attirèrent un fort grand nombre de ces bêtes carnacières qui se trouvent ordinairement à la suite des armées. Elles y causèrent de si grands désordres, que Charles VII n'eut pas sitôt chassé de la ville de Paris les ennemis de l'état, l'an 1436, & pacifié le royaume, qu'il donna un édit pour exciter ses sujets à se délivrer aussi des loups qui attentoient à leur vie, & troubloient leur tranquillité.

Ceux qui ont dit que François premier avoit créé l'office de grand louvetier de France, l'année 1520, en faveur de Jean de la Boissière, se sont trompés. Pierre Hannequeau avoit ce titre en 1467, comme le prouve le compte sixième de Mathieu Beauvarlet, receveur général d'Outre-Seine & Yonne.

Antoine seigneur de Crèvecœur, qui s'étoit trouvé à la prise de Gerberoy, faite sur les Anglois en 1449, fut pareillement créé grand louvetier de France en 1477. Et nous voyons par les comptes de Denis de Bidant, receveur général des finances, que François de la Boissière étoit pourvu de la même charge en 1479.

(1) Computa de termino ascensionis, ann. 1305 & 1306.

Après la mort de celui-ci, la charge de grand louvetier de France paſſa à Jean de la Boiſſière ſon fils, & après ce dernier, à Jacques de Mornay, qui en étoit pourvu en 1543.

La charge de grand louvetier de France a depuis toujours été confiée à des ſeigneurs diſtingués: c'eſt M. le comte d'Hauſſonville qui en eſt aujourd'hui revêtu.

Le grand louvetier de France prête ſerment de fidélité entre les mains du Roi.

Il eſt couché ſur l'état de ſa majeſté pour douze cents livres de gages.

Comme cet officier doit toujours être à la ſuite de la cour avec l'équipage du loup, pour chaſſer cet animal, & veiller à la conſervation du gibier du Roi, il a différens lieutenans dans les provinces, pour tenir ſa place dans les chaſſes qui ont lieu pour la deſtruction des loups.

Ces lieutenans ayant commis ſous le règne de Louis XIV, dans les provinces de Picardie & de Champagne, divers abus qui conſiſtoient particulièrement à obliger les laboureurs, dans le temps de leurs travaux, à s'aſſembler pour chaſſer aux loups; à exiger, ſous ce prétexte, de groſſes amendes de ces laboureurs quand ils n'obéiſſoient pas; à impoſer, quand ils avoient tué quelques loups, une ſomme quelquefois conſidérable ſur les villages de leur département, & même à établir ſous eux des payſans auxquels ils permettoient de porter des fuſils de chaſſe, au préjudice des ordonnances, les plaintes & vexations auxquelles tout cela avoit donné lieu, firent rendre au conſeil d'état du Roi, le 3 juin 1671, un arrêt dont voici le diſpoſitif:

« Sa majeſté, en ſon conſeil, a fait très-» expreſſes défenſes à tous lieutenans de » la louveterie & autres qui ſe prétendent » officiers d'icelle, de faire aucune publi-» cation de chaſſe aux loups que du con-» ſentement de deux gentilshommes de » l'étendue de leur département, qui ſe-» ront nommés par les commiſſaires dé-» partis eſdites provinces, leſquels auront » ſoin de voir ſi les habitans des lieux où » leſdits officiers voudront faire la chaſſe, » pourront y aſſiſter ſans quitter leur la-» beur, avant que de conſentir à ladite » publication; & lorſque leſdits officiers » auront tué quelques loups, ils ſeront » tenus de les préſenter auxdits gentils-» hommes qui leur délivreront leur cer-» tificat, ſur lequel leſdits commiſſaires » députés feront la taxe des frais qu'ils » auront faits pour la priſe deſdits loups, » laquelle ſera impoſée ſur les villages des » environs où ils auront été pris, à raiſon » de deux ſous pour paroiſſe, & payée » ſans aucun frais. Fait en outre ſa ma-» jeſté défenſes auxdits officiers de lever » autres ni plus grands droits pour raiſon » de ce, ni donner aucune permiſſion » pour porter des fuſils, à peine de pri-» vation de leurs charges, & d'être pro-» cédé contre eux & contre ceux qui ſe » trouveront portant des fuſils en vertu » de leur permiſſion, ſuivant la rigueur » des ordonnances. Enjoint auxdits com-» miſſaires départis de tenir la main à » l'exécution du préſent arrêt, qui ſera » lu, publié & affiché par-tout où beſoin » ſera. Fait, &c. »

Comme cet arrêt n'avoit été rendu que pour les provinces de Champagne & de Picardie, les diſpoſitions en furent étendues au reſte du royaume par un autre arrêt du 16 janvier 1677.

M. Pecquet, grand maître des eaux & forêts au département de Normandie, obſerve au ſujet de ces arrêts, que quoique l'adreſſe en ait été faite aux intendans des provinces, la connoiſſance de ce qui concernoit les chaſſes dont il s'agit, n'en étoit pas moins reſtée aux grands maîtres des eaux & forêts. Auſſi, ajoute-t-il, ne fut-ce que par grâce que l'arrêt rendu au conſeil d'état du Roi le 2 octobre 1696, déchargea les habitans des fauxbourgs de la ville d'Amboiſe, des amendes que le grand maître avoit prononcées contre eux, faute d'avoir comparu à la chaſſe aux loups, & non sur aucune incompétence de cet officier.

Par un autre arrêt du conseil du 25 février 1697, il fut ordonné au grand maître des eaux & forêts du Berry de faire faire *huées & chasse au loup, auxquelles les habitans des villes & villages seroient tenus d'assister aux jours indiqués, à peine de dix livres d'amende.*

L'exécution de cet arrêt fit naître une contestation entre le grand maître & M. de Seraucourt, intendant de la province, qui voulut ordonner ces huées & chasses dans les bois de Contremoré : mais par arrêt contradictoirement rendu au conseil le 14 janvier 1698, les ordonnances de l'intendant furent cassées, & les commissions que le grand maître avoit données aux maîtrises du ressort pour l'exécution de l'arrêt de 1697, furent confirmées.

Un arrêt rendu au conseil d'état du Roi le 17 mars 1731, à la requête du marquis d'Heudicourt, grand louvetier de France, avoit ordonné que les officiers de louveterie demeurant dans les provinces, seroient tenus de lui envoyer tous les ans un certificat de leurs vie & mœurs, à défaut de quoi, ils ne seroient plus, après deux années, employés sur les états que le grand louvetier présente tous les ans au Roi pour être ensuite enregistrés à la cour des aides.

Comme l'exécution de cet arrêt étoit négligée, le Roi a donné, pour le même objet, le 8 mars 1742, des lettres-patentes que le parlement a enregistrées le 24 avril suivant, & qui sont ainsi conçues :

« Louis, &c. salut. Nous avons, par » notre déclaration du 20 mai 1721, » registrée en notre cour des aides le 13 » juin de la même année, dit & ordonné » qu'à l'avenir tous les officiers de la vé » nerie seroient tenus d'envoyer tous les » ans au grand véneur dans le mois de » décembre, un certificat de leurs vie » & domicile, légalisé par le juge des » lieux, sur lequel, & non autrement, » ils seroient employés dans l'état qui doit » nous être présenté par le grand véneur, » pour être enregistré tous les ans à notre » dite cour des aides. Le motif de cette » déclaration fut, que la plupart de ces » officiers demeurant dans les provinces, » abusent du peu de connoissance qu'on » a de leurs personnes & de leurs domi- » ciles, pour faire passer leurs charges » sur la tête de leurs parens & héritiers » du même nom, leur transmettant la » jouissance des exemptions attachées » auxdites charges, après qu'elles sont » devenues vacantes par la mort du vé- » ritable titulaire ; ce qui perpétue mal » à propos le nombre des exempts, & » met le grand véneur dans l'impossi- » bilité de dresser avec sûreté & exacti- » tude l'état desdits officiers. Les mêmes » abus & les mêmes inconvéniens ayant » lieu dans la louveterie, nous en avons » astreint les officiers à la même forma- » lité, en ordonnant par arrêt de notre » conseil du 17 mars 1731, que ceux » d'entr'eux qui seroient demeurant dans » les provinces, seroient tenus d'envoyer » tous les ans au grand louvetier, dans » le mois de décembre, un certificat de » leur vie & domicile dans la même » forme prescrite par notre déclaration » du 20 mai 1721, & pour servir au » même usage ; & au cas que lesdits offi- » ciers de la louveterie ômissent, pen- » dant deux années de suite, de se faire » comprendre dans l'état qui doit nous » être présenté par le grand louvetier, » pour être enregistré, tous les ans, en » notre cour des aides, que leurs com- » missions demeureroient nulles de plein » droit, & qu'il y seroit pourvu en la » manière accoutumée, comme si lesdites » commissions étoient vacantes : malgré » la disposition de cet arrêt, sur lequel » nous avions aussi ordonné que toutes » lettres nécessaires seroient expédiées ; » nous sommes bien & dûment informés » que son exécution est éludée par aucuns,

» des officiers de la louveterie : à ces » causes, de l'avis de notre conseil, qui » a vu ledit arrêt du 17 mars 1731, » ensemble l'imprimé de notre décla- » ration du 20 mai 1721, le tout ci- » attaché sous le contre-scel de notre » chancellerie, & de notre pleine puis- » sance & autorité royale, nous avons » ordonné, & par ces présentes, signées » de notre main, ordonnons que le susdit » arrêt de notre conseil sera exécuté & » sortira son plein & entier effet; & que » conformément à icelui, les officiers de » la louveterie qui sont demeurant dans » les provinces, seront tenus d'envoyer » à l'avenir tous les ans au grand louve- » tier, dans le mois de décembre, un » certificat de leur vie & domicile, lé- » galisé par le juge des lieux, sur lequel, » & non autrement, ils seront employés » dans l'état qui nous sera présenté par » le grand louvetier, pour être enregistré » tous les ans en notre cour des aides, » dont ils pourront se faire délivrer des » extraits, si bon leur semble, pour leur » servir ainsi que de raison; & en cas » que lesdits officiers ômettent pendant » deux années de suite de se faire com- » prendre dans ledit état, voulons que » leurs commissions demeurent nulles » de plein droit, & qu'il y soit pourvu » en la manière accoutumée, comme si » lesdites commissions étoient vacantes. » Si vous mandons que ces présentes » vous fassiez registrer, &c. »

Les officiers de la louveterie, qui suivent la cour sous les ordres du grand louvetier, sont deux lieutenans, un sous-lieutenant, quatre valets de limiers, deux valets de chiens courans, un garçon de levriers, un garçon de limiers, un garçon de chiens courans, deux gardes-laisses des grands levriers, un conducteur des charois, &c.

Il y a d'ailleurs un secrétaire général de la grande louveterie de France.

Tous ces officiers jouissent des privilèges des commensaux. (*R.-D.-M.*)

# CHAPITRE LIII.

## *Du capitaine général des toiles de chasse & du vautrait, & des autres officiers du vautrait.*

On appelle *vautrait*, chez le Roi, l'équipage de chasse pour le sanglier.

Quand le Roi est à la chasse du sanglier dans l'enceinte des toiles, c'est le capitaine général de cet équipage, qui présente à sa majesté l'épée ou le dard pour tuer le sanglier. Les seigneurs de la cour ne prennent point de dard sans l'ordre exprès du Roi.

Le capitaine du vautrait peut aller ou envoyer, par ordre du Roi, dans tels bois ou forêts du royaume qu'il juge à propos, prendre avec ses toiles de chasse, des cerfs, biches, fans, & autres animaux pour peupler les parcs des maisons royales.

Le capitaine du vautrait prête serment de fidélité entre les mains du Roi. Il est couché sur les états de sa majesté pour une somme de 23999 livres, 12 sous, tant pour ses gages que pour l'entretien de l'équipage du vautrait.

M. le marquis d'Ecquevilly est aujourd'hui revêtu de la charge de capitaine général du vautrait.

Les autres officiers du vautrait sont un commandant, un commandant en second, un piqueur cavalcadour, quatre autres piqueurs, un maréchal, & deux valets de limiers.

Tous ces officiers sont subordonnés au capitaine général, & jouissent des privilèges des commensaux.

# CHAPITRE LIV.

## *Du directeur & ordonnateur général des bâtimens du Roi.*

L'ADMINISTRATION des bâtimens du Roi a long-temps été entre les mains d'un officier pourvu avec le titre de surintendant. Mais cet office, supprimé sous Louis XIV en 1708, & que Louis XV avoit rétabli en janvier 1716, fut enfin définitivement éteint & supprimé par édit du mois d'août 1726 enregistré au parlement le 30 du même mois. Le feu Roi se réserva alors de pourvoir à la direction générale de ses bâtimens, comme il le jugeroit convenable au bien de son service; & en conséquence le duc d'Antin, sur la tête duquel le titre de surintendant des bâtimens du Roi avoit été supprimé, fut revêtu de la commission de directeur & ordonnateur général. Cette commission, renouvelée depuis à chaque mutation, a attribué à chaque directeur toutes les fonctions & toute l'autorité du sur intendant, à l'exception de la délivrance des fonds qui n'a plus dû se faire que sur des ordres émanés du Roi : mais sa majesté ayant considéré que le bien de son service exigeoit que les fonctions attachées au titre de directeur & ordonnateur général de ses bâtimens, acquissent, à l'égard de tous ceux qu'elles pouvoient intéresser, le caractère de publicité qui résulte de l'enregistrement des lois dans les cours, elle a donné, au mois de septembre 1776, une déclaration que le parlement a enregistrée le 7, & un édit que la chambre des comptes a enregistré le 19 du même mois, qui forment le dernier état de cet officier.

Par ces lois, le directeur & ordonnateur général des bâtimens, jardins, arts, académies & manufactures royales, est maintenu dans tous les honneurs, autorité, prérogatives, pouvoirs, fonctions & prééminences dont ont joui ou du jouir ceux qui ont été pourvus de cet office, conformément aux édits, arrêts & réglemens propres au même office, ou qu'on y a rendu communs, lorsque le titre de directeur & ordonnateur général a été substitué à celui de surintendant.

Cet office est confirmé dans tous les droits que lui ont attribués les lettres-patentes du 5 juin 1703, enregistrées au parlement & à la chambre des comptes, relativement à l'administration des bois & plans de tous les jardins des maisons royales, des parcs de ces maisons, des routes de chasse dans les forêts du Roi, & des avenues royales, soit aux environs des châteaux & maisons de sa majesté, soit dans les plaines & remises à gibier. Au reste cette disposition ne s'applique point à l'administration particulière des objets qui dépendent du domaine de Versailles; le Roi a déclaré qu'il n'entendoit rien innover à cet égard.

Le directeur & ordonnateur général a toute l'autorité nécessaire pour faire observer la police dans les parties qui sont sous son département, & particulièrement dans les jardins, parcs & avenues des châteaux & maisons du Roi, ainsi que dans les routes de chasse de sa majesté. Il peut en conséquence former & faire afficher, de par le Roi, les ordonnances relatives à la police qui lui est confiée, & elles doivent être exécutées sous telles peines que de droit.

Lorsqu'il s'agit d'acquérir quelque terrein, pour l'exécution des plans & projets relatifs aux bâtimens du Roi, c'est au directeur & ordonnateur général à faire ces acquisitions, au nom de sa majesté. Il faut remarquer à ce sujet que les portions de terrein, qui font partie de ces acquisitions, & qui sont inutiles pour l'exécution des plans ou projets qu'on a en vue, peuvent être vendues & aliénées irrévocablement, attendu qu'elles ne sont point censées avoir été incorporées au domaine de la couronne. C'est ainsi que par des lettres-patentes enregistrées au parlement le 6 mai 1698, il a été déclaré que les terreins acquis pour former dans Paris la place Vendôme, ne pourroient jamais être réputés domaniaux; & que par d'autres lettres-patentes du 27 mai 1770, Louis XV a pareillement déclaré que les terreins restés des acquisitions faites pour les bâtimens, jardins & chasses, ne seroient jamais censés avoir été incorporés au domaine.

Les mêmes principes ont été adoptés par l'article 5 du titre premier de l'édit de septembre 1776. Cette loi porte formellement qu'on ne pourra jamais censer ni réputer possessions domaniales & inaliénables les maisons particulières, les terreins à jardins, avenues ou remises dépendans actuellement de l'administration des bâtimens du Roi & restés d'acquisitions anciennement faites pour sa majesté, par les ordonnateurs de ses bâtimens, en vue de projets dont les uns ont été exécutés, & les autres ne l'ont été qu'en partie. « Voulons, ajoute le législateur, » qu'il en soit de même de toutes les » acquisitions que nous pourrons faire » à l'avenir dans le même genre, en » raison du service de nos bâtimens, » & par le canal de l'ordonnateur d'i» ceux; en sorte que, sans égard au temps, » plus ou moins long, pendant lequel » toutes ces sortes de possessions an» ciennes ou futures, auront reposé dans » nos mains, & auront été régies comme » les autres objets de nos bâtimens, » elles puissent être revendues, aliénées, » & mises hors de nos mains, dès que » nous l'ordonnerons, & transmises au » plus offrant & dernier enchérisseur, » sur trois publications & affiches : à » l'effet desquelles ventes, & pour la » passation des contrats qui devront les » consommer, nous conférons plein pou» voir & autorité, commission & man» dement, au directeur général de nos » bâtimens, à la charge par lui de ne » procéder en pareil cas, qu'en présence » & de l'avis des trois intendans généraux » que nous entendons instituer par le » présent édit, pour le service de nos » bâtimens, & de faire verser le pro» duit des ventes entre les mains du » trésorier de nos bâtimens, qui en fera » emploi sur nos ordonnances, & nous » en comptera comme de ses autres re» cettes. Voulons qu'en vertu desdits » contrats de vente & de la quittance » qui sera expédiée par ledit trésorier » de nos bâtimens, ceux qui se feront » rendus adjudicataires, soient & de» meurent propriétaires incommutables, » comme de vrai & loyal acquêt, sans » pouvoir jamais être évincés, troublés » ni inquiétés dans leur possession, pour » quelque cause & sous quelque prétexte » que ce soit. Et, pour faciliter lesdites » ventes, quand elles auront lieu, au» torisons le directeur général de nos » bâtimens, à stipuler en faveur des pre» miers acquéreurs seulement, & sans » tirer à conséquence pour leur succes» seur, la pleine & entière franchise » vis-a-vis de nous, & de nos fermiers, » de tous droits de contrôle, insinuation, » centieme denier, & lods & ventes; » de tous lesquels droits nous consentons » la remise sur ladite première vente

» seulement, & pour ce qui nous con-
» cerne, sauf au surplus le droit d'au-
» trui, s'il en existe ; & à la charge
» par lesdits acquéreurs de se faire ensai-
» siner, aux termes des réglemens, par
» les receveurs généraux de nos do-
» maines & bois, en les satisfaisant de
» leurs droits. Expliquons au surplus, en
» tant que besoin est, que les dispo-
» sitions du présent article ne pourront
» être étendues à aucun de nos châteaux
» & maisons royales, proprement dits,
» & dont nous entendons jouir tels qu'ils
» nous ont été transmis. »

Le directeur & ordonnateur général a l'entière administration & disposition des petites boutiques, échoppes ou baraques, construites par adossement aux murs extérieurs des édifices, ou sur les autres emplacemens du district des bâtimens du Roi qui ont été jugés propres à des établissemens de ce genre, sans inconvéniens pour l'ordre & la commodité publics. Les permissions que cet officier peut accorder pour élever de ces boutiques ou échoppes, sur des terreins appartenans au Roi, doivent être restreintes à la durée de la vie du concessionnaire, & elles sont d'ailleurs subordonnées à tous les évènemens qui peuvent naître des besoins du service de sa majesté, & de celui du public : ainsi, au premier ordre, le concessionnaire est obligé de rendre le terrein libre, sans pouvoir prétendre aucune indemnité ni dédommagement.

A l'égard des petites boutiques, que le Roi veut bien tolérer dans les galeries, cours & vestibules des maisons royales, & que sa majesté laisse à la disposition des gouverneurs de ces maisons, il n'en peut plus être établi avec adossement sur les murs, en quelque partie que ce soit, qu'après que le directeur & ordonnateur général des bâtimens en a été prévenu, & qu'il a jugé qu'il n'en résultera ni inconvénient ni dégradation.

C'est au directeur & ordonnateur général qu'appartient le droit de proposer au Roi la distribution des logemens qui composent la galerie du louvre à Paris. Ceux auxquels ces logemens sont accordés, doivent jouir des droits & privilèges qui y ont été attribués par les lettres-patentes du 22 décembre 1608, enregistrées au parlement le 9 janvier 1609, & par celles du mois de mars 1671, enregistrées au parlement le 5 mai suivant, & à la cour des monnoies le 24 février 1672.

Le directeur & ordonnateur général a de même tout pouvoir & autorité, pour régir, gouverner & administrer les manufactures royales des gobelins & de la savonnerie. Il doit veiller au maintien des droits & privilèges attribués à ces établissemens pour en favoriser le succès ; à l'effet de quoi l'édit de novembre 1667, particulier aux gobelins, & celui de janvier 1712, donné en faveur de la savonnerie, doivent continuer d'être exécutés selon leur forme & teneur (1).

Les logemens accordés dans les châteaux & maisons royales, les réparations & l'entretien de ces édifices, sont pareillement des objets sur lesquels s'étendent les soins, la vigilance & l'autorité du directeur & ordonnateur général des bâtimens. Voici ce que porte à cet égard le titre 4 de l'édit de septembre 1776.

« Art. 1. Pour procurer de la manière
» la plus positive & la plus invariable
» l'exécution des arrêts rendus en notre
» conseil les 30 janvier 1672, 16 mars
» 1757 & 30 janvier 1774, défendons
» expressément à toutes personnes, de
» quelque qualité & condition que ce
» soit, qui jouissent actuellement ou qui
» jouiront à l'avenir de logemens dans
» nos châteaux & maisons royales, rela-
» tivement à leurs places & états dans

(1) Le premier de ces édits a été enregistré le 21 décembre 1667, & le second le 24 février 1712.

» notre

» notre service, ou qui auront brevet » de nous pour jouir, soit à vie, soit » pour tout autre terme, de logemens » assignés dans nos différens châteaux ou » de quelque maison particulière dépen- » dant du département de nos bâtimens, » d'en changer l'ordonnance & la cons- » titution anciennes, & de se faire un » droit pour cela de ce qu'elles subvien- » droient à la dépense. Voulons que les » concessionnaires & brévetaires jouis- » sent, chacun à son égard, des objets » en l'état où ils leur seront donnés, » sauf l'entretien & les réparations qui » seront jugés nécessaires, & qui, à » l'égard des simples logemens assignés » dans un corps quelconque d'édifices, » devront être bornés aux simples tra- » vaux qui, en rendant les lieux suffi- » samment habitables, intéresseront » d'ailleurs la conservation de nosdits » édifices, sans jamais subordonner en » aucun cas les distributions d'un loge- » ment aux besoins particuliers de celui » qui en sera concessionnaire; les besoins » réels de notre service devant être la » règle sur ce point.

» Quant aux maisons particulières qui » sont actuellement affectées à des usu- » fruits pour la vie des concessionnaires, » ou dont nous pourrons par la suite faire » de pareilles dispositions à titre de ré- » compense, en faveur de ceux qui au- » ront bien mérité de nous, nous n'en- » tendons être tenus que des travaux qui » intéressent la propriété, tels que les » gros murs, les poutres & les couver- » tures; voulant que chaque concession- » naire demeure chargé aux termes de » droit, de tout ce qui est réparation » usufructuaire, & qu'en cas d'omission » ou négligence, il soit & demeure déchu » de plein droit du bénéfice de son brevet, » & tenu de vider les lieux au premier » ordre qui lui en sera intimé par le di- » recteur général de nos bâtimens, au- » quel nous enjoignons formellement de » n jamais accorder dans lesdites mai- » sons tenues à vie, aucuns travaux au-delà » de ceux que comporte la nue propriété.

» Et pour qu'il puisse avoir toujours une » connoissance suivie sur les objets du » présent article, voulons que tous les » officiers & employés de l'administra- » tion, chacun dans son département, » fassent aussi suivant que besoin sera, & » au moins une fois par chaque semestre, » la visite de tous les logemens & mai- » sons qui seront tenus de nous, (& dont » l'entrée ne pourra leur être refusée par » quelque personne & sous quelque pré- » texte que ce puisse être), afin de recon- » noître, soit les besoins, soit les inno- » vations; en rendre compte au directeur » général, qui pourvoira aux réparations » & prendra nos ordres sur les innova- » tions faites ou entamées en contraven- » tion du présent article; par suite du- » quel, en adoptant le vœu desdits arrêts » de notre conseil de 1672, 1757 & » 1772, faisons très-expresses inhibitions & » défenses à tous gouverneurs, capitaines, » concierges & autres que besoin est, » même à tous officiers & employés de » nos bâtimens, pour tous les cas non- » autorisés par le directeur général, de » faire ni souffrir qu'il soit fait aucuns » changemens dans les logemens, mai- » sons & lieux tenus de nous, en quel- » que sorte & manière que ce soit, même » dans le cas où le concessionnaire auroit » été admis à en faire la dépense, à moins » que ce ne soit par les ouvriers ordi- » naires du département, conduits & di- » rigés par les officiers & employés prépo- » sés sur eux; ce moyen nous paroissant » le seul suffisant pour obvier à des cons- » tructions vicieuses en elles mêmes, ou » peu convenables à l'usage que nous pou- » vons être dans le cas de reprendre des » objets concédés; faisons pareillement » inhibitions & défenses à tous archi- » tectes, entrepreneurs & ouvriers étran- » gers au département de nos bâtimens, » de commander, exécuter ou faire exé- » cuter aucuns travaux dans nos châteaux

» ou maisons, à peine d'être tenus du » rétablissement des lieux, d'y être contraints par emprisonnement de leurs » personnes, & en outre à peine de trois » cents livres d'amende applicables aux » pauvres des paroisses & aux hôpitaux » des lieux dans lesquels les contraventions auront été commises.

» *Article II.* Pour assurer d'autant plus » l'exécution des vues qui nous ont engagé » à former les réglemens énoncés en l'article précédent, voulons que dans le » plus bref délai possible, il soit, par les » soins du directeur général de nos bâtimens, & sous ses ordres, procédé d'après les anciens plans de tous nos châteaux & maisons, à une reconnoissance » de l'état actuel des lieux; qu'il soit » pourvu à la réformation de toutes entreprises faites, & dont le bien de notre » service exigera la suppression; que l'état » dans lequel les choses seront rétablies, » ou pourront rester, soit constaté par des » plans positifs, qui seront déposés dans » les bureaux de la direction générale de » nos bâtimens, & qu'à compter du jour » de la publication de notre présent édit, » le secrétaire d'état chargé du département de notre maison, ne puisse expédier aucun brevet ou lettre de don » & concession de logemens, pour quelque temps que ce soit, dans nos châteaux & maisons, sur les propositions » & demandes des gouverneurs ou capitaines concierges desdits châteaux & » maisons, qu'après en avoir communiqué » l'objet au directeur de nos bâtimens, » & avoir reçu ses observations & une » copie extraite sur les plans généraux, » des détails de la consistance du logement demandé, conformément auquel » plan, qui sera joint au brevet, si nous » jugeons à propos de l'accorder, le concessionnaire sera mis en possession, » tant par le gouverneur ou capitaine » concierge pour ce qui concerne sa » charge, que par l'inspecteur préposé » sur le lieu pour l'administration des bâtimens, auquel inspecteur le concessionnaire délivrera soumission expresse de » jouir conformément auxdits brevet & » plan, pour remettre le tout à l'expiration de sa jouissance dans le même état » qu'il l'aura reçu, sauf les changemens » que les circonstances auroient pu faire » autoriser par le directeur général, & » qui, dans ces sortes de cas, seront constatés par un nouveau plan; déclarons, » en tant que besoin, que nous exceptons » des dispositions du présent article, notre » château de Versailles & ceux de même » classe dans lesquels nous faisons des résidences plus ou moins suivies; & dans » lesquels en conséquence nous n'accordons qu'un logement momentanée aux » personnes qui composent notre cour & » notre service. Mais pour déterminer le » vrai sens de l'exception que nous croyons » devoir prononcer, & prévenir désormais des dépenses qui ont été jusqu'à » présent trop multipliées, au très-grand préjudice de nos finances & de » la solidité de nos édifices, nous voulons » & entendons que toutes les personnes » auxquelles nous pourrons donner logement à notre suite dans nos châteaux » & maisons de résidence, soit à raison » de leur rang, soit à raison de leurs » charges & offices, soient tenus de se » contenter des appartemens tels qu'ils » se trouveront formés, sauf les réparations de véritable nécessité, qui seront » alors ordonnées par le directeur général » de nos bâtimens, auquel nous interdisons expressément de rien permettre » au surplus, sans nous en avoir rendu » compte & avoir reçu nos ordres, que » nous déclarons dès-à-présent être résolu » de n'accorder qu'à la nécessité vraiment » prouvée.

» *Article III.* N'entendons interdire à » tous ceux à qui nous accorderons des » logemens à temps ou à vie dans nos » châteaux de résidence, maisons employées pour notre service, & autres » nos châteaux & maisons royales, la fa-

» culté de les décorer à leurs frais de glaces » & par des ajustemens en boiserie ou che» minées de marbre, pourvu que ces dé» corations ne soient exécutées que sous » la conduite & inspection de nos pré» posés : consentons qu'à l'expiration de » la jouissance, les glaces soient retirées » par celui qui les aura fait poser, ou ses » représentans ; mais quant aux boiseries » & aux cheminées, s'il en a été établi, » voulons qu'elles demeurent & appar» tiennent au local dans lequel elles au» ront été placées, sans que celui qui en » aura fait les frais, ni ses représentans, » puissent prétendre les enlever, ni les » vendre au nouveau concessionnaire de » l'habitation ou logement, à l'effet de » quoi enjoignons à tous concierges de » nos châteaux & maisons, de ne laisser » exécuter aucun déménagement qu'après » que les préposés de nos bâtimens auront » fait inspection des lieux.

» *Article IV.* Voulons & entendons » que désormais la charge de la pose & » entretien des sonnettes, ne porte plus » sur l'administration de nos bâtimens, » & qu'à l'exception des logemens de nos » ministres, dans lesquels cet article fera » partie des entretiens dont nous nous » chargeons, toute personne logée fasse » les frais relatifs auxdites sonnettes, mais » sans pouvoir se dispenser d'appeler les » préposés de nos bâtimens, pour veiller » sur les percemens des murs nécessaires » en pareil cas.

» *Article V.* Desirant ramener à une » juste mesure la dépense que le temps » nous paroît avoir rendue excessive, en » ce qui concerne la vitrerie de nos bâti» mens, & ses accessoires, en nettoyage » & calfeutrage, enjoignons au directeur » général de nos bâtimens, de faire for» mer & d'arrêter incessamment un état » de tout ce qui peut être légitimement » à notre charge en ce genre ; dans lequel » état nous entendons expressément qu'il » ne puisse être compris d'autre entre» tien, que celui propre à notre service, » & à celui de notre famille, ou qui y » devient propre par la nature de l'état » & des fonctions des différens ordres » attachés à notre suite, ou à notre ser» vice, & qui, en conséquence, ont droit » à ce qu'on appelle logement de place ; » au-delà de quoi nous entendons que » tout concessionnaire de logement, en » quelque château ou maison particulière » que ce soit, demeure chargé de tous » gros & menus entretiens du vitrage ; & » qu'en cas de réparation reconnue né» cessaire à l'expiration de sa jouissance, » lui ou ses représentans puissent être con» traints d'y suppléer, soit par les officiers » & employés du département, soit par » celui qui succédera à ladite jouissance.

Le directeur & ordonnateur général a aussi tout pouvoir & autorité pour surveiller & inspecter tant par lui-même que par des préposés qu'il peut commettre dans toute l'étendue du royaume, la recherche, découverte & exploitation de toute carrière de marbre, granit, albâtre, jaspe, porphyre & autres productions du même genre propres à l'exercice des arts, à la décoration des bâtimens du Roi & aux monumens publics. « Voulons, ajoute » l'article premier du titre 5 de la loi » citée, qu'en aucun cas les préposés du » directeur général de nos bâtimens, & » porteurs de ses commissions, ne puissent » être empêchés ni troublés par qui que ce » soit, dans leurs recherches desdites car» rières, non plus que dans leur exploita» tion, quand elles se trouveront sur des » terreins à nous appartenans ; & qu'arri» vant une découverte dans un territoire » possedé par aucun de nos sujets de quel» que ordre, rang & qualité que ce soit, » qui n'en auroit encore profité faute d'en » avoir été instruit, il lui en soit donné » connoissance, à l'effet par lui d'en en» treprendre l'exploitation par tel moyen » que bon lui semblera, dans le délai » d'un an, à compter du jour de la noti» fication qui lui aura été faite de la dé» couverte ; à défaut de quoi, après ledit

» délai révolu, s'il peut y avoir avantage, » pour nous & pour le public, à entre- » prendre l'exploitation, autorisons le » directeur général de nos bâtimens à » faire exécuter à nos frais, risques & » bénéfices, l'exploitation de la carrière » découverte, & la faire travailler en- » suite tant & si long-temps que cela sera » reconnu utile, sans que le propriétaire » du fonds de ladite carrière puisse exiger » aucun droit de fortage ou autres, qui » peuvent naître de l'exploitation d'une » carrière, en faveur de celui sur le fonds » duquel elle est assise, ni apporter au » surplus aucuns obstacles aux travaux qui » seront ordonnés, & pour lesquels en » tout cas ne sera différé.

Les articles 2, 3 & 4 du même titre, contiennent les dispositions suivantes :

» 2. Tout propriétaire particulier sur » le terrein duquel, & à son refus, dans » le délai d'un an indiqué par l'article » précédent, nous aurons fait ouvrir une » carrière, ne pourra être admis à en » reprendre la possession, après quelque » laps de temps que ce soit, qu'en opé- » rant, entre les mains du trésorier général » de nos bâtimens, le remboursement » actuel & effectif de toutes les dépenses » que nous aurons avancées pour l'entre- » prise, sur le réglement qui en sera » arrêté, de gré à gré, entre le directeur » général de nos bâtimens, & ledit pro- » priétaire.

» 3. Permettons à tous ceux de nos » sujets, qui auront fait par eux- » mêmes des découvertes de marbres & » autres substances terrestres de ce genre, » sur leurs propres fonds, d'en entre- » prendre l'exploitation, après toutefois » qu'ils en auront donné connoissance au » directeur général de nos bâtimens, & » obtenu son attache, par suite de » laquelle ledit sieur directeur général » aura le droit de faire inspecter les tra- » vaux, afin de les diriger pour le plus » grand avantage public, & d'être en état » de choisir ce qui conviendra le mieux » pour notre service, en le faisant payer » au prix convenu, de gré à gré, entre » nos préposés & le propriétaire.

» 4. Défendons à tous seigneurs parti- » culiers ayant ou prétendant droit de di- » recte, de justice ou de très-fond, dans » les territoires où s'exploiteront lesdites » carrières de marbre, & autres matières » de même classe, soit à nos frais, soit à » ceux de nos sujets, d'exiger sur leurs » productions aucun des droits établis à » raison de la recherche & fouille des » mines & minières ; confirmant, en tant » que besoin, en faveur de toutes carrières » ou mines, qui ne peuvent donner que » des matières terrestres, la liberté & la » franchise accordées par l'édit du mois » de juin 1601, registré ce dernier juillet » 1603 : entendant au surplus que dans » l'exploitation desdites carrières, tant » par nos préposés pour notre compte, » que par nos sujets pour le leur, il ne » puisse être procédé que conformément » aux réglemens intervenus sur la matière » des carrières ».

Comme il y a différentes personnes qui tirent des eaux sur celles du Roi, par divers embranchemens, & singulièrement à Versailles, où l'entretien de ces eaux est subordonné à l'administration des bâtimens de sa majesté, le directeur & ordonnateur général est tenu d'examiner à cet égard les titres de concession afin de les vérifier & d'en confirmer l'effet, si cela est praticable sans inconvénient pour le service du Roi & celui du public : mais dans le cas contraire, il doit empêcher toute prise d'eau sur les conduites de celles de sa majesté ; à l'effet de quoi il est autorisé à faire supprimer tout embranchement non justifié par titre, ou dont le titre ne se trouve pas formé de manière à mériter confirmation.

« Et pour éviter, ajoute le législa- » teur (1), qu'à l'avenir il s'introduise

(1) Article 1er du titre 6 de l'édit de septembre 1776.

» de nouvelles entreprises préjudiciables, » voulons que dans chaque département » il soit formé un état & registre du cours » des eaux & des embranchemens qui » seront accordés sur nos conduites, de » chacun desquels états il sera fait deux » originaux, l'un pour demeurer dans le » bureau du département, & l'autre pour » être remis dans le dépôt des papiers de » la direction générale, en observant de » charger successivement lesdits états ou » registres des changemens qui pourront » survenir, soit par une nouvelle direction » des conduites, soit par des concessions » de prises sur lesdites conduites; de ma» nière que, dans tous les cas, on puisse, » sans déplacement, reconnoître l'état de » nos eaux, & les concessions dont elles » se trouveront grevées en vertu des titres » expediés, ou vérifiés & confirmés par » le directeur général de nos bâtimens, » qui ne pourra au surplus en accorder » qu'à la charge par l'impétrant de faire » les frais d'établissement & d'entretien » par le ministère des fontainiers du dé» partement, sans pouvoir employer aucun » autre ouvrier étranger, conformément » aux dispositions de l'article premier du » titre 4 du présent édit ».

Le Roi ayant créé par son édit de septembre 1776, neuf titres de commissions, dont trois sous la dénomination d'intendans généraux, un sous celle d'architecte ordinaire, un sous celle d'inspecteur général, & quatre sous celle de contrôleurs de ses bâtimens, jardins, arts, académies & manufactures royales, sa majesté a attribué au directeur & ordonnateur général le soin de choisir les sujets qui par leurs talens & leur expérience consommée dans la théorie & dans la pratique de l'architecture, ainsi que par leurs mœurs, lui auront paru propres à remplir dignement & utilement chacune des commissions dont on vient de parler.

Par une déclaration du 12 juillet 1779, enregistrée au parlement le 27 août suivant, le titre de grand voyer & toute juridiction en manière de voirie dans la ville de Versailles, ont été attribués au directeur & ordonnateur général des bâtimens du Roi (1).

---

(1) *Voici cette déclaration.*

LOUIS, &c. SALUT. Par l'article 2 de notre déclaration du mois de septembre 1776, registrée en notre cour de parlement le 7 du même mois, nous avons maintenu le directeur & ordonnateur général de nos bâtimens, & les officiers de notre bailliage de Versailles, en la possession de connoître de tous faits de voirie & de police appartenante à icelle dans l'étendue de notre ville de Versailles, & en ordonnant que toutes les causes ce concernant, continueroient d'être portées, comme par le passé, en notredit bailliage, sauf l'appel en notre cour de parlement. Nous avons ordonné au surplus que les lettres-patentes du 22 octobre 1733, ensemble le tarif inséré dans l'arrêt de notre cour de parlement, du 12 mai 1735, portant enregistrement desdites lettres-patentes, seroient exécutées pour l'exercice de la voirie de Versailles, à l'instar de ce qui s'observe sur cette matière dans notre bonne ville de Paris. Les mesures dont le directeur & ordonnateur général de nos bâtimens s'est occupé, pour procurer l'exécution de notre déclaration de 1776, & dont il nous a rendu compte, nous ont fait sentir de plus en plus combien la cause publique est intéressée à ce que l'exercice de la voirie soit maintenu dans toute l'activité qu'il exige par la nature de ses objets: & d'ailleurs les détails qui nous ont été présentés, nous ont conduit à penser que nos vues ne seroient peut-être qu'imparfaitement remplies, si en les soumettant, comme nous l'avons fait en termes généraux, aux dispositions communes des réglemens en matière de voirie, nous omettions d'expliquer particulièrement nos intentions sur les faits propres à notredite ville de Versailles, dans laquelle nous devons surveiller, indépendamment du service & de la sûreté publics, la décoration & la dignité convenables à un lieu dans lequel nous tenons notre cour. Notre intention est de ramener les choses à l'état primitif que le roi Louis XIV, de glorieuse mémoire, avoit établi, lorsque, voulant créer la ville de Versailles, & y attirant en conséquence la population par des concessions de terreins gratuites, & sans autre charge pécuniaire que le cens, il avoit déterminé l'élévation que les bâtimens pourroient avoir; article sur lequel il s'est introduit quelques infractions, tolérées par des considérations particulières, mais dont nous ne voulons pas que l'exemple puisse tirer à conséquence. Nous n'avons pu nous dissimuler que la

Lorsque M. le duc d'Antin étoit administrateur général des bâtimens du Roi, il fonda dans l'hôpital général de Paris douze pensions qu'il destina par préférence aux pauvres ouvriers qui auroient travaillé aux bâtimens de sa majesté. Par l'acte de fondation, le soin d'indiquer ces ouvriers au procureur général du par-

---

nullité presqu'absolue depuis long-temps de l'inspection de voirie dans cette même ville, y a introduit un arbitraire & des abus que nous voulons écarter pour l'avenir : il entre particulièrement dans nos vues, 1°. d'empêcher qu'un accroissement trop peu réfléchi de l'étendue de la ville n'amène pour ceux qui y possèdent actuellement des édifices, une dégradation ruineuse de leur valeur ; 2°. de régler les alignemens des bâtimens quelconques, & sur-tout les élévations qu'ils peuvent avoir dans des proportions qui, en conservant une juste symmétrie, prémunisse tout-à-la-fois & les propriétaires & les locataires de maisons contre les dangers dont une élévation, portée au-delà des justes combinaisons de l'art de bâtir, augmente les risques, en compromettant la solidité des édifices ; 3°. de soumettre désormais les entrepreneurs de maçonnerie, charpente, & autres ouvriers en bâtimens, travaillans dans notre ville de Versailles, à une inspection du même genre que celle qui s'exerce dans notre bonne ville de Paris, & à la faveur de laquelle il puisse être obvié, tant pour l'intérêt du public que pour celui des particuliers qui font construire, à tous abus, malversations ou simples mal-façons, dans l'exécution des entreprises qui leur sont confiées. En approfondissant les détails de la matière, nous nous sommes fait représenter de nouveau le tarif des droits d'exercice de la voirie, usité dans notre bonne ville de Paris, conformément à l'arrêt de notre parlement du 11 mai 1735, & qui, suivant notre déclaration de 1776, deviendroit commun pour notre ville de Versailles, si les réflexions qui nous ont été représentées ne nous déterminoient à une modification différente. En effet, quoique dans les principes de la matière, les émolumens de la voirie soient essentiellement un droit domanial, ils sont bien moins à considérer par leur produit que par la nature du service dont il doivent récompenser les agens ; & si la nécessité de proportionner au prix des offices de commissaires-voyers créés pour Paris, les émolumens d'exercice de ces mêmes offices, a servi de base aux taxations du tarif dont il s'agit, nous n'avons pas les mêmes motifs dans les arrangemens que nous formons pour notre ville de Versailles : aussi pour assurer l'exercice vraiment utile, qui fait notre objet, préférons-nous toujours, sans difficulté, le parti de prendre sur nous-mêmes une portion des frais de cet exercice, au parti d'attribuer aux commissaires-voyers qui seront établis incessamment, des taxations qui, quoique justes en elles-mêmes, ne s'accordent pas avec les motifs d'ordre & de bien public, par lesquels nous nous déterminons. A ces causes & autres à ce nous mouvant, de l'avis de notre conseil, & de notre certaine science, pleine puissance & autorité royale, nous avons dit, déclaré & ordonné ; & par ces présentes, signées de notre main, disons, déclarons & ordonnons, voulons & nous plaît ce qui suit :

Art. 1. Nous confirmons au pourvu de la charge de directeur & ordonnateur général de nos bâtimens, & même lui attribuons de nouveau, en tant que besoin est ou seroit, toute autorité, pouvoirs & fonctions en matière de voirie dans notre ville de Versailles, voulant que ledit pourvu soit en conséquence reconnu par tous & chacun les habitans de notredite ville de Versailles, de quelque qualité & condition que ce soit, en titre & qualité de grand-voyer pour tous les faits dépendans de cette partie de la police publique, sans qu'à raison de ce il soit tenu à autre serment envers nous, ni à autre formalité de réception, que ce que comporte la charge de directeur & ordonnateur général de nos bâtimens.

2. Le réglement des alignemens pour constructions nouvelles ou pour reconstructions totales ou partiaires, & tous réglemens, permissions & actes quelconques sur faits de grande voirie, ne pourront émaner que du grand-voyer, & seront toujours expédiés & délivrés gratuitement & sans aucuns frais ; au moyen de quoi, & dans tous les cas où il s'agira de déterminer l'élévation d'un bâtiment, les plans indicatifs de cette partie seront fournis par la partie intéressée, en deux originaux qui, d'après les examen & reconnoissance qui en auront été faits par les commissaires-voyers, dont il sera ci-après parlé, article 3, & le rapport qu'ils en feront, seront constatés & arrêtés par le *visa* du grand-voyer, pour être ensuite l'un desdits originaux déposé dans les bureaux du grand voyer, & l'autre remis à la partie.

3. Pour pourvoir à l'exercice courant & journalier de la petite voirie, il sera proposé par le grand-voyer, & par commission directe de sa part, un ou plusieurs commissaires choisis dans l'ordre des sujets qui ont étudié l'art de bâtir, lesquels, après avoir prêté serment entre les mains du directeur général des bâtimens &

lement fut confié au premier architecte du Roi ; mais le titre & les fonctions de cet office ayant été supprimés par l'édit de septembre 1776, la même loi a transféré & attribué à perpétuité au directeur & ordonnateur général des bâtimens, le droit de nommer & présenter au procureur général les sujets qui doivent

---

grand-voyer, en la manière accoutumée, se feront ensuite recevoir en telle forme que de droit, pardevant les officiers de notre bailliage de Versailles, comme juges de la matière, conformément à l'article 17 ci-après.

4. Ceux qui seront préposés par le grand-voyer, vaqueront, à l'instar de ce que font les commissaires-voyers créés en titre d'office pour la ville de Paris, par l'édit du mois de mars 1693 ; ils procéderont dans tous les cas, conformément aux dispositions des réglemens en matière de voirie, & notamment dudit édit de 1693, des lettres-patentes de 1733, & de l'arrêt d'enregistrement d'icelles, du 11 mai 1735, sauf, quant aux droits à percevoir, la limitation qui suit.

5. Dérogeant audit article 2 de notre déclaration de 1776, en ce qui concerne la perception des droits d'exercice, que nous avions réglés par le tarif contenu dans ledit arrêt du 11 mai 1735, nous voulons & entendons que ledit tarif ne serve, quant à notre ville de Versailles, qu'à déterminer les objets qui exigent des permissions de voirie, & que les droits à percevoir pour lesdites permissions ne puissent être exigés par lesdits commissaires-voyers, que sur le pied de moitié de chacun des articles attribués aux commissaires-voyers de Paris, à peine de restitution & de telle autre peine qu'il appartiendra ; & pour prévenir, soit l'erreur, soit l'abus dans la perception, voulons que dudit tarif & de ses articles de perception réduits à moitié, il soit dressé & arrêté deux tableaux ou exemplaires, dont l'un sera exposé dans la salle d'audience de notre bailliage de Versailles, & l'autre dans le bureau où lesdits commissaires-voyers devront s'assembler pour le service public.

6. Lesdits commissaires-voyers tiendront un registre paraphé, par première & dernière page, par le grand-voyer ; sur lequel registre, lesdits commissaires inscriront de suite, & sans aucun blanc, toutes permissions qu'ils auront données, les objets qu'elles auront eus, les noms & demeures de ceux qui les auront requises & obtenues, & les sommes qui auront été perçues ; & à l'expiration de chaque année, ledit registre sera représenté au grand-voyer, pour qu'il puisse vérifier les produits, & nous mettre en état de pourvoir, s'il y a lieu, à un supplément de salaire en faveur desdits commissaires.

7. Enjoignons auxdits commissaires-voyers, d'examiner avec l'attention la plus sévère, les objets des permissions qui leur seront demandées, de les subordonner principalement à l'intérêt, à la commodité & la sûreté générale, sur-tout en ce qui concerne la pose des enseignes, auvents, goutières, tuyaux de poëles & autres objets qui peuvent intéresser la voie publique ; à la plus entière liberté de laquelle nous destinons principalement l'exercice de la petite voirie ; à l'effet de quoi, & dans tous les cas qui présenteront quelque difficulté, lesdits commissaires serons tenus d'en référer au grand-voyer pour avoir son autorisation, à peine, en cas de négligence, de destitution de leurs commissions.

8. En ce qui concerne les poursuites que lesdits commissaires-voyers pourront être dans le cas de faire pour le recouvrement de leurs droits contre les infracteurs des réglemens de la voirie, ils les dirigeront pardevant les officiers de notre bailliage de Versailles, en observant les formalités & toutes les dispositions déterminées par l'arrêt de notre parlement du 11 mai 1735.

9. Voulons & entendons, qu'à compter du jour de la publication des présentes, tous les édifices qui seront entrepris dans notre ville de Versailles, soit par construction entièrement nouvelle, soit par réparation plus ou moins entière, ne puissent être commencés que d'après l'attache & permission du grand voyer, sur les plans, profils & élévations qui lui seront présentés par les propriétaires ou leurs entrepreneurs, & dont il fera faire la vérification par les commissaires-voyers ou autres qu'il jugera à propos de proposer pour constater les alignemens qui seront observés, & à raison desquels il sera prescrit, par le grand voyer, dans les cas qui l'exigeront, toute retraite nécessaire ; laissons auxdits propriétaires la liberté du choix dans la construction & décoration des façades de leurs édifices, pourvu que la solidité de l'édifice n'en puisse être compromise ; mais en ce qui concerne l'élévation qui pourra être donnée à chaque édifice, nous voulons qu'elle soit & demeure irrévocablement déterminée à huit toises, depuis la ligne que donne le rez-de-chaussée jusqu'à l'entablement, au-dessus duquel les couvertures seront établies en croupe de pavillon du côté des rues, soit en ardoises, soit en tuiles, selon le gré ou les facultés des propriétaires ;

être admis à la jouissance des pensions dont il s'agit.

Autrefois le directeur & ordonnateur général des bâtimens percevoit différentes sortes de droits & émolumens, tant en vertu du titre principal de sa charge, qu'à cause de la réunion faite à ce même titre des directions parti-

---

à raison de quoi nous dérogeons, en tant que de besoin, à tous réglemens, ordonnances ou usages contraires.

10. Par suite des dispositions de l'article précédent, voulons que, lorsque la suite des temps amènera la reconstruction des édifices actuels de notre ville de Versailles, dont la hauteur excède les huit toises que nous permettons entre le rez-de-chaussée & l'entablement, lesdits édifices soient réduits à cette même hauteur; du maintien de laquelle nous chargeons ledit grand voyer, sans qu'il puisse s'en écarter sous quelque prétexte que ce soit, dans les permissions qu'il aura à donner; enjoignant au surplus à tous propriétaires & entrepreneurs, d'observer nos présentes dispositions, à peine de démolition à leurs frais, & d'amende telle qu'elle sera vu appartenir.

11. Le grand voyer pourra former, arrêter & faire afficher de par nous, & sous notre autorité, toutes ordonnances & réglemens que les circonstances pourront exiger pour la meilleure tenue du service en tout ce qui concerne la voirie, la sûreté, la commodité & la décoration de la voie publique, dans l'intérieur de notre ville de Versailles, & dans les avenues royales destinées tant aux abords de notre château, qu'à lui assurer des points de vue, & à procurer aux habitans de la ville des promenades agréables; lesquelles avenues nous voulons en conséquence être maintenues & conservées sous les ordres du directeur général de nos bâtimens, grand voyer de Versailles, dans l'état qui leur est propre, & sans que sur les parties latérales desdites avenues, & notamment de celles de Paris, il puisse être désormais élevé aucun édifice ni bâtiment, de quelque nature que ce soit, sans l'attache & la permission du grand voyer, qui ne pourra la donner qu'après s'être assuré qu'il n'en résulte aucune interception dans les points de vue ni dans la décoration desdites avenues, & qu'après nous en avoir rendu compte. Ordonnons, au surplus, que les constructions qui seroient ou exécutées ou entreprises en infraction de nos présentes dispositions, seront démolies par ceux qui les auroient ordonnées ou faites dans les trois jours de l'ordre qui leur aura été intimé par ledit grand voyer, à peine d'y être contraints par toutes voies de droit.

12. Les lieux de décharge pour le transport des décombres, démolitions & autres objets de vuidange, seront réglés & indiqués par le grand-voyer, soit dans l'intérieur de la ville, pour les parties qui exigeront des remblais, soit dans tels autres lieux qui seront jugés convenables. Les entrepreneurs des bâtimens, ceux de vuidanges, leurs charretiers & ouvriers, seront tenus de satisfaire aux ordres qui auront été donnés sur ce point, sans pouvoir s'en dispenser & laisser la voie publique embarrassée, au-delà du juste temps nécessaire pour l'enlèvement, à peine d'amende, en cas de contravention, & de fourrière des voitures & chevaux qui se rendroient à autres lieux que les décharges indiquées.

13. Chargeons le directeur-général de nos bâtimens, grand-voyer de Versailles, de veiller par lui & ses préposés pour parer aux dangers & accidens résultans de la négligence qu'apportent trop souvent les propriétaires des maisons à les entretenir & réparer; voulant que dans toutes les circonstances propres à donner de l'inquiétude pour la sûreté particulière & publique, tous propriétaires de maisons & édifices, soient tenus de satisfaire dans le terme rigoureux & absolu de huitaine, aux précautions qui leur seront prescrites par ledit grand-voyer; à défaut de quoi, & à l'expiration précise dudit délai de huitaine, ils seront dénoncés à notre procureur au bailliage de Versailles, pour, à sa requête, être procédé & par les officiers de notredit bailliage, ordonné sur les faits dont sera question, conformément aux dispositions de la déclaration rendue pour la sûreté de notre ville de Paris, le 18 juillet 1729; registrée le 5 septembre 1730.

14. Pour assurer à ceux des propriétaires de Versailles, qui se livrent à des constructions, un emploi également sûr & utile de leurs fonds, & les garantir, autant qu'il est possible, des dangers que leur fortune, leur sûreté & celles de leurs locataires peuvent courir, par l'impéritie d'un entrepreneur, ou son inexactitude dans le choix des matériaux, sur-tout en ce qui concerne la maçonnerie & la charpente, nous ordonnons que, par les commissaires préposés par le grand-voyer, visite soit faite au moins tous les quinze jours des divers atteliers de constructions qui seront ouverts dans notre ville de Versailles, à l'effet de reconnoître tout ce qui pourroit se traiter de contraire aux règles de l'art & au préjudice du propriétaire, par le

culières

culières des bâtimens de Fontainebleau, & de ceux de Monceaux : mais le roi voulant parer aux inconvéniens qui pouvoient naître des différens titres d'attributions que les circonstances avoient occasionnés, a jugé à propos d'abroger tous ces titres & d'y substituer une attribution unique plus conforme à la précision, & à la netteté qu'il vouloit maintenir dans les états de ses dépenses : en

---

mauvais choix & le mauvais emploi des matériaux ; voulant que par lesdits commissaires, il soit dressé & rapporté procès-verbaux de toutes les contraventions qu'ils découvriront, & qu'après en avoir informé le grand voyer, ils déposent leursdits procès-verbaux au greffe de notre bailliage de Versailles, en en prévenant notre procureur audit bailliage, pour qu'il en prenne communication & poursuive telle condamnation que de droit contre les délinquans. Enjoignons expressément à tous entrepreneurs de maçonnerie, charpente & autres, de n'apporter par eux, ni par leurs ouvriers, aucun obstacle ou empêchement aux visites desdits commissaires, & de leur obéir dans leurs fonctions, à peine d'interdiction de tous travaux & entreprises dans notredite ville de Versailles, & d'être en outre punis selon l'exigence des cas; & pour assurer d'autant plus les visites desdits commissaires, leur permettons de se faire accompagner par les gardes attachés au service de nos bâtimens, sous l'inspection du prévôt qui les commande, sans que, sous quelque prétexte que ce soit, les commissaires & autres employés auxdites visites, puissent prétendre, contre les propriétaires & entrepreneurs, aucuns droits ni salaires.

15. N'entendons gêner les propriétaires de notre ville de Versailles dans le droit & faculté de faire construire à la journée & sans entreprise ; mais desirant prévenir pour la sûreté de leurs personnes & de leurs fortunes, les dangers d'un défaut de connoissance ou d'expérience dans l'art de bâtir, ou d'une économie mal entendue, défendons à tous & chacun desdits propriétaires, de quelque qualité & condition qu'ils soient, d'entreprendre aucun ouvrage à la journée, qu'après avoir préalablement fait au grand voyer, par le canal des commissaires par lui préposés, une déclaration de la nature des ouvrages qui seront à faire, & des ouvriers qui y seront employés, afin que les atteliers de ces sortes de constructions soient visités, même plus souvent que ceux des entrepreneurs, & soumis aux mêmes vérifications & défenses, en cas de contravention, ou de mal façon, constatées par lesdites visites, & sur lesquelles il sera ordonné, conformément aux dispositions de l'article précédent : voulons au surplus, que tout propriétaire, qui aura fait entreprendre à la journée, en omettant sa déclaration, soit condamné à une amende de cent livres, sans que les visites qui auront été faites préalablement par les commissaires & employés du grand voyer, puissent donner lieu à frais ou salaires.

16. Pour remplir les vues particulières que nous nous sommes proposées sur la nécessité de borner l'étendue de notre ville de Versailles, voulons qu'incessamment & sans délai, il soit, par les ordres & sous l'autorité du directeur général de nos bâtimens & grand voyer de Versailles, dressé procès-verbal & plan, pour assigner & constater, dans le point fixe des bâtimens formant aujourd'hui extrémité de toutes les issues de la circonférence de la ville, les limites que nous entendons lui assigner invariablement; au-delà desquelles limites, une fois reconnues & déterminées par le procès-verbal, nous défendons expressément audit grand voyer de donner sous quelque prétexte que ce soit, aucune permission d'élever nouvel édifice, de quelqu'espèce que ce soit, qui puisse être réputé faire partie de la ville : & pour que nos présentes dispositions soient constatées de la manière la plus publique, voulons qu'au pied de chaque maison qui se trouvera faire point de limite, il soit assis & & posé une borne de proportion très-apparente, sur le corps de laquelle il sera gravé une fleur-de-lys, & au-dessous *borne de limite*, lesquelles bornes ainsi posées, ne pourront être dégradées ni enlevées par qui que ce soit, à peine d'être poursuivi extraordinairement & puni aux termes des réglemens sur cette matière. Et pour donner plus d'authenticité au bornage dont il s'agit, & en assurer l'exécution, voulons qu'un des exemplaires du procès-verbal qui en sera dressé & revêtu de l'attache du grand voyer, soit remis à notre procureur au bailliage de Versailles, pour être, à sa diligence, publié à l'audience, & ensuite déposé au greffe.

17. Voulons que toutes les causes, instances, poursuites & procédures qui pourront naître sur le fait de la grande & petite voirie, continuent à être portées, comme par le passé, en première instance devant notre bailli de Versailles, & par appel à la grand'chambre de notre parlement; & seront les jugemens qui interviendront exécutés par provision, comme en matière de voirie, nonobstant & sans préjudice de l'appel. Si donnons en mandement, &c.

conséquence sa majesté a ordonné par l'article 10 du titre premier de son édit de septembre 1776, qu'il ne seroit plus fait emploi dans les états des dépenses de ses bâtimens, des six parties d'émolumens qui avoient été attribuées au directeur & ordonnateur général, sous titre de *gages anciens*, *de gages nouveaux*, de *pension*, de *gages de Fontainebleau*, de *gages de Montceaux*, & *d'indemnité de droits d'entrée sur les tapisseries* : elle a pareillement supprimé l'emploi qui étoit fait dans ces états au profit de cet officier, tant d'une somme de huit mille livres pour équivalent de logement, que de toute autre somme tirée à quelque titre & sous quelque dénomination que ce pût être. Et par l'article 11 du titre cité, il a été ordonné qu'au lieu des émolumens dont on vient de parler, le directeur & ordonnateur général percevroit à l'avenir sur les fonds destinés au service des bâtimens du Roi, une somme fixe & annuelle de quarante-quatre mille cinq cents livres. Le même officier a en outre été maintenu dans le droit de percevoir annuellement une somme de dix-neuf cents livres sur la recette des domaines & bois de Paris.

Les deux chapitres qui vont suivre énonceront encore quelques autres prérogatives annexées à la charge de directeur & ordonnateur général des bâtimens du Roi.

# CHAPITRE LV.

## *Des trois intendans généraux des bâtimens du Roi; de l'architecte ordinaire du Roi; de l'inspecteur général; des quatre contrôleurs des bâtimens, jardins, arts, académies & manufactures royales, & de quelques autres employés aux bâtimens du Roi.*

Les trois intendans, l'architecte ordinaire, l'inspecteur général & les quatre contrôleurs ont été crées, comme on l'a dit au chapitre précédent, par l'édit du mois de septembre 1776. Ils ont été substitués au premier architecte du Roi, aux intendans & ordonnateurs généraux des bâtimens, jardins, arts, académies & manufactures royales, & aux contrôleurs généraux des bâtimens du Roi, que le même édit a supprimés.

Comme les officiers & employés dont nous avons à parler, ont des fonctions & des droits qui leur sont communs, & d'autres qui sont particuliers à chacun d'eux, nous diviserons ce que nous avons à dire ici en trois sections : dans la première, nous considérerons en particulier les intendans généraux, l'architecte ordinaire, l'inspecteur général & les quatre contrôleurs; dans la seconde, nous parlerons de ce qui les concerne en commun; & dans la troisième, il sera parlé de divers autres employés inférieurs.

### SECTION PREMIÈRE.

Cette section contient quatre articles, dont le premier a pour objet les intendans généraux des bâtimens, le second, l'architecte ordinaire du Roi, le troisième, l'inspecteur général des bâtimens, & le quatrième, les quatre contrôleurs des bâtimens, jardins, arts, académies & manufactures royales.

ARTICLE PREMIER.

*Des intendans généraux des bâtimens du Roi.*

Ces officiers sont au nombre de trois. Par l'article 5 du titre 2 de l'édit du mois de septembre 1776, le Roi a ordonné que quand il auroit accordé son agrément aux sujets que le directeur & ordonnateur général lui auroit présentés, pour remplir des places d'intendans généraux des bâtimens, il leur seroit délivré par le secrétaire d'état chargé du département de la maison de sa majesté, des commissions signées d'elle, scellées de son grand sceau, & en vertu desquelles ceux qui les auroient obtenues se pourvoiroient à la chambre des comptes, à l'effet de les y faire enregistrer, & d'y prêter le serment nécessaire pour la sûreté & l'authenticité des fonctions qu'ils auroient à remplir en fait de réception de travaux, de réglement de leur prix, & d'autres objets relatifs à la comptabilité. La même loi a réglé que les émolumens que les officiers de la chambre des comptes seroient fondés à percevoir pour raison de ces enregistremens & prestations de serment, ne pourroient excéder la moitié des droits que payoient autrefois les intendans & contrôleurs généraux supprimés.

Au surplus, le législateur a déclaré que, quoique les lettres expédiées aux intendans généraux des bâtimens, fussent revêtues du sceau de la grande chancellerie, ces places ne seroient jamais des charges ni offices, mais seulement des commissions révocables à la volonté du Roi, comme de simples emplois dont l'existence uniquement propre au service de sa majesté, devoit y demeurer entièrement subordonnée.

C'est d'après ces considérations qu'il a été réglé que les commissions délivrées aux intendans généraux des bâtimens, seroient franches de tout droit de sceau & autres frais, & qu'elles ne pourroient être assimilées à aucun des états que l'édit du mois de décembre 1770 a assujettis au payement du marc d'or.

Pour être pourvu d'une commission d'intendant général des bâtimens, il faut avoir trente ans accomplis, » à moins dit » le législateur, qu'on n'ait obtenu de » nous des lettres de dispense, que nous » nous réservons d'accorder à la considé- » ration de talens & d'une expérience pré- » maturée.

Les trois sujets pourvus de la commission d'intendant général sont absolument égaux entr'eux & doivent concourir pour les fonctions, sans autre préséance que celle de l'ancienneté en réception.

Le titre, le rang, les fonctions, & les émolumens de directeur de l'académie royale d'architecture, ont été annexés, par l'article 10, du titre 2 de l'édit de septembre 1776, à l'état des intendans généraux, pour être ce directorat exercé sous les ordres du directeur & ordonnateur général des bâtimens. » Voulons, dit le » législateur dans cet article, que ledit » titre & ses droits soient dévolus à celui » desdits trois intendans généraux, qui » se trouvera le plus ancien en réception, » pour par lui en prendre possession, quand » même il ne se trouveroit point encore » en ce moment du nombre des sujets » composant notredite académie, & l'e- » xercer tant qu'il sera revêtu d'une des- » dites commissions : voulons, que, va- » cance arrivant par décès ou démission » dudit intendant ou autrement, il soit » remplacé par l'intendant qui se trouvera » alors le premier en ordre de réception, » & ainsi toujours successivement, sans » que, dans toutes autres circonstances, » ceux desdits intendans généraux qui ne » se trouveront pas membres de notredite » académie, par une élection votée & con- » firmée dans la forme d'usage, puissent » prétendre dans les assemblées aucun » rang, entrée ni séance, fut-ce même » sous le prétexte de suppléer dans le cas

» d'absence ou de maladie, la présence de » l'intendant géneral devenu directeur, » parce qu'alors le droit de présider l'assemblée sera dévolu à notre architecte » ordinaire, s'il s'en trouve un en titre, » & à son défaut au plus ancien des aca-» démiciens présens de la première classe, » conformément à l'article 33 des statuts » de notredite académie, d'après lesquels, » & notamment leur article 3, nous en-» tendons, que, lorsque le directorat de » notredite académie se trouvera dévolu » à l'un de nosdits intendans déjà élu aca-» démicien soit de la première, soit de » la seconde classe, la place soit censée » vacante, & qu'il soit procédé à un Scru-» tin, pour l'élection de son successeur; » sauf à le pourvoir de lettres de vétérance » dans le cas où il viendroit à se démettre » de la commission d'intendant général, » en vertu de laquelle il auroit exercé le » directorat de notre académie.

Il faut observer qu'en attribuant par cette loi, à l'architecte ordinaire le droit de présider l'assemblée dans les cas d'absence ou de maladie de l'intendant général en possession du directorat, le Roi n'a point entendu préjudicier au droit de celui des autres intendans ou de l'un d'eux, qui réuniroit à son titre celui d'académicien soit de la première, soit de la seconde classe: sa majesté a au contraire ordonné que dans les cas d'absence ou de maladie dont on vient de parler, la présence de l'intendant en possession du directorat, seroit suppléée par celui des deux autres intendans qui seroit académicien, & s'ils l'étoient tous deux, par le plus ancien en ordre dans le tableau de l'académie.

Les intendans généraux sont sous le directeur général les premiers membres du bureau dont nous parlerons dans la seconde section de ce chapitre.

### Article II.

*De l'architecte ordinaire du Roi.*

L'architecte ordinaire du Roi est pourvu comme les intendans généraux d'une commission que lui expédie le secrétaire d'état ayant le département de la maison de sa majesté; il doit comme eux faire enregistrer cette commission à la chambre des comptes, & prêter devant cette cour le serment nécessaire pour la sûreté & l'authenticité des fonctions dont il peut être chargé relativement aux réceptions de travaux, réglemens de leurs prix, & autres objets qui intéressent la comptabilité.

L'intention du Roi ayant été de faire de l'état & commission de son architecte ordinaire, un objet d'émulation & de récompense en faveur des membres de l'académie d'architecture, sa majesté a ordonné que la présentation du sujet à pourvoir de cette commission, ne pourroit être faite par le directeur & ordonnateur général des bâtimens, qu'en faveur d'un artiste déja élu & nommé à une des places de l'académie, soit dans la première soit dans la seconde classe.

Quoique l'architecte ordinaire ait, comme on l'a dit dans l'article précédent, le droit de présider les séances de l'académie royale d'architecture dans les cas d'absence ou de maladie de l'intendant général en possession du directorat, il ne peut point prétendre d'autre rang dans l'ordre ou tableau général de l'académie, que celui qui lui est acquis par la date de sa nomination: c'est pourquoi si dans l'instant où le Roi lui confère l'état de son architecte ordinaire, il n'est encore que dans la seconde classe de l'académie, il ne peut parvenir à la première que par la succession des vacances, & par les voies que prescrivent les statuts.

Observez, d'ailleurs que le Roi ayant considéré que l'état & commission de son architecte ordinaire, n'étoit pas d'une nécessité indispensable pour le service de ses bâtimens, sa majesté a réglé que dans le cas où le titulaire de cet état viendroit à décéder ou à se démettre de sa commisſion, le directeur & ordonnateur général pourroit ſurſeoir à la nomination & préſentation d'un nouveau ſujet.

Lorſque la place d'architecte ordinaire eſt remplie, il a ſéance de droit aux aſſemblées du comité du bureau d'adminiſtration des bâtimens, & il y a rang après les intendans généraux.

### ARTICLE III.

*De l'inſpecteur général des bâtimens du Roi.*

Ce que nous avons dit des commiſſions qui s'expédient aux intendans généraux des bâtimens & à l'architecte ordinaire du Roi, ainſi que de l'enregiſtrement de ces commiſſions & de la preſtation de ſerment des titulaires à la chambre des comptes, s'applique pareillement à l'inſpecteur général des bâtimens du Roi. Il eſt un des membres du comité ou bureau d'adminiſtration des bâtimens, & il y a rang après l'architecte ordinaire.

La commiſſion d'inſpecteur général ne donne à celui qui en eſt pourvu aucune entrée, rang, ni ſéance dans les aſſemblées de l'académie royale d'architecture. Ainſi lorſque par le vœu de la compagnie, & l'agrément du Roi ſur ce vœu, l'inſpecteur général des bâtimens obtient la qualité d'académicien, il ne peut prétendre aucune préſéance, prérogative ni diſtinction particulière.

Comme les fonctions, les obligations & les droits de l'inſpecteur général lui ſont communs avec pluſieurs autres officiers des bâtimens, nous les rapporterons dans la ſection ſuivante.

### ARTICLE IV.

*Des contrôleurs des bâtimens du Roi.*

Ces contrôleurs ſont au nombre de quatre. Leurs commiſſions s'expédient comme celles des officiers dont on a parlé dans les trois articles précédens; & ils ſont aſſujettis comme eux aux formalités de l'enrégiſtrement & de la preſtation de ſerment à la chambre des comptes.

Les fonctions principales des contrôleurs des bâtimens conſiſtent, à être reſpectivement députés par-tout où le directeur & ordonnateur général le juge à propos, pour faire la viſite des départemens; prendre connoiſſance des travaux qu'il eſt néceſſaire d'y entreprendre; en préparer les projets & devis; vérifier ſi ces départemens ſont exactement tenus & ſuivis tant par les inſpecteurs & ſous-inſpecteurs que par les gardes magaſins & autres ſubalternes; les entrepreneurs des travaux courans & ceux des entretiens fixes. Les contrôleurs doivent dreſſer des procès-verbaux de ces viſites, & les remettre au directeur & ordonnateur général, pour être enſuite examinés par le comité ou bureau d'adminiſtration.

Les contrôleurs n'ont pas ſéance dans ce bureau, mais quand il s'agit d'y examiner les opérations de quelqu'un d'entre eux, le directeur & ordonnateur général l'y appelle, & lui aſſigne le rang qu'il doit y occuper.

Il faut remarquer que quoique l'ambulance ſoit en quelque ſorte inhérente à la conſtitution des quatre emplois du titre de contrôleurs, on peut néanmoins, ſuivant les circonſtances, choiſir quelqu'un d'entre eux pour réſider plus ou moins longtemps à la ſuite de quelque entrepriſe conſidérable; mais cette réſidence doit toujours être reſtreinte à la durée de ſon objet, & ne peut point autoriſer celui qui a été employé à la conſerver & à regarder une telle commiſſion momentanée comme un emploi fixe & immuable dans le ſervice des bâtimens du Roi: l'intention de ſa majeſté eſt au contraire, qu'il reprenne ſes fonctions propres & ordinaires au premier ordre que peut lui en donner le directeur général.

## Section II.

*Des fonctions, des obligations & des droits qui concernent collectivement tous les officiers dont on a parlé précédemment, ou quelques-uns d'entre eux.*

Aucun sujet ne peut être pourvu des commissions d'intendant général, d'architecte du Roi, d'inspecteur général & de contrôleur des bâtimens à moins qu'il n'ait trente ans accomplis, ou qu'il n'ait obtenu des lettres de dispense que sa majesté s'est réservée d'accorder à la considération de talens distingués & d'une expérience prématurée.

Les fonctions de tous ces officiers sont subordonnées à l'autorité du directeur & ordonnateur général, qui a seul le droit de donner les ordres que les circonstances peuvent exiger.

Il est défendu expressément, & sous peine de révocation, aux mêmes officiers, de s'intéresser directement ni indirectement dans aucune entreprise ou traité de fournitures relatifs aux travaux des bâtimens du Roi : il leur est pareillement défendu, & sous la même peine, de se charger de la conduite d'aucun édifice public ou particulier, à moins qu'ils n'en aient obtenu la permission formelle du directeur & ordonnateur général, qui ne doit la leur accorder qu'après s'être assuré qu'il n'en résultera pas une distraction préjudiciable aux fonctions qu'ils sont obligés de remplir pour le service du Roi.

« Les fonctions des trois intendans » généraux, de notre architecte ordi- » naire & de l'inspecteur général, *porte* » *l'article 16 du titre 2 de l'édit de sep-* » *tembre* 1776, comprendront essentiel- » lement toutes celles qui ont été ou dû » être remplies, selon le vœu des décla- » rations des 17 février 1608, 7 juin » 1708, & autres réglemens antécédens » ou postérieurs, par notre premier » architecte & par les intendans & con- » trôleurs généraux dont nous avons » éteint & supprimé les offices par les » articles 1 & 2 du présent titre : réser- » vons néanmoins aux seuls intendans » généraux, les visites, prisées & esti- » mations d'immeubles qui se trouveront » à faire pour le service de nos bâtimens, » & la rédaction des procès-verbaux qui » en seront ordonnés par le directeur » général, qui donnera son attache ou » visa pour exécution. »

Au surplus, le Roi interprétant, modifiant & amplifiant les déclarations, arrêts & réglemens antérieurs à l'édit qu'on vient de citer, a ordonné que l'administration de ses bâtimens seroit désormais conduite d'après les dispositions qu'on va rapporter.

Les intendans généraux, l'architecte ordinaire, & l'inspecteur général, doivent tenir, sous les ordres & la présidence du directeur général, des assemblées, bureaux ou comités pour l'examen & la discussion des projets & plans que peuvent faire naître les besoins du service du Roi, soit qu'il s'agisse de réparations, ou d'entreprises nouvelles pour les usages personnels de sa majesté & ceux de la famille royale, ou même pour l'intérêt public, quand il se trouve lié avec l'administration des bâtimens du Roi.

Ces projets & plans doivent être en général concertés & formés par ces officiers, soit en commun, soit en particulier, selon ce que le directeur général estime convenable aux circonstances : celui-ci peut même faire examiner par le bureau les projets ou plans formés par d'autres artistes ou employés des bâtimens du Roi ; mais on n'en peut exécuter aucun qu'il n'ait été rapporté au bureau, afin que toutes les opérations soient sûrement dirigées vers le plus grand bien du service de sa majesté, le progrès & la perfection des arts.

Le directeur général est autorisé à ordonner, suivant l'ancien usage, des devis généraux combinés sur la position des divers départemens, relativement aux prix des matériaux & de la main-d'œuvre, pour en être fait adjudication au rabais aux entrepreneurs qui viennent à se présenter : il a pareillement le droit d'appliquer des devis particuliers à chaque entreprise, dont le cours du service peut faire naître l'objet : mais lorsque les travaux des bâtimens du Roi doivent être des constructions neuves ou de grosses réparations sortant de la classe des travaux courans en entretien & réparations, ils ne peuvent être entrepris que d'après des devis généraux ou particuliers, dans lesquels se trouvent déterminés, avec précision, la nature des matériaux, celle des ouvrages, les prix qui doivent y être appliqués, & toutes les autres conditions qui peuvent être jugées convenables aux intérêts de sa majesté.

Si le directeur & ordonnateur général jugeoit convenable d'opérer par adjudication générale ou particulière sur quelque partie que ce fût des travaux des bâtimens du Roi, on ne pourroit plus y procéder à l'extinction des feux : cette forme d'adjudication a été abrogée comme plus nuisible qu'utile en pareille circonstance ; & pour y suppléer, sa majesté a réglé que quand le bureau ou comité dont on a parlé précédemment, auroit arrêté les plans & devis, & qu'ils auroient été approuvés & visés par le directeur général, tous les entrepreneurs & ouvriers seroient, dans des placards affichés publiquement, avertis des objets qui seroient à traiter, afin qu'ils pussent prendre communication des devis & projets, & présenter ensuite directement à l'ordonnateur général, les soumissions des prix qu'ils auroient à proposer : ces soumissions doivent être communiquées respectivement à tous ceux qui en ont donné, afin qu'ils puissent, si bon leur semble, changer leurs premières propositions & en faire de nouvelles ; & lorsque l'ordonnateur général juge que celles-ci sont admissibles, il peut passer avec les entrepreneurs agréés tel marché que de droit, en exigeant caution suffisante pour en assurer l'exécution. En pareil cas, le directeur & ordonnateur général doit, pour la plus grande authenticité des marchés, se faire assister, lorsqu'il les consomme, par les officiers du bureau, qui doivent, au nombre de deux au moins, signer les marchés.

A l'égard des travaux qui ne comportent que des réparations usuelles & courantes, où dont les espèces ne présentent ni nécessité, ni utilité pour les soumettre à la formalité d'un devis & adjudication ; le directeur général peut en ordonner de la manière qu'il trouve la plus convenable aux intérêts du Roi, après, néanmoins, qu'il en a fait examiner les objets par le bureau, quand cette précaution lui a paru nécessaire.

Immédiatement après la perfection des ouvrages qui ont été traités sur devis & marchés, il en doit être dressé procès-verbal de toisé & réception, par trois membres du bureau, dont les fonctions sont absolument concurrentes sur ce chef : cette opération doit être précédée d'un travail fait par les employés vérificateurs, dont il est parlé dans la section suivante ; ce travail doit être rapporté au bureau, ou comité, pour y être examiné d'après les devis & marchés, & recevoir ensuite l'arrêté définitif & le visa du directeur général.

Les employés vérificateurs doivent pareillement faire la reconnoissance de tous les travaux qui, n'ayant point exigé d'adjudication, ni de marché préalable, ont été exécutés sur les ordres purs & simples du directeur général. Il doit aussi en être dressé des procès-verbaux de toisé, réception & réglement de prix, par trois des officiers du bureau, lesquels sont chargés de s'assurer avant tout, que les ouvrages ont, en effet, été autorisés.

Il faut observer que tous les travaux & dépenses de chaque département doivent être toisés, reconnus & constatés dans l'année qui suit celle de l'exécution; mais cette règle souffre exception relativement aux grands édifices, sur lesquels on ne peut opérer utilement, que quand ils sont terminés : c'est pourquoi, en attendant cet instant, il suffit d'exiger des entrepreneurs des *êmes* de toisé, ou de prendre quelqu'autre mesure convenable pour que l'administration ne soit point exposée à excéder une juste proportion dans la distribution des à comptes.

Il est enjoint aux officiers du comité ou bureau d'administration, d'énoncer dans le libellé des arrêtés qu'ils forment, si les travaux, dont il y est question, ont été subordonnés à des devis, marchés & adjudications, ou si ces formalités ont été censées inutiles, afin qu'en jugeant les comptes de la trésorerie, il ne puisse rester aucun doute, ni être élevé aucune difficulté (1).

Les mémoires qui, par leurs objets, n'exigent pas le travail des vérificateurs, les états des fournitures & dépenses, connues sous le nom de petits mémoires, & les rôles pour les parties qui se traitent sous cette dénomination, doivent être revêtus du certificat des inspecteurs des départemens respectifs, pour être examinés & réglés eu égard au cours du temps, & arrêtés par les officiers du bureau ou comité. Ceux-ci doivent signer ces arrêtés au nombre de deux au moins, en présence du directeur général qui doit y donner son visa. Au jugement des comptes, on doit admettre ces mêmes arrêtés, comme on admettoit précédemment les arrêtés de même classe qui s'opéroient par deux des officiers que l'édit de septembre 1776 a supprimés (1).

Comme au rang des objets dont on vient de parler, se trouvent les mémoires relatifs aux ouvrages de peinture, sculpture & gravure qui s'exécutent pour le service du Roi, sa majesté veut que ces sortes de mémoires soient traités avec le concours de l'artiste auquel elle aura conféré l'état & qualité de son premier peintre; ou en cas de vacance de l'état de premier peintre, avec le concours de tel membre de l'académie de peinture, que le directeur général aura jugé à propos de choisir pour lui confier le détail des arts. Cet artiste ou premier peintre doit arrêter & signer, conjointement avec deux officiers du bureau, les mémoires dont il s'agit, & le directeur général est autorisé à régler la séance que cet artiste ou premier peintre doit avoir dans les assemblées où il est appelé. Au surplus, le premier peintre, ou l'artiste admis à sa place, ne peuvent être astreints à aucune formalité de réception pardevant la chambre des comptes, pour raison des arrêtés auxquels ils doivent contribuer (2).

Les officiers du bureau doivent procéder sous les ordres du directeur général, à la préparation de tous les marchés d'entretien fixes, propres à différentes parties du service; & ce principal officier doit accorder ces marchés à ceux qui font la meilleure condition pour le Roi, soit par adjudication publique au rabais, soit par la voie des soumissions dont on a parlé précédemment. Pour la plus grande authenticité de ces marchés, le directeur général

(1) Telles sont les dispositions de l'article 33 du titre 2 dont il est parlé dans l'article 4 du titre 3 rapporté au chapitre du trésorier général des bâtimens du Roi.

(1) Tout cela est fondé sur l'article 34 du titre 2 dont il est parlé dans l'article 4 du titre 3 rapporté au chapitre du trésorier général des bâtimens du Roi.

(2) Telles sont les règles établies par l'article 35 du titre 2 dont il est parlé dans l'article 4 du titre 3 rapporté au chapitre du trésorier général des bâtimens du Roi.

général doit, lorsqu'il les passe, se faire assister par les officiers du bureau, au nombre de deux au moins : « mais, *ajoute* » *le législateur dans l'article* 36 *du titre* » 2 *de l'édit de septembre* 1776, pour » parer aux inconvéniens que le temps » a entraînés sur cette partie, nous vou» lons & entendons que chaque marché » d'entretien soit désormais déterminé » pour une révolution de temps, sur la » durée de laquelle nous nous en remet» tons à la prudence de l'administrateur » général ; qu'à l'expiration desdits mar» chés, ils soient renouvelés par acte » en bonne forme ; qu'il soient souscrits » par ceux qui les obtiendront, & qu'ils » ne soient plus considérés, comme ils » sembloient l'avoir été, sous l'aspect » d'emplois que le temps a, dans bien » des circonstances, rendu héréditaires, » & dont le service doit devenir d'au» tant moins utile pour nous, que les » obligations en sont moins constantes, » par le défaut de soumission précise d'un » entrepreneur qui est admis, sans autre » indication, à ne suivre que celles des » erremens de son prédécesseur. Enten» dons néanmoins, à l'égard des mar» chés qu'exige la culture de nos oran» geries & jardins d'utilité ou d'agre» ment, qu'ils puissent être accordés, si » le directeur général le trouve conve» nable, pour la vie de ceux qui seront » dans le cas de les obtenir, attendu » qu'il sera toujours loisible à l'admi» nistrateur général de les révoquer dès » qu'il sera dans le cas de se plaindre de » leur exécution : & si cette circonstance » de révocation n'a pas lieu pendant la » vie de l'entrepreneur, ses enfans ou » autres représentans ne pourront être » admis à lui succéder, qu'en souscri» vant un marché personnel, tel qu'il » sera convenable alors de le former.

» Pour nous ménager, *porte l'article* » *suivant*, tous les avantages que nous » devons éprouver de l'exécution fidèle» ment suivie des marchés d'entretien, » nous voulons qu'à l'expiration de cha» que trimestre, les inspecteurs des dé» partemens soient exacts à remettre à » l'administrateur général les certificats » d'exécution & de bons services qu'il » a été jusqu'à présent d'usage de déli» vrer aux entrepreneurs desdits mar» chés, mais uniquement à titre de » forme requise pour pouvoir toucher » les fonds appliqués à chaque partie, » lorsque la distribution s'en trouvoit » exigible à la caisse ; au lieu qu'il entre » dans nos intentions que désormais il » ne puisse être expédié par l'adminis» trateur général, aucun ordre de paye» ment des fonds destinés pour les mar» chés d'entretien, que sur la produc» tion qui lui aura été faite desdits cer» tificats de service, lesquels seront, en » temps & lieu, renvoyés à la partie » intéressée pour être fournis au tré» sorier, au soutien de la quittance du » payement : bien entendu que nonob» stant ces certificats, les quatre em» ployés contrôleurs prendront soin, dans » le cours de leurs tournées, de s'assurer » par eux-mêmes de l'exécution fidèle » desdits marchés, & d'en faire rapport » dans leurs procès-verbaux ».

Pour marquer la distinction & l'importance que le Roi a attachées à l'exercice des commissions des intendans généraux, de l'architecte ordinaire, de l'inspecteur général, & des contrôleurs des bâtimens dont il a été question, tant dans la présente section, que dans celle qui l'a précédée, sa majesté a déclaré qu'elle plaçoit tous ces officiers au rang des commensaux de sa maison, pour jouir de tous les priviléges annexés à ce titre : en conséquence elle a ordonné qu'ils auroient leurs causes commises aux requêtes de l'hôtel ou du palais, dans toute l'étendue du droit de *committimus* du grand sceau, & que les priviléges dont il s'agit seroient conservés aux titulaires après un exercice de vingtcinq ans, & appartiendroient à leurs veuves s'ils en laissoient après ce temps, & même dans le cas où, sans avoir exercé vingt-cinq ans, ils viendroient à décéder étant encore revêtus de leurs commissions.

### Section III.

*Des autres employés aux bâtimens du Roi.*

On a vu dans les sections précédentes, que les intendans généraux des bâtimens, l'architecte ordinaire du Roi, l'inspecteur général, & les contrôleurs des bâtimens, avoient des fonctions & un état réglés par le législateur lui-même, dans son édit de septembre 1776; mais les autres sujets admis dans le service des bâtimens de sa majesté, tiennent leur mission du seul directeur général: cet officier est autorisé à leur expédier des commissions spéciales, pour les emplois auxquels ils les a destinés. Aucun des sujets ainsi nommés, ne peut s'immiscer dans l'exercice de l'emploi qui lui a été conféré, qu'il n'ait auparavant prêté serment entre les mains du directeur général, *de se bien & fidellement comporter au fait de sa commission.*

Les principaux employés de l'espèce dont il s'agit, sont les inspecteurs & les sous-inspecteurs des départemens, & les employés vérificateurs.

*Des inspecteurs & des sous-inspecteurs.*

Pour qu'il fût pourvu à la suite journalière des travaux des bâtimens du Roi, à l'exécution des ordres que le directeur général seroit dans le cas d'expédier, & à la correspondance que le service pourroit exiger, sa majesté a ordonné qu'il seroit préposé dans chaque département, & en raison de ses détails plus ou moins multipliés, divers inspecteurs dont l'un auroit le titre de premier, & les autres le titre de sous-inspecteurs qui lui seroient subordonnés, comme il le seroit lui-même au directeur & ordonnateur général. Aucun de ces emplois ne comporte une résidence invariable: ils sont tous subordonnés aux remplacemens que le directeur général croit devoir ordonner, soit uniquement dans la vue du bien du service du Roi, soit dans la vue de l'avancement d'un employé, dont le zèle, l'application & l'intelligence ont mérité cette distinction; l'intention de sa majesté étant que tous ceux qui sont admis aux postes d'inspecteurs & de sous-inspecteurs, puissent parvenir successivement à tous les emplois de l'administration, & qu'ils soient même préférés pour être nommés aux postes avantageux qui peuvent venir à vaquer, quand la durée & la distinction de leurs services leur auront mérité cette grace.

Les fonctions des inspecteurs & des sous-inspecteurs sont ainsi détaillées dans l'article 39 du titre 2 de l'édit de septembre 1776.

« Les inspecteurs & les sous-inspecteurs sous eux, suivront attentivement » tous les détails du département qui » leur sera confié.

» Ils en visiteront très-fréquemment » toutes les parties, pour être sans cesse » au courant des objets de réparations » qui peuvent se présenter, & prendre » les plus promptes mesures pour arrêter » les dégradations, en se bornant néan» moins aux ouvrages les plus provi» soires & les plus instans, sans pou» voir faire exécuter au-delà, qu'après » les ordres qu'ils se procureront de la » part du directeur général, sur les » comptes qu'ils lui rendront directe» ment par la correspondance la plus » exacte.

» Ils conduiront avec la plus sévère » attention l'exécution de tous les tra» vaux qui seront ordonnés, & surveille» ront incessamment les divers atteliers, » pour parer à toutes négligences, mal» façons ou abus dans les choix & l'em» ploi des matériaux, & pour que tout

» soit exécuté avec autant de solidité » que d'économie, d'après les règles de » l'art, & les plans & devis qui auront » déterminé les opérations.

» Ils prendront dans la meilleure » forme les attachemens de toutes les » les parties qui en seront susceptibles, » en vérifieront par eux-mêmes tous » les objets & les énonciations, ils les » arrêteront & souscriront conjointement » avec les entrepreneurs respectifs, » en deux originaux, l'un pour » demeurer à l'entrepreneur, & l'autre » pour demeurer entre leurs mains, jusqu'à » l'envoi qu'ils seront tenus d'en » faire au directeur général, dans la » première huitaine, après l'expiration » de chaque mois, afin que, lorsqu'il » sera question de vérifier les mémoires, » les employés préposés pour ce travail » puissent procéder, d'après la remise qui » leur sera faite dans les bureaux mêmes » du directeur général, & par ses ordres, » de tous les attachemens qui y auront » été déposés, & au-delà desquels nous » défendons absolument auxdits employés » vérificateurs, d'admettre aucun » attachement qui leur seroit présenté » dans le cours de leurs opérations, » soit par lesdits inspecteurs & sous-inspecteurs, » soit par les entrepreneurs » eux-mêmes.

» Lesdits inspecteurs & sous-inspecteurs » vérifieront aussi souvent que » besoin sera la suite des marchés d'entretien » qui seront subordonnés à leurs » fonctions, & veilleront à ce qu'ils » soient exactement remplis, à défaut » de quoi, ils en informeront le directeur » général, pour qu'il puisse y pourvoir.

» Ils seconderont de tous leurs soins » les opérations qu'auront à faire les » principaux officiers de l'administration, » dans les tournées pour lesquelles ils » seront députés par le directeur général; » ils leur donneront toutes les » connoissances nécessaires sur les détails » du département, & déféreront aux » avis & instructions qu'ils seront dans » le cas d'en recevoir pour le bien du » service.

» Ils tiendront la main à ce que les » entrepreneurs, ouvriers & fournisseurs » composent & rédigent leurs mémoires » avec clarté & précision, sur-tout sans » confusion des différentes parties de » travaux, qui devront toutes être énoncées » de suite, selon les différens corps » de bâtimens, objets des travaux, & » à ce que lesdits mémoires soient remis » assez tôt, pour, qu'avant d'en » faire l'envoi au bureau du directeur » général (1), ils puissent faire le premier » examen qui devra déterminer » leur certificat, sur la vérité du mémoire, » & la relation exacte de ses » objets, avec les ordres qui auront » autorisé les travaux, sauf la vérification » des détails par les employés préposés » pour ce; lequel certificat devra » toujours être souscrit également par » l'inspecteur & les sous-inspecteurs, » quand ces deux classes d'employés » existeront dans le département.

» Ces mêmes employés reconnoîtront » de temps à autre, & toujours plusieurs » fois par chaque année, l'état » des logemens & bâtimens particuliers » tenus par des concessionnaires à temps, » ou à vie (2).

» Et ils rempliront, au surplus, tous » les devoirs & fonctions attachés au » titre de leur emploi, ainsi que les » ordres qui leur seront adressés par le » directeur général, en se conciliant

(1) Ces mémoires doivent être déposés dans les bureaux du directeur général avant le premier avril de chaque année. C'est une disposition de l'article 31 du titre 2 de l'édit de septembre 1776.

(2) Voyez ce qui a été dit de ces logemens au chapitre précédent, concernant le directeur & ordonnateur général des bâtimens.

» entr'eux pour le plus grand bien du » service, & en observant par les sous-» inspecteurs envers les inspecteurs, la » juste déférence qui convient au grade » qu'ils auront, & qui intéresse égale-» ment le bien de notre service ».

Il est défendu à tous ceux qui obtiennent des emplois d'inspecteurs, de s'attribuer aucun autre titre dans le service des bâtimens du Roi, & notamment celui de contrôleur, que sa majesté a supprimé à perpétuité : elle a réglé qu'à l'occasion de ces emplois, ils ne pourroient prétendre d'autres émolumens que les gages qu'elle leur auroit attribués & qu'ils ne pourroient, sur-tout, s'immiscer dans la jouissance d'aucun des menus émolumens, bénéfices & avantages locaux qui, précédemment, avoient été réputés attachés aux emplois des contrôleurs supprimés. Le Roi s'est réservé, au sujet de ces mêmes émolumens, bénéfices & avantages locaux, d'en faire telle disposition qu'il jugeroit convenable, sur le rapport qui lui en seroit fait par le directeur général.

Il est pareillement défendu aux inspecteurs & sous-inspecteurs, à peine de destitution, de s'intéresser directement ni indirectement dans aucune entreprise ou marché relatif aux bâtimens du Roi. La même peine de destitution auroit lieu contre ceux qui accepteroient un emploi dans quelque partie que ce fût, autre que celle du service de ces bâtimens : mais sa majesté a permis que quand les inspecteurs ou les sous-inspecteurs trouveroient, dans leurs départemens respectifs, des occasions d'exercer leurs talens dans l'art de bâtir, ils pussent en profiter, pourvu, toutefois, que le directeur général eût jugé préalablement que ces travaux particuliers n'apporteroient aucun préjudice au service du Roi.

*Des employés vérificateurs.*

Avant l'édit de septembre 1776, les employés vérificateurs étoient au nombre de trois; mais cette loi a laissé au directeur général la liberté d'augmenter ou de diminuer le nombre des employés de cette classe, selon que les besoins du service lui paroîtroient l'exiger.

Les fonctions de ces employés consistent particulièrement à se transporter, sur les ordres du directeur général, dans tous les départemens qui leur sont assignés, pour, d'après les devis, marchés, attachemens & mémoires qui leur ont été remis à cet effet, y vérifier le toisé & l'exécution plus ou moins exacts des ouvrages énoncés dans les mémoires. Ils doivent observer, à l'égard des ouvrages qui n'ont pas été exécutés d'après des devis & marchés, de se faire représenter par les inspecteurs de chaque département, les ordres qui les ont autorisés, & d'en faire mention à la marge des mémoires.

Et s'il se trouvoit quelque ouvrage dont la nécessité urgente eût entraîné une exécution provisoire & sans ordre spécial, les vérificateurs seroient tenus de prendre des instructions suffisantes concernant cet objet, afin d'être en état d'en rendre compte au directeur général, en lui rapportant leur travail.

Les employés vérificateurs ont respectivement entrée aux bureaux ou comités qui se tiennent pour le réglement des mémoires, quand il y est question de leur département. Ils prennent alors la séance qui leur est assignée par le directeur général, & ils ont droit de signer conjointement avec les officiers du bureau, au nombre de trois au moins, les arrêtés de chaque mémoire expédié à leur rapport. Au surplus, cette fonction des vérificateurs, dont l'objet principal est de certifier leurs vérifications, ne les soumet à aucune formalité de réception à la chambre des comptes.

*Des entrepreneurs des bâtimens du Roi.*

En conformité de l'arrêt rendu au

conseil d'état du Roi, le 9 octobre 1669, sa majesté a ordonné que les maîtres maçons & charpentiers qu'auroient admis & reçus le directeur & ordonnateur général, en titre & qualité d'entrepreneurs, & qui en rempliroient les fonctions, ne pourroient être nommés par les juges de la chambre royale des bâtimens, au rang des commissaires que cette chambre prépose chaque mois pour faire la visite des différens atteliers de construction de la ville de Paris. Pendant tout le temps que ces entrepreneurs sont attachés aux bâtimens du Roi, ils doivent être dispensés, non-seulement, des visites dont on vient de parler, mais encore de toute autre fonctionpublique de même nature, qui pourroit les distraire de la suite des travaux auxquels ils sont occupés pour sa majesté.

Toutes les contestations qui peuvent s'élever entre les entrepreneurs des bâtimens du Roi, & leurs marchands fournisseurs & ouvriers, lorsque ces contestations peuvent être occasionnées par des faits inhérens aux entreprises traitées pour le service de sa majesté, doivent être portées devant le lieutenant général de police de Paris, sauf l'appel au parlement.

# CHAPITRE LVI.

## *Du trésorier général des bâtimens du Roi.*

L'OFFICE de trésorier général des bâtimens a été créé par un édit de 1556. Il a depuis éprouvé différentes variations: quelquefois il a été unique, & quelquefois il a été divisé. Avant l'édit de février 1774, il existoit deux offices de trésoriers généraux des bâtimens du Roi; l'un sous le titre de triennal & mi-ancien, & l'autre sous le titre d'alternatif & mi-ancien: mais cet édit supprima ces deux offices, & créa un office seul & unique de conseiller du Roi trésorier général des bâtimens & jardins de sa majesté, arts, académies & manufactures royales.

La finance de cet office fut fixée à une somme de six cents mille livres, que le titulaire fut chargé de payer entre les mains du trésorier des parties casuelles, & il fut ordonné qu'au moyen de cette finance, ce titulaire & ses successeurs seroient déchargés de l'obligation de donner caution de leur manîment.

Il fut attribué à l'office dont il s'agit trente mille livres de gages, & trente mille livres de taxations & droits d'exercice fixes, par année.

Le Roi ordonna en même temps que le pourvu de cet office en jouiroit conformément aux réglemens, & aux mêmes honneurs, privilèges, libertés, franchises & exemptions que ceux qui avoient été attribués aux anciens trésoriers des bâtimens par le titre originaire de leur création.

Les choses subsistèrent sur ce pied jusqu'au mois de juillet 1779, que, par un édit de ce mois, le Roi crut devoir comprendre dans la suppression des divers offices de trésoriers de sa maison, celui de trésorier général de ses bâtimens. Ainsi les dépenses de cette partie dûrent être faites par le trésorier payeur général des dépenses de la maison du Roi, qui avoit été créé par le même édit.

Mais quelque temps après, l'expérience fit appercevoir des inconvéniens dans la suppression de la trésorerie des bâtimens, & le Roi ayant jugé nécessaire de distinguer

& de classer sans confusion les dépenses qui se faisoient chaque année pour l'administration de cette partie, sa majesté donna au mois de décembre 1783, un nouvel édit par lequel elle révoqua la suppression que l'édit de juillet 1779 avoit faite de l'office de trésorier général des bâtimens.

Le titulaire de cet office doit se faire recevoir à la chambre des comptes & y prêter serment.

Le trésorier général des bâtimens est d'ailleurs obligé, relativement à sa gestion & à sa comptabilité, de se conformer à ce qui est prescrit par le titre 3 de l'édit du mois de septembre 1776, enregistré à la chambre des comptes le 19 du même mois. Ce titre est divisé en treize articles, qui contiennent les dispositions suivantes:

« I. La distribution de tous les deniers » que nous ferons verser dans la caisse » & trésor particulier de nos bâtimens, » pour subvenir à toutes les dépenses » de cette administration, continuera » d'être dirigée par le directeur général, » dans les proportions qui lui paroîtront » justes & convenables, eu égard aux » droits de chaque partie prenante, sans » que les officiers du bureau d'adminis- » tration puissent expédier aucun ordre » ni mandat sur le trésorier, ni s'immiscer » dans le travail des distributions, en » quelque sens que ce soit.

» II. Aucun payement ne pourra être » fait par le trésorier & alloué dans ses » comptes, qu'en vertu d'états & ordon- » nances signées de nous, visés par l'ad- » ministrateur général, & au soutien » desquels ledit trésorier rapportera quit- » tances & pièces suffisantes d'après les » dispositions ci-après, indépendamment » des autres pièces qu'exige la sûreté de » la comptabilité, lorsqu'il sera question » de payer aux représentans d'un créan- » cier décédé.

» III. Nonobstant la disposition de l'art. » précédent, & considérant les circons- » tances éventuelles dans lesquelles le » bien de notre service peut exiger un » payement actuel & plus prompt qu'il » ne pourroit l'être, s'il falloit y appli- » quer une ordonnance signée de nous, » autorisons le directeur général à pour- » voir aux cas de cette espèce, en expé- » diant, sous sa signature personnelle, » des mandats sur ledit trésorier, dans » la forme de ceux usités de tout temps » dans l'administration, sous le titre » d'ordres de comptant, & ce jusqu'à » concurrence de cent mille livres, en » une ou plusieurs parties; permettant » à notredit trésorier, & même lui en- » joignant de satisfaire aux mandats ou » ordres de comptant ainsi expédiés, qui » lui tiendront lieu de valable décharge, » jusqu'à rapport des acquits comptables » qui devront compenser lesdits ordres » dans le délai de six mois, après leur » expédition & leur payement.

» IV. Dans les cas de payemens finaux » sur toutes les parties quelconques de » travaux ou fournitures, il ne pourra » y être satisfait par le trésorier de nos » bâtimens, qu'autant qu'il lui sera rap- » porté par la partie prenante, indépen- » damment de l'état ou ordonnance, & » de la quittance énoncés dans l'article 2 » du présent titre,

SAVOIR:

» 1°. Pour tout ouvrage exécuté, en » vertu de devis & adjudication ou mar- » ché, une expédition d'iceux; ou même » pour éviter les frais, une simple copie » sur papier, non timbré, certifiée par » l'un des officiers du bureau, & le mé- » moire formé d'après lesdits devis, revêtu » du procès-verbal de toisé, réception & » arrêté, visé de l'administrateur général, » dans la forme prescrite par l'article 33 » du titre 2 du présent édit.

» 2°. Pour tout ouvrage qui n'aura » point exigé de devis ou marché, le » mémoire original dûment arrêté, avec » énonciation qu'il n'est intervenu ni

» devis ni marché felon le vœu dudit » article 33 dudit titre deuxième.

» 3°. Et fur les autres efpèces de dé» penfes indiquées par les articles 34 & » 35 dudit titre, le mémoire dûment » réglé & arrêté dans la forme defdits » articles (1).

« En ce qui concerne les dépenfes » fixes, telles que gages, appointemens, » prix de marché, d'entretien, penfions, » gratifications, ou fommes une fois » payées, dont nous jugerons à propos » d'ordonner la dépenfe pour le progrès » & l'encouragement des arts, & pour » autres caufes relatives à l'adminiftra» tion de nos bâtimens, le payement en » fera alloué fur la repréfentation de » l'état, ou ordonnance fignée de nous, » vifée du directeur général, & de » quittance fuffifante, fauf toutefois, » à l'égard des marchés d'entretien, le » certificat de bon fervice prefcrit par » l'article 37 du titre deuxième (2).

» Et quant aux dépenfes qui ne feront » établies que par des rôles, & qui ne » comportent point de quittance de la » part des parties prenantes, parce qu'il » ne s'agit en général que de diftributions » manuelles à des journaliers qui, le » plus communément, ne favent point » écrire; nous voulons que le payement » defdits rôles, quel que foit le montant » de chacun d'eux, pourvu qu'il n'excède » pas fix mille livres, foit paffé & alloué » dans la dépenfe des comptes du tré» forier, fur la repréfentation pure & » fimple de l'ordonnance fignée de nous, » & de l'original dudit rôle duement » arrêté, au pied duquel rôle ledit tré» forier aura fait certifier, par un des » intendans généraux, la délivrance » effective du montant d'icelui.

» V. Les ordonnances, qui feront » expédiées pour payemens finaux, à la » fuite d'une délivrance fucceffive d'à » comptes, rappelleront l'énonciation de » tous lefdits à comptes par dates & par » fommes, afin que chaque ordonnance » finale puiffe toujours préfenter le ta» bleau d'une liquidation entière & » abfolue.

» VI. Défendons expreffément au tré» forier de nos bâtimens de s'écarter » dans les payemens qu'il aura à faire » des difpofitions exprimées dans les » quatre articles précédens, à peine de » radiation ou au moins de fouffrance » à prononcer par les gens de nos comp» tes dans ceux qu'il aura à nous rendre, » de tous payemens non juftifiés, felon » le vœu de nos préfentes difpofitions, » qui fuppléeront déformais à tout ce » qui avoit été prefcrit par les réglemens » antérieurs, fur le fait de la compta» bilité, & fpécialement par la décla» ration du 7 février 1608, par celle » du 7 juin 1708, & par les articles » 1, 2 & 3 de celle du 27 mai 1770, » regiftrée en notre chambre des comptes » le 7 juin de la même année, à tous » lefquels réglemens antérieurs, en » tant qu'ils fe trouveroient contraires » aux formes de comptabilité que nous » venons de prefcrire pour l'avenir, nous » avons dérogé & dérogeons.

» VII. Par fuite de la dérogation gé» nérale que nous venons de prononcer, » nous déclarons particulièrement, au » fujet de l'article 3 de la déclaration » du 27 mai 1770, que nous en révo» quons nommément le contenu, en ce » qu'il prefcrit l'énonciation dans chaque » ordonnance fignée de nous pour un » payement à compte, du nombre or» dinal de ce même à compte; précau» tion dont un examen réfléchi nous a » préfenté, non-feulement l'inutilité, » mais encore le danger, en ce que le » bien du fervice exigeant très-fouvent » que les à comptes foient, & foibles en

---

(1) Voyez dans la feconde fection du chapitre précédent, les difpofitions de ces articles 33, 34 & 35 du titre 2 de l'édit dont il s'agit.

(2) Cet article eft rapporté dans la feconde fection du chapitre précédent.

» eux-mêmes, & très-multipliés, en faveur d'ouvriers peu accrédités, chargés de travaux distincts, sur chacun desquels il y a des mémoires particuliers, il en devient presque impossible qu'il ne s'introduise pas quelques erreurs dans les énonciations du nombre ordinal des à comptes; erreurs qui, une fois commises, entraîneroient nécessairement de l'embarras & des longueurs dans la vérification des liquidations, tandis que les comptes ouverts, tenus sous les yeux de l'administrateur général, pour chaque entrepreneur, suffiront à la sûreté des opérations.

» VIII. Aprouvons & validons tous payemens qui, antérieurement à la publication du présent édit, peuvent avoir été faits sur ordonnances non libellées, conformément à la disposition dudit article 3 de la déclaration de 1770, pourvu que d'ailleurs ils ayent été exécutés selon le vœu des réglemens qui devoient y présider.

» IX. Le contrôle de toutes les quittances que le trésorier de nos bâtimens sera dans le cas d'expédier à la décharge du garde de notre trésor royal, ou autres comptables, sur les caisses desquels nous lui expédierons des assignats, sera fait par l'un des intendans généraux qui seront institués en vertu du présent édit, & auxquels nous conférons, à cet effet, tout pouvoir nécessaire pour exercer concurremment l'un en l'absence de l'autre, & à la charge de tenir un registre commun du contrôle qu'ils exerceront, lequel registre ils seront tenus de remettre au greffe de notre chambre des comptes, en la manière accoutumée, pour servir à la vérification du compte auquel ledit registre s'appliquera, nous réservant de pourvoir, ainsi que nous l'aviserons, en cas de négligence sur la tenue dudit registre, & sa remise au greffe.

» X. En ce qui concerne le délai dans lequel le trésorier de nos bâtimens sera tenu de présenter & faire juger les états au vrai & compte de chacun de ses exercices, considérant que la comptabilité de nos bâtimens dépend de plusieurs opérations que nous nous sommes réservées dans l'administration d'iceux, & de la progression des payemens que nous jugeons à propos de faire fournir sur chaque exercice, ce qui place cette comptabilité dans une classe particulière; nous avons accordé & accordons audit trésorier le terme & délai de quatre années, après chaque exercice révolu, pour présenter ses comptes à la chambre. Voulons en conséquence que les comptes des années 1767 & suivantes, qui n'ont pu encore être présentés, le soient; savoir celui de 1767, dans le cours du mois de novembre 1776, celui de l'année 1768, dans le cours du mois d'août 1777, & ainsi de neuf mois en neuf mois pour chacune des années de ladite comptabilité : le tout aux peines des amendes portées par les réglemens. Entendant au surplus que notredit trésorier soit soumis aux dispositions de tous les édits, arrêts & réglemens communs à tous les comptables ou particuliers à son office, suivant l'édit de sa création, du mois de février 1774, que nous confirmons dans toutes ses dispositions.

» XI. Ayant égard au compte qui nous a été rendu de diverses condamnations d'amendes prononcées par les gens de nos comptes, à la charge des trésoriers successifs de nos bâtimens, à raison des délais par eux ci-devant apportés pour la présentation des états au vrai & comptes des différentes parties de leur gestion, & bien informés que lesdits délais n'ont point été du fait desdits trésoriers, & qu'au contraire ils ont été une suite nécessaire des circonstances qui ont fait languir l'apurement de chaque exercice, nous avons pensé qu'il

» est

» est de notre justice d'y pourvoir : en » conséquence, nous avons quitté & déchargé, comme de fait, nous quittons » & déchargeons, par notre présent édit » lesdits trésoriers de nos bâtimens, leurs » représentans & ayant causes, du payement de toutes amendes encourues & » prononcées à raison desdits délais, » ainsi que des divers intérêts auxquels ils » peuvent avoir été condamnés aux jugemens de tous comptes antérieurs à » 1767, rendus tant sur l'exercice ordinaire que sur les recettes du dixième » & de la capitation de nos bâtimens, » voulant que tous jugemens & arrêts » sur ce intervenus, soient & demeurent » nuls & comme non avenus.

XII. Abrogeons la disposition contenue » dans l'article 4 des lettres-patentes du » 27 mai 1770, d'après laquelle il devoit » être rapporté à l'appui de chaque compte » de la trésorerie de nos bâtimens, un » état certifié par le directeur général, » de toutes les acquisitions faites par ses » prédécesseurs & lui, en notre nom, » pour le service de nos bâtimens : cet » état ne pouvant qu'être imparfait & » illusoire sur les opérations extrêmement » anciennes qu'ils s'agiroit d'y rappeler, » & étant inutile sur les acquisitions plus » récentes, & celles qui pourront avoir » lieu à l'avenir, puisque la suite des » comptes en donne le tableau le plus » précis, & que les titres en sont toujours » déposés à l'appui de ces mêmes comptes, » dans les greffes & dépôts de notre » chambre des comptes.

» XIII. Déterminé par les justes considérations qui ont nécessité les arrêts » rendus en notre conseil d'état, les 27 » mars 1683, 25 octobre 1687, & 10 » août 1712, au sujet des saisies arrêts » entre les mains du trésorier de nos » bâtimens, sur les parties prenantes en » cette caisse, & dont le nombre extrêmement multiplié rendroit la comptabilité interminable, indépendamment » de ce que les fonds uniquement destinés » pour notre service, en matière de travaux, fournitures, gages & appointemens, récompenses où alimens de ceux » à qui leurs services méritent nos bontés, » pourroient se trouver interceptés & » distraits à des usages très-contraires à » nos vues, nous déclarons, par le présent édit, la nullité absolue de toutes » saisies arrêts, oppositions ou empêchemens de quelque nature que ce soit, » qui ont été jusqu'à présent ou pourront » être formés sur toutes & chacune des » parties prenantes à la caisse de nos bâtimens, à quelque titre & pour quelque » cause que ce soit, pendant la vie de » ladite partie prenante, à compter du » décès de laquelle seulement, les droits » qui pourront se trouver lui être acquis, » seront susceptibles de toutes les poursuites & discussions autorisées par les » lois : Défendons en conséquence très-expressément à notredit trésorier d'avoir aucun égard aux significations qui » lui seroient faites par aucun créancier, » à moins que lesdites significations ne » fassent mention du décès de la partie » saisie ; lui défendons en outre d'admettre aucun transport, délégation ou » autre traité quelconques volontairement faits par acte publics ou privés, » & qui tendroient à transmettre les » droits d'une partie prenante sur nos » bâtimens, entre les mains d'un autre, » fut-il même attaché au département ; » mais en même-temps, pour parer à la » mauvaise foi avec laquelle quelques » gagistes subalternes abusent de ceux » qui leur fournissent les premiers besoins de la vie, en multipliant & donnant pour valeur de doubles quittances » pour toucher les quartiers de leurs » gages, voulons que sur les plaintes qui » en seront portées au directeur général » de nos bâtimens, il fasse délivrer les » parties du gagiste qui se trouvera dans » le cas, au créancier qui, dans l'ordre » judiciaire, seroit admis au privilège » accordé en faveur de tout fournisseur

» d'alimens, qui réclame en temps utile; » & qu'en cas de discussion de la part » dudit gagiste sur la décision du directeur général, ou de récidive d'un » délit de même genre, il soit & demeure » destitué de son emploi.

Il est défendu au trésorier général des bâtimens du Roi, d'entrer directement ni indirectement dans aucun traité d'affaire, ni entreprise concernant les bâtimens de sa majesté. Il lui est d'ailleurs enjoint très-expressément de tenir ses livres journaux dans la forme prescrite par l'édit de juin 1716, pour y écrire jour par jour & de suite, sans aucun blanc ni transposition, les parties de recette & de dépense qu'il a à faire dans l'exercice de son office, le tout sous les peines portées par les réglemens. C'est ce qui résulte de l'article 7 de l'édit de février 1774.

« Dans les états & comptes qui seront » rendus par le trésorier de nos bâtimens, » *porte l'article* 8 *du même édit*, les recettes y seront admises en rapportant » les ampliations des quittances comptables qu'il aura expediées à la décharge » des gardes de notre trésor royal, ou » autres de qui il aura reçu, & les différentes natures de dépenses seront passées, d'après les ordonnances & états » que nous en aurons expédiés, & sur la » représentation d'acquits, quittances & » pièces justificatives, en la forme & manière accoutumées, à raison desquels » comptes à rendre sur chaque exercice, » & pour subvenir aux épices, façon, » vacations & frais d'iceux en jetons d'argent & autres de toute nature, ensemble aux frais d'un commis payeur à » notre suite, notamment à Versailles, » il continuera d'être fait fonds chaque » année, conformément à notre édit de » 1722, d'une somme de onze mille » livres, laquelle somme ledit trésorier » pourra retenir par ses mains à l'instant » de la cloture de chaque exercice.

Il a été ordonné par l'article 18 que les six cens mille livres qui forment la finance de l'office de trésorier général des bâtimens, demeuroient affectées par privilège aux payemens des sommes dont cet officier pourroit être débiteur envers le Roi.

# CHAPITRE LVII [1].

## *De la maison militaire du Roi.*

Les corps militaires de la maison du Roi sont de deux sortes : les uns à cheval, les autres à pied.

Les premiers sont les gardes du corps, les gendarmes, & les chevaux légers de la garde.

Les seconds sont les cent suisses, les gardes de la porte, les gardes de la prévôté de l'hôtel, le régiment des gardes Françaises, & celui des gardes suisses.

La maison militaire du Roi est divisée en garde du dedans, & en garde du dehors.

La garde du dedans est composée des quatre compagnies des gardes du corps, des cent suisses de la garde, des gardes de la porte ordinaire, & des gardes de la prévôté de l'hôtel du Roi, ou hoquetons ordinaires de sa majesté.

La garde du dehors est composée de la compagnie des gendarmes & de celle des

(1) Ce chapitre & les suivans jusqu'au soixante-troisième inclusivement, sont de M. D.-M.-R. ancien officier.

chevaux légers de la garde, du régiment des gardes Françaises & de celui des gardes Suisses (1).

Cet ordre de division est celui que nous nous proposons de suivre en traitant des différens corps militaires de la maison du Roi.

# CHAPITRE LVIII.

## *Des gardes du corps du Roi.*

Les gardes du corps, qu'on appeloit anciennement archers de la garde (2), sont un corps d'officiers établis pour garder jour & nuit la personne du Roi, & la défendre contre quiconque formeroit le dessein d'attenter à sa sûreté.

Ils sont distribués en quatre compagnies, sous autant de capitaines qui servent par quartier.

Les gardes du corps sont la plus nombreuse des troupes de cavalerie qui composent la maison du Roi.

Comme ce que nous allons dire sur ce qui les concerne, exige plusieurs détails, nous diviserons la matière en six sections.

Dans la première, nous traiterons de la compagnie Écossoise; de son origine, de l'époque de son institution, des changemens qui s'y sont faits, des privilèges qui lui sont particuliers, & des gardes de la manche.

Dans la seconde, nous traiterons des trois compagnies Françoises, & nous en ferons de même connoître l'origine & les progrès.

Dans la troisième, nous ferons connoître la composition du corps, ainsi que tout ce qui concerne le choix des gardes & celui des officiers, l'uniforme, la bandoulière, les armes, les étendards, les chevaux, les remontes, réparations & entretiens, le rang des officiers, celui des gardes, & la paye.

Dans la quatrième, nous parlerons des devoirs & fonctions du corps à la cour, dans les quartiers & à l'armée, de la police qui s'observe dans le corps, des commissaires des compagnies, & des retraites des officiers & des gardes.

Dans la cinquième nous ferons connoître les privilèges, franchises, exemptions & prérogatives des gardes & de leurs officiers.

Enfin nous parcourrons les campagnes & les exploits des gardes du corps, & ce sera le sujet de la sixième & dernière section.

### SECTION PREMIÈRE.

#### *De la compagnie Écossoise.*

La première & la plus ancienne compagnie des gardes du corps du Roi, est celle qu'on nomme la compagnie Ecossoise.

Comme on en rapporte différemment l'institution, nous allons exposer

(1) Quand les deux compagnies des mousquetaires & celle des grenadiers à cheval subsistoient, elles composoient aussi la garde du dehors.

(2) C'est depuis 1644 ou environ qu'on a commencé à substituer l'expression de garde du corps à celle d'archer de la garde. Ce titre étoit anciennement un titre honorable. Outre que ceux qui le portoient dans les compagnies d'ordonnance, étoient presque tous issus de familles illustres, on voyoit souvent un officier de cavalerie d'un grade supérieur quitter son emploi pour celui d'archer de la garde.

Ce changement de dénomination n'a eu lieu, à l'époque dont nous parlons, que parce qu'alors on commençoit à prostituer sans choix & sans distinction le titre d'archer.

en peu de mots, la diverſité des ſentimens à cet égard.

En premier lieu, Jean Leſlé, évêque de Roſſe en Ecoſſe, dit dans l'hiſtoire qu'il a compoſée de ce royaume (1), que la garde Ecoſſoiſe commença en France ſous Grégoire, roi d'Ecoſſe; que ce fut Charles-le-Gros, roi de France, qui l'inſtitua vers l'an 886; & qu'elle ne fut dans le commencement que de vingt-quatre gentilshommes.

Cet évêque ajoute que Charles III créa cette compagnie en reconnoiſſance de la fidélité avec laquelle les Ecoſſois gardoient les traités d'alliance conclus entre eux & la nation Françoiſe.

En ſecond lieu, dans une remontrance intitulée, *Plainte des gardes Ecoſſois au roi Louis XIII, en 1612* (2), on voit leur inſtitution attribuée à ſaint Louis. Mais les auteurs de cette remontrance n'ont fait en cela que rapporter l'opinion de Jean-Baptiſte Mathieu, dans ſon hiſtoire de Louis XIII, dreſſée ſur des mémoires de ſon père, qui, à ce qu'on aſſure, étoient ſuſpects.

En troiſième lieu, Larrey dans ſon hiſtoire d'Angleterre (3), dit que c'eſt ſur la fin du règne de David II, roi d'Ecoſſe, que parut à la cour de France la compagnie des cent gardes Ecoſſois.

Quatrièmement enfin, l'abbé de Choiſi, dans ſa vie de Charles V (4), raconte que ſaint Louis en partant pour ſa première croiſade, avoit mis vingt-quatre Ecoſſois auprès de ſa perſonne pour le garder jour & nuit; & que leur fidélité ayant été éprouvée ſous huit règnes, Charles-le-Sage en 1371, en fit encore venir ſoixante-ſeize pour compoſer une compagnie de cent gardes, à laquelle il accorda beaucoup de privilèges.

On voit, d'après ce que l'abbé de Choiſi raconte de ſaint Louis, qu'il n'a pas dédaigné l'autorité de Jean-Baptiſte Mathieu, & qu'il s'en eſt remis à celle de Larrey, pour ce qui regarde Charles V.

Mais il y a lieu de croire qu'on ne doit s'en rapporter ni au prélat Jean Leſlé, ni à la remontrance à Louis XIII, ni à Jean-Baptiſte Mathieu, ni à l'hiſtorien d'Angleterre Larrey, ni enfin à l'abbé de Choiſi, au ſujet de l'inſtitution de la compagnie Ecoſſoiſe.

L'opinion la plus commune (1), eſt que cette compagnie fut créée par Charles VII, & qu'il la compoſa de gentilshommes & d'officiers tirés des troupes Ecoſſoiſes qu'avoit amenées à ſon ſervice Jean Stuart, comte de Boucan, & Archibald, comte de Douglas, ſon beau-frère.

Le Roi de France avoit de grandes obligations au premier de ces ſeigneurs. Il lui étoit redevable, entre autres exploits, de la victoire mémorable remportée le 22 mars 1422, auprès de Baugé, en Anjou, ſur l'armée d'Angleterre.

Pour lui prouver ſa reconnoiſſance, il l'éleva, le 4 avril 1424, au grade de connétable de France; & parmi les troupes que ce ſeigneur avoit commandées, & qui avoient ſi bien ſervi, il fit choix d'un certain nombre de guerriers, afin de s'en compoſer une garde.

C'eſt ainſi que Charles le Victorieux récompenſa le comte de Boucan, & qu'il marqua ſon eſtime pour la nation Ecoſſoiſe.

Telle eſt l'origine de la compagnie des gardes du corps connue ſous le nom d'Ecoſſoiſe; en voici l'inſtitution.

(1) Cette hiſtoire, dédiée au pape Grégoire XIII, eſt connue ſous ce titre: *De origine, moribus, & rebus geſtis ſcotorum.*

(2) Cette remontrance ſe trouve à la bibliothèque du Roi, au volume cinquante-quatrième des manuſcrits de Brienne.

(3) Tom. 1, pag. 774.

(4) Pag. 25.

(1) Voyez les lettres de naturalité données aux Ecoſſois par Louis XII; & le P. Daniel, au tome 2, page 120 de ſon hiſtoire de la milice Françoiſe.

L'époque de cette institution nous est, dit le Pipre de Neufville (1), assez clairement indiquée dans les lettres de naturalité que Louis XII, au mois de septembre 1513, accorda aux Ecossois. Ce prince, après y avoir exposé les services qu'ils avoient rendus à Charles VII, lorsqu'il soumit le royaume à son obéissance, parle en ces termes :

« Depuis laquelle réduction & pour le » service que lui firent en cette matière » la grande loyauté & vertu qu'il trouva » en eux, en prit deux cents à la garde » de sa personne, dont il en fit cent » hommes d'armes & cent archers, où il » y en a vingt-quatre qui se nomment » archers du corps : & sont lesdits cent » hommes d'armes, les cent lances de » nos anciennes ordonnances (2), & les » archers sont ceux de notre garde, qui » encore sont près & à l'entour de notre » personne : & combien ainsi que notre » très-amé & féal chevalier l'archevêque » de Bourges, évêque de Murra, à présent ambassadeur devers nous, de notre » très-cher & très-amé frère, cousin & » allié le roi d'Écosse Jacques, à présent » régnant, & notre amé & féal conseiller » & chambellan Robert Stuart, chevalier, » seigneur d'Aubigny, capitaine de notre » garde Ecossoise & des cent lances de » nosdites anciennes ordonnances de sadite nation, nous ayant remontré, &c. »

Ces lettres sont une preuve que la compagnie Ecossoise fut créée dans le même temps que Charles VII institua les compagnies d'ordonnance, c'est-à-dire en 1445. Cette preuve est encore autorisée par des quittances qu'on trouve dans les registres de la chambre des comptes de l'année 1449, concernant les gages ordinaires annexés au capitaine de la compagnie Ecossoise.

Le commandement de cette compagnie fut donné, lors de sa création, à Robert Patilloc, que son intrépidité & son attachement pour la France ont rendu justement célèbre.

C'est le même qui, après la trop mémorable déroute de Verneuil, où périrent en faisant des prodiges de valeur, tant de François de marque, & presque tous les Écossois au service de France (1), passa la mer à la tête de sept mille Écossois résolus de venger la mort de leurs compatriotes, accourut au secours du Roi, & le rendit maître de la Gascogne que possédoient les Anglois.

Charles le Victorieux, par le moyen de la compagnie Écossoise, eut une garde plus stable & plus aguérie que celles des Rois ses prédécesseurs.

Il est vrai qu'elle lui devenoit nécessaire pour se garantir des embûches de l'ennemi redoutable qu'il eut à combattre pendant son règne.

### *Des changemens qui se sont faits dans la compagnie Ecossoise.*

Peut-être seroit-il difficile de dire au juste quelle fut d'abord la formation de cette compagnie, & de combien de gardes elle se trouva composée.

Cependant il y a lieu de croire que cette formation fut la même que celle des compagnies d'ordonnance : car alors toutes nos troupes étoient d'une même composition, du moins à peu de différence près.

Quoi qu'il en soit, tous les emplois, soit ceux des officiers supérieurs & autres, soit ceux des gardes, étoient & ne pouvoient, dans l'origine, être remplis que par des Ecossois.

---

(1) Abrégé chronologique & historique de l'origine, du progrès & de l'état actuel de la maison du Roi & de toutes les troupes de France, par le Pipre de Neufville, tom. 1, pag. 3 & 5.

(2) C'est la compagnie des gendarmes Ecossois d'aujourd'hui.

(1) De ce nombre étoit le comte de Boucan, qui avoit déjà perdu un œil à la bataille de Crévant.

Mais cette loi dans la suite cessa d'être de rigueur, & les François furent admis aux emplois. Il arriva de cette innovation qu'insensiblement la compagnie ne fut plus Ecossoise que de nom. Car du moment qu'on y eut reçu des François, ils firent tous leurs efforts pour en bannir les Ecossois, ou du moins pour empêcher qu'on en admît encore à l'avenir. Enfin, ils parvinrent à faire décider que les charges de la compagnie ne pourroient plus appartenir aux Ecossois.

C'est sous le règne de François premier que cette innovation commença; & elle fut approuvée sous ceux de François II, de Charles IX, de Henri III & de Henri IV.

Il paroît cependant vraisemblable que la compagnie auroit été remise sous François II sur son ancien pied, si ce prince, qui avoit épousé Marie Stuart, reine d'Ecosse, eût vécu. Mais sa mort précipitée, & le retour de la reine d'Ecosse dans ses états, empêchèrent qu'on ne donnât de la suite à cette affaire.

Henri III s'en occupa en 1584; c'est ce qu'atteste une lettre de M. de Castelnau - Mauvissière, ambassadeur en Ecosse, auprès de la même Marie Stuart; mais ce projet demeura sans exécution. La mort du duc d'Anjou, fils unique du Roi, arrivée en ce temps-là, & les suites malheureuses que produisit cette mort, furent vraisemblablement les raisons qui firent perdre de vue la compagnie Ecossoise.

De plus, Jacques VI, roi d'Ecosse, ayant, après la mort de sa cousine Elizabeth, réuni les trois royaumes d'Angleterre, d'Ecosse & d'Irlande, & pris le titre de roi de la grande Bretagne, les intérêts des Ecossois & ceux des Anglois devinrent les mêmes. Or, comme l'Angleterre étoit de temps en temps en guerre avec la France, l'Ecosse se seroit nécessairement trouvée alors son ennemie; au lieu qu'autrefois, avant la réunion des trois couronnes, il étoit important pour la France & pour l'Ecosse d'être alliées, & de se témoigner une confiance réciproque.

Il n'est pas surprenant, après cela, que les gardes Ecossois n'ayent pas réussi dans la remontrance qu'ils firent en 1612 à Louis XIII, où, entre autres griefs qu'ils déduisoient, ils n'oublioient pas de faire mention de la préférence qu'obtenoient les François sur leurs compatriotes, quand il s'agissoit de remplir les emplois vacans de la compagnie.

Depuis la création de la compagnie Ecossoise, jusqu'en 1561, tous les capitaines en ont été Ecossois. Si Jacques de Lorges, comte de Montgommeri, créé capitaine en 1544, n'étoit pas natif de ce royaume, il en étoit regardé comme originaire: car il se prétendoit issu des comtes d'Egland, maison d'Ecosse.

Jean d'O, seigneur de Maillebois, est le premier capitaine François qui ait été mis à la tête de cette compagnie. Depuis lui, elle n'a eu que des chefs de cette nation.

Mais le lieutenant fut toujours Ecossois jusqu'en 1656, que Louis XIV créa deux lieutenants dans la compagnie, & voulut que l'un fût Ecossois d'origine ou de race, & l'autre François.

Quelques années après, ce reste de l'ancien privilège attaché à la compagnie Ecossoise, fut aboli. Les deux lieutenans furent tous deux François.

Cependant, pour paroître encore conserver quelque chose de ce privilège, l'un d'eux porta le titre de lieutenant François, & l'autre de lieutenant Ecossois: foible distinction qui ne tarda pas non plus à disparoître.

Maintenant tous les officiers sont François, ainsi que les gardes.

Le dernier garde Ecossois qu'on y ait vu, à ce que rapporte le P. Daniel, étoit un gentilhomme nommé Céton, dont l'oncle avoit été autrefois lieutenant dans la compagnie.

Ce garde est mort au corps, & comme le dernier payement où il est nommé à la chambre des comptes, est celui de 1660 ; c'est l'année suivante, sans doute, ou peut-être la même année que sa mort est arrivée.

Ainsi, la compagnie Ecossoise n'est plus aujourd'hui véritablement Ecossoise que de nom. Néanmoins, pour conserver le souvenir de ce qu'elle étoit autrefois, les gardes, à l'appel du guet, répondent en Ecossois : *Hamir*, mot qu'ils répondoient autrefois, pour signifier : *me voilà.*

### *Privilèges particuliers à la compagnie Ecossoise.*

Cette compagnie doit son rang & ses prérogatives particulières à l'extrême confiance que nos Rois ont eu autrefois dans la nation Ecossoise : elle a en vertu de son ancienneté, la prééminence sur les autres compagnies des gardes du corps, non-seulement dans le service de la cour, mais encore à l'armée. Le capitaine a toujours le titre de premier capitaine des gardes, & il est commandant né de toutes les troupes de la maison du Roi, ce qui rend sa charge plus considérable que celle des autres capitaines (1).

C'est lui qui commence l'année, & qui sert toujours le premier quartier. Lorsque le Roi fait son entrée dans quelque ville du royaume, les clefs de la ville sont d'abord données au capitaine de

(1) Le capitaine de la compagnie Ecossoise est actuellement M. le duc d'Ayen, lieutenant général des armées du Roi.

Ceux qui avant lui en ont été capitaines, sont :

1°. Robert de Patilloc, natif de Dondée, capitaine en 1440.

2°. Mathieu d'Harcourt, seigneur de Reugny, de Vienne, bâtard légitimé de Jacques d'Harcourt, premier du nom, seigneur de Montgoméry, écuyer des écuries du Roi, capitaine de la ville & château de Ribemont en Picardie, capitaine en 1449.

3°. Claude de Châteauneuf, chevalier, seigneur de Saint-Amour, écuyer des écuries du Roi, capitaine en 1455.

4°. Michel de Beauvilliers, seigneur de la Force, de la Ferté-Hubert, &c. chevalier de l'ordre du Camail, échanson du Roi, écuyer de ses écuries, capitaine en 1456, conjointement avec Claude de Châteauneuf.

5°. Guillaume Stuyers, en 1462.

6°. Thomas Stuyers, en 1466.

7°. Geoffroy Coudrant, en 1471.

8°. Robert Conynghan, du sang royal d'Ecosse, en 1473.

9°. Jean Conynghan son fils, seigneur de Cangé, conseiller, seigneur & chambellan des rois Louis XI & Charles VIII, en 1480.

10°. Béraut Stuart, seigneur d'Aubigny-sur-Nerre, chevalier de saint Michel, connétable de Sicile, vice-roi de Naples, en 1493.

11°. Jean Stuart, seigneur d'Aubigny-sur-Nerre, comte de Beaumont-le-Roger, cousin de Béraut, en 1508.

12. Robert Stuart, comte de Beaumont-le-Roger, connu sous le nom d'Aubigny, petit-fils par sa femme de Béraut, maréchal de France, chevalier des ordres du Roi, en 1515.

13°. Jean Stuart, neveu du maréchal d'Aubigny, en 1544.

14°. Jacques de Lorges, comte de Montgoméry, connu sous le nom de Lorges, issu des comtes d'Egland, Ecossois, en 1544.

15°. Gabriel de Lorges, comte de Montgoméry, son fils, en 1557. On sait combien devint funeste à lui-même & à la France son adresse dans les tournois. C'est le même qui blessa innocemment à mort Henri II ; & qui, à l'instigation de la reine Catherine de Médicis, eut, quelques années après, par arrêt du parlement, la tête tranchée en place de Grève.

16°. Jean d'O, seigneur de Maillebois, gentilhomme ordinaire de la chambre du Roi, & chevalier de l'ordre de sa majesté, en 1562.

17°. Jean de Beaulieu, seigneur de Losse, gouverneur de Terruanne, de Lyon & de Verdun, chevalier de l'ordre du Roi, maréchal de camp, en 1563.

18°. Joachim de Château-Vieux, baron de Verjon de la Châtre, comte de Consolans, gouverneur de la Bastille, bailli de Bourg en Bresse, de Châtillon-les-Dombes, chevalier du saint Esprit, en 1569.

19°. Jean-Paul d'Esparbès, seigneur de Lussan, de la Serre, de la Garde, de Saint-Savin, gouverneur de Blaye, sénéchal d'Agénois, de Con-

quartier : mais celui-ci les remet aussi-tôt au capitaine Ecossois, & en cas d'absence, à son lieutenant, ou sous lieutenant.

Le capitaine Ecossois se tient le plus près qu'il est possible de la personne du Roi, pendant la cérémonie du sacre ; & lorsqu'elle est achevée, la robe lui appartient de droit, quand même il ne seroit pas de quartier.

Ce sont les gardes de la compagnie Ecossoise qui entrent toujours en garde les premiers, à chaque changement de quartier pendant l'année.

Les gardes de la compagnie Ecossoise ont seuls le droit de recevoir tous les soirs les clefs du logis du Roi, des mains des gardes de la porte. Ils les donnent ensuite au capitaine de quartier, qui les remet au capitaine Ecossois. Le lendemain matin, ce sont eux pareillement qui retirent les clefs de chez leur capitaine, & qui les rendent aux gardes de la porte.

Les gardes de la compagnie Ecossoise ont encore seuls le privilège de faire sentinelle durant la nuit, au-dehors du logis de sa majesté.

Lorsque le Roi est à l'église, ils gardent le chœur tant aux entrées que près de la personne du prince, conjointement avec les gardes des trois compagnies Françoises. Mais ce sont les Ecossois qui ont le pas, & qui gardent la porte ; & c'est à leur brigadier qu'on en confie la clef.

Par tout où il est question que le Roi aille par eau, ou traverse quelque rivière par bateau, les gardes des quatre compagnies entrent indifféremment dans les bateaux pour veiller à la sûreté de sa personne ; mais la seule compagnie Ecossoise fournit les sentinelles.

Quand il s'agit de la distribution des logemens, soit en campagne, soit en ville, la compagnie Ecossoise a toujours la préférence pour le choix des lieux, & pour celui des logis.

Les gardes de cette compagnie jouissent enfin, en signe d'honneur & en mémoire de l'alliance des deux royaumes, du privilège de porter sur leurs armes la crépine d'argent & la soye blanche, ce qui représente le blason royal & la marque de l'état ; au lieu que les gardes des compagnies Françoises ne portent sur leurs armes que diverses couleurs de livrée, selon la volonté du prince. (1)

---

domois, maréchal de camp, chevalier du saint esprit, en 1599.

20°. Antoine-Arnaud de Pardaillan de Gondrin, marquis de Montespan & d'Antin, gouverneur de la Navarre, du Béarn, lieutenant général de la Guienne, maréchal de camp, chevalier du saint esprit, en 1605.

21°. Philibert de Nérestang, maréchal de camp, grand maître de l'ordre de Notre-Dame du Mont-Carmel, en 1611.

22°. Charles d'Estourmel, seigneur de Blainville, en 1612.

23°. Charles Ier du nom, duc de la Vieuville, baron de Rugle, duc & pair, grand fauconnier de France, chevalier du saint esprit, en 1616.

24°. Guillaume de Simiane, marquis de Gordes, baron de Caseneuve, chevalier du saint esprit, conseiller du Roi en ses conseils, gouverneur du Pont-Saint-Esprit, en 1623.

25°. François de Simiane, marquis de Gordes, comte de Carces, baron de Caseneuve, grand sénéchal & lieutenant général de Provence, chevalier d'honneur de la reine Marie-Thérèse d'Autriche, chevalier du saint Esprit, en 1642.

26°. François de Rochechouart, marquis de Chandenier, baron de la Tour, en 1642.

27°. Anne, duc de Noailles, connu d'abord sous le nom de marquis de Montclar, puis de baron, ensuite de comte, & enfin de duc de Noailles, duc & pair, lieutenant général des armées du Roi, en 1653.

28°. Anne-Jules, duc de Noailles, fils d'Anne, vice-roi de Catalogne, pair & maréchal de France, en 1661.

29°. Adrien-Maurice, duc de Noailles, fils d'Anne-Jules, grand d'Espagne de la première classe, pair & maréchal de France, en 1707.

30°. M. le maréchal duc de Noailles (Louis, fils d'Adrien), chevalier des ordres du Roi, maréchal de France, gouverneur de Saint-Germain, & gouverneur général du Roussillon,

(1) Voyez l'Ecosse Françoise, par Houston,

*Des*

### *Des gardes de la manche.*

Les gardes de la manche & le premier homme d'armes de France, ſont attachés à la compagnie Ecoſſoiſe.

Le titre de garde de la manche n'étoit point autrefois en uſage.

On déſignoit les militaires que nous nommons aujourd'hui gardes du corps, par l'expreſſion d'*archers de la garde*; & par celle d'*archers du corps*, on déſignoit ceux d'entre eux que nous appellons maintenant gardes de la manche.

Les archers du corps ſont, à ce que tous les hiſtoriens aſſurent, les plus anciens gardes de la compagnie Ecoſſoiſe.

On vit, ſous le règne de Charles V, les archers du corps ſervir au nombre de vingt-quatre auprès de ce prince.

Quant au premier gendarme, ou homme d'armes, il fut créé par Charles VII, & tiré de la compagnie des gendarmes Ecoſſois.

Charles VII ne conſerva pas ſeulement à cet officier ſon titre d'homme d'armes: comme il l'approcha de ſa perſonne pour lui donner, après le capitaine & le lieutenant, le commandement ſur les vingt-quatre archers du corps, & que la compagnie des gendarmes Ecoſſois eſt la première de la gendarmerie, il l'honora encore du titre de premier homme d'armes de France.

L'emploi de premier homme d'armes de France étoit une diſtinction honorable: auſſi, pour en être revêtu, falloit-il appartenir à une famille diſtinguée par ſes ſervices.

Charles VII obligea cet officier d'entretenir & d'avoir à ſa ſuite quatre cavaliers. Il obligea de même les vingt-quatre archers du corps d'en avoir chacun autant à leur ſuite, ce qui forma dès-lors une compagnie de cent vingt-cinq hommes.

François I[r] la réduiſit à cent, afin de la rendre égale en nombre à ſes autres compagnies des gardes.

Mais maintenant cette compagnie ne ſubſiſte plus. Ceux qui la compoſoient ont été répartis dans d'autres corps, ſur-tout dans les trois compagnies Françoiſes des gardes du corps, & dans la compagnie Ecoſſoiſe. Le premier homme d'armes de France & les gardes de la manche ont été ſeuls conſervés.

Nous diſons les gardes de la manche & non les archers du corps; car, c'eſt préciſément dans ce temps-là que le nom des premiers fut ſubſtitué à celui des ſeconds.

Si l'on préféra la dénomination de gardes de la manche à celle d'archers du corps, c'eſt ſans doute parce qu'elle exprime mieux, dit le P. Daniel, les fonctions de ces officiers.

Par ordonnance du 19 janvier 1776, les vingt-quatre gardes de la manche ont été réduits à dix.

Les emplois de premier homme d'armes de France & des gardes de la manche, ſont à la nomination du capitaine de la compagnie à laquelle ils ſont attachés.

La charge du premier homme d'armes de France n'étoit autrefois, comme on l'a déjà dit, occupée que par des perſonnes d'une naiſſance illuſtre; & les gardes de la manche étoient tous gentils-hommes de nom & d'armes: au lieu qu'actuellement les uns & les autres ſont tirés d'entre les gardes du corps, & n'en diffèrent que par l'ancienneté.

Leur avancement étoit auſſi beaucoup plus rapide qu'il ne l'eſt & ne peut l'être maintenant. Le premier homme d'armes, ſur-tout, faiſoit bien ſon chemin. Il montoit de droit à la lieutenance de la compagnie, lorſqu'elle vaquoit: témoin M. de Forbois, premier homme d'armes de

gentilhomme Ecoſſois, pag. 44; l'hiſtoire de la milice Françoiſe, tom. 2, pag. 132; l'école de Mars, tom. 1, pag. 391; l'abrégé chronologique & hiſtorique, &c. tom. 1, pag. 5 & 8.

France, sous le règne de Henri le Grand. Ce monarque ayant vu, au siège de Clermont en Beauvoisis, tomber mort à côté de lui, d'un coup de hallebarde, le lieutenant de la compagnie, nomma, pour son successeur, M. de Forbois, quoiqu'il n'eût encore que trois mois de service.

L'habit uniforme de premier homme d'armes & des gardes de la manche, est un hoqueton blanc, semé de papillotes d'or & d'argent, dans le goût de l'ancienne cotte d'armes.

Ils portoient autrefois sur leur hoqueton la devise de Henri IV, qui étoit une masse d'Hercule, avec ces paroles écrites autour : *Erit hæc quoque cognita monstris.* Mais en 1671, Louis le Grand y fit mettre sa devise, qui est un soleil éclairant le monde avec ces mots autour : *Nec pluribus impar.* Les gardes de la manche la portent encore aujourd'hui.

Leurs armes consistent en une épée, & une pertuisanne frangée d'argent, à la lame damasquinée.

Leur solde a été réglée, par l'ordonnance du 20 avril 1702, à 572 livres de gages, & à 50 sous par jour d'appointement pour chacun.

Venons-en maintenant à leurs fonctions.

On ignore entièrement quelles étoient autrefois celles du premier homme d'armes de France : l'histoire ne nous en instruit point. On sait seulement que le cheval que montoit cet officier lui étoit donné par le Roi, & que ce cheval étoit toujours richement équipé.

Les fonctions du premier homme d'armes ont été anéanties par la révolution des temps. Il y a lieu de croire, disent quelques historiens, que cette suppression arriva lors de celle des compagnies d'ordonnance.

Ainsi le titre du premier homme d'armes de France, n'est plus, proprement dit, qu'un titre sans exercice. Le réglement du 28 décembre 1758, oblige néanmoins cet officier à résider, de deux années l'une, au quartier de la compagnie.

Il n'en est pas de même des gardes de la manche. Leurs fonctions sont réelles; ils sont tenus par le même réglement à la résidence ordinaire des gardes, & ils composent la garde immédiate du souverain.

Ils étoient six autrefois de service à chaque quartier : ils ne sont plus que deux actuellement. On pensera peut-être que c'est depuis que les vingt-quatre gardes de la manche ont été réduits à dix; mais cet usage existoit auparavant, & la réduction n'a eu lieu, que parce qu'on a jugé qu'il n'étoit pas nécessaire qu'il y eût un si grand nombre de gardes de la manche.

Les deux gardes de la manche qui sont de quartier, vont attendre tous les jours le Roi à l'église, où il doit entendre la messe; ils sont alors revêtus de leur hoqueton blanc, semé de papillotes d'or & d'argent; ils tiennent leur pertuisanne à la main, & ont l'épée au côté. Quand sa majesté est arrivée à son prie-dieu, ils se mettent à ses côtés, & y restent toujours debout, excepté pendant l'élévation. Leur visage, en tout temps, est tourné du côté du Roi, afin d'avoir l'œil sur sa personne.

La même chose a lieu, soit que sa majesté se trouve au sermon, à vêpres, ténèbres, &c. soit qu'elle assiste à quelque baptême, ou mariage.

Les deux gardes de la manche se rendent alternativement, tous les jours à minuit, à la principale porte du logis de sa majesté, afin d'en recevoir les clefs des mains de la sentinelle de la compagnie Ecossoise, qui les tient des gardes de la porte, chargés de les lui remettre tous les soirs avant de quitter leur poste.

Le garde de la manche de jour garde les clefs du logis du Roi, jusqu'à l'appel du guet. Il ferme alors toutes les portes, & donne ensuite les clefs au capitaine des gardes de quartier, ou à l'officier qui le remplace.

Il arrive quelquefois que lors de l'appel du guet, il y a encore plusieurs personnes qui ont à sortir du château; le garde de la manche r'ouvre en ce cas la porte, & en garde les clefs jusqu'à ce que, tout le monde étant retiré, il puisse la fermer totalement. L'aide-major a eu soin auparavant de faire sa visite, accompagné du maréchal des logis qui tient une torche à la main, & a crié : *dehors*. Le garde de la manche ensuite, accompagné de l'aide-major & du maréchal des logis, porte de même les clefs au capitaine de quartier, qui les met sous le chevet de son lit, &, en son absence, il les porte à l'officier qui commande.

Le jeudi saint, les deux gardes de la manche de quartier attendent le Roi à la porte de la salle où se fait la cène; ils se tiennent à ses côtés durant la prédication & l'absoute, & ils le suivent dans la salle lorsqu'il lave les pieds aux enfans, & qu'il leur sert les plats sur table.

Quand sa majesté assiste aux processions de la fête-dieu, de la chandeleur, du dimanche des rameaux, du vendredi-saint, de la fête de l'assomption, &c. les gardes de la manche marchent immédiatement à ses côtés, les yeux tournés sur elle.

Lorsqu'en 1666, on porta l'extrême-onction à la reine-mère Anne d'Autriche, les gardes de la manche accompagnèrent Louis XIV, qui alla & revint à pied du Louvre à l'église saint Germain-l'Auxerrois.

Les gardes de la manche se trouvent à toutes les cérémonies extraordinaires, comme aux séances du Roi au parlement, à la création des chevaliers du saint Esprit, au sacre, au mariage, & aux funérailles du souverain.

Lorsque sa majesté vient siéger au parlement, soit pour y tenir son lit de justice, soit pour d'autres objets, les gardes de la manche se rendent au palais; attendent le Roi au haut de l'escalier, & le conduisent jusqu'à l'entrée du parquet dans la grand'chambre. Si sa majesté entend auparavant la messe à la Sainte-Chapelle, ils se tiennent à ses côtés comme à l'ordinaire, & la messe dite, ils marchent avec le monarque jusqu'à la grand'chambre. Dès que sa majesté y est arrivée, ils l'attendent à l'entrée du parquet, & lorsqu'elle sort, ils continuent de marcher à ses côtés jusqu'à son carrosse.

A la création des chevaliers du saint Esprit, les gardes de la manche attendent le Roi à la sortie du logis où se tient l'assemblée; ils l'accompagnent ensuite pas à pas jusques dans l'église, marchant toujours immédiatement à ses côtés.

Au sacre du Roi, les gardes de la manche ont des bas de soie & une toque, & sous leur hoqueton un habit de satin blanc retroussé. Ils attendent le Roi en dehors de la porte de sa chambre, depuis les huit heures du matin, & quand le Roi vient à l'église, ils l'accompagnent.

Au mariage de sa majesté, les gardes de la manche ont des hoquetons neufs & fort riches.

A ses funérailles, ils ont un habit de deuil sous leur hoqueton. Ils gardent jour & nuit le corps. Eux seuls ont le droit de le mettre dans le cercueil. Quand on transporte le corps à l'abbaye de Saint-Denis, les gardes de la manche le vont attendre dans la chapelle où il doit être exposé, & ils le gardent ensuite jusqu'au moment de l'inhumation, où ils jouissent encore du triste privilège de le descendre dans le caveau.

Les gardes de la manche ne se trouvent pas simplement au nombre de deux à ces cérémonies extraordinaires, comme au service journalier. Ils sont obligés de s'y rendre tous, d'après l'ordre qu'ils en ont reçu (1).

(1) Abrégé chronologique, t. 1, p. 7; état de la France, par Trabouillet, t. 2, p. 29-35; école de Mars, t. 1, p. 402.

Voilà à peu de chose près toutes les fonctions des gardes de la manche.

A l'égard de leurs privilèges, ils sont entièrement les mêmes que ceux des autres gardes du corps, avec cette différence pourtant qu'ils ne portent ni bandoulière, ni mousqueton, qu'ils sont exempts de sentinelle & de védette, & qu'ils jouissent de quelques autres prérogatives, comme d'avoir la commission de capitaine, du jour qu'ils sont nommés à leurs emplois (1), de recevoir en don quand ils sont de service, chacun une épée d'argent, des évêques ou autres prélats qui ont prêté serment de fidélité au Roi pendant la messe, & d'en recevoir une pareillement des officiers des villes prises sur l'ennemi, où le Roi fait sa première entrée (2).

La compagnie Ecossoise est en quartier à Beauvais.

## SECTION SECONDE.

### *Des trois compagnies Françoises des gardes du corps.*

#### *Première compagnie.*

L'ÉPOQUE de l'institution de la première compagnie Françoise des gardes du corps, est fort connue : on lit, dans les registres de ses comptes, qu'elle a été instituée en 1473, en faveur de Jean de Blosset, seigneur du Plessis-Pathé. Ainsi, c'est sans fondement, dit le Pipre de Nœufville (1), que l'historien des deux compagnies des cent gentilshommes de la garde du Roi, le P. Daniel dans son histoire de la milice Françoise, & l'auteur de l'école de Mars, placent l'institution de la première compagnie Françoise en 1475, & prétendent qu'elle eut lieu en faveur de Louis de Graville.

Si ces divers écrivains eussent consulté avec plus d'attention les registres de la chambre des comptes, & des gages des gardes du corps, ils auroient vu, par les provisions de Jean Blosset, & par celles de Claude de la Châtre (1), que c'étoit

(1) Ordonnance du 15 décembre 1675, art. 12.

(2) Etat de la France, pag. 35.

(3) Abrégé chronologique & historique, t. 1, p. 91.

(1) *Voici ces provisions :*

EXTRAIT des registres de la chambre des comptes & des gages des gardes du corps, depuis le premier octobre 1473.

*Provisions de Jean de Blosset.*

A tous ceux qui ces présentes voiront, &c. Louis, par la grâce de dieu, roi de France; à nos amés & féaux les généraux, conseillers par nous ordonnés sur le fait & gouvernement de nos finances : salut, dilection. Comme puis n'aguères nous avons ordonné & établi jusqu'au nombre de cent archers François, qu'avons fait prendre & élire de nos ordonnances, pour servir dorénavant à la garde de notre corps & ailleurs où il nous plaira, au lieu de certain nombre d'hommes d'armes & autres archers, qu'avons fait par ci-devant servir ordinairement à la garde de notre corps, sans que nous ayons encore pourvu d'aucun capitaine pour la conduite & gouvernement desdits cent archers à notre service ; savoir faisons, que nous considéré, confiant à plein des grands sens, vaillance, loyauté, bonne conduite & grande diligence de notre amé & féal conseiller & chambellan, Jean de Blosset, seigneur du Plessis-Pathé, icelui pour ces causes & autres, à ce nous mouvans; avons baillé & baillons par la présente, la charge & conduite desdits cent archers François : ainsi de nouvelle retenue pour la garde de notre corps aux gages de douze cents livres, &c.

EXTRAIT des registres de la chambre des comptes & des gages des gardes du corps, pour l'année 1479.

*Provisions de Claude de la Châtre.*

A tous ceux qui ces présentes voiront, &c. Louis, &c. salut. Savoir faisons, que pour la bonne, grande, singulière, parfaite & entière confiance que nous avons de la personne de notre amé & féal écuyer d'écurie Claude de la Châtre, seigneur de Nancey, & de ses sens, noblesse, valeur, bonne conduite & grande diligence; à

en 1473, & peut-être le 10 juillet, que cette compagnie fut créée. Ils auroient vu de plus, que Jean de Bloſſet, ſeigneur du Pleſſis-Pathé, qui en fut le premier capitaine, avoit douze cents livres de gages, & poſſédoit encore ſa charge en 1478; & que l'année ſuivante, il s'en démit, & eut pour ſucceſſeur Claude de la Châtre, ſeigneur de Nancey.

Thomas de la Thomaſſière, dans ſon hiſtoire de Berri, a commis une erreur en annonçant que ce fut en faveur de Claude de la Châtre, que cette compagnie fut inſtituée. Mais il a eu raiſon d'aſſurer, d'après l'épithaphe de ce ſeigneur, qu'il rapporte dans ſon hiſtoire, que cette compagnie étoit la première des trois compagnies Françoiſes. Car, comment pourroit-il ſe faire que ce fût celle de Louis de Graville, comme l'a prétendu l'auteur de l'Ecole de Mars & l'hiſtorien de la milice Françoiſe, puiſqu'elle n'exiſta, comme on le verra bientôt, que deux ans après; c'eſt-à-dire, le 11 juin 1475?

On ne peut donc pas douter que la compagnie de Jean de Bloſſet, ſeigneur du Pleſſis-Pathé, & chambellan du Roi, qui fut inſtituée le 10 juillet 1473, & de laquelle fut pourvu en 1479, Claude de la Châtre, ſeigneur de Nancey, & écuyer du Roi ne ſoit la première compagnie Françoiſe des gardes du corps.

L'auteur du traité de la cérémonie des funérailles de Henri II, vient à l'appui de cette opinion.

Il dit expreſſément, en parlant de François de la Ferté d'Huiſſeau, qui exerçoit les fonctions de la charge de capitaine des gardes pendant la minorité de Gaſpard de la Châtre, & qui, à l'exemple des autres capitaines, porta l'enſeigne de la compagnie ſur le cercueil du monarque défunt, qu'il étoit capitaine de l'ancienne compagnie Françoiſe des gardes du corps.

Voici les propes termes de l'auteur: « MM. de Brezé & de Chavigny, dit-» il, apportèrent les enſeignes de leur » compagnie ſur le cercueil. M. de la » Ferté y porta auſſi celle des cent ar» chers de l'ancienne garde Françoiſe, » & M. de Lorge celle des cent archers » de la garde Ecoſſoiſe ».

Cette compagnie porte le titre de première & ancienne compagnie Françoiſe des gardes du corps; mais ce titre ne lui donne point de prééminence audeſſus des autres compagnies: & je crois même, dit le P. Daniel (1), qu'il ne lui en a jamais donné. Il eſt au moins certain qu'il y a plus de cent ans qu'elle n'en avoit aucune. Cela ſe prouve par la remontrance des Ecoſſois en 1612. Il y eſt dit en termes exprès, que la compagnie Ecoſſoiſe, par la mort ou changement de capitaine, ne change jamais de rang, *comme font les autres compagnies.* Il eſt évident par ces dernières paroles, qu'alors & auparavant, les trois compagnies Françoiſes n'avoient point d'autre rang entre elles que celui qui leur étoit acquis par l'ancienneté de la réception de leurs capitaines, ainſi que cela ſe pratique maintenant.

Si la compagnie dont nous parlons a le pas ſur les autres, & commence, en cette qualité, ſon quartier le premier avril, c'eſt que ſon capitaine eſt le plus ancien (2).

---

icelui pour ces cauſes, & autres à ce nous mouvans, avons baillé & baillons par ces préſentes la charge, conduite des archers François de la garde de notre corps, qu'avoit notre amé & féal Jean de Bloſſet, lequel nous avons déchargé & déchargeons par ces préſentes pour icelle avoir tenir dorénavant, exercer par ledit Claude de la Châtre, &c.

(1) Nous ſuivons en cela l'opinion du P. Anſelme, auguſtin.

(1) Hiſtoire de la milice Françoiſe, tom. 2, pag. 127.

(2) Ce capitaine eſt M. le duc de Villeroi,

Elle est en quartier à Châlons en Champagne.

*Seconde compagnie Françoise.*

Louis XI étant à Puiseaux, petite ville de France dans le Gâtinois-Orléanois, se fit une nouvelle garde de cent gentilshommes, appelés gentilshommes au bec de corbin, qui ne subsiste plus actuellement.

Chacun de ces gentilshommes devoit entretenir, & avoir à sa suite deux archers, ce qui faisoit une garde de trois cents hommes, outre la compagnie Ecossoise & la première compagnie Françoise.

Mais Louis XI ayant dispensé depuis les cent gentilshommes de cet entretien par des lettres-patentes données à Rouen le 11 juin 1475, il forma des deux cents archers une garde particulière, sous les ordres de Louis de Graville, seigneur de Montaigu, son chambellan ordinaire.

Tous les historiens rapportent assez

---

lieutenant général des armées du Roi. Le capitaine en survivance est M. le duc de Guiche.

Voici la chronologie des autres capitaines de cette compagnie.

1°. Jean de Blosset, seigneur du Plessis-Pathé, capitaine en 1473.

2°. Claude de la Châtre, seigneur de Nancey & de Bésigny, conseiller d'état de Louis XI, & son chambellan ordinaire, capitaine en 1479.

3°. Abel de la Châtre, fils aîné de Claude, capitaine en survivance en 1490.

4°. Gabriel de la Châtre, fils puîné de Claude, seigneur de Nancey, Bésigny, Sigonneau, Maison-Fort, prévôt de l'ordre de saint Michel, maître des cérémonies de France, chambellan & maître d'hôtel ordinaire du Roi, capitaine en 1499.

5°. Joachim de la Châtre, fils aîné de Gabriel, seigneur de Nancey, Sigonneau & Bésigny, conseiller & maître d'hôtel ordinaire de François I^er^ & de Henri II, maître des cérémonies de France, prévôt de l'ordre de saint Michel, grand maître des eaux & forêts au département d'Orléans, gouverneur de la ville & province de ce nom, capitaine en 1529.

6°. François de la Ferté, seigneur d'Huisseau-sur-Maulne, chevalier de l'ordre du Roi, gentilhomme ordinaire de sa chambre, capitaine par exercice pour la minorité de Gaspard de la Châtre, en 1549.

7°. Gaspard de la Châtre, seigneur de Nancey, chevalier du saint Esprit, gentilhomme ordinaire de la chambre du Roi, associé à l'ordre de saint Michel, en 1568. Le fameux Cujas fit son oraison funèbre dans l'église de Nancey le 17 janvier 1577.

8°. Charles de Balzac, seigneur d'Entrague-Clermont, connu sous ce dernier nom, chevalier des ordres du Roi, gentilhomme de sa chambre, en 1576.

9°. François du Plessis, III du nom, seigneur de Richelieu, de Bécay, de Chillou & de la Vervotière, grand prévôt de France, chevalier de l'ordre du saint Esprit.

10°. Charles de Choiseul, marquis de Praslin, comte de Chavignon, &c. chevalier de l'ordre du saint Esprit, maréchal de France, en 1592.

11°. René Poitiers, comte, ensuite duc de Trêmes, bailli & gouverneur de Valois, chambellan ordinaire du Roi, conseiller d'état, chevalier de l'ordre du saint Esprit, en 1611.

12. Louis Poitiers, marquis de Gêvres, fils aîné du duc de Trêmes, gouverneur de Touraine, bailli de Valois & de Caen, maréchal de camp des armées du Roi, en 1635.

13. François Poitiers, marquis de Gandelu, ensuite de Gêvres, second fils du duc de Trêmes, maréchal de camp, en 1643.

14°. Léon Poitiers, duc de Trêmes, de Gêvres, troisième fils de René, premier gentilhomme de la chambre du Roi, chevalier de ses ordres, lieutenant général de ses armées, gouverneur de Paris, en 1646.

15°. Antoine Nompar de Caumont, comte, puis duc de Lauzun, chevalier de l'ordre de la jarretière, en 1669.

16°. François-Henri de Montmorency, duc de Luxembourg, chevalier des ordres du Roi, maréchal de France, en 1673.

17°. François de Neufville, duc de Villeroi, ministre d'état, chef du conseil des finances, gouverneur du Roi, maréchal de France, en 1695.

18°. Nicolas de Neufville, marquis d'Alincourt, puis duc de Villeroi, son fils, lieutenant général des armées du Roi, chevalier du saint Esprit, en 1708.

19°. Louis-François-Anne de Neufville, duc de Villeroi, fils de Nicolas, maréchal de camp, chevalier des ordres du Roi, en 1716.

généralement, à cette époque, l'institution de la seconde compagnie Françoise des gardes du corps, & conviennent que c'est Louis de Graville qui en fut le premier capitaine.

Il faut excepter pourtant de ce nombre l'auteur de l'histoire des deux compagnies des cent gentilshommes de la garde du Roi; voyez le P. Daniel.

Mais celui-ci, à en croire le Pipre de Neufville, ne se seroit sûrement pas trompé, si au lieu d'adopter sans examen le système de l'historien des deux compagnies des cent gentilshommes de la garde, il eût consulté les registres de la chambre des comptes.

Quelle est l'erreur du P. Daniel? c'est d'avoir donné la compagnie de Louis de Graville, pour la première compagnie Françoise, & les successeurs de ce capitaine, Hervé de Chauvé, Silli & Crussol, pour capitaines de cette première compagnie Françoise.

Il est, en effet, clair que la compagnie de Louis de Graville n'a pas pu être la première compagnie Françoise des gardes du corps, puisqu'elle n'a été créée que le 11 juin 1475; & que celle de Jean de Blosset, au contraire, l'a été le 10 juillet 1473; c'est-à-dire, près de deux ans auparavant.

Ainsi la seconde compagnie Françoise des gardes du corps est nécessairement celle qui s'est instituée en faveur de Louis de Graville, seigneur de Montaigu, & chambellan ordinaire de Louis XI.

Et les capitaines Hervé de Chauvé, Silli & Crussol, qui ont été les successeurs de Graville, ont été, par la même raison, nécessairement capitaines de la seconde compagnie Françoise des gardes du corps.

Au reste, on appeloit petite garde du Roi la compagnie des deux cents archers dont Louis de Graville eut le commandement. C'étoit pour la distinguer de celle des cent gentilshommes au bec de corbin, qu'on appeloit la compagnie des cent lances des gentilshommes de l'hôtel du Roi, ordonnés pour la grande garde de son corps, & qui, en cessant de faire partie de ses gardes ordinaires, ne firent plus le même service que les deux compagnies de gardes Ecossoise & Françoise (1).

Louis XI eut par le moyen de ces deux cents archers une garde de quatre cents hommes: nous comptons dans ce nombre les cent archers de la compagnie Ecossoise, & les cent de la première compagnie Françoise.

Cette garde de quatre cents hommes se rapporte avec celle que Philippe de Comines (2) dit qu'avoit Louis XI, sur la fin de son règne, dans sa retraite au château du Plessis-lèz-Tours. Voici comme cet auteur s'exprime: « En premier lieu » il n'entroit guères de gens dedans le » Plessis du Parc (qui étoit le lieu où » il se tenoit) excepté gens domestiques » & les archers, dont avoit quatre cents, » qui en bon nombre faisoient tous les » jours le guet, & se promenoient par » place, & gardoient la porte. Nul sei» gneur, ne grand personnage, ne lo» geoit dedans, ne n'y entroit guères » compagnie de grands seigneurs. Nul » n'y venoit que monseigneur de Beau» jeu, depuis duc de Bourbon, qui étoit » son gendre. »

Ce passage fait bien connoître les inquiétudes qui agitoient Louis XI, sur la fin de sa vie.

La seconde compagnie Françoise ne fut pas toujours de deux cents gardes. François I, la réduisit à cent comme les autres, par les démembremens qu'il en fit pour former la troisième compagnie Françoise.

L'auteur de l'Etat de la France de 1661 s'est mépris, aussi bien que plu-

(1) Histoire de la milice Françoise, tom. 2, pag. 122.

(2) Liv. 6, chap. 7.

ſieurs de ſes ſucceſſeurs qui l'ont copié, quand il a dit que Charles VIII, lors de ſon départ pour la conquête du royaume de Naples, créa une nouvelle compagnie d'archers du corps François, dont il donna le commandement à Jacques de Vendôme, vidame de Chartres.

Ce n'étoit point, diſent avec raiſon l'auteur du traité de l'origine des deux compagnies des cent gentilshommes de la garde, l'hiſtorien de la milice Françoiſe, & ſur-tout le chapelain Trabouillet, dans ſon Etat de la France de 1727, une nouvelle garde d'archers du corps François, qu'inſtitua Charles VIII; mais une compagnie de cent arbalêtriers à cheval qu'il joignit à la compagnie des cent lances des gentilshommes de l'hôtel, ordonnés pour la grande garde du corps du Roi.

La ſeconde compagnie Françoiſe commence ſon quartier le premier octobre, & marche la dernière; parce que ſon capitaine eſt le dernier reçu (1).

Troyes eſt le quartier de la compagnie.

*Troiſième compagnie Françoiſe.*

François I parvint à la couronne au mois de janvier de l'année 1515. Le 27

(1) Ce capitaine eſt M. le prince de Poix, brigadier des armées du Roi, gendre & ſucceſſeur de M. le maréchal prince de Beauveau.

Ses prédéceſſeurs ſont:

1°. Louis de Graville, ſeigneur de Montaigu, conſeiller & chambellan du Roi, capitaine le 11 juin 1475.

2°. Hervé de Chauvé, chambellan de Louis XI, le 18 janvier 1477.

3°. Jacques de Silly, chevalier, ſeigneur de Longray, Vauxpacey, écuyer d'écurie, conſeiller, maître d'hôtel & chambellan de Charles VIII, le 10 mars 1482.

4°. Jacques de Cruſſol, vicomte d'Uſez, baron de Lévi, de Florenſac, ſénéchal de Beaucaire & de Niſmes, grand panetier de France, le 13 juin 1491. Il jouiſſoit en cette qualité d'une penſion de 2000 livres, à prendre ſur les droits ſeigneuriaux du vicomté de Melun.

5°. Louis Mitte, II du nom, chevalier, ſeigneur de Chévriers, bailli de Mâcon, ſénéchal de Lyon & du Bourbonnois, chambellan ordinaire du Roi, maréchal de Savoie, le 11 février 1523.

6°. Antoine Ruffin, dit Ponthon, ſeigneur de Pécalvary, d'Azai-le-Rideau, ſénéchal d'Agénois, gouverneur de Cherbourg, le 3 juillet 1530.

7°. Louis de Talaru, chevalier, marquis de Chalmazel, baron d'Eſcotay, gouverneur de Compiègne, le 13 novembre 1547.

8°. François Ruffin, fils d'Antoine, ſeigneur d'Azai-le-Rideau, ſénéchal d'Agénois, le 3 avril 1558.

9°. Euſtache de Conflans, vicomte d'Oulchy, maréchal de camp des armées du Roi, le 27 décembre 1570.

10°. Nicolas d'Angenne, vidame du Mans, ſeigneur de Rambouillet, gentilhomme ſervant de la maiſon du Roi, grand maréchal des logis, chambellan ordinaire de Henri III, chevalier du ſaint Eſprit, le 6 juin 1574.

11°. Jean d'O, ſeigneur de Menou, fils de Jean d'O, ſeigneur de Maillebois, capitaine de la compagnie Ecoſſoiſe, en 1562, chevalier du ſaint Eſprit, le 28 avril 1580.

12°. Louis de l'Hôpital, marquis de Vitry, bailli & gouverneur de Meaux, capitaine de Fontainebleau, lieutenant de la vénerie & fauconnerie, chevalier des ordres du Roi, le 5 janvier 1595.

13°. Nicolas de l'Hôpital, fils puîné de Louis, marquis, puis duc de Vitry, comte de Château-Vilain, conſeiller d'honneur au parlement de Paris, chevalier du ſaint Eſprit, maréchal de France, le 11 janvier 1611.

14°. François de l'Hôpital, comte du Hallier, de Roſnay, troiſième fils de Louis, miniſtre d'état, maréchal de France, &c. le 26 avril 1617.

15°. Charles de Lévi, II du nom, comte de Charlus, beau-frère de François & de Nicolas de l'Hôpital, nommé à l'ordre du ſaint Eſprit, & mort avant d'avoir été reçu, le 6 octobre 1631.

16°. Louis de Béthune, comte, puis duc de Charoſt-Béthune, lieutenant général des armées du Roi, chevalier de ſes ordres, le premier juin 1634.

17°. Louis-Armand de Béthune, duc de Charoſt, fils de Louis, chevalier des ordres du Roi, pair de France, le 30 juin 1663.

18°. Jacques-Henri de Durfort, duc de Duras, maréchal de France, chevalier des ordres du Roi, le premier avril 1672.

mars

mars suivant, il se créa une compagnie Françoise de soixante gardes (1).

Elle fut composée des trente archers qui formoient sa garde avant son avènement au trône, de dix qu'il tira de la première compagnie Françoise, & de vingt de la seconde compagnie Françoise.

Raoul de Vernon, seigneur de Montreuil-Bonnin, grand fauconnier de France, fut fait capitaine de cette garde de soixante archers. Il eut pour successeur Louis le Roy, seigneur de Chavigni, chambellan de François Ier.

Sous ce dernier la garde fut augmentée de quarante-cinq archers, tirés de la seconde compagnie Françoise : de sorte que la troisième se trouva de cent cinq hommes (2).

A Louis le Roy, seigneur de Chavigni, succéda François le Roy, seigneur de Chavigni, son fils.

Mais l'existence de cette troisième compagnie Françoise ne fut pas de longue durée. Elle finit en 1563, faute de filiation : c'est ce que nous apprennent les registres de la chambre des comptes (1).

Cependant François Ier avoit, le 24 octobre 1545, divisé en deux la seconde compagnie Françoise des gardes du corps, dont étoit alors capitaine Antoine Ruffin Ponthon, sénéchal d'Agénois.

Une moitié de la compagnie étoit restée à Ruffin Ponthon, & l'autre moitié avoit été donnée à Jean d'Etrées.

Ainsi, il y avoit quatre compagnies Françoises des gardes du corps, avant l'extinction de celle qui fut instituée en faveur de Raoul de Vernon ; c'est-à-dire, de la troisième compagnie Françoise. Or, du moment que faute de filiation cette troisième compagnie Françoise cessa d'exister, elle fut remplacée par la quatrième compagnie Françoise créée en 1545.

Lors de son institution, la quatrième compagnie Françoise eut pour capitaine, comme nous l'avons dit, Jean d'Etrées.

Ce seigneur avoit rendu des services considérables à François Ier dans toutes ses guerres, & François Ier ne crut pas assez le récompenser en le gratifiant de plusieurs places à sa cour : il voulut encore le créer capitaine de ses gardes. C'est pourquoi il divisa en deux la seconde compagnie Françoise, à la tête de laquelle étoit alors Ruffin Ponthon, sénéchal d'Agénois (2).

Comme cette division occasionna, tant parmi les officiers, que parmi les gardes, beaucoup de retraites, Jean d'Etrées reçut encore de son prince, par une faveur particulière, le pouvoir de disposer seul de tous les emplois vacans (3).

---

19°. Louis-François, marquis, puis duc de Boufflers, chevalier de la toison d'or, pair & maréchal de France, le 10 décembre 1704.

20°. Armand de Béthune, marquis, puis duc de Charost, fils puîné de Louis-Armand, lieutenant général des armées du Roi, gouverneur de Louis XV, chevalier du saint Esprit, le 21 octobre 1711.

21°. Paul-François de Béthune-Charost, duc de Béthune, fils du second lit d'Armand, pair de France & lieutenant général des armées du Roi, le 4 décembre 1715.

22°. Gaston Charles-Pierre de Lévi, marquis, puis duc de Mirepoix, chevalier des ordres du Roi, maréchal de France, le premier mai 1756.

23°. M. le maréchal prince de Beauveau (Charles-Just), grand d'Espagne, maréchal de France, gouverneur général de la Provence.

(1) Le P. Daniel, histoire de France, édit. de 1729, tom. 7, pag. 340 ; traité de l'origine des deux compagnies des cent gentilshommes, pag. 34 & 268.

(2) Traité de l'origine des deux compagnies des cent gentilshommes, &c.

(1) Voyez l'abrégé chronologique & historique, de le Pipre de Neufville, tom. 1, pag. 267.

(2) Abrégé chronologique, &c. Histoire chronologique du P. Simplicien, article de Jean d'Etrées.

(3) Histoire des grands officiers de la couronne, par le P. Anselme, augustin, chronologie des seigneurs d'Etrées.

Philippe de Maillé, seigneur de Verneuil, succéda à Jean d'Etrées dans la charge de capitaine de la quatrième compagnie des gardes, & il eut pour successeur Louis d'Humières, seigneur de Contay, à qui succéda le seigneur de Brezé, Artus de Maillé.

Quand la quatrième compagnie Françoise remplaça la troisième en 1563, époque de son extinction, Artus de Maillé en étoit capitaine.

La filiation exacte & non interrompue de cette compagnie s'est conservée jusqu'à nous (1).

Si elle n'est plus connue que sous le nom de la troisième compagnie, au lieu d'être toujours appelée la quatrième, la raison en est que la compagnie de Jean d'Etrées est devenue, par l'extinction de celle de Raoul de Vernon, véritablement la troisième compagnie Françoise des gardes du corps, par rapport à la première & à la seconde.

La troisième compagnie Françoise commence son quartier le premier juillet, & elle a rang après la première compagnie Françoise. La raison en est que son capitaine est le second en ancienneté (2).

Elle est en quartier à Amiens.

---

(1) Le Pipre de Neufville, *ibid.*

(2) M. le prince de Tingry, lieutenant général des armées du Roi.

Le capitaine en survivance est M. le prince de Luxembourg, maréchal de camp.

Ceux qui avant M. le prince de Tingry ont été capitaines de cette compagnie, sont :

1°. Jean d'Etrées, seigneur d'Etrées, de Valière & de Cœuvres, capitaine du *Châtel du Châtelet*, grand maître & capitaine général d'artillerie, chevalier des ordres du Roi, capitaine le 24 octobre 1545.

2°. Philippe de Maillé, seigneur de Verneuil & du Verger, tué devant Cambrai en 1553, le 28 juillet 1552.

3°. Louis d'Humières, chevalier, seigneur de Contay, gentilhomme de la chambre de Henri II, le 25 septembre 1553.

4°. Artus de Maillé, seigneur de Brezé & de Milli, frère de Philippe, gentilhomme de la chambre du Roi, chevalier du saint Esprit, le premier novembre 1557.

5°. Nicolas de Grimonville, seigneur de l'Archant, Auteuil, la Boulaye, chevalier du saint Esprit, le 25 janvier 1575.

6°. Jacques Nompar de Caumont, seigneur, puis duc de la Force, conseiller & chambellan de Henri IV, maréchal de France, le 12 mars 1592. C'est de lui dont parle Voltaire, dans le second chant de la Henriade.

7°. Armand Nompar de Caumont, duc de la Force, fils de Jacques, pair & maréchal de France, le 8 juillet 1611.

8°. Louis de la Marck, marquis de Mauny, premier écuyer de la reine Anne d'Autriche, gouverneur de Caën, le 21 avril 1621.

9°. Urbain de Maillé, seigneur de Brezé, fils d'Artus, maréchal de France, chevalier du saint Esprit, vice-roi de Catalogne, le 11 avril 1627.

10°. Antoine, duc d'Aumont, marquis de Villequier, pair & maréchal de France, le 23 novembre 1632.

11°. Louis-Marie-Victor, duc d'Aumont, marquis de Villequier, fils d'Antoine, premier gentilhomme de la chambre, gouverneur du Boulonnois, chevalier du saint Esprit, le 3 juillet 1663.

12°. Henri-Louis d'Aloigny, marquis de Rochefort, commandant général de la Lorraine, du Barrois, des Trois-Evêchés, & de toutes les frontières, maréchal de France, le 10 mars 1669.

13°. Guy-Alfonse de Durfort-Duras, comte, puis duc de Lorges, maréchal de France, chevalier des ordres du Roi, le 12 juin 1676.

## SECTION TROISIÈME.

*De la composition du corps ; du choix des gardes & de celui des officiers ; des uniformes ; de la bandoulière ; des armes ; des étendards ; des chevaux ; des remontes, réparations & entretiens ; du rang des officiers ; de celui des gardes ; & de la paye.*

### *Composition du corps.*

Il y a eu d'abord dans chaque compagnie pour officiers, lors de son institution, un capitaine, un lieutenant, un enseigne, & un maréchal de logis. Quant aux gardes, ils étoient au nombre de cent.

En 1599, au lieu d'un seul maréchal des logis, il y en eut trois.

Il n'a point été question de la charge d'exempt, avant Henri III. L'époque de son institution se trouve dans une ordonnance de ce prince du 2 août 1578, & dans une autre de Henri IV, du mois de septembre 1598. Il est dit dans celle-ci, qu'il n'y aura dans chaque compagnie que quatre archers francs de hoquetons & de hallebardes. Le nom d'exempt donné à ces gardes, provient de cette exemption. En 1610, au lieu de quatre exempts, il y en eut dix-sept, ce qui fait connoître l'autorité des capitaines dans leurs compagnies : car on sait que toutes les charges alors étoient vénales, & dépendoient des capitaines (1).

Le corps est demeuré ainsi composé, depuis François Ier, jusqu'en 1664, que Louis XIV y fit plusieurs augmentations (2).

Premièrement, il accrut le nombre des gardes de chaque compagnie ; & il doubla le lieutenant de la compagnie Ecossoise.

En second lieu, il réduisit les exempts, & les fixa à dix, puis à douze dans chaque compagnie. Ces officiers furent confirmés dans le titre de capitaines-exempts des gardes-du-corps : titre qu'ils avoient, selon les mémoires de Castelnau, par le Laboureur, dès le temps de Henri IV (1).

Troisièmement, il créa des brigadiers, & des sous-brigadiers. Ces officiers étoient au nombre de deux par compagnie ; & chaque compagnie fut partagée en deux brigades.

La même année 1664, Louis XIV, abolit les maréchaux des logis.

En 1666, il y eut des cadets dans les gardes, & le major fut créé. Il est fait mention de cet officier dans un mémoire que le Roi fit touchant les choses que sa majesté vouloit être observées, dorénavant par le corps. Le mémoire est daté à Saint-Germain-en-Laye, du 30 novembre de cette année 1666.

La création des aides-major suivit de près celle du major. Il en est question dans le mémoire de Saint-Germain-en-Laye. Les aides major ne furent d'abord qu'au nombre de deux pour les quatre compagnies.

En 1667, lorsque la France eut déclaré la guerre à l'Espagne, chaque compagnie des gardes du corps fût portée à 360 maîtres.

Les lieutenans & les enseignes des trois compagnies Françoises furent doublés la même année, & l'on donna au major le rang de lieutenant.

En 1674, on créa deux autres aides-major : de sorte qu'il y en eut quatre, un pour chaque compagnie (2).

Quand à la fin de la campagne de 1677,

14°. Henri d'Harcourt, duc d'Harcourt, maréchal de France, chevalier des ordres du Roi, pair de France, lieutenant général au gouvernement de la Franche-Comté, conseiller au conseil de la régence, le 21 février 1703.

15°. François d'Harcourt, duc d'Harcourt, fils de Henri, chevalier des ordres du Roi, gouverneur général de la principauté de Sedan & de ses dépendances, maréchal de France, le 26 juin 1718.

16°. Charles-François de Montmorency, duc de Luxembourg, gouverneur général de la Normandie, chevalier des ordres du Roi, maréchal de France, le 19 juillet 1750.

(1) Histoire de la milice Françoise, par le P. Daniel, tom. 2, pag. 140 ; école de Mars, par M. de Guignard, tom. 1, pag. 407 & 408.

(2) Histoire de la milice Françoise, l'école de Mars, *loc. cit.* Abrégé chronologique & historique des troupes de France, par le Pipre de Neufville, tom. 1, pag. 11.

(1) Tom. 1, pag. 44.

(2) Daniel, Guignard, le Pipre de Neufville.

les gardes du corps, comblés de gloire, retournèrent auprès du Roi, sa majesté augmenta chaque compagnie d'un troisième lieutenant, d'un troisième enseigne, & de plusieurs gardes tirés de l'élite de la cavalerie. Les quatre compagnies formèrent alors un corps de seize cents chevaux (1). Elles furent encore augmentées vers l'an 1690; mais quelque temps après, elles furent réduites à quatorze cents quarante chevaux.

En 1715, époque de la mort de Louis XIV, chaque compagnie étoit de trois cents soixante gardes, comme en 1667. Et elle avoit pour officiers, un capitaine, trois lieutenans, trois enseignes, six porte-étendards, douze exempts, douze brigadiers, & autant de sous-brigadiers; l'état major étoit composé, premièrement, d'un major & de deux aides-major, pour tout le corps; secondement, d'un aide-major, & de deux sous-aides-major pour chaque compagnie.

Il y avoit à la cour un commandant de l'hôtel, un timballier, & quatre trompettes des plaisirs. Chacune des quatre compagnies formoit deux escadrons de cent soixante-huit maîtres. Elle étoit divisée en six brigades, dont les trois premières étoient commandées par les trois lieutenans, & les trois autres, par les trois enseignes.

Chaque brigade avoit deux exempts, deux brigadiers, autant de sous-brigadiers, & un porte-étendard.

Telle a été la composition des gardes du corps, jusqu'au 15 décembre 1775. A cette époque, une ordonnance du Roi a supprimé la sixième brigade de chaque compagnie, ainsi que les gratifications d'enseignes, d'exempts & de sous-brigadiers.. Le commandant de l'hôtel, son survivancier, les deux sous-aides-major, & les six porte-étendards ont pareillement été réformés, ainsi que le timballier, & les quatre trompettes des plaisirs.

Chaque compagnie a été composée d'un capitaine, d'un aide-major, de deux lieutenans-commandans d'escadrons, de trois lieutenans, de dix sous-lieutenans, de deux porte-étendards, de deux fourriers, de dix maréchaux des logis, de vingt brigadiers, de deux cens quatre-vingt gardes, de cinquante surnuméraires, d'un timballier, & de cinq trompettes.

On a en même temps divisé chaque compagnie en cinq brigades, formant chacune un demi-escadron: ce qui fait deux escadrons & demi pour chaque compagnie, & dix escadrons pour les quatre compagnies.

On a créé pour le service de la cour, deux lieutenans, aides-major-généraux, un sous-lieutenant, sous-aide-major, un fourrier-major, un sous-lieutenant des cérémonies; mais le premier, & le vingt-huit février 1784, on a apporté quelque changement à cette composition.

Au lieu de trois lieutenans dans chaque compagnie, on y en a mis cinq; qui ont été appelés lieutenans chefs des brigades.

Les deux lieutenans, aides-major-généraux, pour le service de la Cour, ont été appelés lieutenans-aides-major généraux-commandans d'escadron.

Le sous-lieutenant faisant le service des cérémonies, a été supprimé.

### *Choix des gardes.*

Personne ne peut être présenté pour être garde du corps qu'il ne soit né sujet du Roi, de la religion catholique, apostolique & romaine, de la taille de cinq pieds cinq pouces au moins, & de maintien convenable; qu'il ne produise des témoignages authentiques de ses mœurs & de sa conduite; & qu'il ne soit muni d'un certificat de noblesse, signé de quatre gentilshommes, dont un au moins ser-

(1) Le Pipre de Neufville, journal historique des gardes du corps.

vant dans le corps, & visé par le commandant de sa province.

Il doit de plus justifier de son âge par son extrait baptistaire, & des services qu'il peut avoir dans d'autres corps par ses congés.

Sans toutes ces qualités, exigées à la rigueur par les ordonnances du 28 décembre 1758 & du 15 décembre 1775, nul sujet ne peut être présenté au Roi par le major général des gardes du corps.

Tous les emplois des gardes étoient à la disposition des capitaines avant l'année 1664 : mais depuis ce temps là, nul garde ne peut être reçu que par sa majesté.

Par l'article 20 de son ordonnance du 15 décembre 1775, elle a renouvelé très-expressément les défenses de vendre directement ou indirectement aucun emploi dans les gardes, & a proscrit absolument tout arrangement pécuniaire, sous peine contre celui qui seroit entré dans ses gardes par une pareille voie, d'être cassé.

Le major général est obligé de rendre compte au Roi des abus qui pourroient se commettre à cet égard.

C'est toujours entre les mains du capitaine de quartier que le garde agréé par le Roi prête serment. Et la règle est qu'il ne reçoive la bandoulière, marque de son état, qu'après le serment prêté.

Un des devoirs du major consiste à tenir un registre de tous les gardes, tant des anciens, que de ceux qui sont nouvellement reçus; d'y marquer le nom, le surnom, la naissance, l'âge, les services, le signalement, & le domicile ordinaire de chacun d'eux, & d'y rapporter en substance les diverses attestations qu'a produites le garde lors de son admission, sans oublier le nom, les qualités & la demeure de celui qui l'a présenté.

Les aides major des compagnies sont tenus d'avoir un pareil registre des gardes de leur compagnie, & les maréchaux des logis & les brigadiers, des gardes de leur brigade.

Chaque garde nouvellement admis reçoit du major général du corps un billet de réception, & il le donne à l'aide major de la compagnie où il entre. Ce billet ensuite est remis par l'aide major au commissaire de la compagnie, lors de la première revue.

Dès l'instant de la réception, le garde est tenu de se rendre au quartier de sa compagnie. De toute nécessité il faut qu'il y soit rendu dans l'espace d'un mois. Une excuse valable & légitime peut seule le dispenser de cette loi. Et cette excuse doit être vérifiée par l'aide major, qui en instruit ensuite le capitaine.

Le garde arrivé au quartier est tenu d'y résider six mois de suite, & obligé de s'appliquer avec zèle aux fonctions de son état.

Nul garde ne peut servir auprès de la personne du Roi, qu'il n'ait au moins un an de réception & six mois de service au quartier; & qu'il n'ait été unanimement reconnu par ses officiers pour un homme vigilant, brave, & de mœurs irréprochables.

Tous les gardes admis en qualité de surnuméraires, sont sujets aux même réglemens que ceux qui sont en pied. Ils ont au reste l'assurance d'être en pied à leur tour, s'ils ont du zèle & de la conduite. (1)

### *Choix des officiers.*

Les places de brigadiers, de maréchaux des logis, de fourriers, de porte-étendards sont toujours occupées par les plus anciens gardes successivement : il arrive pourtant quelquefois que le mérite l'emporte sur l'ancienneté.

Les sous-lieutenans sont tous des gentilshommes de nom & d'armes.

Le Roi n'admet pour sous-lieutenans de ses gardes aucun officier au tour de la cavalerie qu'il n'ait prouvé deux cents

(1) Ordonnance du 28 décembre 1758.

ans de noblesse, & trois ans de service au moins, en qualité de major ou de capitaine en pied ou d'aide major dans un régiment de cavalerie ou de dragons.

Les preuves de noblesse sont vérifiées par le généalogiste de la cour, qui en donne son certificat.

Le certificat est remis par l'aspirant entre les mains du capitaine où se trouve vacante la sous-lieutenance; & le capitaine le présente au Roi.

Les états de service sont constatés par un certificat signé du secrétaire d'état ayant le département de la guerre, & ce certificat est pareillement présenté au Roi par le capitaine.

Le sous-lieutenant une fois reçu, ses deux certificats tant de noblesse que de service, doivent être déposés dans le coffre du major.

Comme il est contre la discipline militaire, qu'un chef de brigade, tiré de la cavalerie, ait habituellement à ses ordres, n'étant que colonel, d'anciens brigadiers des armées, il a été décidé qu'aucun officier de cavalerie n'entreroit à l'avenir dans les gardes qu'en qualité de sous-lieutenans. (1)

L'aide major est tiré d'entre les sous-lieutenans.

Tous les sous-lieutenans deviennent à leur tour lieutenans chefs de brigade.

Et tous les lieutenans chefs de brigade montent de même à leur tour aux charges de lieutenans commandans d'escadron.

Quant aux capitaines, il ne leur est pas nécessaire d'avoir commencé par être sous-lieutenans. Ils ont de tout temps été dispensés de cette loi.

Les charges de capitaines sont toutes occupées par des seigneurs de la première qualité, qui parviennent ordinairement au grade de maréchal de France.

Les capitaines prêtoient autrefois serment entre les mains d'un maréchal de France. C'est ce qu'on voit par l'exemple d'Hervé de Chauvai, qui succéda à Louis de Graville dans la charge de capitaine de la première compagnie Françoise sous Louis XI: « les lettres dudit Chauvai, » sont adressées aux maréchaux de France » pour prendre serment de lui. Comme » par son attache, André de Laval, Sire » de Lotace maréchal de France, certi» fie avoir fait (1).

Maintenant les capitaines prêtent serment entre les mains du Roi, & ils ont le privilège de le prêter, l'épée au côté. Le Roi leur donne ensuite le bâton de commandement.

On ne sera pas fâché, sans doute, de trouver ici la formule de leur serment, elle est ainsi conçue (2): « Vous jurez & » promettez à Dieu de bien & fidèle» ment servir le Roi en la charge de » capitaine des gardes de son corps, dont » sa majesté vous a pourvu sur la démis» sion de N..... de tenir la main à ce » que les officiers qui sont sous votre » charge, s'acquittent fidèlement de » leur devoir, de révéler à sa majesté » tout ce que vous sauver importer au » bien de son service, de veiller soigneu» sement à la sûreté de sa personne, de » ne recevoir pension d'aucun autre » prince que de sa majesté, & de faire » en cette charge tout ce que bon & » fidèle sujet & serviteur est tenu & » obligé de faire: & pour marque de la » confiance que sa majesté prend en » vous, elle vous met entre les mains le » bâton de commandement. »

### *Uniforme.*

Les gardes du corps ont deux habits uniformes. Le grand uniforme des gardes,

(1) Ordonnance du 15 décembre 1775.

(1) Origine des deux compagnies des cent gentilshommes, pag. 29.

(2) C'est celui que fit M. le duc de Duras en 1672. Voyez les archives de la maison du Roi.

du corps, est habit bleu, paremens, doublure, veste & collet rouges; manches en bottes & poches en patte; agrémens, bordé & galon d'argent en plein sur le tout; culotte & bas rouges, boutons argentés avec la devise de Louis le Grand.

Le grand uniforme des officiers, soit supérieurs ou autres, est à peu près le même que celui des gardes; il n'en diffère que par la broderie & plus ou moins de chamarure.

Le grand uniforme des gardes est fourni aux dépens du Roi, de même que celui des trompettes & des timballiers, dont le fonds est le velours bleu, galonné d'argent en plein.

La cocarde est noire pour la compagnie Écossoise, verte & blanche pour la première compagnie Françoise, bleue & blanche pour la seconde, jaune & blanche pour la troisième.

L'équipage du cheval, pour la compagnie Écossoise, est rouge avec un bordé d'argent; pour les autres compagnies, il suit la couleur de la bandoulière. (1)

Le petit uniforme est également bleu. Mais il a de plus un revers qui, ainsi que le collet & les paremens, est rouge. La doublure, la veste & la culotte sont blanches. L'habit est galonné dans le même goût que l'étoit autrefois l'uniforme des officiers de cavalerie. Les officiers supérieurs au lieu de galon portent la broderie.

Le petit uniforme est aux frais des gardes.

### *Bandoulière.*

La bandoulière que portent les gardes du corps est aussi ancienne que leur institution. Elle leur est commune avec tous ceux qui ont porté autrefois le nom d'archers.

Dans le temps que les gardes du corps s'appeloient archers de la garde, & qu'ils étoient armés d'arcs, la bandoulière leur servoit à attacher cet arc. Maintenant qu'au lieu d'arc ils portent le mousqueton, la bandoulière leur sert à attacher ce mousqueton.

Les archers qui portent encore aujourd'hui ce nom, ont leur bandoulière chargée ou d'armoiries ou de devises. Pour celle des gardes, elle est toute unie, sans armes & sans devise.

Le fonds en est d'argent, parce que la couleur blanche a toujours été la couleur françoise, soit dans les drapeaux, soit dans les écharpes.

C'est pour cette raison que chaque compagnie ayant une couleur ajoutée à l'argent pour la distinguer des autres, la compagnie Écossoise, qui est la plus ancienne, porte des bandoulières blanches ou d'argent plein. Quant aux couleurs des trois compagnies Françoises, le verd est celle de la première, le bleu celle de la seconde, le jaune celle de la troisième (1).

Par réglement de l'année 1666, l'intention du Roi est qu'on respecte la bandoulière des gardes, par-tout où ils sont en faction auprès de sa majesté : & que dans le cas où certaines personnes perdroient le respect qui lui est dû, les factionnaires soient soutenus de leurs camarades, & que rien ne soit omis pour se saisir des délinquans.

La bandoulière procure encore aux gardes, lorsqu'ils sont au corps, un autre avantage assez considérable, c'est de mettre celui d'entre eux qui s'en trouve revêtu, à couvert des recherches de ses créanciers : car il n'est pas permis d'arrêter pour cause civile, un garde qui porte sa bandoulière.

A l'égard des affaires criminelles, elle ne leur donne aucune sûreté, principalement s'ils sont pris en flagrant délit :

(1) Voyez les premiers états militaires, art. gardes du corps.

(1) Histoire de la milice Françoise, tom. 2, pag. 149; premiers états militaires.

& même s'ils s'échappent & vont chercher une retraite dans leur corps, ils n'y en trouvent point. Dès que leurs officiers sont instruits qu'ils sont attaqués pour de pareilles affaires, ils doivent eux-mêmes les faire arrêter ou donner à la justice la main-forte qu'elle leur demande pour s'en saisir.

Comme la bandoulière fait honneur à celui qui la porte, les gardes doivent toujours l'avoir sur le corps à Versailles, où le Roi veut qu'ils ne paroissent jamais sans en être revêtus.

Remarquons pourtant que comme les gardes ne font aucune fonction dans les appartemens, aucun d'eux n'y doit entrer avec sa bandoulière sur le corps. S'il s'en présentoit quelqu'un en cet état, l'huissier seroit obligé de la lui faire quitter; & s'il en faisoit difficulté, il lui refuseroit la permission d'entrer.

La bandoulière se porte par-dessus l'habit, de droite à gauche, en forme d'écharpe (1).

### *Armes.*

Les gardes du corps, lors de leur institution, portoient le casque & la cuirasse, & ils étoient armés de javelines & d'arcs : c'est pourquoi, comme on l'a déjà dit, ils étoient appelés *archers*.

Les successeurs de Charles VII voulurent que lorsque les gardes du corps seroient de service à la cour, ils eussent des hallebardes; & que quand ils serviroient à l'armée, ils eussent des lances, & fussent pour le reste armés comme les compagnies d'ordonnance.

François Ier en 1534, donna à plusieurs d'entre eux des arquebuses.

Henri IV en 1598, régla que les gardes du corps, lorsqu'ils seroient à cheval, porteroient des pistolets à l'arson de la selle, & il renouvela l'usage des javelines.

Sous Louis XIV, on a vu les gardes du corps porter à une revue proche de Compiègne, la masse d'armes. C'étoit en 1665 ou 1666 (1).

Les armes des gardes sont maintenant le sabre, les pistolets, le mousqueton.

En campagne, ils ne se servent guères que des pistolets & du sabre. L'usage du mousqueton n'a lieu qu'en certaines circonstances, comme dans une déroute d'ennemis pour les tirer de loin, ou s'il s'agit de garder un défilé.

Quand les gardes du Roi servent à pied, ils portent le mousqueton, & au lieu de sabre, une épée. Leur mousqueton est toujours sur l'épaule.

A cheval, ils le portent à la façon des cavaliers, c'est-à-dire, suspendu au côté gauche & la crosse en haut.

A l'égard des officiers, le pistolet & l'épée sont leurs seules armes. Ajoutez à cela qu'ils portent tous un bâton de commandement.

### *Etendards.*

Par ordonnance du 15 décembre 1775, il n'y a plus dans les gardes du corps que deux étendards par compagnie, de six qu'il y avoit autrefois.

Cet étendard est une pièce de taffetas carrée, attachée à une lance, de la couleur affectée à chaque compagnie. Il est un peu plus long que large, & fendu par le bout. La raison de cette différence est sans doute, dit le P. Daniel (2), que telle étoit la figure de l'étendard dans l'origine, & qu'on lui a voulu conserver cette marque d'ancienneté.

Au milieu de l'étendard, est cette belle devise

---

(1) Réglement de 1666; école de Mars, tom. 1, pag. 409, 416.

(1) Le président Fauchet, pag. 489 & 524; Fontanon, tom. 4, pag. 1485; histoire de la milice Françoise, tom. 2, pag. 147 & 149.

(2) Histoire de la milice Françoise, tom. 2, pag. 150 & 151.

devise de Louis XIV : un soleil, en broderie d'or, qui éclaire le monde, avec ces mots pour ame : *Nec pluribus impar.*

Il y avoit auparavant, la devise de Henri IV : mais Louis XIV y substitua la sienne en 1671.

On ajoute à chaque étendard une écharpe d'une aune de taffetas blanc. Cette écharpe est attachée au-dessous du fer de la lance.

Elle désigne un étendard François, & sert à se faire remarquer de plus loin : ce qui est fort utile pour un ralliement. Tous les étendards des troupes de la nation ont pareillement une écharpe de taffetas blanc attachée au-dessous du fer de la lance.

Les deux étendards de chaque compagnie sont portés par deux officiers, qui n'ont pas d'autres fonctions. De-là le titre de porte-étendards qu'ils ont.

Les porte-étendards sont toujours placés au premier rang de leur compagnie.

### *Chevaux.*

Le Roi fournit à ses gardes, ainsi qu'aux trompettes & aux timballiers, les chevaux avec lesquels les uns & les autres font leur service : mais il en est autrement des officiers : ceux-ci se montent à leurs frais, excepté néanmoins que sa majesté leur fournit des coureurs pour le service de la cour.

### *Remontes, réparations & entretiens.*

Le Roi, pour subvenir aux frais de remonte, réparations & entretiens de toute espèce, fait un fonds de deux cents livres par an à chaque fourrier, maréchal des logis, brigadier, garde du corps, timballier & trompette.

Les remontes, réparations & entretiens de chaque compagnie, se font par les soins de l'aide-major & d'après les ordres qui lui sont donnés par le capitaine.

Les états des dépenses des quatre compagnies sont envoyés tous les trois mois aux quatre lieutenans qui sont de service auprès de sa majesté : & après les avoir examinés & vérifiés, ils les remettent au major : celui-ci en rend compte au capitaine de quartier, & ensuite il les présente au secrétaire d'état ayant le département de la guerre, afin qu'il en ordonne le payement (1).

### *Rang des officiers & des gardes.*

Les capitaines, le major, les lieutenans commandans d'escadron des quatre compagnies des gardes du corps tiennent rang, tant qu'ils sont pourvus de leurs charges, de premiers mestres de camp de cavalerie ; & en cette qualité, ils commandent sans difficulté, dans tous les détachemens où ils peuvent se trouver, à tous les mestres de camp de cavalerie & de dragons, qui ont été détachés avec eux ; mais les capitaines commandent au major, & celui-ci à tous les lieutenans.

Les lieutenans - chefs de brigade & les aides major tiennent rang de mestres de camp du jour & date des commissions de leurs charges, & ils commandent à tous les mestres de camp, dont la commission est postérieure à la leur ; mais les aides major sont commandés par tous les lieutenans.

Les sous lieutenans ont, en entrant dans le corps, la commission de lieutenant colonel ; & celle de mestre de camp leur est accordée après six ans de service. Ils sont commandés par tous les officiers qui précèdent, & même par les aides major.

Les porte-étendards sont derniers sous

(1) Ordonnance du 15 décembre 1775.

lieutenans, &, comme tels, commandés par les autres sous-lieutenans. Ils ont, lors de leur réception la commission de lieutenant colonel, & après six ans de service, celle de mestre de camp.

Les fourriers, les maréchaux des logis, & les brigadiers, ont la commission de capitaine, du jour de leur nomination; mais malgré cette uniformité de grade, les fourriers n'en commandent pas moins aux maréchaux des logis, & ceux-ci aux brigadiers.

Les gardes ont le rang & les prérogatives de lieutenant de cavalerie, du jour de leur réception. On ne leur donne plus de commissions de capitaines de cavalerie, après quinze ans de service : mais après ce temps, leurs services commencent à être comptés, comme s'ils avoient la commission de capitaines, pour leur servir à acquérir la noblesse militaire aux termes de l'édit de création, & toutes les prérogatives dont ils peuvent être susceptibles (1).

*De la paye.*

Le traitement des capitaines est de vingt mille livres par an, pour chacun. Celui du major est de dix-huit mille livres.

L'état major de cour a par an d'appoitement; savoir, chaque lieutenant, aide-major général, commandant d'escadron, dix mille livres; le sous-lieutenant, sous aide major, cinq mille livres; le fourrier major, trois mille livres.

Quant aux officiers des compagnies, chaque lieutenant, commandant d'escadron touche annuellement douze mille livres, chaque lieutenant, chef de brigade, dix mille livres, chaque aide major, six mille livres, chaque sous lieutenant, cinq mille livres, chaque porte étendard, trois mille cinq cens livres, chaque fourrier, deux mille livres, chaque maréchal des logis, dix-neuf cens livres, & chaque brigadier, seize cens livres. La paye annuelle de chaque garde est de six cens dix livres. Les six premiers de chaque brigade ont, de plus, cinquante écus.

Chaque timballier & trompette a huit cens livres.

Les aumôniers ont par an chacun sept cens vingt livres, & les chirurgiens, quatre cens cinquante.

Il n'y a pas d'autre retenue aux appointemens que les quatre deniers pour livre.

Tous les objets qui compensoient autrefois la modicité de la paye sous une infinité de dénominations, comme nourriture à la cour, places de fourrages, émolumens, gages, récompenses, supplémens d'appointemens, ne subsistent plus actuellement.

On n'accorde plus aux gardes de pension sur le trésor royal; mais il y a tous les ans une somme de seize mille livres ajoutée à la solde, & distribuée en gratification aux gardes des quatre compagnies qui se rendent utiles pour l'instruction, & à ceux qui ont véritablement besoin de secours (1).

## SECTION QUATRIEME.

*Des devoirs & fonctions du corps à la cour, dans les quartiers & à l'armée; de la police qui s'observe dans le corps; des commissaires des compagnies, & de la retraite des officiers & des gardes.*

*Devoirs & fonctions du corps.*

Les gardes du corps sont assujètis à trois sortes de services; savoir, le service de la cour, celui qu'ils font dans leurs quartiers, & celui qu'ils font à la guerre.

(1) Ordonnance du 15 décembre 1775.

(1) Ordonnance du 15 décembre 1775.

*Service de la Cour.*

Les quatre compagnies des gardes du corps, ont chacune un demi escadron de service à Versailles. Le demi-escadron est en temps de paix relevé tous les trois mois. En temps de guerre, lorsque le corps fait campagne, il sert quelquefois l'année entière.

Ce qu'on appelle le guet, est le nombre de gardes qui servent auprès du Roi.

La moitié du guet est de garde dans les appartemens du Roi; & l'autre moitié accompagne sa majesté par-tout où elle va.

Le demi-escadron que chaque compagnie fournit pour le guet, est composé d'un lieutenant-chef de brigade, de deux sous-lieutenans, de deux maréchaux des logis, de quatre brigadiers, de cinquante-six gardes, & d'un trompette.

Le guet étant d'un demi-escadron pour chacune des quatre compagnies, c'est-à-dire, de deux escadrons, il se trouve composé de quatre lieutenans-chefs de brigade, de huit sous-lieutenans, de huit maréchaux des logis, de seize brigadiers, de deux cents vingt-quatre gardes, & de quatre trompettes.

Chacun des deux escadrons du guet est commandé par un lieutenant-commandant d'escadron, & par un des officiers généraux de la suite du corps.

Le commandement du guet appartient au capitaine de quartier.

C'est lui qui rend compte directement au Roi de tout ce qui peut regarder le corps: il reçoit immédiatement les ordres de sa majesté pour l'expédition des brevets des charges de tous les officiers, des provisions de chevaliers de saint Louis, des lettres d'anoblissement, de confirmation, ou de réhabilitation de noblesse, des lettres d'état & de vétérance, des édits pour l'augmentation ou diminution des compagnies, pour la cassation ou l'interdiction, ou le rétablissement des officiers & des gardes.

Il prend aussi immédiatement les ordres du Roi pour faire faire les banderolles & les étendards neufs, pour faire expédier les passeports des marchandises étrangères servant à l'habillement des compagnies; enfin, pour tout ce qui regarde la discipline, police, subordination & détail du corps (1).

Le capitaine de quartier ne doit pas manquer, non plus que les officiers du guet, de se trouver à la cour le premier jour que son quartier commence; & son temps de service fini, il ne peut prendre congé du Roi que le capitaine qui le remplace ne soit arrivé.

Un de ses devoirs est d'asseoir tous les jours le guet, de se trouver à l'appel qu'on en fait tous les soirs, de voir & connoître tous les gardes qui le composent, & de leur recommander le zèle & l'exactitude (2).

Le capitaine de quartier ne quitte point le Roi depuis qu'il est levé & sorti de sa chambre, jusqu'à ce qu'il y soit rentré pour se coucher: il a soin de se tenir toujours très-proche de sa personne, afin de pouvoir mieux veiller à sa sûreté; il ne doit pas permettre, lorsque le Roi est hors de son appartement, que qui que ce soit se mette, ou passe entre sa majesté & lui: personne, sans la permission du capitaine des gardes, ne peut de même parler au Roi, excepté les officiers ou domestiques lorsqu'ils sont en exercice. Il doit empêcher que nul homme suspect ou inconnu n'approche de sa majesté.

Au dîner & au souper du Roi, il est toujours derrière le fauteuil de sa majesté. Il ne permet pas que personne l'entretienne d'affaires pendant ce temps-là (3).

---

(1) Code militaire de Briquet, tom. 4, pag. 139 & 140.

(2) Ordonnance du 11 août 1578, renouvelée en septembre 1598, sur le fait des gardes du corps.

(3) Etat de la France de Trabouillet, tom. 2, pag. 37, 38 & 39; école de Mars, tom. 1, pag. 398.

Le commandement & les fonctions du capitaine des gardes, ne s'étendent pas jusques dans la chambre, ni même dans les autres appartemens du Roi : cela est réservé au grand chambellan, &, en son absence, au premier gentilhomme de la chambre; c'est à lui qu'on doit s'adresser pour tout ce qui regarde le service du dedans, & pour avoir la permission de parler à sa majesté lorsqu'on a dessein de le faire dans sa chambre.

L'autorité du capitaine des gardes & des autres officiers n'a lieu que dans les galeries & dans les sales; le capitaine de quartier a toujours une place dans un des carrosses du corps, & souvent dans celui du Roi même, toutes les fois que sa majesté sort, ou voyage en carrosse.

Si le Roi sort à cheval, le capitaine y monte aussi, de même que les autres officiers des gardes.

Le capitaine de quartier ne découche point du château du Roi. Préférablement à tous les autres officiers (1), il y est toujours logé. Et c'est même fort proche de la chambre du Roi, si cela peut se faire commodément. La règle est, comme nous l'avons dit ci-devant, qu'il garde pendant la nuit, sous le chevet de son lit, les clefs du château qu'on lui apporte tous les soirs.

S'il arrivoit la nuit quelque courier ou quelqu'un qui voulût parler au Roi, on le meneroit au capitaine de quartier qui se leveroit aussi-tôt, & feroit avertir sa majesté par le premier gentilhomme de la chambre.

Les jours d'audience, le capitaine des gardes fait entendre à la porte par l'huissier de la salle, que ceux qui veulent présenter requête au Roi, n'ont qu'à s'approcher. Il a soin ensuite que les placets ou requêtes ne soient présentés à sa majesté que les uns après les autres.

Quand le Roi doit donner audience à un ambassadeur, le capitaine de quartier reçoit cet ambassadeur à l'entrée de la salle des gardes, & il le conduit jusqu'à la chambre, se tenant alors près du balustre; & l'audience finie, il reconduit l'ambassadeur jusqu'à la porte.

Au lit de justice, il y a un banc particulier au-dessous des pairs ecclésiastiques, sur lequel se placent les quatres capitaines des gardes, s'ils y sont, ou du moins celui de quartier (1).

Le devoir du major est de ne jamais quitter le Roi du moment qu'il est hors de sa chambre, d'examiner s'il n'en approche personne d'inconnu, & d'interroger tous ceux qui lui paroissent tels, ou de figure suspecte.

En l'absence du capitaine, il reçoit directement les ordres du Roi, & il lui rend compte alors de tout ce qui arrive dans le guet.

Lorsque sa majesté sort, il marche devant elle; quand elle voyage, il fait de même : il a soin de distribuer les relais par-tout où il en est besoin, de visiter le logement destiné au Roi, d'examiner si tout y est en bon état & rangé convenablement, & de s'assurer si les gardes sont en règle.

Le major se fait rendre compte par les aides-major, les lieutenans, les sous-lieutenans, les maréchaux des logis, & les brigadiers, de tout ce qui se passe dans les salles, afin qu'il puisse en avertir le capitaine de quartier, & même le Roi.

(1) Si en route il arrivoit qu'il n'y eût qu'un seul appartement de reste dans la maison où loge le Roi, cet appartement seroit de préférence pour le capitaine de quartier. Mais s'il s'en trouvoit deux, le premier gentilhomme de la chambre auroit le premier, & le capitaine des gardes le second. Et s'il y en avoit trois, le grand chambellan auroit la préférence sur les deux autres.

(1) Ordonnance du 11 août 1578, renouvelée en septembre 1598; état de la France, tom. 2, pag. 39 & 40; école de Mars, tom. 1, pag. 399 & 400.

C'eſt lui qui eſt chargé de tous les détachemens qui ſe font pour garnir les égliſes, ſpectacles, ou autres lieux où le Roi va.

C'eſt lui qui fait appeler le guet ſoir & matin, & même plus ſouvent s'il lui plaît, afin de voir ſi tout le monde eſt bien aſſidu à ſon devoir.

Quand le capitaine n'eſt pas préſent à l'appel, le major reçoit les honneurs dus au capitaine lorſqu'il s'y trouve.

Il donne toutes les ſemaines au capitaine de quartier un mémoire contenant le nom des gardes qu'il a trouvés en faute, afin que celui-ci le remette enſuite au Roi (1).

Le devoir des lieutenans eſt de remplacer, par ordre d'ancienneté, le capitaine de quartier lorſqu'il eſt abſent ou malade; mais ce ne peut être que pour peu de temps : car autrement, un autre capitaine doit venir prendre le commandement.

Les lieutenans des gardes marchent toujours devant le Roi lorſque le capitaine des cent Suiſſes, auquel cette place eſt deſtinée, ne s'y trouve point; & ils marchent toujours au côté droit du Roi, quand le capitaine des cent Suiſſes eſt préſent.

Dans tous les cas, ils doivent obſerver de ne point diſputer les places aux ſeigneurs de diſtinction qui veulent parler au Roi, ou s'en approcher, & veiller à ce que perſonne d'inconnu ou ſuſpect ne ſe gliſſe parmi ces ſeigneurs; mais s'il ſe trouvoit près d'eux quelque perſonne qui voulût préſenter un placet au Roi, c'eſt à eux à le prendre, & à le préſenter eux-mêmes à ſa majeſté.

Les lieutenans - chefs de brigade rendent tous les quinze jours au capitaine de quartier un compte exact, de l'état des armes, chevaux & équipages de leur brigade; & le capitaine de quartier fait vérifier par le major, ou en ſon abſence par les aides major, ſi le compte qui lui a été rendu eſt véritable (1).

Les lieutenans, commandans d'eſcadron, quoiqu'avec un grade ſupérieur à celui des ſimples lieutenans, font à la cour le même ſervice que ceux-ci (2).

Les fonctions des aides major ſont d'être chargés du détail des ſalles, de l'ordre & formation des détachemens, ſoit à pied, ſoit à cheval, de montrer aux gardes à bien porter & manier leurs armes, d'être préſens à l'appel, de faire de temps en temps, & ſur-tout après le coucher du Roi, des rondes dans toutes les cours du château, de donner l'ordre aux maréchaux des logis, de ſuivre le Roi quand il ſort, & de faire les fonctions du major en ſon abſence, pour tout ce qui regarde la ſûreté du monarque, & les autres détails (3).

A l'égard des places que les officiers des gardes du corps doivent occuper près du Roi, le réglement du 2 novembre 1724 a décidé que, comme ils étoient chargés d'un ſervice intime & aſſidu auprès de ſa perſonne, & du ſoin de veiller continuellement à ſa ſûreté, ils marcheroient toujours à droite & à gauche de ſon carroſſe, à la hauteur des roues de derrière, de manière que la portière demeurât libre, afin de laiſſer au peuple la ſatisfaction de voir ſon ſouverain.

Le ſervice des ſous-lieutenans eſt le même que celui que faiſoient autrefois les exempts (4).

Dans les courſes ou voyages du Roi, ils marchent derrière le cheval ou carroſſe du Roi, à la tête des gardes.

Quand il y a quelque ſpectacle carouſel, opéra ou comédie, un ſous-lieu-

---

(1) Ordonnance du 30 décembre 1666; école de Mars, tom. 1, pag. 410 & 417.

(1) Ecole de Mars, tom. 1, pag. 400-411; état de la France, tom. 2, pag. 38.

(2) Ordonnance du 15 décembre 1775.

(3) Ecole de Mars, tom. 1, pag. 410 & 411.

(4) Ordonnance de 1775.

tenant est commandé pour la distribution des places, avec un nombre de gardes.

La même chose a lieu aux funérailles des princes, & à quelques autres cérémonies.

Si l'on envoie un détachement en quelque endroit, & qu'il soit de trente maîtres, c'est un sous-lieutenant qui le commande.

Lorsque sa majesté chasse, un sous-lieutenant garde le terrein, & fait empêcher que la populace n'en approche. Un autre commande les gardes qui suivent le Roi; mais s'il arrive que sa majesté ordonne que ses gardes ne la suivent pas, le sous-lieutenant doit rester avec eux. Les fourriers ne font point de service à la cour (1).

Les maréchaux des logis & les brigadiers étant destinés à faire faire le service aux gardes dans les salles, ils doivent y être très-assidus.

Outre le soin qu'ils ont de faire servir les gardes avec régularité, ils doivent les contenir dans le respect qui est dû aux postes qu'ils occupent. Il y a un maréchal des logis & un brigadier qui commandent tous les jours la garde.

Quand les maréchaux des logis sont commandés pour suivre le Roi à cheval, ils doivent assembler leur détachement hors de la cour du château, former la troupe sur deux rangs, entrer dans la cour le sabre à la main, & aller prendre poste près du carrosse ou des chevaux de selle du Roi.

Si l'on envoie en quelque endroit un détachement de vingt maîtres, il est commandé par un brigadier, ou par un maréchal des logis: si le détachement est de trente maîtres, il est commandé tout-à-la-fois par un brigadier & un maréchal des logis.

Les sentinelles ne se doivent jamais relever qu'il n'y ait un brigadier pour leur faire prendre la consigne; & l'on doit faire en sorte qu'un garde d'une compagnie soit relevé par un garde d'une autre.

(1) Ordonnance du 15 décembre 1775.

Si le maréchal des logis ou le brigadier trouve quelque garde en faute, ils le peuvent punir sur le champ, soit en lui faisant faire une faction extraordinaire, soit en le désarmant, & le mettant aux arrêts dans la salle; mais ils doivent en avertir aussi-tôt le capitaine & le major (1).

*Devoirs & fonctions des gardes.*

Les sentinelles des salles doivent avertir les sentinelles des portes quand le Roi, la reine & la famille royale sortent, & les sentinelles des portes doivent à leur tour avertir les sentinelles des salles quand le Roi, la reine & la famille royale entrent. Le cri d'avertissement est: *messieurs, voilà le Roi, ou autre.*

Dans l'un ou l'autre cas, les gardes se rangent en haie, & la sentinelle ouvre les deux battans de la porte.

On fait la même chose pour tous les princes & princesses du sang, pour les ambassadeurs à leur première & dernière audience, & pour les quatre capitaines des gardes.

Il y a quelques seigneurs pour lesquels la sentinelle, par honneur, frappe du pied, lorsqu'ils passent; tels sont, par exemple, les chevaliers du saint Esprit.

Les sentinelles ne doivent permettre à personne d'entrer chez le Roi, le nez enveloppé dans un manteau.

Ils doivent empêcher pareillement qu'on y entre avec des armes défendues; &, en cas de contravention, ils doivent se saisir du coupable, & le mener à un de leurs officiers.

S'il arrive qu'ils ayent des soupçons sur quelque personne, ils sont tenus d'en avertir, afin qu'on aille sur le champ faire les visites nécessaires.

Par-tout où il y a un garde en sentinelle, personne n'est en droit, soit pour

(1) Ecole de Mars, tom. 1, pag. 412 & 413.

entrer, soit pour sortir, d'ouvrir la porte qu'il tient fermée; mais on doit le prier de l'ouvrir : alors le garde se conforme à la consigne qu'il a reçue.

Lorsqu'on va chercher le service du Roi, il y a quatre gardes commandés pour l'accompagner, deux pour marcher devant avec le maître d'hôtel, & deux pour marcher derrière, afin d'empêcher que personne n'en approche.

Toutes les fois que le valet de chambre va chercher de l'eau pour le Roi, deux gardes l'accompagnent jusqu'au gobelet, & reviennent avec lui jusqu'à l'appartement de sa majesté.

Quand le Roi sort en carrosse à deux chevaux, les gardes qui sont commandés pour l'accompagner marchent derrière, & aux côtés du carrosse, depuis l'ouverture de la portière. Si les gardes sont à pied, les deux plus avancés tiennent les boutons de derrière de la portière d'un côté & de l'autre.

Si sa majesté est en carrosse à six ou huit chevaux, les gardes montent à cheval, & suivent derrière; quelques-uns seulement marchent en avant pour faire arrêter & ranger tout ce qui pourroit interrompre la marche.

Lorsque le Roi va visiter Monsieur, ou Madame, monseigneur comte d'Artois, ou madame comtesse d'Artois, la règle est que les gardes du corps de sa majesté prennent le poste des gardes de ces princes ou princesses, & qu'ils les remplacent dans toutes leurs fonctions, sans que ceux-ci puissent s'y opposer.

Quand le Roi marche à pied dans les cours de son château, ou dans les rues de Versailles, il n'est accompagné que d'un petit nombre de gardes qui le suivent le plus près qu'il est possible en troupe, derrière, & non à la file, ainsi que cela se pratiquoit sous François I & Henri II; excepté toutefois quand la reine ou les princesses y sont, car ils se tiennent alors derrière & à côté, pour leur faire place.

Si le Roi entre dans ses jardins pour se promener, la troupe des gardes l'attend, & quelques - uns seulement le suivent.

Le Roi doit-il venir à Paris à quelque spectacle, il est précédé de plusieurs de ses gardes, dont les uns entrent, & les autres se rangent en haie vers la porte pour le recevoir (1).

*Service dans les quartiers.*

Les gardes ne faisoient autrefois aucun service dans leurs quartiers, tant parce qu'ils étoient en pays sûr, que parce qu'il n'y avoit pas lieu d'appréhender qu'il arrivât du désordre entre eux (2). Mais ces considérations ont été réputées vaines; & les gardes maintenant ne sont guères moins occupées dans leurs quartiers, que ne le sont communément les régimens de cavalerie dans les leurs.

Monter la garde, faire l'exercice à pied, s'exercer à cheval à toutes sortes de manœuvres, voilà les occupations des gardes du corps dans leurs quartiers.

Il y a constamment de résidence au quartier de chaque compagnie un lieutenant-chef de brigade, qui est relevé tous les trois mois (3).

L'aide-major de chaque compagnie, en étant comme l'inspecteur, est chargé d'en faire tous les mois la revue, & même plus souvent, selon les circonstances.

Dans cette revue, il doit examiner les hommes, les armes & les chevaux, se faire rendre compte par le commandant de chaque quartier, de la manière dont les gardes y vivent & s'y comportent, & informer de tout ce qu'il apprend, le capitaine de la compagnie, celui de quartier, & le major.

Comme il est chargé du payement de

(1) Ecole de Mars, tom. 1, pag. 401; état de la France, tom. 2, pag. 42 & 43; ordonnance du 11 août 1578, renouvelée en septembre 1598, sur le fait des gardes du corps.

(2) Ecole de Mars, tom. 1, pag. 413.

(3) Ordonnance du 28 décembre 1758.

la compagnie, il en fait la revue conjointement avec le commissaire, & il fait deux extraits particuliers des revues, un pour le Roi, & l'autre pour le secrétaire d'état ayant le département de la guerre.

Il a le pouvoir de faire monter, quand il lui plaît, les maréchaux des logis à cheval, soit pour les examiner, soit pour les exercer dans les évolutions militaires.

L'aide-major est encore chargé de l'habillement, de faire faire les tentes quand on est près d'entrer en campagne, & d'examiner si le timballier & les trompettes sont bien montés.

Il est obligé d'avoir un contrôle exact de la compagnie, & de s'appliquer à connoître à fond tous les gardes par lui-même, afin de pouvoir rendre un compte juste de leurs bonnes ou mauvaises qualités, quand le Roi le demande.

Si sa majesté veut faire la revue de la compagnie, il doit bien examiner toutes choses auparavant, & tenir un état exact de tout, afin de pouvoir répondre d'une manière satisfaisante sur ce que le Roi ou le capitaine pourroient lui demander. C'est lui qui dans cette occasion & dans toutes les autres, a soin de faire mettre les escadrons en bataille, de les dresser, & de les faire défiler devant sa majesté.

S'il arrive quelque désordre dans le quartier de la compagnie, soit entre les gardes & les bourgeois, soit entre les gardes seulement, l'aide-major doit s'y rendre aussitôt qu'il en a reçu avis, & après avoir fait les informations nécessaires, en porter l'expédition au capitaine & au major (1).

Il y a toujours deux sous-lieutenans de résidence dans les quartiers de chaque compagnie. Leur soin est d'examiner s'il ne s'y passe rien contre le service du Roi & d'en instruire les lieutenans-chefs de brigade. Les sous-lieutenans sont relevés tous les trois mois.

C'est d'après les ordres du commandant de quartier quel qu'il soit, que la compagnie fait l'exercice à pied ou à cheval.

L'ordonnance du 28 décembre 1758, a réglé que les gardes monteroient à cheval dans leur quartier, au moins trois fois la semaine, même pendant l'hiver, & qu'il s'assembleroient à pied au moins une fois la semaine.

Les porte-étendards veillent à ce que les fourriers, les maréchaux des logis, les brigadiers & les gardes remplissent, chacun en ce qui les concerne, les fonctions de leur état. Leur devoir est encore de porter à toutes les manœuvres les étendards de leur compagnie.

Les principales fonctions des fourriers, sont d'assister à la distribution du fourage, & de tenir un contrôle exact du logement des officiers & des gardes, dans lequel les noms de chacun d'eux sont spécifiés.

Les maréchaux des logis & les brigadiers doivent s'appliquer à montrer aux gardes à bien porter & manier leurs armes, afin que l'aide-major les trouve instruits quand il lui plait de les exercer.

Ils doivent aussi avoir une très-particulière attention à ce que les chevaux soient bien pansés, & que la ration de fourage & d'avoine qui a été réglée, leur soit fidèlement donnée par les valets.

Il faut enfin qu'ils ayent soin d'entretenir l'ordre & l'union entre les gardes, & de leur inspirer par leurs avis, & surtout par leur exemple, les sentimens d'honneur qui doivent être inséparables de ce corps. (1) Les portes-étendards, les fourriers, les maréchaux des logis & les brigadiers sont attenus à la même résidence que les gardes (2).

La résidence des gardes au quartier est de six mois chaque année : le quartier

(1) Ecole de Mars, tom. 1, pag. 414 & 415; histoire de la milice Françoise, tom. 2, pag. 167 & 168.

(1) Histoire de la milice Françoise; école de Mars.

(2) Ordonnance, *ibid.*

est composé de tous ceux d'entre les gardes ou les officiers qui ne sont ni à la cour ni en congé.

Outre les divers exercices soit à pied, soit à cheval, auxquels chaque compagnie se livre séparement dans son quartier, l'intention du Roi est que toutes ses troupes à cheval, quelque distinction qu'il y ait entre elles, soient exercées d'après les mêmes principes ; en conséquence on réunit, dans la même ville, pendant six semaines les huit escadrons des gardes du corps, qui ne sont pas de service auprès de sa majesté : ces huit escadrons s'exercent sous les yeux de celui des officiers des gardes, à qui le Roi juge à propos de faire expédier des lettres de service pour commander le corps, pendant ces six semaines de travaux. (1)

### *Service de campagne.*

Lorsque les gardes entrent en campagne, le Roi, pour les commander en chef, donne des lettres de service à un lieutenant-commandant d'escadron, qui d'ordinaire est lieutenant général, ou du moins maréchal de camp.

Cet officier a sous lui un autre lieutenant qui est le plus ancien brigadier du corps.

L'aide-major qui fait la campagne y remplit la charge de maréchal des logis de toutes les troupes de la maison du Roi. C'est lui qui va recevoir l'ordre du maréchal de camp de jour, qui le porte au commandant, & de-là aux aides-major des compagnies, qui à leur tour vont le porter au camp, le donner aux commandans particuliers de leur compagnie, & ensuite aux maréchaux des logis. C'est de ceux-ci que les autres officiers & les gardes le reçoivent.

Il ne doit se faire dans le cours de la campagne, aucun mouvement ni détachement de la part du corps que le commandant en chef n'en soit averti. L'aide major du corps qu'on nomme ordinairement à l'armée *major général de la maison du Roi*, ordonne tout ce qui concerne le service en général : les autres aides-major se mêlent du détail, & lui rendent compte chacun de tout ce qui se passe dans leur compagnie (1).

Si le détachement qu'on envoie à l'armée est de deux cents quatre-vingt gardes, la composition en fait d'officiers, est la même que celle de la compagnie. Mais soit que le détachement soit plus ou moins considérable, l'état de ses officiers est toujours à proportion de celui des officiers de la compagnie ; c'est-à-dire, qu'il y a pour le commander autant de lieutenans-commandans d'escadron qu'il y a de 140 gardes, autant de lieutenans-chefs de brigade qu'il y a de fois 56 maîtres, autant de sous-lieutenans & maréchaux des logis qu'il y a de 28 hommes, autant de porte-étendards & de fouriers qu'il y a de 240 gardes, autant de brigadiers qu'il y a de 14 maîtres, autant enfin d'aides-major qu'il y a de 280 gardes.

L'unique avantage dont jouit à l'armée la maison du Roi, c'est que les gardes commandés pour l'ordonnance, sont chez le colonel général de la cavalerie, ou autre officier qui la commande.

Les gardes du corps à l'armée sont pour le service ordinaire & pour la garde à cheval du logis du Roi, sous les ordres du commandant de la cavalerie quel qu'il soit.

Il n'y a que pour le guet qu'on doit détacher sans rendre compte à personne.

L'officier qui, devant le logis du Roi, commande l'escadron des gardes, doit prendre la parole du Roi, ou du prince qui le remplace.

(1) Ordonnance du 15 décembre 1775.

(1) Histoire de la milice Françoise, tom. 2, pag. 168 & 169 ; école de Mars, tom. 1, pag. 418.

Mais quand le Roi n'est pas à l'armée, & qu'il ne faut par conséquent point de gardes devant son logis, les gardes du corps doivent aller à la grande garde, & voir les gardes ordinaires comme le reste de la cavalerie, à moins que le général ne les envoye ailleurs.

Toutes les fois qu'ils se trouvent à l'armée, les gardes de fatigue ne sont point distingués des gardes d'honneur (1).

La garde de leurs étendards se fait à-peu-près comme dans la cavalerie légère. Elle doit être composée de quatorze maîtres commandés par un brigadier. Cette garde s'assemble tous les soirs à la retraite, & elle prend son poste au centre de la compagnie, où l'on rassemble les étendards, devant chacun desquels on pose une sentinelle.

Pendant le jour, les étendards sont distribués le long du front du camp, à égale distance; & il y a de même un garde en sentinelle devant chacun.

Ces sentinelles sont tirées du piquet. Elles doivent tenir l'épée nue d'une main, & de l'autre l'étendard, & demeurer dans cette posture pendant tout le temps de leur faction.

Le piquet qui se relève tous les vingt-quatre heures, lors des gardes montantes, est composé de cinquante maîtres par compagnie, commandés par les officiers que nous avons dit devoir marcher avec ce nombre.

Les officiers & les gardes doivent être bottés, & avoir leurs chevaux sellés, afin d'être toujours prêts à se rendre où le général l'ordonne.

S'il survient quelques allarmes, le piquet doit aussi-tôt monter à cheval, & attendre les ordres de l'officier supérieur qui le commande.

Quand on doit aller au fourage, le commandant de garde ordonne l'escorte qui convient, ayant égard à l'éloignement ou au danger qu'il y a : outre cette escorte, il doit y avoir encore des maréchaux des logis, des brigadiers & des gardes commandés pour conduire & contenir les valets, & les empêcher de sortir de la chaîne; c'est-à-dire, du circuit où le général a fait poser des sentinelles pour la sûreté des fourages.

(1) Réglement de Louis XIV, du 15 juille 1690.

L'usage en cette occasion est, que lorsqu'un garde, commandé pour le fourage, a perdu le bidet destiné à porter sa trousse, & qu'il se trouve contraint d'en charger son cheval d'escadron, il ne doit pas en confier la conduite à son valet, il faut qu'il y veille lui-même.

Toutes les fois que le corps est campé, il faut que les officiers ayent le grade de brigadiers des armées pour qu'ils puissent occuper les maisons qui se trouvent proche du camp. Tous les autres généralement doivent camper à leur poste dans l'ordre & le rang ordinaire (1).

A l'égard du salut, les gardes ne doivent saluer que le Roi, le dauphin, les fils de France, les princes du sang, & le général de l'armée, s'il est maréchal de France, toutes les fois qu'ils le voyent hors de la présence du Roi ou de celle du dauphin. Pour le général de la cavalerie, ils ne le doivent saluer que la première & la dernière fois qu'ils le voyent (2): le salut n'est dû à nul autre commandant de la cavalerie (3).

### *Police des gardes du corps.*

Nul officier de résidence à la cour ou

(1) Histoire de la milice Françoise, tom. 2, pag, 170 & 171; école de Mars, tom. 1, pag. 420, 421 & 423.

(2) Réglement, *ibid.*

(3) Le maréchal de Villars n'étant encore que commissaire général de la cavalerie en 1689, les gardes du corps le saluèrent : le marquis de Nonant, qui étoit à la tête des gendarmes, refusa le salut. On s'en plaignit au Roi, qui répondit : *Mes gardes ont eu tort de saluer, & Nonant aussi, de n'avoir pas fait à la gauche ce qu'il avoit vu faire à la droite.*

au quartier, ne peut s'en absenter, ne fut-ce que pour une nuit, sans la permission du commandant. Il en est de même des gardes.

On ne permet ni aux officiers, ni aux gardes de s'absenter pendant la campagne, si ce n'est pour maladie, ou pour quelque affaire de conséquence; il faut même qu'elle soit bien réellement telle, pour accorder un congé en cette occasion.

Les gardes qui ont obtenu des congés ne peuvent en profiter pour rester à Paris, à moins qu'ils n'ayent à ce sujet une permission particulière & expresse; ce qu'ils n'obtiennent de leur capitaine qu'en pleine connoissance des causes & motifs qui rendent leur séjour nécessaire dans cette ville.

Les officiers & les gardes doivent rendre en toutes choses le respect & l'obéissance due à leurs supérieurs, quelque ordre qu'ils leur donnent, sauf à eux à se plaindre s'ils en ont sujet.

Lorsqu'il arrive à un garde de manquer à l'un de ses officiers, celui-ci commence par le punir, & il en donne ensuite avis aux supérieurs.

Si dans le service il arrive quelque démêlé entre un officier & un garde, celui-ci est puni avant qu'il puisse entrer en justification.

Les jeux de hasard sont défendus aux officiers & aux gardes.

Soit la nuit, soit le jour, s'il survient du bruit dans les quartiers des compagnies ou à Versailles, & qu'on soupçonne que des gardes y ayent part, le commandant du guet ou de la garde les envoye aussi-tôt arrêter. C'est pour empêcher, autant qu'il se peut, ces bruits, qu'on a soin d'y faire de temps en temps des patrouilles.

Les chevaux des gardes ne peuvent être montés que pour le service. Il est défendu de les employer pour un autre usage.

Les officiers doivent veiller à ce qu'il ne s'établisse dans les quartiers aucune femme publique, & à ce que nul garde n'en entretienne.

Les lieutenans, à la fin de leur résidence, doivent aller rendre compte à leur capitaine & au Roi, de l'état de leur compagnie.

Les officiers supérieurs de résidence dans les quartiers, sont tenus de se conformer pour leur table à ce qui est prescrit par les articles XV, XVI & XVII de l'ordonnance du 3 juin 1758, pour la table des colonels. En conséquence, leur table ne peut être au plus que de dix couverts, le nombre des plats de dix, & le dessert simple, sans glaces, crystaux & figures de porcelaine.

Il n'est pas permis aux officiers & aux gardes, d'être pensionnaires d'un autre souverain que le leur. Les gardes, par la même raison ne peuvent s'attacher sous aucun titre, au service de leurs capitaines ou de leurs autres officiers. (1)

## *Commissaires des gardes du corps.*

Il y a un commissaire attaché à chaque compagnie des gardes du Roi. Il y a de plus un commissaire honoraire & ordonnateur attaché à la compagnie Écossoise.

Toutes les fois qu'une compagnie est en marche, elle est suivie de son commissaire, afin qu'il veille à la police des gardes, à la distribution des logemens & de la fourniture de l'étape. En cas de difficulté, il s'adresse à l'intendant, ou en son absence au subdélégué, & il en rend compte ensuite au capitaine de la compagnie, au capitaine de quartier & au secrétaire d'état, ayant le département de la guerre.

La distribution des logemens, en route se fait tant pour les gardes que pour leurs chevaux, conjointement avec les commissaires des compagnies & leurs aides-major, & les maire & échevins des lieux.

(1) Réglement du 15 juillet 1690; ordonnance du 28 décembre 1758.

Ils doivent, autant qu'il est possible, faire en sorte que les brigades soient ensemble ou du moins a proximité les unes des autres.

Les logemens dans les quartiers se règlent aussi de concert entre les maire & échevins, & les commissaires des compagnies & les aides-major.

Les commissaires ne peuvent refaire les logemens qui ont eu lieu en leur absence par les maire & échevins, de concert avec les aides-major des compagnies, & ils sont obligés de se contenter du contrôle qui leur en est donné à leur arrivée.

L'assiette des logemens subsiste pour un an, telle qu'elle a été établie & réglée entre les aides-major, les commissaires des compagnies, & les maire & échevins. Elle peut même être continuée pour les années suivantes, s'il ne s'y trouve aucun obstacle. Le changement ne se fait ensuite en aucun cas, que de concert entre l'officier commandant, les aides-major, les commissaires des compagnies, & les maire & échevins. Cependant le commandant peut, en cas de désordre, envoyer de sa seule autorité, un garde à la place d'un autre, afin d'éviter les inconvéniens.

Le logement des officiers & des gardes, soit dans les quartiers, soit en route, se fait chez les personnes exemptes ou non exemptes, privilégiées ou non privilégiées, en observant néanmoins de n'asseoir de logement chez les personnes exemptes & privilégiées, qu'autant qu'il ne s'en trouve pas assez de convenables chez les personnes non exemptes : l'intention du Roi est que les ecclésiastiques, les gentilshommes & les officiers de ses troupes ne soient sujets au logement des gardes pour les maisons qu'ils occupent personnellement, que dans le cas d'une nécessité indispensable.

Si les échevins refusoient d'expédier des billets de logement chez les exempts, lorsqu'il ne s'en trouve pas assez de bons chez les non-exempts, le commissaire des gardes, ou en son absence l'officier-major, peut les expédier seul, & les habitans doivent se conformer à ces billets comme s'ils avoient été signés par les échevins, à peine de désobéissance. Cependant, comme le Roi ne veut pas que le commissaire, & à son défaut l'aide-major, abuse de cette faculté, il a décidé que dans le cas où il se verroit obligé de donner des billets sans le consentement des échevins, il seroit tenu d'en dresser procès-verbal, & de l'envoyer au secrétaire d'état ayant le département de la guerre, au capitaine de la compagnie, & à celui qui est de quartier à la cour.

Les commissaires font leurs revues dans les quartiers une fois tous les trois mois, en janvier, avril, juillet & octobre. Ils ne passent que les officiers & les gardes qui sont effectivement présens ; & ils font un état des absens par congé, conformément aux certificats qui leur en sont délivrés par les aides-major des compagnies. Les commissaires envoyent ensuite les extraits de leurs revues, tant au secrétaire d'état ayant le département de la guerre, qu'au capitaine de leur compagnie, envers lequel ils demeurent responsables de tout ce qu'ils font dans l'exercice de leurs charges (1).

Le poste des commissaires des gardes du corps, lorsqu'ils sont avec la troupe, est à la gauche du commandant ; mais de manière que la tête du cheval du commissaire ne surpasse pas la botte du chef.

A l'égard de leurs privilèges, ils sont maintenant les mêmes que ceux des commissaires des guerres (2). Leurs charges sont pourtant plus recherchées que celles des commissaires attachés à la suite des troupes ordinaires. Le prix en est aussi plus cher, & le produit plus considérable.

(1) Ordonnance, *ibid.*

(2) Ecole de Mars, tom. 1, pag. 733.

*Retraites des officiers & des gardes.*

Tout officier supérieur qui se retire avec le grade de lieutenant général, a dix mille livres de retraite. Tout officier supérieur qui se retire avec celui de maréchal de camp, a huit mille livres de retraite.

Les retraites sont fixées pour tous les officiers ou gardes, à la demi-paye ; & l'on n'en accorde qu'à ceux qui sont réellement hors d'état de continuer leurs services ; & ces services doivent datter de trente ans au moins.

Si cependant quelques-uns d'entr'eux se trouvoient forcés, par des blessures ou des infirmités bien constatées, de quitter le corps avant le temps prescrit, le Roi, sur le compte qu'il s'en feroit rendre, leur accorderoit pour retraite une partie de leur paye (1).

## SECTION CINQUIÈME.

### *Privilèges, franchises, exemptions & prérogatives des gardes du corps & de leurs officiers.*

Les gardes du corps & leurs officiers sont réputés commensaux de la maison du Roi, & jouissent de tous les droits attachés à ce titre. Ainsi l'ont réglé une ordonnance de François premier du 7 février 1543, & une de Louis XIII de l'année 1619.

Mais comme les quatre compagnies n'étoient à leur origine que de cent hommes chacune, Louis XIV, pour ne point trop multiplier le nombre des exemptions, ordonna, lorsqu'il accrut, en 1664, le nombre des gardes de chaque compagnie, qu'il n'y en auroit toujours dans chacune que cent de privilégiés.

C'est pourquoi les capitaines ont soin d'en donner tous les ans un rôle au secrétaire d'état de la maison du Roi, afin qu'il l'envoye à la cour des aides.

Parmi les divers privilèges des cens anciens gardes de chaque compagnie & de leurs officiers (1), on compte d'abord celui qu'ils ont de prendre la qualité d'écuyer. Il y a un arrêt du conseil d'état du 25 août 1634, qui les maintient dans cette qualité (2).

Différentes lois, & particulièrement une déclaration du 24 juillet 1685, enregistrée au grand-conseil le 11 août suivant, ont ordonné que dans les villes

---

(1) Ordonnance du 15 décembre 1775.

(1) Nous ne parlons ici que des brigadiers, maréchaux des logis, fourriers & porte-étendards : car les officiers supérieurs jouissent, non-seulement par les droits de leur naissance, de tous ces privilèges ; mais même en ont encore, pour la plupart, de bien plus considérables.

(2) *Voici cet arrêt :*

Sur ce qui a été représenté au Roi étant en son conseil, par les députés des quatre compagnies des gardes du corps de sa majesté, que les officiers sur le fait des tailles, & autres impositions particulières, s'efforcent de les empêcher de prendre la qualité d'écuyer, selon leurs institutions, sous prétexte de ce que par l'article 2 de l'édit de sa majesté, du mois de janvier dernier, il est fait défenses à tous sujets de sa majesté d'usurper le titre de noblesse & prendre la qualité d'écuyer, s'ils ne sont de maison & extraction noble, à peine de deux mille livres d'amende, nonobstant qu'ils ne peuvent y être compris, & que ce seroit contre l'intention de sa majesté, qui leur attribue cette qualité par privilège spécial : requérant qu'il plut à sadite majesté les maintenir & conserver en ladite qualité d'écuyer, & autres privilèges, faisant défenses à toutes personnes de les y troubler. Le Roi étant en son conseil, a ordonné & ordonne que lesdites quatre compagnies des gardes de son corps jouiront de toutes leurs exemptions & privilèges : ce faisant, a maintenu & maintient chacun desdits gardes en la qualité d'écuyer, tant & si longuement qu'ils seront possesseurs & jouissans de leurs charges, comme n'ayant sa majesté entendu les comprendre audit article 2 de son édit du mois de janvier dernier. Fait sadite majesté défenses à toutes personnes de les y troubler, ni empêcher, à peine de mille livres d'amende, & de tous dépens, dommages & intérêts. Donné à Chantilly, &c.

de leur demeure, & autres où ils se trouveroient, les gardes du corps auroient rang, & marcheroient dans les assemblées générales & particulières qui s'y feroient, après les officiers des bailliages, sénéchaussées & sièges présidiaux, & avant les officiers des élections, greniers à sel, & autres juridictions inférieures (1).

Les gardes du Roi précèdent aussi les marguilliers aux prédications, processions & autres cérémonies de l'église, & en toutes assemblées générales & particulières; & ils reçoivent avant eux le pain béni. Ils sont pareillement fondés à se faire porter le pain béni, & les cierges par distinction, immédiatement après les seigneurs & dames des lieux où ils se trouvent; & leurs femmes, même en cas de viduité, jouissent des mêmes honneurs & privilèges. C'est ce qui résulte d'un arrêt du grand-conseil du 6 juillet 1719, rendu en faveur du sieur Famel, écuyer, garde du corps, compagnie de Villeroi, contre le nommé Pierre Dupuy, maître fauconnier de la chambre du Roi, marguillier de la confrérie du S. Sacrement de la paroisse de Mouy en Beauvoisis (1). C'est aussi

(1) *Cette déclaration est ainsi conçue :*

Louis, &c. Salut. Nos chers & bien-amés les gardes des quatre compagnies de nos gardes du corps, nous ont fait remontrer qu'encore que par nos lettres du 20 décembre 1617, nous leur ayons accordé le rang & préséance ès assemblées qui se font ès villes & lieux de leur demeure, immédiatement après les conseillers de nos bailliages, sénéchaussées & sièges présidiaux, auparavant les officiers de nos élections, greniers à sel, juges non-royaux, & tous autres inférieurs en ordre auxdits conseillers, ils se trouvent souvent troublés en la jouissance de ce privilège, sous prétexte de ce que lesdites lettres n'ont été registrées purement & simplement en notre grand conseil; à quoi il nous ont très-humblement supplié de pourvoir. A ces causes, voulant traiter favorablement nosdits gardes du corps, conformément auxdites lettres du 20 décembre 1617, nous avons dit & déclaré, disons & déclarons par ces présentes, signées de notre main, voulons & nous plaît, que lesdits gardes aient rang & marchent ès assemblées générales & particulières, qui se font & feront dorénavant ès villes & lieux de leur demeure, & autres où ils se trouveront, immédiatement après les conseillers de nosdits bailliages, sénéchaussées & sièges présidiaux, auparavant les officiers de nos élections & greniers à sel, juges non royaux, & tous autres inférieurs en ordre auxdits conseillers. Si donnons en mandement, &c.

(1) *Voici cet arrêt :*

Louis, &c. Salut. Comme par arrêt cejourd'hui donné en notre grand conseil, entre notre bien-amé Claude Jamet, écuyer, notre garde du corps, compagnie de Villeroy, demandeur suivant la commission & exploit d'assignation donné en conséquence, des 28 février & 4 mars 1719, contrôlé à Tillard le 6 dudit mois de mars 1719, à ce que les édits & déclarations, arrêts de notre conseil & réglemens intervenus sur iceux, concernant les honneurs, préséances & privilèges des écuyers gardes de notre corps, soient exécutés selon leur forme & teneur; ce requérant, que conformément à iceux, il soit ordonné que le demandeur aura rang & préséance avant le défendeur ci-après nommé, & tous autres officiers & marguilliers de la paroisse de Mouy, aux prédications, processions & autres cérémonies des églises, & en toutes assemblées générales & particulières, & que le pain béni & les cierges lui seront portés par distinction, ainsi qu'il est accoutumé, immédiatement après les personnes des seigneurs & dame du lieu, lorsqu'ils s'y trouveront, & que la femme du demandeur jouira des mêmes honneurs & prérogatives avant celles desdits officiers & marguilliers, même en cas de viduité; que défenses soient faites au défendeur & à tous autres d'y troubler le demandeur; & pour l'avoir fait par le défendeur, qu'il soit condamné en telle amende qu'il plaira à notre conseil, aux dommages & intérêts du demandeur & aux dépens d'une part, & Pierre Dupuy, maître fauconnier du vol pour les champs de notre chambre, & marguillier en charge de la confrérie du saint sacrement de l'église, paroisse & fabrique de Mouy, défendeur & incidamment demandeur, suivant ses défenses signifiées le 26 juin 1719, à l'effet d'être maintenu & gardé dans sa possession continue de plus d'an & jour, au vu & su dudit Jamet, des honneurs, prééminences & privilèges accordés aux officiers commensaux de notre maison, dont il fait nombre, & requérant que ledit Jamet, pour l'y avoir troublé, soit condamné en telle amende qu'il plaira à notre conseil, en ses dommages, intérêts & aux dépens; & en cas de dénégation de la possession dudit Dupuy de la part dudit Jamet, que les parties soient

ce qu'ont jugé deux sentences de la prévôté de l'hôtel des 10 mai 1755 & 20 août 1757 ; la première rendue entre le sieur de Châteauneuf, garde du corps du Roi, contre le curé, les marguilliers & les habitans de la paroisse de Champfar, & la seconde, entre le sieur Pasquier de Leyde, garde du corps du Roi, contre les marguilliers de la grande paroisse de Saint-Germain de Scel.

Les gardes du corps ont encore le pain béni avant les maire, échevins, & autres officiers des villes, & ils les précèdent à toutes les cérémonies de l'église, de même qu'à toutes les assemblées publiques & particulières, hormis aux assemblées des villes, & fonctions qui les concernent. C'est ce que prouve un arrêt du grand-conseil du 29 avril 1675, rendu en faveur du garde du corps, Jacques David, écuyer, sieur Dupuis, contre maître René Desnost, maire de la ville d'Epernon (1).

Les voyages & séjours des gardes du corps qui ne sont pas gentilshommes sont taxés sur le même pied que les voyages & séjours de ceux d'entre eux qui ont cette

---

appointées à en faire preuve, suivant l'ordonnance d'autre part, sans que les qualités puissent nuire ni préjudicier aux parties. Après que Michault, avocat dudit Jamet, assisté de Brunet son procureur, a conclu en sa demande, Cochin, avocat dudit Dupuy, assisté de Desenclos son procureur a été ouï, & aussi conclu en sa demande incidente, & que Dupuy pour notre procureur général a été ouï : icelui notredit grand conseil, a maintenu & gardé, maintient & garde ledit Jamet, partie de Michault, en possession & jouissance de précéder ledit Dupuy, partie de Cochin, aux processions & autres cérémonies de l'église, & en toutes assemblées publiques & particulières, & d'avoir le pain béni avant ladite partie de Cochin ; condamne ladite partie de Cochin aux dépens. Si donnons en mandement, &c.

(1) *Cet arrêt est ainsi conçu :*

Louis, &c. Salut. Comme par arrêt cejourd'hui donné en notre grand conseil, entre notre bien-amé Jacques David, écuyer, sieur Dupuis, l'un de nos gardes de notre corps, demeurant en la ville d'Epernon, demandeur aux fins de la commission de notredit conseil, du 8 novembre 1674, & exploit du 12 dudit mois, contrôlé le 14 du même mois, à ce qu'il soit ordonné que le demandeur jouira des privilèges, prérogatives & exemptions attribuées à sa charge de garde de notre corps, aura & lui sera porté & présenté du pain béni avant maître René Desnost, maire, & autres échevins & officiers de ladite ville d'Epernon, & qu'il précédera en toutes les assemblées publiques & particulières, & aux processions qui se font aux églises de ladite ville, & que ledit demandeur & son fermier de sa ferme de Houdreville, seront déclarés exempts de logemens, nourritures & contributions de gens de guerre & étapes ; & pour y avoir été troublé par ledit défendeur, qu'il soit condamné en tous les dépens, dommages & intérêts, d'une part : & ledit Me René Desnost, procureur au duché-pairie d'Epernon, & maire de ladite ville, & Louis de la Motte, bedeau de l'église de S. Pierre dudit Epernon, défendeur d'autre. Et entre les habitans de ladite ville d'Epernon, demandeurs en requête par eux présentée en notre conseil le 13 mars 1675, à ce qu'ils soient reçus parties intervenantes en ladite instance ; faisant droit sur leur intervention, leur donner acte de ce qu'ils se joignent audit Desnost, & prennent son fait & cause à l'encontre dudit David ; & en conséquence, qu'il sera débouté de sa demande, & condamné aux dépens d'une part ; & ledit David, défendeur d'autre part. Et encore entre ledit de la Motte, bedeau de ladite église de S. Pierre d'Epernon, aussi demandeur en requête dudit jour 13 mars 1675, à ce qu'il soit déclaré follement assigné en notredit conseil, à la requête dudit David, qui sera condamné aux dépens d'une part, & ledit David défendeur d'autre. Après que Camus, avocat pour ledit David, sieur Dupuis, assisté de Hebert, son procureur, a conclu en sa demande cottée par ledit Desnost, assisté de Cochin son procureur, a été ouï, & déclaré qu'au moyen de ce que ledit David sert actuellement depuis le mois de mars 1675, il ne prétend plus lui envoyer de soldats, ni à son fermier, ni tant qu'il sera dans le service actuel. Destrechen pour lesdits habitans & la Motte, aussi assisté dudit Cochin, le procureur a pareillement été ouï, & conclud en la requête, & que ledit Camus a répliqué que la déclaration dudit Desnost est inutile, & n'est que pour prouver son entreprise & contravention auxdits privilèges, puisque la qualité dudit David est constante par ses provisions, & conformément couché & employé sur l'état & certificat de service par le congé qui lui avoit été donné pour ledit Dupuis, qui a même été inutile, parce qu'il a toujours servi, & qu'il n'appartient

qualification. Le parlement de Bordeaux en avoit décidé autrement par un réglement du 22 janvier 1734; mais ce réglement a été réformé en cela par un arrêt du conſeil d'état du Roi du 22 juin 1737 (1).

Les gardes du corps ſont exempts de contribuer aux taxes & levées qu'on fait tant en argent qu'en denrées pour la ſubſiſtance des gens de guerre. C'eſt ce qui réſulte d'une déclaration du Roi du 15 octobre 1638, enrégiſtrée à la cour-des-aydes le 22 novembre ſuivant, donnée, tant en faveur des gardes du corps, qu'en celle des officiers du Roi & de la reine, & des gendarmes & chevaux légers de la garde (2).

Les gardes du corps ſont auſſi exempts de logement, nourriture & contribution

de

---

pas audit Deſnoſt, & à tous autres, d'entrer dans cet exemen pour contrevenir auxdits privilèges, & même qu'il n'eſt ni gradué, ni juge; qu'inutilement il a demandé l'intervention deſdits habitans pour autoriſer ſes entrepriſes, & dudit bedeau qui a été déſavoué par les marguilliers, & pour lui aider à ſupporter la condamnation des dommages, intérêts & dépens qu'il mérite; & que Voiſin de Bouqueval, pour notre procureur général, a auſſi été ouï. Icelui notredit grand conſeil, a donné acte de la déclaration faite par ledit Deſnoſt; & ſans s'arrêter à l'intervention & requête, a ordonné & ordonne que ledit David jouira de tous les privilèges & prérogatives attribués à ſa charge, ſuivant nos édits & déclarations vérifiées en notre grand conſeil, arrêt & réglement de notredit conſeil; ce faiſant, l'a déclaré & déclare pour exempt de logement de gens de guerre, & a ordonné & ordonne qu'il aura le pain béni avant le maire de ladite ville d'Epernon, & le précédera en toutes aſſemblées publiques & particulières, hors & excepté dans les aſſemblées de ville & fonctions concernant ladite ville, dépens compenſés entre les parties. Si donnons en mandement, &c.

(1) On trouvera cet arrêt au chapitre des gendarmes de la garde.

(2) *Voici cette déclaration :*

Louis, &c. Voulons & nous plaît que nos officiers commenſaux & domeſtiques, & ceux de la reine, ſervant par quartier, ſemeſtre ou ordinairement près de nous, & d'elle, ou en nos maiſons, couchés dans nos états & payés des gages appartenant à leurs offices, comme auſſi les chefs, officiers, grands & petits, & archers des quatre compagnies des gardes de notre corps, les chefs, officiers, grands & petits gens-d'armes, & cavaliers de la compagnie de deux cents hommes d'armes de nos ordonnances, & de celle de deux cents chevaux-legers de notre garde, ſervant pareillement près de notre perſonne, & payés de leurs états, appointemens, place & ſolde, ſoient exempts & déchargés, comme nous les exemptons & déchargeons de contribuer aux taxes & levées qui ont été ou ſeront faites, tant en argent qu'en denrées, dans les villes & ſur le plat-pays, pour la ſubſiſtance de nos gens de guerre, en vertu deſdits réglement, arrêt & commiſſions données aux commiſſaires que nous avons députés & envoyés ès généralités pour ladite ſubſiſtance; auxquels nous défendons, comme auſſi à leurs ſubdélégués, de comprendre, ni laiſſer comprendre en leurs départemens, & ès rôles des taxes de ladite ſubſiſtance, ſoit en argent ſoit en denrées, aucuns de noſdits officiers, & ceux de la reine, ni aucuns de noſdites compagnies d'archers, de gens d'armes, & chevaux-légers de notre garde, à peine de nullité; & à tous maires & échevins, & autres officiers de nos villes & des élections de faire aucune taxe ſur eux, ni ſur leurs biens, pour raiſon de ladite impoſition, à peine d'en répondre en leur propre & privé nom, & de tous dépens, dommages & intérêts, à la charge qu'ils feront apparoir, ſavoir, noſdits officiers & ceux de la reine, de leur ſervice actuel, enſemble de leur emploi en nos états, & du payement de leurs gages; & ceux deſdites compagnies d'archers, hommes d'armes, & chevaux-légers, du payement de leurs appointemens, place & ſolde, par certificats en bonne forme, des tréſoriers qui les payent ordinairement, auxquels nous enjoignons de les expédier ſans aucune fraude, à peine d'en répondre, comme auſſi de n'y faire aucune difficulté. Voulons & entendons toutefois, attendu la néceſſité abſolue de pourvoir entièrement à la ſubſiſtance de nos gens de guerre, ſuivant le projet que nous en avons fait, que la préſente décharge ne puiſſe apporter aucune diminution aux taxes qui ont été ou ſeront faites par leſdits commiſſaires ſur les lieux de la réſidence deſdits officiers, archers, gens d'armes & chevaux-legers, & que leurs cotte-parts ſoient rejetées ſur le général des habitans d'iceux, ſoit contribuables à nos tailles ou exempts, en ſorte qu'il n'y ait aucune non-valeur : enjoignons auxdits commiſſaires de tenir la main à l'exécution de tout ce qui eſt en cela de notre volonté. Si donnons en mandement, &c.

de gens de guerre. C'est ce qu'atteste une sentence de la prévôté de l'hôtel du 21 février 1673, en faveur des officiers du Roi, &c. & principalement l'arrêt du grand conseil dont nous avons parlé ci-devant, rendu pour Jacques David, sieur Dupuis, garde du corps, contre maître René Desnost, maire d'Epernon.

Les saisies qui peuvent avoir été faites sur les gages, armes, chevaux & équipages des gardes du corps, entre les mains des trésoriers de leurs compagnies, ne peuvent produire aucun effet, & ceux-ci ne doivent point y avoir égard, mais payer aux gardes tous leurs gages & appointemens, parce qu'en vertu de plusieurs arrêts & réglemens du conseil, ces choses ne peuvent être saisies pour quelque cause & occasion que ce soit, sauf au créancier à se pourvoir sur les autres biens du débiteur. C'est ce qu'a expressément déclaré un arrêt du conseil privé du Roi du 17 mars 1623, rendu en faveur du garde du corps Jacques Alleaume, contre demoiselle Catherine de Cordereau, veuve de maître Jean Gueffier, avocat du Roi au châtelet (1).

L'exemption des tailles est, & a été de tout temps acquise aux gardes du Roi. Mais ils ne peuvent en jouir qu'en satisfaisant aux formalités prescrites par les réglemens. Or, quelles sont ces formalités? C'est ce que nous allons voir.

En premier lieu, le réglement pour le fait des tailles du 20 mars 1673, s'exprime ainsi, art. 14: « Les officiers commensaux » de notre maison, de celle de la reine » notre chère & très-aimée épouse, & » des autres maisons royales, jouiront de » l'exemption de taille, & autres privi- » lèges à eux attribués & non révoqués, » pourvu qu'ils soient bien & duement » pourvus & reçus; qu'ils servent actuelle- » ment; qu'ils soient employés dans les » états regîstrés en notre cour des aydes » de Paris, aux gages de soixante livres » au moins; qu'ils rapportent un certi- » ficat des juges des lieux, publié aux » prônes des paroisses, comme ils partent » pour venir exercer leurs charges; qu'ils » rapportent aussi à leur retour autre cer- » tificat valable de leur service; qu'ils » le fassent pareillement publier au prône » de leur paroisse; & pourvu aussi qu'ils » ne fassent aucun acte dérogeant, sans » lesquelles conditions n'entendons qu'ils » jouissent de ladite exemption, ni des » autres privilèges à eux attribués ».

En second lieu, la déclaration du Roi du 29 octobre 1689, portant suppression

(1). *Cet arrêt est ainsi conçu :*

Sur la requête présentée au Roi en son conseil par Jacques Alleaume, archer des gardes du corps de sa majesté, sous la charge du sieur marquis de Mosny, tendante à ce que pour les causes & considérations y contenues, il plût à sa majesté, en conséquence des arrêts & réglemens du conseil, par lesquels il est jugé que les gages, armes, chevaux & équipages des archers du corps de sadite majesté, ne pourront être saisis pour quelque cause & occasion que ce soit, faire pleine & entière main-levée au suppliant de ses gages & appointemens, saisis à la requête de damoiselle Catherine de Cordereau, veuve de maître Jean Gueffier, avocat du roi au châtelet de Paris, ès mains du trésorier de la compagnie dudit sieur de Mosny, le dixième février; ce faisant, casser ladite saisie, & faire défenses à ladite veuve Gueffier d'user à l'avenir de telles voies & saisies sur lesdits appointemens, armes & chevaux, & équipages dudit suppliant, sauf à elle à se pourvoir sur les autres biens d'icelui suppliant, ainsi qu'elle avisera, & à lui ses défenses au contraire: Et ordonner que lesdits gages seront payés audit suppliant par ledit trésorier, qui à ce faire sera contraint par les voies accoutumées. Vu ladite requête, ledit exploit de saisie, fait ès mains dudit trésorier, à la requête de ladite Gueffier, pour la somme de deux cents livres, dudit jour de février; ouï le rapport, & tout considéré: le Roi en son conseil, ayant égard à ladite requête, a fait main-levée audit Alleaume, des gages & appointemens sur lui saisis; ordonne que maître Pierre Ollin, trésorier, lui payera lesdits gages, nonobstant lesdites saisies, sauf à ladite Gueffier à se pourvoir par saisie sur les autres biens dudit Alleaume, ainsi qu'elle avisera bon être. Fait, &c.

de plusieurs officiers, ouvriers & marchands de la maison du Roi, avec la révocation de plusieurs privilèges & exemptions de tailles en faveur des peuples, dit art. 4 : « Et quant aux gardes de notre » corps, nos gendarmes & chevaux-légers, comme aussi les gardes du corps » de notre très-cher & très-amé frère » unique le duc d'Orléans, ils ne jouiront » d'aucun privilège s'ils ne servent actuellement, & ne satisfont aux conditions portées par nos réglemens sur » le fait des tailles : & à cet effet, nous » avons révoqué la déclaration expédiée » en l'année 1674, en faveur de notredit frère, par laquelle nous leur avions » accordé la jouissance de leurs privilèges, encore qu'ils ne servissent actuellement » :

Troisièmement, enfin, l'édit du Roi du mois d'août 1705, portant révocation des privilèges accordés par l'établissement des offices de judicature, de police & de finances, créés depuis le premier janvier 1698 jusqu'à présent, porte, art. 6 :

» Voulons aussi que les officiers, domestiques & commensaux de notre » maison & des maisons royales, soient » tenus, suivant les anciens réglemens, » de déclarer toutes les années, par acte » authentique un jour de dimanche ou » de fête, à l'issue de la grande messe, » au corps des habitans de leur paroisse, » l'année, le quartier ou le semestre » pendant lesquels ils devront servir, » & le jour de leur départ, & six semaines après que l'année, leur quartier » ou semestre sera fini, ils rapporteront » & dénonceront, comme dessus, au » corps desdits habitans, un certificat » valable du service qu'ils auront rendu » durant leur quartier ou semestre, & » six mois après, une ampliation signée » du trésorier ou autre payeur de la » quittance qu'ils lui auront donnée desdits soixante livres de gages & au-dessus, avec un extrait de l'état envoyé » à notre cour des aides, afin de prouver » qu'ils y sont employés ; pour lequel » extrait il ne sera payé au greffier que » cinq sous, y compris le papier timbré ».

Le sieur André Bourguille, pourvu d'un office de garde du corps de M. le duc d'Orléans, régent du royaume, fut, nonobstant sa qualité, imposé à la taille pour les années 1716 & 1717, parce qu'il n'avoit point observé les formalités des réglemens que nous venons de citer, de 1673, art. 14, de 1689, art. 4, de 1705, art. 6, & qu'il n'avoit point de service actuel.

Il se pourvut à l'élection de Châteaudun, & y obtint ses fins. Mais les habitans de la paroisse de Jussay en Vendômois, qui l'avoient imposé, en appelèrent ; & il intervint un arrêt de la cour des aides, qui ordonna que les rôles des tailles de Jussay pour les années 1716 & 1717, seroient exécutés selon leur forme & teneur ; & néanmoins fit défenses aux habitans, asseseurs & collecteurs de la paroisse de Jussay, d'imposer & comprendre à l'avenir en leurs rôles pour l'année prochaine 1718 & les suivantes, le sieur André Bourguille, tant qu'il seroit garde du corps de M. le duc d'Orléans, régent du royaume, qu'il feroit le service actuel, qu'il observeroit les formalités prescrites par les réglemens ci-devant énoncés, & qu'il ne feroit aucun acte dérogeant à son privilège (1).

---

(1) *Tels sont les termes de cet arrêt.*

Louis, par la grâce de dieu, roi de France & de Navarre : au premier huissier de notre cour des aides, ou autres, &c. Comparans judiciairement en notredite cour les habitans de la paroisse de Jussay en Vendômois, appelans d'une sentence des élus de Châteaudun du 30 avril 1716, & demandeurs en requête du 26 août dernier, tendante à ce qu'il leur fût permis de faire preuve de dérogeance, ou autres mentionnées aux défenses par eux fournies en la cause principale, le 22 dudit mois d'avril, circonstances & dépendances ; & en conséquence mettre l'appellation & ce au néant : émendant décharger les appelans des condamnations contre eux prononcées, ordonner que les rôles des tailles

Les gardes du Roi ſont pareillement exempts du droit de franc-fief, tant ceux qui ſont employés dans les états enregiſtrés à la cour des aides, que ceux qui ſont pourvus de lettres de vétérance. C'eſt ce qui réſulte de divers arrêts & réglemens énoncés dans des lettres-patentes du mois de février 1758, enregiſtrées à la cour des aides le 16 mars de la même année (1).

---

de ladite paroiſſe, ſeroient exécutées conformément à nos édits & déclarations, d'une part; & André Bourguille, l'un des gardes du corps de notre très-cher oncle M. le duc d'Orléans, régent du royaume, intimé, défendeur & demandeur en requête du 18 du préſent mois de février, à ce qu'il fût reçu appelant de la taxe & impoſition faite de ſa perſonne dans les rôles des tailles de la préſente année 1717, convertir ledit appel en oppoſition, ordonné qu'il ſera rayé & biffé deſdits rôles, faire défenſes auxdits habitans de l'impoſer à l'avenir dans leſdits rôles: & leſdits habitans, défendeurs & demandeurs en requête du 11 dudit préſent mois de février, à ce qu'en conſéquence des preuves réſultantes de leurs enquêtes du 30 décembre dernier, faites en l'élection dudit Châteaudun, leur adjuger leurs fins & concluſions, avec dépens, d'autre part; ne pourront leſdites qualités préjudicier aux parties. Après que Tauxier, avocat des habitans appelans & demandeurs, Lacombe, avocat de Bourguille, intimé & défendeur, ont reſpectivement été ouïs, enſemble Bellanger pour notre procureur général; & que par arrêt du 19 février préſent mois, notredite cour a ordonné qu'elle en délibéreroit; & depuis y ayant délibéré, ladite cour a reçu les parties de Tauxier oppoſantes à l'arrêt par défaut; au principal, a mis l'appellation, & ce dont il a été appelé, au néant; émendant, a déchargé leſdites parties de Tauxier des condamnations portées par ladite ſentence; & en conſéquence, ordonne que les rôles des tailles de ladite paroiſſe de Juſſay pour l'année 1716, ſeront exécutés ſelon leur forme & teneur; a reçu & reçoit la partie de Lacombe incidemment appelante de la taxe & impoſition faite de ſa perſonne aux rôles des tailles de ladite paroiſſe de Juſſay en la préſente année 1717, a converti l'appel en oppoſition; & ſans s'arrêter à ladite oppoſition dont elle l'a déboutée, ordonne que les rôles pour ladite préſente année 1717, ſeront pareillement exécutés ſelon leur forme & teneur; ce faiſant, ladite partie de Lacombe contrainte par toutes voies dues & raiſonnables au payement des ſommes auxquelles elle a été impoſée & compriſe èſdits rôles, ſauf à elle à ſe pourvoir en ſurtaux en la manière accoutumée, défenſes au contraire. Et néanmoins a fait inhibitions & défenſes auxdits habitans, aſſeſſeurs & collecteurs de ladite paroiſſe de Juſſay, d'impoſer & comprendre à l'avenir en leur rôle pour l'année prochaine 1718, & ſuivantes, ladite partie de Lacombe, tant & ſi longuement qu'elle ſera garde du corps de notre cher oncle le duc d'Orléans, qu'elle fera le ſervice actuel, qu'elle obſervera les formalités preſcrites par les réglemens; & qu'elle ne fera acte dérogeant à ſon privilège, à peine par les collecteurs d'en répondre en leurs propres & privés noms, & de tous dépens, dommages & intérêts: condamne ladite partie de Lacombe aux dépens, tant des cauſes principale que d'appel. Si mandons, &c.

(1) *Ces lettres-patentes ſont ainſi conçues:*

Louis, &c. Salut. Les capitaines des gardes de notre corps nous ont fait repréſenter que par arrêt de notre conſeil d'état du 29 octobre 1720, & lettres-patentes expédiées ſur icelui au mois d'avril 1721, & enregiſtrées en notre cour des aides de Paris le 23 mai ſuivant, & ordonnant l'exécution des édits, déclarations, arrêts & réglemens concernant le privilège des deux cents chevaux-légers de notre garde, nous les avons maintenus & gardés en tous leſdits privilèges, exemptions, titres & qualités en dépendans, avec défenſes de les y troubler, avons fait pleine & entière main-levée, tant au ſieur le Puiſſe de Fermiger, qu'autres de ladite compagnie, des ſaiſies ſur eux faites en exécution des rôles arrêtés pour les franc-fiefs, dont nous les avons déchargés; avons voulu qu'aucun des deux cents employés dans l'état enregiſtré en notredite cour des aides, n'y pût être impoſé à l'avenir, & avons condamné le prépoſé à la perception deſdits droits, & ſes commis, à rendre & reſtituer audit ſieur de Fermiger & autres de ladite compagnie, les ſommes qu'ils ſe trouveroient avoir payées en vertu deſdits rôles; qu'encore que les gardes de notre corps ayent droit de jouir des mêmes privilèges & exemptions, lorſqu'ils ſont une fois employés dans les états qui s'envoyent annuellement à notredite cour des aides, ce qu'ils n'obtiennent pour l'ordinaire qu'après avoir ſervi dans le corps l'eſpace de quinze à vingt années, au bout deſquelles il leur eſt délivré des lettres d'ancien garde, & quoiqu'ils ne puiſſent parvenir à la vétérance qu'après un ſervice conſtant & aſſidu de quarante à quarante-cinq années, puiſque les vingt-cinq qui ſont requiſes pour l'acquérir ne commencent à courir que du jour

L'arrêt du conseil d'état du Roi du 15 mai 1778, qui désigne quels sont les officiers domestiques & commensaux de la maison du Roi, des maisons royales, & de celles des princes & princesses du sang, qui seront exempts du droit de franc-fief, & qui explique à quelles conditions ils jouiront de cette exemption, la confirme aux gardes du corps tant qu'ils exerceront leurs charges, ou lorsqu'ils auront obtenu des lettres de vétérance, après vingt-cinq années de service réel & personnel, à condition toutefois qu'ils ne feront aucun acte dérogeant à leur qualité, qu'ils n'exerceront point de charges, offices, places ou emplois ayant fonctions publiques & serment en justice; qu'ils serviront réellement & actuellement, & seront employés dans les états envoyés annuellement à la cour des aides.

Cet arrêt dit que la même exemption aura lieu encore en faveur des veuves des gardes du corps, tant qu'elles se tiendront en viduité, pourvu que leurs maris soient décédés revêtus de leurs emplois, après vingt-cinq années de service; ou s'ils n'en étoient plus pourvus à leur mort, qu'ils ayent obtenu des lettres de vétérance après avoir servi pareillement pendant vingt-cinq ans consécutifs.

A l'égard des surnuméraires dans les compagnies des gardes du corps, ils sont tenus par cet arrêt de payer le droit de franc-fief, pour raison des fiefs, terres & biens nobles qu'ils possèdent, à moins qu'ils n'en soient affranchis par leur naissance, annoblissement, ou par d'autres charges auxquelles l'exemption de ce droit est spécialement attachée.

Les fréquentes mutations qui arrivent dans les quatre compagnies des gardes du corps, ayant donné lieu à plusieurs gardes qui avoient été une fois employés

---

de ces mêmes lettres; ils ont cependant la douleur de se voir poursuivis, pour raison des droits de franc-fiefs, avec la dernière rigueur, surtout lorsque leur âge & leurs infirmités les ont contraints de demander leur retraite; que c'est ce qui vient d'arriver tout récemment au sieur de la Hoche d'Oscourt, lequel, après avoir successivement passé par les grades de porte-étendard, de sous-brigadier & de brigadier, & s'être trouvé dans le cas d'obtenir des lettres de vétérance, a été déclaré sujet au payement du droit de franc-fiefs, & est menacé d'éprouver les plus violentes poursuites à cet égard; qu'un pareil trouble exige à juste titre que les exposans s'employent pour le faire cesser, à quoi ils se portent avec d'autant plus de confiance, qu'indépendamment des privilèges & exemptions accordées à nos gardes, l'importance de leurs fonctions & la longueur de leurs services semblent leur mériter un traitement aussi favorable que celui que nous avons daigné faire à la compagnie des chevaux-légers de notre garde: à quoi ayant égard, nous avons jugé à propos d'expliquer sur ce nos intentions par arrêt rendu en notre conseil d'état, nous y étant, le 27 janvier dernier, & d'ordonner en même-temps, que pour l'entière exécution d'icelui, toutes lettres nécessaires seroient expédiées. A ces causes, & voulant donner auxdits gardes de notre corps de nouvelles marques de la satisfaction que nous avons de leurs services, de l'avis de notre conseil, qui a vu ledit arrêt du 27 janvier dernier, dont expédition est attachée sous le contre-scel de notre chancellerie, & de notre certaine science, pleine puissance & autorité royale, nous avons ordonné, & par ces présentes, signées de notre main, ordonnons que les édits, déclarations, arrêts & réglemens concernant les quatre compagnies des gardes de notre corps, seront exécutés selon leur forme & teneur: en conséquence, avons maintenu & gardé, maintenons & gardons tant ceux desdits gardes qui sont employés dans les états enregistrés en notre cour des aides, que les pourvus des lettres de vétérance, dans tous leurs privilèges, exemptions, titres & qualités en dépendans, avec défenses de les y troubler. Faisons pleine & entière main-levée, tant audit sieur de la Hoche d'Oscourt, qu'autres du nombre de ceux désignés ci-dessus, des saisies sur eux faites ou à faire en exécution des rôles arrêtés pour les franc-fiefs dont nous les avons déchargés. Voulons & ordonnons qu'aucun desdits gardes employés dans les états, ni des vétérans, n'y puisse être imposé à l'avenir; condamnons le préposé à la perception desdits droits, & ses commis, à rendre & restituer audit sieur d'Oscourt & autres susmentionnés, les sommes qu'ils se trouveront avoir payées en vertu desdits rôles; à ce faire contraints, quoi faisant déchargés. Si donnons en mandement, &c.

dans les rôles de leur compagnie, de jouir des privilèges qui y sont attribués, quoiqu'ils en fussent depuis sortis, il a été ordonné, par une déclaration donnée à Versailles le 2 août 1698, enregistrée à la cour des aides le 21 du même mois, que les officiers & gardes du corps qui seroient employés aux états qu'on envoie chaque année à la cour des aides, & qui serviroient actuellement, jouiroient des privilèges & exemptions dont jouissent les officiers commensaux; mais que pour empêcher les surprises, ils seroient tenus de rapporter un extrait signé du greffier de cette cour, de l'état de l'année courante, sans que l'extrait de l'année précédente pût leur servir (1).

## SECTION SIXIÈME.

### *Exploits militaires des gardes du Roi.*

On peut regarder le siège de Pontoise, entrepris, en 1441, par Charles VII, comme la première expédition du corps. Quelques gardes de la compagnie Ecossoise, qui étoit alors la seule compagnie existante, montèrent à l'assaut avec ce monarque, tandis que d'autres empêchèrent les Anglois de voler au secours des assiégés (1).

Il est fait une mention honorable de la compagnie Ecossoise, dans l'histoire du Roi Louis XI, fils & successeur de Charles VII. On y voit que quand le Roi sortit de Paris en 1465, il étoit accompagné de cent chevaux, dont la plus grande partie étoit des Ecossois de sa garde; & que lors du siège de Liège en 1468, les gardes Ecossois défendirent avec beaucoup de courage le prince, dans une furieuse sortie que firent les Liégeois (2). Philippe de Commines dit qu'en cette occasion, « ils se montrèrent bien bonnes » gens, ne bougèrent du pied de leur » maître, & tirèrent largement flèches ».

En 1495, les gardes du corps se distinguèrent beaucoup à la bataille de Fornoue. Une grande partie des ennemis périt dans le combat, ou n'échappa à la mort que par la fuite. Cependant, Charles VIII ne perdit dans cette journée que quelques-uns de ses gardes. Leur valeur lui sauva la vie, en même-temps

---

(1) *Voici cette déclaration :*

Louis, &c. Salut. Les fréquentes mutations qui arrivent dans les quatre compagnies des gardes de notre corps, & dans les compagnies des gendarmes & chevaux-légers de notre garde ordinaire, ayant donné lieu à plusieurs qui avoient été une fois employés dans les rôles desdites compagnies, de jouir des privilèges qui y sont attribués, quoiqu'ils en fussent depuis sortis; nous avons cru nécessaire d'empêcher cet abus, & d'y remédier pour l'avenir. A ces causes, & autres à ce nous mouvans, conformément à nos édits & déclarations donnés sur le fait des gardes de notre corps, gendarmes & chevaux-légers de notre garde, nous avons dit & déclaré, disons & déclarons par ces présentes, signées de notre main, voulons & nous plaît, que les seuls officiers, gardes, gendarmes & chevaux-légers employés auxdits états, & qui serviront actuellement, jouissent des privilèges & exemptions dont jouissent nos officiers commensaux; & afin qu'il ne puisse être usé de surprise, voulons qu'aucun ne jouisse des privilèges qu'il ne soit actuellement employé dans les rôles desdites compagnies, qui seront envoyés chaque année en notre cour des aides; & que ceux qui y seront employés soient tenus de rapporter un extrait signé du greffier de ladite cour, de l'état de l'année courante, sans que l'extrait de l'année précédente leur puisse servir : & d'autant qu'il ne seroit pas juste que lesdits gardes, gendarmes & chevaux-légers payassent pour lesdits extraits qu'ils seront tenus de prendre chaque année, la même somme qu'on a accoutumé de payer pour de semblables extraits, nous avons réduit & modéré à cinq sous le droit dudit greffier pour lesdits extraits, y compris le papier timbré ; ce qui aura lieu pour lesdits gardes de notre corps, gendarmes & chevaux-légers seulement : n'entendant par ces présentes déroger aux réglemens faits pour les salaires & droits des greffiers de notredite cour. Si donnons en mandement, &c.

(1) Relation de ce siège.

(2) Voyez Mathieu, du Haillan, & Claude Maupoint.

qu'elle triompha des ennemis. Les deux capitaines, la Châtre & Crussol, firent des merveilles à cette bataille (1).

Louis XII eut huit cents chevaux de ses gardes à la bataille d'Agnadel, en 1509. La Châtre & Crussol n'y démentirent point leur réputation de valeur, de même que leurs compagnies. La compagnie Ecossoise & les gardes de la manche qui étoient sous la conduite de Stuart, ne s'y distinguèrent pas moins (2).

Les gardes du corps donnèrent avec tant de force à la célèbre bataille de Ravenne, en 1512, qu'ils forcèrent le vice-roi de Naples à prendre la fuite, & firent prisonniers une foule d'officiers Espagnols & Romains. La hache étoit alors leur principale arme (3).

Avec quelle résolution & quelle intrépidité ne défendirent-ils pas François premier à Pavie, en 1524? Ce ne fut qu'après que la compagnie Ecossoise fut réduite à un seul homme, que ce prince fut fait prisonnier (4).

Lorsque les seize, en 1588, conspirèrent avec le duc de Guise contre Henri III, les quatre compagnies des gardes firent éclater leur fidélité pour ce prince (5).

Henri IV n'eut pareillement qu'à se louer des gardes de son corps. Lorsqu'il s'exposa à aller reconnoître l'armée du duc de Parme, ils se firent presque tous hâcher en pièces pour le défendre, & lui donner le temps de se retirer. Quand ce monarque, en 1594, entra dans Paris, les gardes du corps l'escortoient & il étoit au milieu d'eux armé de pied en cap (6).

(1) Voyez l'histoire de Charles VIII, par de Godefroy; Jean Moulinet, chroniques de France; *bellum gestum apud fornovium.*

(2) Mémoires du maréchal de Fleuranges.

(3) *Ibid.*

(4) Voyez l'Ecosse Françoise.

(5) Davila, histoire des guerres civiles.

(6) *Ibid.*

En 1635, les gardes du Roi servirent dans l'armée de Picardie, sous les maréchaux de Chaulnes & de Chatillon. En 1637, ils servirent au siège de la Chapelle, dans l'armée du cardinal de la Valette (1).

En 1658, les quatre compagnies des gardes accompagnèrent Louis XIV à Calais, où ce prince alloit pour être à portée de son armée, & ils se trouvèrent de toutes les marches du Roi pendant cette campagne & la suivante.

Trois cents gardes furent compris dans les troupes que Louis XIV envoya en 1665, aux Hollandois contre les Munstériens, sous les ordres du lieutenant-général de Pradel.

Les quatre compagnies se trouvèrent au siège de Tournay. Celle de Noailles fut la première commandée pour la tranchée dont l'ouverture se fit le 23 juin 1667. Le lendemain les assiégés firent une sortie; mais cette compagnie les repoussa avec tant d'intrépidité, qu'elle facilita aux troupes Françoises le logement sur la contrescarpe; & la ville fut obligée de capituler.

Au siège de Douay, les quatre compagnies montèrent la garde à leur tour à la queue de la tranchée, afin de soutenir l'infanterie. Un lieutenant des gardes y eut la cuisse percée d'un coup de fauconneau, & un autre eut son cheval tué sous lui.

Les gardes du corps se trouvèrent au siège de Lille. Les troupes ayant été commandées pour l'ouverture de la tranchée, la nuit du 18 au 19 avril, les compagnies de Noailles & d'Aumont marchèrent les premières. Celles de Trémos & de Chârost marchèrent la nuit du 19 au 20. Les gardes du corps ne montèrent que ces deux gardes à la tranchée. Lille capitula la nuit du 27 au 28.

(1) Voyez la relation des campagnes de ce cardinal.

En 1668, les quatre compagnies accompagnèrent Louis le Grand à l'expédition de la Franche-Comté; expédition dont la promptitude surprendra toujours.

Louis XIV visita, en 1670, les places du Hainaut & des frontières de cette province. En 1671, il visita celles des côtes maritimes; les gardes du Roi l'accompagnèrent. Dans la première visite, ils se trouvèrent du camp que le duc de Lauzun, comme lieutenant-général, commanda. Dans la seconde, ils demeurèrent à celui que le duc de Duras forma près de Dunkerque (1).

L'année suivante, le Roi ayant déclaré la guerre aux Hollandois, les quatre compagnies se rendirent à l'armée qui s'assembla sur la Sambre, au-dessus & au-dessous de Charleroy. La première expédition de cette campagne fut le siège d'Orsoy. Les gardes du corps y montèrent la garde à la queue de la tranchée pour soutenir l'infanterie.

Le passage du Rhin qui se fit ensuite est un des monumens de leur gloire. A peine le comte de Guiche, lieutenant-général des armées du Roi, eut-il découvert un guet, que les quatre compagnies se jetèrent à la nage, traversèrent ce large fleuve, rangées en bataille, sans que son cours impétueux rompît leurs rangs.

Arrivées à la ville de Doelbourg, elles l'investirent, & ne contribuèrent pas peu à ce qu'elle se rendît promptement.

C'est à leur tête que le Roi entra dans Utrecht, dont les habitans intimidés vinrent lui présenter les clefs, avant même d'avoir fait la moindre défense.

Les quatre compagnies furent de là joindre le maréchal de Turenne, alors chargé du commandement de l'armée. Il les avoit demandées pour marcher avec plus de force vers la ville d'Andernach dans l'électorat de Cologne (2).

(1) Voyez les campagnes de Louis XIV, des années 1667 & 1668.

(2) Journal de la campagne de Louis XIV en 1672; mémoires du temps.

Au commencement de juin 1673, les gardes du corps se rendirent avec l'armée à Courtray, puis à Deinse, ensuite à Bruxelles, pour tomber tout-à-coup, sur Mastricht, que le Roi fit investir. L'armée y étant arrivée, l'ouverture de la tranchée fut commandée pour le 17. Le premier escadron des gardes du corps alla, sous les ordres du duc de Noailles, y monter la garde; il fut relevé le lendemain par le second escadron; les trois autres compagnies fournirent ensuite chacune à leur tour un détachement pour la garde de la tranchée.

Les mousquetaires, suivis de quelques régimens, ayant, le 24, attaqué le chemin couvert & la demi-lune, le marquis de Château-Vilain, fils du duc de Vitry, le marquis de Beauveau & le chevalier de Saint-Germain-Beaupré, qui étoient cadets dans les gardes, se rendirent à cette attaque comme volontaires, & se distinguèrent beaucoup à la prise de la demi-lune, où ils tinrent ferme. Les ennemis ayant fait jouer un fourneau, ils furent tous trois blessés, de même qu'un grand nombre d'assiégeans.

Alors par ordre du Roi, cent gardes mirent pied à terre, & furent, armés de pertuisannes, se poster, au nombre de vingt, à chaque attaque, pour conserver cette demi-lune, contre laquelle les ennemis employoient leurs forces.

Le 27 suivant, on attaqua l'ouvrage à corne, qui étoit en état de tenir plus de huit jours, & capable de faire périr une armée entière; mais la valeur & l'intrépidité de la maison du Roi, & sur-tout des gardes du corps, l'emportèrent après quelques attaques, malgré le canon des ennemis, & le nombre presque infini de grenades qu'ils avoient posées le long de la contrescarpe, & auxquelles ils mirent le feu par une traînée de poudre.

Outre la multitude de blessés que le jeu des fourneaux occasionna à ce siège, une foule de gardes & d'officiers furent enterrés, ſans avoir le bonheur de l'exempt M. de Lignery, qui étoit près d'étouffer ſous les terres, lorſqu'une nouvelle ſecouſſe de fourneau le déterra, & lui rendit la vie (1)

Après que Louis XIV ſe fut emparé de Maſtricht, il paſſa, accompagné de ſes gardes, & à la tête de ſon armée, en Alſace, où il s'aſſura de Colmar, de Schéleſtat, & d'autres places dont on ſe défioit.

En février 1674, ce prince alla inveſtir la ville & la citadelle de Beſançon. Le 6 mai, tout ſe trouvant diſpoſé pour l'ouverture de la tranchée, cinquante gardes furent commandés pour y aller ſoutenir l'infanterie. Le Roi ne jugea pas à propos d'en envoyer davantage, parce que la place étoit ſi ſerrée, qu'il étoit impoſſible que la cavalerie de la ville pût ſortir. Le lendemain, un même nombre de gardes releva les premiers, & cet ordre ſe continua juſqu'à la fin du ſiège.

Le 24, on réſolut d'attaquer le chemin couvert. Cent gardes eurent ordre de mettre pied à terre, & de ſe rendre à la tranchée pour ſervir de corps de réſerve en cas de beſoin.

Le ſiège de Dole ſuccéda à celui de Beſançon, & les gardes du corps eurent preſque ſeuls les honneurs de la réduction de cette ville.

Les quatre compagnies ſe rendirent de-là avec d'autres troupes au château de Joux, qui ſe rendit auſſi-tôt qu'il vit le canon.

Il n'en fut pas de même de Fauconnier. Quoique le gouverneur eût abandonné la ville, pour ſe retirer dans le château, & qu'il n'eût laiſſé que dix ſoldats aux habitans, les aſſiégés étoient ſi braves qu'ils virent, ſans s'étonner & avec beaucoup de ſang froid, leur grande brêche & les aprêts que faiſoient les gardes.

Ceux-ci ordonnèrent d'abord à leurs valets, qui ſe trouvèrent plus de mille, d'aller combler le foſſé de la ville avec des faſcines. Deux cents cinquante d'entre eux furent enſuite les ſoutenir. Et à peine le ſignal fut-il donné, qu'ils coururent droit à la brêche avec une intrépidité extraordinaire. Le foſſé de la ville ſe trouvant comblé par les faſcines des valets, il ne les arrêta point : mais il en fut autrement du foſſé des murailles. Les faſcines nageoient ſur la rivière qui y paſſe. Cet obſtacle eût rebuté, ſans doute, d'autres troupes ; mais les gardes ſe jetèrent tous dans l'eau, qui leur paſſoit la ceinture, & arrivèrent ſur la brêche après avoir bravé, & le feu de l'ennemi, & la rapidité de la rivière. Quel fut alors leur étonnement de voir que les aſſiégés avoient fait au-delà de la brêche une double paliſſade fortifiée par toutes les reſſources d'une heureuſe induſtrie, & flanquée à droite & à gauche de leurs maiſons, d'où, par une mouſqueterie vigoureuſe & continue, ils s'efforçoient de faire perdre courage aux aſſaillans ; mais rien n'arrêta l'impétuoſité des gardes du corps ; ni la mort d'une foule de leurs camarades, ni les obſtacles imprévus qu'ils éprouvoient, ni l'opiniâtre réſiſtance des habitans de la ville. Ils apperçoivent une porte de maiſon qui étoit à jour, ils s'en approchent, ils la renverſent à coups de hache, ils pénètrent dans la maiſon, & de-là dans la ville, dont, ſans peine, ils ſe rendent alors les maîtres (1).

Les quatre compagnies des gardes, après la priſe de cette place, joignirent l'armée que le prince de Condé commandoit en Flandre. C'eſt alors que ſe donna la fameuſe bataille de Senef, qui fut une journée auſſi glorieuſe que mémorable pour les gardes du Roi. On les vit retourner juſqu'à ſix fois à la charge, & combattre avec une ſi grande valeur & tant d'héroïſme, que rien ne put leur réſiſter.

(1) Journal du ſiège de Maſtricht.

(1) Abrégé chronologique & hiſtorique des troupes, &c.

La

La défaite du régiment du prince d'Orange, occasionnée en grande partie par un escadron des gardes à la tête duquel le prince de Condé s'étoit mis, détermina la déroute de l'arrière-garde des ennemis.

Le prince de Condé la poursuivit. Et c'est dans ce moment que les gardes donnèrent des marques de fermeté & de bravoure, telles qu'il en est peu d'exemples.

Rangés de nouveau en ordre de bataille, ils restèrent de rechef pendant plus de cinq heures, exposés au feu des ennemis qui faisoient sur eux des décharges continuelles; chaque décharge emportoit des rangs entiers. Cependant les gardes loin de s'ébranler, ne faisoient que resserrer leurs files, à mesure que le canon les élargissoit.

Le prince d'Orange se persuadant que ses canoniers ne pointoient pas juste, courut aux bateries. Mais quand il eut appris l'horrible boucherie qu'elles causoient, on l'entendit plusieurs fois s'écrier d'admiration.: *ah, que n'ai-je de pareilles troupes, je serois invincible* (1).

Les quatre compagnies des gardes continuèrent à être de l'armée du grand Condé, qui obligea le prince d'Orange de lever le siège d'Oudenarde qu'il avoit entrepris.

En 1676, elles accompagnèrent le Roi en Flandre qui assiégea Condé, déjà investi dès le 3 avril par le maréchal de Créqui. La nuit du 24 au 25 de ce mois, tout étant disposé pour l'attaque, plusieurs des détachemens des gardes eurent ordre tour à tour de mettre pied à terre, & de se rendre à la tranchée.

Après qu'on eût donné le signal pour une décharge générale des bateries, les gardes donnèrent avec tant d'intrépidité qu'ils emportèrent la contrescarpe: après en avoir arraché les palissades, ils tuèrent ensuite, ou firent prisonniers tout ce qui se trouva sur leur passage; le reste des ennemis se retira dans la ville, qui demanda à capituler.

(1) Histoire militaire de Louis XIV, relation de la bataille de Senef.

De-là on alla former le siège de Bouchain, qui se rendit après une foible résistance, le 11 mai. C'est monsieur, frère du Roi qui y commandoit l'armée, ayant sous ses ordres le maréchal de Schomberg.

Le siège fut interrompu pendant quelques jours, à cause de la nouvelle qu'on avoit donnée au Roi que le prince d'Orange étoit près de Valenciennes. Il y courut aussitôt avec les huit escadrons de ses gardes & le reste de sa maison; mais le prince d'Orange, en se retranchant dans son camp, rendit inutiles toutes les belles dispositions de Louis XIV (1).

Au reste l'expédition de Valenciennes ne fut que différée. Dès le mois de février 1677, les gardes sortirent de leurs quartiers pour accompagner le Roi en Flandres qui alloit former le siège de cette ville. L'ouverture de la tranchée ayant été faite la nuit du 9 au 10 mars, les premiers escadrons de Noailles & de Duras, avec d'autres troupes, furent sous les ordres du maréchal de Schomberg, monter la garde pour couvrir 2000 hommes d'infanterie, qui poussèrent la tranchée plus de 600 pas vers la contrescarpe. La nuit du 10 au 11, ces deux escadrons furent relevés par les premiers escadrons de Luxembourg & de Lorges, qui le furent à leur tour, la nuit du 11 au 12, par les seconds escadrons de Noailles & de Duras; ceux-ci le furent ensuite, la nuit du 12 au 13, par les deux seconds escadrons de Luxembourg & de Lorges. Toutes les dispositions étant faites le 16 du mois pour donner l'assaut à la contrescarpe, & le signal étant donné, non-seulement le chemin couvert fut emporté par les gardes avec beaucoup de promptitude, mais encore l'ouvrage couronné, la demi-lune, & le pâté. Il est vrai que les grenadiers

(1) Même histoire.

à cheval, & les mousquetaires partagèrent avec les gardes du Roi l'honneur de ce succès.

Cambrai fut ensuite assiégé. Le même ordre de garde qu'à Valenciennes, fut observé à la tranchée par les huit escadrons des gardes du corps. C'est le 28 mars que l'ouverture s'en fit. L'honneur de la réduction de cette place, fut dû en grande partie à un escadron des gardes.

Le Roi fit la revue de ses troupes au mois de mai suivant. Les quatre compagnies de ses gardes passèrent de-là sous les ordres du maréchal de Créqui, qu'ils joignirent au camp de Morville. (1)

Tout se passa en marches & contre-marches de part & d'autre, afin d'empêcher le duc de Lorraine, qui souffroit beaucoup dans son camp faute de pain, de passer la Meuse, à quoi il visoit, car il s'étoit engagé de joindre le prince d'Orange pour assiéger Charleroy que ce prince avoit déjà investi. Mais la vigilance du maréchal de Créqui, l'en empêcha. Le duc de Lorraine voyant son armée dans une extrême disette, & désespérant de passer la Meuse, prit alors le parti d'aller en Alsace où le maréchal de Créqui le suivit.

Dès que les deux armées furent arrivées dans cette province, elles cherchèrent à se rendre maîtres du poste de Kokesberg. Cinquante gardes s'étant d'abord avancés pour découvrir la marche des ennemis, & ayant rencontré un de leurs détachemens, ils le chargèrent avec autant de hardiesse que si les forces eussent été égales. Le succès surpassa peut-être leur attente ; car ils eurent bientôt la satisfaction de voir ce détachement plier & prendre la fuite.

Ce premier choc donna occasion au combat plein de chaleur qui se livra de part & d'autre, en allant s'emparer du poste de Kokesberg. Tous les volontaires de l'armée étant accourus en ce lieu, attirés par le bruit des armes, ils engagèrent insensiblement l'action.

Les gardes servirent la même année au siège de Fribourg, où ils furent postés au village de Vedeling. La nuit du 10 au 11 novembre, la tranchée ayant été ouverte devant la place, les gardes y montèrent à leur ordinaire à la queue, pour soutenir l'infanterie : ce qu'ils continuèrent alternativement par détachemens jusqu'à la réduction de cette ville.

En 1678 les quatre compagnies sortirent de leurs quartiers, dès le mois de février, pour aller au siège de Gand que Louis XIV fit en personne, & avec le plus grand succès.

Ipres fut ensuite assiégé. Les gardes du corps contribuèrent à l'investir, & leur poste fut au village de Véek, quartier du Roi. Porter nuit & jour des fascines à la tranchée où les soldats avoient de l'eau jusqu'aux genoux, ce fut là toute leur occupation durant ce siège (1).

Après qu'il fut terminé, les gardes, par ordre du Roi, passèrent en Allemagne dans l'armée du maréchal de Créqui.

Les retranchemens de Schinghem ayant été attaqués, les gardes soutinrent les dragons qui chargèrent les ennemis campés en-deçà du village. Ceux-ci avoient laissé, en combattant, un intervalle dans leur centre ; les gardes ne manquèrent pas d'en profiter. Ils renversèrent trois escadrons qui s'opposoient à leurs efforts.

Les gardes furent de tous les mouvemens de la campagne qui se termina par la prise des forts de Kelle, l'Étoile, &c.

En 1683, le Roi ayant ordonné un camp près de Besançon, les quatre compagnies s'y rendirent, & il ne resta auprès de lui que le seul guet des gardes, qui ensuite accompagna sa majesté jusqu'à Besançon où elle se rendit.

(1) Campagnes de Louis XIV de 1677.

(1) Mémoires du temps ; histoire militaire de Louis XIV ; lettre du maréchal de Créqui au Roi.

L'année ſuivante, les huit eſcadrons joignirent l'armée qu'on aſſembloit auprès de Condé, pour obſerver celle qui faiſoit le ſiège de Luxembourg.

Pendant la paix de quatre ans, proclamée après la priſe de Luxembourg, le Roi ayant découvert la fameuſe ligue tramée contre ſa perſonne & ſes états, c'eſt-à-dire, la ligue d'Augsbourg, il jugea néceſſaire de prévenir ſes ennemis; & les gardes du corps furent de l'armée du maréchal d'Humières, qui s'empara de Huy, ville du pays de Liège.

En 1689, la guerre s'étant rallumée entre la France, l'Eſpagne & la Hollande, les quatre compagnies furent en Flandres, où on attaqua ſeulement Valcourt, dont le ſuccès fut des plus malheureux.

L'année ſuivante, elles furent en Allemagne. Le 15 ſeptembre l'armée ayant décampé, les gardes formèrent toute l'arrière-garde, & eurent à leur tête monſeigneur le dauphin pour les commander, en cas que les ennemis vouluſſent les harceler. Mais leur contenance en impoſa tellement aux ennemis qu'ils n'osèrent les troubler dans leur marche (1).

Louis le Grand aſſiégea en perſonne en 1691 Mons, capitale du Hainaut. Ses gardes l'y accompagnèrent; mais toute leur occupation pendant ce ſiège, fut de porter des faſcines aux tranchées; ils vaquoient à ce devoir en plein jour, & juſqu'à la portée du canon de la place, avec une ſi grande hardieſſe que le Roi fut obligé de leur défendre d'approcher de ſi près.

Le combat de Leuze ſe donna le 18 ſeptembre de la même année 1691: le corps s'y trouva, & y fit des actions dignes d'éterniſer à jamais ſa mémoire, & qui méritèrent de grands éloges des ennemis mêmes.

En 1692, les quatre compagnies ſortirent de leurs quartiers pour ſe rendre en Flandres, au camp de Givri. L'armée, ſous les ordres du Roi, inveſtit & aſſiégea la ville & le château de Namur.

Le 6 juin, cette ville ayant capitulé, le Roi apprit que le prince d'Orange marchoit contre le duc de Luxembourg qui commandoit l'armée d'obſervation. Sa majeſté ordonna aux gardes du corps de s'y rendre en diligence. A leur arrivée ils trouvèrent le maréchal de Luxembourg campé à Longchamp. Le prince d'Orange alors ſe retira, & laiſſa prendre le château de Namur, qui ſe rendit le 30 juillet (1).

La bataille de Steinkerke ſe donna enſuite. La brigade de la maiſon du Roi ſoutint l'infanterie dans un pays ſi coupé, qu'il n'y eut qu'un ſeul eſcadron de la compagnie de Lorges qui put s'avancer ſur les ennemis. Il dégagea un bataillon de nos troupes qu'ils tenoient enveloppés vers le bois de Trion.

En 1693, le maréchal de Luxembourg, ayant appris que les ennemis avoient envoyé un gros détachement vers la Flandres, il ſaiſit ce temps pour attaquer le prince d'Orange & le duc de Bavière, qui étoient dans le camp de Néer-Winde; il ſe mit à la tête de la maiſon du Roi, & marcha contre eux le 28 juillet avec toute ſon armée. Comme il força ſa marche, il arriva à la vue des ennemis vers les quatre heures après-midi. Mais des circonſtances obligèrent de différer le combat juſqu'au lendemain.

A peine le ſoir commença-t-il à paroître que M. de Luxembourg alla reconnoître le camp des ennemis. Il le trouva ſi bien retranché, qu'il jugea à propos d'attaquer le village de Néer-Winde tandis qu'on feroit une fauſſe attaque à celui de Néer-Landen. Mais la vivacité des dragons rendit véritable cette dernière.

Pendant que l'infanterie attaquoit ces

(1) Mémoires manuſcrits; abrégé chronologique & hiſtorique, &c.

(2) Mémoires du temps.

(1) Hiſtoire militaire de Louis XIV, relation du ſiège de Namur.

deux villages, la maison du Roi, ayant à sa tête le maréchal de Villeroi, se tenoit ferme en bataille dans la plaine, malgré le feu terrible des Anglois; mais elle ne fut pas plutôt instruite que l'infanterie étoit entrée dans le village de Néer-Winde, qu'elle s'avança en diligence dans les retranchemens des ennemis.

Les premiers escadrons des gardes du corps ayant été effleurés de trop près par cinq ou six bataillons Anglois, ils se retirèrent. Mais ces sortes de mouvemens n'étant pas ordinaires à un corps aussi distingué par sa valeur, ils retournèrent bientôt à la charge avec tant de résolution & de fermeté, que la seconde ligne des ennemis s'en ébranla, & que quelques autres prirent la fuite.

Les gardes du corps ne manquèrent pas de profiter de cette terreur; ils tombèrent sur elles, & les taillèrent en pièces.

Il ne s'est guères vu d'armée plus en déroute & plus maltraitée que celle des ennemis en cette occasion; ils se virent forcés d'abandonner leurs canons, leurs bagages & leurs drapeaux.

Cette victoire occasionna le siège de Charleroy, pendant lequel les gardes furent campés près de la ville de saint Guilain au-delà de Mons, afin d'être à portée d'aller en Flandres en cas de besoin, & de joindre l'armée, si le prince d'Orange vouloit secourir cette place (1).

En 1694, les gardes furent en Flandres dans l'armée que commanda le dauphin.

Le 20 août, ils passèrent la Sambre sur quatre ponts, le dauphin à leur tête. Le même jour, le maréchal de Villeroy se rendit à Maubeuge, d'où il alla vers Tournay, afin de gagner le pont d'Epiene avant les ennemis.

Le dauphin, avec la maison du Roi, partit le 22, d'Arsar-l'Etang, & après avoir traversé la Sambre & la Bussière avec une extrême diligence, il arriva le même jour à Mons, où il resta jusqu'au lendemain, pour donner aux troupes le temps d'arriver.

Il contribua beaucoup à empêcher le prince de Wirtemberg d'exécuter l'ordre que le prince d'Orange lui avoit donné de s'emparer du pont d'Epiene.

Le dauphin ayant alors appris que les ennemis s'avançoient vers Oudenarde pour y passer l'Escaut, il laissa le marquis de la Valette au pont d'Epiene, avec un camp volant, & alla, le 26, avec les gardes & le gros de l'armée, camper à Harlebec à une lieue au-dessus de Courtray.

En 1695, les quatre compagnies furent en Flandres dans l'armée que commanda le maréchal de Villeroi.

Ce général fit d'abord quelques mouvemens au-delà de l'Escaut; & après avoir détaché de la cavalerie vers Mons, Charleroy & autres places, il forma le dessein d'attaquer l'armée ennemie qui étoit sous les ordres du prince de Vaudemont.

Les gardes eurent ordre d'aller reconnoître la disposition de son camp. Et l'attaque ayant commencé sur les sept heures du soir, ils marchèrent avec une rapidité si extraordinaire, qu'ils atteignirent à une demi-heure de jour l'arrière-garde ennemie: mais elle prit aussi-tôt la fuite. Quelques momens après, les ennemis voyant que les gardes du corps étoient presque sur eux, ils assemblèrent plusieurs trompettes pour jouer des fanfares, afin de faire croire qu'ils étoient en bataille. Comme la nuit commençoit alors à être fort obscure, les gardes eurent ordre de faire halte pour se mettre eux-mêmes en bataille. Le stratagême des ennemis leur donna le temps de se retirer.

Le maréchal de Villeroi marcha ensuite avec son armée vers Bruxelles, dans le dessein de le bombarder. Mais comme il s'y trouva des retranchemens qu'ils

(1) Relation de la bataille de Néer-Winde.

falloit auparavant forcer, les gardes du Roi furent commandés pour aller soutenir l'infanterie dans l'attaque qu'ils en firent. Bruxelles se rendit le 2 septembre. Plus de trois mille maisons furent réduites en poussière pendant le bombardement (1).

En 1702, les Hollandois ayant déclaré la guerre à la France & à l'Espagne, les gardes servirent dans l'armée du duc de Bourgogne, qui, secondé du maréchal de Boufflers, poussa les ennemis jusques sous le canon de Nimègue, & fut même, grace à la valeur des gardes, sur le point de prendre cette ville d'emblée. Mais divers obstacles qu'il eût été très-imprudent de vouloir surmonter, s'opposèrent à cet exploit (2).

En 1706, les quatre compagnies se trouvèrent à la malheureuse bataille de Ramillies. Elles y composoient la première ligne de notre aîle droite. Elles percèrent & enfoncèrent quatre lignes de l'aîle gauche des ennemis, & firent des prisonniers. Lors de la déroute générale de nos troupes, les gardes firent leur retraite sans avoir été entamés.

En 1708, le 7 de juillet, l'armée Françoise, conduite par le duc de Vendôme, rencontra près d'Oudenarde, celle des alliés, commandée par le prince Eugène & le général Marlborough. Aussitôt on résolut d'attaquer. Sept bataillons François, postés dans le village de Hegne, furent enfoncés, après un combat assez vif. Les gardes du Roi alloient à leur secours. Ils chargèrent avec vigueur la cavalerie ennemie, & la rompirent en partie. La nuit sépara les combattans, & la retraite fut fatale aux François. Les fautes, de leur côté, se multiplièrent. Les régimens & les escadrons, soit ceux de la cavalerie, soit ceux ceux des gardes alloient où ils pouvoient, sans recevoir aucun ordre. Il y eut même plus de quatre mille hommes qui furent pris en chemin par les ennemis, à quelques milles du champ de bataille.

Le fameux combat de Malplaquet se donna le 11 septembre 1709. Depuis plusieurs siècles, on n'avoit point vu d'action plus disputée & plus meurtrière.

Si les alliés furent vainqueurs, c'est qu'ils se lassèrent les derniers de combattre. Les gardes du Roi ne furent d'abord, dans ce jour si mémorable, que spectateurs de la valeur de l'infanterie Françoise, quoiqu'ils essuyassent pendant très-long-temps avec leur courage & leur fermeté ordinaire, le feu du canon ennemi, qui étoit chargé à cartouches. Mais lorsque les alliés eurent forcé nos retranchemens, il marchèrent à eux, conduits par le maréchal de Boufflers, & les chargèrent plusieurs fois avec tant de vigueur, qu'ils renversèrent leur première ligne, puis la seconde, ensuite la troisième & enfin la quatrième. Malheureusement les troupes Françoises ne secondèrent pas les gardes du corps. Le désordre se mit parmi elles, & ce désordre fut cause de la défaite.

Les gardes du Roi se trouvèrent à la réduction de Landau, que le maréchal de Villars fit investir par le maréchal de Besons, le 22 juin 1713; mais ils n'y eurent que peu d'occasions de se signaler. La place se défendit avec un courage capable de démonter d'autres guerriers que des François. Ils furent repoussés à diverses attaques, & le général ne put réduire la ville que le 20 d'août.

Cette campagne de 1713 fut la dernière que firent les gardes du corps sous le règne de Louis XIV.

Leur première campagne sous Louis XV fut le siège de Philisbourg en 1734: car nous ne comptons point les fameuses lignes d'Ettingen que les gardes-Françoises contribuèrent beaucoup à forcer, & non

(1) Histoire militaire de Louis XIV.

(2) Mémoires du temps; dictionnaire des batailles.

les gardes du corps, ainsi que le prétendirent dans le temps quelques auteurs de relations. Les gardes du corps furent bien à la vérité à la tranchée, mais ce ne fut que le dernier jour, & au moment que le prince de Tingri emporta le fort qui défendoit les lignes; ce qui donna au duc Noailles, capitaine de la compagnie Ecossoise, la facilité de les forcer.

Après avoir triomphé des fameuses lignes d'Ettingen, & obligé le prince Eugène de leur laisser libre l'entrée de l'Allemagne, les François, conduits par le fameux maréchal de Bervick, s'avancèrent du côté de Philisbourg. Cette place, l'une des plus fortes de l'Europe, étoit défendue à l'occident par le Rhin, & à l'orient, au midi, & au nord, par des marais presqu'inaccessibles, & qui deviennent des mers, quand on lâche les écluses. Le 23 mai, le marquis d'Asfeld, l'un des hommes de France le plus consommé dans la science du génie & dans l'art des sièges, investit cette ville. On ne vit peut être jamais de retranchemens si bien ordonnés, ni si forts que ceux des François. Le maréchal de Bervick fit entrer dans les lignes la plus grande partie de l'infanterie.

Les gardes du corps se trouvèrent à l'ouverture de la tranchée qui se fit le 3 juin. On y compta jusqu'à deux mille quatre cents travailleurs qui ne perdirent pas un seul homme, parce que les assiégés, ne s'étant pas apperçus qu'on ouvroit la tranchée, ne tirèrent point. Le 4 au matin on perfectionna les premiers travaux. Le 5, on construisit 1° des parallèles sur toute la longueur & la crête du rideau qui faisoit face au corps de la place; 2° des boyaux de communication entre les paralleles. Le 11, le maréchal de Bervick ordonna que l'on commençât une sappe, & qu'on poussât en avant la tranchée, plus directement contre la place. Le lendemain ce grand général, le Turenne de son siècle, en allant juger par lui-même d'un différend élevé à ce sujet entre deux ingénieurs qui avoient la conduite de ce travail, fut emporté d'un boulet de canon. On dit que le même coup moissonna presqu'en entier une brigade des gardes du corps. Les quatre compagnies se trouvèrent tour-à-tour à la tranchée, & y firent des merveilles jusqu'au 17 juillet que le commandant de Philisbourg, le baron de Wutgenau, comblé de gloire par sa belle défense, arbora le drapeau blanc, & envoya au général François un major pour offrir de capituler.

Le combat de d'Ettingen est la seule action de la campagne de 1743 en Allemagne, où la France & l'Angleterre mesurèrent leurs forces. Le maréchal duc de Noailles commandoit les François, & le roi George II les Anglois.

Le général François, par une manœuvre supérieure, se rendit maître de la campagne.

Le monarque Anglois s'étoit choisi un si mauvais poste, qu'il y voyoit son armée bloquée & affamée par celle des François. Il fut obligé de se retirer en hâte pour aller chercher des vivres à Hanau. Ce fut le 26 juin au milieu de la nuit, qu'il hazarda cette marche précipitée & dangereuse à laquelle il s'étoit réduit.

Le maréchal de Noailles voyant les Anglois marcher à leur perte dans un chemin étroit, entre une montagne & la rivière du Mein, fit avancer vers le village d'Ettingen, devant lequel ils devoient passer, plusieurs corps de cavalerie composés entre autres des escadrons des gardes.

Les François ne devoient fondre sur les Anglois, qu'avec un avantage certain, dans un terrein qui devenoit pour eux un piège inévitable. Mais un moment d'impatience de la part du duc de Grammont, neveu du maréchal, dérangea toutes ces mesures. Les François qui avoient attiré les ennemis dans le piège, y tombèrent eux-

(1) Relation de ce siège.

mêmes, & ils les attaquèrent en désordre, & avec des forces inégales.

Les gardes du corps enfoncèrent d'abord, par leur impétuosité, deux lignes entières d'infanterie ; mais ces lignes se reformèrent dans le moment & enveloppèrent les François, qui furent mis en déroute.

Les gardes pourtant ne se rebutoient point. Ils couroient aux Anglois, le sabre à la main, mais avec plus de bravoure que d'ordre.

Une foule d'entre eux périrent dans cette confusion, ou furent blessés dangereusement.

Ce combat dura trois heures. Mais il étoit trop inégal. Le courage seul avoit à combattre la valeur, le nombre, & la discipline. Enfin le maréchal de Noailles ordonna la retraite.

La perte fut à-peu-près égale dans les deux armées. Il y eut du côté des alliés deux mille deux cents trente & un hommes, tans tués que blessés.

Les François n'auroient jamais, malgré l'infériorité du nombre, perdu cette bataille, s'ils n'eussent fait avorter le fruit des plus belles dispositions par cette ardeur précipitée, & cette indiscipline qui leur avoit fait perdre autrefois les batailles de Poitiers, de Créci, & d'Azincourt (1).

Nous voici à la fameuse bataille de Fontenoy, dont le gain décida du succès de la guerre, prépara la conquête des pays-bas, & servit de contre-poids à tous les évènemens malheureux.

Le Roi partit le 6 mai 1745 de Paris, accompagné du dauphin. Le poste des deux princes fut par delà la justice de Notre-Dame-aux-Bois, à mille toises du pont de Calonne sur l'Escaut, & précisément à l'entrée du champ de bataille. Ils étoient gardés par cent vingt gardes de la compagnie de Charost. Le champ de bataille n'avoit pas plus de cinq cents toises de longueur, depuis l'endroit où étoit le Roi auprès du village de Fontenoy, jusqu'au bois de Barri, & n'avoit guères plus de neuf cents toises de large : de sorte qu'on alloit combattre en champ clos, comme à Ettingen, mais dans une journée plus mémorable.

Il n'y avoit que sept escadrons des gardes du corps : le huitième avoit été laissé au quartier, parce que les chevaux étoient soupçonnés attaqués de la morve. Ils furent postés entre la chaussée de Mons & celle de Leuze, au-delà de Notre-Dame-des-Bois.

Le premier escadron de la compagnie de Noailles monta le 8 la garde chez le Roi. Il fut relevé le 9 par le second escadron. Le premier escadron de la compagnie de Charost y monta la garde le 10. Il fut relevé le mardi 11 par le second escadron de Charost, & le premier escadron de la compagnie de Noailles.

C'est ce jour-là que la bataille se donna. On se canonnoit de part & d'autre dès les six heures du matin. Nous passons les commencemens de l'action, pour en venir au moment où les gardes du corps commencèrent à donner.

Un très-grand nombre de cavaliers furent poussés en désordre par la colonne Angloise, jusqu'à l'endroit où étoit le Roi avec son fils. Les deux princes furent séparés par la foule des fuyards qui se précipitoient entre eux.

Pendant ce désordre, les brigades des gardes du corps qui étoient en réserve, s'avancèrent aux ennemis, qui les reçurent comme les autres corps, c'est-à-dire, avec la même intrépidité & le même feu roulant.

On sait que si aucune attaque n'avoit pû entamer la colonne Angloise, qui toujours faisoit du progrès, c'est que rien ne s'étoit fait de concert ; aussi la bataille paroissoit-elle alors perdue sans ressources.

L'intention du maréchal de Saxe étoit

(1) Le siècle de Louis XV, feuilles périodiques du temps.

de faire, si l'on pouvoit, un dernier effort mieux dirigé & plus plein.

Il demanda au duc de Richelieu, qui servoit en qualité d'aide-de-camp du Roi, & venoit de reconnoître la colonne près de Fontenoy, quelle nouvelle il apportoit, & quel étoit son avis. Ma nouvelle, dit le duc de Richelieu, est que la bataille est gagnée, si on le veut; & mon avis est qu'on fasse avancer dans l'instant quatre canons contre le front de la colonne : pendant que cette artillerie l'ébranlera, la maison du Roi & les autres troupes l'entoureront : il faut tomber sur elle comme des fourageurs.

Cette masse d'infanterie avoit été endommagée, quoique sa profondeur fût toujours égale. Elle-même étoit étonnée de se trouver au milieu des François sans avoir de cavalerie. La colonne étoit immobile, & sembloit ne recevoir plus d'ordres; mais elle gardoit une contenance fière, & paroissoit maîtresse du champ de bataille.

Le Roi se rendit le premier à l'idée du duc de Richelieu, & il lui commanda d'aller promptement faire marcher sa maison.

Les gardes du corps ne le cédèrent point en valeur, dans ce moment, aux gendarmes, aux chevaux-légers, aux grenadiers à cheval, & aux mousquetaires.

Quand on fut sur le point de charger la redoutable colonne, le dauphin courut pour se mettre à la tête de la maison du Roi. On l'arrêta, en lui disant que sa vie étoit trop précieuse : « Ce n'est pas » la mienne qui est précieuse, répondit-» il, c'est celle du général, le jour d'une » bataille ».

La colonne Angloise fut attaquée à la fois de front & par les deux flancs. Les sept escadrons des gardes du corps la chargèrent de front. En sept ou huit minutes, ce corps formidable fut ouvert de tous côtés.

Nous terminerons ici le détail des exploits mémorables des gardes du Roi. Ils suffisent pour fixer l'opinion sur ce qu'on a droit d'attendre de la valeur héroïque de cet illustre corps.

# CHAPITRE LIX.

## *De la compagnie des cent gardes suisses ordinaires du Roi.*

CHARLES VII est le premier de nos Rois qui ait contracté alliance avec la nation Helvétique. L'acte en est daté du lendemain des fêtes de pâques, mercredi 13 avril 1453.

Louis XI, son fils & son successeur à la couronne, confirma, en 1474, cette alliance. Les Suisses commençoient alors à jouir d'une grande considération dans l'Europe.

C'est après la mort de Charles le téméraire, duc de Bourgogne, qu'ils entrèrent à la solde du Roi de France, Louis XI.

Leur nombre étoit de six mille. On les joignit aux francs archers, établis par Charles VII, afin de faire corps avec eux. Ils servirent au siège de Dole, en 1478, & s'y signalèrent.

Louis XI, ayant supprimé l'année suivante les francs archers, joignit aux Suisses dix mille hommes d'infanterie, qui furent entretenus à ses frais, & non par les bourgs & les villages, comme sous le règne précédent (1).

(1) Abrégé chronologique du président Hénaut, années 1453, 1475, 1481.

Ce

Ce monarque accorda aux suisses en 1481 diverses exemptions, entre lesquelles étoient celles de tailles, d'aides, &c.

Il fut le premier qui leur donna un habit uniforme, lequel étoit *couleur de l'arc-en-ciel* (1).

Les suisses, sous son règne, eurent pour officiers, un lieutenant, un enseigne, un *statthalter*, (ou vice-lieutenant, vulgairement, appelé exempt), deux quartiers maîtres, ou fouriers, & un porte-enseigne.

Le nombre de ces six officiers exista, sans aucun changement, pendant près de cent années (2).

Quelques personnes ont cru devoir attribuer à Louis XI l'institution de la compagnie des cent suisses de la garde. Elles s'appuyoient sur une déclaration de ce prince, donnée en septembre 1481, au château Duplessis-les-Tours; mais cette déclaration, non-seulement ne constate pas le fait, elle ne donne pas même lieu à la conjecture. Tout ce qu'on y voit, c'est que Louis XI, pour attacher les suisses à son service, s'oblige d'entretenir & soudoyer tous ceux d'entre eux qui y sont présentement, ou qui y seront un jour (3). Nous n'adopterons donc point le sentiment de ces personnes.

Nous n'aquiescerons point non plus à l'opinion de ceux qui prétendent que les cent suisses tirent leur origine des cent hommes de cette nation, à qui Louis XI, étant encore dauphin, donna la vie en 1444, après la bataille de Bâle.

Cette opinion nous paroît invraisemblable & romanesque. Ni Tschudi, ni aucun historien digne de foi n'en font mention (1). Comme les monumens du temps sont préférables à ces diverses opinions, ce sera par deux actes authentiques, donnés à Lyon, sous le règne de Charles VIII, que nous fixerons l'époque de l'institution de la compagnie des cent Suisses.

Le premier, qui est du 27 février 1496, nous apprend qu'il n'y avoit que très-peu de temps, alors, que cette compagnie faisoit partie de la garde de Charles VIII, & que ce fut ce prince qui, pour lui faire entendre ses

---

(1) Entretiens & examen sur la création de la compagnie des cent gardes suisses ordinaires du Roi, &c. par François de Besson l'aîné, écuyer, doyen des officiers des cent suisses, pag. 1 & 2, édition de 1676.

(2) *Ibid.*

(3) Il suffit, pour s'en convaincre, de rapporter l'extrait de cette déclaration.

Et iceux les seigneurs & communautés (des anciennes ligues des Hautes-Allemagnes, appelées *suisses*) pour le soutien & défense de nosdits pays & seigneuries, se sont à diverses fois mis sus en bonnes & grosses armées, pour nous venir servir & aider au fait de nos guerres, à l'encontre de nos ennemis, où ils se sont grandement employés pour le bien de nous, & de la chose publique de notre royaume..... Nous, ayant l'égard & considération aux choses dessus dites, & afin de toujours les maintenir, tenir & attraire à notre service..... avons octroyé & octroyons..... que tous ceux de ladite nation qui sont de présent ou seront pour le temps à venir demeurant en notredit service, seront gagés & soldoyés, &c.

(1) Voilà comme M. le baron de Zur-Lauben en rend compte, dans son histoire militaire des suisses, tom. 3, pag. 371. « Les cent suisses, » dit-il, qui étoient restés dans l'armée des seize » cents suisses, avoient juré, ainsi que les autres, » de mourir plutôt que de se rendre. Ils s'étoient » jetés dans de vieilles masures, plutôt que de se » rendre après la perte de la bataille. Le dauphin, touché de leur bravoure, leur fit proposer » de se servir d'eux pour la garde de sa personne. » Ils se rendirent. Le prince les attacha à sa » garde, & cassa depuis cinq cents archers, à » la place desquels il se servit des suisses. L'opinion que nous combattons ajoute que le dauphin » confia la garde de sa personne à ces cent » suisses, quoique les cantons, indignés de ce » qu'ils avoient survécu à leurs camarades, les » eussent fait décoler en effigie. »

ordres ; lui créa un capitaine François (1).

Le second acte, qui est du 12 mai 1497, porte l'institution de la charge de commis au payement de la compagnie des cent suisses, & il y est dit formellement que c'est Charles VIII qui a mis au nombre de ses gardes ordinaires les cent suisses (2).

Ainsi, c'est ce prince, & non Louis XI qui est le créateur de cette compagnie.

(1) *Cet acte est ainsi conçu :*
Charles, &c. Salut. Comme pour conduire, gouverner & faire servir les cent hommes de guerre suisses de la nation des anciennes ligues des Hautes-Allemagnes, lesquels puis n'aguères avons ordonné avoir & entretenir à l'entour de nous, pour la garde de notre personne outre nos autres gardes ordinaires, soit besoin ordonner & établir quelque bon & notable personnage expérimenté & entendu en telles matières & à nous agréable, sûre & stable. Savoir faisons, que nous les choses dessus dites considérées, & la bonne, parfaite & entière confiance que nous avons de la personne de notre amé & féal Louis de Menton, écuyer, sieur de Lornay, & de ses sens, noblesse, vaillance, loyauté, conduite, expérience & diligence, icelui pour ces causes & autres à ce nous mouvans, avons aujourd'hui retenu, & retenons par ces présentes, chef & capitaine desdits cent hommes de guerre de ladite nation, ainsi par nous nouvellement ordonnés être mis sus pour notredite garde & ladite capitainerie, charge & conduite lui avons baillée & baillons par ces présentes pour icelle avoir, tenir & dorénavant exercer par ledit Louis de Menton, aux gages de douze cents livres tournois par an que pour ce lui avons taxés & ordonnés, taxons & ordonnons par ces présentes, à commencer du jour que ladite compagnie entrera en payement, & aux honneurs, prérogatives, prééminences, libertés, & autres droits, profits & émolumens accoutumés qui y appartiennent, & lui avons donné & donnons par cesdites présentes, plein pouvoir & authorité de faire servir & obéir lesdits gens de guerre, & les faire payer de leurs gages & soldes par son ordonnance & certification, au fur, & prix & par les termes qui sur ce seront ordonnés, par notre amé & féal notaire & secrétaire Me Louis de Ponchier, commis au payement d'iceux gens de guerre, ou autre qui y sera commis pour l'avenir, & généralement de faire en ladite charge tout ce qui appartient & est requis. Si donnons en mandement, &c.

(2) *Tels sont les termes de cet acte :*
Charles, &c. A nos amés & féaux les conseillers par nous ordonnés sur le fait & gouvernement de nos finances. Salut & dilection. Savoir vous faisons, que nous voulant bien & sûrement pourvoir au payement de cent hommes de guerre de la nation de Suisse, que nous avons ordonné entretenir à l'entour de nous, pour la garde de notre corps outre nos autres gardes, & à faire ledit payement, commettre personne à nous sûre & stable pour bien & loyaument nous y servir. Pour ces causes, & la confiance que nous avons de la personne de notre amé & féal notaire & secrétaire Me Louis de Ponchier, qui par longtemps nous a bien & loyaument servi & fait encore de présent au payement des gens de guerre à cheval, à pied suisses & autres frais extraordinaires de nos guerres. En quoi il s'est toujours loyaument & amplement conduit & gouverné : & pour autres causes à ce nous mouvans, icelui avons commis, ordonné & député, commettons, ordonnons & députons par ces présentes, à tenir le compte & faire le recouvrement & payement des gages, soldes & entretènement d'iceux cent hommes de guerre d'icelle nation de Suisse, par nous retenus pour notredite garde étant ou qui seront sous la charge & conduite de notre amé & féal Louis de Menton, écuyer, sieur de Lornay, leur capitaine, ou d'autre qui par nous y sera commis, & aussi de faire le payement de leurs gages & état dudit capitaine derénavant par chacun an tant que entretiendront lesdits cent suisses en notre service, sans ce qu'il soit besoin audit de Ponchier en lever par chacun an commission nouvelle, lequel payement ledit de Ponchier sera tenu faire. C'est à savoir auxdits cent hommes à chacun sept vingt-quatre livres tournois auxquels nous l'avons ordonné & ordonnons par cesdites présentes, pour leurs gages, soldes & entretènement en notredit service dorénavant par chacun an, à commencer le premier jour de juin prochain venant, qui est à la raison de douze livres tournois à chacun d'eux par mois, & ce par l'ordonnance dudit Louis de Menton, leur capitaine, ou autre qui ci-après en aura la charge, & par certification que par icelui capitaine lui en sera signée de sa main, & par leur quittance seulement, & audit Louis de Menton, capitaine dessusdit, ou autre qui en aura la charge, la somme de douze cents livres tournois, auquel nous l'avons semblablement ordonnée pour son état & droit de capitaine de ladite charge dorénavant par chacun an, à commencer ledit premier jour de juin prochain venant, qui est à la raison de cent livres par

La compagnie des cent gardes ſuiſſes ordinaires du corps du Roi eſt la plus ancienne troupe de la nation Helvétique qui exiſte en France (1).

C'eſt mal à propos qu'on a voulu lui diſputer le titre de militaire : elle fut inſtituée ſur ce pied, ainſi que l'atteſtent les proviſions de M. de Menton de Lornay, ſon premier capitaine, où ils ſont nommés les *cent hommes de guerre, ſuiſſes de la garde.*

D'ailleurs les capitaines ont toujours prêté ſerment entre les mains du connétable, juſqu'à la ſuppreſſion de cette charge, ou bien entre celles d'un maréchal de France. Et depuis que la charge de connétable eſt ſupprimée, ils le prêtent entre les mains du Roi.

On voit enſuite dans quelques relations de campagne, & notamment dans celle de 1655, que cette compagnie y prit ſon poſte à la tête du régiment des gardes ſuiſſes; & que ſa majeſté, la même année, en fit faire un détachement commandé par un enſeigne, pour reſter dans la ville de la Fere qui étoit menacée d'un ſiège.

On ſait de plus qu'en pluſieurs ſièges Louis XIV voulant viſiter la tranchée, en faiſoit garder la tête par un détachement de la compagnie des cent ſuiſſes (1).

Ajoutez à cela le genre de commiſſion des officiers, leurs grades & décorations militaires, l'uniforme que porte la compagnie, la compoſition, l'eſpèce d'armes dont elle ſe ſert en campagne, le ſervice qu'elle y fait, le traitement qu'elle a dans les routes lorſqu'elle eſt commandée pour aller à l'armée, les diverſes expreſſions des ordonnances & réglemens qui la concernent : & vous ne pourrez vous empêcher de conclure que les cent ſuiſſes ſont militaires, & qu'ils ont dû, depuis leur inſtitution, toujours être regardés comme tels (2).

C'eſt à la faveur de ſon titre de militaire que la compagnie, malgré les diverſes variations qu'elle a eſſuyées dans ſes privilèges, a conſervé cette ancienne prérogative d'être comptée au nombre des troupes de la garde intérieure du louvre (3).

Le capitaine de cette compagnie eſt toujours un ſeigneur François.

On donnoit au capitaine, lors de l'inſtitution de la compagnie, le titre de *capitaine-ſurintendant* dans ſes proviſions. Aujourd'hui on lui donne celui de *capitaine-colonel* : non que la dénomination ſoit nouvelle, car elle avoit déjà lieu ſous le règne de Henri IV. Cet officier étoit même alors communément & ſimplement appelé *colonel.* Il n'eſt ſubordonné à perſonne, & il ne reçoit d'ordre que de ſa majeſté (4).

mois, auſſi par ſa quittance ſeulement, ſans ce qu'il ſoit beſoin audit de Ponchier rapporter ſur ſes comptes aucun rôle de montre ni revue deſdits cent hommes, que pour les gages & état dudit capitaine dorénavant par chacun an, pour icelle commiſſion avoir, tenir, & dorénavant exercer par ledit Mᵉ Louis Ponchier, aux gages de mil livres tournois par an, auquel nous l'avons ordonné & ordonnons par ceſdites préſentes dorénavant par chacun an, & aux autres droits, profits & émolumens qui y appartiennent, à commencer ledit premier jour de juin prochain venant, & ce outre & par-deſſus les autres dons, taxations, gages, penſions, & autres bienfaits qu'il a eus & pourra avoir de nous ci-après. Si voulons & vous mandons, &c.

(1) Hiſtoire militaire des ſuiſſes, par M. le baron de Zur-Lauben, tom. 3, pag. 369, &c.

(1) Hiſtoire de la milice Françoiſe, par le P. Daniel, tom. 2, pag, 308 & 309; école de Mars, tom. 1, pag. 462 & 463.

(2) Ordonnance du 2 juillet 1776, concernant la compagnie des cent ſuiſſes.

(3) Hiſtoire militaire des ſuiſſes, tom. 2, pag. 373.

(4) Hiſtoire de la milice Françoiſe, & l'école de Mars.

Nous n'avons encore vu dans la compagnie que ſept officiers ; ſçavoir, un capitaine, un lieutenant, un enſeigne, un *ſtatthalter*, deux fourriers, & un porte-enſeigne.

Or, à l'exception du capitaine qui étoit François, les autres officiers n'entendoient point notre langue, tout ainſi que les cent ſuiſſes ne ſavoient que l'Allemand.

Cette conſidération détermina, en 1570, le capitaine Charles Robert de la Mark, comte de Maulevrier, à commettre le ſieur Deſtivaux, ſon écuyer, François de nation, mais verſé dans l'Allemand, pour faire entendre aux ſuiſſes les ordres du Roi dans cette langue. Deſtivaux d'abord ne fut qu'un ſimple interprête, ſans fonctions, ſans commandement, & ſans aucun émolument de la compagnie. Mais le *ſtatthalter* ou vice-lieutenant étant venu à mourir, le comte de Maulevrier, ſans conſidérer que la charge de vice-lieutenant devoit être remplie par un officier ſuiſſe, expédia des proviſions & cet emploi à ſon écuyer.

Cette charge ſuiſſe paſſa ainſi d'une nation à une autre, par la ſeule volonté du capitaine, ſans qu'aucun édit de Henri III, qui régnoit alors, autoriſât cette innovation (2).

Lorſqu'un lieutenant François eut été ainſi introduit dans la compagnie des cent ſuiſſes, il ſurvint une diſpute entre les deux lieutenans au ſujet de la préſéance. Le lieutenant François allégua en ſa faveur cette règle générale, que les François ont par-tout dans nos armées la droite ſur les Suiſſes. Le lieutenant Suiſſe ſoutint qu'il devoit avoir le pas, vû que ſa charge étoit auſſi ancienne que la compagnie même, & que la charge Françoiſe, au contraire, étoit de création moderne ; il ajouta qu'il avoit toujours commandé la compagnie en l'abſence du capitaine.

La prétention du lieutenant François fut alors admiſe : mais quand Henri IV monta ſur le trône, il voulut que le lieutenant Suiſſe eût le pas. Une requête des cantons, de 1604, articule que la volonté de ce prince fut miſe à exécution lors de ſon entrée à Lyon, à cette époque. Au reſte, la préſéance de l'officier Suiſſe ne fut pas de longue durée. Louis XIV, en 1653, ordonna qu'en l'abſence du capitaine, le lieutenant François commanderoit la compagnie, & donneroit tous les ordres relatifs au ſervice (1).

On introduiſit, en 1626, dans la compagnie, un ſecond interprête, ſous le nom d'exempt François, pour faire entendre aux Suiſſes, en l'abſence du premier intepréte, ou lieutenant François, les commandemens du Roi.

C'eſt une règle que l'officier qui remplit cette charge donne, en touchant ſes gages, quittance en qualité d'interprête.

En 1634, on ſupprima la charge de porte-enſeigne, ſans ſupprimer, toutefois, le drapeau qui ſubſiſte toujours.

Le 27 juin 1637, on établit deux nouveaux exempts, l'un François & l'autre Suiſſe : en avril 1648, il y eut une augmentation d'exempts ; ſavoir, de deux Suiſſes & de deux François. Cela fit en tout huit exempts, moitié François, & moitié Suiſſes. Dans ce nombre fut compris le *ſtatthalter*, qui ne s'eſt plus appelé dans la ſuite que du nom d'exempt.

Il n'y eut qu'un enſeigne dans la compagnie juſqu'en 1658 ; la charge avoit toujours été remplie par un officier Suiſſe (2).

(1) Entretiens & examen ſur la création de la compagnie des cent ſuiſſes, par François de Beſſon, pag. 14. Archives de la compagnie.

(1) Réglement de 1663, concernant les cent ſuiſſes ; hiſtoire de la milice Françoiſe, tom. 2, pag. 313.

(2) Beſſon, pag. 12, 15, 16, &c. Archives de la compagnie.

François de Besson, du canton de Fribourg, (le même dont nous avons cité l'ouvrage) exerçoit alors cet emploi. comme il ne pouvoit pas continuellement servir, & que par des évènemens inévitables il se trouvoit souvent détourné de son devoir, il obtint du Roi la faculté de diviser sa charge en deux : c'est ce que prouve le brevet de permission donné à ce sujet le 15 janvier de cette même année 1658. Ce brevet fut en même temps un édit de création pour l'établissement d'un enseigne François : sa majesté considéra qu'en divisant la charge d'enseigne en deux, ceux qui en seroient pourvus, se pourroient soulager l'un l'autre, & que par ce moyen elle seroit mieux servie (1).

Louis XV créa, en septembre 1726, une charge d'exempt ordinaire, pour faire les fonctions d'aide-major dans la compagnie. Cette charge est remplie par un officier Suisse ; & pour la former, on supprima l'emploi de clerc du guet.

(1) *Ce brevet est ainsi conçu :*

Aujourd'hui 15 janvier 1658, le Roi étant à Paris, considérant qu'un enseigne seul dans la compagnie des cent suisses de sa garde du corps ne peut continuellement servir, & que par des accidens qu'on ne peut éviter, il est souvent détourné de son devoir. Sa majesté a cru qu'en divisant cette charge en deux, ceux qui en seroient pourvu se pourroient soulager l'un & l'autre, & que par ce moyen elle seroit mieux servie ; c'est pourquoi elle a permis & permet à François Besson, qui est à présent en possession de cette charge d'enseigne, d'en disposer de la moitié en faveur de qui bon lui semblera, pourvu que ce soit un François, & qu'il ait les qualités requises pour l'exercer : veut & entend que désormais il y ait deux enseignes en cette compagnie, l'un suisse & l'autre françois, qu'ils servent six mois de l'année chacun, & que les gages & droits dont jouissoit l'enseigne seul, soient partagés entre eux pour la moitié, excepté les privilèges, franchises & immunités y appartenans, dont elle veut & entend que l'un & l'autre jouissent en particulier, comme en ont toujours joui ceux qui ont tenu ladite charge entière. Mandons, &c.

Par édit du premier avril 1778, Louis XVI créa une charge d'aide-major François des cent suisses, avec le titre de lieutenant. Il donna pareillement ce titre à l'aide-major Suisse.

Ce qui avoit été réglé pour la préséance du lieutenant François sur le lieutenant Suisse, a lieu pour les autres officiers. Les François précèdent les Suisses en dignité égale (1).

La compagnie des cent suisses de la garde du Roi est maintenant composée d'un capitaine-colonel, d'un lieutenant surnuméraire avec service, de deux lieutenans, de deux aides-major, de deux enseignes, de huit exempts, de quatre fouriers, de six caporaux, de quatre-vingt-dix soldats, de trois tambours & d'un fifre (2).

A l'exception du capitaine & du lieutenant surnuméraire qui sont François, les autres officiers sont moitié François & moitié Suisses. Tous les soldats sont Suisses, de même que les tambours & le fifre.

La compagnie est divisée en six escouades de quinze hommes chacune, sans compter les officiers.

Elle a un aumônier, un médecin, un chirurgien, & un apothicaire.

Elle a de plus à sa suite douze vétérans qui sont dispensés de service (1).

La compagnie des cent suisses de la garde du Roi, a trois sortes d'habillemens : l'habit uniforme, l'habit de cérémonie, & l'habit de campagne.

L'habit uniforme est bleu, paremens, collet, veste & bas rouges, avec un bordé d'or, boutonnières d'or jusqu'à la poche, un grand galon ajouté au bordé

(1) Réglement de 1663.

(2) Etat militaire de 1786.

(3) Histoire militaire des suisses, tom. 3, pag. 348.

ſur la manche, ceinturon, & chapeau galonné d'or.

L'habit de cérémonie eſt un pourpoint de la livrée du Roi entaillé de taffetas rouge & bleu par oppoſition, la fraiſe & la toque. Cet habit eſt celui que portoient les anciens ſuiſſes.

L'habit de campagne eſt bleu, paremens, veſte & collet rouges, bordé d'or ſur l'habit & la veſte, bonnet de peau d'ours, giberne galonnée d'or.

Le capitaine, les lieutenans, les enſeignes & les fouriers n'ont point d'uniforme. Cependant, au ſacre du Roi, à ſon mariage & à quelques autres cérémonies, le capitaine, les lieutenans & l'enſeigne de ſervice ſont vêtus de ſatin blanc, ayant de la toile ou drap d'argent dans les entaillures de l'habit. Les fouriers ſont vêtus de moire blanche, & portent un manteau de la même étoffe (1).

C'eſt le Roi qui habille les cent ſuiſſes. Tous les ans il leur donne un habit qui eſt fourni par les marchands chargés des livrées de ſa majeſté. Il en donne un pareillement tous les ans aux officiers; mais ils en reçoivent le montant en argent.

Les ſuiſſes qui ſervent auprès de la reine, portent toujours les couleurs ou livrées du Roi, ſi ce n'eſt que quand la reine eſt veuve & régente, ils prennent l'habit noir.

Lorſque le Roi prend le deuil, les officiers & les ſuiſſes ſont auſſi vêtus de noir; les armes de la compagnie des cent gardes ſuiſſes ordinaires du Roi, ſont une hallebarde, faite en forme de pertuiſanne, ſur laquelle eſt en relief la deviſe du Roi; & une épée droite & longue, avec une garde de cuivre doré. Mais à l'armée les cent ſuiſſes portent des fuſils au lieu de hallebardes. Il n'y a que ceux qui ſont de guet auprès du Roi, lorſque ſa majeſté eſt à l'armée, qui gardent leurs hallebardes.

Les officiers des cent ſuiſſes, à l'exception des fourriers & des caporaux, ont, ainſi que ceux des gardes du corps, un bâton de commandement. Les fourriers & les caporaux portent la pertuiſanne comme les ſoldats.

La compagnie a un drapeau dont le fond eſt de quatre quarrés bleus. Le premier & le quatrième quarré renferment une *L* couronnée d'or: le ſceptre & la main de juſtice y ſont paſſés en ſautoir & noués d'un ruban rouge. Le ſecond & le troiſième quarré renferment une mer d'argent ombragée de vert, flottant contre un rocher d'or, qui eſt battu de quatre vents. Il y a dans le drapeau une croix blanche qui ſépare en quatre parties égales, les quatre quarrés, avec cette inſcription: *Ea eſt fiducia gentis.*

On a voulu exprimer par-là, que les plus grands dangers ne ſont pas capables d'ébranler le courage, ni la fidélité de la nation, qu'on doit comparer au rocher qui réſiſte à la fureur du vent & des flots.

Ce drapeau eſt le même qu'il étoit ſous le règne de Henri II, comme on le voit dans la ſalle des ſuiſſes à Fontainebleau.

Louis XIV le renouvela, mais ſans y rien changer.

La compagnie a toujours ſon drapeau dépoſé chez le capitaine-colonel (2).

Nous avons dit plus haut que la compagnie étoit diviſée en ſix eſcouades. Nous dirons maintenant qu'il y en a toujours deux de ſervice.

(1) État militaire de 1774, pag. 152; Beſſon, pag. 17.

Si l'on veut plus de détail ſur ces trois ſortes d'habillemens, on n'a qu'à conſulter Daniel, milice Françoiſe, tom. 2, pag. 309; Guignard, école de Mars, tom. 1, pag. 464; Trabouillet & Boulainvilliers, état de la France, art. *Cent Suiſſes.*

(1) Guignard, tom. 1, pag. 465; Daniel, tom. 2, pag. 309 & 310.

(2) Hiſtoire militaire des cent ſuiſſes, par M. le baron de Zur-Lauben, tom. 3, pag. 382 & 383; Guignard & Daniel, *loc. cit.*

Le service est de huit jours. Il commence le dimanche à midi, & finit le dimanche suivant à la même heure.

Au bout de trois semaines toutes les escouades ont été de service.

Des deux escouades qui servent, il y en a toujours une de guet, & tous les suisses de cette escouade, sont ce qu'on appelle de *paillasse*, c'est-à-dire que la nuit ils couchent dans la salle des gardes du corps, entremêlés avec eux, ou dans leur corps de garde, s'ils en ont un de particulier.

Les suisses de l'autre escouade qui ne sont pas de guet, sortent en ordre, un peu avant la nuit, du palais du Roi, & vont coucher à leur quartier. Le lendemain matin, ils se rendent à la porte du capitaine, ou dans un autre lieu qui leur est marqué, d'où ils partent en ordre pour revenir auprès de sa majesté.

A leur arrivée, les suisses de guet se rangent en haie sous les armes dans la salle pour les recevoir.

Dans les deux cas, soit que les suisses quittent le louvre ou y reviennent, les officiers de l'escouade sont toujours à leur tête (1).

Tous les soirs, avant que le Roi se couche, le capitaine prend l'ordre de sa majesté, & le donne en sortant à l'exempt qui est de jour, pour commander la garde des cent suisses.

Quand le Roi marche à pied, le capitaine des cent suisses est immédiatement devant la personne de sa majesté, comme le capitaine des gardes du corps de quartier va immédiatement après elle. Si le capitaine des gardes monte dans le carosse du Roi, le capitaine des cent suisses y monte aussi, & lorsque dans les cérémonies, il y a un banc pour les capitaines des gardes du corps, le capitaine des cent suisses a sa place sur ce banc.

(1) Ordonnance de 1586, concernant le service de la compagnie, & réglement de 1656 pour le même sujet.

Le capitaine des cent suisses ne peut pas, tant qu'il est de service, s'absenter sans le congé de sa majesté. La même défense a lieu pour l'officier qui le remplace. *

Il y a soir & matin un officier de service dans l'antichambre de sa majesté, afin de recevoir ses ordres, & d'en faire part ensuite à la compagnie.

Il y en a un pareillement dans la salle où sont de garde les cent suisses, afin d'y faire régner l'ordre & la police convenables.

Tous les jours, quand le Roi sort en carosse, ou en chaise à porteurs, ou à cheval, ou qu'il rentre dans la cour de son palais, les suisses entrelassés avec les gardes du corps, se rangent en haie autour du carosse, ou de la chaise à porteurs, ou du cheval de sa majesté, & écartent la populace, s'il s'en trouve.

En certaines occasions les gardes du corps allant à pied vis-à-vis des portières du carosse du Roi, la compagnie des cent suisses marche en deux files tambours battans, à commencer depuis les petites roues du carosse. Les officiers sont à la tête, & le capitaine marche à cheval entre les deux files proche du carosse.

Tous les jours, quand le Roi va à la messe, les cent suisses qui sont de guet, se rangent en haie, depuis les portes du chœur jusqu'au dehors de la chapelle. Les tambours battent & le fifre joue aussi-tôt que le Roi vient, jusqu'à ce qu'il soit à genoux devant son prie-dieu.

Les suisses s'avancent alors, les officiers à leur tête, jusqu'à la cloture du chœur, & s'il n'y a pas de chœur, jusqu'au pied de l'autel.

Ils font la même chose, quand sa majesté va faire ses dévotions, ou assister au sermon.

Lorqu'un ambassadeur vient à la première audience du Roi, ou à son audience de congé, les cent suisses avertis par l'introducteur des ambassadeurs, se rangent en haie des deux côtés du grand escalier, jusqu'à la porte de la grande salle des gardes du corps : les officiers sont alors à la tête de la compagnie ou à la queue, ou en serre file, selon l'ordre qu'ils en ont reçu.

Quand le Roi fait son entrée dans une ville, les cent suisses marchent devant lui, trois à trois, & ne laissent personne entre eux, que les chevaliers de l'ordre, le premier écuyer, & les huissiers de la chambre. Les tambours battent alors & le fifre joue.

Lorsqu'il y a une procession royale, la compagnie des cent suisses marche à la tête de la croix & de la musique, jusqu'au chœur ou au milieu de l'église.

Le jeudi saint, les douze suisses de guet se tiennent le plus près du Roi qu'il leur est possible, pendant la cérémonie de la cène & le lavement des pieds.

Il en est de même, lorsque sa majesté va toucher les malades, c'est-à-dire, ceux qui ont les écrouelles. Mais alors le fifre joue & les tambours battent jusqu'à la fin de la visite.

Lorsque sa majesté va au bal, les cent suisses gardent la porte de la salle.

La Reine a toujours quelques suisses de service auprès d'elle.

M. le chancelier en a un pour la garde des sceaux. Et ce suisse est exempt de guet & des autres fonctions de la compagnie.

Tel est le service ordinaire des cent suisses de la garde. Voici maintenant celui qu'ils font en différentes circonstances.

On fait en plusieurs occasions, & pour différentes cérémonies, un détachement des cent suisses.

Il y en a un pour assister tous les ans, le 22 mars à la procession que fait le chapitre de Notre-Dame aux grands augustins en mémoire de la réduction de Paris, sous la puissance de Henri le Grand, qui eut lieu à pareil jour en 1594. Le détachement est ordinairement de trente suisses. Chacun d'eux reçoit trois livres de rétribution. Le fourier en reçoit sept, & l'exempt huit.

Il y a un même nombre de cent suisses & d'officiers, avec rétribution, à la procession que l'eglise de Paris fait dans la ville le soir de la fête de l'Assomption, depuis que Louis XIII a mis le royaume de France sous la protection de la vierge.

Quand on doit chanter un *te deum* à l'église de Notre-Dame, quoique le Roi n'y aille point, on envoye un détachement de trente ou quarante suisses, sous les ordres d'un exempt & d'un fourier.

On commande de même un détachement pour les obsèques & les pompes funèbres des Rois, des Reines, des enfans de France, & des fils & filles des enfans de France, soit qu'on porte à Saint-Denis le corps de la personne défunte, soit qu'on porte son cœur à une église particulière de Paris, comme celui des Rois à l'ancienne église des jésuites de la rue Saint-Antoine, & celui des reines à l'église de l'abbaye du val-de-grace, &c.

Mais le détachement est alors plus considérable que dans toute autre circonstance, & il y a pour commander, outre l'exempt & le fourrier, un enseigne & un lieutenant. La rétribution que reçoivent alors les cent suisses & leurs officiers est aussi plus forte, mais la somme n'est pas fixe.

Quand le Roi envoye jetter en son nom, de l'eau bénite sur le corps d'un prince du sang, l'envoyé qui est toujours un autre prince du sang représentant la personne de sa majesté, est accompagné de plusieurs officiers de la maison du Roi, & d'un certain nombre de suisses. Le détachement reçoit à cette cérémonie les rétributions ordinaires.

Tous les ans, pour l'anniversaire du feu Roi à Saint-Denis, il y a un détachement de la compagnie des cent suisses commandé par un enseigne. Ce détachement reçoit pour rétribution quarante-deux livres des mains du trésorier des offrandes.

Quand le Roi fait rendre les pains bénits

à quelques paroisses ou confréries, le trésorier des offrandes donne également quarante-deux livres, tant pour l'exempt & le fourier que pour les suisses du détachement.

Il en est de même lorsqu'on porte à Notre-Dame, les drapeaux & étendards pris sur les ennemis.

A la plupart de ces cérémonies, on met une barrière devant la grande porte de l'église & une autre devant la grande porte du chœur, & elles appartiennent toutes deux à ceux des cent suisses qui composent le détachement.

Observez que si le détachement de la compagnie n'est au plus que de douze suisses, on n'envoie qu'un fourier pour les commander; que s'il passe le nombre de douze, on envoie un exempt; que si le détachement est de vingt-quatre suisses, ou au-delà, c'est un enseigne qui le commande; & que si le nombre passe trente-six, le commandement est donné à un lieutenant (1).

*Nomination aux emplois vacans.*

C'est le Roi qui dispose de la charge de capitaine de la compagnie des cent gardes suisses.

Cette charge est, & a été de tout temps, très-considérable à la cour. Les plus grands seigneurs l'ont possédée; & le capitaine est censé un cinquième capitaine des gardes (2). C'est M. le duc de Brissac qui l'est actuellement (3).

Le capitaine-colonel jouit, ainsi que les capitaines des gardes du corps, du privilège de prêter serment de fidélité entre les mains du Roi, l'épée au côté.

C'est le Roi qui dispose pareillement des deux charges de lieutenans. Leurs provisions, ainsi que celles du capitaine, sont scellées à la grande chancellerie: mais ils prêtent serment de fidélité entre les mains du capitaine-colonel.

A l'égard des charges d'enseignes, d'exempts, de fourriers, de caporaux, & des places de suisses, elles ont toujours été à la disposition du capitaine, lorsqu'elles ont vaqué par mort. Mais les titulaires ont la faculté d'en disposer de leur vivant, soit par démission pure & simple, soit autrement; & le capitaine est tenu de souscrire à ces divers arrangemens.

Les enseignes, les exempts, les fourriers & les caporaux prêtent serment entre les mains du capitaine, & leurs provisions sont scellées du sceau de ses armes (1).

---

(1) Voyez le réglement de 1658, & l'état de la France de Trabouillet, tom. 2, art. *Cent Suisses.*

(2) Histoire de la milice Françoise, par le P. Daniel, tom. 2, pag. 310.

(3) Ceux qui avant lui ont été capitaines des cent suisses, sont d'abord Louis de Menton, seigneur de Lornay, en 1496.

2°. Guillaume de la Mark, en 1514.

3°. Robert de la Mark, en 1530.

4°. Henri de la Mark, dit le maréchal de Fleuranges, en 1536.

5°. Henri-Robert de la Mark, en 1540.

6°. Charles-Robert de la Mark, comte de Maulevrier, puis de Braine, en 1550.

7°. Henri-Robert, duc de Bouillon, en 1598.

8°. Jean de Souillac, seigneur de Montmège, en 1653.

9°. François-René du Bec-Crépin, marquis de Vasdes, en 1655.

10°. Jean-Baptiste de Cassagnet, marquis de Tilladet, en 1678.

11°. Michel-François le Tellier de Louvois, marquis de Courtanvaux, en 1692.

12°. Louis-César le Tellier, marquis de Courtanvaux, en 1722.

13°. François-César le Tellier, marquis de Montmirail, en 1734.

14°. N...... marquis de Courtanvaux, en 1754.

Voyez l'histoire des suisses de M. le baron de Zur-Lauben, tom. 3, pag. 253, &c. & la collection des états militaires.

(1) Réglement général pour la compagnie des cent suisses de la garde du Roi, du 21 septembre 1714, art. 2, 3, 5.

Après le serment, le capitaine installe le nouvel officier à la tête de la compagnie, en enjoignant aux cent suisses de le reconnoître, & de lui obéir en tout ce qui concerne le service.

Les cent suisses prêtent aussi serment entre les mains du capitaine ; non pas en son hôtel comme les officiers, mais au corps de garde, & en présence des officiers & de ceux des cent suisses qui s'y trouvent.

Les récipiendaires qui prêtent serment, lèvent la main d'une façon particulière ; car ils dressent les trois premiers doigts de la main droite, ainsi qu'ils le pratiquent dans leur pays, & cela en l'honneur de la trinité. Ces récipiendaires sont alors placés entre deux caporaux (1).

Aucun officier, ni soldat, ne peut entrer dans la compagnie des cent suisses de la garde du Roi, qu'après avoir justifié qu'il fait profession de la religion catholique, apostolique & romaine, & avoir produit un certificat de vie & de mœurs. Le capitaine est tenu de tirer les suisses de chacun des treize cantons du corps Helvétique (2).

Les places de cent suisses, ainsi que les charges d'officiers s'achètent. On a soin de ne prendre pour remplir les premières, que des gens éprouvés dans le service, & dont la fidélité est très-connue. On exige de plus, de la naissance dans ceux qui aspirent aux charges, surtout à celles d'exempt, d'enseigne, &c.

Comme ceux qui se présentent pour être cent suisses, ne sont pas toujours en état d'acheter leurs places, il est bon d'observer que le réglement du 5 mars 1712, & le réglement général du 21 septembre 1714, ont confirmé le capitaine-colonel de la compagnie, dans le droit d'y admettre, pour remplir les emplois vacans, tout serviteur dont il connoit la bonne conduite zélée, & de le faire servir pendant le nombre d'années qu'il juge convenables, en retenant pour son indemnité quatre sous par jour sur les dix-huit de sa solde, mais cette retenue ne peut avoir lieu au-delà de l'espace de quatorze ans au plus, au bout duquel temps, le soldat perçoit sa paye entière, & acquiert sa place : cela est fondé sur ce que le produit des quatre sous par jour durant l'espace de quatorze années, équivaut au prix ordinaire des emplois des cent suisses.

Les mêmes réglemens ont aussi pour le bien de la subordination, donné pouvoir au capitaine de congédier ceux d'entre les cent suisses qui causent dans la compagnie des dissensions & des cabales, pourvu toutefois qu'il leur rembourse alors ce qu'ils ont payé du prix de leurs charges.

A l'égard de l'avancement que trouvent dans la compagnie & les officiers & les suisses, voici ce qu'en ont décidé les diverses ordonnances rendues en faveur du corps.

Les soldats peuvent monter aux places de caporaux, les caporaux à celles de fouriers, les fouriers aux charges d'exempts, les exempts à celles d'enseignes, les enseignes à celle de lieutenans. Mais pour être susceptibles de ces divers postes, il faut qu'ils ayent les uns les autres les qualités requises pour les remplir. Et ces qualités requises sont, par exemple, pour les charges d'exempt & d'enseignes, soit François, soit Suisses, d'avoir servi en qualité d'officiers, dans les troupes de l'une ou de l'autre nation : c'est au surplus ce qu'on fera connoître ci-après, d'une manière plus particulière.

Il est défendu au capitaine de recevoir aucun François dans les charges destinées à être occupées par des suisses, & d'admettre aucun Suisse dans celles qui sont destinées à être occupées par des François.

(1) L'école de Mars, tom. 1, pag. 465 ; & l'état de la France de Trabouillet, tom. 2, pag. 61-62.

(2) Ordonnance de 1585, & réglement de 1656, concernant la compagnie des cent suisses.

En cas de mort d'un officier, ou d'abſence pour ſes affaires particulières, l'intention du Roi eſt que celui qui eſt choiſi par le capitaine pour remplir les fonctions de la place pendant la vacance ou l'abſence, jouiſſe de tous les gages & droits attribués à la charge qu'il deſſert, à proportion du temps de ſervice qu'il aura fait, & cela ſans qu'il puiſſe lui en être rien retranché ſous quelque prétexte que ce ſoit (1).

*Etat, privilèges, franchiſes & exemptions de la compagnie.*

Nos Rois ne pouvoient pas donner à la nation Suiſſe une plus grande marque d'eſtime, que l'honneur qu'ils lui ont fait de lui confier le plus précieux dépôt de l'état, qui eſt leur perſonne ſacrée. Les cantons, jaloux de cette prérogative, s'en ſont conſtamment rendus dignes, en compoſant la compagnie des cent ſuiſſes de tout ce qu'ils ont eu de bons ſerviteurs.

Charles VIII, confirma à cette compagnie les privilèges que lui avoit accordés le Roi ſon père, & il les étendit. Il ſe montra par-là reconnoiſſant envers des alliés qui lui étoient reſtés fidèles, dans les conjonctures même les plus critiques.

Louis XIV donna auſſi à la compagnie des marques d'attachement. Il voulut qu'elle marchât immédiatement après les quatre compagnies des gardes du corps, & qu'elle eût le pas ſur le régiment des gardes ſuiſſes.

Le capitaine des cent ſuiſſes a l'avantage de n'être ſubordonné à perſonne autre que le Roi, & de ne recevoir en toute occaſion d'ordre que de ſa majeſté, directement (2).

Il a rang de colonel d'infanterie, du jour qu'il eſt pourvu de ſa charge, au cas qu'il n'ait pas encore ce grade; & la commiſſion lui en eſt expédiée de ce jour, pourvu qu'il ait alors huit ans au moins de ſervice, dont trois comme officier ſubalterne, & cinq comme capitaine (1).

Il a ſix places ordinaires de logement dans les quartiers qui ſont affectés au logement de la compagnie (2), & il lui eſt libre de les occuper ou d'en diſpoſer.

Pour marque de ſa dignité, le capitaine porte deux bâtons noirs paſſés en ſautoir derrière l'écu de ſes armes, dont le pommeau & le bout d'en bas ſont d'ivoire, & à côté de l'écu, ils porte deux toques.

Il eſt le ſeul officier de la compagnie qui ait le droit d'avoir toujours à ſa porte une ſentinelle tirée de la garde des cent ſuiſſes.

Les lieutenans ont de même que le capitaine, rang de colonel d'infanterie, & les commiſſions leur en ſont expédiées du jour qu'ils ſont pourvus de leurs charges; mais il faut qu'ils ayent alors au moins dix ans de ſervice, en qualité d'officiers dans les troupes, dont ſept en qua-

(1) Réglement général du 21 ſeptembre 1714.

(2) Hiſtoire militaire des ſuiſſes, tom. 3, pag. 389; école de Mars, tom. 1, pag. 464.

(1) Ordonnance du Roi, du 2 juillet 1776, concernant la compagnie des cent ſuiſſes de la garde de ſa majeſté.

(2) Réglement général du 21 ſeptembre 1714. Les quartiers de la compagnie ſont dans les rues Montorgueil, Montmartre, ſaint Sauveur, du Bout-du-Monde, Tiquetonne, la Juſſienne, &c. Les locataires de ces maiſons ſont tenus de donner à un cent ſuiſſe une chambre garnie au moins au ſecond étage, ſur le devant, ſi cela ſe peut, afin qu'il puiſſe mieux entendre l'appel, & de lui fournir les uſtenſiles néceſſaires. Quant aux officiers, outre le nombre de chambres que les locataires ſont obligés de leur donner, proportionnément au nombre de places qui leur reviennent, ils doivent leur fournir une écurie & un grenier, s'ils en ont beſoin, ſans compter les uſtenſiles néceſſaires qu'ils ſont auſſi tenus de leur donner.

Voyez l'état de la France de Trabouillet, tom. 2, art. *Cent Suiſſes.*

(3) Hiſtoire des ſuiſſes.

lité de capitaine, ou en qualité d'officier dans la compagnie (1).

Les lieutenans ont quatre places de logemens, avec la même liberté que le capitaine de les occuper, ou d'en disposer à leur gré (2).

Le lieutenant suisse est en possession, de temps immémorial, d'être au criminel juge supérieur de la compagnie. Il ne peut cependant assembler le conseil, ni commencer aucune procédure contre les accusés, ou délinquans, qu'après en avoir averti le capitaine, lequel informe le Roi de l'état de l'affaire, reçoit ses ordres, & en fait part ensuite au lieutenant suisse. S'il ne se trouve pas assez d'officiers Suisses pour composer le conseil, on en prend dans le régiment des gardes suisses, le nombre des juges devant être de sept. Le conseil tenu, le lieutenant suisse doit rendre compte au capitaine de tout ce qui s'est passé dans l'instruction du procès, & il ne peut mettre aucune sentence à exécution, que de l'agrément de sa majesté, qui fait grace, si elle le juge à propos.

Quant aux affaires civiles qui surviennent entre les suisses de la compagnie, leurs veuves & leurs enfans, le lieutenant suisse, après en avoir informé le capitaine, en connoît pareillement, & il procède aux inventaires & au partage des biens délaissés par le défunt. Mais observez que s'il se trouve des dettes créées en faveur des sujets du Roi, la dicussion en est alors poursuivie pardevant les juges des lieux du domicile du décédé, sans que le lieutenant suisse qui, en ce cas, est juge incompétent, ait le pouvoir d'en connoître.

En cas d'absence du capitaine, pour ne point retarder l'instruction des affaires, l'officier qui commande la compagnie reçoit les ordres du Roi sur le fait de la justice, & il les communique au lieutenant Suisse. Et lorsque le lieutenant Suisse se trouve lui-même commandant de la compagnie, il reçoit directement les ordres de sa majesté, & les met à exécution (1).

Durant la minorité du capitaine, on prétend que le lieutenant François qui commande la compagnie, nomme aux emplois vacans, reçoit le serment des récipiendaires, & prend l'ordre immédiatement du Roi. On cite l'exemple de M. de Bogue, lieutenant François, qui eut cet honneur en 1721, par une commission du 22 mai. Mais, outre qu'il n'en jouit que jusqu'au 26 avril de l'année suivante, que M. le marquis de Courtanvaux prêta serment pour exercer durant la minorité de son neveu, un ancien officier des cent suisses nous a assuré que cet exemple ne devoit point tirer à conséquence, & que M. de Bogue dut plutôt le commandement de la compagnie à la faveur du régent, qu'à un droit annexé à sa place (2).

Les aides-major qui, par leurs charges, ont le titre de lieutenant dans la compagnie, ont, du jour qu'ils en sont pourvus, le rang qui y est attribué. Mais ils ne doivent obtenir leurs charges qu'après dix ans de service comme officiers dans les troupes, dont sept en qualité de capitaine, ou d'officier dans la compagnie (3).

Les aides-major ont aussi, comme les lieutenans, quatre places de logemens, avec pouvoir comme eux de les occuper,

(1) Ordonnance du 2 juillet 1776, *ibid.*

(2) Réglement général du 21 septembre 1714.

(1) *Ibid.*

Le capitaine n'assiste pas au conseil de guerre, n'étant proprement que pour veiller à la garde du Roi, & pour rendre compte à sa majesté de ce qui se passe dans la compagnie.

Les officiers François n'y assistent pas non plus; mais c'est parce qu'ils n'en ont pas le droit.

(2) Etat de la France de Trabouillet, tom. 3, pag. 65.

(3) Edit du premier avril 1778, concernant la création d'un aide-major François; ordonnance du 2 juillet 1776.

ou d'en retirer la rétribution en argent (1) : & après quatre années de service dans leurs charges, à compter de la date de leurs commissions de lieutenant-colonel, ils ont rang de colonel (2).

Les enseignes des cent suisses ont rang de lieutenant-colonel du jour qu'ils sont pourvus de leurs charges, & les commissions leur en sont expédiées, s'ils ont alors au moins huit ans de service, comme officiers dans la compagnie, ou dans les troupes aussi comme officiers, dont cinq en qualité de capitaine.

Les enseignes ont chacun deux places de logement dans les quartiers affectés au logement de la compagnie. Et il leur est libre pareillement de les occuper ou d'en retirer la rétribution en argent (3).

Les exempts ont le rang de capitaine, s'ils ont auparavant servi trois ans comme officiers dans les troupes ou dans la compagnie ; & après sept ans de service dans leurs charges, ou trois dans leurs charges, & sept dans les troupes, dont quatre en qualité de capitaine, ils ont le rang de lieutenant-colonel, dont la commission leur est expédiée quand ils ont rempli ces conditions : l'intention du Roi est que leur avancement soit borné à ce grade, à moins qu'ils ne passent à des charges d'enseigne ou de lieutenant dans la compagnie.

Les fourriers ont le rang de lieutenant d'infanterie, s'ils ont auparavant servi trois ans dans les troupes, ou six dans la compagnie ; & quand ils ont servi douze ans dans leurs charges, ils ont le rang de capitaine d'infanterie, dont la commission leur est alors expédiée, sans qu'ils puissent, dans l'état de fourrier, prétendre à d'autres grades militaires.

Les trois premiers caporaux qui ont servi pendant vingt-quatre ans au moins dans la compagnie, ont le rang de lieutenant d'infanterie, & les trois autres ont celui de sous-lieutenant après vingt ans de service aussi dans la compagnie.

On n'expédie point aux fourriers & aux caporaux les brevets de lieutenant & de sous-lieutenant, parce qu'ils en ont le rang, eu égard à l'ancienneté de leurs services (1).

Les exempts, les fourriers & les caporaux ont chacun deux places de logemens dans les quartiers de la compagnie, & il leur est libre, comme aux autres officiers, de les occuper ou d'en disposer (2).

Par privilège accordé à tous les sujets des treize cantons, les officiers des cent suisses, & les cent suisses eux-mêmes jouissent, ainsi que les François, du droit de pouvoir acquérir, hériter, disposer de leurs biens par ventes, testamens, donations entre-vifs ; & leurs femmes, enfans & parens ont la faculté d'en hériter (3).

Les officiers & les cent suisses, ayant de tout temps été réputés domestiques & commensaux de la maison du Roi, en considération de l'honneur qu'ils ont de servir à sa garde, sa majesté les a confirmés par réglement général, du 21 septembre 1714, dans tous les privilèges, exemptions, droits, prérogatives & immunités qui sont attribués à ses officiers-domestiques & commensaux. Les rôles de la compagnie sont, en conséquence, envoyés, chaque année, par le secrétaire d'état ayant le département de la guerre, au greffe de la cour des aides.

Il y a dans la compagnie treize Suisses privilégiés qui, entre autres prérogatives, ont celle de vendre & débiter, sans payer aucun droit, jusqu'à 150 muids de vin, mais non au-delà, à peine de privation

(1) Réglement général du 21 septembre 1714.

(2) Ordonnance du 2 juillet 1776.

(3) Réglement du 21 septembre 1714.

(1) Ordonnance, *ibid.*

(2) Réglement, *ibid.*

(3) Vogel, privilèges des suisses.

de leurs privilèges & de cinq cents livres d'amende : & s'ils en vendent au-delà de 150 muids, ils sont tenus de satisfaire aux droits ordinaires pour le surplus de cette quantité.

Tous les officiers & suisses de la compagnie (les treize privilégiés & le capitaine exceptés) ne peuvent faire aucun commerce de vin en gros ni en détail, à moins qu'ils ne payent les mêmes droits que les sujets du Roi sont tenus de payer.

Au reste, sa majesté a réglé qu'aucun Suisse de la compagnie ne pourroit jouir de l'un des treize privilèges qu'il ne fût Suisse de nation ; & que les treize privilégiés ne toucheroient point l'augmentation des quatre sous par jour de paye provenant des aides ; leur portion devant revenir au profit du capitaine.

Ceux d'entre les cent suisses qui ont obtenu la vétérance, touchent seize sous de paye par jour, dont douze proviennent du Roi & quatre du capitaine-colonel (1).

C'est un usage établi de tout temps que quand le Roi passe par une ville où il y a grenier à sel, les officiers de ce grenier à sel donnent, à chacun des suisses de la compagnie, un minot de sel.

On distribue à ceux d'entre les cent suisses qui se trouvent de guet pour les quatre fêtes solemnelles une certaine somme d'argent. Chacun de ceux qui sont de guet pour la chandeleur, le dimanche des rameaux, le jeudi-saint, & à la fête-dieu, reçoivent aussi des présens. A la chandeleur ce sont des cierges ; le jour des rameaux, c'est l'office complet de la semaine-sainte ; le jeudi-saint c'est une pièce de toile de deux ou trois aunes ; à la fête-dieu, ce sont des flambeaux argentés avec les armes du Roi.

Au festin que le Roi fait à la création des chevaliers de l'ordre du Saint-Esprit, les cent suisses du guet servent les viandes sur table ; & le repas fini, les restes leur appartiennent.

(1) Réglement, *ibid.*

Enfin, quand un des officiers, ou des cent suisses, vient à mourir, on l'enterre en cérémonie de guerre. L'épée (si c'est un officier) est posée sur le cercueil. Ceux qui portent le corps sont entourés du détachement qui l'accompagne. Le détachement, si cela se peut, est toujours commandé par un officier du même grade que le défunt. Si c'est un cent suisse qui soit mort, le détachement n'est commandé que par un fourrier. Tous les suisses du détachement portent leur hallebarde la pointe en bas. Les fifres jouent d'un ton lugubre, & les tambours battent de même : les caisses sont couvertes de crêpes ou de noir. La cérémonie finie, l'épée du défunt appartient au fourrier de quartier (1).

Tels sont les principaux privilèges de la compagnie des cent suisses de la garde. Aucun ne leur a été accordé en conséquence des traités d'alliance fait avec le corps Helvétique : tous émanent de la pure libéralité de nos Rois (2).

### *Faits mémorables par lesquels s'est distinguée la compagnie des cent suisses.*

La bataille de Fornove, où Charles VIII, avec neuf mille hommes seulement, triompha le 6 juin 1495, des princes d'Italie ligués contre lui, qui avoient quarante mille hommes, est la première bataille mémorable où se soient trouvés les cent suisses. On sait combien ils contribuèrent, de même que les autres troupes suisses au service de France, à l'heureux succès du combat.

Guichardin (3), en parlant de cette fameuse journée, rapporte que les François

(1) Vogel, *ibid.* Etat de la France de Trabouillet, tom. 2, pag. 65, &c.

(2) Réglement, *ibid.*

(3) L. 2, pag. 63, &c.

n'avoient pas grande confiance dans leur infanterie, parce qu'elle n'étoit pas aussi agguerrie que la bande des suisses; & que c'étoit dans celle-ci qu'ils mettoient presque tout leur espoir; vû que les troupes de cette nation, naturellement braves & intrépides, avoient considérablement augmenté leur réputation par la guerre de Bourgogne. Aussi l'historien fait-il dire au prince d'Orange, dans une harangue à Charles VIII, que l'armée des Suisses est le principal nerf de l'armée Françoise.

La compagnie des cent suisses accompagna le Roi Louis XII dans ses expéditions en Italie, pendant les années 1502 & 1507; & elle se signala sur-tout au siège de Gênes qui se fit cette dernière année (1).

Ce furent les cent suisses qui rétablirent le combat au siège de Pavie, en 1525, lorsque les Impériaux, revenus à la charge, firent plier les troupes Françoises. Il est vrai que leur valeur ne fut pas suivie d'un heureux succès : le vice-roi de Naples leur ayant opposé un corps de Lansquenets, ils furent battus, & presque toutes taillés en pièces. Cela fit que la victoire se décida alors pour les alliés, malgré les efforts extraordinaires de nos troupes.

François premier, ayant cédé au sort qui trahissoit sa valeur, & s'étant rendu au vice-roi de Naples, on raconte que les ennemis, en l'emmenant prisonnier, firent repasser ce prince sur le champ de bataille, & lui montrèrent l'endroit où étoient couchés morts, les uns près des autres, les Suisses de sa garde : sur quoi François premier, attendri de ce spectacle, répondit : « Ah ! si toutes mes » troupes avoient fait leur devoir comme » ces braves gens, loin d'être en ce mo» ment votre prisonnier, c'est vous sû» rement que la fortune eût rendu les » miens ». Paroles remarquables qui honorent infiniment & la compagnie des

(1) Histoire de Louis XII, par Jean d'Auton.

cent suisses & la nation Helvétique (1).

Henri II, en 1557, manqua d'être assassiné par un jeune homme de Meaux, nommé Caboche, que sa belle écriture faisoit employer à la suite de la cour par les secrétaires d'état. Soit qu'il eût perdu le sens, ou qu'un autre motif l'animât, Caboche un jour se précipite sur Henri II l'épée à la main, en lui criant : « Arrête » Roi, dieu m'a commandé de te tuer ». Mais le monarque heureusement évita le coup fatal par la promptitude avec laquelle les cent suisses arrêtèrent le meurtrier. Caboche fut mis entre les mains de la justice, & condamné à être pendu par arrêt du parlement de Paris (2).

Pendant les troubles qui agitèrent la France sous François II, & qui forcèrent ce prince, en 1560, d'aller chercher à Ambroise un asyle contre ses ennemis, il reçut de la part des cent suisses les plus grandes marques de fidélité & de dévouement. Le zèle avec lequel ils veillèrent à sa conservation, ainsi que les gardes du corps François, fut digne de leur réputation (3).

Sous le règne de Louis le Grand, la compagnie des cent suisses fut employée dans l'armée du Roi en Picardie & en Hainaut, l'an 1655.

La même année, un détachement du corps alla, sous les ordres de l'enseigne François de Besson, (le même dont nous avons, dans le cours de ce chapitre, plusieurs fois cité l'ouvrage,) au secours de la Fère qui étoit menacée d'un siège (4).

(1) Relation des différentes expéditions des suisses, depuis le règne de Charles VIII, par Antoine Haffner, capitaine suisse.

(2) Voyez le recueil des choses mémorables avenues en France depuis 1547 jusqu'au commencement de 1597, pag. 53.

(3) Davila, histoire des guerres civiles de France, liv. 1; la Popelinière, histoire de France, liv. 6.

(4) Entretiens & examen sur la création de la compagnie des cent suisses, &c. pag. 32; histoire militaire des suisses, tom. 3, pag. 390.

Louis XV s'est servi aussi plusieurs fois avec succès, en temps de guerre, de la compagnie des cent suisses. Elle se trouva, en 1744, aux sièges de Menin & d'Ypres, & s'y signala par son courage & son intrépidité.

Il ne sera pas inutile de dire ici comme se passa un différend qu'elle eut en ce temps-là avec les gardes suisses.

Au premier siège, elle prétendit, comme étant la plus ancienne troupe suisse, avoir le droit de monter la tranchée à la tête du régiment des gardes suisses, & de prendre son poste avant les grenadiers. M. le baron de Zur-Lauben, alors colonel des gardes suisses, s'y opposa; & il fut décidé par M. le maréchal de Noailles, qui commandoit l'armée, que cette compagnie étoit mal fondée, & que le droit dont il s'agit ne devoit avoir lieu que quand le Roi alloit à la tranchée, cas où les cent suisses garnissoient la tête des sappes, concurremment avec les gardes du corps.

Au second siège, les cent suisses ayant demandé avec instance de monter à la tranchée, le Roi leur répondit qu'il y consentoit, mais qu'il ne vouloit pas faire de peine à son régiment des gardes suisses, en leur accordant le pas; qu'ainsi ils n'avoient qu'à s'arranger avec lui, & qu'il approuveroit tout ce qu'ils arrêteroient mutuellement. En conséquence, il fut décidé que la compagnie des cent suisses pourroit envoyer à la tranchée un détachement, qui seroit regardé comme compagnie de grenadiers, & marcheroit en cette qualité immédiatement après les grenadiers du régiment; à condition néanmoins que le détachement ne porteroit point de drapeau, & ne seroit composé d'aucun officier François (1).

# CHAPITRE LX.

## *De la compagnie des gardes de la porte ordinaires du Roi.*

La compagnie des gardes de la porte, est la plus ancienne garde des Rois de France. Elle est ainsi nommée par la déclaration de Louis XIV, du 17 juin 1659, par des lettres-patentes du 3 mai 1676, & par l'édit de Louis XVI, du mois d'août 1779.

C'est un usage assez constant chez toutes les nations que les souverains aient des gens qui les accompagnent par honneur, & qui veillent à leur conservation. Or, la garde la plus ordinaire qu'aient eue nos Rois, depuis le commencement de la monarchie jusqu'à Philippe-Auguste, étoit une garde à pied, qui consistoit en deux bandes *d'ostiarii*.

La première gardoit le monarque dans l'intérieur de son palais, & c'étoit celle des valets, ou sergens d'armes, que les masses, les haches, & les arcs dont ils étoient armés, firent appeler indistinctement *massiers*, ou *hachers*, ou *archers de la chambre*. Les massiers sont devenus les huissiers de la chambre. Les hachers composèrent la compagnie des gentilshommes au bec de corbin, les archers furent incorporés dans les archers de la garde, & c'est d'eux que proviennent les gardes de la manche.

Quant à la seconde bande *d'ostiarii*, elle gardoit le dehors du palais du Roi, & s'appeloit la bande des portiers. Les portiers sont les gardes de la porte, d'à présent. Comme leur bande étoit bien moins nombreuse que celle des valets

(1) Histoire militaire des suisses, tom. 2, pag. 7 & 8.

d'armes, il ne sera pas inutile de dire qu'on y joignoit de l'infanterie, toutes les fois qu'il étoit question d'augmenter la garde de l'extérieur.

Mais la compagnie des gardes de la porte n'est pas seulement la plus ancienne garde de nos Rois, elle est encore militaire, quoique le P. Daniel n'en ait point fait mention dans son histoire de la milice Françoise.

En effet, cette compagnie a toujours rempli des fonctions militaires depuis sa création : c'est ce qu'attestent les ordonnances & réglemens qui la concernent, le traitement qui lui a été réglé dans les routes, les commissions de ses capitaines-colonels, & les expressions des lettres de noblesse accordées à ses gardes.

L'ordonnance du Roi, du 8 avril 1779, concernant cette compagnie, dit formellement que ce sont toutes ces raisons qui ont fait juger nécessaire à sa majesté, de fixer les grades & distinctions dont les officiers & les gardes doivent jouir dans ses troupes d'infanterie. L'ordonnance ajoute que sa majesté a voulu, par-là, les faire participer, (en proportion de leur composition,) aux avantages accordés aux différens corps militaires de sa maison, & leur marquer la satisfaction qu'elle a de la fidélité des services qu'ils ont rendus aux Rois ses prédécesseurs, & à sa personne.

Nos annales & les archives de la maison du Roi, nous apprennent que les gardes de la porte ont été dans beaucoup d'occasions commandés pour aller à l'armée, & que souvent ils l'ont disputé en valeur aux troupes les plus aguerries. Charles VIII eut à se louer d'eux toutes les fois qu'il les employa. Commines parle de Julien Bourgneuf leur capitaine, qui fut tué à la bataille de Fornoue.

Ainsi, tout prouve que la compagnie des gardes de la porte est, & a toujours été incontestablement sur le pied militaire.

Passons actuellement à la composition de cette troupe. Elle a été sous Louis XIV & sous Louis XV, d'un capitaine, de quatre lieutenans, & de cinquante gardes.

Mais Louis XVI ayant reconnu, par le compte qu'il s'en fit rendre en 1779, qu'elle n'étoit pas pourvue d'un nombre suffisant d'officiers, pour y maintenir la subordination & la discipline nécessaire, & pour veiller à ce que le service s'y fît avec exactitude, il augmenta par édit du mois d'avril de la même année, cette compagnie d'un major, de deux brigadiers & de deux sous-brigadiers : de sorte qu'elle se trouve maintenant composée d'un capitaine, d'un major, de quatre lieutenans, de deux brigadiers, de deux sous-brigadiers, & de cinquante gardes.

Le rang des officiers & des gardes de cette compagnie, a été reglé par la même ordonnance du 8 avril 1779.

Suivant cette loi, le capitaine a le titre de capitaine-colonel. C'est à lui qu'appartient le commandement de la compagnie.

Il a rang de colonel d'infanterie, du jour qu'il est nommé à sa charge, s'il n'a pas alors ce grade ; & la commission lui en est expédiée de ce jour, pourvû toutefois qu'il ait alors huit années de service d'officier, dont cinq en qualité de capitaine.

Le major étant officier supérieur dans la compagnie, a rang de lieutenant-colonel, du jour qu'il est pourvu de sa charge, & la commission doit lui en être expédiée, pourvu qu'il ait au moins huit ans de service comme officier dans les troupes, dont six en qualité de capitaine.

Ceux qui entrent dans la compagnie des gardes de la porte, pour y remplir des charges de lieutenant, ont rang & brevet de major, du jour qu'ils sont pourvus de leurs charges, s'ils ont alors au moins huit ans de service d'officiers, dont deux comme capitaine ; & ils obtiennent la commission de lieutenant-colonel, après huit ans, à partir du jour qu'on leur a expédié le brevet de major.

Si parmi les lieutenans qui composent la compagnie, il s'en trouvoit qui n'eussent d'autre service que celui qu'ils y auroient rendu, la même ordonnance à décidé qu'ils n'auroient que le rang de major, dont le brevet en ce cas leur seroit expédié au bout de quatorze ans; & qu'à l'égard de la commission de lieutenant colonel, ils l'obtiendroient après huit ans, à partir du jour qu'ils auroient eu le brevet de major.

Les deux brigadiers & les deux sous-brigadiers des gardes de la porte, ont rang de lieutenant, & la commission de capitaine, après quinze années de service dans leurs charges.

Les cinquante gardes qui composent la compagnie, ont rang de sous-lieutenant, du jour de leur réception, & celui de lieutenant après quatorze années de service. Mais on ne leur expédie aucun ordre de lieutenant ni de sous-lieutenant.

Parlons actuellement de la nomination aux emplois. Ceux qui desirent être pourvus de charges dans la compagnie des gardes de la porte, sont tenus de justifier la vérité de leurs services par un certificat du secrétaire d'état au département de la guerre, & de présenter ce certificat au secrétaire d'état de la maison du Roi, qui le met sous le contre-scel des provisions qu'il leur fait expédier.

Il faut ensuite que par la voie du capitaine-colonel de la compagnie, les titulaires obtiennent des brevets ou commissions, que le secrétaire d'état ayant le département de la guerre leur fait expédier, afin qu'ils jouissent des rangs militaires qui leur sont attribués.

Tous les officiers & gardes de la compagnie, reçoivent leurs provisions du Roi.

Le capitaine prête serment entre les mains de sa majesté, & il en reçoit le bâton de commandement.

Les lettres du major & des quatre lieutenans, sont adressées au grand maître de France, & c'est entre ses mains qu'ils prêtent serment.

C'est au capitaine-colonel que sont adressées les lettres de brigadiers & de sous-brigadiers, & c'est entre ses mains qu'ils prêtent serment. L'intention du Roi est que les brigadiers & sous-brigadiers soient choisis entre les gardes de la porte, par le capitaine-colonel.

Le capitaine-colonel reçoit pareillement le serment des gardes de la porte.

Toutes les charges d'officiers qui viennent à vaquer, tombent dans le casuel du capitaine-colonel; & il en est de même des emplois des gardes.

A l'égard de la solde de la compagnie, c'est l'édit du mois d'avril 1779 qui l'a reglée. Conformément à cet édit, le trésorier général de la maison du Roi, est tenu de payer annuellement à la compagnie;

SAVOIR:

| | |
|---|---|
| Au capitaine-colonel | 14500 liv. |
| Au major | 1000 |
| A quatre lieutenans, à raison de six cent cinquante livres chacun | 2600 |
| A deux brigadiers, à raison de huit cents livres chacun | 1600 |
| A deux sous-brigadiers, à raison de six cents livres chacun | 1200 |
| A cinquante gardes, à raison de deux cent quarante livres chacun | 12000 |
| TOTAL | 32900 liv. |

Passons à l'habillement & à l'armement de la compagnie.

L'habit uniforme est de drap bleu, galonné en plein par carreaux d'or & d'argent. Le ceinturon, la bandoulière & le chapeau, sont garnis de même galon. La doublure de l'habit, les paremens, la veste, la culotte & les bas sont rouges.

Les officiers & les gardes portoient autrefois un hoqueton, sur les basques duquel il y avoit des clefs brodées en argent & mises en sautoir. Il y avoit des clefs brodées de même sur le devant & le derrière de leurs bandoulières.

Les armes de la compagnie, sont le mousqueton & l'épée : le capitaine-colonel porte un bâton de commandement.

*Du service de la compagnie.*

Pour faire le service auquel la compagnie est employée, on en fait selon Trabouillet, auteur de l'etat de la France de 1727, & M. de Guignard, auteur de l'école de Mars, un détachement composé de la quatrième partie des gardes, de sorte que chacun d'eux ne sert que trois mois de l'année.

Les deux détachemens de janvier & d'avril sont de treize gardes. Ceux de juillet & d'octobre sont de douze.

Les gardes qui sont de quartier doivent toujours porter leur uniforme & leur bandoulière. Ils quittent la bandoulière, lorsqu'ils entrent dans les appartemens du Roi. La raison en est qu'ils ne font aucune fonction dans les appartemens. Si l'un d'entre eux s'y présentoit avec sa bandoulière, l'huissier de la chambre l'obligeroit de la quitter.

Les fonctions de la compagnie sont de garder la principale porte du Louvre ou du logis du Roi. C'est pourquoi tous les jours à six heures du matin, les gardes de la porte montent la garde jusqu'à six heures du soir, qu'ils sont relevés par les gardes du corps. Ils quittent alors leur corps-de-garde, & retournent à l'hôtel jusqu'au lendemain matin à pareille heure qu'ils rentrent en garde.

Ils doivent, en remettant le poste à ceux qui les relèvent, leur donner la consigne, & leur expliquer celle qu'ils peuvent avoir reçue de leur capitaine pendant le jour. Ils doivent de même recevoir celle que les gardes du corps pourroient avoir reçue pendant la nuit, & observer de ne remettre les clefs du logis du Roi qu'à un maréchal des logis ou à un brigadier de la compagnie Ecossoise.

Les gardes de la porte qui font sentinelle, tiennent leur mousqueton sur l'épaule, & si leurs majestés entrent ou sortent, ainsi que le dauphin, la dauphine, les enfans de France, & les ambassadeurs à leur première & dernière audience, ils en avertissent la garde, qui prend aussi-tôt les armes & se range en haie devant le corps-de-garde.

Les gardes de la porte font aussi honneur à leur capitaine quand il passe, & ils lui portent les armes.

Si le Roi fait la revue de quelque troupe dans la cour de son palais, les gardes de la porte se tiennent alors sous les armes rangés en haie.

Les gardes de la porte ne laissent entrer dans le palais avec des armes à feu que ceux qui ont droit d'en porter pour le service de sa majesté, tels que les gardes du corps, les cent suisses, &c.

Il est aussi du devoir des gardes de la porte de ne laisser entrer au logis du Roi, que les carrosses & les chaises de ceux auxquels sa majesté en a donné la permission, qui l'ont de droit par leur naissance, ou par leurs charges.

Ces carrosses ou chaises sont ceux du Roi, de la reine, du dauphin, de la dauphine, des fils & filles de France, & de leurs enfans, des princes & princesses du sang, des princes & princesses légitimés; ceux des souverains & des princes étrangers, & de leurs suites; ceux des cardinaux, des nonces & des légats, des ambassadeurs ordinaires & extraordinaires des têtes couronnées & des principales républiques, des envoyés des mêmes puissances, (mais seulement le jour de leur première & de leur dernière audience), des ducs, comtes & pairs de France, des grands d'Espagne, du chancelier & garde des sceaux, des maréchaux de France & de leurs femmes; ceux des premiers officiers & officières de la reine & de la dauphine; savoir, des chevaliers d'honneur, des dames d'honneur, & des dames d'atour : ceux-ci jouissent de ce droit durant leur vie, même après la mort de ces princesses.

Ceux enfin du chancelier des ordres du Roi, & du chancelier de l'ordre militaire de Saint-Louis, quand le Roi n'y est point.

Outre ces divers privilégiés, le Roi accorde quelquefois la même grace à d'autres personnes, comme au premier médecin, au confesseur, &c.

Mais aucun carrosse ne peut entrer dans la cour du palais qu'il ne soit jour chez leurs majestés, & les privilégiés n'y peuvent entrer à toute heure qu'en chaise à porteurs.

Si quelqu'un des privilégiés se trouve dans un autre carrosse que le sien, on ne laisse pas de le faire entrer; mais aussi-tôt qu'il est descendu, on fait sortir ce carrosse de la cour: au lieu que les carrosses des privilégiés y restent toujours, quelques personnes qu'il y ait dedans.

Tous les carrosses qui entrent chez le Roi, s'arrangent de plus près qu'il est possible du bas de l'escalier selon le rang que tiennent en France les maîtres ou maîtresses; ainsi, s'il en survient un d'un prince du sang, celui d'un duc & pair est obligé de se retirer plus bas. Cette distinction néanmoins n'a pas toujours exactement lieu, à cause du désordre qu'elle produiroit.

C'est un devoir aux gardes de la porte, pour être dans le cas de distinguer les carrosses des privilégiés, de s'attacher à connoître les personnes, ou bien leurs livrées & armoiries.

Lorsque le factionnaire s'apperçoit que quelque carrosse non privilégié est entré dans la cour par surprise ou autrement, il en avertit promptement la garde. L'officier qui la commande dénonce le carrosse au commandant de la garde des gardes de la prévôté, & celui-ci saisit le carrosse, le fait mettre en fourrière, & procède contre les délinquans.

*Privilèges de la compagnie des gardes de la porte.*

Dès l'institution de la compagnie des gardes de la porte ordinaire du Roi, les officiers & les gardes ont été honorés par sa majesté du titre d'écuyer. Un arrêt du conseil privé, du 9 novembre 1668, obtenu par Louis Guenot, sieur de la Vove, garde de la porte, leur a conservé cette qualité, & elle leur a été confirmée le 23 décembre 1721, par un arrêt du conseil d'état du Roi, qui a ordonné que les gardes de la porte de M. le duc d'Orléans, régent du royaume, jouiroient pendant tout le temps qu'ils conserveroient leurs charges & en exerceroient les fonctions, du titre d'écuyer, & de l'exemption des droits de franc-fiefs & autres honneurs, prérogatives & privilèges, dont jouissent les gardes de la porte de sa majesté (1).

(1) *Cet arrêt est ainsi conçu :*

Sur la requête présentée au Roi en son conseil, par les seize gardes de la porte de M. le duc d'Orléans régent, contenant que le feu Roi a, par l'arrêt de son conseil du 9 novembre 1668, conservé les gardes de la porte dans la qualité d'écuyer, & par celui du 22 juin 1694, les a déchargés des droits de franc-fiefs; & sa majesté aujourd'hui régnante a pareillement déchargé desdits droits de franc-fiefs le sieur Bihoreau, l'un des gardes de sa porte, par arrêt du 21 avril 1719. Et comme lorsqu'il plut au feu Roi d'établir la maison de M. le duc d'Orléans, son frère unique, sa majesté voulut bien tirer du nombre des gardes de sa porte, ceux qui devoient faire les mêmes fonctions auprès de ce prince, & que par la déclaration du 23 juillet 1701, accordée à M. le duc d'Orléans régent pour l'établissement de sa maison, le feu Roi ordonna que les officiers qui devoient la composer jouiroient de tels & semblables privilèges que ceux dont jouissent les commensaux de sa maison, dont les supplians, qui sont originairement tirés des gardes de la porte de sa majesté, ont droit par conséquent de jouir. Mais quoiqu'après des titres aussi authentiques ils puissent être suffisamment autorisés à prendre la qualité d'écuyer, & prétendre l'exemption des droits de franc-fiefs qui sont parmi les privilèges dont jouissent les gardes de la porte de sa majesté, ceux qui les ho-

Les officiers & les gardes de la porte jouissent du droit de précéder les consuls, le procureur du Roi, & divers autres officiers des villes où ils font leur demeure, dans les processions, cérémonies & assemblées générales & particulières qui se font dans ces villes. C'est ce qui résulte d'un arrêt du grand conseil, rendu le dernier janvier 1697, en faveur de Joseph Perron, écuyer, sieur de la Coste, garde de la porte, contre les juges consuls, procureur du Roi & autres officiers de l'hôtel-de-ville de Bilhom en Auvergne (1).

Conformément aux déclarations données en faveur des officiers commensaux de la maison du Roi, les officiers & les gardes de la porte ont encore le droit de précéder le bailli, le procureur fiscal & les autres officiers des bailliages & justices seigneuriales, dans toutes les assemblées générales & particulières ; & de recevoir le pain-béni, & participer avant eux aux autres distinctions & honneurs de l'église. Ils ont été maintenus & conservés dans cette prérogative par l'arrêt dont nous venons de parler, & sur-tout

---

norent davantage ; cependant dans la crainte qu'on ne leur fît quelque difficulté à cet égard, ils n'ont pas cru le devoir faire qu'ils n'y fussent fondés par un arrêt particulier qui le leur permît. A ces causes, requéroient qu'il plût à sa majesté leur accorder arrêt, qui, en renouvelant les dispositions des déclarations & arrêts rendus en faveur des gardes de sa porte, permette aux supplians de prendre la qualité d'écuyer, & ordonne qu'ils jouiront de l'exemption des droits de franc-fiefs & autres privilèges dont jouissent les gardes de sa porte, & ce tant qu'ils auront l'honneur de servir en leur qualité de gardes de la porte de M. le duc d'Orléans régent ; & fasse en outre défenses à toutes personnes de les y troubler ni inquiéter, à peine de tous dépens, dommages & intérêts. Vu la présente requête, la déclaration du 23 juillet 1701, les arrêts des 9 novembre 1668, 22 juin 1694, & 21 avril 1719, & autres pièces y attachées ; ouï le rapport du sieur le Pelletier de la Houssaye, conseiller d'état ordinaire, & au conseil de régence pour les finance, contrôleur général des finances. Le Roi en son conseil, ayant égard à ladite requête, & conformément à la déclaration du 23 juillet 1701, & aux arrêts des 9 novembre 1678, 22 juin 1694, & 21 avril 1719, a ordonné & ordonne que les supplians jouiront de la qualité d'écuyer & de l'exemption des droits de franc-fiefs & autres honneurs, prérogatives & privilèges dont jouissent les gardes de la porte de sa majesté ; & ce pendant le temps seulement qu'ils posséderont leurs charges & en feront les fonctions. Fait défenses sa majesté à toutes personnes de les y troubler ni inquiéter, à peine de tous dépens, dommages & intérêts. Fait au conseil d'état du Roi, &c.

(1) *Voici cet arrêt :*

Louis, &c. Salut. Comme par arrêt ce jourd'hui donné en notre grand conseil, entre notre bien-amé Joseph Perron, écuyer, sieur de la Coste, garde de notre porte, demandeur suivant l'exploit libellé du 25 juin 1696, contrôlé à Bilhom le 26, à ce qu'il soit maintenu & gardé dans les honneurs, privilèges, rangs & prééminences attribués à sa charge, conformément aux déclarations ; & pour l'y avoir troublé par le défendeur, qu'il soit condamné en telle amende que de raison, & en tous les dépens, dommages & intérêts du demandeur, défenses de récidiver, aux peines de droit, & défendeur d'une part : & Me Antoine Chamerlat, notre procureur de la ville de Bilhom en Auvergne, défendeur & demandeur en requête du 8 janvier 1697, à ce qu'il soit reçu opposant à l'arrêt de notre conseil, surpris par défaut le 29 décembre 1696, signifié le 31 dudit mois, pour les causes & moyens qu'il déduira en temps & lieu, d'autre part. Et entre Augustin Caillot, Jean Chassaing, Gilbert Dessalles, & Jean Jasseus, consuls de ladite ville de Bilhom en Auvergne, prenant le fait & cause dudit Chamerlat, notre procureur de ladite ville, demandeurs en requête du 9 janvier 1697, à ce qu'il plaise à notredit conseil les recevoir parties intervenantes en l'instance d'entre lesdits Perron & Chamerlat ; faisant droit sur leur intervention, leur donner acte de leur prise de fait & cause pour ledit Chamerlat audit nom ; & en conséquence, maintenir & garder lesdits consuls & ledit Chamerlat en leurs qualités de consuls & de notre procureur de ladite ville de Bilhom, dans le droit de précéder ledit Perron dans les processions, cérémonies & assemblées publiques de ladite ville ; & pour le trouble fait audit procureur par ledit Perron, le condamner en tous les dépens, sauf à notre procureur général à prendre telles conclusions qu'il avisera bon être contre ledit Perron, d'une part : & ledit Perron, défendeur d'autre. Et entre ledit Perron, demandeur en requête du 16 janvier, à ce qu'en déboutant lesdits Caillot, Chassaing,

par un arrêt contradictoire du grand conseil, du 31 janvier 1699, rendu en faveur du garde de la porte, Jean de Prouſt, écuyer, ſieur du Plan, contre maître Michel Cadot, avocat en parlement, bailli de la châtellenie de Montigny en Normandie (1).

Deſſalles & Jaffeus de leur requête, & lui adjugeant ſes fins & concluſions priſes par ſon exploit du 25 juin 1696, ordonner que notre déclaration du 17 juin 1659, rendue en faveur des gardes de notre porte, vérifiée & enregiſtrée en notre conſeil par arrêt du 27 juillet 1675, & autres nos déclarations énoncées en icelles exécutées ſelon leur forme & teneur, & conformément à icelles, maintenir & garder ledit Perron dans les honneurs, rangs, privilèges, préſéances & prééminences attribuées à ſa charge de garde de notre porte par leſdites déclarations, & notamment dans le droit de précéder leſdits conſuls, notre procureur, & tous autres officiers de l'hôtel de ladite ville de Bilhom, auſſi-bien que le bailli, procureur fiſcal, & autres officiers du bailliage non-royal de ladite ville de Bilhom, dans les proceſſions, cérémonies & aſſemblées générales & particulières, qui ſe font & ſe feront en ladite ville de Bilhom & autres lieux, où il ſera ſa demeure; faire défenſes auxdits conſuls, notre procureur, & autres officiers de l'hôtel de la ville de Bilhom, & au bailli, procureur fiſcal, & autres officiers dudit bailliage de Bilhom, de l'y troubler, ſur peine de telle amende qu'il plaira à notredit conſeil ordonner, & en tous dépens, dommages & intérêts; & pour l'avoir fait, par ledit Chamerlat & conſuls, les condamner à telle amende qu'il plaira au conſeil, avec dommages, intérêts & dépens, d'une part: & leſdits Chamerlat, Caillot, Chaſſaing, Deſſales & Jaffeus, auxdits noms, défendeurs d'autre. Après que Doreſmieus, avocat pour ledit Perron, icelui préſent à l'audience de notre conſeil, aſſiſté de Manet ſon procureur, a conclud en ſes demandes; & Chaudet, avocat pour leſdits Chamerlat, Caillot, Chaſſaing, Deſſalles & Jaffeus, aſſiſté de Maſſy leur procureur, a conclud en leur oppoſition & requête, & perſiſté dans l'acte qu'il a fait ſignifier au procureur dudit Perron le 21 janvier 1697, préſente année; & que Benoît de Saint-Port, notre procureur général, a été oui: icelui notre conſeil, a reçu les parties de Chaudet oppoſantes; & ſans s'arrêter à l'intervention, ayant égard à la partie de Doreſmieus, ordonné que leſdites déclarations, arrêts & réglemens ſeront exécutés: ce faiſant, maintenu la partie de Doreſmieus dans le droit & poſſeſſion de précéder les parties de Chaudet; leur fait défenſes de la troubler à l'avenir, dépens compenſés, ſans préjudice des frais du défaut; & la partie de Chaudet fournira le préſent arrêt à la partie de Doreſmieus. Si donnons en mandement, &c.

(1). *Cet arrêt eſt ainſi conçu :*

Louis, &c. Salut. Comme par arrêt cejourd'hui donné en notre grand conſeil, entre Jean de Prouſt, écuyer, ſieur du Plan, garde de notre porte, demeurant au bourg de Montigny, demandeur ſuivant l'exploit libellé, du 25 mai 1698, contrôlé à Illiers, le 28, fait en vertu de notre déclaration & lettres-patentes des 7 juin 1659, & 3 mai 1673, à ce que le défendeur ci-après nommé ſoit condamné en telle amende qu'il plaira à notre conſeil, pour les contraventions par lui faites auxdites déclarations, lettres-patentes & arrêts d'enregiſtrement du conſeil, du 20 juillet audit an 1673, à lui ſignifié le 25 janvier 1698, ledit défendeur s'étant oppoſé violemment au rang & préſéance due audit demandeur, à cauſe de ſa charge, dans les aſſemblées & proceſſions qui ſe ſont faites les dimanches 26 janvier & 2 février audit an 1698, ayant voulu précéder ledit demandeur; & en outre que défenſes lui ſoient faites à l'avenir de troubler ni inquiéter ledit demandeur dans les droits honorifiques & aſſemblées générales & particulières où il doit précéder en qualité de l'un des gardes de notre porte, les juges non royaux, conformément à nos déclarations données en faveur des officiers commenſaux de notre maiſon; & que ledit défendeur ſoit condamné aux dépens d'une part. Et maître Michel Cadot, avocat en parlement, bailli de la châtellenie de Montigny & annexes, défendeur d'autre part. Et entre ledit ſieur de Prouſt demandeur en requête du 7 juillet dernier, à ce qu'en lui adjugeant les concluſions par lui priſes, par ſon exploit du 25 mars 1698, & icelles expliquant, il ſoit ordonné que notre déclaration du 17 juin 1659, arrêts & règlemens rendus en conſéquence, ſeront exécutés ſelon leur forme & teneur, ce faiſant que le demandeur ſoit maintenu & gardé dans le droit de précéder le défendeur, & autres officiers de la juſtice de Montigny, en toutes les aſſemblées générales & particulières: qu'il ſoit ordonné que le pain-béni lui ſera préſenté avant eux, & que défenſes ſoient faites audit Cadot de plus troubler le demandeur dans les rangs, préſéances & autres prérogatives attribués à ſa charge: & pour l'avoir fait, qu'il ſoit condamné en telle amende qu'il plaira à notre conſeil, & aux dommages, intérêts & dépens d'une part: & ledit Cadot défendeur d'autre. Et entre ledit

Les officiers & les gardes de la porte ordinaires du Roi, à cause de l'avantage qu'ils ont de servir près de sa majesté, & d'être les plus anciens gardes de sa maison, jouissent des mêmes honneurs, rangs, préséances & prééminences que ceux qui ont été concédés en différens temps aux officiers de la chambre & de la garde-robe, aux maréchaux & fourriers des logis, & aux gardes du corps. Ils ont rang & marchent dans les assemblées générales & particulières qui se font tant dans les villes de leur demeure, que dans celles où ils se trouvent, immédiatement après les conseillers des bailliages, sénéchaussées & sièges présidiaux, & avant les officiers des élections, greniers à sel, juges non royaux, & tous autres inférieurs en ordre à ces conseillers. C'est ce qui résulte tant d'une déclaration du Roi, du 17 juin 1659, que des lettres de surannation données, le 3 mai 1675, en faveur de la compagnie des gardes de la porte, & enregistrés au grand conseil le 27 juillet suivant (1).

maître Michel Cadot demandeur suivant sa requête présentée à notre conseil, le 12 août audit an 1698, à ce qu'il soit reçu opposant à l'exécution de l'arrêt de notre conseil contre lui rendu par défaut, le 17 juillet dernier, signifié le 4 dudit mois d'août, & faisant droit sur ladite opposition, qu'il soit déchargé des condamnations & dispositions prononcées contre lui par ledit arrêt avec dépens, d'une part; & ledit sieur de Proust, défendeur, d'autre part. Après que Goguet, avocat pour ledit de Proust, présent à l'audience de notre conseil, assisté de Mathieu son procureur, a conclud en ses demandes, & requis que le défendeur fût débouté de son opposition: Evrard, avocat pour ledit Cadot, assisté de Pâté, son procureur, a été oui, & pareillement conclud en sa requête d'opposition: & que Benoît de Saint-Port, pour notre procureur général, a aussi été oui. Icelui notredit grand conseil a reçu la partie d'Evrard opposante à l'arrêt de notre conseil, & faisant droit au principal; ordonne que nos édits & déclarations seront exécutées, ce faisant a maintenu & gardé la partie de Goguet dans le droit de précéder la partie d'Evrard, & autres officiers de la justice de Montigny en toutes assemblées générales & particulières. Ordonne que le painbéni lui sera présenté avant ladite partie d'Evrard: condamne ladite partie d'Evrard aux dépends. Si donnons en mandement, &c.

(1) *La déclaration citée est ainsi conçue:*

Louis, &c. Salut. Nos chers & bien amés les gardes de notre porte, nous ont fait dire & remontrer, qu'à cause de leurs charges, & pour l'honneur qu'ils ont de servir près de notre personne, ils doivent jouir des rangs, préséances & prééminences ès assemblées qui se font ès villes & lieux de leurs demeures, immédiatement après les conseillers de nos bailliages, sénéchaussées & sièges présidiaux, conformément aux lettres de déclaration du dernier de février 1605, données par le feu Roi Henri IV, notre ayeul d'heureuse mémoire, en faveur des officiers de notre chambre & garderobe, & d'autres octroyées en conséquence des susdites le vingt-septième jour de juillet 1613, en faveur de nos maréchaux des logis, fourriers du corps & fourriers ordinaires, par le feu Roi de glorieuse mémoire, notre très-honoré seigneur & père que dieu absolve, & encore d'autres données en faveur des gardes de notre corps & le 20 décembre 1617, & par vous vérifiées; & quoique l'intention de nosdits prédécesseurs & la nôtre ait toujours été, que les gardes de notre porte, qui sont les plus anciens gardes de notre maison, jouissent des mêmes honneurs, rangs, préséances & prééminences qui ont été concédées à tous les susnommez, encore qu'ils ne fussent pas nommément désignés dans les susdites déclarations, qui n'est qu'une omission: néanmoins aucuns des exposans y sont troublés par quelques juges & officiers, dont il s'est mû plusieurs procès, qui sont de très-grande conséquence, pour consommer les exposans en frais & dépens insupportables; pour à quoi remédier, ils nous ont très-humblement supplié & requis leur octroyer sur ce nos lettres de déclaration nécessaires; nous pour ces causes, desirant conserver aux exposans les honneurs & prééminences attribuées à leurs charges, en considération des bons services qu'ils nous y rendent, avons dit & déclaré, disons & déclarons, voulons & nous plaît par ces présentes signées de notre main, que tous les gardes de notre porte ayent rang & marchent ès assemblées générales & particulières qui se font & feront dorénavant ès villes & lieux de leurs demeures, & autres où ils se trouveront, immédiatement après les conseillers de nos bailliages, sénéchaussées & sièges présidiaux, avant même les officiers de nos élections, greniers à sel, juges non royaux, & tous autres inférieurs en ordre auxdits conseillers, & que

Les officiers & les gardes de la porte sont exempts de subsides, impositions, & logemens de gens de guerre.

Ils ont droit de committimus, & obtiennent, quand ils en ont besoin, des lettres d'état, sans rien payer au sceau, pour suspendre le jugement de leurs affaires civiles.

Les officiers & les gardes de la porte sont exempts de taille. L'art. VIII du réglement général des tailles du mois de janvier 1634, dit formellement : « tous » officiers, de quelque qualité & condi- » tion qu'ils soient résidans ès villes, » bourgs & paroisses contribuables à nos » tailles, y seront mis & imposez selon » leurs moyens & facultez, excepté . . .
» . . . . . . . . . . . . . . . . . . . .
» . . . . . . . . . . . . . . . . . . . .
» . . . . . . . . . . . . . . . . . . . .
» & les archers de la porte actuellement » servant par quartier, qui seront em- » ployés ès états que nous ferons expédier » & adresser à notre cour des aides de » Paris ».

L'arrêt du conseil d'état du Roi, du 15 mai 1778, qui désigne quels sont les officiers, domestiques & commensaux de la maison du Roi, des maisons royales, & de celles des princes & princesses du sang qui seront exempts du droit de franc-fief, & qui explique à quelles conditions ils jouiront de cette exemption, porte que les gardes de la porte seront & demeureront exempts du droit de franc-fief, tant qu'ils exerceront leurs charges, ou lorsqu'ils auront obtenu des lettres de vétérance, après vingt-cinq années de service réel & personnel ; à condition, toutefois, qu'ils ne feront aucun acte dérogeant à leur qualité, qu'ils n'exerceront point d'autres charges, offices, places ou emplois exigeant fonctions publiques & serment en justice, & qu'ils serviront réellement, & seront employés dans les états envoyés annuellement à la cour des aides.

La même exemption a lieu en faveur des veuves des officiers & gardes de la porte, tant qu'elles restent en viduité, pourvu que leurs maris soient décédés revêtus de leurs emplois, ou qu'après vingt-cinq années de service, ils aient obtenu des lettres de vétérance.

Ceux d'entre les officiers & gardes de la porte qui ne sont reçus qu'à titre de survivance, & pour ne remplir les emplois qu'à la mort des titulaires, ne sont point exempts du droit de franc-fief.

Tels sont les principaux privilèges des gardes de la porte.

---

ous les procès qui se trouveront à présent intentés, ou naîtront à l'avenir à cette occasion, soient par vous réglés suivant la teneur de ces présentes, & ainsi qu'il est porté par nos susdites déclarations, & vos arrêts de vérification. Si vous mandons, &c.

CHAPITRE

# CHAPITRE LXI.

## *Du prévôt de l'hôtel du Roi & grand prévôt de France, & de la compagnie des gardes de la prévôté de l'hôtel.*

Le prévôt de l'hôtel du Roi & grand prévôt de France, est un officier d'épée qui exerce une juridiction importante, relativement à la sûreté, à la subsistance & au bon ordre de la cour.

Et la compagnie des gardes de la prévôté de l'hôtel, est une troupe militaire qui est chargée à la cour d'un service particulier.

Nous diviserons ce que nous avons à dire sur ces objets, en cinq sections.

Dans la première, nous parlerons de l'origine & de la nature de l'office de prévôt de l'hôtel du Roi & grand prévôt de France.

Dans la seconde, de la composition de la compagnie des gardes de la prévôté de l'hôtel.

Dans la troisième, du service & de la police de la compagnie du prévôt de l'hôtel, & grand prévôt de France.

Dans la quatrième, de la juridiction de la prévôté de l'hôtel.

Et dans la cinquième, des privilèges attribués aux officiers & aux gardes de la prévôté de l'hôtel.

### SECTION PREMIÈRE.

*De l'origine & de la nature de l'office de prévôt de l'hôtel du roi, & grand prévôt de France.*

Dutillet, & après lui quelques autres écrivains ont avancé que le roi des ribauds exerçoit anciennement la charge de grand prévôt de France, & qu'il prit le titre de prévôt de l'hôtel sous Charles VI : mais c'est une erreur : on ne peut pas douter que l'autorité du prévôt de l'hôtel ne vienne de celle du grand sénéchal, qui existoit en même-temps que le comte du palais. Le grand maître fut ensuite revêtu de cette autorité, & successivement les maîtres d'hôtel : enfin elle passa de ceux-ci au prévôt de l'hôtel.

Ces officiers eurent sous leurs ordres le *Roi des Ribauds.*

Cette dénomination de *Ribauds*, s'appliqua dans l'origine à des hommes forts & déterminés, propres à faire un coup de main : mais dans la suite, ce terme se prit en mauvaise part, à cause des excès & des débauches auxquels se livrèrent ces ribauds.

Le roi des ribauds étoit le chef des sergens de l'hôtel du Roi, & il avoit un prévôt ou préposé pour exécuter ses ordres. Ses fonctions consistoient à chasser de la cour, les vagabonds, les filous, les femmes du monde, ceux qui tenoient des brelans, & en général les gens de mauvaise vie que l'on comprenoit tous sous le nom de *Ribauds*. Il veilloit à ce que personne ne restât dans le logis du Roi, pendant le diner & le souper, sinon ceux qui avoient bouche à cour, & il devoit en faire sortir tous les soirs ceux qui n'avoient pas droit d'y coucher.

Le roi des ribauds étoit aussi chargé de prêter main forte, pour faire exécuter les jugemens qu'avoit rendus l'officier qui devoit maintenir le bon ordre & la police à la cour.

Ce sont sans doute ces fonctions, qu'on peut comparer à celles qu'exerce aujourd'hui la garde de Paris, quand on exécute un criminel dans cette ville, qui ont donné lieu à l'opinion ridicule que le roi des ribauds faisoit alors le métier de bourreau.

Plusieurs historiens nous apprennent que le prévôt de l'hôtel existoit déjà en 1455. On lit dans les grandes chroniques de l'abbaye de Saint-Denis, qu'en cette année, Jean de la Garderte, prévôt de l'hôtel, arrêta sur le pont de Lion, le Roi y étant, Otho Castellan, argentier de sa majesté, & que le prévôt de l'hôtel assista, en 1458, au procès du duc d'Alençon.

D'un autre côté, Boutillier parle du roi des ribauds comme existant encore en 1459. C'est donc sans fondement que quelques-uns ont prétendu que le prévôt de l'hôtel avoit succédé au roi des ribauds, puisque ces officiers existoient l'un & l'autre en même-temps.

Ceux qui ont cru que le prévôt de l'hôtel avoit succédé aux prévôts des maréchaux, qui exerçoient leur office à la suite de la cour, se sont aussi trompés évidemment. En effet, on vient de voir que le prévôt de l'hôtel existoit en 1455, & cependant Tristan l'Hermite, le dernier qui ait été prévôt des maréchaux, étoit encore revêtu de son office en 1472.

Au surplus, le roi des ribauds se trouva dans la suite confondu parmi les archers du prévôt de l'hôtel; & les sergens dont il avoit été le chef, furent supprimés lorsque Louis XI créa des gardes sous le prévôt de l'hôtel.

L'office de grand prévôt de France, qui est uni à celui de prévôt de l'hôtel, est aussi fort ancien. Par lettres du dernier février 1578, François Duplessis seigneur de Richelieu, fut pourvu de l'office de prévôt de l'hôtel, & le Roi y réunit l'office de grand prévôt de France, qui étoit resté vacant depuis le décès du dernier titulaire. Ainsi ce dernier office fut rétabli pour être tenu conjointement avec le premier.

Les mêmes lettres portent que le Roi veut, « qu'à cause dudit office, le sieur » de Richelieu recueille les voix de ceux » qu'il appellera au jugement des instances » civiles & criminelles. Et suivant lesdites opinions, il concluera lesdits jugemens selon que par la compagnie » aura été avisé; & d'abondant, que » comme grand prévôt de France, & » sous l'autorité des maréchaux de France, » il puisse faire ses chevauchées par-tout » le Royaume; & que faisant icelles, il » puisse contraindre tous les vice-baillis, » sénéchaux, & prévôts des maréchaux, » de lui représenter les informations & » décrets non exécutés contre les délinquans, pour les cas desquels la connoissance est attribuée aux prévôts des » maréchaux, lesquels seront tenus eux » & leurs archers, d'assister le grand prévôt pour la capture, &c. & lui rendre » compte de leurs charges, quand par » lui en seront requis &c. Que les incompétences qui seront proposées contre ledit grand prévôt & ses lieutenans, » seront jugées sommairement & en dernier ressort par quatre maîtres des requêtes, ou autres conseillers de cours » souveraines, s'il s'en trouve sur les » lieux; sinon par les juges présidiaux, » au nombre porté par les ordonnances: » mande aux trésoriers de France, & » grand conseil, que ledit sieur Duplessis, duquel le Roi a reçu le serment accoutumé, ils fassent jouir, & » le reçoivent esdits offices. »

Jusqu'à cette époque, le prévôt de l'hôtel avoit prêté serment entre les mains du chancelier de France, mais dans la suite, le Roi a toujours reçu le serment des titulaires de cet office.

Par arrêt rendu au conseil d'état du Roi, le 3 juin 1589, sa majesté a déclaré qu'elle n'avoit jamais entendu & qu'elle n'entendoit pas qu'à l'avenir la qualité de grand prévôt, fût attribuée à d'autres qu'au prévôt de son hôtel, & grand prévôt de France. Deux autres arrêts postérieurs ont confirmé cette décision.

Il suit de cet exposé & de ce que nous dirons dans les sections suivantes, que quoique le prévôt de l'hôtel & grand prévôt de France ne soit pas au nombre des grands officiers de la couronne, sa charge est une des plus considérables qu'il y ait à la cour. M. le marquis de Sourches en est aujourd'hui titulaire, & M. le marquis de Tourzel en a la survivance.

## SECTION SECONDE.

### *De la composition de la compagnie des gardes de la prévôté de l'hôtel.*

L'établissement de cette compagnie remonte à des temps fort reculés : mais les circonstances ayant fait connoître qu'elle n'étoit plus constituée de manière à donner au service toute l'activité qu'il exigeoit, le Roi jugea à propos, par un édit du mois de mars 1778, de la supprimer, & de la recréer sur un nouveau plan, afin de parer à tous les inconvéniens qui résultoient de l'ancienne constitution. Cet édit fut suivi d'un autre, du mois d'août 1779 & d'une ordonnance du 20 juillet 1780, qui apportèrent quelques changemens à celui de 1778, & fixèrent enfin l'état de la compagnie dont il s'agit. Ainsi en vertu de ces lois, cette compagnie se trouve aujourd'hui composée d'un capitaine-colonel, grand prévôt de l'hôtel qui en a le commandement ; d'un lieutenant-général d'épée, un major, un lieutenant servant aux sceaux, trois autres lieutenans, un aide-major, quatre sous-lieutenans, six brigadiers, six sous-brigadiers, 68 gardes, un trompette ; & en outre d'un commissaire aux revues, un maréchal des logis, un secrétaire, un aumônier & un chirurgien-major.

L'ordonnance du 9 mars 1778, a attribué au grand prévôt de l'hôtel, le rang de colonel d'infanterie, du jour de sa nomination à cette charge, & la commission doit lui en être expédiée, à condition toutefois de justifier de huit années de service au moins, comme officier, dont cinq en qualité de capitaine.

Les rangs des autres officiers ont été réglés de la manière suivante, par l'ordonnance du 20 juillet 1780.

*Art. II.* « Le lieutenant-général d'épée » aura rang & brevet de lieutenant-colonel » du jour qu'il sera pourvu de sa charge, » s'il a alors au moins douze ans de service » comme officier dans les troupes, dont » cinq comme capitaine. Il sera susceptible de la commission de colonel après » dix ans d'exercice dans sa charge, si » à l'époque où il en a été pourvu il avoit » le brevet de lieutenant-colonel ; & » dans le cas où il n'auroit obtenu ce » dernier grade, que depuis son entrée » dans ladite compagnie comme lieutenant général d'épée, la commission de » colonel ne lui sera expédiée qu'après » dix ans, à compter de la date dudit » brevet de lieutenant-colonel ; bien entendu qu'il continuera ses services dans » sa charge.

*III.* » Le major étant officier supérieur dans ladite compagnie, aura » le rang & le brevet de son grade du » jour qu'il sera pourvu de sa charge, à » condition qu'il aura alors douze ans de » service, comme officier dans les troupes, dont quatre en qualité de capitaine. Il sera susceptible de la commission de lieutenant-colonel après dix » ans, à compter de la date de son brevet » de major.

*IV.* » Les lieutenans auront rang » & commission de capitaine, si au » jour où ils seront pourvus de leurs » charges ils ont douze années de service comme officiers dans les troupes. » Il seront susceptibles du brevet de major après dix années, à compter de la » date de leur commission de capitaine.

» Le lieutenant servant près les sceaux, » se trouvant dans une circonstance particulière, sera susceptible du brevet de

» major après huit années de commission
» de capitaine.

*V.* » L'aide-major & les sous-lieute-
» nans auront rang de lieutenans du jour
» qu'il seront pourvus de leur charge,
» à condition qu'ils auront cinq années
» de service en qualité d'officiers. Ils
» seront susceptibles de la commission
» de capitaine après dix-neuf ans de ser-
» vice, comme officiers dans les troupes
» ou dans ladite compagnie.

*VI.* » Les brigadiers auront rang
» de sergent-major d'infanterie, & les
» sous-brigadiers de sergens ordinaires,
» pourvu qu'ils ayent préalablement
» servi dans les troupes comme bas-offi-
» ciers; savoir, les brigadiers pendant
» quatre ans; & les sous-brigadiers pen-
» dant trois ans : les uns & les autres se-
» ront choisis par le capitaine-colonel,
» grand-prévôt de l'hôtel : les brigadiers
» auront rang de sous-lieutenant; savoir,
» les deux premiers après dix ans; les
» deux seconds après quatorze ans; & les
» deux derniers après dix-huit années de
» service en cette qualité dans la com-
» pagnie.

Il ne sera point expédié aux brigadiers des ordres de sous-lieutenant, lorsqu'ils auront le temps de service requis pour en avoir le rang.

L'article 8 de la même loi, a ordonné qu'il seroit adressé au secrétaire d'état ayant le département de la guerre, le premier janvier & le premier juillet de chaque année, un contrôle exact de la compagnie contenant les services de chacun de ceux qui la composeroient, & les mutations qui y seroient arrivées, d'une époque à l'autre. Cet état doit être signé du major & du commissaire aux revues, & approuvé par le capitaine-colonel grand prévôt de l'hôtel.

La compagnie des gardes de la prévôté de l'hôtel a deux uniformes : le grand & le petit. Ils ont été fixés l'un & l'autre, par l'ordonnance du 15 mars 1778, portant réglement sur la composition, la police & le service de cette compagnie.

Le grand uniforme consiste pour les gardes, dans un habit façonné à l'ordinaire, de drap d'elbeuf bleu, parement & doublure d'écarlate, bordé en plein d'un galon d'or de la largeur de vingt lignes, garni de brandebourgs d'un galon semblable sur le devant & aux poches, & en outre galonné de même sur toutes les coutures. La veste est de drap écarlate, doublée de blanc & bordée d'un galon d'or pareil à celui de l'habit. Les boutons, grands & petits, sont de cuivre doré, portant deux épées en sautoir, traversées d'une massue. La culotte & les bas sont rouges. Le chapeau est bordé d'un galon d'or de ving lignes de large, & garni d'une cocarde de basin blanc.

Les gardes portent par-dessus l'habit une bandoulière à fond d'or & de soie écarlate, divisée en carreaux, pareillement bordés d'un galon d'or. Le ceinturon de l'épée, qui est placé sur la veste, est bordé d'un galon d'or, & orné sur le devant d'une plaque dorée, où se trouvent deux épées en sautoir, traversées d'une massue.

La distinction pour les sous-brigadiers est d'un second galon à crête, d'un côté seulement, sur le parement; & pour les brigadiers ce second galon est à double crête.

Les officiers portent pour grand uniforme, lors des cérémonies, un habit dans les mêmes couleurs. Il est de drap fin, galonné sur toutes les tailles, ainsi que la veste d'écarlate, d'un galon d'or dentelé, de la largeur de vingt lignes. L'habit, pour le service du château, est seulement brodé en or sur le devant, de même que la veste. Les boutons sont semblables à ceux des gardes. La culotte est de drap écarlate, & les bas sont blancs.

Le commissaire de la compagnie porte le même uniforme que les officiers; avec cette différence pourtant que la broderie est du dessein réglé pour les commissaires ordinaires des guerres.

Le grand uniforme n'eſt jamais porté que pour le ſervice du château & les cérémonies publiques. Il eſt renouvelé tous les trois ans, pour les bas-officiers & les gardes.

Le petit uniforme des gardes de la prévôté de l'hôtel, eſt un habit de drap de berry bleu, teint en laine, revers de même couleur, doublé d'une ſerge rouge qui déborde les revers en forme de paſſe-poil, collet montant de drap écarlate, paremens de même couleur, qui s'ouvrent ſur le côté & ſe ferment, ainſi que le ſurplus de l'ouverture prolongée à l'avant-bras, par quatre petit boutons. Les poches ne ſont que figurées ſur l'habit par les pattes autour deſquelles paroît la doublure en paſſe-poil écarlate, & elles s'ouvrent en deſſous. Les revers ſont garnis de petits boutons, & il y en a trois gros au deſſous, deux aux hanches & quatre dans les plis, les uns & les autres comme ceux du grand uniforme.

La veſte eſt de drap écarlate, & la culotte de panne de la même couleur. Le col eſt blanc.

Les bas officiers & les gardes portent toujours, avec le petit uniforme, des guêtres noires & manchettes de bottes de toile blanche.

Le chapeau eſt uni avec un petit bouton uniforme, & une cocarde de baſin blanc. Les cheveux ſont liés en queue & friſés aux faces par une ſeule boucle.

Le ceinturon eſt ſans galon, garni d'une plaque ſemblable à celle du ceinturon du grand uniforme.

Les bas-officiers & les gardes portent, au lieu de la bandoulière qui n'eſt miſe qu'avec le grand uniforme, une giberne percée pour huit cartouches, ornée d'une plaque aux mêmes attributs que celle du ceinturon, & ſoutenue par une courroie de buffle blanche de trente lignes de large.

La diſtinction des ſous-brigadiers eſt d'un galon d'or de dix lignes de large ſur les paremens; les brigadiers en portent deux. L'épaulette des uns & des autres eſt un drap bleu avec un paſſe-poil d'or. Celles des gardes a ſeulement un paſſe-poil écarlate.

Le petit uniforme eſt renouvelé chaque année pour la revue du prévôt de l'hôtel & grand prévôt de France.

Les officiers portent, hors du ſervice du château & les jours de cérémonie, le même petit uniforme, en drap fin, que les gardes & les bas-officiers; & il leur eſt défendu d'y rien changer.

Leurs diſtinctions, tant ſur ce petit uniforme que ſur le grand, ne conſiſtent que dans les épaulettes attribuées aux grades militaires dont ils jouiſſent.

Avant que l'ordonnance du 15 mars 1778, dont nous parlons, eut donné une bandoulière aux gardes de la prévôté de l'hôtel, ils portoient un hoqueton ſur l'épaule droite à bouillons d'orféverie. Ce hoqueton renfermoit une fleur de lys, & un *L* couronnées d'or. Le fond en étoit des couleurs du Roi, incarnat, blanc & bleu, couvert de broderie d'or & d'argent. Il y avoit pour deviſe devant & derrière, une maſſe d'Hercule, & deux épées nues aux côtés, en or, avec ces mots pour ame: *Erit hæc quoque cognita monſtris.*

Ce hoqueton eſt de la plus ancienne inſtitution.

Enfin, les armes de la compagnie ſont, pour les brigadiers, ſous-brigadiers & gardes, un mouſqueton, une baïonnette & une épée, & pour les officiers, une épée & un bâton de commandement.

Il eſt enjoint aux officiers & aux gardes de la compagnie, ſpécialement au major, de faire entretenir avec le plus grand ſoin l'armement & l'habillement. Au ſurplus les frais de cette entretien ſont à la charge des bas-officiers & des gardes.

Pour y ſubvenir, le tréſorier fait annuellement une retenue de cinquante livres à chaque brigadier, ſous-brigadier & garde: ce qui eſt à raiſon de quatre livres trois ſous quatre deniers par mois.

A cette ſomme le Roi en ajoute une

autre qu'il tire de son trésor royal, afin de former la masse totale de l'habillement.

Il est question à l'article IV & à l'article V de l'édit du mois de mars 1778, d'un nouveau traitement pour la compagnie des gardes de la prévôté de l'hôtel : mais ce nouveau traitement n'a point été rendu public.

Tous les officiers, bas-officiers, & gardes de la compagnie, sont pourvus par le Roi, sur la présentation qui lui en est faite par le grand-prévôt.

A l'égard du commissaire, c'est sa majesté qui s'en est réservé le choix & la nomination.

L'édit du mois de mars 1778 a réglé que la finance de la charge de major seroit de trente mille livres ; celle de chaque charge de lieutenant pareillement de trente mille livres ; de chaque charge de sous-lieutenant, de vingt-quatre mille livres ; de la charge d'aide-major, de quinze mille livres ; de chaque charge de brigadier, de six mille livres ; de celle de sous-brigadier, de cinq mille livres ; de garde, de trois mille livres ; de la charge de commissaire, de vingt-quatre mille livres ; de celle d'aumônier, de trois mille livres ; & de celle de chirurgien-major, de douze mille livres.

L'édit a déclaré que la finance des charges de trésorier & de lieutenant servant au sceau, continueroit d'être la même qu'elle a toujours été.

Ceux qui desirent être pourvus de charges dans la compagnie de la prévôté de l'hôtel, sont tenus de s'adresser au secrétaire d'état ayant le département de la guerre, afin d'en obtenir l'attestation de leurs services.

Cette attestation est ensuite présentée au secrétaire d'état de la maison du Roi, & mise par lui sous le contre-scel des provisions.

Une fois les provisions expédiées, les titulaires se pourvoient de nouveau vers le secrétaire d'état de la guerre, pour en obtenir les brevets attachés à leurs charges.

Les officiers prêtent serment entre les mains de leur capitaine-colonel.

Les charges d'officiers de la compagnie de la prévôté de l'hôtel ne peuvent être possédées que par des officiers qui ont plus ou moins de service dans les troupes.

Le capitaine-colonel, grand-prévôt, est toujours un seigneur distingué ; il prête serment, comme nous l'avons déjà dit, entre les mains du Roi, & en reçoit directement les ordres.

Quant aux places de gardes, elles ne peuvent être données qu'à des soldats, cavaliers ou dragons, de la taille de cinq pieds quatre pouces au moins, qui savent lire & écrire, & qui ont servi pendant huit ans dans les troupes.

Nous remarquerons que ceux d'entre les officiers de la compagnie de la prévôté de l'hôtel qui ont survécu à la suppression opérée par l'édit du mois de mars 1778, ne peuvent jouir des rangs militaires attribués aux charges dont il a plu au Roi de les pourvoir, qu'après avoir servi le temps prescrit pour en jouir. Ce temps est du double de celui qui est exigé dans les troupes, à la déduction néanmoins des années de service d'officiers que quelques-uns d'entre eux pourroient y avoir.

## SECTION TROISIÈME.

### *Du service & de la police de la compagnie du prévôt de l'hôtel, & grand prévôt de France.*

Les officiers & gardes de la compagnie de la prévôté de l'hôtel ne servoient autrefois que par quartier ; mais depuis l'édit du 14 mars 1778, ils servent toute l'année.

Leurs fonctions sont de roder dans les cours & aux environs du palais du Roi, pour voir s'il ne s'y passe rien de sujet à leur juridiction, qui s'étend sur tous les malfaiteurs, quels qu'ils soient.

Ils doivent aussi prendre garde, selon

l'école de Mars, s'il n'est point entré quelque carrosse, ou autre voiture appartenante à d'autres qu'aux privilégiés, duquel nous avons donné la liste au chapitre précédent; & soit qu'ils en trouvent dans les cours du logis du Roi, soit que les gardes de la porte ou autres les leur dénoncent, ils doivent aussi-tôt s'en saisir, les mettre en fourrière, & procéder contre les délinquans.

Quand le Roi sort en carrosse à deux chevaux, ou en chaise à porteurs, ou à pied, les gardes de la prévôté le suivent, ayant leurs officiers à leur tête; ils sont alors rangés sur deux files, & devant les cent suisses. Si sa majesté sort en carrosse à six chevaux, ou à cheval, ils ne la suivent point : ils se mettent seulement sous les armes hors du Louvre.

Ce sont les officiers & les gardes de la prévôté qui sont ordinairement chargés d'arrêter les criminels d'état, & de les conduire où le Roi l'a ordonné.

Nous allons suivre dans les détails où nous allons entrer sur le service & la police de la compagnie de la prévôté de l'hôtel, l'ordonnance du 15 mars 1778, qui a été rendue, en grande partie, à ce sujet.

Il y a chaque jour de service au logis du Roi, soit à Versailles, soit à Compiègne, soit à Fontainebleau, [illegible] lieu où sa majesté réside, ainsi qu'à l'armée, un lieutenant, un sous-lieutenant, un brigadier, ou sous brigadier alternativement, & douze gardes.

Les officiers & bas-officiers sont pris à tour de rôle dans les trois brigades; & les gardes à raison de quatre par brigade.

Les officiers, bas-officiers & gardes montent en ordre au château à huit heures du matin en été, & à neuf heures en hiver, & ils sont relevés le soir à neuf heures en été, & à huit heures en hiver, à l'exception de deux gardes qui couchent au corps de garde.

Le major dresse l'état des officiers & gardes qui doivent être tirés de chaque brigade pour ce service; & il le fait afficher dans le corps de garde des brigades. Ensuite il remet l'état de tout le détachement au capitaine-colonel, grand prévôt, ou en son absence, au lieutenant-général d'épée.

Les lieutenans & sous-lieutenans de service au logis du Roi, ne peuvent s'en absenter que pour aller prendre alternativement leurs repas; il en est de même des brigadiers, sous-brigadiers, & des gardes.

A toutes les heures du jour, il doit y avoir en observation dans les galeries, cours, ou jardins du château, un lieutenant, ou sous-lieutenant, un brigadier, un sous-brigadier, & trois gardes.

Le détachement de service se rassemble pour prendre son poste aux passages du Roi & de la reine.

Le service de police & sûreté dans la ville où réside sa majesté, se fait par le surplus des officiers, bas-officiers & gardes des brigades qui ne sont pas de garde.

Il y a toujours à chaque corps de garde de Versailles, deux brigadiers, deux sous-brigadiers & neufs gardes, qui, après l'établissement du corps de garde du [illegible] de Clagny, doivent être réduits pour chacun à un brigadier ou sous-brigadier, & six gardes. Ceux qui sont de garde ne sont relevés que tous les vingt-quatre heures, & ne peuvent s'absenter du corps de garde, soit de jour soit de nuit, que pour les patrouilles, captures, & conduites de prisonnier.

Le service y est commandé par le lieutenant ou sous-lieutenant, désigné par l'état que dresse le major, des hommes qui doivent être à chacun des trois corps de garde.

Le lieutenant ou sous-lieutenant est tenu de paroître au corps de garde qu'il commande, au moins toutes les deux heures, depuis huit heures du matin jusqu'à onze heures du soir en été, & depuis neuf heures du matin jusqu'à dix heures du soir en hiver : à chaque fois il fait l'appel des hommes pour savoir si personne ne manque, & se fait rendre compte de tout ce qui peut être arrivé dans l'intervalle d'une visite à l'autre, donne les ordres convenables, & dit où l'on peut le trouver au besoin, tant le jour que la nuit.

Chaque corps de garde de Versailles fournit, tant de jour que nuit, pour le maintien du bon ordre, une patrouille de quatre hommes commandés par le brigadier ou sous-brigadier de service. Cette patrouille fait des courses fréquentes dans les différentes rues, avenues & places de son quartier ; & indépendamment de ces rondes, le bas-officier commandant au corps de garde doit faire sortir intermédiairement les deux gardes excédant le nombre employé aux patrouilles, afin d'observer ce qui se passe, d'en avertir le corps de garde, & de concourir d'autant plus efficacement à ce que le bon ordre & la tranquillité publique ne soient point troublés.

Le major doit se concerter avec l'officier qui commande la garde d'invalides, pour que les patrouilles de leurs corps de garde respectifs sortent à des heures différentes, & ne parcourent pas les mêmes lieux. Ces patrouilles se prêtent, au surplus, main-forte & assistance au besoin, afin que la force demeure à celle qui a requis le secours de l'autre.

Il y a dans chaque corps de garde un registre sur lequel le bas-officier est tenu d'insérer les heures de sortie de chaque patrouille, celles des rentrées, & ce qui s'est passé, tant dans les rondes qu'au corps de garde.

Ce bas-officier doit remettre tous les matins un extrait de ce registre au major, qui le porte au secrétaire d'état de la maison du Roi, afin que sa majesté puisse être informée par lui, de ce qui est susceptible de fixer son attention. Le major informe aussi le grand prévôt, ou le lieutenant-général d'épée de ce qui s'est passé, & en cas d'événemens extraordinaires, il va lui en faire part sur le champ, de même qu'au secrétaire d'état.

Le service, à la salle des spectacles, est commandé par le major, un lieutenant, l'aide-major & un sous-lieutenant, qui ont sous leurs ordres deux brigadiers ou sous-brigadier, & douze gardes.

Le lieutenant est choisi par le grand-prévôt, sur les deux qui sont de service dans la ville ; & les sous-lieutenans, bas-officiers & gardes, parmi ceux qui sortent de service.

Le major dresse chaque jour un état du détachement qui doit être employé le lendemain à la salle des spectacles ; & il le fait afficher dans les corps de garde de la salle & autres de la ville, afin que chacun des officiers, bas-officiers, & gardes, puisse être instruit de sa destination.

Il est du devoir des officiers, bas-officiers & gardes de service au spectacle, de concourir avec autant de fermeté que de prudence & d'honnêteté au maintien du bon ordre, & à l'exécution des ordonnances rendues à ce sujet.

Il est défendu aux officiers, bas-officiers & gardes qui ne sont pas de service au spectacle, de s'y présenter sans payer, à peine contre les officiers d'être punis des arrêts, & les bas-officiers & gardes de prison.

Le major est tenu de faire au moins une fois dans l'espace de vingt-quatre heures, l'inspection de tous les corps de garde, tant du château que de la ville, afin de vérifier si le nombre des hommes y est complet, s'ils sont en état de servir, & servent exactement. Il fait relever sur le champ ceux qui se trouvent en faute, & les envoie en prison. Il fait remplacer les absens qui sont punis de la même manière, & rend compte de tout ce qui s'est passé, ainsi que de ce qu'il a ordonné, au grand prévôt, ou au lieutenant-général d'épée.

Il

Il eſt au pouvoir du major de commander, toutes les fois qu'il le juge néceſſaire pour le bien du ſervice, les officiers & les gardes qui ont été de garde au château pendant le jour, pour faire la nuit, ſoit des rondes extraordinaires, ſoit les captures ordonnées.

Toute perſonne arrêtée pour querelle ou tapage, ſoit de jour ou de nuit, doit être conduite au corps de garde de la patrouille qui en a fait la capture.

Celles d'entre ces perſonnes qui tiennent par des charges ou emplois à la maiſon du Roi, de la reine, des princes & princeſſes de la famille royale, des princes & princeſſes du ſang, ſont gardées au corps de garde juſqu'à ce qu'elles ſoient réclamées par leurs ſupérieurs qu'on avertit de leur détention par un garde.

Les citoyens de la ville ſont remis au corps de garde des invalides du quartier, avec une note ſignée de l'officier ou bas-officier de la garde de la prévôté de l'hôtel, contenant leurs noms & les cauſes de leur capture.

Les patrouilles de la garde invalide remettent pareillement au corps de garde de la prévôté de l'hôtel, les perſonnes appartenantes à la maiſon du Roi, de la reine, de la famille royale, & des princes & princeſſes du ſang, & de la ſuite de la cour. Les bas-officiers qui commandent ces corps de garde, ſont tenus de s'en charger reſpectivement, & d'en donner leurs reçus.

Les reçus des corps de garde de la prévôté de l'hôtel, doivent tous être remis au major, afin qu'il en rende compte au ſecrétaire d'état ayant le département de la maiſon du Roi, ainſi qu'au grand prévôt, ou, en ſon abſence, au lieutenant-général d'épée.

Les bas-officiers & les gardes ne peuvent conduire en priſon les perſonnes qu'ils ont arrêtées pour fait de police, qu'en vertu des ordres du major ou de l'officier qui commande au corps de garde. Le major & l'officier répondent perſonnellement de ces ordres; & dans le cas où il y a lieu à un référé, il ne peut être fait que pardevant le lieutenant général de robe longue du ſiège de la prévôté de l'hôtel.

Le capitaine colonel, grand prévôt, fait chaque année, au mois d'avril, une revue d'inſpection de la compagnie; & en cas d'abſence, ou d'autre empêchement, c'eſt le lieutenant-général d'épée qui fait cette revue.

Elle a pour objet de voir l'effectif des officiers, bas-officiers, gardes, appointés, & trompette; d'examiner leur tenue, ainſi que l'état de leur habillement, équipemens & armement; & de donner à cet égard let ordres qui ſont jugées convenables.

Chaque lieutenant fait une ſemblable revue de ſa brigade tous les quatre mois.

Les ſous-lieutenans en font une tous les deux mois.

Ces revues ſont indépendantes des inſpections particulières que les lieutenans & les ſous-lieutenans jugent à propos de faire pour le maintien de la police & tenue militaire qui, ſelon la volonté du Roi, doivent régner dans la compagnie de la prévôté de l'hôtel.

Remarquez que le trompette ne ſonne qu'à la revue du capitaine-colonel, grand prévôt, ou du lieutenant-général d'épée.

Outre ces revues, le major fait aſſembler chaque brigade avec l'agrément du grand prévôt, toutes les fois que le bien du ſervice lui paroît l'exiger.

Le major les aſſemble de même lorſqu'il s'agit de faire reconnoître les officiers nouvellement reçus, ou de prononcer publiquement les peines encourues pour défaut de ſervice, mauvaiſe conduite, négligence dans la tenue ou autres fautes: l'intention du Roi eſt que ces fautes ſoient punies de la manière la plus exemplaire.

A l'arrivée des détachemens de la compagnie dans les lieux où ſa majeſté doit aller faire quelque ſéjour, le major en fait pareillement la revue, afin de s'aſſurer s'ils ſont complets, & en état de faire le ſervice.

C'eſt une loi indiſpenſable à tout officier, bas-officier & garde, de ſe trouver aux revues, à moins qu'il n'en ſoit empêché par maladie ou autre cauſe légitime, qu'il eſt tenu de juſtifier par un certificat envoyé au major, qui en rend compte au grand prévôt.

Cette loi néanmoins ſouffre exception. Un officier n'eſt pas tenu d'aſſiſter à la revue faite par un officier dont il eſt le ſupérieur. Ainſi, les lieutenans ſont diſpenſés de ſe trouver aux revues des ſous-lieutenans, & le major à celles des lieutenans. Mais les lieutenans ſont obligés d'aſſiſter aux revues du major, & les ſous-lieutenans à celles des lieutenans.

Suivant l'ordre des grades des officiers & bas officiers, la plus exacte ſubordination & obéiſſance doit exiſter de la part de l'inférieur à l'égard du ſupérieur.

Quiconque, en fait de ſervice ou de diſcipline militaire, refuſe d'obéir à celui auquel il doit obéiſſance, doit être puni : les officiers doivent l'être des arrêts, en vertu de l'ordre du grand prévôt, ou du lieutenant-général d'épée qui le repréſente ; & les bas-officiers ou gardes, par la priſon, en vertu de l'ordre du major.

Les officiers, bas-officiers & gardes ne peuvent s'abſenter, pour plus de huit jours, du lieu où réſide le Roi, ſans un congé par écrit du grand prévôt, qui peut chaque année en accorder après ſa revue quatre par brigade, non compris ceux dont le lieutenant ou le ſous-lieutenant peuvent avoir beſoin pour leurs affaires dans le cours de l'année.

La règle eſt que deux officiers de la même brigade ne ſauroient s'abſenter en même temps; & que tous les congés ne ſauroient être pour plus de trois mois.

Ceux qui obtiennent des congés, tant les officiers, que les bas-officiers & les gardes, ne jouiſſent, pendant le temps de leur abſence, que de la moitié de leurs appointemens.

L'autre moitié eſt remiſe à la maſſe d'habillement. Il y a même des cas où on les fruſtre de la totalité de leur ſolde, comme lorſqu'il leur arrive d'excéder (ne fût-ce que d'un jour) le terme de leurs congés, ſans juſtifier, par des certificats authentiques, des maladies ou autres empêchemens légitimes, qui ne leur ont pas permis de rejoindre la compagnie au temps fixé.

A l'égard des permiſſions de s'abſenter pour moins de huit jours, que les officiers, bas-officiers & gardes deſirent obtenir, elles leur ſont accordées, s'il y a lieu: ſavoir au major, aux lieutenans & aux ſous-lieutenans, par le lieutenant-général d'épée, qui en inſtruit le grand prévôt ; & aux brigadiers, aux ſous-brigadiers & aux gardes, par le major, qui en rend compte au lieutenant-général d'épée.

Il y a toujours un lieutenant & deux gardes de ſervice près de la perſonne de M. le garde des ſceaux.

Ces deux gardes autrefois étoient pris dans la compagnie indifféremment. Mais par édit du mois de janvier 1641, enregiſtré au grand conſeil le 10 ſeptembre ſuivant, le Roi créa deux charges fixes de gardes de la prévôté pour ſervir à la garde des ſceaux.

Le lieutenant qui commande ces deux gardes eſt également ſtable dans ſes fonctions. Au mois de mai 1658, le ſieur Jean Picot fut créé exempt de la prévôté, à la charge de ſervir continuellement auprès de M. le garde des ſceaux. Dans la ſuite on donna le titre de lieutenant à cet exempt.

Paſſons maintenant aux devoirs & fonctions du commiſſaire de la compagnie des gardes de la prévôté de l'hôtel.

Il fait la revue de la compagnie le premier de chaque mois. Cette revue s'appelle revue de ſubſiſtance, parce qu'elle ſert au payement de la ſolde du mois précédent.

Tous les officiers, bas-officiers, gardes & trompette qui ne ſont pas alors de ſervive, ſont tenus d'y aſſiſter.

La revue ſe fait par appel, d'après le

contrôle que tient de la compagnie le commiſſaire.

Il marque ſur ce contrôle les préſens & les abſens, ceux qui le ſont avec congé ou ſans congé, ſans oublier les époques préciſes où ils ont quitté la compagnie.

Le commiſſaire fait auſſi mention ſur ſon contrôle des jours où les charges de la compagnie ſont venues à vaquer, & des cauſes de la vacance, ſi c'eſt par mort, démiſſion ou autrement.

Il fait les mêmes opérations dans chacun des corps de garde du château & de la ville. Après quoi il clot ſa revue, de laquelle il adreſſe le lendemain un extrait en forme au ſecrétaire d'état, ayant le département de la maiſon du Roi, & un autre au tréſorier de la compagnie, afin de ſervir au payement de la ſolde des officiers, bas-officiers, gardes & trompette, tenus préſens à la revue.

Les officiers, bas-officiers & gardes, malades ou abſens pour le ſervice, ſont réputés préſens, & inſcrits, comme tels, ſur les états des revues de ſubſiſtance. Mais il faut que l'une ou l'autre cauſe d'abſence ſoit conſtatée : la première, par un certificat de médecin ou chirurgien ; la ſeconde, par un certificat du major, viſé par le grand prévôt ou le lieutenant-général d'épée.

Le commiſſaire, auquel ces divers certificats ſont préſentés par le major le jour de la revue, les joint à l'extrait qu'il en adreſſe au ſecrétaire d'état de la maiſon du Roi.

Il eſt du devoir du commiſſaire de joindre pareillement aux extraits de ces revues les extraits mortuaires des officiers, bas-officiers, gardes ou autres dont les charges ont vaqué par mort, afin que ces pièces ſervent à en conſtater les époques.

Le maréchal des logis, le tréſorier, le ſecrétaire, l'aumônier & le chirurgien, ſont diſpenſés de ſe trouver aux revues du commiſſaire. Mais ils ne jouiſſent de cette diſpenſe qu'à condition de ſe préſenter le premier de chaque mois au commiſſaire, munis de leurs proviſions ou brevets pour conſtater leur exiſtence dans la compagnie.

Le commiſſaire, à la fin de chaque année, envoie au ſecrétaire d'état de la maiſon du Roi ſon contrôle de la compagnie, afin qu'il puiſſe faire vérifier ſi les extraits des revues qu'il a reçus, ſont conformes au contrôle.

Le ſecrétaire d'état fait dreſſer, après cette vérification, le rôle de la compagnie, & expédier en conſéquence l'ordonnance de la ſolde pour l'année entière.

## SECTION QUATRIÈME.

### *De la juridiction de la prévôté de l'hôtel.*

LA juridiction de la prévôté de l'hôtel eſt la juſtice ordinaire de la maiſon du Roi.

Le ſiège de la prévôté étoit anciennement dans le Louvre, afin que les officiers du Roi ne fuſſent point détournés du ſervice qu'ils doivent à ſa majeſté, ayant leur juge naturel dans le Louvre même.

Mais l'endroit où ſe tenoit le ſiège de la prévôté ayant par la ſuite été occupé par la Reine mère, ce ſiège fut transféré dans le cloître Saint-Germain-l'Auxerrois.

L'almanach de Paris de l'année 1714, dit que la prévôté de l'hôtel tenoit en ce temps-là ſes ſéances à l'hôtel d'Aligre, rue Saint-Honoré.

Les officiers de cette juridiction ſont enſuite retournés au Louvre. C'eſt là qu'ils ſont maintenant. Ils tiennent leur audience dans l'enclos du grand conſeil.

Le tribunal eſt compoſé actuellement du capitaine colonel, grand prévôt de France ; de deux lieutenans-généraux de robe longue, civils, criminels & de police ; d'un procureur du Roi ; un greffier en chef, receveur des conſignations, & ſcelleur des ſentences ; de trois notaires créés à l'inſtar de ceux de Paris ; de cinq commis du greffe; de douze procureurs; d'un premier huissier audiencier; & de treize huissiers de quartier.

Il y a à la suite du tribunal deux secrétaires de M. le grand prévôt, un aumônier, un médecin, trois chirurgiens jurés au rapport, un chirurgien commis pour les rapports, six chirurgiens suivant la cour, & quatre libraires du grand prévôt.

Les audiences de la prévôté de l'hôtel se tiennent à Paris le mercredi au louvre, & à Versailles le samedi au siège de la juridiction, enclos de la geole.

Les officiers de la maison du Roi, tant ceux de sa cour que ceux de sa suite, ont droit, en matière civile & en matière criminelle, de porter leurs causes à ce tribunal, attendu que sa juridiction a été établie pour eux & en leur faveur.

La juridiction du prévôt de l'hôtel & grand prévôt de France, a particulièrement pour objet ce qui concerne la sûreté, la subsistance & le bon ordre de la cour. Cette attribution générale étant susceptible de recevoir plus ou moins d'extension, selon les différentes manières d'envisager les rapports des choses, il ne faut pas s'étonner qu'il se soit souvent élevé des conflits de juridiction entre la prévôté de l'hôtel & les autres tribunaux. Ce fut le grand nombre de ces conflits qui détermina le feu Roi à rendre en son conseil, le premier avril 1762, un arrêt de réglement pour fixer avec clarté & précision la compétence de ces différens sièges: cet arrêt contient les dispositions suivantes:

» *Art.* 1. Le prévôt de l'hôtel de sa majesté, connoîtra, à l'exclusion de tous » autres juges, de tous crimes & délits commis dans les palais, châteaux & maisons » royales, dans lesquelles sa majesté fera » son habitation actuelle; & dans les bâtimens, cours, basse-cours & jardins en » dépendans, même dans les logemens » loués par ses ordres, pour supplément » desdits palais & châteaux.

» 2. La disposition de l'article précédent sera observée à l'égard de tous » les lieux qui seront habités par sa majesté, en voyage ou autrement.

» 3. Ledit prévôt connoîtra pareillement, à l'exclusion de tous autres » juges, des crimes & délits commis dans » les palais des thuilleries, du louvre & » du luxembourg, bâtimens, cours & » jardins en dépendans, même dans les » logemens destinés aux artistes, dans » les galeries du louvre, aux gobelins » & à la savonnerie, & ce, encore que » sa majesté ne soit pas actuellement en » sa ville de Paris.

» 4. Dans tous les autres châteaux » & maisons royales où sa majesté ne » fera pas sa demeure actuelle, la juridiction criminelle sera exercée par les » juges ordinaires, ainsi que dans tous » les autres lieux de leur territoire, » même à l'égard des gouverneurs, capitaines, suisses, portiers, gardes-chasses, ou de ceux à qui sa majesté » auroit accordé des logemens dans lesdits châteaux & maisons.

» 5. Lorsque sa majesté commandera » ses armées en personne, ledit prévôt » aura la connoissance de tous crimes » & délits commis dans le quartier du » Roi.

» 6. Ledit prévôt fera faire exactement des rondes ou patrouilles dans » les dix lieues à la ronde du lieu qui » sera actuellement habité par sa majesté, » fera arrêter les vagabonds, gens sans » aveu, ou autres qui troubleroient la » sûreté & la tranquilité de la cour; & » pourra leur faire & parfaire le procès » jusqu'à jugement définitif inclusivement, lorsqu'il aura prévenu les juges » ordinaires.

» 7. Ledit prévôt connoîtra, à l'exclusion de tous juges, des crimes & » délits commis dans ladite étendue de » dix lieues, tant en la personne de ceux » qui sont actuellement de service auprès » de sa majesté, de la reine & de la fa-

» mille royale, que par lesdites personnes actuellement de service, sans que, sous aucun prétexte, il puisse y prendre connoissance desdits crimes & délits, à l'égard d'aucuns autres que de ceux portés au présent article & au précédent.

» 8. N'entend sa majesté comprendre dans ladite étendue de dix lieues la ville de Paris & ses fauxbourgs dans lesquels ville & fauxbourgs, ledit prévôt ne pourra exercer aucune juridiction criminelle, si ce n'est seulement dans les lieux portés par l'article 3 du présent arrêt: Et à l'égard des crimes & délits commis dans ladite ville & fauxbourgs d'icelle, pendant que sa majesté y sera, il n'en pourra connoître que lorsqu'il s'agira de crimes & délits commis entre personnes attachées à son service, ou à celui de la reine & de la famille royale: Et en cas qu'ils ayent été commis entre lesdites personnes & des bourgeois de ladite ville, ou autres, la connoissance ne lui en appartiendra qu'au cas qu'il eût prévenu les juges ordinaires.

» 6. Ne seront compris dans le nombre des commensaux, officiers, ou autres personnes attachées à la suite de sa majesté, ou à celle de la reine & de la famille royale, que ceux qui sont inscrits dans les états enregistrés à la cour des aides de Paris.

» 18. La juridiction dudit prévôt n'aura lieu sur lesdites personnes, que pendant le service qu'elles doivent à sa majesté, ou à la reine & à la famille royale, sans qu'après le temps dudit service expiré, il puisse continuer de l'exercer, s'il n'y a eu auparavant un procès-verbal de capture, ou une information commencée par lui ou son lieutenant.

» 11. Dans les cas où ledit prévôt ne seroit compétent qu'à raison du lieu où sa majesté auroit fait son habitation, si elle vient à en changer, il ne pourra exercer sa juridiction, qu'autant qu'il y aura eu auparavant un procès-verbal de capture, ou une information faite par lui ou son lieutenant.

» 12. Déclare au surplus sa majesté qu'elle n'entend préjudicier par le présent réglement, aux privilèges accordés à certaines personnes, à raison de leur dignité ou de leur état, qui seront gardés ou observés, ainsi qu'ils l'ont été ou dû l'être ci-devant.

» 13. Ledit prévôt ne connoîtra du crime de rapt de violence ou de séduction, à l'exclusion de tous autres juges, que dans le cas seulement où il aura été commis dans l'intérieur des palais, maisons royales & châteaux dans lesquelles sa majesté fera son habitation actuelle, ou dans leurs dépendances; & les juges ordinaires en connoîtront en tous autres cas, & à l'égard de toutes personnes, sans exception.

» 14. Dans toutes les causes & procès civils, dont la connoissance appartient audit prévôt, il connoîtra pareillement du faux qui y sera incident, sans que sous prétexte du lieu ou de la personne, il puisse connoître du faux incident aux causes & procès pendans devant tous les juges.

» 15. Ne pourra ledit prévôt, connoître, en aucun cas, du crime de duel, circonstances & dépendances, encore q'il eût été commis dans des lieux ou par des personnes soumises à sa juridiction, sauf à lui d'informer dudit crime, même d'arrêter les prévenus en flagrant délit; auquel cas, il sera tenu de renvoyer les charges, informations & procédures, & ceux qu'il auroit arrêtés, dans les cours de parlemens & conseils supérieurs, pour y être ledit procès continué à la poursuite & diligence des procureurs généraux de sa majesté, en la forme portée par les ordonnances.

» 16. Les lettres d'abolition, de » pardon & de rémission, qui auroient » été accordées pour crimes & délits » instruits par ledit prévôt, lui seront » adressées, & sera par lui procédé à » leur entérinement en la forme pres- » crite par les ordonnances.

» 17. Dans toutes les matières attri- » buées audit prévôt, les juges ordi- » naires pourront informer & décréter » à la charge de renvoyer le procès & » les accusés audit prévôt; & pourra pa- » reillement ledit prévôt, informer & » décréter pour crimes commis dans tous » les lieux où il peut exercer sa jurisdic- » tion, encore que la connoissance du » crime ou délit ne lui appartînt pas; à » la charge pareillement, de renvoyer le » procès & l'accusé aux juges ordinaires » qui en doivent connoître.

» 18. Ledit prévôt ou son lieute- » nant, pourra rendre seul, les ordon- » nances pour permettre d'informer & » pour décréter; & à l'égard du régle- » ment à l'extraordinaire, & autres ju- » gemens préparatoires, interlocutoires » ou définitifs, il ne les pourra rendre » qu'avec six maîtres des requêtes de l'hô- » tel au moins, ou six des conseillers du » grand conseil, ou des cours de parle- » ment; & lorsque sa majesté sera en » voyage, ou hors du lieu ordinaire de » son habitation, s'il ne se trouve pas à » sa suite, suffisamment des maîtres de » requêtes, ou desdits conseillers, pour » remplir ledit nombre, il y appellera six » des officiers des bailliages ou sénéchaus- » sées, même des autres justices royales » qui se trouveront les plus proches des » lieux où sa majesté sera, & les juge- » mens ainsi rendus, seront exécutés en » dernier ressort & sans appel.

» 19. Dans tous les cas où il sera » nécessaire de mettre le scellé dans l'in- » térieur des palais de sa majesté, & au- » tres lieux énoncés dans les articles 1, » 2, 3 & 4 du présent arrêt; il ne pourra » être apposé & levé que par ledit pré- » vôt ou autre officier de la prévôté de » l'hôtel.

» 20. L'apposition & la levée des » scellés appartiendront pareillement au- » dit prévôt, lorsque les personnes atta- » chées à la suite de sa majesté, ou à » celle de la reine ou de la famille » royale, décéderont pendant le temps » de leur service, dans des logemens par » eux occupés par ledit temps seulement: » mais s'ils décèdent, même pendant » le temps de leur dit service, dans des » maisons à eux appartenantes, ou qu'ils » auroient louées pour un temps plus » long que celui dudit service, lesdites » appositions & levées des scellés appar- » tiendront aux juges ordinaires.

» 21. Les inventaires seront faits par » tels notaires que les parties voudront » choisir, & dans le cas où il sera né- » cessaire de les faire clore en justice, » la clôture sera faite devant les juges » ordinaires.

» 22. S'il est nécessaire de procéder » auxdits inventaires en justice, ils se- » ront faits par ledit prévôt ou par le » juge ordinaire, selon que l'un ou l'au- » tre en sera compétent, aux termes » desdits articles 19 & 20 ci-dessus.

» 23. La vente des meubles sera » faite de l'autorité de celui dudit pré- » vôt, ou dudit juge qui se trouvera com- » pétent, aux termes desdits articles, » & ce par tel huissier-priseur-vendeur » qui sera choisi par les parties, ou com- » mis à cet effet, s'il est nécessaire d'en » nommer un en justice.

» 24. Dans tous les cas où ledit » prévôt sera compétent pour lesdits » scellés, inventaires & ventes, suivant » ce qui a été réglé ci-dessus, il ne » pourra prétendre aucun droit de suite.

» 25. Ledit prévôt connoîtra du » bris des scellés par lui apposés, sans » que, sous ce prétexte, il puisse con- » noître des actions en recelé & diver- » tissement, lesquelles seront portées de- » vant les juges ordinaires.

» 26. Les tutelles & curatelles, » & les émancipations qui seront à faire » après le décès des personnes susdites, » seront faites devant les juges ordinaires, » sans que ledit prévôt puisse s'y im- » miscer, sous prétexte desdits scellés, » inventaires & ventes, ou sous quel- » qu'autre que ce soit.

» 27. Les demandes & actions » qui concernent le service que doivent » les personnes attachées à la suite de sa » majesté, à celle de la reine & de la » famille royale, l'exercice de leurs fon- » ctions, leurs logemens, nourritures » ou habillement, ou de leurs domesti- » ques, pendant le temps de leur ser- » vice, ainsi que les actes, conventions » ou billets qu'elles auroient faites pour » raison desdits objets, même les lettres » de change causées pour iceux; & au- » tres demandes de pareille nature & » qualité, qui auront trait audit service, » seront portées pardevant ledit prévôt, » à l'exclusion de tous autres juges.

» 28. Les saisies mobilières ou » réelles qui seront faites en exécution » des sentences rendues par ledit prévôt, » dans les cas dont la connoissance lui est » attribuée par le présent arrêt, & les » instances de préférence, de contribu- » tion ou d'ordre qui seront intentées » en conséquence, pourront être portées » pardevant ledit prévôt, sans qu'il » puisse en connoître en aucun autre » cas.

» 29. Ledit prévôt ne pourra con- » noître en aucun cas, des demandes » en partages, ou licitation de biens, » des contestations concernant les testa- » mens & les substitutions, des opposi- » tions aux mariages, des demandes en » séparations de corps & de biens, de » celles en retrait lignager, des décrets » volontaires, ni d'aucune action per- » sonnelle, ou mixte, autres que celles » portées par les deux articles précé- » dens.

» 30. Ne pourra pareillement ledit » prévôt connoître, en aucun cas, & » sous quelque prétexte que ce soit, des » saisies féodales, des demandes en re- » trait féodal ou censuel, des actions en » reconnoissance ou payement de cens & » rentes, des demandes en réunion ou » en bornages, ni de toutes autres ma- » tières réelles.

» 31. Dans toutes les affaires dont » la connoissance appartient audit pré- » vôt, les assignations pourront être don- » nées, & tous exploits pour l'exécution » de ses ordonnances & jugemens, être » faits dans tout le royaume, par les » officiers de ladite prévôté, ayant pou- » voir d'exploiter, sans qu'ils ayent be- » soin de *pareatis*; & en cas que les- » dites assignations soient données, ou » lesdits exploits faits par d'autres huis- » siers ou sergens, ils seront tenus de » prendre un *pareatis* en la manière ac- » coutumée.

» 32. Le prévôt ou son lieutenant, » se transportera avant l'arrivée de » sa majesté, dans tous les lieux où elle » devra loger, à l'effet d'y régler, de » concert avec les juges de police du » lieu, le taux du pain, vin, viande, » foin, paille, avoine, bois, chandelle » & autres choses nécessaires à la subsis- » tance & approvisionnement de sa suite, » sauf, en cas qu'il survienne quelques » difficultés à cet égard, à y être pourvu » par les ordres de sa majesté, sur le » compte qui lui en sera rendu.

» 33. En cas qu'il soit nécessaire » pour ladite subsistance, de tirer des » marchandises ou denrées des lieux cir- » convoisins, ledit prévôt pourra pareil- » lement s'y transporter, & donner des » ordres nécessaires à cet effet, lesquels » seront exécutées par provision, sauf, » en cas de plaintes, à y être pourvu » par sa majesté, ainsi qu'il appartien- » dra.

» 34. Ledit prévôt pourra en outre, » de concert avec le juge de po-

» lice du lieu, fixer le taux des denrées » & marchandises pour la provision de » la cour & suite de sa majesté, sur les » ports les plus proches du lieu où elle » sera, sauf, en cas de difficulté, à y » être pourvu par sa majesté, ainsi qu'il » appartiendra.

» 35. Ledit prévôt pourra faire » des visites dans tous lesdits lieux, » pour y maintenir la police & l'exécu- » tion de ses ordonnances, en ce qui » concerne ledit approvisionnement seu- » lement : & il connoîtra exclusivement » à tous autres juges, des contraventions » & contestations qui pourroient naître » à ce sujet, soit au civil, soit au cri- » minel.

» 39. Ledit prévôt connoîtra pa- » reillement, à l'exclusion de tous autres » juges, de toutes conventions & mar- » chés, soit verbaux, soit par écrit, qui » seroient faits & causés pour l'approvi- » sionnement de ladite cour & suite de » sa majesté, même des lettres de change » ou billets ainsi causés.

» 37. La police dans les chapel- » les des palais & maisons royales, » mentionnées dans les articles premier, » 3 & 5 du présent arrêt, appartien- » dra audit prévôt, à l'exclusion de tous » autres juges : ce qui aura lieu pareille- » ment à l'égard de toutes les églises, » lorsque sa majesté y assistera au service » divin ; & dans tous les autres cas, la » police desdites églises demeurera aux » juges des lieux.

» 38. La police sur tous vivan- » diers, marchands ou artisans privilé- » giés, qui seront à la suite de ladite » cour, appartiendra audit prévôt, à » l'exclusion de tous juges ; & à l'égard » de tous autres vivandiers, marchands » & artisans, elle appartiendra aux juges » ordinaires du lieu, sans préjudice néan- » moins audit prévôt ou son lieutenant » de faire des visites de police chez eux, » & notamment chez les cabaretiers, pour » la sûreté & le bon ordre de ladite » cour.

» 39. Ledit prévôt pourra faire pu- » blier, toutes les fois que besoin sera, » les ordonnances pour la police de la- » dite ville, même en rendre de nou- » velles, s'il est nécessaire, & la connois- » sance de tout ce qui concernera leur » exécution, lui appartiendra exclusive- » ment à tous autres juges.

» 40. Les ordonnances & réglemens » concernant la propreté des rues des » lieux que sa majesté habitera, & pour » les boues & lanternes, seront faits par » le juge ordinaire des lieux, & il con- » noîtra de toutes les contraventions & » contestations, ce concernant, sauf, en » cas de négligence de sa part, à y être » pourvu de l'autorité de sa majesté, ainsi » qu'il appartiendra.

» 41. Les ordonnances de police, » rendues par ledit prévôt, seront exé- » cutées nonobstant oppositions ou appel- » lations quelconques, & sans préjudice » d'icelles, sauf l'appel au grand conseil » de sa majesté.

» 42. Veut néanmoins sa majesté que, » si elles ont été rendues pendant le cours » de ses voyages, ou ailleurs que dans » le lieu de son habitation ordinaire, & » qu'il se trouve à sa suite trois des » maîtres des requêtes de son hôtel, » l'appel en soit porté pardevant eux, » pour y être statué en dernier ressort, » sommairement & sans frais, en la » forme prescrite par le réglement du » conseil pour l'instruction des inci- dens.

» 43. Ledit prévôt aura la police des » spectacles qui auront été établis par » permission de sa majesté dans les lieux » où elle fera son séjour.

» 44. N'entend sa majesté comprendre » la ville de Paris dans tout ce qui a » été réglé par les articles précédens, » concernant l'exercice de la police par » ledit prévôt. Veut sa majesté que, soit

» en

» en son absence, soit en sa présence, il » ne puisse l'exercer que dans l'intérieur » des palais & autres lieux mentionnés » dans l'article 3 du présent arrêt.

» 45. Tout ce qui est porté par le pré- » sent arrêt sur la juridiction dudit » prévôt, aura lieu dans le cas où la » reine, ou l'un des princes ou des prin- » cesses de la famille royale, ne se trou- » vant pas avec sa majesté, elle aura » chargé ledit prévôt ou son lieutenant » de faire le service auprès de leur per- » sonne.

» 46. Ledit prévôt connoîtra en pre- » mière instance, & à la charge de l'appel » audit grand conseil, des contestations » qui pourront concerner la validité ou » invalidité des privilèges de ceux des » marchands & artisans attachés à la cour » & suite de sa majesté, qui exerceront » aussi leur profession & art en la ville » de Paris ou ses fauxbourgs, sans qu'il » puissent être traduits ailleurs, pour » raison de leurs privilèges.

» 47. Seront au surplus lesdits mar- » chands & artisans tenus de se conformer » aux réglemens faits pour l'exercice & » police des arts & métiers de ladite ville; » & en cas de contravention, les maîtres » & gardes, & les jurés des commu- » nautés pourront faire la visite chez » lesdits marchands & artisans, à la » charge de prendre l'ordonnance du lieu- » tenant général de police, & de se faire » assister d'un commissaire; & les contes- » tations qui naîtront à ce sujet, seront » apportées pardevant ledit lieutenant » général de police, & par appel au par- » lement de ladite ville.

» 48. Les commensaux de sa majesté, » & les personnes attachées à son ser- » vice, & à celui de la reine & de la » famille royale, pourront être assignés » pardevant ledit prévôt, dans tous les » cas, dont la connoissance lui est attribuée » par le présent arrêt, sans préjudice aux » dites personnes de faire usage de leur » droit de committimus dans les cas » portés par les ordonnances; sans néan- » moins que lesdits committimus puissent » avoir lieu, lorsqu'il sera question de » la police ou des privilèges accordés aux » marchands & artisans étant à la suite » de la cour.

» 49. Ordonne sa majesté que le pré- » sent arrêt sera exécuté en tout son con- » tenu, même à l'égard des conflicts & » autres contestations qui seroient encore » indécis; & ce nonobstant toutes choses » à ce contraires. »

Une contravention aux dispositions de cet arrêt, relatives aux appositions de scellé, fit rendre le 18 octobre 1766, un nouvel arrêt qu'il importe d'autant plus de faire connoître, qu'on y indique les principales loix qui ont servi de fondement à celui qu'on a rapporté tout à l'heure. Il est ainsi conçu:

« Sur la requête présentée au Roi, » étant en son conseil, par le sieur mar- » quis de Sourches, prévôt de l'hôtel de » sa majesté, & grand prévôt de France, » contenant que par les titres d'établisse- » ment de sa juridiction, il a seul le droit de » faire toutes fonctions de justice, & no- » tamment d'apposer les scellés, faire « faire les inventaires & ventes lorsque » les circonstances le requièrent, dans les » maisons habitées par sa majesté, & dans » ses maisons royales à Paris, séjour natu- « rel de nos souverains, où sa majesté » est toujours réputée présente dans son » louvre & palais des tuileries. Ce droit » de juridiction exclusivement aux offi- » ciers du châtelet, est fondé sur les » lettres-patentes, ordonnances & arrêts » des conseils d'état & privé de sa ma- » jesté, des 20 janvier 1610, 13 mars » 1628, 28 novembre 1636, 2 no- » vembre 1656, 24 juillet 1646, 20 » mars 1647, 29 mars 1650, 11 jan- » vier 1668, premier septembre 1677,

» 21 août 1684, 7 août 1718, 28 » juin 1738, 14 mai 1740, 6 septembre » 1749, 11 septembre & 28 novembre » 1750, 12 février, 27 mars & 28 novembre 1751, 13 septembre 1755, » 19 juin 1758, & autres intervenus depuis. Ces réglemens qualifient le prévôt » de l'hôtel juge ordinaire des maisons de » sa majesté; ils portent des défenses expresses à toutes personnes logées dans son » Louvre & maisons royales à Paris, de » se pourvoir pour les appositions & levées » de scellés, & pour leurs autres affaires » où il s'agira du fait de justice, ailleurs » que devant le prévôt de l'hôtel, leur juge » naturel, privativement à tous autres juges: la plupart de ces décisions rendues » contradictoirement avec les officiers du » châtelet, déclarent nuls & de nul effet, » par défaut de droit de compétence, les » scellés apposés par les commissaires du » châtelet, soit à Paris ou à la suite de la » cour dans les maisons appartenantes à » sa majesté; les condamnent en mille » livres d'amende déclarée encourue à chaque contravention, & ordonnent que les » contre-scellés du prévôt de l'hôtel seront » par lui reconnus, & ceux des commissaires » du châtelet brisés. Des lois aussi précises » & aussi sages, qui conservent les droits » appartenans à la juridiction du suppliant » & à celle du châtelet, n'ont point été » capables de contenir les Commissaires. » Le 19 août de la présente année, la veuve » du sieur Dejean, vivant, inspecteur du » magasin des plombs du palais des tuileries & bâtimens de sa majesté, étant décédée dans un logement dépendant dudit » magasin, attenant à la cour des Suisses, » construit par sa majesté, & fermé d'une » cour, ainsi que les bâtimens de ladite » cour des Suisses & autres cours dudit palais, sur le terrein de sa majesté, place » du Carouzel, le commissaire Boulanger » a eu la témérité d'y apposer le scellé. Le » lieutenant général de la prévôté de l'hôtel s'est trouvé obligé, pour la conservation des droits de sa juridiction, de s'y » transporter le 21 du même mois, » & d'y croiser ce scellé. L'entreprise de ce » commissaire est d'autant plus répréhensible, qu'il ne pouvoit méconnoître les » réglemens de sa majesté, qui maintiennent le suppliant dans le droit exclusif » d'apposer les scellés dans les bâtimens » dépendans du palais des Tuileries. Ces » réglemens ont été notifiés de nouveau, » il y a fort peu de temps, à la communauté des commissaires, à l'occasion » du contre-scellé apposé par les officiers » de la prévôté de l'hôtel sur celui du » commissaire de la Fleutrie, après le » décès du chevalier de Saint-Pol, à l'hôtel » du grand écuyer de France, même » terrein du Carouzel. Les héritiers du » chevalier de Saint-Pol, à la vue des » réglemens, ont reconnu le droit du » suppliant; ils ont présenté leur requête » sur laquelle le lieutenant général de » la prévôté de l'hôtel a mis son ordonnance & levé ses contre-scellés. Les » héritiers de la veuve Dejean n'ont pas » suivi la même route; ils se sont adressés » au parlement; & sur le faux exposé » que la veuve n'étoit point décédée dans » un bâtiment dépendant du palais des » tuileries, ils ont surpris un arrêt sur » requête le 27 août dernier, qui les » reçoit appelans du croisé de scellé, » & ordonne par provision que les contre-scellés du lieutenant général de la prévôté de l'hôtel seront brisés, & l'inventaire fait par les officiers du châtelet. Le préjudice qui résulteroit de » l'exécution de cet arrêt contre le droit » exclusif de juridiction du suppliant » dans le palais des tuileries, cours & » bâtimens en dépendans, & plus encore, l'attentat du commissaire Boulanger, & son mépris affecté contre » la disposition des réglemens sus énoncés, obligent le suppliant à recourir » de nouveau à l'autorité de sa majesté, » A CE QU'IL LUI PLAISE ordonner que

» lesdits réglemens seront exécutés selon » leur forme & teneur ; en conséquence, » sans avoir égard audit arrêt surpris » à la religion du parlement le 27 » août dernier, ordonner que, pour le » manque de respect du commissaire » Boulanger, aux décisions de sa majesté, & sa contravention auxdits réglemens, l'amende de mille livres, » portée par iceux, sera & demeurera » encourue contre ledit commissaire, au » payement de laquelle il sera contraint » comme pour les propres deniers & » affaires de sa majesté. Vu ladite requête, » ensemble les pièces justificatives d'icelle : ouï le rapport, le Roi étant en son » conseil, ayant égard à la requête, a » ordonné & ordonne que les arrêts de » son conseil portant réglement pour la » juridiction du prévôt de son hôtel, » seront exécutés selon leur forme & » teneur ; en conséquence, sans avoir » égard à l'arrêt du parlement de Paris » du 27 août dernier, & attendu la » contravention du commissaire Boulanger auxdits réglemens, a déclaré » & déclare encourue contre lui l'amende » de mille livres, au payement de laquelle il sera contraint comme pour » les propres deniers & affaires de sa » majesté. Et sera le présent arrêt exécuté » nonobstant oppositions ou autres empêchemens quelconques, pour lesquels » ne sera différé, & dont, si aucuns » interviennent, sa majesté se réserve à soi » & à son conseil la connoissance, icelle » interdisant à toutes ses cours & autres » juges. Fait au conseil d'état du Roi, &c. »

Le conseil a encore rendu, le 19 juin 1779, un autre arrêt non moins important relativement à la juridiction du prévôt de l'hôtel & grand prévôt de France : voici ce qu'il porte :

« Sur la requête présentée au Roi, » étant en son conseil, par le sieur marquis de Sourches, prévôt de l'hôtel & » grand prévôt de France, contenant » qu'il est obligé d'adresser à Sa Majesté » ses remontrances contre un arrêt du » parlement de Bretagne, en date du » 13 avril 1779, attentatoire aux droits » de sa juridiction : il est de maxime fondée sur nombre d'édits, déclarations » & lettres-patentes, notamment celles » du dernier février 1605, 2 août 1613, » 10 décembre 1617, 17 juin 1659, » 17 janvier 1675, 27 mars & 24 juillet » 1685, premier octobre 1686, 25 juillet 1688, &c. toutes registrées au » grand conseil, & sur plusieurs arrêts » du conseil d'état & arrêts du grand » conseil, que la connoissance des contestations au sujet des droits, privilèges, honneurs & préséances attribués » aux commensaux de la maison du Roi » & de celles des enfans de France, appartient en première instance à la prévôté de l'hôtel du Roi, & par appel » au grand conseil, exclusivement à tous » autres tribunaux. En conséquence, le » sieur Anneix de Souvenel, écuyer, » conseiller du Roi, maître des requêtes » ordinaire de l'hôtel & conseiller aux » conseils de Monsieur, & le sieur Anneix de la Houssaye, écuyer, garde » du corps de Monsieur, ayant fait assigner, par exploit du 21 mars 1779, à » la prévôté de l'hôtel du Roi, le général » des habitans de la paroisse de Melesse, » diocèse de Rennes, province de Bretagne, à l'effet de les faire jouir, dans » ladite paroisse, des droits honorifiques » qui leur compètent en qualité de commensaux des maisons du Roi & de » Monsieur, ce général, au lieu de se » présenter & défendre à cette demande, » a suscité le procureur général du parlement de Rennes, lequel a fait notifier aux sieurs Anneix, le 17 mai, » une remontrance & arrêt du 13 avril » précédent, conçus en ces termes : » *Anne-Jacques Raoul de Caradeuc,* » *procureur général du Roi, entré à la* » *cour, a dit, Messieurs, je viens d'être* » *instruit que maître Euzèbe Anneix de* » *Souvenel, & le sieur Charles-Augustin*

» *Anneix de la Houssaye, son frère consanguin, mécontens de ce que le général de la paroisse de Melesse n'avoit pas délibéré sur des objets qui n'étoient pas même indiqués, comme l'exigent les réglemens de la cour, dans la lettre du sieur Anneix l'aîné, se sont permis de traduire le général des habitans de Melesse devant le prévôt de l'hôtel du palais, par exploit du 21 mars 1779, à l'effet de concéder auxdits Anneix, en leur qualité de commensaux de la maison de Monsieur, frère du Roi, à leurs épouses & familles, des préséances, droits honorifiques, & sur-tout un banc dans l'église de Melesse. Cette action, messieurs, vous paroîtra sans doute avoir été mal-à-propos portée devant le prévôt de l'hôtel du palais, en ce qu'elle blesse les privilèges particuliers, liberté & franchises de la province, qui ne permettent pas de traduire ses habitans hors de son territoire; indépendamment de ces privilèges privatifs à la province, cette action est même contraire à un arrêt du conseil, du premier avril 1762, que nous ne connoissons pas en Bretagne, & qu'on trouvera porté en la collection de Denizart, au mot* Prévôt; *suivant les articles 17 & 19 de cette décision, donnée pour faire cesser les contestations mues sur la compétence du prévôt de l'hôtel, ce dernier ne sauroit connoître que des seules actions personnelles ou mixtes qui concernent le service que doivent les personnes attachées à la suite de sa majesté, à celle de la reine & à celle de la famille royale, l'exercice de leurs fonctions, leurs logemens, nourriture ou habillement; ce qui n'a aucun rapport à l'action des sieurs Anneix concernant des droits honorifiques & réels: ces motifs, les embarras & les frais considérables dont l'avance retomberoit sur le général de Melesse, déterminent mes conclusions, sur lesquelles le procureur général a requis qu'il fût pourvu; lui retiré: ouï le rapport de maître Huart de la Bourbansaye, conseiller, doyen de la cour, & sur ce délibéré, la cour, faisant droit sur les remontrances & conclusions du procureur général du Roi, a déchargé le général des habitans de la paroisse de Melesse de la demande & assignation du 21 mars 1779, & lui fait défenses de se présenter sur icelles. Fait en parlement à Rennes le 13 avril 1779. Signé, L. C. Picquet, greffier.* Tels sont les remontrances & l'arrêt du parlement de Bretagne qui excitent la réclamation du prévôt de l'hôtel; en effet, c'est peut-être la première fois qu'on a vu un procureur général agir de son office en pareille matière. Les procureurs généraux se sont jusqu'ici bornés à donner des conclusions sur les requêtes des parties adverses des commensaux; mais il étoit réservé à l'espèce présente de voir l'homme du Roi se rendre partie directe, contre les serviteurs du Roi, les officiers commensaux de sa maison & leur juridiction naturelle; quoi qu'il en soit, il faut analyser sa remontrance. Le procureur général de Bretagne dit d'abord *qu'il vient d'être instruit que les sieurs Anneix se sont permis de traduire le général de Melesse devant le prévôt de l'hôtel du palais à l'effet de concéder des préséances, &c.* Il faut en effet que l'instruction donnée à ce procureur général ait été bien précipitée & bien incomplette; car, avec un peu de réflexion, il est aisé de concevoir qu'on ne se permet point ce que la loi ordonne, & que l'autorité souveraine du Roi & des Rois ses prédécesseurs ayant désigné, assuré & confirmé un tribunal aux commensaux de sa maison & de celle des enfans de France, pour y porter les contestations sur les droits que la même autorité royale a concédés, assurés & corroborés, les sieurs Anneix ne se sont rien permis, & ont seulement déféré à la lettre & à l'esprit de la loi. L'instruction de ce procureur

» général est même si fautive, qu'on lui » a laissé ignorer la qualification du tri- » bunal dont on lui a fait attaquer la » compétence ; il parle deux fois d'un » *prévôt de l'hôtel du palais*, office in- » connu. Ainsi, on est obligé de supposer » qu'il a voulu parler du prévôt de l'hô- » tel du Roi ; mais ce n'est point *à l'effet* » *de leur concéder* des droits, honneurs » & préséances, qui leur appartiennent » par le droit de leurs charges, que les » sieurs Anneix ont intenté action au » général de la paroisse de Melesse, parce » que ni ce général, ni le prévôt de l'hô- » tel, n'ont le droit de faire une telle » concession ; mais pour voir dire qu'ils » en jouiront conformément aux lois » émanées de l'autorité royale. Le procu- » reur général de Bretagne dit encore, » dans sa remontrance, que l'action des » sieurs Anneix paroîtra sans doute avoir » été mal-à-propos portée devant *le prévôt* » *de l'hôtel du palais*, en ce qu'elle blesse » les privilèges particuliers, libertés & » franchises de la province, qui ne per- » mettent pas de traduire ses habitans » hors de son territoire ; sur quoi le sup- » pliant observe que s'il est vrai en gé- » néral que tout demandeur doive plai- » der dans le tribunal d'où relève la » partie qu'il attaque, il n'est pas moins » vrai qu'il est des juridictions d'attri- » bution qui font une exception au droit » général. Or, dans le cas présent, la » juridiction du prévôt de l'hôtel du » Roi & celle du grand conseil par appel » ont été établies & commises par l'au- » torité souveraine pour juger les causes » des commensaux sur le fait de leurs » privilèges ; il ne faut donc pas con- » fondre les évocations générales avec » l'attribution de certaines matières à » un tribunal. La Bretagne n'est pas su- » jette aux évocations générales, mais » cela n'a pas empêché que le grand » conseil n'ait rendu nombre d'arrêts dans » les causes des secrétaires du Roi de » Bretagne, parce que la connoissance » & la manutention de leurs privilèges » sont spécialement attribués au grand » conseil. Ces arrêts du grand conseil se » trouvent dans le recueil des privilèges » des secrétaires du Roi, tome premier, » page 509, tome 2, pages 325 & 477. » Le premier, rendu le 13 janvier 1639, » pour l'exemption des droits de greffe » des juridictions bretonnes ; le second, » contre les échevins de Saint-Malo pour » l'imposition aux ustensiles des galères ; » le troisième, du 13 février 1704, contre » les fermiers du domaine de Brest pour » l'exemption des droits seigneuriaux, & » il seroit facile de citer des arrêts du » grand conseil pour la Franche-Comté, » le Cambresis, l'Artois, qui, quoiqu'aussi » privilégiés que la Bretagne, sont soumis » à procéder au grand conseil en certaines » matières d'attribution ; on peut con- » sulter sur ce point les œuvres du pré- » sident de Saint-Vallier. Ainsi, il ne » faut pas confondre les évocations gé- » nérales avec l'attribution de certaines » matières à la prévôté de l'hôtel du Roi » & au grand conseil ; aussi le conseil de sa » majesté les a toujours distinguées toutes » les fois qu'il s'est élevé des difficultés » sur cette matière ; &, s'il en étoit au- » trement, aucun Breton ne pourroit » jamais jouir des privilèges de la com- » mensalité ? En effet, les déclarations » du Roi qui les ont établis sont toutes » enregistrées au grand conseil seulement, » seul il les connoît, & a droit d'y veiller » & de maintenir leur exécution. Or, si » l'on renvoyoit les commensaux Bretons » à procéder pour la maintenue de leurs » privilèges dans les tribunaux de leur » province, ils succomberoient infailli- » blement dans les plus justes préten- » tions, parce que ces tribunaux ne vou- » droient pas juger conformément à des » lois qu'ils n'ont point enregistrées, & » qu'ils allégueroient ne point connoître » du moins légalement ; d'où il résul- » teroit que les commensaux Bretons » seroient même privés de la ressource

» de se pourvoir en cassation contre de » pareils arrêts. L'attribution de juri- » diction sur cette matière, doit donc » nécessairement emporter l'exclusion de » tous autres juges que ceux qui sont » seuls dépositaires de la loi fondamen- » tale qui constitue leur pouvoir ; & cette » loi n'en est pas moins une loi générale » & publique, parce qu'un réglement » fait sur une matière dont la connois- » sance est attribuée à un seul tribunal, » ne doit être enregistrée que dans le » tribunal chargé privativement de son » exécution ; cet enregistrement suffit à » sa publicité & ne lui donne pas moins » l'exécution légale dont il a besoin, que » s'il étoit fait dans tous les tribunaux. » Par cet enregistrement, le tribunal » d'attribution étend sa juridiction, quant » à la matière à lui attribuée sur tout » le royaume ; & il est, quant à cette » matière, au lieu & place de tous » tribunaux établis dans les provinces & » dans tout le royaume, qui sont, par » la loi même, exclus de la connoissance » des matières qui y sont spécifiées. Enfin, » l'on a fait dire au procureur général de » Bretagne que l'action des sieurs Anneix » est même contraire à un arrêt du con- » seil du premier avril 1762, inconnu » en Bretagne, mais qu'on trouve dans » la collection de Denizart, au mot » *Prévôt ;* que, suivant les articles 17 » & 19, (on a voulu dire 27 & 29), le » prévôt de l'hôtel du Roi ne sauroit » connoître que des seules actions person- » nelles ou mixtes, qui concernent le » service que doivent les commensaux, » l'exercice de leurs fonctions, leurs lo- » gemens, nourritures ou habillemens, » ce qui n'a, dit-on, aucun rapport à » l'action des sieurs Anneix, concernant » des droits honorifiques & réels. Mais » le prévôt de l'hôtel se trouve encore » obligé de dire que les instructions du » procureur général sont aussi fautives sur » ce point que sur les autres ; en effet, » s'il se fût bien fait instruire, il eût » appris qu'à peine ce prétendu réglement » eût paru, que le grand conseil, ayant eu » connoissance qu'il n'étoit revêtu d'au- » cunes lettres-patentes, rendit arrêt, les » semestres assemblés le 14 octobre 1762, » qui ordonna que les édits, déclarations » & lettres-patentes enregistrés au con- » seil, concernant la juridiction de la » prévôté de l'hôtel, seroient exécutés » suivant leur forme & teneur, enjoignit » aux officiers de ladite prévôté de l'hôtel » de s'y conformer & de tenir la main à » leur exécution, jusqu'à ce qu'il plaise » au Roi de faire connoître sa volonté » dans les formes ordinaires & usitées ; » le grand conseil chargea même alors » des commissaires d'arrêter des représen- » tations sur ce réglement, aussi Denizart » ne rapporte-t-il à la suite de ce régle- » ment, ni lettres-patentes, ni arrêts » d'enregistrement : ainsi, il est de » maxime aussi constante & aussi prouvée » qu'elle l'étoit avant le prétendu régle- » ment de 1762, que la connoissance des » actions personnelles & mixtes des com- » mensaux appartient au prévôt de l'hô- » tel, & qu'il est seul compétent pour » prononcer sur les droits honorifiques » réclamés par les sieurs Anneix, qui, » dans le fait, ne revendiquent que des » droits, honneurs & prééminences dans » l'église paroissiale de Melesse, non à » raison des terres qu'ils possèdent dans » ladite paroisse, mais à raison de leurs » personnes & de leurs qualités de com- » mensaux des maisons du Roi & de » Monsieur. Enfin si, d'après ces obser- » vations, on jette un coup-d'œil sur la » forme d'arrêt du parlement de Rennes, » on y remarque une irrégularité frap- » pante. En effet, cet arrêt décharge le » général de Melesse de la demande & » assignation des sieurs Anneix, & lui » fait défenses de se présenter sur icelles ; » comme si le parlement de Rennes pou- » voit, parties non ouïes ni appelées, » anéantir, sur le simple réquisitoire du » ministère public, une demande formée

» par des officiers de Monsieur, & » adressée à un tribunal légalement » établi : il eût au moins fallu, pour » conserver l'apparence des formes, que » ce parlement ordonnât par son arrêt, » que sur la demande les parties procé- » deroient devant les juges territoriaux » & par appel devant lui ; mais ce tri- » bunal sentant son incompétence radi- » cale pour statuer en pareille matière, » & par conséquent pour se retenir la » connoissance de l'affaire, s'est permis, » par une contradiction manifeste & un » renversement de toutes les formes, » d'imaginer que d'un trait de plume il » anéantiroit une demande légale & lé- » galement formée. C'est le comble de » l'irrégularité ; &, pour justifier du » contenu en la présente requête, le » suppliant y joindra les pièces suivantes : » la première est, emploi des édits, dé- » clarations, arrêts & réglemens cités » dans le code des commensaux ; la » deuxième est, copie tant de la remon- » trance que de l'arrêt du 13 avril 1779, » signifiés le 17 mai dernier. A ces » causes, requiert le prévôt de l'hôtel » qu'il plaise à sa majesté ordonner que » les édits, déclarations, lettres-patentes, » arrêts & réglemens concernant la juri- » diction de la prévôté de l'hôtel du Roi, » sur le fait des droits, privilèges, hon- » neurs & préséances des commensaux » de sa maison & de celles des enfans » de France, seront exécutés selon leur » forme & teneur, sous les peines y » portées ; en conséquence, casser & » annuller l'arrêt rendu au parlement de » Rennes sur la remontrance & conclu- » sions du procureur général le 13 avril » 1779, ensemble tout ce qui s'en est » ensuivi ou pourroit s'ensuivre ; or- » donner que conformément aux édits, » déclarations, arrêts & réglemens, les- » dits Anneix de Souvenel & de la Hous- » saye, ainsi que le général des habitans » de la paroisse de Melesse, seront tenus » de procéder en la prévôté de l'hôtel, » sur la requête & demande desdits sieurs » Anneix, du 8 mars 1779, notifiés » audit général avec assignation le 21 » desdits mois & an, circonstances & » dépendances, jusqu'à jugement défi- » nitif inclusivement, sauf l'appel au » grand conseil ; faire défenses audit » parlement de Rennes de rendre à l'a- » venir pareils arrêts, & de donner des » défenses aux parties de se présenter » sur les assignations à eux données en » la prévôté de l'hôtel ; ordonner que » l'arrêt qui interviendra sur la présente » requête sera exécutée nonobstant toutes » oppositions ou autres empêchemens, » pour lesquels ne sera différé, & dont » si aucuns interviennent, sa majesté » voudra bien se réserver à soi & son » conseil la connoissance, icelle inter- » disant à toutes ses cours & autres juges, » & que, sur l'arrêt qui interviendra, » toutes lettres-patentes à ce nécessaires » seront expédiées. Vu ladite requête, » signée, *De Sourches.* Ouï le rapport, » le Roi étant en son conseil, a ordonné » & ordonne que les édits, déclarations, » lettres-patentes concernant la juridic- » tion de la prévôté de l'hôtel de sa ma- » jesté seront exécutées selon leur forme » & teneur, casse & annulle en consé- » quence l'arrêt rendu au parlement de » Rennes le 13 avril dernier, ensemble » tout ce qui s'en est ensuivi ou pourroit » s'ensuivre ; ordonne que les sieurs » Anneix de Souvenel & de la Hous- » saye, ainsi que le général de la paroisse » de Melesse, seront tenus de procéder » en la prévôté de l'hôtel, sur la requête » & demandes desdits sieurs Anneix du » 8 mars de la présente année, notifiées » audit général avec assignation le 21 » desdits mois & an, circonstances & dé- » pendances jusqu'à jugement définitif » inclusivement, sauf l'appel au grand » conseil ; fait défenses au parlement de » Rennes de rendre à l'avenir pareils

» arrêts, & de donner des défenses aux » parties de se présenter sur les assignations à eux données en la prévôté de » l'hôtel. Et sera le présent arrêt exécuté » nonobstant oppositions ou autres empêchemens quelconques pour lesquels » ne sera différé, & dont si aucuns interviennent, sa majesté se réserve à » soi & à son conseil la connoissance, » icelle interdisant à toutes ses cours & » autres juges. Fait au conseil d'état du » Roi, &c. »

Enfin, le Roi ayant, par édit du mois d'août 1776, établi de nouvelles règles pour l'exercice du commerce & de l'industrie des communautés d'arts & métiers de la ville de Paris, sa majesté a jugé nécessaire d'étendre ces règles aux marchands & artisans de sa cour, maison & suite : mais elle a voulu en même-temps, que les droits qui appartiennent de toute ancienneté à la charge importante de prévôt de l'hôtel fussent conservés à cet officier : en conséquence, elle a donné au mois de décembre de la même année des lettres-patentes en forme d'édit qui contiennent les dispositions suivantes.

« Art. 1. Nous avons maintenu & » maintenons le prévôt de notre hôtel, » dans le droit de nommer & de donner à » l'avenir des brevets aux marchands & » artisans nécessaires au service de notre » maison, cour & suite, même de les » destituer en cas de négligence, forfaiture » ou autrement ; l'avons pareillement » maintenu & conservé dans tous les droits » résultans des lettres-patentes du 29 octobre 1725, édits, déclarations, arrêts » du conseil & réglemens qui y sont énoncés, en ce que néanmoins il n'y est pas » dérogé par ces présentes.

» 2. Le nombre des marchands & artisans privilégiés de notre maison, cour » & suite, est & demeure fixé & arrêté à » celui porté en l'état arrêté en notre » conseil, lequel demeurera annexé à nos » présentes lettres (1); nous réservant de » pourvoir, s'il y a lieu, à l'indemnité du » prévôt de notre hôtel, & à celle des » officiers de la prévôté.

---

(1) *ÉTAT des marchands & artisans privilégiés du Roi, que sa majesté veut & ordonne être sous la charge du prévôt de son hôtel & grande prévôté de France;*

*Contenant l'indication des genres de commerce & de professions qui leur sont attribués, soit exclusivement, soit concurremment entre eux.*

26. Marchands drapiers-merciers.

Le drapier-mercier pourra tenir & vendre en gros & en détail, toutes sortes de marchandises, en concurrence avec tous les fabricans & artisans de Paris, même ceux compris dans les six corps ; mais il ne pourra fabriquer ni mettre en œuvre aucunes marchandises, même sous prétexte de les enjoliver.

6. Epiciers.

Le commerce des drogues simples, sans manipulation. Celui du vinaigre indéfiniment, en concurrence avec le vinaigrier.

Celui de l'eau-de-vie & des liqueurs, même en détail, sans pouvoir les servir & donner à boire dans leurs boutiques & magasins.

Le café brûlé, en grain & en poudre, en concurrence avec le limonadier.

La greneterie indéfiniment, en concurrence avec le grainier.

16. Bonnetiers, pelletiers, chapeliers.

Ils pourront seuls exercer la profession de couper le poil.

8. Orfèvres, batteurs d'or, tireurs d'or.

La mise en œuvre en pierres fines seulement, en concurrence avec les lapidaires.

10. Fabricans d'étoffe de gaze, tissutiers-rubaniers.

La peinture des gazes & des rubans, en concurrence avec les peintres.

37. Compagnie des douze & vingt-cinq marchands de vin.

2. Amidonniers.

12. Arquebusiers, fourbisseurs, couteliers.

Faculté de fabriquer & polir tous les ouvrages d'acier.

20. Bouchers.

12. Boulangers.

Faculté d'employer, en concurrence avec les pâtissiers, le beurre, le lait & les œufs dans leur pâte.

4. Brasseurs.

» 3.

» 3. Nonobstant la réduction que nous » venons d'ordonner dans aucunes des » classes de marchands & artisans privi- » légiés de notre cour, maison & suite ; » ceux actuellement brévetés par le » prévôt de notre hôtel, continueront » d'exercer leur profession pendant leur » vie, sans pouvoir transmettre leur pri- » vilège, & ce jusqu'à ce que les privilégiés » de leur classe, soient réduits par mort

---

**10. Brodeurs, passementiers, boutonniers.**

**2. Cartiers-papetiers.**

**18. Chaircutiers.**

**10. Chandeliers.**

**2. Charpentiers.**

**4. Charrons.**

**4. Chauderonniers, balanciers, potiers d'étain.**

**2. Coffretiers-bahutiers-gainiers.**

En concurrence avec le sellier pour faire & garnir les vaches ou malles d'impériales des chaises & carrosses.

**16. Cordonniers.**

**4. Couturières, découpeuses.**

En concurrence pour la garniture des robes, avec les ouvrières en modes ; & pour les corps de femmes & enfans, avec les tailleurs.

**3. Plombiers, couvreurs, carreleurs, paveurs.**

Le commerce de Potier de terre réuni au faïancier.

**2. Ecrivains.**

**12. Faiseuses & marchandes de modes, plumassières.**

La broderie en concurrence avec les brodeurs.
La découpure en concurrence avec les couturières.

**8. Faïanciers-patenôtriers, vitriers, potiers de terre.**

La concurrence avec le mercier pour la vente des porcelaines.
La concurrence avec le mercier pour la vente des poteries de terre.
La profession de carreleur, réunie aux couvreurs, paveurs.

**4. Ferrailleurs, cloutiers, Epingliers.**

Le commerce de petite clincaillerie, & ce en concurrence avec le mercier.

**3. Fondeurs, doreurs & graveurs sur métaux.**

Les fontes garnies en fer, en concurrence avec le mercier.

**12. Fruitiers-orangers, grainiers.**

Le commerce des graines, en concurrence avec l'épicier.

**8. Gantiers, boursiers, ceinturiers.**

**4. Horlogers.**

**2. Imprimeurs en taille-douce.**

**2. Lapidaires.**

La mise en œuvre en fin, en concurrence avec les orfèvres, & en faux exclusivement.

**4. Limonadiers, vinaigriers.**

La profession de confiseur, en concurrence avec l'épicier & le pâtissier.
Le commerce d'eau-de-vie & de liqueurs en gros & en détail, en concurrence pour la vente en gros avec l'épicier.
Le détail de la bière, en concurrence avec les brasseurs, & le cidre exclusivement, ainsi que le droit de servir & donner à boire dans leurs boutiques, l'au-de-vie & les liqueurs.

**10. Lingères.**

**2. Maçons.**

**3. Maréchaux-ferrans, Eperonniers.**

Le maréchal-grossier, réuni aux taillandier & serrurier.

**3. Menuisiers-ébénistes, tourneurs, layetiers.**

**3. Peintres, sculpteurs.**

En bâtimens, voitures & meubles, vernisseurs, doreurs sur bois, sculpteurs-marbriers ; le commerce des tableaux, en concurrence avec le mercier & le tapissier ; & celui de couleurs, en concurrence avec l'épicier, la peinture & la sculpture, comme arts libres.

**2. Relieurs, papetiers-colleurs en meubles.**

Le commerce de tout ce qui sert à l'écriture & au dessin, en concurrence avec le mercier.
La peinture & le vernis des papiers, en concurrence avec le peintre.

**10. Selliers, bourreliers.**

La concurrence avec les serruriers pour faire & poser les stors, & ferrer les portes des voitures.

**3. Serruriers, taillandiers-ferblantiers, maréchaux-grossiers.**

Les maréchaux-ferrans séparés.

**2. Tabletiers, luthiers, éventaillistes.**

La peinture & le vernis relatifs à ces professions, en concurrence avec le peintre-sculpteur.

**10. Tanneurs-hongroyeurs, corroyeurs, peaussiers, mégissiers, parcheminiers.**

**20. Tailleurs, fripiers d'habits & de vêtemens, en boutique ou échoppe.**

Faculté de faire des boutons d'étoffe, en concurrence avec le passementier & boutonnier.
Les fripiers en meubles, réunis aux tapissiers.

**8. Tapissiers, fripiers en meubles & ustensiles, miroitiers.**

Les fripiers d'habits, réunis aux tailleurs.

» ou renonciation au commerce, au nombre ci-dessus fixé. A l'égard des privilèges d'augmentation & de nouvelle création, notredit prévôt pourra y pourvoir dès-à-présent.

» 4. Les marchands & artisans privilégiés de notre cour, maison & suite, tant conservés que nouvellement créés, seront réunis & classés, ainsi que nous l'avons fait pour les corps & communautés de notre bonne ville de Paris, par notre édit du mois d'août dernier.

» 5. Les marchands & artisans dénommés en l'article ci-dessus, sont & demeurent conservés dans le droit d'avoir boutique ouverte dans notre bonne ville de Paris, & autres villes & endroits de notre royaume : dans celui de lôtir aux foires, marchés, bureaux & lieux de lôtissement, concurremment avec les marchands & maîtres des communautés, & dans tous les autres droits, privilèges, prérogatives & immunités dont ils ont joui ou dû jouir, en vertu des édits, déclarations, arrêts, réglemens & lettres-patentes ci-dessus visés : nous réservant néanmoins d'expliquer plus particulièrement nos intentions, en ce qui concernent les apothicaires compris audit édit.

» 6. Les marchands & artisans privilégiés, ci-devant brévetés, pourront continuer d'excercer leur commerce ou profession, sans payer aucun droit : & à l'égard de ceux qui voudroient exercer un nouveau genre de commerce, conformément aux dispositions de notre édit, du mois d'avril dernier, ils seront tenus, pour cette fois seulement, de nous payer, dans trois mois pour tout délai, le droit de réunion, conformément au tarif qui sera annexé à ces présentes (1); & sur le vu de la quittance dudit droit, le prévôt de notre hôtel pourra leur donner un brevet de réunion. Ceux qui n'auront pas payé dans les trois mois ci-dessus accordés, le droit de réunion, seront tenus de se renfermer dans leur an-

---

2. Teinturiers en soie, &c. *idem* du grand teint, *idem* du petit teint; tondeurs, foulons de draps.

2. Tonneliers, boisseliers.

36. Traiteurs, rôtisseurs, pâtissiers.

La profession de confiseur, en concurrence avec l'épicier & le limonadier.

2. Barbiers-baigneurs-étuvistes.

8. Apothicaires.

6. Chirurgiens.

2. Opérateurs.

4. Libraires.

14. Proviseurs de foin, paille & avoine.

Fait & arrêté au conseil d'état du Roi, &c.

(1) *TARIF du droit de réunion auxquels seront assujettis les marchands & artisans privilégiés de l'hôtel & grande prévôté de France.*

| | | |
|---|---|---|
| 1. | Drapiers, merciers, clincaillers | 250 liv. |
| 2. | Bonnetiers, pelletiers, chapeliers | 200 |
| 3. | Orfèvres, batteurs d'or, tireurs d'or | 266 |
| 4. | Fabricans d'étoffes de gazes, tissutiers-rubaniers | 150 |
| 5. | Arquebusiers, fourbisseurs, couteliers | 133 |
| 6. | Brodeurs, passementiers, boutonniers | 100 |
| 7. | Chaudronniers, balanciers, potiers d'étain | 200 |
| 8. | Coffretiers-bahutiers, gainiers | 100 |
| 9. | Couturières, découpeuses | 25 |
| 10. | Couvreurs, plombiers, carreleurs, paveurs | 166 |
| 11. | Faiseuses & marchandes de modes, plumassières-fleuristes | 100 |
| 12. | Faïanciers, vitriers, potiers de terre | 166 |
| 13. | Ferrailleurs, cloutiers, épingliers | 33 |
| 14. | Fondeurs, doreurs, graveurs | 133 |

» cienne profeſſion, ſans pouvoir, ſous » aucun prétexte, l'étendre.

» 7. Les brevets de privilèges ſimples, » & ceux d'union d'une profeſſion à une » autre, feront enregiſtrés au greffe de » la prévôté de l'hôtel en la manière » accoutumée, & notifiés aux gardes, » ſyndics & adjoints des corps & com- » munautés de Paris, exerçant la même » profeſſion que le privilégié. Le décès » de chaque privilégié ſera pareillement » notifié, juſqu'à ce que le nombre en » ſoit réduit à celui auquel nous l'avons » fixé par l'article 2 ci-deſſus.

» 8. Il ſera procédé à l'élection de » ſyndics généraux & de ſyndics parti- » culiers, dans chaque corps de mar- » chands & artiſans privilégiés, de la » manière & ainſi qu'il eſt preſcrit par » l'arrêt de réglement de notre grand » conſeil, du 6 ſeptembre 1731.

---

| | | |
|---|---|---|
| 15. | Fruitiers-orangers, grainiers. | 100 liv. |
| 16. | Gantiers, bourſiers, ceinturiers | 133 |
| 17. | Limonadiers, vinaigriers | 150 |
| 18. | Maréchaux-ferrans, éperonniers. | 150 |
| 19. | Menuiſiers-ébéniſtes, tourneurs, layetiers | 166 |
| 20. | Relieurs, papetiers-colleurs en meubles | 50 |
| 21. | Selliers, bourreliers. | 200 |
| 22. | Serruriers, taillandiers-ferblantiers, maréchaux-groſſiers | 266 |
| 23. | Tabletiers, luthiers, éventailliſtes | 133 |
| 24. | Tanneurs-hongroyeurs, corroyeurs, peauſſiers, mégiſſiers, parcheminiers | 200 |
| 25. | Tailleurs, fripiers d'habits & de vêtemens | 100 |
| 26. | Tapiſſiers, fripiers en meubles & uſtenſiles, miroitiers | 200 |
| 27. | Teinturiers en ſoie, &c. *idem* du grand teint, *idem* du petit teint, tondeurs, foulons de draps | 166 |
| 28. | Tonneliers, boiſſeliers. | 75 |
| 29. | Traiteurs, rôtiſſeurs, pâtiſſiers | 200 |

Fait & arrêté au conſeil d'état du Roi, &c.

» 9. Maintenons au ſurplus notre » grand prévôt, dans le droit de faire » tel réglement qu'il croira néceſſaire » pour le régime & la diſcipline inté- » rieure deſdits privilèges.

» 10. Les commerces, métiers & pro- » feſſions qui ne ſont point compris dans » l'état annexé à ces préſentes, pourront » être exercés librement à la ſuite de » notre cour & dans nos maiſons : à la » charge ſeulement, par ceux qui les » exerceront, d'en faire préalablement » leur déclaration devant le lieutenant » général de la prévôté de notre hôtel, » ſur un regiſtre à ce deſtiné, qui con- » tiendra les noms, ſurnoms, âge, de- » meure & profeſſion de ceux qui ſe » préſenteront, deſquelles déclarations » leur ſera donné gratuitement un cer- » tificat par ledit ſieur lieutenant gé- » néral de la prévôté de notre hôtel.

» 11. Avons dérogé & dérogeons par » ces préſentes, à tous édits, déclara- » tions, lettres-patentes, arrêts & régle- » mens, qui pourroient y être contraires. » Si donnons en mandement, &c. »

## SECTION CINQUIÈME.

### *Des privilèges attribués aux officiers & aux gardes de la prévôté de l'hôtel.*

Les officiers de la juridiction de la prévôté de l'hôtel, & les officiers & gardes de la compagnie militaire de la prévôté ont été, de tout temps, compris au nombre des officiers domeſtiques & commenſaux de la maiſon du Roi, de même que leurs veuves durant leur viduité.

C'eſt ce qu'atteſtent une déclaration du Roi, donnée à Saint-Germain-en-Laye, le 6 mai 1553, en faveur du ſieur Jean Duval, *archer de la garde, ſous la charge* du prévôt de l'hôtel, & des lettres-patentes du mois de novembre 1575, données en faveur du grand prévôt de l'hôtel, des lieutenans, du procureur du

Roi, du greffier, & des gardes de la grande prévôté de France (1).

Les huissiers de la prévôté de l'hôtel sont aussi réputés commensaux, & ils jouissent, comme tels, des privilèges attribués à ce titre. Ils ont été maintenus dans ces privi-

(1) *Ces lettres-patentes sont ainsi conçues:*

Henri par la grace de dieu, Roi de France & de Pologne: à tous présens & avenir; Salut. Nos chers & bien amés les grands prévôts de notre hôtel, ses lieutenans, notre procureur, greffier, & archers en ladite grande prévôté de notre hôtel, nous ont fait remontrer, que les défunts Rois nos prédécesseurs, les ont toujours de tout temps & ancienneté, compris au nombre de nos officiers domestiques & commensaux, & leurs veuves, durant leur viduité, ainsi qu'il appert par plusieurs lettres de déclarations, qui en ont à cette fin été expédiées, même pour aucuns particuliers archers, en conséquence du privilège général, accordé au corps & communauté de ladite prévôté; & parce que lesdits exposans ne peuvent recouvrer la première & principale déclaration, qui en auroit été faite en forme de chartre; & craignant qu'à faute d'en faire apparoir, l'on voulût prétendre lesdits exposans, n'être des compris au nombre de nosdits officiers domestiques, ils nous ont très-humblement supplié & requis, vouloir sur ce leur pourvoir: sçavoir faisons, que nous pour ces causes, & autres à ce nous mouvans, & par l'avis de notre conseil, auquel les pièces ci-sous le contre-scel de notre chancellerie, sont attachées, ont été vues: avons déclaré & déclarons, que nous avons toujours entendu, comme de fait nous entendons, voulons & nous plaît que lesdits exposans soient compris au nombre de nosdits officiers domestiques & commensaux, & en cette qualité, jouissent effectuellement, & généralement de tous & chacuns les susdits privilèges & exemptions, franchises, liberté, affranchissemens de contributions & subventions généralement quelconques, faits & à faire, en quelque sorte & manière que ce soit, & de tous autres droits & immunités accordés & concédés par nosdits prédécesseurs Rois, & nos officiers domestiques & commensaux, lesquels privilèges nous tenons ici pour tous spécifiés; & iceux confirmés & confirmons auxdits exposans, en tant que besoin est ou seroit: leur avons iceux de nouveau octroyés, donnés & concédés, donnons, octroyons & concédons par ces présentes, sans qu'il leur soit besoin en prendre ne lever ci-après en général, en particulier, de nous ou de nos successeurs, aucune déclaration ou provision, encore que par les commissions qui ont été ou pourroient être ci-après expédiées, pour aucunes desdites impositions, ou autres choses, soit mandé y faire contribuer exempts & non exempts, privilégiés, & non privilégiés & que par inadvertance l'on y ait omis faite expresse mention de l'exemption, exception & réservation desdits grand prévôt, ses lieutenans, notredit procureur, greffier, & archers de ladite grande prévôté, officiers domestiques & commensaux de notredite maison: ensemble leurs veuves, durant leur viduité, lesquels grand prévôt, lieutenant, notre procureur, greffiers & archers de ladite grande prévôté cette fois pour toute, & sans que par ci-après l'on puisse alléguer aucune omission avoir été faite d'iceux, èsdites commissions expédiées ou à expédier. Nous avons dès-à-présent, en tant que besoin seroit, excepté & réservé, exceptons & réservons, de notre pleine puissance & autorité royale, par ces présentes; par lesquelles donnons en mandement à nos amé & féaux les gens de notre cour de parlement, gens de nos comptes, cours des aides, généraux de nos finances, ès généralités de celui notre royaume, élu, sur le fait de nos aides & tailles & à tous nos autres justiciers & officiers qu'il appartiendra: que cesdites présentes il fasse lire, publier & enregistrer où besoin sera, & du contenu jouir & user pleinement & paisiblement lesdits exposans, sans leur faire mettre, donner, ne souffrir leur être fait, mis ou donné aucun trouble, détourner ni empêchement, au contraire, lequel si fait, mis ou donné leur étoit ou avoit été, en quelque sorte & manière que ce soit, en général ou en particulier, ils ayent incontinent & sans délai, à les remettre & restituer au premier état & due: car tel est notre plaisir, nonobstant oppositions ou appellations quelconques, & sans préjudice d'icelles, pour lesquelles ne voulons être aucunement différé, la connoissance desquelles nous avons retenue & réservée, retenons & réservons à nous & à notre privé conseil, & l'avons défendu & défendons à tous autres nos juges, nonobstant tous édits, ordonnances, restrictions, mandemens, défenses & lettres à ce contraire: & pour ce que de sesdites présentes, l'on pourra avoir affaire en plusieurs & divers lieux, nous voulons qu'au vidimus d'icelles, foi soit ajoutée comme au présent original, duement collationné par l'un de nos amé & féaux notaires & sécrétaires, auxquelles, à fin que ce soit chose ferme & stable à toujours, nous avons fait mettre notre scel, sauf en autres choses notre droit, & l'autrui en toutes. Donné, &c.

lèges par l'article 29 de l'édit du mois de septembre 1706, donné en explication de celui du mois d'août 1705, portant révocation des prérogatives & exemptions accordées à plusieurs officiers.

Cet article 29 dit formellement que nonobstant la clause insérée dans l'article 5 de l'édit du mois d'août 1705, qui porte qu'aucun des commensaux de la maison du Roi ne jouira des privilèges, s'il ne reçoit réellement au moins 60 liv. de gages par an : les treize huissiers de la prévôté de l'hôtel, quoiqu'ils ayent été créés sans gages, & qu'ils n'en reçoivent point du Roi, jouiront néanmoins des exemptions & des privilèges dont ils ont accoutumé de jouir en qualité de commensaux : à la charge toutefois de ne commettre aucun acte dérogeant, de faire le service actuel, d'être compris dans les états qui sont envoyés toutes les années à la cour des aides, & de satisfaire à tout ce qui est ordonné par l'édit du mois d'août 1705.

Le grand prévôt de l'hôtel a le droit de régler les fonctions, rangs & préséances des officiers qui sont sous sa charge, en tout ce qui concerne le service du Roi.

Un arrêt du conseil, du 8 août 1718, rendu au sujet des contestations arrivées entre les sieurs Dumesnil, Aubert, & de Noyon, lieutenans généraux de robe longue, l'a maintenu dans ce droit, & a fait défenses au grand conseil de l'y troubler (1).

Dans les voyages du Roi, le grand prévôt a droit de choisir son logement après que les princes, les ducs & pairs, les maréchaux de France, les grands officiers de la couronne, & les secrétaires d'état, ont choisi le leur. C'est pourquoi on l'appelle le *dernier aux rangs*.

Un arrêt du conseil d'état du Roi, du dernier septembre 1614, a ordonné qu'il

(1) *Voici ce que porte cet arrêt :*

Vu au conseil d'état du Roi, sa majesté y étant, la requête à elle présentée par M. Louis de Bouchet, chevalier comte de Montsoreau, conseiller d'état, lieutenant général des armées de sa majesté, prévôt de l'hôtel & grand prévôt de France tendante à ce que pour les causes & raisons y contenues, il plût à sa majesté casser & annuller l'arrêt du grand conseil, du 9 avril 1718, rendu sur la requête du sieur procureur général dudit grand conseil, & sans y avoir égard, ordonner que la décision du sieur grand prévôt, du 31 mars précédent, sera exécutée selon sa forme & teneur ; vu aussi l'ordonnance rendue par ledit sieur grand prévôt de France, sur les contestations d'entre les sieurs Dumesnil-Aubert, & de Noyon, lieutenans généraux de robbe longue de la prévôté de l'hôtel & grande prévôté de France, par laquelle ledit sieur grand prévôt réglant leurs fonctions ordinaires, que ledit sieur Dumesnil-Aubert servira les quartiers de janvier & de juillet, & le sieur de Noyon ceux d'avril & d'octobre, ladite ordonnance datée du dernier mars 1718 ; l'arrêt du grand conseil rendu sur la requête du sieur procureur général en icelui qui ordonne que ladite décision & ordonnance du sieur grand prévôt de France, du dernier mars 1718, sera retirée du greffe de la prévôté de l'hôtel, rayée & biffée du greffe de ladite prévôté, & que mention sera faite dudit arrêt dans les registres de ladite prévôté en marge & à côté de l'enregistrement, s'il y en a, sauf aux sieurs Dumesnil-Aubert, & de Noyon à se pourvoir audit grand conseil en cas de contestation, ainsi qu'ils aviseront bon être, enjoint au substitut du procureur général en ladite prévôté de l'hôtel de tenir la main à l'exécution dudit arrêt, & d'en certifier ledit procureur général dans huitaine, ledit arrêt daté dudit jour, 9 avril 1718, signifié le 13 dudit mois au greffe de ladite prévôté de l'hôtel. Motifs du sieur procureur général dudit grand conseil, sur lesquels ledit arrêt, du 9 avril, a été rendu contre ledit sieur prévôt de France, signé dudit procureur général, & autres pièces jointes & attachées à ladite requête : ouï le rapport, & tout considéré, le Roi étant en son conseil, de l'avis de M. le duc d'Orléans, régent, a cassé, révoqué & annullé ledit arrêt du grand conseil, du 9 avril 1718, & tout ce qui s'en est ensuivi, & en conséquence ordonne sa majesté que le réglement fait par le sieur grand prévôt de l'hôtel, le 31 mars précédent, sur les contestations d'entre les sieurs Dumesnil-Aubert & de Noyon, sera exécuté selon sa forme & teneur : Fait, sa majesté, défenses audit grand conseil de s'immiscer à l'avenir, de le troubler dans le droit & possession de régler les fonctions, rangs & préséances des officiers qui sont sous sa charge en tout ce qui concerne le service de sa majesté. Fait, &c.

seroit délivré deux minots de sel aux officiers de la prévôté de l'hôtel, en payant le prix du marchand.

Un autre, du 20 juin 1615, a déchargé le procureur du Roi de la prévôté de l'hôtel, du droit de confirmation.

Les officiers & gardes de la compagnie militaire de la prévôté jouissent, aux cérémonies de l'église & dans tous les assemblées publiques & particulières, de la préséance sur les officiers des justices seigneuriales. On doit leur porter, avant eux, & immédiatement après le seigneur & la dame du lieu, le pain béni par morceaux de distinction; & les mêmes honneurs sont dus à leurs femmes, même en cas de viduité.

Ce droit, dont ils jouissent en qualité de commensaux de la maison du Roi, leur a été confirmé premièrement par un jugement, du 5 juillet 1696, rendu en faveur du sieur Huchard, garde vétéran de la prévôté de l'hôtel, contre maître Godin, avocat en parlement, & bailli de Malherbes; en second lieu par un arrêt contradictoire du grand conseil, rendu le 20 novembre 170[illegible], pour le sieur Jacques Desnoyers, garde à la prévôté de l'hôtel & grande prévôté de France, contre maître André Peret, juge maire de la mairie du prieuré de Saint-Arnoult en Iveline; & troisièmement par un autre arrêt contradictoire du grand conseil, du 5 mars 1716, rendu en faveur des sieurs Robert Matrion & Nicolas Bertin, gardes de la prévôté, contre maître Claude Hollandre, prévôt à la prévôté seigneuriale de Doullerant-le-Châtel, Nicolas Crespin, lieutenant à la même prévôté, & Jean Galland, & Jean Regnard, marguilliers de la paroisse de Doullerant (1).

L'arrêt du conseil d'état du Roi, du 15 mai 1778, exempte du droit de francfiefs les officiers de la prévôté de l'hôtel; mais aux mêmes conditions que les officiers de la porte, ceux des cent suisses, & les gardes du corps qui sont pourvus de lettres d'anciens gardes.

Ces conditions consistent en ce que les uns & les autres ne doivent faire aucun acte dérogeant à leur qualité, ni exercer aucune autre charge, office, place ou

(1) *Cet arrêt est ainsi conçu :*

Louis par la grace de dieu, Roi de France & de Navarre : à tous ceux qui ces présentes lettres verront; Salut. Sçavoir faisons, comme par arrêt ce jourd'hui donné en notre grand conseil, entre notre bien aimé Robert Matrion, l'un de nos gardes en la prévôté de notre hôtel & grande prévôté de France, demeurant à Doullevant-le-Châtel, demandeurs aux fins de la commission de notre conseil, du 28 mai 1715, & exploit d'assignation en conséquence du 11 juin audit an, contrôlé à Doullevant ledit jour, à ce qu'il soit dit que nos édits & déclarations en faveur des officiers de notre maison seront exécutés selon leur forme & teneur; & en conséquence, & conformément à iceux, que le demandeur aura rang & préséance aux cérémonies de l'église, & en toutes assemblées publiques & particulières avant les officiers de la justice seigneuriale dudit lieu de Doullevant & tous autres, qu'on lui portera le pain-béni par morceau de distinction immédiatement après les personnes de seigneur & dame du lieu, quand ils y seront, & avant tous autres; que la femme du demandeur jouira des mêmes honneurs avant celles desdits officiers & tous autres : que défenses soient faites auxdits officiers & aux marguilliers de ladite paroisse, de troubler le demandeur à l'avenir; & pour l'avoir fait, qu'ils soient condamnés aux dommages & intérêts & aux dépens, d'une part; & Claude Hollandre, prévôt en ladite prévôté seigneuriale de Doullevant-le-Châtel; Nicolas Crespin, lieutenant en ladite prévôté; Jean Galland & Jean Regnard, marguilliers de la paroisse dudit lieu, défendeurs, d'autre part; & entre Nicolas Bertin, aussi l'un de nos gardes en ladite prévôté de notre hôtel, demandeur en requête du 11 février 1716, aux fins d'être reçu partie intervenante en l'instance pendante à notre conseil entre ledit Matrion, & les officiers & marguilliers de Doullevant, qu'acte lui soit donné, de ce qu'il se joint & adhère aux conclusions prises par ledit sieur Matrion; faisant droit sur son intervention, que les mêmes conclusions lui soient adjugées avec dommages, intérêts & dépens, d'une part; & lesdits Hollandre, Crespin, Galland & Regnard, défendeurs, d'autre part; & entre ledit Crespin, demandeur en requête du 19 février 1716, aux fins d'être reçu opposant à l'arrêt par défaut,

emploi, ayant fonctions publiques & serment en justice ; qu'ils doivent servir réellement & actuellement, & être employés dans les états qu'on envoie annuellement à la cour des aides, & que ceux qui ont obtenu des lettres de vétérance aient servi préalablement pendant vingt-cinq années consécutives.

# CHAPITRE LXII.

## *De la compagnie des gendarmes de la garde du Roi.*

Cette compagnie doit son établissement à Henri IV, qui la créa en 1609 (1), dans le dessein d'en former une troupe d'élite à la tête de laquelle il pût combattre dans l'occasion.

Ces gendarmes furent d'abord connus sous le titre d'*hommes d'armes des ordonnances du Roi.* Ils étoient au nombre de deux cents, & on les avoit choisis parmi les plus qualifiés & les plus braves gendarmes qu'il y eût alors (2).

Henri IV, s'en déclara lui-même capitaine, sans néanmoins les avoir destinés pour la garde de sa personne ; & il nomma Gilles, marquis de Souvré-Courtanvaux, qui fut depuis maréchal de France, son capitaine-lieutenant.

Quelque temps après, ce monarque

(1) Cette époque de l'institution des gendarmes de la garde, est prouvée par l'extrait que nous offrent les archives de la maison du Roi, des provisions du sieur de Souvré. Cet extrait est conçu en ces termes : « A Paris, du » 4 février 1609, icelui sieur de Souvré, fait, » constitué & établi, faisons, constituons & » établissons par ces présentes, signées de notre » main, gouverneur de notre fils le dauphin de » Viennois, lieutenant de la compagnie d'hommes » d'armes, & premier gentilhomme de sa chambre..... a fait & prêté le serment entre les mains » du Roi, de ladite charge de gouverneur de » monseigneur le dauphin, lieutenant de sa compagnie, & premier gentilhomme de sa chambre ».

(2) Il n'est pas inutile sans doute d'observer que ces gendarmes, d'où furent tirés les hommes d'armes d'ordonnance, étoient ceux qu'avoit créés Charles VII, lors de sa réforme dans le militaire.

faute de défendre obtenu par ledit Matrion, le 11 dudit mois, signifié ledit jour ; faisant droit sur l'opposition, que la procédure soit déclarée nulle, & le demandeur déchargé des condamnations portées par ledit arrêt, avec dépens, d'une part ; & entre lesdits Hollandre, Crespin, Galland & Regnard, demandeur en trois requêtes, du 3 mars dernier, aux fins d'être reçus opposans à l'arrêt de notre conseil par défaut contre eux obtenu à l'audience par lesdits sieurs Matrion & Bertin, le 24 février dernier, signifié ledit jour, faisant droit sur leurs oppositions, qu'ils soient déchargés des condamnations y portées, avec dépens, d'une part ; & lesdits sieurs Matrion & Bertin, défendeurs, d'autre part ; sans que les qualités puissent nuire ni préjudicier : Après que Cochin, avocat desdits Matrion & Bertin, assisté de Pâté leur procureur, a conclu en leurs demandes & intervention, & que Brunet pour ledit Hollandre, & Regnard ont été ouïs : & que Benoît de Saint-Port pour notre procureur général, a pareillement été ouï : icelui notredit grand conseil, a reçu & reçoit les parties de Brunet & Christophe opposans à l'arrêt par défaut, a reçu ledit Bertin partie intervenante, faisant droit au principal, a maintenu & gardé, maintient & garde les parties de Cochin dans la préséance aux cérémonies de l'église, & en toutes assemblées publiques & particulières sur les officiers de la justice de Doullevant-le-Châtel, conformément à nos édits & déclarations : ordonne que le pain-béni leur sera porté par distinction immédiatement après les seigneur & dame du lieu ; que les femmes desdites parties de Cochin jouiront des mêmes honneurs avant les femmes desdits officiers, même en cas de viduité. Fait défenses aux parties de Christophe & Brunet de troubler lesdites parties de Cochin ; condamne lesdites parties de Brunet & Christophe aux dépens. Si donnons en mandement, &c.

quitta le commandement de cette compagnie, & en disposa en faveur du dauphin son fils, alors âgé de sept ans & demi. A cette époque, les militaires dont il s'agit, furent appelés *gendarmes des ordonnances de monseigneur le dauphin.* Cette dénomination subsista jusqu'à ce que ce prince étant parvenu à la couronne sous le nom de Louis XIII, il les mit au rang de ses gardes, & continua d'en être le capitaine.

Depuis la création de la compagnie des gendarmes de la garde, ce corps a éprouvé divers changemens dans sa constitution. Il eut d'abord pour officiers supérieurs, un capitaine-lieutenant, un capitaine sous-lieutenant, un enseigne & un guidon. En juin 1675, le Roi doubla ces trois derniers officiers, & en mars 1683, il y ajouta un enseigne & un guidon, ensorte qu'il y eut alors un capitaine-lieutenant, deux capitaines sous-lieutenans, trois enseignes & trois guidons.

Outre ces officiers la compagnie eut encore dans la suite deux aides-majors, deux sous-aides-majors, deux maréchaux des logis, huit brigadiers, autant de sous-brigadiers & quatre porte-étendards.

Quant aux gendarmes, ils étoient au nombre de 210 (1). Il y en a même eu jusqu'à 240, sans compter un grand nombre de surnuméraires. Mais cela ne s'est vu qu'en temps de guerre.

Il y avoit d'ailleurs quatre trompettes & un timballier.

Le Roi régnant, ayant jugé à propos d'augmenter son infanterie & sa cavalerie, s'est déterminé par des principes d'économie, à sacrifier une partie de l'éclat qui environnoit le trône, en réformant & en réduisant à un moindre nombre d'individus plusieurs corps de sa maison militaire. Pour cet effet, sa majesté a rendu le 15 décembre 1775, une ordonnance par laquelle elle a réglé que la compagnie des gendarmes ne seroit plus composée à l'avenir que d'un capitaine-lieutenant, de deux sous-lieutenans, de deux enseignes, d'un aide-major, d'un porte-étendard, d'un fourrier, de deux maréchaux des logis, de quatre brigadiers, de quarante-quatre gendarmes, d'un timballier & de deux trompettes.

Par une autre ordonnance du 19 janvier 1776, le Roi voulant assimiler autant qu'il étoit possible, aux compagnies des gardes du corps, celle des gendarmes de la garde, a ordonné que cette dernière seroit composée d'un capitaine-lieutenant ou d'un lieutenant, de deux capitaines sous-lieutenans ou de deux sous-lieutenans, de deux enseignes, d'un aide-major, de deux maréchaux des logis, d'un porte-étendard, d'un fourrier-major, de quatre brigadiers, de quarante-six gendarmes, d'un timballier & de deux trompettes.

Enfin par une autre ordonnance du 4 juillet 1777, le Roi a réglé que dès le premier août suivant, il y auroit à la tête de la compagnie des gendarmes de la garde, un capitaine-lieutenant, deux capitaines sous-lieutenans, trois enseignes & trois guidons; & qu'au surplus cette compagnie resteroit composée ainsi qu'elle l'avoit été par l'ordonnance du 19 janvier 1776.

Tel est le dernier état du corps dont nous parlons. Observez cependant qu'il y a des surnuméraires qui y sont attachés & que l'ordonnance du 15 décembre 1775 a fixés au nombre de douze. Mais ces surnuméraires ne sont attenus à aucun service, & ils ne jouissent point des privilèges des gendarmes qui sont en pied.

Il y a à la suite de la compagnie des gendarmes

(1) De ces deux cent dix gendarmes qui composoient le corps en temps de paix, les dix plus anciens étoient dispensés de service : néanmoins ils touchoient leurs appointemens, & jouissoient des privilèges. C'est ce que prouvent des lettres-patentes du 12 avril 1729, enregistrées à la cour des aides le 14 mai suivant.

gendarmes de la garde, un commissaire des guerres pour la conduite & police, & en outre un contrôleur.

A la suite de l'état-major, il y a un aumônier, un chirurgien, un apothicaire, deux fourriers, un sellier, & un maréchal ferrant.

Le Roi lui-même est capitaine de la compagnie des gendarmes de la garde; celui qui la commande, a toujours eu le titre de capitaine-lieutenant.

Il y a deux raisons de ce titre dit le P. Daniel, dans sa milice Françoise : la première, est l'autorité que le Roi donne aux commandans des compagnies qui le portent. La seconde, est que le capitaine lieutenant a les gages de capitaine & ceux de lieutenant.

Ce titre n'est pas plus ancien que le règne de Henri IV. Depuis qu'il a été mis en usage, les commandans des compagnies auxquels il a été donné, ne l'ont pas toujours porté par rapport au Roi seul. C'est-à-dire, que le capitaine-lieutenant n'a pas toujours été & n'est pas encore toujours aujourd'hui lieutenant du Roi même. Le capitaine même des gendarmes de la garde, ne fut pas d'abord lieutenant du Roi, mais de monseigneur le dauphin; & encore actuellement les capitaines-lieutenans des gendarmes bourguignons, du dauphin, de Monsieur, d'Artois, du corps de la gendarmerie, sont capitaines-lieutenans non pas du Roi, mais des princes dont ces compagnies portent le nom.

Au reste le titre de capitaine-lieutenant n'est pas assuré au seul commandant des gendarmes de la garde; les sous-lieutenans de cette compagnie le portent aussi; & ils ont des lettres-patentes scellées au grand sceau, pour jouir des appointemens de capitaine en chef de la compagnie.

Le capitaine-lieutenant des gendarmes de la garde est M. le maréchal prince de Soubise, (Charles de Rohan, duc de Rohan-Rohan), maréchal de France, ministre d'état, gouverneur des châteaux de Madrid & de la Muette, grand croix de l'ordre de saint-Louis.

Il fut fait capitaine par provisions du 6 juillet 1734, sur la démission d'Hercule Mériades de Rohan-Soubise, prince de Rohan, son grand-père.

Le capitaine-lieutenant en survivance est M. le prince de Guémené, brigadier des armées du Roi.

Les officiers supérieurs qui ont commandé avant M. le maréchal prince de Soubise, cette illustre troupe en qualité de capitaines-lieutenans, sont depuis sa création,

1°. Gilles de Souvré-Courtanvaux, marquis de Souvré, grand maître de la garde-robe de Henri III, chevalier de ses ordres, gouverneur & premier gentilhomme de la chambre de Henri IV, maréchal de France, fait capitaine-lieutenant le 11 juillet 1611.

2°. Jean François de la Guiche, comte de Saint-Geran, maréchal de France, chevalier des ordres du Roi, fait capitaine le 13 mars 1615.

3°. François de l'Hôpital, comte du Hallier, puis maréchal de l'Hôpital, chevalier des ordres du Roi, maréchal de France, fait capitaine le 4 décembre 1632 (1).

4°. Gaspard de Coligni II, comte de Saligny, maréchal des camps & armées du Roi, fait capitaine le 21 février 1647.

5°. César-Phœbus d'Albret, comte de Miossens, de la maison des rois de Navarre, maréchal de France, chevalier des ordres du Roi, fait capitaine le 10 mars 1651.

6°. Louis de Caillebot, marquis de la Salle, conseiller d'état, lieutenant-

(1) C'est le même dont nous avons parlé à la chronologie des capitaines de la seconde compagnie françoise des gardes du corps. Il en avoit été capitaine avant de l'être de celle des gendarmes de la garde.

général des armées du Roi, fait capitaine le 15 janvier 1666.

7°. François de Rohan, prince de Soubise, lieutenant-général des armées, &c. gouverneur-général de Champagne & de Brie, fait capitaine le 24 décembre 1673.

8°. Hercule Mériadec de Rohan-Soubise, prince de Rohan, fils de François, gouverneur de Champagne & de Brie, lieutenant-général des armées du Roi, fait capitaine le 2 janvier 1704.

9°. Louis-François-Jules de Rohan, prince de Soubise, fils d'Hercule, fait capitaine le 4 février 1704, en survivance de son père.

*De l'uniforme, des armes, des étendards & des appointemens des gendarmes de la garde.*

Le grand uniforme, ou habit d'ordonnance des gendarmes de la garde, est habit, doublure, culotte & bas rouges, paremens coupés de velours noir & poches en travers, galons & brandebourgs en plein, boutons d'or aux armes du Roi, & boutonnières d'or, ceinturon de chamois couvert de galon d'or, veste de chamois bordée & galonnée d'or, chapeau bordé d'or, plumet blanc, cocarde noire, bandoulière bordée d'or.

L'équipement du cheval est de drap écarlate enrichi de galon d'or.

Tous les officiers ont de la broderie où les gendarmes n'ont que du galon, mais il y a cette différence, que la broderie des officiers supérieurs est plus riche que celle des autres.

Les officiers doivent être montés sur des chevaux blancs ou gris pommelés, & les gendarmes sur des chevaux d'une autre couleur. Les uns & les autres s'habillent, se fournissent leurs chevaux, & s'équipent à leurs frais.

Outre le grand uniforme, les gendarmes en ont un autre plus simple & moins dispendieux qu'ils ont coutume de porter quand ils sont en semestre.

Les armes de la compagnie sont l'épée, le pistolet & la carabine (1).

Les casaques des trompettes sont couvertes de galons d'or & de soie, à la livrée du Roi.

Les étendards sont de satin blanc orné d'une broderie d'or. Ils ont une devise dont le corps est la foudre tombant des cieux, & l'ame ces mots : *Quo jubet iratus Jupiter* (2).

Ces étendards sont déposés dans la ruelle du lit du Roi. Lorsque la compagnie en a besoin, elle les envoye chercher sous l'escorte d'un détachement, & elle les renvoye ensuite sous une pareille escorte à l'endroit d'où elle les a tirés.

L'ordonnance du 4 juillet 1777, qui forme, comme on l'a vu, le dernier état des gendarmes de la garde, a aussi fixé le traitement annuel des officiers supérieurs, sous la seule dénomination d'appointemens, soit en temps de paix soit en temps de guerre.

Ces appointemens qui ne sont sujets à d'autre retenue que celle des quatre deniers pour livre, se distribuent ainsi, savoir ;

Au capitaine-lieutenant, par année, 27000 livres.

A chacun des capitaines sous-lieutenans, 9000 livres.

A chacun des enseignes, 6500.

Au premier guidon, 5500 livres.

Et à chacun des autres guidons, 3000 livres.

A l'égard des appointemens de l'aide-major, des maréchaux des logis, du porte-étendard, & du fourrier, ils sont réglés par l'ordonnance du 19 janvier

(1) Ce n'est que depuis 1746, que tous les gendarmes indistinctement sont armés de la carabine. Auparavant, on n'en donnoit, en temps de guerre, qu'aux anciens, ou à ceux qui tiroient le mieux, afin de s'en servir utilement dans les occasions.

(2) Cette phrase allégorique signifie : *Où Jupiter en courroux l'ordonne.*

1776 : elle attribue à l'aide-major, 6000 livres ; à chaque maréchal des logis, 3000 livres ; au porte-étendard 3000 livres, & au fourrier-major, 2500 livres (1).

La même loi a ordonné que les brigadiers, les gendarmes, le timballier & les trompettes continueroient de jouir des traitemens qui leur avoient été réglés tant pour le temps qu'ils seroient de service, que lorsqu'ils seroient séparés.

Enfin elle a attribué à l'aumônier 1560 livres annuellement, & 360 liv. à chacun des petits officiers servans à la suite de l'état-major de la compagnie, tels que le chirurgien, l'apothicaire, les deux fourriers, le sellier, & le maréchal-ferrant : ces petits officiers ont en outre en campagne pour ration, moitié de ce qu'a un gendarme.

### *Rang de la compagnie des gendarmes de la garde dans la maison du Roi.*

Sous le règne de Louis XIII, & pendant les premières années de celui de Louis XIV, les gendarmes de la garde tenoient le premier rang dans les troupes de la maison du Roi, & avoient le pas sur les gardes du corps. Cette préséance étoit fondée sur ce que de tout temps en France & chez toutes les nations de l'Europe, la gendarmerie a passé devant la cavalerie légère, qui est le genre de troupes auquel appartenoient les gardes du corps, dans le temps de leur institution, à cause de leur armure & de leur qualité d'archers.

Mais Louis XIV ayant pris en 1666, la résolution d'augmenter les compagnies de ses gardes qui n'étoient alors composées que de cent maîtres chacune, & d'en faire un corps de troupes réglés, leur donna en même-temps le pas sur les gendarmes de la garde. Voici comme ce changement s'opéra, selon l'auteur de la milice Françoise.

Le Roi faisant à Vincennes, une revue des troupes de sa maison, les gendarmes qui avoient toujours eu la droite sur les gardes du corps, eurent ordre de passer à la gauche.

La volonté de sa majesté & la grande ancienneté des quatre compagnies des gardes du corps, en comparaison de la compagnie de gendarmes de la garde, furent alors, & ont été depuis leur titre de préséance.

Louis de Caillebot, marquis de la Salle, qui depuis a été lieutenant-général des armées du Roi, étoit lors de ce changement, sous-lieutenant des gendarmes de la garde. Comme il étoit homme de courage, & d'un mérite distingué, il eût souffert avec peine de passer après les lieutenans des gardes du Roi, qu'il avoit jusques là précédés. Il avoit d'ailleurs obtenu des lettres-patentes suivant lesquelles il devoit jouir des appointemens de capitaine en chef de la compagnie, de même que tous ses prédécesseurs en avoient joui dans l'emploi de sous-lieutenans.

Cette circonstance, & les représentations de cet officier, déterminèrent le Roi à régler en sa faveur, & en faveur de tous ceux qui lui succéderoient dans l'emploi de sous-lieutenant, qu'ils porteroient le titre de capitaines sous-lieutenans, & qu'en cette qualité ils auroient la préséance & le commandement dans le service de la maison de sa majesté, sur les lieutenans des gardes du corps.

C'est pour cela que dans les détachemens qui se font à l'armée, le premier sous-lieutenant des gendarmes marche le premier jour, le second sous-lieutenant le second jour, ensuite les lieutenans des

(1) Outre les appointemens qu'on a spécifiés, le capitaine-lieutenant doit avoir par jour, en campagne, la ration de six gendarmes ; les capitaines sous-lieutenans, chacun la ration de quatre gendarmes ; les enseignes, les guidons & l'aide-major, chacun la ration de trois gendarmes ; & les maréchaux des logis, le porte-étendard & le fourrier-major, chacun la ration de deux gendarmes.

gardes du corps selon le rang des compagnies.

Il y a encore un autre privilège annexé aux sous-lieutenans des gendarmes de la garde, c'est qu'ayant le pas sur tous les lieutenans des gardes du corps, ils commandent dans les armées toute la maison du Roi.

Cependant il y a eu des circonstances où le commandement a été donné au plus ancien officier général des gardes du corps; mais ç'a été par un ordre exprès du Roi. Cela s'est vu à la bataille de Nervinde en 1693, & en 1709 lorsque l'armée s'assembla sous Arras, & fut camper près du mont Saint-Eloi. Ces cas particuliers sont des exceptions à la règle.

*Fonctions ou service de la compagnie.*

Les fonctions de l'officier supérieur commandant, est de présenter tous les matins au Roi un gendarme en habit d'ordonnance pour recevoir ses ordres s'il en a quelqu'un à prescrire à la compagnie, & de venir tous les soirs lui demander le mot du guet & ses commandemens.

Les gendarmes de la garde accompagnent sa majesté par-tout où elle va. Ils marchent deux à deux, en nombre égal, devant & derrière le carosse. Leur capitaine-lieutenant, & à son défaut les capitaines sous-lieutenans, les enseignes & les guidons, marchent à droite & à gauche du carosse, à la hauteur des roues du devant, en observant que la croupe de leurs chevaux laisse la portière libre, afin que le peuple puisse jouir de la satisfaction de voir son souverain (1).

Les officiers des gendarmes ne prennent le poste qui leur est marqué que dans l'avant-cour, ou dans les lieux où ils ont accoutumé de se mettre en bataille; & ils ne le quittent que lorsque sa majesté entre dans les cours de l'intérieur de son palais, ou autres lieux où elle va.

Le service du capitaine-lieutenant & des capitaines sous-lieutenans dure, ou est censé durer toute l'année.

Le premier a toujours un logement chez le Roi. L'officier supérieur commandant la compagnie a aussi le sien, de même que l'aide-major & le maréchal des logis de quartier. Ce logement est le plus près qu'il se peut de celui du capitaine-lieutenant.

Quant aux gendarmes, ils ont à Versailles leur hôtel. Les brigadiers & sous-brigadiers y logent. Le porte-étendard & le fourrier-major ont leur demeure à part.

La même chose se pratique, quand sa majesté est ailleurs qu'à Versailles, ou quand elle voyage.

Le capitaine-lieutenant des gendarmes de la garde est, & a toujours été chargé du soin de faire observer la police & la discipline dans la compagnie, & de rendre compte à sa majesté directement & personnellement de tout ce qui peut la regarder. Il reçoit immédiatement ses ordres pour la distribution de toutes les grâces, & notamment pour l'expédition des brevets des charges de tous les officiers, brevets de pensions sur le trésor royal & sur les invalides, provisions de chevaliers de Saint-Louis, lettres d'annoblissement, de confirmation, de suranation ou de réhabilitation de noblesse, lettres d'état & de vétérance, ordres concernant les commissaires ou adressant à eux, ordres pour l'augmentation ou diminution de la compagnie, pour casser, interdire, ou rétablir les officiers & les gendarmes, & pour faire les banderolles & étendards neufs.

Les commissaires départis à la police & conduite de la compagnie, sont dépen-

(1) Lorsque par la nature des lieux, les chemins viennent à se resserrer, ou qu'il se trouve quelques passages étroits, qui empêchent qu'on puisse passer à côté des roues, les officiers des gendarmes de la garde, qui marchent à la hauteur des premières roues, se portent alors en avant, & gagnent la tête des chevaux au lieu de se retirer en arrière.

dans du capitaine-lieutenant, & responsables envers lui des états de leur revue.

Le capitaine-lieutenant a aussi inspection sur la distribution que doit faire le trésorier des fonds qui lui ont été remis pour la solde de la compagnie.

Les placets, tant des officiers ou gendarmes que de tous autres particuliers, ayant affaire à eux, doivent être remis au Roi par le capitaine-lieutenant lui-même.

Il prend aussi connoissance des discussions, différends ou affaires qui surviennent entre les officiers, gendarmes, & les marchands, ou autres, pour les terminer à l'amiable, ou pour en rendre compte à sa majesté (1).

Le service des gendarmes de la garde n'est que de six mois, de sorte qu'il n'y a jamais que la moitié de la compagnie à Versailles. A l'expiration de ce temps, cette moitié est relevée par l'autre. Le service de l'aide-major, des maréchaux des logis, du porte-étendard, du fourrier-major, des brigadiers, est de la même durée que celui des gendarmes. Quant aux enseignes & aux guidons, ils ne servent que trois mois : encore le Roi leur laisse-t-il le choix de la division & du temps.

La garde des gendarmes est toujours de huit jours. Mais pour qu'elle devienne moins fatigante on distribue à chacun d'eux un lit de sangle & un matelas, pour y prendre, tout habillé, trois ou quatre heures de sommeil par nuit, hors du temps de la faction.

En campagne tous ceux qui ne sont pas employés auprès de la personne du Roi, sont au quartier, où ils se tiennent prêts au moindre signal, à monter à cheval, & à marcher contre l'ennemi, de même que les régimens de cavalerie. Cependant on ne commande la compagnie des gendarmes à l'instar des autres troupes, que dans le cas où sa majesté ne doit point assister au combat.

(1) Ordonnance du 21 novembre 1724.

Les fonctions du fourrier-major consistent à être chargé des distributions, logemens, campemens, & de tous les autres détails qui formoient ci-devant les fonctions des sous-aides-majors actuellement supprimés.

Les officiers tels que le capitaine-lieutenant, les capitaines sous-lieutenans, les enseignes & guidons, qui viennent à quitter la troupe avant d'être parvenus au grade de maréchal de camp, sont considérés comme ayant abandonné le service, à moins que sa majesté n'ait jugé à propos de les placer dans d'autres corps (1).

Les fonctions du commissaire à la conduite & police de la compagnie des gendarmes de la garde, sont de faire les revues du corps, & tout ce qui y est relatif.

Dans les marches, combats ou logemens, le commissaire suit le commandant, ayant toujours, dit le Pipre de Neufville, la seconde place dans la compagnie, & cette place étant à la gauche du commandant, de sorte que le cheval du commissaire réponde à l'étrier de cet officier.

*De la nomination aux places qui viennent à vaquer dans la compagnie.*

Les charges de capitaine-lieutenant, capitaines-sous-lieutenans, enseignes & guidons s'achètent & se sont achetées de tout temps. Au reste, elles honorent infiniment quiconque les possède, quelque illustre que soit la maison de laquelle il est issu. L'agrément du Roi est nécessaire pour pouvoir en traiter ; &, avant de l'accorder, sa majesté a coutume de se faire rendre compte de la naissance de

(1) Ordonnances des 15 décembre 1775, 19 janvier 1776, 4 juillet 1777.

l'aspirant, de ses qualités, & des services de ses aïeux.

Les places d'aide-major, de maréchaux des logis, de porte-étendard, de fourier-major, & de brigadiers, ne s'achètent point. L'ancienneté seule & le mérite y mènent. La place d'aide-major s'est néanmoins donnée quelquefois à des capitaines de cavalerie; mais d'ordinaire cet officier est tiré d'entre les maréchaux des logis, au choix & à la nomination du capitaine-lieutenant.

A l'égard de l'emploi de gendarme de la garde, il n'est plus, comme autrefois (1), le prix de l'argent, mais celui de la condition & des qualités personnelles. Les seuls gentilshommes, ou fils d'annoblis, peuvent y prétendre, ou bien de bons bourgeois déjà revêtus du titre d'officiers. On les dispense, en ce cas, de produire des lettres de noblesse. Il faut de plus, pour servir dans ce corps, avoir un revenu suffisant qui mette à portée de s'y soutenir honorablement sans le secours de la paye, qui suffit à peine pour ce qu'on appelle les menus frais.

Ce n'est point le Roi qui reçoit les gendarmes de la garde, mais le capitaine-lieutenant de la compagnie. Les autres officiers ne peuvent que présenter les sujets. Leur admission dépend entièrement du capitaine.

Le commissaire à la conduite & police de la compagnie, reçoit le serment de fidélité des officiers & des gendarmes. L'abbé le Pipre de Neufville remarque, au sujet de ce commissaire, que chaque gendarme, qui prête serment entre ses mains, lui doit son cheval & ses pistolets, s'il a été officier de cavalerie, ou son épée & son hausse-col, s'il a été officier d'infanterie; & que le commissaire, à son tour, lorsqu'il prête serment pour être reçu dans sa charge, est obligé de donner au capitaine-lieutenant six aunes de velours noir.

### *Etat & prérogatives des officiers de la compagnie.*

Le capitaine-lieutenant a rang, tant qu'il est pourvu de cette charge, de premier mestre-de-camp de cavalerie, & en cette qualité, il commande, sans difficulté, dans tous les détachemens où il peut se trouver, à tous les mestres-de-camp de cavalerie & de dragons détachés avec lui.

Les capitaines-sous-lieutenans, les enseignes & les guidons ont rang de mestres-de-camp, mais seulement du jour & date de leur commission ou brevet; & ils commandent à tout mestre-de-camp dont la commission ou brevet est postérieur aux leurs.

Nul officier ne peut, d'après l'ordonnance du 4 juillet 1777, être pourvu de la charge de guidon des gendarmes de

(1) Les places de gendarmes de la garde s'achetoient autrefois. Quand elles venoient à vaquer, elles étoient à la disposition des officiers supérieurs, & ils les vendoient. Quelquefois il étoit permis au titulaire de se démettre de sa charge en faveur d'un parent ou d'un ami: mais cette grâce lui étoit rarement accordée, parce qu'elle préjudicioit aux intérêts des officiers supérieurs.

C'étoit la règle que le capitaine-lieutenant disposât de cent places, le sous-lieutenant de quarante, l'enseigne de trente, & le guidon d'un même nombre.

Mais cette vénalité, proscrite par les ordonnances, étoit contre le bien du service, & ne pouvoit manquer d'introduire beaucoup de mauvais sujets dans la compagnie: elle étoit de plus contraire à la dignité du souverain, & pouvoit le devenir infiniment à sa sûreté.

François de Rohan, prince de Soubise, ayant été fait, en 1672, capitaine-lieutenant de la compagnie, représenta toutes ces raisons au Roi, qui, les trouvant très-solides, abolit cette vénalité. Mais pour dédommager les officiers supérieurs, qui en tiroient un revenu considérable, S. M. leur assigna 26000 livres d'appointemens extraordinaires, payables par quartier & partageables entre eux; savoir, 13000 livres au capitaine-lieutenant, 2600 livres à chacun des capitaines sous-lieutenans, 1300 livres à chacun des trois enseignes, & autant à chacun des trois guidons.

la garde, sans avoir le rang de capitaine, & le temps fixé pour être susceptible du rang de colonel. Il n'est pas nécessaire de dire que cette règle n'a point lieu pour les enseignes, parce que, pour être enseigne, il faut commencer par avoir été guidon; ni pour les capitaines-sous-lieutenans, parce qu'il faut avoir passé par la charge d'enseigne, pour pouvoir posséder celle de capitaine-sous-lieutenant. Ainsi de suite.

L'aide-major est pareillement mestre-de-camp de cavalerie du jour de sa commission, & commande, dans les occasions, à tous les mestres-de-camp de cavalerie & de dragons moins anciens que lui; mais il ne commande jamais aux capitaines-sous-lieutenans, aux enseignes & aux guidons de son corps, ni des autres corps militaires de la garde du Roi, quand même il seroit plus ancien qu'eux.

Les rangs du capitaine-lieutenant, des capitaines-sous-lieutenans, des enseignes, guidons, & de l'aide-major ont été réglés par les ordonnances des 1 mars & 22 août 1718.

Ces ordonnances disent encore que ceux d'entre ces officiers qui sont ou seront brigadiers de cavalerie, maréchaux-de-camp, ou qui auront des commissions particulières pour tenir dans la cavalerie un rang supérieur à celui qui leur est réglé, continueront de jouir, comme par le passé, des grades qui leur ont été ou seront accordés.

Les maréchaux des logis, auxquels les loix qu'on vient de citer, ne donnoient que le rang de capitaine de cavalerie, du jour de l'expédition de leurs brevets, & en cette qualité le commandement sur tous les capitaines de cavalerie & de dragons dont les commissions étoient moins anciennes que les leurs, sont maintenant mestres-de-camp de cavalerie, du moment qu'ils sont pourvus de leurs emplois.

Autrefois ce grade de mestre-de-camp étoit accordé à l'un, ou à quelques-uns d'entre eux seulement, & on avoit en cela égard à l'ancienneté & au mérite.

Le porte-étendard a rang de maréchal des logis; il est par conséquent mestre-de-camp de cavalerie comme eux, & jouit de leurs privilèges pour le commandement dans les circonstances où il se trouve.

Le fourier-major a rang de capitaine de cavalerie; il a le pas immédiatement après le porte-étendard, & commande les brigadiers. C'est parmi eux communément qu'il se choisit.

Suivant les ordonnances des premier mars & 22 août 1718, les brigadiers n'étoient que lieutenans de cavalerie; mais aujourd'hui ils sont capitaines, & en cette qualité le fourier-major & les brigadiers ont le commandement sur les autres capitaines de cavalerie ou de dragons moins anciens qu'eux.

Le capitaine-lieutenans, les capitaines sous-lieutenans, les enseignes & les guidons sont ce qu'on appelle les officiers supérieurs des gendarmes de la garde. L'aide-major, les maréchaux des logis, le porte-étendard, le fourier-major & les brigadiers sont simplement officiers des gendarmes de la garde.

Lors de la réduction de la compagnie, arrivée le 15 décembre 1775, le Roi accorda à ceux des officiers réformés, qui étoient maréchaux-de-camp, 6000 livres par an de retraite, se réservant de pourvoir au remboursement de la finance de leurs charges.

Sa majesté conserva à tous les officiers qui se trouvoient sans activité, au moyen de la nouvelle composition de la compagnie, les appointemens dont ils jouissoient, jusqu'au remboursement entier de la finance de leurs charges, se réservant de prononcer alors sur les grâces dont ils seroient susceptibles par la nature & l'ancienneté de leurs services.

Elle accorda aux maréchaux-des-logis

& à l'aide-major réformés, les deux tiers de leurs appointemens pour retraite, & aux brigadiers, sous-brigadiers, pareillement réformés, savoir, à ceux qui avoient servi 20 ans & au-dessus, la moitié de leur paye, à ceux qui avoient servi de 10 à 20 ans, le tiers, & à ceux qui n'avoient pas 10 ans de service, le quart de leur paye, jusqu'à ce qu'ils eussent obtenu des emplois dans l'infanterie, la cavalerie, ou les dragons.

Outre ces diverses grâces, le Roi conserva aux officiers réformés leur rang dans le militaire, suivant les commissions & brevets qui leur avoient été accordés.

Toutes les prérogatives des officiers des gendarmes de la garde ne consistent pas seulement dans celles que nous venons de détailler, il participent encore à celles qui concernent les simples gendarmes, & dont nous allons parler.

*Etat, privilèges, franchises & exemptions des gendarmes de la garde.*

Les gendarmes de la garde ont rang de lieutenans de cavalerie, &, après quinze ans de service, ils ont celui de capitaine.

Autrefois ils n'avoient aucun titre d'officier. Cependant, si un gendarme de la garde, pourvu d'un emploi de lieutenant ou de capitaine, se trouvoit en concurrence avec d'autres sujets pourvus de pareils emplois, son service de gendarme de la garde lui étoit compté comme service de lieutenant, & il prenoit rang parmi ses concurrens, du jour de la date de sa réception dans la compagnie des gendarmes de la garde du Roi.

Son service ne lui étoit également compté pour l'ordre de saint Louis qu'au cas qu'il entrât dans un régiment, & il n'obtenoit cette grâce, en restant dans la compagnie, que lorsqu'il avoit mérité cette marque d'honneur par quelque action de courage, ou par des blessures honorables, ou par de longs services, ou lorsqu'il parvenoit à l'état de maréchal des logis, de brigadier, sous-brigadier, porte-étendard.

Une retraite de lieutenant aux invalides, ou une pension, c'étoit là toute la récompense qu'ils pouvoient alors régulièrement espérer ; au lieu que maintenant ils deviennent, en vertu de leur qualité de lieutenant, chevaliers de saint Louis, comme les autres officiers, & participent en outre aux honneurs & prérogatives annexés à ce titre.

Quoiqu'il ait été réglé qu'on n'admettroit plus dans la compagnie des gendarmes de la garde du Roi que des gentilshommes ou fils d'annoblis ; s'il arrivoit qu'il s'en trouvât qui ne fussent point issus de parens nobles, ils seroient autorisés à se décorer du titre d'écuyer. C'est ce qui résulte particulièrement d'un arrêt rendu au conseil d'état du Roi le 16 avril 1657 (1).

---

(1) *Voici cet arrêt :*

Sur la requête présentée au Roi étant en son conseil, par Cézar Phébus d'Albert, maréchal de France, capitaine-lieutenant de la compagnie des gendarmes de sa majesté, & M. . . . . . duc de Navailles, capitaine-lieutenant de la compagnie des chevaux-légers de la garde de sa majesté, & les chefs, officiers, hommes d'armes & chevaux-légers desdites compagnies : contenant qu'encore que l'on n'ait jamais contesté aux officiers, gendarmes & chevaux-légers desdites compagnies, les titres de la qualité d'écuyer, comme leur étant donnée par sa majesté en ses lettres-patentes & autres qui leur concernent, dans lesquelles il échet d'en parler; néanmoins sur ce que par une déclaration de sa majesté, du 15 mars 1655, donnée pour la recherche de ceux qui ont usurpé le titre d'écuyer, ou celui de noble.; M. Jean du Port, chargé du recouvrement des taxes faites sur ceux qui ont induement pris lesdites qualités, auroit poursuivi Guillaume Guérin, écuyer, sieur de la Houllerie, l'un desdits gendarmes, pour le payement de la somme de cinq cents livres, à laquelle il l'auroit fait taxer, comme le prétendant du nombre de ceux qui n'ont pas eu droit de prendre ladite qualité ; & d'autant que cette prétention & poursuite, sont non-seulement injurieuses à ceux desdites compagnies, mais leur

Différentes lois, & particulièrement une déclaration du premier octobre 1686, enregiſtrée au grand conſeil le 7 novembre ſuivant (1), ont ordonné que dans les villes où les gendarmes ſe trouveroient, ils auroient rang & marcheroient

---

cauſeroient un préjudice notable, vu qu'ils ont à bon droit & de toute ancienneté ledit titre & qualité d'écuyer, & qu'ils jouiſſent comme tels de l'exemption de toutes tailles ſans difficulté: qu'auſſi en pareil cas André Campion, écuyer, ſieur de Binare, l'un des gardes du corps de ſa majeſté, ayant été ſemblablement taxé & pourſuivi pour raiſon de la même prétendue uſurpation de la qualité d'écuyer, ſa majeſté auroit par arrêt de ſon conſeil [illegible] mai 1656, ledit traitant ouï, déchargé ta[illegible] gardes du corps, que les gardes de la reine, & les gardes de la porte du château du Louvre, de la taxe; & fait défenſes audit du Port de faire aucunes pourſuites, ni d'uſer d'aucunes contraintes pour raiſon de ce à l'encontre d'eux, à peine de mille livres d'amende, & de tous dépens, dommages & intérêts. A ces cauſes, requéroient leſdits ſupplians, qu'il plût à ſa majeſté ordonner que ledit Guérin, & autres hommes d'armes & chevaux-légers deſdites compagnies de gendarmes, & de chevaux-légers de ſa majeſté, qui peuvent avoir été ou être ci-après compris ès rôles deſdites taxes, en ſeront rayez, & qu'ils en demeureront déchargés, iceux maintenir & garder, & en tant que beſoin ſeroit, les confirmer en la jouiſſance de ladite qualité d'écuyer, faire défenſes à toutes perſonnes de la leur conteſter, ni à leurs ſucceſſeurs eſdites charges. Comme auſſi audit du Port & à ſes procureurs & commis de faire aucunes pourſuites à l'encontre dudit Guérin, & autres gendarmes & chevaux-légers deſdites compagnies; pour raiſon de ce, à tous huiſſiers ſergens & autres officiers de juſtice, d'uſer d'aucunes contraintes à l'encontre d'eux, leurs fermiers, receveurs & débiteurs, à peine de trois mille livres d'amende pour chacune contravention, & de tous dépens, dommages & intérêts. Vû ladite requête, ladite déclaration de ſadite majeſté, du 15 mars 1655, l'arrêt du conſeil du 18 août enſuivant, rendu pour l'exécution de ladite déclaration, par lequel entr'autres choſes il a été ordonné, à l'égard des uſurpations du titre de nobleſſe & exemptions de tailles, qu'ils ſeroient tenus payer les ſommes auxquelles ils ſeroient taxés audit conſeil. Les procès-verbaux de commandement fait audit Guérin, à la requête de maître Jean du Port, chargé par ſa majeſté du recouvrement des taxes ordonnées par leſdites déclaration & arrêt, de payer la ſomme y contenue. Extrait de l'état des officiers de la maiſon du Roi, par lequel il appert que ledit Guérin y eſt employé comme gendarme de ſa majeſté. L'arrêt du conſeil, rendu pour les archers des gardes du corps de ſa majeſté, ceux de la reine & de ladite porte du louvre, du trentième jour de mai dernier: & tout conſidéré. Sa majeſté étant en ſon conſeil, a déchargé & décharge ledit Guérin du payement de ladite taxe de cinq cents livres, ſur lui faite en conſéquence de ladite déclaration de ſa majeſté, du 15 mars 1655. Fait défenſes ſa majeſté audit du Port & tous autres, de faire pour raiſon de ce aucunes pourſuites, ni d'uſer d'aucunes contraintes à l'encontre dudit Guérin & autres gendarmes & chevaux-légers, deſdites compagnies de gendarmes & chevaux-légers, à peine de mille livres d'amende, & de tous dépens, dommages & intérêts. Veut & entend ſa majeſté, que les gendarmes ni les chevaux-légers deſdites compagnies, ne puiſſent à l'avenir être compris en aucuns rôles deſdites taxes contre les uſurpateurs dudit titre d'écuyer; & que ſi aucun d'eux s'y trouve compris, il en ſoit ôté; & que les officiers, hommes d'armes, & chevaux-légers deſdites compagnies, jouiſſent à l'avenir, comme par le paſſé, de ladite qualité d'écuyer, ſans qu'ils y puiſſent être troublés par qui que ce ſoit, ni en aucune manière. Sa majeſté la leur ayant, en tant que beſoin, confirmée, & la confirmant & voulant que toutes lettres pour ce néceſſaires leur ſoient expédiées, en vertu du préſent arrêt. Fait au conſeil d'état du Roi, &c.

(1) *Cette déclaration eſt ainſi conçue:*

Louis, &c. Salut. Les gendarmes & chevaux-légers de notre garde ordinaire nous ont fait remontrer, qu'encore qu'ils aient toujours joui des privilèges des commenſaux de notre maiſon, ſpécialement du droit de rang & préſéance ès aſſemblées qui ſe font dans les lieux de leur demeure, ainſi que les gardes de notre corps, les officiers de notre chambre, & pluſieurs autres en jouiſſent: néanmoins, ſous prétexte qu'ils ne ſont expreſſément dénommés dans nos déclarations, ils ſont troublés en la jouiſſance de ce droit par des juges & officiers inférieurs en ordre aux conſeillers en nos bailliages, ſénéchauſſées & ſièges préſidiaux, ce qui les oblige d'avoir recours à nous, à ce qu'il nous plaiſe déclarer notre volonté à leur égard ſur leſdits droits de rang & préſéance. A ces cauſes, de notre grace ſpéciale, pleine puiſſance & autorité royale, nous avons dit, déclaré & ordonné, diſons, déclarons & ordonnons par ces préſentes ſignées de notre main, voulons & nous plaît, que les gendarmes

dans les assemblées qui se feroient, ainsi qu'aux processions & autres cérémonies d'église, immédiatement après les conseillers des bailliages, sénéchaussées & sièges présidiaux, & avant les officiers des élections, & autres juridictions inférieures.

Si les gendarmes de la garde résident, ou se trouvent à la campagne, ils ont le pas sur les officiers de la justice de cette campagne. C'est ce que prouvent deux arrêts, l'un du conseil d'état du 15 novembre 1684, & l'autre du grand conseil du 6 mars 1687.

Ces deux arrêts ont été rendus en faveur du sieur Antoine de Beauvais contre les officiers de la seigneurie de Courtenai. Il a été fait défenses à ces derniers de troubler le sieur de Beauvais dans la jouissance des droits de préséance.

Les gendarmes de la garde sont pareillement fondés à se faire porter le pain béni par morceaux de distinction, non-seulement à la campagne, mais encore à la ville. Ce droit pour la campagne est attesté par un arrêt rendu au grand conseil le 4 avril 1719, en faveur du gendarme Jean Offart. Cet arrêt a confirmé une sentence de la prévôté de l'hôtel, par laquelle les marguilliers de la paroisse de Chanteloup avoient été condamnés à porter le pain béni par morceaux de distinction, au sieur Offart & à sa famille, immédiatement après le seigneur ou la dame de la paroisse & leur famille, & avant tous les autres habitans.

Le même droit pour la ville est aussi attesté par un autre arrêt du grand conseil, qui a été rendu le 4 août 1742, en faveur du sieur Genays Duchail, contre les marguilliers de Fontenay-le-Comte (1).

---

& chevaux-légers de notre garde ordinaire ayent rang, & marchent ès assemblées qui se feront à l'avenir ès villes de leur habitation, & autres où ils se trouveront, immédiatement après les conseillers de nos bailliages, sénéchaussées & sièges présidiaux, avant les officiers de nos élections & greniers à sel, & tous autres inférieurs en ordre auxdits conseillers; voulant que les procès qui se trouveront à présent intentés à cette occasion, soient réglés suivant & conformément à notre présente déclaration, sans en ce préjudicier au rang & préséance dont doivent jouir les gardes de notre corps, lesquels se rencontrant avec lesdits gendarmes & chevaux-légers, marcheront, sçavoir les gardes de notre corps, les gendarmes, & ensuite nos chevaux-légers. Si donnons en mandement, &c.

(1) *Voici cet arrêt :*

Louis, &c. Salut. Comme par arrêt ce jourd'hui donné en notre grand conseil, entre notre bien-aimé Jacques [illegible]ays, écuyer, sieur Duchail, l'un des deux cents gendarmes de notre garde ordinaire, demandeur anticipant, suivant la commission par lui obtenue en la chancellerie du palais à Paris, & exploit d'assignation en conséquence à notredit conseil, des 13 & 22 mai 1733, ledit exploit contrôlé à Fontenay-le-Comte, ledit jour 22 mai; & requérant qu'il soit procédé sur l'appel interjeté par les défendeurs ci-après nommés, de deux sentences contre lui rendues en la prévôté de l'hôtel, les 22 février & 22 novembre 1738, par exploit du 3 février suivant; & qu'il soit dit & ordonné que lesdites sentences seront confirmées avec amende & dépens, d'une part; & Jean & François Pasquier, père & fils, sacristains de l'église de Fontenay-le-Comte, appellans & défendeurs, d'autre part; & entre lesdits Pasquier, père & fils, demandeurs en requête par eux présentée à notredit conseil, le 17 février 1741, à ce que faisant droit sur l'appel par eux interjeté des sentences de la prévôté de l'hôtel, des 22 février & 22 novembre 1738, l'appellation & ce dont est appel soient mis au néant; émandant & corrigeant, que les demandeurs soient déchargés des condamnations portées par lesdites sentences, aux offres que font lesdits demandeurs de porter le pain-béni le premier au sieur Duchail, en le faisant, par ledit sieur Duchail, dire & ordonner avec les officiers de l'élection de Fontenay-le-Comte, & que ledit sieur Duchail soit condamné en tous les dépens, sauf audit sieur Duchail à se pourvoir contre lesdits officiers de l'élection de Fontenay-le-Comte, qui ont pris la garantie, & le fait & cause des demandeurs, & ont interjeté appel des sentences rendues contre eux, d'une part; & ledit sieur Genays Duchail, défendeur, d'autre part. Et entre ledit sieur Genays Duchail, demandeur en requête par lui présentée à notredit conseil, le 18 février 1741, à ce que lesdits Pasquier, père & fils, soient déclarés non recevables dans leur appel desdites sentences de la prévôté de l'hôtel; ou en tout cas, que

Les gendarmes de la garde ont encore le privilège de recevoir le pain-béni par morceaux de distinction, eux, leurs femmes & leurs familles, avant les fourriers des logis du Roi. C'est ce qui résulte d'une sentence de la prévôté de l'hôtel,

---

l'appellation soit mise au néant, qu'il soit ordonné que ce dont est appel sortira son plein & entier effet, & que lesdits Pasquier, père & fils, soient condamnés en l'amende & aux dépens, tant des causes principales que d'appel, d'une part, & lesdits Pasquier, père & fils, défendeurs d'autre part; & entre ledit sieur Genays Duchail, demandeur suivant l'exploit d'assignation, du 6 mai 1741, contrôlé à Fontenay ledit jour, fait en vertu de l'arrêt de notredit conseil, du 18 février 1741, & requérant que les défendeurs ci-après nommés soient tenus d'assister dans l'instance pendante à notredit conseil entre ledit demandeur & lesdits Pasquier, père & fils, & que l'arrêt qui interviendra soit déclaré commun avec les défendeurs, avec dépens, d'une part, & les président & autres officiers & élus, nos conseillers en l'élection de Fontenay-le-Comte, défendeurs, d'autre part; & entre ledit sieur Genays Duchail, demandeur en requête, du 9 août 1741, à ce qu'acte lui soit donné en tant que besoin est ou seroit, & en expliquant, rectifiant & augmentant les conclusions par lui ci-devant prises de la déclaration des officiers de l'élection de Fontenay-le-Comte, portée par leur acte extrajudiciaire, du 7 janvier 1739, qu'ils prennent le fait & cause desdits Pasquier, père & fils, sur les poursuites contre eux faites par ledit demandeur; comme aussi en tant que besoin, que l'appel interjeté par lesdits officiers de l'élection desdites sentences de la prévôté de l'hôtel, soit tenu pour bien relevé; faisant droit tant sur ladite prise de fait & cause, que sur l'appel desdits Pasquier & desdits officiers, desdites sentences de la prévôté de l'hôtel, qu'ils soient déclarés non-recevables dans lesdits appels, ou en tout cas, que l'appellation soit mise au néant, qu'il soit ordonné que ce dont est appel sortira son plein & entier effet; en conséquence, qu'il soit pareillement ordonné que par les marguilliers de la paroisse de Notre-Dame de Fontenay-le-Comte, le pain-béni, sera porté par morceaux de distinction au demandeur & à son épouse, immédiatement après le clergé, le seigneur & dame du lieu, & les officiers du bailliage royal de Fontenay, & avant les officiers de l'élection dudit Fontenay & tous autres inférieurs en ordre à lui, comme aussi qu'il soit maintenu dans le rang de préséance ci-dessus marqué, aux assemblées publiques & particulières, & autres droits & prérogatives attachés aux commensaux de notre maison; & en conséquence de ladite prise de fait & cause, que lesdits officiers de ladite élection soient condamnés en tous les dépens, tant des causes principales que d'appel & demandes faites, tant contre lesdits Pasquier que contre eux, même en ceux réservés par l'arrêt de notredit conseil, du 18 février 1741, & aux dommages & intérêts du demandeur à donner par déclaration, d'une part, & lesdits officiers de l'élection de Fontenay-le-Comte, & lesdits Pasquier pere & fils, défendeurs, d'autre part; & entre lesdits officiers de l'élection de Fontenay-le-Comte, demandeurs en requête, du 20 octobre 1741, à ce que faisant droit, tant sur leur prise de fait & cause pour lesdits Pasquier, que sur leur appel en tant que de besoin desdites sentences de la prévôté de l'hôtel, l'appellation & ce dont est appel soit mis au néant; émandant & corrigeant, que lesdits Pasquier père & fils soient déchargés des condamnations prononcées par lesdites sentences, que ledit sieur Duchail, soit déclaré non-recevable dans toutes ses demandes, subsidiairement qu'il en soit débouté; ce faisant, que lesdits demandeurs soient maintenus & gardés dans la possession immémoriale où ils sont à recevoir le pain-béni dans leur banc établi de tout temps dans le chœur de ladite église, & d'avoir le rang à toutes les cérémonies & aux processions de cette église, immédiatement après les officiers du présidial de ladite ville; que défenses soient faites audit sieur Duchail & tous autres de les troubler, & pour l'avoir fait, que ledit sieur Duchail soit condamné en tels dommages & intérêts qu'il plaira à notredit conseil arbitrer, & qu'il soit condamné en tous les dépens, tant de causes principales que d'appel & demandes, tant envers lesdits demandeurs qu'envers lesdits Pasquier père & fils, même en ceux réservés par ledit arrêt de notredit conseil, du 18 février 1741, d'une part, & ledit sieur Duchail, défendeur, d'autre part; sans que les qualités puissent nuire ni préjudicier aux parties. Après que Brunet, avocat dudit sieur Duchail, assisté de Grulet son procureur, a été ouï & conclu en ses demandes & requêtes; que Charrier, avocat desdits officiers de l'élection de Fontenay-le-Comte, assisté de Christophe leur procureur, a été ouï & conclu en leur prise de fait & cause pour lesdits Pasquier père & fils, appel & demandes, & que le Bret pour notre procureur général, a aussi été ouï. Icelui notredit grand conseil a donné acte aux officiers de l'élection de Fontenay-le-Comte, l'une des parties de Charrier, de leur prise de fait & cause pour les marguilliers & sacristains

rendue en faveur du sieur Philippe de Cam, sieur de Vaumore, écuyer, gendarme de la garde, contre le sieur Jean Denis, sieur de Mondomaine, écuyer, fourier des logis de sa majesté.

Les voyages & séjours des gendarmes de la garde, qui ne sont pas gentilshommes, sont taxés sur le même pied que les voyages & séjours de ceux qui ont cette qualification. Le parlement de Bordeaux en avoit décidé autrement par son réglement du 22 janvier 1734; mais ce réglement a été réformé à cet égard par un arrêt du conseil d'état du Roi du 22 juin 1737 (1).

Les gendarmes sont exempts de contribuer aux taxes & levées qu'on fait, tant en argent qu'en denrées, pour la subsistance des gens de guerre. C'est ce qui résulte d'une déclaration du Roi du 15

---

de l'église de Notre-Dame dudit Fontenay-le-Comte, autres parties de Charrier. Ce faisant, en ce qui touche les appels de la sentence de la prévôté de l'hôtel du 22 novembre 1738, a mis & met les appellations & ce dont est appel au néant; en ce que lesdits marguilliers & sacristains sont condamnés en 30 livres de dommages & intérêts envers la partie de Brunet; émendant & corrigeant quant à ce, décharge lesdits marguilliers & sacristains desdits dommages & intérêts; au surplus, ordonne que ladite sentence sortira son plein & entier effet: faisant droit sur les appels d'autre sentence de la prévôté de l'hôtel du 22 février audit an 1738, a mis & met les appellations au néant, ordonne que ladite sentence sortira son plein & entier effet; en conséquence, que le bain-béni sera présenté à la partie de Brunet par morceaux de distinction, & avant les officiers de l'élection de Fontenay-le-Comte, & que ladite partie de Brunet jouira des autres droits & privilèges acquis aux gendarmes de notre garde ordinaire, conformément à nos édits & déclarations; condamne lesdits officiers de l'élection de Fontenay-le-Comte en l'amende de l'appel de la sentence du 22 février 1738, & en tous les dépens, tant des causes principales que d'appel, même en ceux réservés, & sera l'amende de l'appel de la sentence du 22 novembre 1738, rendue. Si donnons en mandement, &c.

(1) *Voici cet arrêt:*

Sur la requête présentée au Roi étant en son conseil, par le prince de Rohan, commandant de la compagnie des gendarmes de la garde de sa majesté, prenant le fait & cause des deux cents hommes d'armes de ladite compagnie. Contenant que quoique les Rois, prédécesseurs de sa majesté, ayent fait jouir les gendarmes de leur garde, qui ne sont pas nobles d'extraction, de tous les droits & privilèges attachés à la noblesse, & du titre d'écuyer, afin d'attirer à leur service dans cette compagnie, des sujets vivant noblement, & qui soient en état de soutenir les dépenses nécessaires, & que les gendarmes de la garde soient en possession dans tout le royaume, d'avoir les mêmes prérogatives que celles appartenantes aux nobles; cependant ils viennent d'être troublés dans l'un des plus intéressans des droits attachés à la qualité d'écuyer & à la noblesse, par le réglement fait au parlement de Bordeaux pour les taxes de dépens, du 22 janvier 1734, en ce qu'il a ordonné par l'article 87, qu'aux gardes du corps, gendarmes, mousquetaires & chevaux-légers, il ne leur sera accordé que 3 livres en séjour & 4 livres en voyage; & néanmoins s'ils sont gentilshommes, il leur sera taxé 5 livres en séjour & 6 livres en voyage: cette distinction injurieuse, à l'égard de ceux qui doivent avoir le même titre, le même rang, & les mêmes droits & privilèges que les gentilshommes, oblige le prince de Rohan d'en porter ses plaintes à sa majesté, & de la supplier très-humblement d'anéantir l'article 87 de ce prétendu réglement, comme étant contraires aux lois données en faveur des gendarmes de la garde, qui ont toujours été mis au rang des commensaux, & doivent jouir de la qualité d'écuyer & de la noblesse personnelle, lorsqu'ils ne la tiennent pas de leur naissance. Le droit de prendre le titre d'écuyer fut contesté en 1656, à Guillaume Guerin, écuyer, sieur de la Houllerie, l'un des gendarmes de la garde, par le préposé au recouvrement des taxes ordonnées contre les usurpateurs du titre de noblesse, mais le maréchal d'Albret, lors capitaine-lieutenant de la compagnie des gendarmes, & le duc de Navailles, capitaine-lieutenant de la compagnie des chevaux-légers, présentèrent leur requête au feu Roi, & firent voir qu'on n'avoit jamais contesté aux gendarmes & chevaux-légers de la garde la qualité & titre d'écuyer qu'ils avoient de bon droit & de toute ancienneté, & obtinrent un arrêt du conseil d'état du 16 avril 1657, par lequel le sieur Guerin fut déchargé de ladite taxe, & sa majesté déclara qu'elle vouloit & entendoit que les officiers, hommes d'armes & chevaux-légers desdites compagnies,

octobre 1638, enregistrée à la cour des aides le 25 novembre de la même année.

Ils sont aussi exempts du logement des gens de guerre & de toutes les impositions des villes. C'est ce qu'ont établi divers réglemens, & singulièrement la déclaration du Roi du 17 mars 1666.

L'exemption de tailles est pareillement de toute ancienneté acquise aux gendarmes de la garde. On a vu ci-devant que c'est en vertu de leur titre & qualité d'écuyer, qu'ils en jouissent.

Le réglement général des tailles du mois de janvier 1634, dit, art. 16 :

« Ceux des compagnies de gendarmes & chevaux-légers, ne jouiront » d'aucune exemption, excepté nos deux » compagnies de gendarmes & chevaux-légers, composées de deux cents » hommes chacune ».

Ce privilège fut à la vérité suspendu par un édit du mois de novembre 1640, à cause de la guerre & des charges considérables auxquelles le peuple étoit alors assujetti ; mais cette suspension cessa quelque temps après en vertu d'une déclaration du Roi du 26 novembre 1643, enregistrée à la cour des aides le 30 décembre suivant.

Depuis ce temps-là, les gendarmes de la garde ont joui, sans interruption, de l'exemption des tailles.

Ils sont pareillement exempts du droit de franc-fief. C'est ce qui résulte de divers réglemens énoncés dans des lettres-patentes du 20 octobre 1730, enregistrées à la cour des aides le 13 novembre de la même année (1).

---

jouissent à l'avenir, comme par le passé, de la qualité d'écuyer sans qu'ils puissent y être troublés par qui que ce soit, ni en aucune manière, sa majesté leur ayant en tant que besoin confirmé, & la confirmant, & voulant que toutes lettres à ce nécessaires fussent expédiées en vertu dudit arrêt. On ne peut donc établir aucune distinction entre les nobles d'extraction & ceux qui ont droit de jouir de la noblesse personnelle, & de la qualité d'écuyer, celle qui est faite par l'article 87 du réglement du parlement de Bordeaux, est évidemment contraire aux privilèges accordés à la compagnie des gendarmes, & à l'intention de sa majesté, ce qui fait espérer au prince de Rohan qu'elle aura la bonté d'anéantir ce prétendu réglement, que le parlement n'a pu faire d'ailleurs de son autorité, sans consulter auparavant la volonté de sa majesté, seule maîtresse de faire des lois dans son royaume. A ces causes, requéroit qu'il plût à sa majesté ordonner que ledit arrêt du conseil d'état du 16 avril 1657, sera exécuté selon sa forme & teneur, ce faisant recevoir le prince de Rohan opposant à l'article 87 du réglement arrêté au parlement de Bordeaux, touchant les taxes de dépens, le 22 janvier 1734; & sans s'arrêter à cet égard audit réglement, qui sera, en tant que besoin, cassé & annullé, ainsi que tout ce qui s'est ensuivi, ordonner que les voyages & séjours des gendarmes de la garde de sa majesté, qui ne seront pas gentilshommes, seront taxés sur le même pied que ceux des nobles & gentilshommes, conformément à l'article 95 dudit réglement. Vu ladite requête, ledit arrêt du conseil d'état du 16 avril 1657, & l'extrait dudit réglement. Ouï le rapport & tout considéré : le Roi étant en son conseil, a cassé & annullé, casse & annulle l'article 87 du réglement du parlement de Bordeaux du 22 janvier 1734, en ce qu'il ordonne qu'il ne sera accordé par jour que 4 livres pour le voyage & 3 livres pour le séjour, aux gardes du corps, gendarmes, mousquetaires & chevaux-légers, qui ne sont pas gentilshommes. Ordonne sa majesté que les voyages & séjours des gendarmes, gardes du corps, mousquetaires & chevaux-légers, seront taxés indistinctement sur le pied fixé par ledit article 87 pour ceux d'entre eux qui sont gentilshommes, & par l'article 95 pour tous les nobles & gentilshommes. Fait au conseil d'état du Roi, &c.

(1) *Ces lettres-patentes sont ainsi conçues:*

Louis, &c. Salut. Notre cher & bien-amé cousin Hercule de Rohan, prince de Soubise, duc & pair de France, gouverneur de nos provinces de Champagne & Brie; lieutenant général de nos armées, capitaine-lieutenant de la compagnie desdits deux cents hommes d'armes de ladite compagnie de notre garde ordinaire, nous a fait remontrer que les Rois nos prédécesseurs, de glorieuse mémoire, ont de tout temps maintenu & conservé ces deux cents hommes d'armes de leur garde, dans tous les privilèges, prérogatives & exemptions dont jouissent & doivent jouir les officiers commensaux de leur maison, employés

Observez néanmoins que cette exemption a été modifiée jusqu'à un certain point par un arrêt de réglement rendu au conseil d'état du Roi le 15 mai 1778.

Par l'article premier de cet arrêt, sa majesté a ordonné que les gendarmes, qui ne seroient point de condition noble, ne jouiroient de l'exemption dont il s'agit, qu'autant qu'ils continueroient l'exercice de leurs emplois, ou qu'ils auroient obtenu des lettres de vétérance après 25 années de service réel & personnel; & à condition encore qu'ils ne feroient aucun acte dérogeant à leur qualité; qu'ils n'exerceroient point d'autres charges, places ou emplois ayant fonctions publiques ou serment en justice; qu'ils seroient employés dans les états envoyés annuellement à la cour des aides, & que ceux qui auroient obtenu des lettres de vétérance, auroient servi préalablement pendant vingt-cinq années consécutives.

### *Exploits de la compagnie des gendarmes de la garde.*

La première campagne de la compagnie des gendarmes fut en 1614, lorf-

---

dans l'état enregistré en la cour des aides. Ces privilèges leur ont été particulièrement confirmés par édits & déclarations des mois de janvier 1634, octobre 1638, 26 novembre 1643, premier octobre 1686, 2 août & 15 décembre 1698, & par les arrêts rendus en conséquence, notamment par celui du 16 avril 1657, lequel les a maintenu, pour l'avenir, de même que par le passé, au droit de prendre la qualité d'écuyer, & ordonne qu'ils jouiront des privilèges de la noblesse, qualité précieuse qui ne leur a jamais été contestée. Cependant les nouveaux sous-fermiers des francs-fiefs affectent de vouloir inquiéter aucuns desdits deux cents hommes d'armes, & semblent prétendre que nonobstant leur qualité d'écuyer, ils sont tenus du droit de franc-fief. En effet, le sieur de la Barre d'Aisy, l'un des supplians, est recherché par le sous-fermier de la généralité d'Alençon, jusques-là même qu'il a fait saisir ses revenus; & comme un trouble si contraire aux titres des supplians ne sauroit être dissimulé, & qu'étant le corps en soi, que chacun de ceux qui le composent sont également intéressés à revendiquer un droit si important, les supplians réclament, avec confiance, notre bonté & autorité: sur quoi étant nécessaire de pourvoir, & voulant faire connoître la satisfaction que nous avons des services des supplians, par arrêt de notre conseil du 9 septembre dernier de la présente année 1730, nous avons ordonné que les édits, déclarations & arrêts ci-dessus mentionnés, seront exécutés selon leur forme & teneur; & en conséquence, nous aurions maintenu & gardé lesdits deux cents hommes d'armes, en tous les privilèges, exemptions, titres & qualités mentionnés auxdits édits, déclarations & arrêts, faisant défenses à sesdits fermiers, sous-fermiers, traitans, leurs préposés & commis, de plus rechercher ni inquiéter lesdits deux cents hommes d'armes de notre garde employés dans l'état de notre maison, enregistré en la cour des aides, voulant que les saisies faites sur ledit sieur de la Barre d'Aisy & tous autres, s'il y avoit, sur aucuns desdits deux cents hommes d'armes, soient & demeurent nulles & comme non-avenues, & seroit le présent arrêt exécuté nonobstant opposition ou empêchemens généralement quelconques, à l'effet de quoi toutes lettres nécessaires seroient expédiées, lesquelles les exposans nous ont très-humblement fait supplier leur vouloir accorder. A ces causes, de l'avis de notre conseil, qui a vu l'arrêt rendu en icelui le 9 septembre dernier, ci-attaché sous le contre-scel de notre chancellerie, nous avons, de notre grâce spéciale, pleine puissance & autorité royale, ordonné & ordonnons par ces présentes, signées de notre main, que les édits, déclarations & arrêts des mois de janvier 1634, octobre 1638, 26 novembre 1643, 16 avril 1657, premier octobre 1686, 2 août & 15 décembre 1698, concernant les privilèges des deux cents hommes d'armes de notre garde, seront exécutés selon leur forme & teneur; en conséquence, nous avons maintenu & gardé lesdits deux cents hommes d'armes en tous les privilèges mentionnés auxdits édits, déclarations & arrêts, faisant défenses à nosdits fermiers, sous-fermiers, traitans, leurs préposés & commis, de plus rechercher ni inquiéter lesdits deux cents hommes d'armes de notre garde employés dans l'état de notre maison, enregistré en la cour des aides, voulant que les saisies faites sur ledit sieur de la Barre d'Aisy, & toutes autres, s'il y avoit, sur aucuns desdits deux cents hommes d'armes, soient & demeurent nulles, & le présent arrêt exécuté nonobstant oppositions ou empêchemens généralement quelconques. Car tel est notre plaisir, en témoin de quoi nous avons fait mettre notre scel à cesdites présentes. Donné à Versailles, &c.

qu'elle escorta Louis XIII en Bretagne, où ce prince alloit pour la tenue des états de cette province.

Elle accompagna, l'année suivante, Louis XIII sur les frontières, où il se rendit pour recevoir l'infante d'Espagne qu'il avoit demandée en mariage.

Le prince de Condé signa cette même année 1615, un traité avec les protestans qui lui promirent de joindre leurs troupes aux siennes.

Le Roi, informé des menées de ce prince, se rendit à son armée. Les gendarmes de la garde allèrent surprendre le village de Nanteuil, près la Rochefoucault, où les ennemis avoient trois régimens de postés, & ils se distinguèrent à cette attaque. Ils étoient alors commandés par M. de Saint-Géran.

Le duc de Longueville s'étant rendu maître de Péronne en 1616, les gendarmes de la garde eurent ordre d'aller joindre le Comte d'Auvergne qui devoit assembler une armée pour reprendre cette ville. Comme, dans cette route, ils devoient passer proche Paris, on les y retint pour arrêter le prince de Condé à la sortie du conseil, & le conduire au château de Vincennes : cela fut exécuté le 1 septembre 1616, sans qu'il y eût la moindre émotion populaire, comme on l'avoit craint.

De nouveaux troubles excités en 1620 dans le royaume à l'occasion de la reine mère & du duc d'Epernon, obligèrent le Roi d'assembler ses forces. La compagnie des gendarmes de la garde fut de l'armée avec laquelle il marcha en Normandie où plusieurs seigneurs s'étoient révoltés contre lui.

Les protestans ayant en 1621 pris les armes contre le Roi, sa majesté assiégea Saint-Jean-d'Angely. Les gendarmes de la garde servirent à ce siège à porter la fascine.

Au siège de Montauban qui suivit celui de Saint-Jean-d'Angely, les gendarmes de la garde, sous les ordres du comte d'Angoulême, allèrent secourir le fort de Fauche, que les protestans, commandés par le marquis de Malause, avoient assiégés. Ils se comportèrent tellement, que les ennemis, d'assiégeans qu'ils étoient, se trouvèrent assiégés, & furent obligés de se rendre prisonniers de guerre.

Louis XIII voulant en 1622 chasser le prince de Soubise de l'isle de Ré, la compagnie des gendarmes eut, le jour de la bataille, l'honneur d'avoir le Roi à sa tête.

Elle assista ensuite au siège de Sainte-Foy & de Négrepelisse, & y battit l'estrade.

Après que cette dernière place eut été emportée d'assaut, le Roi se rendit au siège de Saint-Antonin. La présence du Roi fit naître la résolution de donner l'assaut à l'ouvrage à corne, quoique la brèche ne fût pas encore praticable. On choisit les gendarmes de la garde pour cette expédition ; & ils donnèrent avec tant d'intrépidité, malgré la vigoureuse résistance des assiégés, qui se défendirent en désespérés, & des femmes qui montroient autant de valeur que les hommes, qu'ils n'emportèrent pas seulement l'ouvrage à corne, mais qu'ils s'étendirent encore jusqu'à la contrescarpe.

En 1627, les Rochelois s'étant révoltés, Louis XIII marcha à la tête d'une armée pour les réduire. Les Anglois, pendant le siège de la Rochelle, firent une descente dans l'isle de Ré, & attaquèrent la citadelle de Saint-Martin. Trente gendarmes de la garde, sous les ordres de M. de Beaumont de Montgareau, premier gendarme de la compagnie, allèrent au secours de cette citadelle. Ils contribuèrent beaucoup à chasser les ennemis qui se voyant poursuivis avec ardeur, se rembarquèrent avec une grande précipitation.

Les gendarmes de la garde accompagnèrent en 1629 Louis XIII qui se rendit en Languedoc pour s'opposer aux protestans qui avoient repris les armes ; & ils se trouvèrent au siège de Privas,

Le duc de Savoie ayant en 1670 fait un nouveau traité avec l'empereur, le Roi, pour le punir, entra en Savoie avec toutes ses forces, & s'en rendit maître. Le duc de Montmorenci & le marquis d'Effiat qui commandoient l'armée, eurent ensuite ordre de joindre en Piémont le maréchal de la Force. Pendant la marche, l'avant-garde & le corps de bataille se trouvant engagés dans les montagnes, les ennemis fondirent sur l'arrière-garde. La compagnie des gendarmes acquit alors une grande gloire par son ardeur à seconder le duc de Montmorenci qui, non-content d'avoir, avec l'arrière-garde de ses troupes, mis la cavalerie ennemie en désordre, tailla encore en pièces l'infanterie allemande.

En 1632, les gendarmes de la garde marchèrent en Languedoc contre le duc de Montmorenci qui avoit pris le parti de Monsieur, frère du Roi. Ils se trouvèrent à la bataille de Castelnaudari où ce duc, l'un des plus grands capitaines de son siècle, fut fait prisonnier, après avoir reçu dix-sept blessures (1).

La compagnie des gendarmes eut ordre en 1635 de se rendre en Allemagne dans l'armée du cardinal de la Valette, qui avoit resolu de secourir Deux-Ponts. Les ennemis ayant levé le siège, cette compagnie suivit l'armée qui alla au secours de Mayence.

Les gendarmes se trouvèrent en 1636 au siège de Corbie qui fut pris en 1637, à celui de Catelet qui capitula, en 1640 à celui d'Arras qui se rendit.

(1) On raconte que son chirurgien étant venu les visiter, lui dit : « Tranquilisez-vous, aucune » n'est dangereuse.... » Sur quoi le duc lui répondit : « Mon ami, vous avez oublié votre » métier ; car je vous puis assurer qu'il n'y en » a pas une seule, jusqu'à la plus petite, qui » ne soit mortelle. » Il avoit raison ; car peu de temps après, le parlement de Toulouse le condamna à perdre la tête.

C'est ici que finissent les campagnes des gendarmes de la garde sous Louis XIII, & que commencèrent celles qu'ils firent sous le glorieux règne de son successeur.

La compagnie se trouva en 1644 au siège de Mardik, & elle y servit à porter des fascines à la tranchée.

En 1647, elle alla en Flandre dans l'armée du maréchal de Gassion, & fut de tous ses mouvemens & de toutes ses démarches. Elle se distingua à Lens & au Pont à Vendin.

L'année suivante, elle fit une multitude de belles actions au siège d'Ypres.

Les gendarmes de la garde ayant joint en 1651 l'armée du Comte d'Harcourt, qui marchoit au secours de Coignac assiégé par le prince de Condé, ils contribuèrent par leur valeur à forcer les barricades des ennemis, à enlever leurs quartiers, & à secourir la place.

Les troupes du prince de Condé s'étant emparées de Saint-Denis l'année suivante, les gendarmes de la garde les chassèrent de cette ville & les repoussèrent.

Au siège de Stenaye, en 1654, ils servirent, avec toute la cavalerie, à porter des fascines à la tranchée. Ils donnèrent ensuite de grandes preuves de valeur au siège d'Arras.

En 1656, ils escortèrent un convoi qu'on envoyoit de Guise, & le conduisirent heureusement au camp de vicomte de Turenne, malgré les dangers qu'ils eurent à courir.

En 1659, les gendarmes de la garde accompagnèrent Louis XIV sur les frontières de la Navarre, où il alloit audevant de l'infante d'Espagne, sa future épouse.

La guerre s'étant rallumée en 1667 avec les Espagnols, les gendarmes accompagnèrent le Roi en Flandre, & se trouvèrent aux sièges de Tournai & de Lille.

En

En 1672, la guerre ayant été déclarée à la Hollande, ils eurent la gloire de passer le Rhin à la nage en présence de Louis XIV, & de battre les ennemis qui étoient de l'autre côté du fleuve.

Au siège de Mastricht, qui se fit la même année, ils montèrent la garde à la tranchée jusqu'à la reddition de cette place.

La compagnie se trouva en 1674 à la prise de Besançon, & à celles de Dôle, de Salins, & de Fauconnier. Elle partagea, avec les gardes du corps, la gloire de cette dernière conquête.

Elle fit des prodiges de valeur à la bataille de Sénef, qui se donna la même année; bataille également funeste à la France & aux alliés.

Elle suivit ensuite le prince de Condé qui alloit faire lever au prince d'Orange le siège d'Oudenarde.

En 1677, la compagnie se trouva au siège de Valenciennes. Elle eut beaucoup de part au combat de Kokesberg, & eut presque seule la gloire d'y avoir mis les ennemis en désordre.

Les gendarmes de la garde, en 1678, se rendirent en Allemagne dans l'armée du maréchal de Créqui, & furent de tous les mouvemens de la campagne.

La campagne de 1691 fut une des plus glorieuses que les gendarmes de la garde eussent faite depuis leur création. Ils contribuèrent beaucoup aux grands avantages remportés par la France cette année. Ils se couvrirent de gloire au combat de Leuse. On les vit plusieurs fois, avec une intrépidité incroyable, charger les ennemis qui étoient supérieurs en nombre. Ils eurent l'honneur du triomphe, mais ce ne fut pas sans une perte considérable & sans une grande effusion de sang.

Au siège du château de Namur, en 1692, les gendarmes, dit l'abbé le Pipre de Neufville, portèrent des fascines à la tranchée, & de l'avoine dans l'armée du maréchal de Luxembourg qui manquoit de fourrage.

Ils se trouvèrent ensuite au combat de Steinkerque, où il leur fut impossible d'agir, à cause de la grande quantité de broussailles qui couvroient le pays.

En 1693, la compagnie des gendarmes de la garde, qui étoit à l'armée du maréchal de Luxembourg, eut l'occasion de se distinguer à Nervinde. Elle essuya avec une fermeté sans exemple, pendant près de six heures, le feu du canon chargé à cartouches, & fit plusieurs charges pleines de bravoure & d'habileté.

Louis XIV, ayant été obligé en 1700, c'est-à-dire après avoir goûté les douceurs d'une heureuse paix, de soutenir une guerre pour défendre les intérêts du duc d'Anjou, son petit-fils, qui avoit été appelé au trône d'Espagne, après la mort de Charles II, les gendarmes de la garde eurent ordre de se rendre à l'armée qu'on assembloit dans le pays de Clèves, & furent, comme à leur ordinaire, de brigade avec la maison du Roi.

La journée de Ramillies, en 1706, quoique funeste aux armes de France, ne laissa pas d'être très-glorieuse à la compagnie des gendarmes de la garde. Elle y montra qu'elle étoit accoutumée à vaincre. De mémoire d'homme, il ne s'est point vu, dit-on, de troupes qui ayent fait paroître plus de fermeté que les gendarmes de la garde dans cette occasion. Leur sang, leurs blessures, leurs pertes, loin d'abattre leur courage, ne servirent qu'à l'augmenter.

Louis XIV écrivit, après la perte de cette bataille, au duc Rohan, prince de Soubise : *Je suis persuadé que si j'avois eu vingt escadrons de gendarmes & vingt princes de Rohan à leur tête, les ennemis, malgré leur supériorité, ne seroient pas où ils sont.*

Les gendarmes de la garde souffrirent

beaucoup en 1708, au combat d'Oudenarde; car ils furent exposés long-temps au feu des ennemis, sans pouvoir se défendre.

Ils se trouvèrent en 1709 à la bataille de Malplaquet, & ils n'y acquirent pas moins de gloire qu'à celle de Ramillies. Ils allèrent jusqu'à trois fois à la charge, & culbutèrent la cavalerie avec tant de valeur, que sans l'infanterie qui étoit postée derrière les retranchemens, elle n'auroit jamais pu se rallier.

Tels sont les exploits qui illustrèrent la compagnie des gendarmes de la garde sous le règne de Louis le Grand.

Ce prince avoit donné la paix à la France peu de temps avant sa mort: & tout ce que la science de la politique pouvoit produire de plus grand, fut employé dans ces fameux traités (1) qui mirent fin à la guerre.

La minorité, ce temps que la France n'a presque jamais vu tranquille, ne servit qu'à resserrer les nœuds de la paix. Grace au génie du duc d'Orléans, régent du royaume, l'Europe, dans le silence, respecta l'enfance de Louis XV.

Cependant, les difficultés que fit l'empereur pour empêcher don Carlos de prendre possession des états qu'il avoit hérités par la mort du duc de Parme, irritèrent tellement la cour de Madrid, qu'elle résolut de forcer l'empereur, par la voie des armes, à observer ce qui avoit été réglé par les derniers traités. Elle étoit dans ces dispositions, lorsque Fréderic-Auguste II, roi de Pologne, mourut. Le roi Stanislas fut alors appelé, pour la seconde fois, au trône de Pologne, par le consentement unanime de la nation. Mais l'empereur & la Czarine, s'étant ligués en faveur de Fréderic-Auguste, électeur de Saxe, & fils du feu roi, la France se vit obligée de déclarer la guerre à l'empereur, pour soutenir les droits du roi Stanislas.

(1) Le congrès d'Utrecht, les traités de Rastad, de Baden.

Un détachement de la compagnie des gendarmes de la garde se rendit, au mois d'avril 1734, à l'armée du Rhin, se trouva au siège de Philisbourg, & à la prise de Guastalla. Le 4 octobre, il quitta l'armée du maréchal d'Asfeld, qui étoit au camp d'Offenbourg, pour retourner à Versailles.

L'année suivante, les gendarmes de la garde entrèrent en campagne au mois de juin. Ils furent de tous les mouvemens de l'armée (1).

En 1743, les gendarmes de la garde firent à Dettingue partie des escadrons que le maréchal de Noailles envoya contre les Anglois, lorsque, sous les ordres de leur roi George II, ils alloient en hâte, malgré la faim qui les affaiblissoit, chercher, au milieu de la nuit, des vivres à Hanau, sur le chemin de Francfort. Si, lors du combat qui se livra en champ clos, le désordre se mit parmi eux, comme parmi toutes les troupes françoises, les gendarmes de la garde n'y firent pas moins des prodiges de valeur. On les vit, le sabre à la main, aller & retourner plusieurs fois à la charge (2).

Plusieurs conquêtes mémorables signalèrent, en 1744, le règne de Louis XV. Les villes de Menin, d'Ypres, de Furnes, de Fribourg, furent forcées de se soumettre à sa puissance, & de reconnoître ses lois. Les gendarmes de la garde se trouvèrent à toutes ces expéditions, & s'y distinguèrent. M. le prince de Soubise fut blessé au siège de Fribourg, par une

(1) Voyez au chapitre des gardes du corps, quels ont été ces mouvemens.

(2) Deux de leurs officiers y furent tués; les marquis de Wargemont & de Messey. Deux autres y reçurent des blessures honorables; les marquis de Saint-Chamant & de Mérinville.

pierre qui lui cassa le bras, & lui fit une contusion très-considérable. Le Roi parut touché de sa blessure. Il alla le voir au quartier général, où on l'avoit transporté. Il lui donna un grand nombre de marques de bonté; & quand il apprit que sa blessure ne seroit pas dangereuse, il en témoigna beaucoup de satisfaction.

Louis XV commença la campagne de 1745 par le siège de Tournai. La conquête de cette ville étoit de la plus grande importance, & les alliés, intéressés à la conserver, se préparèrent à l'empêcher de tomber au pouvoir des François. Mais ayant été vaincus dans les plaines de Fontenoy, ils abandonnèrent aux vainqueurs, & la place qu'ils vouloient délivrer, & la plupart de celles que baignent la Vendre & l'Escaut.

Les gendarmes de la garde formèrent à Fontenoy, lors de la disposition de la bataille, un camp de réserve, entre la chaussée de Mons & celle de Leuze, au-delà de Notre-Dame-des-Bois. Ce poste est le même que celui qu'occupoient les gardes du Roi, ainsi que nous l'avons dit à leur chapitre. Ces deux corps chargèrent d'abord ensemble à plusieurs reprises les ennemis sans aucun succès. Il est vrai que le feu des ennemis étoit si violent & si continuel, que c'étoit plutôt lutter contre deux forteresses embrâsées, que contre deux colonnes d'infanterie. Quelques infructueuses que fussent ces charges, elles donnèrent à l'infanterie le temps de se rallier, & de faire front. D'ailleurs, la compagnie des gendarmes de la garde contribua bientôt, de même que les autres corps de la maison du Roi, à ramener la fortune du côté de la France. On donna avec tant de vigueur & de courage, qu'on eut la gloire d'enfoncer le fameux bataillon quarré des Anglois, & d'en faire, pour ainsi dire, un monceau de morts & de mourans.

Les gendarmes de la garde se trouvèrent aux expéditions que le gain de la bataille de Fontenoy entraîna après elle. Ils furent employés à Oudenarde, à Gand, à Dendermonde, à Ostende, à Nieuport; ils se montrèrent par-tout dignes de leur réputation; par-tout ils donnèrent de grands exemples d'intrépidité.

Au siège d'Ath, l'escadron des gendarmes de la garde servit d'abord à s'opposer au secours qu'on cherchoit à donner à cette ville. Il joignit ensuite le marquis de Clermont-Gallerande, lieutenant-général, chargé de la conduite du siège, & se rangea en bataille, à l'exemple de la maison du Roi, & des autres troupes de l'armée. Mais les ennemis ayant appris ces dispositions, se retirèrent de l'autre côté de Mons, sans vouloir s'exposer à un combat. Le même jour, le comte de Wrmbrand, gouverneur d'Ath, fit arborer le drapeau blanc, & capitula.

En 1746, les gendarmes de la garde reçurent ordre, au mois de janvier, de se rendre à leur corps avant le 15 mars. Ils firent la campagne sous les ordres du maréchal de Saxe; &, de même que les gardes du corps, ils participèrent à presque tous les mouvemens de son armée; ils assistèrent aux prises de Bruxelles, d'Anvers, de Saint Guilain & de Charleroi. Louis XV eut sur tout à se louer d'eux à la bataille de Liège, vulgairement connue sous le nom de Rocour.

Les gendarmes de la garde se trouvèrent l'année suivante à la bataille de Laufeld, où ils se signalèrent par des prodiges de valeur.

En voilà sans doute assez pour faire connoître ce qu'on a droit d'attendre de cette brave compagnie.

# CHAPITRE LXIII.

## *Des chevaux-légers de la garde ordinaire du Roi.*

FRançois d'O, maître de la garde-robe du Roi Henri III, & premier gentilhomme de sa chambre, commandoit en 1475 une compagnie de chevaux légers, qui provenoient originairement de la gendarmerie.

Cette compagnie est-elle la même qui subsiste maintenant ? c'est ce que plusieurs auteurs pensent.

Il y a cependant lieu de croire que les chevaux légers de la garde d'aujourd'hui, viennent de la compagnie d'ordonnance de Henri de Bourbon, prince de Béarn, ensuite roi de Navarre, & enfin Roi de France sous le nom de Henri IV.

Cette compagnie d'ordonnance fut amenée de Navarre à Henri de Bourbon vers l'an 1570, par Etienne Filhet, seigneur de la Curée, qui en étoit commandant.

On l'appela alors la compagnie des chevaux légers du Roi. Ce titre lui vint de l'estime & de l'affection que conçut pour elle le roi de Navarre.

Etienne Filhet, étant venu à mourir, il eut pour successeur Louis de Sandat.

La compagnie des chevaux légers du Roi justifia toujours de plus en plus le cas que fit d'elle Henri de Bourbon. La bonne conduite, & la bravoure de ceux qui la composoient, ne se démentirent jamais.

C'est à la tête de cette compagnie que Henri se montroit ordinairement dans les combats ; elle fit des prodiges de valeur dans les victoires que ce prince, lors de son avènement au trône de France, remporta sur le duc de Mayenne.

Les chevaux légers avoient d'abord fait partie de la cavalerie légère. Mais ils cessèrent en mars ou au commencement d'avril 1592, de faire corps avec elle; parce que Henri IV voyant qu'ils étoient tous gentilshommes ou officiers réformés, appelés en ce temps-là capitaines appointés, résolut d'en faire une compagnie de sa garde.

A cette marque de considération, il en ajouta une autre. Il voulut lui-même être le capitaine de cette compagnie.

Louis de Sandat, ayant été tué au siège de Rouen, Henri IV donna en 1593, la lieutenance de la compagnie des chevaux légers de sa garde, à Gilbert Filhet, seigneur de la Curée, neveu d'Etienne, qui fut depuis chevalier des ordres du Roi & maréchal de camp.

Henri IV, en faisant entrer dans ses gardes, sa compagnie de chevaux légers trouva par-là un moyen de reconnoître les services signalés qu'il avoit reçus de cette troupe en différentes occasions.

La compagnie des chevaux légers de la garde étoit alors la seule compagnie militaire de la maison du Roi, car les gendarmes de la garde n'existoient point encore.

Ceux qui composoient cette compagnie n'étoient pas seulement des cavaliers de race noble, ils étoient hommes d'armes, contre l'usage primitif de ce terme: car dans l'institution des compagnies d'ordonnance par le Roi Charles VII, & même avant lui & long-temps après lui, ce titre étoit affecté aux seules compagnies de gendarmerie, & on ne le donnoit point aux compagnies de cavalerie légère.

Mais cet usage changea dans la suite, & on attribua la qualité d'hommes d'armes, même aux chevaux légers qui étoient dans le corps de la gendarmerie.

Parmi toutes les troupes qui composent aujourd'hui la maison du Roi, il n'y a point de compagnie d'ordonnance plus ancienne que celle des chevaux légers de la garde. Nous exceptons toutefois de ce nombre les gendarmes Ecossois.

Il est vrai que les gardes du corps ont été créés avant les chevaux légers; mais ils n'ont été érigés en compagnies d'ordonnance que sous le règne de Louis XIV.

On sait que ce prince pour donner la préséance à la cavalerie de sa maison sur la cavalerie légère, déclara par l'ordonnance du 6 mai 1667, qu'elle tiendroit rang de compagnies de gendarmes, & seroit reputée du corps de la gendarmerie.

La compagnie des chevaux légers de la garde, revêtue du titre de compagnie d'ordonnance, en avoit tous les attributs.

Outre que son armure & celle de ses chevaux la distinguoient des autres cavaliers ou archers qui n'étoient qu'armés à la légère, elle avoit encore sous Louis XIII une compagnie de carabins à sa suite.

Les chevaux légers de la garde étoient d'autant plus distingués en ce point que leurs carabins s'appeloient les carabins du Roi.

Le mercure françois dit au sujet du siège de Clerac, en 1621, que la compagnie des chevaux légers de la garde, sous les ordres de M. de Luxembourg, fut commandée avec ses carabins, pour aller soutenir les régimens de Piémont, de Navarre, de Normandie & de Chapes, qui devoient marcher contre les Huguenots, & les déloger des hauteurs des environs de Clerac où ils s'étoient campés.

Ces carabins, attachés à la compagnie des chevaux légers de la garde, & que son lieutenant avoit sous ses ordres, étoient une sorte de dragons qui se firent connoître sous le règne de Louis XIII: non que la troupe fût nouvelle, car elle subsistoit déjà du temps de Henri IV; mais parce que sa réputation commençoit alors à s'établir.

C'est cette compagnie de carabins qui fut depuis la première compagnie des mousquetaires.

L'histoire rapporte que, comme après la réduction de Montpellier, on leur ôta la carabine dont ils étoient armés, pour y substituer le mousquet, on substitua de même au nom de carabins celui de mousquetaires, qui devenoit alors plus convenable.

### *Du rang des chevaux-légers dans la maison du Roi.*

Le rang de chevaux légers dans la maison du Roi, est après les gendarmes de la garde.

Quand la maison du Roi campe en front de bandière, les gardes du corps ont la droite, les gendarmes & les chevaux légers sont à la gauche. On garde le même ordre dans les combats, dans les marches & pour les détachemens.

On assure que Louis XIII, lorsqu'il plaça dans sa maison la compagnie des gendarmes qu'il avoit étant dauphin, voulut conserver aux chevaux légers de la garde leur rang d'ancienneté, en leur faisant prendre le nom de gendarmes. Mais les chevaux légers ne s'étant point soucié de quitter un nom sous lequel ils étoient connus par beaucoup de belles actions, préférèrent de prendre rang après la compagnie des gendarmes de la garde.

Avec plus de connoissance de leurs propres intérêts, les chevaux légers de la garde, dit l'auteur de l'école de mars, se seroient moins arrêtés à leur gloire passée, qu'à l'avantage qu'ils pourroient acquérir en commandant à ceux auxquels ils sont subordonnés.

Mais il faut croire, ajoute M. de Guignard, que si la compagnie des chevaux légers en usa ainsi, c'est qu'elle ne croyoit sans doute pas véritablement que cette différence de nom pût lui faire perdre le rang & la supériorité que son ancienneté lui donnoit naturellement sur celle qui n'avoit fait partie de la garde du Roi, que long-temps après qu'elle étoit en possession de ce service.

Cependant comme dans tous les temps, les compagnies sous le nom de gendarmes avoient eu le pas sur celles des chevaux-légers, cette considération l'emporta : de sorte que malgré toutes les représentations que les chevaux-légers de la garde firent ensuite le Roi, s'en tint à l'ancien usage, & donna le pas aux gendarmes de la garde.

Il y a même une tradition qui porte que les officiers des chevaux légers s'étant plaints trop haut de ce passe-droit, le Roi pour finir les contestations qui pourroient survenir entre les deux compagnies, cassa celle des chevaux légers de la garde, & la rétablit en même temps pour donner le pas à l'autre qu'il affectionnoit davantage.

*De la composition de la compagnie des chevaux-légers de la garde.*

Le journal manuscrit de Henri IV, nous apprend que la compagnie des chevaux légers de la garde, fut d'abord de deux cent maîtres. Elle subsista sur ce pied jusqu'en 1598, année mémorable par la paix de Vervins : il y a lieu de croire qu'elle ne fut plus alors composée que de cent maîtres.

Henri IV dans des lettres confirmatives des privilèges de cette compagnie données en 1599, ne spécifie que ce nombre. *Les cent chevaux légers de notre garde, dont le sieur de la Curée est lieutenant*, telles sont les expressions.

Les officiers de la compagnie étoient un capitaine, un lieutenant, un cornette, & un maréchal des logis.

Il faut se rappeler que le titre de capitaine appartenoit au Roi. C'est un privilège dont la compagnie des chevaux légers jouit conjointement avec celle des gendarmes de la garde, d'avoir le Roi pour capitaine. Le P. Daniel dit à ce sujet dans son histoire de la milice Françoise, que *le prince en sa qualité de capitaine, a ses appointemens marqués sur l'état, mais qu'il les cède au lieutenant de la compagnie.*

On trouve la compagnie des chevaux légers augmentée de vingt hommes dans le rôle de la maison du Roi, de 1611, qui est le plus ancien qu'on ait. Celui de 1613 nous apprend de même que le compte de l'extraordinaire des guerres de cette année, qu'elle étoit pareillement de cent vingt hommes, les officiers compris.

Mais dans l'édit joint au rôle de l'an 1627, on voit que la compagnie étoit alors de deux cents hommes.

Il est à présumer qu'elle fut portée à ce nombre, ou lorsque Louis XIII augmenta ses troupes au sujet des révoltes des Huguenots, c'est-à-dire, en 1621 époque de sa première guerre contre eux; ou quand ce prince sépara de la compagnie des chevaux légers de la garde celle des carabins qui lui étoit attachée, pour en faire la première compagnie des mousquetaires, c'est-à-dire, l'année suivante. Au reste, ce nombre diminua ensuite; car selon un rôle de la maison du Roi imprimé en 1640, il n'y avoit plus dans la compagnie des chevaux légers de la garde que cent quatre vingt-deux hommes, y compris les officiers; & pour nous servir des propres termes du rôle, elle n'étoit plus alors composée que de *neuf vingt deux hommes de guerre à cheval.*

Il est vrai que la compagnie ne tarda pas à être remise sur le pied de deux cens hommes effectifs, & qu'elle y demeura très-long temps sans aucune variation, comme le dit l'abbé le Pipre de Neufville dans son abrégé chronologique & historique de la maison du Roi.

A l'égard des officiers, leur nombre

resta le même jusqu'en 1665, & même 1669, c'est-à-dire, que jusqu'alors il n'y eut qu'un capitaine, un lieutenant, un cornette & un maréchal des logis.

Vers l'an 1670, Louis XIV créa un sous-lieutenant. A la fin de 1671, il créa une seconde charge de sous-lieutenant, & une charge de cornette. Au mois de mars 1684, il institua deux autres cornettes, & en laissa la disposition au duc de Chevreuse, lieutenant de la compagnie.

L'augmentation des maréchaux des logis & des autres officiers, se fit à proportion de celles des officiers supérieurs.

On trouve dans le rôle de 1678, le maréchal des logis doublé. Dans celui de 1689, on voit huit brigadiers, huit sous-brigadiers, & quatre porte-étendards.

En 1695, on trouve dans la compagnie dix maréchaux des logis, dont deux sont aides-major en chef, dix sous-brigadiers dont deux sous-aides-major, & quatre aides-major de brigade.

Louis XV créa deux enseignes dans la compagnie; & en outre un grand nombre de surnuméraires.

Mais Louis XVI s'étant déterminé pour concourir aux vues d'économie & d'ordre qui l'animent, à sacrifier une partie de l'éclat qui l'environnoit, réduisit la compagnie des chevaux légers de la garde.

Il déclara par son ordonnance du 15 décembre 1775, qu'elle ne seroit plus composée que d'un capitaine-lieutenant, de deux sous-lieutenans, de deux enseignes, d'un aide-major, d'un porte-étendard, d'un fourrier, de deux maréchaux des logis, de quatre brigadiers, de quarante-quatre chevaux légers, d'un timballier & de deux trompettes.

Ce prince voulant ensuite expliquer ses intentions sur la réduction & la nouvelle formation du corps, décida par une ordonnance du 19 janvier 1776, que la composition des chevaux légers devoit être assimilée, autant que cela se pourroit, à celle des gardes du corps; qu'en conséquence la compagnie seroit composée d'un capitaine-lieutenant ou d'un lieutenant, de deux capitaines sous-lieutenans ou de deux sous-lieutenans, de deux enseignes, d'un aide-major, de deux maréchaux des logis, d'un porte-étendard, & un fourrier major, de quatre brigadiers, de quarante-six chevaux légers, d'un timballier & de deux trompettes.

Mais une ordonnance du 4 juillet 1777, apporta quant aux officiers supérieurs, du changement à cette composition.

Elle décida que la compagnie des chevaux légers de la garde, auroit à l'avenir un lieutenant, deux sous-lieutenans, trois enseignes & trois guidons.

Ainsi l'état présent de la compagnie est d'un lieutenant, de deux sous-lieutenans, de trois enseignes, de trois guidons, d'un aide-major, (auquel l'état militaire de 1786, donne un adjoint) de deux maréchaux des logis, d'un porte-etendard, d'un fourrier-major, de quatre brigadiers, de quarante-six chevaux légers, d'un timballier, & de deux trompettes.

L'édit du 15 décembre 1775 a défendu par l'article 6, qu'il fût admis plus de douze surnuméraires dans la compagnie des chevaux légers de la garde.

Il y a un commissaire à la conduite & & police de la compagnie.

A la suite de l'état-major, il y a un aumônier, un chirurgien, un apothicaire, deux fourriers, un sellier & un maréchal ferrant.

Le quartier ordinaire de la compagnie est *à l'hôtel*, à Versailles.

Le lieutenant des chevaux légers de la garde ordinaire du Roi, est M. le duc d'Aiguillon, lieutenant-général des armées du Roi; il est pourvu de cette dignité depuis le 22 septembre 1769.

Le lieutenant en survivance est M. le duc d'Agénois.

Ceux qui, avant M. le duc d'Aiguillon, ont commandé cette troupe, sont:

1°. Etienne Filhet, ſeigneur de la Curée en 1570.

2° Louis de Sandat, en 1592.

3°. Gilbert Filhet, ſeigneur de la Curée & de la Roche Turpin, chevalier des ordres du Roi, meſtre de camp général de la cavalerie, maréchal des camps & armées du Roi, conſeiller d'état, en 1593.

4°. Léon d'Albert, ſeigneur de Brantes, puis duc de Luxembourg & de Piney, gouverneur de Blaye, pair de France, chevalier des ordres du Roi, le 8 février 1621.

5°. Charles de Schomberg, duc d'Halwin, pair de France, gouverneur & lieutenant-général du Languedoc, de Montpellier, du pont Saint-Eſprit, &c, chevalier des ordres du Roi, maréchal de France, colonel-général des Suiſſes & Griſons vice-roi de catalogne, le 24 janvier 1631.

6°. Jacques Stuert de Cauſſade, comte de la Vauguyon, marquis de Saint-Maigrin, chevalier des ordres du Roi, grand ſénéchal de Guyenne. le 6 avril 1652.

7°. Jacques Stuert de Cauſſade, comte de Saint-Maigrin, ſon fils, lieutenant-général des armées, en mai 1652.

8°. Philippe Julien comte de Mancini, neveu du cardinal Mazarin, le 4 juillet 1652.

9°. Philippe de Montaud de Benac, II du nom, marquis puis duc de Navailles, gouverneur de Bapaume, de Bigorre, de Niort, &c. pair & maréchal de France, gouverneur, premier gentilhomme de la chambre, & ſurintendant des finances de M. le duc de Chartres, le 30 mai 1653.

10°. Charles d'Albert d'Ailly, duc de Chaulnes, pair de France, lieutenant-général des armées, chevalier des ordres du Roi, ambaſſadeur à Rome pour l'élection du pape Clement IX, en 1667, miniſtre plénipotentiaire du Roi à Cologne en 1673, gouverneur de Bretagne, de Guyenne, le 30 juillet 1664.

11°. Charles-Honoré d'Albert de Luynes, duc de Chevreuſe & de Chaulnes, couſin germain du précédent pair de France, chevalier des ordres du Roi, gouverneur & lieutenantgénéralde la province de Guyenne, au mois d'août 1670.

12°. Honoré-Charles d'Albert de Luynes, duc de Montfort, fils du précédent maréchal de camp; le 1 janvier 1702.

13°. Louis-Auguſte d'Albert d'Ailly, duc de Chaulnes, frère d'Honoré, pair de France, vidame d'Amiens, comte de Pecquigny, de Vignaicourt, chevalier des ordres du Roi, maréchal de France, le 2 novembre 1704.

14°. Louis-Marie d'Albert, vidame d'Amiens, fils du précédent, le 5 avril 1717.

15°. Charles-François d'Albert d'Ailly, duc de Pecquigny, frère de Louis, pair de France, vidame d'Amiens, en avril 1729.

16°. Michel Ferdinand d'Albert d'Ailly, duc de Chaulnes, honoraire de l'académie des ſciences, lieutenant-général des armées, chevalier des ordres du Roi, gouverneur & lieutenant-général de Picardie & d'Artois, capitaine le 25 février 1725.

*De l'étendard, des armes & de l'uniforme des chevaux-légers.*

L'étendard de la compagnie des chevaux légers eſt de tafferas blanc. Il eſt quarré, & a environ un pied & demi en long & en large. Il eſt brodé d'or & d'argent, & au milieu eſt un grand cartouche octogone, où eſt la deviſe de cette compagnie.

Cette deviſe eſt un foudre, & a pour ames ces paroles latines : *ſenſere gigantes. Les géans l'ont ſenti.* Elles ſont, dit l'auteur de la milice Françoiſe, alluſion à la fable de Jupiter qui foudroya les géans, lorſqu'ils voulurent eſcalader le ciel ; & ſignifient que les chevaux légers de la garde, ſont à l'égard du Roi, ce qu'étoit le foudre entre les mains de Jupiter, pour exterminer ſes plus fiers ennemis.

Cet étendard, de même que celui des gendarmes de la garde eſt dépoſé dans

la

la ruelle du lit du Roi, parce qu'il eſt capitaine de la compagnie.

Les armes des chevaux-légers de la garde ſont défenſives & offenſives. Les défenſives ſont le plaſtron & la calotte. Les offenſives ſont la hache, le fuſil & les piſtolets.

Ce n'eſt que depuis l'année 1745, que les chevaux-légers font uſage de fuſil. Avant ce temps les vingt derniers penſionnaires portoient une carabine rayée, qui vraiſemblablement leur avoit été donnée lorſqu'on ſépara les carabins des chevaux-légers de la garde.

Ces carabines ſe portoient chacune dans un fourreau comme les piſtolets, mais les chevaux-légers ne s'en ſervoient que dans certaines occaſions d'eſcarmouche, avant qu'on en vînt aux mains.

Il n'y avoit point d'uniformité pour les piſtolets avant 1714. Chaque chevau-léger les avoit tels qu'il jugeoit à propos. Le duc de Chaulnes en fit faire alors, à ſes frais, deux cents trente paires uniformes, marqués chacun de trois fleurs de lys ; & ils les diſtribua gratis aux chevaux-légers de la garde. Son intention, il eſt vrai, étoit qu'ils ne s'en ſerviſſent que dans leurs exercices, & que leur quartier fini, ils les rapportaſſent aux magaſins de la compagnie avec le reſte de l'uniforme.

La compagnie des chevaux-légers de la garde a deux uniformes : le grand & le petit.

Le grand uniforme eſt un habit écarlate, dont la doublure, les paremens, le collet, la veſte & la culotte ſont de ſoie blanche. L'habit eſt galonné en or ſur toutes les tailles avec des brandebourgs ; les poches de l'habit ſont en travers. La veſte eſt galonnée en or à la bourgogne. Tous les boutons & toutes les boutonnières de l'habit & de la veſte ſont d'argent. L'épaulette eſt d'argent, & les chevaux-légers la portent ſur l'épaule droite. Les jarretières de la culotte ſont d'or & les boutons d'argent. Le ceinturon eſt blanc, galonné en or. Le chapeau eſt bordé d'or & garni d'un plumet blanc. La cocarde eſt blanche. Les bottes ſont fortes.

C'eſt depuis 1744 qu'il a été permis aux chevaux-légers de porter un petit uniforme de guerre ; & Louis XV le fixa, en 1757, comme ci-après.

Habit écarlatte, doublure, paremens, collet, revers, veſte & culotte de ſoie blanche ; doubles boutonnières juſqu'à la poche d'un galon étroit, bordé d'or ſur les revers, paremens & collet ; la veſte bordée d'un petit galon d'or, avec des boutonnières ſemblables à celle de l'habit ; boutons d'argent ſur le tout ; épaulette d'argent ſur l'épaule droite ; chapeau bordé d'or, cocarde blanche, & bottes molles.

L'équipage du cheval eſt d'écarlatte galonné d'or, avec des foudres brodés en argent ſur la houſſe & les chaperons.

L'uniformité n'eſt point obſervée pour la couleur des chevaux.

Les officiers & les chevaux-légers s'habillent & ſe montent à leurs frais. Le Roi n'habille & ne monte que le timballier & les deux trompettes.

Nous avons ſuivi dans ce que nous avons dit de l'uniforme de cette compagnie, l'état militaire de 1771, qui eſt le dernier état où il ſoit queſtion de l'habillement des chevaux-légers.

### *Des appointemens de la compagnie.*

L'ordonnance du 4 juillet 1777, a fixé le traitement de la compagnie des chevaux-légers de la garde, ſous la ſimple dénomination d'appointemens, ſoit en temps de guerre, ſoit en temps de paix.

Elle donne, par l'art. 2, au lieutenant de la compagnie, vingt-ſept mille livres ; à chaque ſous-lieutenant, neuf mille livres ; à chacun des enſeignes, ſix mille cinq cents livres ; au premier guidon, cinq mille cinq cents livres, & à chacun des autres guidons, trois mille livres.

L'ordonnance du 19 janvier 1776, qui a réglé les appointemens des autres officiers de la compagnie, donne à l'aide-major, six mille livres; à chaque maréchal des logis, trois mille livres; au porte-étendard, trois mille livres; & au fourrier-major, deux mille cinq cens livres.

A l'égard des brigadiers, des chevaux-légers, du timballier & des trompettes, elle a décidé qu'ils continueroient de jouir des appointemens qui leur étoient réglés, tant pendant le temps qu'ils seroient de service près du Roi, que quand ils seroient chez eux.

La même ordonnance a fixé le traitement dont doivent jouir ceux qui sont attachés à la suite de l'état-major de la compagnie; ainsi elle a attribué à l'aumônier, quinze cents soixante livres; au chirurgien, à l'apothicaire, à chacun des deux fourriers, au sellier, & au maréchal ferrant trois cents soixante livres.

Les appointemens des chevaux-légers ne sont susceptibles d'autre retenue que celle des quatre deniers pour livre.

La compagnie des chevaux légers de la garde, a l'étape en route & en campagne.

L'article 12 de l'ordonnance du 13 juillet 1727, attribue au lieutenant huit rations de vivres & douze de fourrages; à chaque sous-lieutenant, six rations de vivres & neuf de fourrage; à chacun des enseignes & des guidons, quatre rations de vivres & six de fourrage, à chaque maréchal des logis, deux rations de vivres & trois de fourrage, à chacun des brigadiers & des chevaux légers, une ration de vivres & une ration & demie de fourrage; au timballier & à chaque trompette, pareillement une ration de vivres & une & demie de fourrage; à l'aumônier, deux rations de vivres & trois de fourrage; au chirurgien, une ration de vivres & une ration & demie de fourrage; à l'apothicaire, à chacun des deux fourriers, au sellier & au maréchal ferrant une demi-ration de vivres & une ration de fourrage.

La même ordonnance a déclaré que la ration de vivres seroit de deux pains de vingt-quatre onces chacun, cuits & rassis, entre bis & blanc, de deux pintes de vin mesure de Paris & du crû du lieu, ou de deux pots de cidre ou bierre mesure de Paris, & de deux livres & demie de viande, soit bœuf, veau ou mouton, au choix de l'étapier; & que la ration de fourrage seroit composée de vingt livres de foin, & d'un boisseau d'avoine, mesure de Paris.

L'ordonnance du 15 décembre 1775 a conservé à tous les officiers supérieurs de la compagnie des chevaux-légers de la garde, qui se sont trouvés sans activité au moyen de la nouvelle composition, les appointemens dont ils jouissoient, jusqu'au remboursement de la finance de leurs charges. La même ordonnance a accordé aux maréchaux des logis réformés, les deux tiers de leurs appointemens pour retraite, & aux brigadiers, sous-brigadiers, & chevaux légers, pareillement réformés, savoir, à ceux qui ont servi vingt ans & au-dessus, la moitié de leur paye, à ceux qui ont servi de dix à vingt ans, le tiers, & à ceux qui n'avoient pas dix ans de service le quart de leur paye; & cela jusqu'à ce qu'ils eussent obtenu des emplois dans les régimens d'infanterie, de cavalerie ou de dragons.

### *De la nomination aux emplois, & du rang des chevaux-légers.*

La charge de lieutenant des chevaux-légers est toujours possédée, ainsi que le prouve la chronologie de ceux qui en ont été revêtus depuis l'institution de la compagnie, par des seigneurs de la première distinction.

Cet officier, quoique commandant des chevaux-légers, n'est qualifié que du titre de lieutenant dans les provisions que le Roi lui donne, & non de capitaine-lieutenant, comme le commandant des gendarmes de la garde.

Cet usage est aussi ancien que la compagnie. Il est fondé sur ce que dès leur origine les chevaux-légers étoient la seule compagnie de Henri IV, & avoient le prince pour capitaine.

Plusieurs ordonnances ont conféré le titre de capitaine-lieutenant, aux lieutenant des chevaux-légers de la garde; celles du 15 décembre 1775 & du 19 janvier 1776 sont de ce nombre.

La manière dont ce lieutenant prête son serment est toute militaire. Il est, dit l'état de la France de 1727, à cheval, l'épée au côté, la main droite nue; & en cet état il promet fidélité au Roi entre les mains d'un maréchal de France, aussi à cheval, & commis par sa majesté pour recevoir le serment.

Toutes les charges d'officiers supérieurs de la compagnie, sont remplies par des gentilshommes de nom & d'armes.

Aucun officier ne peut être pourvu de la charge de guidon des chevaux-légers sans avoir le rang de capitaine, & le temps fixé pour être susceptible du rang de colonel.

C'est le Roi qui donne aux officiers supérieurs, aux maréchaux des logis, & au commissaire les brevets de leurs charges, & c'est le lieutenant qui reçoit leur serment.

Pour être reçu chevau-léger, il faut faire des preuves de noblesse centenaire, & l'on ne peut être présenté au Roi, & commencer son service, qu'après que ces preuves ont été constatées par un certificat du généalogiste de la cour.

Dès que le Roi agrée le chevau-léger, le lieutenant lui expédie en son nom un brevet en parchemin.

Depuis l'année 1744, on a établi à l'hôtel des chevaux-légers de la garde à Versailles, une école dans laquelle on n'est admis qu'après avoir été reçu chevau léger. On y fait tous les exercices du corps utiles à un homme de guerre, & l'on y apprend les sciences relatives à l'art militaire. L'instituteur de cette école est le duc de Chaulnes, lieutenant-général des armées du Roi, prédécesseur de M. le duc d'Aiguillon.

Louis XV, instruit des progrès des élèves, en voulut juger par lui-même. Il les honora de sa présence en 1756, & donna des marques aussi flatteuses que publiques de sa satisfaction. Il permit aux officiers des autres corps d'y aller faire leurs exercices pendant la paix, pourvu qu'ils prissent l'uniforme des chevaux-légers & qu'ils en fissent le service; on vit, dit l'état militaire de 1759, plusieurs capitaines de cavalerie, de dragons & d'infanterie, ayant troupe, profiter avec fruit de cette permission du Roi.

La charge de lieutenant de la compagnie des chevaux-légers de la garde, donnoit autrefois à celui qui en étoit revêtu, le rang de premier mestre de camp de cavalerie.

Mais les ordonnances des premier mars & 22 août 1718, ne donnent plus ce rang au lieutenant des chevaux-légers qu'après les capitaines des gardes du corps & le capitaine-lieutenant des gendarmes de la garde.

Les sous-lieutenans, les enseignes & les guidons ont rang de mestre de camp du jour de la date de leurs brevets.

La commission de mestre de camp est attachée à la place d'aide-major.

Les maréchaux des logis ont rang de mestre de camp depuis un certain nombre d'années.

Le porte-étendard a rang de maréchal des logis.

Le fourrier-major & les brigadiers sont capitaines de cavalerie.

Les officiers de la compagnie des chevaux-légers que l'ordonnance du 15 décembre 1775 a réformés, conservent leur rang dans le militaire, suivant les commissions dont ils étoient pourvus.

Les chevaux-légers sont, du moment de leur réception, lieutenans de cavalerie, à l'instar des gendarmes de la garde & des gardes du corps; &, comme les premiers, ils deviennent, après quinze ans de service, capitaines de cavalerie.

En général la compagnie des chevaux légers de la garde, tient parmi les troupes le même rang que la compagnie des gendarmes de la garde.

*Du service de la compagnie.*

L'ordonnance du 15 décembre 1775, a réglé que la moitié de la compagnie des chevaux-légers de la garde seroit de service auprès du Roi, pendant six mois; à l'expiration desquels elle seroit relevée par l'autre moitié.

Le lieutenant est toute l'année auprès de la personne du Roi; excepté lorsqu'en temps de guerre il marche à la tête de la compagnie : c'est pour cette raison qu'il a les entrées de la chambre.

Il ne rend compte qu'à sa majesté, de tout ce qui regarde la cour, & ne reconnoit aucun autre supérieur. Ainsi il est, pour parler comme les auteurs de l'état de la France, le ministre de sa compagnie.

Tous les placets présentés au Roi par les officiers de la compagnie, ou par les chevaux-légers, lui sont renvoyés, afin qu'il en instruise lui-même sa majesté. C'est a lui que sont adressées toutes les grâces que le monarque leur accorde. S'il survient quelque affaire dans la compagnie, ou à laquelle des chevaux-légers ont part, lui seul en prend connoissance : enfin c'est sur ses ordres que le trésorier en exercice remet les fonds à l'aide-major; il arrête aussi les comptes de l'un & de l'autre, & ceux du trésorier ne sont alloués à la chambres des comptes qu'après qu'il les a signés.

Les enseignes & les guidons servent par quartier.

L'article 4 de l'ordonnance du 4 juillet 1777, laisse aux enseignes & aux guidons le choix de la division & du temps où ils serviront.

Le fourrier-major, par l'article 3 de l'ordonnance du 19 janvier 1776, est chargé des distributions, logemens, campemens, & de tous les autres détails qui formoient autrefois les fonctions des sous aides-major.

Il y a un chevau-léger à l'ordre, tous les jours en habit d'ordonnance pour recevoir les commandemens du Roi touchant la compagnie.

Le poste de la compagnie des chevaux-légers, lorsqu'elle accompagne le Roi, est toujours immédiatement après la compagnie des gendarmes.

Il y a des occasions où ce sont les gendarmes qui mènent le Roi, & les chevaux légers de la garde qui le ramènent.

Tout chevau-léger qui a au moins un an de service, obtient, sur le certificat du lieutenant de la compagnie, les lettres d'état qui lui sont nécessaires.

Il a été un temps où quand il s'agissoit de donner quelque ordre concernant le service à un chevau-léger absent, le lieutenant en lui écrivant, usoit, au haut de sa lettre, de cette expression : *monsieur mon compagnon*, & signoit : *Votre affectionné serviteur.*

Quelle est l'origine de ce style? il provient, selon le P. Daniel, de ce que le lieutenant a eu autrefois une place de chevau-léger & la paye de chevau-léger par dessus ses appointemens; ou plutôt, de ce qu'anciennement tous les gendarmes étant gentilshommes, les commandans de compagnie, pour les traiter en compagnons d'armes, leur donnoient le titre de *compagnons*. Cet usage passa ensuite de l'ancienne gendarmerie, dans les compagnies d'ordonnance. Et s'il a eu lieu dans la compagnie des chevaux-légers de la garde, c'est qu'elle est, & a toujours été, comme nous l'avons dit plus haut, compagnie d'ordonnance.

Ceci prouve que cet usage a du régner de même dans la compagnie des gendarmes de la garde. Aussi c'est le sentiment de l'abbé le Pipre de Nœufville.

Quelques savans ont remarqué que les anciens chevaliers prenoient quelquefois aussi le titre de *compagnon* à l'égard des uns des autres; & qu'ils s'engageoient, en vertu de ce titre, à se secourir mutuellement dans les occasions.

*Des exemptions & privilèges de la compagnie des chevaux-légers de la garde.*

Quoiqu'il faille être de condition noble pour entrer dans cette compagnie, s'il arrivoit néanmoins qu'il s'y trouvât des chevaux-légers qui n'en fussent point, ils seroient autorisés à se décorer du titre d'écuyer. C'est ce qui résulte de diverses lettres-patentes, & particulièrement d'un arrêt du conseil d'état du Roi du 16 avril 1657, rendu à la requête de Philippe de Montaud de Benac, duc de Navailles, lieutenant de la compagnie des chevaux-légers de la garde.

Il est dit dans cet arrêt, que les chevaux-légers ont, à bon droit & de toute ancienneté, le titre d'écuyer; & qu'ils sont, en vertu de ce titre, à l'abri de toutes poursuites de la part de ceux qui sont chargés du recouvrement des taxes faites sur les personnes qui ont induement pris & usurpé cette qualification.

Les chevaux-légers de la garde ont rang & marchent dans les assemblées qui se font aux villes de leur habitation, & autres où ils se trouvent, immédiatement après les conseillers des bailliages, sénéchaussées & sièges présidiaux, & avant les officiers des élections & greniers à sel, & tous autres inférieurs en ordre à ces conseillers.

Comme ils avoient été troublés dans la jouissance de ce droit, une déclaration du premier octobre 1686, enregistrée au grand conseil le 7 novembre suivant, les y a maintenus & conservés.

S'il arrivoit que dans ces assemblées ils se rencontrassent avec des gardes du Roi & des gendarmes de la garde, les gardes du corps marcheroient les premiers, puis les gendarmes, & ensuite les chevaux-légers.

Au reste, il suit de la déclaration du premier octobre 1686 (1), que les chevaux-légers de la garde ont le pas dans les assemblées publiques & autres cérémonies, avant les officiers non-royaux. Mais ce droit de préséance qu'ils ont sur eux est principalement articulé dans un arrêt du conseil d'état du Roi du 22 août de la même année, rendu en faveur du sieur René Nepveu, écuyer, sieur de Longavesne, sous-brigadier & porte-étendard de la compagnie des chevaux-légers de la garde, contre le bailli, le lieutenant & le procureur fiscal de la seigneurie de Falvy-sur-Somme près Péronne (2).

(1) Cette déclaration se trouve rapportée tout au long dans le chapitre des gendarmes de la garde, de même que l'arrêt du conseil d'état du 16 avril 1657, qui concerne le titre d'écuyer.

(2) *Cet arrêt est ainsi conçu :*

Sur la requête présentée au Roi étant en son conseil, par René Nepveu, écuyer, sieur de Longavesne, l'un des deux cents chevaux-légers de la garde ordinaire de sa majesté, sous-brigadier, porte-étendard de ladite compagnie: contenant qu'encore que lesdits chevaux-légers jouissent de tous les privilèges des gardes du corps, gendarmes de la garde, & autres officiers commensaux de sa majesté; & que par diverses déclarations & arrêts, notamment par celle du 24 juillet 1685, & arrêts de son conseil d'état des 30 septembre 1681 & 15 novembre 1684, lesdits gardes du corps & gendarmes soient en droit & possession de jouir des rang & préséance ès lieux de leur demeure avant les juges non-royaux, en toutes assemblées & cérémonies; néanmoins les bailli, lieutenant & procureur fiscal de la seigneurie de Falvy-sur-Somme près Péronne, lui contestent lesdits droits de préséance, ce qui l'oblige, pour éviter toutes contestations, d'avoir recours à sa majesté, à ce qu'il lui plaise sur ce lui pourvoir, ainsi qu'elle a fait en semblables cas, en faveur des gendarmes de sa garde qui ont été inquiétés; à quoi voulant pourvoir: sa majesté étant en son conseil, a ordonné & ordonne que ledit Nepveu aura rang & préséance

Les chevaux-légers de la garde sont encore fondés à se faire porter le pain béni par morceaux de distinction, avant les marguilliers des paroisses où ils se trouvent; & leurs femmes jouissent de ce droit, même en leur absence.

Ainsi l'a jugé un arrêt du grand conseil du 9 janvier 1727, en faveur du sieur Mathurin Mariette de Montgardé, écuyer, chevalier de l'ordre militaire de S. Louis, sous-brigadier de la compagnie des chevaux-légers de la garde, & de dame Magdeleine Carré son épouse, contre les marguilliers en charge de la paroisse de Notre-Dame de Corbeil.

Les voyages & séjours des chevaux-légers de la garde qui ne sont pas gentilshommes, sont taxés sur le même pied que ceux qui ont cette qualification.

Le parlement de Bordeaux en avoit décidé autrement par son réglement du 22 janvier 1734. Mais un arrêt du conseil d'état du 22 juin 1737, a réformé à cet égard ce réglement, comme étant contraire aux lois données en faveur des chevaux-légers, qui ont toujours été mis au rang des commensaux, & qui doivent jouir de la qualité d'écuyer, lorsqu'ils ne la tiennent pas de leur naissance.

Conformément aux édits & déclarations du Roi, les chevaux-légers de la garde sont exempts & déchargés de tout logement & nourriture de gens de guerre, tant de cheval que de pied, ensemble leurs maisons, fermes, métairies, avec leurs fermiers & serviteurs. Ils ont été maintenus & confirmés dans ce droit par un arrêt du grand conseil du premier mars 1669, rendu en faveur du sieur Pierre Ursin, écuyer, sieur de Fontenelle & du Petit-Arbouville, brigadier de la compagnie des chevaux-légers, & chef du gobelet du Roi, contre les particuliers & habitans de la paroisse de Rouvray-Saint-Denis.

L'exemption des tailles est acquise de toute ancienneté aux chevaux-légers de la garde.

Dans des lettres-patentes de Henri IV, données à Blois au mois de septembre 1599, & enregistrées à la chambre des comptes le 8 octobre de la même année, ce prince parle ainsi : « Bien mémoratif » de la promesse que nous leur fîmes, » lorsque ladite compagnie fut mise sus, » de les faire jouir de l'exemption de nos » tailles. »

L'édit de Louis XIII du mois de juin 1614, sur le réglement & retranchement des exempts des tailles, dit, article 16 : « Ceux qui sont de compagnie de che- » vaux-légers ne jouiront d'aucune exemp- » tion, excepté ceux qui sont des che- » vaux-légers de notre compagnie. »

Pareillement le réglement général des tailles du mois de janvier 1634, dit, article 16 : « Ceux des compagnies des gen- » darmes & chevaux-légers ne jouiront » d'aucune exemption, excepté nos deux » compagnies des gendarmes & chevaux- » légers, composées de deux cents » hommes chacune. »

Ce privilège fut à la vérité suspendu par un édit du mois de novembre 1640, à cause de la guerre & des charges considérables auxquelles le peuple étoit alors assujéti. Mais cette suspension cessa quelque temps après en vertu d'une déclaration du Roi du 26 novembre 1649, enregistrée à la cour des aides le 30 décembre suivant.

Depuis ce temps-là, les chevaux-légers de la garde ont joui sans interruption de l'exemption des tailles.

La compagnie des chevaux-légers de la garde est pareillement exempte du droit

---

en ladite qualité de chevau-léger de sa garde, ès assemblées publiques & autres cérémonies, avant les officiers de ladite seigneurie de Falvy, auxquels fait sa majesté défenses de troubler ledit Nepveu en la jouissance dudit droit de préséance, & sera le présent arrêt exécuté nonobstant oppositions ou autres empêchemens quelconques, dont si aucuns interviennent, sa majesté s'est réservée la connoissance & icelle interdit à tous autres juges. Fait au conseil d'état, &c.

de franc-fief. C'est ce qui résulte de divers réglemens énoncés dans des lettres-patentes du mois d'avril 1721, enregistrées à la cour des aides le 23 mai suivant.

Il faut néanmoins observer que l'arrêt rendu au conseil d'état du Roi le 15 mai 1778, a modifié cette exemption relativement aux chevaux-légers, comme on a vu au chapitre précédent, qu'il l'avoit fait à l'égard des gendarmes de la garde.

### *Des campagnes des chevaux-légers de la garde.*

Il faut fixer la première action d'éclat des chevaux-légers de la garde, au combat d'Arques en 1589, où Henri IV battit le duc de Mayenne. Ce grand prince, réduit à la nécessité de conquérir son royaume, n'avoit sous ses ordres à cette journée, que quatorze mille cinq cents hommes, & Mayenne en avoit plus de trente mille.

La compagnie des chevaux-légers de la garde contribua en 1590, à la victoire mémorable que Henri-le-Grand remporta à Ivry sur les Ligueurs. Ce grand évènement consterna la Ligue; & le parti du prince légitime en devint formidable.

Les chevaux-légers de la garde se distinguèrent en 1591 au siège de Noyon, dans une escarmouche près de Verdun, à l'attaque de Rouen, & l'année suivante à la prise d'Epernay.

Lorsque Paris ouvrit ses portes à Henri IV, le 22 mars 1594, par l'habileté du comte de Brissac, aidé des sieurs de Vic, de Belin, du président le Maitre, de Molé, & autres membres du parlement, du prévôt des marchands l'Huillier, & des échevins, la compagnie des chevaux-légers de la garde accompagna le monarque à l'entrée solemnelle qu'il fit dans cette capitale.

Elle se trouva en 1594 au siège de Laon, que Henri IV entreprit en personne pour réparer la perte de la Capelle, qui s'étoit rendue le 9 mai au comte de Mansfeld, général Espagnol.

Les chevaux-légers de la garde n'étant arrivés à Fontaine-Françoise qu'à la fin du combat qui s'y donna en 1595, ils n'eurent pas trop occasion de s'y distinguer; & ils ne servirent guères qu'à poursuivre l'avant-garde des ennemis, que Mayenne s'efforça en vain de rallier. Henri IV courut les plus grands risques à cette journée : aussi avoit-il coutume de dire que « dans toutes les occasions où » il s'étoit trouvé, il avoit combattu » pour la victoire, mais qu'en celle-ci il » avoit combattu pour la vie. » Le triomphe remporté à Fontaine-Françoise rendit ce prince maître de la Bourgogne, où Fernandez de Velasco, connétable de Castille, & le duc de Mayenne, soutenoient encore les restes expirans de la Ligue.

Louis XIII étant monté sur le trône, après l'horrible assassinat du bon roi Henri IV, la compagnie des chevaux-légers de la garde, conjointement avec celle des gendarmes, accompagnèrent, en 1604, ce prince sur les frontières, où il alloit recevoir l'infante d'Espagne, sa future épouse.

Depuis ce moment, les chevaux-légers & les gendarmes de la garde ayant toujours marché ensemble & s'étant toujours trouvé dans les mêmes affaires, il est inutile de pousser plus loin l'histoire des campagnes du corps célèbre qui a fait l'objet de ce chapitre. Ainsi nous renvoyons le lecteur à ce que nous avons dit des gendarmes de la garde au chapitre précédent (1).

(1) Ce chapitre & ceux qui précèdent depuis le cinquante-septième, sont de M. D.-M.-R. ancien officier de cavalerie.

# CHAPITRE LXIV.

## *Du régiment des gardes françoises.*

Ce régiment est aujourd'hui le premier & le plus considérable de l'infanterie. Ce que nous avons à en dire, se divisera en six sections.

Dans la première, nous parlerons de l'origine, de la composition & de l'uniforme du régiment des gardes françoises, & de la finance des charges des officiers.

Dans la seconde, des fourriers & du choix des officiers, des sergens & des caporaux.

Dans la troisième, des appointemens, de la solde, de la masse & de l'administration du régiment.

Dans la quatrième, du service du régiment.

Dans la cinquième, des droits, privilèges & prérogatives des officiers.

Et dans la sixième, des récompenses militaires affectées au régiment.

### Section première.

*De l'origine, de la composition & de l'uniforme du régiment des gardes françoises, & de la finance des charges des officiers.*

Mézerai dit, dans son histoire de France, que ce régiment n'a été créé qu'en 1566; mais il paroît que cet auteur s'est trompé. En effet, Brantôme fait connoître que ce régiment fut institué lorsque le Havre eut été repris sur les Anglois. Or, ce siège, comme l'observe le père Daniel dans son histoire de la milice françoise, fut commencé au mois de juillet 1563, & terminé la même année. D'ailleurs, le Pipre de Nœufville nous apprend, dans son abrégé chronologique & historique, que, selon les registres de l'extraordinaire des guerres qu'il a examinés à la chambre des comptes, ce régiment étoit sur pied en 1563.

Il fut d'abord composé de huit compagnies : Charles IX y en ajouta deux en 1565. Ce prince, après la paix conclue avec les huguenots en 1573, jugea à propos de réformer ce régiment, & de se créer une nouvelle garde d'infanterie, composée de trois compagnies, qu'il conserva jusqu'à sa mort arrivée en 1574.

Henri III ayant alors abandonné le trône de Pologne pour monter sur celui de France, il rétablit aussi-tôt le régiment des gardes françoises sur le pied de huit compagnies, auxquelles il en ajouta deux nouvelles en 1576, & deux autres encore en 1577.

Ce régiment resta sur ce pied jusqu'en 1587 qu'il fut augmenté de quatre compagnies, comme le prouvent les registres de l'extraordinaire des guerres; mais ces quatre compagnies, ayant été licenciées au mois d'octobre de la même année, il resta sur le pied de douze compagnies pendant quelque temps.

Henri IV y ajouta ensuite huit compagnies, ensorte qu'en 1598, ce régiment étoit composé de vingt compagnies.

Il paroît que vers l'an 1604, ces vingt compagnies furent réduites à dix-huit, ce qui subsista jusqu'en 1612, que Louis XIII rétablit le premier nombre.

En 1635, ce monarque ajouta dix nouvelles compagnies aux vingt autres, en sorte que le régiment fut alors composé de trente compagnies.

Les choses sont restées sur ce pied jusqu'au mois de mars 1689, que Louis XIV augmenta de deux compagnies de grenadiers les précédentes, & par une ordonnance du premier septembre 1719, Louis

Louis XV créa, pour ce corps, une troisième compagnie de grenadiers.

Ainsi le régiment des gardes françoises s'est trouvé composé, sous le règne du feu Roi, de trente compagnies de fusiliers, & de trois compagnies de grenadiers.

Cette composition s'est maintenue jusqu'en 1777, que, par une ordonnance du 17 juillet de cette année, le Roi a réglé que son régiment des gardes françoises continueroit d'être divisé en six bataillons, & que chaque bataillon seroit formé par une compagnie de grenadiers, & quatre compagnies de fusiliers.

Il y a donc aujourd'hui, dans la composition de ce régiment, six compagnies de grenadiers & de vingt-quatre compagnies de fusiliers.

Chaque compagnie de grenadiers doit, suivant la loi citée, être commandée par un capitaine, un capitaine en second, un premier lieutenant, un lieutenant en second, un premier sous-lieutenant, & un sous-lieutenant en second; & elle doit être composée d'un sergent-major, d'un premier sergent, de quatre sergens, d'un caporal-fourrier-écrivain, de huit caporaux, d'un chirurgien, de quatre-vingt-quatre grenadiers, & de trois tambours ou instrumens, formant un total de cent neuf hommes, y compris les officiers.

Les grenadiers qui viennent à manquer, doivent être remplacés sur le champ par les compagnies de fusiliers.

Chaque compagnie de fusiliers doit être commandée par un capitaine, un premier lieutenant, un lieutenant en second, un premier sous-lieutenant, un sous-lieutenant en second, & un enseigne; & elle doit être composée d'un sergent-major, d'un premier sergent, de quatre sergens de section, d'un caporal-fourrier-écrivain, d'un caporal porte-drapeau, d'un caporal-canonier, de neuf caporaux, de trois canoniers, d'un chirurgien, de cent quarante-quatre fusiliers, & de quatre tambours ou instrumens, formant un total de cent soixante-seize hommes, y compris les officiers.

La compagnie du colonel doit toujours être désignée sous la dénomination de *compagnie colonelle;* elle est commandée par un capitaine qui jouit des mêmes droits & prérogatives que les autres capitaines.

Chacune des vingt-neuf autres compagnies doit porter le nom du capitaine qui la commande.

L'état-major doit être composé d'un colonel, d'un premier lieutenant-colonel, d'un lieutenant-colonel en second, d'un major, de sept aides-majors, de sept sous-aides-majors, de deux premiers adjudans, de trois autres adjudans, d'un aumônier, de deux chirurgiens-majors, d'un tambour-major, de deux sous-tambours-majors, & de seize musiciens affectés à la garde du Roi; de deux commissaires, dont l'un doit avoir la police; d'un maréchal des logis, d'un prévôt, d'un lieutenant de prévôt, d'un greffier, d'un juge-auditeur des bandes, d'un médecin, d'un aide-médecin, d'un apothicaire, de douze archers de la prévôté, & d'un exécuteur.

Voici l'uniforme du régiment. Habit bleu, doublure & culotte blanche, paremens, collet & veste rouge; poches en travers, bordé de fil blanc sur l'habit avec des agrémens en brandebourgs de chaque côté, trois sur chaque parement, trois sur chaque poche & autant derrière; bordé sur le retroussis de l'habit; la veste brodée, avec seize agrémens de chaque côté; boutons blancs à contour & sur bois; chapeau bordé de galon blanc; cocarde & guêtres blanches.

L'officier a dans le grand uniforme; parement & collet, veste, doublure & culotte rouges avec une broderie en argent en paillettes, & boutonnières en brandebourgs jusqu'à la poche; les basques de l'habit brodées en dessous. Dans le petit uniforme, la doublure & la culotte sont blanches; la broderie est en argent ſans paillette. Les ſergens ont ſur l'habit & la veſte un galon formant des boutonnières en brandebourgs ; les baſques de l'habit ſont galonnées en deſſous.

La finance des charges de chacun des deux lieutenans-colonels, du major, & des capitaines, tant de grenadiers que de fuſiliers, a été fixée à quatre-vingt mille livres.

Celles des capitaines en ſecond des compagnies de grenadiers, des aides-majors & des lieutenans en premier des compagnies de grenadiers & de fuſiliers, à quarante mille livres.

Celles des lieutenans en ſecond & des ſous-aides-majors, à trente mille livres.

Celle des ſous-lieutenans en premier, à vingt mille livres.

Celle des ſous-lieutenans en ſecond, à dix mille livres.

Et celle des enſeignes, à ſix mille livres.

Les capitaines & les autres officiers auxquels le Roi a donné des compagnies ou autres charges vacantes par mort, ne peuvent vendre leur emploi lorſqu'ils demandent à ſe retirer, qu'après trois ans de ſervice dans ces compagnies ou charges, à moins que leurs bleſſures ne les ayent forcés de quitter le ſervice, auquel cas ſa majeſté leur fait telle grace qu'elle juge à propos.

« S'il arrivoit, *porte l'article 4 du titre* » *2 de l'ordonnance citée*, qu'un des deux » lieutenans-colonels, ou le major mourût en charge ſans avoir donné ſa démiſſion, & que ſa majeſté accordât » l'agrément d'acheter une de ces charges, à un officier-général qu'elle rappelleroit à la lieutenance-colonelle ou » à la majorité, les quatre-vingt mille » livres du prix de la charge, ſeront » dépoſées dans la caiſſe du régiment, » pour ſervir à l'achat qui ſera fait des » premiers emplois vacans, au profit des » officiers de chaque grade, qui ſe trouveront, par rang d'ancienneté, les » premiers à paſſer auxdits emplois : » voulant ſa majeſté qu'ils ſoient aſſujettis, pour la vente de ces charges, » aux diſpoſitions de l'article précédent, » en comptant néanmoins ces trois années de ſervice exigées, du jour qu'ils » auroient dû jouir de ces emplois ».

## Section II.

### *Fonctions & choix des officiers, des ſergens & des caporaux.*

Cette matière eſt l'objet du titre 3 de l'ordonnance du 17 juillet 1777 : il contient les diſpoſitions ſuivantes :

» *Article* 1. Le lieutenant-colonel en » premier & le lieutenant-colonel en » ſecond, n'auront point de compagnies.

» Sa majeſté ordonnera, ſelon les » circonſtances, ſi tous les deux devront » aller à la guerre, avec les bataillons » du régiment de ſes gardes françoiſes; » ils y ſeront employés ſuivant leur » grade.

» Leur ſervice, en temps de paix, » ſera réglé par le colonel, d'après les » ordres de ſa majeſté, de manière qu'il » y en ait toujours un des deux préſent » au corps, & que tous les deux y ſoient » préſens, dans le temps des exercices » du régiment, pour les revues de ſa » majeſté.

» 2. Les compagnies continueront de » marcher à la guerre ſuivant le tour » de chaque compagnie, ainſi qu'il s'eſt » toujours pratiqué juſqu'à préſent.

3. Le titre de commandant de bataillon ſera & demeurera ſupprimé. Le » premier capitaine de chaque bataillon » commandera le bataillon ; en cas d'abſence, il ſera remplacé par le plus ancien capitaine de chaque bataillon.

4. » Le major continuera d'être chargé » de la police & de la diſcipline du corps, » ſubordonnément au colonel, &, en » ſon abſence, au commandant du régiment.

» 5. Les capitaines feront de fréquentes inspections de leur compagnie ; ils » veilleront avec la plus grande attention à l'exécution de tous les ordres, » aux exercices du bataillon qu'ils se » trouveront commander, à celui de » leur compagnie, & à tout ce qui » pourra contribuer à la discipline & » au bien-être du soldat ; ils rendront » un compte exacte de leur compagnie » au colonel, &, en son absence, au » commandant du régiment.

» 6. Le premier aide-major, & successivement le premier des aides-majors, » en son absence, remplacera le major » dans toutes ses fonctions.

» Les aides-majors veilleront chacun à » leur bataillon, & en rendront compte » au major.

» 7. Les adjudans auront rang de lieutenant d'infanterie ; ils commanderont » à tous les sergens, & seront particulièrement chargés de veiller à leur » conduite ; ils rendront compte à l'état-major de l'exécution de tous les ordres.

» 8. Le maréchal des logis continuera » de remplir les fonctions de sa charge » concernant les logemens, & de jouir » du rang, des privilèges & prérogatives » qui lui sont attribués. (1)

» 9. Le sergent-major de chaque compagnie ne fera de service qu'à la garde » du Roi ; il sera supérieurement chargé » de l'instruction de la compagnie, de » tous les détails du service, de la discipline, du magasin de la compagnie & » des réparations.

» Il rendra compte de tous ces objets » au major, au commandant de la compagnie, & aux officiers-majors du bataillon.

» Les autres sergens lui seront subordonnés.

10. Les caporaux, attachés aux sections, veilleront sur la discipline, police & exercice de leurs sections ; ils » en répondront au sergent de la section.

» Le caporal-fourrier-écrivain, ne fera » d'autre service que celui de tenir les » registres, former les états de la compagnie, & avoir soin du magasin, sous » les ordres du sergent-major.

» 11. Le tambour-major veillera sur » la conduite, la discipline & les exercices des tambours ; il commandera » les sous-tambours majors, & continuera de remplir les mêmes fonctions » qu'il a remplies jusqu'à présent.

» 12. L'intention de sa majesté est que » les plus anciens capitaines commandent » les premières compagnies de fusiliers, » & que les compagnies de grenadiers » soient données, sans égard au rang » d'ancienneté ; mais elle ordonne que, » lorsqu'un capitaine de grenadiers arrivera par son rang dans le nombre des » six plus anciens capitaines du régiment, » il quitte sa compagnie de grenadiers » pour prendre une compagnie de fusiliers.

» S'il arrivoit qu'à la guerre un capitaine de grenadiers se trouvât commander accidentellement un bataillon, » sa majesté veut qu'il quitte le commandement du bataillon pour suivre » la destination de sa compagnie, dans » le cas où elle se trouveroit détachée.

» 13. Les capitaines de grenadiers, » actuellement existans, seront placés,

(1) Une ordonnance du Roi, du 26 septembre 1779, a réglé que le maréchal des logis du régiment des gardes fançoises, auroit rang & commission de capitaine d'infanterie, du jour qu'il seroit pourvu de sa charge, s'il avoit trois années de service comme officier dans les troupes de sa majesté ; mais que dans le cas que le titulaire n'auroit d'autre service que celui de maréchal des logis de ce régiment, la commission dont on vient de parler, ne lui seroit expédiée qu'après avoir exercé sa charge pendant six ans.

Suivant la même ordonnance, le maréchal des logis n'a d'autorité ni commandement dans le régiment des gardes françoises, que pour les objets de détail relatifs aux fonctions de sa charge.

» en qualité de capitaines en second, » dans les compagnies de grenadiers, » établies par la présente ordonnance. » Veut sa majesté qu'ils jouissent des » avantages qui leur ont été accordés » par l'ordonnance du 14 avril 1771, » jusqu'à ce qu'ils commandent des com» pagnies.

» Les capitaines en second desdites » compagnies de grenadiers, seront choi» sis à l'avenir dans le nombre des aides» majors & des lieutenans en premier; » ils y prendront leur rang, suivant leur » ancienneté, dans le grade de lieute» nant.

» Les autres officiers de grenadiers » seront choisis chacun dans leur co» lonne.

» 14. Les aides-majors seront choisis » parmi les lieutenans en premier; &, » dans le cas où sa majesté jugeroit à » propos de donner pour aide-major un » lieutenant en second, il donnera *dix* » *mille livres*, & ne sera plus suscep» tible de passer à son tour à une lieu» tenance en premier qui viendroit à » vaquer par mort. Cet aide-major con» servera son rang d'ancienneté dans la » colonne où il se trouvera; &, parmi » les aides-majors, celui de la date de » sa nomination à l'aide-majorité.

» Les sous-aides-majors seront choisis » parmi les lieutenans en second, & les » sous-lieutenans en premier seront sus» ceptibles d'être faits sous aides-majors, » aux mêmes conditions prescrites pour » les lieutenans en second, auxquels sa » majesté accorderoit une aide-majorité.

» 15. Les adjudans ne pourront être » tirés que du corps des sergens dudit » régiment: ils seront choisis par le co» lonel, sans égard à l'ancienneté; il les » proposera à sa majesté, qui donnera » des ordres pour leur faire expédier des » brevets.

» 16. Les deux caporaux que les capi» taines jugeront les plus capables de » pouvoir remplir une place de sergent, » sachant lire & écrire, & en état de » montrer l'exercice, seront envoyés par » les capitaines, l'un à l'instruction du » dépôt, l'autre à celle des secondes » classes; ils seront alors censés classés & » faire nombre parmi les caporaux des» tinés à être faits sergens.

» En temps de guerre, les capitaines » donneront au major l'état des trois » meilleurs caporaux de leur compagnie, » pour être classés & remplir les places » de sergens; ces états seront remis au » colonel.

» L'intention de sa majesté est que les » caporaux ne soient pas faits sergens dans » les compagnies d'où ils seront tirés.

» 17. Veut aussi sa majesté, que si » quelqu'un des caporaux attachés au » dépôt ou aux secondes classes, vient à » se déranger, ou qu'il soit reconnu qu'il » n'a pas les qualités nécessaires pour » être fait sergent, l'officier qui com» mandera le dépôt ou aux secondes » classes, rende compte par écrit au » major des sujets de mécontentement » qui pourroient nécessiter son renvoi; » le major en rendra compte au colonel, » pour qu'il soit remplacé.

» 18. Lorsqu'il vaquera une place de » sergent-major dans une compagnie, le » major proposera les trois meilleurs » sergens du régiment au colonel, qui » nommera celui des trois sujets pro» posés qui lui paroîtra mériter la pré» férence.

» Il en sera usé de même pour la no» mination d'un premier sergent.

» A l'égard des autres places de ser» gent, lorsqu'il en vaquera une, le » major chargera les adjudans & les ser» gens des douze établis dans le corps, » d'examiner les trois meilleurs capo» raux: ils feront leur rapport au major » qui proposera les sujets au colonel, » pour qu'il nomme celui des trois qui » lui paroîtra mériter la préférence.

» 19. Les sergens des compagnies de

» grenadiers, feront toujours tirés du » corps des fergens de fufiliers.

» 20. Le caporal-fourrier-écrivain fera » nommé par le colonel, fur la préfen- » tation du major.

» Le caporal-porte-drapeau & le chi- » rurgien, feront choifis par les capi- » taines, qui propoferont les fujets au » major, lequel ne les fera infcrire qu'a- » près avoir été agréés par le colonel.

» Le caporal-canonier fera choifi parmi » les canoniers & nommé par le capi- » taine, fur la demande de l'officier qui » commandera l'artillerie.

» Les autres places de caporaux feront » données, fans égard à l'ancienneté, » aux fujets de la compagnie qui feront » propofés par le capitaine; mais ils ne » pourront y être reçus qu'après avoir été » examinés par un confeil compofé de » trois fergens des douze, & de quatre » caporaux de la même compagnie.

» En l'abfence du capitaine, les fujets » pour remplir les places de caporaux & » de chirurgien, feront nommés par le » major, après qu'il aura pris les ordres » du colonel. »

## SECTION TROISIÈME.

### *Des appointemens, de la folde, de la maffe & de l'adminiftration du régiment.*

Ces objets font la matière du titre 4 de l'ordonnance du 17 juillet 1777.

#### *Appointemens & folde des compagnies de grenadiers.*

Il eft attribué à chaque capitaine de grenadiers, 1000 livres par mois.

A chaque capitaine en fecond, 416 livres 13 fous 4 deniers.

A chaque premier lieutenant, 291 livres, 13 fous, 4 deniers.

A chaque fecond lieutenant, 208 livres, 6 fous, 8 deniers.

A chaque premier fous-lieutenant, 125 livres.

A chaque fecond fous-lieutenant, 100 livres.

A chaque fergent-major, 66 livres, 13 fous, 4 deniers.

A chaque premier fergent, 58 livres, 6 fous, 8 deniers.

A chaque fergent, 50 livres.

A chaque caporal, 18 livres.

A chaque chirurgien, 16 livres, 10 fous.

A chaque tambour ou inftrument, 18 livres.

Et à chaque grenadier, 15 livres.

#### *Appointemens & folde des compagnies de fufiliers.*

Il eft attribué à chaque capitaine, 916 livres, 13 fous, 4 deniers par mois.

A chaque premier lieutenant, 250 livres.

A chaque fecond lieutenant, 166 livres, 13 fous, 4 deniers.

A chaque premier fous-lieutenant, 100 livres.

A chaque fecond fous-lieutenant, 66 livres, 13 fous, 4 deniers.

A chaque enfeigne, 55 livres.

A chaque fergent-major, 66 livres, 13 fous, 4 deniers.

A chaque premier fergent, 58 livres, 6 fous, 8 deniers.

A chaque fergent, 45 livres.

A chaque caporal, 16 livres, 10 fous.

A chaque canonier, 15 livres.

A chaque chirurgien, 15 livres.

A chaque tambour ou inftrument, 16 livres, 10 fous.

Et à chaque fufilier, 13 livres, 10 fous.

#### *Appointemens & folde de l'état-major.*

Il eft attribué au colonel 5833 livres, 6 fous, 8 deniers par mois.

Au premier lieutenant-colonel, 1833 livres, 6 fous, 8 deniers.

Au second lieutenant-colonel, 1250 livres.

Au major, 1500 livres.

Au premier aide-major, 416 livres, 13 sous, 4 deniers.

A chacun des six autres aide-majors, 375 livres.

A chacun des sept sous-aide-majors, 250 livres.

A chacun des deux premiers adjudans, 125 livres.

A chacun des trois autres adjudans, 100 livres.

A l'aumônier, 83 livres, 6 sous, 8 deniers.

A chacun des deux chirurgiens-majors, 83 livres, 6 sous, 8 deniers.

Au tambour-major, 66 livres, 13 sous, 4 deniers.

A chacun des deux sous-tambours-majors, 30 livres.

A chacun des seize musiciens affectés à la garde du Roi, 125 livres.

Au commissaire des guerres ayant la police, 857 livres, 5 sous.

Au second commissaire, 529 livres, 3 sous, 4 deniers.

Au maréchal des logis, 250 livres.

Au prévôt, 303 livres, 5 sous.

Au lieutenant du prévôt, 66 livres, 13 sous, 4 deniers.

Au greffier, 37 livres, 10 sous.

Au juge-auditeur des bandes, 50 livres.

Au médecin, 66 livres, 13 sous, 4 deniers.

A l'aide-médecin, 41 livres, 13 sous, 4 deniers.

A l'apothicaire, 50 livres.

A chacun des douze archers de la prévôté, 16 livres, 13 sous, 4 deniers.

A l'exécuteur, 12 livres, 10 sous.

Il y a d'ailleurs une gratification annuelle de 6000 livres, que le colonel est chargé de faire distribuer aux officiers & aux sergens employés à l'instruction du régiment, & qui ont montré le plus de zèle.

En temps de guerre, le lieutenant-colonel qui commande la brigade à l'armée, doit toucher chaque année une somme de 4000 livres au-delà de ses appointemens.

Et chacun des quatre capitaines appointés dans la colonne des capitaines, doit percevoir chaque année, aussi au-delà de ses appointemens, une somme de 1500 livres, tant en temps de paix qu'en temps de guerre.

Tous les appointemens, solde & gratifications dont on vient de parler, sont assujettis à la retenue des quatre deniers pour livres; mais les capitaines sont chargés d'acquitter ces quatre deniers pour leurs compagnies, à l'exception des officiers.

Les tambours sont obligés, moyennant la solde qui leur est réglée, d'entretenir leurs caisses de peaux & de cordages, & de se fournir de bagnettes.

Il doit être retenu sur la solde réglée à chaque caporal, grenadier, fusilier, canonier, chirurgien, tambour & instrument un sou par jour en tout temps pour l'entretien du linge & de la chaussure, & le décompte doit leur en être fait régulièrement tous les quatre mois par l'aide-major de chaque bataillon: mais celui-ci ne peut faire délivrer ce qui revient à chacun d'eux qu'après avoir fait remplacer ce qui peut manquer à leur linge & à leur chaussure, & s'être assuré que chaque homme à quinze livres en masse.

Au surplus, l'intention du Roi est qu'il ne soit point fait de décompte de linge & de chaussure aux soldats absens par congé pendant le temps de leur absence, & que le montant de la retenue soit ajouté à la masse générale.

Cette masse consiste en une somme annuelle de soixante-quinze livres par chaque homme, laquelle doit être employée aux recrues, à l'habillement, à l'équipement, à l'entretien & à toute espèce de réparation, ainsi qu'à l'entretien des armes & des effets dépendans de l'armement : mais le Roi fournit au régiment l'armement, les canons, les tentes & les ustensiles dont il peut avoir besoin.

Comme cette masse est insuffisante pour l'habillement & l'équipement des sergens, & que la subsistance des soldats se trouve assujettie aux droits d'entrée de Paris, le Roi a ordonné qu'il y seroit ajouté annuellement vingt-cinq mille livres provenant des fermiers généraux, & que cette masse fourniroit chaque année une somme de dix mille livres qu'on distribueroit également à toutes les compagnies pour le bois & la chandelle de l'ordinaire des soldats.

Les soldats absens par congé ne devant toucher, à leur retour, que la moitié de leur solde pour le temps de leur absence, & devant même être privés du tout lorsqu'il n'ont pas rejoint exactement à l'expiration de leurs congés, sans qu'il y ait eu impossibilité de le faire, la solde retenue accroit à la masse générale qui, par ce moyen, demeure chargée de fournir les guêtres, les cols, & les cocardes.

La masse générale doit être administrée sous les ordres du colonel, par un conseil composé des deux lieutenans-colonels, du major, & de quatre capitaines nommés par le colonel.

Dans le cas d'absence des deux lieutenans-colonels, ils doivent être remplacés au conseil par le plus ancien capitaine qui se trouve présent.

Le colonel est autorisé à faire les réglemens qu'il juge les plus utiles au bien du service & à l'intérêt du corps. C'est aussi à lui à prendre les ordres du Roi pour l'uniforme, l'habillement & l'armement du régiment.

Tous les marchés avec les fournisseurs doivent être faits en présence du colonel, par le conseil d'administration.

C'est d'après les ordres du colonel que les réparations générales décidées au conseil, doivent être exécutées. Quant aux réparations journalières qu'il convient de faire à l'armement, à l'habillement & à l'équipement, le major doit y faire pourvoir, & confier ce soin dans chaque bataillon aux aides-major.

Le major & les quatre capitaines chargés de remplir les vues du colonel conformément à ce qui a été arrêté dans l'assemblée du conseil d'administration, doivent se concerter pour surveiller la régie des différens objets confiés à leurs soins.

Tous les états de prêt vérifiés par l'aide-major de chaque bataillon, & comparés avec le registre journalier des mutations, doivent être arrêtés par le major, & le résultat en être représenté au conseil d'administration.

C'est au major à signer tous les mandats sur la caisse du régiment, (1) pour l'administration de la masse générale.

Si le major est absent, le premier aide-major le supplée; mais celui-ci ne signe des mandats qu'en conséquence des demandes par écrit des capitaines du conseil d'administration, chacun pour les objets dont il est chargé.

Le premier aide-major, en l'absence du major, & successivement les autres aides-major, en l'absence du premier, doivent être présens aux délibérations du conseil d'administration.

Le major est chargé, sous les ordres du colonel, de l'administration générale du recrutement. Les comptes doivent en être portés au conseil d'administration.

Pour faciliter au régiment les moyens de se procurer les recrues qui lui sont nécessaires, le colonel est autorisé par le Roi à donner les pouvoirs qu'il juge convenables pour faire ces recrues dans toute l'étendue du royaume.

On ne doit recevoir que des hommes qui aient au moins cinq pieds quatre pouces en temps de paix, & cinq pieds

(1) La manutention de cette caisse est confiée par le colonel au sujet qu'il juge à propos de nommer pour cet effet.

trois pouces en temps de guerre. Il faut d'ailleurs qu'ils soient âgés au moins de seize ans accomplis, & qu'ils n'en aient pas plus de vingt-cinq. Cependant s'ils avoient précédemment servi, ils pourroient être admis jusqu'à l'âge de trente-cinq ans en temps de paix, & de quarante ans en temps de guerre.

Le temps de chaque engagement est fixé à huit ans. Le Roi veut que les congés absolus soient régulièrement donnés aux soldats chaque année, aux termes des engagemens, même pendant la guerre.

Les soldats qui, après avoir servi huit ans, jugent à propos de s'engager de nouveau, doivent recevoir, à cet égard, cent vingt livres.

Après seize ans, ils doivent recevoir pour un second engagement, cent quarante livres.

Et après vingt-quatre ans de service, ceux qui ont acquis la vétérance, & qui ayant la volonté de contracter un troisième engagement, sont jugés en état de le faire, doivent recevoir cent soixante-dix livres.

Après les huit ans révolus de ce troisième engagement, ceux qui sont en état de continuer leurs services peuvent encore s'engager, mais seulement pour un an, avec la faculté de renouveler leur engagement d'année en année, auquel cas, il doit leur être payé vingt-quatre livres en commençant chaque année.

Il est permis de rengager les caporaux, les grenadiers, les fusiliers, les canoniers, les tambours & les instrumens dès le commencement de la dernière année de l'engagement courant.

Le Roi a fixé le prix des congés de grâce à quatre cents livres pour un homme qui a encore sept ans à servir; à trois cents cinquante livres pour six ans; à trois cents livres pour cinq ans; à deux cents cinquante livres pour quatre ans; à deux cents livres pour trois ans; à cent cinquante livres pour deux ans; & à cent livres pour celui a qui il reste moins de deux ans à servir.

Au surplus, le colonel a seul l'autorité pour accorder aux sergens, aux caporaux & aux soldats les congés absolus, ceux de sémestre, les permissions de travail, & celle de se marier.

## SECTION QUATRIÈME.

### *Du service du régiment des gardes françoises.*

Ce service a été réglé par le titre 8 de l'ordonnance du 17 juillet 1777. Ce titre est divisé en dix-huit articles, qui contiennent les dispositions suivantes :

« 1. Le colonel continuera de prendre » les ordres de sa majesté pour sa garde, » celle de la reine & de la famille royale, » pour le logement du régiment à Paris, » & pour le service, la police & dis- » cipline dans ladite ville.

» Sa majesté se propose de faire un » réglement général pour le service de » sa garde & pour celui des capitaines » & autres officiers à Paris, lorsque le » casernement sera achevé.

» 2. Le colonel continuera pareille- » ment de donner les congés aux capi- » taines & aux autres officiers, d'après » le nombre qui sera prescrit par sa ma- » jesté.

» 3. L'intention de sa majesté est que » le régiment de ses gardes françoises » soit exercé aux mêmes manœuvres » quelle a ordonnées pour son infan- » terie.

» 4. Veut aussi sa majesté qu'il se » conforme aux ordonnances pour les » crimes & délits militaires.

» 5. Le régiment des gardes françoises » sera assujetti, à la guerre, à la disci- » pline établie pour les autres troupes.

» 6. Les compagnies du régiment des » gardes françoises conserveront les dra- » peaux qui leur sont affectés par leur » constitution.

» Mais sa majesté ordonne qu'il ne » soit

» soit porté que deux drapeaux par ba-
» taillon lorsque le régiment sortira de
» Paris pour aller à la guerre.

» Ces deux drapeaux ne seront alors affectés à aucune compagnie ; il seront portés par les deux plus anciens enseignes de chaque bataillon ; & lorsqu'une compagnie montera une garde d'honneur, elle prendra un des drapeaux du bataillon qui sera porté par l'enseigne de la compagnie.

» 7. Sa majesté voulant que les bataillons soient complets pour le service de l'armée, donnera les ordres chaque campagne, pour faire marcher avec les bataillons du régiment de ses gardes françoises qui iront à la guerre, le nombre de compagnies qu'elle jugera nécessaires pour sa garde ou les autres gardes d'honneur, lesquelles continueront d'être fournies à l'armée tour-à-tour par toutes les compagnies de fusiliers.

» Et lorsque sa majesté jugera à propos de faire marcher à la guerre les compagnies de grenadiers des bataillons qui resteront à Paris, lesdites compagnies remplaceront aux bataillons les compagnies de fusiliers qui se trouveront employées aux gardes d'honneurs, & prendront la droite ou la gauche des bataillons, ainsi qu'il sera ordonné par le commandant du régiment.

» 8. Le service de l'armée se fera tour-à-tour entre toutes les compagnies de grenadiers proportionnément au nombre des bataillons du régiment des gardes françoises qui seront à l'armée ; à moins que le régiment étant de tranchée, ou destiné pour une attaque, on ne commandât tous les grenadiers du régiment : sa majesté veut que les compagnies de grenadiers dudit régiment, commandées par leurs capitaines & autres officiers, marchent toujours entières pour le service de l'armée, & ne soient jamais morcelées.

» 9. Lorsque les régimens des gardes françoises & des gardes suisses monteront la tranchée, il n'y aura point de brigadier qui ne soit de leur corps.

» L'ordre & le mot continueront d'être donnés au cercle particulier de leur corps, par leurs officiers.

» 10. Veut sa majesté que les capitaines & lieutenans du régiment de ses gardes françoises soient maintenus à faire le service de l'armée suivant le grade affecté à leur charge, & suivant l'ancienneté de leur commission : entendant, sa majesté, que les lieutenans en second jouissent du même grade que les lieutenans en premier.

» Son intention est aussi que les capitaines & autres officiers fassent le service du régiment, tant auprès de sa personne que dans ses armées, ainsi qu'il est réglé par les précédentes ordonnances ou réglemens.

» 11. Les capitaines commandans des compagnies de grenadiers, qui se trouveront blessés ou malades, seront remplacés, pour les détachemens de guerre, par le capitaine en second, de la même compagnie, le capitaine en second, par le lieutenant en premier, & le lieutenant en premier, par le lieutenant en premier de fusiliers, qui suivra immédiatement le dernier des lieutenans des grenadiers.

» Il en sera usé de même pour le remplacement des lieutenans en second & des sous-lieutenans, dans chaque grade.

» 12. Le régiment fera le service à l'armée avec tous les régimens de l'infanterie également avec eux, sans aucune distinction, si ce n'est que les détachemens dudit régiment auront la droite, & que toutes les gardes qu'il fournira s'assembleront au centre du régiment, d'où elles iront chacune à leur poste.

» 13. Les conseils de guerre se tiendront ainsi qu'il est établi dans le corps : le prévôt continuera d'y faire

» les fonctions de sa charge, & de jouir » du rang, privilèges, franchises & libertés qui lui sont attribués.

» 14. Le régiment continuera d'avoir » ses vivandiers à sa suite.

» 15. Le pain & la viande seront » toujours fournis en campagne, au » régiment des gardes françoises, sur le » même pied qu'aux autres régimens d'in- » fanterie françoise.

» 16. Les officiers auront pendant la » campagne, la quantité de rations de » pain attribuée à leur grade, & la re- » tenue leur en sera faite sur le même » pied qu'aux soldats.

» 17. L'état-major, les capitaines & » les autres officiers auront en campagne, » & lorsqu'ils marcheront par étape, la » quantité de rations de fourrages, ré- » glée pour chaque grade par les ordon- » nances.

» Le lieutenant-colonel en second » aura les mêmes quantités de rations » de fourrages que le lieutenant-colonel » en premier.

» Les adjudans, l'aumônier, les deux » chirurgiens-majors, la prévôté & tous » les sergens continueront de recevoir, » lorsqu'ils marcheront par étape, les » rations de fourrages qui leur seront » accordées par les ordonnances.

» 18. Entend sa majesté, qu'à com- » mencer du jour que l'étape cessera » d'être fournie aux officiers qui mar- » cheront en campagne, jusqu'au jour » qu'ils recevront l'étape pour revenir » à Paris, le fourrage ne sera délivré » aux capitaines & autres officiers qu'en » une seule qualité, sans qu'ils puissent » le recevoir, sous aucun prétexte, pour » deux ou plusieurs qualités ».

## SECTION CINQUIÈME.

### *Des droits, privilèges & prérogatives des officiers des gardes françoises.*

Le titre 9 de l'ordonnance du 17 juillet 1777, a maintenu le colonel du régiment des gardes françoises dans tous les honneurs, droits & prérogatives attachés à sa charge, & qui lui ont été accordés par les ordonnances précédemment rendues.

Suivant le réglement du 26 juin 1691, le colonel doit avoir pour sa garde cinquante hommes, avec un lieutenant ou un sous-lieutenant qui roulent ensemble: mais cette prérogative n'a pas lieu dans les endroits où se trouve le Roi, la reine, ni M. le dauphin.

Si le Roi étoit à l'armée & que le colonel des gardes françoises fût logé dans le même quartier, ce dernier n'auroit qu'une sentinelle tirée de la garde de sa majesté, quand même il seroit maréchal de France; mais il pourroit d'ailleurs avoir une garde d'une autre régiment, selon sa dignité.

Les corps de garde du régiment, à l'exception de celui qui est aux logis de leurs majestés, doivent prendre les armes pour les enfans de France & pour le colonel.

Quand la garde du Roi est sous les armes, les tambours appellent pour M. le dauphin, pour les enfans de France & pour le colonel.

Cet officier doit être salué par-tout où il voit le régiment, excepté dans le logis de leurs majestés ou de M. le dauphin.

L'autorité & les autres prérogatives du colonel du régiment des gardes françoises ont d'ailleurs été réglées par une ordonnance du 13 juin 1716, qui est ainsi conçue:

» Sa majesté étant informée que le co- » lonel de son régiment des gardes fran- » çoises a toujours été chargé du soin d'y » faire observer la police & la discipline; » qu'il a eu de tout temps l'honneur de » rendre immédiatement compte aux » Rois, prédécesseurs de sa majesté, de » l'état dudit régiment, & recevoir di- » rectement leurs ordres, tant par rap- » port à la distribution des grâces, des » charges & des emplois, des honneurs, » privilèges, pensions, gratifications &

» autres récompenses qui peuvent être » accordées, que pour tout ce qui concerne le détail dudit régiment ; & sa » majesté considérant qu'il est juste & en » même temps utile au bien de son service, de maintenir, garder & confirmer ledit colonel dans les droits qui » lui appartiennent à cet égard, par une » possession immémoriale & dont il » jouit actuellement, sa majesté, de » l'avis de M. le duc d'Orléans, régent, » a ordonné & ordonne que le colonel » des gardes françoises continuera de » rendre compte à sa majesté directement & personnellement, comme il » a fait par le passé, de tout ce qui peut » regarder ledit régiment, & qu'il recevra immédiatement ses ordres pour » la distribution de toutes les grâces, & » notamment pour l'expédition des brevets des charges de tous les officiers, » brevets de pensions sur le trésor royal » & sur les invalides, provisions de chevaliers de Saint-Louis, lettres d'état, » ordres concernant les commissaires ou » adressans à eux, ordres pour l'augmentation ou la diminution dudit régiment, pour casser, interdire ou rétablir les officiers dudit régiment, & » généralement tout ce qui concerne la » police & le détail dudit régiment, à » l'effet de quoi, sur les mémoires certifiés par ledit colonel, & approuvés » par sa majesté, & en attendant sa majorité, par M. le duc d'Orléans, régent, toutes les expéditions nécessaires » seront faites dans les bureaux du conseil de la guerre, sur les ordres de sa » majesté envoyés par ledit colonel : » lorsque ledit régiment ou des détachemens se trouveront en corps d'armée, » les expéditions des routes, des étapes, » & des ordres nécessaires pour leur » marche, seront faites par les ordres » du conseil de la guerre, à qui la connoissance du mouvement des troupes, » lesquelles sont formées en corps entier, est réservée. Les commissaires » départis à la police & conduite dudit » régiment des gardes françoises, demeureront dépendans dudit colonel, & » responsables à lui des états de leurs » revues, sans que néanmoins ils soient » dispensés d'envoyer leurs extraits de » revue au conseil de la guerre : & ledit » colonel aura inspection sur la distribution qui doit être faite par les trésoriers, des fonds qui leur auront été » remis pour la solde dudit régiment ; » & il prendra connoissance de toutes » dissensions, différends ou affaires qui » surviendront entre lesdits officiers dudit régiment, & les marchands & » autres particuliers, pour les terminer » à l'amiable, ou pour en rendre compte » à sa majesté, &, en attendant sa majorité, à M. le duc d'Orléans, régent, » & sur ce recevoir ses ordres «.

Il ne peut être proposé au Roi pour lieutenant-colonel, qu'un capitaine de ses gardes françoises fait officier général, ou le premier capitaine du régiment.

Sa majesté veut pareillement qu'il ne lui soit proposé pour major qu'un capitaine de ses gardes françoises fait officier général, ou un capitaine du régiment, sans égard à l'ancienneté.

Suivant une ordonnance du mois d'avril 1691, les capitaines du régiment des gardes françoises, ont rang de colonel comme s'ils l'étoient d'un régiment qui eût été créé à cette époque ; & en conséquence ils commandent à tous les colonels dont les régimens ont été créés postérieurement.

L'intention du Roi étant de ne conserver d'officiers généraux au régiment des gardes françoises, que les deux lieutenans-colonels & le major, il a réglé, par son ordonnance du mois de juillet 1777, que les capitaines qui seroient faits maréchaux de camp, ne pourroient plus conserver leurs compagnies, & seroient remboursés de leurs charges.

Mais en même temps sa majesté leur a accordé 8000 livres chaque année, en appointemens conservés qui doivent leur être payés par les trésoriers de l'ordinaire des guerres, à la seule retenue des quatre deniers pour livre : elle s'est d'ailleurs réservée de les rappeler suivant les circonstances pour remplir les places de lieutenans-colonels & de major du régiment des gardes françoises, & de les employer comme les autres officiers généraux de ses armées.

Les lieutenans du régiment des gardes françoises tiennent rang de lieutenant-colonels, pour marcher après tous les lieutenans-colonels en pied, & avant les lieutenans-colonels réformés ou par commission.

Les sous-lieutenans & les enseignes marchent après les capitaines & avant tous les lieutenans des autres régimens.

Les aides-majors ont le rang de lieutenant, & les sous-aides-majors celui de sous-lieutenant.

Les officiers du régiment des gardes françoises jouissent du droit de committimus & des autres privilèges des commensaux, conformément à des lettres-patentes du mois d'août 1605, qui sont ainsi conçues :

» Henry, par la grace de dieu, roi de » France & de Navarre : à tous présens & » avenir, salut. Entre les choses que nous » avons le plus desiré depuis notre avènement à la couronne, celles de suivre les » bonnes coutumes, lois & ordonnances » de nos prédécesseurs Rois, a été l'une » des premières, & même à l'endroit » des personnes qui avoient quelque recommandation en notre royaume, » comme sont les capitaines, lieutenans » & enseignes du régiment de nos gardes, » & officiers d'icelui : à savoir, le commissaire qui a la charge, conduite & » police dudit régiment, le sergent-major & son aide, lesquels à cause de » leurs charges & de la sujettion qu'il faut » qu'ils nous rendent, vouloient jouir » entièrement de plusieurs beaux privilèges, franchises & immunités, entre » lesquels étoit celui d'avoir leurs causes » commises aux requêtes de notre palais, » comme nos autres officiers domestiques » & commensaux ; ce qu'ils ont tellement négligé depuis le temps qu'ils en » jouissent, qu'ils ont laissé perdre les » titres & privilèges, tant pour avoir été » employés en des actions plus généreuses » que celle du procès, que pour n'avoir » eu personne qui ait pris soin de les » conserver, n'y eux-mêmes, s'étant contentés de nous conserver seulement la » fidélité & obéissance qu'il nous ont » toujours rendues en toutes les fonctions » de guerre & art militaire auxquelles » ils ont été employés pour notre service. Et d'autant que ces témoignages » de fidélité méritent quelque reconnoissance afin que par l'exemple de » gratification qu'ils recevront de nous, » ceux qui seront ci-après pourvus de » pareilles charges, s'efforcent de s'en » rendre dignes & capables : mettant » aussi en considération qu'ils nous rendent plus de service actuel & d'assiduité que nos autres officiers, pour » être ordinairement près de nous, sans » avoir nul temps pour aller en leurs » maisons, que par notre grâce & permission, & que d'ailleurs ils exposent » souvent leurs vies & moyens pour notre conservation & bien de cet état. » A ces causes, ayant mis cette affaire » en délibération à notre conseil, & ne » voulant que pour n'avoir pû conserver » leurs titres & privilèges, ils en soient » du tout privés : nous, de notre grâce » spéciale, pleine puissance & autorité » royale, avons dit, statué, déclaré, & » ordonné ; disons, statuons, déclarons » & ordonnons, voulons & nous plait, » que dorénavant, perpétuellement & » à toujours, lesdit capitaines, lieutenans, enseignes, commissaire, sergent-major & son-aide, prévôt & maréchal » des logis du régiment de nos gardes, » ayent leurs causes commises en première instance, devant les gens tenans

» les requêtes de notre palais à Paris, » tout ainsi & en la même forme qu'en » jouissent nos officiers domestiques com- » mensaux, qu'ils jouissent aussi des mê- » mes privilèges dont jouissent nosdits » officiers commensaux, tant & si lon- » guement qu'ils auront lesdites charges » au régiment de nos gardes, & qu'à » ces fins il leur soit accordé *commit-* » *timus* par toutes les chancelleries de » notre royaume, sans qu'il y soit ap- » porté aucun refus ou difficulté, pour » quelques causes ou occasions que ce » soit, encore qu'ils ne puissent faire » apparoir de leurs privilèges, dont at- » tendu ce que dessus, nous les avons » relevés & relevons de grâce spéciale » par ces présentes. Si donnons en man- » dement, &c «.

## SECTION SIXIÈME.

### *Des récompenses militaires.*

Les capitaines en second des compagnies de grenadiers, les aides-major & les lieutenans en premier peuvent obtenir la commission de colonel, mais seulement après six ans de service, à dater du grade de lieutenant en premier.

Cependant si des lieutenans, soit en premier, soit en second, avoient fait quelque action d'éclat à la guerre, ou avoient rendu quelque service important, ils pourroient obtenir cette commission, sans égard à l'ancienneté dans le grade de lieutenant. C'est ce qui résulte de l'article premier du titre 6 de l'ordonnance du 17 juillet 1777.

Les capitaines de grenadiers & de fusiliers qui ont perdu quelque membre à la guerre dans le grade de capitaine, & ceux des six premiers capitaines qui sont parvenus à un âge trop avancé pour pouvoir continuer leurs services, doivent jouir, en se retirant, de six mille livres d'appointemens par année.

A l'égard des autres capitaines de grenadiers & de fusiliers qui se trouvent, par des infirmités bien constatées, ou des blessures, après trente ans de services au moins, dans l'impossibilité de les continuer, il leur est attribué cinq mille livres d'appointemens annuels.

Les capitaines en second de grenadiers, les aides-majors & les lieutenans doivent jouir de la moitié de leurs appointemens, lorsqu'ils sont absolument hors d'état de continuer leurs services.

La même règle doit être observée relativement aux adjudans que leurs infirmités ou leurs blessures ont pareillement mis hors d'état de continuer leurs services.

Quant aux sergens-majors qui ont rempli pendant dix ans, dont huit en qualité de sergent-major ou de sergent d'armes, les fonctions actives de leur grade, & aux autres sergens qui les ont remplies pendant dix ans révolus, ils doivent, lorsqu'ils sont dans l'impossibilité de continuer leurs services, jouir d'une pension de récompense militaire que le Roi a fixée à trois cents soixante livres pour les sergens-majors, à deux cents cinquante livres pour les sergens de grenadiers, & à deux cents trente livres pour les sergens de fusiliers.

L'intention de sa majesté est d'ailleurs qu'à compter de l'époque où ces sergens obtiennent leurs pensions sur les certificats du colonel, ils jouissent du rang de lieutenant d'infanterie, & soient admis en cette qualité dans les compagnies détachées de l'hôtel des invalides.

Lorsque les caporaux & les soldats sont hors d'état de servir, le Roi leur accorde conformément aux dispositions du réglement du 25 mars 1776, & de l'ordonnance du 17 juin suivant concernant l'hôtel royal des invalides,

*Savoir*,

A chaque caporal-fourrier-écrivain; chaque caporal porte-drapeau, chaque caporal canonier, & de grenadiers, cent quarante livres.

A chaque caporal de fusilier, cent trente livres.

A chaque grenadier, canonier & chirurgien, cent livres.

A chaque fusilier, tambour ou instrumens, quatre-vingt-dix livres.

A chaque musicien affecté à la garde du Roi & à la suite de l'état-major, deux cents livres.

Au tambour-major, trois cents livres.

A chaque sous-tambour-major, cent quarante livres.

L'intention de sa majesté est que les sergens, caporaux & soldats qui jouissent des pensions en vertu des certificats du colonel du régiment des gardes françoises, se conforment aux dispositions de l'ordonnance du 17 avril 1772, concernant les invalides pensionnés.

Il faut aussi que ceux de ces sergens, caporaux & soldats pensionnés qui sont dans le cas d'être admis aux places vacantes à l'hôtel royal des invalides, soient assujettis aux dispositions des articles 5, 6, 7, 8, 9, 10 & 11 du titre premier de l'ordonnance du 17 juin 1776, concernant la constitution & administration de cet hôtel. *Voyez au huitième livre de cet ouvrage le chapitre de l'hôtel royal des invalides.*

# CHAPITRE LXV.

## *Du colonel général des suisses & grisons.*

I. ORIGINE *de cette dignité, & notice des personnes qui en ont été revêtues.* M. le baron de Zur-Lauben observe dans son histoire militaire des suisses, qu'aussitôt que nos Rois eurent jugé à propos d'employer des suisses à leur service, ils se mirent dans l'usage d'envoyer près du corps helvétique un prince ou un seigneur distingué pour annoncer aux armées qu'ils avoient sur pied, les soldats de cette nation, qui, comme le prouvent plusieurs traités, ne pouvoient être levés en moindre nombre que de six mille. Ce prince ou seigneur marchoit à leur tête, & les commandoit pour l'ordinaire pendant la campagne, avec le titre de *capitaine des suisses*, ou de *colonel des suisses;* mais c'étoit une simple commission pour une ou deux campagnes, & non une charge permanente. On voyoit même quelquefois deux seigneurs décorés ensemble du titre de *colonel des suisses.* L'un commandoit les suisses qui servoient dans l'armée de Flandres, & l'autre ceux qui faisoient la guerre en Italie. Brantome dit, en parlant d'Engilbert de Cleves, qui accompagna Charles VIII au royaume de Naples, qu'*il fut l'un des conducteurs des suisses à la bataille de Fournoue, qui les y fit si bien & si vaillamment combattre, lui à la tête, comme gentil prince & vaillant colonel.* Le maréchal de Fleuranges dit, dans ses mémoires manuscrits, que lors de l'expédition de Gênes, sous Louis XII, M. de la Marck, seigneur de Montbason, son parent, *étoit capitaine de dix mille suisses;* c'est-à-dire, qu'il les commandoit dans cette guerre. L'auteur de la généalogie de Montmorency donne le titre de *capitaine général des suisses* à Anne de Montmorency, parce qu'avant qu'il fût maréchal de France, il fut envoyé pour lever seize mille suisses, & qu'il les commanda. Brantome écrit qu'il fut *colonel des suisses* à la bataille de la Bicoque. Pareillement, le comte de Tende, fils aîné de René, bâtard de Savoie, étoit *colonel des suisses* au royaume de Naples, sous le général de Lautrec. L'extraordinaire des guerres de 1569, & les mémoires de Castelnau donnent à Charles de Montmorency, seigneur de Méru, le titre de colonel des suisses à la bataille de Montcontour, parce qu'il y commandoit un bataillon suisse.

Le père Daniel, dans son histoire de la milice Françoise, prouve assez bien contre le journal du maréchal de Bassompierre, que la charge de *colonel-général des suisses & grisons*, fut créée en titre d'office, par Charles IX en 1571. Il se fonde sur ce que les provisions de cette charge, données cette année à Charles de Montmorency, seigneur de Méru, ne font aucune mention du prédécesseur du titulaire; d'où il conclut que ces provisions sont les premières qui aient été données de l'office dont il s'agit (1). En effet, il est d'usage en conférant les provisions d'une charge, d'y faire mention qu'elle est devenue vacante par la mort, ou la démission, ou la forfaiture du prédécesseur du nouveau titulaire.

---

(1) *Voici ces provisions, telles qu'on les trouve à la chambre des comptes de Paris.*

Charles par la grace de dieu, roi de France, à tous ceux qui ces présentes lettres verront, Salut. Ayant mis en considération que la principale force des gens de guerre étrangers que nous avons ci-devant eu à notre solde & service, & dont nous avons tiré plus de secours ès camps & armées par nous dressées, ce a été des suisses nos bons compères, confédérés & amis de notre couronne, s'y étant toujours montrés si dévôts & affectionnés à la conservation de la grandeur & réputation de nos affaires & services, manutention de notre état & augmentation de notre couronne, que le témoignage des choses passées nous fait de plus en plus accroître & augmenter la volonté de nous en servir à l'avenir aux occasions qui se pourront présenter; & pour ce que nous savons certainement que étant lesdits suisses obéissans comme ils sont aux lois, ordre & discipline militaire, autant ou plus qu'autre nation de la chrétienté, par conséquent ils auront plaisir, & sera d'autant leur augmenter l'envie & le courage de bien faire quand ils se verront commandés en l'absence de nous & de notre lieutenant-général, d'un chef magnanime & de race généreuse, qui soit *leur colonel-général, lequel ils reconnoîtront toujours pour tel, tant en temps de guerre que de paix*; à quoi nous désirons & voulons pourvoir de personnage doué & accompagné des vertus & qualités à ce requises; savoir faisons, que nous considérant les très-grands & recommandables services que nos prédécesseurs Rois & nous avons reçu de ceux de la maison de Montmorency, tant en nos guerres, que à la conduite, direction & maniement des plus grandes & importantes affaires de notre royaume, & conséquemment de feu notre cousin le duc de Montmorency, pair & connétable de France, ayant sur ses vieux ans été blessé à mort, en la bataille rangée pour notre service, espérant que les enfans qu'il a laissé, ne voudront jamais aucunement dégénérer aux actes héroïques du père, pour en obscurcir la mémoire, mais, au contraire, la faire de plus en plus reluire par leurs magnanimes faits & gestes; ainsi qu'a très-bien commencé & continué jusques ici notre très-cher & amé cousin, Charles de Montmorency, sieur de Méru, son fils, lequel même a combattu sous nous avec lesdits suisses, leur commandant en trois batailles rangées & autrement, comme en assauts & escarmouches, donnant toujours en tout & par-tout si bon, suffisant & digne témoignage de ses vertus, vaillance & bonne conduite, que, avec l'amour & bonne affection que déjà lui portoient iceux suisses, nous pouvons hardiment assurer, & reposer sur lui de l'administration & maniement des plus belles & importantes charges de notre royaume: pour ces causes & autres grandes considérations, à ce nous mouvans, *icelui avons fait, constitué, ordonné & établi, faisons, constituons, ordonnons & établissons par ces présentes, colonel-général de tous nos gens de guerre suisses*, qui sont à présent & pourront ci-après être levés, & mis sus & employés à notre solde & service, tant en cettui notre royaume que hors d'icelui, pour quelque cause, entreprises ou occasion que ce soit, lui donnant pouvoir, puissance, autorité de leur commander & ordonner, & même aux capitaines & chefs des compagnies en l'absence de nous & de notredit lieutenant-général, tout ce qu'ils auront à faire & exploiter pour le bien de notredit service, les mener & conduire où il sera besoin & nécessaire, iceux départir & diviser selon que le cas le requérera, les mettre aux champs, ou les tenir enfermés en villes ou sièges, ainsi que les occurences & événemens de la guerre s'y offriront, leur faire donner logis, vivres & autres leurs nécessités par étapes ou autrement,

Il suit de-là qu'avant l'époque qu'on vient de fixer, le titre de colonel des suisses, n'étoit, comme on l'a déja dit, qu'une simple commission de peu de durée.

Charles de Montmorency eut pour successeurs dans la charge de colonel-général des suisses & grisons, Nicolas de Harlai, chevalier, baron de Maule, seigneur de Sancy & de Gros-Bois, à qui Henri IV la conféra au camp devant la Fère, en 1596. Ce seigneur commanda en cette qualité les suisses au siège d'Amiens, en 1597.

Il eut pour successeur, en 1605, Henri de Rohan, qui, en qualité de colonel-général des suisses, commanda les troupes de cette nation au siège de Juliers, en 1610. C'est le même qui fut nommé général des troupes Calvinistes, le 10 mai 1621, fut déclaré criminel de lèze-majesté, le 25 janvier 1625, manqua de surprendre Lavaur, le premier mai suivant, & Sommières qu'il fit pétarder, le 6 juillet de la même année; arriva, le 19 janvier 1628, devant la citadelle de Montpellier, dont il croyoit s'emparer à la faveur d'une intelligence qu'il se flattoit d'avoir avec Brétigny d'Avio, & fut repoussé avec perte; leva le siège de Cressèls à une lieue de Milan, le 11 septembre de la même année, à l'approche du prince de Condé & du duc de Montmorency,

ouïr & entendre leurs remontrances qu'ils auront à nous faire & icelles nous rapporter, ou à notredit lieutenant-général, pour après en ordonner comme de raison, leur donner le mot du guet, les asseoir & poser en sentinelles, ou autrement selon que le besoin le requérera, élire & nommer en faisant les levées desdits suisses, tels capitaines de leur nation qu'il saura bien & mieux que nul autre choisir plus propre pour notre service, ayant à combattre & exposer sa vie avec eux, & ce pour être pourvu des compagnies qui seront, comme dit est, levées, & advenant vacation d'icelles soit en cedit royaume, ou dehors, y remettre tels autres capitaines suisses qu'il verra & connoîtra mieux le mériter; ce que dès à présent comme pour lors nous promettons d'avoir agréable, & généralement de faire, dire & exécuter en ce qui dépend dudit état de colonel-général des suisses, tout ce qui appartient à une telle charge; encore que les facultés d'icelles ne soient si particulièrement spécifiées, déduites & déclarées, voulant que lesdits gens de guerre suisses étant à notre solde & service, lui obéissent & entendent comme a nous-mêmes, ou à notredit lieutenant-général. Et afin que notredit cousin, le sieur de Méru, ait meilleur moyen de s'entretenir & subvenir à la dépense que, en ce faisant, il sera contraint de supporter; *nous lui avons ordonné & ordonnons par ces présentes la somme de six mille livres tournois d'état & entretènement par chacun an, dont il sera payé avec & par même moyen des assignations que nous faisons & ferons bailler aux trésoriers des ligues des suisses pour employer au fait de son office, lesquelles assignations seront à cette fin d'autant augmentées dorénavant par les trésoriers de notre épargne présens & avenir, à commencer du premier jour du mois de juillet prochain venant, & pour ce que en temps de guerre notre cousin, le sieur de Méru, sera contraint de faire plus grande & extraordinaire dépense, nous lui avons semblablement dès à présent comme pour lors, & pour lors comme dès maintenant, ordonné & ordonnons pareille somme de six mille livres d'augmentation, dont il sera payé par le trésorier extraordinaire de nos guerres avec les autres payemens desdits suisses;* réservé toutes fois d'iceux suisses ceux de notre garde, ensemble de la reine notre très-honorée dame & mère présent & avenir, lesquels seront & demeureront toujours sous le commandement de leurs capitaines comme ils ont accoutumé. Si donnons en mandement à notre très-cher & très-amé frère & lieutenant-colonel le duc d'Anjou, que icelui notre cousin le sieur de Méru, après qu'il aura fait & prêté en ses mains le serment pour ce dû, il fasse, souffre, & laisse jouir & user pleinement & paisiblement de ladite charge & état de colonel-général des suisses..... Mandons aussi à nos amés & féaux les gens de notre cour de parlement à Paris & de nos comptes...... En témoin de ce nous avons signé ces présentes de notre main, & à icelles fait mettre notre scel. Donné à Gaillon le dix-septième jour de juin, l'an de grace mil cinq cents soixante & onze, & de notre règne le onzième, signé Charles.... *Monsieur de Méru, messire Charles de Montmorency, chevalier de l'ordre du Roi, a fait & prêté ès-mains de mondit seigneur duc d'Anjou, le serment de colonel-général des suisses, étant ou qui seront ci-après au service de sa majesté,* &c.

morency, & marcha à Aymargues, qui lui fut rendu par le marquis de Saint-Sulpice; fit un traité avec le roi d'Espagne, le 3 mai 1629; rentra la même année dans son devoir après la ruine de son parti, & rendit au Roi des services considérables au pays des Grisons, dans la Valteline, en Suisse & en Allemagne.

Il ne conserva sa charge de colonel-général des suisses que jusqu'en 1614. A cette époque, M. de Villeroi fit tous ses efforts pour la faire donner à M. de Longueville; mais la reine préféra François de Bassompierre, depuis maréchal de France, qui en fut pourvu le 12 mars 1614. Ses liaisons avec le duc de Guise & la princesse de Conti, partisans de la reine-mère, & ses brouilleries avec le cardinal de Richelieu, l'ayant fait mettre à la bastille en 1631, on lui fit espérer en 1634, qu'on lui rendroit sa liberté s'il vouloit se démettre de sa charge de colonel-général des suisses? Il donna, en conséquence, sa démission le 12 mars de l'année suivante 1635, *à même jour*, dit-il, *mois & heure que vingt & un ans auparavant j'avois prêté serment entre les mains du Roi de la même charge de colonel-général des suisses.*

Il eut pour successeur dans cette charge César du Cambout, marquis de Coislin, qui mourut à l'âge de vingt-huit ans, le 10 juillet 1641, des suites d'une blessure qu'il avoit reçue au siège d'Aire.

La charge de colonel-général des suisses & grisons resta alors vacante jusqu'en février 1643, qu'elle fut conférée au marquis de la Châtre. Celui-ci n'en jouit que jusqu'à sa disgrâce qui eut lieu la même année au commencement de la minorité de Louis XIV. La reine régente lui envoya alors demander sa démission de la charge dont il s'agit; & sur ce qu'il refusa cette démission, le Roi donna une déclaration portant que la démission du maréchal de Bassompierre étoit nulle, comme ayant été faite en prison & sous la promesse qu'on ne lui avoit pas tenue de le mettre en liberté : en conséquence, sa majesté révoqua les provisions accordées postérieurement à Coislin & à la Châtre, & remit le maréchal de Bassompierre en charge, sans qu'il eût besoin de prêter un nouveau serment. Ce seigneur, rétabli ainsi dans la charge de colonel-général des suisses, la conserva jusqu'à sa mort, arrivée le 12 octobre 1646.

Cette charge passa ensuite à Charles de Schomberg, duc d'Halwin, pair & maréchal de France.

Il eut pour successeur après sa mort, arrivée en 1656, Eugene-Maurice de Savoie, comte de Soissons, qui fut père du fameux prince Eugene de Savoie, généralissime des armées impériales.

Au comte de Soissons succéda, dans la charge de colonel-général des suisses & grisons, en 1674, Louis-Auguste de Bourbon, duc du Maine & d'Aumale, comte d'Eu, pair de France, prince souverain de Dombes, &c.

Cette charge fut ensuite conférée en survivance, le 11 mai 1710, à Louis-Auguste de Bourbon, prince souverain de Dombes, comte d'Eu, fils aîné du précédent.

Ce dernier prince a exercé la charge de colonel-général des suisses & grisons, jusqu'en 1762, qu'il en donna sa démission au feu Roi.

Il a eu pour successeur Etienne-François de Choiseul, duc de Stainville, ministre & secrétaire d'état, ayant alors les départemens de la guerre & de la marine.

Et enfin ce ministre s'étant démis de la même charge en 1770, elle a été conférée à monseigneur comte d'Artois, frère du Roi, qui en est aujourd'hui titulaire.

II. *Autorité, fonctions & prérogatives du colonel général des suisses & grisons.* La charge de colonel général des suisses & grisons, est une des plus considérables qu'il y ait dans le militaire. Tous les suisses qui sont au service de France, excepté la compagnie des cent suisses de la garde, sont subordonnés au colonel-général. L'autorité de cet officier étoit autrefois fort analogue à celle qu'eut anciennement le colonel-général de l'infanterie Françoise : elle consistoit principalement en ce qu'en vertu de sa charge, il avoit seul la nomination des colonels & des capitaines suisses. Mais, en 1673, après la mort du comte de Soissons, les raisons qui avoient donné lieu à la suppression de la charge de colonel-général de l'infanterie Françoise, déterminèrent le Roi à se réserver la faculté de pourvoir aux charges qui viendroient à vaquer dans les troupes suisses, tant des compagnies que de l'état-major des régimens, & de choisir, pour remplacer ces divers emplois, les sujets que sa majesté jugeroit les plus propres à les exercer.

Depuis cette époque, le Roi donne des provisions aux colonels & aux capitaines suisses, mais elles sont adressées au colonel-général qui doit y mettre son attache. Cette attache est, tout-à-la-fois, un témoignage qu'il reconnoît l'officier, & un ordre aux suisses pour qu'ils aient à le reconnoître.

A l'égard des officiers subalternes, ils n'ont point d'autre brevet pour être officier, qu'un certificat que leur donne le colonel-général. Cette règle s'applique même aux majors des régimens suisses, excepté le major du régiment des gardes que le Roi nomme lui-même sur sa proposition du colonel-général.

Lorsqu'il vaque quelque place de colonel ou de capitaine, c'est le colonel-général qui en rend compte au Roi, & qui propose les remplacemens à sa majesté.

Le colonel-général rend pareillement compte au Roi des remontrances que les troupes suisses peuvent avoir à faire à sa majesté. Cet officier a le droit de paroître à cheval & en bottes a la tête des suisses, soit quand ils sont en bataille ou qu'ils défilent, & dans ces occasions il n'est point obligé d'avoir l'épée à la main, excepté lorsqu'il passe devant le Roi.

Le régiment des gardes suisses battoit autrefois aux champs pour le colonel-général, quoique sans un ordre particulier il ne batte de cette manière que pour le Roi & pour la reine; mais M. le duc du Maine, sous lequel cet usage fut encore pratiqué plusieurs fois, jugea à propos de le faire cesser.

Quand le colonel-général est à l'armée, il a toujours une compagnie suisse avec un drapeau qui monte la garde à son logement, & cette garde est indépendante de celle qu'il peut avoir par sa naissance ou par le grade personnel qu'il a dans l'armée. Il est dit dans ses provisions qu'*il aura douze hallebardiers servant près de sa personne, & entretenus aux dépens du Roi.*

A la garde du Roi, les suisses prennent les armes pour le colonel-général, & ils appellent pour lui. Les officiers de cette nation le saluent de la pique lorsqu'il passe à la tête des bataillons, ou qu'il les fait défiler devant lui.

Ce colonel a seul le droit de prendre l'ordre pour la garde du Roi, & lorsqu'il n'a point pris cet ordre, le commandant de la garde est obligé de le lui porter chez lui.

On a vu précédemment que Charles de Montmorency, seigneur de Méru, premier colonel-général des suisses, prêta serment entre les mains du duc d'Anjou, qui commandoit les armées. Ce fut le connétable de France qui reçut le serment du successeur du seigneur de Méru, & ensuite du duc de Rohan : mais cet usage changea à la réception de M. de Bassompierre. Celui-ci prêta serment entre les mains du Roi, & cela s'est toujours pratiqué depuis.

La compagnie générale des suisses & grisons qui sert à la tête du régiment des gardes, a pour capitaine le colonel-général qui la fait commander par un capitaine-lieutenant. Elle seule a le drapeau blanc; les autres drapeaux du régiment sont à la livrée du colonel-général. La compagnie générale forme comme un corps à part, & elle a sa justice particulière.

Le colonel-général porte derrière l'écu de ses armes six drapeaux passés en sautoir, de la couleur de sa livrée. Il est d'usage que chaque premier jour de l'an le colonel-général présente au Roi les officiers du régiment des gardes suisses. Autrefois le Roi, dans cette cérémonie, faisoit l'honneur au colonel de lui toucher dans la main. La relation du renouvellement d'alliance, fait à Paris en 1602, porte entr'autres circonstances, ce qui suit : *Galaty & plusieurs autres colonels de leur nation qui avoient accompagné les ambassadeurs des cantons, firent aussi tous la révérence au Roi, & il leur toucha à tous dans la main.*

Le colonel-général a aussi le droit de présenter à sa majesté les capitaines aux gardes, les colonels, & les officiers généraux de la nation nouvellement créés.

Voyez dans le chapitre suivant quelques autres prérogatives du colonel-général des suisses & grisons.

# CHAPITRE LXVI.

## *Du régiment des gardes suisses.*

I. ORIGINE *de ce corps.* Le maréchal de Bassompierre, colonel général des suisses & grisons, dit dans les mémoires, que Louis XIII, au retour du voyage qu'il fit en Guyenne pour son mariage, résolut, en 1616 étant à Tours, *de faire un régiment complet de ses gardes-suisses, & qu'ils vinrent monter la première garde devant son logis le mardi 12 mars.*

L'extraordinaire des guerres de 1616, s'accorde avec ce récit, comme l'observe M. le baron de Zurlauben.

Le décompte de 1717, fait connoître que le régiment des gardes suisses étoit composé de huit compagnies, chacune de 160 hommes, & toutes tirées du régiment de Gallaty. Il avoit pour colonel Gaspard Gallaty, du canton deGlaris, que le Roi avoit nommé à cette place, pour le dédommager de la réforme des autres compagnies de son régiment.

Dans la liste de ces huit compagnies, on ne trouva point l'ancienne compagnie de ce colonel, qui servoit à la garde du Roi depuis 1599. Gallaty possédoit en 1617 deux compagnies décorées du titre de garde suisses, l'une de 160 hommes, originairement la colonelle de son régiment levée en 1614, qui étoit devenue la colonelle du nouveau régiment des gardes; & l'autre qui étoit son ancienne compagnie de 200 hommes, comme on le voit par les extraordinaires des guerres de 1616 & 1617. Celle-ci, pour la distinguer de la nouvelle, est intitulée *compagnie ancienne*, dans un décompte de 1618. Gallaty les conserva toutes deux jusqu'à sa mort. Il avoit également deux justices; l'une affectée au régiment des gardes suisses, à la tête duquel il avoit sa compagnie colonelle, & l'autre inséparable de son ancienne compagnie qui servoit à la garde du Roi depuis 1599. Cette dernière compagnie avoit ses officiers de justice, son aumônier, son trucheman & son chirurgien, séparés de ceux du régiment des gardes suisses.

La dernière revue qu'elle passa sous le nom du colonel Gallaty son capitaine particulier, est datée de Tours, le 2 juillet 1697. Cet officier, illustre par les services importans qu'il avoit rendus à la couronne, mourut à Paris pendant le même mois. Son décès fit vaquer la charge de colonel du régiment des gardes suisses, la compagnie colonelle de ce corps, l'ancienne compagnie servant à la garde du Roi, & l'emploi de lieutenant des cent-suisses de la garde ordinaire & intérieure de sa majesté. Gallaty remplissoit ce dernier poste depuis 1603, & il étoit également le chef de la justice de cette compagnie. Une lettre de M. Myron, ambassadeur du Roi, écrite le dernier jour de juillet 1619 au canton de Fribourg, expose la distribution des emplois vacans par la mort du colonel Gallaty; & le contenu en est confirmé par le décompte de cette année. La charge de colonel des gardes fut accordée à Fridolin Hessy, du canton de Glaris; la compagnie colonelle à Gaspard Freuler, du même canton, petit-fils de Gallaty; & l'emploi de lieutenant des cent-suisses de la garde, fut conféré au colonel Fegely, de Fribourg; mais la compagnie ancienne de 200 hommes, fut donnée, par ordonnance du Roi en date de Tours, le 22 juillet 1619, à M. de Bassompierre, colonel-général des suisses. Le décompte de cette année détaille ce changement.

La première revue de cette compagnie, sous le nom de M. de Bassompierre, fut faite hors de Tours le 4 août 1619. Il fut le premier des colonels-géraux des Suisses, qui eût une troupe de cette nation entièrement attachée à sa dignité. La lettre de M. Myron, citée précédemment, s'exprime d'une manière plus étendue sur le sort de cette ancienne compagnie. Les termes méritent d'en être rapportés, les voici:

« Sa majesté ayant donné la vieille » compagnie qui étoit du régiment, à M. » de Bassompierre, colonel-général, estimant sa majesté que toute la nation » auroit plus agréable que ce seigneur » eût cette compagnie, qui étoit d'ailleurs sujette à suppression, que de la » voir entre les mains d'un du pays, » qui l'attacheroit à un seul canton, là » où étant générale, & ledit sieur de » Bassompierre, obligé comme il est à » n'y admettre que des suisses, tant ès » places d'officiers que de soldats, ce » pourra être une pépinière pour y recevoir les enfans de bonne maison, qui » seront heureux d'approcher, & apprendre l'art militaire sous la conduite » de ce seigneur, qui est gracieux, libéral & magnifique, & duquel ils auront tout favorable & avantageux traitement ».

Cette compagnie a le titre d'*ancienne* dans toutes les revues qui en ont été faites jusqu'en 1638, quelle est nommée pour la premiere fois compagnie générale. Néanmoins dans les revues de 1639, 1642, 1643, 1653 & 1655, elle est encore intitulée *compagnie ancienne*, & quelquefois *compagnie ancienne & générale :* elle est appelée *compagnie colonelle* dans les décomptes de 1630 & 1632.

Un passage de l'extraordinaire des guerres de 1620, porte que la personne du colonel-général des suisses étoit passée pour présente, quoiqu'absente, *attendu sa qualité*, dans le nombre des 200 hommes qui formoient cette ancienne compagnie.

Cet usage a été observé dans toutes les revues de cette compagnie, même durant les premieres années que M. le duc du Maine fut colonel-général de la nation. Tous les décomptes le marquent expressément. L'indépendance de cette compagnie d'avec le régiment des gardes suisses est non-seulement prouvée par la justice qu'elle exerce à part, & par l'état-major qu'elle a séparément de ce corps, prérogatives qui sont exactement spécifiées dans toutes les revues, mais encore par la date des revues qu'elle ne passoit pas le même jour, comme on le voit par le décompte de 1627. D'ailleurs elle n'étoit point comprise dans l'état des compagnies du régiment. Les décomptes portent, *compagnie ancienne de 200 hommes servans à la garde du Roi*, & puis ensuite, *régiment du sieur colonel Hessy, composé de dix enseignes ou compagnies de gens de guerre à pied suisses, servans pour la garde du Roi.*

Il y a même des rôles sur lesquels la compagnie ancienne n'est placée qu'après le régiment des gardes suisses. C'est seulement en 1661 qu'elle a été comptée pour la première fois parmi les compagnies du régiment. Elle ne pouvoit pas être à la tête d'un corps de la nation plus distingué ; & depuis qu'elle en est, elle a, comme colonelle-générale, le drapeau blanc, droit dont ne jouit pas la compagnie du colonel du régiment, quoique celle-ci ait un état-major particulier.

La compagnie générale a eu le nombre de ses officiers augmenté en même temps que le régiment. Celui qui la commandoit en l'absence du colonel-général, n'avoit que la qualité de lieutenant-commandant, & n'en étoit que le premier officier subalterne. Jean-Barthelemi Machet de Soleure, fut le premier à qui M. le duc du Maine obtint du Roi le rang de capitaine-lieutenant ; & au moyen de ce nouveau grade, la compagnie avoit, outre son capitaine particulier, qui est le colonel-général, un capitaine-lieutenant qui la commandoit en l'absence de ce dernier, deux lieutenans, un sous-lieutenant & un enseigne. Cette prérogative fit donner à M. Machet, le rang de capitaine au régiment des gardes suisses, & il roula par ancienneté avec les capitaines de ce corps. Aussi, à la bataille de Saint-Denis en 1678, il commanda le second bataillon du régiment.

Nous avons dit que la compagnie générale exerçoit séparément la justice & le droit de juger les affaires criminelles & civiles qui la concernoient uniquement. Mais elle est subordonnée comme les autres compagnies aux ordres qui regardent tout le corps, & en campagne elle obéit sans difficulté au commandant du premier bataillon à la tête duquel elle sert. Son capitaine-lieutenant devient à son tour, par rang d'ancienneté, commandant de bataillon, lieutenant-colonel & colonel du régiment.

II. *Composition actuelle du régiment des gardes suisses, & choix des officiers & bas-officiers.* Par une ordonnance du 1 juin 1763, le Roi, après avoir pris l'avis du louable corps helvétique & des louables ligues grises, a ordonné que son régiment des gardes suisses, qui étoit alors composé de six compagnies entières & de dix demi-compagnies, non compris la compagnie générale, le seroit à l'avenir de onze compagnies de fusiliers entières, & de quatre compagnies de grenadiers, indépendamment de la compagnie générale, qui conserveroit le droit de marcher à la tête des gardes suisses & de tous les autres régimens de la même nation.

Ces seize compagnies forment quatre bataillons de quatre compagnies chacune, dont une de grenadiers & trois de fusiliers.

Chaque compagnie de grenadiers est composée d'un capitaine, d'un premier & d'un second lieutenant, d'un sous-lieutenant, de deux sergens, d'un fourrier, de quatre caporaux, autant d'appointés, quarante grenadiers & un tambour.

Les grenadiers qui viennent à manquer, doivent être remplacés sur le champ par les compagnies de fusiliers, chacune à leur tour : en ce cas, le capitaine de grenadiers est chargé de payer la somme de 150 livres pour chaque homme qu'il tire, & de rembourser au capitaine de fusiliers, ce que le soldat peut lui devoir.

Chaque compagnie de fusiliers, est

composée d'un capitaine, deux lieutenans, deux sous-lieutenans, six sergens, deux fourriers, douze caporaux, douze appointés, 132 fusiliers & six tambours.

La compagnie générale a de plus un enseigne qui a rang de sous-lieutenant, du jour de son brevet d'enseigne.

L'état-major du régiment a été fixé, tant par l'ordonnance qu'on a citée que par une autre du premier janvier 1768. Il est composé d'un colonel, un lieutenant-colonel, un major, quatre aides-major, cinq sous-aides-major, deux enseignes par bataillon, un adjudant par bataillon, un quartier-maître trésorier, un maréchal des logis, un aide-maréchal des logis, un grand juge, un aumônier, deux autres aumôniers, un médecin, un chirurgien, & deux garçons pour les compagnies qui sont à Paris, trois autres chirurgiens & six garçons pour les compagnies qui sont dans les casernes, un tambour major, un auditeur général des bandes suisses, un secrétaire interprête, un commissaire des vivres, & deux prévôts par bataillon.

L'état-major de la compagnie générale des suisses, est composé d'un grand juge, d'un aumônier, d'un secrétaire interprête, d'un médecin, d'un chirurgien major, d'un sergent général, d'un tambour-major, d'un maréchal des logis, d'un fourrier, de seize musiciens, & d'un prévôt.

Ces musiciens doivent toujours être affectés à la garde qui sert auprès du Roi. Ils sont subordonnés à tous les officiers de la garde, & particulièrement à l'aide-major de garde. Celui-ci est chargé de la discipline, police & entretien de ces musiciens.

Voici l'uniforme du régiment. Habit rouge écarlate, paremens, revers & collet bleu de Roi, doublure, veste & culotte blanche; guêtres blanches, avec les boutons de fil blanc, col rouge, poches en travers; sept petits brandebourgs en losange, en galon de fil blanc, posés à distance égale sur le revers; trois grands brandebourgs au-dessous, deux sur chaque parement, deux derrière, & deux sur chaque poche, petits boutons sur le revers, & gros boutons au-dessous du revers, sur le parement & dans les plis; chapeau bordé d'un bord de fil blanc, garni de trois houpes qui distinguent les rangs & les compagnies; boutons blancs & unis sur bois.

Autrefois les compagnies du régiment des gardes suisses étoient affectées à tel ou tel canton suisse en particulier, mais l'article 30 de l'ordonnance du premier juin 1763, a réglé qu'elles rouleroient à l'avenir dans toute la Suisse en général, & que quand elles deviendroient vacantes, elles seroient données aux officiers, soit du régiment des gardes suisses, soit des autres régimens suisses & grisons indistinctement, qui les auroient le mieux méritées par leurs services.

Cependant, le Roi voulant traiter favorablement les familles qui ont donné des preuves de leur zèle en levant des compagnies pour le régiment des gardes suisses; sa majesté a déclaré que son intention étoit que ces compagnies venant à vaquer, elles fussent données par préférence aux descendans des mêmes familles, s'il s'en trouvoit à son service qui eussent l'âge & les qualités requises pour les commander. Ces qualités consistent particulièrement à avoir plus de sept années de service dans le régiment des gardes suisses, ou dix au moins dans les autres régimens suisses & grisons.

L'avancement des officiers dans les grades subalternes des compagnies de fusiliers doit se faire par ancienneté dans tous les régimens, & non par compagnie comme cela se pratiquoit autrefois. Ainsi lorsqu'il vient à vaquer un emploi de premier lieutenant dans quelque compagnie que ce soit, il appartient de droit au plus ancien des seconds lieutenans du régiment, pourvu que ce soit un sujet capable & de bonne conduite. Il doit en être usé de même relativement aux autres grades.

A l'égard des officiers subalternes des compagnies de grenadiers, ils doivent être choisis, tant dans le régiment des gardes suisses, que dans tous les autres régimens suisses & grisons, sans faire attention à l'ancienneté.

Les sujets destinés aux emplois de second sous-lieutenant qui viennent à vaquer dans les compagnies de fusiliers, doivent être proposés par les capitaines de ces compagnies au colonel, & par celui-ci au colonel-général : mais il faut que ces sujets soient nés ou reconnus suisses, ou des pays alliés de la Suisse.

Les enseignes doivent être choisis par le colonel-général, parmi les nouveaux sujets suisses qui se présentent. Ces enseignes ont dans le régiment le rang de second sous-lieutenant du jour de leur brevet d'enseigne. Ils roulent, ainsi que celui qui est attaché à la compagnie générale des suisses, avec tous les seconds sous-lieutenans des compagnies pour l'avancement au grade de premier sous-lieutenant. Les adjudans doivent toujours être tirés du corps des sergens du régiment; ils tiennent rang de lieutenant dans l'infanterie, & en cette qualité ils marchent avant tous les sergens.

Ces adjudans doivent être choisis par le colonel, conjointement avec le lieutenant-colonel & le major, sans aucun égard à l'ancienneté : ensuite le colonel les propose au colonel-général qui leur fait expédier leurs brevets.

Le Roi voulant que les places de sergens, fourriers & caporaux ne soient remplies que par des sujets sages, intelligens, sachant lire, & qui aient le talent, en instruisant les soldats, de s'en faire obéir ; sa majesté a réglé, 1°. qu'à l'avenir lorsqu'il vaqueroit une place de sergent dans une compagnie, les douze plus anciens sergens s'assembleroient chez le major, pour choisir parmi les fourriers & les caporaux de la même compagnie, sans avoir aucun égard à l'ancienneté, les trois sujets qu'ils croiroient les plus propres à remplir la place vacante; qu'ils les présenteroient au major & au capitaine de la compagnie où la place de sergent seroit vacante, & que sur le rapport de ces deux officiers, le commandant du régiment nommeroit celui des trois sujets proposés qui lui paroîtroit mériter la préférence.

2°. Que quand il vaqueroit une place de fourrier, les douze plus anciens fourriers s'assembleroient chez le major pour choisir parmi tous les caporaux de la compagnie les trois sujets qu'ils croiroient les plus propres à remplir la place vacante, & qu'ensuite ils les présenteroient au major & au capitaine, pour en être usé de la même manière qu'on vient de le dire, relativement aux sergens.

3°. Enfin, que quand il vaqueroit une place de caporal, les huit plus anciens caporaux, & les quatre plus anciens sergens du régiment, s'assembleroient chez le major pour choisir parmi tous les appointés & soldats de la compagnie trois sujets qu'ils présenteroient ensuite au major & au capitaine, pour en être usé comme on vient de dire à l'égard des fourriers.

Observez que les sergens, les fourriers, les caporaux, & même les soldats du régiment des gardes suisses, doivent tous être nés & reconnus suisses, ou des pays alliés de la Suisse.

III. *Appointemens, solde & masse du régiment.* Il y a la paye de paix & la paye de guerre ; l'une & l'autre ont été réglées par l'article 58 de l'ordonnance du premier juin 1763. Voici ce qu'il porte :

*Compagnies de grenadiers.*

Au capitaine, ſix mille livres par an en tout temps.

Au premier lieutenant, deux mille quatre cents livres en temps de paix, & trois mille ſix cents livres en temps de guerre.

Au ſecond lieutenant, deux mille livres en temps de paix, & trois mille livres en temps de guerre.

A chaque ſous-lieutenant, dix-huit cents livres en temps de paix, & deux mille quatre cents livres en temps de guerre.

Au premier ſergent, cinq cents ſoixante-ſeize livres en temps de paix, & ſix cents ſoixante livres en temps de guerre.

Au ſecond ſergent, quatre cents quatre-vingt-douze livres en temps de paix, & cinq cents ſoixante-ſeize livres en temps de guerre.

A chaque fourrier, trois cents quatre vingt-ſeize livres en temps de paix, & quatre cents ſoixante-trois livres en temps de guerre.

A chaque caporal, deux cents quatre-vingt-huit livres en temps de paix, & trois cents vingt-quatre livres en temps de guerre.

A chaque appointé, deux cents cinquante-deux livres en temps de paix, & deux cents quatre-vingt-huit livres en temps de guerre.

A chaque grenadier ou tambour, cent quatre-vingt livres en temps de paix, & deux cents ſeize livres en temps de guerre.

*Compagnies de fuſiliers.*

Au capitaine, ſix mille livres en temps de paix, & ſept mille deux cents livres en temps de guerre.

Au premier lieutenant, deux mille quatre cents livres en temps de paix, & trois mille livres en temps de guerre.

Au ſecond lieutenant, deux mille livres en temps de paix, & deux mille ſix cents livres en temps de guerre.

Au premier ſous-lieutenant, dix-huit cents livres en temps de paix, & deux mille cent livres en temps de guerre.

Au ſecond ſous-lieutenant, quinze cents livres en temps de paix, & dix-huit cents livres en temps de guerre.

A l'enſeigne de la compagnie générale, quinze cents livres en temps de paix, & dix-huit cents livres en temps de guerre.

Au premier ſergent, cinq cents quarante livres en temps de paix, & ſix cents trente livres en temps de guerre.

Au ſecond ſergent, quatre cents trente-deux livres en temps de paix, & cinq cents quatre livres en temps de guerre.

A chacun des quatre autres ſergens, trois cents quatre-vingt-ſeize livres en temps de paix, & quatre cents cinquante livres en temps de guerre.

A chaque fourrier, trois cents vingt-quatre livres en temps de paix, & trois cents quatre-vingt ſeize livres en temps de guerre.

A chaque caporal, deux cents cinquante-deux livres en temps de paix, & deux cents quatre-vingt-huit livres en temps de guerre.

A chaque appointé, deux cents ſeize livres en temps de paix, & deux cents cinquante-deux livres en temps de guerre.

A chaque fuſilier ou tambour, cent ſoixante-deux livres en temps de paix, & cent quatre vingt livres en temps de guerre.

*Etat-major du régiment.*

Au colonel, indépendamment de ſes appointemens de capitaine, vingt-deux mille livres en tout temps.

Au lieutenant-colonel, indépendamment de ſes appointemens de capitaine, huit mille livres en temps de paix, & dix mille livres en temps de guerre.

Au

Au major, huit mille livres en temps de paix, & dix mille livres en temps de guerre.

A chacun des quatre aides-major, trois mille six cents livres en temps de paix, & quatre mille deux cents livres en temps de guerre.

A chacun des cinq sous-aides major, deux mille livres en temps de paix, & deux mille quatre cents livres en temps de guerre.

A chaque enseigne, quinze cents livres en temps de paix, & dix-huit cents livres en temps de guerre.

Il doit d'ailleurs être payé à chacun des deux enseignes attachés au bataillon, résidant à Paris, un mois de leurs appointemens chaque année, pour leur tenir lieu de logement.

A chaque adjudant, douze cents livres par an en temps de paix, & quinze cents livres en temps guerre.

Il doit d'ailleurs être payé à l'adjudant attaché au bataillon, résidant à Paris, un mois de ses appointemens chaque année pour lui tenir lieu de logement.

Au quartier maître trésorier, trois mille livres en temps de paix, & quatre mille livres en temps de guerre.

Au maréchal des logis, en tout temps, trois mille livres.

A l'aide maréchal des logis, en tout temps, six cents cinquante livres.

Au grand juge, en tout temps, douze cents livres.

Au premier aumônier, en tout temps, sept cents soixante livres.

A chacun des deux autres aumôniers, six cents livres en temps de paix, & huit cents livres en temps de guerre.

Au médecin, douze cents livres en tout temps.

Au chirurgien qui doit rester à Paris, deux mille livres en tout temps.

A chacun de ses deux garçons, quatre cents livres en tout temps.

A chacun des trois autres chirurgiens, seize cents livres en tout temps.

A chacun des six garçons qui leur sont attachés, trois cents livres en tout temps.

Au tambour-major, huit cents livres en temps de paix, & mille livres en temps de guerre.

A l'auditeur général des bandes suisses, deux mille quatre cents livres en tout temps.

Au secrétraire-interprête, douze cents livres en tout temps.

Au commissaire des vivres, douze cents livres en tout temps.

A chacun des deux prévôts attachés à chaque bataillon, cent soixante-deux livres en temps de paix, & cent quatre-vingt livres en temps de guerre.

*Etat-major de la compagnie générale.*

Au capitaine, indépendamment de ses appointemens, trois mille livres en tout temps.

Au grand juge, douze cents livres en tout temps.

A l'aumônier, douze cents livres en tout temps.

Au secrétaire-interprête, douze cents livres en tout temps.

Au médecin, douze cents livres en tout temps.

Au chirurgien-major, deux mille deux cents quatre-vingt livres en tout temps.

Au sergent général, huit cents livres en temps de paix, & mille livres en temps de guerre.

Au tambour-major, six cents livres en temps de paix, & huit cents livres en temps de guerre.

Au maréchal des logis, mille deux cents livres en tout temps.

Au fourrier, douze cents livres en tout temps.

A chacun des seize musiciens, attachés à la suite de la compagnie, tant pour appointemens que pour logement, neuf cents livres en tout temps.

A chacun des mêmes musiciens, tant pour son habillement que pour l'entretien des instrumens & son chauffage au corps de garde, cent soixante-six livres, treize sous, quatre deniers en tout temps.

Observez que ce dernier traitement doit rester dans la caisse du quartier-maître trésorier du régiment, jusqu'à ce que le colonel général des suisses ait donné ses ordres pour faire fournir aux musiciens l'habillement, le chauffage & les instrumens dont ils peuvent avoir besoin.

Observez aussi que la paye de guerre ne doit être donnée qu'à celles des compagnies du régiment qui servent en campagne, à commencer du jour de leur arrivée à l'armée, jusqu'à celui de leur départ pour rentrer dans le royaume, & que celles qui demeurent auprès de la personne du Roi pendant la guerre, ne doivent toucher que la paye de paix.

Indépendamment des appointemens réglés ci-dessus à chaque capitaine de grenadiers, le Roi a attaché à leurs charges une gratification de deux mille livres en temps de paix & de quatre mille livres en temps de guerre; mais ils ne doivent jouir de cette dernière que quand ils ont servi en campagne.

Le major, les aides-major & les sous-aides-majors, ont aussi, indépendamment de leurs appointemens, un douzième en sus de ces mêmes appointemens chaque année, pour leur tenir lieu de logement.

Les capitaines auxquels le Roi permet de mettre à leurs compagnies des capitaines-commandans, sont tenus de payer ces capitaines-commandans, sur le pied de trois cents livres par mois en temps de paix, & de trois cents cinquante livres en temps de guerre.

Pour subvenir à l'entretien du linge & de la chaussure, tant des bas-officiers que des soldats, il doit être retenu sur la solde réglée à chaque premier & second sergent, vingt-quatre deniers par jour en temps de paix, & trente deniers en temps de guerre; sur celle de chacun des autres sergens & des fourriers, vingt deniers en temps de paix, & vingt-quatre deniers en temps de guerre; sur celle de chaque caporal & appointé, douze deniers en temps de paix, & seize deniers en temps de guerre; & sur celle de chaque grenadier, tambour & fusilier, six deniers en temps de paix, & dix deniers en temps de guerre.

Indépendamment de la solde réglée pour le régiment, le Roi a assigné une masse de trois sous quatre den. par jour, par chaque homme, laquelle doit être payée en tout temps sur le pied complet de chaque compagnie à quelque nombre qu'elle passe à la revue du commissaire. L'intention de sa majesté est que de ces trois sous quatre deniers, il y ait un sou quatre deniers affectés uniquement à l'entretien du soldat, & que les deux sous restans soient affectés particulièrement à l'habillement, à l'équipement & à l'armement.

Cette masse doit être remise tous les mois avec la solde au quartier-maître-trésorier du régiment; mais le Roi a réservé l'administration directe de la masse de l'habillement au colonel-général des suisses, qui par ce moyen fait habiller, équiper & armer le régiment.

A l'égard de la dépense à faire de la masse, concernant l'entretien du soldat & les fournitures à lui donner, c'est au major à ordonner cette dépense. Au reste l'intention du Roi est que ces fournitures consistant en souliers, chemises, &c. soient données tous les trois mois sur les ordres du major, & qu'il soit envoyé par le quartier-maître-trésorier du régiment, un double de cette dépense au colonel-général des suisses.

Quant aux réparations journalières qu'il convient de faire à l'habillement, équipement & armement, & à ce qui est nécessaire pour entretenir la propreté des soldats du régiment, le Roi a réglé qu'il seroit formé une masse de huit livres pour chaque homme, par an, en tout temps, & qu'elle seroit employée à ces réparations.

Sur cette masse, il doit être donné à

chaque tambour douze deniers par jour, au moyen de quoi ces tambours sont chargés d'entretenir leurs caisses de peaux & de cordages, de les faire repeindre, & de se fournir de baguettes.

Il y a aussi une masse commune affectée aux frais qu'exigent les recrues du régiment. Cette masse consiste en neuf mille six cents livres pour chaque compagnie de fusiliers, qui doivent être remises de mois en mois à la caisse du quartier-maître-trésorier.

L'intention du Roi est que le colonel-général des suisses fasse payer sur cette masse à chaque capitaine de grenadiers, la somme de quinze cents livres en temps de paix, & celle de deux mille quatre cents livres en temps de guerre, lorsque sa compagnie marche en campagne, pour le remplacement des grenadiers qui peuvent manquer à sa compagnie.

Le colonel-général doit aussi faire payer sur la même masse à chaque capitaine de fusiliers. 1°. Deux cents livres pour chaque homme de recrue suisse, qui a été engagé en suisse, & qui a la taille & les qualités requises pour être admis dans le régiment: mais ces deux cents livres ne peuvent être payées que sur deux certificats, l'un du commandant de la place où est établi le quartier d'assemblée du régiment, & l'autre du colonel & du major qui sont chargés d'attester la qualité de ces recrues à leur arrivée à Paris.

2°. Soixante livres seulement, pour chaque suisse ou fils de suisse que le capitaine peut avoir engagés en France, suivant l'état que le major est chargé d'en dresser. Cet état doit contenir le nom, le signalement, l'âge, le lieu de la naissance ou l'origine de chacun de ces suisses ou fils de suisse, & être signé & certifié par le capitaine & le major.

3°. Quinze cents livres par an à chaque capitaine de fusiliers, pour les rengagemens qu'il peut faire dans sa compagnie, & dont il est tenu de fournir un état signé de lui au major, qui doit le remettre au colonel-général, après l'avoir certifié.

Observez que si un soldat ayant obtenu son congé absolu, venoit ensuite à se rengager, il ne pourroit être censé nouvelle recrue & payé comme tel au capitaine, qu'autant qu'il y auroit un an & un jour d'intervalle entre son congé absolu & son nouvel engagement. Il est enjoint au colonel, au lieutenant-colonel & au major de tenir la main à l'exacte observation de cette disposition, à peine d'être responsables, chacun en son nom, de ce qui pourroit se passer de contraire à cet égard aux intentions du Roi.

4°. Enfin il doit être payé, sur la même masse & sur les ordres du colonel-général des suisses, trente payes de gratification, de neuf sous chacune, à chacun des capitaines de fusiliers du régiment, dont la compagnie lors de la revue du commissaire, se sera trouvée composée de 167 à 175 hommes, y compris les officiers, & quinze payes seulement à chaque capitaine de fusiliers dont la compagnie ne se sera trouvée composée que de 160 à 167 hommes. L'intention du Roi est qu'il ne soit donné aucune paye de gratification, lorsque les compagnies sont au-dessous du nombre de 160 hommes.

### IV. *Rang, prérogatives, justice & privilèges du régiment des gardes suisses.*

Le régiment des gardes suisses marche immédiatement après celui des gardes Françoises; & lorsque ces régimens ne sont pas ensemble, celui des gardes suisses cède le pas au premier des régimens François avec lesquels il se trouve, mais il prend rang avant tous les autres.

Les capitaines, les lieutenans, les sous-lieutenans & les enseignes au régiment des gardes suisses, jouissent du même rang que celui que nous avons dit au chapitre 64, section 5, appartenir aux officiers semblables du régiment des gardes françoises. Ainsi les capitaines ont le rang de colonel, les lieutenans celui de lieutenant-colonel, &c.

Les aides-majors ont le rang de lieutenant aux gardes, & les sous-aides-majors celui de sous-lieutenant.

Les maréchaux des logis ont rang de capitaine d'infanterie.

Une ordonnance du 19 octobre 1783, a attribué au quartier-maître-trésorier du régiment des gardes suisses, le rang & les prérogatives de lieutenant d'infanterie.

A l'égard de la justice que les suisses ont droit d'exercer, & de plusieurs autres privilèges que les ordonnances leur ont attribués, il faut voir au livre VIII, le chapitre concernant les régimens suisses qui sont au service du Roi.

# CHAPITRE LXVII.

## *De la reine.*

Le titre auguste de *Reine*, appartenoit autrefois en France aux filles comme aux épouses de nos Rois. Il y a des chartres de 1339, qui le donnent encore aux premières.

Mais cet usage n'existe plus depuis long-temps ; on ne qualifie de Reine, que celle qui est ou qui a été publiquement l'épouse d'un de nos Rois.

Nous disons publiquement, parce qu'un mariage qui n'auroit pas été contracté en face de l'église avec toutes les solemnités ordinaires, & qui par cette raison ne seroit pas manifesté aux yeux de la nation par ce *tractatus* distingué, qu'exige la majesté royale, ne donneroit pas à la femme qui l'auroit contracté avec un de nos Rois, le titre ni les prérogatives de Reine. C'est ainsi que madame de Maintenon, s'il est vrai que Louis XIV l'ait épousée, n'a jamais joui des honneurs du trône. C'est ainsi que sous la seconde race, Louis le Débonnaire, n'étant encore que Roi d'Aquitaine, vécut plusieurs années avec Ermangarde son épouse, sans lui donner le titre de Reine. Enfin c'est ainsi que sous la première race, Dagobert usant de la faculté qu'avoient alors les Rois de vivre dans la polygamie, avoit à la fois trois femmes qui étoient Reines, & une autre qui ne l'étoit pas.

Quels sont les droits des Reines de France dans l'administration du royaume?

Quels sont leurs droits, comme épouses ou veuves d'un Roi ?

Quels sont les honneurs & les prérogatives dont elles jouissent, soit pendant le mariage, soit après la dissolution ?

Ces trois questions vraiment intéressantes, feront la matière d'autant de paragraphes séparés.

### §. I. *Quels sont les droits des Reines de France, dans l'administration du Royaume.*

Le titre de Reine, ne donne pas à celle qui en est décorée, la puissance qu'il semble indiquer. Ce mot, pris dans le sens littéral, désigne une femme qui gouverne un royaume, qui y exerce une autorité souveraine. Mais dans ce sens, il n'y a point de Reine proprement dite en France, parce qu'il est de principe parmi nous, que le *royaume ne peut tomber en quenouille.*

Les Reines de France ont cependant eu en différens temps, & peuvent avoir encore, une très-grande part à l'administration publique.

C'est de là sans doute, que vient l'usage dans lequel nos Rois ont été long-temps, d'associer leurs épouses à la cérémonie du sacre & du couronnement.

On en a même vu plusieurs, qui se mariant après leur sacre, ont cru devoir faire sacrer séparément leurs épouses. La Reine Constance, seconde femme de Louis le Jeune, fut sacrée à Orléans; la Reine Alix, troisième femme du même monarque, le fut à Paris; la Reine Isabeau, première femme de Philippe-Auguste, à Saint-Denis; la Reine Marguerite, femme de saint-Louis, à Sens; la Reine Marie, seconde femme de Philippe le Hardi, à Paris; la Reine Jeanne, seconde femme de Charles-le-Bel, dans la même ville; la Reine Marie de Médicis, épouse de Henri IV, à Saint-Denis (1).

Mais en quelque temps que se fît la cérémonie du sacre de la Reine, elle différoit toujours essentiellement de celle du sacre du Roi, en ce que dans celle-ci, le Roi contracte avec la nation & lui prête

(1) *Les cérémonies du sacre de cette dernière princesse sont décrites par Filleau, part. 3, tit. 11, chap. 3. Voici les termes de cet auteur.*

« Pour les cérémonies dudit sacre, fait le 13 » mai 1610, l'église de S. Denis en France fut » préparée de cette façon. Dans le chœur des » religieux, vis-à-vis du grand autel, étoit un » grand théâtre de la hauteur de neuf pieds, ou » peu moins, sur vingt-huit pieds de longueur & » vingt-deux de large, pour monter auquel y » avoit un escalier à plusieurs marches, sur le » derrière dudit eschaffaud : droit au mitan, estoit » un autre moindre eschaffaud d'un pied & demy » de hauteur, sur lequel on montoit par deux » marches, lesquelles, avec ledit petit théâtre, » avoient dix pieds de long, & six pieds de large : » là estoit le trosne & la chaire de la royne, cou- » verte de velours violet, semé de fleurs de » lys d'or en broderie; au-dessus de ladite chaire, » un grand dais de mesme étoffe & parure; le drap » de pied de l'eschaffaud de la royne, qui couvroit » pareillement les marches, estoit de velours cra- » moisi rouge, couvert de broderie d'or : le reste » du grand théâtre, depuis le haut jusqu'en bas, » estoit pareillement couvert de draps de pied, » & de riches tapisseries. A main droite & gau- » che, estoient dressés d'autres théâtres pour les » princes, chevaliers de l'ordre, seigneurs & » gentilshommes de la chambre du roy.

» Plus près du grand autel, du costé de l'espî- » tre, estoit levée comme une chambre vitrée & » destinée pour le Roy, tapissée de velours vio- » let, semée de fleurs de lys d'or; de l'autre, » estoient des eschaffauds, tant pour les ambassa- » deurs, seigneurs, capitaines, dames & demoi- » selles, que pour la musique du Roy, instrumens » & hautbois.

» L'église en ce jour solemnel esclatoit de toutes » parts, tendues de tapisseries du roy, relevées » d'or & de soye jusques aux portes d'icelles, & » nommément le chœur, & le derrière d'icelui, » où se voyoit une tenture de quatre pièces de » velours cramoisy rouge, couverte de riche bro- » derie, s'il s'en peut voir au monde, le grand » autel richement paré.

» Au costé gauche dudit grand autel estoit une » longue forme couverte de draps d'or, préparée » pour le siège des cardinaux de Gondy, de Sour- » dis & du Perron. Un autre derrière pour les » archevesques, évesques & prélats assistants au- » dit sacre : au même costé joignant ledit autel, » estoit la table préparée pour mettre sur icelle la » grande & petite couronne, le sceptre, la main » de justice & l'anneau destinés pour le couron- » nement.

» A la droite ou costé de l'évangile, estoit » pareillement une table pour y mettre les hon- » neurs de l'offrande.

» Devant icelle estoit la chaire de velours » rouge cramoisy, brodée d'or, & deux oreillers » de mesme estoffe préparés pour le cardinal de » Joyeuse officiant.

» Le roy & la royne s'estoient rendus à Saint- » Denis le mercredy sur le soir, accompagnés » de monsieur le dauphin, de madame l'aisnée, » de la royne Marguerite, duchesse de Valois, » de princes & princesses, tant du sang, qu'au- » tres, qui estoient tous en cours, & d'un nombre » de grands seigneurs & chevaliers : dès le len- » demain matin, jeudy treiziéme de mai, l'église » de Saint-Denis fut si remplie de peuple, outre » ceux qui y avoient passé la nuit, qu'il estoit » impossible d'y entrer, tout estant plein jusques » aux voûtes & galleries. La royne ce jour-là » estoit vestue d'une cotte ou corset, d'un très- » riche drap d'or damassé de violet, le corps de » cotte, ou ce que l'on met par-dessus iceluy, » selon l'ancienne coustume des parements de nos » roynes, d'un surcos d'ermines, bordée par-

ferment, au lieu que dans l'autre la Reine ne promettoit rien.

Cette différence vient de ce que le Roi eft le feul en qui réfide la puiffance fuprême, & que quand la Reine en exerce quelques actes, c'eft à titre de dépôt.

» devant, & aux bafquines de chatons de pierre-» ries d'un efclat & valeur indicible, fon chef » brillant de pierreries, fon manteau royal de » velours violet couvert, plus plein que vuide, » de fleurs de lys d'or en broderie, le manteau » ample, large, ayant une queue de fept aulnes, » doublé d'ermines.

» L'heure du facre venue, les fuiffes de la » garde du roy, habillés de neuf, aux couleurs » & livrées de la royne, de velours & taffetas » incarnat, blanc & bleu, commencèrent les » premiers à marcher, fuivis de deux cents gen-» tilshommes de la chambre, & autres gentils-» hommes & feigneurs, fuivis des chevaliers de » l'ordre du faint Efprit, qu'ils avoient fur leur » manteau. Les trompettes habillés de velours » bleu, fuivoient, & après eux, les hérauts, & » roys d'armes, & les huiffiers de la chambre » portans leurs maffes.

» Les princes marchoient après, & les derniers » d'iceux meffieurs les princes de Conty, & le » comte d'Anguien, fon neveu, fils de monfieur » le comte de Soiffons, abfent. Après eux, mar-» choit feul monfieur le dauphin, la cappe & » l'habillement de toile d'argent, & la tocque de » velours noir, le tout couvert de diamants. La » royne marchoit après, foutenue des feigneurs » de Souvré & de Béthune, repréfentans mef-» fieurs les ducs d'Orléans & d'Anjou, fes en-» fans, que leur jeune aage difpenfoit d'affifter » à cette cérémonie; les pans du manteau royal » eftoient foutenus par les cardinaux de Gondy » & de Sourdis, & la queue portée par les prin-» ceffes du fang, la douairière de Condé, de » Conty, douairière de Montpenfier, & la du-» cheffe de Mercœur. Les queues des manteaux » de ces quatre princeffes pareillement portées » par des feigneurs de marque, après lefquels » marchoient d'un mefme front madame l'aifnée » & la royne Marguerite, leurs manteaux parés » de fleurs de lys d'or, & la queue d'iceux portée » par des comtes & barons. Elles eftoient fuivies » des autres princeffes & ducheffes avec leurs » manteaux, foutenus, & portés par les feigneurs » de marque, felon leur préféance & dignité, » ayant la tête couverte de chapeaux ou cercles » d'or relevés de riches pierreries.

» La royne ainfi conduite devant le grand » autel, fit fa prière, cependant que le cardinal » de Joyeufe, paré de fes habits pontificaux, fit » fur elle les prières accouftumées d'être dites au » facre de nos rois; ce fait, elle fut conduite par » les cardinaux de Gondy & de Sourdis en fon » trofne, à l'entour duquel eftoient affis monfieur » le dauphin dans une chaire de toile d'or, ma-» dame & la royne Marguerite, les princeffes & » ducheffes, felon leurs dignités. Les hautbois » ayant fonné quelque temps, les cardinaux de » Gondy & de Sourdis remontèrent au throfne, » & conduifirent la royne à l'autel en mefme ordre » & cérémonie qu'auparavant : ayant fait de re-» chef fa priere, fa tefte fort inclinée contre » terre, le cardinal de Joyeufe fit fur elle les » prière du facre, telles que nous les avons re-» préfentées en celui du roy, prit de la main de » l'évefque de Paris, les fainctes huilles, & une » platine, en fit la mixtion ordinaire, & en facra » la royne premièrement fur la tefte, & puis en » la poictrine & non ailleurs, & d'autres crefmes » que celui de la faincte ampoule, lequel n'eft » employé qu'au facre de nos roys. Après cette » onction, le cardinal reçeut l'anneau de la main » d'un évefque, & le mit au doigt de la royne, » & enfuite le fceptre & la main de juftice; ce » fait, il prit de la main de l'évefque de Beziers, » grand aumônier de la royne, qui fervoit au lieu » du cardinal du Perron, grand aumofnier de » France, la grande couronne, laquelle il pré-» fenta fur le chef de la royne, fur lequel fut » foutenue par monfieur le dauphin & madame » l'aifnée, levée & mife entre les mains de mon-» fieur le prince de Conty, & au lieu de cefte » grande, en fut pofée une plus légère par mon-» fieur le dauphin & madame. Les cérémonies » parachevées, la royne bailla fon fceptre & la » main de juftice à deux princes qui eftoient » ordonnés pour cet effect, & ramenée en fon » throfne au mefme ordre qu'auparavant, affife » en iceluy, monfieur le prince Conty mit la » grande couronne devant fa majefté, fur une » efcabelle entourée de drap d'or frifé, fur un » carreau de mefme étoffe, & fe tint à genoux » près ladite efcabelle; de mefme firent les ducs » de Vendofme & le chevalier fon frère, qui » portoient le fceptre & la main de juftice, cefte-» cy au cofté gauche de la royne, & l'autre à fa » droite pareillement à genoux.

» La meffe fut dicte par le cardinal de Joyeufe; » à l'offrande, les princeffes de Conty, de Mont-» penfier & de Guife, portèrent les honneurs, » à fçavoir le vin en deux barillets, l'un d'argent » & l'autre d'argent doré : deux pains de mefme, » & la bourfe dans laquelle y avoit treize pièces » d'or faites expreffément de quatorze ou quinze

Les monumens de la monarchie ne nous présentent rien d'uniforme sur le concours des reines dans l'administration du royaume. Tout ce que l'on peut dire de plus général, c'est que nos Rois les ont souvent associées aux actes les plus imposans du gouvernement.

Du Tillet (2), cite une chartre du Roi Philippe I, de l'an 1060, & un autre de Louis le Gros de 1129, qui toutes deux sont souscrites par les épouses de ces souverains.

Le même auteur fait mention de trois autres chartres de Louis le Gros, dont la première est datée de l'an onzième de son règne, & de l'an cinquième de celui de la reine Alix; la seconde, de l'an douze de son règne, & du cinquième de celui de la reine Alix; l'autre enfin de l'an quatorzième de son règne.

Du Tillet ajoute que dans les lits de justice, les reines prennent ordinairement séance, & cela à droite des Rois leurs époux ou fils. Il cite pour exemple, la reine Jeanne de Bourbon qui siégea de cette manière avec le roi Charles V son mari, aux lits de justice des 9 & 11 mai 1369, & Catherine de Médicis qui *assista* toujours son fils Charles IX *en ses parlemens.*

Nous remarquons encore que Louis XIII déclara la reine Marie de Médicis sa mere, gouvernante de la province d'Anjou, de Brouage, d'Oleron & de l'isle de Rhé. Les provisions qu'il fit expédier à cet effet, sont des 18 juin 1619, & 4 février 1627. Les premières ont été enregistrées au parlement de Paris le 28 août 1619, & les secondes le 19 décembre 1629 (3).

Louis XIV, par lettres-patentes du 4 juillet 1646, donna à la reine Anne sa mère, la charge de grand-maître, chef & surintendant-général de la navigation & du commerce, & en même temps la dispensa du serment ordinaire, *sans que la présente dispense pût être alléguée & tirée en exemple à l'avenir, par toute autre personne de quelque qualité, dignité & naissance que ce fût.* On trouve dans le re-

---

» escus pesant la pièce; d'un costé estoit la figure » de la royne, & pour légende son nom, surnom » & ses qualitez; de l'autre estoit une couronne » impériale, au travers de laquelle estoient es- » levez trois reinceaux de palme d'olivier & de » myrthe, & pour légende: *fœlicitas sæculi.*

» Ces honneurs estoient portez sur des oreillers » de draps d'or, couverts de riches tavayolles de » damas blanc frangées & brodées d'or: la royne » les ayant reçus, les présenta de sa main sur » l'autel. A l'*Agnus Dei*, la paix fut portée à » la royne; ce fait, elle fut amenée & conduite » à l'autel pour la troisième fois: le duc d'Elbeuf » luy présenta le carreau sur lequel elle se mit à » genoux, fit oster sa couronne de dessus son » chef, & reçeut son créateur en toute humilité: » delà ramenée à son throsne, paracheva d'ouyr » la messe, laquelle dite elle fut reconduite au » logis abbatial en même ordre & cérémonie » qu'auparavant. Le duc chevalier de Guise la » conduisant en la chambre.

» Largesse fut faite au peuple de pièces d'or » & d'argent, marquées ainsi que celles de l'of- » frande, mais de moindre prix; il y en avoit » d'or de quatre escus, & en diminuant, les » moindres pièces d'argent estoient de dix sols » ou environs, faites au moulinet; ce dernier » acte se fit durant la fanfare des hautbois, trom- » pettes & clairons, les hairauts ayant crié lar- » gesse. Le sacre fait, le Roy souppa à Sainct- » Denis, & la royne au louvre: & le lendemain » de ce sacre & couronnement, le vendredy 14e » jour de may, sur les quatre heures après midy, » le Roy fut tué par ce meschant parricide de » Ravaillac, trop recogneu en France par cet » acte abominable, qui a ruiné la France, la- » quelle estoit paisible & florissante en une entière » paix, gouvernée par un Roy craint, honoré & » aymé de tous. Pour fin, par ces cérémonies, » l'on peut cognoistre quelle différence il y a » aux cérémonies du sacre & couronnement des » Roys de France, qui se sont faits plus ordi- » nairement en l'église de Rheims: & ceux des » roynes qui se sont faits en l'église Sainct-Denis » en France, sauf quand les roynes sont couron- » nées avec les Roys leurs maris.

(1) Recueil des Rois de France, titre *de l'autorité & prérogatives des reines de France.*

(2) Troisième vol. des ordonn. de Louis XIII, cotté 3, B. fol. 224; cinquième vol. des mêmes ordonn. cotté 3, D. fol. 196.

cueil des plaidoyers de Dandiguier du Mazet, le discours qui fut prononcé par cet avocat, lorsqu'il présenta ces lettres au parlement, au nom du procureur-général de la Reine.

Mais n'existe-t-il point de loi ou d'usage qui règle d'une manière fixe & indépendante de la volonté du moment, la part que la Reine doit ou peut avoir dans l'administration du royaume? Il n'y a que deux points sur lesquels on trouve à cet égard quelque chose de positif; ce sont le département des finances & des domaines, & la régence pendant la minorité du Roi; encore le premier est-il tombé depuis long-temps dans une totale désuétude.

On ne doit pas être surpris, que sous la première & la seconde race (1), les Reines aient été chargées du maniement des finances & de la régie des domaines. La simplicité de ces temps, n'avoit pas encore fait perdre de vue les mœurs des anciens Germains, chez qui, selon Tacite, les femmes, étoient *les compagnes des travaux de leurs maris*; & en laissant à leurs épouses tout le poids de l'administration économique, nos Rois ne croyoient suivre que la leçon de la nature.

Quant à la régence, on a douté jusqu'au quinzième siècle, si elle appartenoit de droit à la Reine, mère du Roi mineur, exclusivement aux princes & grands du royaume; & jusqu'alors les faits ont décidé la question, tantôt d'une manière, tantôt de l'autre.

Dans la première race, on voit les enfans de Clodomir, sous la tutelle de Clotilde leur áyeule, & Clovis II sous celle de Nantilde sa mère; mais la tutelle n'étoit pas alors accompagnée de la régence, & le gouvernement du royaume étoit en d'autres mains.

On voit cependant sous la même race, les Reines Brunehault & Batilde élevées à la régence, la première, sous la minorité Théodebert II, roi d'Austrasie son petit-fils; & la seconde, sous celle de Clotaire III, roi de Neustrie & de Bourgogne, son fils. Mais l'administration de l'une ni de l'autre, ne fut de longue durée. Brunehault déclarée régente en 596, fut exilée en 598, par son petit-fils même, à la sollicitation des grands de son royaume. Batilde, après avoir gouverné avec beaucoup de sagesse, se retira par dévotion dans le monastère de Chelle, qu'elle avoit fondé, & laissa le royaume à la merci d'Ebroin, maire du palais, dont elle avoit jusques-là, réprimé les violences (1).

Dans la seconde race, il n'y eut qu'une régence, & elle fut déférée à la Reine Emme, mere de Louis le Fainéant. Mais cette princesse ne la conserva que très-peu de temps.

Sous la troisième race, on compte depuis Hugues Capet jusqu'en 1407, un grand nombre de régences, mais il s'en faut de beaucoup que toutes aient été déférées aux Reines.

Le premier Roi qui parvint au trône en bas âge, est Philippe I, fils de Henri I. « La régence, dit l'abbé Vély, » ne fut point confiée à la Reine mere, » Anne-Philippe, fille de Jaraslau, » Czar de Moscovie, quoique plusieurs » exemples parlassent en sa faveur. Les » loix changent suivant les temps. On dit » même qu'elle n'y prétendit point. Elle » se voyoit sans appui, sans autorité, » dans un pays où elle n'avoit aucune relation de parenté. La raison plus que » l'équité, lui fit sacrifier ses droits sans » aucune répugnance. Ce fut Baudoin V, » comte de Flandres, qui fut régent sous » le nom de *marquis de France* ».

(1) Voyez Hincmar & les articles 16, 27, 47 & 58 du capitulaire de Charlemagne, *de villis*.

(3) Abrégé chronologique de l'histoire de France, par le président Hénaut; Aimoin, c. 43, liv. 4; Frédegar, c. 92.

En

En 1147, Louis le Jeune se croise, & part pour l'Orient. Il falloit confier à quelqu'un l'administration du royaume. L'abbé Suger & Raoul, comte de Vermandois, furent préférés à la Reine-mère Alix de Savoie.

Il est vrai que sainte-Marthe, tome 1, page 337, prétend que cette princesse fut associée dans la régence à l'abbé Suger & à Raoul ; mais il n'en donne aucune preuve. On trouve au contraire dans les lettres de l'abbé Suger, §. 41, une lettre de Raoul par laquelle celui-ci marque que la Reine les avoit priés tous deux de faire délivrer une somme aux chanoines de Beauvais, pour faire un voyage à Rome. « Si la Reine eût été régente, dit Dupuis (1), elle eût fait elle-même ce » dont elle prioit ces régens. Il ne se » trouve nul vestige de son administra- » tion dans les épitres de Suger, qui con- » tiennent les principales actions de la » régence qu'il a exercée pendant le » voyage du Roi ».

En septembre 1180, Philippe-Auguste devint Roi, à l'âge de quinze ans. Suivant Meyer, dans ses annales de Flandres, & l'abbé Vély, dans son histoire de France, ce fut à Philippe comte de Flandres, que la régence fut confiée. Mais Dutillet prétend qu'on la déféra à la Reine-mère Alix de Champagne, & au cardinal de saint-Babine, son frère. Belleforêt, pour concilier cette différence, dit que le comte de Flandres eut la régence, & que la Reine & son frère eurent la tutelle. Il n'y a, comme l'on voit, qu'incertitudes & obscurités sur ce point.

Une chose plus constante, est qu'en 1189, la Reine Alix fut nommée régente avec le cardinal Guillaume, archevêque de Reims, pendant le voyage que fit le Roi son fils dans la terre sainte (1).

En 1226, Louis VIII sentant approcher sa fin, fait un acte par lequel il déclare qu'à son décès la Reine Blanche son épouse gouvernera le royaume jusqu'à la majorité de Louis IX. Cet acte est certifié par l'archevêque de Sens, & les évêques de Chartres & de Beauvais, qui avoient été présens à sa confection, & néanmoins il s'élève de grandes difficultés sur son accomplissement : Philippe de France, comte de Boulogne, oncle du jeune monarque, se met à la tête des mécontens : il soutient que c'est une chose indigne de la *générosité Françoise*, d'obéir à une femme, sur-tout étrangère, & qu'au moins elle doit donner caution, conformément au droit Romain, pour sûreté de son administration. Là-dessus, on consulte Hubert de Bobio, célèbre jurisconsulte de l'université de Vercel, qui répond, *eam non repellendam, sed sufficere fidejussores quos poterat dare alioquin sequeretur quòd similes principes carerent tutore* (2). Cette consultation étoit sans doute bien favorable à la Reine, mais la fermeté de cette princesse fit ce que de simples paroles n'auroient pu faire ; elle dissipa les factions & gouverna paisiblement le royaume jusqu'en 1234, temps où saint-Louis prit lui-même les rênes de l'administration. Il les lui rendit cependant, au mois de juin 1248, lors de son départ pour la terre sainte. L'acte en fut passé à l'Hôpital, près de Corbeil (3).

En 1263, la Reine Marguerite,

(1) Traité de la majorité de nos rois, & des régences du royaume, tom. 1, pag. 65.

(1) Le roi étant à Vezelai, dit Rigord, auteur contemporain : *acceptâ licentiâ ab omnibus baronibus suis, Adelæ carissimæ matri suæ & Guillelmo Remensi avunculo suo pro tutelâ & custodiâ totum regnum Francorum, cùm filio suo dilectissimo commendavit.*

(2) Alberic de Rosate, ad l. *de creationibus; C. de episcopali audientiâ;* Jacobus de santo Georgio, lib. *de feudis*, fol. 1.

(3) Dupuis, *loco cit.* pag. 74.

femme de saint-Louis, prévoyant la mort prochaine de son mari, exigea de son fils aîné Philippe, depuis surnommé le Hardi, un serment qui contenoit six points.

Par le premier, il promettoit de demeurer sous la régence de sa mère jusqu'à l'âge de 30 ans.

Par le second, qu'il ne prendroit aucun conseiller ou confident, qui ne fût du gré de la Reine.

Par le troisième, qu'il lui révéleroit tous les projets, desseins & complots qu'il sauroit être tramés contre elle.

Par le quatrième, qu'il ne feroit aucun traité avec Charles, comte de Provence, son oncle.

Par le cinquième, qu'il ne feroit aucune donation ni libéralité au-delà d'une certaine somme.

Par le sixième, qu'il ne découvriroit jamais le *présent serment*.

Ce serment n'eut aucun effet. Philippe s'en fit relever, presque aussi-tôt après l'avoir prêté. Urbain IV lui en accorda une dispense, datée d'Orviette le 2 des nones de juillet, l'an 6 de son pontificat (1).

Philippe, devenu Roi en 1270, à l'âge de vingt-cinq ans & quelques mois, n'eut pas plus de confiance dans la Reine Isabelle d'Arragon sa femme, qu'il n'en avoit eu dans sa mère. Il étoit alors près de Carthage. Craignant de mourir avant son arrivée en France, il fit, en octobre 1270, un édit par lequel il déclara que si son fils aîné n'avoit pas quatorze ans lorsqu'il lui succéderoit à la couronne, le royaume seroit gouverné par Pierre de France, comte d'Alençon, son frère. La Reine Isabelle étoit près de sa personne, lorsqu'il publia cet édit, & il n'y fit aucune mention d'elle (2).

En 1294, au mois d'octobre, Philippe-le-Bel déclara par un acte, qui fut approuvé en 1299 & 1300 par treize prélats, princes & grands du royaume, que s'il venoit à décéder avant que son fils aîné eût atteint *l'âge légitime*, son intention étoit que la Reine Jeanne, *sa très-chère épouse*, eût le gouvernement du royaume & la tutelle du jeune monarque, pourvu qu'elle ne se remariât point. Cet acte contient un assez long détail des raisons qui engageoient le Roi à le porter; & l'on y remarque, entr'autres choses, que ce prince le fait, parce qu'il a observé que plusieurs des Rois ses prédécesseurs, en avoient usé de même : *nec id indecens aut absonum reputamus, nec à progenitorum nostrorum vestigiis quæ libenter insequimur, alienum.*

Philippe-le-Bel ne se contenta point d'avoir ainsi manifesté son intention & de l'avoir fait approuver par les grands du royaume. Il obligea encore Charles, comte d'Anjou & d'Alençon son frère, de la ratifier par des lettres *données à l'abbaye de Longpond, le mardi devant la fête de toussaints, l'an de grace mil & trois cents* (1).

En 1316, Louis Hutin meurt, laissant Clémence de Hongrie sa femme enceinte. Les grands du royaume s'assemblent, & défèrent la régence à Philippe-le-Long, à l'exclusion de cette princesse. Quelques auteurs ajoutent qu'il fut arrêté en même temps, que cette régence dureroit, en cas que la Reine accouchât d'un enfant mâle, jusqu'à ce que le nouveau Roi eût atteint sa vingt-cinquième année (2).

La même chose arriva après la mort de Charles-le-Bel en 1327. Il laissoit Jeanne d'Evreux sa femme, enceinte. La régence fut disputée entre Philippe de Valois & Edouard III, roi d'Angleterre; les états-

(1) Coffre Bulles, n. 311.

(2) Dupuis, *loco cit.* pag. 80.

(1) Trésor des chartes, régence des reines, n. 4 & 5.

(2) *Ibid.*

généraux l'adjugèrent au premier, & il ne fut nullement question de la Reine.

Au mois d'octobre 1374, Charles V ordonna par ses lettres-patentes, datées de Melun, que s'il venoit à mourir avant que Charles son fils aîné ne fût entré dans sa quatorzième année, la Reine Jeanne de Bourbon son épouse auroit la tutelle exclusivement à tous autres, qu'elle partageroit le gouvernement du royaume avec Philippe, duc de Bourgogne & Louis, duc de Bourbon ses frères, & qu'ils seroient tenus tous trois, de gouverner selon les avis d'un conseil de régence dont les lettres-patentes citées désignent tous les membres. Elles sont rapportées d'un bout à l'autre par Dupuis, *preuves du traité de la majorité des Rois*, tome 1, page 227.

Il en a paru de semblables en janvier 1392. Charles VI, qui en est l'auteur, y ordonne qu'au cas qu'il vienne à décéder avant la puberté de son fils, la Reine Isabeau de Bavière en sera la tutrice; qu'elle sera en même temps régente avec Jean, duc de Berri, Philippe, duc de Bourgogne, Louis, duc de Bourbon, & Louis, duc de Bavière; & qu'ils éliront ensemble un conseil de régence, composé de douze personnes.

Au mois d'avril 1403, le même monarque porte une ordonnance assez conforme aux lettres-patentes dont on vient de parler; elle déclare que dans le cas où il viendroit à mourir avant la puberté de son successeur, la Reine son épouse aura la tutelle du jeune Roi, seule & sans partage, & qu'elle exercera la régence & gouvernera le royaume. *Appelés par elle & avec elle les oncles, frères & autres prochains du sang & lignage du Roi, qui pour lors seront, & aussi les gens du conseil* que le Roi aura *au jour de son trépas*; & que tout sera par eux conclu à la pluralité des voix, *sans avoir égard à la grandeur, autorité & état des personnes.*

Le 26 du même mois, il paroît une autre ordonnance, par laquelle le Roi veut que dans tous les cas où il sera en voyage, la Reine son épouse, les ducs de Berri, de Bourgogne, d'Orléans & de Bourbon, *appelés à ce*, le connétable, le chancelier, & les membres du conseil qu'il leur plaira de choisir, expédient, au nom de sa majesté & à la pluralité des voix, toutes les grandes affaires qui se présenteront dans le royaume, sans néanmoins mettre à exécution les plus importantes, avant de les lui communiquer.

Le 26 décembre 1407, le même Roi, occupé de l'avenir, & portant ses regards sur tous ses successeurs futurs, déclare par un édit *perpétuel & irrévocable*, enregistré le même jour dans un lit de justice tenu au parlement de Paris, que « s'il advenoit que son fils aîné ou ses » autres enfans, & aussi ceux de ses successeurs demeurassent après lui & iceux » ses successeurs, mendres d'ans en quelque minorité que lors fussent; il lui » plait, veut & ordonne que en ce cas » ils soient durant la minorité gardés, » gouvernés & nourris, & les faits, affaires & besognes d'eux & du royaume, » traités, délibérés & appointés par son » dit & autres fils aînés de sesdits successeurs, de leur autorité & en leur » nom, par les bons avis, délibération » & conseil *des reines leurs mères si elles » vivoient, & des plus prochains du lignage » & sang royal*, qui lors seroient; & » aussi par les avis, délibération & conseil des connétable & chancelier de » France, & des sages hommes du conseil qui lors seroient à lui & à ses successeurs.... & en outre veut & ordonne » que toutes les délibérations, appointemens & conclusions qui, par la manière ci-dessus déclarée, seront faites » & prises ès faits, affaires & besognes » dessus touchées, soient advisées, prises » & conclures, selon les voix & opinions » de la greigneur & plus seine partie des » plus prochains & principaux desdits » du sang royal & conseil ».

Au mois de septembre 1408, « le Roi

» étant malade, le dauphin jeune & les » seigneurs en division «, (ce sont les termes de Juvenal des Ursins (1)), il fut arrêté dans une assemblée des princes, des grands, & du parlement, tenue au louvre, « que la Reine présideroit au » conseil, & auroit le gouvernement du » royaume ».

Le 31 décembre 1409, il fut décidé dans un conseil tenu par le même monarque à la chambre de Saint-Louis, que dans le cas où la reine ne pourroit pas vaquer aux affaires du gouvernement, le dauphin s'en occuperoit à sa décharge (2); & cela fut confirmé par des lettres-patentes données le même jour au palais royal (3).

Cette disposition fut quelque temps après étendue beaucoup plus loin. Le 6 novembre 1417, Charles VI donna des lettres-patentes par lesquelles il ôta la régence à la reine son épouse, & l'attribua au dauphin.

Monstrelet, tome 1, chapitre 180, assure que cet ordre du Roi essuya de grandes contradictions de la part de la reine & du duc de Bourgogne. A l'en croire, ils envoyèrent à Amiens le sieur de Morvilliers pour y tenir avec quelques juges, un parlement égal en autorité à celui de Paris. Ils lui donnèrent en même temps un scel représentant la reine, les armes de France écartelées avec celles de Bavière, & cette légende : « c'est le scel » des causes, souverainetés & appella- » tions pour le Roi ». On devoit sceller de ce scel tous les ordres qui ne pouvoient émaner que de la puissance royale, & ils devoient être expédiés au nom de la reine en cette forme : » Isabelle, par la grâce » de Dieu, Reine de France, ayant pour » l'occupation de monseigneur le Roi, » le gouvernement & administration de » ce royaume, par l'octroi irrévocable à » nous sur ce fait par mondit seigneur & » son conseil ».

Quoi qu'il en soit, depuis cette époque jusqu'au seizième siècle, il n'est fait mention d'aucune reine qui ait prétendu ni eu occasion de prétendre à la régence.

Le 31 mai 1505, Louis XII ordonna par son testament qu'après sa mort, & en attendant la majorité du duc de Valois, depuis Roi de France sous le nom de François I, la régence appartiendroit à la reine Anne son épouse, & à la comtesse d'Angoulême sa sœur, « lesquelles néan- » moins seroient tenues d'appeler avec » elles le cardinal d'Amboise, le comte » de Nevers, le chancellier, le premier » chambellan, & maître Florimond » Robertet, notaire & secrétaire du Roi » & trésorier de France ». L'exécution de ce testament fut promise, les 30 septembre & 19 octobre 1505, par Berault Huart d'Aubigny, capitaine des cent archers Ecossois de la garde du Roi, par Jean Huart son lieutenant, par Guillaume de la Marche, capitaine des cent-suisses & par Pierre Grobion son lieutenant (1). Mais toutes ces précautions furent inutiles pour la reine Anne, parce qu'elle mourut avant Louis XII.

Le 15 juillet 1515, François I prêt à partir pour le Milanès, *considérant que tous les princes & seigneurs du sang royal le suivoient & accompagnoient*, donna des lettres-patentes par lesquelles il nomma pour régente la duchesse d'Angoulême & d'Anjou sa mère, sans parler de la reine Claude de France, fille de Louis XII, sa femme.

Le 12 février 1551, Henri II, se disposant à partir pour l'Allemagne, tint au parlement de Paris un lit de justice, dans lequel il déclara qu'il laisseroit « la reine » sa femme régente avec son fils & son » conseil », & que son intention étoit

(1) Page 241 de son histoire.

(2) Dupuis, *loco cit.* pag. 333.

(3) *Ibid.* pag. 346.

(1) Dupuis, *loco cit.* pag. 425 & 430.

que le parlement leur obéît *comme à sa propre personne* (1).

Le 15 août 1553, le même souverain ayant *délibéré d'aller dans peu de jours trouver son armée*, ordonna par des lettres-patentes qui furent enregistrées le 31 du même mois, que le royaume seroit gouverné pendant son absence par la reine Catherine de Medicis sa femme, à qui il forma un conseil composé du cardinal de Tournon, du garde des sceaux, de Matthieu de Longuejoue, évêque de Soissons, & de deux conseillers d'état.

François II étant mort à Orléans le 5 décembre 1560, la régence fut déférée dès le lendemain à la reine Catherine de Medicis, mère du jeune Roi Charles IX.

Ce fait est contesté par M. le président Hénault; mais Belleforêt, M. de Thou, Mezeray, Daniel, & le Gendre, nous l'assurent, & leur témoignage est confirmé d'une manière sans réplique par la « relation de ce qui s'est passé à Orléans le lendemain de la mort du Roi François II, au commencement du règne du Roi Charles IX, le 6 de décembre 1560, extraite du registre de M. de Laubespine, secrétaire d'état » (1).

La même chose résulte bien clairement de la lettre que le Roi écrivit au parlement le 8 décembre 1560, & de celles

(1) Registre du parlement de Paris; Dupuis, *loco cit.* pag. 485.

(2) *Cette relation est insérée dans le traité déjà cité de Dupuis, tom. 2, pag. 33. Voici comme elle est conçue :* « Le cinquième jour de » décembre l'an mil cinq cens soixante, le Roi » François II de ce nom, étant en sa ville d'Orléans, rendit l'ame à Dieu, & lui succéda à » cette couronne Charles IX, son frère, à présent notre souverain seigneur, en l'âge de onze » ans ou environ. Et pour ce qu'il n'est encore » en âge, pour administrer lui-même, & manier » affaires d'un tel royaume, ont été mises en considération, les grandes vertus, prudence & sage » conduite de très-haute princesse la reine Catherine sa mère, & l'affection grande qu'elle a » toujours démonstrée au bien & utilité de cedit » royaume; & combien elle aime l'honneur, » grandeur, conservation & augmentation d'icelui. Et sur cela, a été conclu & avisé par le Roi » de Navarre, & autres princes & gens du conseil » privé délaissé par ledit feu seigneur Roi, que » ledit royaume ne sauroit être manié de plus » digne main, ne sage administration, que celle » de ladite dame, sous le nom & autorité dudit » seigneur Roi son fils, en espérance que Dieu » favorisera par sa bonté & clémence les actions » de ladite dame, connoissant la sincérité de son » cœur; de sorte que tout répondra à son honneur, & gloire de notre seigneur, & au bien » & repos & consolation de son peuple & de ses » sujets.

» Cela ainsi résolu & arrêté, ladite dame s'étant » retirée auprès dudit seigneur Roi; le sixième » dudit mois vinrent pardevers leurs majestés » ledit sieur Roi de Navarre, messieurs les cardinaux de Bourbon, Lorraine, Tournon, Guise » & Chastillon, le prince de la Roche-sur-Yon, » ducs de Guise, d'Aumalle & d'Estampes, le » chancelier, les sieurs de Saint-André & de » Brissac, maréchaux; le sieur de Chastillon, » amiral de France; le sieur du Mortier; les évêques d'Orléans, de Valence, d'Amiens & sieur » d'Avanson, tous dudit conseil privé, qui furent » bénignement reçus dudit seigneur, lequel les » remercia des grands services qu'ils avoient faits » au feu Roi son frère, & de l'affection qu'ils » démontroient envers lui, laquelle il les pria » continuer; & au demeurant obéir & faire ce » que leur commanderoit ladite dame reine sa » mère, étant accompagnée de tant de grands & » notables personnages de son conseil, duquel » elle entendoit user; qu'il espéroit que toutes » choses se passeroient au bien de son royaume » & de son service.

» Vinrent aussi vers leurs majestés les cinq » capitaines des gardes, & celui des suisses faire » le semblable, ausquels le Roi fit pareil commandement.

» Furent mandés & appellés les sieurs de l'Aubespine, Bourdin, de Frénard & Robertet, » secrétaires d'état, ausquels ledit seigneur commanda que, dorénavant ils se tinssent près de » ladite dame, & la suivissent & non autres, » pour recevoir d'elle ses commandemens, & » ne faire aucunes expéditions des affaires de » cedit royaume, que celles qui leur seroient » par elle commandées.

» Le semblable fut aussi commandé aux intendants des finances.

» Vinrent aussi devers ledit seigneur Roi, & » ladite dame sa mère, tous les chevaliers de » l'ordre, & gentilshommes de la chambre dudit » seigneur qui se trouvèrent lors en ce lieu, faire » le semblable devoir.

que le parlement envoya le 12 du même mois, tant au jeune monarque qu'à la reine-mère (1).

Une preuve plus positive encore, est le réglement qui fut fait le 21 décembre

» Peu de temps après ce même jour, mondit » seigneur le cardinal de Lorraine vint rapporter » à leurs majestés le cachet du feu Roi, qui fut » rompu en leur présence, & ordonné en faire » un autre sous le nom du Roi qui est à présent, » lequel demeurera entre les mains de ladite » dame.

(1) *Voici ces lettres.*

Extrait des régistres du parlement, du mardi 10 décembre 1560.

Ce jour la cour a reçu lettres missives du Roi Charles IX, à présent régnant, desquelles la teneur ensuit:

DE PAR LE ROI.

» Nos amés & féaux, nous estimons qu'avez » jà entendu la grande perte qu'a fait ce royaume, » de la personne du feu Roi, notre très-cher » frère, qu'il a plu à notre seigneur tirer à sa » part, la longue vie duquel promettoit pour ses » dignes vertus beaucoup de bien, de repos & » consolation à ses pauvres sujets, dont nous » assurons que vous avez le douloureux regret » qu'en doivent porter bons affectionnés sujets, » ainsi que nous faisons de notre part. Toutefois » puisque telle a été sa volonté, il s'y faut con- » former & le remercier de tout, n'ayant de rien » tant de regret, sinon que nous laissant succes- » seur de la couronne, ce n'ait été en âge & état » digne d'une si pesante charge. Mais nous » confiant en sa bonté, qui conduit & dresse le » cœur & l'esprit des princes, & en la vertu & » prudence de la reine, notre très-chère & très- » amée dame & mère, laquelle nous avons sup- » plié prendre en sa main l'administration de » cettuy notre royaume, & suppléer ce que nos » jeunes ans ne peuvent encore faire : Nous es- » pérons que les choses y séront si bien conduites » par elle, avec le conseil & avis de notre très- » cher & amé oncle le Roi de Navarre, & des » notables & grands personnages, que ledit feu » Roi, notre frère nous a laissés de son conseil, » que l'utilité en tournera à la grandeur & splen- » deur de ce royaume, & au gré & contentement » de nos sujets. Et pour ce que nous savons que » la justice est une des principales par laquelle » les royaumes ont été maintenus, nous vous » prions continuer à faire ce bon devoir, que » vous avez, comme nous avons entendu, fait » jusques-ici à l'honneur de dieu, décharge de » notre conscience, & bien de notre peuple; & » vous assure que vous ne ferez jamais rien qui » plus nous soit agréable. Donné à Orléans le » 8 décembre 1560. *Signé* CHARLES, & *au-* » *dessous*, DE LAUBESPINE: & à la *suscrip-* » *tion*, à nos amés & féaux les gens tenants notre » cour de parlement à Paris.

Et ce fait, ont été toutes les chambres assemblées, & lesdites lettres missives lues, a été arrêté, la matière mise en délibération, que maître René Baillet, président, Adrian du Drac, conseiller, Arnauld du Ferrier, aussi conseiller & président aux enquêtes, & François Briçonnet, conseiller en ladite cour, qu'elle a commis & commet pour cet effet, iront au plutôt qu'il sera possible pardevers le Roi, étant à Orléans lui faire la révérence, & lui rendre l'obéissance de la part de sa cour de parlement, ainsi qu'il est accoutumé faire; & que par eux, avec occasion telle qu'ils la pourront prendre, sera parlé audit seigneur Roi, & à messieurs de son conseil pour le fait des gages de son parlement. Ensuit la teneur des lettres écrites par la cour au Roi & à la reine sa mère.

AU ROI.

» Notre souverain seigneur, tant & si humble- » ment que possible, nous est à votre bonne grace » nous nous recommandons. Notre souverain sei- » gneur, nous avons reçu les lettres qu'il a plu » à votre majesté nous écrire, du huitième de » ce mois : lesquelles nous ont donné la plus » grande consolation, que pouvons recevoir de » la perte publique, avenue de la personne du » feu Roi votre frère & notre bon maître, que » dieu absolve : car nous avons matière de louer » infiniment la providence de notre créateur, qui » a inspiré votre jeunesse de commettre l'admi- » nistration de votre royaume à la reine votre » mère, notre souveraine dame, de laquelle les » éminentes vertus & prudence sont éprouvées, » & notoires à tout le monde être suffisantes pour » gouverner la monarchie d'icelui. Aussi la bonté, » vertu & sagesse du Roi de Navarre, & grande » estime des sieurs du conseil dudit feu Roi de » long-temps expérimentés, nous assurent dès » cette heure de votre bon & heureux règne, que » nous desirons de tout notre cœur, de très-longue » durée. Vous ne faudrons obéissans à votre » commandement continuer faire nos devoirs en » votre justice; & avons députés un président & » trois conseillers de cette vôtre pour nos frères, » pour aller bientôt rendre l'obéissance que de- » vons à votre majesté. Notre souverain seigneur, » nous supplions le benoît rédempteur, qu'il » vous donne en très-bonne santé, très-longue

1560 pour la direction de la régence confiée à la reine-mère (1).

Il faut pourtant convenir que Catherine de Medicis trouva dans la personne

» vie, & l'entier accomplissement de vos très-» hauts & très-nobles desirs. Ecrit à Paris, en » votre parlement, sous le signet d'icelui le 12 » jour de décembre 1560. *Et au-dessous est* » *écrit*,

» Vos très-humbles & très-obéissans » sujets & serviteurs, les gens tenans » votre parlement.

*Et sur la suscription :*

AU ROI, NOTRE SOUVERAIN SEIGNEUR.

Lettre du parlement à la reine, mère du Roi.

» Notre souveraine dame, tant & si très-humblement que possible nous est, à votre bonne » grace nous recommandons.

» Notre souveraine dame, le Roi nous a écrit » que, pour ses jeunes ans, il vous a supplié pren-» dre en main l'administration de son royaume, » pour le gouverner avec le sage conseil & avis » du Roi de Navarre, & les notables & grands » personnages étant du conseil du feu Roi, que » dieu absolve : qui nous a été la plus grande » consolation en la perte publique que nous eus-» sions pu recevoir, & n'en pouvons assez rendre » grace à notre créateur, qui n'a jamais délaissé » la France sans bonne conduite, & nous fait » connoître qu'il a mis au cœur du Roi le sens » de tous ses meilleurs & expérimentés sujets qui » n'eussent pu conseiller ne desirer autre élection » que celle que ledit seigneur a faite. Nous » avons dépêché un président & trois conseillers » de cette cour, nos frères, pour aller bientôt » rendre l'obéissance que devons à sa majesté & » à la votre, & continuerons faire nos devoirs » en sa justice. Notre souveraine dame, il ne » nous reste plus qu'à supplier notre rédempteur, » qu'il lui plaise vous conserver, & vous donner » en bonne santé très-longue vie. Ecrit en par-» lement, sous le signet d'icelui, le douzième » jour de décembre 1560. *Et au-dessous :*

» Vos très-humbles & très-obéissans » sujets & serviteurs, les gens » tenans le parlement du Roi.

*Et sur la suscription :*

A LA REINE, MÈRE DU ROI, NOTRE SOUVERAINE.

(1) *Voici ce réglement tel qu'il est rapporté par Dupuis, preuve du traité de la majorité des Rois*, tom. 2, pag. 43.

» Le Roi, par le bon & prudent avis de la reine » sa mère, qui desire sur toutes choses, que l'é-» tat de son royaume soit conduit & mené en sa » dignité, & avec le regard & telle considération » que requiert l'importance de l'administration » d'icelui, a assemblé le Roi de Navarre, les » princes de son sang, & autres grands & nota-» bles personnages de son privé conseil, pour » prendre conseil de la forme & manière que » les affaires, qui dorénavant se présenteront, se » devront traiter. Sur quoi, par leur avis & » délibération, a ledit seigneur Roi déclaré & » ordonné ce qui s'ensuit :

» Premièrement, il veut & entend que, d'ici » en avant, tous les gouverneurs des provinces, » & capitaines des places & frontières de ce » royaume, étant à la suite de la cour, qui au-» ront quelques affaires pour le regard de leurs » charges, & le fait d'armes, s'adresseront audit » sieur Roi de Navarre, pour en faire le rapport » à ladite dame reine-mère, qui en ordonnera, » par l'avis de son conseil, ce qui sera néces-» saire. Semblablement veut ledit seigneur, que » toutes les lettres & dépêches qui viendront » de ses lieutenans-généraux & capitaines des » places, soient adressées à ladite dame reine, » qui les verra premièrement, & après les en-» voiera audit sieur Roi de Navarre, qui les » ayant vu aussi, en parlera à ladite dame : la-» quelle, avec son avis & celui des autres princes » & seigneurs du conseil, prendra résolution de » ce qui se devra faire. Et afin que toutes choses » soient hors de dispute, & qu'elles soient ma-» niées & administrées avec plus de commodité, » veut & entend sa majesté, que chacun des » messieurs les connétables, grand-maître, ma-» réchaux & amiral de France, fassent & décer-» nent leurs offices dorénavant avec le pouvoir, » autorité & puissance, qui leur est attribuée par » l'érection & institution d'iceux. Aussi que toutes » choses concernant la justice, les finances & la » police de ce royaume, seront traitées & expé-» diées audit conseil privé, ladite dame y assis-» tant, quand bon lui semblera; sinon lui en » sera fait rapport; & suivant la délibération du » conseil, en seront faites les dépêches par le » secrétaire d'état, & scellées par monsieur le » chancelier, & non autrement. Et avant que » le Roi signe aucunes lettres de sa main, elles » seront vues & entendues par ladite dame au » conseil des affaires du matin. Veut aussi ledit » seigneur que le contrôleur des postes mette » dorénavant tous les paquets qu'il recevra entre » les mains des secrétaires d'état, chacun en sa » charge; lesquels, sans aucunement les ouvrir, » les présenteront tout fermés incontinent à ladite

du Roi de Navarre, un concurrent très-redoutable, & avec qui elle fut obligée de composer. Le 30 mars 1561, le Roi écrivoit au parlement de Paris « qu'il y » avoit eu une union & accord, par rap» port au gouvernement du royaume, » signés entre la reine sa mère & le Roi » de Navarre, ainsi qu'il avoit déja été » déclaré par les lettres de commission » données le 25 du même mois, pour la » convocation d'une assemblée des états » généraux ».

Cette *union*, cet *accord* portoient que le gouvernement demeureroit à la reine, mais qu'elle auroit pour adjoint le Roi de Navarre sous le titre de lieutenant-général du royaume. C'est le titre que donnent à ce prince les *lettres de commission* du 25 mars 1561.

Le testament du chancelier de l'Hôpital fait à Bellebat le 13 mars 1573, achevera de dissiper tous les doutes & de fixer les idées sur le point dont il s'agit. Voici les termes de l'endroit où il est parlé de la régence de Catherine de Médicis sous la minorité de Charles IX: « Le Roi de Na» varre, imbu de fausses opinions, attiroit » à lui toute l'autorité, & s'arrogeoit le » titre de *tuteur* (1) du jeune Roi. La reine, » au contraire, s'appuyoit sur les lois & » les mœurs des François, & citoit des » exemples d'autres reines qui dans des » circonstances semblables avoient eu le » rang & l'autorité dont il étoit question. » Les trois ordres du royaume, à qui » cette contestation fut déférée, déter» minés ou par l'équité (car quoi de » plus équitable que de confier à une » mère la tutelle de son fils), ou par nos » sollicitations pressantes, décernèrent » à la reine la tutelle de la personne & » des biens du Roi, & lui donnèrent le » Roi de Navarre pour aide & conseil. » Il sembloit que par ce moyen nous eus» sions concilié les esprits des princes, & » affermi le repos & la tranquillité dans » le royaume. Mais les factieux qui avoient » eu l'autorité en mains sous François II, » ne pouvoient souffrir la domination » d'une étrangère. C'est pourquoi ils ex» citoient le Roi de Navarre & les autres » grands de la cour qui se plaignoient de » voir leur puissance diminuée par l'au» torité d'une femme, à prendre les ar» mes sous prétexte de piété & de reli» gion » (1).

Si quelque chose pouvoit ajouter à l'évidence des preuves qui résultent de ce récit,

» dame reine mère qui les verra à part, puis les » fera lire en pleine compagnie du conseil des » affaires, où se prendra la résolution de la ré» ponse qui devra être faite par le Roi, accom» pagnée d'une lettre de ladite dame sa mère. » Pour ce que des choses que sa majesté a plus à » cœur, & en desire plus gratifier ses sujets; » c'est la justice, a ordonné que, le mardi & » vendredi de chacune semaine, sera tenu conseil » pour les parties; où toutes requêtes seront ouies, » & pourvu aux supplians en toute, bonne & » briève expédition de justice & équité. Et le » jeudi s'assemblera le conseil, où se traitera le » fait des finances, & autres choses concernans » les affaires d'état du royaume; & n'y entreront, » outre les secrétaires d'état, que les superin» tendans, & les deux secrétaires ordonnés pour » le fait des finances, & trésoriers de l'épargne, » & des parties casuelles, non autres. »

(1) On va voir dans l'instant que, dans le temps du chancelier de l'Hôpital, *tuteur* est synonime avec *régent*.

(1) *Rex Navarrus, falsis persuasus opinionibus omnem ad se potentiam & dominationem trahebat, tutoris usurpans nomen Regis pueri, ex Gallorum legibus regina contrà se tuebatur, iisdem legibus moribusque exemplis prætereà quæ in similibus causis locum & autoritatem habuerunt. Ea controversia cùm ad tres regni ordines delata esset, illi vel æquitate ducti (quid enim æquius quàm filii tutelam matri committi?) vel assiduo nostro ambitu, tutelam Regii corporis & bonorum matri detulerunt; Regem Navarrum adjutorem & consiliarium matri dederunt. Videbamur hâc ratione principum animos conciliasse, & quietem & otium stabilivisse toto regno. Sed quæ factio rebus præfuerat Francisco Rege, ferre non poterat alienam dominationem. Itaque & Navarrum & alios aulæ proceres qui suam potestatem imminutam querebantur unius matris autoritate, incitabant ad arma capienda prætextu pietatis & religionis.*

récit, ce seroit le procès-verbal du lit de justice tenu au parlement de Rouen le 17 août 1563 par le roi Charles IX, pour la déclaration de sa majorité. « La reine » s'étant levée (y est-il dit), pour aller » vers le Roi en son siège royal, a dé» claré qu'*elle remet ès mains de sa ma» jesté l'administration de son royaume*, » *qui auroit été baillée à icelle dame par* » *les états* : & en signe de ce, allant la» dite dame vers ledit seigneur, il est » descendu trois ou quatre pas du dégré » de son thrône, pour venir au devant » d'elle, ayant ledit seigneur le bonnet » à la main. Et lui faisant ladite dame » une grande révérence, & le baisant, » ledit seigneur lui a dit qu'elle gouver» nera & commandera autant ou plus » que jamais ».

Le 30 mai 1574, Charles IX étant malade à Vincennes, donna des lettres-patentes par lesquelles il déclara la reine Catherine sa mère, régente du royaume pour tout le temps que dureroit sa maladie, & pour tout celui qui se passeroit, en cas de mort, jusqu'au retour de Henri son frère, roi de Pologne. « Nous ne » sçaurions, est-il dit dans ces lettres, » faire élection de personne, sur laquelle » nous nous puissions plus reposer que » sur la reine notre très-honorée dame » & mère, & qui avec plus de zèle & » affection embrasse ce qui nous touche » & cet état, tant pour l'amitié naturelle » qu'elle nous porte, que pour la longue » expérience qu'elle a eue de la direction » & maniement des affaires de ce royau» me, depuis notre minorité jusqu'à pré» sent, qu'*elle y a été appelée du consen*» *tement & réquisition de l'assemblée géné*» *rale des états*, qui fut faite après le » décès du feu Roi François notre très» cher sieur & frère ».

Charles IX ne survécut pas long-temps à ces lettres-patentes : il mourut le même jour. Le lendemain, le parlement de Paris s'assembla, & ordonna » que lesdites » lettres-patentes seroient registrées ès » registres d'icelle cour, oui, requérant » & consentant le procureur-général du » Roi, pour être publiées jeudi prochain » 3 du mois de juin ».

Ces lettres-patentes furent confirmées par d'autres que Henri III donna à Cracovie, le 15 juin 1574, & que le parlement de Paris enregistra le 5 juillet suivant.

Il est à remarquer que dans ces deux lois le pouvoir de la reine n'est pas, comme dans l'ordonnance de 1407 rappelée ci-dessus, subordonné à l'autorité d'un conseil de régence, mais absolu & indéfini (1).

Il est peu d'occasions où le droit des

(1) *Voici ce que portent les lettres-patentes de Charles IX.*

« Nous avons donné & donnons à la reine » notredite dame & mère plein pouvoir, puissance » & autorité d'ordonner & commander tant aux » princes de notre sang qu'autres, aux cours de » parlement, maréchaux de France, gouver» neurs de provinces, nos lieutenans-généraux, » capitaines des cent gentilshommes de notre » maison, & de nos gardes, baillis, sénéchaux » & autres nos justiciers & officiers, & géné» ralement à tous nos sujets de quelque qualité » & condition qu'ils soient, tout ce qu'elle verra » & connoîtra être bon, utile, & nécessaire » pour la conservation de cet état, faire & » ordonner toutes les dépêches qu'elle avisera » devoir être faites, tant dedans que hors de » notre royaume : voulant que nos conseillers & » secrétaires d'état aient à lui obéir, & faire » ce que par elle leur sera commandé, tout » ainsi que si c'étoit par nous-mêmes ; & que le » semblable soit fait par elle pour le fait de nos » finances, commandant, par exprès au tré» sorier de notre épargne, de ne bailler aucunes » assignations, ne faire aucun payement que par » son exprès commandement : exhortant & ad» monestant tous les archevêques, évêques & » prélats de cedit royaume de continuer en leur » devoir & office, ainsi qu'ils ont fait jusques à » présent. Et où il plairoit à dieu faire sa volonté » de nous, & nous appeller à soi : sachant que, » après nous, ne laissant point d'hoirs mâles, » par les lois de tout temps observées en cedit » royaume, le Roi de Pologne notre très-cher » & très-amé frère, est appelé à la succession » de cette couronne : en attendant son retour » dudit royaume de Pologne, & afin qu'un cha» cun se contienne en son devoir & office, &

reines à la régence ait été aussi solemnellement & aussi unanimement reconnu, qu'après la funeste catastrophe du 14 mai 1610, qui enleva Henri IV à son peuple. Voici ce qui se passa ce jour-là même; nous ne faisons que copier les registres du parlement de Paris :

« Ce jour, l'audience tenant de relevée, la cour se leva sur les quatre » heures, à cause du bruit survenu au » barreau, de la blessure du Roi; & » néanmoins arrêta, qu'elle ne se sépareroit point jusqu'à ce qu'elle fût informée de l'occasion de ce bruit. Et » à cette fin ordonna, que les gens du » Roi se transporteroient au Louvre, & » pendant ce temps, M. le premier président seroit averti de ladite résolution. » Peu de temps après seroit arrivé ledit » sieur premier président, lequel toutes » les chambres par lui assemblées, auroit dit avoir rencontré, en chemin, » messire Christophe de Harlai, bailli » du palais son fils, ayant commandement de la reine de parler à la cour. » Lequel entré auroit dit avoir commandement de ladite dame reine, de » dire à la cour, que sa majesté désireroit qu'elle fût assemblée, & délibéré par elle ce qui étoit à faire sur » le misérable accident qui étoit survenu » de la blessure du Roi. A l'instant les » gens du Roi retournés du Louvre, » auroient dit par messire Louis Servin, » avocat du Roi, assisté de messire Cardin, » le Bret son collegue, qu'ils apportoient » à la cour une luctueuse & déplorable » nouvelle, que la nécessité de leurs » charges les forçoit lui faire entendre; » que dieu avoit fait sa volonté du Roi, » & que la reine désolée leur a commandé prier la cour de s'assembler pour » aviser ce qui est nécessaire en ce misérable état. Et afin d'y mettre telle » assurance qu'il se pourra, ont requis » que ladite dame reine soit déclarée » régente, pour être par elle pourvu aux » affaires du royaume. Eux retirés, la » matière mise en délibération : la cour » a déclaré & déclare la reine, mère du » Roi, régente en France, pour avoir » l'administration des affaires du royaume, » pendant le bas âge dudit seigneur son » fils, avec toute puissance & autorité: » & que présentement deux de messieurs » les présidens, & quatre des conseillers » d'icelle se transporteroient vers ladite » dame reine, pour lui représenter la délibération, & lui faire soumission de » son obéissance, & assurance de tous les » présidens & conseillers de son parlement, qui sont ses très humbles, très-obéissans, & très-fidèles sujets & serviteurs ».

Il paroît que ni la reine, ni le conseil du Roi ne regardèrent cet arrêt comme suffisant; du moins ils desirèrent qu'il en fût rendu un nouveau dans un lit de justice, & il faut convenir que c'étoit de leur part une précaution très-prudente; car c'étoit la première fois qu'on voyoit le parlement de Paris déférer la régence, & il y avoit tout lieu de craindre qu'on n'eût

---

» par lui faire rendre l'obéissance qui lui sera » due; nous avons par même moyen dit, déclaré & ordonné, disons, déclarons, voulons, » & ordonnons, & nous plait, que la reine notredite dame & mère ait toute puissance & autorité d'ordonner commander à tous nosdits » sujets de quelque qualité qu'ils soient, tout ce » qu'elle verra & connoîtra devoir être fait, » pour faire rendre l'obéissance qui sera due au » Roi de Pologne, notredit frère, faisant châtier & punir par nos cours de parlement, & » autres nos juges & officiers, tous ceux qui seront désobéissans à leur Roi & prince, faisant » assembler, s'il en est besoin, toutes les forces » tant de gens de cheval que de pied, qui sont » de nos ordonnances & à notre solde, & tous » nos autres sujets de quelque qualité & condition qu'ils soient; auxquels nous enjoignons » très-expressément d'obéir à ce qu'il leur sera » ordonné & commandé par la reine notredite » dame & mère, tout ainsi qu'ils feroient à notre » propre personne, & à celle du Roi de Pologne » notredit frère ».

*Les lettres-patentes de Henri III contiennent des dispositions encore plus étendues, ou du moins plus détaillées.*

contesté à la reine une mission qu'elle n'eût tenue que de cette compagnie.

En conséquence, le jeune Roi tint son lit de justice dès le lendemain. La reine & après elle le Roi commencèrent par exposer à l'assemblée, qu'ils étoient venus pour demander *les bons avis*, & délibérer sur ce que M. le chancelier avoit ordre *de représenter*.

« Cela fait ( nous parlons encore d'a-» près les registres du parlement) la reine » se leva, & comme elle descendoit pour » se retirer & laisser délibérer ce qui » étoit à faire, M. le premier président » la supplia de se remettre à sa place, » disant qu'il n'y avoit point de délibé-» ration à faire, & que la qualité de » régente ayant été déclarée par l'arrêt » du jour précédent, il ne restoit qu'à le » publier ».

M. le chancelier prit alors la parole, &, sans toucher à l'idée du premier président, ni combattre la prétention qu'il avançoit, exposa que la reine avoit d'autant plus de droit à la régence, que le feu Roi avoit dit & répété plusieurs fois que si dieu disposoit de lui avant la majorité de son fils, il entendoit que la reine fût chargée du gouvernement.

Après quelques autres discours d'usage, M. l'avocat-général Servin, d'accord avec M. le premier président, requit qu'il plût à sa majesté ordonner que l'arrêt de la veille seroit publié, comme étant le titre constitutif de la régence de la reine.

Là-dessus, M. le chancelier, après avoir recueilli les voix, prononça en cette forme.

« Le Roi séant en son lit de justice, par » l'avis des princes de son sang, autres » princes, prélats, ducs & pairs, & offi-» ciers de la couronne, ouï & ce requé-» rant son procureur général, a déclaré & » déclare la reine, sa mère, régente en » France, pour avoir soin de l'éducation » & nourriture de sa personne, & l'ad-» ministration des affaires de son royaume » pendant son bas âge. Et sera *le présent* » *arrêt* publié & enregistré en tous les » bailliages, sénéchaussées & autres sièges » royaux du ressort de la cour, & toutes » les autres cours de parlement de son » royaume ».

On s'apperçut que ce prononcé n'étoit pas conforme à ce qui avoit été arrêté dans les opinions; l'avis le plus général avoit été de dire, *suivant l'arrêt donné en son parlement le jour d'hier*; & cependant M. le chancelier avoit omis ces termes. M. le premier président lui en fit des représentations à part; sa réponse fut qu'il n'y avoit dans son fait qu'un pur oubli, & qu'on pouvoit le corriger dans la rédaction. En effet, la minute qu'on lui présenta à signer, portoit : *a déclaré & déclare, conformément à l'arrêt donné en la cour de parlement du jour d'hier*, & cette clause fut inséréee toute au long dans l'arrêt qui fut imprimé & publié : sans doute que M. le chancelier ne l'avoit passée que parce qu'elle n'étoit rien moins qu'importante : elle pouvoit être d'un grand poids aux yeux prévenus de quelques membres du parlement; mais considérée sainement, elle ne signifioit rien. C'étoit l'arrêt rendu au lit de justice qui étoit le titre de la reine, Marie de Médicis, à la régence, & non l'arrêt du parlement. C'étoit de l'arrêt rendu au lit de justice qu'on ordonnoit la publication & l'exécution, & non de l'arrêt du parlement. A la vérité, on faisoit mention de l'arrêt du parlement dans l'arrêt rendu au lit de justice; mais on savoit en même temps qu'énoncer n'est pas disposer. Quoi qu'il en soit, la reine Marie de Médicis n'éprouva dans l'exercice de la régence aucune sorte de difficulté, & personne ne s'avisa de lui disputer la qualité que les deux arrêts lui avoient déférée.

La crainte que les choses ne se passassent pas aussi paisiblement dans le bas âge de son successeur, détermina Louis XIII, lorsqu'il sentit approcher sa fin, à pourvoir lui-même au gouvernement du royaume pour le temps où il ne seroit plus. Par la déclaration du mois d'avril 1643, il ordonna que la reine Anne son épouse seroit régente jusqu'à la majorité du dauphin son fils, que le duc d'Orléans son frère seroit lieutenant-général du royaume, sous l'autorité de la reine, & qu'il seroit tenu un conseil de régence qui régleroit à la pluralité des voix toutes les affaires importantes de l'état (1).

Cette déclaration fut enregistrée purement & simplement le 21 du mois dans lequel on l'avoit portée; mais elle reçut bientôt des atteintes essentielles. Louis XIII étant mort le 15 mai suivant, le jeune Roi vint dès le 18 tenir au parlement son lit de justice. Là, M. le duc d'Orléans déclara hautement « qu'il ne » desiroit autre part dans les affaires que » celle qu'il plairoit à la reine lui donner,

(1) *Comme cette déclaration forme le dernier monument de la législation françoise sur le pouvoir des reines régentes, nous en transcrirons ici le dispositif.*

« Voulons & nous plaît, qu'avenant notre » décès avant que notre fils aîné, le dauphin, » soit entré en la quatorzième année de son âge; » ou en cas que notredit fils le dauphin décédât » avant la majorité de notre second fils, le duc » d'Anjou, notre très-chère & très-amée épouse » & compagne la reine, mère de nosdits enfans, » soit régente en France; qu'elle ait l'éducation » & l'instruction de nosdits enfans, avec l'administration & gouvernement du royaume, tant » & si long-temps que durera la minorité de » celui qui sera Roi, avec l'avis du conseil, & » en la forme que nous ordonnerons ci-après. » Et en cas que ladite dame reine se trouvât » après notre décès & pendant sa régence, en » telle disposition qu'elle eût sujet d'apréhender » de finir ses jours avant la majorité de nosdits » enfans : nous voulons & ordonnons qu'elle » pourvoye avec l'avis du conseil, que nous » ordonnerons ci-après, à la régence de nosdits » enfans & du royaume; déclarant dès à présent » que nous confirmons la disposition qui en sera » par elle faite, & voulons qu'elle sorte son » plein & entier effet, comme si elle avoit été » ordonnée par nous. Et pour témoigner à notre » très-cher & très-amé frère le duc d'Orléans, » que rien n'a été capable de diminuer l'affection que nous avons toujours eue pour lui : » nous voulons & ordonnons qu'après notre décès il soit lieutenant-général du Roi mineur » en toutes les provinces du royaume, pour exercer pendant la minorité ladite charge, sous » l'autorité de ladite dame reine régente, & » du conseil que nous ordonnerons ci-après. » Nous nous promettons de son bon naturel, » qu'il honorera nos volontés par une obéissance » entière, & qu'il servira l'état & nos enfans » avec la fidélité & l'affection à laquelle sa naissance, & les grâces qu'il a reçues de nous » l'obligent : déclarant qu'en cas qu'il vînt à » contrevenir en quelque façon que ce soit à » l'établissement que nous faisons par la présente » déclaration, nous voulons qu'il demeure privé » de ladite charge de lieutenant-général, défendant très-expresſément en ce cas à tous nos » sujets de le reconnoître & de lui obéir en » cette qualité. Nous avons tout sujet d'espérer » de la vertu, de la piété & de la sage conduite » de notre très-chère & très-amée épouse & » compagne la reine, mère de nos enfans, que » son administration sera heureuse & avantageuse » à l'état; mais comme la charge de régente est » de si grand poids, sur laquelle repose le salut » & la conservation entière du royaume, & » qu'il est impossible qu'elle puisse avoir la connoissance parfaite, & si nécessaire pour la » résolution de si grandes & difficiles affaires, » qui ne s'acquiert que par une longue expérience; nous avons jugé à propos d'établir un » conseil près d'elle pour la régence, par les » avis duquel & son autorité, les grandes & » importantes affaires de l'état soient résolues » suivant la pluralité des voix. Et pour dignement composer le corps de ce conseil, nous » avons estimé que nous ne pouvions faire un meilleur choix pour être ministres de l'état, que » de nos très-chers amés cousins le prince de » Condé, & le cardinal Mazarin, de notre très-cher & féal le sieur Seguier, chancelier de » France, garde des sceaux, & commandeur » de nos ordres; & de nos très-chers & bien amés » les sieurs Bouthillier, surintendant de nos » finances & grand trésorier de nos ordres, & » de Chavigni, secrétaire d'état & de nos commandemens. Voulons & ordonnons que notre » très-cher & très-amé frère le duc d'Orléans, en » son absence nos très-chers & très-amés cousins » le prince de Condé & cardinal Mazarin soient » chefs dudit conseil, selon l'ordre qu'ils sont » ici nommés, sous l'autorité de ladite dame » reine régente. Et comme nous croyons ne pouvoir faire un meilleur choix, nous défendons » très-expresſément d'apporter aucun changement

» & ne prétendoit aucun avantage de » toutes les choses particulières contenues » en cette déclaration ». M. le prince de Condé approuva la générosité de M. le duc d'Orléans, & fit entendre qu'elle étoit nécessaire au bien de l'état, « dans » lequel, dit-il, les affaires ne succèdent jamais lorsque l'autorité est » partagée ». M. le chancelier parut aussi desirer que la reine prît en main la régence ; « mais avec cette puissance & » liberté entière sagement proposée par » Monsieur, oncle du Roi ». Cet avis ayant été unanimement approuvé, il intervint arrêt conçu en ces termes :

« Le Roi séant en son lit de justice, » en la présence & par l'avis du duc » d'Orléans son oncle, de son cousin le » prince de Condé, du prince de Conti, » aussi prince du sang, & autres princes, » prélats, pairs & officiers de la cou» ronne, ouï, & ce requérant son pro» cureur général, a déclaré & déclare » la reine, sa mère, régente en France, » conformément à la volonté du défunt » Roi son très-honoré seigneur & père, » pour avoir le soin de l'éducation & » nourriture de sa personne, & l'admi-

---

» audit conseil, en l'augmentant ou diminuant, » pour quelque cause & occasion que ce soit; » entendant néanmoins, que vacation avenant » d'une des places dudit conseil par mort ou » forfaiture, il y soit pourvu de telle personne » que ladite dame reine régente jugera digne » par l'avis du conseil en la pluralité des voix, » de remplir cette place. Déclarons que notre » volonté est que toutes les affaires de la paix » & de la guerre, & autres importantes à l'état, » même celle qui regarde la disposition de nos » deniers, soient délibérées audit conseil par » la pluralité des voix; comme aussi qu'il soit » pourvu, cas échéant, aux charges de la cour» ronne, surintendant des finances, premier » président & procureur-général en notre cour » de parlement de Paris, des charges de secré» taires d'état, charges de la guerre & gouver» nement des places frontières, par ladite dame » reine régente avec l'avis dudit conseil, sans » lequel elle ne pourra disposer d'aucunes des» dites charges. Et quant aux autres charges, » elle en disposera avec la participation dudit » conseil. Et pour les archevêchés, évêchés & » abbayes étant à notre nomination, comme » nous avons eu jusqu'à présent un soin parti» culier qu'ils soient conférés à des personnes de » mérite & de piété singulière, & qui aient été » pendant trois ans en l'ordre de prêtrise ; nous » croyons, après avoir reçu tant de grâce de la » bonté divine, être obligé de faire en sorte » que le même ordre soit observé. Pour cet effet » nous desirons que ladite dame reine-régente, » mère de nos enfans, suive, au choix qu'elle » fera pour remplir les dignités ecclésiastiques, » l'exemple que nous lui avons donné, & qu'elle » les confère avec l'avis de notredit cousin le » cardinal Mazarin, auquel nous avons souvent » fait connoître l'affection que nous avons que » dieu soit honoré en ce choix : & comme il » est obligé par la grande dignité qu'il a dans » l'église, d'en procurer l'honneur, qui ne sau» roit être plus relevé qu'en y mettant des per» sonnes de piété exemplaire ; nous nous assurons » qu'il donnera de très-fidèles conseils conformes » à nos intentions. Il nous a rendu tant de preuves » de sa fidélité, & de son intelligence au ma» niement de nos plus grandes & importantes » affaires, tant dedans que dehors notre royaume, » que nous avons cru ne pouvoir confier après » nous l'exécution de cet ordre, à personne qui » s'en acquitât plus dignement que lui, &c. Et » quant aux autres de nos sujets de quelque » qualité & condition qu'ils soient, que nous » avons obligez de sortir de notre royaume par » condamnation ou autrement : nous voulons que » ladite dame reine régente ne prenne aucune » résolution pour leur retour, que par l'avis » dudit conseil. Voulons & ordonnons que notre » très-chère & très-amée épouse & compagne » la reine, mère de nos enfans, & notre très» cher & très-amé le duc d'Orléans fassent le » serment en notre présence, & des princes de » de notre sang & autres princes, ducs, pairs, » maréchaux de France, & officiers de notre » couronne, de garder & observer le contenu » en notre présente déclaration, sans y contre» venir en quelque façon & manière que ce soit. » Car tel est notre plaisir, & afin qu'elle soit » ferme & stable à toujours, nous avons signé » ces présentes de notre propre main, & fait » ensuite signer par notre très-cher & très-amé » frère le duc d'Orléans, & de trois secrétaires » d'état & de nos commandemens étant présent » près de nous, & fait mettre notre scel. Donné » à Saint-Germain-en-Laye au mois d'avril » l'an de grâce 1643, & de notre règne le trente» troisième ».

» niſtration abſolue, pleine & entière » des affaires de ſon royaume pendant » ſa minorité. Veut & entend ſadite » majeſté, que le duc d'Orléans ſon » oncle ſoit lieutenant-général en toutes » les provinces dudit royaume ſous l'au- » torité de ladite dame, & que ſous la » même autorité ſondit oncle ſoit chef » de ſes conſeils; en ſon abſence ſon » couſin le prince de Condé: demeurant » au pouvoir de ladite dame de faire » choix de perſonnes de probité & expé- » rience en tel nombre qu'elle jugera » à propos, pour délibérer auxdits con- » ſeils, & donner leur avis ſur les affaires » qui ſeront propoſées, ſans que néan- » moins elle ſoit obligée de ſuivre la » pluralité des voix, ſi bon ne lui ſemble. » Ordonne ſadite majeſté, que le pré- » ſent arrêt ſera lû, publié & regiſtré en » tous les bailliages, ſénéchauſſées, & » aux ſièges royaux de ce reſſort, & en » toutes les autres cours de parlement » & pays de ſouveraineté ».

On remarque ſans doute dans cet arrêt qu'il n'y eſt pas fait mention de l'avis de la reine. M. le chancelier le lui avoit cependant demandé en recueillant les opinions; « mais elle s'étoit excuſée » de dire ſon ſentiment, n'en ayant point » d'autre que la réſolution qui ſeroit » priſe par la compagnie ».

## § II. *Quels ſont les droits d'une reine, comme épouſe ou veuve d'un Roi?*

Comme épouſe du Roi, la reine a-t-elle, à l'exemple des femmes ordinaires, un droit de communauté?

A-t-elle, au même titre, & comme ſes ſujettes, le droit de réclamer contre un mari inconſtant, la loi de l'indiſſolubilité du mariage?

Comme veuve d'un Roi, quels ſont les gains nuptiaux?

Telles ſont les trois queſtions que nous avons à traiter ici.

I. Sur la première, nous obſervons dans l'hiſtoire de la première race de nos rois, un trait qui ſemble prouver que les reines avoient alors droit de communauté comme les autres femmes: Aimoin parle du partage des tréſors & des meubles de Dagobert entre ſes enfans; & il dit qu'on réſerva pour Nantilde ſa veuve, le tiers de ce qu'il avoit acquis depuis leur mariage. *Tertiâ parte ex omnibus quæ Dagobertus acquiſierat, poſtquàm nantildem ſibi ſociaverat, ipſi reginæ ſervatâ.*

« Cette communauté, dit M. Polverel (1), ne m'étonne point dans un » temps où l'on ne ſoupçonnoit pas » même qu'il pût y avoir quelque rap- » port entre le domaine des Rois & la » propriété nationale, dans un temps où » l'on n'avoit pas beſoin de s'occuper de la » théorie du droit des nations, parce que » dans le fait, le domaine des Rois four- » niſſoit à la dépenſe publique, & qu'il » y ſuffiſoit; mais depuis que l'aliéna- » tion, ou l'adminiſtration moins éco- » nomique des domaines, a rendu cette » reſſource inſuffiſante, depuis que les » rapports politiques des diverſes nations » de l'Europe ont multiplié les frais de » protection, il a fallu chercher quelle » étoit la nature & la deſtination du do- » maine de la couronne; on a vu que » ce n'étoit autre choſe que la propriété » nationale; & de là, on a conclu qu'il » devoit être inaliénable, ou qu'il de- » voit ne pouvoir être aliéné que par la » nation. — Dès-lors, il n'eſt reſté au- » cune différence entre les revenus de » l'état & les revenus du Roi; dès-lors, » ce revenu étant tout-à-la-fois le pro- » duit de la propriété nationale, & de » l'impôt dont les propriétés particulières » étoient chargées, la deſtination de ce » double produit étant la même, nos Rois » ont dû s'impoſer l'obligation de ne pas » diſpoſer arbitrairement de ce revenu;

(1) Répertoire de juriſprudence, voyez *Reine*.

» soit par des largesses déplacées, soit par » des associations qui ne seroient que des » largesses indirectes. — Voilà les bases » du principe qui s'est établi dans notre » droit public, que *l'administration du » royaume ne peut pas recevoir les Reines à » communauté avec les Rois leurs époux* ».

Cette doctrine est confirmée par celle de nos plus célèbres publicistes.

M. le Bret, dans son traité de la souveraineté, livre 1, chapitre 6, s'en explique en ces termes : « les Reines ont cela » de moins que toutes les autres femmes, » qu'elles n'ont point de communauté » de biens avec les Rois leurs maris; » d'autant que tout ce que les Rois ac» quièrent, tourne au profit de la répu» blique, qui est leur épouse mystique & » la plus privilégiée; de façon qu'elles ne » profitent rien de leur mariage, si ce » n'est que les Rois, pour témoignage de » leur affection, leur fassent des présens » de meubles, de deniers comptans, ou » de quelques acquêts immeubles non » encore incorporés au domaine de la » couronne ».

Chopin tient à-peu-près le même langage. « A peine se peut-il faire, dit-il, » que le Roi qui est le tuteur & inten» dant de l'état, & comme l'époux mys» tique de la couronne, fasse part à un » autre de ce qu'il peut acquérir de l'é» pargne publique, ni plus ni moins » que celui qui manie les affaires & re» çoit les profits & revenus du fisc, ou » un prélat, lesquels sont réputés & pré» sumés, par la disposition du droit ci» vil, avoir fait acquisition de quelque » héritage & possession, de l'argent du » public ou de l'église ».

Dutillet dit la même chose avec plus de précision : « la bourse du Roi est celle » du peuple, non particulière aux Roi » & Reine ».

Que seroit-ce donc, si un prince s'étoit marié avant de monter sur le trône, & qu'il eût par ce moyen contracté une communauté avec sa femme? En ce cas, son avènement à la couronne feroit cesser la communauté de plein droit; mais elle auroit un entier effet pour tout le passé. Dutillet fait mention de lettres-patentes du mois d'avril 1344, par lesquelles Philippe de Valois règle entre lui & la Reine Jeanne de Bourgogne, le partage des conquêts faits pendant le temps qu'il n'étoit que personne privée.

III. La question de savoir si l'état d'une Reine est, à l'égard de l'indissolubilité du mariage, le même que celui d'une femme ordinaire, a été suffisamment discutée dans le chapitre premier de ce livre. On y a fait voir que les Rois sont soumis, comme leurs sujets, à ce grand précepte du droit divin, *quod deus conjunxit homo non separet*; mais on a remarqué en même temps que les exemples ne sont pas absolument d'accord sur ce point avec les principes, & que plusieurs de nos Rois ont répudié des épouses légitimes pour en prendre d'autres.

Le détail dans lequel nous sommes entrés sur presque tous ces divorces, nous dispensent d'examiner ici de nouveau quels en furent les motifs ou les prétextes. Mais il en est un dont nous n'avons dit qu'un mot; c'est celui de Henri IV & de la Reine Marguerite; il s'en faut de beaucoup qu'il doive être confondu avec les autres : ceux-ci ont violé les lois du christianisme & troublé l'état. Le divorce du grand Henri étoit nécessaire au repos de ses sujets, & l'église n'a point eu à en gémir. C'est ce que va montrer le récit des circonstances qui l'ont amené : nous les rappelons avec d'autant plus de plaisir, que non-seulement elles justifient la mémoire d'un grand Roi, du reproche d'avoir donné à ses sujets un exemple scandaleux; mais qu'elles établissent en même temps la légitimité du mariage auquel l'auguste postérité de ce prince doit l'existence.

Ce fut en 1593, pendant le siège de Paris, que Duplessis-Mornai entama cette grande négociation. Admis dans la plus intime familiarité du Roi, il lui représentoit un jour tous les dangers qu'il couroit dans ses attachemens frivoles pour des maîtresses qui *exposoient son corps, son ame & sa réputation.* Henri lui répondit : « *pourquoi ne pense-t-on pas à* » *me marier*? » — « Certes, reprit ce fi-» dele serviteur, à vous marier, ne » trouvez pas étrange si l'on n'ose y pen-» ser ; il y a double peine, parce qu'il » vous faut démarier premier. Mais si » c'est à bon escient, ( & je crois, car » vous connoissez assez le besoin que vous » avez de fortifier par là votre état ), j'o-» serai encore par votre commandement » tenter cette affaire » (1).

Mornay ne donna pas au Roi le temps, de se rétracter, & ayant appelé sur le champ M. Erard, maître des requêtes de la Reine Marguerite, il lui dit que le Roi étoit décidé à se remarier, & étoit porté à le faire par les prières & les vœux de ses sujets ; il ajouta que la Reine n'ignoroit aucune des causes qu'il devoit alléguer pour obtenir son divorce. Elle ne peut donc mieux faire, continua-t-il, que de se soumettre à la volonté du Roi qui lui en saura gré ; sans le réduire à la triste nécessité d'employer la force & la violence. Après lui avoir représenté l'honneur que cette démarche feroit à sa maîtresse, qui paroîtroit sacrifier son rang au bonheur de la patrie, il finit par demander une procuration en blanc, & une déclaration devant l'official, portant que n'ayant jamais consenti à ce mariage, contracté d'ailleurs sans dispense & dans un dégré prohibé, elle desiroit le faire dissoudre & déclarer nul, pour appaiser ses remords & ses inquiétudes.

M. Erard partit pour Usson où la Reine étoit retirée, & négocia si bien auprès d'elle, qu'il rapporta trois mois après sa procuration, & des lettres très-satisfaisantes pour le Roi & Mornay.

(1) Vie de Mornay, pag. 185.

Quoique Paris se fût soumis au Roi, & que toutes les provinces eussent suivi son exemple, il y avoit cependant encore des esprits mal-intentionnés, qui cherchoient à traverser les desseins du grand Henri, & en particulier la dissolution de son mariage. Ils envoyèrent à la Reine, en 1594, un nommé Vernand, qui étoit chargé de la détourner d'y consentir ; mais la reine ne fut ébranlée par aucune de ses représentations, & l'année suivante 1595, elle écrivit à Mornay une nouvelle lettre pour lui confirmer la résolution qu'elle avoit prise de faire tout ce qu'il plairoit au Roi (1).

L'effet de sa bonne volonté, ne fut cependant pas aussi prompt que Henri IV le desiroit. Tout fut suspendu par le besoin que le monarque eut de Rome, pour son absolution. Il craignit de n'en rien obtenir, s'il demandoit trop de grâces à la fois ; & préférant celle qui sembloit l'affermir sur le trône, à une faveur qui n'intéressoit que sa postérité, il remit le divorce à un temps plus favorable.

Entre-temps, la Reine Marguerite sembla vouloir rétracter son consentement, & l'on n'en sera pas étonné lorsqu'on saura que Henri IV, éperduement amoureux de la belle Grabrielle, dont il avoit déjà deux fils, s'étoit décidé à la placer sur le trône. Irritée d'une préférence aussi odieuse, & indignée que l'on fît descendre du trône le dernier rejeton de la branche de Valois, pour y faire monter une simple Demoiselle, Marguerite traîna en longueur la dissolution du mariage, &, de concert avec Rome, refusa les actes qui pouvoient seuls en hâter l'exécution.

Cependant le Roi avoit dépêché à Rome, Sillery & d'Ossat, & leurs sollicitations ne produisant aucun effet, il y envoyoit courier sur courier, pour assurer le Pape qu'il sauroit se passer de sa

(1) Lettres de Mornay, II, 420, 421.

dispense ;

dispense, s'il la refusoit plus long-temps, & que l'exemple de Henri VIII étoit assez récent pour être suivi. Clément VIII, intimidé par ce discours, étoit prêt à céder, lorsqu'un évènement imprévu applanit toutes les difficultés. La favorite du Roi mourut, & Marguerite, délivrée de cette concurrente qu'elle haïssoit mortellement, se prêta d'elle-même aux vues du héros François. Elle les fit connoître à Sully, par une lettre du 29 juillet 1599.

Tous les bons François applaudirent à la générosité de cette princesse, parce que tous, enchantés de la douceur du gouvernement de Henri, craignoient de le voir mourir sans postérité. On ne manquoit pas à la vérité d'héritiers légitimes pour monter après lui sur le trône. Mais la France, encore ébranlée par les secousses que de longues factions lui avoient fait souffrir, sembloit ne pouvoir compter sur le calme dont elle commençoit à jouir, si celui à qui elle en étoit redevable, ne laissoit des fils héritiers de sa couronne & de sa sagesse. Le parlement en corps, par la bouche de M. de la Guesle, son procureur-général, & les principales compagnies du royaume, lui témoignèrent combien la nation desiroit la dissolution de son mariage avec Marguerite, & lui portèrent les vœux des François pour qu'il se choisît une épouse digne de lui & de son trône. Ils lui rappelèrent les exemples fréquens des mariages dissous par ses prédécesseurs, & sur-tout celui du *père du peuple*, qui pour épouser Anne de Bretagne avoit répudié Jeanne de France.

Les raisons du vainqueur de la ligue, valoient mieux que celles de tous ces princes. Marguerite & lui étoient parens au troisième degré, puisque Marguerite de Valois, mère de Jeanne d'Albret, & par conséquent ayeule du Roi, étoit sœur de François I^er^. Ou, le pape n'avoit point donné de dispense, ou, s'il l'avoit fait, comme plusieurs Historiens l'ont écrit, elle n'étoit jamais venue à la connoissance des parties intéressées. Henri avoit déclaré dans la protestation qu'il publia en 1576, en quittant la cour, que depuis la saint-Barthélemi, toutes ses démarches avoient été forcées, & produites par une crainte qui auroit subjugué le courage le plus intrépide. Marguerite, de son côté, s'étoit toujours excusée d'avoir consenti à ce mariage, sur la crainte de déplaire au Roi Charles IX, & sur le respect qu'elle avoit pour la Reine sa mère; d'ailleurs, elle n'avoit point été informée de la dispense prétendue accordée après la consommation; & depuis quinze ans entiers elle n'habitoit plus avec son époux. Ainsi on soutenoit que le pape n'avoit ni voulu, ni pu accorder la dispense. Les graces, en effet, qui sont contraires au droit commun, n'ont de valeur qu'après avoir été notifiées à l'ordinaire; or, ni le curé, ni l'évêque n'en avoient eu connoissance. Le mariage avoit donc été nul dès l'instant de la célébration; & rien, depuis ce moment, n'avoit pu le légitimer. Il s'y trouvoit même, suivant les règles qui avoient lieu avant le concile de Trente, un autre empêchement du côté de la parenté spirituelle, puisqu'en 1554, Henri II, père de Marguerite, avoit tenu sur les fonds de baptême, Henri de Navarre, qu'elle épousa depuis.

Convaincu de la force de ces raisons, Henri IV écrivit à la Reine une lettre très-civile & très-pressante, lui apprenant les instances & les vœux de ses peuples, pour le divorce; mais l'assurant qu'il n'avoit pas voulu s'en occuper sans connoître ses intentions, & finissoit par les lui demander. Marguerite, pour répondre à des préliminaires aussi honnêtes, passa sur le champ, pardevant notaires, un acte par lequel elle constituoit ses procureurs, Martin Langlois, maître des requêtes, & Edouard Molé, conseiller au parlement. Elle y disoit en substance, que les empêchemens dont on a parlé plus haut, ne lui ayant pas permis de contracter un mariage valide, ni de regarder le Roi comme son époux, elle s'étoit crue obligée de s'éloigner de lui depuis long-temps.... Que d'ailleurs, n'étant plus en âge de lui donner des successeurs, objet unique des desirs du monarque & du royaume, elle supplioit Henri de lui permettre de s'adresser au pape, & à tous autres juges ecclésiastiques, pour faire déclarer son mariage nul, & rendre à ce grand prince la liberté d'épouser une autre femme, telle que le bien du royaume la demandoit.

Cette pièce ayant été envoyée à Rome, MM. d'Ossat & Sillery firent de si vives instances auprès du saint siège, que le pape délégua par son bref du 24 septembre 1599, le cardinal de Joyeuse, l'évêque de Modène son nonce en France, & Horatio del Monte, archevêque d'Albe, pour connoître de cette affaire.

On suivit les formalités usitées en pareille occasion : le Roi fut interrogé dans son château du louvre par les commissaires : ceux-ci se diposoient à aller à Usson, pour remplir la même formalité envers la Reine ; mais au moment du départ, Mornay reçut de Marguerite une lettre datée du 21 octobre, par laquelle cette princesse, pour s'épargner, disoit-elle, la confusion de paroître devant *ces cardinaux*, & craignant *que ses larmes ne leur fit juger quelque force ou quelque contrainte, qui nuiroit à l'effet que le Roi desiroit*, demandoit que les commissaires déléguassent, pour procéder à son interrogatoire, l'archidiacre Bertier, son chancelier, & agent du clergé.

Le Roi voulut bien accorder ce ménagement à la délicatesse de son épouse, & lui envoya Bertier. Celui-ci, après l'avoir interrogée, lui demanda son consentement qu'elle ne fit aucune difficulté de donner. Le Roi voyant cette pièce, ne put retenir ses larmes, & dit à Bertier (1) : « Ha ! la malheureuse ! elle sait bien que » je l'ai toujours aimée & honorée, & » elle point moi, & que ses mauvais » déportemens nous ont fait séparer, il » y a long-temps l'un de l'autre » ! cependant il lui envoya le comte de Beaumont pour la remercier d'avoir contribué à sa satisfaction particulière, à l'accomplissement des vœux de ses sujets & à la félicité du royaume, l'assurer qu'il l'aimeroit & l'honoreroit toujours comme sa sœur, qu'il lui accorderoit toutes les faveurs qu'elle desireroit, & qu'elle pouvoit choisir le séjour qui lui agréeroit davantage.

Le Roi fit plus encore (1). Par ses lettres-patentes du 29 décembre 1599, il déclara que Marguerite conserveroit le titre de Reine & de duchesse de Valois, & lui confirma en même temps pour elle & ses successeurs, la puissance paisible des domaines d'Agénois, Condomois & Rouergue, des quatre jugeries de Verdun, Rieux, Rivière & Albigeois, & du duché de Valois qui lui avoient été donnés pour sa dot, sauf la souveraineté, le ressort, la juridiction & la faculté de rachat. A toutes ces grâces, il ajouta le payement des dettes immenses qu'elle avoit contractées.

La Reine Marguerite lui en témoigna sur le champ sa reconnoissance, par une lettre que l'on a conservée ; elle commence par ce mot : *monseigneur*, & finit par ceux-ci : *votre très-humble, très fidele, affectionnée & obéissante* SŒUR, *servante & sujette*.

Enfin, les parties intéressées étant d'accord, & les formalités scrupuleusement observées, le jugement de divorce fut prononcé, & le mariage déclaré nul. Il l'eût été plutôt encore, si la candeur & l'amour de Henri pour la vérité, eussent permis d'insérer dans le procès *qu'il n'avoit jamais consommé le mariage de Marguerite*. Cette princesse le désiroit ardemment ; mais le Roi lui fit représenter que jamais les commissaires & toute l'europe,

(1) De qui Dupleix dit l'avoir appris.

(1) Histoire du Languedoc, de don Vaissette, pag. 503.

attentive à cet évènement, ne croiroient qu'une princeſſe auſſi galante & un Roi auſſi paſſionné pour les femmes, euſſent été capables de tant de froideur dans l'âge bouillant de la jeuneſſe.

C'eſt ainſi que fut rompu un mariage qui avoit été formé ſous les plus noirs auſpices : on voit bien que cette diſſolution, motivée par des circonſtances abſolument particulières, n'eſt faite à aucun égard pour donner aux ſucceſſeurs du bon Henri, l'exemple du déſordre & de l'adultère.

IV. Les gains nuptiaux des Reines de France ont éprouvé beaucoup de variations.

Sous la première race, les Rois *dotoient* leurs épouſes au moment même de la célébration du mariage. C'étoit un reſte de l'ancienne coutume des Germains remarquée par Tacite : *dotem non uxor marito*, dit cet auteur, *ſed maritus uxori offert.*

Nous voyons dans Grégoire de Tours, livre 9, chapitre 20, que la reine Galeſuinde, femme de Chilpéric, Roi de Soiſſons, étant décédée ſans enfans, Brunehaut ſa ſœur & ſon unique héritière, prétendit toutes les villes qui lui avoient été données en dot par le Roi ſon mari : la conteſtation fut agitée du vivant de Chilpéric même ; Gontran & quelques ſeigneurs François furent pris pour juges, & ils décidèrent en faveur de Brunehaut.

Le même auteur, livre 9, chapitre 45, rapporte un diſcours de la Reine Fredegonde qui prouve qu'elle avoit été pareillement dotée par ſon mari, & qu'elle percevoit ſur les biens qui compoſoient ſa dot, des tailles ou tributs (1).

L'uſage de doter les Reines en les épouſant a été conſervé par les Rois de la ſeconde race. C'eſt ce qui réſulte de la conſtitution dotale que Charles le ſimple fit à la reine Frederic ſa femme. La voici telle qu'elle eſt rapportée par Baluze à la fin de ſes notes ſur les œuvres de Loup, abbé de Ferrières, n. 8 ; on ne fait ici que le traduire :

» Nous croyons fermement que nous » rehauſſons l'éclat de la royauté, & que » nous faiſons notre propre avantage, » lorſque nous nous conformons aux cou» tumes des anciens, que nous imitons » les mœurs de nos ancêtres, & que nous » accueillons favorablement les avis de » nos fidèles.

» C'eſt pourquoi nous faiſons ſavoir » à tous les fidèles de l'égliſe de Dieu & » aux nôtres préſens & à venir, que, trai» tant des affaires de notre royaume avec » nos conſeillers, ils nous ont conſeillé » de nous marier, diſant qu'il étoit ſa» lutaire & convenable que nous priſ» ſions une femme digne de nous, afin » qu'elle pût nous donner une poſtérité » utile à tout le royaume. Ainſi preſſés » par leurs conſeils & leurs avertiſſemens, » & du conſentement commun de nos » fidèles, avec l'aide de Dieu, nous nous » ſommes aſſociés & avons rendu parti» cipante de la royauté, par un mariage » impérial, fait ſuivant les lois & les » ſtatuts de nos anciens, une fille iſſue » de noble race, nommée Frédérune.

» A ces cauſes, ayant réſolu de la do» ter de biens qui lui ſoient propres, » *ſuivant l'uſage des Rois*, nous lui accor» dons, à titre de dot, deux terres do» maniales, *pour être poſſédées par elle à* » *perpétuité, avec le droit d'en diſpoſer à* » *ſa volonté* ; ſçavoir, Corbigny dans le » comté de Laon, & Ponthieu dans le » Perthois. *Nous lui tranſportons à per*» *pétuité notre droit, ſeigneurie & propriété* » *ſur l'un & ſur l'autre.*

» Pour cet effet, nous avons fait dé» livrer à notre dite épouſe Frédérune » le préſent édit, par lequel nous or-

(1) Voici les termes de ce diſcours :

*Omnia enim quæ cernitis de meâ proprietate oblata ſunt, quæ mihi glorioſiſſimus Rex multa largitus eſt, & ego nonnulla de proprio congregavi labore, & de domibus mihi conceſſis tam de fructibus quàm de tributis plurima reparavi.*

» donnons *qu'elle ait, tienne & possède à* » *perpétuité lesdits domaines de Corbigny* & de Ponthieu, tels qu'ils sont » présentement, dans toute leur intégrité, & avec toutes leurs appartenances & dépendances, *& qu'elle puisse* » *dorénavant en faire & disposer à sa volonté* ».

Nous lisons dans les capitulaires, (1) & dans l'histoire d'Aimoin, (2) que Charles le Chauve, après la mort d'Hermengarde sa première femme, se laissa surprendre par les charmes de Richilde, sœur de Boson, & la prit pour concubine; *sororem ipsius Bosonis Richildem nomine, mox sibi adduci fecit, & in concubinam accepit*; mais que peu de jours après il la dota & l'épousa; *in die festivitatis septuagesimæ prædictam coucubinam suam Richildem desponsotam atque dodatem in congugem sumpsit*, & qu'il eut soin de faire confirmer par son fils les dispositions qu'il avoit faites en sa faveur, de terres propres & bénéficiaires: *ut ea quæ per largitatis nostræ præcepta dilectœ conjugi nostrœ in proprium habere concessimus, filius noster antè nos confirmet, & ex omnibus quœ illi jure beneficiario concessimus sive concesserimus.*

On s'attend bien que les choses vont changer de face sous les successeurs de Hugues Capet, & que les raisons qui ont fait priver de la communauté les reines de la troisième race, vont également les réduire à l'impossibilité d'avoir d'autres gains nuptiaux que des douaires viagers, assignés; soit sur des terres domaniales, soit sur d'autres revenus de l'état. C'est en effet, ce qui est arrivé. L'ordonnance de Blois, ne laisse pas même une liberté indéfinie pour la constitution de ces assignats. Voici ce qu'elle porte, article 330 & 332.

« Le douaire des reines douairières » de France ne pourra à l'avenir être » constitué en terres, sinon jusques à la » valeur de 3333 écus sol de revenu annuel, portant titre de duché ou de » comté: & le surplus desdits douaires » & de leurs autres conventions matrimoniales sera assigné sur les aides, » tailles & équivalens, & autres deniers » extraordinaires, à les prendre par les » mains des receveurs d'iceux. Voulons » que pour l'avenir les douairières de » notre royaume ne jouissent de leur » douaire en terres & domaines; mais » que, demeurant la possession du domaine à nos successeurs, elles perçoivent ce qu'elles devront avoir de leurdit douaire par les mains des fermiers. » En quoi faisant, leur sera néanmoins » laissé un château ou maison pour leur » demeure, selon qu'il se trouvera plus » commode. Et pour la sûreté du payement des deniers qui seront à prendre » des mains d'iceux fermiers, ils s'obligeront par corps envers lesdites douairières, & bailleront bonnes & suffisantes cautions de les payer de terme » en terme ».

(1) Apud Carisiacum, ann. 877.

(2) Lib. 5, cap. 24.

### §. III. *Quels sont les honneurs & les prérogatives dont les reines jouissent pendant le mariage & après la dissolution?*

La reine jouit des mêmes honneurs que le Roi, & par cette raison personne en France ne peut lui disputer la préséance: elle a même le pas sur la mère du Roi, lorsque celle-ci n'a pas été reine (1).

Papon, livre 4, titre 6, article 17, rapporte un arrêt du parlement de Paris, rendu sous Charles VIII, par lequel cette cour règle l'ordre dans lequel tous les membres doivent marcher lors de la première entrée du Roi, de la reine ou d'autre prince ou princesse dans la capitale. Cet arrêt ajoute que « si c'étoit autre

(1) Dutillet, *loc. cit.*

» que le Roi, l'on se retirera de porter » chaperons & manteaux fourrés, sinon » que pour la reine tel honneur fut dé» libéré ».

Une particularité remarquable aux entrées de la reine dans les villes, est le droit qui en résulte pour sa majesté d'accorder, au nom du Roi, des lettres de rémission à tous les prisonniers qui s'y trouvent.

Ce droit est reconnu formellement par un arrêt du parlement de Paris du 21 avril 1483, conçu en ces termes : « sur » ce que le maître d'hôtel de madame » de Beaujeu a requis la cour qu'elle vou» lût permettre à ladite dame de déli» vrer les prisonniers de la conciergerie » du palais, pour son joyeux avènement » fait en cette ville de Paris ; vu par la » cour les réglemens anciens, par les» quels appert que nul prince ou prin» cesse de ce royaume né dehors, fors » que le Roi notre sire, la reine & mon» seigneur le dauphin, ne délivrent ja» mais aucun prisonnier de ladite con» ciergerie, qu'iceux princes ou prin» cesses n'ayent lettres expresses du Roi : » & tout considéré, la cour a délibéré » qu'icelle dame ne peut délivrer lesdits » prisonniers, sans avoir lettres expresses » du Roi notre seigneur ».

C'est parce que la reine jouit des mêmes honneurs que le Roi, quelle a, comme lui, l'avantage de plaider par procureur. Dutillet dit que tel étoit même l'usage des treizième & quatorzième siècles, ainsi qu'il est « justifié par les registres du par» lement des 10 juin 1387, 18 mai, » 4 & 6 juin 1401, 28 août 1415, & » plusieurs autres ». On a cependant voulu par la suite élever des doutes sur ce droit, mais il a été confirmé solemnellement par une déclaration de Henri II, du 30 novembre 1549 (1).

Cette déclaration n'a cependant pas été enregistrée purement & simplement. Le parlement de Paris y a mis la clause, que le procureur général de la reine seroit tenu dans toutes les causes où il plaideroit au nom de son auguste commettante, de décliner son nom propre, & de ne placer qu'après, son titre de procureur général de la reine.

Le droit de plaider par procureur n'est pas le seul privilège dont la reine jouit dans les tribunaux : elle a encore celui d'avoir ses jours par rôle au parlement, comme les ducs & pairs. Dutillet, de qui nous tenons ce fait, le prouve par les registres du parlement des 8 mai 1410 & 27 juin 1412.

---

(1) *Voici cette déclaration :*

Henri, par la grâce de dieu, Roi de France ; à nos amés & féaux conseillers tenant notre cour de parlement à Paris ; Salut & dilection. Comme nous avons été avertis que sous couleur de ce que communément nul n'est reçu en notredite cour de parlement à plaider par procureur que nous, l'on fait difficulté de recevoir notre très-chère & très-amée compaghe la reine, à laquelle nous avons par ci-devant baillé & délaissé le gouvernement, administration & entière disposition de tous ses pays, terres & seigneuries, à y plaider par le sien, la voulant faire plaider & procéder comme les autres privés, qui seroit chose mal-séante & indécente. Pour ce est-il que nous voulons que non-seulement en ce regard, mais aussi en tout ce que notre dignité royale est & peut-être communiquée à notredite compagne, elle jouisse & use de pareils & semblables privilèges que nous : de notre certaine science, propre mouvement, pleine puissance & autorité royale, avons dit, déclaré & ordonné, disons, déclarons & ordonnons, voulons & nous plaît, que notredite compagne soit reçue & la recevons à plaider en notredite cour par son dit procureur, comme nous par le nôtre. Et afin que personne n'en prétende cause d'ignorance, & que plus n'en soit fait difficulté, vous mandons, commandons & très-expressément enjoignons que ces présentes vous fassiez lire, publier, & enregistrer en notredite cour, icelles garder & entretenir, sans jamais rien faire, ni souffrir être fait, au contraire : car tel est notre plaisir. Donné à Paris le dernier novembre mil cinq cents quarante-neuf. Et de notre règne le troisième. Ainsi signé, par le Roi, M. le duc d'Aumale, de Montmorency, connétable de France, & autres présens.

Dans les temps où il étoit d'usage d'ajourner les pairs *par deux paires de lettres*, l'une à l'adresse de l'assigné, l'autre à celle du bailli du lieu, on ne pouvoit également ajourner la reine que dans cette forme. Dutillet rapporte deux arrêts des 12 mai 1340 & 5 juillet 1376, qui l'ont ainsi jugé.

En général, les reines ont tous les privilèges des pairs. Nos Rois, dit l'auteur que nous venons de citer, « n'ont voulu » que la majesté royale de leurs mères » ou femmes, sans comparaison plus » éminente que la dignité de pairie, fût » moins privilégiée ».

Dutillet ajoute que les reines sont exemptes de tous droits de chancellerie. Et il rapporte un arrêt du 22 juin 1381, qui les déclare exemptes des péages.

On dit communément que le Roi n'est pas soumis aux lois, & cela est exactement vrai par rapport à toutes les lois qui sont de pur droit civil. Mais en est-il de même de la reine ? Il y a dans les pandectes de Justinien un texte qui décide la question : il ne parle à la vérité que des impératrices, mais nous pouvons l'appliquer aux reines de France ; voici ses termes : « l'empereur est dispensé des lois, » l'impératrice leur est soumise. A cela » près, elle a les mêmes privilèges que » l'empereur »(1).

Il est cependant des cas où elles sont dispensées des lois civiles comme leurs époux. Par exemple, une constitution de Justinien excepte de la loi qui interdit tous avantages entre mari & femme, les donations que l'empereur & l'impératrice voudroient se faire l'un à l'autre. « Nous » ordonnons, dit ce législateur (2), que » les donations que l'empereur pourroit » faire à son épouse pendant le mariage, » & celles que l'impératrice pourroit faire » à son époux, soient dès l'instant même » valables, fermes & irrévocables, sans » qu'il soit nécessaire d'attendre la mort » du donateur, parce que les contrats de » l'empereur & de l'impératrice ont force » de loi, & n'ont pas besoin de secours » étrangers ».

Cette constitution est exactement suivie en France pour les choses dont le Roi à la libre disposition ; c'est-à-dire, pour tout ce qui n'est ni domanial ni réputé tel. C'est ce que nous assure Dutillet que nous ne nous lassons pas de citer : « combien, dit-il (1), que par droit & » coutume, les dons faits entre mari » & femme, constant leur mariage » soient nuls, ceux faits par les Rois » aux reines leurs femmes, valent ». Le même auteur (2) rapporte l'exemple de Philippe de Valois qui « par la donation qu'il fit à la reine sa femme le 21 » novembre 1330, de tous les joyaux, » bagues & meubles de son hôtel ou » usage qu'elle auroit lors de son décès, » s'il mouroit le premier, ôta pour la » validité toutes coutumes, lois & usages » contraires ».

Corbin, *suite du droit de patronage*, chapitre 58, nous offre un exemple remarquable de l'assujettissement des reines aux lois civiles. Jean de Mendon, chevalier, étoit demandeur en reconnoissance de cédule contre la reine Blanche ; la cédule étoit reconnue, & l'on demandoit la *garnison de main*. La reine s'y opposoit, disant qu'elle n'étoit pas *sujette aux droits ordinaires*. Par arrêt du 8 juillet 1375, le parlement de Paris condamna la reine à garnir la main par provision, sans préjudice au principal.

C'est par une suite du même principe que M. l'avocat-général Servin, dans son

(1) *Princeps legibus solutus est : Augusta autem, licet legibus soluta non est, principes tamen eadem illi privilegia tribuunt, quæ ipsi habent.* L. 31, D. *de legibus.*

(2) L. pen. C. *de donationibus inter virum & uxorem.*

(1) Titre *de l'autorité & prérogative des Reines de France.*

(2) Titre *de la grandeur & excellence du Roi.*

plaidoyer du 15 mai 1601, dit que, suivant une opinion assez commune, « il est » besoin à une reine, même qui est issue » d'autre pays & d'autre maison que de » la France, d'obtenir lettres de naturalité ». Mais il n'y a pas d'exemple que cette opinion ait été suivie dans la pratique.

Si la reine a des domaines qui lui appartiennent en propre, elle a pour ces domaines & pour la révocation de ceux qui ont été aliénés, tous les privilèges que notre droit public à accordés au domaine de la couronne. C'est ce que portent les lettres patentes données le 24 février 1582, pour autoriser la reine-mère Catherine de Médicis, à racheter certains domaines qu'elle avoit aliénés en 1555. (1) Les lois romaines avoient aussi donné cette association de privilèges aux impératrices. *Quodumque privilegii fisco competit, hoc idem & Cæsaris ratio & Augustæ habere solet*, dit la loi 3, au cod. *de quadriennii præscriptione*.

On a mis en question, si la reine doit avoir les mêmes droits de préférence que le Roi pour le recouvrement des deniers qui lui sont dûs. Une déclaration du 18 janvier 1549, a décidé pour l'affirmative, & elle a été enregistrée le 3 février suivant (2).

Le même jour, on a enregistré, en vertu de lettres de surannation, une déclaration du 18 janvier 1547, qui attribue le privilège de contrainte par corps aux deniers dûs à la reine, comme à ceux qui sont dûs au Roi (3).

Il est aisé de voir par-tout ce que nous avons dit jusqu'à présent, que la reine veuve & l'épouse du Roi régnant ont les mêmes honneurs, les mêmes prérogatives, les mêmes privilèges.

Coquille observe cependant, que dans l'assemblée des états d'Orléans, le gros du tiers-état contesta le titre de *majesté* à la reine-mère : mais il ne paroît pas que cette opinion ait été adoptée. On continua de qualifier Cathérine de Médicis, de *majesté*.

Lorsqu'il existe en France deux reines, l'une mère & l'autre épouse du Roi régnant, qu'elle est celle des deux qui doit avoir la préséance sur l'autre.

Cette question a été agitée sous Louis XIII. Ecoutons l'auteur du *Cérémonial diplomatique des cours de l'Europe*, tom. I, pag. 435.

« Lorsque le Roi Louis XIII fut marié, la reine-mère & la jeune reine » régnante eurent quelque différend au » sujet du cérémonial & de la préséance. » La cour se trouva fort partagée. Une » partie crut que le pas appartenoit à » la reine-mère ; l'autre soutint que le » rang convenoit toujours & en toutes » occasions à la reine régnante. D'autres » furent d'opinion que la reine régnante » devoit céder le pas à la reine-mère » dans les cas ordinaires ; mais que dans » les cas extraordinaires où il s'agiroit » d'une cérémonie ou d'une solemnité, » la reine régnante devroit toujours précéder la reine-mère, puisqu'elle participoit à tous les honneurs du Roi » dont elle étoit femme.

» Cependant les sentimens des plus » judicieux furent pour la reine-mère, » & on allégua, en sa faveur, plusieurs » arrêts tant anciens que nouveaux.

» Il survint encore quelque différend » entre les deux reines au sujet des » lettres qu'elles s'écrivoient réciproquement. Le Roi signoit en écrivant à sa » mère, *votre très-humble & très-obéissant fils* ; & la reine-mère prétendoit » la même souscription de la reine régnante ; mais celle-ci ne voulut absolument signer que *votre très-affectionnée* » *fille*, puisque la reine-mère, en lui » écrivant, ne signoit pas autrement que, » *votre très-affectionnee mère*.

(1) Chopin, du domaine, liv. 3, tit. 5, n. 5.
(2) Premier volume des ordonn. de Henri II, coté P, fol. 377.
(3) *Ibid.* pag. 379.

» Quant au premier point de la dispute, » le Roi décida à la fin que la reine-mère » précéderoit toujours la reine régnante, » puisque la plupart des sentimens s'étoient » déclarés en sa faveur ».

Il paroît que cette décision fut exécutée ponctuellement.

Au contrat de mariage de Monsieur, frère du Roi, passé à Nantes le 5 octobre 1626, la reine-mère signa avant la reine régnante (1).

L'année suivante, le 13 novembre, la reine-mère prit place à un *Te deum*, chanté dans l'église de Notre-Dame de Paris, à la droite de la reine régnante (2).

La reine-mère est également nommée avant la reine régnante dans l'acte du serment fait par le Roi le 16 septembre 1629, d'entretenir la paix conclue à Suse, le 24 avril précédent, entre lui & le roi d'Angleterre (3).

Précédemment, on avoit vu, aux états de Blois, la reine-mère précéder également la reine régnante (4); & sans doute qu'un aussi grand exemple n'influa pas peu sur la décision de Louis XIII.

La veuve d'un Roi perd-elle le titre de reine lorsqu'elle s'allie en secondes noces avec un époux qui n'est pas souverain ? Si c'est par le fait que cette question doit être décidée, la négative ne peut être douteuse. Car Isabelle d'Angoulême, veuve du Roi Jean d'Angleterre, continua de porter ce titre après avoir épousé en secondes noces le comte de la Marche.

On a même remarqué plus haut que Marguerite de Valois, première femme de Henri IV, fut autorisée par des lettres-patentes de 1599, à porter toute sa vie le même titre, quoique son mariage eût été dissous par le divorce. Il y a dans les œuvres de M. Servin, (5) d'autres lettres-patentes, du 27 mai 1601, dans lesquelles le Roi l'appelle, *notre très-chère & très-aimée sœur la reine Marguerite*. Mais il est à croire qu'elle ne jouissoit pas des privilèges de reine. Du moins on trouve au même endroit plusieurs arrêts de 1606 dans le vu desquels elle paroît en nom; ce qui prouve qu'elle ne plaidoit point par procureur.

L'histoire nous a cependant conservé des faits qui prouvent qu'on lui rendoit des honneurs bien approchans de ceux qu'une reine véritable eût pu exiger.

En 1605, elle arrive à Paris, & descend au château de Madrid. Le Roi l'envoye complimenter par les ducs de Vendôme, de Montbazon & plusieurs de ses courtisans. La reine Marie de Médicis, lui députe plusieurs officiers de sa maison, & le Roi les suit bientôt lui-même (1).

Peu de jours après, elle fait son entrée au louvre, où le Roi la reçoit au milieu de la cour, & la reine au bas du grand escalier.

Retournée au château de Madrid, toutes les *cours* & les habitans de Paris vont la saluer, & lui marquent leur vive satisfaction de la voir habiter au milieu d'eux (2).

En 1608, le Roi assistoit avec la reine son épouse aux fêtes que donnoit Marguerite. L'année suivante, elle leur donna une collation, & retint leurs majestés jusqu'au lendemain au point du jour (3).

On ne doit sans doute pas compter au nombre des honneurs que reçut cette princesse, après la dissolution de son mariage, le rang distingué qu'elle eut en 1610, à la cérémonie du sacre de la reine Marie de Médicis. Si quelque chose en effet dût lui faire regretter le trône, ce fut d'être obligée d'assister au couronne-

(1) Cérémonial François, tom. 2, pag. 127.
(2) *Ibid.* pag. 993.
(3) *Ibid.* pag. 921.
(4) *Ibid.* pag. 323.
(5) Plaidoyers, liv. 2, §. 48, vers la fin.

(1) Sully, tom. 2, pag. 365, &c. Dupleix, pag. 535.
(2) Journal d'Henri IV, pag. 81.
(3) Mongez, histoire de la reine Marguerite, pag. 326.

ment de sa rivale. Le Roi l'avoit priée de s'y trouver, & il avoit mis dans la demande tant d'instances & de vivacité, qu'elle se crut dans la nécessité d'obéir. Toute la France vit donc la reine Marguerite précédée à cette cérémonie par madame, depuis reine d'Espagne, âgée de quatre à cinq ans. Elles étoient habillées l'une & l'autre d'un corset de toile d'argent, d'un *surcot* d'hermine, enrichi de pierreries, & d'un manteau royal de velours violet, fourré d'hermine, bordé de deux rangs de fleurs de lys d'or en broderie, & la couronne en tête. La queue de ce manteau superbe, qu'elle donna à l'église de Saint-Sulpice pour en former le dais qui en couvre le saint-sacrement, dans les grandes cérémonies, étoit portée par les comtes de Curson & de la Rochefoucault; elle fut appelée à son tour par le grand-maître (1).

Dutillet met au nombre des privilèges des reines de France, une bulle du pape Clément VI, par laquelle ce pontife a déclaré que les terres de leurs douaires ne pourroient être mises en interdit ecclésiastique, sans spécial mandement du saint siège.

La reine a sa maison, son chancelier, ses grands officiers, son conseil, comme le Roi. On va s'en occuper dans le chapitre suivant. (*M.*)

(1) Favin, histoire de Navarre, pag. 1262.

# CHAPITRE LXVIII.

## *De la maison de la reine.*

Il est naturel que la compagne, l'épouse & la mère de nos Rois soit servie avec dignité. C'est ce qui a fait, dans tous les temps, établir près des Reines un certain nombre d'officiers.

Ce sont ces officiers qui composent la maison que nous entreprenons ici de décrire.

Cette maison diffère de celle du Roi dans un point important.

La maison du Roi une fois établie sur un pied, s'y perpétue, même après la mort du souverain qui l'a formée, tant qu'une loi nouvelle ne vient pas en changer la constitution. La raison en est, que le Roi, considéré comme tel, ne meurt jamais (1).

La maison de la Reine, au contraire, comme celles de tous les princes & de toutes les princesses qui ont également le droit d'en avoir une, cesse d'exister par la mort de son chef.

Il est vrai, qu'assez ordinairement les principes & les usages de celle qui vient de s'anéantir, servent de guides pour en créer une nouvelle; & c'est pourquoi on trouvera dans le cours de ce chapitre, des réglemens & des décisions qui ont été portés pour les maisons des Reines, épouses de Louis XIII, de Louis XIV & de Louis XV.

Une maxime qu'on ne doit jamais perdre de vue, dans tout ce qui a rapport aux officiers de la maison de la Reine, c'est qu'ils ont les mêmes privilèges & les mêmes exemptions, que les commensaux de la maison du Roi. La déclaration du 29 mai 1774, veut qu'ils en jouissent sans trouble, « comme en ont toujours » bien & duement joui les officiers des

(1) Voyez le chapitre *du Roi*, section 3, tome 1, page 103. Ce que nous avons dit à la page 95 du même tome, paroît contredire ce que nous avançons ici; mais il faut rapprocher de ce passage, le §. 10 de la section 17 du chapitre cité.

» Reines de France...., sans qu'il soit besoin de faire plus ample déclaration desdits privilèges & exemptions à eux attribués par les édits & déclarations enregistrés dans les cours ».

Il est même d'usage de leur conserver ces privilèges & ces exemptions après la mort de la Reine. C'est ce qu'a fait Louis XV par sa déclaration du 8 septembre 1768, rendue en faveur des officiers dont avoit été composée la maison de son auguste épouse.

A l'égard des différens genres, des noms, des fonctions & des autres particularités des offices de la maison de la Reine, il faut, pour les faire connoître, entrer dans certains détails.

Nous partagerons ces détails en neuf sections.

Ainsi nous parlerons :

1°. De la chapelle.

2°. Des grands offices qui sont possédés par des femmes.

3°. Du chevalier d'honneur, des maîtres d'hôtel, des gentilshommes servans, des contrôleurs, des écuyers de main, des maréchaux des logis, des fourriers & des huissiers de salle.

4°. De la chambre.

5°. Des officiers de santé.

6°. Des sept offices.

7°. De l'écurie.

8°. Du conseil.

9°. Des bâtimens.

La plupart des grands officiers qui sont à la tête de ces différentes classes, nomment aux charges qui les composent.

C'est la suite d'un usage fort ancien, que le Roi a abrogé pour les offices de sa maison, par un édit du mois de janvier 1780, rapporté ci-devant, tome 1, page 390.

Cet édit avoit étendu ses dispositions jusqu'aux offices de la maison de la Reine; & en conséquence ces offices étant réunis aux parties casuelles du Roi, comme faisant partie du domaine de la couronne; les grands officiers de la Reine ne pouvoient plus les vendre, & on ne pouvoit plus les acquérir d'eux, mais seulement du trésorier-général des parties casuelles.

Mais sa majesté ayant considéré que son contrat de mariage défère à la Reine, en cas de survie, la propriété & libre disposition des charges & casuels de sa maison, il est intervenu un édit du mois d'octobre 1781, qui veut que tout ce qui intéresse ces charges & casuels, continue d'être exercé par ses premiers officiers.

## SECTION PREMIÈRE.

### *De la chapelle de la Reine.*

On voit par l'état annexé à la déclaration du 29 mai 1779, quels sont les officiers qui composent la chapelle ou maison ecclésiastique de la Reine.

Il seroit inutile de décrire ici les fonctions & les droits de ceux qui n'ont dans la maison de la Reine, ni plus de droits ni plus de fonctions, que n'en ont dans celle du Roi les officiers qui leur correspondent. Nous nous bornerons donc à indiquer ces officiers, en nous arrêtant seulement à ceux dont les charges nous offriront quelques particularités.

#### §. I. *Du grand aumônier de la reine.*

Il paroît que Henri IV est le premier de nos Rois qui ait donné un grand aumônier à la Reine son épouse. Lorsqu'il forma la maison de Marie de Médicis, il conféra à M. de Bouzy, évêque de Béziers, & depuis cardinal, l'office de grand aumônier de cette princesse. Le grand aumônier de France, qui étoit alors M. René de Beaune, archevêque de Sens, se récria fort contre ce nouvel établissement. Il soutenoit, dit Dupeyrat (1), que tout

(1) Page 109, édit. de 1644.

le clergé de la cour étoit confié à ses soins & que lui seul en avoit le gouvernement (1). Mais on lui prouva, continue le même auteur, que les chapelles des Reines étoient indépendantes de celle du Roi.

Effectivement, on voit par le contrat de mariage de Henriette-Marie, fille de Louis XII, avec Henri VIII, Roi d'Angleterre, (contrat passé en 1514, c'est-à-dire, dans un temps où celui-ci n'avoit pas encore abjuré la religion catholique, & modelé sans doute sur les usages de la cour de France), que cette princesse devoit avoir une chapelle, avec « vingt-» huit prêtres, les aumôniers compris, » & un évêque en qualité de premier au-» mônier, qui auroit juridiction sur tous » les autres ecclésiastiques, sans que les » officiers du Roi pussent prétendre au-» cune juridiction sur eux, si ce n'est » pour crime de lèze-majesté ».

La déclaration du 29 mai 1774, attribue au grand aumônier de la Reine 300 livres de gages. Il jouit en outre, d'une pension de 3600 livres; & avant 1759, il recevoit chaque année, ainsi que plusieurs autres officiers de la maison de la Reine, une bourse de jetons d'argent; mais cette dernière attribution ne subsiste plus.

Il a près de lui un secrétaire qui n'est point en charge, & qui n'est pas même pourvu par brevet, mais dont les fonctions n'en sont pas moins intéressantes. C'est lui qui assiste aux sermens prêtés entre les mains du grand, ou à son défaut, du premier aumônier, par les officiers de la chapelle dont les provisions lui sont adressées; qui signe & expédie ces sermens; qui surveille & sollicite les fonds pour les dépenses de la chapelle, & qui distribue les aumônes de la Reine, pour lesquelles il n'y a point de fonds déterminés.

(1) *Putabat omnem clerum palatii sub curâ & dispositione suâ regere.*

Ce secrétaire n'a ni gages, ni appointemens, ni pensions, ni émolumens fixes; mais les honoraires des sermens lui appartiennent.

Le grand aumônier de la Reine est actuellement M. l'évêque duc de Laon, pair de France.

## §. II. *Du premier aumônier, de l'aumônier ordinaire, & des aumôniers de quartier.*

I. Le premier aumônier (qui est aujourd'hui M. l'évêque de Meaux), prête serment, comme le grand aumônier, entre les mains de la Reine elle-même.

Il n'a cependant de fonctions qu'en l'absence du grand aumônier, & alors il le remplace en tout, excepté pourtant que les ordres concernant les dépenses de la chapelle, se donnent dans ce cas par le grand aumônier à son secrétaire, qui gère cette partie pendant son absence.

La déclaration du 29 mai 1774, attribue au premier aumônier 200 livres de gages; & l'on y ajoute 1200 livres à titre de nourriture.

Ses provisions diffèrent de celles du grand aumônier, en ce qu'il n'y est point parlé de *pension*; & en effet il n'en a pas.

II. L'aumônier ordinaire de la Reine, doit avoir, suivant la déclaration du 29 mai 1774, 180 livres de gages. On lui paye en sus 800 livres pour nourriture.

III. Les aumôniers de quartier sont au nombre de quatre. La déclaration du 29 mai 1774, leur assigne à chacun 150 liv. de gages. Ils ont d'ailleurs bouche à la table du bureau. Sous la Reine Marie-Thérèse d'Autriche, ils l'avoient à celle du serdeau.

L'aumônier ordinaire & les aumôniers de quartier prêtent serment (comme tous les autres officiers de la chapelle, dont il nous reste à parler), entre les mains du grand, ou en son absence, du premier aumônier

Ils les remplacent l'un & l'autre à l'église. Ils doivent y porter le livre pour le remettre au grand ou premier aumônier, & en leur absence, à sa majesté même.

Lorsque la Reine rend le pain béni aux paroisses, ce sont eux qui le présentent; & alors ils sont en habit de cérémonie, c'est-à-dire, en rochet, avec le manteau long par-dessus.

### §. III. *Du confesseur, des prédicateurs, des chapelains, des clercs & des sommiers de chapelle.*

I. Le confesseur de la Reine est porté dans l'état annexé à la déclaration du 29 mai 1774, pour 1200 livres de gages. Il a, en outre, 2654 livres pour sa nourriture.

Chez la Reine Marie-Thérèse d'Autriche & chez madame la duchesse de Bourgogne, il étoit voituré dans le carrosse des écuyers. Chez la feue Reine, il avoit un carrosse, un cocher, un laquais, entretenus & habillés par les écuries.

II. La déclaration du 29 mai 1774, donne à la Reine deux prédicateurs, à chacun desquels elle assigne 60 livres de gages.

III. Elle établit aussi un chapelain ordinaire & quatre chapelains de quartier. Elle leur donne à tous, chacun 120 livres de gages. Le premier reçoit encore 365 livres pour sa nourriture & 300 livres pour son logement. Les seconds sont logés en nature; mais on leur paye trente sous par jour à titre de *dépense*. Ils sont, au reste, comme le chapelain ordinaire, voiturés dans les voyages.

IV. Aux termes de la déclaration du 29 mai 1774, la maison ecclésiastique de la Reine comprend aussi un clerc de chapelle ordinaire à 120 livres de gages, & quatre autres servans par quartiers, à 100 livres chacun.

Le premier a encore 365 livres de nourriture, & 300 livres pour son logement.

Les seconds reçoivent aussi chacun 30 livres pour blanchissage du linge de la chapelle, cinquante bouteilles de vin de table pour le vin des messes, douze livres de bougie blanche pour l'autel, autant pour un flambeau à quatre mèches qu'on allume au moment de l'élévation; ils ont d'ailleurs leur logement en nature, & sont nourris à la table du serdeau.

V. Enfin, la déclaration de 1774, porte dans l'état de la maison de la Reine, deux sommiers de la chapelle, servans par semestre, chacun à 200 livres de gages. On leur donne, outre cela, 228 livres pour nourriture, & 90 pour logement.

## SECTION II.

### *Des grands offices de la maison de la Reine qui sont possédés par des femmes.*

Ces offices sont, 1°. celui de chef du conseil & surintendante de la maison.

2°. Celui de dame d'honneur.

3°. Celui de dame d'atours.

4°. Ceux de dames du palais.

### §. I. *De la dame chef du conseil & surintendante de la maison de la Reine.*

Cette dame réunit, comme l'on voit, deux titres qui supposent deux sortes de fonctions différentes; nous parlerons ci-après, section XI, de celles qui sont attachées à la qualité de chef du conseil; ici, il s'agit uniquement de la surintendante de la maison.

Cette charge existoit chez Marie-Thérèse d'Autriche: elle fut possédée d'abord par mademoiselle Olimpe Mancini de Savoie, comtesse de Soissons; & sur la démission qu'en donna cette princesse, le 10 avril 1679, elle passa à madame de Montespan.

Au mariage de Louis XV, la charge fut rétablie & conférée à mademoiselle de

Clermont, princesse du sang, qui la possèda jusqu'à sa mort. On ne jugea pas à propos de la remplacer ; mais l'office ne fut point supprimé pour cela ; il continua d'être porté sur les états de la maison de la Reine, tout le temps qu'elle vécût ; on y spécifioit même encore toutes ses attributions, mais le nom de la titulaire restoit en blanc.

A l'avènement de leurs majestés régnantes, au trône, on parut ne plus vouloir rétablir cette charge. De là, le silence que garde à cet égard la déclaration du 29 mai 1774.

Mais on l'a recréée depuis en faveur de madame la princesse de Lamballe, qui l'exerce actuellement.

Cette charge se confère par des provisions scéllées en chancellerie, qui lui donnent l'autorité & le commandement sur tous les officiers de la chambre, avec le pouvoir de les recevoir à serment, de les reprendre & admonester de leurs fautes, &, en cas de besoin, de les faire entendre devant la Reine, pour y pourvoir par sa majesté ainsi qu'il lui plaira.

Les charges de la chambre sont à la nomination de la Reine ; mais la surintendante lui présente les sujets qui doivent les remplir, lorsqu'elles sont vacantes par mort ou démission.

C'est elle qui, le troisième jour du premier mois de chaque quartier, met sous les yeux de la Reine l'état de ceux qui entrent en service.

C'est sur ses certificats que le trésorier paye à la fin de chaque quartier, les gages & les émolumens dûs aux officiers qui ont fait le service pendant les trois mois expirés.

Quand la Reine est accouchée nouvellement, elle couche les trois premières nuits dans la chambre de sa majesté ; & pendant tout le temps que durent les couches, c'est elle qui fait & reçoit, dans le cabinet des nobles, les honneurs de la chambre.

Il s'éleva, en 1661, des contestations entre la surintendante & la dame d'honneur : Louis XIV les termina, le 14 de cette année là même, par un réglement dont voici quelques articles :

« Pendant que la surintendante sera » en charge, elle recevra tous les sermens de la chambre, & y aura le » commandement quand elle s'y trouvera.

» Elle recevra tous les honneurs, » comme de donner la chemise & la » serviette, & de tenir la pelotte.

» Elle arrêtera & signera les rôles de » l'argenterie, & des dépenses de la » chambre, de même que la dame d'honneur.

» Elle donnera la serviette quand la » Reine ne mangera pas, mais aux repas » ce sera la dame d'honneur (1).

» Elle choisira le logement lorsqu'il y » en aura deux ; & lorsqu'il n'y en aura » qu'un, ce sera pour la dame d'honneur : de même lorsqu'il ne pourra aller » qu'une personne dans le carrosse de la » Reine, ce sera la dame d'honneur.

» Lorsque la surintendante, ou, en » son absence, la dame d'honneur aura » interdit un officier, pour avoir manqué » à son service, nul autre que la Reine » ne pourra le relever, pas même celle » qui aura fait l'interdiction (2) ».

Les instructions données par Louis XV à mademoiselle de Clermont, lorsqu'il la nomma surintendante de la maison de la feue Reine, sont conformes à ce réglement ; ou du moins, si elles en diffèrent, ce n'est que par rapport à l'honorifique des repas de la Reine dans sa

---

(1) Cette disposition fut changée sous la feue Reine, en considération de mademoiselle de Clermont, qui étoit princesse du sang. Mais dans les règles du cérémonial ordinaire, la surintendante ne peut pas ôter le service à la dame d'honneur.

(2) Ce réglement est signé LOUIS, & plus bas DE GUÉNEGAUD. On trouvera dans le paragraphe suivant les autres articles qu'il contient.

chambre, & ces différences ne sont fondées que sur ce que la surintendante étoit princesse du sang (1).

Les provisions de la surintendante portent mandement « aux chevaliers » d'honneur, premier maître & maîtres » ordinaires & servans de notre hôtel, » (c'est la Reine elle-même qui parle); » contrôleurs-généraux & autres officiers » qu'il appartiendra, qu'après qu'il leur » sera apparu du serment que ladite dame » aura prêté en nos mains en la manière » accoutumée, pour raison de ladite » charge, que les présentes ils fassent en- » registrer ès registres de notre hôtel, & » papiers de notre chambre aux deniers, » & la laissent mettre de par nous en » possession & jouissance de ladite charge, » ensemble des honneurs, autorités.... & » qu'ils aient à la reconnoître & faire re- » connoître & obéir de tous ceux & ainsi » qu'il appartiendra ès choses concernant » ladite charge; mandons aussi au tréso- » rier-général de notre maison que les- » dits gages & droits à ladite charge ap- » partenans il ait à payer &c ».

Ces droits consistent en 6000 livres de gages, 6000 livres de pension, & 3000 livres d'*entretènement*.

## §. II. *De la dame d'honneur de la Reine.*

Nous n'avons pu rien découvrir sur l'origine de cette charge. Tout ce que nous savons, c'est qu'anciennement la Reine avoit près de sa personne une dame d'*honneur* & des *filles d'honneur*.

Saint-Foix dit que les *filles d'honneur* ne marchoient jamais qu'à cheval; il remarque à ce sujet que sous le règne de Charles IX, mademoiselle de Rieux, qui possédoit une de ces charges, passant à cheval sur le quai de l'Ecole, & voyant venir Antoine Duprat, seigneur de Nantouillet, prévôt de Paris, à pied, suivi de ses gardes, un jour de cérémonie, partit comme un éclair, le renversa, & le fit fouler au pied de son cheval (1).

Depuis long-temps, les Reines de France n'ont plus qu'une dame d'honneur.

Cette charge, qui réunit les fonctions

---

(1) *Voici ces instructions :*

« Le commandement de tout ce qui sera à » faire dans les chambre, antichambre & cabinet » appartiendra à la surintendante.

» Ses fonctions sont d'entrer la première dans » la chambre de la Reine, lorsqu'elle est éveil- » lée, & sans tirer le rideau ni lui donner la » robe-de-chambre, avoir l'œil à ce que tout » le service s'y fasse exactement & avec la dignité » requise; donner à cet effet tous les ordres con- » venables aux officiers de la chambre & aux » huissiers, pour les entrées de ceux qui sont » admis à faire leur cour à sa majesté.

» Elle donnera la chemise, les gants, l'éven- » tail, le mouchoir, les bijoux, la serviette, » s'il ne survient quelque princesse qui, par son » rang, ait ce droit à son exclusion, auquel cas » elle ne présentera ce service qu'à celles à qui » elle le rendroit elle-même, & il sera présenté » aux autres par la première femme de chambre.

» Lorsque la Reine mangera dans sa chambre » à son petit couvert, ou dans son lit, la surin- » tendante la servira, ce qui consiste à découvrir » les plats, donner des assiettes & présenter la » soucoupe.

» Elle observera que les dames du palais n'ont » point les entrées chez la Reine, si elle ne les » accorde spécialement à quelques-unes par dis- » tinction; mais que les filles & belles-filles des » dames d'honneur & d'atours les ont, & leurs » maris, fils & gendres, celles que les hommes » peuvent avoir.

» Lorsque la Reine donnera des audiences, la » surintendante ordonnera aux officiers de la » chambre tout ce qui sera à y préparer, en » observant que les siéges pour le cercle soient » en droite ligne des deux côtés, & un peu » éloignés du fauteuil de la Reine, afin qu'outre » les places nécessaires au service, il en reste » pour les personnes de qualité qui n'ont pas » droit de s'asseoir.

» Si la surintendante par quelque incommodité » ne pouvoit se trouver chez la Reine, elle » voudra bien, pour la dignité du service, en » faire avertir la dame d'honneur, à laquelle » toutes ses fonctions sont dévolues en son » absence. »

(1) Essais sur Paris, tom. 1, pag. 63, quatrième édition.

& les prérogatives de celle de surintendante, tant pendant l'absence de la titulaire, que pendant la vacance, est aujourd'hui possédée par madame la princesse de Chimay.

Elle est portée dans l'état annexé à la déclaration du 29 mai 1774, pour 1200 livres de gages. Elle reçoit de plus, 7200 livres pour son plat, à raison de 600 livres par mois, 930 livres pour l'habillement, 148 livres pour jetons & tapis, 1080 livres pour charrois, une pension de 6000 livres, & deux livres de bougie blanche par mois.

Le réglement du 14 mai 1661, que nous avons cité dans le paragraphe précédent, distingue les devoirs, les fonctions, & les droits de la dame d'honneur d'avec ceux de la surintendante de la maison. On en a déjà vu plusieurs articles; voici quels sont ceux qui nous restent à rapporter.

« En l'absence du chevalier d'honneur, » la dame d'honneur commandera aux » gardes de la porte & aux maréchaux » des logis.

» La dame d'honneur aura soin des » filles de la Reine.

» Lorsque la dame d'honneur aura » commencé le service, elle ne sera pas » tenue de l'offrir à la surintendante.

» La dame d'honneur fera faire les » meubles, qui lui appartiendront lorsque » la Reine cessera de s'en servir.

» La dame d'honneur jouira de toutes » les fonctions qui ne sont pas expressément » réservées à la surintendante par » le présent réglement ».

Le réglement fait par Louis XV le 27 avril 1725, pour la maison de la feue Reine, porte que « lorsqu'il n'y aura qu'un » logement à portée de sa majesté, ce » sera pour la dame d'honneur de préférence ».

Il ajoute que « la dame d'honneur a » seule le droit de coucher dans la chambre » de la Reine, & de tirer le rideau » du lit, lorsqu'il est jour ».

Au surplus, rien n'est plus propre à déterminer les fonctions & les droits de la dame d'honneur, que la teneur des provisions (1) qui lui sont accordées par

---

(1) *Voici le dispositif de ces provisions:*

A ces causes, nous lui avons donné & octroyé ladite charge de notre dame d'honneur, vacante, comme dit est, pour par elle l'exercer, en jouir & user aux honneurs, autorités, prérogatives, prééminences, franchises, libertés, gages, livrées, hôtelage, pensions, profits, revenus & émolumens y appartenans, avec pouvoir, en l'absence de la surintendante de notre maison, de commander sur le fait de notre chambre, recevoir le serment des officiers qui la composent, leur ordonner & commander tout ce qu'elle verra nécessaire pour notre service, les admonester selon que leurs fautes le requerront, & nous en donner connoissance pour y pourvoir, si besoin est, ainsi que nous l'ordonnerons. Mandons à cet effet auxdits officiers de lui obéir, comme aussi *nous lui donnons pouvoir de disposer & d'ordonner du fait & dépenses de l'argenterie de notre chambre* & autres dépenses pour notre service, de faire prendre toutes sortes de marchandises pour ce nécessaires, & d'en faire & arrêter les prix avec les marchands, comme elle verra bon être juste & raisonnable, signer & expédier les rôles & autres acquits concernant lesdites dépenses & autres touchant le fait de notredite chambre, en quelque manière que ce soit, généralement commander en icelle ce qu'elle connoîtra être bon & requis pour notre service, dont nous lui donnons plein & entier pouvoir & autorité spéciale, conformément néanmoins aux réglemens sur les fonctions de notre surintendante & de notre dame d'honneur.

*Le reste du mandement est pareil à celui de la surintendante, à l'exception de ce qui suit:*

Mandons au trésorier général de notre maison, que les gages, livrées, droits, pensions & émolumens il ait à payer à l'avenir aux termes accoutumés par chacun an, comme aussi que les deniers par elle ordonnés il paie & distribue selon les ordonnances & en vertu des rôles & cahiers qui en seront faits & par elle signés, arrêtés & vérifiés par le contrôleur général de notre maison, lesquels rôles, cahiers, ordonnances & acquits nous avons dès à présent tenus & tenons pour agréables; voulons qu'ils soient de tel effet & valeur que si nous les avions signés de notre main à la décharge dudit trésorier; voulons que tout ce qu'il aura payé & délivré à l'occasion

la reine, & qu'elle reçoit scellées du grand sceau.

Voyez d'ailleurs les deux paragraphes suivans.

### §. III. *De la dame d'atours de la reine.*

Nous n'avons pas des renseignemens bien précis sur l'époque où l'on a commencé d'employer la dénomination de dame d'atours : mais on ne peut pas douter que le service dont cette officière est chargé ne se fasse depuis très-longtemps.

La reine nomme la dame d'atours & en reçoit le serment de fidélité.

Les fonctions de cette officière sont détaillées dans le réglement du 27 avril 1725, déjà cité dans le paragraphe précédent, & dans les instructions données au mois de juillet de la même année à madame la comtesse de Mailly, qui venoit d'être nommée dame d'atours de la feue reine.

Suivant ce réglement & ces instructions, la dame d'atours doit donner des ordres relativement à tout ce qui concerne les habits & les ajustemens de la reine, & veiller à ce que les personnes chargées du service à cet égard, soient toujours prêtes à le rendre avec l'exactitude & la dignité convenables.

La dame d'atours peut, si elle le juge à propos, faire tout ce qu'il faut pour l'habillement & la coëffure de la reine : mais elle doit au moins présenter le corps, donner la jupe & mettre la collerette. Quand elle laisse faire le reste au tailleur & aux femmes de chambre, leurs fonctions doivent avoir lieu en sa présence.

Lorsque la reine veut être décoiffée, c'est à la dame d'atours à remplir cette fonction en tout ou en partie ; elle peut même peigner la reine ; mais elle laisse ordinairement ce soin à la première femme de chambre.

La dame d'atours ordonne aux femmes de chambre ce qu'il convient qu'elles fassent pour habiller la reine. Elle charge de la coiffure les plus adroites d'entre elles, & elle les fait agir alternativement, afin qu'il y en ait plusieurs qui puissent faire le service au gré de la reine.

La dame d'atours doit présenter à la reine les épingles, les poinçons, & les boucles d'oreilles, & elle doit aussi attacher le collier.

Si la dame d'honneur est absente, c'est à la dame d'atours à tirer le rideau du lit de la reine après son réveil.

Au lever, lorsque la première femme de chambre a chaussé la reine, & que sa majesté met elle-même ses jarretières, la dame d'atours les lui donne, ainsi que la jupe, après les avoir reçues de la première femme de chambre qui les lui a présentées.

La dame d'atours donne la chemise à la reine quand la dame d'honneur est absente : mais s'il se trouve chez sa majesté une princesse du sang, ce service doit lui être présenté par la première femme de chambre, ou par la dame d'atours même, si la princesse est petite-fille de France.

Aux audiences que la reine donne, la dame d'atours se place à la gauche de sa majesté. Les instructions données par Louis XV à mademoiselle de Clermont, surintendante de la maison de la reine, confirment à cet égard la disposition du réglement du même prince du 27 avril 1725, & elles ajoutent que si la dame d'atours n'est point titrée, elle doit avoir un gros carreau devant elle.

Dans la chambre de la reine, à son petit couvert & dans son lit, la dame d'atours fait le service en l'absence de la dame d'honneur, comme le feroit celle-ci, en découvrant les plats, en donnant des

---

susdite, soit passé & alloué en la dépense de ses comptes par nos amés & féaux les gens des comptes du Roi notredit seigneur & époux à Paris, lesquels, &c. &c.

des aſſiettes à ſa majeſté & en lui préſentant la ſous-coupe.

Quoique la dame d'atours ait les honneurs du ſervice en l'abſence de la ſurintendante & de la dame d'honneur, elle n'a pas directement ſous ſes ordres les officiers de la chambre : ainſi elle ne reçoit le ferment d'aucun, & ne préſente point de ſujets à la reine pour être pourvus des charges qui viennent à vaquer.

Obſervez néanmoins que le garçon & les ouvriers ou ouvrières de garde-robe qui ont de ſimples brevets ſans prêter ſerment, ſont nommés par la dame d'atours. Elle diſpoſe d'ailleurs des fonds attachés à la garde-robe.

Ses gages ſont fixés par la déclaration du 29 mai 1774 à 600 livres. Mais elle a, en outre, 3600 livres pour ſon plat, à raiſon de 300 livres par mois, 540 livres de charois, 346 livres 13 ſous 4 deniers pour ſa haquenée, 4000 livres de penſion, & deux livres de bougie blanche par mois.

La dame d'atours de la reine eſt aujourd'hui madame la comteſſe d'Oſſun.

## §. IV. *Des dames du palais de la reine.*

On appelle *dames de palais*, des officières de la reine dont les fonctions conſiſtent à ſe rendre chez ſa majeſté aux heures qui leur ſont indiquées, & d'entrer lorſqu'on appelle la chambre pour l'accompagner à l'égliſe, chez le Roi, aux promenades, aux ſpectacles, aux jeux & aux repas.

Les dames qui rempliſſoient les mêmes fonctions auprès de la reine Marie-Thérèſe d'Autriche, de la feue reine, & de madame la dauphine, portoient, comme aujourd'hui, le nom de dames du palais de ces princeſſes.

Il y en avoit vingt-quatre chez la reine Marie-Thérèſe d'Autriche, & elles avoient ſous elles ſix *filles demoiſelles de la reine.*

Sous la feue reine, elles furent réduites à douze; c'eſt auſſi à ce nombre que les avoit fixées pour la reine actuelle la déclaration du 29 mai 1774. Mais on en compte aujourd'hui quatorze.

Ce ſont madame la comteſſe de Talleyrand, madame la comteſſe douairière de Grammont, madame la comteſſe de Tavannes, madame la comteſſe d'Adhémar, madame la ducheſſe de Duras, madame la ducheſſe douairière de Beauvilliers, madame la vicomteſſe de Choiſeul, madame la ducheſſe de Luxembourg, madame la ducheſſe de Luynes, madame la marquiſe de la Roche-Aimon, madame la princeſſe d'Hennin, madame la princeſſe de Berghes, madame la ducheſſe de Filtz-James, madame la vicomteſſe de Polaſtron, & madame la vicomteſſe de Caſtellane.

Il faut ajouter à cette liſte madame la comteſſe de Juigné, qui eſt ſurnuméraire, & madame la comteſſe de Tavannes, qui a conſervé les honneurs du ſervice.

En ſorte qu'à proprement parler, il exiſte actuellement ſeize dames du palais.

Ces dames n'ont point de proviſions, & ne prêtent point de ferment. Elles ſont nommées par de ſimples brevets, dans leſquels la reine expoſe que « conſidérant les bonnes & vertueuſes qualités de la dame...... ſon zèle &c. Sa majeſté l'a retenue & retient pour remplir la place de l'une de ſes dames du palais ».

Dans les maiſons des princeſſes filles de France, la formule eſt la même, à l'exception de la dernière clauſe qui porte : « l'a retenue & retient pour remplir la place de l'une de ſes dames pour l'accompagner ordinairement ».

La déclaration du 29 mai 1774 n'attribue point de gages aux dames du palais, mais elle annonce que ces *articles ſont payés par le Roi.* Dans le fait, elles ont chacune une penſion de 6000 livres qui eſt payée par le tréſorier-général de la maiſon de la reine, ſur les fonds qu'il reçoit, à cet effet, extraordinairement, du tréſor royal.

Les dames du palais font toutes le même ſervice, & n'ont point de préférence l'une ſur l'autre. Mais celles qui ſont titrées, jouiſſent du tabouret.

A l'égard des autres, elles ſe placent ſur des carreaux; & en cela elles ſont aſſimilées aux dames d'honneur & d'atours.

L'auteur du cérémonial diplomatique des cours de l'Europe, tom. I, pag. 8, dit que » au cercle de la reine mère de » Louis XIV & de la reine (Marie-» Thérèſe d'Autriche), les dames d'hon-» neurs & d'atours & les dames du palais » avoient des carreaux ſur leſquels elles » ſe mettoient. C'eſt ce que j'ai vu, » ajoute-t-il, & en dernier lieu au pre-» mier cercle que madame la ducheſſe » de Bourgogne tint après ſon ma-» riage ».

## Section III.

*Du chevalier d'honneur, du premier maître d'hôtel & des autres maîtres d'hôtel, des gentilshommes ſervans, des contrôleurs généraux & d'offices, des écuyers de main, des maréchaux des logis & des fourriers.*

Chacun de ces offices exige des détails particuliers.

### §. I. *Du chevalier d'honneur de la reine.*

L'office de chevalier d'honneur de la reine, aujourd'hui rempli par M. le comte de Tavannes, ne paroît pas avoir été, dans le principe, recherché par les ſeigneurs qualifiés. Le préſident Fauchez, qui a fait imprimer à Paris, en 1602, les recherches les plus curieuſes ſur l'origine des dignités, parle de toutes les grandes charges qui ont exiſté dans les maiſons des reines depuis la première race juſqu'à ſon temps, & il ne fait aucune mention du chevalier d'honneur.

On ne peut cependant pas douter que cet office ne fût déjà connu à cette époque.

Le réglement de Henri III du premier janvier 1585, qui eſt en manuſcrit à la bibliothèque du Roi, lui donne la ſurveillance & l'autorité ſur les trente gentilshommes d'honneur que le Roi avoit créés pour ſervir la reine (1).

On trouve auſſi dans l'état de la maiſon de la reine Marguerite, épouſe de Henri IV, envoyé à la cour des aides en 1593, un ſieur *Duvergier*, employé ſous le titre de chevalier d'honneur, mais ſans attribution de gages.

Dans les états des années ſuivantes, le chevalier d'honneur à tantôt 600,

---

(1) *Voici les diſpoſitions de ce réglement qui les concernent.*

« Les trente gentilshommes d'honneur que le » Roi a créés pour ſervir la reine, ſerviront » dix par quartier; ils ſe rendront tous les jours » à l'heure donnée par la princeſſe pour la ſuivre, » ſoit à la meſſe, ſoit ailleurs.

» Ils n'auront libres que les heures du dîner & » du ſouper; n'auront pas de droit les entrées de » la chambre, & *prendront l'ordre du chevalier* » *d'honneur*, & en ſon abſence de la reine.

» Seront tenus d'avoir chacun deux chevaux de » monture, pour accompagner la reine dehors, » *& les feront voir au chevalier d'honneur.*

» Mangeront à la table qui leur eſt ordonnée, » & qui porte leur nom.

» Marcheront devant la reine, ſans ſe tenir » trop près, & lorſque la reine marchera avec le » Roi, ils marcheront en avant de ceux qui ſont » plus qualifiés qu'eux-mêmes.

» Ne prendront congé, pour s'abſenter, que » de la bouche de la reine, ou ſigné de ſa main.

» Il y en aura toujours deux de garde chez la » reine, lorſqu'elle ne ſortira point.

» *Le chevalier d'honneur tiendra la première* » *place à la table, & feront ſous ſa charge.*

» Ils auront pour état, gages & entretènement 1200 livres payées ſur le certificat de » ſervice que leur donnera le *chevalier d'hon-* » *neur* ».

tantôt 1200 livres de gages. C'est ce dernier taux qu'a adopté la déclaration du 29 mai 1774.

A ces gages, il faut joindre deux livres de bougie par mois, d'autres émolumens beaucoup plus considérables dont il sera parlé ci-après, & l'avantage d'être dans les voyages, placé dans le carosse désigné sous le nom de *carosse des écuyers.*

Les dictionnaires latins appellent le chevalier d'honneur *ductor honorarius*, parce qu'il a le droit de donner la main à la reine, conjointement avec le premier écuyer.

Il a encore celui d'être présent aux audiences de cérémonies que donne la reine; & il se tient alors derrière le fauteuil de sa majesté (1).

Quelles sont ses autres fonctions ? c'est un point sur lequel on n'est pas généralement d'accord. Mais on ne peut du moins pas disputer sur celles que lui attribuent ses provisions.

C'est donc ses provisions qu'il faut consulter avant tout. Prenons en main celles qui ont été données au marquis des Gordes le 21 avril 1666. Elles portent, après la formule ordinaire : « pour par ledit » sieur marquis des Gordes, l'avoir & » exercer, en jouir & user, aux hon» neurs, autorités, fonctions, préroga» tives, prééminences, franchises, li» bertés, exemptions, gages, pension, » plat (2), & appointemens, tels & sem» blables qu'en a joui ou dû jouir le sieur » comte de Béthune, lui donnant pou» voir, autorité & commandement sur » nos officiers dépendans de ladite char» ge, les recevoir à serment, suivant l'a» dresse qui lui en sera faite par nous (3), » leur ordonner suivant que leurs fautes » le requéreront, & si besoin est, nous » les faire entendre, pour y pourvoir » ainsi que nous verrons être à faire par » raison; procéder & assister aux baux & » marchés des fournitures & charois, & » autres dépenses de notre maison, dé» pendantes du fait de sa charge, avec » nos autres officiers qui y doivent assis» ter, en la manière accoutumée, les » formalités en tel cas requises obser» vées, & généralement faire en l'exer» cice de ladite charge, ce qu'il connoî» tra utile & raisonnable pour notre ser» vice.... Mandons & ordonnons *à tous* » *nos officiers*, chacun en droit soi, qu'a» près que ledit sieur marquis des Gor» des aura prêté en nos mains le ser» ment en tel cas requis & accoutu» mé, &c ».

Les provisions qui ont été données depuis au marquis de Nangis, au maréchal de la Motte, au comte de Saules, &c, sont terminés différemment : « si don» nons (portent-elles) mandement au » premier maître, maîtres d'hôtel ordi» naires de notre hôtel, contrôleurs & » trésoriers généraux de notre maison, » & à tous autres nos officiers qu'il ap» partiendra, chacun en droit soi &c ».

Le 9 juin 1663, le comte de Béthune, chevalier d'honneur de la reine Marie-Thérèse, demanda par un mémoire présenté à sa majesté, qu'on lui attribuât le droit « d'assister à tous les conseils tenus » par la surintendante, d'avoir la supé» riorité sur le premier maître d'hôtel » & les officiers du bureau, de donner » l'ordre à l'officier des gardes, &c, & » ce conformément à ce qui se prati» quoit chez Catherine de Médicis ».

Le même seigneur prétendit, par un autre mémoire, qu'il devoit *être à la tête du bureau & présider aux renouvellemens des marchés.*

(1) Cérémonial diplomatique des cours de l'Europe, tome 1, page 39.

(2) Les provisions données à M. le Maréchal de la Mothe le 9 janvier 1743, substituent à ce mot ceux de *livrées & hôtelage.*

(3) Les officiers dont les provisions lui sont adressées, sont les maîtres d'hôtel ordinaires, les contrôleurs généraux, les écuyers de main, les contrôleurs clercs d'office, les maréchaux & fouriers des logis, les portiers ou gardes de la porte.

On ignore quelles suites ont eues ces demandes : mais il existe un réglement du 19 janvier 1728, qui semble supposer qu'elles ont été rejetées, du moins en partie, puisqu'il conserve la présidence du bureau au premier maître d'hôtel.

Le 4 février 1670, la reine Marie-Thérèse d'Autriche, étant à Saint-Germain-en-Laye, fit expédier au duc de la Vieuville, son chevalier d'honneur, un brevet portant que « voulant le traiter le plus » favorablement qu'il lui seroit possible, » & lui donner moyen de supporter les » dépenses qu'il lui convenoit de faire à » sa suite, suivant la dignité de sa charge, » sa majesté lui donnoit libéralement » & accordoit par forme d'entretènement, » à commencer du premier » janvier (lors) dernier, la somme de » 4800 livres d'augmentation, sans préjudice » de 1200 livres de gages & de » 6000 livres pour son plat, tellement » que ledit sieur jouiroit, en tout, de » la somme de 12000 livres par an, » suivant l'emploi qui en seroit fait dans » les états de la maison de sa majesté ».

Au dos de ce brevet, signé de la reine & contresigné d'un secrétaire de ses commandemens & finances, le duc de la Vieuville reconnut « qu'encore que par les » lettres de provisions qu'il avoit plû à sa » majesté lui accorder pour la charge de » son chevalier d'honneur, il fût dit qu'il » en jouiroit avec les mêmes droits & » prérogatives dont avoient joui les pourvus » de pareilles charges, il remettoit » & délaissoit de sa pure, franche & libre » volonté, entre les mains de la reine, » ce acceptant par le sieur de Brisacier, » secrétaire de ses commandemens, maison » & finances, l'entière disposition de » toutes les charges dont ceux qui l'avoient » précédé avoient coutume de disposer » par la permission de sa majesté, » en la qualité de son chevalier d'honneur, » sans qu'à l'avenir il y pût encore rien » prétendre, pour quelque cause que ce » fût ».

### § II. *Du premier maître d'hôtel de la reine.*

La déclaration du 29 mai 1774 porte dans l'état de la maison de la reine, un office de premier maître d'hôtel, qui est aujourd'hui possédé par M. le marquis de Talaru.

Les provisions qui en ont été données le 14 mai 1681, à M. le marquis de Villacerf, le lui confèrent « pour en » jouir aux honneurs, autorités, fonctions, » prérogatives, prééminences, » privilèges, franchises, libertés, gages, » pensions, hotelage, droits, état, appointement, » profits, revenus & émolumens » appartenant à ladite charge, » tel & semblable qu'en a joui ou du » jouir le sieur Colbert de Villacerf son » père, & ceux qui ont servi les autres » reines de France en ladite qualité, » avec pouvoir, autorité, & commandement » sur le fait de la chambre aux » deniers & de nos officiers, même » recevoir le serment desdits officiers, » lorsqu'ils entreront en l'exercice de leurs » charges, suivant l'adresse qui lui en » sera par nous faire, leur ordonner ce » qu'il jugera nécessaire pour notre service, » &, en cas de manquement, les » reprendre & corriger, selon que leurs » fautes le requéreront, &, si besoin » est, nous en avertir, pour y pourvoir » ainsi que nous verrons être à faire ; » arrêter & signer les écrous, rôles & » cahiers de notre maison & chambre » aux deniers ; procéder aux baux & » marchés des provisions, fournitures, » charois & autres dépenses de notre » maison, dépendantes du fait de ladite » charge, en présence des autres officiers » qui doivent y assister en la manière » accoutumée, les formalités en tel cas » requises, observées & gardées ; & généralement » faire, en l'exercice de ladite » charge, ce qu'il jugera pour notre » service ». Le mandement qui termine ces provisions est pareil à celui qu'on voit à la fin des provisions de la surintendante & de la dame d'honneur.

Les gages du premier maître d'hôtel sont bornés par la déclaration du 29 mai 1774, à 800 livres. Mais il a encore d'autres droits utiles.

Par un brevet du 22 mars 1668, la reine Marie-Thérèse d'Autriche reconnut avoir fait don à son premier maître d'hôtel, de la desserte de la table qui porte son nom, pour en user comme de sa propre chose.

Cette disposition a été confirmée par un réglement de la feue reine, du 12 novembre 1727, dont il sera parlé ci-après, § 3.

Le premier maître d'hôtel jouit, en outre, de 7740 livres de livrées, à raison de 445 livres par mois, de 3000 livres d'entretènement, d'une pension de 3000 livres, d'une autre pension de 3750 livres comme conseiller d'état, de deux livres de bougie blanche par mois, de huit bûches & huit fagots par jour d'hiver, & de huit fagots seulement par jour d'été.

Enfin, il a tous les jours une table de douze couverts; c'est la table d'honneur de la maison : c'est-là que doivent manger, suivant les articles 32 & 33 du réglement de la feue reine, du 19 janvier 1728, les personnes invitées de la part de sa majesté.

Le maître d'hôtel de cette table est employé dans l'état annexé à la déclaration du 29 mai 1774, pour 800 livres de gages.

Le premier maître d'hôtel a près de lui un secrétaire payé par la reine. Voici quelles sont ses attributions.

1095 livres pour sa nourriture.

400 livres pour son logement.

400 livres pour travailler à la dépense.

200 livres ou environ pour billets causés en bonnes fêtes.

Deux livres de cire jaune par mois, évaluées 60 livres.

48 livres par chaque serment prêté entre les mains du premier maître d'hôtel.

## § III. *Des autres maîtres d'hôtel de la reine.*

Outre le premier maître d'hôtel, la déclaration du 29 mai 1774, donne à la reine un maître d'hôtel ordinaire, & quatre maîtres d'hôtel servant par quartier. Elle attribue au premier 600 livres, & à chacun des autres 500 livres de gages.

Des contestations élevées entre le maître d'hôtel ordinaire & les maîtres d'hôtel de quartier, dans le principe de l'établissement de la maison de la feue reine, ont donné lieu au réglement de cette princesse, du 12 novembre 1727, dont il a déjà été parlé ci-devant, § 1 & 2.

L'article premier de ce réglement porte que « le service de la personne & » maison de sa majesté n'appartiendra au » maître d'hôtel ordinaire qu'en l'absence » du maître d'hôtel de quartier, en » quelque cas & lieu que ce puisse être » où le service appartient aux maîtres » d'hôtel ».

L'article 2, déclare que « le maître » d'hôtel ordinaire aura séance au bu» reau après le premier maître d'hôtel, » les jours qu'il sera assemblé pour faire » les marchés, arrêter les dernières jour» nées de chaque mois, & le cahier » extraordinaire qu'il signera aussi immé» diatement après le premier maître » d'hôtel.

» Mais (ajoute le même article) lors» que le bureau sera assemblé, soit pour » l'arrêté des dépenses journalières, tant » ordinaires qu'extraordinaires, soit pour » faire les menus & autres opérations

» & délibérations du bureau, excepté » celles ci-dessus marquées, le maître » d'hôtel de quartier aura séance au » bureau, & y présidera en l'absence du » premier maître d'hôtel ».

L'article 4 du même réglement enjoint au maître d'hôtel de quartier, en cas d'absence du premier maître-d'hôtel, de faire avertir le maître d'hôtel ordinaire, des jours & heures précises pour l'assemblée du bureau.

L'article 6 lui donne, dans tous les cas, le commandement & la première place à la table du bureau.

Par une autre disposition du même réglement, « sur la représentation par» ticulière que le maître d'hôtel ordi» naire à faite à sa majesté, qu'il étoit » du droit de sa charge de faire servir » la table du premier maître d'hôtel en » son absence & en cas de maladie, sa » majesté a ordonné que dans ces diffé» rentes occasions le maître d'hôtel or» dinaire feroit le service & tiendroit la » table dans le lieu qui y est destiné, » sans préjudicier néanmoins au droit que » peut avoir le premier maître d'hôtel » sur la desserte de ladite table, & sans » que le maître d'hôtel ordinaire puisse » en user ni disposer en aucune façon que » ce puisse être ».

Le réglement du 19 janvier 1728, article 16, oblige le maître d'hôtel de quartier de signer l'arrêté des dépenses, sous peine de nullité de celles dont l'arrêté seroit destitué de sa signature. Il lui ordonne, article 21, de se trouver aux recettes tant en gras qu'en maigre, comme objet important au bien du service & à la subsistance de la maison; enfin, il lui enjoint, article 31, d'aller à la bouche, veiller sur l'emploi & empêcher la distraction de ce qui est porté sur le menu.

Nous avons déjà vu quels sont les gages du maître d'hôtel ordinaire & des maîtres d'hôtel de quartier.

Les autres attributions du premier, sont 458 livres de livrées par mois, faisant chaque année 5496 livres, 700 livres de billets causés, 352 livres de bonnes fêtes, & un logement au grand commun.

A l'égard des maîtres d'hôtel de quartier, ils ont chacun 500 livres de livrées par mois, ce qui revient à 1500 livres pour tout le temps de leur service, 1000 livres de billets causés, 60 livres de bonnes fêtes, leur logement en nature, & bouche à la table du bureau.

## §. IV. *Des gentilshommes servans de la reine.*

Les gentilhommes servans de la reine ne sont pas en aussi grand nombre que ceux du Roi. La déclaration du 29 mai 1774, en a créé treize, savoir, un qu'elle nomme ordinaire, quatre qu'elle qualifie de *pannetiers*, quatre qu'elle désigne sous le nom d'*échansons*, & quatre sous celui de *tranchans*.

Ces officiers sont subordonnés au chevalier d'honneur. Chez la feue reine M. le maréchal de Nangis, après lui M. le maréchal de la Mothe; & chez la dauphine Marie-Thérese, infante d'Espagne, M. le maréchal de la Farre, qui remplissoient respectivement cette place auprès de ces princesses, obligeoient les gentilshommes servans de faire cortége devant elles, lorsqu'elles marchoient à pied ou en chaises à porteurs; & cela à l'exemple de ce que l'article 30 du réglement fait par Henri III, en 1586, prescrivoit aux gentilshommes servans du Roi par rapport à sa majesté (1).

(1) *Voici cet article*,

Les gentilshommes servans en quartier se rendront dès sept heures du matin ès-lieux où il leur est ordonné d'entrer pour accompagner sa majesté, jusqu'à ce qu'ils soient tenus d'aller au service; l'après-dîner, ils feront la même chose, jusqu'à ce qu'ils soient tenus d'aller au service pour le souper.

Aujourd'hui leurs fonctions se réduisent à servir aux grands couverts, & sont en tout semblables à celles des gentilshommes servans du Roi.

Celui d'entre eux qui a la qualité d'ordinaire, sert toute l'année; les autres servent trois par quartier; en sorte qu'il s'en trouve toujours quatre près de la reine.

Il arriva un jour chez la feue reine, que des quatre officiers trois manquèrent au service. L'ordre donné pour le grand couvert, celui qui restoit (c'étoit le sieur Philippe) fit proposer à la reine de se faire aider par les gentilshommes servans du Roi. Mais leurs majestés décidèrent sur le champ qu'il serviroit seul sans abandonner du tout la table; que pour cet effet, les officiers de la bouche & du gobelet y apporteroient chacun leur service, qu'alors le gentilhomme servant en feroit faire l'essai & le rangeroit ensuite; ce qui fut exécuté.

Ce n'est point la seule décision qui ait été portée sous la feue reine, par rapport aux gentilshommes servans.

Un réglement de cette princesse, du 28 avril 1732, ordonne, en renouvelant celui qui avoit été fait par Louis XIV, le 15 septembre 1676, pour la maison de la reine Marie-Thérese d'Autriche, que, « si le premier maître d'hôtel, le » maître d'hôtel de quartier ou ordinaire » ne se trouve pas pour le commencement du repas, ou pour la fin, le » gentilhomme servant le remplacera en » cet ordre.

» Il ira au buffet faire faire l'essai de » la serviette mouillée à l'officier du » gobelet : il la prendra ensuite pour » aller avertir sa majesté, revenir devant elle, & la lui présenter auprès » de la table pour laver.

» A la fin du repas, il ira au buffet » prendre le verre d'eau & la serviette » sèche, les apportera à côté de la table, » précédé de l'officier du gobelet, à qui » il en fera faire l'essai en présence de » sa majesté à qui il les présentera en- » suite ».

Par un autre réglement du 22 mai 1735, la feue reine, voulant terminer les contestations qui s'étoient élevées entre les gentilshommes servans & les officiers de son gobelet, au sujet de leur service aux communions de sa majesté, ordonna :

« 1°. Que les gentilshommes servans » feroient l'essai du vin, à la crédence, » avec les officiers du gobelet, les jours » de communion de sa majesté.

» 2°. Que l'essai fait, le gentilhomme » servant se saisiroit de la coupe & » viendroit se mettre à genoux au côté » gauche de sa majesté, en arrière, pour » présenter au célébrant la coupe lorsque sa majesté en auroit besoin.

» 3°. Que la coupe rendue au gentilhomme servant, le chef du gobelet qui » se trouveroit à genoux derrière, la lui » reprendroit des mains pour la reporter » à la crédence ».

Les gages du gentilhomme servant ordinaire sont fixés par la déclaration du 29 mai 1774, à 800 livres, & ceux des autres à 400 livres chacun.

Le premier reçoit encore 300 livres pour son logement. Les autres ont le leur en nature au grand commun.

Ils ont de plus cinq livres par jour en tables rompues, & leur nourriture au serdeau; leurs valets y sont même nourris après eux.

### §. V. *Des contrôleurs généraux de la maison de la reine.*

La déclaration du 29 mai 1774 a établi dans la maison de la reine, deux contrôleurs généraux servant par semestre. L'édit du mois de janvier 1780, enregistré à la chambre des comptes le 29 du même mois, les avoit supprimés; mais par un autre édit du mois d'octobre 1781, enregistré le 28 novembre suivant, le Roi a exposé que cette suppression,

« si elle subsistoit plus long-temps, se-
» roit contraire à son intention, puis-
» que ces charges de contrôleurs généraux
» sont une partie essentielle de la maison
» de ladite dame reine, fixée & arrêtée
» par son contrat de mariage, confor-
» mément à ce qui s'est toujours observé
» pour les maisons des dauphines & reines
» de France, & blesseroit autant la jus-
» tice du Roi que la dignité de ladite
» dame reine : que le bien de son service
» & celui de sa maison peuvent bien
» lui permettre de suspendre l'exercice
» de quelques charges qui appartiennent
» à ladite dame reine, mais non leur
» suppression ».

D'après ces motifs, le Roi a ordonné que sans avoir égard à l'édit du mois de janvier 1780, portant suppression de ces charges, elles ne seroient que suspendues & non supprimées, conformément à ses intentions, à la justice qu'il devoit à la reine, & à la dignité de sa personne & de sa maison; qu'en conséquence elles seroient rétablies sur le champ, au cas que la reine entrât en viduité ou que d'autres circonstances l'exigeassent; que les mêmes officiers qui les possédoient, s'ils existoient lorsque les fonctions de ces charges deviendroient nécessaires, pourroient les reprendre & les exercer de la même manière qu'avant leur suppression, & qu'ils en jouiroient aux mêmes honneurs, prérogatives, prééminences, privilèges, franchises, libertés, droits, fonctions, fruits, profits, revenus, émolumens & autres avantages attribués à ces charges, sans être tenus d'en prendre de nouvelles provisions, ni de prêter de nouveaux sermens, si toutefois telle étoit la volonté de la reine, qui y pourvoiroit à son gré.

Depuis cet édit, l'exercice des deux charges a été rétabli, mais il n'est resté qu'un seul titulaire qui, par ce moyen, les réunit aujourd'hui sur sa tête.

Ces offices ont été créés pour avoir la police intérieure de la maison de la reine, prendre les intérêts de la princesse, apprécier, faire valoir ou combattre, selon que la justice le prescrit, les demandes & les raisons des officiers, sur lesquelles le bureau doit prononcer.

Du reste, comme ils sont dans la maison de la reine, ce qu'étoient les contrôleurs généraux de la maison du Roi avant la suppression qui en a été faite sous le règne actuel, il faut, pour bien connoître leurs fonctions, avoir une idée précise & exacte des fonctions de ceux-ci.

Henri III les avoit déterminées par un réglement exprès; mais celui de Louis XIII les détaille & les explique d'une manière plus satisfaisante (1). Voici ce qu'il porte,

« Article XXXIII. C'est le contrôleur
» général qui doit être le bras droit du
» premier maître d'hôtel, qui première-
» ment doit dresser l'état général par es-
» timation au commencement de l'an-
» née, & qui doit, encore plus exacte-
» ment que le premier maître d'hôtel,
» tenir la main à l'exécution d'icelui,
» bien entendre & bien faire observer les
» menus dressés sur ledit état, même en
» ce qui dépend des cuisines bouche &
» commun, comme le plus difficile; vé-
» rifier sur iceux les papiers desdits of-
» fices, & veiller à ce qu'il n'y soit em-
» ployé autres espèces de gibiers que ceux
» qui ont été servis, attendu que les prix
» sont différens, & que cette observa-
» tion n'est point de petite importance.

» XXXIV. Il tient au bureau les pa-
» piers des offices & nomme la dépense
» qui y est employée. Les maîtres d'hôtel
» calculent avec des jetons, & sur l'ar-
» rêté de chaque papier, le contrôleur
» clerc d'office remplit son écroue en es-
» pèces & argent selon le prix, duquel
» écroue on fait une somme totale, & à
» l'instant il est signé des maîtres d'hôtel.

(1) Il est dans le recueil de Dupuy, à la bibliothèque du Roi, n°. 118, *folio* 132.

» Cet

» Cet écrou est pris par le contrôleur-» général ou son commis, pour le faire » registrer en son registre, & par après » le renvoyer au trésorier.

» XXXV. Il a aussi le registre de tous » les meubles & ustenciles dont tous les » officiers sont chargés, desquels, en fin » de chacun quartier, il décharge ceux » qui sortent, & charge ceux qui entrent.. » (à l'égard) de la vaisselle d'argent...., » nul autre que sa majesté ne peut dé-» charger les officiers qui en sont char-» gés, d'autant que les sieurs premier » maître d'hôtel & contrôleur-général en » sont comme responsables...

» XXXVI. Le contrôleur-général » garde les marchés faits aux pour-» voyeur, boulanger, marchand de vin » & autres...

» XXXVII. Tous les officiers & mar-» chands employés sur l'écroue pour la » fourniture qu'ils ont faite, vont, à la » fin de chaque quartier, lui demander » un extrait des parties employées sous » leur nom, signé de lui: ils le portent » au maître de la chambre aux deniers, » pour avoir le payement de la somme.

» XXXVIII. Le contrôleur-général » tient aussi registre des lettres dont sont » pourvus les officiers domestiques de la » maison, tant de la chambre, garde-» robe, maîtres d'hôtel, gentilshommes » servans, que des officiers des sept offi-» ces (1), lesquels officiers des sept offices » doivent prêter serment pardevant le » premier maître d'hôtel, dont l'acte de » serment est reçu par le contrôleur-gé-» néral qui l'écrit sur les lettres, & le signe » comme présent ».

Telles sont les dispositions du réglement de Louis XIII, qui sont relatives aux contrôleurs-généraux de la maison du Roi. Nous ne répéterons pas ici celles qui se trouvent dans l'ordonnance de Louis XIV du mois de janvier 1681, rapportée dans le §. IV du chapitre XI; mais nous devons ajouter qu'elle avoit été précédée d'une autre du 8 février 1670, par laquelle le même monarque attribuoit au contrôleur-général de sa maison le droit exclusif de *saisir & arrêter les gages des officiers chez le trésorier*, & faisoit défenses à celui-ci *de s'en dégarnir sans son consentement par écrit*.

Il a été aussi porté par Louis XV, deux réglemens sur les fonctions des contrôleurs-généraux. Le premier, qui est du 19 décembre 1726, ordonne, article 10, que « les extraits, certificats & toutes » sortes d'expéditions seront délivrés par » le contrôleur-général auquel les offi-» ciers, fournissans & autres remettront » directement, en tout temps & en tout » lieu, leurs livres, mémoires, ordres, » & généralement tous papiers concer-» nant la dépense & la police de la mai-» son, pour en faire le rapport au bu-» reau ».

Le second réglement, qui a été fait pour la maison de madame la dauphine, actuellement reine, le premier avril 1770, contient, article 15, les mêmes dispositions que le premier.

On est maintenant en état de juger par comparaison, quelles sont l'étendue & la nature des fonctions que doivent remplir les contrôleurs-généraux de la maison de la reine.

Il faut seulement observer deux choses:

La première, est que chez la reine les contrôleurs-généraux de la maison le sont en même temps de la chambre & des écuries.

La seconde observation est relative au service de la table de la reine. Avant la création des contrôleurs d'office, les contrôleurs-généraux faisoient ce service quand la reine mangeoit hors de sa chambre; c'est ce qu'on voit par le mémoire instructif, donné au chevalier d'honneur

(1) On entend par les *sept offices*, 1°. la panneterie & l'échansonnerie-bouche, 2°. la cuisine-bouche, 3°. la panneterie-commun, 4°. l'échansonnerie-commun, 5°. la cuisine-commun, 6°. la fruiterie, 7°. la fouriere.

de la reine Marie-Thérèse d'Autriche, par le sieur de Lavau, contrôleur-général de la maison de cette princesse. Mais le 28 février 1670, trois ans après la première création des contrôleurs d'office, M. le grand maître fit une ordonnance par laquelle il accorda aux contrôleurs-généraux le droit de servir les princes & les princesses mangeant à table ronde, lorsque le premier maître d'hôtel seroit absent.

Le temps a encore étendu cette concession; actuellement les contrôleurs-généraux servent en même temps que le premier maître d'hôtel.

Ces officiers sont pourvus par des lettres de retenue adressées au chevalier d'honneur, entre les mains de qui ils prêtent serment.

Ils ont les entrées de la chambre & la qualité de *conseillers du Roi en ses conseils.*

La déclaration du 29 mai 1774, leur assigne à chacun 350 livres de gages; mais ce n'est point là leur seule attribution. Ils ont encore 2280 livres de plat, à raison de 480 livres par mois, 600 livres pour droit d'habillement, 148 liv. pour droits de jetons & de tapis, 152 livres pour droit de charrois, 365 livres pour deux chevaux de trait, à 20 sous chacun par jour, 600 livres de récompense par ordonnance, 1000 livres de billets causés, 452 livres de bonnes fêtes, bouche à la table des maîtres d'hôtel, enfin un cheval entretenu & fourni par l'écurie.

Les contrôleurs-généraux ont un commis qui les remplace, quand ils le veulent; il est en titre d'office, quoiqu'il ne soit pourvu que par simple brevet, & qu'il ne prête point de serment.

Il a pour attributions, 1000 livres d'appointemens, 1095 livres de nourriture, 400 livres pour travailler à la chambre aux deniers, 186 livres pour faire les rôles de la chambre, 186 liv. pour faire ceux de l'écurie, 180 livres pour le travail de la dépense extraordinaire, 72 livres de bonnes fêtes, 600 livres de billets causés, & quelques autres menus droits.

### §. VI. *Des contrôleurs d'office de la maison de la reine.*

L'idée que nous avons donnée dans le paragraphe précédent, des fonctions des contrôleurs-généraux, doit en donner une suffisante de celles des officiers qui leur sont subordonnés sous le titre de *contrôleurs d'office*, titre qu'on a substitué dans les réglemens modernes à celui de *contrôleurs clercs d'office* qu'ils portoient anciennement.

Ces officiers sont actuellement au nombre de cinq. La déclaration du 29 mai 1774 donne au premier la qualité d'*ordinaire*, & elle lui assigne 400 livres de gages.

Voici ses autres attributions.

1800 livres de plat, à raison de 150 livres par mois.

300 livres de logement.

200 livres de supplément pour le même objet.

2090 livres de nourriture, à raison de 6 livres par jour.

600 livres de billets causés.

50 livres de bonnes fêtes.

Les autres n'ont que 200 livres de gages, 1208 livres de plat & livrées, le parchemin compris, 600 livres de billets causés, 60 livres pour droit à la dépense extraordinaire, 50 livres de bonnes fêtes, logement au grand commun & bouche à cour au bureau.

### §. VII. *Des écuyers de main de la reine.*

La déclaration du 29 mai 1774, porte dans l'état de la maison de la reine, un écuyer ordinaire & quatre écuyers servans par quartier.

Ces offices existoient aussi sous la feue reine & sous Marie-Thérèse d'Autriche.

Les instructions données à M. le duc de la Vieuville, chevalier d'honneur de cette dernière princesse, portent « que les » écuyers, en sortant de quartier, se» ront obligés d'avertir le chevalier d'hon» neur qu'ils sont relevés par leur com» pagnon, &, s'il est absent, d'avertir » l'ordinaire, afin que le service ne man» que pas.

» Que les uns & les autres ne pour» ront servir sans en avertir, & sans l'a» grément du chevalier d'honneur.

» Qu'ils prendront les ordres du ser» vice, & seront obligés d'être assidus & » souffrir que le chevalier d'honneur leur » demande pourquoi ils auront manqué » le service.

» Seront aussi tenus le chevalier d'hon» neur & le premier écuyer d'avertir les » écuyer par quartier, s'il ne peuvent se » trouver au service ».

Les attributions de l'écuyer ordinaire sont, 1°. 600 livres de gages, 2°. 800 livres de droit de livrée sur l'écurie, 3°. 1500 livres de dépense à raison de 125 livres par mois, 4°. un logement en nature.

Celles de chacun des autres écuyers consistent en 400 livres de gages, 343 livres 5 sous de droit de livrée sur l'écurie, un logement en nature, & bouche à la table du bureau.

### §. VIII. *Des maréchaux des logis, des fourriers & des huissiers de salle.*

On trouve encore dans l'état de la maison de la reine annexé à la déclaration du 29 mai 1774.

1°. Quatre maréchaux des logis.
2°. Quatre fourriers du corps.
3°. Quatre fourriers ordinaires.
4°. Quatre huissiers de salle.

Pour ne parler ici que de ce qui leur est assigné par la loi que nous venons de citer, les premiers ont chacun 400 livres de gages, les seconds 200 livres, les troisièmes 150 livres, les quatrièmes 120 livres.

Il existe pour les maréchaux des logis de Monsieur, frère du Roi, & de Madame, un réglement qu'il est bon de consulter. Il est rapporté ci-après, chapitre des *princes, fils de France*, §. 3.

## Section quatrième.

### *De la chambre de la reine.*

Nous avons déjà dit que la chambre de la reine est commandée par la sur-intendante de la maison, & par la dame d'honneur.

Tous les officiers qui la composent sont employés sur l'état des bonnes fêtes, & il ont à chacune un pain double, une poularde & deux pintes de vin de table.

Nous allons voir quels sont ces officiers.

### §. I. *Des femmes de chambre de la reine.*

Quoiqu'on distingue les premières femmes de chambre de la reine des femmes de chambre ordinaires, on ne fait point d'article séparé pour les premières femmes de chambre dans les états des maisons royales : elles se trouvent à la tête des autres, & sont désignées sous le titre de *premières*.

La reine nomme ses femmes de chambre par un brevet qu'elle leur accorde pour les retenir à son service. Elles prêtent serment entre les mains de la sur-intendante ou de la dame d'honneur.

Le nombre des femmes de chambre de la reine n'a pas toujours été le même. Sous la reine Marie Thérèse d'Autriche, il y avoit deux premières femmes de chambre (1), & huit ordinaires (2).

Sous la feue reine, il n'y eut d'abord

(1) C'étoient la dame Amelin, nourrice de Louis XIV, & la dame Marie Molina, Espagnole.

(2) Quatre Françoises & quatre Espagnoles, en conformité de l'article 11 du contrat de mariage de la reine du 7 novembre 1659.

qu'une première femme de chambre & douze ordinaires : mais lors du décès de la dame Mercier, nourrice de Louis XV, la charge de première femme de chambre fut divisée en deux.

La reine actuelle a deux premières femmes de chambre & douze ordinaires.

Les fonctions, les privilèges & les prérogatives des premières femmes de chambre, se trouvent rapportés dans un réglement qui fut fait par exprès commandement de la reine Marie-Thérèse d'Autriche, le 2 octobre 1660. Il est dit dans ce réglement qui paroît s'exécuter encore aujourd'hui, que la reine, considérant combien il étoit nécessaire, pour le bon ordre de son service, que les fonctions de la dame Amelin, nourrice du Roi, & de la signora Dona Maria Molina, première femme de chambre, fussent réglées, en sorte qu'elles pussent savoir l'une & l'autre le temps de leur service & ce qu'elles auroient à faire, sa majesté a ordonné,

1°. Que les deux premières femmes de chambre serviroient alternativement par semaine.

2°. Que chacune d'elles, dans le temps de sa semaine, feroit le principal service, & auroit tous les honneurs attribués à la charge de première femme de chambre.

2°. Qu'à l'égard du linge, la dame Amelin auroit sous sa garde celui du lit, des bains, des toilettes, les chemises de nuit, les camisoles, les cornettes, tout le linge uni, &c.

4°. Que la Signora Molina auroit en garde tout le reste du linge, les bas de soie, les souliers, les mules, les jupons de dessous, les corps de jupes, les éventails, les lacets, les épingles, la poudre, les mouches, &c.

5°. Que les collets, cravates, mouchoirs de col, manchettes, masques & coiffes, demeureroient toujours entre les mains de celle qui devroit en prendre soin.

6°. Que les coffres de toilette & l'argenterie de la chambre donnés par le Roi à la reine, ou qui pourroient être faits par la suite, demeureroient entre les mains de la dame Amelin.

7°. Que l'argenterie de la chambre venue d'Espagne demeureroit entre les mains de la Signora Molina.

8°. Que tous les présens qui seroient faits à la reine par les sujets du Roi, de quelque qualité qu'ils fussent, seroient mis entre les mains de la première femme de chambre qui seroit de semaine, pour en user selon la manière accoutumée.

Tout ce qui concerne l'habillement de la reine fait partie du service des femmes de chambre ordinaires. Elles sont à cet égard, sous les ordres de la dame d'atours, & c'est en sa présence qu'elles font ce service.

Ce sont aussi elles qui coiffent la reine, à moins que la dame d'atours ne s'en charge.

Autrefois, quand la reine mangeoit dans l'intérieur de son appartement, & qu'elle étoit servie par la dame d'honneur ou par la dame d'atours, c'étoit les femmes de chambre qui apportoient le service, mais depuis 1779, cette fonction est remplie par les garçons de la chambre & les valets de chambre.

A l'égard du service dans le cabinet, lorsque la reine y mange, il a toujours appartenu aux officiers de la bouche & du gobelet. Cet usage avoit été interverti en faveur des femmes de chambre de madame la dauphine, par une décision de M. le duc de la Vauguyon ; mais il a été rétabli par une ordonnance du Roi & de la reine du premier août 1774.

La déclaration du 29 mai 1774 assigne aux deux premières femmes de chambre chacune 150 livres de gages, & à chacune des autres 120 livres. Elles ont encore d'autres attributions qui ne sont fixées par aucune loi.

§. II. *Des huissiers de la chambre, de l'antichambre & du cabinet.*

La déclaration du 29 mai 1774, a établi dans la chambre de la reine, un huissier ordinaire & quatre huissiers de quartiers; dans son antichambre, deux huissiers servans par semestre, & deux autres huissiers dans son cabinet.

Les attributions du premier consistent en 300 livres de gages, 1825 livres de nourriture, 300 livres de logement, 400 livres de récompense, 300 livres pour *l'entretènement* d'un cheval, & sa part tant aux droits de sermens qu'aux tabourets que les dames titrées prennent pour la première fois chez la reine (1).

Les seconds ont pour gages 180 livres, pour récompense 100 livres, & pour nourriture 456 livres 5 sous.

Les troisièmes reçoivent 150 livres à titre de gages, 365 livres de nourriture, 200 livres de récompense, 200 livres de logement, & 136 livres 17 sous 6 deniers pour *l'entretènement* d'un cheval.

Les droits des quatrièmes consistent en 150 livres de gages, 365 livres de nourriture, 150 livres de logement, 200 livres de récompense ordinaire, & 400 livres pour la récompense annuelle qui leur a été accordée en 1770 à Fontainebleau.

§. III. *Des valets de chambre de la reine.*

La reine a trois sortes de valets de chambre, un premier, deux ordinaires, & seize de quartier.

I. Le premier valet de chambre de la reine n'est obligé à aucun service. Il a pour gages 300 livres, pour nourriture 1095 livres, & 300 livres pour son logement.

II. Les valets de chambre ordinaires jouissent de 200 livres de gages, de 730 livres de nourriture, de 400 livres de récompense, de 300 livres de logement, & de 273 livres 15 sous pour la nourriture d'un cheval.

III. A l'égard des autres valets de chambre, leurs gages sont fixés à 180 livres, leur récompense à 200 livres, leur nourriture journalière à 3 livres dans le temps de leur service ordinaire, & 2 livres lorsqu'ils servent extraordinairement, leur logement à 100 livres.

Il a été fait, le 26 février 1676, par la comtesse de Soissons, surintendante de la maison de la reine Marie-Thérèse d'Autriche, un réglement qui doit trouver ici sa place:

« Nous étant fait informer des différends survenus entre les valets de » chambre ordinaire & de quartier, les » huissiers ordinaire & de quartier de la » chambre, & ceux de semestre du cabinet & de l'anti-chambre, & tous » ouïs sur le sujet des gratifications qui » leur sont données de tout temps pour » les sermens & tabourets & autres semblables casuels; nous, pour faire cesser » lesdits différends, voulons & ordonnons, sous le bon plaisir de la reine, » que les valets de chambre ordinaire & » huissier ordinaire, jouissent à l'avenir » comme ils ont joui ci-devant, à l'exemple de ce qui s'est pratiqué chez la » reine-mère du Roi...., savoir, que les » valets de chambre ordinaire & huissier ordinaire auront également lesdits casuels avec les quatre valets de » chambre & avec les huissiers de la » chambre, anti-chambre & cabinet; & » lorsque lesdits valets de chambre & » huissiers ordinaires serviront pour ceux » de quartier, les récompenses, le casuel » & la table (1) leur appartiendront sans » contestation. »

Ce réglement a été confirmé par deux lettres ministérielles, que M. de Maurepas

(1) Voyez le paragraphe suivant.

(1) La table des valets-de-chambre a été supprimée par un ordre du Roi du 15 avril 1729, & on y a substitué la nourriture en argent.

a écrites au premier maître d'hôtel de la feue reine, les 15 février & 15 septembre 1730.

§. IV. *Du maître de la garde-robe.*

L'officier qui est pourvu de cette charge est sans fonctions; il sembleroit cependant qu'il dût entrer dans le détail de la distribution des fonds destinués à la garde-robe de la reine; car c'est la seule partie de la maison de sa majesté où il n'y a pas de contrôleurs.

Quoi qu'il en soit, la déclaration du 29 mai 1774, lui donne 300 livres de gages, & il a en outre 1095 livres de nourriture à 3 livres par jour, 1100 livres d'entretènement, & 200 livres de droit d'habillement.

Les lettres de retenue par lesquelles il est pourvu de cette charge, sont adressées à la dame d'honneur, & c'est elle qui reçoit le serment du récipiendaire.

§. V. *Des valets de garde-robe.*

La déclaration du 29 mai 1774, place dans l'état de la maison de la reine, un valet de garde-robe ordinaire, & deux de semestre.

Leurs fonctions consistent à savoir de la dame d'atours de la reine, ou de la reine elle-même, quel habit ou quel ajustement sa majesté veut mettre, tant pour la toilette du matin que pour la journée, quand il lui plaît de changer. Ils doivent apporter chez la reine tout ce qui concerne la dame d'atours.

A défaut de tailleur, c'est à eux à lacer sa majesté.

Ils ont tous chacun 150 livres de gages, mais l'ordinaire à d'autres attributions qui se montent à 1414 livres; ceux de semestre en ont pareillement pour 1010 livres, sans y comprendre deux bûches & deux fagots qu'on leur donne par jour d'hiver, & deux fagots seulement par jour d'été.

§. VI. *Du porte-manteau ordinaire.*

Les fonctions de cet officier consistent à recevoir de la princesse, en l'absence du chevalier d'honneur, le manchon, les gants, l'éventail, lorsqu'elle les quitte pour les reprendre, & à les garder jusqu'à ce que le chevalier d'honneur ou sa majesté elle-même les redemande. Il doit aussi porter la queue de la robe, mais dans les appartemens seulement; car dans le dehors, c'est un page qui doit la prendre.

La déclaration du 29 mai 1774, lui attribue 180 livres de gages, & il a encore d'autres émolumens qui se montent à 1855 livres, sans y comprendre un cheval qui est entretenu à l'écurie pour le mener dans ses voyages.

Il monte, depuis quelque temps, dans le carrosse des écuyers.

§. VII. *Du garde-meuble de la chambre.*

Cet officier a été créé pour avoir la garde générale des meubles de la reine, faits sous les ordres de la dame d'honneur, en tenir un inventaire exact, y mettre une marque ou un numéro, afin de les reconnoître & de pouvoir les émarger sur son état, lorsque suivant un article du réglement, du 14 mai 1661, rapporté ci-devant, section 2, § 1 & 2, *la reine les ayant abandonnés, ils appartiendront à la dame d'honneur.*

Actuellement que le Roi meuble les grands appartemens de la reine, il n'a que la garde des meubles des cabinets & de tout ce qui est ordonné par sa majesté ou par la dame d'honneur, & payé sur l'argenterie de la chambre. Il doit les recevoir des tapissiers, lorsqu'ils les ont faits ou détendus, les faire déposer au garde-meuble qu'il doit avoir à cet effet, & les y faire nétoyer & entretenir.

Cet officier ne doit pas seulement

garder les meubles à Versailles, mais encore dans les voyages. C'est aussi à ses soins que doit être confiée la garde des coffres, caisses & étuis dans lesquels on renferme ces meubles lors des départs. Cette fonction lui a été confirmée par la feue reine le 3 mai 1750, & le premier octobre 1763.

Les émolumens de son office se montent à 1875 livres, en y comprenant 180 livres de gages.

### §. VIII. *Des autres officiers de la chambre de la reine.*

Les autres officiers qui remplissent dans la chambre de la reine les mêmes fonctions que remplissent chez le Roi les pourvus des charges analogues aux leurs, sont, suivant la déclaration du 29 mai 1774 :

1°. Un perruquier-baigneur-étuviste à qui cette loi attribue 60 livres de gages, & qui jouit en sus de 1460 livres pour sa nourriture.

2°. Un tailleur qui joint à 60 livres de gages que lui assigne la déclaration citée, d'autres attributions portant chaque année 4043 livres, y compris les nourritures de son garçon, fixées à 548 livres, & un logement en nature au grand commun.

3°. Trois garçons de la chambre, qui ont été maintenus dans la qualité d'écuyer, par arrêt du conseil, du 18 mai 1699, & auxquels on donne 100 livres de gages, avec d'autres attributions dont le total se monte à 1627 livres 10 sous.

4°. Un horloger, qui a 300 livres de gages & 631 livres de nourriture.

5°. Quatre tapissiers, dont les gages sont fixés à 100 livres, & les autres émolumens à 800 & quelques livres.

6°. Deux menuisiers qui n'ont jamais eu de fonctions, mais qui n'en ont pas moins 60 livres de gages, 200 livres de menues fournitures, & leur nourriture à la fourière.

7°. Deux porte-faix de la chambre, dont la déclaration du 29 mai 1774 limite les gages à 60 livres, & qui, en outre, ont, par jour, un pain double, de la viande, ou trois chopines de vin commun, quatre livres de viande, ou si c'est un jour maigre, une carpe.

8°. Une porte chaise d'affaires à laquelle la même loi donne 300 livres de gages, & qui reçoit en sus 150 livres 15 sous de nourriture, 400 livres de récompenses, & 200 livres de gratification pour chaque voyage de Compiègne & de Fontainebleau.

9°. Un lavandier du corps, à qui on paye annuellement 1520 livres 10 sous, y compris ses gages, que la déclaration du Roi fixe à 120 livres.

10°. Quatre portiers créés pour être gardes de la porte, mais qui ne font aucun service, parce que c'est la maison du Roi qui remplit cette fonction chez la reine. Cependant, la déclaration du Roi attribue à chacun 120 livres de gages; ils sont nourris à la table de la fruiterie, & ils ont par jour chacun un pain double & trois chopines de vin commun.

## SECTION CINQUIÈME.

### *Des officiers de santé de maison de la reine.*

I. Le premier médecin de la reine est pourvu par brevet, & prête serment entre ses mains. Il est ordinairement conseillé d'état bréveté, & il a droit de porter la robe de satin, ainsi que d'être reçu aux écoles de médecine, quand il ne seroit pas docteur, par le doyen, accompagné des bacheliers & précédé des bedeaux.

Outre ses gages, que la déclaration du 29 mai 1774, fixe à 600 livres il a 1116 livres de dépense, à 93 livres par mois, 1277 livres 8 sous pour lui tenir lieu de la viande & bouillons, 2400 livres d'entretènement, la penſion de conſeiller d'état, ſon logement au grand commun, & ſa retraite dans le château.

Du reſte, il n'a aucune autorité ſur les autres officiers de ſanté, parce qu'il n'eſt pourvu que par brevet. Il a ſeulement le droit de recevoir leur ſerment, & c'eſt à lui que ſont adreſſées, par la reine, les lettres de retenue dans leſquelles elle les nomme. Le premier chirurgien eſt ſeul excepté.

II. Le médecin ordinaire ou du commun a un traitement de 2595 livres, y compris ſes gages, que la déclaration de 1774 porte à 300 livres, & il eſt logé en nature.

III. La déclaration de 1774 donne à l'apothicaire du corps 380 livres de gages, y compris 80 livres pour ſon garçon, & il jouit d'autres émolumens qui, ſans compter ſon logement en nature au château, ſe montent annuellement à 4253 livres 16 ſous.

IV. L'apothicaire du commun reçoit chaque année 5795 livres, y compris 300 livres de gages que lui attribue la déclaration du Roi, & il eſt logé au grand commun.

V. Le premier chirurgien, ou pour nous ſervir des termes de la déclaration de 1774, *le chirurgien du corps*, n'a que des lettres de retenue, & cependant c'eſt entre les mains de la reine qu'il prête ſerment. La déclaration du Roi lui donne 200 livres de gages; on y ajoute 1116 livres de dépenſe, à 93 livres par mois, 1500 livres pour les ſaignées de la princeſſe & autres néceſſités, & 3200 liv. d'entretènement. Chaque ſaignée du bras lui eſt payée, *par ordonnance*, 300 livres, & celle du pied 600 livres; il a ſon logement au grand commun.

VI. Le chirurgien ordinaire a pour toutes attributions 1776 livres, dans leſquelles ſont compris les gages, qui, ſuivant la déclaration de 1774, ſont de 180 livres.

VII. Les deux chirurgiens du commun n'ont chacun que 643 livres, y compris 180 livres de gages.

## SECTION SIXIÈME.

### *Des ſept offices de la reine.*

Les ſept offices de la Reine ſont, comme on l'a déjà dit, la panneterie & échanſonnerie-bouche, la panneterie-commun, l'échanſonnerie-commun, la cuiſine-bouche, la cuiſine-commun, la fruiterie, & la fourière.

Chacune de ces offices a des charges qui lui ſont propres. Mais il en eſt qui n'appartiennent à aucune en particulier. Ce ſont:

1°. Un marchand poëlier-clincailler, à qui la déclaration du 29 mai 1774, donne 600 livres de gages.

2°. Quatre pâtiſſiers, qui ont chacun 100 livres de gages.

3°. Deux verduriers & quatre ſerdeaux, à 80 livres de gages chacun.

4°. Un lavandier pour les cuiſines-bouche & commun, à 120 livres de gages.

5°. Un boulanger, à 60 livres de gages.

6°. Un capitaine de charrois des offices & chambres aux deniers, à 60 livres de gages.

I. La panneterie-bouche, qu'on appelle encore gobelet-pain, a pour officiers:

1°. Quatre chefs qui reçoivent chacun 180 livres de gages.

2°. Quatre aides dont les gages ſont de 120 livres.

3°. Deux ſommiers de ſemeſtre, à 300 livres de gages chacun.

4°. Un lanvandier, à 120 livres de gages.

II. L'échanſonnerie-bouche, ou gobelet-vin, a également quatre chefs, quatre aides, deux ſommiers, dont les gages ſont les mêmes que ceux du gobelet-pain, & quatre coureurs de vin qui ont chacun 75 livres de gages.

III. Les

III. Les officiers de la cuisine-bouche sont :

1°. Deux écuyers ordinaires, à 300 livres de gages chacun.

2°. Quatre écuyers servans par quartier, à 160 livres de gages chacun.

3°. Quatre maître-queulx, à 140 livres de gages chacun.

4°. Quatre potagers, chacun à 120 livres de gages.

5°. Quatre hâteurs dont les gages sont les mêmes que ceux des potagers.

6°. Quatre enfans de cuisine, deux galopins ordinaires, quatre porteurs, quatre huissiers, qui ont chacun 60 livres de gages.

7°. Un garde vaisselle, qui doit donner caution, répond de la vaisselle perdue, & jouit de 360 livres de gages.

8°. Deux sommiers ordinaires, à 300 livres de gages chacun.

IV. La panneterie commune est composée :

1°. De huit chefs qui ont chacun 160 livres de gages.

2°. De huit aides, à chacun desquels il est assigné 120 livres de gages.

3°. D'un sommier ordinaire, dont les gages sont fixés à 300 livres.

4°. D'un lavandier, à 120 livres de gages.

V. L'échansonnerie-commun contient le même nombre & la même espèce d'officiers (si n'est qu'au lieu d'un sommier ordinaire, il s'y en trouve deux), & ils ont les mêmes gages.

VI. Les officiers de la cuisine-commun sont :

1°. Un écuyer ordinaire à 600 livres de gages.

2°. Quatre écuyers servans par quartier, à 160 livres de gages chacun.

3°. Quatre maîtres queulx à 140 livres de gages chacun.

4°. Quatre potagers & quatre hâteurs à 120 livres de gages chacun.

5°. Quatre enfans de cuisine, deux galopins, quatre porteurs, quatre huissiers, à 60 livres de gages chacun.

6°. Un garde vaisselle qui doit donner caution, répond de la vaisselle perdue, & jouit de 360 livres de gages.

7°. Deux sommiers ordinaires, qui ont chacun 360 livres de gages.

VII. La fruiterie comprend :

1°. Huit chefs à 100 livres de gages chacun.

2°. Huit aides à 60 livres de gages chacun.

3°. Un sommier ordinaire à 200 livres de gages.

4°. Quatre huissiers du bureau à 100 livres de gages chacun.

VIII. La déclaration du 29 mai 1774, comprend sous le nom de *valets de fourrière* :

1°. Quatre chefs, à chacun desquels elle assigne 100 livres de gages.

2°. Huit aides, à qui elle donne 60 livres de gages chacun.

3°. Un porte-table ordinaire, à 360 livres de gages.

En indiquant toutes les charges des sept offices, nous n'avons parlé que des gages qui y sont attachés par la déclaration du 29 mai 1774. Elles ont encore d'autres attributions qui sont fixées, soit par l'usage, soit par les réglemens intérieurs de la maison de la reine.

## SECTION VII.

### *De l'écurie de la reine.*

Voici quels sont les officiers de l'écurie de la reine.

### §. I. *Du premier écuyer.*

Plusieurs auteurs confondent cet officier avec le chevalier d'honneur.

Il a des provisions du grand sceau, c'est lui qui donne la main à la reine de préférence à tout autre.

Il disposoit autrefois des charges de l'écurie ; mais ce droit a été remis à la reine Marie-Thérèse d'Autriche, par le marquis d'Hautefort le 10 mai 1669 ; & pour l'en indemniser, sa majesté lui a fait expédier le même jour un brevet portant « que pour donner au marquis d'Hautefort le moyen de supporter les dépenses qu'il lui convenoit de faire à sa suite, selon la dignité de sa charge, eu égard au peu d'appointemens & gages qui lui étoient attribués par les états de sa maison, sa majesté lui avoit libéralement fait don de la somme de 10000 livres, savoir 2400 livres par forme d'augmentation de pension, outre & par-dessus pareille somme dont il jouissoit déjà, & la somme de 7600 livres pour son entretènement par chacun an...., sans préjudice de la somme de 800 livres pour ses gages ordinaires, & de celle de 3600 livres employée pour son plat dans l'état de sa maison & chambre aux deniers, tellement... qu'il jouiroit... en tout de la somme de 16800 livres par an pour tout droit d'écurie, gages, plat, pensions & entretènement ».

Toutes ces attributions ont été continuées à chacun des successeurs du marquis d'Hautefort ; elles le sont encore aujourd'hui à M. le comte de Tessé, premier écuyer actuel.

Cet officier a de plus, deux livres de bougie blanche par mois, un carrosse entretenu pour lui, & quatre laquais habillés par l'écurie comme les valets de pied de la reine.

### §. II. *Des autres officiers de l'écurie.*

Les autres officiers de l'écurie sont, suivant l'ordre de l'état annexé à la déclaration du 29 mai 1774:

1°. Dix-huit grands laquais du corps, à chacun desquels il est accordé 20 sous par jour pour nourriture, souliers, linge, logis, & généralement pour toutes choses, excepté les habillemens qui leur sont donnés.

2°. Quatre valets de pied pour les carrosses des femmes de chambre, qui ont chacun 72 livres de gages.

3°. Quatre porteurs de chaise, deux muletiers de la litière du corps, deux autres muletiers de la seconde litière, à 375 livres de gages chacun.

4°. Quatre maréchaux de forge, à 90 livres de gages chacun.

5°. Quatre fourriers à 150 livres de gages chacun.

6°. Un gouverneur des pages, dont les gages sont fixés à 200 livres.

7°. Un précepteur, qui a pour gages une somme de 320 livres.

8°. Un aumônier, à qui il en est assigné une de 660.

9°. Quatre valets des pages, à 80 liv. de gages chacun.

10°. Quatre porte-manteaux, à 150 livres de gages chacun.

11°. Un garde meuble, à 240 livres de gages.

12°. Deux cochers du corps, servans par semestre, six autres cochers, un postillon du corps, & six autres postillons, à 365 livres de gages chacun.

13°. Un charetier ordinaire, qui a 216 livres de gages.

14°. Un aide-chartier, qui en a 180.

15°. Un écuyer cavalcadour, à 400 liv. de gages.

16°. Un argentier, à 90 livres de gages.

17°. Un chirurgien, à 60 livres de gages.

18°. Un maître d'armes, & un maître à danser, à 180 livres de gages chacun.

19°. Un maître de mathématiques, à 300 livres de gages.

## SECTION VIII.

### *Du conseil de la reine.*

Le conseil de la reine a été établi pour régler les dépenses de sa maison, en faire expédier tous les états, examiner les résultats des comptes, maintenir l'économie, & rectifier les abus.

Tel est, suivant l'arrêt du conseil d'état du 24 février 1635, l'objet de son institution. Mais cet objet n'a pas toujours été rempli. Fort souvent, les reines de France ont laissé leur conseil sans fonctions.

Voici au surplus les offices dont il est composé.

### §. I. *Chef du conseil de la reine.*

Cette charge étoit remplie, sous la reine mère de Louis XIV, par le cardinal Mazarin. Depuis elle a été réunie à celle de surintendante de la maison de la reine, &, comme nous l'avons vu ci-devant, section 2, §. 1, elle est aujourd'hui occupée par madame la princesse de Lamballe.

Les fonctions de cette charge sont purement honorifiques. Elles consistent à accompagner la reine & à siéger à côté de sa majesté dans le conseil, lorsqu'il lui plaît de l'assembler.

### §. II. *Du chancelier de la reine.*

Le chancelier de la reine n'a point d'autres fonctions que celles de garde des sceaux.

Cette charge est aujourd'hui remplie par M. le marquis de Paulmy-d'Argenson.

La déclaration du 29 mai 1774 y a attaché 1000 livres de gages; on y a joint une pension de 6000 livres, un secrétaire qui touche *par ordonnance* 200 livres, & un suisse habillé à la livrée de la Reine, qui a pour gages & entretien 500 livres.

### §. III. *Du surintendant des finances, domaines & affaires de la reine.*

A en juger par l'ordre où cette charge est placée dans l'état annexé à la déclaration du 29 mai 1774, elle semble être la troisième du conseil de la reine.

Cependant, les provisions expédiées par Louis XIV pour le surintendant des finances de la reine Marie-Thérese d'Autriche, le 28 décembre 1655, ne lui donnent rang qu'après le secrétaire des commandemens (1).

---

(1) *Voici comment ces provisions sont conçues.*

LOUIS, par la grace de Dieu, Roi de France & de Navarre, à tous ceux qui ces présentes verront, salut.... Pour la confiance que nous avons en l'affection & expérience de notre amé & féal conseiller en nos conseils, le sieur François Mazel, lui avons donné & octroyé, donnons & octroyons l'état & charge de surintendant des finances, domaines & affaires de la reine, que nous avons pour épouse & compagne, pour par lui.... en user aux honneurs, autorités, rang & séances, immédiatement après le secrétaire des commandemens de ladite dame reine, conformément au brevet qui lui en a été expédié le 26 janvier dernier, & aux prérogatives, privilèges, prééminences, gages, pensions & autres droits, profits, revenus & émolumens à ladite charge appartenans, tels & semblables qu'en ont bien & duement joui ceux qui ont servi les autres reines de France en pareille qualité, avec plein pouvoir d'ordonner des finances & revenus des domaines de ladite dame reine, & d'administrer le tout, ainsi qu'en sa conscience il jugera être à propos pour le bien de son service, sans que de cette administration, circonstances & dépendances, il soit obligé de rendre aucune raison qu'à notredite épouse, dont nous l'avons relevé & dispensé, relevons & dispensons par ces présentes. Mandons & ordonnons à tous les officiers de ladite reine, notre future épouse, qu'après que ledit sieur Mazel aura prêté entre nos mains le serment en tel cas requis & accoutumé, & qu'il aura été mis de par nous en possession de ladite charge de surintendant des finances, domaines & affaires de ladite dame reine, ils ayent à le faire obéir & entendre de tous les autres officiers qu'il appartiendra ès-choses qui la concernent. Mandons en outre aux trésoriers-généraux de la maison de notredite future épouse, que lesdits gages, pensions & autres droits auxdits état & charge appartenans, ils payent par chacun an audit sieur Mazel, en la manière accoutumée, suivant nos états & ceux de notredite épouse, sur ses simples quittances; rapportant lesquelles quittances avec ces présentes ou la copie duement collationnée pour une fois seulement, tout ce qui lui aura été payé à cette occasion sera passé aux comptes desdits trésoriers par les gens de nos comptes à Paris; auxquels mandons ainsi le faire sans difficulté; car tel est notre plaisir, en témoin

On voit d'ailleurs par ces provisions, que le surintendant dispose absolument des finances de la reine, sans être obligé d'en rendre compte, si ce n'est à la reine elle-même.

C'est lui qui fait l'état du revenu de sa majesté, ainsi que de la dépense à laquelle il doit être employé.

Il a encore d'autres fonctions qui sont indiquées dans une lettre écrite le 30 juin 1746, par M. le comte de Maurepas, ministre & secrétaire d'état, aux deux secrétaires des commandemens de madame la dauphine. En voici les termes: « J'ai, messieurs, rendu compte au Roi » des mémoires que M. Ogier, surintendant de la maison de madame la » dauphine, a présenté sur les fonctions » de sa charge, & des observations que » vous y avez faites. Sa majesté a décidé » que lorsque vous auriez expédié & consigné, sur les ordres que vous en aurez » reçus, à l'ordinaire, de madame la » dauphine, les ordonnances, vous les » enverrez à M. Ogier, afin qu'il puisse » y mettre son *visa*, avant quelles soient » acquittées par le trésorier, *ainsi que* » *cela se pratiquoit du temps de la feue* » *reine & mesdames les dernières dauphines*; » sa majesté a pareillement décidé que » vous ferez remettre à M. le surintendant de madame la dauphine, une » expédition des différens états de l'établissement de la maison, comme aussi » au commencement de chaque année » avec note ou extrait certifié de vous, » des changemens, des augmentations, » ou retranchemens qui pourront avoir » été faits sur les états de la maison, afin » qu'ils en ayent connoissance, avant » l'examen des comptes du trésorier, » qu'il doit apostiller & arrêter, & que » sa majesté souhaite aussi être signés par » vous & par l'intendant de la maison, » suivant l'usage qui s'observe pour les » comptes du trésorier de la reine, depuis l'établissement de la maison de sa » majesté ».

Les attributions de cet office sont, 1°. 6000 livres de gages, assignés par la déclaration du Roi du 29 mai 1774; 2°. une pension de 6000 livres; 3°. vingt-quatre livres de bougie fournie par la fruiterie; 4°. 3000 livres pour un secrétaire & un commis. Il touche cette dernière somme *par ordonnance*.

C'est entre les mains de la reine qu'il prête serment.

Le titulaire de cet office est aujourd'hui M. Bertier, intendant de la généralité de Paris.

### §. IV. *Des secrétaires des commandemens de la reine.*

Les reines de France n'avoient autrefois qu'un secrétaire des commandemens. Louis XV en a créé deux dans la maison de la feue reine, & a voulu qu'ils prissent le titre de « conseillers du Roi en ses conseils, secrétaires des commandemens » & finances de la reine ». Ce sont les termes d'un édit du mois de juillet 1726, enregistré à la cour des aides de Paris le 29 août suivant.

Ces officiers sont pourvus par lettres signées du Roi, contresignées du secrétaire d'état, & scellées du grand sceau. Ils prêtent serment entre les mains de la reine, en présence du secrétaire d'état qui en signe l'acte.

Les fonctions pour lesquelles ils ont été créés, sont d'expédier, par le commandement de la reine, les lettres, les provisions de charges, les brevets, les réglemens, les ordonnances, & de les rendre authentiques par leur signature.

A ces fonctions, les secrétaires des commandemens joignent l'obligation de faire tous les ans les différens états de la maison de la reine, c'est-à-dire:

de quoi nous avons fait mettre notre scel à cesd. présentes. Donné à Paris le vingt-sixième jour de décembre, l'an de grace 1655, & de notre règne la treizième; *signé* Louis, & *sur le repli*, par le Roi, *de Guénegaud.*

1°. L'état des gages de tous les officiers.

2°. L'état & menu général.

3°. L'état de l'argenterie de la chambre.

4°. Le premier état de l'écurie dont les parties se payent par l'argentier.

5°. Le second état de l'écurie, qui est payé par le trésorier.

6°. Les états des récompenses des officiers de la chambre.

7°. Les états des récompenses des officiers de la bouche & autres.

8°. Les états des entretènemens.

9°. Les états des pensions.

10°. Les états des entretènemens & nourritures de plusieurs officiers tant en charge que commissionnés, sur chacun des articles desquels il s'expedie une ordonnance de la reine pour la décharge du trésorier.

Le secrétaire des commandemens expédie encore pour le trésorier, des certifications de comptant, & des lettres de validation signées de la reine & contresignées par lui.

1°. Pour l'argenterie de la personne, 2°. pour les menus plaisirs; 3°. pour les étrennes; 4°. pour la foire de saint-Germain.

Les attributions annuelles de chacun des secrétaires des commandemens, sont 1°. 1800 livres de gages assignés par la déclaration du 29 mai 1774; 2°. 2600 livres de plat, à raison de 300 livres par mois; 3°. 3000 livres de pensions; 4°. 1004 livres pour l'entretien de deux chevaux; 5°. sept cents trente-deux buches & quatre cents soixante fagots à la fourrière; 6°. vingt-quatre livres de bougie blanche à la fruiterie; 7°. un droit sur les provisions & sur les lettres de retenue, qui varie suivant la qualité des officiers, depuis 48 livres jusqu'à 600; 8°. un logement au grand commun.

On leur donne en outre 6000 livres une fois payée, à la création de la maison, & cela pour leur ameublement. Leurs commis ont pour appointemens ordinaires 2400 livres, pour nourriture 900 livres, sur l'extraordinaire de la chambre aux deniers 300 livres, & pour l'entretien de l'écritoire 560 livres.

§. V. *De l'intendant de la maison & général des finances, & du trésorier général des maison & finances.*

Nous plaçons ici ces deux officiers, parce que dans les listes imprimées des offices de la cour, ils suivent immédiatement les secrétaires des commandemens & finances, & tiennent ainsi un rang distingué dans le conseil de la reine. L'état annexé à la déclaration du 29 mai 1774 leur assigne des places toutes différentes: il met l'un après le chevalier d'honneur, & l'autre à la suite de la fourrière.

Quoi qu'il en soit, le premier de ces offices réunit, comme l'on voit, deux titres différens; aussi a-t-il deux sortes de fonctions.

Comme intendant, celui qui en est pourvu doit connoître de toutes les dépenses qui se font dans l'ordinaire, & sont portées dans les états de la maison.

En qualité de général des finances, il doit connoître de toutes les dépenses extraordinaires.

Il est pourvu par des lettres du grand sceau, & il prête serment entre les mains de la reine.

La déclaration du 29 mai 1774 lui assigne pour gages 600 livres comme intendant de la maison, & 500 livres comme général des finances. Il a, de plus, 3600 livres pour son plat, une pension de 3000 livres, 1000 pour son logement & deux livres de bougies par mois.

A l'égard du trésorier général, son office, dont le nom seul indique assez les fonctions, est l'un des plus considérables de la maison de la reine.

Il avoit été supprimé par un édit du mois de juillet 1779, qui en avoit attribué les fonctions à un officier de nouvelle création, connu sous le nom de *trésorier payeur général des dépenses de la maison du Roi & de celle de la reine.*

Mais les mêmes motifs qui ont porté le Roi à révoquer par l'édit du mois d'octobre 1781, la suppression faite par celui de janvier 1780 des offices de contrôleurs-généraux de la reine, ont porté sa majesté à étendre cette révocation à l'édit du mois de juillet 1779, en tant qu'il concernoit la charge de trésorier général de la maison de la reine. En conséquence, le Roi a déclaré par la loi citée, que les fonctions de cette charge seroient seulement suspendues; qu'elles seroient rétablies dès que la reine entreroit en viduité ou que d'autres circonstances l'exigeroient; & que le même officier qui la possédoit, s'il existoit lorsque ces fonctions deviendroient nécessaires, pourroit les reprendre & les exercer aux mêmes honneurs, prérogatives, prééminences, privilèges, franchises, libertés, droits, fonctions, fruits, profits, émolumens & autres avantages attribués à cet office, sans être tenu d'en prendre de nouvelles provisions, de prêter de nouveau serment, *ni de procéder à une réception nouvelle en la chambre des comptes*, si toutefois telle étoit la volonté de la reine qui y pourvoiroit alors à son gré.

La déclaration du 29 mai 1774 assigne à cet officier 4000 livres de gages.

Voyez ci-devant, §. III.

### §. VI. *Des autres officiers & des suppôts du conseil de la reine.*

I. Il existe encore dans le conseil de la reine :

1°. Un procureur général, dont les gages sont fixés par la déclaration du 29 mai 1774, à 300 livres, & qui a, en outre, 1500 livres d'entretènement.

2°. Un avocat général, qui joint à 300 livres de gages, un entretènement de 1200 livres.

3°. Quatre maîtres des requêtes, qui ont pour toute attribution, 110 livres de gages.

Tous ces officiers sont pourvus par lettres du grand sceau, & prêtent serment entre les mains du chancelier de la reine.

II. A l'égard des suppôts du conseil de la reine, ce sont :

1°. Deux secrétaires, à chacun desquels la déclaration du 29 mai 1774, assigne 400 livres de gages, & qui jouissent encore chacun de 900 livres d'entretènement.

2°. Un solliciteur d'affaires qui reçoit 400 livres à titre de gages, & 697 livres pour sa nourriture.

3°. Un chauffe-cire qui a des attributions sur les droits du sceau, & 100 livres de gages.

4°. Un huissier qui jouit de quelques émolumens lorsque le conseil a des fonctions, & ne touche, dans tous les temps, que 80 livres de gages.

5°. Un garde des livres, états & papiers qui a pour toutes attributions, 60 livres de gages, & 100 livres d'entretènement.

6°. La déclaration du 29 mai 1774, place aussi à la suite du conseil, un secrétaire ordinaire, qui prête serment, comme les officiers dont on vient de faire l'énumération, entre les mains du chancelier de la reine, ou, à son défaut, entre celles du chevalier d'honneur. Ses attributions consistent en 600 livres de gages, 1400 livres d'entretènement, & 1000 livres de pension.

Les reines de France avoient autrefois plusieurs officiers de cette qualité. Il s'en trouvoit douze dans la maison de Marie-Thérèse d'Autriche. La reine Anne d'Autriche en avoit jusqu'à vingt. Ces derniers n'étoient employés dans l'état des gages que pour 50 livres; & néanmoins une déclaration enregistrée à la cour des aides de Paris, le 21 mars 1625, ordonna qu'ils jouiroient de tous les privilèges des commensaux.

7°. A la suite du secrétaire ordinaire,

la déclaration du 29 mai 1774, place un secrétaire-interprête, qui a 400 livres de gages, & 849 livres 4 sous de nourriture.

SECTION NEUVIÈME.

*Des bâtimens.*

Les officiers que contient cette partie de la maison de la reine, sont :

1°. Un intendant & un contrôleur général des bâtimens & jardins de la reine.

2°. Un sculpteur ordinaire.

3°. Un peintre-décorateur des bâtimens, chambre & cabinet.

4°. Un peintre & décorateur ordinaire.

5°. Un peintre & doreur des bâtimens, chambre & cabinet.

De ces cinq officiers, il n'y a que le premier qui soit porté dans l'état de la maison de la reine, annexé à la déclaration du 29 mai 1774.

Il y est employé pour 1000 livres de gages ; & on lui paye, en outre, 106 livres 9 sous 4 deniers par mois pour sa nourriture.

Il a des provisions scellées du grand sceau, & il prête serment entre les mains de la surintendante, ou de la dame d'honneur.

Cette charge est fort ancienne chez les reines de France.

A la création de la maison de la feue reine, elle fut conférée à M. Bontems, premier valet de chambre du Roi. Elle resta vacante à sa mort, jusqu'en 1767 ; à cette époque elle a été donnée à M. Mique, premier architecte du Roi, qui en jouit encore. (*M.*)

# CHAPITRE LXIX.

## *Du Dauphin.*

Le titre de *Dauphin* est depuis longtemps celui du fils aîné de France, héritier présomptif de la couronne.

Pour donner à ce que nous avons à en dire, l'ordre & la netteté convenables, nous diviserons ce chapitre en trois sections.

Dans la première, nous rechercherons l'origine & le vrai sens du mot *Dauphin.*

Dans la seconde, nous examinerons à qui appartiennent & le titre de Dauphin & la souveraineté du Dauphiné.

Dans la troisième, nous parlerons des droits, honneurs & privilèges attachés au titre de Dauphin, considéré comme le titre distinctif du fils aîné de nos Rois.

SECTION PREMIÈRE.

*Quelle est l'origine du titre de Dauphin ? Et que signifie-t-il ?*

Pour faciliter l'intelligence de tout ce qu'on a écrit sur ce sujet, il est à propos de placer ici une suite chronologique des anciens souverains du Dauphiné.

Ce qui est compris aujourd'hui sous le nom de Dauphiné, faisoit, du temps des Romains, partie de la province Viennoise. Cette province passa depuis sous la domination des anciens Rois de Bourgogne, sur l'un desquels les enfans du Roi Clovis en firent la conquête en 534 ; & depuis ce temps-là, elle fut possédée par nos Rois de la première & de la seconde race, pendant 345 ans.

On en compte vingt-quatre qui en ont été souverains, & qui en ont joui sans aucun trouble; savoir, Childebert I, Clotaire I, Gontran, Childebert II, Thierry II, Clotaire II, Dagobert I, Clovis II, Clotaire III, Childéric II, Thierry III, Clovis III, Childebert III, Dagobert III, Chilpéric II, Thierry IV, Childéric III, Pepin, Charlemagne, Louis-le-débonnaire, Lothaire, son fils aîné, auquel succéda Charles le plus jeune de ses trois fils, Charles-le-Chauve, & Louis le Begue.

Après la mort de ce dernier, la province Viennoise passa à Louis III & Carloman ses enfans; mais en 879, Boson en usurpa sur eux la souveraineté.

Il avoit été nommé par Charles-le-Chauve, gouverneur, de ce qui compose aujourd'hui le Dauphiné & la Provence. Il étoit gendre & beau-frère d'empereurs, & il s'étoit rendu si puissant dans ces contrées, que le pape Jean VIII, ayant besoin de son secours, l'avoit adopté pour son fils; cette qualité lui donna un grand crédit sur les évêques & les ecclésiastiques qu'il avoit gagnés d'ailleurs à force de présens & de promesses.

Il trouva donc moyen de faire une chose inouie jusqu'alors & qui n'a point été imitée depuis. Vingt-trois évêques assemblés en concile dans le bourg de Mantes, près de Vienne, le nommèrent Roi, comme étant, dirent-ils, le plus capable de les défendre. Il n'eut pas de peine à se faire connoître en cette qualité dans un pays qu'il gouvernoit depuis long-temps.

Si les Rois qui occupoient alors le trône de France avoient eu quelque autorité, il ne leur auroit pas été difficile de punir Boson & les vingt-trois évêques qui l'avoient élevé à la puissance suprême; mais alors on ne reconnoissoit plus aucune subordination. Presque tous les grands du royaume avoient usurpé l'autorité souveraine dans l'étendue de leurs gouvernemens; s'ils ne prirent pas tous le titre de Roi, comme Boson, ils n'en furent pas pour cela moins puissans.

Au milieu de tant de désordres & de confusion, Hugues-Capet reçut la couronne des mains des principaux feudataires de quelques provinces du royaume. Ni Boson, qui mourut cette année là même, ni Louis son fils qui lui succéda, ne reconnurent ce nouveau Roi de France. Leur éloignement les mettoit à l'abri de toute crainte à son égard.

Cependant ils ne transmirent point à leur postérité le fruit de leur usurpation. Raoul ou Rodolphe s'empara sur eux du Dauphiné & de la Provence, & les posséda sous le titre de Roi de Bourgogne, ou, suivant quelques auteurs, sous celui de Roi d'Arles.

Conrad, son fils, jouit paisiblement de ce royaume pendant plus de cinquante années, & par sa mort arrivée en 994, il en laissa la possession à son fils Rodolphe, dit le fainéant, qui se voyant sans enfans, en disposa, l'an 1032, en faveur de l'empereur Conrad-le-salique.

Celui-ci eut pour compétiteur Eudes de Champagne, fils de Berthe, qui prétendit que ce royaume lui appartenoit par droit de succession, & ne cessa point de faire la guerre pour cela jusqu'à sa mort.

Ces troubles furent pour plusieurs grands du pays une occasion de s'affranchir entièrement de la féodalité: on vit alors des villes considérables se donner à leurs évêques. De-là, le nom de princes que portent encore les évêques de Valence & de Grenoble.

Entre les seigneurs laïcs qui accrurent leur puissance, reculèrent les bornes de leurs seigneuries, & vinrent à bout peu-à-peu d'en faire des aleus ou de petites souverainetés, les comtes d'Albon, au diocèse de Vienne, furent les plus remarquables. Ils étendirent leur seigneurie jusques dans le Grand-Gévaudan, dont la capitale est Grenoble,

Grenoble, & ils possédoient déjà beaucoup de terres en 1044. « Jusques-là, » les évêques de Grenoble (dit Saint-» Hugues qui l'étoit alors) avoient joui » paisiblement & en franc-aleu de tout » le territoire de leur évêché ».

Guignes premier, dit *le vieux*, l'un des seigneurs d'Albon, que l'on croit mort en 1075, est la première tige connue des princes qui depuis ont porté le nom de Dauphin.

Guignes II, son fils & son successeur mourut en 1080, laissant un fils du même nom que lui.

Guignes III eut plusieurs démêlés avec l'évêque de Grenoble, & se prétendit seigneur de la plus grande partie de la province. Il épousa Mathilde, qui est qualifiée *regina* dans quelques titres, & que l'on croit pour cela être sortie de quelque maison royale. Leur fils fut:

Guignes IV, qu'on voit qualifié Dauphin, (*Guigo, comes qui vocatur Delphinus*), dans une chartre passée vers l'an 1140, entre lui & Hugues II, duc de Bourgogne.

Il eut de son mariage avec Marguerite, fille d'Etienne, comte de Bourgogne, un fils qui lui succéda sous le nom de Guignes V, & obtint de l'Empereur Frédéric premier, le droit de faire battre monnoie.

Guignes V n'eut qu'une fille nommée Béatrix, en qui finit la première race des comtes d'Albon, ou Dauphins; car depuis Guignes IV, ces princes prenoient indifféremment ces deux titres.

Béatrix épousa en première noces Guillaume, comte de Saint-Gilles: n'en ayant point eu d'enfans, elle se remaria en 1183 avec Hugues de Bourgogne, qui, par cette alliance, devint maître du Dauphiné.

Du mariage de Béatrix avec Hugues, ou suivant quelques historiens, de celui qu'elle contracta après la mort de celui-ci avec un autre Hugues, seigneur de Coligny, nâquit Guignes VI, dit *André*, qui, après la mort de sa mère, fut possesseur de ses états.

Ce prince eut de son mariage avec Béatrix, fille du marquis de Montferrat, un fils qui gouverna après lui sous le nom de Guignes VII.

Celui-ci prenoit les titres de *Dauphin du Viennois, comte d'Albon, de Gap & d'Embrun.* Il épousa Béatrix, fille du comte de Savoie. De ce mariage nâquirent Jean, Anne & Catherine.

Jean étant mort sans enfans en 1282, Anne l'aînée de ses sœurs, se vit l'unique héritière de la succession de ses pères, & en elle finit la seconde race des Dauphins.

Cette princesse fut mariée en 1273 à Humbert, baron de la Tour & de Coligny, qui fut la tige des Dauphins de la troisième race.

Jean, l'aîné des rejetons de ce mariage, succéda à sa mère en 1296, & à son père en 1307. Il épousa Béatrix d'Anjou, fille de Charles Martel, Roi de Hongrie, dont il eut deux fils, Guignes VIII & Humbert II; il avoit pris le nom & les armes de Dauphiné, conjointement avec celles de la Tour-du-Pin.

Guignes VIII épousa, en 1320, Isabelle, fille du Roi Philippe-de-Valois, de qui il n'eut point d'enfans. Il fut tué en 1330, en assiégeant le château de la Perrières, à trois lieues de Grenoble.

Humbert II, son frère & son successeur, prenoit dans ses actes la qualité de *Dauphin de Viennois, duc de Champsaur, & comte de Briançonnois.* C'est à lui que le conseil Delphinal, depuis nommé parlement de Grenoble, doit son établissement. Il épousa, en 1332, Marie de Baux, fille de Bertrand, comte d'Andrie, & de Béatrix de Sicile, fille de Charles II, Roi de Sicile, alliance qui l'unissoit à la maison de France, comme l'avoit été son frère. Il n'eut de cette princesse qu'un fils nommé André, dont il occasionna malheureusement la mort, en le laissant tomber d'une fenêtre sur l'appui de laquelle il jouoit avec lui. Frappé de cet évènement funeste, qui bientôt fut suivi de la perte de la Dauphine, son épouse, & n'ayant point de parens qu'il jugeât dignes de lui succéder, il résolut d'abord d'instituer le pape son héritier. Mais son projet ayant transpiré, il en fut détourné par la haute noblesse du Dauphiné, affectionnée à la France, & qui comptoit, sous sa domination, parvenir aux grandes charges de la couronne. Henri de Villars, archevêque de Lyon, & Jean de Chiry, évêque de Grenoble, appuyèrent fortement les sollicitations des seigneurs Dauphinois, & déterminèrent enfin ce prince à céder son état à la France. Le Roi Philippe VI, instruit de ce qui se passoit, acheva de l'y engager par les caresses, & les marques d'amitié les plus flatteuses.

Nous rendrons ci-après un compte exact de la manière dont fut effectué ce transport, & des conditions qui le modifièrent : notre unique objet, en ce moment, est de rechercher l'origine & le sens du nom de *Dauphin*.

Rien ne prouve mieux la difficulté de cette recherche, que le grand nombre de conjectures auxquelles elle a donné lieu de la part de ceux qui l'ont entreprise.

Les uns prétendent que le Dauphiné a été ainsi appelé des *Auffinates*, ses anciens habitans, & qu'ensuite cette province a communiqué son nom à son souverain. Mais c'est une erreur de placer les Auffinates dans la Gaule, puisque, selon Pline & Ptolémée, les seuls qui en ont parlé, c'étoit un peuple d'Italie.

Selon d'autres, les Allobroges, nom commun aux habitans du Dauphiné & de la Savoie, furent appelés *Delphinates*, parce que c'étoient des grecs venus des environs de Delphes. Mais cette étymologie n'est appuyée sur rien, & l'histoire ne fournit aucun trait qui puisse lui donner la moindre vraisemblance.

On a remarqué dans les anciens registres de Turin, qu'il y avoit, dès l'an 700, des familles dont les noms ont du rapport avec ceux de quelques-unes des plus illustres du Dauphiné. Ce sont celles de *Salutiis*, de *Romagnagnis*, de *Alamannis*, de *Delphinis*. Ceux qui ont fait cette observation prétendent que la maison des Dauphins de Viennois est une branche de celle de Turin, comme les maisons de Saluces, de Romagneux & des Allemands, sont autant de rameaux des autres.

Il paroît du premier abord que cette conjecture est assez heureuse : cependant Chorier dit « que cela est fabuleux, & » que la conformité d'un nom avec un » autre, n'est jamais une solide preuve » de son origine. Cet historien (ajoute » Bullet (1)), omet un moyen bien plus » puissant pour renverser cette opinion. » Il est certain par les monumens les » plus sûrs & les plus incontestables, » que les noms de famille n'ont commencé que dans l'onzième siècle ; ainsi » des registres qui préviendroient cette » époque de 400 ans ne mériteroient aucune foi ».

Tabœt s'est figuré que le nom de Dauphin est gothique, & qu'il vient des peuples du Septentrion, de même que ceux de Bresse, de Savoie, de Beaujeu & de Forêt ; mais dit encore Bullet, « il est ridicule de faire venir du Nord les noms » que nos provinces n'ont portés que dans » le douzième siècle ».

Claude de la Grange propose une autre conjecture : « le Dauphiné, dit-il, » s'appeloit autrefois le *Viennois*, & » dans le langage populaire du pays, » *Vienné*. Lorsqu'on interrogeoit quelque » habitant de cette province, d'où il » étoit, il répondoit dans son patois, » qu'il étoit *do Vienné*. Les Allemands, » sous l'empire desquels étoit alors ce

(1) Dissertations sur la mythologie françoise, pag. 187.

» pays, changeant l'v en f, pronon-
» çoient *do Fienné*, d'ou par une crase facile & usitée dans leur langue, ils ont fait *Dosiné*, & donné ensuite le nom de *Dosin* au prince qui en étoit le souverain ».

Cette conjecture est ingénieuse, mais elle est sans solidité. Le Viennois n'a pris le nom de Dauphiné qu'au douzième siècle. Les Allemands ne fréquentoient plus alors cette province, quoique l'empire y prétendît la haute souveraineté : ainsi il n'est pas raisonnable d'aller chercher dans leur langue, le nom que ce pays prit alors.

Quelques-uns estiment que Boson, le premier qui s'érigea en souverain du Dauphiné, prit pour symbole & plaça sur son écu, un dauphin. D'autres disent que ce sont les successeurs de ce prince qui adoptèrent un dauphin pour leur emblême, voulant par-là désigner la douceur avec laquelle ils gouvernoient leurs sujets. D'autres enfin assurent que ce fut un empereur qu'ils ne nomment point, qui le donna pour armes à un gouverneur de cette province, en récompense de ce que dans une nécessité pressante, il lui avoit amené un puissant secours, avec tant de vîtesse, qu'elle mérita d'être comparée à celle du dauphin que Pline nous représente comme fendant les eaux avec plus de rapidité que l'oiseau ou le trait ne fend les airs. « Les auteurs de ces différentes opinions, dit l'écrivain d'après qui nous les rappelons ici (1), n'ont pas fait attention que l'usage des armoiries est postérieur au temps dont ils parlent ».

Il en est qui prétendent que Guignes II eut une fille qui s'appeloit Dauphine, & que ce seigneur qui l'aimoit tendrement voulut que la province dont il étoit souverain, s'appelât Dauphiné du nom de cette princesse. « Rien de plus naturel que cette étymologie, ( dit encore l'auteur que nous venons de citer ); mais par malheur, la personne qui lui sert de fondement n'a jamais existé ».

(1) Bullet, *loco cit.* pag. 189.

Selon d'autres, le dernier comte d'Albon, dont les biens passèrent, à ce qu'ils disent, dans la maison de Graisivaudan ou de Viennois, par le mariage de sa fille unique avec Guignes I, s'appeloit *Dauphin* : il voulut que l'aîné des fils de son gendre portât son nom & eût un dauphin dans ses armes. « Non-seulement tout cela est dit sans preuve ; mais il est encore contraire à la vérité de l'histoire, puisque Guignes IV est le premier qui ait porté le nom de Dauphin, & que Guignes VII est le premier qui ait mis un dauphin sur son écu, sans quitter les anciennes armes de ses prédécesseurs, ainsi qu'on le verra plus bas ». Ce sont encore les termes de Bullet (1).

M. le président de Valbonay, dans son histoire du Dauphiné, après avoir remarqué que Guignes IV est appelé Dauphin dans une charte de l'an 1140, *guigo comes qui vocatur Delphinus*, conjecture que ce nom plut tant à ses descendans, qu'ils l'adoptèrent. Voici comment il s'explique :

« Il est plus vraisemblable que le surnom de Dauphin, que le comte Guignes, dont nous parlons, porta le premier, plut assez à ses successeurs, pour l'ajouter à leur nom, & pour s'en faire un titre, qui s'est conservé ensuite parmi leurs descendans. Rien n'étoit plus ordinaire en ce temps là, que de voir les noms propres devenir des noms de famille ou de dignité. Telle a été l'origine de plusieurs grandes familles du royaume, & particulièrement de cette province. Les Ademards, les Arthauds, les Aynards, les Allemands, les Bérengers, & une infinité d'autres ne doivent leur nom qu'à quelqu'un de leurs ancêtres qui a transmis dans la famille le nom qui lui étoit particulier ».

(1) *Loco cit.* pages 189 & 290.

Bullet rejette ce ſentiment pour deux raiſons. « Si Dauphin, dit-il, avoit été » un des noms de Guignes IV, il auroit » été placé dans la charte immédiatement » après celui-ci, & on eût dit Guignes » Dauphin comte, de même qu'on ap- » peloit Guignes André un de ſes ſuc- » ceſſeurs, avant que de lui donner le » titre de comte; Dauphin eſt donc ici un » titre de dignité ſynonime à celui de » comte, ainſi qu'il paroît par la ſimple » lecture de la charte. D'ailleurs M. de » Valbonay ne montrera jamais par aucun » exemple, qu'un nom de baptême ſoit » devenu parmi nous un nom de dignité. » Il eſt bien vrai que les noms de bap- » tême ſont devenus les ſurnoms de plu- » ſieurs familles, & c'eſt ce que prou- » vent uniquement tous les exemples in- » diqués par cet illuſtre préſident ».

Chorier propoſe une autre conjecture ſur l'origine du titre de Dauphin. Après avoir obſervé que Guignes IV eſt le pre- mier qui en ait été décoré, il recherche la raiſon qui peut le lui avoir fait donner, & il indique celle-ci.

« C'étoit, dit-il, la coutume des che- » valiers de charger leurs caſques, leurs » cotes-d'armes, & la houſſe de leurs che- » vaux, de quelque figure qui leur étoit » particulière, & par laquelle ils pou- » voient ſe faire diſtinguer des autres, » qui entroient comme eux dans un com- » bat, ou dans un tournois. Il eſt vrai- » ſemblable que ce prince choiſit le dau- » phin, qu'il en fit le timbre de ſon caſ- » que, qu'il en chargea ſa cote-d'armes, » & qu'il en mit la figure ſur la houſſe » de ſon cheval, en quelque tournois cé- » lèbre, ou en quelque grand combat. Il » ſe fit remarquer entre tous les autres » par ſon adreſſe ou par ſa valeur; & de » là il fut appelé le comte du Dauphiné » & le comte Dauphin. Ce titre lui étant » agréable, parce qu'il lui rappeloit ſon » adreſſe ou ſa valeur, le fut auſſi pour » la même raiſon à ſes deſcendans, qui » l'adoptèrent. Le dauphin devint après ce » prince la deviſe de cette illuſtre mai- » ſon. Il n'en devint pas ſi-tôt les armes, » comme le croient tous les hiſtoriens; » car les armes des comtes de Viennois, » ſous les deux premières races, étoient » un château, compoſé de trois tours, » ainſi qu'il paroît par les ſceaux de ces » princes: tels ſont ceux du Dauphin Gui- » gnes André, de l'an 1200 & de l'an » 1225; tels ſont ceux de Guignes VII, » de l'an 1244, de l'an 1246, de l'an » 1254, & de l'an 1258. Il eſt vrai que » celui-ci, qui eſt le dernier des Dau- » phins de la ſeconde race, commença le » premier à placer un dauphin dans ſon » écu, mais ſans quitter les anciennes » armes de ſes prédéceſſeurs. Il eſt repré- » ſenté dans un ſceau de l'an 1258, à » cheval & armé, & un dauphin dans » ſon écu, qu'il porte à ſon bras gauche; » mais de l'autre côté du ſceau eſt repré- » ſenté un château, comme les vraies » armes de ſa maiſon. Enfin ce prince, » par inclination pour ce ſymbole, fit » graver le dauphin ſeul ſur un ſceau par- » ticulier, qu'il appela ſon ſceau ſecret. » Humbert I, tige de la troiſième race » des Dauphins, abandonna entièrement » les anciennes armes de ſes prédéceſ- » ſeurs. Il leur préféra les ſiennes, qui » étoient une tour, accompagnée d'un » avant-mur. Dans un de ſes ſceaux, de » l'an 1297, il ne paroît qu'une tour » avec ſon avant-mur. Dans un autre, de » l'an 1283, le Dauphin occupe le milieu » de l'écu, ayant deux tours à ſes côtés: » apparemment que par égard pour ſon » épouſe, ce prince voulut placer dans » ſes armes le dauphin, que ſon beau- » père Guignes VII, avoit mis le pre- » mier ſur ſon écu, & dont il avoit fait » ſon ſceau ſecret. Jean, fils d'Humbert, » pendant la vie de ſon père, ne mit » qu'un dauphin dans ſes armes, & lorſ- » qu'il lui eut ſuccédé, il ſe ſervit ſou- » vent des mêmes armes; car dans la » plupart de ſes ſceaux, on ne voit qu'un » dauphin. Son fils, Humbert II, ſe dé-

» clara encore plus fortement pour ce » symbole. Après avoir placé le dauphin » seul sur son petit sceau, ou sceau se» cret, il le mit de même sur le grand » sceau, & voulut que le conseil Del» phinal, qu'il avoit établi à Grenoble, » n'en employât point d'autres. Depuis » ce temps le dauphin a composé seul les » armes du Dauphiné ».

A tout cela, voici ce qu'oppose Bullet. « Il est vrai, comme le dit Chorier, que » les chevaliers prenoient ordinairement » un symbole pour se faire reconnoître » dans les combats ou dans les tournois. » Ces emblêmes, d'abord personnels, » ensuite héréditaires, formèrent les ar» mes des maisons, lorsque l'usage en » fut établi. S'il étoit donc vrai, comme » le veut cet auteur, que les successeurs » de Guignes IV eussent adopté le sym» bole que portoit ce prince, ce symbole » eût formé leurs armes; ce que cet his» torien reconnoît lui-même être faux, » ainsi qu'on vient de le voir.

» On opposera encore une autre rai» son au sentiment de Chorier. On voit » dans nos vieux romans, qui peignent » si naturellement les anciennes mœurs, » des chevaliers appelés *du Lion*, *de l'Ai*» *gle*, *du Dragon*, parce qu'ils portent » la figure de ces animaux dans leurs » écus; mais jamais il ne sont nommés » le chevalier *Lion*, le chevalier *Aigle*, le » chevalier *Dragon*. Ainsi quand on » auroit appelé un comte de Viennois, » le comte du *Dauphin*, à cause de » ce symbole, on n'en sera jamais venu » jusqu'à le nommer le *comte Dau*» *phin*. »

Après avoir rejeté un si grand nombre de fausses étymologies, il conviendroit sans doute d'en présenter une qui du moins nous parût vraisemblable. Mais dans une matière aussi ténébreuse, nous craindrions de rien avancer de notre propre chef: contentons-nous de laisser parler l'auteur dont nous avons jusqu'à présent suivi les traces (1).

« *Dalphin* est un terme celtique, com» posé de deux mots de la même langue; » *dalh*, district, territoire, contrée, » *pen* ou *pin*, (car les deux voyelles se » substituoient mutuellement) signifie » chef souverain (2).

» La principauté des Dauphins étoit » originairement peu considérable; ce » sont les successeurs de Guignes I, qui, » par des alliances, des achats, des con» quêtes, lui donnèrent par la suite des » temps, l'étendue qu'elle a aujourd'hui. » On a prononcé *Dalhphin*, parce que » les mots qui commençoient par un P, » entrant en composition, on y joignoit » l'aspiration. Dalhphin signifioit donc » souverain de la contrée, souverain du » pays, & il étoit synonime à celui de » comte. C'est effectivement comme tel » qu'il est employé dans la charte de » Guignes IV, qui le premier a porté ce » nom: *Guigo comes qui vocatur Dalphinus.* » Nous trouvons un exemple tout sem» blable dans notre histoire. Le souve» rain d'une petite contrée de Guienne, » nommée *Buch*, s'appeloit *Captal* ou » *Capdal*. *Cap*, en celtique, est syno» nime à *pen*, & signifie, de même que ce » mot, souverain. *Talh* est le même que » *dalh*; car le T & le D se mettoient in» différemment l'un pour l'autre; ainsi » *captal* ou *capdel* signifie le souverain de » la contrée, le souverain du pays: ce » terme a précisément le même sens que » celui de *Dalhphin*. De *Dalhphin* on a fait » *Dauphin*, d'où l'on a donné le nom de » *Dauphiné*, au pays qui obéissoit à ce » prince; comme l'on a appelé *Exarcat*, » cette partie de l'Italie qui étoit gouver-

(1) Bullet, *loco citato* pages 176, 197 & 198.

(2) Voyez le dictionnaire celtique, aux mots *Dalh*, *Pen Pin*.

» née par un Exarque, & *captalat*, le » domaine du *captal* (1).

» Robert IV, comte d'Auvergne, » épousa Béatrix, fille de Guignes VI. » De ce mariage naquit Guillaume V, » lequel eut un fils, qui prit le titre de » Dauphin à cause de son aïeul maternel. » Depuis ce temps, les comtes d'Auver- » gne furent nommés *Dauphin d'Auver-* » *gne*, & leur souveraineté, le Dauphiné » d'Auvergne. Cette maison des comtes » d'Auvergne s'étant éteinte dans celle » de Bourbon-Montpensier, ces princes » portèrent la qualité de Dauphin; & c'est » sous ce nom qu'on les voit paroître » dans notre histoire » (2).

## SECTION II.

### *A qui appartiennent & le titre de Dauphin & la souveraineté du Dauphiné.*

Nous avons dit au commencement de ce chapitre, que le nom de Dauphin est depuis long-temps le titre distinctif du fils aîné de France; & il est à remarquer que ce titre n'a jamais été pris par les princes qui n'étant ni fils ni petit-fils du Roi régnant, se trouvoient cependant héritiers présomptifs de la couronne. Ainsi Louis XII pendant la vie de Charles VIII, n'a été qualifié que duc d'Orléans. Ainsi François I, avant la mort de Louis XII, n'étoit appelé que duc d'Angoulême (3). Ainsi Henri III, pendant que son frère Charles IX occupoit le trône, se contenta d'abord du titre de duc d'Anjou, & ensuite de celui de Roi de Pologne. Ainsi Henri IV, du vivant de Henri III, ne portoit pas d'autre nom que celui de Roi de Navarre.

Mais le titre de Dauphin n'est point particulier au fils aîné de France: le Roi le prend également dans tous les actes de souveraineté relatifs à la province de Dauphiné.

Pourquoi cela? cette question est plus importante qu'elle ne le paroît du premier coup d'œil. Il faut, pour la résoudre, examiner à qui Humbert II a cedé le Dauphiné; &, par suite, à qui appartient la souveraineté de ce pays.

Il est certain que si Philippe de Valois eût eu la volonté & la force de réunir de lui-même & sans aucun traité, la province du Dauphiné à la couronne de France, il n'auroit fait qu'exercer un droit légitime, puisque, comme on l'a vû ci-devant, section I, cette province n'avoit été détachée du sceptre de nos Rois, que par une usurpation contre laquelle il ne pouvoit y avoir de prescription valablement acquise.

Mais Philippe de Valois n'étoit pas assez puissant pour faire valoir l'ancien droit de ses prédécesseurs sur ce pays. Il aima mieux avoir l'air de l'acquérir par la donation de Humbert II, que d'en entreprendre la conquête.

Cette donation a été opérée par deux actes dont il est à propos de rappeler les principales conditions.

Le premier est de l'an 1343 (1): il y

(1) Voyez le dictionnaire celtique, au mot *Cap*.

(2) Nicole Gilles, seconde partie, p. 113; Brantome, t. 3, pag. 273.

(3) Il avoit cependant obtenu le 18 septembre 1514, des lettres-patentes qui le déclaroient héritier présomptif de la couronne, & en cette qualité, lui accordoient tous les privilèges *de la seconde personne de France*, notamment le droit de donner des maîtrises dans les jurandes.

François I étant parvenu à la couronne, donna de semblables lettres à Charles, duc d'Alençon, qui n'étoit que son cousin au treizième degré.

On appeloit cela des *lettres de proximité*.

*Voyez* Dupuis, *traité des droits du Roi*, pag. 138.

(1) *Ce traité est trop curieux & trop rare pour que nous ne l'insérions pas ici.*

Philippes, par la grace de Dieu, Roi de France; & Humbert, dalphin de Viennois, à touz ceulx qui ces lettres verront, salut: sçavoir, faisons, que comme à la divine grace, à laquelle humaine nature ne peut, ne doit contester, ne soy desespérer d'ycelle, n'ait plu pourvoir à nous Dalphin

est dit que le Dauphin Humbert se voyant sans enfans & voulant faire ensorte que toutes les terres qu'il possédoit demeurassent unies, que ses sujets continuassent à jouir d'une parfaite tranquillité, & les mettre en sûreté sous une puissante pro-

---

dessusdit de fécondité de lignée, descendant de nostre corps, par laquelle l'unité & transquilité de nos terres & subgiez se puissent après noz conserver & garder, & pour ce, nous doubtans que se par le temps avenir ne nous en estoit pourveu, nosdittes terres & subgiez peussent venir en grans division & descort; desirans, à tout nostre povoir, obvier aux grans dommages, adversitez & perils qui en pourroient avenir, & voulans pourveoir comment la unité & paisibles & leurs gouvernemens de noz diz terres & subgiez puissent après nous demourer, confians que à l'aide de Dieu, sous la protection & faveur de nostre très-chier seigneur & cousin, le Roi de France dessusdit, & ses enfans, & leurs successeurs, noz ditz subgiez & terres pourront estre soustenuz & gardez de toutes telles adversitez & périls, maintenus & gouvernez en bonne paix, seurté & tranquilité; & en considération & regart à la grans conjunction & proximité de lignage qui est entre le Roy nostre dit seigneur, & ses ditz enfans d'une part, & nostre très-chiere dame & mère & nous, & nostre très-chiere compagne la dalphine, d'autre; & pour ce certains traitiez eussent esté pourparlez & accordez en la présence de nostre saint-père le pape Clément VI, qui à présent est, par certains conseillers du Roy, nostredit seigneur d'une part, & par nous dalphin en notre propre personne, du conseil, délibération & consentement de plusieurs prélats, nobles, barons, & autres sages, nos féaulz & subgiez d'autre part, par lesquelz nous dalphin dessusdit avions promis, convenantié & accordé à donner, cessier & transporter à monsieur Philippes, fils du Roy nostredit seigneur, ou à un des enfans de nostre très-chier seigneur & cousin monsieur Sehan, duc de Normandie, son filsainsné, nostre dalphiné de Viennois, avecques certaines autres nos terres, & sous certaines convenances, pactions, conditions & manieres ci-après escriptes. Pour ce est-il que nous dalphin, dessusdit, en a sur tout grans & meure délibération, avec plusieurs prélas, barons, nobles, & autres nos féaulz conseillers & subgiez, & pour l'évident & commun profit de nosditz subgiez & terres de nostre certaine science, & de certains propos, bien avisé, de nostre pure & franche volonté, sans contrainte & mal engin, sous les convenances, pactions, conditions, formes & manières cy-dessous escriptes, avons donné, cessié & transporté, donnons, cessons & transportons par ces présentes, dès maintenant, héritablement, à touz jours mais, tant en possessions, commen en propriété, à monsieur Philippes, fils du Roy, nostre ditz seigneur, & où cas que en cellui ne se pourroit accomplir ladite donation, pour cas de mort, dont Dieu le gart, ou par autre légitime empeschement, à un des fils de nostre très-chier seigneur & cousin le duc de Normandie dessusdit, ou de leurs successeurs, Roys de France, que le Roy nostredit seigneur, ou nostredit cousin le duc de Normandie, ou leurs successeurs, Roys de France, voudroient élire par donation entre vis, sanz nul rappel, notreditz dalphiné, & nostre duchié de Champsour, le principé de Briançonois, le marquisé de Cesane, le comté de Vienne, le comté d'Albon, le comté de Graysivodan, le comté d'Ebrionoys, le comté de Gapenzoys, la baronie de la Tour, la baronie de Fucigny, la baronie de Meuillon, la baronie de Mont-Albain, & généralement & spécialement toutes nos autres terres, comtés & baronies que nous tenons à présent, ou autres pour nous, ou devons tenir, & à nous puent & doivent appartenir, en quelque manière que ce soit, avec touz drois, justices & seigneuries, fiez, noblesses, honneurs, dignitez, prééminences, prérogatives, mère & mixte impère, & toutes leurs appartenances & appendances, si, & où cas que nous feudrions de cest siecle sans hoir masle ou femelle, descendant de nostre corps, né en loyal mariage; excepte nos terres de Puille & d'Auvergne, & deux mille livres de rente que nous prenons au trésor de nostre dit seigneur à Paris, & sauf & réservé à nous, & excepte aussi dix mille livres de rente annuelle & perpétuelle, que nous retenons audit dalphiné, à peura sur les chasteaux & ville de Quirieu, de Cremieu, de Sablonieres, de la Balme & tout ce qui est dedanz l'isle de Charmys, & les chasteaux & villes de Saint-Dona, & de Belle-Garde en Viennois, de Mont Fort, de Mont-Bonont, de Mont-Fleuri, de Vesile, de la Mure, de Corp, de Beaumont en Graysivodam, & de Valputa en Brianzonois, & de Chastillon, & de Slanche en la terre de Fucigni; avec toute justice, mère & mixte impère, pour en faire & ordoner à toute nostre voulonté, soit en esglises ou autre part, le fiez & la souveraineté demourant touz jours à celui qui sera dalphin; les quieux chasteaux & villes ne sont ne doivent estre en marché, ne en frontière, & ne y est mis ne doit estre noblesse de Comté, ne de Baronie, mais en autres chose & lieux qui sont prises à moins de damage pour la dalphiné, & par tele condition & manière, *ensi que ledit monsieur Philippes, ou cellui qui sera dalphin, & ses hoirs & successeurs au Dauphiné, se appelleront, & soient tenuz de faire soy ap-*

protection, il a cru ne pouvoir mieux faire que de les ranger ſous celle du Roi de France, de ſes enfans, & de leurs ſucceſſeurs : dans cette vue, il donne, cède & tranſporte le Dauphiné, le duché de Champſaur, la principauté de Brian-

*peller Dalphin de Viennois, & porteront les armes dudit dalphiné eſcartellées avec les armes de France, & ne laiſſeront & ne puiſſent laiſſier le nom de dalphin, ne leſdites armes; & ne ſera ne puiſſe eſtre unis ne ajouſté ledit dalphin au royaume de France, fors tant comme l'empire y ſeroit unis;* & facent & ſoient tenuz de faire aus égliſes de Vienne, de Lyon & de Grenoble, & au Roi de Secile, & à touz autres à qui nous ſommes tenus, les homages, recognoiſſances, & autres choſes qui à eulx appartiennent & doivent eſtre faites; & avecques ce, tendra & gardera, & ſoit tenus de garder & tenir ledit monſieur Phelippes, & ceulx qui feront dalphin, à touz jours mais, perpétuellement, toutes les libertez, franchiſes, privilèges, bons us & bonnes couſtumes du dalphiné, des comtées, dignitez, baronies & terres deſſuſdites, des prelas, clergiez, barons, chaſtelains & autres ſubgiez nobles & non nobles d'ycelles, des citez chaſteaux, égliſes, villes franches, fiez & rerefiez & autres proprietez, & communes, & autres lieux & villes deſdiz dalphiné, comtées, dignitez, baronnies, & autres terres contenues en cette préſente donation, & compriſe & des ſubgiez & ſingulieres perſonnes d'ycelles, tant de ſucceſſions, comme d'autres choſes, qu'elles que elles ſoient, & eſpécialement que les plus prochains du lignage maſles ou femelles, en montant & en deſcendant, & li colletals, auſſi nobles & non nobles, ſuccedent, ſanz teſtament, ou par teſtament, eulx ou autres, ſelon la diſpoſition du teſtateur, tant en fiez, & rerefiez nobles ou autres, comme en autres choſes; & les leur tenra & confermera ledit monſieur Philippes, ou cellui qui ſera dalphin, & ratifiera, & ſoient tenus de tenir, conformer & & ratifier, en la maniere que deſſus, ſi-toſt que il vendra audit dalphiné, & avecques ce payera & ſoit tenus payer ledit monſieur Phelippes, ou cellui qui ſera dalphin, & ſes hoirs & ſucceſſeurs au dalphiné; toutes nos debtes, & amendera, & ſoit tenus d'amender les torffaiz de nous & de nos prédéceſſeurs, ainſi comme li fils eſt tenus pour le père, de tout li temps paſſé, juſques au vint & troiſième jour de février darenièrement paſſé, celles toutes voies qui deues ſeront dudit temps paſſé au jour de noſtre trépas; & quant à celles qui par nous ſeroient acruees, ou faites dez ledit jour, & par le temps avenir, ledit monſieur Phelippes, ou cil qui ſera dalphin, ni ſera tenus que juſques à la value de vint & cinq mille florins de Florence, à une fois tant ſeulement : & avecques ces choſes retenons & réſervons à nous, tout ce que des ores-en avant nos acquerrons ou dit dalphiné, à donner & ordonner à noſtre volenté, ſoit en égliſes ou autrement, réſervez toutefois les fiez & ſouveraineté audit dalphiné, & ſe èſdiz acquez droit aucune choſe qui ne faſſent en nobles fiez, & ne euſſent juſtice, comme prez, vignes, molins & choſes de ſemblable condition, nous y pourrons donner ban juſques à ſoixante ſouls, ou deſſouz, & les amortir & donner à égliſes ou lieux pitéables, ou ordonner autrement, ſi comme à nous plairoit. Avons auſſi reſervé & reſervons, que ſe l'eſchange de Romans qui pour pallez eſt, ſe faiſoit, nous penſſons bailler ou lieu d'icelui, pour lidit eſchange, Aviſan, Nihons & Mirebel, & les fiez de Viſobres, de Puyzhugon, de Saint-Marcellin, de Saint-Moris & de Rocheaque, ladite ville de Romans demourant ou dit cas audit dalphiné, parfaiſant toutefois à nous, ou cellui qui aura cauſe de nous, par cellui qui dalphin ſera, récompenſation de ladite ville de Romans, en accompliſſant la ſomme de dix mille livres de rente deſſuſditte; & ou cas que ledit eſchange ne ſe faiſoit, nous retenons les diz chaſteaux d'Aviſan, Nihons & Mirebel, & les fiez deſſus diz, pour tant comme ils valent de rente, en rabatant icelle value deſdittes dix mille livres de rente deſſous retenuës, ſans que li dalphin, qui ſera pour le temps, y puiſſe reclamer aucun droit de fief; & reſervé auſſi à noſtre très-chiere dame & mére la dalphine, ſon douaire, tant comme elle vivra, & reſervé auſſi à noſtre chiere compaigne la dalphine, ſon douaire de dix mille livres, que nous lui avons donné & aſſigné, le cours de ſa vie tant ſeulement; & ſe ez diz doüaires ou aucun d'iceulx eſtoit aſſigné aucun des chaſteaux deſſus nommez, que nous avons retenus, & reſervez pour leſdittes dix mille livres de rente perpétuelle comme deſſus, & nous vivans, leſdittes dames, ou aucune d'icelles, à qui ils ſeroient aſſignez, donions, ou autrement ordenions à autres perſonnes les diz chaſteaux, ou aucun d'iceulz aſſignez ez diz doüaires, ledit monſieur Philippes, ou cellui qui ſera dalphin, comme deſſus, ſoit tenus à faire & baillier recompenſation convenable, pour yceulz chaſteaux en rente pleine, à cellui à qui nous ordenerions ou donions les diz chaſteaux, juſques au décès deſdittes dames, ou d'ycelle, en qui doüaire les diz chaſteaux ſeroient aſſis. Et pour ce que ceſt préſent don, ceſſion & tranſport, & autres choſes deſſus dittes, aient & puiſſent avoir plus grant fermeté, & pour la ſeurté du Roi noſtre dit ſeigneur, & dudit monſieur Philippes ſon fils, & de cellui & de ceulz qui voudroient au dal-

connois;

connois, le marquisat de Césanne, le comté de Vienne, le comté d'Albon, & généralement toutes les autres terres, comtés & baronies qu'il possédoit alors, avec toutes leurs appartenances & dépendances, *à monsieur Philippe, fils puîné du*

---

phiné par cest présent don, comme dit est, nous voulons, mandons & commandons dez maintenant que les baillifs, chastelains & autres officiers, présens & avenir, des dittes terres contenues en cest présent don, promettent & promettront, jurent & jureront sur les saints évangiles, corporelment touchiez, ez-mains de ceulz que le Roy nostre dit seigneur y vouldra députer, au nom & au profit de monsieur Philippes, son dit filz, & de cellui & ceulz autres qui seront dalphin, comme dessus, que ou cas où nous faudrions de cest siecle, sans hoirs de nostre corps, né en loyal mariage, il mettront tantost le forteresses & chasteaux des dittes terres ez mains de cellui, ou de ceulz que le Roys nostre dit seigneur, ou son dit filz, ou cellui qui sera dalphin, comme dit est, ordonnera ou deputera à ce; &, se il en failloient, dez lors que il feroient le contraire, ils seroient tenuz & réputez parjures, & aconçuës de traison, & jugiez pour traistres, & faux prouvez.

Item. Pourra dèz maintenant le Roy nostre dit seigneur, eslire des gentilz-hommes suffisans & convenables, qui soient nos hommes, tant seulement, ou de lui & de nous ensemble, ez mains des quieux nous mettrons des ja, au nom & au profit de nous, & au nom & au profit du Roy nostre dit seigneur, & de son ditfilz, & de cellui ou ceulz qui vendront au Dalphiné, comme dessus est dit, a plus grant seurté de accomplir les choses dessus dittes, des chasteaux & villes des meilleurs & plus notables dudit Dalphiné, & terres; & ne pourront estre ostez les diz chasteaux & villes des mains des diz nobles, ne bailliez à autres, ce nestoit de la volonté du Roy, & que cil qui les prendroient, ne feissent tout avant semblable serement, & ces promesses, & sur les paines contenueës en l'article précédent: & toutes voies se nous les voulions changier, faire le piussions, sans requerre la volenté du Roy, & sans contredit; mais que ce soit en genz de pareille condition, & qui facent tout avant le pareil serement en la main du viguier ou du chastellain de Sainte-Colombe, ou de l'un d'eulz, ou des députez d'eulz, ou de l'un d'eulz qui sont ou seront par le temps. Et par spécial, avecques ces choses à gregneur seurté de nostre dit seigneur & de son dit filz, & de cellui & ceulz qui seront Dalphin, comme dessus est dit, mettrons en la manière des terres dessus dittes ez mains des nobles, que le Roy ou ses genz esliront de nos hommes, par la manière que dessus est dit, nostre terre de Fucigny, & tous les chasteaux, villes, & appartenances d'icelle, & les chasteaux d'Albon, & de Mouras, & des autres, à l'avis des genz du Roy nostre dit seigneur, en la manière dessus ditte, en baillant, & prestant aux députez dessus nommez, les promesses & seremens dessus dits, & sur les paines dessus dittes; & aussi baillons & mettons dèz maintenant, ez mains de nostre féal monsieur Humbert de Choulay chevalier, & à présent baillif de Mascon, pour le Roy nostre dit seigneur, les chasteaux de Montluel, Peroges, Semans, Messimeu, Satonnay, & Vaux qui est de costé Lyon, pour les tenir & gouverner au nom de nous, & à la seurté du Roy nostre dit seigneur, & de son filz qui sera Dalphin, & il fera les seremens & promesses dessus dittes, & en la manière dessus ditte. Et tous les dons, cessions, & transporz dessus diz, avons faiz & faisons au dit monsieur Phelipes, ou à cellui des diz enfans de monsieur le duc, où cas, & en la manière dessus ditte, & souz les manières, reservations, conditions, promessions, pactions, & convenances contenuës en ces lettres, pour les causes dessus dittes, & plusieurs autres, qui à ce nous mouvoient & pouvoient mouvoir, & parmi dix mille livres de rente, que le Roy nostre dit seigneur nous a promis, & données à prenre en certains lieux & convenables, le cours de nostre vie tant seulement, sans ce que nous ou nos successeurs soyons tenus à faire restitution des fruits que nous en aurons perceu en nostre vivant, & parmi deux mille livres de rente à héritage, à asseoir en certains & convenables lieux, en recompensation, & pour cause de deux mille livres de rentes à héritage, que nous prenions en son tresor à Paris, & aussi parmi six vintz mille florins d'or de Florence, ou la valuë qu'il nous a donné & promis à payer à trois ans, chascun en quarante mille florins, & que les premiers quarante mille florins nous soient & doient estre payez dedans les octaves de la nativité saint Jehan-Baptiste prochain venant, & à la nativité de saint Jehan-Baptiste lors prochain ensuivant, les autres quarante mille florins, & à l'autre nativité de saint Jehan-Baptiste dez lors prochain ensuivant les autres quarante mille florins; & nous seront, & doivent estre assignez les diz quatre-vintz mille florins en certains lieux & convenables à prenre par nostre mains, aus termes dessus nommez en tele maniere & conditions, que ez payemens d'iceulz nous ne puissions estre en riens empeschiez par voye de compensation, ou quelconques demandes que le Roy ou ses gens, ou autres personnes nous puissent faire pour cause de marque du petit scel de

*Roi*; & en cas que cette donation ne puisse pas être effectuée à son profit, il est dit qu'elle aura lieu en faveur d'un des fils de Jean, duc de Normandie, fils aîné du même Roi, *ou de leurs successeurs Rois de France, que le Roi ou ses successeurs Rois voudroient élire.*

Cette donation ne fut faite par le Dau-

---

Montpellier, ou par quelconques autres causes que ce soient; & se toute laditte somme ne nous estoit payée en nostre vivant, ce qui en faudroit soit payé à nos enfans ou à ceulz que nous y voudrions ordener, tant comme le Roy nostre dit seigneur, ou ses successeurs Roys de France voudroient attendre pour leurs ditz enfans, & leurs successeurs descendans de eulz, la succession dudit Dalphiné, en la manière dessus ditte. Et parmi ce que le Roi nous a donné & octroyé, que nous & nos successeurs ayons les premières appell[illegible]ions & juges d'appeaux, & exécutions d'icelles, en toutes les proprietez, fiez, & arrerefiez, que nous avons, & aurons au royaume de France; & avecques ce que nostre monnoye, & de nos successeurs du Dalphiné, y queurre & ait son cours en nostre dittes terres, proprietez, fieb & arrerefiez du royaume, si comme il est accoustumé d'ancienneté, & que nous & nos successeurs nous puissiens aider en temps de guerres & autres temps convenables & nécessaires, de nos gens & subjiez de nos terres du royaume, & les traire hors dudit royaume, pour les dittes causes, nonobstant défense contraire, se li Roys n'en avoit à faire pour guerre ou autres cause raisonnable, & que marque quelle que ce soit, du petit scel de Montpellier, ou d'autre scel de Foiras, ou statutz du royaume, ou pour quelconques cause ou obligation, ne se peust donner contre nous, nos successeurs, ne contre nos hommes & subgiez dudit Dalphiné, jusques à tant que nous, ou nos lieuxtenans, ou juges compétans deuement requis serions, en défaut de en faire raison, ou justice; & que nulz hommes ou subgiez dudit Dalphiné pour choses qui soient assises hors du royaume, ou contrait ou meffait, hors dudit royaume fait, ne puissent estre traiz en aucune court du royaume, se ce n'estoit en cas où remission s'en devroit faire, par raison tant seulement. Et parmi ce que le Roy nostre dit seigneur nous a promis pour lui & ses hoirs, & successeurs en bonne foy, à garder, conserver & deffendre, nous, nos hoirs, & successeurs nostredit Dalphiné, comtées, dignitez, baronnies, & terres dessus dittes, fiez, arrerefiez d'icelles, & toutes autres choses contenuës en ceste donation, toutefois que par nous, ou nos hoirs, ou successeurs en seroient requis perpétuellement à tous jours. Et ce mesmé nous a fait promettre & jurer par nostre dit seigneur & cousin le duc de Normandie son filz, & par son frère nostre chier cousin le comte d'Alençon, & avecques ce promis que il fera, & curera, & soit tenus de curer, & faire que nos chier cousins le duc de Bourgogne & le comte de Boulogne & d'Auvergne son filz, nous feront cette mesme promesse, de deffendre nous, nos hoirs, & successeurs, & nos diz Dalphiné, comtées, dignitez, baronies & terres dessus dittes, fiez & rerefiez d'icelles, & les autres choses, tout en la maniere que le Roys nostre dit seigneur nous a promis perpétuellement à tous jours; & nous aussi par semblable manière, pour nous & nos successeurs, l'avons juré & promis, jurons & promettons au Roy nostre dit seigneur, & à tous les dessus nommez, pour eulz & leurs successeurs, garder, conserver & deffendre eulz & leurs hoirs & successeurs, ledit royaume, leurs duchez, comtées, dignitez, baronnies & terres, perpetuelment & à tous jours. Et où au cas que nous aurions hoirs de nostre corps descendans, par loyal mariage, un ou plusieurs masles ou femelles, & iceulz mourroient sans hoirs de leurs corps, nez en loyal mariage, nous volons & ordenons que oudit cas, ledit monsieur Phelipes ou cellui des diz enfans comme dessus, leur succèdent audit Dalphiné & terres, tout en la forme & maniere que il a en été divisé par dessus que il y vendroient après nous, se nous deffaillians de cest siecle sans hoir comme dit est. Et où cas que nous aurions filles, une ou plusieurs descendans de nostre char, nées en loyal mariage, ledit monsieur Phelipes ou cellui desdits enfans comme dessus, penroit en mariage l'ainsnée des dittes filles, se elle n'avoit defformité; ou autrement, n'estoit juable, & avecques celle, auroit en mariage les diz Dalphiné, & terres; & où cas où elle ne seroit convenable, ledit monsieur Philippe, ou cellui des diz enfans, comme dessus, penroit l'autre après ensuivant par mariage, avecques les diz Dalphiné & terres, & les autres filles seroient mariées souffisamment à l'ordonnance du Roy nostre dit seigneur, ou du duc de Normandie son filz, ou de leurs successeurs Roys de France. Et où cas où ledit monsieur Philippe seroit passé de cest siecle, ou seroit ja marié ou de tel aage qu'il ne fust convenable de tant attendre a luy marier, on eust autre legitime empeschement pourquoy il ne peust prenre en mariage laditte fille, l'un des filz dudit duc de Normandie, lequel le Roy qui pour le temps seroit esliroit, ou ledit monsieur le duc, prenroit laditte fille à mariage avecques les diz Dalphiné & terres, ou cas & par les manieres, convenances, reservations, &

phin Humbert, qu'en cas qu'il mourût sans enfans mâles ou femelles, descendans de lui en loyal mariage. Le Roi lui promit 2000 livres de rente d'une part; & 10000 livres d'autre.

Il est stipulé dans le même acte que

autres promesses dessus dittes & devisez : & succederont & doivent succeder nos filz & filles l'un à l'autre & toute leur postérité descendans de leur corps par loyal mariage de degré en degré ou Dalphiné & terres dessus dittes. Et est à entendre que ou cas où nous aurions hoirs masles ou femelles, & se il plaist au Roy nostre dit seigneur ou à monsieur le duc, ou à leurs successeurs Roys de France, il pourront recouvrer de noz diz hoirs, les six vintz mille florins dessus diz après nostre decez & non mie en nostre vivant ne après nostre decez, jusques à tant que nostre dit hoir comme dessus eust quatorze ans accompliz & non avant; & lors seroit tenus à payer douze mille & cinq cens florins chascun an au Roy ou à ses hoirs, ou à ceulz qui de luy auront cause, jusques à tant que li Roy eust recouvré tout ce que nous aurions receu de ladite somme, & pour ce sera tenuz celluy de noz diz hoirs qui lors tendroit li Dalphiné à bailler en la main du Roy ou de ses hoirs, ou qui de luy auront cause, choses & terres où le Roy peust prenre franchement chascun an les diz douze mille & cinq cens florins, en rabatant de ladite somme de six vintz mille florins dessus diz, jusques à tant que laditte somme seroit parpayée, comme dit est; & se il leur plaist attendre le cas du decez de noz diz hoirs masles & femelles descendans de nostre corps, aus cas qu'il deffendroient touz & leur ditte postérité descendant d'eulz comme dessus, sans hoirs de leurs corps, né en loyal mariage, en quelque degré que ce fust des ditz descendans de nous ou de noz diz enfans descendans de nostre corps, & soy souffrir & cessier de lever les six vintz mille florins dessus ditz, nous voulons & ordenons que en icellui cas; laditte donation ait son effet à cellui de leurs enfans que le Roy nostre dit seigneur, qui est à présent, ou ledit monsieur le duc, se il estoit deffailliz de cest siecle, ou leurs successeurs Roys de France vouldroient eslire avecques les charges, promesses, & convenances dessus dittes, lesquelles nous voulons estre tenuz & gardez par cellui de leurs diz enfans qui audit Dalphiné vendroit par quelques des voyes ou manieres dessus dittes & contenuës, & lesquelles ou dit cas voulons estre tenuës pour repetées. Toutes lesquelles choses nous Dalphin dessus dit, promettons en bonne foy tenir & accomplir, & à non venir en contre, en aucun temps, par quelque voye que ce soit; & à ce obligons nous, nos hoirs & successeurs, & noz biens & les biens de nos ditz hoirs & successeurs, presens & à venir, renonçons en ce fait par nostre serment à toute exception, de mal, de fraude, de barat, de lesion, de circonvention & de deception, & à ce que nous puissions dire autre chose, avoir esté faite & escrite, au benefice de restitution & convention de lieu & de juges, à toutes graces, lettres & privileges sur quelconque forme de parolles que ce soit, à tout droit escript & non escript, canon & civil, & à toutes autres exceptions, barres & cavillations par lesquelles l'on pourroit venir contre ces lettres ou aucune des choses contenuës en icelles; & jurons à sainctes evangiles, que onques ne feismes, ni ne ferons chose, pourquoy les dittes choses ou aucunes d'icelles puissent estre enfraientes, retractées ou empeschées en aucune maniere, & à ce tenir & garder, & encontre non venir; voulons estre contrains & submettons nous & nos bens & les bens de nos hoirs & successeurs à la cohertion & contrainte du petit scel de Montpellier & de la chambre de nostre saint pere le pape. Et nous Roy de France dessus dit, en approuvant le bon propos & bonne volenté dudit Dalphin nostre très-chier & féal cousin, & en recognoissant l'amour qu'il a à nous & à nos enfans, & en acceptant & approuvant cest presens don, & les choses dessus dittes, & chascune d'icelles; & ayens attention & volenté si comme il appartient de faire & accomplir toutes les choses pourparlées & accordées par nos ditz conseillers pour nous d'une part, & par ledit nostre cousin en sa personne d'autre, en la presence de nostre saint pere dessus dit, & par si grand conseil & délibération comme dit est, en accomplissant icelles, avons donné & donnons dez maintenant audit Dalphin dix mille livres de rente à prenre le cours de sa vie en lieux certains & convenables, sans priser en icelles maisons ne chasteaux, sans ce que lui ou ses successeurs soient tenus à faire aucune restitution des fruitz perceus en son vivant, & deux mille livres de rente annuelle & perpetuelle en lieux certains & convenables, ou lieu & pour cause de deux mille livres de rente que nostre dit cousin prenoit à nostre dit tresor à Paris; & avons voulu & outroyé, & voulons & outroyons que ledit Dalphin, & ses hoirs & successeurs ayent & doient avoir les premières appellations, & juges d'appeaux & les exécutions d'icelles en toutes les proprietez, fiez & rerefiez, que il a & auront en nostre royaume; & avecques ce volons & octroyons que sa monnoye & de ses successeurs du Dalphiné cuere & ait son cours en ses dittes terres, fiez & rerefiez de nostre

Philippe ou celui qui sera Dauphin, & ses hoirs, successeurs au Dauphiné, s'appelleront *Dauphins de Viennois*, & porteront les armes de cette province écartelées avec celles de France.

Le Dauphin Humbert voulut aussi que

---

royaume, si comme il est accoustumé d'ancienneté, & que ledit Dalphin & ses successeurs se puissent aider en temps de guerres, & autres temps convenables & nécessaires, de ses genz qui sont & seront en ses terres, fiez & rerefiez de nostre dit royaume, & les traire hors de nostre dit royaume pour les dittes causes, non obstant deffense contraire se nous ne n'avions à faire pour guerre au pour autre cause raisonnable : & avecques ce, avons donné & donnons à nostre dit cousin six vintz mille florins de Florence ou la valuë, lesquieux nous li promettons à payer à lui ou ses enfans, ou ceulz qui lui vouldra ordener, tout en la maniere, & sur les conditions & termes que par ledit Dalphin nostre dit cousin a esté dit & esclairci par dessus; & pour les diz payemens le assignerons & promettons à assigner en certains & convenables lieux à les y prenre par sa main, & ne voulons que en payemens & perception d'iceulz soient ou puissent estre en riens empeschiez par voye de recompensation ou quelque demande que nous ou nos genz, ou autres personnes leur peussent faire pour cause de marque du petit scel de Montpellier, ou par quelconque obligation ou cause que ce soit; & promettons en bonne foy à garder & tenir & à faire tenir & garder à nostre très-chiere cousine Beatrix de Hongrie mere dudit Dalphin, son douaire le cours de sa vie, & par celle mesme maniere à nostre très-chiere cousine la Dalphine sa femme, le douaire de dix mille livres de rente que ledit Dalphin li a données & assignées le cours de sa vie tant seulement; « & avecques » ces choses avons voulu, voulons & octroyons » à nostre ditz cousin, que marque quelle que » ce soit du petit scel de Montpellier, ou d'autres » des foires ou statutz de nostre royaume ou pour » quelconques causes, ou obligation que ce soit, » ne se peust donner contre ledit Dalphin, ne » contre ses hoirs ou successeurs, ne contre les » hommes ou subgiez dudit Dalphiné, & terres » dessus dittes jusques à tant que le Dalphin ou » ses lieutenans competens, deüement requis » seroient en deffaut de en faire raison & justice, & que nulz hommes ou subgiez dudit » Dalphiné, & terres dessus dittes pour chose » qui soient assisez hors de nostre royaume ou » contrait, ou messait hors de cellui royaume » fait, ne peussent estre traiz, ne convenez en » aucune court de nostre royaume, se ce n'estoit » en cas ou remission, se devroit faire par » raison tant seulement. » Et avons voulu, voulons & octroyons, & promettons à faire tenir & garder à touz jours mais, perpetuelment, par nostre diz filz Philippe ou cellui des enfans de nostre diz filz le duc, & leurs hoirs & successeurs, qui li Dauphiné auront, toutes les libertés, franchises, privileges, bons us, & bonnes coustumes de prelas, barons, chastelains & autres subgiez, nobles & non nobles, & singulieres personnes, esglises & tout le clergié, communes, eisez, chasteaux & villes franches, des fiez dudit Dalphiné, & des autres terres dessus dittes, tant de succession comme d'autres choses, & que tant en fiez & rerefiez comme en autres choses succedent les plus prochains du lignage, masles ou femelles en montant & en descendant, & li collatéral aussi tant nobles comme non nobles, sauz testament ou par testament, eulz ou autres, selon la disposition du testateur, tant en fiez & arerefiez, nobles & autres, comme en autres choses, & que iceulz privileges, franchises & libertez leur soient confermez & rattiffiez par cellui de noz ditz enfans, comme dit est, qui sera Dalphin, sans les rappeller, ou enfraindre ou temps avenir par aucune maniere que ce soit. Et avecques ce, avons promis & promettons pour nous & noz successeurs Roys de France au dit Dalphin, & à ses hoirs & successeurs Dalphins de Viennois, à lui garder, aider, conserver & deffendre, soy & ses hoirs & successeurs, & son Dalphiné & ses contrées, baronnies, dignitées & terres, fiez & rerefiez d'icelles, & toutes autres choses contenuës ou dit don, toutes fois que par li ou ses hoirs ou successeurs en seront requis, perpetuelment à touz jours; & cest promesse li avons fait faire & jurer en nostre presence par nostre très-chier filz le duc de Normandie, & nostre très-chier frere le comte d'Alençon, & promettons à curer, & faire que nostre très-chier & féal frere le duc de Bourgoigne, & nostre très-chier neveu Phelipe de Bourgoigne son filz, comte de Bouloigne & d'Auvergne, li feront la semblable promesse; & consentons en la retenuë faite par le dit Dalphin nostre cousin de chasteaux de Quirien, de Cremieu, de Sablonnieres, de la Balme, & de tout ce qui est dedans l'isle de Charuys, & des chasteaux & villes de Saint-Dona, de Belle-Garde, de Mont-Fort, de Mont-Bonout, de Mont-Fleury, de Visile, de la Mure, de Corps, de Beaumont, de la Valpute, de Chastillon, & de Salamhe, dessus nommez pour les ditz mille livres de rente perpetuelle par lui retenuez comme dessus, se ainsi est que les ditz chasteaux ne soient en marche ne frontiere & ne soient en noblesse de comté ne de

le Dauphiné ne pût être uni au royaume de France, *fors tant comme l'empire y seroit uni.* On examinera dans la suite quel doit être l'effet de cette clause, aussi bien que de celle qui suit immédiatement dans le même acte, & par laquelle Hum-

---

baronnie; & se aucun en avoit en marche ou frontiere, ou qu'ils fussent en noblesse de conté ne de baronnie, comme dessus est dit, al demourront & doient demourer ou Dalphiné, en baillant audit Dalphin nostre cousin, ou à ceulz qui de lui auront cause, autres chasteaux hors marche frontiere & noblesse, comme dessus, en parfaisans les dittes dix mille livres de rente; & se il valoient plus, icellui plus en seroit détrahit & demourre au Dalphiné; & se moins voloient des dittes dix mille livres de rente perpetuelle, nous voulons & consentons que elles li soient accomplies bien & convenablement en lieux de semblable condition, comme doit estre, la retenuë des dittes dix mille livres, comme dessus est dit: & promettons en bonne foy pour nous & noz successeurs à faire tenir, garder perpetuelment, & accomplir toutes les choses dessus dittes & devisées tant par nous, comme pa, le Dalphin nostre dit cousin, & chascune d'ycelles, tant comme elles touchent ou puent ou porront tochiez nous, noz ditz enfans & noz successeurs, & les leurs, & à non venir en contre; & à ce obligeons nous & eulz nos hoirs & nos successeurs, & les leurs, tous nos bens & leurs, presens & auenir, renonçans en ce fait en bonne foy à toute exception, de mal, de fraude, & de barat & de lesion, de circonvention & de deception, & à ce que nous peussions dire autre chose, avoir esté faite & accordée, que escripte ou non escripte, que faite & accordée, au benefice, restitution & convention du lieu & de juges, & à toutes graces, lettres & privileges sur quelconques fourme de paroles que ce soit, à tout droit escript, canon & civil, & à toutes autres deceptions, bares & cavillations par lesquelles l'on pourroit venir contre ces lettres ou aucunes des choses contenuës en icelles. Et n'est par l'entente de nous Roy de France & Dalphin, ne d'aucun de nous, par chose que dessus soit faite ou ditte ne qui s'en suive que aucun prejudice soit fait ou droit de l'Empire. Et nous Roys de France & Dalphin dessus ditz, toutes les choses & chascune d'ycelles acceptons, & approuvons & promettons en bonne foy pour nous & nos successeurs à les tenir, accomplir & garder, faire tenir, garder & accomplir, & à non venir en contre; & à gregneur, perfection, fermeté & seureté des dittes choses, supplions à nostre saint pere le pape dessus dit, que les donations, cessions, transports dessus ditz, & toutes les autres choses dessus escriptes & comprises il veuille loer, approuver, ratiffier & confermer & suppléer les deffauts, se aucuns en y a, & y pourveoir de toutes les voyes & remedes par lesquelles les choses dessus dittes, & chascune d'icelles ayent, prengnent, peussent prenre, & avoir plainė viguéur & effet, en toutes les meilleures manieres que faire se pourra, tout ainsi comme se expressément & par especial fussent par nous expressées, especifiées, convenanciées & accordées en ces presentes lettres, & ainsi comme par lui pourra mieux estre fait, sans ce toutefois qu'il porte aucun prejudice aus droitz & honneurs du royaume. Toutes voyes, toutes les choses dessus dittes, & chacusnes d'icelles demourant en leur fermeté & pleniere vertu. Donné au boys de Vincennes, l'an de grace mille trois cens quarante & trois au mois d'avril, le vint troisieme jour dudit mois d'avril. Par le Roy en son grant conseil. R. DE MALINS, HUMBERT P.

Par monsieur le Dalphin, à la relation & de la voulenté & commandement exprès; monsieur Humbert, seigneur de Thoyre & de Villars, Humbert de Choulay, seigneur de Tullius, Amblard, seigneur de Beaumont, Guigues de Morges, seigneur de Lespine, chevaliers, Jacques Brunier, chancellier du dalphinel, frère Jacques Rivera, commander de Marseille, & Jacquemet de Dye, dit Lappo, conseiller, procureurs & messager à ce deputez par ledit monsieur le Dauphin, H. P.

*Nouveau traité pour le transport de dauphiné en faveur du duc de Normandie, ou de l'un de ses enfans, à la place de Philippe, duc d'Orléans, nommé par le premier traité.*

En nom de nostre seigneur Jésus-Christ. Par cest public lastrument, soit chouse cogneüe à touz présens & avenir, que l'an de grace de nostre dit seigneur 1344, la 12 indiction, le 7 jour du mois de juing, du pontificat de nostre très-sainct père en dieu & seigneur, monsieur Clément, par la grace divine, pape VI, l'an tiers, établis pour les chouses qui s'ensuivent, en la présence de nostre dit seigneur le pape, & pardevant nous notaires publiques & tesmoing ci-dessous escriptz, très-nobles princes, monseigneur Jehan, ainsné filz de très-excellent prince monseigneur Phelippe par la grace de Dieu, Roy de France, duc de Normandie; d'une part, & monseigneur Humbert, Dauphin de Viennoys, de l'autre, monsieur Eude, duc de Bourgogne, & monsieur Philippe son filz, comte de Boloigne, affermans yceulz nos seigneurs le duc de Normandie, & Humbert, Dauphin de Viennoys dessus diz, que il est du bon plaisir & consentement du devant dit nostre seigneur le Roy,

bert charge ses donataires, de faire aux églises de Lion, de Vienne & de Grenoble, & au Roi de Sicile, & à tous autres, « les hommages, reconnoissance » & autres choses qui à eux appartiennent : ensemble de garder les libertés,

---

& de très-excellente dame, madame Jehanne, royne de France, sa compaigne & mère dudit monsieur le duc, que les pactions & convenances quelcunques, jadis faites & firmées entre ledit nostre seigneur le Roy, ou nom de très-noble monseigneur Philippe, son second né filz, & des enfans dudit monseigneur le duc de Normandie d'une part, & ledit monseigneur le Dauphin de l'autre, sus la succession du dauphinel, & de certaines terres dudit monseigneur le Dauphin, qui devoient venir audit monseigneur Philippe, filz dudit nostre seigneur le Roy, ou à l'un des filz dudit nostre seigneur le duc, en cellui cas que il avendroit que ledit nostre seigneur le Dauphin mourroit sans enfants mâles ou femelles engendrez de son propre corps en loyal mariage, si comme ces chouses sont plus pleinement contenuës & convenances sur ce faites, fassent muées & transportées, & se faissent en personne du devant dit nostre seigneur Jehan, duc de Normandie, ou nom de luy & de ses enfans, ycellui monseigneur le Dauphin volanz si comme il disoit sur lesdites chouses aus diz nostre seigneur le Roy, madame la royne, & monseigneur le duc de Normandie dessus diz, libéralement faire plaisir, de certaine science, & sa bonne voulenté, si comme il disoit, y celles pactions, convenances & permissions, en quelque manière que elles soit faites, & jurées, sus la succession du dauphinel & de ses terres, avec nostre seigneur le Roy dessus dit, ou nom dudit monseigneur Philippe, & des enfans dudit monseigneur le duc, « & toutes les chouses & chascunes d'ycelles qui s'en ensuient ou puent ensuir, » & les dépendances ou incidenz en ycelles & d'ycelles, ès souz les sermens, manières, conditions, retentions, reservations, permissions, » privilèges, franchises, libertez, confédérations & déclarations quelconques, contenuës en » ycelles pactions & convenances, & ce qui s'en » est ensui, en tout & par tout. » Ainsi comme ès instrument & lettres faites, sur ce scellées des seaulz de dessus diz nos seigneur le Roy & Dauphin, ou de l'un de ceaulx, est plus peuerement contenu, lesquelles il veut & entent avoir, & estre pour repettées en cette présente translation, ainsi comme si singulièrement & expressément estoient nommées & expressées en ycelles, fist, unit, transporta & mua audit monseigneur le duc de Normandie, & en sa personne présent, stipulant & recevant en nom de luy & de ses enfans & de toute leur postéritez ; excepté tant seulement, quant à la personne dudit monseigneur le duc, « celle » clausule contenuë esdites pactions, qui con» tient que si le devant dit monseigneur le Dau» phin avoit fille, icelle doye prendre fame » ledit monseigneur Philippe second, nez dudit » nostre seigneur le Roy, laquelle clausule n'ait » point d'effet, ne n'ait lieu par vertu de cette » translation en la personne dudit monseigneur » le duc, mais de tout en tout soit & doye estre » entenduz exempz d'icelle ». Promettent les diz messeigneurs Jehan, duc de Normandie, & Humbert, Dauphin de Viennoys, pour eaulz & pour leurs hoirs & successeurs, l'un à l'autre par semblables & sollempnes stipulations entrevenuez par bonne foy, & sus l'obligation & ypothecque de tous leurs biens présens & avenir, & jurant touschié par eauls & par chascun de eauls les sainctes évengeles, les dittes pactions & convenances, avec toutes les manieres, fourmes, conditions, retentions, reservations, privilèges, libertez, permissions, confédérations & déclaration contenuës en ycelles, & tout ce qui s'en est ensuivi, & doit en suivre d'icelles, & ainsi comme esdites lettres & lustrument, scellés des sceaux royaux & dauphinauls, ou de l'un des eauls est plus plenerement contenu, excepté tant seulement, quant à la personne dudit monseigneur le duc, la clausule du contract de mariage avec la fille dudit monseigneur le Dauphin. Se il avenoit que il l'eust attendre, complir & avoir ferme & agréable, & promit & jura touschié les sainctes évangiles, ledit monseigneur Jehan, duc de Normandie, pour soy & ses hoirs & successeurs à tous jours mays, adrecier, deffendre, aider & garder à tout son pouvoir la personne dudit monseigneur le Dauphin, & son estat & honneur, & de ses successeurs & de tout le dauphinel. Et après ce tantost & incontinent à la prière dudit monseigneur le duc de Normandie, & à la requeste dudit monseigneur le Dauphin, les dessus dit messieurs Eudes, ducs de Bourgoigne, & Philippes son filz, comtes de Bouloigne, faisans alliances avec ledit monseigneur le Dauphin & le dauphinal pour eaulz & leurs hoirs & successeurs, ont promis & juré, touchiez les sainctes évangeles pour eaulz & pour chascun de eaulz, audit monseigneur le Dauphin présent, stipulant & recevant pour luy & pour ses successeurs ou dauphinal, & ycellui monseigneur le Dauphin, son estat, son honneur, & de ses successeurs ou dauphinel, & cellui dauphinel, & les comtez, baronies & terres d'icellui Dauphin & de ses successeurs au dauphinal aider & deffendre perpétuelment, pour le temps avenir à leur povoir, toutes les autres chouses faire, attendre & garder, si comme nostre dit seigneur le

» franchiſes, bons us & bonnes coutumes » du Dauphiné ».

Quoique le Dauphin Humbert n'eut fait cette donation, qu'en cas qu'il mourût ſans enfans, cependant il avoit une volonté ſi ferme que ſes états appartinſſent à la France après ſon décès, qu'il prévit qu'il pourroit laiſſer des enfans qui décéderoient après lui ſans poſtérité. Il déclara qu'il vouloit qu'en ce cas Philippe, ſon premier donataire, ou celui des enfans du duc de Normandie qui ſeroit appelé pour recueillir la donation, ſuccédaſſent au Dauphiné & aux autres terres ci-deſſus exprimées : en cas qu'il n'eût que des filles, une ou pluſieurs, il voulut que Philippe ſon donataire, ou l'un des enfans du duc de Normandie, épouſât l'aînée ou la ſeconde, ſi celle-là étoit difforme ; & il lui aſſigna pour dot le Dauphiné avec les autres terres qui lui appartenoient.

Philippe de Valois accepta cette donation, & ſouſcrivit aux conditions qui y étoient exprimées. Néanmoins, au mois de juillet de la même année 1343, il donna une déclaration pour en interpréter quelques articles ; ce qui prouve qu'il étoit regardé comme la principale partie dans cet acte, quoique la donation ne fût pas faite en ſon nom.

Le 17 juin de l'année ſuivante, Jean, duc de Normandie, fit un nouveau traité, de l'agrément du Roi ſon père, par lequel le Dauphin Humbert II conſentit que la donation qu'il avoit faite au profit de Philippe de France, ou de quelqu'un des enfans du duc de Normandie, « fût tranſ» portée & muée audit duc de Norman» die, & en ſa perſonne, préſent, ſti» pulant & recevant en nom de lui, & » de ſes enfans, & de toute leur poſté» rité ».

La même année, le pape Clément VI donna une bulle pour abſoudre les ſujets du Dauphin, du ſerment qu'ils avoient fait à Philippe de France, duc d'Orléans, après que la donation du Dauphiné eut été faite à ſon profit.

Vers le même temps, Jean de Châlons, ſeigneur d'Arlay, & Béatrix de Viennois ſa mère, renoncèrent par deux actes ſéparés, aux droits qu'ils pouvoient avoir ſur le Dauphiné, & ſur la baronie de la Tour-du-Pin, en cas que le Dauphin Humbert II mourût ſans enfans.

Il ſe paſſa enſuite cinq années, pendant leſquelles le Dauphin Humbert eſpéroit toujours pouvoir ſe remarier & avoir des enfans. Mais en 1349, ayant pris la réſolution de ſe conſacrer entièrement à dieu, il fit un troiſième tranſport du Dauphiné & de ſes autres ſeigneuries, à Charles, fils aîné de Jean, duc de Normandie,

---

Roy avoit promis, lui eurer, eſtre fait pa yceaulz meſſeigneurs ie duc de Bourgoigne, & Philippes ſon fiiz, ſi comme eſdittes pactions & convenances eſt plus pleinerement contenu, & icelles convenances en tous leurs articles ſans enfraindre, tenir & garder. Leſquelies chouſes einſſint faites, les deſſus nommez meſſeigneurs le duc de Normandie & Dauphin de Viennoys, ſupplierent à noſtre dit ſeigneur & ſaint père le pape illec préſent, que il a toutes les pactions, tranſlations, ſeremens & autres chouſes deſſus eſcriptes & déſignées, en tant comme elles touchent l'empire, & en tant comme il li appartient, veuille mettre de ſaincte ſainctete ſon conſentement, ſa confirmation, autorité & decret : leſquelies chouſes octroya gratieuſement noſtre dit ſaint père & y miſt & entrepoſa ſa auctorité & ſon decret : deſquelles chouſes & chacuſnes d'ycelles les diz meſſeigneurs le duc de Normandie & Dauphin de Viennoys ont requis à eaulz eſtre fais publiques luſtrumens, par nous Guillaume de Savigny, & Humbert Pila, notaires publiques deſſous eſcrips. Ces chouſes furent faites à Avignon en la chambre de noſtre dit ſeigneur le pape, préſent, révérend père en Dieu, monſieur de Mariguey, éveſque de Beauvoys, noble homme & puiſſant monſeigneur Guillaume Flote, ſeigneur de Revel, chancelier de France, honorables hommes & ſages meſtres Berengier de Montant, archidiacre de Lodeve, conſeiller; Reynaut de Molins, chanoyne de Paris, ſecretaire dudit noſtre ſeigneur le Roy, Guillaume de Royns, chevalier le viel, François de Fredulfes de Parme, juge des appeaux du dauphinel, conſeillers dudit monſeigneur le Dauphin, teſmoingz ès chouſes deſſus dittes, préſens, demandez & priez. Et je, Humbert, Pila de la Buxiere, &c. Et je, Guillaume, de Savigny, &c.

héritier présomptif de la couronne de France, & cela du consentement exprès du Roi & du duc de Normandie, & ne se réserva que le nom & la dignité honoraire de Dauphin, sans aucune administration.

Ce dernier traité qui avoit été fait à Romans le 30 mars 1349, fut confirmé à Lion, dans le couvent des Jacobins, le 16 juillet suivant (1). Humbert y déclare « qu'il se désaisit & dévêtit réellement » desdits Dauphiné, duché, &c. & de » toutes ses autres terres, seigneuries » & noblesses, & en saisit réellement

» corporellement

(1) *Voici le traité & l'acte de confirmation.*

Philippus, D. G. Francorum Rex, & Joann. ejus primogenitus dux Normandiæ & Aquitaniæ, comesque Pictav. Andegav. & Cenoman. & Humbertus Dalph. Vienn. principes seculi, regimini rei publicæ præsidentes, præsertim jure hæreditatis vel naturæ; sic decet subjectos complecti in visceribus caritatis, & studiosè curare, ut protecti clipeo justiciæ vivere valeant sub fœdere tranquillitatis & pacis, nec solum providere congruit præsentibus, sed posteris & futuris, ut in concordia & unitate maneant, divisiones, scandala & discordiarum futura pericula removendo ab ipsis; nihil enim in republicâ concordia utilius, nihil unitate beatius, quæ in se ipsâ divisa ad desolationis ruinam labitur, & unitate subnixa felicibus incrementis undiquè prosperatur, &c. Sanè præmissis in animo recensitis, nos Dalphinos Vienn. præf. pridem attendentes, sicut divinæ placuit voluntati, cui nemo potest resistere, nos sobole carere legitimâ, nobis in dalphinatu præd. necnon in alliis terris nostris & domaniis successura, per quam posset cultus justitiæ, bonum pacis, & concordiæ unitas in dictis terris & domaniis nostris conservari; formidantis quòd, nisi spiritûs alius gratiâ, qui nunquam cessat à benedictionibus, nobis de prole legitimâ provideret, vel super hoc aliàs ordinaretur, proindè post decessum nostrum dict. dalphinatûs terræ subdicti, & vassali nostri, ad divisiones desolabiles, periculosas & totæ patriæ perniciosas turbationes, proh dolor! devenirent; post multas cogitationes profundas quibus viis posset super his salubriùs provideri, demùm in domino, ad quem totam spem nostram referimus, confidentes quòd ejus auxiliante gratiâ, sub favore & protectione illustriss. principis dom. Regis Franciæ & posteritatis suæ, dalphinatus terræ subditi & vassalli nostri à præd. scandalis, adversitatibus, & periculis, sub potenti brachio & manu forti possent quietiùs & utiliùs præservari, & sub cultu justitiæ, tranquillitatis & pacis salubriùs gubernari. Advertentes etiam nexus sanguinis & affinitatis, qui dict. dom. Regem, liberos ipsius, & nos, ex diversis lineis proximis conjungere dignoscuntur, habitatâ deliberatione maturâ, de consensu prœlatorum, baronum, nobilium & aliorum prudentium fidelium subditorum nostrorum, certas conventiones & pacta, cum dicto dom. Rege, & dom. Johanne ejus primogenito, Normandiæ & Aquitaniæ duce, jamdudùm fecisse recoluimus, per quas dom. Philippo dicti dom. Regis secondo genito, & in casu in quo donatio in personam ipsius non posset habere effectum per mortem, vel aliud impedimentum legitimum, alteri ex filiis dicti dom. Johannis primogeniti, quem ipse dominus Rex, vel dux præfatus, seu eorum successor. Reges Franciæ duxerint eligendum, dedimus, cessimus & transtulimus in perpetuum, hæreditario jure, in possessione & proprietate, donatione irrevocabili factâ solemniter inter vivos nostrum præd. dalphinatum de Viennesio, ducatum Campisauri, principatum Briançonesii, marchionatum Cesanæ, comitatum Vienn. comitatum Albonis, comitatum Graysivodani, comitatum Ebredunesii, comitatum Vapincesii, baroniam Turris, baroniam Vallis-Bonæ, baroniam Fucigniaci, baroniam Medullionis, & baroniam Montis-Albani, & generaliter omnes terras, comitatus & baronias ad nos quomodolibet pertinentes & pertinere debentes, cum suis juribus, honoribus & pertinentiis universis; si & in casu quo nos decedere contingeret sine hæredibus masculis aut femellis de proprio corpore nostro legitimè procreatis; & si hæredem vel hæredes nos, ut præmittur, habere contingeret, eo similiter casu quo hæres vel hæredes decederent sine hærede vel hæredibus ex se legitimo matrimonio procreatis. Et demùm de voluntate dicti dom. Regis, paternâ provisione, sic inter liberos disponentis, ex certis & legitimis causis ipsum & nos ad hæc inducentibus, attendentes translationem, cessionem & donationem dalphinatûs ac terram aliarum prædictarum sicut præmittis factas, meliùs & utiliùs cedere in personam dicti domini Johannis primogeniti, & hæredum suorum, donationem & cessionem de omnibus prædictis factas, ut præfertur, & ipsum delphinatum cum omnibus terris prædictis in eundem dom. Johannem & hæredes suos transtulimus, & de ipsis eidem cessionem & translationem fecimus efficaces, sub certis modis & formis in primâ donatione contentis; idem etiam dom. Rex in dictum primogenitum transtulit, provisione paternâ, quidquid ipse vel dom. Philippus præd. super hiis poterat reclamare. Virtute quarum conven-

» corporellement & de fait, ledit Charles » présent, & acceptant *pour lui, ses hoirs » & successeurs* ».

Il répète dans le même acte « qu'il » transporte audit Charles, ses hoirs & » successeurs, & ceux qui auront cause

tionum, loca & castra dict. terrarum baillivis & castellanis tradita, ad utilitatem ejusdem dom. Regis, & dicti dom. Johannis, in casu existentis conditionis, & in eundem casum; juramenta à fidelibus præstita fuerunt de dictis conventionibus fideliter observandis, prout hæc & alia in litteris sigillis dominorum Regis & ducis prædictorum & nostris figillatis, necnon & instrumentis publicis super his confectis seriosius continentur, &c. &c.

Promittimus etiam nos Rex & dux prædicti, facturos & curaturos quod idem Carolus filius noster jurabit ad sancta dei evangelia prædicta servare & implere quatenùs ipsum tangere potest, & in nullo contravenire in futurum : intentionis tamen nostræ existit, quòd si forsan presentes donationes, translationes, conventiones, & alia suprascripta, propter aliquod impedimentum juris vel facti, non possint suum sortiri effectum, quod absit, conventiones anteà habitæ inter nos, *præsertim per quas in dictum Johannem, ducem dictum dalphinatum & alias terras transtulimus sub certis conditionibus & modis, sine novatione aliquâ in suo robore permaneant inconcussæ, quodque in casu quo præsentes, suum effectum completum habeant; aliæ prædictæ conventiones in suo robore permaneant sine aliqua novatione, in aliis in quibus per præsentes non est eis derogatum expressè.*

Volumus etiam & ordinamus nos Rex, dux & Dalphinus prædicti, communi consensu, quòd cancellarius judex major appellationum dalphinatus, & cæteris quicumque consiliarii ac familiares domestici nostri dalph. præd. quod duxerimus nominandos, in eo statu & gradu in quo sunt, nobiscum sint & remaneant quandiù vixerint & legaliter se habuerint cum dicto Carolo filio nostro, quàm cito possessionem apprehenderit Dalphinatûs; & quod etiam dictus Carolus habeat & recipiat in socios secum illos de baronibus Dalphinatus quos nos dictus Dalphinus duxerimus nominandos.

Volumus etiam quòd R. in christo P. D. Henricus de Villars, archiepiscopus & comes Lugdun. sit & maneat cum plenaria potestate, sicut alias eidem concessimus nos dictus Dalphinus; vicarius quandiù vixerit Dalphinatûs. Protestantes nos Dalphinus præd. solemniter & expresse, quòd nisi omnia & singula præd. nobis completa & attenta fuerint integraliter & perfectè per dictos dominos nostros regem & ducem quo ad ea quæ per eos complenda & attendenda sunt hinc ad festum dedicationis beati Michaelis proximè futurum, præsentes conventiones nullius sint ex tunc efficaciæ vel valoris, nec nos simus propterea ligati quomodo libet vel adstricti, aliis verò præcedentibus conventionibus inter nos & dictos dom. nostros Regem & ducem inhitis, in earum pleno robore nihilominùs permansuris; & Rex & dux præfati consentimus protestationi prædictæ : quod ut firmum & stabili perpetuò perseveret, nostra præsentibus litteris fecimus apponi sigilla. Datum Romanis, penultimâ die martii, anno nativit. dom. M. CCC. XLIX, secundum morem patriæ Dalphinalis.

En nom de nostre seigneur jesus christ, amen. Sachent tuit present & avenir que en l'an d'icelluy nostre seigneur 1349, l'indiction seconde, le xvj^e jour du moys de juillet, du pontificat de nostre sainct pere le pape Clement VI, l'an viij, par devant nous notaires publiques, & les tesmoins ci dessous escripts. Noble, haut & puissant prince messire Humbert, Dalphin de Viennois, confessa & afferma que par certaines convenances faites entre li d'une part, & très-haut & très-puissant prince monseigneur Philippe, par la grace de dieu roy de France, & messieurs Jehan son ainsnez filz, duc de Normandie & de Guienne, conte de Poitou, d'Anjou & du Mayne, & leurs genz par eaux deputez d'autre part, faites à Romans au moys de mars derrenierement passé, le Dalphin dessusdit avoir cessié & transporté dez lors par titre de donnoyson faite irrevocablement & solempnellement, entre vis, purement & simplement & à perpetuité, en Charles monsieur filz ainsné dudit monsieur le duc de Normandie, le Dalphiné de Viennois, la duchié de Champsour, le prince de Brianezonoys, la marquisé de Sesane, la conté de Vienne, la conté d'Albon, la conté de Graysivodan, la conté d'Embrunoys, la conté de Gapençoys, la baronie de la Tour, la baronie de Valboyne, la baronie de Fucignie, la baronie de Meullion, la baronie de Montalban, & generalement & especialement toutes ses autres terres, contées & baronies & autres quelcunques; avecques touz leurs droitz & noblesses, vassauls & homaiges, jurisdictions hautes & basses, meres mixtes imperes, sans riens y retenir, sauf aucunes reservations par li faites contenuës expressement ez lettres sur ce faites; & que dez lors ils transpourta audit Charles saysine & proprieté pleine, sanz retention aucune d'usufruit, & touz droitz & actions qui li pouvoient competer pour le temps present ou avenir, pour cause des chouses

» de lui, perpétuellement & héritablement en saisine, & propriété pleine, ledit Dauphiné & toutes les autres terres dessus nommées, & tous les droits qu'il pouvoit avoir pour cause de ce ».

Maintenant que l'on nous demande, d'après ces actes, à qui du Roi ou du

dessusdictes; & dez-lors se establit & constituit possessour en nom precaire dudit Charles, de toutes les chouses dessusdittes, & veust & consentit que touz les vassaulz desdittes terres, de quelque état que ils fussent, feissent les homaiges à quoy ils sont tenuez & les baillifs, chastelains & autres officiers, villes, consuls, communes, feissent les seremens, recognoissances & facultez accoustumez audit Charles, & en faisant lesditz homaiges, seremens, facultez & recognoissances audit Charles, les quitta & absolut d'iceauls dez lors, si comme on dit toutes ces chouses plus pleinement apparoir par les lettres faites sur lesdittes convenances scellées de sceaulz de nosditz seigneurs Roys, duc & Dalphin; & comme pour cause de certaines chouses qui estoient encore à accomplir audit Dalphin, ledit Dalphin eust encore retenu de fait lesdittes terres, & perceu les fruitz jusques aujourd'huy, sans ce que ledit Charles en eust encore receu les foy & homaiges, ne apprehendé la possession corporelle desdittes terres. Finalement ledit Dalphin voulant accomplir & mettre à effet réelment & de fait les convenances dessusdittes, selon leur teneur, en la maniere qu'il estoit tenus, comme il deist les chouses qui li devoient estre faites avant l'apprehension de la possession li estre faites & accomplies, desquelles il se tient pour bien content, & en quitte lesditz nos seigneurs Roy & duc & tous ceauls à qui quittance en appartient, excepté de quatre mille florins de rente qui li sont à assoeoir ou royaume de France, & certaines confirmations du Roy nostre seigneur, & autres chouses qui li doivent estre faites, si aucune l'en dit estre contenu en certaines lettres sur ce faites, establiz en sa personne pardevant nous tabellions & les tesmoins ci-dessous escripz, se dessaisit & devestit réelment, corporelment & defait desditz Dalphiné, duchié, princé, contez, baronies, & de toutes ses autres terres, seigneuries & nobleces, & en saisi & vestit, & réelment, corporelment & de fait, ledit Charles present & acceptant, pour li & ses hoirs & successeurs, present ledit monsieur le duc son pere, & à ce consentant; & se transpourta encore oudit Charles, ses hoirs successeurs, & ceauls qui auront cause de li, perpetuelment & heritablement en saisine & en proprieté pleine, ledit Dalphiné & toutes les autres terres dessus nomées, & touz les droitz & actions qu'il povoit avoir pour cause de ce, *sauves audit Dalphin toutes les reservations & retenues par li faites parmi les convenances dessusdittes, & par quelcunques & autres convenances ou lettres particulieres jusques aujourd'huy faites.* Et en signe desdittes saisines & dessaine, bailla audit Charles l'espée ancienne du Dalphiné, & la baronie Saint-Georges, qui sunt anciennes enseignes les Dalphins de Viennois, & un ceptre, & un anel, & veult que doresnavant ledit Charles soit tenuz & reputez en nom & en effet vrai Dalphin de Viennois : renonciant expressement à tout droit de saisine & de propriété, & à touz autres droits qu'il pourroit avoir & reclamer audit Dalphiné & ez autres terres dessusdittes, sauver ses reservations toutefois faites; & voult & commanda que tous ses baillifs & chastelains & autres officiers, contes, barons & autres vassauls, nobles & non-nobles, communes, consuls, citées, villes populaires, & generalement tous ses subgiez fassent, selon la forme & teneur desdittes convenances, les seremens, recognoissances, foy & homaiges audit Charles, en quoy ils estoient tenuz audit Dalphin; & les en absout & quitta plainement, en les faisant audit Charles, & voult & commanda que ils obeissent audit Charles comme à leur vrai seigneur & vrai Dalphin, ainsi comme ils faisoient par avant & estoient tenuz aussi monsieur Humbert Dalphin; & jura tenir & garder les chouses dessusdittes sanz james venir encontre par quelque voye que ce soit. Et feut acourdé expressement que par ce nulle novation ne soit faite des convenances autrefois faites, ne d'aucune d'icelles, & que par ce ils ne entent à departir de la dessaisine & saisine autrefois faites par li des chouses dessus dittes à Romans, selon ce que contenue est ez convenances, mais les entent par cette presente dessaisine à corroborer, conformer & mettre à exécution & effet, en la maniere que tenuz estoit. Est a voulu & accourdé que de ce soient faites lettres & instrumentez les meilleurs que on pourra, par les saiges du conseil d'une partie & d'autre; & seront scellez de sceaulz dessdits messieurs le duc & Dalphin. Et parmi ce ledit Dalphin renoncia à une protestation faite par li, ez convenances faites à Romans, par laquelle il protesta que se les chouses qui li devoient estre faites n'estoient accomplies dedans la saint Michiel prochain vennent, icelles convenances fussent nulles. Ces chouses furent faites à Lyon sur le Rosne, &c.

Dauphin appartient aujourd'hui la souveraineté de la province du Dauphiné : nous seront forcés de répondre qu'elle ne peut appartenir qu'au Roi.

En effet, nous avons vu que la donation du Dauphiné n'a point été faite en termes exprès, aux fils aînés de nos Rois successivement, mais qu'il a été donné d'abord à Philippe de France, duc d'Orléans, fils puîné de Philippe de Valois; ensuite au Roi Jean ( dans le temps qu'il n'étoit encore qu'héritier présomptif de la couronne ), *& à ses successeurs*; qu'enfin il a été cédé, de son consentement, à Charles son fils aîné, « pour lui, ses » hoirs & successeurs, & ceux qui au» roient cause de lui perpétuellement ».

Or nos Rois sont sans doute successeurs & ayant cause de Charles V, l'un de leurs prédécesseurs; il est donc évident qu'en prenant même à la lettre les clauses de ces cessions, nos Rois sont les véritables propriétaires du Dauphiné, que leurs fils aînés n'en ont que le titre, & qu'ils n'en pourroient même jamais prétendre l'administration, à moins qu'elle ne leur fût accordée par les Rois leurs pères, qui pour cela n'en demeureroient pas moins les seuls propriétaires & les véritables souverains.

C'est ainsi que la question a été décidée dans le quinzième siècle, cent ans après que le Dauphiné eut été cédé à Charles V.

Louis XI qui s'étoit révolté contre Charles VII son père, & s'étoit retiré en Dauphiné où il avoit agi quelque temps en maître, reconnut, lorsqu'il fut parvenu à la couronne, combien il étoit dangereux de souffrir que les fils aînés des Rois pussent, du vivant de leurs pères, se regarder comme souverains du Dauphiné. C'est ce qui l'obligea à faire consulter les principales questions qui pouvoient naître des différens transports que le Dauphin Humbert II avoit faits de ses états en 1343, 1344 & 1349. Les plus habiles gens du pays donnèrent leurs avis sur ce qui leur fut proposé, & il fut mis dans les archives de la chambre des comptes, pour servir d'instruction aux siècles à venir, si de semblables difficultés se présentoient. Le président de Valbonnais, dans les preuves de l'histoire du Dauphiné qu'il a fait imprimer en 1722, rapporte cette consultation, tome 2, pages 603 & 604.

Il y est dit « que le Dauphiné est insé» parablement uni à la couronne, que la » principale intention d'Humbert II *étoit* » *que le Dauphiné demeurât à la couronne* » *de France*, qu'il faut que celui qui sera » Dauphin soit Roi, ou son aîné fils, » comme plus prochain de la couronne.

» Que le Roi, quoiqu'il ait un fils, » est vrai seigneur du Dauphiné; car par » ledit transport il est joint & uni insépa» rablement à la couronne, & faut que » toujours retourne à la couronne, parce » que est dit audit transport *ou de leurs* » *successeurs Rois de France* ».

On demande ensuite dans la même consultation, si, en cas que le Roi eût donné l'administration du Dauphiné à l'aîné de ses fils, celui-ci seroit en droit d'aliéner une partie du domaine de cette province? On répond que « si le Roi qui » est propriétaire, ne le peut faire, en» core moins le peut faire son aîné fils, » qui n'en est qu'administrateur ».

Enfin on y remarque « qu'incontinent » que le premier fils du Roi est né, on » lui donne le nom & le titre de Dau» phin, mais que l'administration de» meure toujours au Roi, qui se qualifie » *roi de France, Dauphin de Viennois*; & » est grand honneur au pays de Dau» phiné, qu'un si grand Roi se daigne » nommer Dauphin, & porter le titre de » la dignité delphinale & les armes ».

Ainsi il est bien constant que quoique les fils aînés de France soient toujours nommés Dauphins, & que cet usage ait été observé depuis Charles V jusqu'à présent, cependant nos Rois conservent nonseulement l'administration, & même la propriété du Dauphiné, mais encore le titre de Dauphin, qu'ils prennent dans tous les actes qui concernent cette province; leur fils n'en porte le nom que comme une qualité honoraire, & comme il pourroit porter celui de duc de Bourgogne, de Bretagne ou de Normandie.

Inutilement on objecteroit que dans le premier transport du Dauphiné de l'an 1343, il est dit que cette province ne pourra être réunie au royaume de France, *fors tant comme l'empire y seroit uni*. Car le Dauphin Humbert qui n'avoit encore que 32 ans, ne prit la précaution de s'exprimer de cette manière, qu'à cause qu'il se flattoit, comme l'acte même le porte, qu'il auroit des enfans qui seroient après lui seigneurs du Dauphiné. Or, comme les Dauphins, ses prédécesseurs, pour se conserver la possession des états qu'ils avoient usurpés sur nos Rois, avoient été obligés de se mettre sous la protection des empereurs, dont ils se reconnurent feudataires, il craignit qu'on ne le mît au ban de l'Empire, s'il paroissoit avoir voulu soustraire son pays de la domination des empereurs, en le donnant à la France; ce fut par cette seule raison qu'il stipula que le Dauphiné ne seroit uni à la France, qu'autant que l'empire y seroit incorporé.

Ce fut à-peu-près par le même motif, & afin qu'aucun des seigneurs dans la mouvance desquels il possédoit quelques terres, ne pussent se plaindre de lui, qu'il chargea son donataire de faire aux églises de Vienne, de Lyon & de Grenoble, & au roi de Sicile, les hommages & les reconnoissances qui leur étoient dûs.

Mais depuis que nos Rois ont été en possession du Dauphiné, on a regardé ces clauses, non-seulement comme inutiles, mais comme contraires à la majesté royale.

Aussi tous les auteurs qui ont parlé du Dauphiné, assurent qu'il est uni à la couronne, & que nos Rois l'ont toujours possédé avec une entière indépendance comme les autres provinces du royaume; quoique les anciens Dauphins eussent reconnu la souveraineté des empereurs d'Allemagne.

M. de Salvaing, premier président de la chambre des comptes de Grenoble, dans son traité *de l'usage des fiefs du Dauphiné*, chapitre 1, remarque que le royaume d'Arles commença à se dissiper, par les censures ecclésiastiques prononcées contre les empereurs Frédéric I & Frédéric II, qui donnèrent lieu à plusieurs comtes de s'affranchir de leur sujétion; mais ajoute-t-il, « comme les droits de ceux-ci » furent presque en même temps réunis » à la couronne de France, la prétention » des empereurs s'est évanouie, sans qu'il » en ait été fait mention dans les traités » faits entre nos Rois & les empereurs. » Elle s'est, dis-je, évanouie, soit à » cause que les domaines qui sont con- » fondus dans celui de la couronne, pren- » nent la nature de la masse où ils sont » incorporés, & qu'ainsi nos Rois, qui » sont empereurs dans leur royaume, & » ne connoissent que Dieu seul au-dessus » d'eux, éteignent tous droits de féoda- » lité; soit parce que les droits de la cou- » ronne ont été mieux éclaircis qu'ils » n'étoient du temps de nos pères, & » qu'on a reconnu non-seulement que le » royaume d'Arles n'a jamais eu de fon- » dement solide, mais aussi que c'est » une usurpation faite sur les Rois Louis » III, Carloman, Charles-le-Simple, & » les autres Rois de la maison de Char- » lemagne, par Boson, roi d'Arles, » Raoul premier roi de la Bourgogne » transjurane, & ensuite par les empe- » reurs d'Allemagne ».

Il ajoute que « cette usurpation doit » être alléguée à l'égard de l'empire pour » l'indépendance de la Provence & du » Dauphiné, depuis que ces deux pro- » vinces ont été *réunies à la couronne* ».

Il est si incontestable que le Dauphiné appartient à nos Rois en toute souveraineté, que le président de Valbonnais (1) en parlant du Dauphin Humbert II, s'exprime en ces termes : « tant de sages établissemens qui subsistent encore, le » don sur-tout que ce prince fit de *ses » états à la couronne de France*, le dis» tinguent avantageusement, & rendent » sa mémoire précieuse à la province ».

Il parle de la même manière dans plusieurs autres endroits de son histoire, & suppose toujours cette vérité comme indubitable.

Quelques-uns ont prétendu restreindre les droits du Roi sur le Dauphiné, au cas où il n'a point de fils ou en a un qui n'est point en âge de gouverner ; de manière que, suivant eux, ce n'est point le Roi, mais le Dauphin qui est propriétaire de cette province.

Mais ce systême, déjà détruit par toutes les autorités que nous venons de retracer, l'est encore par l'exemple de quatre Dauphins que la France a vu depuis Charles V, parvenir du vivant des Rois leurs-pères, à l'âge de majorité, sans exercer aucun acte de souveraineté sur le pays dont ils portoient le nom. Ce sont Henri II, François II, le fils aîné de Louis XIV, & le père du Roi régnant.

C'est ainsi que dans l'édit du mois de février 1708, concernant les rentes de Dauphiné, & fait uniquement pour cette province, Louis XIV quoiqu'il eût alors un fils âgé de 48 ans, prend la qualité de Dauphin : il y suppose, dès le commencement du préambule, que le Dauphiné fait partie de son royaume, & en est une province : il s'y exprime en Roi, & y employe son *autorité royale*. Dans les articles 4 & 8 du même édit, en parlant des rentes données pour causes pies par les Dauphins, il s'explique en ces termes : *données par les Dauphins, ou les Rois leurs successeurs*. Ce sont donc nos Rois, comme on l'a déjà observé, qui ont succédé aux Dauphins ; ce sont eux & non leurs fils aînés qui sont propriétaires du Dauphiné.

Et c'est ce qu'a jugé formellement l'arrêt du conseil du 8 juillet 1726 dont nous avons parlé ci-devant, chapitre I^er. Il s'agissoit entr'autres choses, comme on l'a vu en cet endroit, de savoir si le Roi devoit à l'exemple des anciens Dauphins, faire hommage aux chanoines de Romans à cause de la parerie delphinale de Pisançon. Le moyen sur lequel ceux-ci fondoient l'affirmative, étoit que les princes du sang, les enfans de France, le fils aîné du Roi, la reine même, sont sujets à la loi des fiefs, dont le Roi seul est dispensé ; que le Dauphiné n'ayant point été cédé à nos Rois, mais à leurs fils aînés, avec la condition expresse qu'il ne pourroit jamais être uni à la couronne de France, & que celui qui seroit Dauphin feroit la foi & hommage aux églises dans la mouvance desquelles il posséderoit des fiefs, le Dauphin étoit toujours obligé de leur rendre tous les devoirs de vassalité, & que le Roi n'administrant la province qu'au nom, lieu & place du Dauphin, devoit être soumis à la même obligation que lui.

L'inspecteur général du domaine répondoit que le Roi est Roi en Dauphiné, comme dans le reste de son royaume ; qu'il n'est pas simple administrateur, mais véritablement propriétaire de cette province, & que par conséquent l'on devoit y observer comme dans les autres parties de ses états, les ordonnances faites & les maximes établies pour la conservation du domaine de la couronne.

Cette réponse a été trouvée décisive. Par l'arrêt cité, il a été fait défenses aux engagistes de la parerie Delphinale de Pisançon d'en faire hommage à d'autres qu'au Roi, & au chapitre de Romans d'en prétendre.

(1) Histoire du Dauphiné, tom. I, pag. 225.

### SECTION III.

*Des droits, honneurs & prérogatives attachés au titre de Dauphin, considéré comme fils aîné de France.*

I. La qualité de fils aîné de France a toujours paru si distinguée, qu'on a vu des princes la placer avant celle de *Roi*, que leur donnoient des couronnes étrangères. Philippe-le Bel & Louis Hutin, qui étoient rois de Navarre, avant de monter sur le trône de la France, se qualifioient *Philippe* ou *Louis*, *fils aîné de roi de France*, *par la grace de Dieu*, *roi de Navarre* (1).

François II s'écarta pourtant de cette étiquette. Ayant épousé du vivant de son père, Marie Stuart, reine d'Ecosse, il se fit appeler *le Roi Dauphin.* Dutillet (2) prétend, il est vrai, que dans les lettres-patentes de ce prince, on a dû garder l'ordre suivi par Philippe-le-Bel & Louis Hutin; mais c'est une conjecture qu'il avance sans preuve.

Charles V, le premier des fils aînés de France qui a pris le titre de Dauphin, étoit en même temps duc de Normandie. On a remarqué qu'il plaçoit communément cette dernière qualité avant l'autre, & « à bonne raison, dit Dutillet (3), » puisque la dignité ducale précède celle » de Dauphin ».

Louis XI mettoit également le titre de duc de Guyenne avant celui de Dauphin.

Dans la suite, le protocole a changé, & l'on a vu Henri II, avant la mort de François I^er^, s'intituler, *Henri*, *fils aîné du Roi*, *Dauphin de Viennois*, *duc de Bretagne* (4).

(1) Dutillet, recueil des rois de France, titre *de la grandeur & excellence des Rois & royaume de France.*

(2) *Loc. cit.* titre *de messeigneurs fils de France.*

(3) *Ibid.*

(4) *Ibid.*

Les fils aînés de France ont encore donné plus de relief au titre de Dauphin, en cessant d'en prendre aucun autre. Ainsi firent Louis XIII, Louis XIV, l'ayeul & le père de Louis XV, Louis XV lui-même, son fils, & le Roi régnant; ainsi fait encore le précieux & auguste rejeton dont la naissance a causé en 1781 une joie si vive & si pure à la nation.

De manière qu'aujourd'hui le Dauphin, dans toutes les lettres qui s'expédient en son nom, est seulement qualifié, *par la grace de Dieu*, *fils aîné de France*, *Dauphin de Viennois* (1).

Le formulaire *par la grace de Dieu* n'appartient en France, après le Roi, qu'à lui seul. Aucun autre prince de la maison royale n'a droit de le prendre (2).

Dutillet (3) met en question, si en parlant du Dauphin, on doit dire simplement, *le Dauphin*, comme on dit *le Roi*, ou si l'on doit dire *Monsieur le Dauphin.*

Ceux qui soutiennent le premier parti, dit-il, se fonde sur ce qu'on ne dit pas, *Monsieur le Roi.* « Mais il y a différence; car » le titre de Dauphin, quelque distinc» tion qu'il y ait, n'est pas le plus émi» nent, c'est celui de fils aîné du roi de » France. Le titre de Roi est le plus haut; » & voit-on quand il n'y a Dauphin, le » plus proche de la couronne a toujours » été & est appelé simplement *Monsei*» *gneur*, par la figure antonomie: & le » fils aîné du Roi, *monseigneur le Dau*» *phin*, pour montrer qu'il est fils aîné » du Roi, & a plus de qualité ».

Ce titre de *Monseigneur*, si commun aujourd'hui, a conservé, par rapport au Dauphin, tout son éclat dans le parlement de Paris; cette compagnie ne le donne qu'au fils aîné de France; & encore n'est-elle dans un usage constant de

(1) Brillon, dictionnaire des arrêts, au mot *Dauphiné*, n. 2.

(2) Cérémonial diplomatique, t. 1, p. 469.

(3) *Loc. cit.* titre *de messeigneurs les fils de France.*

le lui donner, que depuis que Louis XIV en a fait une loi expresse au premier président, lorsqu'à la naissance du Dauphin, il vint à la tête du parlement rendre hommage à ce jeune prince (1).

II. La naissance d'un Dauphin est donc un bien grand évènement pour la monarchie, puisque le premier corps de la magistrature nationale, la cour des pairs, s'empresse aussitôt de porter au nouveau né les vœux & les congratulations de la France. Dans le fait, on ne sauroit accueillir avec assez de zèle & d'effusion de sentimens, l'enfant auguste qui, par sa qualité d'héritier présomptif d'une couronne, vient rassurer la nation contre les craintes que peut lui causer la perspective même très-éloignée de l'extinction de la race royale. Quelques efforts qu'on fasse dans une pareille circonstance, l'expression est toujours au-dessous des mouvemens délicieux que le cœur éprouve.

Les principales solemnités qui accompagnent & suivent ce grand évènement, tendent ou à assurer l'état de la tête précieuse qui commence à voir le jour, ou à remercier le ciel de la faveur qu'il a accordée au Roi & à la nation, ou à manifester la joie que cette faveur répand dans tous les cœurs François. Reprenons chacun de ces trois objets.

III. Il est d'usage, lorsque l'accouchement prochain d'une reine fait espérer un Dauphin, d'avertir tout ce qu'il y a de plus grand dans la nation, pour être présent à sa naissance.

Ce qui s'est passé à ce sujet, le 22 octobre 1781, nous donne une idée parfaite du cérémonial usité en ces sortes d'occasions.

La reine ayant senti quelques douleurs qui annonçoient qu'elle ne tarderoit pas à accoucher, sa majesté manda elle-même la surintendante de sa maison.

Dès qu'elle fut arrivée, la reine donna ordre qu'on allât avertir monsieur, madame, monseigneur comte d'Artois, mesdames Adélaide, Victoire & Sophie de France, qui se rendirent aussitôt chez sa majesté.

Le Roi ne fut point averti, parce qu'il étoit déjà auprès de la reine.

Madame comtesse d'Artois ne le fut pas non plus, parce qu'elle étoit indisposée.

Les autres princes ou princesses du sang furent avertis sur le champ.

M. le garde des sceaux de France, les ministres & les secrétaires d'état qui avoient été également avertis, se rendirent aussi dans le grand cabinet de la reine, dont l'appartement fut à l'instant rempli des seigneurs & dames de la cour.

Après un travail d'environ deux heures, la reine accoucha très-heureusement du prince qui porte actuellement le titre de Dauphin. Après qu'on lui eut donné les premiers soins dans l'appartement de sa majesté, sa gouvernante, conduite par le capitaine des gardes du corps du Roi, le porta dans l'appartement qui lui étoit préparé. Il s'y trouvoit, pour servir près de lui, un lieutenant, un sous-lieutenant & une salle des gardes du corps du Roi, ainsi que toutes les personnes que le Roi avoit précédemment nommées pour le même objet.

Le même jour, monseigneur le Dauphin fut baptisé par le grand aumônier de France, en présence du Curé de Notre-Dame de Versailles.

Après le baptême, monseigneur le Dauphin ayant été reconduit dans son appartement, le grand trésorier des ordres du Roi, & le ministre de la guerre, lui portèrent le premier le cordon & la croix de l'ordre du Saint-Esprit, & l'autre la croix de Saint-Louis, conformément aux ordres qu'ils en avoient reçus du Roi.

Cependant, on observoit pour annoncer la naissance de ce prince, toutes les solemnités ordinaires en pareil cas. Aussitôt que la reine fut accouchée, un lieu-

(1) Brillon, *loc. cit.*

tenant des gardes du corps du Roi, de la compagnie de service auprès de la reine, alla à Paris, par ordre du Roi, annoncer cette heureuse nouvelle au corps-de-ville, qui s'étoit déjà assemblé, d'après les ordres que sa majesté lui en avoit envoyés peu de temps auparavant.

Au même instant, le ministre des affaires étrangères dépêcha des couriers extraordinaires aux ambassadeurs & aux ministres du Roi, dans les cours étrangères, pour leur faire part de la même nouvelle. Les autres ministres l'annoncèrent également chacun dans son département.

IV. Quatre jours après l'accouchement de la reine, le Roi vint à Paris, faire chanter le *te deum*. Ces sortes de cérémonies étant fort rares, il convient d'en donner la description.

Le Roi voulant rendre à dieu de solemnelles actions de grâces de la naissance heureuse de monseigneur le Dauphin, indiqua, par une lettre à M. l'archevêque de Paris, le jour du 26 octobre, pour célébrer un *te deum* dans l'église métropolitaine. Le maître des cérémonies invita les compagnies supérieurs de s'y trouver, & leur remit des lettres de cachet à ce sujet.

Le 26 octobre, le Roi partit de Versailles à trois heures après-midi, accompagné dans son carrosse, de monsieur, de monseigneur comte d'Artois, du duc d'Orléans, du duc de Chartres & du prince de Condé; sa majesté étoit précédée & suivie des grands officiers de sa maison & des seigneurs de sa cour.

A quatre heures après-midi, une salve de l'artillerie de la ville établie à la place de Louis XV, & de celle des canons des invalides, annonca l'entrée du Roi dans sa capitale. Sa majesté ayant dispensé le corps de ville de se trouver à la barrière de la conférence, à cause de la difficulté qu'auroit eue ce corps de se rendre à Notre-Dame, trouva seulement un détachement des gardes de la ville. Sa majesté qui avoit pris son grand carrosse de cérémonie à la demie-lune du cours, entra dans Paris, accompagnée des gardes du corps & de leurs officiers, dans les places qui leur sont marquées, & précédée du guet des gendarmes & de celui des chevaux-légers, de sa fauconnerie & du vol du cabinet, commandé par le marquis de Forget. Les régimens des gardes françoises & suisses formoient une haie depuis l'ancienne porte de la conférence jusqu'à Notre-Dame, & présentoient les armes à sa majesté. Le Roi, qui avoit ordonné de ne faire aller les chevaux qu'au pas, pour donner à son peuple le temps de le voir, arriva sur les cinq heures à l'église métropolitaine. Sa majesté y trouva le parlement, la chambre des comptes & la cour des aides. Le garde des sceaux de France y étoit aussi, accompagné des conseillers d'état & des maîtres des requêtes. A la porte de l'église, sa majesté fut reçue & complimentée par l'archevêque, suivi de tout son clergé. Le Roi entra dans l'église au bruit des trompettes & des hautbois de la chambre, étant précédé du maître & de l'aide des cérémonies, devant lesquels marchoient le Roi & les hérauts d'armes. Sa majesté alla se placer au milieu de l'église sur un prie-dieu au-dessus duquel étoit un dais. Monsieur, monseigneur comte d'Artois, le duc d'Orléans, le duc de Chartres, le prince de Condé, le prince de Conti, le duc de Penthievre, le cardinal de Rohan, grand aumônier, les officiers de la couronne, les principaux officiers de sa majesté étoient placés auprès du Roi, ainsi que le clergé, les cours souveraines & le corps de ville, en robes de cérémonies. On chanta un *te deum* en musique, au bruit d'une salve générale des canons de la Bastille, des Invalides, de l'Arsenal & de la ville, à laquelle les régimens des gardes françoises & suisses répondirent par trois saluts de leur mousqueterie. Après le *te deum*, le Roi vint faire sa prière devant l'autel l'autel de la vierge, d'où sa majesté fut reconduite à la porte de l'église avec les cérémonies qui avoient été observées à son arrivée.

V. Nous ne rappellerons pas ici les réjouissances publiques qui ont suivi la naissance de monseigneur le Dauphin. Il faudroit un volume entier pour contenir tous les témoignages de la joie que la nation à fait éclater dans cette heureuse circonstance : bornons-nous à ceux qui ont trait à la législation.

Il est assez d'usage, lorsqu'il naît un Dauphin, d'accorder dans toutes les villes du royaume, un certain nombre de brevets de maîtrise dans chaque corps d'arts & métiers. Henri IV en usa ainsi à la naissance de Louis XIII. Par édit du mois de novembre 1601, il créa, à cette occasion, quatre maîtres dans chaque jurande.

Louis XIV fit une création semblable par un édit du mois d'avril 1657, *en faveur de la naissance de monseigneur le Dauphin, premier fils de France & successeur de la couronne.* Les parlemens de Paris & de Rouen firent d'abord difficulté d'enregistrer cette loi ; mais ils y furent contraints par des lettres de jussion des 3 août 1662 & 30 décembre 1663.

Le Roi régnant n'en a pas usé de même, lorsque le ciel eut accordé un Dauphin à ses vœux & à ceux de la patrie. Sa bienfaisance s'est dirigée en ce moment vers un but plus utile & tout à la fois plus humain. Il a fait grâce à ceux de ses sujets qui étoient accusés de crimes rémissibles.

Le 28 février 1782, sa majesté a nommé, par une commission donnée sous son grand sceau, des commissaires du conseil pour assister M. le grand aumônier dans l'examen des placets qui seroient présentés par les criminels, à l'effet d'obtenir la grâce qu'elle vouloit bien accorder en considération de la naissance de monseigneur le Dauphin (1).

Le 9 juin suivant, une déclaration du Roi a accordé la délivrance provisoire

---

(1) *Cette commission étoit ainsi conçue :*

Louis...... à nos amés & féaux conseillers en nos conseils, maîtres des requêtes ordinaires de notre hôtel, les sieurs Brochet de Saint-Prest, Chaillon de Jonville, de Tolozon, de Chevignard, le Camus de Néville, Gravier de Vergennes, Amelot de Chaillou, Chaumont, & de Sartine ; *Salut :* le bienfait signalé dont il a plû au ciel de combler nos vœux, & ceux de nos bons sujets, par l'heureuse délivrance de la reine, notre très-chère épouse & compagne, & par la naissance d'un Dauphin, nous ayant engagé, à l'exemple des Rois nos prédécesseurs, singulièrement du feu Roi notre ayeul, à faire ressentir les effets de notre clémence à ceux de nos sujets qui, prévenus de crimes ou délits, y auront recours pour des cas rémissibles, & qui se trouveront détenus dans les prisons de notre bonne ville de Paris & de notre ville de Versailles, même à ceux qui se remettront volontairement dans les prisons de Versailles pendant l'espace de deux mois de jour & date des présentes, il nous a paru nécessaire de faire visiter préalablement lesdites prisons, & examiner les causes de la détention des prisonniers pour fait de crimes ou délits, afin de ne rendre participans de nos grâces que ceux qui en seront jugés dignes. A ces causes, & autres à ce nous mouvant, de l'avis de notre conseil & de notre certaine science, pleine puissance & autorité royale, nous avons commis & députe, & par ces présentes, signées de notre main, commettons & députons pour assister notre grand aumônier dans la visite qui sera faite des prisons de nosdites villes de Paris & Versailles, & examiner, soit avec lui conjointement, ou les uns en l'absence des autres, les causes de la détention des prisonniers qui se trouveront y avoir été constitués en vertu des décrets de nos cours ou des juges ordinaires, même de ceux qui dans ledit délai de deux mois, se seront remis volontairement dans les prisons dudit Versailles ; faire représenter les charges & informations sur lesquelles ceux qui sont actuellement dans lesdites prisons auront été décrétés, & procéder aux interrogatoires des uns & des autres, suivant l'exigence des cas, auquel effet nous enjoignons à tous greffiers, concierges, gardes & geoliers des prisons de nosdites villes de Paris & de Versailles, d'obéir à notre grand aumônier & à vous, en tout ce qui concernera l'exécution de la présente commission. Voulons que par vous il soit dressé procès-verbal som-

aux prisonniers détenus dans les prisons de Paris, qui dès-lors ne paroissoient pas indignes de la clémence de sa majesté (1).

VI. Ce n'est pas la seule occasion où

maire, sur l'examen que vous aurez fait des crimes ou délits de ceux qui auront été constitués prisonniers par autorité de justice, ou qui se seront remis volontairement dans les prisons de Versailles, pour, sur le rapport qui nous en sera fait, être par nous incessamment pourvu à la délivrance de ceux dont les cas se trouveront rémissibles, sous les conditions de la grâce qu'il nous plaira de leur accorder ; de ce faire vous donnons pouvoir & commission ; car tel est notre plaisir. Donné à Versailles le vingt-huitième jour du mois de février, l'an de grâce mil sept cent quatre-vingt deux, & de notre règne le huitième. *signé* LOUIS. Et plus bas, par le Roi, *signé* AMELOT. Et scellée du grand sceau de cire jaune.

(1) *Cette déclaration a été enregistrée au parlement de Paris le 18 du même mois. En voici les termes :*

Louis..... Voulant à l'exemple des Rois nos prédécesseurs, signaler notre joie à l'occasion de la naissance d'un Dauphin, & témoigner la reconnoissance du bienfait dont le ciel nous a comblé, par des actes de clémence en faveur des prisonniers, que la nature de leurs crimes ne rend pas indignes de grâces, nous nous sommes fait rendre compte, suivant l'usage ordinaire, en notre conseil, par notre cousin le cardinal de Rohan, grand aumônier de France, de l'examen qu'il a fait avec les sieurs Brochet de Saint-Prest, Chaillou de Jonville, de Tolozan, de Chevignard, le Camus de Néville, Gravier de Vergennes, Amelot de Chaillou, Chaumont, & de Sartine, maîtres des requêtes de notre hôtel, des prisonniers qui sont actuellement détenus pour crimes dans les prisons de notre bonne ville de Paris, & de la qualité des cas dont ils sont accusés ; & ayant reconnu que le grand nombre de procès desdits prisonniers exige un temps plus considérables pour leur examen, & cependant desirant de délivrer promptement ceux dont les procès ont été vus & examinés, & qui nous ont paru pouvoir participer aux grâces que nous avons résolu d'accorder en cette occasion, nous en avons fait dresser un état ci-attaché sous le contre-sel des présentes, nous réservant de faire ressentir les effets de notre clémence à ceux des prisonniers dont les procès n'ont point encore été examinés & qui nous en p[a]roîtront susceptibles, à mesure que notre cousin le cardinal de Rohan nous en rendra compte d'après l'examen qui en sera fait ; mais comme nous voulons, suivant ce qui s'est pratiqué en pareil cas, que ceux que nous avons jugé dignes des effets de notre bonté, en jouissent dès-à-présent, sans les dispenser néanmoins des règles établies par nos ordonnances à l'égard de ceux qui obtiennent des lettres de rémission ou autres lettres de grâce, nous avons jugé à propos de concilier les actes de notre clémence avec ce que nous devons à la justice, en vous faisant connoître nos intentions. A ces causes & autres à ce nous mouvant, de l'avis de notre conseil, & de notre grâce spéciale, pleine puissance & autorité royale, nous avons dit, déclaré & ordonné, &, par ces présentes signées de notre main, disons, déclarons & ordonnons, voulons & nous plait, que tous les prisonniers contenus dans l'état attaché sous le contre-scel des présentes, signées de notre main, & contre-signées par un de nos secrétaires d'état & de nos commandemens, soient incessamment délivrés & mis hors des prisons, à l'effet de quoi nos présentes lettres-patentes, & le rôle qui y est attaché, seront remis entre les mains de notre grand aumônier ; enjoignons aux greffiers & concierges des prisons de mettre lesdits prisonniers en liberté, & ce conformément auxdites patentes ; quoi faisant ils en demeureront bien & valablement déchargés, le tout à la charge par lesdits prisonniers d'obtenir nos lettres de rémission ou pardon, en la forme accoutumée, & ce dans trois mois à compter du jour de l'enregistrement des présentes, pour être, lorsqu'ils se seront remis en état, procédé à l'entérinement desdites lettres, suivant les règles & les formes ordinaires, ainsi qu'il appartiendra ; &, faute par eux d'avoir obtenu lesdites lettres dans ledit temps de trois mois, & icelui passé, nous les avons déclarés & les déclarons déchus de l'effet & bénéfice des présentes ; voulons qu'à la requête des parties civiles, ou de nos procureurs généraux & leurs substituts, ils puissent être arrêtés & réintégrés dans lesdites prisons, pour être leur procès fait & parfait, & jugé suivant la rigueur de nos ordonnances ; nous réservant de faire ressentir les effets de notre clémence à ceux qui sont détenus dans les prisons en vertu des décrets prononcés par nos cours, ou par les juges ordinaires antérieurement au 28 février 1782, dont les procès n'ont pu encore être examinés par les commissaires par nous à ce députés, sans toutefois que ladite réserve puisse s'étendre aux procès de ceux qui auroient été constitués prisonniers depuis le 28 février 1782, ni au procès de ceux qui ne se seroient pas constitués volontairement dans les prisons dans le délai de deux mois, à compter dudit jour 28 février 1782. Si donnons en mandement, &c.

le nom d'un Dauphin a été pour des coupables le ſignal du pardon. Depuis long-temps le Dauphin a le droit, lorſqu'il fait ſa première entrée dans une ville, de délivrer les priſonniers qui s'y trouvent. C'eſt ce que le parlement de Paris a reconnu par le célèbre arrêté du 21 avril 1483, que nous avons rapporté au chapitre *de la reine.*

Il paroît qu'avant cela, il y avoit ſur ce droit des conteſtations : du moins on a conſervé une procuration du 25 juin 1450, par laquelle Louis XI, alors Dauphin, expoſe qu'à ſa première entrée dans la ville de Gand, il avoit, en uſant du privilège de fils aîné de France, délivré un priſonnier nommé Antoine Rubempré ; que nonobſtant ce, le parlement de Paris l'avoit condamné au banniſſement & avoit confiſqué ſes biens (1).

VII. Du reſte, le Dauphin n'a pendant la vie du Roi aucune part au gouvernement de l'état, à moins que le Roi lui-même ne veuille bien l'y appeler.

Dans le commencement de la troiſième race, les Rois étoient dans l'uſage d'aſſocier au trône & de faire couronner de leur vivant celui de leurs enfans qui devoit régner après eux.

François premier voulut renouveler cet uſage pendant ſa détention en Eſpagne. Ne comptant plus revenir en France, il donna, en novembre 1525, un édit par lequel il ordonna que le Dauphin ſon fils fût couronné & ſacré Roi de France, & qu'on lui obéît comme à lui-même, ſous l'adminiſtration d'une régence qu'il nomma pour le temps de ſa minorité (2).

Mais cet édit devint inutile par le traité de paix qui fut ſigné le 14 janvier

---

(1) Brillon, *loc. cit.* n. 2.

(2) *Voici les termes de cet édit :*

François, par la grace de dieu, roi de France, &c. Comme le Roi éternel régnant par puiſſance inviſible ſur le ciel & la terre, notre rédempteur & ſauveur jeſus-chriſt, chef de toutes puiſſances céleſtielles & terriennes, & en nom duquel chacun doit baiſſer & incliner la tête, & fléchir le genoüil, ait donné forme & exemple d'humilité à tous les rois princes chreſtiens en ſoi humiliant devant dieu ſon père, ſoumettant ſa volonté à celle de dieu, & par zele & amour ineſtimable, qu'il a porté à ſes membres & ſujets, ait fait oblation & ſacrifice, tant de ſon corps, que de ſadite volonté, & par lequel tous Roys regnent, & les condíteurs des loix ſont, & décernent acte de juſtice : deſirans de tout noſtre pouvoir en toutes choſes ſuivre noſtre chef, ſeul guide, protecteur, & patron de nous & de noſtre royaume de France très-chreſtien, & reconnoiſſans les grans graces qu'il nous a généralement & particuliérement faites en nous mettant en ce monde, & appellant au titre de Roi très-chrétien, pour conduire, régir & gouverner le très-noble & en toutes vertus excellent peuple françois, pour la paix & tranquillité avons voüé & à Dieu dedié nôtre perſonne, vie, force volonté. Et tout ainſi que nous avons de lui reçû à nôtre avenement à la couronne les victoires, & conquêtes qu'il lui a plu nous donner, & faire par nos mains ſes miniſtres, étant tout ainſi réſolus moyennant ſa grace & vertu, prendre en gré ſa diſcipline paternelle, puiſqu'il lui a plu la nous envoyer, après avoir perdu une bataille, où nous avons mis nôtre perſonne en grand danger de mort, plus pour vouloir chaſſer nos ennemis de nôtredit royaume, qui l'avoient iniquement envahi, & rejetter la guerre hors, pour après pouvoir parvenir à une bonne paix & repos de la chrétienté, que par intention ſeule de reconquérir les terres qui de droit nous appartiennent, & deſquelles nous avons nagueres été injuſtement déchaſſez & dépoſſedez ; & après avoir été en icelledite bataille nôtre cheval tué ſous nous, & avoir pluſieurs de nos ennemis en grand nombre converti leurs armes ſur nôtre perſonne, les uns pour nous tuer & occire, les autres pour en faire proye & butin ; qu'il lui a plu par ſa bonté & clémence en tel & ſi extrême danger nous ſauver la vie & honneur, que nous eſtimons bénéfice commun à nous, & à noſdits ſujets ; encore avons-nous depuis notre priſon & captivité, après avoir été mené & conduit en divers lieux par mer & par terre, été mis & reduits ès-mains de l'élu empereur, Roi de Caſtille, duquel comme prince chrétien & catholique, nous avons juſques à préſent eſpéré humanité, clémence & honnête traitement, attendu mêmement que ſommes à lui prochains en conſanguinité & lignage ; & d'autant plus ladite humanité attendions-nous & eſpérions de lui, que nous avions porté en la priſon une griefve maladie, & telle que nôtre ſanté & guériſon étant à tous déſeſperée, dieu en continuant

ſuivant; auſſi ne reçut-il aucune exécution.

Dans d'autres circonſtances ſemblables, les fils aînés de France, lorſqu'ils étoient en âge de gouverner, ont pris le titre de régent du royaume, & ont exercé

---

envers nous ſes bénéfices, nous avoit remis ſus, & comme ruſſuſcité de mort à vie; en laquelle extrémité de maladie n'avons toutesfois en riens connu le cœur de l'empereur être aucunement émû à nôtre délivrance, & conſéquemment au bien de paix & repos de la chrétienté, qui s'en pouvoit enſuivir; encore que par les ambaſſadeurs à lui envoyez par nôtre trés-chere & trés-amée dame & mere régente en France, aprés avoir ſouffiſamment montré les querelles qu'il prétend avoir contre nous & la couronne & maiſon de France, n'être en aucune maniere raiſonnables ne fondées en juſtice, lui ayent été faits pluſieurs grands offres pour parvenir à nôtre délivrance, & au bien de la paix; & depuis noſtre trés-chere & trés-amée ſœur unique la ducheſſe d'Alençon & de Berri, ayant pris la peine & travail de venir par mer & par terre devers ledit empereur, & lui avoir fait les plus honnêtes & gracieuſes remontrances dont elle s'eſt pû aviſer, pour l'exciter à faire acte d'honneur & humanité, requerant amitié & alliance par mariage de nous, & de nôtre trés-cher & trés-amé fils aiſné le Dauphin, avec ſes ſœur & niece; & néantmoins, outre & par-deſſus les autres offres faites par les premiers ambaſſadeurs de nôtredite dame & mere, offert de rechef pluſieurs & grans choſes, & plus que ne doit porter ne mériter la rançon du plus grand prince du monde, avec alliance, paix & amitié: néantmoins ledit empereur n'a voulu entendre, ne accorder nôtre délivrance, juſqu'à ce qu'il eût en ſes mains la poſſeſſion de la duché de Bourgongne, comtez de Maſcon & d'Auxerre, & Bar-ſur-Seine, avec pluſieurs autres auſſi grandes & auſſi déraiſonnables demandes, deſquelles aprés être en poſſeſſion, étoit content nous délivrer, & de ce bailler oſtages, & remettre la querelle qu'il prétend à ladite duché, à la connoiſſance & jugement d'arbitres élûs par le conſentement des parties. Lequel parti comme déraiſonnable & grandement dommageable à nôtre royaume, & bons & loyaux ſujets, n'avons voulu accepter, ains plutôt délibéré & réſolu porter & endurer telle & ſi longue priſon qu'il plaira à dieu que nous portions, & juſques à ce que ſa divine juſtice aura diſpoſé, & donné les moyens plus honnêtes & faiſables, pour parvenir à nôtre liberté, enſemble la vie corporelle, pour le bien, union, paix & conſervation de noſdits ſujets & royaume, pour leſquels voudrions employer non-ſeulement nôtre vie, ains celle de nos trés-chers & trés-amez enfans, qui ſont nez non pour nous, mais pour ledit bien & conſervation de nôtredit royaume, & vrais enfans de la choſe publique de France, laquelle a eſté par pluſieurs fois bien regie & gouvernée par jeunes Rois, étans encore en aage d'innocence, avec le bon conſeil des bons perſonnages étans en icelui nôtredit royaume, eſtimans la gloire devoir être plus grande à dieu renduë, quand il regit les royaumes par ſa bonté & puiſſance, & principalement quand l'eſperance & expectation des ſujets eſt en la prudence d'un prince tant ſoit-il ſage & prudent. Pour ces cauſes, & autres bonnes & grandes conſidérations, que dieu le créateur ſçait & connoît, le tout à ſon honneur, loüange & gloire, qui à ce nous meuvent, voyans pour cette heure ne nous être permis par honnêtes compoſitions ſortir hors du lieu où nous ſommes, & retourner en nôtredit royaume, où nous deſirons toutefois l'adminiſtration de juſtice être cependant faite & continuée à nos ſujets, comme la raiſon veut & requiert, & que nous pourrions faire, ſi nous y étions en perſonne: ſçavoir faiſons à tous preſens & à venir, que par bonne & meure délibération de conſeil, nous avons voulu, ordonné & conſenti, & par édit perpetuel & irrevocable voulons, ordonnons & conſentons, & tel eſt nôtre plaiſir: que nôtre trés-cher & trés-amé fils aiſné François Dauphin de Viennois, nôtre vrai & indubitable ſucceſſeur, par la grace divine, né & appellé aprés nous à la couronne de France, ſoit dés-à-preſent déclaré, reclamé, & de tous nos ſujets nommé, tenu & reputé Roi trés-chrétien de France, & comme Roi couronné, oint & ſacré, & avec en gardant toutes les ſolennitez requiſes & accoûtumées, & à lui ſeul comme à Roi vrai & indubitable, tous nos autres trés-chers & trés-amez parens, princes de nôtre ſang, les archevêques, évêques, chapitres, abbez, prélats, nobles, & peuple de France, ayent recours comme à leur Roi, & vrai ſeigneur & prince, & comme Roi le tiennent, reçoivent & traitent en lui obeïſſant entierement, & à ſes commis, officiers & deputez, comme ils ont fait par ci-devant à nôtre perſonne étant en nôtredit royaume. Et pource que nôtredit fils aiſné eſt ſous l'aage de puberté, moindre d'ans, & en état d'innocence; & encore comme table raze & blanche, capable de recevoir telles mœurs, doctrine, ſçavoir & prudence qu'il plaira à dieu le créateur lui mettre en ſon ame, & inſcrire & inſpirer en ſon cœur, & que pour y parvenir a beſoin de conduite, gouvernement, & nourriture de grans, bons &

en cette qualité tous les actes de souveraineté. Ainsi se sont conduits, comme on le verra ci-après dans le chapitre *de la régence*, le Dauphin Charles V, tandis que le Roi Jean étoit prisonnier en Angleterre; le Dauphin Charles VII, pen-

---

notables personnages, & des principaux de nôtredit royaume, ayans l'honneur & amour de dieu devant les yeux, & zele au bien commun dudit royaume, & envers les personnes de nosdits enfans: considérans les grans graces que dieu le créateur a mis & comblé en la personne de nôtre trés-chere & trés-amée dame & mere la duchesse d'Angolmois & d'Anjou à present régente en France, de laquelle nous & nos sujets par longue experience avons connû la grande prudence, honnêteté & bonté qui sont en elle, le grand & bon zele qu'elle a à l'augmentation de la religion chrétienne, amour, pitié & compassion envers nosdits sujets, qui sont les vrais fondemens de toute justice, accompagnées de l'amour tendre & inestimable qu'elle a toûjours eu & montré manifestement avoir envers nous & nosdits enfans, qui sommes sa chair & son sang. Pour ces causes, & autres bonnes & grandes considérations que dieu sçait & connoît, avons voulu & ordonné, par même édit irrevocable comme dessus, voulons & ordonnons que icelle nôtredite dame & mere soit & demeure seule gouvernante & régente de la personne de nôtredit trés-cher & trés-amez aisné fils le Dauphin de Viennois, & mêmement aprés ce qu'il sera couronné, sacré & reçû Roi; & qu'il n'y ait prince ni personnage du monde qui ait titre de gouverner, ne autorité autour de la personne de nôtredit fils aisné, que nôtredite dame & mere laquelle mettra, commettra & ordonnera tels officiers autour de la personne de nôtredit fils, qu'elle verra être à faire & que bon lui semblera, esperans & desirans que les gentilshommes & autres officiers en tous états de nôtre chambre, de nôtre bouche & maison seront & demeureront autour de nôtredit fils aisné, le serviront en la forme & maniere que par ci-devant nous ont servi étans en nôtredit royaume, s'il ne sembloit à nôtredite dame & mere, qu'aucuns par bonne cause & considération deussent être cassez & retranchez, laquelle cause nous remettons à sa prudence & discretion, pour en user comme bon lui semblera: & semblable égard, gouvernement & autorité avons nous donné à nôtredite dame & mere sur les personnes de nos autres trés chers & trés-amez enfans, c'est à sçavoir Henry duc d'Orleans, Magdeleine, Charles duc d'Angoulême, & Marguerite de France, lesquels elle tiendra, & voulons & entendons qu'elle tienne avec nôtredit fils aisné ensemble en un ou deux lieux ou plusieurs, pour le mieux si bon lui semble, pour les entretenir tousiours en amour & charité fraternelle, les faire instruire à principalement aimer dieu & son église, reverer & cherir leurs parens charnels & spirituels, porter aussi singulier amour aux princes de nôtre sang, avec amour, pitié & compassion à nosdits sujets en tous états, en soulageant le povre & simple peuple, comme chose que nous avons tousiours grandement & principalement desirée, & desirons faire. Voulons & ordonnons, que ledit gouvernement & autorité de nostredite dame & mere tel que dessus sur nostredit fils aîné, encore qu'il soit Roi couronné, & sur chacun autre de nosdits enfans, dure & continue jusques à ce qu'ils soient en aage de pleine puberté & discretion, selon l'avis de nostredite dame & mere, & du conseil étroit qui sera autour d'elle pour le temps; & que toutes choses soient faites au nom de nôtredit fils aîné comme Roi, & sous ses seels, lesquels pour ce faire seront de nouvel faits, sans user aucunement des nostres. Entendons & voulons toutefois, que les bénéfices & offices soient donnez & conferez par la nomination de nostredite dame & mere, & les lettres expediées sous le nom de nostredit fils aîné. Prions & exhortons nostredite dame & mere de chose que savons certainement lui être agréable; c'est à sçavoir qu'il lui plaise avoir & tenir tousiours autour d'elle & de notredit fils aîné, après qu'il sera couronné Roi, le conseil des princes, prélats, chancelier, présidens, & autres nos officiers, tels qu'elle sçait, & dont nous l'avons avertie, lesquels elle pourra toutefois démettre & ôter quand bon lui semblera, & y en mettre d'autres. Et s'il avenoit que nostredite dame & mere par maladie, indisposition de sa personne, ou autre empêchement, ou par mort, à quoi dieu par sa bonté & grace veüille obvier, ne pût exercer ledit gouvernement autour de nostredit fils aîné Roi; & autres nos enfans: nous en ce cas voulons & ordonnons, & tel est nostre plaisir, que nostre trés-chere & trés-amée sœur unique Marguerite de France duchesse d'Alençon, & de Berry, en toutes choses concernant ledit gouvernement, succede au lieu de nostredite dame & mere. Voulons en outre & expressément ordonnons, & enjoignons par ce même édit, que nostredit fils aîné aprés son couronnement par un seul édit confirme tous les officirs & offices de nostredit royaume, sans ce que nosdits officiers soient tenus de prendre nouvelles lettres d'offices, ne payer aucune chose; & le semblable soit fait des privileges de nos bonnes citez, villes, chapitres, monas-

dant la maladie ou plutôt l'enfance perpétuelle du Roi Charles VI.

Dutillet, à l'endroit cité, parle de la manière dont le deuxième de ces princes tint le parlement de Paris, en sa qualité de Dauphin-Régent, le 7 janvier

---

teres & communautez, pourvû qu'ils en soient possesseurs, & qu'ils ayent joui desdits privileges justement & raisonnablement, sans leur attribuer aucune chose de nouveau ausdits offices & privileges, outre & pardessus le titre ancien. Voulons aussi que tous ceux qui nous doivent foi & hommage, tant princes de nostre sang, prelats & autres capitaines, gardes des places, justiciers & officiers, nobles & non nobles, soient tenus quites & absols de la foi, & serment & hommage qu'ils nous ont & doivent faire, en faisant seulement par eux serment, foi & hommage à nostredit fils ainé aprés son couronnement, à lui & à sa personne comme à Roi, ou à son chancelier representant sa personne; n'entendans autrement les absoudre, ne quiter de leur foi & serment. Pendant lesquelles choses, & jusques à ce qu'elles soient entierement parfaites, consommées & accomplies, nous voulons, & tel est nôtre plaisir, que nostredite dame & mere soit & demeure toûjours régente en France, avec les facultez & puissance qu'elle a eu par ci-devant de nous, & lesquelles entant que besoin est, avons derechef confermées & approuvées, confermons & approuvons par cesdites présentes. Et pour parvenir à ce que dessus est dit voulons & ordonnons, que nôtredite dame & mere assemble & puisse faire assembler aucun nombre de bons & notables personnages des trois états de tous les païs, contrées & bonnes villes de France, en tel lieu & tels, & en tel nombre qu'elle avisera, & que bon lui semblera; ausquels ensemble, ou à part & séparément les uns des autres, elle communiquera nôtredit vouloir & intention tel que dessus, pour avoir d'eux leur advis, conseil & consentement: retenans toutefois, & reservans, que, s'il plaisoit à dieu permettre que la délivrance de nôtre personne fût faite, & s'en ensuivît par ci-aprés pour aller à son service au gouvernement & conduite de nôtredit royaume, pour lequel nous avons dedié nôtre personne & vie, comme dit est; lors & en ce cas nous entendons & retenons à nous de retourner à nôtredite couronne & royaume, par vraye continuation d'icelui, tout ainsi que si jamais n'eussions esté prins ne mis en captivité, ainsi que les droits *Postliminii* le veulent & permettent: & en ce cas nôtredite trés-cher & trés-amé fils nous cedera & laissera le nom & place de Roi, & ne se fera plus expedition & acte quelconque an nom de nôtredit fils, ains le tout sera par nous, & en nôtre nom fait & expedié comme il se faisoit pavant nôtredite prise & captivité, & du temps que nous étions en nôtredit royaume; & sera & demourera ladite coronation de nôtredit fils, l'effet d'icelle & regne suspendu, & differé jusques à nôtre trespas, ou à nôtre longue absence de nosdits royaume, païs, terres & seigneuries, s'il nous plait ainsi l'ordonner. Voulons aussi, & ordonnons de nôtre certaine science, propre mouvement, pleine puissance & autorié royale, que toutes & chacunes les choses dessusdites soient entierement & parfaitement accomplies selon nôtredite ordonnance, vouloir & intention: & ou cas qu'il y auroit & surviendroit par ci-après aucun empêchement, soit de droit, ou de fait, par lequel les choses dessusdites, ou aucunes d'icelles ne peussent ou sceussent sortir effet; lors & en ce cas, & non autrement, nous avons cassé, irrité & annullé, cassons, irritons & annullons ce présent édit & ordonnance, & voulons que les choses demeurent en l'état qu'elles sont, & ont été par ci-devant. Ne voulons, & n'entendons par ce présent édit déroger aux articles contenus au testament dernierement fait par nous, étant dedans nôtredit royaume, entant qu'ils ne seroient contraires au présent édit. Car tel est nôtre plaisir, & ainsi voulons, ordonnons, & décernons être fait, entretenu, observé & gardé de point en point. Si donnons en mandement par ces mêmes présentes à nos amez & feaux les chancelier, gens tenans nos cours de parlement, grand conseil, gens de nos comptes, généraux de la justice de nos aides, lieutenans, gouverneurs, maréchaux, admiraux, vice admiraux, baillifs, seneschaux, prevôts, vicomtes, & à tous nos autres justiciers, officiers & sujets ou à leurs lieutenans présent & à venir, & à chacun d'eux en son en droit, & si comme à lui appartiendra, que nos presens ordonnance, volonté & édit, ils, & chacun d'eux fassent lire, publier & registrer en leurs cours, jurisdictions & auditoires, & le tout entretenir, garder & observer de point en point selon sa forme & teneur. Et pource qu'en plusieurs & divers lieux l'on pourra avoir affaire des présentes, nous voulons que au vidimus d'icelles fait sous scel royal, entiere foi soit adjoûtée comme à ce présent original. Et afin que ces choses soient fermes & stables à toûjours, nous avons signé cesdites presentes de nôtre main, & à icelles fait mettre notre scel secret tel qu'avons de present lez nous, & en l'absence de nôtre grand scel, sauf en autres choses nôtre droit, & l'autrui en toutes. Donné à Madrit au royaume de Castille,

1411. « Il fut, dit-il, assis seul ès hauts » sièges du côté des conseillers d'église, » à l'endroit où se sied le second pré- » sident, en un siège paré en forme de » chaire, couvert par-dessus d'un dais. » Et du côté des laïcs ès hauts sièges, » furent assis les princes du sang, duc » de Bavière, comte de Vaudemont, & » les évêques ès bas sièges. Des deux » côtés furent les chanceliers de France » & dudit sieur Dauphin, & conseillers » dudit parlement. Ce qui est accoutumé » garder à la personne du Roi, lui fut » observé, hors deux choses, l'une, » qu'il ne fut assis au siège royal, auquel » nul ne sied que le Roi; l'autre, que » les arrêts furent prononcés au nom de » la cour, & à elle les plaidoyers adres- » sés ».

VIII. Il est d'usage que le pape envoye des langes bénits pour le Dauphin & le premier fils de France. Il n'en envoye point pour les autres princes nouveaux-nés (1).

IX. La ville de Paris est, depuis un temps immémorial, en possession de fournir au Dauphin les premières armes qu'il est dans le cas de porter.

X. Le Dauphin ne s'asseoit jamais devant le Roi que sur un pliant. Lorsque sous Louis XIV le duc d'Anjou fut nommé Roi d'Espagne, M. le Dauphin ne mangea plus avec lui, parce qu'il prétendit avoir un fauteuil en sa présence. En effet, à la cour de Madrid les infants & les cardinaux ont le fauteuil devant le Roi catholique (2).

au mois de novembre, l'an de grace mil cinq cens vingt-cinq, & de notre regne le onziéme. *Sic signatum sub plica* FRANÇOIS, *& supra plicam*, par le Roi, les archevêque d'Ambrun, évêque de Lisieux, Sire de Montmorenci, maréchal de France, le seigneur de Cromieres, premier président, & de Verets, bailli de Paris, & autres presens. *Signé* ROBERTET.

(1) Cérémonial diplomatique des cours de l'Europe, tom. 1, pag. 10.

(2) *Ibid.* tom. 2, pag. 824.

XI. Lorsque le Dauphin fait son entrée dans une ville, les officiers municipaux (1) vont au-devant de lui jusqu'à la porte, & non au-delà des fauxbourgs, comme lorsqu'il s'agit de recevoir le Roi.

XII. Quand il vient à la cour un souverain étranger, il est d'usage que le Dauphin, en le recevant à son audience, fait pour aller au-devant de lui quelques pas de plus que ne feroit le Roi dans la même occasion. Mais il ne lui rend point de visite (2).

XIII. Lorsque le Dauphin écrit au Roi, il met en tête de sa lettre, *monseigneur;* il laisse six doigts de blanc avec une marge fort large, & finit ainsi : *votre très-humble & très-obéissant fils, serviteur & sujet.* La suscription est : *au Roi mon seigneur & père.*

Il écrit de même à la reine & la traite de *madame.*

S'il écrit à l'empereur, il débute ainsi: *Très-haut, très-excellent & très-puissant prince :* il commence le discours un peu plus bas, donne de la *majesté* à l'empereur, & finit par *votre très-humble neveu.* La suscription est *à très-haut, très-excellent & très-puissant prince, l'empereur.*

Le formulaire est le même pour les Rois d'Espagne & d'Angleterre, quand le Dauphin leur écrit par la main du secrétaire de ses commandemens. Mais quand il écrit lui-même, il ne les traite que de *monsieur*, & il met pour suscription : *au Roi de ...... monsieur mon oncle.* Dans l'un & l'autre cas, il finit par *votre affectionné neveu.*

Il en est à-peu-près de même pour les lettres écrites aux Rois de Suède, de Pologne & de Danemark : il est seulement à remarquer qu'elles finissent par *votre bien bon neveu & cousin.*

Quand le Dauphin écrit au pape, il met en tête, *très saint père*, & il finit

(1) *Ibid.* tom. 1, pag. 1027.

(2) *Ibid.* pag. 364.

par ces mots : *votre très-humble & très-dévôt fils.*

A la République de Venise, *messieurs*, le discours sur la même ligne, & *votre affectionné ami.*

A un infant d'Espagne, *monsieur* & *votre bien bon frère.*

A un prince du sang, *mon cousin* & *votre bien bon cousin.*

A un prince étranger, *mon cousin*, & *votre bon cousin.*

A un grand officier de la couronne, *mon cousin*, & *votre cousin & bien bon ami.*

Aux gouverneurs de province, aux conseillers & secrétaires d'état, aux chevaliers du Saint-Esprit, président du parlement, *monsieur N.* & *votre bon ami.*

Au chancelier, *monsieur le chancelier*, & *votre bon ami.*

A un évêque, *monsieur l'évêque de....*, & *votre bon ami.*

Aux ambassadeurs, *monsieur l'ambassadeur*, & *votre bon ami.*

Toutes ces formules sont extraites du *cérémonial diplomatique*, tome 1, page 469. (*M.*)

# CHAPITRE LXX.

## *Des personnes attachées au Dauphin de France.*

LES Dauphins de Viennois avoient une maison très-brillante, & composée d'un grand nombre d'officiers : on peut en voir la description dans les mémoires du président de Valbonnais pour servir à l'histoire du Dauphiné.

Les Dauphins de France ont aussi eu pendant long-temps une maison particulière. C'est ce que nous apprend Loyseau, qui écrivoit sous Henri IV ; il dit, dans son traité *des ordres*, chapitre 7, nombre 53, que « les enfans de France ont » d'ordinaire un beau privilège qu'autre- » fois M. le Dauphin avoit seul ; à sa- » voir que leurs officiers domestiques » sont privilégiés, ainsi que ceux du » Roi ». Plus bas, il ajoute que « par- » dessus ce privilége, M. le Dauphin » en a encore un, qui est d'avoir un » chancelier & autres grands officiers : » privilège que les puînés de France n'ont » pas, sinon qu'ils deviennent secondes » personnes de France ».

Les choses sont bien changées depuis Loyseau. Actuellement les puînés de France ont une maison très-nombreuse, & ils s'y trouve de grands officiers comme on le verra dans le chapitre suivant. Le Dauphin, au contraire, n'a plus de maison proprement dite.

Dans son bas-âge, le Roi lui donne une gouvernante, plusieurs sous-gouvernantes, un secrétaire des commandemens, & un instituteur.

Quand il est sorti des mains des femmes, les officiers du Roi font chez lui le même service que dans la maison de sa majesté.

Il a cependant auprès de lui des personnes qui lui sont particulièrement attachées.

Le Roi régnant, lorsqu'il étoit Dauphin avoit,

1°. Un confesseur.

2°. Douze menins, savoir, M. le duc de la Vauguyon, M. le prince de Montmorency, M. le duc de Quintin, M. le comte de Pons, M. le comte de Cossé, M. le comte de Bourbon-Busset, M. le marquis de Choiseul, M. le marquis de Montmorin-Saint-Herem, M. le comte de Damas de Crux, M. le marquis de la Roche-Aymon, M. le marquis de Beaumont,

Beaumont, M. le marquis de Belsunce.

3°. Un secrétaire des commandemens, place qui étoit remplie par M. Mesnard de Choury.

4°. Un lecteur & secrétaire du cabinet.

5°. Un premier valet de chambre, &c.

Sous Louis XIV, le comte de Clermont-Tonnerre présenta à ce monarque une requête imprimée, pour demander la jouissance des charges de connétable & grand-maître de la maison de M. le Dauphin & de madame la Dauphine, que Humbert II, dernier Dauphin de Viennois, avoit créées en 1340, en faveur d'Ainard de Clermont, qui pour s'en faire investir avoit consenti de lui faire hommage de terres qu'il possédoit dans le Dauphiné, & que ses ancêtres avoient maintenues dans l'indépendance depuis la destruction du royaume d'Arles. Après avoir remontré à sa majesté que ces charges lui coûtoient une souveraineté, & qu'elles n'étoient qu'un *dédommagement très-disproportionné* à tout ce que ses pères avoient abandonné à Humbert, il consentoit néanmoins que le Roi l'*indemnisât par des honneurs équivalens, si sa sagesse lui faisoit juger que cela convînt mieux.* « Mais il n'obtint rien, (dit l'auteur d'une dissertation qu'on trouve à la suite de l'histoire d'Evreux, imprimée en 1722) « parce que ç'auroit été donner » droit à tous les autres seigneurs, qui » prétendent avoir de pareilles charges, » d'en demander aussi des récompenses.

(*M.*)

# CHAPITRE LXXI.

## *De la Dauphine & de sa maison.*

1. Le titre de Dauphine étoit autrefois commun à l'épouse du Dauphin de Viennois & à celle du Dauphin d'Auvergne; aujourd'hui il est réservé à la princesse que les nœuds du mariage unissent au Dauphin de France; c'est-à-dire, à l'aîné des fils ou petits-fils du Roi régnant.

Cette princesse doit naturellement jouir, & jouit, en effet, de toutes les prééminences, de toutes les prérogatives qui distinguent son mari des autres princes de la maison royale. Il est inutile de les détailler ici; nous ne pourrions que répéter ce que contient là-dessus le chapitre *du Dauphin.*

Il y a pourtant une différence remarquable entre le Dauphin & la Dauphine, & c'est dans la forme du service de leurs personnes qu'elle consiste.

Le Dauphin, comme on l'a vu dans le chapitre précédent, n'a point de maison; la Dauphine, au contraire, en a une.

Cette maison est ordinairement composée des mêmes officiers que celle de la reine, excepté qu'il ne s'y trouve ni grand aumônier, ni chancelier, ni maîtres des requêtes, ni procureur général, ni avocat général, ni secrétaire du conseil, ni solliciteur d'affaires, ni chauffecire, ni huissier du conseil, ni garde des livres, états & papiers, ni secrétaire-interprête.

C'est ce qui résulte du préambule de la déclaration rendue le 29 mai 1774, pour faire jouir des privilèges des commensaux, les officiers de l'auguste princesse qui venoit, à cette époque, de changer le titre de Dauphine en celui de reine de France (1).

---

(1) *Voici les termes de ce préambule :* Louis.... Notre tendresse pour la reine, notre très-chère épouse & compagne, « nous faisant

Ainsi la Dauphine n'a point de conseil dans sa maison. La reine est la seule princesse qui en ait un.

On trouve néanmoins dans les lettres-patentes données le premier octobre 1767, pour le payement des officiers de feu madame Marie-Josephe, Dauphine de France, des expressions qui semblent faire entendre que cette princesse avoit un conseil. « Et attendu (y est-il dit) » qu'il se trouve quelques comptes de » recettes & dépenses de la maison de » feu notredite fille, dont les états au vrai » n'ont pas été arrêtés par le *conseil* de » notredite fille avant son décès; nous » voulons & entendons que lesdits » états au vrai soient vus, examinés & » arrêtés par le sieur Ogier, conseiller » en notre conseil d'état, surintendant » des maison & finances de feu notredite » fille, & par les autres officiers qui » composoient son *conseil*, ainsi & de » la même manière qu'ils y étoient auto- » risés de son vivant, leur en donnant, » en tant que besoin seroit, tout pou- » voir & attribution ».

Mais le fait doit ici l'emporter sur les expressions. Il est constant que la feue Dauphine n'avoit point de *conseil* proprement dit, & sûrement on n'a point pu, par des mots, lui en donner un après sa mort. Elle avoit seulement des officiers établis pour la direction de ses finances, & ce sont ces officiers dont les lettres-patentes que nous venons de citer ont voulu parler sous la dénomination impropre de *conseil*.

Tous les officiers de la Dauphine sont réputés commensaux de la maison du Roi, & en ont tous les privilèges.

Il est même d'usage de leur conserver ces privilèges toute leur vie, lorsqu'une mort prématurée vient enlever la Dauphine, détruire sa maison, & anéantir leurs offices. C'est ainsi qu'en ont usé plusieurs de nos Rois. Voyez ci-devant, chapitre II, section 7, §. 1.

Louis XV s'est conformé à cet usage, après la mort de la Dauphine Marie-Josephe. Voulons (porte la déclaration du 29 mai 1767, enregistrée à la cour des aides de Paris le 17 juillet suivant) « Voulons & nous plaît que les officiers, » domestiques & commensaux de feu » notre très-chère & très-amée fille la » Dauphine, qui ont reçu des gages » employés & passés dans le compte de » son trésorier, & qui sont compris » dans l'état ci-attaché sous le contre- » scel de notre chancellerie, jouissent, » leur vie durant, de tels & semblables » privilèges dont jouissent nos officiers, » domestiques & commensaux, suivant » nos édits & ordonnances, & tout ainsi » qu'ils en jouissoient du vivant de notre » fille, ensemble les veuves de ceux qui » sont décédés ou décéderont ci-après, » tant qu'elles demeureront en viduité. » (*M*) ».

» desirer qu'elle soit servie avec la dignité con- » venable, & que ses officiers jouissent des pri- » vilèges des commensaux de notre maison, nous » avons fait dresser l'état desdits officiers, tant » de ceux qui composoient ci-devant sa maison, » & que nous dispensons de prendre de nou- » velles provisions & de prêter nouveau serment, » que de ceux dont nous avons jugé à propos » de l'augmenter, pour la dignité & l'utilité de » son service, ainsi qu'il suit; savoir, un grand » aumônier, un chancelier, un procureur gé- » néral, un avocat général, quatre maîtres des » requêtes, deux secrétaires du conseil, un sol- » liciteur d'affaires, un chauffe-cire, un huissier » du conseil, un garde des livres, états & pa- » piers, & un secrétaire-interprète. »

# CHAPITRE LXXII.

## *Des princes Fils de France, & de leurs maisons.*

On appelle *Fils de France*, les enfans & petits-enfans mâles des Rois.

Ce titre appartient aussi à leurs arrière-petits-enfans, lorsque le Roi régnant n'est lui-même que petit-fils de Roi, & que par là ils ont l'avantage d'être neveux du prince qui occupe actuellement le trône.

Notre définition ne quadre point avec celle de l'auteur du *Cérémonial diplomatique des cours de l'Europe* : « je n'appelle » *Fils de France*, dit-il, que les princes » qui sont fils de Roi. Ils n'y a de Fils de » France que ceux dont les pères ont ré» gné ou règnent, parce que le prince » qui monte sur le trône perdant son sur» nom, ne peut donner que celui qu'il » acquiert à ceux qui sont nés de lui. Or » il n'acquiert que celui de *France*, ainsi » il ne peut donner que le nom de *France* » à ses enfans : mais comme les *Fils de* » *France* ont des apanages, les princes » qui sont issus de ces Fils de France, qui » ne viennent point à régner, portent le » nom de l'apanage de leur père, & font » dans la suite une branche de la maison » royale ».

Mais en parlant ainsi, cet auteur a plus consulté son imagination que les faits. Sans remonter à des temps bien reculés, il avoit devant les yeux l'exemple du dernier régent, qui quoique petit-fils de Louis XIV, a toujours porté le titre de *Fils de France* (1).

Aujourd'hui, Monsieur, frère du Roi, & monseigneur comte d'Artois portent également ce titre ; ils le portoient même du vivant de Louis XV leur ayeul. C'est ce que prouvent notamment les lettres-patentes de Monsieur, du 26 juin 1773, confirmées par un édit du mois de juillet suivant (1), l'édit du mois de janvier 1774 (2), les lettres-patentes du premier décembre 1776 (3), celles des 18 février & 18 mars 1779 (4), & celles du 4 février 1783 (5).

Il y a plus. M. le duc d'Angoulême, quoiqu'arrière-petit-fils de Roi, porte le titre d'Enfant de France.

Mais s'il a un jour des enfans, on appellera son fils aîné *premier Prince du Sang*.

C'est ce qui a été décidé par le Roi à la naissance de ce prince.

Pour ne laisser rien à desirer sur les princes Fils de France, nous parlerons de leurs droits d'abord par rapport à la succession du Roi décédé, & de leurs apanages.

Ensuite des titres, honneurs, prééminences & prérogatives qui les distinguent des autres princes du sang.

Enfin, de leurs maisons.

### §. I. *Des droits des princes Fils de France, par rapport à la succession du Roi décédé, & de leurs apanages.*

I. Dans les commencemens de la monarchie, les états du Roi décédé se partageoient presque toujours entre ses en-

(1) Voyez ci-après le chapitre *des Princes du Sang*, §. 5.

(1) Voyez le chapitre suivant.
(2) Voyez ci-après, §. 3.
(3) Voyez ci-après, §. 2.
(4) *Ibid.*
(5) Voyez le §. 1 de ce chapitre.

ans (1). « On ne connoissoit point encore, » dit M. Moreau (2), cette loi sage dont » les Carlovingiens sentirent dans la suite » la nécessité, mais qui ne s'établit que » sous le gouvernement féodal, & qui » a rendu indivisible l'héritage de nos » monarques. Leurs enfans portoient le » nom de Rois en naissant: tous croyoient » avoir un droit égal à la puissance souve- » raine; & l'on a vu Clovis massacrer les » princes de son sang, pour s'assurer l'u- » niversalité du patrimoine de sa fa- » mille ».

Le partage qui se faisoit alors de la monarchie étoit-il absolu, ou l'administration demeuroit-elle commune? Nous ne proposerions pas ici cette question, si l'abbé Velly (3) n'avoit avancé qu'après la division de l'empire de Clovis entre ses quatre fils, « les seigneurs des quatre » royaumes s'assembloient en un même » lieu; que là on traitoit des affaires gé- » nérales de la nation, & qu'on jugeoit » en commun les procès qui intéressoient » l'empire, ou par l'importance du sujet, » ou par la qualité des parties ».

On ne sait sur quoi l'abbé Velly fonde cette assertion. Ce qu'il y a de vrai, c'est qu'on ne trouve rien dans les monumens contemporains, qui la justifie. D'un côté, on ne voit, sous le règne des enfans & des petits-enfans de Clovis, aucune assemblée générale de tous les grands de la monarchie Françoise; d'un autre côté, les sujets de l'un des Rois étoient regardés comme étrangers dans les états des autres. C'est ainsi que Siggon qui avoit été référendaire de Sigebert, & avoit, après la mort de celui-ci, rempli les mêmes fonctions auprès de Chilpéric, étant retourné auprès de Childébert, fils de son premier maître, perdit tous les biens & tous les établissemens qu'il avoit dans le royaume de Soissons (1). Une autre preuve de l'entière séparation des quatre monarchies, c'est que lorsqu'un grand coupable craignoit d'être condamné dans l'une, il se sauvoit dans l'autre, & y trouvoit un asyle. C'est ce qui arriva au meurtrier de l'un des frères de Grégoire de Tours. Pour se soustraire à la punition du crime qu'il avoit commis dans les états du Roi Gontran, il se retira dans ceux de Chilpéric. Dans ce cas là, les biens du coupable fugitif étoient confisqués au profit du prince qu'il abandonnoit (2).

Mais ce qui n'avoit pas lieu sous la première race, Charlemagne &, après lui, Louis le Débonnaire cherchèrent à l'introduire, l'un par son diplôme de 806, & l'autre par sa charte du mois de juillet 817. Ces princes, pour conserver l'unité de l'empire François, se proposèrent de ne laisser à leurs enfans puînés, qu'une souveraineté subordonnée à celle de leur frère aîné. Le préambule du dernier de ces actes est remarquable: « ayant, dit l'empereur, tenu » dans notre palais à Aix-la-Chapelle, » l'assemblée des grands & du peuple, » pour y délibérer sur les affaires de l'é- » glise & l'état; une inspiration divine a » porté nos fidèles à nous avertir, que » dans un temps où nous jouissons d'une » santé parfaite & de la plus profonde » paix dans notre empire, il seroit sans » doute prudent de délibérer sur l'état de » notre royaume, & sur le sort des Prin- » ces nos Fils, suivant l'usage que nos » prédécesseurs ont paru se prescrire à » eux-mêmes; mais quoique cet avis fût » une preuve de la fidélité & de l'atta- » chement de ceux de qui nous l'avons » reçu, il n'a paru raisonnable ni à nous, » ni à ceux qui ont des vues sages, de » sacrifier à l'avantage de nos enfans ou » à notre tendresse pour eux, l'unité de » l'empire que Dieu nous a conservé, & » dont le partage fait dans des vues hu-

(1) Voyez le chapitre *du Roi*, sect. 2.

(2) Discours sur l'histoire de France, tom. 3, pag. 197.

(3) Histoire de France, tom. 1, pag. 71.

(1) M. Moreau, *loc. cit.* pag. 207.

(2) Grégoire de Tours, liv. 5, chap. 5.

» maines, pourroit causer un scandale » dans l'église, & offenser celui dont » tous les Rois ont reçu leur puissance. » Nous avons donc cru devoir commen- » cer par obtenir de lui, à force de jeû- » nes, de prières & d'aumônes, les lu- » mières dont notre foiblesse avoit be- » soin pour une si importante résolution; » & ayant consacré trois jours à ces pieux » exercices, nous avons regardé comme » une preuve de la volonté de Dieu, le » concours de notre propre choix, & des » vœux de tout notre peuple qui se sont » réunis pour porter sur le trône impé- » rial notre cher Fils Lothaire : ainsi, par » une sage disposition de la providence, » il a également plu, & à nous, & à » tout notre peuple, de couronner notre » dit Fils Lothaire du diadême impérial, » & de le destiner pour notre successeur » au trône, & il nous a plu également » de décorer du titre & de la dignité de » Rois ses deux frères, Louis & Pépin, » & de les établir pour gouverner sous leur » frère (*sub seniore fratre*), les provin- » ces ci-dessus indiquées; le tout confor- » mément aux dispositions des capitu- » laires qui vont être rédigés, & que » nous avons cru devoir peser & exami- » ner avec soin, avec tous nos fidèles, » pour l'utilité de l'empire, & le main- » tien de la paix entre lesdits princes nos » Fils; afin que la fidélité de tous veille » à la garde des dispositions apportées » par le vœu commun de tous, pour l'a- » vantage & la tranquillité des princes & » de tout le peuple : sauf en toutes choses, » notre autorité impériale, & la pro- » fonde soumission qui est due, & par » des enfans à leur père, & par des su- » jets à leur Roi & à leur empereur (1).

On apperçoit, dit M. Moreau (2), dans ce préambule deux objets clairement distingués. Les états qui composent la *monarchie françoise*; jusques-là ils ont été partageables entre les héritiers du souverain; l'*empire*, cette dignité est une & indivisible : le partage du royaume est donc pour les enfans du monarque un droit, un avantage dont on ne peut les priver; mais, dit le législateur, *il n'est pas raisonnable de sacrifier à l'avantage de nos enfans ou à notre tendresse pour eux, l'unité de l'empire que Dieu nous a conservé*. En conséquence, la dignité impériale est destinée à unir, à consolider toutes les parties de la monarchie françoise; elle va devenir la véritable, l'entière, l'absolue souveraineté; l'héritier du pouvoir sera celui qui portera cette indivisible couronne, à laquelle est attachée la suprême autorité sur tous les pays qui ont appartenu à Charlemagne.

Pour réaliser ces vues, la charte de 817, après avoir fixé les limites des états de chacun des quatre frères, ordonne, article 4, que les Rois puînés seront tenus, chaque année, de venir trouver l'empereur leur frère; de lui offrir les dons gratuits de leurs royaumes, de recevoir ses instructions, & de conférer dans son parlement sur les affaires du gouvernement qui leur est confié.

L'empereur, de son côté, qui jouit d'un pouvoir plus étendu, *sicut & major potestas, deo annuente, ei fuerit attributa*, doit recevoir ses frères avec bonté, & leur faire lui-même des présens. C'est la disposition de l'article 5.

Chaque Roi peut bien, dans ses états, repousser sans la permission de son frère aîné, les invasions subites de l'ennemi; mais pour déclarer la guerre à une nation voisine, pour répondre aux ambassadeurs des puissances étrangères & traiter avec elles, il a besoin du consentement & de l'approbation de l'empereur; & en général, il est obligé de lui rendre compte de tout ce qui se passe d'intéressant sur ses frontières, *ut ille semper sollicitus & paratus inveniatur, ad quæcumque necessitas &*

(1) Chart. div. imp. Baluze, tom. 1, col. 573.
(2) Tom. 8, pag. 303.

*utilitas regni postulaverit*. Ce sont les termes de l'article 8.

L'article 10 assujettit la personne même des Rois puînés à la juridiction de l'empereur. Si l'un d'eux (porte-t-il) opprime les églises ou se conduit en tyran, son frère aîné doit d'abord l'avertir deux ou trois fois, en lui députant quelqu'un des grands de sa cour, mais en secret, & sans dévoiler l'objet de cette mission : si le prince résiste, l'empereur le fera ajourner devant lui, & dans la première audience qu'il lui donnera, il se bornera à lui faire, en présence de ses autres frères, des réprimandes charitables & paternelles. Enfin, si le prince coupable refuse de se rendre, l'empereur assemblera sa cour, & le fera punir conformément à la sentence qui interviendra.

Par une autre disposition, les Rois ne pouvoient après le décès de leur père, se marier sans l'aveu & le consentement de l'empereur leur frère aîné.

L'article 14 portoit que si l'un des Rois subordonnés à l'empereur venoit à mourir laissant des enfans mâles, ils n'avoient pas plus de droit l'un que l'autre à la puissance & à la dignité de leur père. L'une & l'autre devoient appartenir à l'empereur, qui seul pouvoit les conférer au successeur qu'il vouloit bien agréer. Il étoit donc réglé que, dans ce cas, les grands de l'état privé de son chef, présenteroient au souverain celui des jeunes princes qui seroit jugé le plus capable de bien gouverner.

Par l'article 16, si le Roi puîné n'avoit point d'enfant, son gouvernement, sa dignité, (*potestas illius*) devoit se réunir à la couronne de l'empereur, *ad seniorem fratrem revertatur*; s'il avoit des enfans, cette même dignité ne devoit point être partagée entr'eux, *non inter eos potestas ipsa dividatur*. Les grands ayant choisi celui qu'ils vouloient présenter, l'empereur devoit lui conférer le titre vacant, le traiter comme son fils, comme son frère, & pourvoir à l'éducation, ainsi qu'à la subsistance des autres enfans.

Alors même, si le successeur n'étoit pas encore en âge de gouverner, l'administration de ses états appartenoit au frère aîné, à l'empereur, qui étoit obligé de la rendre à la majorité du jeune prince.

Tout annonce, comme l'on voit, que par ce diplôme, Louis le Débonnaire avoit voulu établir une souveraineté unique dans la personne de l'empereur son fils aîné, & ne laisser aux Rois puînés qu'une espèce d'administration, une sorte de magistrature.

Mais qu'arriva-t-il ? Les successeurs de ce prince, dit encore M. Moreau, ne virent dans cette charte que l'aveu & la reconnoissance des anciens principes qui appeloient les enfans du souverain au partage de ses états ; ils rejetèrent ce pouvoir universel qu'on avoit cru attribuer à un prince élu ou nommé successeur de l'empereur ; & si la couronne impériale donna à ceux qui la portèrent quelques prérogatives & beaucoup de prétentions, le pouvoir réel & territorial que ceux de nos Rois qui furent empereurs exercèrent eux-mêmes dans la suite, ne fut regardé que comme un effet du droit héréditaire aux états qu'ils tenoient de leurs pères.

Sous la troisième race, on changea de systême, & insensiblement les puînés furent exclus de la couronne. M. Moreau (1) attribue au droit des fiefs l'origine de cette révolution. Il s'étoit formé sous les derniers Rois Carlovingiens, un nouveau genre de succession. C'étoit l'hérédité des offices qu'on nommoit alors *honores*. Leur caractère étoit l'unité & l'indivisibilité ; car ils n'avoient originairement que le droit de gouverner un district confié par le Roi à un seul homme ; & lorsqu'on voulut bien conserver ce droit à la famille du celui-ci, elle eût inutilement demandé le partage : on ne pouvoit dif-

(1) Tom. 13, pag. 344 & suivantes.

puter au Roi le pouvoir de choisir, parmi les enfans, celui qui étoit le plus en état de répondre à sa confiance.

Le vœu de la nature qui, dans la succession des patrimoines, est pour la division & l'égalité, dut donc être pour l'unité dans la succession des offices, &, toutes choses égales, il dut être aussi pour la primogéniture; car c'étoit ordinairement l'aîné qui, par son expérience, avoit, plus que les autres, acquis les qualités nécessaires pour commander & pour administrer.

Ce qu'on dit des offices s'applique également aux *bénéfices* ou fiefs, qui n'avoient été originairement concédés qu'à un guerrier capable de commander la petite troupe de ses domaines qu'on nommoit *Harimania.* Mais indépendamment de cette raison, qui sembloit exiger l'unité du successeur, on sait qu'après que les offices furent devenus des propriétés territoriales, les bénéfices eux-mêmes furent regardés comme des offices, & suivirent les mêmes lois.

Sous Hugues-Capet, la royauté fut regardée comme un grand fief (1). Ce prince, dont le pouvoir avoit commencé par une des grandes dignités de l'empire, appliqua à la couronne même les règles & les formes qui alors présidoient à la transmission des dignités. Suivant l'article 10 des capitulaires de Chiersy, faits sous Charles-le-Chauve, le possesseur d'un office ou d'un bénéfice pouvoit *placitare honorem suum*, c'est-à-dire, présenter au plaid royal celui de ses enfans qu'il vouloit choisir, pour succéder à la dignité dont-il étoit revêtu, & après avoir obtenu son agrément, le faire investir par le Roi qui ne pouvoit s'y refuser. Lorsque le titulaire n'avoit point pris ces précautions de son vivant, ses enfans avoient encore à réclamer l'effet de l'engagement prononcé par l'article IX des mêmes capitulaires, suivant lequel le Roi étoit obligé de conférer l'office à l'un d'eux; mais comme cet article n'avoit rien décidé en faveur de la primogéniture, l'aîné n'étoit pas toujours sûr d'avoir la préférence. Le Roi pouvoit se croire en droit de choisir, & de donner l'office, toujours indivisible, à celui des fils qui méritoit le mieux sa confiance. Dans le fait cependant, l'aîné obtint presque toujours la préférence; presque toujours il succéda au grand fief de son père, & ses frères n'eurent part que dans les alleus.

Hugues-Capet, dans la famille duquel ces formes avoient sans doute été suivies, s'en servit lui-même pour assurer le trône à sa postérité. *Placitavit honorem suum*, il *placita* la royauté, & en fit passer la survivance à son fils Robert dans un *plaid* qu'il tint à Orléans.

M. Moreau remarque, avec raison, trois choses dans ce plaid. 1°. La volonté du titulaire, propriétaire incommutable de la couronne. Le Roi veut se nommer un successeur; il présente son fils au plaid, il lui demande son vœu. 2°. La délibération du plaid; il consent: il use de l'ancien droit qu'avoit l'assemblée d'indiquer au monarque qui conféroit le pouvoir, le dépositaire sur lequel sa confiance pouvoit se reposer avec sûreté. 3°. Mais quel est ici celui qui donnera l'investiture qui fera pour le monarque ce que le monarque faisoit lui-même pour ses vassaux? C'est le suzerain du grand fief de la royauté, c'est Dieu; &, à cet égard, les pasteurs sont ses représentans: si même ils ont délibéré comme membres de la cour royale, ils ne délibèrent plus comme pasteurs, lorsqu'il s'agit d'investir le prince par la consécration. Alors leur ministère est forcé, & leur devoir marqué comme celui du Roi lui-même pour les dignités inférieures. Ils reçoivent le serment qui est dû au maître & au seigneur des Rois, ils le reçoivent en son nom: ils sacrent, ils couronnent

(1) Voyez ci-devant tom. 1, pag. 129, col. 2.

le jeune prince, & ils lui mettent le sceptre à la main.

Ce premier exemple fut imité par tous les successeurs de Hugues-Capet, jusqu'à Philippe-Auguste qui crut pouvoir se dispenser d'une forme devenue inutile par l'usage invariablement observé pendant deux siècles, de déférer la couronne à l'aîné mâle.

II. Ainsi exclus de la royauté, les princes puînés le furent en même temps de la succession aux domaines délaissés par le souverain défunt. Quelle en fut la raison? C'est que dès-lors on communiqua aux propriétés privées du Roi, le caractère de propriétés publiques; en sorte qu'il regarda tout ce qu'il possédoit, comme appartenant à sa couronne, comme grévé des mêmes devoirs, & comme soumis aux mêmes lois.

III. Mais il falloit assurer la subsistance & l'entretien des princes puînés. Le Roi y étoit attenu non-seulement comme propriétaire du patrimoine de sa famille, mais même, & nous l'avons démontré ailleurs (1), comme chef de la nation. De là, les apanages.

On définit les apanages, des domaines que le Roi donne aux fils puînés de France, pour qu'ils puissent vivre d'une manière digne de leur rang, & qui doivent retourner à la couronne, à défaut d'hoirs mâles de ces princes.

Les titres les plus anciens & les plus remarquables qui concernent les apanages sont;

Les lettres de don du comté de Dreux, à Robert, fils de Louis le Gros. Elles sont datées du mois de février 1137 (2).

Les lettres de don du duché de Bourgogne, à Robert, fils du Roi Robert, « pour le tenir en pleine propriété & » pour passer à ses héritiers, successeurs » & ayant cause (1) ». L'auteur des *Quatre âges de la Pairie* (2), les dates de l'année 1032; & il remarque qu'elles ne contenoient aucune clause de réversion à la couronne, en cas d'extinction de la descendance masculine de l'apanagiste.

Un acte de foi hommage prêté par Philippe de France, comte de Boulogne, au Roi Philippe-Auguste son père, pour raison de son apanage. Dutillet (3) le cite sans le dater.

Une charte du mois de février 1223, par laquelle le Roi Louis VIII constitue un apanage au même prince son frère, à la charge du retour à la couronne, dans le cas de défaillance des hoirs mâles.

Le testament du même Roi, du mois de juin 1225, portant que Robert son second fils aura pour apanage l'Artois; Charles, le comté du Maine; Alphonse, le Poitou & l'Auvergne; le tout à la condition du retour à la couronne, *à défaut d'héritiers*; enfin que le cinquième & ceux qui pourront naître après, entreront dans l'église.

La reconnoissance de Philippe, comte de Bourgogne, oncle de saint-Louis, de tenir à hommage du Roi son neveu, une rente annuelle de six milles livres à prendre sur le trésor du Temple à Paris, moyennant quoi il renonce à demander plus grand apanage. Cet acte est du mois de mars 1226.

Un arrêt du parlement de 1258, par lequel, après la mort de Philippe, comte de Boulogne, le comté de Clermont en Beauvoisis, qu'il avoit possédé à titre d'apanage, fut adjugé au Roi saint-Louis, par droit de retour, à l'exclusion des comtes de Poitou & d'Anjou, ses frères, qui prétendoient le partager avec lui.

Deux chartres du mois de mars 1268, par

(1) Chapitre *du Roi*, tom. 1, pag. 324.

(2) Duchesne, histoire de Dreux, n°. 304 des preuves.

(1) Mémoire de Husson, à la fin du second volume de Duplessis.

(2) Tom. 1, pag. 295.

(3) Recueil des rois de France, pag. 292, édition de 1607.

par lesquelles Saint-Louis donne pour apanages à Pierre de France son second fils, les comtés du Perche & d'Alençon, & à Jean de France, son troisième fils, le comté de Valois, à la charge du retour à la couronne, en cas de défaut d'*hoirs mâles*.

Un arrêt du parlement de la Toussaint 1283, rendu contre Charles d'Anjou, roi de Sicile, en faveur de Philippe le Hardi, son neveu, au sujet du comté de Poitou. Charles prétendoit à ce comté, comme frère & par conséquent plus proche héritier d'Alphonse, dernier possesseur, dont Philippe n'étoit que le neveu. L'arrêt rejeta sa prétention sur le principe que tout apanage étoit chargé du retour à la couronne, à défaut d'hoirs.

Dans tous ces titres, on voit les apanages restreints tantôt aux hoirs mâles, & tantôt aux hoirs simplement. Dans cette seconde manière de parler, les femelles comprises comme les mâles sous le terme d'*hoirs*, pouvoient succéder aux apanages & les transporter dans des familles étrangères.

De là l'arrêt du 13 novembre 1309, confirmé par un autre de 1315, par lequel le comté d'Artois fut adjugé à Mahaut, petite fille de Robert I, à l'exclusion de Robert III, son neveu.

IV. Philippe-le-Bel fut frappé des inconvéniens de cette jurisprudence : il chercha à y remédier en donnant en apanage à Philippe-le-Long, son fils puîné, le comté de Poitou; il avoit seulement stipulé que ce grand fief retourneroit à la couronne, en cas de défaut d'hoirs. Mais en 1314, il déclara, dit Dutillet, par son codicile, ou suivant Dupuy, par des lettres-patentes, que par le mot *hoirs*, il n'avoit entendu que les mâles, & qu'en conséquence, le retour auroit lieu quand même son fils puîné laisseroit des filles, à la charge néanmoins, que le Roi qui régneroit alors seroit tenu de les marier convenablement, & qu'elles auroient les autres biens de la succession de leur père.

Cette déclaration n'empêcha point Eudes IV, duc de Bourgogne, & Jeanne de France, son épouse, fille de Philippe-le-Long, de réclamer le comté de Poitou, contre le Roi Charles-le-Bel; mais par arrêt du 22 janvier 1323 (1), le parlement les débouta de leur demande, & confirma irrévocablement la maxime que les biens de l'apanagiste ne peuvent être transmis qu'à ses descendans mâles.

V. Une autre maxime, non moins constante, est que ces biens ne peuvent être aliénés par les princes apanagistes. Ou du moins, s'ils les aliènent, ce ne peut être que pour le temps que durera leur apanage. L'article premier de l'édit du mois de février 1566, porte que lorsque le domaine de la couronne est aliéné « pour apanage des princes mâles de la » maison de France......, il y a retour à » la couronne par leurs décès sans mâles, » en pareil état & condition qu'étoit le » domaine lors de la concession de l'apanage, nonobstant toutes dispositions, » possession, acte exprès ou taisible » fait, ou intervenu pendant l'apanage ».

Il a même été jugé par un arrêt du 18 juillet 1722, qu'une censive qui avoit été affranchie & érigée en fief par l'apanagiste, reprenoit sa première nature lorsque la descendance masculine de celui-ci venoit à s'éteindre.

Par un traité d'échange fait en 1541, le duc Charles, apanagiste de l'Angoumois, avoit érigé en faveur du nommé Gelinard, un corps de fief qu'il avoit appelé Malaville. Ce prince étoit mort ensuite sans enfans mâles, & par-là son apanage étoit retourné à la couronne. En 1593, Bernard du Masses acquit du Roi, à titre d'engagement, la chatellenie de Bouteville, dans laquelle étoit compris ce prétendu fief. En 1705, le sieur

(1) Dutillet, *loc. cit*, pag. 288.

de Béon, son successeur, voulut se faire payer, par le possesseur du domaine de Malaville, les cens & rentes auxquels sont sujets les héritages roturiers. Celui-ci excipa d'abord du droit de l'engagiste; il opposa en même-temps la foi-hommage qu'il avoit prêtée au seigneur de Bouteville & à la chambre des comptes; il fit beaucoup valoir sa possession qui embrassoit un espace de deux siècles; enfin il ajouta que c'étoit plutôt un accroissement de fief qu'un anoblissement absolu.

Mais tous ses efforts furent inutiles : par l'arrêt cité, rendu à la quatrième chambre des enquêtes, « on n'a eu égard » (dit M. l'Epine de Grainville) ni au » titre ni à la possession, on a déclaré » les domaines possédés à Malaville, être » dans la censive du seigneur de Bouteville, & on a ordonné que les marques de fief seroient ôtées de la maison ».

Voici, selon le même magistrat, quels furent les motifs de ce jugement : « le » prince apanagiste avoit pu aliéner ou » anoblir un domaine qui faisoit partie » de son apanage, mais le don & l'aliénation n'ont pas plus de durée que » l'apanage même, & l'apanage doit » rentrer dans les mains du Roi, tel & » dans le même état qu'il étoit lorsqu'il » en est sorti. Il n'est jamais donné qu'à » charge de retour ».

Il résulte du même principe, & il est établi implicitement par l'article premier de l'édit du mois de février 1566, que lorsque les biens donnés en apanage retournent à la couronne, par le décès des apanagistes *sans mâles*, ils sont libres de toutes les dettes qu'ont pu contracter ceux-ci.

Mais comme il suffit de rendre les apanages au même état qu'ils étoient lors de la concession, ces princes peuvent disposer des acquisitions qu'ils ont faites même dans la mouvance de celles qui leur ont été données en apanage. C'est ce qu'a jugé un arrêt du parlement de Paris du 27 janvier 1548, rapporté par Bacquet dans son traité de la deshérence, chapitre 7, nombre 15.

Toutes les opinions ne sont cependant pas d'accord là-dessus.

Le Febvre de la Planche avoit adopté la décision de cet arrêt, dans son traité des domaines, livre 12, chapitre 3, nombres 41 & 42. Mais son annotateur, M. Lorry, a pensé autrement : fondé sur l'édit du mois d'avril 1667, qui déclare « uni & incorporé à la couronne ce » qui a été tenu & administré par les receveurs & officiers par l'espace de dix » années, & est entré en ligne de » compte », voici comment il s'est exprimé.

« S'il y a un moyen de concilier ensemble tous les principes, c'est certainement ce moyen qui fait la solution » du problême. Or, il y a un moyen, qui » est d'exécuter la consolidation; mais » de charger l'apanage de l'indemnité » du patrimoine privé de l'apanagiste. » Il en résultera donc en faveur du Roi » la faculté de retenir l'objet de la nouvelle acquisition, en indemnisant la » succession de l'apanagiste. On peut citer » pour exemple de cette faculté, le retrait accordé à l'héritier des propres » sur l'héritier des acquêts, dans le cas » d'un propre retiré lignagèrement; & » le retrait de demi-denier, établi par » la coutume, dans le cas d'un retrait » exercé par la communauté ».

Mais écoutons ce que répondent à cela les auteurs de la nouvelle édition du dictionnaire des arrêts.

« En écartant les subtilités du droit » féodal & les principes étranges de » quelques *domanistes*, tout rentre dans » les règles de la justice.

» L'alluvion & l'atterrissement ne » profitent à l'apanagiste que pour la » jouissance, parce qu'il n'est qu'usufruitier ».

» Il en est de même des retraits & » rachats : pourvu qu'il ne les exerce que

» comme apanagiste ; par conséquent au » profit de l'apanage seulement ; par conséquent, au profit du domaine, si le » retour a lieu ; sauf à indemniser des » avances.

» Mais pour les acquisitions libres, » simples & à prix d'argent, l'apanagiste » doit les conserver ; & c'est mal à propos qu'on voudroit à cet égard l'assimiler au Roi.

» Celui-ci s'est fait une loi dure par » l'édit d'avril 1667, & qui cependant » lui devient indifférente, parce qu'il a » une infinité de ressources. Dans cette » loi, le souverain a pu confondre sa » fortune avec celle de l'état, qui ne » sont qu'une en effet ; c'est l'esprit du » père de famille.

» L'apanagiste, réduit à une portion » quelconque, doit pouvoir augmenter » son patrimoine particulier, en quelque lieu qu'il achète : c'est justice. C'est » encore l'avantage de l'état, qui ne sera » pas chargé de réparer, d'un autre côté, » le tort de la réunion qui seroit faite » dans l'esprit du domaine & de la féodalité ».

Ajoutons que le gouvernement lui-même a rendu de nos jours un hommage solemnel à ces principes. M. le duc d'Orléans avoit acheté le canal d'Ourc, l'hôtel de Châtillon, & quelques maisons contigues au palais royal. Il desira en 1766, de les réunir à son apanage. Quelle voie prit-on pour cette réunion ? la supposa-t-on faite de plein droit, & se borna-t-on à la déclarer ? non : par lettres-patentes du 7 décembre 1766, enregistrées le 15 du même mois, le Roi accepta le *délaissement* fait à sa majesté par M. le duc d'Orléans de ses acquisitions, & ordonna que les objets délaissés seroient réunis au domaine de la couronne, & feroient partie de l'apanage du prince.

VII. Du reste, les apanagistes ne doivent pas être confondus avec les engagistes. A la faculté d'aliéner près, ils ont tous les droits du domaine utile. Ils prennent les titres de leurs seigneuries, & s'en qualifient ducs ou comtes ; ils nomment aux offices, & font rendre la justice au nom du Roi & au leur ; ils ont le patronage des églises & la collation des bénéfices qui en dépendent ; enfin, ils reçoivent l'hommage de leurs vassaux, à la charge seulement d'en envoyer les doubles à la chambre des comptes de Paris.

VIII. J'ai vû des mémoires de palais dans lesquels on soutenoit que les princes apanagistes ne possédoient pas en propriété, mais seulement en usufruit.

Du premier coup d'œil, j'ai regardé cette assertion comme un paradoxe.

En l'approfondissant, j'ai trouvé de grandes autorités pour la soutenir.

Dupuy, à la fin de son traité sur le duché de Bourgogne, règle 2, établit clairement que les apanagistes ne sont pas propriétaires. « Les enfans puînés de » France (dit-il), peuvent seulement » demander une *provision de leur entretènement*, à la volonté du Roi : laquelle » provision s'appelle dans les anciennes » investitures, *pourvoyances*, portion de » terre assignée, *provision alimentaire*, » & sur les derniers temps *apanage* ; & » jamais *partage*, parce que ce mot in» duiroit un droit de *propriété* ».

M. l'avocat général Talon disoit la même chose au parlement de Paris, le 21 mars 1641. « Le Roi ne quitte point le » droit éminent de propriété. Il donne » *l'usufruit seulement*.... L'apanagiste est » *usager*. Il fait les fruits siens pour son » entretènement seulement » (1).

M. L'épine de Grainville confirme cette idée dans son recueil d'arrêts, page 6 : « par la cessation de l'apanage (ce sont » ses termes) le Roi ni la couronne » n'acquièrent aucun droit de *propriété* ; » ils l'ont toujours eu. *L'usufruit* s'y réu» nit seulement ».

(1) Journal des audiences, tom. 1, liv. 3, chap. 70.

Voici quelque chose de plus spécieux encore.

Voulez-vous (disent les auteurs de la nouvelle édition du dictionnaire de Brillon), au mot *apanage*, nombre 32, « voulez-vous avoir une idée juste de » l'immeuble attaché à l'apanage, afin » de former par son *revenu*, *l'entretènement*, la subsistance de l'apanagiste ? » lisez avec attention les lettres-patentes » du 7 décembre 1766. M. le duc d'Orléans avoit acheté de ses deniers, & » comme particulier, le canal d'Ourc, » & l'hôtel du Plessis Châtillon, tenant » au palais royal, sur la rue des bons-enfans. Il avoit de ces deux immeubles la vraie & libre propriété : il la » cède au Roi, qui la réunit à son domaine pour faire partie de l'apanage. » Par cette opération, la propriété quitte » M. le duc d'Orléans, & passe au domaine. M. le duc d'Orléans la retrouve » ensuite dans son apanage : mais elle » n'est plus celle qu'il avoit auparavant : » elle n'est plus à lui. Il ne peut plus » vendre, engager, ni donner. S'il le » pouvoit, cette opération, consacrée » par l'appareil de la législation & l'enregistrement, ne seroit plus qu'un jeu. » Pour qu'elle soit conséquente & raisonnable, il faut supppser que la vraie » propriété est à la couronne, & que l'apanagiste n'est qu'usager & usufruitier ».

Oserons-nous contredire des autorités aussi respectables ? si la loi elle-même les contredit, si nous ne sommes que ses échos, on ne nous imputera sans doute ni témérité ni présomption.

Or ouvrez tous les édits d'apanage enregistrés au parlement. Dans tous ou presque tous, vous rencontrerez le terme de *propriété*.

Il se trouve dans celui de l'apanage donné par le Roi Charles VI, à Louis de France son frère, au mois de novembre 1386 ; dans l'édit de l'apanage donné par le même Roi à Jean de France son second fils, le 12 juillet 1401, & dans tous les édits suivans.

On le retrouve même dans les lettres-patentes du 7 décembre 1766, que nous opposent les auteurs de la nouvelle édition du dictionnaire de Brillon. Ces lettres ordonnent, en conséquence d'un arrêt du parlement de Paris du 3 septembre précédent, que M. le duc d'Orléans jouira A TITRE D'APANAGE, EN TOUTE PROPRIÉTÉ, des domaines de Marle, de la Feres, de Ham, de Saint-Gobin, dépendans du comté de Vermandois.

Et remarquons sur-tout que dans le préambule de ces lettres, le législateur appelle l'apanage, *un grand fief héréditaire & perpétuel*, *quoique grevé de réversion, gouverné dans toutes les parties par une seule & même loi.*

L'apanage est donc un *fief.* Dès-lors, il faut nécessairement que la directe en appartienne à la couronne. Et par une autre conséquence également nécessaire, il faut que la propriété appartienne au prince apanagiste, sous la condition de l'hommage & de la réversion, au défaut de descendans mâles ; car il est impossible que la directe & la propriété appartiennent en même-temps à la couronne, pendant la durée de l'apanage.

C'est par cette raison que les auteurs les plus judicieux & les plus éclairés ont décidé que le prince apanagiste étoit vrai propriétaire, sous la condition de l'hommage, & de la réversion au défaut de mâles.

Coquille, dans ses institutions au droit François, titre premier, *du droit de royauté*, dit que « l'apanage est propre » & héréditaire au Fils de France & aux » descendans de lui en ligne masculine » seulement, & à défaut de mâles, est » sujet à réversion, & au préjudice de » cette réversion, ne peut être aliéné ».

M. d'Aguesseau, tome 7, page 281, dit également que « l'apanagiste est considéré à plusieurs égards comme *vrai-*

» *ment* propriétaire : quoique le bien » qu'il possède, ajoute-t-il, soit réver- » sible à la couronne, au défaut de des- » cendans mâles, on ne peut mieux ju- » ger de son état, qu'en le comparant » à ceux qui sont chargés de substitu- » tion ».

M. l'avocat général Séguier disoit à peu-près la même chose le 17 mars 1769, dans la cause de M. le duc d'Orléans, contre le chapitre de Chartres. » Le prince » apanagé possède.... à titre de *propriété* » *incommutable*.... Et cette possession se » transmet à toute sa descendance, sans » autre condition que celle du retour à » la couronne, à défaut de postérité mas- » culine. L'effet de cette condition est » de faire envisager l'apanage comme » *encore attaché* au domaine royal par » l'espérance du retour ; quoique *séparé* » du domaine, il en fait toujours par- » tie. C'est une *émanation* de la cou- » ronne, à laquelle l'apanage est *toujours* » *attaché*, parce qu'il peut à chaque ins- » tant rentrer dans le domaine, dont » on ne peut pas dire qu'il soit *absolu-* » *ment séparé* ».

IX. L'édit du mois d'avril 1771 & celui du mois d'octobre 1773, portant constitution des apanages de MONSIEUR, frère du Roi, & de monseigneur comte d'Artois, cèdent à ces princes & *à leurs descendans mâles* les pays qui y sont désignés, avec les villes, cités, châteaux, châtellenies, places, maisons, forteresses, fruits, profits, cens, rentes, revenus, émolumens, honneurs, hommages, vassaux & sujets, bois, forêts, étangs, rivières, fours, moulins, prés, pâturages, fiefs, arrière-fiefs, justices, juridictions, patronages d'églises, collations de bénéfices, forfaitures, confiscations & amendes, quints, requints, lods & ventes, profits de fief & tous autres droits & devoirs quelconques, dépendans de ces pays, ou qui y sont attachés, à condition, à l'égard des bois de futaye, d'en user en bons pères de famille, & de n'en couper que pour entretenir & réparer les édifices & châteaux des apanages.

Le Roi se réserve aussi, par les mêmes édits, les droits de ressort & de souveraineté, la foi & hommage-lige, la garde des églises cathédrales & autres qui sont de fondation royale ou autrement privilégiées, la connoissance des cas royaux & de ceux dont les officiers du Roi ont droit de connoître par prévention. Pour décider ces cas, sa majesté se propose d'établir des juges particuliers ; mais jusqu'à ce qu'ils soient établis, la juridiction qui leur est destinée doit être exercée par les officiers ordinaires. Le Roi veut d'ailleurs que le produit des exploits, des amendes, des greffes, des sceaux & des autres émolumens qui proviendront de la juridiction de ces juges particuliers, appartiennent aux princes apanagistes, après néanmoins le prélèvement des gages de ces officiers.

Par une autre disposition, les princes apanagistes & leurs successeurs mâles ont la pleine provision & institution des baillis, sénéchaux, & autres juges établis précédemment par le Roi, sans néanmoins pouvoir destituer ceux qui ont été nommés & pourvûs par sa majesté elle-même avant la constitution des apanages.

Mais cette disposition ne concerne ni les juges des cas royaux dont nous avons parlé, ni les présidens-juges, conseillers & autres officiers des sièges présidiaux, ni les officiers des aides, tailles & gabelles, ni les prévôts des maréchaux, leurs lieutenans, greffiers, archers & autres officiers extraordinaires établis dans l'étendue des apanages. Le Roi se réserve la nomination & l'institution de ces officiers (1), de même que le produit du con-

(1) Cette réserve ne doit avoir son effet qu'envers les successeurs de MONSIEUR & de monseigneur comte d'Artois. Des lettres-patentes du 21 avril 1771 & du 31 octobre 1773 attribuent à ces princes, leur vie durant, la nomination &

trôle des exploits, & des amendes qui lui seront adjugées par les présidiaux dans les cas où ils jugent en dernier ressort.

Les édits cités permettent d'ailleurs aux deux princes apanagistes d'établir chacun, dans telle ville de leur apanage qu'ils jugeront à propos, une chambre des comptes pardevant laquelle les receveurs de leurs domaines seront tenus de compter de leur recette & administration. Les doubles des comptes ainsi rendus doivent être envoyés duement collationés, signés & certifiés à la chambre des comptes de Paris, de trois ans en trois ans, & les receveurs sont chargés de prendre chaque année leurs états de recette & de dépense des trésoriers de France des bureaux des finances, dans le ressort desquels les domaines sont situés.

Les mêmes édits portent que les princes apanagistes & leurs successeurs feront exécuter les fondations des églises, entretenir les maisons, châteaux & forteresses, & payer les fiefs, aumônes, & autres charges ordinaires des domaines des apanages.

Ils ajoutent enfin que les deux princes tiendront les duchés & comtés de leur apanage en tous droits & titres de pairie, avec les prérogatives & prééminences qu'ont accoutumé d'avoir les princes de la maison de France, à la charge toutefois que les présidiaux continueront de connoître des matières qui leur sont attribuées, sans que sous ombre de cette pairie, la connoissance en puisse être portée par appel immédiatement au parlement.

Remarquez au surplus que les lettres-patentes du 21 avril 1771 & du 31 octobre 1773, accordent à Monsieur & à monseigneur comte d'Artois, leur vie durant, le droit de nommer & présenter aux abbayes, prieurés & autres bénéfices consistoriaux des lieux de leurs apanages, à l'exception des évêchés dont le Roi s'est réservé la disposition.

X. Les princes apanagistes n'ont point la puissance législative. Un arrêt du parlement de Paris du 20 mars 1706, rapporté au journal des audiences, a jugé que M. le duc d'Orléans n'avoit pu, comme apanagiste, donner, de sa seule autorité, des statuts à un hôpital situé dans son apanage; mais ces princes ont le droit de faire des réglemens sur le fait des chasses dans leurs domaines. Monsieur en a fait un le 15 janvier 1774; Monseigneur comte d'Artois en a fait un autre le 15 mai 1779; & le Roi les a confirmés respectivement par des lettres-patentes du 17 juin 1774 & 5 juin 1779.

Le grand-maître des eaux & forêts de la généralité d'Alençon, s'étant ingéré de faire inscrire sur les registres de la maîtrise particulière de Mortagne, des protestations contre les premières de ces lettres-patentes, il est intervenu au conseil du Roi, le 5 février 1777, un arrêt qui les a cassées & annullées, comme indécentes, contraires à l'obéissance due à sa majesté, attentatoires à son autorité, & tendantes « à induire les officiers des » maîtrises à négliger l'exécution du ré» glement de Monsieur, & à penser que » ce prince n'étoit pas fondé à faire tous » les réglemens de chasse qu'il jugeroit » à propos, & à les faire enregistrer » comme il en a le droit, pour les résultats » de son conseil qui concernent ses do» maines & bois, aux sièges des maîtrises » de son apanage ». En conséquence, sa majesté voulant faire obéir Monsieur en ce qui concerne son service, de tous ses officiers dans ces sièges, a ordonné que les protestations du grand-maître seroient biffées en présence de tel commissaire du conseil de Monsieur qui seroit nommé par lui à cet effet; & a enjoint aux offi-

présentation de tous les offices compris dans la réserve, à l'exception toutefois de ceux des prévôts des maréchaux, leurs lieutenans, greffiers & archers, qui demeurent à la disposition du Roi.

ciers des maîtrises « d'enregistrer à l'a- » venir, sans difficulté, les réglemens » faits par Monsieur, sur le fait des » chasses, en ce qui ne seroit contraire » aux ordonnances du royaume, comme » ils sont tenus de le faire pour les ré- » sultats de son conseil, concernant les » domaines & bois ».

XI. Les princes apanagistes peuvent, comme le Roi lui-même, exercer le retrait domanial, c'est-à-dire, reprendre les biens dépendans de leurs apanages qui ont été aliénés, & que leur nature rend sujets à un rachat perpétuel. On en a vu un exemple récent dans le chapitre I, section XVI, distinction II, §. I.

Mais peuvent-ils céder ce retrait ? M. le duc d'Orléans, frère du Roi Louis XIV, & les ministres de Louis XIV lui-même, avoient pensé que cela n'avoit rien de contraire aux lois du royaume. Le premier avoit accordé, en 1653 & 1657, au sieur Tartereau, des lettres de don du retrait domanial de la seigneurie de Villebrosse, faisant partie du comté de Blois, mais vendue depuis long-temps à la charge du rachat perpétuel ; & le Roi avoit confirmé cette cession par des lettres-patentes du mois de novembre 1657. La dame Galmet s'opposa à l'enregistrement de ces lettres, & en même temps interjeta appel de différens résultats du conseil de M. le duc d'Orléans, ainsi que de plusieurs ordonnances rendues par l'intendant des domaines & finances de ce prince, tant en cette qualité, qu'en celle de président de la chambre des comptes de Blois. Elle disoit que le droit de retrait dont il étoit question « n'étoit point » cessible ; qu'un apanagiste n'a pas plus » de pouvoir que le Roi, qui ne subroge » personne dans ses droits pour retirer » des héritages dépendans du domaine » de la couronne, vendus à la charge du » rachat perpétuel ; qu'on ne dépossède le » possesseur que quand le Roi retire les » héritages, pour les unir & incorporer au » domaine ; ou bien quand il s'en fait des » ventes & reventes, & que par de nou- » velles enchères, on les adjuge à celui » qui en offre le plus ».

Ces raisons l'emportèrent sur les moyens du sieur Tartereau. Par arrêt du 20 décembre 1659, dit l'auteur du journal des audiences, « il fut jugé que le droit n'é- » toit pas cessible ».

XII. Les princes apanagistes peuvent-ils exercer le retrait féodal ?

Il paroît bien difficile de leur refuser ce droit, tandis qu'on s'accorde universellement à leur permettre le retrait domanial.

Cependant il y a sur ce point trois opinions différentes.

1°. Brodeau sur l'article 63 de la coutume de Paris, nombre 26, met à cet égard les apanagistes sur la même ligne que les engagistes ; & il prétend que ceux-là ne peuvent pas plus que ceux-ci, « exercer la faculté de retrait féodal, s'ils » n'en ont une cession particulière & un » don exprès du Roi ».

2°. Maillard sur la coutume d'Artois, article 116, nombre 66, estime, non-seulement que les apanagistes peuvent retirer féodalement, mais que les acquisitions faites par cette voie leur appartiennent en toute propriété. « Les apana- » gistes, dit-il, ont une propriété résoluble » sous la condition de la masculinité : ainsi » ils peuvent, de leur chef, exercer en » leur nom le retrait féodal, parce qu'un » propriétaire conditionnel peut, avant » l'évènement de la condition, exercer » tous les droits attachés à la propriété ; » ce qui a son exemple dans l'acheteur » à faculté de réméré.... Et, comme le » retrait féodal exercé par le propriétaire » est présentement un fruit du fief do- » minant, l'on estime qu'après la fin de » l'apanage, causée par le défaut de mâles, » les héritages acquis par retrait féodal, » seront une propriété séparée de l'apa- » nage ; qu'ils seront déférés par la règle, » *le mort saisit le vif* ; comme des acquêts

» faits par l'apanagiste, à celui qui devoit » lui succéder *ab intestat* ».

3°. Il y a une autre opinion, suivant laquelle l'apanagiste peut exercer le retrait féodal, mais au profit de son apanage seulement; de manière que, dans le cas de réversion de l'apanage même à la couronne, le fief retiré féodalement tombe dans la main du Roi, sauf à rendre à la succession de l'apanagiste les avances qu'il a faites. Ecoutons le Fèvre de la Planche, tome 3, liv. 12, chapitre 12, nombre 46 :

« Un seigneur peut acquérir dans sa » mouvance, ou par la nature même du » fief qu'il acquiert, *ex naturâ Rei, & ex* » *necessitate causæ antiquæ inexistentis Rei* » *consolidata*, en vertu d'une cause an» cienne, inhérente au fief, sans qu'il » survienne rien de nouveau de la part » du seigneur ou du vassal; comme il » arrive lors de l'extinction du fief, par » la fin de la famille à laquelle il avoit » été accordé, ou par l'expiration d'un » certain temps ou d'un certain nombre » de générations, après lesquelles le fief » doit retourner à son auteur, suivant » la loi de la concession : ou cette acqui» sition est produite par une cause nou» velle, arrivée de la part du vassal, » comme dans le cas de la commise; ou » de la part du seigneur, comme dans » le cas du retrait féodal...... Dans la » première partie de la distinction, & » lorsque le titre de l'acquisition du sei» gneur est une cause ancienne, *quandò* » *feudum scilicet ad certa tempore vel ge-* » *nerationes concessum fuit, quæ expirant*; » on ne peut douter qu'un fief qui finit » de cette manière, qui retourne au Roi » par qui en avoit été faite la conces» sion, ne se réunisse nécessairement au » fief dont il relevoit, & dont il avoit » été désuni, quoiqu'il soit entre les mains » d'un *apanagé*.... La raison en est que » le fief en ce cas, n'est point regardé » comme une augmentation, mais comme » une partie qui se réunit à son tout; & » comme un recouvrement d'une chose » aliénée, qui retourne à celui qui en » avoit fait l'aliénation; & qui re» tourne dans le même état dans lequel » elle étoit auparavant, tant par sa nature » qui souffroit, pour ainsi dire, violence » dans le temps de la désunion, que par » la loi de la concession.... La terre qui » retourne ainsi à celui qui l'avoit ac» cordée, par rapport à la faculté du » seigneur dominant, est, dit Dumou» lin, §. 43, glose 1, nombre 175, » de la même nature que le fief domi» nant : si c'est un conquêt, la terre » réunie aura la même destinée; & quoi» que la réversion soit arrivée pendant » la communauté, si le fief dominant » est propre à l'un des conjoints, la terre » réunie n'entrera point en communauté: » maxime dont on peut conclure que la » réunion est absolument indispensable. » — Mais si l'on ne peut faire difficulté » qu'il arrive dans ce cas une réunion » effective, il peut au moins y avoir » lieu de douter si *l'apanagé* jouira de » cette portion du domaine ainsi réuni. » — Il semble qu'on peut lui opposer » que le domaine lui a été accordé dans » l'état où il étoit lors de la constitution » de *l'apanage* : que les augmentations » qu'il reçoit dans la suite, ne lui peu» vent appartenir, puisque ce sont des » biens qui n'en font partie que par rap» port au propriétaire, & non par rap» port à celui qui, n'ayant qu'une propriété » reversible, doit être renfermé dans les » termes précis de la concession qui lui » a été faite. — Mais ces règles parois» sent trop rigoureuses; & la condition » de *l'apanagé* est si favorable, qu'il » semble qu'elles ne peuvent recevoir » d'application par rapport à lui ».

XIII. Les princes apanagistes sont dans l'usage, lorsqu'ils veulent faire procéder à la confection ou au renouvellement du terrier de leur apanage, d'obtenir, comme les seigneurs particuliers, des lettres-patentes qui les y autorisent. C'est ce qu'a encore fait, de nos jours, Monsieur,

sieur, frère du Roi. Des lettres-patentes du 11 août 1779, enregistrées au parlement de Paris le 6 septembre suivant, lui ont permis de faire procéder au terrier de la vicomté d'Alençon, qui fait partie de son apanage.

XIV. Les princes apanagistes ont, dans leurs apanages, la propriété & jouissance de la voierie ordinaire. C'est ce qui résulte des lettres-patentes accordées les 27 mai 1777, 29 mai 1779 & 4 février 1783, à M. le duc d'Orléans, premier Prince du sang, à Monsieur & à monseigneur comte d'Artois, frères du Roi (1).

XV. Au surplus, les princes apanagistes jouissent de leurs apanages avec les mêmes droits & les mêmes privilèges que ceux dont jouissoit le Roi, lorsqu'ils étoient dans les mains de sa majesté.

C'est en conséquence de cette règle que trois arrêts du parlement de Paris de 1745, 1780 & 1782, & des lettres-patentes du Roi du 18 mars 1783, enregistrées le 13 mai suivant (1), ont

(1) *Voici ce que portent les dernières.*

Louis.... Salut. Notre très-cher & très-amé frère, Charles-Philippe, Fils de France, comte d'Artois, nous a représenté que la voierie étant une dépendance de la justice & juridiction ordinaire qui lui appartient dans son apanage, il doit, au maintien de sa propriété & au droit de ses officiers, d'obtenir de nous que nous leur en assurions l'exercice; que les bureaux des finances ne peuvent en connoître dans son apanage, si ce n'est en ce qui concerne la grande voierie, qui nous est spécialement réservée, & qui s'exerce sur les grandes routes, traverses des villes & chemins royaux. Mais que, dans les autres cas, & lorsqu'il n'est question que de la voierie ordinaire, elle appartient aux officiers de son apanage, & qu'il est de notre justice de les en faire jouir. Qu'en même temps que nous maintiendrons les droits de notredit frère, en sa qualité de seigneur apanagiste, nous pourvoirons au soulagement des vassaux de son apanage, qui ne seront plus exposés à recourir, ou à être traduits à vingt-cinq ou trente lieues de leur demeure, pour les moindres objets relatifs à la voierie, & qui se procureront sur les lieux une justice plus prompte & moins dispendieuse; notredit frère nous a aussi supplié de prévenir toute difficulté & tout conflit de juridiction entre les officiers qui doivent connoître de cette partie de la police, en déterminant par une décision claire & invariable, la manière dont elle sera par eux exercée, ainsi que nous l'avons fait pour l'apanage de notre très-cher & amé frère MONSIEUR, par nos lettres-patentes du 29 mai 1779, enregistrées en notre cour de parlement le 6 juillet suivant, & pour l'apanage de notre très-cher & très-amé cousin Louis-Philippe, duc d'Orléans, par nos lettres-patentes du 27 mai 1777, enregistrées en notre cour de parlement le 2 septembre suivant. A ces causes, desirant conserver les droits de l'apanage, & assurer l'exercice de la voierie qui en dépend, d'une manière uniforme, nous avons par ces présentes, signées de notre main, maintenu & maintenons notredit frère, en sa qualité de seigneur apanagiste, & conformément à son édit d'apanage, dans la propriété & jouissance de la voierie ordinaire; voulons qu'elle soit exercée par les juges de police dans l'étendue des villes, fauxbourgs & banlieues de son apanage; nous ordonnons à cet effet que toute requête, sur le fait de la voierie, sera répondue par le lieutenant de police, sur les conclusions du procureur du Roi, & en cas de contestation ou d'opposition, portée au siège de la police; ordonnons qu'au de-là des limites des villes, fauxbourgs & banlieues de l'apanage, & dans le ressort immédiat des bailliages & sénéchaussées, les requêtes, sur le fait de la voierie, seront présentées & répondues par les lieutenans du bailliage ou de la sénéchaussée, sur les conclusions de notre procureur, sauf, en cas d'opposition ou de contestation, à en porter la connoissance au bailliage ou à la sénéchaussée, pour y être statué. Faisons au surplus très-expresses inhibitions & défenses à tous lesdits officiers de rendre aucune ordonnance relative à la voierie sur les grandes routes, traverses des villes & chemins royaux, même sur les rues des villes dont le redressement auroit été par nous ordonné, dont la connoissance appartiendra aux officiers auxquels nous l'avons attribué par nos ordonnances.

Ces lettres-patentes, ainsi que celles de 1777 & 1779, ont été enregistrées « à la charge que » lesdits juges de police & les lieutenans généraux des bailliages & sénéchaussées ne pourront connoître des droits de voierie dans les justices seigneuriales situées dans l'étendue de l'apanage qu'en cas de négligence des officiers des seigneurs à qui la justice des lieux appartient. »

(1) *Ces lettres-patentes sont ainsi conçues:*

Louis..... Salut. Notre très-cher & très-amé cousin le duc d'Orléans, premier prince du sang

maintenu M. le duc d'Orléans dans le droit d'être payé sur les deniers comptans & effets mobiliers provenans de la vente des effets saisis appartenans aux adjudicataires de ses bois, par préférence à tous les autres créanciers.

§. II. *Des droits, honneurs & prérogatives particuliers aux Fils de France.*

I. Il n'est point permis de douter que sous les deux premières races, les Fils de Rois n'aient joui des plus grands honneurs & n'aient eu la prééminence sur tous les membres de l'état. C'est une vérité qui a été méconnue par Loyseau & par le comte de Boulainvilliers, mais que nous espérons démontrer ci-après dans le chapitre *des Princes du Sang.*

A l'avènement de Hugues-Capet au trône, les choses changèrent de face. L'habitude de ramener tout au système féodal, priva long-temps les Fils puînés des Rois, du rang & des honneurs que leur naissance sembloit leur assurer. Hugues-Capet n'étoit parvenu à la Royauté, que parce qu'il étoit le plus puissant des vassaux de ce grand fief : les autres grands vassaux qui l'avoient fait Roi, ou lui en avaient laissé prendre le titre, tinrent le second rang dans l'Etat; les honneurs,

---

nous ayant représenté que les biens donnés en apanage aux enfans puînés des Rois, pour leur légitime, étant un démembrement du domaine de notre couronne, ils doivent en jouir avec les mêmes droits & les mêmes privilèges dont nous jouissions lorsqu'ils étoient dans nos mains; qu'un de ces privilèges, & le plus essentiel pour notredit cousin, qui possède plusieurs forêts à titre d'apanage, est le droit qui nous appartient d'être payé par privilège & préférence à tous créanciers, sur les meubles & effets mobiliers appartenans aux adjudicataires de nos bois & forêts, qui sont en faillite, sans concurrence ni contribution; que nous avons bien voulu même les admettre à la concurrence de ce privilège avec nous, toutes les fois que les occasions se sont présentées; que Monsieur, frère unique du roi Louis XIV, n'avoit point été troublé dans l'exercice de ce privilège; que les princes, ses successeurs, en avoient également joui; mais que, vers le milieu de ce siècle, plusieurs directions de créanciers ont cru pouvoir l'attaquer & ont soutenu à ce sujet des procès considérables; que ces contestations étoient d'autant plus mal fondées, que les forêts données en apanage par les différens édits, déclarations & lettres-patentes, ont été données en évaluation; que cette évaluation ayant été faite sur les comptes de nos domaines, elle a fixé & assuré un revenu certain, qu'aucune perte n'avoit affoibli pendant que cette propriété nous appartenoit; au lieu que si cette préférence pouvoit être valablement contestée à notredit cousin, il éprouveroit, dans un revenu sur lequel il a dû compter, & qui est destiné à soutenir la dignité de sa maison & la splendeur de son origine, une perte annuelle, considérable & contraire à nos intentions; que cependant, il a été obligé de soutenir différentes contestations à ce sujet; qu'à la vérité, les principes de l'apanage ont toujours prévalu contre les efforts qui ont été faits pour les détruire; que différens jugemens & trois arrêts contradictoires de notre cour de parlement, des années 1745, 1780 & 1782, l'ont confirmé, en qualité de prince apanagé, dans l'exercice du privilège qu'il réclamoit, & ont ordonné que notredit cousin seroit payé par privilège & préférence à tous créanciers; mais que, comme de pareilles contestations pourroient encore renaître, il croit devoir recourir à notre autorité, tant pour la conservation de ses droits, que pour empêcher que nos sujets ne s'exposent à l'avenir à soutenir des procès ruineux, qui ne feroient qu'aggraver leur perte; en conséquence, notredit cousin nous a supplié de vouloir bien le maintenir, par une loi précise, dans l'exercice d'un privilège qui est inséparable des domaines donnés en appanage. A ces causes, voulant subvenir à notredit cousin le duc d'Orléans, & prévenir toutes les contestations qui pourroient naître à ce sujet, l'avons maintenu & gardé dans tous les privilèges qui lui appartiennent, en vertu des édits, déclarations & lettres-patentes constitutives de son apanage, & notamment dans celui d'être payé sur les deniers comptans, meubles, effets mobiliers, & deniers provenans de la vente des effets saisis appartenans aux adjudicataires de ses bois, leurs cautions & certificateurs, par préférence à tous créanciers, sans concurrence ni contribution, excepté toutefois dans les occasions où nous pourrions nous trouver en concurrence avec lui, auquel cas il en seroit usé comme par le passé : jouira, au surplus, notredit cousin, dudit privilège de la même manière que nous en jouissons pour le recouvrement des deniers provenans de la vente de nos propres forêts. Si donnons en mandement, &c.

la prééminence dépendirent de la glèbe, & le monarque qui, restreint par le peu d'étendue de ses domaines, ne donnoit à ses Fils ou à ses frères puînés que des apanages médiocres, souvent même de simples pensions, ne pouvoit les mettre au niveau des ducs & des comtes, encore moins les élever au-dessus d'eux.

Qu'arrivoit-il ? les Fils de Rois cherchoient dans les alliances des sujets de leur père, le moyen de réparer les injures de la fortune ; & comme s'ils eussent voulu se venger de ce que la maison royale leur fournissoit si peu de ressources, « ils prenoient, dit Loyseau (1), le » nom & les armes de leurs femmes, » dont ils faisoient plus d'état que de » celles de la maison de France, qui leur » appartenoient par extraction ».

Philippe, Fils puîné de Philippe-Auguste, fut le premier qui changea en partie cet usage. Il prit le nom de Boulogne, parce qu'il avoit épousé l'héritière du comte de Boulogne, mais il conserva les armes de France, chargées seulement d'un lambeau.

Mais alors même les enfans de France ne jouissoient, en fait de rang & de séance, d'aucune distinction marquée.

Sous Philippe-Auguste, on voit dans un arrêt rendu en juillet 1216, pour l'hommage des comtés de Champagne & de Brie, tous les ducs, & Guillaume de Ponthieu qui n'étoit ni pair, ni prince du sang, nommés avant Robert, comte de Dreux, & Pierre, comte de Bretagne, petits-Fils de Louis le Gros.

Sous Louis VIII, une ordonnance datée du mercredi dans l'octave de la Toussaint 1223, confond également l'ordre de la naissance & du sang. En voici l'intitulé : « Louis, par la grâce de Dieu, Roi de » France : apprenez que par la volonté » & de l'agrément des archevêques, » évêques, comtes, barons & chevaliers » du royaume de France...... nous avons » fait sur les Juifs cet établissement, dont » l'observation a été jurée par eux dont » voici les noms : Guillaume, évêque de » Châlons ; le comte du Perche ; le comte » de Boulogne ; la duchesse de Bourgogne » ayant le bail de son fils ; la comtesse de » Nevers ; Gauthier, comte de Blois ; Jean, » comte de Chartres ; Robert, comte de » Dreux, tant pour lui que pour Pierre, son » frère, comte de Bretagne ; Guy, comte » de Saint-Pol ; Hugues de Châtillon, & » son frére ; les comtes de Namur, de » Grandpré, de Vendôme ; Robert de » Courtenai, bouteillier de France ; Ma- » thieu de Montmorency, connétable ; » Archambaud de Bourbon ; Guillaume » de Dampierre ; Anguerrand de Coucy ; » Amauri, sénéchal d'Anjou ; Dreux de » Mello, &c. »

On voit qu'on fait si peu d'attention au rang & aux titres, que le nom & le sceau du comte du Perche s'y font remarquer avant ceux de la duchesse de Bourgogne, & du comte de Boulogne, propres frères du Roi. Les comtes de Dreux, de Bretagne & de Courtenai, cousins du Roi, & de son sang, y sont confondus avec les autres barons ; « preuve » évidente, dit le comte de Boulainvil- » liers, que depuis Hugues-Capet, ou » du moins depuis Charles-le-Chauve, » la distinction du sang avoit commencé » à se perdre, & que le rang & la di- » gnité avoient été transportés & rendus » relatifs à la possession des terres ».

Sous Louis IX, on voit encore dans une complainte adressée en 1235 au pape Grégoire IX par les barons de France, Robert de Courtenai, petit-Fils du Roi Louis-le-Gros, précédé par les comtes de la Marche, de Montfort, de Vendôme, de Ponthieu, de Chartres, de Sancerre, de Joigny, de Saint-Pol, de Coucy, de Guynes & de Macon, quoiqu'ils ne fussent ni du sang royal, ni pairs de France.

Mais bientôt, le royaume croissant en

(1) Des ordres, chap. 7, n. 25.

puissance & en domaines, les Fils de Roi reçurent des apanages plus considérables; & au-dessus du besoin de tout secours étranger, ils surent se maintenir dans le degré de splendeur où leur naissance les avoit placés. Tels furent d'abord les frères de Saint-Louis. « Toutefois, dit » Loyseau, ne trouve-t-on guères en ce » temps-là, qu'ils se qualifiassent *Princes*, » mais seulement *les seigneurs du lignage* » *du Roi* ».

Beaumanoir ne donne à leur neveu, Robert, fils de S. Louis, que le titre de *très-haut & très-noble homme, fils jadis du roi S. Louis, comte de Clermont*; & Robert ne prend lui-même que la qualité de *fils de roi de France, comte de Clermont.*

II. Loyseau dit après du Haillan, que les Fils puînés de nos Rois portoient anciennement le surnom de France, mais que cet usage est changé. S'il étoit changé de leur temps, il faut qu'il ait repris vigueur depuis; car actuellement encore Monsieur, Mgr comte d'Artois, & les princes ses Fils, n'ont point d'autre surnom que celui *de France.*

On a vu des Fils de France devenir Rois d'états étrangers. Dans ce cas, ils n'oublioient pas leur première dignité, & ils en prenoient le titre immédiatement après celui de leur royaume. L'un des frères de Sant-Louis se qualifioit: *Charles, Roi de Jérusalem, Naples & Sicile, Fils du Roi de France, comte d'Anjou, de Provence & Forcalquier.* Celui des Fils puînés de Philippe-le-Hardi qui reçut du pape l'investiture des royaumes d'Arragon & de Valence, en usa de même (1).

III. Du Haillan donne aux enfans de France le titre de *Princes de la couronnne*, & il n'y a qu'eux, suivant lui, qui puissent le prendre.

Mais il est contredit par Belle-Forest & par Loyseau. Le premier, dans l'avant-propos des annales de Nicole Gilles, soutient que tous les princes du sang peuvent se qualifier *Princes de la couronne.* Le second, dans son traité des ordres, chapitre 7, nombre 99, embrasse le même avis, & le fonde sur deux raisons: l'une, que les Fils & petits-Fils de nos Rois ne peuvent prendre de titre plus relevé que celui de *Fils de France*; l'autre, que la qualité de *Prince de la couronne*, prise dans sa signification naturelle, convient à tous les princes qui sont habiles à succéder à la royauté.

IV. Quand le Roi n'a qu'un frère, on lui donne le titre de *Monsieur.* Lorsqu'il en a plusieurs, c'est à son puîné immédiatement qu'appartient ce titre. Autrefois on ne le donnoit qu'à l'héritier présomptif de la couronne; mais, depuis que la qualité de dauphin sert à distinguer le prince à qui la primogéniture affecte la royauté, on s'est habitué insensiblement à appeler *Monsieur, absolument & sans queue*, dit Loyseau, le prince qui est né second Fils de France, du moins lorsque son frère aîné est sur le trône.

Loyseau « estime que cela ne doit » avoir lieu, qu'autant que ce prince » demeure héritier présomptif de la cou- » ronne, parce que ce titre de *Monsieur* » est une marque de participation à » l'honneur de la souveraineté ». Mais l'usage, ce souverain arbitre, *penès quem jus est & norma loquendi* (1) a sur ce point contredit Loyseau. Le frère de Louis XIV portoit le titre de *Monsieur*, pendant que ce monarque voyoit fleurir autour de son trône une nombreuse postérité; & le moment heureux qui, de nos jours, a donné un dauphin à la France, n'a point privé de cette qualité le prince à qui notre auguste monarque l'avoit conféré à son avènement au trône.

V. On a remarqué que dans le lit de justice tenu par Louis XIII au parlement de Bordeaux le 28 septembre 1620,

(1) Loyseau, *loc. cit.* nombre 48.

(1) Horace, art poétique.

Monsieur, frère du Roi, étoit assis à six ou sept pieds de sa majesté & à sa droite, sur un oreiller de velours violet garni de clinquant d'or, tandis que M. le prince de Condé, premier prince du sang, étoit un peu plus loin, sur un autre petit oreiller de velours violet, sans clinquant.

On a encore observé, à la même séance, que tandis que M. le prince de Condé s'étoit levé & découvert avec toute l'assemblée, lorsque le Roi avoit pris la parole, Monsieur étoit demeuré couvert & assis (1).

Dans l'usage actuel, les princes, Fils de France, tiennent encore dans les lits de justice, une place distinguée de celle des princes du sang. Ils sont assis sur des plians posés sur le tapis de pied du Roi, & les princes du sang ne prennent place que sur le banc qui joint ce tapis.

VI. Jean Juvenal des Ursins nous a conservé, dans son histoire de Charles VI, page 193, une esquisse du cérémonial observé à l'entrée de Louis, duc d'Orléans, frère du Roi, dans la ville d'Orléans, en 1403. « Il y fut, dit-il, » grandement & notablement reçu, les » rues tendues, & fontaines artificielles » par la ville en divers lieux, jettant vin, » lait & eau... & fut l'université devers » lui... il reçut aucuns présens qui lui » furent faits, & si fit son entrée à Saint-» Agnan d'Orléans, en habit de cha-» noine, en la forme & manière accou-» tumée ».

Les registres de l'hôtel-de-ville de Paris font mention de plusieurs réceptions faites à des Princes, Fils de France, par le corps municipal. On y voit, par exemple, à la date du 13 février 1584, que le Roi avoit mandé ce jour-là le prévôt des marchands pour lui dire que *Monseigneur* le duc d'Anjou, son frère, étoit arrivé la veille dans la capitale, qu'il entendoit que « la ville l'allât trou-» ver pour lui faire la révérence & pré-» sens tels qu'à son excellence apparte-» noit; » que cela fut exécuté, & que les présens consistèrent en confitures, dragées & hypocras que le Prince reçut avec beaucoup de remercîmens (1).

On y voit encore qu'au mois d'avril 1630, « Messieurs de la ville n'ont point » été en corps saluer ni faire la révé-» rence à Monsieur frère du Roi, qui » étoit arrivé en cette ville le 23, parce » qu'ils n'en avoient reçu aucun com-» mandement du Roi; mais M. le pré-» vôt des marchands, en son particulier, » lui a été faire la révérence le lende-» main 24 ».

Le 18 du mois suivant, le prévôt des marchands, les échevins, le prévôt du Roi & le greffier, en habits ordinaires, & sans autre appareil ni cérémonial, « furent saluer & faire la révérence à » Monseigneur frère unique du Roi... Et » à est remarquer que M. le prévôt des » marchands, en le complimentant, » l'appela *Monseigneur* ».

VII. Lorsque la cour se rendit au parlement le 2 octobre 1614, pour l'acte de majorité de Louis XIII, Monsieur marchoit seul après le Roi, & les autres princes du sang marchoient ensemble sur une même ligne.

VIII. Des lettres-patentes du premier décembre 1776, enregistrées à la chambre des comptes le 20 du même mois, ont réglé les honneurs qui devoient être rendus par cette cour à Monsieur & à Monseigneur comte d'Artois, frères du Roi. « Les prérogatives distinguées (porte le » préambule de cette loi) qui ne peuvent » appartenir qu'aux Fils de France, les » ont toujours fait jouir des prééminences » dues à la splendeur de leur rang; & » dans tous les temps, les Rois nos pré-» décesseurs, attentifs à les y maintenir,

(1) Cérémonial françois, tom. 2, pag. 617 & 617.

(1) *Ibid.* tom. 1, pag. 1015.

» ont reconnu qu'étant assis près du » trône, ils doivent participer à l'éclat » qui l'environne, & qu'en donnant à » leurs sujets l'exemple du respect & de » la soumission, ils avoient droit de » recevoir de tous les ordres de l'état, » des honneurs inséparables de la gran- » deur de leur naissance : pénétrés de » la plus vive tendresse pour nos frères, » qui contribuent à notre bonheur par les » sentimens dont ils n'ont jamais cessé » de nous offrir l'hommage, & voulant » conserver leurs prérogatives person- » nelles, nous avons résolu d'assurer de » plus en plus les honneurs qui doivent » leur être rendus dans notre chambre » des comptes ».

En conséquence, le Roi ordonne par l'article premier que dans tous les cas où les princes ses frères iront prendre séance à la chambre des comptes, pour y porter les ordres de sa majesté, le premier président sera tenu, en leur adressant la parole, de les appeler *Monseigneur*.

Suivant l'article 2, les requêtes que ces Princes pourront présenter pour leurs affaires particulières & personnelles, seront adressées à *nos sieurs*, & ne contiendront point d'autres termes que ceux d'*expose* & *requiert*.

Avant cette loi, Monsieur, frère du Roi, avoit déjà été qualifié de *Monseigneur* par le premier président de la chambre des comptes, à la séance qu'il y avoit tenue le 19 mars 1776; mais ce magistrat avoit déclaré, en lui donnant ce titre, qu'il ne le faisoit que pour obéir *à l'ordre exprès du Roi* : effectivement, il avoit reçu la veille une lettre de M. le garde des sceaux, portant que l'intention de sa majesté étoit que Monsieur fût qualifié de *Monseigneur*.

La même chose étoit arrivée à la cour des aides le 31 mai 1775, lorsque Monsieur y avoit été siéger, & au grand conseil le 12 novembre 1774, lorsque le même prince étoit allé rétablir ce tribunal.

La qualification de *Monseigneur* avoit été également donnée à M. le comte d'Artois par le premier président de la cour des aides, à la séance qu'il y avoit tenue le 19 mars 1776; & ce magistrat avoit pareillement déclaré, en les qualifiant ainsi, qu'il obéissoit *à l'ordre exprès du Roi*.

Sous le règne de Louis XIV, le cérémonial étoit différent. Le titre de *Monseigneur* étoit réservé au dauphin, & les princes ses enfans n'étoient qualifiés dans les cérémonies publiques, que de *Monsieur*. Le Roi, dit l'auteur du *cérémonial diplomatique des cours de l'Europe*, tom. I, page 7 « régla ceci à l'occasion du com- » pliment que le sieur Dubois, prévôt » des marchands, devoit leur faire après » son serment ».

IX. Il n'est pas inutile, au reste, de connoître le cérémonial qui s'observe dans les cours pour recevoir un prince Fils de France, lorsqu'il y va porter les ordres du Roi. Voici ce que porte à ce sujet le procès-verbal de la séance de la cour des aides dont on vient de parler.

« Ce jour, les chambres assemblées, » attendant la venue de Monsieur le » comte d'Artois, frère du Roi, suivant » les ordres de sa majesté, apportés ce » matin à la cour, monsieur le premier » président, messieurs les présidens & » messieurs les conseillers, revêtus de » leurs robes de cérémonie, avec leurs » bonnets quarrés, se sont placés sur les » bas sièges à leurs places ordinaires, les » chambres assemblées.

» Dans le barreau à gauche de mes- » sieurs les présidens, Me Alexandre-Jean » Boula de Mareuil, avocat général; & » Me Pierre Terray de Rosières, procu- » reur général; Me Jean-Chrysostôme- » Antoine-Clément de Barville, avocat » général; & Me Germain-François du » Faure de Rochefort, avocat général; » Me Pierre-Nicolas le Prince, greffier » en chef; & Me Antoine Verne, secré- » taire du Roi près la cour; tous aussi

» revêtus de leurs robes de cérémonie ; » & Me Sebastien Hervieu, premier & » principal commis pour tenir la place » lors des audiences publiques.

» Après ledit banc, & à l'entrée du » parquet, Me Lambert, substituant » Me Maignen de Bailli, premier & » principal commis pour tenir la place » lors des assemblées des chambres, ayant » devant lui un bureau.

» Le premier huissier étant en sa » chaise à l'entrée du parquet, aussi re- » vêtu de la robe de cérémonie.

» Les huissiers sont venus sur les onze » heures & demie du matin, avertir » que monseigneur le comte d'Artois étoit » arrivé. Aussi-tôt ont été députés pour » aller le recevoir à la porte de la Sainte- » Chapelle, Messieurs les présidens Hoc- » quart & Perrot, & messieurs de la » Ville Duportault, & Dionis du Séjour, » conseillers, lesquels, précédés du pre- » mier huissier, & de quatre autres huis- » siers tenans leurs baguettes en main, » ont été jusqu'à la porte de la Sainte- » Chapelle, d'où ils ont conduit mon- » seigneur le comte d'Artois jusqu'à la pre- » mière chambre de la cour, marchant à » ses côtés ; le premier huissier marchant » immédiatement devant lui.

» Monseigneur le comte d'Artois étoit » accompagné de M. le maréchal de Ni- » colay, & de Messieurs Feydeau de » Marville & Bastard, conseillers d'état, » & il étoit suivi de ses principaux officiers.

» A l'arrivée de Mgr le comte d'Ar- » tois, les deux battans des portes ayant » été ouverts par ordre de M. le pre- » mier président, mondit sieur le premier » président & tous Messieurs se sont levés » & ont salué monseigneur comte d'Artois » qui a traversé le parquet, & s'est placé » sur le banc des présidens, ayant à sa » droite M. le premier président, & à » sa gauche messieurs les autres prési- » dens, qui ont occupé le reste du banc. La » place qu'occupoit monseigneur le comte » d'Artois, étoit couverte d'un tapis de » velours cramoisi à franges d'or, & sous » ses pieds étoit un carreau de pareil » velours.

» M. le maréchal de Nicolay a passé » derrière le barreau, devant le banc » qui est à droite de messieurs les prési- » dens, & a pris place sur icelui, au- » dessus de M. le doyen.

» MM. de Marville & Bastard, con- » seillers d'état, ont passé devant le banc » qui est à gauche de MM. les prési- » dens, & ont pris place sur icelui au- » dessus de MM. les conseillers.

» M. le chevalier de Crussol & M. » le prince d'Hénin, capitaines des gardes » du corps de M. le comte d'Artois, & » M. le chevalier de Monteil, capitaine » des suisses de sa garde, ont passé der- » rière le barreau, & entrés dans le par- » quet, à côté de la lanterne, se sont » placés sur trois tabourets, au bout du » bureau de la chambre, du côté de la » lanterne.

» A l'entrée du parquet est resté le » sieur le Tourneur, major des gardes- » du-corps de Mgr le comte d'Artois, » lequel s'est tenu debout & découvert » pendant toute la séance. Derrière lui » étoient quatre gardes-du-corps debout, » avec leurs armes & couverts.

» Le sieur Laurent de Villedeuil, se- » crétaire des commandemens de mon- » seign. le comte d'Artois, s'est placé dans » le barreau à gauche de MM. les pré- » sidens, où se mettent MM. les gens » du Roi.

» Chacun étant assis & couvert, ex- » cepté le secrétaire des commandemens » du prince, qui est resté découvert, » M. le comte d'Artois ayant ôté & re- » mis son chapeau, a dit, &c....

» Ce fait, monseigneur le comte d'Ar- » tois s'étant levé, & ayant salué la com- » pagnie, M. le premier président & » tous Messieurs se sont levés, & mon- » seigneur le comte d'Artois ayant tra- » versé le parquet, a été reconduit par » MM. les présidens Hocquart & Per-

» rot, & MM. Duportault & Dionis, » conseillers, jusqu'à la porte de la Sainte-» Chapelle. Ils étoient aux deux côtés » du prince, les huissiers de la cour » marchant devant avec leurs baguettes, » & le premier huissier marchant immé-» diatement avant le Prince ».

Observez qu'à la chambre des comptes & au grand conseil, le cérémonial est différend à l'égard de la députation qui doit recevoir & reconduire le prince.

Lorsque monsieur, frère du Roi, a été siéger à la chambre des comptes le 19 mars 1776, il n'a été député pour l'aller recevoir à la descente de son carosse, & l'y reconduire, que deux conseillers-maîtres.

Et lorsqu'il avoit été rétablir le grand conseil le 12 novembre 1774, il avoit été « reconduit jusqu'à son carosse par la » députation ordinaire de ce tribunal, » composée de quatre anciens conseil-» lers, marchant à ses côtés ». Ce sont les termes du procès-verbal de cette séance.

X. On verra ci-après, chapitre *des princes du sang*, §. 3, que tous les princes du sang royal de France ont dans le royaume, le droit exclusif de se qualifier d'*altesse*.

Pour distinguer à cet égard les Fils de France d'avec les autres princes, on donne aux premiers le titre d'*altesse royale*.

Ce titre étoit peu usité dans le cérémonial observé sous Louis XIV. Un auteur que nous avons déja cité (1), dit que le duc d'Orléans, frère de Louis XIII, le prit pour la première fois en Flandres, lorsqu'il y commandoit en 1641. Il ajoute que Louis XIV s'opposa à ce que le sieur Dubois le donnât aux fils du Dauphin, en les complimentant après sa réception à la place de prévôt des marchands.

Cependant, lorsque sur la fin du règne de ce prince, Philippe, duc d'Orléans, Petit-Fils de France, & depuis régent du royaume, alla à la cour de Madrid, les grands d'Espagne le traitèrent d'*altesse royale*, tandis qu'ils ne donnoient à l'infant de Portugal que l'*altesse sérénissime* (1).

(1) Cérémonial diplomatique des cours de l'Europe, tome 1, page 7.

(1) *Il ne sera pas inutile de remarquer à ce propos, de quelle manière furent reçus ces deux princes par la cour d'Espagne. Voici ce que nous en apprend l'auteur du* cérémonial diplomatique, *tome 2, pag.* 823.

« Le duc d'Orléans &... l'Infant dom Emmanuel de Portugal furent traités comme l'infant » d'Espagne... ils furent l'un & l'autre à-peu-près » de même. Le Roi envoya un carosse à leur ren-» contre à trois ou quatre lieues de Madrid, & un » majordôme de semaine qui revint avec eux dans » le même carosse placé sur le devant.

» Le duc d'Orléans vint descendre au palais, où » on lui avoit préparé un appartement. Sa table » fut toujours servie par les officiers de la bouche » du Roi, aux dépens de sa majesté. On lui donna » une garde des gardes du corps dans sa première » antichambre, mais cette troupe ne l'accompa-» gnoit point dans les rues. Il se servit toujours » des carosses du Roi, & fut accompagné d'un » majordôme de semaine, outre un carosse de suite » pour les gentilshommes.

» Lorsqu'il revint pour la seconde fois à Ma-» drid, il descendit de même au palais royal; » mais il prit ensuite une maison particulière à » ses propres frais, & il n'eut pour lors d'autre » garde que la sienne qu'il avoit amenée avec lui.

» Le Roi reçut ce prince dans sa chambre sans » cérémonie, & debout, sans aucune sorte d'ac-» compagnement.

» A l'égard de l'infant de Portugal, il mit pied » à terre dans une maison hors du palais que le Roi » lui avoit fait préparer. Il avoit pour sa garde un » premier détachement des gardes du corps avec un » exempt, un autre détachement de la compagnie » des halebardiers, & un troisième des gardes » Wallonnes & Espagnoles : les gardes du corps » l'accompagnoient l'épée à la main toutes les fois » qu'il sortoit : il se servit également des carosses » de la cour, & eut toujours sur le devant du sien » un majordôme de semaine du Roi, ainsi que le » duc d'Orléans, avec un carosse de suite; lors-» qu'il entroit ou sortoit, la garde à pied battoit » aux champs, & comme sa maison étoit séparée » de celle du Roi, lorsque l'infant alloit au pa-» lais, la garde de sa majesté rappelloit seulement; » c'est un privilège du régiment des gardes, de ne » battre aux champs que pour le Roi & la reine;

XI.

XI. N'oublions pas de remarquer le cérémonial qui s'observe le plus communément par rapport aux sièges dont on se sert chez les princes Fils de France.

Voici ce que nous apprend là-dessus l'auteur du *cérémonial diplomatique des cours de l'Europe*, tome I, page 8.

« Chez le Roi, dit-il, chez les Fils » & les Filles de France, il n'y a que » deux sortes de sièges, des fauteuils & » des sièges plians, qu'on nomme *tabou-» rets.* Il faut que l'égalité de rang soit » dans les personnes pour avoir des sièges » égaux en présence du Roi.....

» Monsieur le duc d'Orléans (1) & » madame la duchesse d'Orléans ont » trois sortes de sièges, des fauteuils, » des sièges à dos, & des sièges plians, » comme les princes du sang. Il faut » une égalité de rang pour y avoir un » fauteuil : les princes du sang n'y ont » que des sièges à dos ; les princes éta-» blis en France & les ducs y ont des » sièges plians, & non les gens de qua-» lité. Cependant mesdemoiselles, filles » de feu Monsieur, & madame de Guise, » fille de Gaston, Fils de France, fai-» soient asseoir les dames sur des sièges » plians ».

XII. Le même auteur dit, tome I, page 414, que les princes Fils de France « ont la permission de venir manger avec » le Roi & avec la reine, quand il leur » plaît, sont assis au cercle, quand le Roi » & la reine s'asseoient, sur des chaises » sans bras & sans dossier, s'approchent » de leurs majestés, sans être invités, » dans les solemnités, c'est-à-dire, aux » bals & aux comédies.

» Dans l'église ( continue cet auteur ) » ils se mettent à genoux sur le tapis de » sa majesté, ils montent dans ses ca-» rosses, & se couvrent aussi-tôt que le » Roi se couvre.

» Dans les maisons royales, ils ont » dans leurs appartemens une balustrade » & un dais, & leur maître d'hôtel porte » le bâton de sa charge, comme ceux du » Roi.

» Leurs carosses sont couverts de ve-» lours en dehors, comme ceux du » Roi ».

XIII. Les Fils de France ont depuis un temps immémorial, le droit de faire évoquer, quand il leur plaît, au parlement de Paris, tous les procès dans lesquels ils sont intéressés. Ce droit a été confirmé à Monsieur par des lettres-patentes du 18 février 1779 (1), enregistrées le 26 du

» quelquefois par faveur particulière pour le » prince des Asturies.....

» Dans les premiers jours, la table de l'infant » Emmanuel fut servie par les gens de la bouche » du Roi : ensuite sa majesté se contenta de fournir » aux frais de la dépense qui fut réglée à tant par » mois, le laissant le maître de la gouverner, » comme il le jugeoit à propos. Il fut reçu sans » cérémonie du Roi, & de la même façon que le » duc d'Orléans. On évita toutes les occasions » dans lesquelles il auroit pu se trouver avec le » prince des Asturies & les Infants d'Espagne, » ceux-ci ne croyant pas devoir lui céder. Il ne » les visita point dans leurs appartemens non plus » que ces derniers qui ne furent point dans le sien. » C'est seulement chez le Roi, où ils se sont ren-» contrés, & où ils se firent des politesses générales.

» Le même cas n'a pu arriver avec le duc d'Or-» léans, parce que, dans le temps qu'il vint en » Espagne, il n'y avoit que le seul prince des » Asturies au berceau ; d'ailleurs le traitement » d'infant qu'on lui donna, n'étoit que pour mar-» cher après ceux d'Espagne, auxquels il auroit » dû céder sans difficulté, n'étant lui-même que » neveu de Roi.

» Les grands alloient voir M. le duc d'Or-» léans, & l'infant de Portugal, par ordre du » Roi ; les princes les reçurent à la moitié de leur » chambre, & les accompagnèrent jusqu'à la porte. » Cette visite se passa debout. Les princes eurent » l'attention de donner deux ou trois fois de » l'*excellence* aux grands, qui de leur côté trai-» tèrent d'*altesse royale* le duc d'Orléans, & » d'*altesse sérénissime*, l'infant de Portugal : ce-» lui-ci n'a point rendu de visite, mais le duc » d'Orléans fut voir toutes les femmes des grands.

(1) L'auteur veut parler du régent, qui étoit petit-fils de France.

(1) *Voici ces lettres-patentes :*

LOUIS.... Salut notre très-cher & très-amé frère Louis-Stanislas-Xavier nous a fait représen-

même mois ; & d'autres lettres-patentes du 18 mars suivant, enregistrées le 23 du même mois, ont prononcé la même confirmation en faveur de M. le comte d'Artois.

XIV. Nous ne détaillerons pas ici les autres prérogatives des princes Fils de France, comme elles leur sont communes avec les princes du sang, il en sera parlé ci-après au chapitre 75. Mais nous ne devons pas oublier ici que dans le temps où toutes les querelles se décidoient l'épée à la main, les Fils de France étoient exempts de duels, en matière purement civile. « Le fils du Roi, dit » Beaumanoir, ne doit pas se combattre » à son homme pour plaid de meubles, » pour catteux ni pour héritage. Mais » s'il accusoit son homme de meurtre » ou de trahison, en tel cas il convien» droit qu'il se combattît avec son hom» me ; car ces cas sont si vilains que nul » ménagement n'est dû à celui qui ac» cuse ». Ce passage fait voir que Dutillet a parlé trop généralement, quand il a dit que non-seulement les Fils de France, mais même les princes du sang étoient exempts de duels.

Il y a des ordonnances de Louis-le-Jeune & de Philippe-Auguste, qui ont quelque rapport à cet objet : elles défendent aux enfans des Rois d'exposer leurs personnes dans les joûtes & dans les tournois. Mais l'histoire nous apprend qu'elles ont été mal observées. Plusieurs de nos princes & même de nos souverains ont déployé leur courage dans ces combats. Henri II y a perdu la vie (1).

XV. Nous avons parlé au chapitre premier, section 8, §. 3, de la forme sui-

ter que de temps immémorial, les Fils de France avoient la faculté de pouvoir évoquer au parlement de Paris tous les procès & contestations qu'ils pouvoient avoir dans le ressort de différens parlemens, ou dans lesquels ils avoient intérêt d'intervenir ; que le Roi Louis XIV, de glorieuse mémoire, étant dans l'intention de prendre un soin particulier de ce qui regardoit Philippe, Fils de France, duc d'Orléans son frère, de lui accorder tous les privilèges qui étoient dus à sa naissance, lui auroit accordé cette évocation par les lettres de sa volonté du premier février 1694, semblables à celles précédemment obtenues en 1608, 1647, 1651 & 1673 par les premiers princes & princesses de notre sang ; que ce même privilège avoit été accordé successivement aux descendans de Philippe, fils de France, duc d'Orléans, par lettres-patentes données par Louis XIV le 12 Juin 1708, & par celles données par notre très-honoré seigneur & aïeul, les 19 juin 1716, 27 juillet 1720, mars 1752, & 22 septembre 1769 ; & il nous a très-humblement supplié de lui accorder, pour ses causes & procès, la même évocation & attribution. Nous nous portons d'autant plus volontiers à déférer à la demande que nous fait notredit frère, qu'en lui donnant un nouveau témoignage de notre tendresse, nous ne ferons que maintenir en sa faveur une prérogative attachée à sa naissance. A ces causes, & autres, à ce nous mouvant, de l'avis de notre conseil, & de notre certaine science, pleine puissance & autorité royale, nous avons, par ces présentes signées de notre main, évoqué à nous & à notre conseil, tous & chacun les procès & contestations mues & à mouvoir, qui sont & seront pendans & indécis en toutes les cours & juridictions quelconques de notre royaume, entre notredit frère, Louis-Stanislas-Xavier, & quelque autre partie que ce soit, même les procès & contestations dans lesquels notredit frère sera obligé d'intervenir, de quelque nature qu'ils soient, leurs circonstances & dépendances, concernant les biens & droits dont il jouit ou pourra jouir par la suite, soit à titre d'apanage, succession, donation, acquisition ou autrement, en quelques lieux que lesdits biens soient situés, sans en excepter aucuns, & sans qu'il soit besoin d'une mention plus expresse & spéciale ; & iceux procès & contestations, généralement quelconques, en l'état qu'ils sont ou se trouveront lorsque notredit frère voudra se servir de nos présentes lettres, leurs circonstances & dépendances, avons renvoyé & renvoyons pardevant vous, pour y être instruits & poursuivis suivant les derniers erremens, & jugés & décidés par vous, ainsi que de raison ; & à cette fin, nous vous en avons attribué & attribuons toute cour, juridiction & connoissance, & icelles interdisons à toutes nos cours & autres juges. Faisons défenses aux parties de faire poursuites ailleurs que pardevant vous, à peine de nullité, cassation de procédure, & de tous dépens, dommages-intérêts. Si vous mandons, &c.

(1) Répertoire de jurisprudence, au mot *Prince*.

vant laquelle les princes Fils de France doivent être ouis, recollés & confrontés lorsqu'ils sont témoins dans les procédures.

### §. III. *De la maison d'un Prince Fils de France.*

La maison d'un prince Fils de France peut être divisée comme celle du Roi, en maison ecclésiastique, maison militaire, & maison civile.

I. Suivant les états annexés à la déclaration du premier avril 1771, concernant les officiers de MONSIEUR, frère du Roi, & à celle du 17 novembre 1773, concernant les officiers de la maison de M. le comte d'Artois, la maison ecclésiastique doit être composée,

1°. D'un premier aumônier qui a d'ordinaire la feuille des bénéfices de l'apanage du prince, & dont les gages sont fixés à 2000 livres :

2°. D'un confesseur :

3°. D'un maître de l'oratoire, à 1200 livres de gages.

4°. D'un aumônier ordinaire, à 700 livres.

5°. De quatre aumôniers servans par quartier, à 240 livres chacun.

6°. D'un chapelain ordinaire, à 400 livres.

8°. De quatre chapelains servans par quartier, à 200 livres chacun.

8°. D'un clerc de chapelle ordinaire, à 240 livres.

9°. De quatre clercs de chapelle servans par quartier, à 100 livres chacun.

10°. De deux sommiers de chapelle servans par semestre, à 300 livres chacun (1).

11°. D'un aumônier & confesseur du commun, à 600 livres.

12°. D'un aumônier des pages de l'écurie, à 660 livres.

(1) La déclaration du 17 novembre 1773 n'en établit qu'un pour monseigneur comte d'Artois.

Il faut y ajouter un aumônier des gardes du corps, & un autre de la compagnie des suisses de la garde ordinaire, qui ne sont compris ni dans la déclaration du premier avril 1771, ni dans celle du 17 novembre 1773, parce qu'ils font partie de la maison militaire sur laquelle ces lois sont muettes.

II. La maison militaire de Monsieur frère du Roi, & celle de M. le comte d'Artois, ont été créées par des ordonnances du premier avril 1771 & du 17 novembre 1773.

Elles sont composées chacune,

1°. De deux compagnies de gardes du corps François, à la tête de chacune desquelles est un capitaine (1).

(1) *Il a été rendu le 13 juillet 1771, une ordonnance de réglement pour les deux compagnies des gardes du corps de monseigneur comte de Provence (aujourd'hui* MONSIEUR, *frère du Roi); & elle a été suivie d'une autre du 10 mars 1774, qui contient à peu près les mêmes dispositions pour les deux compagnies des gardes du corps de monseigneur comte d'Artois. Comme celle-ci forme le dernier état de cette partie de la jurisprudence militaire, & qu'elle a été étendue, par le dernier des articles qui la composent, aux deux compagnies des gardes du corps de* MONSIEUR, *nous croyons devoir la rapporter en entier. Voici donc comment elle est conçue :*

Sa majesté ayant créé par son édit du 17 novembre 1773, deux compagnies de gardes du corps françois, pour remplir, près de son petit-fils monseigneur comte d'Artois, le même service que ses gardes du corps françois rendent auprès de sa personne, & regardant ce service rendu à son petit-fils, comme rendu à elle-même : voulant aussi, sa majesté, assimiler ces deux compagnies aux différentes troupes qui composent le corps de la gendarmerie de France, a réglé ce qui suit :

ARTICLE. I. Les officiers qui seront nommés à l'avenir pour commander les compagnies de gardes du corps de monseigneur comte d'Artois, en qualité de capitaines, & qui ne se trouveront pas brigadiers ou officiers généraux, auront le rang de mestre de camp de cavalerie ; mais l'intention de sa majesté est que la commission

2°. D'une compagnie de gardes suisses, commandée par un capitaine-colonel (1).

ne leur en soit expédiée qu'après sept ans de service, dont cinq en qualité de capitaine, soit dans lesdites compagnies des gardes du corps, soit dans l'infanterie, la cavalerie ou les dragons.

II. Celui qui sera nommé à la majorité desdites compagnies, aura le rang de mestre de camp, & commandera en cette qualité à tous mestres de camp de cavalerie, dont les commissions seroient de dates postérieures ; bien entendu cependant que pour être nommé à cet emploi, il aura aussi au moins sept ans de service, dont cinq en qualité de capitaine.

III. Ceux qui seront nommés aux lieutenances & aux enseignes, auront le rang de lieutenans-colonels, du jour de la date des brevets de leurs charges, & commanderont en cette qualité à tous lieutenans-colonels de cavalerie dont les commissions seroient postérieures ; voulant également sa majesté, que pour être nommés à ces emplois, ils aient au moins sept ans de service, dont cinq en qualité de capitaine ; & ils seront susceptibles de la commission de mestre de camp, après cinq ans de service dans lesdites qualités de lieutenans ou d'enseignes.

IV. Les exempts auront le rang de capitaines, & ils seront susceptibles de la commission de lieutenant-colonel, après huit ans de service comme exempts dans lesdites compagnies, ou après dix ans de service, dont six en qualité de capitaine, & quatre en celle d'exempt.

V. Les maréchaux des logis, brigadiers & sous-brigadiers, auront le rang de lieutenant de cavalerie ; & après quinze ans de service dans lesdites compagnies, il leur sera expédié des commissions de capitaine.

VI. Les maréchaux des logis, pourvus de la commission de capitaine, seront susceptibles de celle de lieutenant-colonel, après quinze ans de service dans ledit emploi de maréchal des logis.

VII. Les gardes desdites compagnies, auront le rang de sous-lieutenant, du jour qu'ils y seront reçus ; & celui de lieutenant de cavalerie, quand ils y auront servi pendant douze ans.

VIII. L'intention de sa majesté est qu'il ne soit point expédié aux maréchaux des logis, brigadiers, sous-brigadiers & gardes desdites compagnies, des brevets de lieutenans & sous-lieutenans, dont ils doivent tenir rang en vertu de la présente ordonnance : mais attendu qu'au moment de la création desdites compagnies, elles ont pu être composées de plusieurs sujets qui avoient des services antérieurs dans ses troupes, dont sa majesté veut bien approuver qu'il leur soit tenu compte, voulant s'expliquer à cet égard ; son intention est qu'ils ne puissent faire valoir lesdits services, qu'après trois ans au moins de service dans lesdites compagnies pour parvenir aux places de chevaliers de Saint-Louis, & autres grâces dont le grade d'officier peut rendre susceptible.

IX. N'entend au surplus sa majesté, que les rangs énoncés en la présente ordonnance, puissent préjudicier aux grades supérieurs dont les officiers desdites deux compagnies de gardes du corps de monseigneur comte d'Artois, pourroient être pourvus, ni à l'ancienneté que quelques-uns d'eux pourroient avoir par commissions particulières : voulant sa majesté, qu'ils continuent de jouir des rangs qui leur ont été précédemment, ou qui leur seroient accordés par la suite ; se réservant d'employer, lorsqu'elle jugera à propos, ceux desdits officiers qui se trouveront pourvus des grades de lieutenant général, maréchal-de-camp, brigadier, mestre de camp ou de lieutenant-colonel.

X. Sa majesté voulant assimiler en tout point les deux compagnies des gardes du corps de monseigneur comte de Provence, créées par son édit du premier avril 1771, aux dispositions de la présente ordonnance ; son intention est que lesdites deux compagnies participent à tous les avantages & prérogatives accordés par la présente aux compagnies des gardes du corps de monseigneur comte d'Artois ; dérogeant à cet effet sa majesté à l'ordonnance du 13 juillet 1771, portant réglement concernant les deux compagnies des gardes du corps de monseigneur comte de Provence, en tout ce qui se trouvera contraire aux dispositions de la présente.

Mande & ordonne sa majesté aux capitaines des gardes de monseigneur comte de Provence & de monseigneur comte d'Artois, & à tous autres ses officiers qu'il appartiendra, de tenir la main à l'exécution de la présente ordonnance. Fait à Versailles le dix mars mil sept cent soixante-quartoze. *Signé* LOUIS. Et plus bas, LE DUC D'AIGUILLON.

(1) *Il a été rendu pour cette compagnie, le 14 septembre 1776, une ordonnance qui est ainsi conçue :*

Sa majesté s'étant fait représenter les déclarations du premier avril 1771, & du 17 novembre 1773, portant création des compagnies des gardes suisses, pour remplir près de Monsieur & de monseigneur comte d'Artois, le même service que la compagnie des cent-suisses rend auprès de sa personne ; & voulant sa majesté faire par-

3°. Des gardes de la porte, commandés par un capitaine.

4°. D'un commissaire des guerres.

5°. D'un contrôleur des guerres.

6°. D'un trésorier-général.

Lorsqu'un prince Fils de France va siéger dans une cour souveraine pour y porter les ordres du Roi, il est ordinairement accompagné d'une partie de sa maison militaire. Le rang qu'elle y tient mérite d'être remarqué.

A la séance tenue en présence de Monsieur, frère du Roi, au grand conseil le 12 novembre 1774, pour le rétablisse-

---

ticiper ces deux compagnies aux avantages accordés aux différens corps qui composent sa maison militaire, en proportion de leur composition; elle a ordonné & ordonne ce qui suit.

ARTICLE I. Les capitaines-colonels des compagnies des gardes suisses de Monsieur & de monseigneur comte d'Artois, auront rang de colonel d'infanterie, du jour de leur nomination à leurs charges, s'ils n'ont pas alors ce grade; & les commissions leur en seront expédiées de ce jour, pourvu toutefois qu'ils aient alors huit ans de service au moins, dont trois comme officiers, & cinq comme capitaines.

II. Les lieutenans desdites deux compagnies, auront aussi le rang de colonel d'infanterie, & les commissions leur en seront expédiées du jour qu'ils seront pourvus de leurs charges; à condition qu'ils auront alors au moins douze ans de service, en qualité d'officiers dans les troupes, dont huit en qualité de capitaine ou comme officiers dans lesdites compagnies.

III. Les enseignes auront rang de lieutenant-colonel, du jour qu'ils seront pourvus de leurs charges, & les commissions leur en seront expédiées, s'ils ont alors au moins dix ans de service comme officiers dans ces compagnies ou dans les troupes, dont six en qualité de capitaine; & après six ans de service dans leurs charges, à compter de la date de leur commission de lieutenant-colonel, ils auront rang de colonel.

IV. Les aides-major, qui, par leur charge, ont rang d'exempt dans lesdites deux compagnies, auront, du jour qu'ils en seront pourvus, le rang attribué à la charge d'exempt, & successivement celui de lieutenant-colonel, dans le cas où il leur seroit accordé le rang d'enseigne dans lesdites compagnies, après toutefois qu'ils auront acquis l'ancienneté de service réglée par la présente ordonnance, pour rendre les officiers de chaque classe susceptibles de ces grades.

V. Les exempts auront le rang de capitaine, s'ils ont auparavant servi cinq ans en qualité d'officiers dans les troupes ou dans lesdites deux compagnies; & après huit ans de service dans leurs charges, ou quatre ans dans leurs charges & huit ans dans les troupes, dont cinq en qualité de capitaine, ils auront le rang de lieutenant-colonel, dont la commission leur sera expédiée quand ils auront rempli ces conditions: l'intention de sa majesté étant que leur avancement soit borné à ce grade, à moins qu'ils ne passent à des charges d'enseigne ou de lieutenant dans lesdites compagnies.

VI. Les fourriers auront le rang de lieutenant d'infanterie, s'ils ont auparavant servi cinq ans dans les troupes, ou huit dans lesdites compagnies; & quand ils auront servi quinze ans dans leurs charges, ils auront rang de capitaine d'infanterie, dont alors la commission leur sera expédiée sans qu'ils puissent, dans l'état de fourrier, prétendre à d'autres grades militaires.

VII. Le premier caporal de chacune desdites deux compagnies, qui aura servi pendant trente ans au moins dans ces compagnies, aura le rang de lieutenant d'infanterie, & le second caporal de chacune desdites compagnies, aura celui de sous-lieutenant après vingt-cinq ans de service aussi dans lesdites compagnies.

VIII. Il ne sera point expédié aux fourriers & caporaux des ordres de lieutenant & de sous-lieutenant, dont ils doivent tenir rang, en vertu de la présente ordonnance, eu égard à l'ancienneté de leurs services.

IX. N'entend, au surplus, sa majesté, que les grades militaires qu'elle veut bien accorder aux officiers desdites deux compagnies, puissent préjudicier aux grades supérieurs dont ils pourront être pourvus, ni à l'ancienneté que quelques-uns d'eux pourroient avoir par des commissions particulières; voulant qu'ils continuent de jouir des rangs qui leur ont été précédemment accordés, ou qui leur seroient accordés par la suite, & qu'ils puissent, dès-à-présent, faire valoir leurs services dans lesdites compagnies pour être pourvus des grades militaires, dont leur état actuel & leur ancienneté peuvent les rendre susceptibles en vertu de la présente ordonnance.

Mande & ordonne sa majesté aux capitaines-colonels des compagnies des gardes suisses de Monsieur & de monseigneur comte d'Artois, & à tous autres ses officiers qu'il appartiendra, de tenir la main à l'exécution de la présente ordonnance.

Fait à Versailles le quatorze septembre mil sept cens soixante-seize. *Signé* LOUIS, & plus bas SAINT-GERMAIN.

ment de ce tribunal, le marquis de Lévis, le comte de Chabrillant & le comte de Montbarrey, capitaines des gardes du corps & des gardes suisses du prince, étoient placés sur des formes en avant de la barre du parquet, en manteaux & rabats, avec chapeau à plumes noires. Ils sont restés, pendant toute la séance, assis & couverts.

Le 31 mai 1775, lorsque le même prince a siégé à la cour des aides de Paris, le comte de Chabrillant & le prince de Montbarrey, l'un capitaine de ses gardes du corps, & l'autre capitaine de ses gardes suisses, ont passé derrière le barreau, & entrés dans le parquet à côté de la lanterne, se sont placés sur deux tabourets, au bout du bureau de la chambre, du côté de la lanterne même. A l'entrée du parquet est resté le major des gardes du corps de Monsieur, lequel s'est tenu debout & découvert pendant toute la séance. Derrière lui étoient quatre gardes du corps debout, avec leurs armes, & couverts.

A la séance de la chambre des comptes de Paris, tenue le 19 mars 1776, en présence de Monsieur, on remarquoit du côté de la cheminée, en dedans de la barre, le marquis de Lévis, le comte de Chabrillant & le prince de Montbarrey, en manteau, un chapeau garni de plumes à la main, & assis sur une banquette qui y avoit été mise à cet effet en vertu d'ordres du Roi, portés dans des lettres écrites à M. le premier président, par M. le garde des sceaux & par M. de Lamoignon de Malesherbes, secrétaire d'état, ayant le département de Paris. Quatre gardes du corps de Monsieur, le fusil sur l'épaule, & couverts, ayant à leur tête leur major, debout & découvert, fermoient l'espace d'entre le bureau & la cheminée. Les suisses de la garde du prince étoient postés aux portes, tant en dedans qu'au dehors du grand escalier & de la salle des procureurs; & d'autres gardes du corps étoient, le fusil sur l'épaule, à l'entrée de la principale porte du bureau en dehors.

On a vû ci-devant, §. 2, nombre V, ce qui s'est passé le même jour à la cour des aides de Paris, en présence de M. le comte d'Artois.

III. La *maison civile* est divisée en plusieurs branches; ce sont, (suivant les déclarations du premier avril 1771 & du 17 octobre 1773, concernant les officiers de Monsieur & de M. le comte d'Artois), la chambre, la chambre aux deniers, la panneterie-bouche & commun, l'échansonnerie-bouche & commun, la cuisine-bouche, la cuisine-commune, la fourrière, l'écurie, le conseil, les finances, la vénerie pour le cerf, la fauconnerie, & les bâtimens.

Chacune de ces branches contient un grand nombre d'officiers: les voici dans l'ordre sous lequel les range la première des deux déclarations déja citées.

1°. Deux premiers gentilshommes de la chambre, à 6000 livres chacun de gages (1).

2°. Deux premiers chambellans à 2400 livres chacun.

3°. Huit gentilshommes de la chambre, suivant la déclaration du premier avril 1771, & deux seulement suivant celle du 17 octobre 1773, à 2000 livres chacun.

4°. Un introducteur des ambassadeurs, à 2000 livres.

---

(1) Les déclarations de 1771 & de 1773 ne font pas mention des *gentilshommes d'honneur*. Cependant il en existe actuellement treize dans la maison de Monsieur, & dix-sept dans celle de monseigneur comte d'Artois.

Il est à remarquer d'ailleurs qu'à la séance de la chambre des comptes de Paris, tenue le 19 mars 1776, en présence de Monsieur, le marquis de Bouillé, premier chambellan, le comte de Montvel, le comte de la Châtre, le comte du Lau, le marquis de Fumel & le chevalier de Cossé, gentilshommes d'honneur de ce prince, étoient assis, en habits ordinaires, sur une banquette posée à côté de celle des capitaines de la garde de Monsieur, en dehors de la barre.

5°. Deux (1) gentilshommes ordinaires, à 1000 livres chacun.

6°. Un gouverneur des pages de la chambre, à 1200 livres (2).

7°. Un premier valet des pages à 600 livres (3).

8°. Deux valets des pages, à 200 livres chacun.

9°. Un premier médecin, à 2000 livres.

10°. Un médecin ordinaire, à 1000 livres.

11°. Quatre médecins servans par quartier, à 500 livres chacun.

12°. Un apothicaire du corps, à 1000 livres.

13°. Un aide-apothicaire, à 600 livres (4).

14°. Un premier chirurgien, à 1800 livres.

15°. Un chirurgien ordinaire, à 800 livres.

16°. Quatre chirurgiens servans par quartier, à 200 livres chacun.

17°. Un chirurgien-renoueur, à 200 livres.

18. Un opérateur pour les dents, à 600 livres.

19°. Un barbier ordinaire de la chambre, à 500 livres.

20°. Quatre barbiers de la chambre servans par quartier, à 700 livres chacun.

21°. Un intendant contrôleur-général-garde des meubles, des menus de la chambre, de l'argenterie & des écuries, à 2000 livres (1).

22°. Un surintendant de la musique, à 100 livres.

23°. Quatre premiers valets de chambre ordinaires couchant en icelle & ayant la clef des coffres, servans par quartier, à 600 livres.

24°. Un valet de chambre ordinaire à 500 livres.

---

(1) La déclaration du 17 octobre 1773 en porte sept pour la maison de monseigneur comte d'Artois. A l'égard de celle de Monsieur, il y a été créé depuis un troisième gentilhomme ordinaire, & enfin un édit du mois de juin 1784, enregistré à la cour des aides le 2 juillet suivant, a porté à quatre le nombre de ces officiers. Voici le dispositif de cette loi :

« Nous avons par notre présent édit perpétuel » & irrévocable, créé & érigé, créons & érigeons une quatrième charge de gentilhomme » ordinaire de notre très-cher & très-amé frère » Louis-Stanislas-Xavier (Monsieur), pour, » par celui que notredit frère jugera à propos » d'en pourvoir, l'avoir, tenir & exercer, en » jouir & user aux mêmes honneurs, autorités, » prérogatives, prééminences, privilèges, franchises, libertés, fonctions, gages, appointemens, droits, fruits, profits, revenus & émolumens accoutumés & y appartenans, tels & » semblables qu'en jouissent ou doivent jouir les » trois autres gentilshommes ordinaires de notredit frère, à la charge toutefois par notredit » frère, de pourvoir, sur ses épargnes, aux » gages & appointemens de ladite charge. »

(2) La déclaration du 17 octobre 1773, ne lui donne que 60 livres.

(3) La déclaration du 17 octobre 1773, substitue à cet officier un gouverneur des pages, à qui elle assigne 60 livres.

(4) La déclaration du 17 octobre 1773, en donne 700 à celui de monseigneur comte d'Artois.

(1) Cet office est aujourd'hui divisé en trois. Un édit du mois de septembre 1779, a désuni de la charge d'intendant des menus & écuries de Monsieur, frère du Roi, celle d'intendant-contrôleur-garde général des meubles.

Et un autre édit du mois de juillet 1784, a « désuni la charge d'intendant des menus & » écuries..... pour en composer deux distinctes » & séparées, l'une sous le titre d'*intendant* » *des menus*, & l'autre sous celui d'*intendant* » *des écuries* de notredit frère ; à la charge » toutefois que les gages & autres attributions » attachées à la charge d'intendant des menus » & écuries, désunie comme dit est, seront » partagés entre lesdites deux charges par égales » portions ; en sorte que ladite désunion ordonnée » par le présent édit n'occasionne aucune nou» velle dépense sur les états de fonds ordonnés » pour la maison de Monsieur, pour, par celui » qu'il jugera à propos de pourvoir de la charge » d'intendant de ses écuries, l'avoir, tenir & » exercer, en jouir & user aux honneurs, au» torités, prérogatives, prééminences, privi» lèges, franchises, libertés, gages, fonctions » & autres avantages y appartenans. »

25°. Huit valets de chambre servans par quartier, à 400 livres chacun.

26°. Un horloger, à 400 livres.

27°. Un peintre, à 600 livres. La déclaration du 17 octobre 1773, le qualifie de *premier peintre*.

28°. Un porte-manteau ordinaire, à 600 livres, suivant la déclaration du premier avril 1771, & de 400 livres, suivant celle du 17 octobre 1773.

26°. Quatre porte-manteaux servans par quartier, à 400 livres chacun.

30°. Un huissier ordinaire de la chambre, à 400 livres.

31°. Quatre huissiers de la chambre servans par quartier, à 400 livres chacun.

32°. Deux huissiers du cabinet, à 800 livres chacun.

33°. Deux huissiers de l'anti-chambre servans par semestre, à 600 livres chacun.

34°. Quatre garçons de la chambre, à 200 livres chacun.

35°. Quatre valets de chambre tapissiers, à 150 livres chacun.

36°. Un garde-meuble & concierge, à 600 livres.

37°. Deux portes chaises d'affaires servans par semestre, à 300 livres chacun.

38°. Quatre porteurs de meubles de la chambre, servans par semestre, à 75 livres chacun.

39°. Une lavandière du linge du corps, à 200 livres.

40°. Un porte-arquebuse, à 400 livres.

41°. Un menuisier de la chambre, à 200 livres.

42°. Deux maîtres de la garde-robe, à chacun desquels la déclaration du premier avril 1771 assigne pour gages 4500 livres, & celle du 17 octobre 1773 3000 livres seulement.

43°. Quatre premiers valets de garde-robe, à 600 livres de gages chacun.

44°. Un valet de garde-robe ordinaire, à 400 livres.

45°. Huit autres valets de garde-robe, à 300 livres chacun.

46°. Quatre garçons de garde-robe ordinaires, à 200 livres chacun.

47°. Une empeseuse, à 300 livres.

48°. Un tailleur-chaussetier, à 100 livres.

49°. Un porte-malle ordinaire, à 600 livres.

50°. Un premier maître d'hôtel, à 2000 livres (1).

51°. Un maître d'hôtel ordinaire, à 1200 livres.

52°. Quatre maîtres d'hôtel de quartier, à 800 livres chacun.

53°. Deux contrôleurs généraux servans par semestre, à 700 livres.

54°. Un gentilhomme servant ordinaire, à 800 livres.

55°. Huit gentilshommes servans de quartier, à 600 livres chacun.

56°. Un contrôleur ordinaire de la bouche, à 200 livres.

57°. Quatre contrôleurs clercs d'office, à 300 livres chacun.

58°. Quatre huissiers de la salle, à 200 livres chacun.

59°. Un chef ordinaire de panneterie & d'échansonnerie-bouche & commun, à 300 livres.

60°. Quatre chefs de panneterie-bouche & commun, à 260 livres chacun.

61°. Quatre aides, à 160 livres.

62°. Deux sommiers servans par semestre, à 600 livres chacun.

63°. Un sommier de vaisselle ordinaire, à 600 livres.

64°. Quatre chefs d'échansonnerie-bouche & commun, à 260 livres chacun.

65°. Quatre aides, à 160 livres chacun.

(1) Anciennement les maîtres d'hôtel des princes prétendoient avoir une entière juridiction sur les commensaux de leurs maisons. On trouve dans les mémoriaux de la chambre des comptes de Paris, cotte O, fol. 95, une ordonnance du 25 mai 1369, portant que ces officiers ne peuvent pas connoître au préjudice du prévôt de Paris, des crimes commis par leurs commensaux, s'il n'y a titre, privilège ou lettres contraires.

66°.

66°. Deux sommiers de bouteilles servans par semestre, à 600 livres chacun.

67°. Deux coureurs de vin, servans par semestre, à 600 livres chacun.

68°. Un sommier de vaisselle ordinaire, à 600 livres.

69°. A ces divers officiers créés par la déclaration du premier avril 1771, un édit du mois de juillet 1783, enregistré à la chambre des comptes & à la cour des aides de Paris les 13 septembre & 26 novembre suivans, a ajouté dans chacune des deux maisons des princes Fils de France, un chirurgien de maison-bouche & commun, chargé particulièrement de traiter tous les garçons tant de leurs offices que de celles de madame & de madame comtesse d'Artois; ses gages ont été fixés à 60 livres; & il a été ordonné qu'il jouiroit de tous les privilèges, exemptions & prérogatives des commensaux de la maison du Roi.

70°. La cuisine-bouche compte neuf espèces d'officiers, savoir;

Un écuyer ordinaire, à 250 livres.

Quatre écuyers servans par quartier, à 170 livres chacun.

Un aide-ordinaire, à 160 livres.

Quatre aides de quartier, à 160 livres chacun.

Quatre hâteurs, à 150 livres chacun.

Quatre officiers-porteurs, servans par semestre, à 100 livres chacun.

Deux enfans de cuisine servans par semestre, à 100 livres chacun.

Quatre pâtissiers-bouche & commun, à 60 livres chacun.

Un garde vaisselle-bouche & commun, à 900 livres.

71°. La cuisine-commun contient les officiers suivans.

Quatre écuyers, à 170 livres chacun.

Quatre aides, à 160 livres chacun.

Quatre officiers porteurs servans par semestre, à 100 livres chacun.

Deux enfans de cuisine servans par semestre, à 100 livres chacun.

Un sommier ordinaire des broches, à 600 livres.

Quatre officiers serdeaux, à 130 livres chacun.

Quatre huissiers de cuisine-commun, à 100 livres chacun.

Deux falotiers servans par semestre, à 60 livres chacun.

72°. La fruiterie est composée d'un chef ordinaire, à 300 livres de gages.

De deux chefs de quartier, à 260 livres chacun.

De quatre aides, à 160 livres chacun.

De deux sommiers de fruiterie, servans par semestre, à 600 livres chacun.

73°. La fourrière comprend quatre chefs, à 260 livres de gages chacun.

Quatre aides, à 160 livres chacun.

Deux portes-tables & chaises-bouche, servans par semestre, à 200 livres chacun.

Deux huissiers du bureau, à 300 livres chacun.

74°. Un maître d'hôtel de la table du premier maître d'hôtel, à 400 livres.

75°. Un lavandier des offices bouche & commun, à 100 livres.

76°. Un premier écuyer, à 2400 livres.

77. Un écuyer ordinaire, à 2000 livres,

78°. Quatre écuyers servans par quartier; la déclaration du premier avril 1771 leur donne pour gages 700 livres chacun, & celle du 17 octobre 1773 750 livres.

79°. Un premier maréchal des logis, à 2000 livres.

80°. Un maréchal des logis ordinaire, à 800 livres.

81°. Quatre maréchaux des logis servans par quartier, à 500 livres chacun (1).

(1) *Il y a pour les maréchaux des logis de Monsieur & de madame, un réglement du premier avril 1771, qu'il est bon de connoître. Voici comment il est conçu:*

Sa majesté voulant prévenir toutes les difficultés

82°. Un fourrier du corps ordinaire, à 300 livres.

83°. Deux autres fourriers du corps, à 200 livres chacun.

84°. Quatre fourriers de la maison, servans par quartier, 250 livres chacun.

85°. Le conseil forme une des parties les plus importantes de la *maison civile.*

Brillon (1) dit que la juridiction des conseils des princes « n'est pas contentieuse, mais volontaire entre les personnes qui, étant de leur dépendance, » s'y soumettent ». On a cependant vû plus haut, §. I, nombre III, que les maîtrises des eaux & forêts de l'apanage de Monsieur, frère du Roi, sont obligées d'enregistrer & d'observer les résultats de son conseil, concernant les domaines & bois, lorsqu'ils ne sont pas contraires aux ordonnances du royaume.

Les arrêtés des conseils des princes qui sont signés par les intendans de leurs maisons, lient ces princes eux-mêmes envers les particuliers avec lesquels l'objet de ces actes est de contracter. C'est ce

---

qui pourroient s'élever entre les grand maréchal & maréchaux des logis de la maison de sa majesté, & les premier maréchal & maréchaux des logis de celle de M. le comte & madame la comtesse de Provence, sur leurs fonctions respectives, a ordonné & ordonne ce qui suit.

Article. I. Le grand maréchal & les maréchaux des logis de la maison du Roi, continueront de marquer les logements de M. & de madame la comtesse de Provence, ainsi que ceux des premiers officiers du prince & de la princesse, dans les châteaux & maisons royales où sera sa majesté, ainsi que M. le Dauphin & madame la Dauphine, sans que le premier maréchal & les maréchaux des logis de M. le comte & de madame la comtesse de Provence, puissent prétendre se mêler en aucune manière de ces logemens. A l'égard de tous les autres logemens des officiers du prince & de la princesse dans les villes, bourgs ou villages, comme Compiègne, Marly, Fontainebleau, &c. ils seront marqués par les maréchaux des logis du prince & de la princesse, auxquels il sera, à cet effet, assigné un quartier suffisamment étendu, par le grand maréchal; & dans le cas où il ne seroit pas possible de désigner un quartier particulier, il sera délivré par le grand maréchal au premier maréchal ou au maréchal de service auprès du prince, un certain nombre de logemens honnêtes, pour loger les gentilshommes d'honneur, les principaux officiers, & les dames qui ne pourront pas être logées au château; & pour le surplus des officiers de la maison, le premier maréchal & les maréchaux des logis du prince & de la princesse auront droit de mettre la craye du prince par-tout où le grand maréchal & les maréchaux des logis du Roi n'auront pas mis celle de sa majesté, en se concertant néanmoins avec le grand maréchal, ou les maréchaux des logis de service, & se conformant aux réglemens & ordonnances rendus en différens temps pour les logemens de la maison du Roi.

II. Le premier maréchal des logis de M. le comte de Provence pourra donner des routes signées de lui, aux gardes du corps & suisses du prince pour se rendre d'un lieu à un autre, en ayant attention de sa part, de s'entendre avec le grand maréchal, pour régler leur marche devant ou après le départ des troupes de sa majesté, de manière à ce qu'ils ne croisent pas leur marche, & n'occasionnent point de surcharge & foule dans les endroits par où elles passent.

III. Les maréchaux des logis de madame la comtesse de Provence, recevront les logemens nécessaires pour la maison de la princesse, du premier maréchal ou maréchal des logis de service de M. le comte de Provence, comme ils les reçoivent eux-mêmes du grand maréchal, ou maréchal des logis de service de la maison du Roi.

IV. Les premier maréchal & maréchaux des logis de M. le comte & de madame la comtesse de Provence, pourront porter le bâton dans l'appartement du prince & de la princesse, & dans tous les endroits extérieurs & intérieurs du château, excepté néanmoins les appartemens du Roi, de M. le Dauphin, de madame la Dauphine, & des autres princes de la maison royale. Ils pourront de même le porter dans les villes où il leur est nécessaire pour se faire connoître.

V. Veut & entend sa majesté qu'il soit prêté assistance par les officiers & gardes de sa prévôté de son hôtel, aux maréchaux des logis de M. le comte & de madame la comtesse de Provence, lorsqu'ils en seront par eux requis, ainsi & de la manière qu'ils en usent avec les maréchaux des logis de la maison du Roi, lorsqu'il arrive des cas qui exigent qu'ils y aient recours.

Fait & arrêté à Versailles le premier avril 1771. *Signé* LOUIS. Et plus bas, Phelipeaux.

(1) Dictionnaire des arrêts, au mot *Conseil des princes.*

qui a été jugé par une sentence contradictoire des requêtes du palais du 11 mars 1688, rapportée dans le dictionnaire des arrêts de Brillon (1).

Les officiers qui, suivant les déclarations du premier avril 1771 & du 17 octobre 1773, doivent composer le conseil d'un prince Fils de France, sont le chancelier garde des sceaux, qui en est le chef; ses gages sont fixés par la première de ces deux lois, à 8000 livres; mais la seconde, qui lui donne en outre la qualité de *surintendant*, les porte à 14000 livres.

Un premier conseiller, à 2000 livres.

Quatre autres conseillers (1), à 1200 livres chacun.

Neuf maîtres des requêtes, à 200 livres chacun (1).

Un procureur général, à 1000 livres.

Un avocat général à 1000 livres.

Un avocat au conseil privé, à 600 livres (2).

Un avocat au parlement, à 300 livres.

---

(1) *Loc. cit. Voici les termes de cet auteur:*

« Il fut arrêté dans le conseil de mesdames de » Carignan & de Nemours, qu'on passeroit bail » à un particulier: madame de Carignan signe » le bail. Autre arrêté dans le même conseil, » qu'en attendant que madame de Nemours ait » signé le bail, le fermier pourra se mettre en » possession; cet arrêté est signé de M. Reversey, » intendant de madame de Carignan, & de M. » Mussot, intendant de madame de Nemours. » Le fermier fait des sous-baux en conséquence. » Madame de Nemours refuse de signer le bail, » & désavoue M. Mussot. Contestation à la » première des requêtes du palais, entre le sous-» fermier, le fermier & madame de Nemours. » Par sentence contradictoire du 11 mars 1688, » plaidans Beaufils pour le fermier, Panard pour » le sous-fermier, Baille pour madame de » Nemours, le fermier est condamné à 300 livres » de dommages & intérêts envers le sous-fer-» mier, & aux dépens, & madame de Nemours » est condamnée à acquitter le fermier, & à » 600 livres de dommages-intérêts envers lui, » & aux dépens, sauf son recours contre ses » gens d'affaires...... Il m'a paru fort extraor-» dinaire, qu'on ait porté cette contestation en » justice. Les princes qui ne veulent pas se lier » par leurs conseils, ébranlent la confiance né-» cessaire à la bonne administration de leurs » maisons. Dans tous les conseils de princes, » où j'ai été admis, je n'ai point vu d'exemple » d'un procédé semblable. »

(2) La déclaration du 17 octobre 1773, en donne cinq à monseigneur comte d'Artois.

(1) Le nombre de ces officiers étoit fixé à six par la déclaration du premier avril 1771. Mais voici ce que portent à ce sujet des lettres-patentes du 25 décembre 1774, enregistrées à la chambre des comptes le 24 janvier 1775.

Louis..... Salut. Le feu Roi, notre très honoré seigneur & aïeul, en formant la maison de notre très-cher & très-amé frère Louis-Stanislas-Xavier, n'ayant nommé pour servir près de sa personne, que six maîtres des requêtes ordinaires de l'hôtel de notredit frère, & ayant jugé à propos dans la suite d'en nommer neuf pour servir près de la personne de notre très-cher & très-amé frère le comte d'Artois, notredit frère Louis-Stanislas-Xavier, nous auroit prié de créer trois autres charges de maîtres des requêtes de son hôtel, afin que les maisons de nosdits frères soient composées d'un nombre égal d'officiers; & desirant faire à cet égard ce que notredit frère a lieu d'attendre de notre justice & de notre tendresse. A ces causes, & autres à ce nous mouvant de l'avis de notre conseil, & de notre certaine science, pleine puissance & autorité royale, nous avons créé & établi, & par ces présentes signées de notre main, créons & établissons trois charges de notre conseiller maître des requêtes ordinaires de l'hôtel de notre frère Louis-Stanislas-Xavier, aux gages chacune de 300 livres, dont les fonds seront faits dans les états de la maison de notredit frère, à commencer du premier janvier prochain: voulons que ceux qui seront par nous pourvus pour la première fois desdites charges, & ensuite vacation arrivant par notredit frère, jouissent de tous les privilèges, franchises, exemptions, honneurs, prérogatives & prééminences, dont jouissent & doivent jouir les commensaux & officiers de notre maison, servant près de sa personne: & attendu que lesdites charges auroient dû être créées lors de l'établissement de la maison de notredit frère, il ne sera payé pour les provisions qui en seront expédiées, aucun droit de sceau & de marc d'or.

(2) La déclaration du 17 octobre 1773, substitue à cet officier un *avocat consultant*, à qui elle assigne pareillement 600 livres.

Deux substituts du procureur général, à 100 livres chacun.

Deux huissiers du conseil servans par semestre, à 500 livres chacun.

Un audiencier-garde des rôles de la chancellerie, à 800 livres.

Un agent des affaires, à 1000 livres.

Un garde des archives, à 600 livres.

Un chauffe-cire, à 500 livres.

Deux secrétaires des commandemens, maison & finances & du cabinet, à 2800 livres chacun (1).

Deux coutiers du cabinet, à 360 livres chacun.

Deux secrétaires des finances, à 600 livres chacun (1).

86°. Un surintendant des finances, à 8000 livres (2).

87°. Deux intendans des maisons, domaines & finances, à 2400 livres chacun (3).

88°. Un contrôleur général des finances, à 2400 livres.

89°. Deux secrétaires du conseil des finances, à 2800 livres chacun (4).

---

(1) Lorsque les princes Fils de France vont siéger dans les cours souveraines pour y porter les ordres du Roi, ils sont toujours accompagnés de l'un de ces officiers.

A la séance tenue au grand conseil le 12 novembre 1774, par Monsieur, frère du Roi, M. Girard du Mesjean, secrétaire des commandemens de ce prince, étoit placé sur une forme entre les gens du Roi & le greffier en chef, en habit ordinaire, l'épée au côté, portant les expéditions dans le porte-feuille de Monsieur; il le mit sur le bureau du greffier en chef, & a mesure que le moment venoit de faire lecture d'une pièce, il traversoit le parquet du côté des présidens, pour la porter au premier président.

Le même prince s'étant rendu à la cour des aides de Paris le 31 mai 1775, M. Taillepied de la Garenne, secrétaire de ses commandemens, se plaça dans le barreau, à gauche des présidens, où se mettent les gens du Roi, après le greffier en chef de la cour; & il resta découvert pendant toute la séance. Lorsque le prince eut annoncé l'objet de sa venue, le secrétaire de ses commandemens sortit de sa place, & ayant passé par la lanterne, derrière le banc des conseillers à droite, il remit successivement entre les mains de M. le premier président les dépêches qu'il avoit dans son porte-feuille.

A la séance de la chambre des comptes, tenue devant le même prince le 19 mars 1776, M. Girard du Mesjean, secrétaire de ses commandemens, se plaça sur un tabouret qui avoit été préparé de l'ordre exprès de sa majesté, en dedans de la barre, entre le banc des gens du Roi, derrière la place qu'occupoit M. d'Aguesseau, doyen du conseil, venu avec Monsieur. Les greffiers en chef de la chambre s'étoient levés de leur bureau, & avancés plus près de la place de M. le premier président, où ils se tinrent debout à côté de M. du Mesjean.

Voyez ci-devant, §. 2, nombre IX, de quelle manière étoit placé le même jour à la cour des aides, le secrétaire des commandemens de monseigneur comte d'Artois.

Au surplus, remarquez que la déclaration du 17 octobre 1773, ne donne à monseigneur comte d'Artois, qu'un seul secrétaire des commandemens, à qui elle assigne 3600 livres de gages.

(1) La déclaration du 17 octobre 1773, n'a point établi de *secrétaires des finances* dans la maison de monseigneur comte d'Artois; elle en a réuni les fonctions à celles du secrétaire des commandemens.

(2) Dans la maison de monseigneur comte d'Artois, cet office est réuni, par la déclaration du 17 octobre 1773, à celui de chancelier-garde des sceaux.

Il existe dans celle de Monsieur, frère du Roi, un réglement de ce prince, en date du 19 septembre 1771, par lequel il lui donne rang dans son conseil immédiatement après le chancelier, & avant le secrétaire des commandemens, ce qui est contraire à l'ordre établi dans la maison de la reine, comme on l'a vu ci-devant chapitre 67, section 7, §. 3.

Le même réglement enjoint au surintendant des finances, domaines & affaires de Monsieur, de viser & de prendre les ordres particuliers du prince pour le payement de toutes les ordonnances de deniers à distribuer, d'examiner les comptes des trésoriers & des autres comptables, tant en recette qu'en dépense, &c.

(3) La déclaration du 17 octobre 1773, en a créé trois dans la maison de monseigneur comte d'Artois.

(4) La déclaration du 17 octobre 1773, a établi dans la maison de monseigneur comte d'Artois, un officier de plus; c'est un *inspecteur des domaines & bois*, à qui elle assigne 100 livres de gages.

90°. Un trésorier général des maison & finances, à 4000 livres.

91°. Un écuyer commandant l'écurie, à 2000 livres.

92°. Un écuyer cavalcadour, à 100 livres.

93°. Quinze (1) valets de pied, à qui il est accordé 25 sous par jour pour leur nourriture, soit ordinaire, soit extraordinaire, & 4 sous par jour pour souliers, linge & logement, en sorte qu'ils ont chacun 529 livres 5 sous par an.

94°. Deux autres valets de pied, servans près le premier écuyer, à 20 sous par jour, ou 365 livres par an, chacun.

95°. Quatre maîtres palfreniers, à 100 livres de gages.

96°. Deux maréchaux des forges, à 100 livres.

97°. Un gouverneur des pages, à 400 livres.

98°. Un précepteur des pages, à 250 livres.

99°. Un maître à danser, à 100 livres.

100°. Un maître d'armes, à 100 livres.

101°. Un maître de mathématiques, à 200 livres.

102°. Deux valets des pages, à 200 livres chacun.

103°. Deux cochers du corps, à 20 sous par jour, suivant la déclaration du premier avril 1771, & à 456 livres 5 sous par an, suivant celle du 17 novembre 1773.

104°. Un postillon du corps, à 20 sous par jour.

105°. Deux cochers du deuxième carosse, à qui la déclaration du premier avril 1771 donne 20 sous par jour, & celle du 17 octobre 1773 456 livres 5 sous par an.

106°. Un postillon, à 25 sous par jour.

107°. Deux muletiers de la litière du corps, à 20 sous par jour, suivant la déclaration du premier avril 1771, & à 80 livres par an, suivant celle du 17 octobre 1773.

108°. Quatre porteurs de chaise, à 20 sous par jour.

109°. Un conducteur du chariot, à 20 sous par jour.

110°. Un capitaine de charrois, à 100 livres par an.

111°. Deux tailleurs, chaussetiers & pourpointiers, à 200 livres.

112°. Un argentier de l'écurie, à 400 livres.

113°. Un médecin de l'écurie, à 60 livres.

114°. Un apothicaire des écuries, à 120 livres.

115°. Un chirurgien de l'écurie, à 200 livres.

116°. Un concierge-garde-meuble de l'écurie, à 300 livres.

117°. Un sellier maletier, à 100 livres.

118°. Deux fourriers à 200 livres.

119°. Un charon, à 60 livres.

120°. Un éperonnier à 60 livres.

121°. Un généalogiste de l'écurie, à 100 livres.

122°. La venerie a pour officiers,

Un premier veneur, à 6000 livres de gages.

Deux lieutenans, à 100 livres.

Deux gentilshommes ordinaires de la venerie, à 100 livres chacun.

123°. Les officiers de la fauconnerie sont,

Un premier fauconnier, à 1000 livres de gages.

Un chef des oiseaux du cabinet, à 1000 livres (1).

Un capitaine des levrettes de la chambre, à 1000 livres.

Un capitaine des chasses de l'apanage, à 600 livres.

124°. Les bâtimens sont administrés,

---

(1) La déclaration du 17 octobre 1773, en porte seize.

(1) La déclaration du 17 octobre 1773, réunit cet office au précédent, & donne à celui qui en est titulaire, 2000 livres de gages.

Par un surintendant des bâtimens (1), qui n'a point de gages.

Par un intendant des bâtimens, à 600 livres.

Par un premier architecte, à 600 livres.

Par un contrôleur des bâtimens, à 600 livres.

On ne s'arrêtera pas ici au détail des fonctions de tous ces officiers ; il suffit d'observer qu'elles sont les mêmes respectivement chez les princes Fils de France, que chez le Roi & la reine.

A l'égard de leurs privilèges, les déclarations du premier avril 1771, & du 17 octobre 1773 que nous avons déja citées plusieurs fois, portent que « les officiers des Enfans de France ont toujours » bien & duement joui » de tous ceux qui appartiennent aux officiers de la maison du Roi, & en conséquence veulent que les officiers de M. le comte de Provence (aujourd'hui MONSIEUR) & de M. le comte d'Artois « jouissent de tous & » chacun les privilèges, franchises, libertés, exemptions & autres avantages » dont jouissent les officiers commensaux de la maison de sa majesté, en » vertu des édits & déclarations bien » & dûment registrés dans les cours, » sans qu'il soit besoin de faire plus » ample information, ni déclaration » desdits privilèges & exemptions à eux » attribués par lesdits édits & déclarations ».

On a vu dans le chapitre 2 de cet ouvrage que ces lois n'ont fait que renouveler les dispositions de celles qui avoient été portées sous les règnes précédens sur les mêmes matières.

Le même chapitre contient le détail des prérogatives, honneurs, privilèges & exemptions dont veulent parler ces lois. Nous ajouterons seulement ici une sentence de la prévôté de l'hôtel du 21 août 1779, rendue en faveur des sieurs Anneix de Souvenel & Anneix de la Houssaye, l'un maître des requêtes, & l'autre garde du corps de Monsieur, frère du Roi, contre le général des habitans de Melesse, & les marguilliers ou trésoriers en charge de la paroisse du même lieu. En voici le dispositif : « Disons que les » édits, déclarations, arrêts & réglemens » de sa majesté & de ses conseils, & les » jugemens de cette cour, concernant » les droits honorifiques attribués aux » commensaux des maisons du Roi & » des Princes, seront exécutés selon leur » forme & teneur : en conséquence, » avons maintenu & gardé lesdits sieurs » Anneix de Souvenel & Anneix de la » Houssaye, parties de Menot, dans la » jouissance de tous & chacun les droits, » honneurs, privilèges, prérogatives, » préséances & prééminences qui leur

(1) Cet office n'est point repris dans la déclaration du premier avril 1771. Il n'a été créé que par un édit du mois de janvier 1774, dont le préambule & le dispositif sont également remarquables.

« Louis..... Salut. Notre très-cher & très amé » petit-fils Louis-Stanislas-Xavier, Fils de » France, comte de Provence, nous ayant fait » représenter que le bien de son service & la » dignité avec laquelle il est convenable qu'il » soit servi, lui a fait desirer que nous voulussions bien, à l'instar de ce qui s'est fait dans » les précédentes maisons des Fils de France, » & de ce que nous venons de faire récemment » dans celle de notre très-cher & très-amé petit-» fils le comte d'Artois, créer dans sa maison » une charge de surintendant des bâtimens ; & » desirant donner en cette occasion une nouvelle » preuve de notre tendresse à notredit petit-fils. » A ces causes, & autres à ce nous mouvant, » de l'avis de notre conseil & de notre certaine » science, pleine puissance & autorité royale, » nous avons créé & établi, & par ces présentes » signées de notre main, créons & établissons une » charge de notre conseiller en nos conseils, » surintendant des bâtimens, manufactures, arts » & jardins de notredit petit-fils le comte de » Provence, à laquelle il ne sera attribué aucuns » gages ; & attendu que ladite charge auroit dû » être créée lors de l'établissement de la maison » de notredit petit-fils, il ne sera payé pour » les provisions qui en seront expédiées aucun » droit de sceau & de marc d'or, il sera par » nous pourvu pour la première à ladite charge, » & à l'avenir par notredit petit-fils. »

» compètent en leur qualité de commensaux des maisons du Roi & de *Monsieur*, en ladite paroisse de Melesse, » dans le rang & la préseance aux assemblées publiques & particulières de ladite paroisse de Melesse, avant tous » juges, châtelains & seigneuriaux, marguilliers, trésoriers & tous autres habitans, ainsi que dans le droit d'avoir » pour eux, leurs épouses & familles, » même en l'absence des parties de Menot, une place de distinction dans » l'église paroissiale de Melesse, à l'effet » de quoi nous avons autorisé lesdites » parties de Menot à faire construire un » banc dans la nef de ladite église de Melesse, où le pain-béni leur sera porté par » distinction; & nous les avons pareillement maintenus dans le droit d'avoir pour eux, leur épouses & familles, » même en cas d'absence desdites parties » de Menot, le pas & préséance aux processions, prédications & autres cérémonies de l'église, ainsi que le cierge » lors des processions des fêtes solemnelles où l'on a coutume d'en distribuer, & le rameau lors de la distribution qui s'en fait le dimanche des » rameaux; le tout immédiatement après » le seigneur & la dame du lieu, lorsqu'ils s'y trouveront, & avant tous » juges, châtelains & seigneuriaux, marguilliers, trésoriers & tous autres habitans de ladite paroisse, à quoi ceux » qui feront lesdites distributions seront » tenus de se conformer sous les peines » de droit ».

Au surplus, la nécessité de justifier d'un service actuel, pour jouir des privilèges des commensaux, est la même à l'égard des officiers de la maison des princes Fils de France, que relativement à ceux de la maison du Roi. C'est ce qui a été jugé par un arrêt de la cour des aides de Paris du 27 février 1717.

Le sieur Bourguille, garde du corps de M. le duc d'Orléans, petit-Fils de France, régent du royaume, avoit été, nonobstant sa qualité, imposé à la taille pour l'année 1716.

Il s'étoit pourvu à l'élection de Châteaudun, & y avoit obtenu une sentence conforme à ses demandes.

Sur l'appel de cette sentence, les habitans de la paroisse de son domicile soutenoient qu'il avoit été bien imposé, parce qu'il n'avoit point observé les formalités prescrites par les réglemens de 1673, article 14 de 1687, article 4, de 1705, article 6, & qu'il n'avoit point de service actuel.

Le sieur Bourguille soutenoit, de son côté, qu'il avoit satisfait aux réglemens; que rapportant des certificats du service qu'il prétendoit avoir rendu, à cause de sa charge, on ne pouvoit lui demander rien de plus; & que la cour n'étoit pas dans l'usage de porter ses vues plus loin sur la vérité du service actuel.

Les habitans, après avoir fait lecture des réglemens & persisté à soutenir que le sieur Bourguille n'y avoit point satisfait, répliquoient que les officiers de M. le duc d'Orléans étoient, comme ceux des maisons royales, assujétis au service actuel pour jouir de leurs privilèges; que cela étoit clairement établi par les réglemens de 1673, 1689 & 1705, qui les comprennent nommément dans leurs dispositions; qu'ils en avoient été eux-mêmes si convaincus, lorsque M. le duc d'Orléans avoit commandé les armées dans la dernière guerre, que ceux d'entr'eux qui ne l'avoient pas suivi, avoient été obligés d'obtenir, le premier mai 1708, un arrêt du conseil qui les maintenoit dans leurs privilèges, *encore qu'ils ne rendissent point le service*; mais que cette grâce avoit été restreinte au temps que devoit durer l'absence de M. le duc d'Orléans.

M. Bellanger, avocat général, dit que d'après les discussions dans lesquelles les parties étoient entrées, la contestation se trouvoit réduite au seul point de savoir si l'obligation du service actuel étoit imposée aux gardes du corps de M.

le duc d'Orléans, comme aux autres officiers des princes. Que le sieur Bourguille alléguoit un prétendu usage qu'il soutenoit avoir été confirmé par quelques arrêts; mais qu'il ne rapportoit aucune autorité précise qui vérifiât ce qu'il avançoit.

Par l'arrêt cité, (rendu après un délibéré ordonné pour laisser le temps au sieur Bourguille de justifier ses assertions), la sentence fut infirmée, & le sieur Bourguille déclaré bien imposé pour les années 1716 & 1717, avec défenses néanmoins aux habitans de l'imposer à l'avenir « tant & si long-temps qu'il se- » roit garde du corps de M. le duc d'Or- » léans, qu'il feroit le service actuel, » qu'il observeroit les formalités pres- » crites par les réglemens, & qu'il ne » feroit acte dérogeant à son privilège ».

La règle générale confirmée par cet arrêt a quelquefois souffert des exceptions.

Par une déclaration du 13 février 1674, enregistrée à la cour des aides de Paris le 13 du même mois, Louis XIV accorda à deux capitaines, deux lieutenans, deux enseignes, dix exempts, quatre maréchaux des logis, quatre-vingt-seize gardes, deux trompettes, un timballier, un chirurgien, un clerc du guet & un trésorier de M. le duc d'Orléans, son frère, les privilèges, franchises, immunités & exemptions dont jouissoient les officiers commensaux de sa majesté, *encore qu'ils ne servissent actuellement.*

Le même monarque, par une déclaration du 4 octobre 1713, que la cour des aides enregistra le 13 du même mois, voulut que le lieutenant & les seize gardes de la porte de M. le duc de Berry, petit-fils de France, « jouissent des mê- » mes privilèges & exemptions que les » officiers des maisons royales, quoiqu'ils » ne fissent pas le service actuel, dont » sa majesté les dispensa, à la charge » néanmoins par eux de rapporter cha- » que année, avant le premier octobre, » des certificats du commandant de leur » compagnie, portant qu'ils se feroient » rendus à ses ordres, pour faire les » fonctions de leurs charges, faire pu- » blier ces certificats aux prônes des pa- » roisses de leurs demeures, & les faire » signifier aux collecteurs ». (*M.*)

# CHAPITRE LXXIII.

## *Des Princesses épouses des princes Fils de France, & de leurs maisons.*

I. LA règle générale qui veut que les femmes suivent la condition de leurs maris, communique nécessairement aux Princesses épouses des Princes Fils de France, tous les honneurs, toutes les distinctions & toutes les prérogatives dont jouissent les princes eux-mêmes.

Ainsi, pour nous borner à un seul exemple, de même que le frère puîné du Roi est appellé *monsieur* par excellence & sans autre dénomination, de même aussi la Princesse son épouse porte le titre de *madame*, sans y ajouter ni son nom de baptême, ni son surnom. Mais comme on le verra dans le chapitre suivant, c'est une distinction qu'elle partage avec une des Princesses Filles de France.

II. Il est assez d'usage d'hypothéquer la dot des Princesses épouses des Fils de France, sur les apanages des Princes leurs maris; & comme cette hypothèque pourroit s'évanouir, en cas d'extinction de la descendance masculine de l'apanagiste, parce qu'alors l'apanage retourneroit à la couronne,

couronne, le Roi prend soin de confirmer, par un édit adressé au parlement, les lettres-patentes que le Prince Fils de France donne de son côté, pour assurer les droits de son épouse. C'est ce qui s'est encore pratiqué lors du mariage de monsieur, frère du Roi. Des lettres-patentes de ce prince, du 26 juin 1773, avoient assigné sur les fonds de son apanage la dot de madame; le feu Roi les a confirmées par un édit du mois de juillet suivant, qui a été enregistré le 3 du même mois.

III. La maison d'une Princesse épouse d'un Prince Fils de France est composée, suivant la déclaration du premier octobre 1771, rendue pour la maison de madame la comtesse de Provence (aujourd'hui Madame),

1°. D'une dame d'honneur, à 1200 livres de gages.

2°. D'une dame d'atours, à 600 livres.

3°. De neuf dames pour accompagner madame, à 600 livres chacune.

4°. De deux premières femmes de chambre, à 150 livres chacune.

5°. De treize autres femmes de chambre, à 120 livres chacune.

6°. D'un premier aumônier, à 200 liv.

7°. D'un aumônier ordinaire, à 180 livres.

8°. De quatre aumôniers servans par quartier, à 150 livres chacun.

9°. D'un confesseur, à 1200 livres.

10°. De quatre chapelains servans par quartier, à 120 livres chacun.

11°. De quatre clercs de chapelle servans par quartier, à 100 livres chacun.

12°. D'un sommier, à 200 livres.

13°. D'un chevalier d'honneur, à 1200 livres.

14°. D'un premier maître d'hôtel, à 800 livres.

15°. D'un maître d'hôtel ordinaire, à 600 livres.

16°. De deux maîtres d'hôtel servans par semestre, à 1000 livres chacun.

17°. D'un gentilhomme servant ordinaire, à 800 livres.

18°. De huit gentilshommes servans par quartier, à 400 livres chacun.

19°. D'un premier écuyer, à 800 livres.

20°. D'un écuyer ordinaire, à 600 livres.

21°. De quatre écuyers servans par quartier, à 400 livres chacun.

22°. De deux secrétaires des commandemens, à 900 livres chacun.

23°. D'un secrétaire ordinaire, à 600 livres.

24°. D'un intendant de la maison & général des finances, à 1100 livres.

25°. D'un huissier ordinaire de la chambre, à 300 livres.

26°. De quatre huissiers servans par quartier, à 180 livres chacun.

27°. De deux huissiers du cabinet, à 150 livres chacun.

28°. De deux huissiers de l'anti-chambre, à 150 livres chacun.

29°. D'un valet de chambre ordinaire, à 200 livres par an.

30°. De douze valets de chambre de quartier, à 180 livres chacun.

31°. D'un perruquier-baigneur-étuviste, à 600 livres.

32°. D'un porte-manteau ordinaire, à 180 livres.

33°. D'un maître de la garde-robe, à 300 livres.

34°. D'un valet de garde-robe ordinaire, à 150 livres.

35°. De trois valets de garde-robe, servant quatre mois chacun, à 150 livres chacun.

36°. D'un tailleur ordinaire, à 60 liv.

37°. De trois garçons ordinaires de la chambre, à 100 livres chacun.

38°. D'un premier médecin, à 300 livres.

36°. D'un apothicaire du corps & de la maison, à 380 livres.

40°. D'un médecin ordinaire de la maison, à 300 livres.

41°. D'un chirurgien du corps, à 200 livres.

42°. D'un chirurgien ordinaire de la maison, à 120 livres.

43°. D'un contrôleur général, à 700 livres.

44°. D'un contrôleur ordinaire de la bouche, à 400 livres.

45°. De quatre contrôleurs clercs d'offices, à 200 livres.

46°. De quatre huissiers de salle, à 120 livres chacun.

47°. De quatre chefs de panneterie & d'échansonnerie de bouche, à 180 livres chacun.

48°. De quatre aides, à 120 livres chacun.

49°. De deux coureurs de vin, à 75 livres chacun.

50°. D'un sommier de panneterie & d'échansonnerie, à 150 livres.

51°. *Dans la cuisine-bouche*, doivent se trouver quatre écuyers servans par quartier, à 160 livres chacun.

52°. Quatre aides de cuisine, à 120 livres chacun.

53°. Deux enfans de cuisine, à 60 livres chacun.

54°. Quatre porteurs, à 60 livres chacun.

55°. Quatre huissiers, à 60 livres chacun.

56°. Un pâtissier, à 100 livres.

57°. Un garde-vaisselle qui doit donner caution, répondre de la vaisselle perdue, & jouir de 360 livres de gages.

58°. Deux sommiers ordinaires, à 300 livres de gages.

59°. Un maître d'hôtel, servant la table du premier maître d'hôtel, à 400 livres de gages.

60°. Deux huissiers du bureau, à 100 livres chacun.

61°. *La fourrière* contient deux chefs à 200 livres chacun.

62°. Deux aides, à 120 livres chacun.

63°. Un porte-table ordinaire, à 360 livres.

64°. Deux maréchaux des logis, à 400 livres chacun.

65°. Deux fourriers du corps, à 200 livres chacun.

66°. Un capitaine des charrois, à 100 livres.

67°. Un garde-meuble, à 180 livres.

68°. Deux tapissiers, à 100 livres chacun.

69°. Un menuisier, à 120 livres.

70°. Une porte-chaise d'affaires, à 300 livres.

71°. Deux portefaix de la chambre, à 60 livres chacun.

72°. Une lavandière du corps, à 120 livres.

73°. Un lavandier de panneterie-échansonnerie-cuisine-bouche, à 120 livres.

74°. Un trésorier général, à 4000 livres.

75°. *Les officiers de l'écurie* sont d'abord douze valets de pied auxquels il est ordonné à chacun 20 sous par jour pour leur nourriture, leurs souliers, leur linge, leur logis, & généralement pour toutes choses, excepté les habillemens qui leur sont donnés.

76°. Un gouverneur des pages, à 200 livres.

77°. Une précepteur des pages, à 300 livres.

78°. Deux porte-manteaux, à 150 livres.

79°. Un garde-meubles, à 240 livres.

80°. Deux cochers du corps, à 25 sous par jour.

81°. Un postillon du corps, à 20 sous par jour.

82°. Un écuyer cavalcadour, à 400 livres de gages.

83°. Un argentier, à 90 livres.

84°. Un maître d'armes, à 180 livres.

85°. Un fourrier de l'écurie, à 150 livres.

86°. Un maître à danser, à 180 livres.

87°. Un maître de mathématiques, à 300 livres.

88°. Un aumônier, à 660 livres.

89°. Un valet de pied du caroſſe des femmes à 20 ſous par jour.

90°. Deux maréchaux des formes, à 90 livres de gages.

91°. Un chirurgien ordinaire, à 60 livres.

Les fonctions de ces divers officiers répondent à celles qu'exercent dans la maiſon de la reine les pourvus de ſemblables charges.

Sur les privilèges dont ils jouiſſent, obſervez que par la déclaration du premier octobre 1772, ils ſont entièrement aſſimilés aux officiers commenſaux de la maiſon du Roi. Voyez d'ailleurs ci-devant chapitre 2, ſection 1.

Les Princeſſes épouſes des Princes Fils de France n'ont point de conſeil particulier, ni par conſéquent de chancelier, de conſeillers, de maîtres des requêtes, &c. Les finances de leurs maiſons ſont régies par les officiers des Princes leurs époux. (*M.*)

# CHAPITRE LXXIV.

## *Des princeſſes Filles de France, & de leurs maiſons.*

I. Le titre de *Princeſſe Fille de France* eſt corrélatif à celui de *Prince Fils de France* : le premier appartient aux ſœurs des Princes qui portent le ſecond : ainſi les filles, les petites filles de Rois & même leurs arrière-petites-filles, lorſqu'elles ſont nièces du Roi régnant, ſont indiſtinctement qualifiées *Filles de France.*

Il exiſte entre ces Princeſſes une diſtinction remarquable & produite par l'ordre de la naiſſance. Les unes ſont appelées *Madame,* & les autres *Mademoiſelle.*

Le premier de ces deux titres appartient aux filles du Roi, à ſes ſœurs, & à la fille aînée du dauphin, ou s'il n'a point de fille, à ſa ſœur aînée; les autres ne peuvent prendre que le ſecond.

Mais toutes, à l'exception de la fille aînée du Roi, ou ſi le Roi n'en a point, de la fille aînée du prince qui eſt le plus proche du trône, ajoutent leurs noms de baptême au titre de *Madame*, ou de *Mademoiſelle*; les premières pour ſe diſtinguer tant de la fille aînée du Roi ou du prince le plus proche du trône, que de l'épouſe du frère puîné du Roi, qui ont le titre de *Madame* par excellence & ſans autre dénomination; les ſecondes, pour empêcher qu'on ne les confonde avec la fille aînée du premier prince du ſang, qu'on nomme ſimplement & par excellence *Mademoiſelle.*

II. Anciennement les princeſſes dont nous parlons ne pouvoient prendre le ſurnom *de France*, que lorſque leur père étoit monté ſur le trône.

Dans le pouvoir donné par le roi Philippe V, le 3 février 1344, pour le mariage de Marie & de Jeanne, filles du duc de Normandie, ſon fils aîné, ces princeſſes, dit Dutillet, ne ſont pas ſurnommées *de France*, parce que leur père n'étoit pas encore Roi (1).

Dans un titre de 1317, Jeanne, Fille de Philippe-le-Long, qui étoit alors héritier préſomptif & régent du royaume, ne prend ni le titre de *Madame*, ni le ſurnom de *France*, mais ſeulement la qualité de *fille du régent.*

Marie de Valois, ducheſſe de Calabre, étoit fille de Charles de France, comte de Valois, petite-fille du roi Philippe-le-Hardi, & ſœur du roi Philippe V.

(1) Recueil des rois de France, pag. 310, édit. de 1607.

Cependant elle ne prenoit pas le surnom de *France*, elle se bornoit à celui de Valois. C'est ce que fait voir son contrat de mariage de 1330 qui est au trésor des chartres (1).

Dutillet conclud de ces exemples, que « le surnom *de France* n'appartient qu'aux » filles des Rois ».

Mais l'étiquette de la cour est changée sur cet objet. Sans en chercher les preuves fort loin, nous avons vû les deux sœurs du Roi régnant surnommées de *France*, pendant la vie de Louis XV, leur ayeul (2).

III. Dans les premiers temps de la troisième race, les filles des Rois prenoient, dès leur naissance, le titre de *reines*, & le conservoient toute leur vie (3). On voit, par exemple, dans une enquête de 1245, qui est au trésor des Chartres, l'épouse de Raymond, comte de Toulouse, appelée *la reine Constance*, parce qu'elle étoit fille de Louis-le-Gros (4). Mais ce titre, qu'elles ont perdu depuis long-temps, étoit purement honorifique. Non-seulement elles n'étoient pas reines d'effet, mais elles étoient, comme elles sont encore, incapables de l'être. Voyez ci-devant, chapitre I, section 2.

Autrefois on les dédommageoit assez souvent de cette exclusion par des apanages qu'on leur constituoit en immeubles. Au mois d'avril 1361, le Roi Jean donna en dot à sa fille Isabeau, le comté des Vertus situé en Champagne, à la charge du retour à la couronne, dans le cas de défaut de descendance, soit mâles, soit femelles. Précédemment, le comté du Vexin avoit été donné en mariage à Marguerite de France, fille du Roi Louis le Jeune. Mais souvent aussi nos souverains ne dotoient leurs filles qu'en argent; & il y a plusieurs siècles qu'on s'en tient constamment à cet usage.

(1) *Ibid.*
(2) Voyez l'almanach royal de 1774.
(3) Loyseau, des ordres, chap. 7, n. 51.
(4) Dutillet, *loc. cit.* pag. 311.

IV. On trouve dans les registres du parlement un arrêté du 19 avril 1482, portant qu'ayant été mis en délibération si la cour devoit aller au-devant de la duchesse de Beaujeu, fille aînée du Roi, le jour de sa première entrée dans la ville de Paris, il a été conclu, toutes les chambres assemblées, de n'en rien faire, tant parce que le Roi ne l'a point mandé à la cour, que parce que la cour représentant la personne de sa majesté, n'est point dans l'usage, sans ordre spécial, « d'aller » au-devant de quelque seigneur ou » dame, sinon du Roi notre sire, de la » reine, & de monseigneur le dauphin ».

V. Les Princesses Filles de France ont la préséance sur les princes du sang. Au festin donné dans la grand'salle du palais le 29 avril 1558, à l'occasion du mariage du dauphin fils du Roi Henri II, avec la reine d'Écosse, madame Claude, seconde fille du Roi, précédoit le Roi de Navarre, qui étoit prince du sang, & précédoit lui-même madame la princesse de Condé. C'est ce que nous apprend le cérémonial François, tome 2, page 10 (1).

VI. Nous lisons dans le même ouvrage, page 205 du même volume, qu'au sacre de la reine épouse de Henri IV, mesdames filles de France, portoient quatre fleurs de lys, & que le Roi ne voulut point que les princesses du sang en portassent, « ce qui fut cause que madame » la comtesse de Soissons ne s'y voulut » trouver ».

VII. Suivant l'auteur du *cérémonial diplomatique des cours de l'Europe*, tome I, page 434, « les Filles de France, lorsqu'il y a bal à la cour, ne dansent qu'avec des princes ou avec des ducs, & » toute la compagnie est obligée de se » lever comme si la reine dansoit.

» Elles servent la reine & lui donnent » la serviette.

(1) Voyez le chapitre *des Princes du Sang*, §. 4.

» Quand le Roi leur écrit, il leur » donne le titre de sœurs.

» Il y a pourtant quelque différence » entre la reine & les Filles de France; » c'est que celles-ci sont obligées de ren- » dre le salut aux princes, aux princesses, » aux ducs, aux duchesses, & aux maré- » chaux de France, ce que la reine ne fait » jamais; & lorsque les princes du sang » viennent faire visite aux Filles de France, » elles leur font présenter le tabouret, au » lieu qu'aucun homme, excepté les car- » dinaux, ne peuvent s'asseoir chez la » reine ».

A l'égard des petites-Filles de France, le même auteur, après avoir dit en général qu'elles jouissent des mêmes honneurs que leurs frères, ajoutent qu'elles « ont un » carosse couvert de velours, & dans » leurs appartemens un dais & une ba- » lustrade. Lorsqu'elles reçoivent (con- » tinue t il) des visites des autres princes » & des duchesses, elles se mettent dans » un fauteuil & font donner aux autres » des tabourets; il n'y a point d'autre » différence entr'elles & les Enfans de » France que celle-ci, savoir, que les » princes & les ducs ont le tabouret chez » elles, mais tous les autres grands sei- » gneurs, comme les marquis & les » comtes, y restent debout.

» Lorsqu'il y a bal, elles dansent avec » tous les seigneurs de qualité, & leurs » majestés les nomment *cousines & nièces* ».

VIII. Dutillet (1) dit que les Princesses Filles de France conservent leur prééminence & leurs prérogatives, quoiqu'elles ayent épousé des maris d'un moindre rang. Loyseau (2) assure la même chose. Mais ils oublient l'un & l'autre un point essentiel; c'est que les princesses sont redevables de la faveur dont ils parlent à des brevets particuliers que le Roi leur accorde; & il est si vrai que sans ces brevets, elles perdroient les honneurs & les distinctions dûs à leur naissance, que Jeanne de Bourbon les perdit en effet, après avoir épousé, en 1463, Jean de Châlons, prince d'Orange (1).

Voici un fait plus récent qui prouve clairement la même chose:

« En 1660 (dit l'auteur du *cérémonial* » *diplomatique des cours de l'Europe*, » tome I, page 45) au mariage du Roi » à Saint-Jean de Luz avec Marie-Thé- » rèse, infante d'Espagne, mademoiselle » d'Alençon & mademoiselle de Valois » portèrent les deux pans du manteau » royal de la reine, le jour de la célé- » bration du mariage. Quelque temps » avant la cérémonie, ces princesses s'op- » posèrent à la prétention de la princesse » de Carignan de porter avec elles la » queue du manteau royal: mademoi- » selle se joignit avec elles: elles repré- » sentèrent au Roi que la princesse de » Carignan étoit déchue du rang de prin- » cesse du sang, pour avoir épousé le prince » Thomas de la maison de Savoie. Sur » cette difficulté, elle obtint un brevet » du Roi, qui la *rétablissoit* dans tous » les honneurs dûs à sa naissance ».

IX. La maison d'une Princesse Fille de France est ordinairement composée des mêmes officiers que celle d'une princesse épouse d'un Prince Fils de France.

Quant aux privilèges dont ils doivent jouir, voyez la section 7 du chapitre 2 de cet ouvrage. (*M.*)

(1) *Loc. cit.*

(2) *Loc. cit.*

(3) Répertoire de jurisprudence, au mot *Prince*.

# CHAPITRE LXXV.

## *Des Princes du Sang, & de leurs maisons.*

On appelle *Princes du Sang*, ceux qui sont issus de la famille royale par les mâles.

Nous disons *par les mâles*; car la descendance du sang royal par les femmes ne donne ni la qualité ni les prérogatives de Prince du Sang; elle n'attribue pas même les droits de pair.

Jean V, comte d'Armagnac, accusé d'avoir épousé sa sœur, & commis d'autres crimes, fut poursuivi en justice au mois de mars 1453; il prétendit qu'on devoit procéder contre lui en forme de pairie, parce qu'il étoit issu du sang royal par les femmes. Mais le parlement n'eut aucun égard à sa demande; il le bannit, & confisqua ses biens par arrêt du 13 mai 1460.

Par un autre arrêt du 7 septembre 1470, la même cour, *sans être garnie de pairs*, le déclara atteint & convaincu d'avoir eu des intelligences avec les ennemis de l'état (1).

Pour mettre le plus d'ordre & de clarté qu'il est possible dans ce que nous avons à dire des Princes du Sang, nous diviserons ce chapitre en cinq paragraphe.

Dans le premier, nous parlerons des anciens usages de la monarchie, relativement au titre de Prince du Sang & aux honneurs qui y sont attachés.

Dans le second, il s'agira de la prééminence des Princes du Sang sur les grands du royaume, notamment sur les cardinaux & les pairs, & de leur rang à l'égard des princes étrangers.

Le troisième roulera sur les autres prérogatives qui leur appartiennent, sur les immunités dont ils jouissent, sur la forme particulière de leurs mariages, & sur quelques autres points qui les distinguent d'avec les particuliers.

Il sera question dans le quatrième des distinctions qui sont établies entr'eux par l'ordre de la naissance.

On parlera dans le cinquième, de leurs maisons.

### §. I. *Des anciens usages de la monarchie relativement au titre de Prince du Sang, & aux honneurs qui y sont attachés.*

Nous avons déja annoncé que Loyseau & M. de Boulainvilliers regardoient comme des institutions assez modernes, le titre & les honneurs dont on décore les princes issus de la maison royale; voici en effet comment s'exprime le premier de ces auteurs (1).

« Il n'y a pas long-temps que les mâles » issus de nos Rois se qualifient *Princes*, » en vertu de leur extraction; car c'est » la vérité qu'ils prirent premièrement » ce titre à cause des duchés & comtés » qu'ils possédoient ».

M. de Boulainvilliers établit la même chose. « Les nobles, dit-il, étoient de » fait & de droit, les seuls grands de » l'état.... On ne connoissoit point de » prince parmi eux; la parenté des rois » ne donnoit aucun rang, non pas même » à ceux qui en descendoient en ligne » masculine. Cela est évident par l'e- » xemple des maisons de Dreux, de » Courtenai, & des branches cadettes de

(1) Les quatre âges de la pairie, tom. 2, pag. 197.

(1) Des ordres, chap. 7.

» Bourbon ; quoique le duché de Bretagne fût encore dans la première, » que l'empire de Constantinople eût été » dans la seconde, & quoique les aînés » de Bourbon eussent obtenu une distinction considérable après le mariage » de Charles V avec Jeanne de Bourbon ».

Ces assertions rapportées aux trois ou quatre premiers siècles de la troisième race de nos Rois, sont incontestables. Christine de Pisan, qui vivoit sous Charles VI, en est un témoin bien précis. Elle assure, dans la *cité des dames*, que le titre de *Prince* n'appartenoit de son temps, qu'aux empereurs, aux rois, aux ducs, & aux seigneurs des terres érigées en principautés (1) ; ce qui exclut visiblement les Princes du Sang royal.

Les faits sont à cet égard des témoins plus sûrs encore.

Au mois d'avril 1301, les barons du royaume écrivirent au collège des cardinaux une lettre dans laquelle on voit la signature de Jean, comte de Dreux, descendant de Louis-le-Gros, précédée par celles des ducs de Lorraine, des comtes de Hainaut, de Hollande, de Luxembourg, & de Saint-Pol, qui cependant n'étoient ni du sang royal ni pairs de France (2).

Le procès-verbal de la séance du parlement tenu par Charles V, le 21 mai 1375, pour l'entregistrement de l'ordonnance de la majorité des Rois, nous offre une distinction frappante entre les princes fils de France & les Princes du Sang. Le dauphin & le duc d'Anjou, frères du Roi, y tiennent les premières places. Mais Pierre de Valois, comte d'Alençon, & Jean de Bourbon, comte de la Marche, descendans, l'un de Philippe-le-Hardi, & l'autre de Saint-Louis, y sont précédés par une foule d'évêques, d'abbés, de chanoines, & par les docteurs de l'université (1).

Cinq ans après, le 2 octobre 1380, il se tint encore un parlement où les comtes de Tancarville, d'Harcourt, de Sancerre & de Vienne, qui n'étoient pas même pairs, paroissent avant le fils aîné de Charles-le-Mauvais, roi de Navarre, qui étoit issu de la maison de France.

On ne peut donc pas élever de doute sur l'exactitude de ce que disent Loyseau & M. de Boulainvilliers sur l'espèce d'égalité qu'il y avoit autrefois entre les Princes du Sang & les autres seigneurs, dès qu'on n'en fait l'application qu'au temps écoulé entre le règne de Hugues-Capet & celui de Charles VI.

Mais si nous remontons à des époques plus reculées, il se présentera à nos yeux des monumens qui nous donneront une idée bien différente des usages observés sous les deux premières races de nos Rois.

D'abord, Tacite (2) nous apprend que dans la Germanie, berceau des Francs, les jeunes gens des familles les plus distinguées, & ceux dont les pères s'étoient illustrés par de grands services rendus à l'état, avoient le titre & le rang de princes : *insignis nobilitas aut magnâ patrum merita principis dignationem etiam adolescentulis assignant*.

Sans doute, il est naturel de croire que les Francs apportèrent cet usage de la Germanie.

La probabilité augmente, disons mieux,

(1) *Voici ses termes :*
« En diverses seigneuries, sont demeurantes » plusieurs puissantes dames, si comme baronnesses & grand-terriennes, qui pourtant ne » sont appelées *Princesses*, lequel nom de » *Princesses* n'affiert être dit que des empérières, des roynes & des duchesses, si ce n'est » aux femmes de ceux qui, à cause de leurs » terres, sont appelés *Princes* par le droit nom » du lieu. »

(2) Répertoire de jurisprudence, au mot *Prince*.

(1) *Ibid.*

(2) De moribus germanorum.

se convertit en certitude, lorsque la loi des Bavarois à la main, loi rédigée sous la seconde race de nos Rois, on fait attention que l'usage attesté par Tacite subsistoit encore dans la Germanie, long-temps après que les Francs en furent sortis pour conquérir les Gaules.

Cette loi, en effet, nous offre deux textes d'où il résulte évidemment que les Bavarois plaçoient au premier rang les seigneurs qui descendoient de la maison de leurs ducs, & même qu'ils leur donnoient le titre de princes.

Le premier de ces textes est l'endroit où elle règle le rang des familles Bavaroises; elle rappelle les noms des principales, & elle ajoute que ce sont les premières après les *Algilosingues*, qui sont dit-elle, de la race du duc. *De genealogia qui vocantur Hozidra, Ozza, Sagana, Habilingua, Anniena: isti sunt quasi primi post Algilosingos, qui sunt de genere ducali.* Voilà bien les descendans de la famille ducale placés avant tous les seigneurs & tous les nobles du pays.

Le second texte n'est pas moins formel. C'est celui qui règle la composition pour le duc, pour les Algilosingues, pour les premières familles dont nous venons de rappeler les noms, & pour les hommes libres. La composition du duc étoit d'un tiers plus forte que celle des Algilosingues, parce qu'il étoit juste, disoit la loi elle-même, qu'il fût plus honoré que ses parens. *Proeo quia dux est, addatur ei major honor quàm cæteris parentibus ejus; sicut tertia pars addatur super hoc quo parentes ejus componuntur.* Les premières familles Bavaroises avoient droit à une composition double de celle de l'homme libre. *Illis duplum honorem concedimus, & sic duplam compositionem accipiant.* Mais celle des Algilosingues étoit quadruple, parce qu'ils étoient *princes*, & qu'en cette qualité ils étoient élevés au dessus de tous: *Algilosingi vero usque ad ducem in quadruplum componantur*, QUIA SUMMI PRINCIPES SUNT INTER VOS.

Dans un autre endroit, il est encore dit que le duc ne peut être pris que dans la famille des Algilosingues: *dux semper de genere Algilosingorum fuit & debet esse.*

La famille royale n'avoit sûrement pas en France moins de prérogatives que la famille ducale n'en avoit en Bavière. Appelée à la couronne, comme celle-ci l'étoit au duché, la première devoit former chez les Francs, une classe aussi distinguée, aussi supérieure aux autres familles, que la seconde chez les Bavarois; & ce qui le prouve d'une manière sans réplique, c'est que la loi d'après laquelle nous raisonnons, est l'ouvrage de nos Rois mêmes: qui est-ce qui concevra, en effet, que ces législateurs eussent inséré dans le code d'une de leurs provinces, une disposition qui y eût donné à la famille d'un duc, leur sujet, la prééminence sur tous les autres habitans, tandis que dans tout leur royaume, il n'y auroit pas eu de distinction marquée pour leurs propres parens, pour leurs enfans, pour les héritiers présomptifs de leur couronne?

Et il ne faut pas craindre que M. le comte de Buat affoiblisse cet argument, en disant, dans son *histoire ancienne des peuples de l'Europe*, livre 12, chapitre 10, que c'est la nation Bavaroise, & non le Roi de France, qui a rédigé la loi dont il s'agit.

Cette loi elle-même prouve le contraire, puisque le Roi y parle en personne aux Bavarois: les Algilosingues, y est-il dit, sont princes & supérieurs à vous tous: *Algilosingi... Summi principes sunt inter vos.* Ainsi l'ont accordé, porte un autre endroit, les Rois nos prédécesseurs: *sic reges antecessores nostri concesserunt.* La préface est encore plus décisive. Elle annonce formellement que c'est le Roi de France qui a rédigé la loi.

M. le comte de Buat objecte qu'il existe des manuscrits dans lesquels ce sont les Bavarois eux-mêmes qui parlent, & où le Roi de France ne figure aucunement.

Mais

Mais où sont ces manuscrits? sont-ils anciens, sont-ils authentiques, & quelle preuve en a-t-on? nous avons suivi le texte de Baluze & celui de Lindenbrock: avec de pareils guides, il est difficile de s'égarer dans une matière de cette nature.

Répétons-le donc avec confiance; avant & depuis la sortie des Francs de la Germanie, les descendans des souverains jouissoient du titre & du rang de princes: est-il croyable que les Francs ayent oublié, en entrant dans les Gaules, un usage si naturel & si conforme aux premières notions du bon sens?

Et à qui veut-on imputer un pareil oubli? A un peuple chez qui il est universellement avoué que les descendans des Rois étoient constamment distingués par leur longue chevelure; à un peuple par conséquent, qui est prouvé avoir déféré aux parens de ses souverains une des marques d'honneur dont il faisoit le plus de cas.

Arrêtons-nous un moment sur ce point de fait: il en sortira de nouveaux traits de lumière.

Grégoire de Tours, livre 8, chapitre 10, raconte que le jeune Clovis, fils de Chilpéric, ayant été poignardé & jeté dans la Marne, par l'ordre de Frédegonde, sa belle-mère, son corps s'arrêta dans les filets d'un pêcheur qui ne *put pas douter, à sa longue chevelure, que ce ne fût le fils du Roi.*

Agathias, historien contemporain, rapporte (1) que Clodomir, fils de Clovis, ayant été tué dans une bataille contre les Bourguignons, ils reconnurent ce prince, parmi les morts, *à sa longue chevelure*; « car (ajoute-t-il) c'est un usage » établi chez les Rois des Francs de laisser » croître leurs cheveux dès l'enfance, & » de ne les jamais couper; ils les partagent également des deux côtés sur le » haut du front, & les laissent flotter » avec grace sur les épaules... Cette sorte » de chevelure est regardée comme une » prérogative attachée à la famille » royale ».

En effet, les autres Francs ne pouvoient porter les cheveux épars; ils se les coupoient tout au tour de la tête, en conservant ceux du sommet sur lequel ils les nouoient & les rattachoient de façon que le bout de ce toupet ombrageoit le front en forme d'aigrette; c'est ainsi que nous les représente Sidonius Apollinaris dans son panégyrique de Majorien. « Vous avez, dit-il à ce prince, dompté » des monstres dont la chevelure qui » tombe du sommet de la tête, revient » sur le front, tandis que le derrière de » leur tête est dénué de cheveux ».

*Hîc quoque monstra domas rutuli quibus arce cerebri*
*Ad frontem coma tracta jacet, nudataque cervix*
*Setarum per damna nitet.*

De là vient que couper les cheveux à un prince, c'étoit le dégrader & le retrancher de la famille. Témoin ce passage de Grégoire de Tours, livre 3, chapitre 18.

« Childebert envoya une personne de » confiance à Clotaire, roi de Soissons, » pour l'engager à venir le trouver, afin » de résoudre ensemble s'ils feroient » mourir leurs neveux, ou s'ils se contenteroient de les réduire à la condition du peuple en leur coupant les cheveux, *incisâ cæsarie, ut reliqua plebs* » *habeantur* ».

Qu'importe après cela que les historiens de la première & de la seconde race ne donnent point le titre de prince aux descendans des Rois; 1°. ils ne le leur refusent pas non plus; ainsi on ne peut tirer de là qu'un argument négatif; argument très-foible assurément. 2°. La plupart des fils de ces Rois étoient dans l'enfance lorsqu'ils sont montés sur le trône, & il n'est pas étonnant que l'histoire ne

(1) Histoire gothique, liv. 1.

dise rien de leur vie antérieure. Si de ces temps reculés nous avions des journaux, des mémoires aussi détaillés que tout ce qu'on imprime de nos jours sur l'état des cours de l'europe, sans doute leur silence prouveroit beaucoup contre nos conjectures. Mais que veut-on inférer du silence de quelques chroniques imparfaites, presque toutes écrites par des moines, & dans lesquelles il est impossible de ne pas reconnoître une infinité de lacunes ?

Qu'importe encore qu'au sacre de Philippe premier, Herbert IV, comte de Vermandois, descendant de Charlemagne, ait été précédé par les ambassadeurs des comtes de Flandres & d'Anjou, & par le comte de Vaden, qui n'étoient pas du sang royal ? D'abord, on ne le reconnoissoit pas pour issu du sang royal. Si les successeurs de Hugues-Capet l'eussent reconnu & traité comme tel, auroient-ils pu conserver une couronne que la seule filiation auroit prouvé lui appartenir ? Ensuite, nous avons déjà dit que sous les premiers règnes de la troisième race, le droit des fiefs avoit interverti toutes les distinctions de la naissance, & que les fils des Rois eux-mêmes étoient obligés de céder le pas aux grands vassaux.

Ce n'est, comme nous l'avons annoncé plus haut, ce n'est qu'après le règne de Charles VI qu'on voit les parens de nos Rois prendre le titre de Prince du Sang & jouir des honneurs, du rang & des prérogatives qui étoient dus à la splendeur de leur origine.

§. II. *De la prééminence des Princes du Sang sur les grands du royaume, notamment sur les cardinaux & les pairs & de leur rang à l'égard des princes étrangers.*

I. Nous apprenons par un mémoire de la vicomtesse de Furnes, publié par M. de la Curne de Sainte-Palaye, que dans le quinzième siècle, sous les règnes de Charles VII & de Louis XI, on donnoit le titre de *Prince du Sang* à ceux qui descendoient par mâles de la maison de France ; qu'il y avoit pour eux des honneurs & des distinctions particulières ; enfin, qu'ils avoient à la cour, la prééminence sur tous les grands du royaume.

II. Cette prééminence leur étoit cependant, comme elle l'est encore, contestée par les cardinaux.

Aux états qui furent tenus à Tours sous Louis XI, le cardinal de Sainte-Susanne, évêque d'Angers, avoit la préséance sur les Princes du Sang.

Les Princes du Sang eurent leur revanche aux états tenus à Saint-Germain-en-Laye, en 1561 (1).

Deux ans après, en 1563, les cardinaux cédèrent encore le pas aux Princes du sang, dans le lit de justice tenu par Charles IX au parlement de Rouen, pour la déclaration de sa majorité (2).

Ils en usèrent de même à l'assemblée des notables tenue à Rouen en 1596. Le duc de Montpensier, Prince du Sang, étoit assis à la droite du Roi, & les cardinaux de Gondy & de Givry étoient à sa gauche (3).

La querelle se renouvela en 1610. Il étoit question de recevoir à l'ordre du Saint-Esprit, le prince de Condé & le cardinal duc de Joyeuse. Celui-ci vouloit être reçu avant le prince. La contestation

(1) Voici ce qu'on lit à ce sujet dans le *cérémonial françois*, tome 2, page 297 :

« Il y eut quelque différend en la séance, pour » ce que les Princes du Sang ne voulurent permettre que les cardinaux fussent assis au-dessus » d'eux, excepté le cardinal de Bourbon qui se » mit au-dessus du prince de Condé son frère, » avec déclaration par lui faite, que c'étoit en » qualité de Prince aîné, & non de cardinal. Les » cardinaux de Chastillon & d'Armagnac se contenterent de s'abaisser au-dessous des Princes » du sang. »

(2) Cérémonial françois, tom. 2, pag. 258.

(3) *Ibid.* pag. 385.

portée devant le Roi, sa majesté prononça contre le cardinal (1).

On lit encore dans les mémoires du règne de Louis XIII, que tous les grands ayant été invités à une audience publique qu'il donna au duc de Pastrane, les cardinaux s'excusèrent sous prétexte que leur dignité ne leur permettoit pas de se placer au-dessous des Princes du Sang. La reine qui vouloit que les Espagnols vissent la cour de France dans toute sa magnificence, fit réponse qu'on se placeroit comme on arriveroit & sans distinction de rang; mais les Princes du Sang ayant eu grand soin d'arriver les premiers, & s'étant rangés à la droite du Roi, les cardinaux, pour ne point se trouver au-dessous d'eux, allèrent prendre séance à côté de la reine. La princesse de Condé les obligea ensuite de quitter cette place, & la reine les laissa sortir (2).

Dans le procès-verbal de la prestation du serment que Louis XIII fit le 16 septembre 1629, dans l'église de Fontainebleau, d'entretenir la paix conclue le 24 avril précédent avec le roi d'Angleterre, le comte de Soissons, Prince du Sang, précède le cardinal de Richelieu; & ce qu'il y a de plus remarquable encore, ce même procès-verbal, qui a été dressé par trois secrétaires d'état, appelle le premier *monseigneur*, tandis qu'il ne donne au second que le titre de *monsieur* (3).

C'est cependant au cardinal de Richelieu que la pompe romaine est redevable d'une révolution opérée sur cet objet. Ecoutons M. Moreau dans son vingt-unième discours sur l'histoire de France (1).

« Ce rang que nos Rois n'avoient » point encore regardé, ce rang, qui ne » fut jamais ni avoué par la législation » françoise, ni appuyé sur les maximes » de notre constitution, fut, il faut l'a- » vouer, accueilli par l'orgueil du pre- » mier ministre de Louis XIII : la toute » puissance de Richelieu disposoit de » toutes les graces, il faisoit & défaisoit » toutes les fortunes. Est-il étonnant qu'il » ait été en France l'arbitre de toutes les » distinctions qui ne flattent que la va- » nité ? Lorsqu'il étoit entré au conseil, » en 1624, il avoit bien prévu le rang » qu'il y tiendroit un jour, & dès-lors il » avoit prétendu prouver par un mé- » moire, que la pourpre romaine éle- » voit ceux qui en étoient revêtus au- » dessus des princes de la maison royale : » il n'y en avoit point alors dans le con- » seil de Louis XIII; Richelieu ne prit » le rang que sur le connétable & vis-à- » vis du cardinal de la Rochefoucault.

» Pour réaliser ensuite cette préten- » tion dans toute son étendue, il fal- » loit être le maître de l'état, & il le » devint. Tant qu'il gouverna la France, » les princes de la maison royale lui don- » nèrent le pas chez eux, & ne le reçu- » rent point chez lui : ils soutinrent, il » est vrai, qu'ils ne rendoient ce respect » qu'à la religion, & non au ministre, » & cette excuse plaça au même rang » tous les autres cardinaux; il fallut ou » les traiter de la même manière, ou » éviter les occasions de marquer la dif- » férence ».

Il y eut même à ce sujet une décision expresse du Roi. Voici mot pour mot comment elle est rapportée par Brillon, dans son dictionnaire des Arrêts, article *cardinal*, nombre 46.

« Le 16 avril 1642, le Roi ordonna » qu'à l'avenir les Princes de son sang cé-

(1) Amelot, tom. 2, pag. 137.
Cet auteur ajoute que le cardinal fut si irrité de cette décision, qu'il « refusa l'honneur d'être » associé à l'ordre, & ne le fut jamais. Cette » action (continue-t-il) plut infiniment au pape » & au sacré collège, qui prétend que les car- » dinaux sont égaux aux Rois. »

(2) M. Moreau; discours sur l'histoire de France, tom. 18, pag. 308.

(3) Cérémonial françois, tom. 2, pag. 921.

(1) *Loc. cit.* pag. 309 & suiv.

» dassent la préséance en tous lieux aux » cardinaux, soit François ou étrangers; » & pour le particulier de M. le prince » de Condé, dans les cérémonies sem- » blables à celles qui se faisoient pour lors » à Narbonne, qui étoit un *Te Deum*, & » en toutes autres occasions, il demeura » dans le même rang que les Princes du » Sang ont tenu par le passé sans rien in- » nover. Ce fut M. le duc d'Enghien qui » fit naître cette difficulté à Narbonne ».

Cette décision est-elle rapportée exactement? Il y a lieu d'en douter. Reprenons la suite du passage de M. Moreau que nous avons déjà cité.

« Si les princes, dit-il, (en cédant sous » le ministère de Richelieu, la prééminence aux cardinaux) n'eussent voulu » honorer que le titre ecclésiastique, » pourquoi crurent-ils pouvoir se dispen- » ser des mêmes égards pour Mazarin?

» Cependant, après la mort de Riche- » lieu, ils contestèrent tout au nouveau » ministre également revêtu de la pour- » pre: il étoit trop tard pour recouvrer le » véritable rang qui leur étoit dû. Maza- » rin, premier ministre lui-même, ne » consentit qu'à l'égalité, & les princes » crurent avoir gagné une victoire, lors- » qu'ils lui eurent ôté cette supériorité » qui les humilioit. Le réglement de » Louis XIII, qui a fixé le rang dont les » cardinaux ont joui sous Louis XIV, » prononça qu'ils ne précéderoient les » Princes du Sang, que dans les églises » & dans les cérémonies religieuses, & » que par-tout ailleurs, ceux-ci auroient » le pas sur eux; mais que, dans les vi- » sites réciproques, ils se rendroient mu- » tuellement les mêmes honneurs, & se » conformeroient exactement aux mêmes » étiquettes. Tel est encore l'usage qui » date pour nous, du temps où nos très- » grands seigneurs ne purent disputer les » restes d'un pouvoir dont ils avoient » trop abusé, & ne disputèrent peut-être » pas assez le rang qu'il eût été plus juste » de leur conserver ».

Un peu plus bas, M. Moreau continue ainsi: « depuis la mort de Louis XIII, » les cardinaux ont joui, à la cour, des » honneurs du pas sur les plus hautes di- » gnités; (mais) entre les Princes du » Sang & eux, il ne subsiste plus au- » cune trace de l'égalité de rang, que » dans l'étiquette des visites, & cette » étiquette même n'est point observée, » lorsque le prince a l'honneur d'être fils » ou petit-fils de France ».

Nous devons pourtant observer d'après Brillon, à l'endroit cité, que « le 26 » novembre 1653, le roi (Louis XIV) » ordonna que les cardinaux donneroient » la main droite chez eux dans leurs » palais aux Princes du Sang, & que par- » tout ailleurs, sans exception, les car- » dinaux prendroient la main droite, & » auroient rang & séance avant les princes. » La même chose, (continue Brillon), » fut ordonnée par autre brevet du mois » de février 1659 ».

Mais ces réglemens, échappés à la foiblesse du jeune âge de Louis XIV, furent anéantis, dès que les années eurent muri & élevé sa grande ame ». Ce grand » Roi (dit l'auteur des mémoires de la » régence de M. le duc d'Orléans, tom. 3, » page 150,) rendit aux princes de son » sang le rang que les cardinaux avoient » usurpé sur eux, & a conservé à la » première dignité de son état la pré- » séance qu'une dignité étrangère avoit » voulu lui enlever ». Brillon lui-même rapporte un trait qui sert d'exemple & tout-à-la fois de preuve de ce changement. Voici comment il s'exprime, nombre 49.

« L'oraison funèbre de M. le prince » de Condé fut prononcée en l'église de » Notre-Dame, à Paris le jeudi 29 août » 1709, par le père Gaillard, jésuite, & la » cérémonie fut faite par M. le cardinal de » Noailles, archevêque de Paris. M. le » cardinal avoit prétendu qu'en cette » qualité la parole devoit lui être adressée, » & non à M. le duc qui n'étoit pas pre- » mier Prince du Sang; le Roi décida en

» faveur de M. le Duc ; il eut les » honneurs de l'église & de la cérémonie, » mais le Roi permit à M. le cardinal » de se retirer, ce qu'il fit : en sorte que » pendant l'oraison funèbre, il demeura » derrière l'autel ».

Ce trait prouve que les cardinaux ont lutté long-temps contre la règle rétablie par Louis XIV.

On avoit vu, même en 1699, un cardinal refuser hautement de donner la main aux Princes du Sang, en les recevant dans son palais. Ce cardinal s'appeloit *Delphini*. Mais le pape Innocent XII l'avoit désavoué, & par un bref qu'il avoit écrit au Roi le 27 avril 1700, avoit marqué à sa majesté que les cardinaux donneroient désormais la main aux Princes du Sang.

Ce bref est rapporté dans le *cérémonial diplomatique des cours de l'europe*, tom. 1, page 36.

A Rome, l'étiquette s'est maintenue sur le ton qu'avoit voulu introduire en France le cardinal de Richelieu. Lorsque M. le comte de Charolois, Prince du Sang, arriva dans cette capitale du monde chrétien le 8 avril 1718, le cardinal de la Trémouille résolut d'aller au-devant de lui avec une nombreuse suite pour le recevoir hors de la porte de la ville ; mais (dit l'auteur du recueil que nous venons de citer, tome 2, page 172) : « il en » fut empêché par le pape & par le sacré » collège, qui prétendirent que ce seroit » avilir la dignité de cardinal, que d'aller recevoir un prince qui n'étoit pas » souverain ; le cardinal fut obligé d'y » acquiescer. (Cependant) comme il » souhaitoit de témoigner son attachement sincère à la maison royale de » France, il se contenta de charger ses » deux cousins, le duc de Lanti & don » Friderigo, d'aller au-devant du prince » jusqu'à la première station hors de la » ville. Ils le conduisirent ainsi à Rome » dans un carrosse à six chevaux. Le cardinal de la Trémoille le reçut au milieu de l'escalier, lui donna la main » droite, & le mena dans son apparte» ment. Le collége des cardinaux.... » n'étoit point..... content de toutes ces » civilités de leur confrère ; c'est pour» quoi le comte de Charolois changea de » nom, & prit le titre de comte de » Dammartin. — Le 9, il fut visité » par le cardinal Gualtieri ; mais le car» dinal Ottoboni ne put pas gagner sur » lui de pécher contre la prétendue préé» minence de la pourpre.... c'est pour» quoi il s'abstint absolument de faire » civilité au prince, & de lui faire vi» site.. — Le cardinal de la Trémoille » se dispensa de le mener à l'audience du » pape, parce qu'il ne pouvoit pas lui » donner la main droite. — Le pape au» roit volontiers souhaité que le comte » de Charolois eût pu se résoudre de » faire la première visite au doyen du » sacré collége ; le comte déclara aussi » qu'il ne feroit aucune difficulté de voir » tous les cardinaux, pourvu qu'ils lui » accordassent la main chez eux ».

Au surplus, l'attachement de la cour de Rome à son étiquette & les variations qu'a éprouvées celle de la cour de France, n'ont jamais influé sur les honneurs de la séance dans les lits de justice. Là, non-seulement les Princes du Sang, mais les simples pairs ont toujours primé les cardinaux, comme on le verra ci-après au chapitre *de la pairie*, partie 2, section 2.

III. A l'égard des pairs, nous avons déjà dit qu'à la cour ils cédoient, dès le règne de Charles VII, le pas aux Princes du Sang royal.

Mais il n'en étoit pas de même dans les cérémonies & les assemblées nationales, c'est-à-dire aux sacres des Rois, aux états généraux & aux lits de justice. Les pairs convenoient bien de la prééminence de la principauté sur la pairie ; mais ils prétendoient que dans ces cérémonies & ces assemblées, *les ministères étoient spécialement commis aux pairs, & leur ordre assigné* ; qu'en conséquence, on n'y devoit avoir aucun *respect au sang, mais à la pairie & ordre d'icelle.*

Les Princes du Sang, qui avoient l'avantage de posséder des pairies, aidèrent eux-mêmes à étayer cette prétention, afin de primer ceux d'entr'eux qui ou n'étoient point pairs, ou n'avoient été créés tels que postérieurement à eux. Le Roi Jean avoit, en 1363, donné à Philippe, son fils, le duché de Bourgogne, & l'avoit en conséquence déclaré premier pair de France : *ducem primumque parem Franciæ facimus & creamus.* En 1380, il fut question de savoir, si en cette qualité le duc de Bourgogne devoit, au sacre de Charles VI, jouir de la préséance & des honneurs dus au doyen des pairs, ou si cette préséance & ces honneurs appartenoient au duc d'Anjou, qui étoit pair lui-même & frère aîné du duc de Bourgogne. Le Roi, pour terminer ce différend, assembla son conseil : les opinions y furent partagées ; mais le monarque prononça en faveur du duc de Bourgogne. Alors, ce prince vint s'asseoir entre le Roi & le duc d'Anjou (1).

C'étoit juger bien formellement que les Princes du Sang ne naissoient point pairs, ou, si l'on veut, que la pairie de naissance n'avoit aucune prérogative sur la pairie de création.

En 1458, on doutoit encore si la qualité de pair étoit attachée à celle de Prince du Sang, & d'après cela on contestoit aux Princes du Sang le droit d'avoir pour leurs causes, les mêmes privilèges que les Pairs. Charles VII fit proposer la question au parlement de Paris, par Jean Tudert, maître des requêtes de son hôtel, & le parlement répondit : « la » cour n'y a pu délibérer pour le présent, » pour ce qu'il y a procès appointé en » droit en ladite cour en pareil cas, & » seroit la délibération de cet article en » effet la décision dudit procès » (1).

Le 28 novembre 1506, l'évêque de Laon, pair ecclésiastique, siégeant à l'audience du parlement, survint Louis de Bourbon, prince de la Roche-sur-Yon, qui voulut se placer au-dessus de lui. L'évêque s'y opposa, & le parlement fut obligé d'ordonner qu'ils se retireroient tous deux, sauf à prononcer, au premier jour, sur leur différend, ce qui ne fut point fait (2).

Le 23 février 1517, il s'éleva une difficulté semblable entre le cardinal de Vendôme (depuis de Bourbon), Prince du Sang royal, évêque de Laon, & en cette dernière qualité pair ecclésiastique, d'une part, & le duc de Nevers, pair laïc, de l'autre. Il s'agissoit de la préséance dans la chambre du conseil du parlement. Le duc de Nevers prétendoit que c'étoit à lui qu'elle appartenoit, parce que les pairs laïcs précèdent les pairs ecclésiastiques ; les premiers prenant toujours séance à la droite du Roi, tandis que les seconds sont à sa gauche. Que décida le parlement ? « Il fut avisé par expédient, dit » Dutillet (3), que le duc de Nevers se » retireroit, ce qu'il fit ; & le cardinal » qui avoit la double qualité de Prince » du sang & de pair, demeura ».

Le 17 août 1541, il intervint un arrêt précis sur la question, mais pour le seul cas où la descendance du sang royal est jointe à la pairie. Le duc de Montpensier, prince du sang & pair, fut admis, après une plaidoirie contradictoire, à présenter les roses au parlement, avant le duc de Nevers, pair beaucoup plus ancien que lui (4).

(1) Histoire de Bourgogne, tom. 1, pag. 473 & 474.

(1) Dutillet, recueil des rois de France, pag. 314, édit. de 1607.
(2) *Ibid.* pag. 315.
(3) *Loc. cit.* pag. 315.
(4) *Voici cet arrêt :*
Entre dame Loyse de Bourbon, duchesse de Montpensier, & messire Loys de Bourbon, duc,

Le duc de Montpensier ne soutint pas long-temps cet avantage. Six ans après, il fut question de savoir quel rang tiendroient ce prince, le duc de Guise, & le duc de Nevers, au sacre de Henri II. Après les avoir entendus, le Roi donna, à Reims même, le 25 juillet 1547, une déclaration par laquelle il ordonna, par provision, que les ducs de Guise & de Nevers précéderoient le duc de Montpensier, mais que ce seroit sans préjudice aux droits de celui-ci (1).

---

son fils, chevalier de l'ordre, pair de France, d'une part, & dame Marie d'Albert, duchesse de Nevers, & François, duc de Nevers & comte d'Eu, son fils, aussi pair de France, d'autre. Marilhac pour lesdites duchesse & duc de Montpensier, a dit que Montpensier avoit esté érigé en duché & pairie de France, aujourd'hui estoit question de bailler les roses à la cour, ainsi que les anciens pairs de France ont accoustumé de faire, vouloient lesdites duchesse & duc les bailler. La duchesse de Nevers & son fils tenans en pairie ledit duché, vouloient au bail desdites roses précéder lesdites duchesse & duc de Montpensier, demandoient iceux duchesse & duc de Montpensier, qu'il fust ordonné par la cour, qui premier les bailleroit. Séguyer pour ladite duchesse de Nevers & duc son fils, comte d'Eu, dit que les duchés de Nevers & comté d'Eu, ont esté premièrement érigez en pairie par le Roy, & premièrement reçus que le duché de Montpensier; & pour ce que lesdites duchesse & duc de Nevers devoient précéder au bail desdites roses, selon l'ordre de l'érection & réception de la pairie. A dit Marilhac qu'il estoit d'accord que lesdits duché de Nevers & comté d'Eu, avoient esté premièrement érigés & reçus en pairie, que le duché de Montpensier; mais falloit considérer que lesdites duchesses & duc de Montpensier sont du sang royal, que ne sont pas lesdites duchesse & duc de Nevers; à ce moyen de quoi iceux duchesse & duc de Montpensiér devoient précéder : joint que si aujourd'hui le Roy séoit en son lit de justice, accompagné de ses pairs, ledit duc de Montpensier seroit au-dessus dudit duc de Nevers, & le précéderoit en session, & a esté tousjours ainsi gardé; à ceste cause au bail des roses devoit précéder, & seroit volontiers si aujourd'hui un prince du sang, ores qu'il ne fust pair de France, vouloit bailler les roses à la cour, il ne les bailleroit pas premier que tous pairs, non estant du sang. Seguyer a dit qu'il ne falloit regarder à la qualité du sang; mais qui premier estoit erigé & receu en pairie, & se devoit-on gouverner selon l'ordre de l'erection & reception. La cour dit que en ayant regard à la qualité de prince du sang, joincte avec la qualité de pairie, & à l'ancienne coustume & usance, en la session des princes du sang, & des pairs de France, au lit de justice quand le Roy siet en ladite cour, elle a ordonné & ordonne que le duc de Montpensier, comme ayant qualité de prince du sang, joincte à la qualité de la pairie, pourra le premier bailler les roses.

(1) *Cette déclaration a été enregistrée au parlement de Paris, le 18 juillet 1548. Voici comme elle est conçue :*

Henri..... Salut. Comme en ordonnant par nous présentement avec les princes de nostre sang & lignage, pairs de France, & autres grands & notables personnages estant lez nous, de ce qui estoit à faire pour l'observation de l'ordre & ceremonie de nos sacre & couronnement, qui demain, dieu aydant, doivent estre celebrés en l'église metropolitaine de nostre présente cité de Rheims, nous aurions advisé de remplir le lieu & place des anciens duchés & comtés lays tesnus en pairie de la couronne de France, d'autres ducs & pairs depuis créez en nostre royaume, selon l'ordre de leur création par la maniere qui s'ensuit. C'est à sçavoir, pour le duc de Bourgogne nostre très-cher & très-amé oncle le Roy de Navarre; pour celle de Normandie, nostre très-cher & amé cousin le duc de Vendosme; & pour celle de Guyenne, nostre très-cher & amé cousin le duc de Guise; & quant aux comtés pour celles de Flandres, nostre très-cher & amé cousin, le duc de Nevers; pour celle de Champagne nostre très-cher & amé cousin Loys de Bourbon, duc de Montpensier; & pour celle de Thoulouse, nostre très-cher & très-amé cousin le duc d'Aumale. Surquoy nostre dit cousin le duc de Montpensier, nous eut remonstré que pour le regard de sa proximité du sang royal & lignage dont il nous atteint, il devoit en l'assiette, ordre & assistance des pairs de France lays, précéder nos très-cher & améz cousins Claude de Lorraine, duc de Guise, & François de Cleves, aussi duc de Nevers, comte d'Eu, tous deux pairs de France, & que la création & antiquité des pairies ne pouvoit altérer l'ordre & rang deu aux princes du sang royal de France, qui doivent toujours suivre & approcher le lieu dont ils sont descendus, & que suivant telle observance autresfois sur le débat intervenu entre nosdits cousins les ducs de Montpensier & de Nevers pour la

Cette réserve de droits des princes du sang ne demeura point sans effet. Le duc de Montpensier, le prince de Condé & le prince de la Roche sur-Yon, firent valoir leurs droits avec force. « Nous » sommes, disoient-ils, du sang royal, » qualité qui suffit pour établir l'antiquité de notre pairie dans les lits de » justice, & nous y donner une séance » supérieure à celle des autres pairs. » Ils la prirent en effet dans le parlement le 2 juillet 1549, le 12 février 1551, le 23 juin, le 25 du même mois, & le 25 juillet 1561, le 17 mars 1563, & le 17 novembre 1567.

Enfin, une loi solemnelle mit le sceau à ces actes de possession. L'édit du mois de décembre 1576, qui avoit été arrêté dans les états de Blois, régla que dans le concours de plusieurs pairs, ceux qui réuniroient à cette qualité celle de prince du sang, auroient rang devant les pairs simples (1).

Mais cette loi ne décidoit la question qu'à demi. Donner la préséance aux Princes du Sang qui étoient pairs, ce n'étoit rien donner à ceux qui ne l'étoient pas.

Cependant l'auteur des *quatre âges de la Pairie de France* (2), & celui de l'article *pairs* dans le dictionnaire encyclopédique, prétendent que par cet édit, les Princes du Sang sont déclarés *pairs nés*. « Ainsi (dit ce premier) un Prince » du

distribution des roses, il auroit ainsi esté approuvé & jugé par arrest de nostre cour de parlement à Paris, l'extrait duquel arrest, il nous auroit représenté, afin qu'il ne lui fust en cet endroit fait aucune chose préjudiciable, à son lieu & rang. Surquoy nosdits cousins les ducs de Guyse & de Nevers, soustenant le contraire, auroient dit, que pour estre plus anciens pairs en création & réception que n'est nostredit cousin le duc de Montpensier, ils devoient en tous actes & assemblées desdits pairs de France aller devant luy, & les précéder ainsi qu'en tous temps il auroit esté observé entre iceux pairs, qui alloient selon l'ordre & ancienneté de leurs créations & receptions. Sçavoir faisons, que nous ayons mis ceste matiere en délibération avec aucuns desdits princes & seigneurs & lesdits autres pairs de France, tant d'église que lays illec assemblez lesquels avec nous auroient esté d'advis, pour la briesveté du temps préfix pour nosdits sacre & couronnement, il seroit bien difficile d'en pouvoir présentement décider: à ceste cause & attendu qu'en cest acte solemnel d'iceux sacre & couronnement, il n'est question de chose qui touche en rien l'honneur & prééminence du sang royal, que nostredit cousin le duc de Montpensier allegue pour précéder nosdits cousins les ducs de Guyse & de Nevers, mais seulement de la préférence des pairs de France, & lesquels devront aller devant, & précéder l'un l'autre. Nous avons par ces présentes par maniere de provision, ordonné, attendu ladite briefveté du temps, & jusques à ce qu'autrement en ait esté decidé, que nosdits cousins les duc de Guyse & de Nevers, comte d'Eu, créez & reçus pairs de France, premiers que nostredit cousin le duc de Montpensier, précéderont en cestuy acte seulement, iceluy nostredit cousin le duc de Montpensier, sans que cela luy puisse toutesfois aucunement préjudicier par cy-après, soit en semblables actes ou tous autres, d'honneurs & prééminences quels qu'ils soient, où l'on devra avoir respect & regard à la dignité du sang royal, dont est issu nostredit cousin le duc de Montpensier, auquel nous avons permis & permettons faire enregistrer cesdites présentes par-tout où il appartiendra & verra estre requis, à ce que nul en puisse prétendre cause d'ignorance.

(1) *Voici ce que porte cet édit :*

Pour mettre fin aux procès & différends ci-devant advenus entre aucuns Princes de notre Sang, pairs de France, & autres Princes aussi pairs de France, sur la préséance à cause de leursdites pairies ; voulant obvier à ce que telles controverses & difficultés n'adviennent ci-après ; nous..... disons, statuons & ordonnons, voulons & nous plaît, que dorénavant lesdits Princes de notre Sang, pairs de France, précéderont & tiendront rang, selon leur degré de consanguinité, devant les autres princes & seigneurs, pairs de France, de quelque qualité qu'ils puissent être, tant ès sacres & couronnemens des Rois, qu'ès séances des cours de parlement & autres quelconques solemnités, assemblées & cérémonies publiques ; sans que cela leur puisse plus à l'avenir être mis en dispute ne controverse, sous couleur des titres & priorité d'érection des pairies des autres princes & seigneurs, ni autrement, pour quelque cause & occasion que ce soit.

(2) Ouvrage imprimé à la Haye en 1775, tom. 2, pag. 240 & 241.

» du Sang qui n'auroit ni duché, ni » comté-pairie, a depuis deux cents ans » par sa naissance l'office de la pairie, qui » doit le distinguer des autres pairs dans » le parlement. » Il est visible que c'est-là faire dire à la loi ce qu'elle ne dit point.

Aussi les pairs ne manquèrent-ils pas de se prévaloir de son silence sur les Princes non-pairs, pour soutenir qu'on ne pouvoit, du moins, leur contester la préséance sur eux. Mais il paroît que leur systême ne trouva pas un grand nombre de partisans.

Loyseau avoit dit dans son traité *des seigneuries*, chapitre 6, nombre 48, que de son temps, c'est-à-dire, sous le règne de Henri IV, « *quelques-uns* te- » noient qu'au sacre & couronnement » des Rois, & en la séance du parle- » ment, qui font les fonctions particu- » lières des pairs, ils devoient précéder » les Princes du Sang non-pairs. »

Mais dans le traité *des ordres*, chapitre 7, nombre 35 & 36, il s'explique bien différemment. Il observe d'abord que l'édit de 1576 ne décide point la question de préséance en faveur des princes non pairs, & même qu'il paroît par son silence la décider implicitement contre eux. Mais il ajoute aussi-tôt que l'unique objet de cette loi a été de régler la préséance entre les pairs qui étoient Princes du Sang, & ceux qui ne l'étoient pas, & qu'il ne s'agissoit point, lorsqu'on l'a portée, de prononcer sur le rang des princes non pairs & des pairs simples. Enfin, dit-il, « quoiqu'il en soit, *main-* » *tenant* que le rang des Princes du Sang » est mieux établi que jamais, encore » qu'ils ne soient ni ducs ni comtes, » (& par conséquent, qu'ils ne possèdent » point de pairie) *on ne doute point* qu'ils » ne doivent marcher en tous lieux de- » vant les ducs & les comtes, *même* » *devant les pairs* ».

Tel étoit, dès le temps même où écrivoit Loyseau, l'opinion commune & dominante. Un siècle s'est écoulé sans qu'elle ait reçu aucune atteinte; & au mois de mai 1711, Louis XIV l'a consacrée par une loi expresse. Voici ce que porte l'article premier de l'édit donné à cette époque.

« Les Princes du Sang royal seront » honorés & distingués en tous lieux » suivant la dignité de leur rang & » l'élévation de leur naissance. Ils repré- » senteront les anciens pairs aux sacres » des Rois, & auront droit d'entrée, » séance & voix délibérative en nos » cours de parlement à l'âge de quinze » ans, tant aux audiences qu'au conseil, » sans aucune formalité, *encore qu'ils ne* » *possèdent aucune pairie* ».

IV. Quel est le rang des Princes du Sang royal, à l'égard des Princes étrangers?

Avant de résoudre cette question, examinons-en une autre.

Qu'entendons-nous ici par Princes étrangers?

Ce sont 1°. les Princes souverains ou descendans de souverains, qui ont leur résidence hors du royaume; 2°. ceux qui résident en France, mais qui possèdent des souverainetés sous la protection du Roi; tels sont M. le duc de Bouillon & M. le prince de Monaco; 3°. ceux qui n'ont point de souveraineté, mais sont issus de maisons souveraines, & ont aussi fixé leur résidence dans les états du Roi. De cette classe sont les Princes des maisons de Lorraine, de Savoie, de Rohan & de la Trémoille.

Cela posé, entrons en matière.

1°. Sur les Princes de la première classe, il y une distinction bien simple.

Ou c'est en France, ou c'est dans leurs propres états, ou c'est dans ceux d'un souverain-tiers, qu'ils rencontrent les Princes du Sang royal de France.

Au premier cas, il est certain que les Princes du Sang doivent avoir le pas sur les Princes étrangers.

Il est vrai qu'on a vu un roi de Bohême,

un roi de Sicile, & un roi d'Ecosse, précéder même le dauphin dans les lits de justice & dans les assemblées du parlement. Mais on ne peut regarder ces faveurs passagères que comme des actes de courtoisie, qui ne tirent point à conséquence, & sur lesquels on ne peut établir aucun droit. C'est la réflexion de M. Polverel dans le répertoire de jurisprudence, au mot *Prince*; & elle est justifiée par une observation que fait Dutillet au sujet de la préséance accordée aux trois souverains dont on vient de parler: « si un Roi d'un autre royaume, » dit-il, se trouvoit aux assemblées du » parlement, comme pair de France, » il auroit le rang de sa pairie, & non » d'autres, & il seroit précédé non-seulement de monseigneur le dauphin, » mais encore par les pairs érigés avant » lui, ne fussent-ils que comtes ».

Effectivement, le 30 juin 1523, François premier admit dans un lit de justice le prince d'Albanie, frère du roi d'Ecosse, mais il ne le fit placer qu'après les Princes du Sang, & seulement entre deux pairs. Encore déclara-t-il qu'il n'entendoit nullement préjudicier par-là aux pairs mêmes, & qu'à l'avenir ils seroient sans difficulté *les premiers & plus prochains du Roi* (1).

Sous le règne de Louis XIV, dit Brillon dans son dictionnaire au mot *Prince*, nombre 7, « quand le prince de Danemarck, depuis roi sous le nom de » Frédéric IV, vint à la cour de France, » M. le prince de Conti ne le vit point, » à cause de l'égalité qu'il prétendoit, » quoiqu'on lui dît que Frédéric étoit » l'héritier certain de la couronne de » Danemarck, au lieu que lui prince » de Conti étoit bien éloigné de la succession de France. » Brillon cite pour garant de ce fait Amelot de la Houssaye, tom. 2, pag. 144.

L'auteur du cérémonial diplomatique des cours de l'Europe, tom. 1, pag. 8, dit que « les fils de France prennent la » main sur les électeurs ou tous autres » souverains; mais qu'ils ne laissent pas » de leur donner des fauteuils ».

Ce qui s'est passé en 1684 au mariage de mademoiselle, fille de monsieur, frère du Roi, avec le duc de Savoie, Amédée II, nous offre encore plusieurs particularités sur cette matière.

L'ambassadeur du duc prétendoit que l'égalité devoit être entre monsieur & son maître: il se fondoit sur ce que le cardinal Mazarin, au voyage que la cour fit à Lyon en 1658, avoit promis au duc de Savoye que monsieur lui donneroit la main chez lui. Il ajoutoit que cette égalité avoit été confirmée en 1663 au mariage de mademoiselle de Valois avec le feu duc de Savoie, en ce que madame duchesse douairière d'Orléans, n'avoit signé qu'après sa fille.

Monsieur répondit que la promesse du cardinal Mazarin ayant été faite sans sa participation, n'avoit pu le lier; que la signature de madame douairière étoit un acte inconsidéré, & qu'elle ne pouvoit

(1) *Voici ce que portent à ce sujet les registres du parlement:*

« Le mardi dernier jour de juin 1523...... » ce jour, le Roi séant en la cour de parlement, accompagné de plusieurs des seigneurs de » son Sang, pairs de France, & autres princes » & seigneurs de son conseil. Après que ledit » seigneur a esté assis en son lieu, le duc d'Albanie est arrivé, auquel ledit seigneur a déclaré qu'il lui vouloit faire honneur, pour » ce qu'il est prince d'Ecosse, & que ledit seigneur l'employe de présent en ses affaires, » tant en France qu'en Ecosse. Et a ordonné » que ledit duc d'Albanie se seist entre les ducs » d'Alençon & l'évesque & duc de Langres, » pairs de France, & ce pour ceste fois tant » seulement, & sans préjudice des droits & prééminences dudit evesque & duc de Langres, » & des autres pairs de France. Et a ordonné » le Roy, que ledit évesque & duc de Langres » & les autres pairs de France se séerront doresnavant en ses cours & conseils, les premiers » & plus prochains dudit seigneur, selon leurs » ordres & dignités desdites pairies, & a commandé ledit seigneur en faire ce présent » registre ».

préjudicier à une infinité d'exemples marqués dans l'histoire, d'une différence entière entre les ducs de Savoye & les fils de France, & que même dans les derniers temps, Henri de Bourbon, premier prince de Condé, l'avoit emporté sur eux.

Il s'éleva ensuite de nouvelles difficultés pour la suscription des lettres de monsieur à M. le duc de Savoye, & de M. le duc à monsieur, pour la signature sur le registre du curé le jour du mariage, & pour le pas que monsieur prétendoit sur sa fille, quoique devenu duchesse de Savoye.

Il fut arrêté que Monsieur mettroit pour inscription, *à monsieur le duc de Savoye mon beau-fils;* que M. le duc de Savoye écriroit seulement *à monsieur le duc d'Orléans*, sans ajouter *mon beau-père*, & cela par respect; que Monsieur signeroit sur le registre du curé avant sa fille, & qu'il auroit le pas sur elle (1).

Au second cas, c'est-à-dire, lorsqu'un Prince du Sang se trouve avec un prince étranger dans les états de celui-ci, il est tout simple que le premier doit céder au second, & que s'il reçoit de sa part des honneurs qui supposent la prééminence ou l'égalité, ce ne peut être qu'à titre de courtoisie.

Il faut pourtant convenir que cette courtoisie est une espèce de devoir.

En 1652, lorsque le grand Condé, entraîné dans une rébellion que l'éclat de sa gloire a fait oublier, combattit dans les Pays-Bas pour ces fiers Espagnols qu'il avoit humiliés tant de fois, l'archiduc d'Autriche, fâché de partager son pouvoir avec un étranger, voulut lui faire sentir sa supériorité. Le prince alors ouvrant les yeux sur sa révolte imprudente, prit avec l'archiduc le ton d'un vainqueur qui venoit défendre un peuple accablé, & non d'un fugitif qui vient mandier un asyle. Les Espagnols s'étoient flattés qu'après s'être mis à leur discrétion, ils forceroient sa fierté à plier. Ils lui firent entrevoir l'alternative des dégoûts ou des avantages qui suivroient son consentement ou ses refus. Il étoit alors malade, sans argent, sans troupes, sans patrie; le témoignage intérieur de sa foiblesse ne servit qu'à réveiller sa fierté naturelle. Il écrivit au conseil privé de Bruxelles: « Je suis » Prince du Sang de France, &, en cette » qualité, je ne puis consentir tout au » plus qu'à une égalité entre l'archiduc » & moi. Prenez votre parti là-dessus, & » si dans douze heures mes offres ne sont » pas acceptées, je sors des Pays-Bas, » aimant mieux m'exposer à tout, que » de souffrir qu'on fasse en ma personne » le moindre outrage à ma dignité. »

L'archiduc le trouvant inflexible dans la résolution de soutenir ses prérogatives, en informa le roi d'Espagne. Le conseil de Madrid souscrivit aux prétentions du Prince, & il fut décidé qu'on observeroit envers l'un & l'autre le même cérémonial (1).

Deux ans après, en 1654, il fit son entrée à Bruxelles, où il exigea & reçut tous les honneurs qu'on avoit coutume de rendre aux fils & aux frères de l'empereur (2).

La même année, la reine Christine, cette princesse moins célèbre pour avoir porté une couronne que pour l'avoir abdiquée, cédant aux inégalités de son sexe, refusa de rendre au prince de Condé, pour qui elle avoit toujours témoigné la plus grande & la plus juste admiration, les honneurs qu'elle avoit accordés à l'archiduc. C'en fut assez pour que le Prince à son tour lui refusât une entrevue qu'elle desiroit vivement.

Un jour que la cour de cette reine étoit fort nombreuse, le prince de Condé se

(1) Cérémonial diplomatique des cours de l'Europe, tom. 1, pag. 285.

(1) Les vies des hommes illustres, tom. 25, pag. 11 & 12.

(2) *Ibid.* pag. 35.

mêla dans la foule pour la voir *incognito;* mais il fut trahi & reconnu. La reine alors s'empressa de lui témoigner beaucoup d'égards; mais le Prince perçant la foule, se retira précipitamment, & lui dit avec vivacité : *Madame, tout ou rien.*

Ce n'est pas qu'il fût sensible aux distinctions de ce genre; il rioit en particulier de la vanité du cérémonial; mais il vouloit qu'on rendît en public, au nom de Bourbon, les honneurs qui lui étoient dus (1).

Au troisième cas, il faut sous-distinguer. Ou le prince étranger qui se rencontre avec un Prince du Sang dans les états d'un souverain-tiers, est empereur ou roi, ou il ne l'est pas.

S'il est empereur ou roi, nul doute qu'il ne doive précéder le Prince du Sang royal de France.

Mais dans le cas contraire, le Prince du Sang doit jouir de la prééminence qui est attachée à la couronne de France (2), & qu'auroit le Roi lui-même, s'il se trouvoit à sa place.

En 1654, le prince de Condé & le duc de Lorraine & de Bar combattant ensemble dans les Pays-Bas, où ils étoient tous deux étrangers, contre la France dont l'un étoit sujet & l'autre vassal comme duc de Bar, le second essaya d'établir l'égalité entre le premier & lui, mais il ne put rien obtenir. Le prince de Condé, affable & commode dans la vie privée, ne voulut jamais se relâcher en public sur les prérogatives de son rang. L'affaire fut portée au conseil de Madrid, & le prince fut préféré au duc (3).

2°. Les princes étrangers qui résident en France & possèdent des souverainetés sous la protection du Roi, doivent céder & cèdent en effet sans difficulté, la préséance aux Princes du Sang royal.

Voici cependant un fait qui prouve que ce cérémonial a souffert autrefois quelques contradictions.

Jean de Clèves est le premier prince étranger qui se soit établi en France. Il épousa Marie de Bourgogne sous le règne de Charles VII, & ce n'est qu'en 1486, sous le règne de Charles VIII, que nous voyons les princes de cette maison naturalisés dans le royaume.

La vicomtesse de Furnes nous dit en très-peu de mots quels étoient les honneurs & les distinctions dont les princes de la maison de Clèves jouissoient en France. Deux princesses de la maison de Bourgogne, & par conséquent du Sang de France, avoient épousé, l'une un prince de Clèves, & l'autre Charles de Bourbon, qui descendoit de Saint-Louis.

« On faisoit plus d'honneur à madame » de Clèves qu'à madame de Bourbon; » madame de Clèves alloit devant; & » l'on disoit que c'étoit parce que madame de Clèves étoit l'aînée; car autrement on sait bien que madame de » Bourbon seroit allée devant, à cause » de M. de Bourbon qui étoit plus grand » prince que M. de Clèves, parce qu'il » étoit de la maison de France.... Charles » de Bourgogne, comte de Nevers, » alloit tout pleinement devant M. de » Clèves & M. d'Etampes, frère puîné » de M. de Nevers : mais M. de Clèves » ne le vouloit point souffrir ».

Ainsi les princes de Clèves prétendoient aller au moins de pair avec ceux des Princes du Sang, qui n'étoient pas chefs de maison (1).

Mais une pareille prétention seroit regardée aujourd'hui comme insoutenable. Elle est même condamnée implicitement par la déclaration du 5 mai 1694 qui est rapportée ci-après, chapitre *des princes légitimés.* Cette loi, en même-temps qu'elle maintient les Princes du Sang dans le droit de préséance sur les princes légiti-

(1) *Ibid.* pag. 49 & 50.

(2) Voyez le chapitre 1, sect. 5.

(3) *Ibid.* pag. 41 & 51.

(1) Répertoire de jurisprudence, au mot *Prince.*

més & leur descendans en légitime mariage, accorde à ceux-ci le droit de précéder *tous les princes de maisons qui auroient des souverainetés hors du royaume:* elle est donc nécessairement censée vouloir, que les princes de ces maisons soient précédés par ceux du sang royal de France. Si je l'emporte, disent les philosophes scholastiques, sur celui à qui vous êtes obligé de céder, à plus forte raison dois-je l'emporter sur vous-même: *si vinco vincentem te, à fortiori vinco te.*

Du reste, la chose étoit ainsi établie avant cette loi-même. On trouve dans le *recueil des traités entre la couronne de France & les princes & états étrangers, une remontrance de Godefroi-Maurice, duc de Bouillon, au Roi très-chrétien (Louis XIV) & à la reine régente, sa mère, pour être maintenu dans le rang qui lui appartient par-dessus les ducs & pairs de France, comme duc & prince souverain.* Cette remontrance, qui est de 1650, prouve clairement que dès ce temps-là M. le duc de Bouillon reconnoissoit qu'il ne pouvoit avoir le pas sur les Princes du Sang, puisqu'il se bornoit à le demander sur les ducs & pairs que les Princes du Sang précédoient alors comme à présent sans aucune contradiction.

3°. Restent les princes non souverains, mais issus de maisons souveraines, qui se sont établis en France. A leur égard, nulle difficulté: jamais ils n'ont contesté le pas aux Princes du Sang, & ils se sont toujours contentés des honneurs & des distinctions que le Roi a bien voulu leur accorder après ces princes.

V. C'est par le protocole des lettres que s'annonce le plus souvent, soit la prééminence, soit l'égalité, soit l'infériorité des Princes du Sang par rapport à ceux à qui ils écrivent ou qui leur écrivent. Voici ce que nous apprend là-dessus le cérémonial diplomatique, tome I, page 470 & suivantes.

1°. Lorsque les Princes du Sang écrivent au pape, (ce qu'ils font ordinairement de leur main), ils mettent en tête: *très-saint père;* il n'y a que quatre ou cinq lignes dans la première page, & la lettre finit ainsi: *je suis avec un très-profond respect, très-saint père, de votre sainteté, très-humble, très-obéissant & très-dévot fils.* La suscription est, *à notre très-saint père le pape.*

Le pape de son côté, leur écrit: *Pius VI. Dilecte fili, nobilis vir, salutem & apostolicam benedictionem.* Il les traite de *nobilitas tua*, & la suscription est: *dilecto filio nobili viro N.*

2°. En écrivant aux cardinaux, les Princes du Sang les traitent d'égal. Ils mettent en tête *monsieur;* la lettre commence deux doigts au-dessous, & elle finit ainsi: *de votre éminence, très-affectionné serviteur.* Ces trois derniers mots sont ordinairement de la main du prince. Si le cardinal est son parent, il met *serviteur & cousin.* La suscription est *à monsieur le cardinal N.*

3°. A un nonce, les princes écrivent: *monsieur;* presque sur la même ligne, mais environ deux doigts plus loin, *J'ai reçu &c.* Ils le traitent de *seigneurie illustrissime*, & finissent ainsi: *monsieur*, (& de leur main) *votre très-affectionné serviteur.* La suscription est: *à monsieur, monsieur N, nonce de sa sainteté.*

4°. En écrivant à l'empereur, les princes le qualifient en tête de *sire*, ne mettent dans la première page que quatre ou cinq lignes, & terminent par ces mots: *de votre majesté impériale, très-humble & très-obéissant serviteur.* La suscription est: *à sa majesté impériale.*

5°. Lorsqu'ils écrivent au roi d'Espagne, le cérémonial est le même pour le corps de la lettre, & ils mettent pour suscription: *au roi d'Espagne.*

6°. Ils observent la même chose pour les rois d'Angleterre & de Suède, si ce n'est qu'ils mettent six ou sept lignes dans la première page.

7°. Dans leurs lettres aux rois de Pologne & de Danemark, ils mettent en tête : *monsieur*, laissent trois doigts de blanc, employent pourtant le mot de *majesté*, mais sans celui de *respect*, & finissent ainsi : *monsieur, de votre majesté très-humble & très obéissant serviteur.*

En 1684, les Princes du Sang écrivirent au roi & à la reine de Pologne en billets.

8°. Les états généraux des Provinces-Unies écrivent : *monsieur*, la ligne entière en blanc & la suivante ; ils traitent *d'altesse* ; à la fin : *nous sommes monsieur, de votre altesse très-affectionnés serviteurs* ; & pour suscription : *à son altesse monsieur le prince de....*

Les princes, de leur côté, mettent en tête, *messieurs*, laissent la ligne en blanc, & finissent de cette manière : *messieurs*, (& de leur main) *votre très-affectionné serviteur.*

9°. La république de Venise écrit aux princes par ses ambassadeurs ; mais comme elle ne leur donne point d'*altesse*, ils ne répondent point.

10°. Les ducs de Toscane, de Modene & de Parme, sont traités d'égaux, & les princes suivent à leur égard, le protocole que ceux-ci ont adopté envers eux. D'ordinaire, on met en tête de la lettre, *monsieur*, & on laisse deux doigts de blanc. On les traite d'*altesse*, & l'on finit en cette forme : *je suis monsieur, de V. A. ou de votre altesse très-affectionné serviteur.*

Aux cadets de ces maisons, on laisse simplement la ligne en blanc, s'ils sont frères du prince régnant, mais on ne leur donne point d'*altesse*. S'ils sont plus éloignés, on met un petit mot au bas de la ligne. En finissant : *je suis, monsieur, votre très-affectionné à vous servir.*

11°. Le grand maître de Malthe est traité d'égal & d'*altesse*, comme les souverains dont nous venons de parler.

12°. Il en est communément de même des électeurs. Mais comme ils ont des manières différentes, on s'y conforme. En 1700, l'electeur de Bavière écrivit en billet au prince de Conti, qui répondit de même.

A un prince électoral, on met en tête, *monsieur*, un ou deux mots au bout de la ligne, point d'*altesse*, & à la fin : *monsieur, votre affectionné serviteur.*

13°. Au landgrave de Hesse, on met pareillement en tête, *monsieur*, la ligne en blanc, *V. A.* en abrégé, & à la fin, *monsieur, de V. A. très-humble & très-affectionné serviteur.*

14°. Au duc de Wirtemberg, *monsieur*, deux doigts de blanc, l'*altesse* en toutes lettres & au bas : *très-affectionné serviteur.*

15°. L'évêque de Munster, *monsieur*, la ligne en blanc, l'*altesse* répétée plusieurs fois si la lettre est longue, & au bas : *de V. A. très-affectionné serviteur.*

16°. Les évêques de Spire & de Bâle n'ont que l'*excellence.*

Nous ne pousserons pas plus loin cette énumération. Ceux qui desireront en savoir davantage, voudront bien recourir au *cérémonial diplomatique.*

### §. III. *Des autres prérogatives qui appartiennent aux Princes du Sang, des immunités dont ils jouissent, de la forme particulière de leurs mariages, & de quelques autres points qui les distinguent d'avec les particuliers.*

I. Nous avons déjà dit que les Princes du Sang sont pairs nés. Il jouissent donc de toutes les prérogatives des pairs.

Le Roi de Navarre, père de Henri IV, ne cessa de soutenir que sa naissance suffisoit pour lui donner ces prérogatives : » C'est elle, disoit-il, qui m'a placé à » la tête des pairs de France (1).

Le prince de Condé, dans une transaction qu'il fit avec le marquis de la

(1) Les quatre âges de la pairie, tom. 1, pag. 242.

Mouſſaie, en 1641, fut qualifié *premier pair de France* (1).

De-là, le droit qu'ils ont de repréſenter les anciens pairs au ſacre du Roi, de ſiéger au parlement quand il leur plait, ſoit à l'audience, ſoit à la chambre du conſeil, & d'y avoir voix délibérative, dès qu'ils ont quinze ans accomplis, ſans prêter aucun ſerment. Ce ſont, comme on l'a vu dans le paragraphe précédent, les diſpoſitions de l'article premier de l'édit du mois de mai 1711. Avant cette loi, on avoit prétendu qu'ils n'avoient point ſéance à la chambre du conſeil, & cela même avoit été ainſi décidé par la déclaration de Henri II, du 31 août 1551 (2).

On verra par la déclaration de 1723, rapportée dans le chapitre ſuivant, que lorſqu'ils viennent prendre ſéance au parlement, ils ont le droit de traverſer le parquet, & que cette prérogative leur eſt abſolument réſervée.

Tout le monde ne ſait peut-être pas ce qu'on appelle le parquet au parlement. C'eſt une petite place quarrée, vis-à-vis de celle du Roi, qui demeure toujours vuide. Il n'étoit autrefois permis à perſonne de la traverſer. Les Princes du Sang même étoient obligés d'en faire le tour pour aller prendre leur place. Mais cet uſage fut changé par le grand Condé. Ce prince ne pouvant faire le tour du parquet à cauſe de la goute dont il étoit fort incommodé, prit ſur lui de le traverſer. On n'en tira aucune conſéquence, & ſon nom lui fit conſerver ce privilège, plus par reconnoiſſance des ſervices qu'il avoit rendus à l'état, que comme un droit attaché à ſa naiſſance. Mais dans la ſuite les autres Princes du Sang en ont joui comme lui (3).

(1) Regiſtres du parlement, à la date du 19 février 1641.

(2) Dutillet, recueil des Rois, pag. 316.

(3) Mémoires de la régence de M. le duc d'Orléans, tom. 3, pag. 254 & 255.

La ſection VII du chapitre *des pairs* rappelera quelques autres diſtinctions dont ils ont joui ou jouiſſent encore au parlement.

II. Ce n'eſt pas ſeulement en cette cour qu'ils ont droit de ſiéger. La déclaration du 28 mai 1775 les qualifie, en même-temps que les pairs, de *membres eſſentiels de toutes les cours ſupérieures*, & elle veut en conſéquence que ſi tous les officiers de la cour des aides de Paris venoient à ſuſpendre l'adminiſtration de la juſtice, ou à donner leurs démiſſions par une délibération combinée, & refuſoient de reprendre leurs fonctions au préjudice des ordres du Roi, la forfaiture ſeroit jugée par ſa majeſté elle-même, tenant ſa cour des aides, à laquelle ſeroient appelés les Princes du Sang, le chancelier garde des ſceaux, les pairs, les membres du conſeil du Roi, & les autres perſonnes qui ont entrée & ſéance à la cour des aides.

A l'égard de la ſéance des Princes du Sang au conſeil, & de leurs fonctions par rapport à la régence, voyez le chapitre du *régent* & celui *du conſeil du Roi*.

III. Les Princes du Sang ſont juſticiables du parlement de Paris en première inſtance pour tout ce qui regarde leurs perſonnes.

Ce privilège, comme tous ceux dont ils jouiſſent, eſt partagé par les princeſſes leurs épouſes.

Catherine de la Tremoille, veuve de Henri, prince de Condé, mort de poiſon en 1588, fut ſoupçonnée d'avoir commis ce crime, ou au moins d'en être complice. En conſéquence, le prévôt de Saint-Jean d'Angely, & après lui le prévôt des maréchaux, furent commis par le conſeil de Henri IV, Roi de Navarre, pour informer contre elle. De ſon côté, le parlement de Paris rendit un arrêt qui interdit à ces juges la connoiſſance de l'affaire. Mais le conſeil de Navarre ordonna au prévôt de continuer ſa procédure, & celui-ci, d'après cet ordre, rejeta le déclinatoire proposé devant lui par la princesse.

Pendant l'instruction, Henri III fut assassiné; Henri IV monta sur le trône; les guerres civiles qui désolèrent le royaume firent négliger les poursuites commencées. Cependant la princesse demeura aux arrêts.

Ennuyée de sa captivité, elle fit solliciter son élargissement, & elle fut mise, par ordre du Roi, entre les mains du marquis de Pisani.

Les choses dans cet état, il intervint au parlement un arrêt du mois d'avril 1596, qui déclara nulles & incompétentes les informations faites par les juges qu'avoit délégués le Roi de Navarre. Par le même arrêt, le cardinal de Bourbon, le prince de Conti & le comte de Soissons furent ajournés au parlement, pour y déduire les raisons qui les avoient portés à accuser la princesse leur belle-sœur. Mais n'y ayant point comparu, la cour ordonna que tous les actes faits contre la princesse seroient supprimés & abolis. L'arrêt est du mois de mai suivant (1).

C'est aussi au parlement qu'appartient le droit de nommer des tuteurs aux enfans mineurs des Princes du Sang, d'apposer les scellés dans leurs maisons après leur mort, & de faire l'inventaire de leurs biens. Cette prérogative leur étoit autrefois commune avec les pairs & même les grands seigneurs non pairs; mais une lettre de cachet de Louis XIV, du 28 juin 1685, qui est enregistrée au parlement, l'a restreinte aux Princes du Sang.

La question de savoir par qui doivent être faits les inventaires dont on vient de parler, a fait la matière de plusieurs contestations entre les quatre secrétaires de la cour & les notaires du châtelet.

Deux arrêts du parlement des 22 mai 1601 & 20 août 1614 avoient prononcé en faveur des premiers.

(1) Les quatre âges de la pairie, tom. 2, pag. 314.

Mais les notaires du châtelet ayant pris contre ces arrêts la voie d'opposition & de requête civile, il est d'abord intervenu, le 31 juillet 1630, au sujet de l'inventaire de madame duchesse d'Orléans un arrêt qui, par provision, a ordonné que cet inventaire, commencé par deux notaires du châtelet que monsieur avoit nommés, seroit continué & achevé par ceux-ci (1).

L'arrêt définitif du 21 mai 1639 a ordonné indéfiniment & sans distinction, que les secrétaires de la cour ne pourroient *prétendre la confection des inventaires, & qu'ils ne seroient fait que par les seuls notaires du châtelet* (2).

Cet arrêt n'a pourtant pas mis fin aux contestations. Un autre arrêt du 16 avril 1660 a ordonné que les notaires du châtelet continueroient « de faire les inventaires de toutes sortes de personnes, » *s'il n'en étoit autrement ordonné par la » cour, à l'égard des inventaires qui se feroient à la requête du procureur général « du Roi, pour les Princes du Sang seulement* ».

Cette modification avoit sa source dans un arrêt du 29 janvier 1658, par lequel le parlement s'étoit réservé la connoissance des scellés & inventaires des Princes du Sang.

Brillon, au mot *inventaire*, nombre 30, observe que « dans l'usage les officiers du parlement ne se transportent » pas *proprio motu*, pour apposer les scellés chez un Prince du Sang; il faut, » ajoute-t-il, qu'il y ait une requisition » de la part des héritiers ». Il nous apprend ensuite qu'après la mort de Henri Jules de Bourbon, prince de Condé, l'inventaire fut fait par les notaires du châtelet. « On en usa autrement (continue» t-il), après la mort de madame la du» chesse de Vendôme, arrivée au mois » d'avril 1718: le scellé fut d'abord ap-

(1) Chartres des notaires, titre 2.
(2) *Ibid.*

» posé

» posé à la requête de madame la princesse de Conti & de madame la duchesse du Maine, par un commissaire » du châtelet : & le même jour M. le » duc ayant présenté sa requête au parlement, les doyen & sous-doyen de la » grand'chambre se transportèrent en » l'hôtel de feu madame la duchesse de » Vendôme, accompagnés d'un substitut » de M. le procureur général & d'un » secrétaire de la cour. Les scellés du » commissaire furent croisés, & ensuite » levés, après la reconnoissance d'iceux, » en sorte qu'il n'y eut que le scellé des » commissaires de la cour qui subsista. » L'inventaire fut fait par le secrétaire » de la cour. Un huissier du parlement » assista, & la prisée des meubles se fit » par les huissiers de l'hôtel.

» La même chose s'est pratiquée au » mois de février 1723, après la mort » de madame Anne Palatine de Bavière, » veuve du prince Henri fils de Jules de » Bourbon, sur les requêtes respectives » des princes & princesses filles & petits » fils de madame la princesse ».

III. Pour tout ce qui ne regarde pas directement leur personne, les Princes du Sang ont leurs causes commises en première instance aux requêtes du palais. Il n'y a d'excepté que le premier Prince du Sang, qui a un committimus général à la grand'chambre (1).

III. Les Princes du Sang prennent, comme les fils de France, le titre *d'altesse*, mais pour les distinguer d'avec eux, on y ajoute l'épithète de *sérénissime*, au lieu de celle de *royale*.

Ils ont d'ailleurs le droit d'empêcher que nul autre en France ne prenne ce titre. C'est ce qui a été jugé par un arrêt célèbre du parlement de Paris, dont voici l'espèce :

M. de Saint-Albin, archevêque de Cambrai, & M. de Saint-Simon, évêque de Metz, tous deux princes du Saint-Empire, avoient souteau au parlement de Rouen, contre M. le maréchal de Belle-Isle, un procès qui avoit été jugé par un arrêt du 18 juillet 1752.

Cet arrêt donnoit aux deux prélats les qualités suivantes : « Son altesse sérénissime messire Charles de Saint-Albin, » archevêque duc de Cambrai, pair de » France, prince du Saint-Empire, comte » de Cambresis, abbé commendataire » de l'abbaye de saint Ouen ; son altesse » sérénissime messire Claude de Saint-» Simon, pair de France, évêque de » Metz, prince du Saint-Empire. »

Cet arrêt parvint à la connoissance des Princes du Sang. Le 8 & le 9 novembre 1754, M. le comte de Clermont & M. le prince de Conti, tant en son nom que comme tuteur de M. le comte de la Marche, se pourvurent aux requêtes du palais de Paris, pour qu'il fût fait défenses à M. l'archevêque de Cambrai & à M. l'évêque de Metz de prendre la qualité d'*altesse sérénissime*. Le 12 du même mois, M. le duc d'Orléans intervint, prit les mêmes conclusions, & fit évoquer l'affaire à la grand'chambre en vertu de son committimus.

M. l'archevêque de Cambrai se défendit ; mais M. l'évêque de Metz fit signifier aux Princes, une déclaration qu'il n'entendoit pas se qualifier d'*altesse sérénissime*, & que c'étoit à son insçu que le greffier du parlement de Normandie lui avoit donné ce titre. Cependant les Princes s'opposèrent à ce qu'il sortît de cause.

L'affaire portée à l'audience, M. d'Ormesson, avocat général, qui y remplissoit les fonctions du ministère public, entra dans des détails aussi curieux que savans. Voici ses termes :

« Le titre qu'on donne à nos Rois « dans les anciens monumens de la mo-

(1) Les quatre âges de la pairie, tom. 2, pag. 269. Voyez le préambule des lettres-patentes du 18 février 1779, rapportées au chapitre *des princes Fils de France*, §. 2, nomb. 13.

» narchie, eſt celui de *celſitudo*; jamais » il n'a été donné à d'autres en France; » & c'eſt-là conſtamment l'origine du » titre d'alteſſe, qui n'eſt que la tra- » duction de *celſitudo*. Alors les Rois & » leurs frères étoient qualifiés également » & des mêmes titres, parce que tous » étoient également appelés à la cou- » ronne. Ils partageoient le royaume; » ainſi il ne pouvoit y avoir aucune » diſtinction entre eux. Lorſqu'on les » nommoit dans les actes, on diſoit, » *reges noſtri* (nos Rois) & lorſqu'on » leur écrivoit en commun, ou à l'un » d'eux, on ſe ſervoit de cette apoſtro- » phe, *celſitudines veſtræ*, ou *celſitudo* » *tua*. Le moment où le royaume a » ceſſé d'être partagé entre les frères n'a » pas changé leurs droits, ni leur rang, » ni leur naiſſance, ni par conſéquent » le ſtyle en leur parlant. La royauté » étant reſtée ſeule à un ſeul, le mot » *Rex* n'a plus été employé qu'au ſin- » gulier, & attribué à celui-là ſeul; » mais le mot *alteſſe* eſt reſté commun » à tous. Et peu après, nos Rois deve- » nus empereurs, ayant trouvé propre » à cette dignité le titre d'*imperatoria &* » *Cæſarea majeſtas* (majeſté impériale & » céſarienne), ils ſe ſont approprié le » titre de *majeſté* par diſtinction, avec » l'épithète, *imperatoria* ou *Cæſarea* lorſ- » qu'ils étoient empereurs, & l'épithète » *regia*, lorſqu'ils ne l'étoient pas. Le » titre d'*alteſſe* eſt reſté à leurs frères; » ils s'eſt perpétué aux deſcendans de » ceux-ci; il eſt reſté par conſéquent en » France, à ceux qu'on appelle *Princes du* » *Sang royal*, qui deſcendent de frères » de Rois & de Rois mêmes, & qui, en » cette qualité, ont un droit habituel, » ſucceſſif & éventuel à la couronne.

» Le titre de *Prince* a la même origine. » Les mêmes anciens monumens com- » prennent les rois, leurs frères parta- » geant le royaume, & enſuite leurs frères » non-partageans, ſous la dénomination » commune de *principes*; ſouvent ils » ajoutent l'épithète *illuſtriſſimi* ou *cla-* » *riſſimi*, ou autres; & quelquefois plu- » ſieurs adjectifs & ſuperlatifs cumulés » enſemble. Tel eſt encore notre lan- » gage; cette manière de parler, *les* » *Princes de la maiſon de France*, *de la* » *branche de Valois*, *de celle de Bour-* » *bon*, comprend les Rois avec tous les » autres. En parlant du Roi, on dit, *ce* » *Prince*, comme en parlant d'un autre » du ſang royal.

» Ainſi, ce qu'il y a de commun » entre *alteſſe* & *prince*, c'eſt que l'une » & l'autre dénomination eſt propre » excluſivement aux individus de la mai- » ſon royale. Ce qu'il y a de différent, » c'eſt que celle d'*alteſſe* ne comprend » pas le Roi, qui uſe ſeul de celle de » *majeſté*, & que celle de *prince* com- » prend le Roi même; lorſqu'on veut » que le Roi n'y ſoit pas compris, on dit » *Prince du Sang*....

» L'empire d'Allemagne, tirant ſon » origine actuelle de la ſeconde race de » nos Rois, a bien des choſes communes » avec nous. L'uſage de ces dénomina- » tions, entre autres, lui eſt reſté, mais » en l'étendant beaucoup. Tout ſouve- » rain, quoique membre & feudataire » de l'Empire, s'y eſt qualifié *Prince*, » en ſorte que dans notre uſage, vis-à- » vis des étrangers, nous appelons » *Prince*, tout ſouverain, ou deſcendant » de maiſon ſouveraine régnante. Quant » au titre d'*alteſſe*, tous les princes de » l'Empire ont voulu le prendre; mais » il a été réglé qu'il ne ſeroit donné » qu'aux électeurs. Il n'eſt guère d'uſage » dans les autres royaumes; & il eſt » propre à un ſouverain bien puiſſant, » qui ſe fait qualifier, vis-à-vis des au- » tres ſouverains, *ſa hauteſſe*, plutôt que » ſa majeſté.......

» Les archevêque de Cambrai & évêque » de Metz ſe ſont qualifiés *princes de* » *l'Empire*: perſonne ne le leur conteſte; » les Princes du Sang ne demandent rien

» à cet égard. Mais ils se sont qualifiés » *altesse*; c'est-là ce qui ne leur appartient » pas; c'estce qui appartient aux seuls Prin- » cesdu Sang en France. C'est le droit de » leur naissance, l'attribut de leur état, » la distinction unique de ceux qui sont » appelés à la couronne, à titre de suc- » cession collatérale. Ce titre est incom- » municable. Quand les Princes consen- » tiroient à le partager avec d'autres, » ce seroit à notre ministère à s'y opposer. » Il est forcé de s'élever aujourd'hui » contre un abus qui devient trop com- » mun, il faut le réprimer; ainsi quoi- » que l'évêque de Metz ait fait une » déclaration assez satisfaisante, nous » devons solliciter, de votre autorité, » un arrêt qui porte des défenses per- » sonnelles & universelles en même » temps ».

En conséquence, arrêt du 14 décembre 1754, qui fit défenses à l'archevêque de Cambrai, à l'évêque de Metz, & à tous autres qu'aux Princes du Sang royal, de prendre en France le titre d'*altesse*.

IV. Les qualités que les Princes du Sang peuvent prendre dans les actes, & les différences qui les distinguent à cet égard, tant d'avec les fils de France, que d'avec les Princes des maisons étrangères, sont déterminées par le réglement de 1688.

Suivant ce réglement, le dauphin doit être qualifié *très-haut, très-puissant & excellent Prince*; Monsieur, frère du Roi, *très-haut & très-puissant Prince*; les Princes du Sang, *très-haut & puissant Prince*; & les Princes des maisons étrangères, *haut & puissant Prince* (1).

Quelque temps avant ce réglement, en 1684, les Princes du Sang avoient trouvé mauvais que dans le contrat de mariage de mademoiselle, fille de Monsieur, frère du Roi, duc d'Orléans, avec Amédée II, duc de Savoie, celui-ci fut traité de *très-puissant Prince*, tandis qu'on ne les qualifioit, eux, que de *puissant Prince*. Ce fut une des raisons pour lesquelles ils refusèrent d'assister à ce contrat. Cependant il fut signé de M. le duc de Chartres, fils de monsieur, & petit-fils du Roi, qui n'y étoit traité que de *très-haut & puissant Prince*.

Monsieur proposoit au Roi, dit l'auteur, « d'après qui nous parlons ici (1), » pour ne donner au duc de Savoie au- » cun avantage par-dessus les petits-fils » & les petites-filles de Roi, de vou- » loir bien que dans cet acte, & sans » tirer à conséquence pour l'avenir, on » donnât à M. le duc de Chartres le » titre de *très-haut & très-puissant Prince*, » & aux princesses de la famille royale » le même titre de *très-hautes & très-* » *puissantes Princesses*, aussi bien qu'au » duc de Savoie; mais le Roi ne le vou- » lut point. »

V. Lorsqu'il s'agit de recevoir le serment d'un Prince du Sang, à l'occasion d'une tutelle qui lui est déférée, il est d'usage que deux des messieurs du parlement se transportent à son hôtel (2).

VI. Les Princes du Sang sont exempts des droits de péages; c'est ce qu'ont jugé deux anciens arrêts, l'un du 8 juin 1387, pour la duchesse d'Orléans, fille du Roi Charles-le-Bel; & l'autre du 8 mars 1388, pour le comte d'Alençon. Mais on prétend que cette exemption n'a lieu en leur faveur que jusqu'au sixième degré de la descendance du sang royal (3); j'ignore sur quoi pourroit être fondée une pareille restriction. Assurément on n'oseroit pas contester au Prince le plus

(1) Voyez les registres du secrétariat d'état de la maison du Roi, cités dans le tome 101 du recueil de l'ordre du Saint-Esprit, & dans le volume intitulé *contrats de mariage XI*, au cabinet du même ordre.

(1) Cérémonial diplomatique des cours de l'Europe, tom. 1, pag. 285.

(2) Brillon, au mot *Prince*, nomb. 4.

(3) Brillon, *loc. cit.* n. 5.

éloigné du trône, un privilège dont jouissent tous les membres du parlement, puisqu'il a le droit de siéger & de juger avec eux quand il le trouve à propos. Une déclaration du Roi du 12 mars 1333, qui est enregistrée à la chambre des comptes, déclare les officiers du parlement exempts de tous péages. Il y a d'ailleurs un arrêt de cette cour même, du 5 mai 1587, qui maintient dans cette exemption l'abbé de Saint-Denis, comme conseiller né (1). Et après tout, pour nous servir des termes de l'auteur même qui limite le privilège dont il s'agit au sixième degré (2). « Les Princes du Sang » sont si fort au-dessus de tous les au- » tres sujets du Roi, que ceux-ci, non- » seulement ne doivent point leur en- » vier les privilèges qu'ils ont, mais » doivent souhaiter qu'ils en aient davan- » tage : Telles concessions ne peuvent » point tirer à conséquence, ce sont les » colonnes de l'état, & ils ne doivent » point être confondus avec le reste du » peuple. Si l'obéissance & le respect les » rend également sujets du souverain, » ils ont au-dessus de tous les sujets la » splendeur de leur naissance, la magna- » nimité de leur zèle, la distinction de » leurs services ».

VII. On doit encore compter au nombre des privilèges des Princes du Sang, l'exemption des droits de greffes, de signature, de contrôle des greffes & sceau.

Dutillet (3) dit que le 16 décembre 1401, « Charles VI défendit à ses offi- » ciers de rien prendre du duc d'Orléans, » son frère, de toutes les lettres en son » nom scellées à la chancellerie du Roi ». Il ajoute que « la lettre en est à la cham- » bre des comptes de Blois ».

(1) Le Vest, art. 3.

(2) Brillon, *loc. cit.* n. 5.

(3) Recueil des rois de France, pag. 307, édit. de 1607.

Il est encore dit dans le préambule d'une déclaration du 7 décembre 1655, concernant spécialement la chancellerie de Grenoble, que les fils de France & le premier Prince du Sang sont exempts des droits de sceau dans toutes les chancelleries du royaume (1).

Deux arrêts du conseil des 19 mars & 22 octobre 1715, ont déclaré, l'un tous les Princes de la maison de Condé, & l'autre ceux de la maison de Conti, exempts des droits des greffes, de signature, de contrôle & de sceau dans toutes les cours du royaume (2).

(1) Tessereau, histoire chronologique de la chancellerie, tom. 1, pag. 492, édition de 1706.

(2) *Le premier de ces arrêts est remarquable par les détails dans lesquels il entre, & par son dispositif. En voici les termes :*

Vu au conseil d'état du Roi, l'arrêt rendu en icelui le 27 juillet 1647 sur la requête du feu sieur prince de Condé, par lequel sa majesté auroit fait très-expresses inhibitions & défenses à tous greffiers, leurs commis, propriétaires & fermiers des petits sceaux, & à tous autres, de rien prendre, ni exiger dudit sieur prince, pour les droits de signatures & petits sceaux des expéditions qui le concerneront, à peine de concussion, & d'amende arbitraire, dépens, dommages & intérêts. Autre arrêt du 16 octobre audit an 1647, intervenu sur la requête présentée, tant par madame la princesse, lors douairière de Condé, que par Armand de Bourbon, prince de Conti, par lequel sa majesté a fait très-expresses inhibitions & défenses à tous greffiers, leurs commis, préposés & fermiers des petits sceaux, de rien prendre, ni exiger de ladite dame princesse douairière de Condé, ni du sieur prince de Conti, pour droits de signatures & petits sceaux des expéditions qui les concernent, aux peines portées par ledit arrêt du 27 juillet dernier. Autre arrêt du 10 décembre 1707, rendu sur la requête d'Henri-Jules de Bourbon, prince de Condé, premier Prince du Sang, & de Louis, duc de Bourbon son fils, par lequel sa majesté a ordonné que les arrêts des 3 mars 1638, 27 juillet & 16 octobre 1647, seront exécutés; en conséquence, a fait défenses aux fermiers des greffes appartenans à sa majesté, leurs commis & préposés,

VIII. A l'égard du contrôle tant des actes que des exploits, & des droits d'insinuation, voici, par ordre chronologique, ce qui a été jugé & réglé jusqu'à présent par rapport aux Princes du Sang.

Par arrêt du conseil du 10 juin 1710, Marie-Anne de Bourbon, Princesse du Sang, duchesse de Vendôme, fut exemptée des droits d'insinuation d'une donation que lui avoit faite M. le duc de Vendôme.

Par un autre arrêt du 29 décembre 1719, Marie-Thérèse de Bourbon, seconde douairière de Conti, fut, comme Princesse du Sang, déclarée exempte des droits d'insinuation, & il fut enjoint au fermier d'insinuer les actes qui la concerneroient, sans exiger aucun droit.

Un arrêt du conseil du 10 mai 1720, déchargea Louis-Henri de Bourbon, Prince de Condé, des droits qu'on lui demandoit pour l'insinuation de plusieurs acquisitions qu'il avoit faites.

Quatre arrêts des 26, 29 juillet, 29 septembre & 13 décembre de la même année, déclarèrent le Prince de Conti,

---

& à tous autres d'exiger dudit sieur prince de Condé, ni dudit sieur duc de Bourbon, les deux sous pour livres des droits des greffes, signatures & contrôles de toutes les expéditions qui se délivrent pour eux dans les cours & juridictions, à peine de concussion. Autre arrêt du 29 octobre 1709, rendu sur la requête présentée par madame Anne Palatine de Bavière, veuve dudit sieur prince de Condé, & par Louis, duc de Bourbon, son fils, par lequel il est ordonné que les arrêts du conseil des 3 mars 1638, 27 juillet & 16 octobre 1647, & 20 décembre 1707, seront exécutés; & en conséquence, sa majesté, auroit fait défenses à Claude l'Héritier, fermier général du greffe, & tous autres officiers & greffiers, d'exiger aucuns droits de signature, contrôle, & sceaux des expéditions qui se délivrent dans les cours & juridictions, pour ladite dame princesse de Condé & ledit sieur duc de Bourbon, avec restitution des sommes payées: la requête présentée par ladite dame princesse douairière de Condé, par Louis-Henri duc de Bourbon, prince de Condé, procédant sous l'autorité de Georges Gougenot son curateur, & par ledit sieur Gougenot, tuteur onéraire des princes & princesses, frères & sœurs dudit sieur de Bourbon, contenant, qu'encore que sa majesté ait fait connoître clairement ses intentions, par les arrêts ci-devant rapportés, sur le privilège appartenant aux supplians, ils s'y trouvent néanmoins tous les jours troublés, comme il est arrivé, entr'autres, à l'occasion d'un arrêt intervenu au parlement le 13 août 1714 au profit des supplians, contre les prieur, religieux & chapitre de l'abbaye de Saint-Claude; pour lequel arrêt, Chevalier, fermier des droits des greffes, auroit fait payer lesdits droits; & sur la sommation qui lui auroit été faite le 15 septembre audit an de les restituer, il auroit, pour s'en défendre, soutenu que le privilège accordé à feu M. le prince, & à feu M. le duc, étoit personnel, & non héréditaire, ni transmissible à ses héritiers; sur quoi les supplians se trouvoient obligés de se pourvoir, en représentant à sa majesté, que les différens arrêts qui ont été rendus, & entr'autres celui du 27 juillet 1647, au profit de M. le prince Louis de Bourbon, celui du 16 octobre audit an, au profit d'Armand de Bourbon, son frère cadet, prince de Conti, & ceux des 20 décembre 1707, & 29 octobre 1709, au profit de feu M. le duc, font connoître clairement que le privilège dont il s'agit, est commun pour tous les princes de la maison de Condé. A ces causes, requeroient qu'il plût à sa majesté, ordonner que conformément auxdits arrêts, les secrétaires & greffiers du conseil, ceux du parlement, & autres cours & juridictions, seront tenus de délivrer les expéditions qui se feront pour ladite dame princesse de Condé, ledit sieur duc de Bourbon, & pour ledit sieur Gougenot, en qualité de tuteur des princes & princesses, enfans du feu sieur duc de Bourbon, sans exiger aucuns droits de signature, & condamner ledit Chevalier, fermier des droits des greffes du parlement, à restituer ceux qu'il a exigés pour l'expédition de l'arrêt du 13 août dernier; avec défenses à lui, & à tous autres d'en exiger à l'avenir, à peine de concussion, & de telle amende qu'il plaira à sa majesté, outre les dépens, dommages & intérêts: Oui le rapport du sieur Desmarêts, conseiller ordinaire au conseil royal, contrôleur général des finances. Le Roi en son conseil, par grâce, sans tirer à conséquence, a ordonné & ordonne, que les supplians jouiront de l'exemption des droits de greffes, de signature, contrôle & sceau des expéditions qui se délivreront pour eux dans les cours & juridictions, suivant, & aux termes des arrêts du conseil des 27 juillet & 16 octobre 1647, 20 décembre 1707, & 29 octobre 1709, qui seront exécutés à leur égard selon leur forme & teneur.

madame la princesse de Conti, & mademoiselle de la Roche-sur-Yon, exempts des droits de contrôle.

L'année suivante, le 14 novembre, le conseil déclara, par un autre arrêt rendu sur la requête de monseigneur le duc d'Orléans, régent du royaume, que l'intention du Roi avoit toujours été d'exempter du contrôle les Princes du Sang; en conséquence, monseigneur le duc d'Orléans fut déchargé du droit de contrôle d'une acquisition qu'il venoit de faire près de Nemours, ainsi que des droits d'insinuation & centième denier pour raison de ses autres acquisitions faites ou à faire, soit par succession, donation ou autrement, & il fut enjoint aux commis de contrôler & d'insinuer les contrats de ces acquisitions, sans pour cela prétendre ni exiger aucun droit.

Mais toutes ces décisions ont été révoquées par l'article 98 du tarif du contrôle du 29 septembre 1722, & par l'article 19 de celui de l'insinuation du même jour. Ces lois portent que les droits dont il s'agit, seront payés *nonobstant tous privilèges & exemptions quelconques*, & il a été jugé plusieurs fois que ces termes s'appliquoient aux Princes du Sang comme aux autres privilégiés.

Monseigneur le duc d'Orléans, régent, s'étant obligé de payer à l'Hôtel-Dieu de Lyon, une pension de 100 livres pour chacun des enfans trouvés dans le Beaujolois, prétendit que l'acte devoit être contrôlé gratis, suivant l'arrêt du 14 novembre 1721. Mais par décision du 15 février 1723, il fut dit que le droit étoit dû.

Cependant, par arrêt du conseil du 5 février 1726, rendu sur la requête de madame la duchesse d'Orléans, douairière, de M. le régent, & de monseigneur le duc d'Orléans, son fils, il a été ordonné que tous les actes & contrats sujets au droit de centième denier, qui avoient été ou seroient faits à leur profit, seroient insinués dans tous les bureaux où besoin seroit, sans que les commis pussent en exiger aucun droit, dont sa majesté les déchargeoit au besoin.

Mais ce n'est-là qu'une faveur particulière & qui ne peut être tirée à conséquence.

Une décision du 17 juin 1736, rendue au sujet des *droits réservés* d'un décret volontaire fait pour madame la duchesse & M. le duc d'Orléans, porte que le Roi ne peut les exempter de ces droits, & qu'il faudroit que sa majesté en tînt compte à ses fermiers.

Une autre décision du 11 octobre suivant, juge qu'il n'y a pas lieu à la restitution d'un droit de contrôle perçu pour une acquisition faite par M. le duc d'Orléans.

Le 7 mars 1739, il a été rendu sur le mémoire du prince de Dombes & du comte d'Eu, prenant le fait & cause des adjudicataires de leurs bois, à qui on demandoit le centième denier, une décision portant que ce droit est dû, qu'il est toujours à la charge des acquéreurs par rapport au Roi, & qu'ainsi on ne peut, sous aucun prétexte, les en décharger.

Le bail du fermier des domaines commencé le premier janvier 1751, contient la clause expresse qu'il jouira des droits de centième denier de tous contrats & autres titres translatifs de propriété, sans exception d'aucune autre personne que des Princes du Sang, qui auront été dispensés de ce droit par des arrêts postérieurs à la déclaration du 29 septembre 1722.

Par arrêt du conseil du 3 juin 1755, M. le duc d'Orléans a été déchargé des droits de contrôle des actes qui alors avoient été ou seroient à l'avenir faits à son profit, *& dont le payement seroit à sa charge*, comme aussi des droits d'insinuation & de centième denier pour raison de ses acquisitions faites ou à faire, soit par succession, donation ou autrement. Il a été en même temps enjoint de contrôler & d'insinuer ces actes, sans en exiger aucun payement, à condition néanmoins que les droits de contrôle, d'insinuation & de centième denier qui se trouveroient, par la nature des contrats & autres titres, dans le cas d'être à la charge des parties contractantes avec M. le duc d'Orléans, seroient payés par elles, sans qu'elles pussent s'en prétendre exemptes, quand bien même M. le duc d'Orléans seroit chargé par des clauses particulières de les acquiter, & sans qu'il pût être répété contre les sous-fermiers des domaines aucun droit de contrôle, d'insinuation & de centième denier, ci-devant payés.

Sur la demande que M. le duc d'Orléans a faite ensuite de l'exemption du droit de contrôle des exploits, il a été décidé au conseil, le 8 novembre 1755, qu'il n'étoit pas possible de donner cette extension à l'arrêt du 3 juin 1755.

Il résulte de ces détails, dit l'auteur du dictionnaire des domaines, au mot *exemption*, « que les Princes du Sang » qui, depuis 1722, ont obtenu l'exemption des droits d'insinuation & de » centième denier, sont les seuls qui » doivent en jouir ; qu'à l'égard du contrôle des actes, il n'y a que M. le duc » d'Orléans, en sa qualité de premier » Prince du Sang, & seulement lorsque » ces droits sont à sa charge par la nature » des actes ; qu'enfin, il n'y a aucune » exemption pour les droits de contrôle » des exploits, ni pour les droits réservés ».

IX. Les Princes du Sang sont-ils exempts des droits seigneuriaux dans la mouvance du Roi ? (1) Ils le sont, mais seulement comme chevaliers de l'ordre du Saint-Esprit, & autant qu'ils sont décorés de cet ordre. Ce n'est qu'en cette qualité que le dauphin, fils de Louis XIV, fut déchargé par arrêt du conseil du 7 avril 1699, du droit de quint de l'acquisition de la terre de Meudon.

(1) Cette question n'a d'objet qu'autant que l'exemption de ces droits, supprimée par arrêt du conseil du 26 mai 1771, viendroit à être rétablie.

Aussi a-t-on vu, le 5 avril 1740, M. le prince de Condé, alors sous la tutelle de M. le comte de Charolois, obtenir du Roi un brevet de don des droits de rachat dus à sa majesté par la mort de M. le duc de Bourbon, pour les terres qu'il possédoit en Bretagne. Encore le Roi a-t-il excepté du don les droits attribués aux officiers du domaine ou affermés. Ce brevet a été enregistré au parlement de Rennes le 28 avril 1740, & à la chambre des comptes le 12 mai de la même année (1).

L'arrêt du conseil du 30 août 1786, portant confirmation des privilèges de l'ordre du Saint-Esprit, annonce aussi très-clairement, en comprenant les Princes dans ces dispositions, que ce n'est que comme chevaliers de cet ordre, qu'ils peuvent jouir de l'exemption dont il s'agit.

X. Une déclaration du Roi, du 25 avril 1495, enregistrée le 22 janvier suivant, excepte les Princes du Sang de la défense qu'elle prononce contre tous les seigneurs ayant des bois, buissons & taillis enclavés dans les garennes du Roi, d'y commettre des gardes (2).

XI. On a vu ci-devant, au chapitre *des Princes fils de France*, §. 1, nombre 3, quels sont les privilèges dont jouissent, par rapport à leurs apanages, les Princes du Sang qui en ont.

A l'égard des domaines engagés entre leurs mains, Brillon prétend qu'ils forment pour eux *une espèce de propriété*, & c'est ce qui paroît résulter de plusieurs arrêts du conseil cités dans les mémoires sur lesquels a été rendu entre madame la princesse de Conti & madame la duchesse du Maine, d'une part, M. le duc de Bourbon, M. le comte de Charolois & M. le comte de Clermont, de l'autre, l'arrêt du 28 avril 1725, que

(1) Dictionn. des dom. au mot *Exemption*.

(2) Cinquième volume des ordonnances de François premier, cotté O, fol. 235.

nous avons rapporté ci-devant, tome 1, pages 312 & 313 (1).

XII. Les auteurs qui ont écrit dans les temps de troubles, agitent une question

(1) *Le point de contestation auquel se rapportoient ces citations, étoit de savoir si les droits du contrôle des poids & du parisis en Normandie, qui se trouvoient dans la succession de madame la duchesse de Vendôme, étoient domaniaux, & comme tels soumis à la coutume du lieu où s'en faisoit l'exercice, ou si au contraire ils étoient héréditaires. Voici ce que contenoit là-dessus un mémoire publié pour M. le duc de Bourbon.*

« On taxe en 1646 tous les détenteurs des » domaines du Roi ; on signifie à madame la » princesse de Condé une taxe de quatre-vingt-» seize mille livres ; elle se pourvoit contre » cette taxe : & voici la qualité qu'elle prend » de *propriétaire par engagement des con-» trôles des poids de Normandie*; donc elle » reconnoît elle-même qu'elle n'a point d'autre » qualité que celle de propriétaire par enga-» gement d'un domaine. Il est vrai qu'*à la* » *faveur de sa qualité de Princesse du Sang*, » elle obtint par arrêt du 24 décembre 1646, » la décharge de cette taxe, *& de toutes* » *autres taxes faites ou à faire sur les* » *propriétaires par engagement des domaines* » *de sa majesté ;* mais elle n'obtint sa dé-» charge, qu'en reconnoissant qu'elle possédoit » ces contrôles par engagement, comme un » domaine, au lieu que si elle eût possédé » ces droits à titre d'office héréditaire, rien » n'étoit plus sur que d'alléguer cette créa-» tion d'office héréditaire & non domanial; mais » la nature de ces doits auroit rendu cette dé-» fense inutile : elle n'a eu d'autre ressource » que d'alléguer *le privilège des Princes du* » *Sang*.

» L'arrêt du conseil d'état du 2 août 1662 » est encore plus précis. Le Roi ordonna l'exé-» cution de l'arrêt du 19 mai 1661, & dé-» chargea M. le prince de Condé de la pré-» tention du traitant, avec restitution des sommes » payées. Rien de plus précis que cet arrêt » pour établir la domanialité de ces droits. M. le » prince de Condé est obligé de la reconnoître ; » le Roi juge, en effet, que ces droits étoient » domaniaux ; mais il juge en même temps que » *les domaines qui sont entre les mains des* » *Princes du Sang ne sont sujets à aucun* » *retranchement, ni a aucune réunion.*

» Qu'on ne dise point que cette domanialité » n'a été reconnue & alléguée que pour se ga-» rantir, à la faveur de ce prétexte, de la réunion » qui étoit prétendue.

» Cette domanialité étoit au contraire le moyen » qui devoit opérer la réunion ; & si les droits » dont il s'agit n'avoient pas été domaniaux, » il étoit inutile de faire valoir *la qualité &* » *le privilège des Princes du Sang ;* il n'y » avoit qu'à proposer que ces droits étoient pos-» sédés en titre d'offices & héréditaires ; on n'a » point recours à un privilège & à une excep-» tion, lorsqu'on peut faire valoir le droit » commun en sa faveur.

» Cet arrêt fut suivi d'un autre, rendu le 26 » octobre 1662, qui ordonne que M. le Prince » jouira des droits de parisis de contrôle de Nor-» mandie, sans qu'ils puissent être censés réunis » au domaine.

» Ainsi voilà, d'un côté, la reconnoissance, » que M. le prince de Condé n'avoit d'autre » titre, ni d'autre qualité que celle d'*engagiste* » *des droits attribués au contrôle des poids* » *de Normandie ;* que c'est en cette qualité » qu'il avoit été subrogé au droit de parisis en-» gagé au profit d'un autre. Ce qu'il faut observer, » est que ce droit de parisis n'avoit point été » créé en titre d'office héréditaire, ni attaché à » aucun office. Le Roi le réunit à son domaine » comme un droit véritablement domanial, & » par conséquent le contrôle des poids auquel » ce parisis étoit ajouté, étoit de la même na-» ture, étant impossible que le parisis fût différent » du droit principal.

» D'un autre côté, le prince de Condé n'est » affranchi de la réunion qui avoit été ordonnée, » que *par le privilège des Princes du Sang*, » & sur le fondement de l'arrêt précédent, » rendu pour raison du droit de contrôle ; *cette* » *exception, fondée sur la seule qualité des* » *Princes du Sang*, établit que l'un & l'autre » droit étoient également domaniaux.

» Par édit du mois de novembre 1668, le Roi » déclare qu'il supprime *aucuns droits du do-* » *maine* qui y sont expliqués, *& pareillement* » *le contrôle & parisis des poids de Normandie* » *possédés par le fermier général des aides de* » *Normandie.*

» Cet édit prouve bien précisément que ce » contrôle & parisis des poids de Normandie » faisoient partie du domaine ; ceux déjà réunis » & possédés par le fermier étoient certainement » domaniaux ; & on ne peut concevoir que ceux » possédés par les Princes du Sang, ne fussent » pas de même nature, *n'ayant été affranchis* » *de la réunion que par le privilège de ces* » *Princes.*

» Quelques particuliers prétendoient s'exempter » du payement des droits de contrôle & de parisis » que

que les sentimens des Princes actuels rend bien inutile ; celle de savoir s'ils ont, lorsqu'ils tombent dans le crime de lèze-majesté, le privilège de n'être pas condamnés à mort ?

Pour l'affirmative, on dit qu'un arrêt du 10 octobre 1458, rendu par la cour des pairs, a condamné Jean de Valois, Prince du Sang, à être décapité pour avoir voulu livrer la France aux Anglois; qu'à la vérité, le Roi a commué cette peine en celle de la prison perpétuelle; mais que le seul fait de la condamnation prononcée est décisif pour le point de droit.

On ajouteroit, si ce qui se fait dans des temps de troubles pouvoit servir d'exemple, que par un autre arrêt du 28 avril 1654, rendu dans le même tribunal, en présence de Louis XIV, pendant la guerre de la Fronde, le grand Condé fut déclaré criminel de lèze-majesté, déchu du nom de Bourbon, & condamné à mort, avec confiscation de tous ses biens. Mais on observeroit aussi que les François montrèrent, dans cette occasion, qu'ils savoient respecter leurs Rois jusques dans la personne des Princes coupables. Lorsqu'il fallut opiner, personne n'eut la bassesse de déguiser sa douleur, & malgré le respect qu'imprimoit la présence d'un maître irrité, chaque pair, chaque conseiller sembloit être un nouveau Brutus, qui prononçoit, en soupirant, la condamnation de ses fils (1).

Pour la négative, on cite l'arrêt rendu au lit de justice du 16 janvier 1523, par lequel le connétable de Bourbon, déclaré criminel de lèze-majesté au premier chef, fut seulement dégradé & privé de son nom, avec abolition de sa mémoire & confiscation de ses biens ; tandis que par un autre arrêt prononcé au même instant, Saint-Vallier, son complice, fut condamné à mort (1).

Dans ce conflit d'autorités, voici ce que décide Brillon, au mot *lèze-majesté*, nomb. 7 : « En cet endroit, l'on peut dire » hardiment son avis. Le mien sera d'au- » tant plus libre, qu'il sera du goût des » Princes mêmes. Bien loin qu'on doive » solliciter clémence pour ceux qui ont » le malheur de tomber dans cette extré- » mité de félonie & de fureur, ils doivent » être traités d'autant plus sévèrement, » qu'eux-mêmes ont un intérêt plus grand » de s'unir par les liens de la fidélité au » souverain, à qui ils appartiennent par » les titres augustes de la famille royale ».

XIII. Le même auteur assure (2) qu'un arrêt du conseil du 25 février 1720, a décidé que les Princes du Sang transmettoient aux fermiers de leurs biens le privilège de ne pas déroger à la noblesse.

XIV. Bouvot, tome 2, au mot *officiers*, question 4, rapporte un arrêt du parlement de Dijon du 18 mars 1597, par lequel il a été jugé, suivant lui, qu'un Prince du Sang ne peut pas destituer les officiers de justice qu'il a nommés.

Mais voici quelles sont là-dessus les réflexions de Brillon, au mot *office*, nombre 220 :

« Je ne vois pas quelle raison peut » faire perdre à un Prince du Sang, le » droit qu'à tout autre seigneur particu- » lier, à moins qu'il ne fût question d'une » domination donnée au Roi par un

» dus à M. le prince de Condé, sur le fondement de cet édit de suppression. En conformité » de tous les arrêts précédens, intervint un » nouvel arrêt le 2 septembre 1669, par lequel » le Roi déclara n'avoir entendu supprimer ces » droits de contrôle & parisis des poids de Normandie appartenans à M. le prince de Condé. » *Le seul privilège des Princes du Sang* a » encore agi lors de cet arrêt, qui sert aussi-» bien que les autres précédens à établir la do-» manialité de ces droits. »

(1) Les vies des hommes illustres, tom. 25, pag. 37 & 38.

(1) Pasquier, recherches de la France, liv. 6, chap. 14.

(2) Au mot *Prince*, nomb. 5.

» Prince du Sang, possesseur d'un do-
» maine engagé, auquel cas la variation n'est admise dans personne : ou à moins qu'on ne présume que la volonté des Princes, étant authentiquement déterminée, il ne convient ni à eux, ni à leurs successeurs d'en changer ; mais cette réflexion n'est à mon gré, ni morale, ni politique. Veut-on se sauver par la belle maxime des loix émanées de la sage autorité des empereurs, *decet beneficium principis esse mansurum*? Je ne l'empêche pas. Quoi qu'il en soit, ce qui m'empêche d'adhérer à l'avis de Bouvot, c'est que depuis quinze ans & plus, que je fréquente les conseils des Princes du Sang, j'ai plusieurs exemples de destitution & de révocation, bien entendu qu'elles ont eu des causes ; & de plus, on est dispensé d'en avoir, attendu la clause ordinaire, & qui ne s'obmet jamais, *& ce tant qu'il nous plaira*, clause très-judicieuse ; & de bonne précaution, d'autant que les Princes, (& ils s'en plaignent tous les jours), sont plus exposés que les autres à des choix de complaisance, de recommandation, & par conséquent à être trompés ».

XV. C'est une question, si lorsqu'un Prince du Sang a mis hors de sa main un immeuble sur lequel il avoit précédemment constitué une hypothèque, le créancier hypothéquaire est obligé de le discuter comme un simple particulier, avant de pouvoir s'en prendre au tiers-acquéreur ?

Il y a deux arrêts pour la négative, l'un du 31 mars 1589, & l'autre du 20 novembre 1610 (1). Par celui-ci, un créancier de madame la princesse de Condé a été dispensé de la discussion, comme étant très-difficile ou même impossible, & le tiers détenteur a été condamné directement.

Mais le contraire a été jugé par trois autres arrêts des 17 mars 1602, 2 juillet 1605 & 31 mai 1625, rapportés dans le commentaire d'Auzanet sur la coutume de Paris, article 100.

« C'est à ce dernier avis que je me tiens, dit Brillon (1), d'autant que la justice a des règles uniformes pour les princes & les particuliers. Les uns & les autres sont également sujets du Roi ; il ne faut pas présumer que les juges, en observant certaines bienséances, veuillent manquer aux règles, ni consentir à l'oppression des petits ».

XVI. Les mariages des Princes du Sang nous offrent deux particularités remarquables.

La première, qu'il n'appartient qu'aux secrétaires d'état de recevoir les contrats qui précèdent ces mariages. Voyez ci-après le chapitre *du conseil du Roi*, §. *des secrétaires d'état*.

La seconde, qu'ils ne peuvent être célébrés valablement sans le consentement du Roi. C'est ce qui a été jugé par le célèbre arrêt du mois de septembre 1635, rendu sur les conclusions de M. Jérome Bignon, avocat général, au sujet du mariage de Gaston, duc d'Orléans, avec Marguerite de Lorraine. Le clergé s'étoit assemblé pendant l'instruction de la cause, & avoit donné sur la question, un avis qui est ainsi conçu :

« Nous archevêques, évêques, & autres ecclésiastiques de toutes les provinces de ce royaume, représentant le corps du clergé de France, après avoir soigneusement examiné la question qui nous a été proposée de la part de sa majesté : vu les décisions & constitutions ecclésiastiques sur le pouvoir des coutumes des lieux, ou ce qui concerne la validité des mariages, avec le commun sentiment de ceux qui ont écrit de cette matière : considéré aussi la cou-

(1) Notes sur M. le Prestre, cent. 1, ch. 76.

(1) Au mot *Discussion*, nomb. 1.

» tume, pratique, & l'usage de la France, » en ce qui est du mariage des Princes » du Sang, & particulièrement des plus » proches, & qui sont présomptifs hé» ritiers de la couronne, attendu le con» sentement & l'approbation de l'église, » touchant cette coutume politique & » usage de la France : après avoir oui le » rapport des commissaires par nous dé» putés pour examiner particulièrement » tout ce qui peut se dire de part & » d'autre sur ce sujet, & avoir sçu d'eux » qu'ils en auroient conféré avec un grand » nombre de savans théologiens, tant » séculiers que réguliers, desquels ils » nous ont rapporté les avis signés de » leurs mains; DISONS, selon le véritable » sentiment de nos consciences, d'un » consentement unanime, que les cou» tumes des états peuvent faire que les » mariages soient nuls & non valable» ment contractés, quand elles sont rai» sonnables, anciennes & affermies par » une prescription légitime & autorisée » de l'église; que la coutume de France » ne permet pas que les Princes du Sang, » & principalement les plus proches, & » qui sont présomptifs héritiers de la » couronne, se marient sans le consen» tement du Roi, beaucoup moins contre » sa volonté & sa défense; que les ma» riages ainsi faits sont illégitimes, in» valides & nuls, par le défaut d'une » condition sans laquelle lesdits Princes » ne sont pas capables de légitimement » & valablement contracter, & que cette » coutume de la France est raisonnable, » par une prescription légitime & auto» risée de l'église. Délibéré à Paris, le » samedi 7 juillet 1635, &c ».

XVII. Autrefois, le nonce du pape faisoit difficulté de rendre les premières visites aux Princes du Sang (1). Mais il remplit aujourd'hui ce devoir sans contestation. Il observe seulement de ne voir les Princes du Sang que dans leurs hôtels; il ne les voit point chez le Roi, quand même ils s'y trouveroient le jour de son audience, parce que là il ne peut en recevoir les mêmes honneurs qu'ils lui rendent chez eux.

Voici quels sont ces honneurs. Lorsque le nonce paroît à la descente de son carosse, les gentilshommes du Prince le reçoivent. Le Prince vient au-devant de lui jusqu'à l'escalier, descend quatre ou cinq dégrés, lui donne la main & le conduit dans son appartement où ils s'asseoient chacun dans un fauteuil & se couvrent. On les laisse seuls. La conversation finie, le prince reconduit le nonce jusqu'à son carosse, & le voit partir.

A la visite que le nonce fait aux princesses, il est reçu à la descente de son carosse par les gentilshommes, & dans l'antichambre par les dames d'honneur. Il trouve la princesse sur son lit en son séant. On lui donne un fauteuil, & à son auditeur un siège pliant (1).

XVIII. L'auteur du *cérémonial diplomatique des cours de l'Europe*, tome 1, page 39, dit que « jamais les Princes du » Sang ne se trouvent aux audiences que

(1) Voici ce que nous lisons à ce sujet dans le *cérémonial diplomatique des cours de l'Europe*, tom. 1, pag. 8 & 9.

« En 1694, le nonce Bologneti faisoit diffi» culté de visiter le premier M. le prince, qui » étoit Henri de Bourbon, & M. le prince ne » vouloit pas aussi être le premier à le visiter. » On convint que le nonce iroit voir madame » la princesse, que M. le prince surviendroit » à la visite, où il demeureroit pour avoir » occasion de le conduire à son carrosse qu'il » verroit partir, que de-là le nonce prendroit » prétexte de venir le remercier de ses honnê» tetés, & qu'ensuite M. le prince iroit lui » rendre sa visite, où il seroit reçu par le nonce, » en camail & en rochet, ce qu'on exigea de » lui tant pour la visite qu'il devoit faire à » M. le prince, que pour celle que M. le prince » lui devoit rendre. Il n'étoit venu qu'en habit » ordinaire voir madame la princesse. Mais » depuis, les nonces sont venus voir en rochet » & en camail les princesses, & ont continué » à rendre visite les premiers aux princes ».

(1) Cérémonial diplomatique, *loc. cit.*

» la reine donne. Ils ne se couvriroient » pas, ajoute-t-il; un fils de France même » ne se couvriroit pas devant elle, ni » même monseigneur le dauphin ».

XIX. Nous lisons dans le même ouvrage, tome 1, page 435, que « les Princes » du Sang mangent avec le Roi lorsqu'il » est seul, ou en campagne. Mais (ajoute » l'auteur) si la reine est à table, aucun » Prince n'y est admis, & personne n'y » peut manger alors, qui ne soit pas de » la famille royale.

» Les Princesses du Sang (continue-» t-il) sont quelquefois admises à la table » du Roi.....

» Les Princes du Sang ne vont jamais » dans le carosse de la reine, cela est seu-» lement réservé aux princesses.

» Celles-ci ont la permission de s'as-» seoir sur des tabourets en présence de » la reine & des enfans de France.

» Lorsque lès princes & les princesses, » les ducs & pairs & leurs femmes » viennent les voir, elles leur font don-» ner un fauteuil, aux maréchaux de » France une chaise à dos, & aux autres » seigneurs de qualité un tabouret.

» Dans les églises, elles ont des car-» reaux, mais hors du tapis du Roi ».

XX. Les Princes du Sang ont la prérogative du *pour*; mais quelques seigneurs qui tiennent rang de princes en France, la partagent avec eux.

Cette prérogative consiste en ce que dans les voyages de la cour, les fourriers des logis qui vont poser la craie & marquer les logemens, ne marquent ceux des personnes qui ne sont pas princes, qu'en mettant simplement leur nom & leur titre. Au lieu que quand ils marquent ceux des Princes, ils y ajoutent le mot pour, & écrivent *pour monseigneur le duc d'Orléans*; *pour monseigneur le prince de Condé*, *&c.* C'est ce qu'on appelle en France, *avoir le pour* (1).

(1) Etat de la France, de 1749, tom. 2, pag. 536.

XXI. Les Princes du Sang ont eu fort long-temps le droit exclusif d'entrer au bal de l'opéra avec l'épée. Ce n'est que depuis le 17 février 1767, qu'une décision de Louis XV a étendu cette prérogative aux ambassadeurs des cours étrangères.

XXII. Quels sont les honneurs que les Princes du Sang de France doivent recevoir dans les cours étrangères? Il n'y a là dessus aucune règle, & nous n'avons, pour en tenir lieu, qu'un très-petit nombre d'exemples.

Sous Louis XIII, le prince de Conti, premier Prince du Sang, alla à Rome. « Il fut logé dans le Vatican, & on lui » assigna dans la chapelle une place après » le dernier cardinal diacre. C'étoit le » même honneur qu'on avoit accordé au » duc de Mantoue, lorsqu'il s'étoit trouvé » à Rome. La veille de Noël 162..., il » eut audience du pape. Après qu'il eut » baisé les pieds de sa sainteté, elle lui » ordonna de se couvrir ». C'est ce que nous apprend l'auteur du cérémonial diplomatique, tome 2, page 173.

Au mois d'avril 1718, lorsqu'on régla avec le maître des cérémonies du souverain pontife, la manière dont seroit reçu à son audience, M. le comte de Charolois, Prince du Sang, « on lui accorda » l'épée au côté, & un fauteuil. Le maître » de la chambre le reçut en bas de l'es-» calier ». Ainsi s'exprime le même auteur, à l'endroit cité.

Voyez ci-devant, au chapitre des *princes fils de France*, §. 1, la réception qui fut faite à Philippe, duc d'Orléans, neveu de Louis XIV, lorsqu'il alla à Madrid.

### §. IV. *Des distinctions établies entre les Princes du Sang par l'ordre de la naissance.*

Anciennement, il s'élevoit parmi les Princes du Sang royal des contestations très-fréquentes sur la préséance, & il n'y avoit rien de certain à cet égard entre eux.

Au commencement du quinzième siècle, il fut question de savoir lequel des deux, ou de Jean premier, comte d'Alençon, ou du duc de Bourbon, devoit avoir le pas sur l'autre. Celui-ci étoit plus éloigné de la tige royale que celui-là, mais il étoit duc; &, soutenu de cette qualité, il ne vouloit point céder la supériorité de son rang.

L'affaire portée au conseil du Roi Charles VI, il intervint, le 20 novembre 1413, un arrêt qui ne décida pas la question en faveur du comte d'Alençon, comme l'avance l'auteur des *quatre âges de la pairie*, tome 2, page 300, mais l'éluda plutôt, en ordonnant que les deux princes jouiroient tour à tour de la prérogative qu'ils se disputoient (1).

Le différend ne fut qu'assoupi par cet arrêt. Pour le terminer entièrement, & faire jouir Jean premier de la préséance sur son rival, Charles VI fut obligé d'ériger Alençon en duché-pairie. Les lettres d'érection sont datées du premier janvier 1414; elles furent enregistrées le 13 mai 1415.

Peu de temps après, au sacre de Louis XI, le duc de Bourbon, parce qu'il étoit chef de sa maison, précéda les comtes d'Angoulême & de Nevers, puînés des branches d'Orléans & de Bourgogne, quoiqu'il fût plus éloigné qu'eux de la couronne (2).

Enfin, l'édit de Henri III de 1576, a ordonné que les Princes du Sang *tiendroient rang selon leur degré de consanguinité*.

Par-là, il a été réglé bien formellement que les dignités particulières dont pouvoient être revêtus les Princes du Sang, ne devoient nullement être considérées pour déterminer la préséance entre eux; & qu'il ne devoit être fait attention, à cet égard, qu'au *degré de consanguinité*.

(1) Dutillet, recueil des rois de France, pag. 316, édit. de 1607.

(2) *Ibid.*

Mais ces mots *degré de consanguinité* peuvent être entendus de deux manières bien différentes.

Dans le sens ordinaire, chaque personne est comptée pour un degré, & c'est par le nombre de personnes intermédiaires, qu'on détermine le degré de parenté d'un individu à un autre. Ainsi le neveu, fils de l'aîné, est plus éloigné que l'oncle d'un degré, & par cette raison, dans les successions privées, l'oncle exclut le neveu.

Mais le mot *degré* signifie aussi l'ordre & le rang des diverses espèces de parenté (1). Or quand il s'agit de la succession à la couronne, ce n'est point la proximité du degré que l'on considère, mais bien l'ordre de l'agnation linéale. C'est donc uniquement de cet ordre que doit être entendu l'édit de 1576. C'est aussi ce qui s'est pratiqué constamment depuis cette loi. Le cardinal de Bourbon étoit plus proche parent de Henri III que Henri IV; mais Henri IV avoit sur lui l'avantage de l'aînesse, en suivant l'ordre de l'agnation linéale, & par cette raison il fut reconnu pour premier Prince du Sang, du vivant même de Henri III.

C'est ce qui est encore arrivé sous le règne de Henri IV. Ce prince avoit des cousins-germains; cependant le prince de Condé qui n'étoit que son arrière-cousin, fut déclaré premier Prince du Sang, parce qu'il étoit, dans l'ordre de la parenté linéale & agnatique, le chef de la branche de Bourbon (2).

Ainsi, de Prince à Prince, c'est la proximité à la couronne qui donne la préséance.

(1) C'est ce que prouve la loi première, *si tabulæ testamenti*, au digeste *prætor fecit GRADUS varios succedendi, primum liberorum, secundum legitimorum, tertium cognatorum*. Cette manière de parler est encore employée dans les institutes de Justinien, titre *de bonorum possessionibus*.

(2) Loyseau, des ordres, chap. 7, nomb. 74.

Mais d'un prince à une princesse, la préséance dépend du droit à la couronne.

Et de princesse à princesse, c'est la proximité du sang qui la détermine.

Suivant la première de ces trois maximes, les fils du dauphin auroient le pas sur les fils du Roi. Mais les filles du dauphin, d'après la seconde maxime, céderoient aux fils du Roi, & même à ses filles, suivant la troisième.

Il est d'ailleurs à remarquer que toutes les personnes du sang royal sont distinguées en trois ordres. Le premier renferme les fils, les petits-fils, les filles & des petites-filles du Roi régnant : le deuxième comprend les fils, les filles, les petits-fils & les petites-filles du Roi défunt. C'est ce qu'on appelle la famille royale. Le troisième est composé de tous les autres Princes du Sang.

C'est dans chacun de ces ordres que les trois maximes qu'on vient de rappeler, règlent le pas ; mais d'ordre à ordre, la préséance dépend de la proximité du sang. Ainsi toutes les personnes du premier ordre ont absolument la préséance sur les personnes du second ordre, comme sur celles du troisième ; ensorte que les princesses d'un ordre supérieur l'emportent sur les princes d'un ordre inférieur, quoiqu'elles puissent devenir leurs sujettes. La raison en est, dit l'auteur du *cérémonial diplomatique des cours de l'Europe*, tome 1, page 43, que « les princesses touchant de près à la personne » du Roi, participent en quelque manière à la majesté de son trône, & que » ne faisant qu'un seul corps avec le » Roi, il est juste qu'on le respecte en » elles. Cette sorte de respect est si raisonnable qu'il y en a même un exemple » dans la hiérarchie de l'église, où nous » voyons que les evêques, quoique d'un » caractère véritablement supérieur aux » cardinaux, cèdent néanmoins à ces derniers, par la seule raison que les cardinaux étant comme les collegues du » saint-père, les evêques se trouvent obligés de respecter en eux la majesté de » la thiare ».

La préséance sur les princes de son ordre n'est pas la seule chose qui distingue le premier Prince du Sang ; il a encore trois autres prérogatives particulières.

La première, est d'avoir, comme les princes fils de France, une maison composée de grands officiers.

La seconde, est que les gages de cette maison sont ordinairement payés par le Roi.

La troisième, est que le Roi lui donne communément à sa disposition un cordon bleu, & qu'il peut en gratifier tel seigneur qu'il lui plaît (1).

Quand il n'existe point de fils de France, c'est le premier Prince du Sang qui est l'héritier présomptif de la couronne ; & il obtient ordinairement du Roi des lettres-patentes qui le déclarent tel (2).

Sous Louis XIV, le premier Prince du Sang s'appeloit *monsieur le Prince*, & son fils aîné, *monsieur le Duc* sans autre dénomination.

Après la mort du grand Condé, arrivée en 1686, il y eut une difficulté pour savoir à qui devoit passer le titre de *monsieur le Prince*.

Ce ne peut être, disoit-on, que ou à M. le duc d'Anjou, petit-fils du Roi, & depuis Roi d'Espagne sous le nom de Philippe V, ou à M. le duc de Chartres, petit-fils de Louis XIII, & neveu de Louis XIV, ou à M. le duc d'Enghien, fils du prince défunt. Or ce ne peut être M. le duc d'Anjou : cette qualité ne l'honoreroit pas assez. Il en est de même de M. le duc de Chartres, puisqu'il est de la famille royale. Elle ne peut donc appartenir qu'à M. le duc d'Enghien.

C'est en effet ce qu'a décidé Louis XIV, mais avec une modification. « M. le duc » de Chartres, dit l'auteur du cérémonial

(1) Cérémonial diplomatique des cours de France, tom. 1, pag. 434.

(2) Voyez le chapitre *du Dauphin*.

» diplomatique des cours de l'Europe, » tom. 1, pag. 46, a eu la pension de » 50,000 écus, comme premier Prince » du Sang, & n'en a point porté le nom, » par la raison qu'étant de la famille » royale, il n'auroit pas été assez distingué » des Princes de la famille du sang. Mais » M. le duc d'Enghien a eu le nom de » *Prince*, tout court, & M. le duc de » Bourbon son fils, celui de *Duc*, tout » court. »

Il s'est élevé une difficulté à peu près semblable à la mort de feu M. le duc d'Orléans, arrivée le 18 novembre 1785. On demandoit à qui appartiendroit désormais le titre de premier Prince du Sang. Ce ne pouvoit être que, ou à M. le duc d'Angoulême, fils de monseigneur comte d'Artois, frère du Roi, ou à M. le duc de Chartres, fils du Prince défunt; mais comme il avoit été décidé à la naissance de M. le duc d'Angoulême, qu'il devoit être traité en Fils de France (1), la difficulté a été bientôt levée; le Roi a déclaré que M. le duc de Chartres, en portant à l'avenir le nom de duc d'Orléans, y joindroit le titre & les honneurs de premier Prince du Sang, jusqu'à ce que M. le duc d'Angoulême eût un fils mâle sur la tête duquel ce titre & ces honneurs pussent passer (2).

Aussi peu de jours après, le 27 du même mois de novembre, sa majesté a donné à M. le duc d'Orléans, dans des lettres-patentes enregistrées le 5 décembre de la même année, la qualité de *notre cousin duc d'Orléans, premier Prince du Sang*.

## §. V. *Des maisons des premiers Princes du Sang.*

I. Nous avons déjà dit que le premier Prince du Sang a, comme les Princes Fils de France, l'avantage d'avoir une maison composée d'un certain nombre d'officiers, dont les gages sont payés par le Roi.

Tous ces officiers sont, par cette raison, réputés commensaux de la maison du Roi, & jouissent de tous les privilèges attachés à cette qualité. C'est pourquoi ils sont compris dans l'état que sa majesté adresse tous les ans à la cour des aides de Paris.

Il n'y a pourtant point là-dessus de loi générale; c'est par des réglemens particuliers à chacun des premiers Princes du Sang, que cela s'est successivement établi. Voyez le chapitre 2, sect. 7, §. 1.

La maison du Prince qui jouit actuellement du titre & des honneurs de premier Prince du Sang, a été originairement créée par une déclaration du 6 janvier 1724, enregistrée à la cour des aides de Paris le 18 du même mois. Le Roi y marque que ne pouvant continuer à M. le duc d'Orléans, la même maison qu'avoit eue feu le Prince son père, petit-fils de France, ainsi que sa majesté l'auroit desiré, attendu que *l'ordre établi de son temps pour le premier Prince du Sang*, l'oblige de suivre les états de ceux qui ont précédemment tenu ce haut rang; il restreint la maison de ce Prince à un certain nombre de personnes qui jouiront durant leur vie, & leurs veuves après leur mort, des mêmes privilèges, droits & prérogatives des officiers commensaux de la maison du Roi, sa majesté ajoutant seulement à quelques-unes de ces charges, des titres qu'elle trouve plus convenables.

En conséquence, le Roi veut que la maison de M. le duc d'Orléans, premier Prince du Sang, soit composée,

1°. De quatre aumôniers, à 200 livres de gages chacun.

2°. De deux conseillers-prédicateurs, à 150 livres.

3°. D'un premier gentilhomme de la chambre, à 2000 livres (1).

(1) Voyez le chapitre *des princes Fils de France*, au commencement.

(2) Journal politique de Bouillon, deuxième quinzaine de décembre 1785.

(1) Il s'éleva, en 1701, une contestation entre

4°. De huit gentilshommes de la chambre, à 1000 livres.

5°. De douze gentilshommes ordinaires, à 500 livres.

6°. De quatre médecins, à 60 livres.

7°. De quatre chirurgiens, dont un à 400 livres, & les trois autres à 60 livres.

8°. D'un chirurgien-opérateur, à 200 livres.

9°. De quatre apothicaires, à 60 livres.

10°. De quatre barbiers, à 60 livres.

11°. D'un premier valet de chambre, à 500 livres.

12°. De douze valets de chambre, dont deux à 100 livres, & les autres à 60 livres.

13°. De quatre porte-manteaux, dont un à 150 livres, & les trois autres à 60 livres.

14°. De quatre huissiers de la chambre, dont un à 150 livres, & les trois autres à 60 livres.

15°. De quatre huissiers du cabinet.

16°. De quatre huissiers de l'antichambre, à 60 livres.

17°. D'un trompette, à 60 livres.

18°. De quatre valets de garde-robe, à 60 livres.

19°. De quatre garçons de garde-robe, dont deux à 150 livres, un à 100 livres, & le quatrième à 60 livres.

20°. Un tailleur.

21°. Un peintre, à 150 livres.

22°. Un brodeur, à 60 livres.

23°. Un gantier-parfumeur, à 60 livres.

24°. Deux tapissiers, à 60 livres.

25°. Un horloger, à 60 livres.

26°. Deux orfèvres, à 60 livres.

27°. Deux merciers, à 60 livres.

28°. Un marchand linger, à 60 livres.

29°. Un lavandier, à 60 livres.

30°. D'un premier maître-d'hôtel.

31°. De six maîtres-d'hôtel, à 400 livres.

32°. De douze gentilshommes servans, dont un à 200 livres, & les autres à 60 livres.

33°. De huit contrôleurs, dont un à 200 livres, & les autres à 60 livres.

34°. De quatre chefs de paneterie, dont deux à 100 livres, les autres à 60 livres.

35°. Deux aides de paneterie, à 150 livres.

36°. De deux sommiers de paneterie, à 60 livres.

37°. De quatre chefs d'échansonnerie, dont un à 200 livres, & les autres à 60 livres.

38°. De deux aides d'échansonnerie, à 60 livres.

39°. De deux sommiers d'échansonnerie, dont un à 100 livres, les autres à 60 livres.

40°. De quatre écuyers de cuisine, à 200 livres.

41°. De quatre aides de cuisine, à 150 livres.

42°. De quatre enfans de cuisine, à 100 livres.

43°. De quatre porteurs en cuisine, à 60 livres.

44°. D'un pâtissier, à 60 livres.

45°. De quatre chefs de fruiterie, à 75 livres.

46°. De deux aides de fruiterie, à 60 livres.

47°. De deux sommiers de fruiterie, à 100 livres.

48°. D'un garde-vaisselle, à 100 livres.

49°.

le premier gentilhomme de la chambre de M. le prince de Condé, alors premier Prince du Sang, & l'introducteur des ambassadeurs de France, sur le point de savoir lequel des deux, dans une visite que ce prince rendoit au connétable de Castille, ambassadeur extraordinaire d'Espagne, devoit être placé dans le fond du carrosse à sa gauche. L'introducteur disoit que cette place lui appartenoit, parce qu'il étoit l'homme du Roi envoyé pour faire rendre au Prince tous les honneurs qui lui étoient dûs. Le différend fut porté devant le Roi, & sa majesté le décida en faveur de l'introducteur. (*Cérémonial diplomatique des cours de l'Europe, tom. 1, pag. 41*).

49°. D'un sommier, à 100 livres.

50°. D'un boulanger, à 60 livres.

51°. De deux pourvoyeurs, à 60 livres.

52°. De deux chefs de fourière, l'un à 150 livres, & l'autre à 60.

53°. De deux aides de fourière, à 60 livres.

54°. D'un premier écuyer, à 2000 livres.

55°. De six écuyers, à 500 livres.

56°. De quatre maréchaux des logis, à 60 livres.

57°. De quatre fouriers des logis, à 60 livres.

58°. De deux fouriers de l'écurie, à 60 livres.

59°. D'un argentier de l'écurie, à 100 livres.

60°. D'un tailleur de l'écurie, à 60 livres.

61°. D'un armurier, à 60 livres.

62°. De deux maréchaux de forge, à 60 livres.

63°. D'un sellier-carossier, à 60 livres.

64°. D'un bourrelier, à 60 livres.

65°. D'un ceinturier, à 60 livres.

66°. D'un fourbisseur, à 60 livres.

67°. D'un éperonnier, à 60 livres.

68°. De quatre maîtres palefreniers, dont trois à 150 livres, & un à 60 livres.

69°. De deux cochers, à 100 livres.

70°. De deux postillons, à 60 livres.

71°. D'un concierge garde-meubles de l'écurie, à 60 livres.

72°. D'un gouverneur des pages, à 100 livres.

73°. D'un chapelain des pages & de l'écurie.

74°. D'un maître de mathématiques, à 60 livres.

75°. D'un maître à danser, à 60 livres.

76°. D'un maître d'exercices, à 60 livres.

77°. De deux maîtres valets de pages, à 60 livres.

78°. D'un imprimeur-libraire, à 60 livres.

79°. D'un trésorier général, à 1000 livres.

80°. De deux secrétaires des commandemens, à 1000 livres.

81°. De trois secrétaires-intendans des finances, à 1000 livres.

82°. De huit *gens du conseil*, les trois premiers à 400 livres, & les autres à 60.

83°. De huit secrétaires ordinaires, les six premiers à 300 livres, & les deux autres à 60 livres.

84°. D'un secrétaire-interprète.

85°. De deux secrétaires du conseil.

86°. D'un agent des affaires, à 200 livres.

87°. D'un garde des archives, à 300 livres.

88°. De trois gentilshommes de la vénerie, à 500 livres.

89°. De six véneurs, à 60 livres.

90°. De trois gentilshommes de la fauconnerie, à 600 livres.

91°. De deux fauconniers, à 60 livres.

92°. D'un cordonnier, à 60 livres.

93°. D'un architecte, à 200 livres.

94°. D'un maçon.

95°. D'un menuisier.

96°. D'un vitrier, à 60 livres.

97°. D'un serrurier, à 60 livres.

98°. De quatre suisses, à 100 livres.

A l'égard de la chancellerie du même Prince, elle a été établie par des lettres-patentes du mois de janvier 1724, enregistrées à la cour des aides le 8 février suivant (1).

(1) *Elles sont ainsi conçues :*

Louis, &c. La maison de notre très-cher & très-amé oncle Philippe, petit Fils de France, duc d'Orléans, étant éteinte par son décès, nous avons par nos lettres du présent mois ordonné, que les officiers dont nous avons composé celle de notre très-cher & très-amé oncle Louis, duc d'Orléans son fils, compris dans l'état y attaché, jouiroient des droits & privilèges de nos officiers commensaux; mais quoique le nombre & la qualité desdits officiers soient convenable au rang & à la dignité du premier

Cette chancellerie, éteinte par le décès de feu M. le duc d'Orléans, a été rétablie par des lettres-patentes du 4 janvier 1786. Et par d'autres lettres-patentes du mois de juillet suivant, enregistrées à la cour des aides de Paris le 9 août de la même année, le Roi a créé le conseil actuel de l'héritier du nom & de l'apanage de ce Prince. Voici comment elles sont conçues:

« Louis, &c. Les motifs qui nous ont » déterminé à créer par nos lettres-patentes du 4 janvier dernier, ériger & » établir en titres d'office un chancelier » garde des sceaux, & autres officiers » de chancellerie, pour l'apanage de » notre très-cher & amé cousin Louis-» Philippe-Joseph d'Orléans, duc d'Or-» léans, étant les mêmes pour créer un » conseil pour l'administration dudit apa-» nage; nous avons cru de notre justice » de faire jouir les officiers qui compo-» seront ledit conseil de tous les droits, » honneurs & prérogatives dont jouissent » les officiers du conseil de feu notre » très-cher & très-amé cousin Louis-» Philippe d'Orléans, duc d'Orléans, » & dont ont joui & jouissent encore » les officiers des conseils des Princes » apanagés. A ces causes, de l'avis de » notre conseil & de notre certaine » science, pleine puissance & autorité » royale, nous avons créé, érigé & éta-» bli, & par ces présentes signées de » notre main, créons, érigeons & éta-» blissons en tant que de besoin en titres » d'office, un notre conseiller en nos » conseils, chancelier garde des sceaux, » chef du conseil de notre très-cher & » très-amé cousin Louis-Philippe-Joseph » d'Orléans, duc d'Orléans, un notre » conseiller en nos conseils, surintendant » de ses finances; deux nos conseillers » en nos conseils, secrétaires de ses com-» mandemens, maison, finances & du » cabinet; un conseiller en nos conseils, » contrôleur général de ses finances; deux » nos conseillers en nos conseils, intendans » de ses maison, domaines & finances; » un trésorier général; quatre conseillers

---

prince de notre sang, nous étant fait représenter l'édit du mois de mars 1661, par lequel le feu Roi, notre très-honoré seigneur & bisayeul, en établissant l'apanage de notre grand oncle monsieur, son frère unique, & de ses descendans mâles, il leur auroit accordé la pleine provision & institution des offices de baillifs, sénéchaux, juges, & autres officiers dudit apanage, à l'exception des juges des exempts, des officiers des présidiaux, aides, tailles, gabelles, maréchaussées & autres offices extraordinaires, dont il se seroit réservé la disposition: comme aussi les lettres-patentes du 20 février 1692, par lesquelles, pour les bonnes & justes considérations y contenues, le feu Roi auroit, par grâce spéciale, permis & accordé à notredit oncle, le duc d'Orléans, lors duc de Chartres, & à ses descendans mâles, le droit de nous nommer, & à nos successeurs Rois, auxdits offices & commissions réservés par ledit édit, à l'exception de ceux des prévôts, lieutenans, greffiers, & archers desdites maréchaussées, nous avons estimé qu'il convenoit au service de notre oncle, le duc d'Orléans, auquel ledit apanage appartient, d'établir les officiers nécessaires, pour, en exécution desdits édits & lettres-patentes, expédier, contrôler, enregistrer, & sceller les lettres de provisions & nominations des offices & commissions qui en dépendent. A ces causes, de l'avis de notre conseil, & de notre grâce spéciale, pleine puissance & autorité royale, nous avons créé, érigé & établi, & par ces présentes signées de notre main, créons, érigeons & établissons en titre d'offices, un chancelier garde des sceaux, un contrôleur, deux secrétaires des finances, un audiencier-garde des rôles, un chauffecire, & deux huissiers de la chancellerie pour l'apanage de notre très-cher & très-amé oncle le duc d'Orléans, pour par ceux qu'il en pourvoira, expédier, contrôler, enregistrer, & sceller toutes lettres de provisions, commissions & nominations des charges & offices dépendans de son apanage mentionné en l'édit du mois de mars 1661, déclaration du mois d'avril 1672, & lettres-patentes du 20 février 1692, ci-attachés sous le contre-scel de notre chancellerie, & jouir par eux des honneurs, droits & privilèges, dont ont joui ou dû jouir les mêmes officiers de notre très-cher & très-amé oncle le duc d'Orléans son père, & des gages, pensions & appointemens qui leur seront par lui ordonnés. Si donnons en mandement à nos amés & féaux conseiller les gens tenans notre cour des aides, &c.

» du conseil; quatre maîtres des requêtes; » un secrétaire du conseil; un agent des » affaires; un garde des archives; deux » huissiers du conseil. Pour, par lesdits » officiers, composer le conseil de l'apa- » nage de notredit cousin, remplir les » fonctions qui leur seront assignées en » leurdite qualité, aux gages, pensions » & appointemens qui leur seront par lui » ordonnés, & jouir par eux des hon- » neurs, droits, prérogatives, franchises, » privilèges & exemptions dont ont joui » ou dû jouir les mêmes officiers de feu » notre très-cher & très-amé cousin le » duc d'Orléans, & dont jouissent & » doivent jouir les officiers des conseils » de nos très-chers & très-amés frères, » conformément aux édits, déclarations, » lettres-patentes & réglemens rendus » en faveur des officiers des conseils des » Princes apanagés, tout ainsi que si » lesdits honneurs, franchises, privi- » lèges, exemptions & prérogatives » étoient littéralement répétés par ces » présentes, à la charge par les officiers » présentement créés de se conformer » aux édits, déclarations, lettres-patentes » & réglemens concernant les officiers » qui jouissent des droits de commensaux » de notre maison, &c. »

L'arrêt d'enregistrement de cette loi contient cette clause : *à la charge que l'état des officiers, énoncés èsdites lettres-patentes, sera déposé au greffe des dépôts de la cour chaque année.*

II. Les maisons des autres Princes du Sang ont été quelquefois assimilées, pour les privilèges, à celle du premier. Des lettres-patentes de Henri III, données à Chartres le 17 août 1588, accordèrent aux officiers domestiques & commensaux de Charles de Bourbon, cardinal, archevêque de Rouen, tous les privilèges & toutes les exemptions dont jouissoient ceux du Roi (1). Mais ces grâces particulières n'ont jamais tiré à conséquence.

Aujourd'hui les maisons de ces Princes ne tiennent aucunement à l'ordre public ; elles ne sont remarquables que par la qualité & les titres des officiers qui les composent.

Par exemple, c'est ordinairement par des magistrats supérieurs que sont remplies les places de chef du conseil de ces maisons. Feu M. Berthelot de Saint-Alban, conseiller de grand'chambre au parlement de Paris, étoit chef du conseil de M. le prince de Condé ; & il est aujourd'hui remplacé par M. l'abbé Tandeau, magistrat du même rang.

Les Princes du Sang ont d'ailleurs chacun plusieurs secrétaires des commandemens, maison & finances, des écuyers, des pages, &c.

Les Princesses, leurs épouses, ont également des dames d'atours, des dames d'honneur, &c.

Le 15 mars 1680, on a plaidé au parlement de Paris la question de savoir si l'usage de donner aux écuyers des Princes, le carrosse & les chevaux de leur maître ou maîtresse après son décès, étoit purement volontaire, ou si c'étoit une loi à laquelle on fût contraint de se soumettre. On imagine bien que ce fut le premier parti qui prévalut. La sentence du Châtelet dont il y avoit appel, avoit pourtant prononcé en faveur de l'écuyer, mais elle fut infirmée. L'arrêt fut rendu à la Tournelle civile, & prononcé par M. le président de Champlâtreux.

Brillon qui le rapporte, au mot *officier*, nombre 215, rend compte à ce sujet de ce qu'il a vu pratiquer dans la maison de Condé, pendant qu'il étoit du conseil du Prince. « Tantôt, dit-il, on donne » la chambre en nature à la dame d'hon- » neur & l'équipage aux écuyers. Quel- » quefois on évalue ces gratifications en » argent. Ce sont des arrangemens qui » n'ont point de loi & nécessité. Ce » sont même des générosités dont on ne

(1) Fontanon, tom. 4, pag. 730.

» permettroit pas l'exercice, dans le cas » où il n'y auroit pas de quoi payer les » créanciers ».

Un arrêt du 25 janvier 1622, rapporté par Auzanet sur l'article 126 de la coutume de Paris, a jugé que les trésoriers & pourvoyeurs des maisons des Princes, pouvoient être poursuivis par les marchands, artisans & fournisseurs, en leurs propres & privés noms, sauf à eux leur recours contre leurs maîtres. Mais cette décision ne peut être bonne que pour le cas où ces officiers ont pris les marchandises ou fait travailler les artisans en leur nom; elle est insoutenable dans celui où il n'ont contracté qu'en leur qualité, & sans excéder les ordres de leur maître. Que sont-ils en effet? Rien autre chose que des mandataires: or, suivant les premiers principes du droit, un mandataire qui ne fait qu'exécuter la commission, oblige bien son commettant, mais ne s'oblige point lui-même.

Il a été rendu pour un contrôleur de la maison de M. le comte de Charolois, un arrêt du conseil du premier juillet 1724, qui est remarquable en deux points (1); 1°. en ce qu'il énonce que les contrôleurs des maisons des Princes ne sont pas tenus personnellement de payer les sommes qu'ils certifient être dues aux

(1) *Cet arrêt est ainsi conçu:*

Le Roi étant informé que le sieur Desjardins, contrôleur de la maison de M. le comte de Charollois, ayant réglé un mémoire de fournitures faites par le nommé Nibant, rôtisseur, pour le service de son maître, & mis au bas du mémoire un arrêté dans les termes suivans: *Le contrôleur soussigné certifie que le sieur Nibant, maître rôtisseur à Paris, est employé sur les états de la dépense de la bouche de S. A. S. M. le comte de Charollois, & suivant le bref état des autres parts écrit, & qu'il lui est dû pour solde de compte, la somme de onze mille sept cents vingt-quatre livres quatre sous six deniers; en foi de quoi j'ai signé pour servir de certificat seulement. A Paris, ce 2 janvier 1723.* Ledit Nibant auroit, en vertu dudit arrêté seulement, poursuivi ledit sieur Desjardins devant les juges-consuls de Paris, pour le payement du contenu audit mémoire. Et comme ledit sieur Desjardins étoit persuadé avec raison, que les juges-consuls ne voudroient point connoître d'une demande qui n'est point de leur compétence, & qu'en cas même qu'ils entreprissent d'en connoître, il ne pouvoit jamais être condamné sur une signature qui ne l'obligeoit en aucune façon, & que d'ailleurs les ordres étoient données pour acquitter le montant de l'arrêté en question, comme, en effet, il est actuellement acquitté, il n'auroit pas, par ces raisons, défendu à ladite demande, faute de quoi, sans aucune attention sur l'incompétence & sur le défaut de titres, lesdits juges & consuls l'auroient condamné par corps au payement dudit billet; en vertu duquel jugement, il auroit été constitué prisonnier le 12 juin 1724. Et quoique cette procédure ne puisse être regardée que comme un attentat contre le respect dû à un Prince du Sang, puisqu'elle seroit même irrégulière & punissable, quand elle ne regarderoit qu'un simple particulier; sa majesté voulant toujours conserver les formes & l'ordre ordinaire des juridictions à l'égard des affaires qui peuvent concerner les Princes du Sang, & les officiers de leur maison, comme elle le feroit également pour ses propres affaires, elle a jugé nécessaire de laisser aux juges ordinaires, la connoissance des dommages & intérêts & réparations qui pourront être dûs en pareille occasion, en se contentant de pourvoir à ce qui intéresse en cela l'ordre public, la tranquilité & la fortune des particuliers qui sont journellement troublés, tant par la connoissance que les consuls s'attribuent tous les jours de matières qui ne sont pas de leur compétence, que par les jugemens par défaut, qu'ils prononcent souvent sans examen de la demande, ni des titres sur lesquels elle est fondée; ce qui met le moindre particulier en état de faire insulte, non seulement à un riche négociant, on bon bourgeois, mais même à une personne de la première condition, en obtenant sans titre & sans aucun fondement, des sentences de condamnations par défaut, sans que la brièveté des délais réglés pour les juridictions consulaires, leur donne souvent le temps de pouvoir comparoître; ensorte qu'un homme qui auroit été absent de Paris pendant quatre ou cinq jours, pourroit être emprisonné à son retour, sans avoir jamais eu aucune dette: en quoi, si les juges & consuls sont punissables de prononcer, sans avoir vû la demande & les pièces, & sans savoir même s'ils sont compétens, leur greffier l'est infiniment davantage, puisqu'il ne peut

fournisseurs, lorsqu'il n'est pas prouvé qu'ils ont reçu les fonds pour les payer; 2°. en ce qu'il décide qu'on ne peut pas se pourvoir contre eux, en vertu de pareils certificats, devant les juges-consuls (*M.*)

expédier la sentence, qu'il n'ait connoissance de la qualité des parties & des titres sur lesquels la demande est fondée, & que faisant un service continuel dans ladite juridiction, il est encore moins excusable sur l'ignorance des règles, que des juges tirés du corps des marchands, & qui ne servent que pendant un temps fort court; & sa majesté jugeant qu'il est de l'intérêt du public de remédier à de pareilles désordres: ouï le rapport du sieur Dodun, conseiller ordinaire au conseil royal, contrôleur général des finances; sa majesté étant en son conseil, a déclaré & déclare les sentences rendues par les juges & consuls de Paris, & autres procédures faites pardevant lesdits juges-consuls, contre ledit sieur Desjardins, nulles & de nul effet, comme de juges incompétens, & sans aucun pouvoir à cet égard; déclare l'emprisonnement fait de la personne dudit sieur Desjardins, nul, injurieux, tortionnaire & déraisonnable; ordonne que l'écroue sera rayé & biffé; ordonne en outre, sa majesté, que le sieur Verrier, greffier de ladite juridiction consulaire, & celui qui a signé le jugement comme président, seront interdits de leurs fonctions, jusqu'à ce qu'autrement par sa majesté, il en ait été ordonné; sauf au sieur Desjardins, à se pourvoir pour ses réparations, dommages & intérêts, contre qui il avisera bon être; pour raison de quoi & pour les autres demandes, qu'il jugeroit à propos de former à cet égard, sa majesté l'a renvoyé à se pourvoir devant les juges ordinaires, &c.

# CHAPITRE LXXVI.

## *Des Princes légitimés.*

On a vu dans la section 12 du chapitre 1, que le Roi peut légitimer lui-même ses enfans naturels; & nous avons prouvé dans la section 2 du même chapitre, qu'il ne peut point par cette légitimation les rendre habiles à succéder à la couronne.

Quels sont donc les avantages que procure la légitimation aux enfans naturels des Rois? Voici ce que nous apprennent là-dessus quelques-unes des loix qui ont été données sur cette matière. Les lettres-patentes du mois d'avril 1572, portant légitimation de Diane de France, fille naturelle de Henri II, lui donnent le pouvoir de succéder à sa mère, de recueillir ses biens, meubles & immeubles, d'appréhender tout ce qui pourra lui advenir par donation ou autrement, & d'en disposer ainsi qu'elle avisera bon être. Ces lettres-patentes ont été enregistrés à la chambre des comptes le 29 du même mois (1).

Les lettres-patentes de Henri IV de 1595, du mois d'avril 1599, du mois de janvier 1603, du mois de janvier & du mois de mars 1608, par lesquels ce prince légitime César de Vendôme, Alexandre de Bourbon, Gaston de Foix, Antoine comte de Moret, & Jeanne-Baptiste de Bourbon, ses enfans naturels, énoncent que le défaut de leur naissance les exclut de toutes prétentions à la succession de la couronne, à celle de Navarre, & de tous les autres biens patrimoniaux du Roi. Sa majesté y déclare même qu'elle ne les légitime que pour les rendre capables des dons qui leur seront faits, & des offices ou dignités dont ils pourront être pourvus.

(1) Brillon, au mot *Légitimation*, nomb. 3.

Mais ce Prince changea bien de sentiment en faveur de César de Vendôme, l'un d'eux. Par des lettres-patentes du mois de juillet 1597, il érigea pour lui la terre de Beaufort en duché-pairie, & voulut qu'il eût la préséance sur tous les pairs qui étoient précédés par les ducs de Montmorency.

Par de secondes lettres-patentes du mois d'avril 1610, enregistrées le 30 du même mois, il plaça le duc de Vendôme immédiatement après les Princes du Sang & avant tous les pairs de France.

Mais on sait quel fut le sort de ces lettres. Elles n'eurent aucune exécution au lit de justice tenu le 15 mai 1610, après la mort de Henri IV; & même lorsque François de Vendôme, fils de César, se présenta le 18 janvier 1649, pour être reçu à la dignité de pair, le parlement ne l'y admit que « pour jouir » du rang & séance du jour de la créa» tion & érection de la terre de Beau» fort en duché & pairie ».

Le parlement n'eut donc égard ni aux lettres-patentes du mois de juillet 1597, ni à celles du mois d'avril 1610; en effet, elles violoient également les lois de l'état & les maximes toujours observées pour les pairs de France.

Louis XIV confirma bien authentiquement ce qui avoit été décidé par le parlement, en ne donnant rang à François de Vendôme aux lits de justice de 1651 & 1663, que du jour de l'érection du duché-pairie de Beaufort.

Mais ce monarque montra encore d'une manière bien solemnelle ce qu'il pensoit sur le rang dû aux enfans légitimés des Rois. *Dans le dessein de décorer Henri de Bourbon, fils naturel de Henri IV, des premiers titres & grades d'honneur convenables à sa condition & au rang auquel il lui attouchoit* (1), il l'éleva à la dignité de duc & pair, & ne lui donna d'autre rang que celui de l'érection de la pairie de Verneuil. La seule grâce qu'il lui fit fut de le placer à la tête des quatorze pairs qui furent reçus au lit de justice de 1663.

Louis XIV agissoit alors *selon l'ordre ancien du royaume* (2), & les maximes de la pairie. Il paroît qu'il étoit encore dans le même esprit, lorsqu'il légitima lui-même ses propres enfans naturels.

En effaçant par ses lettres-patentes du mois de décembre 1673, enregistrées au parlement le 20 du même mois, la tache de bâtardise dont avoit été marquée la naissance de Louis-Auguste, duc du Maine, de Louis-César, comte de Vexin, & de Louise-Françoise de Nantes, ses enfans naturels, il déclara qu'ils jouiroient seulement « de tous & semblables » droits, facultés & privilèges dont les » enfans naturels & légitimés des Rois, » ses prédécesseurs, avoient accoutumé » de jouir & user ».

Même clause dans les lettres-patentes du mois de novembre 1681, portant légitimation de Louis-Alexandre de Bourbon, comte de Toulouse, & de Françoise-Marie de Bourbon, enfans naturels du même monarque.

Par d'autres lettres-patentes de janvier 1680 & de mars 1684, Louis XIV légitima encore Louis de Bourbon, comte de Vermandois, amiral de France, & Marie-Anne de Bourbon, qu'il avoit eus de la duchesse de la Valière, & il voulut qu'ils succédassent *ab intestat* l'un à l'autre, ainsi qu'à leurs enfans nés en légitime mariage.

Telles étoient les bornes dans lesquelles s'étoit jusques-là renfermée la tendresse paternelle de ce prince. Bientôt il crut pouvoir les franchir.

Par une déclaration du 5 mai 1694,

(1) Termes des lettres d'érection de Verneuil en duché-pairie.

(2) Termes des lettres-patentes de Henri IV, du mois de septembre 1596, rapportés dans le chapitre *des pairs de France*, sect. 2.

enregistrée au parlement de Paris le 8 du même mois, il ordonna que ses enfans légitimés & leurs descendans en légitime mariage tiendroient le premier rang immédiatement après les Princes du Sang royal ; qu'ils précéderoient en tous lieux, actes, cérémonies, assemblées publiques & particulières, même au parlement de Paris & ailleurs, dans les actes de pairies, quand ils en auroient, tous les Princes de maisons qui auroient des souverainetés hors du royaume, & tous les autres seigneurs de quelque qualité & dignité qu'ils pussent être ; nonobstant toutes les lettres & déclarations qui pourroient y être contraires, & quand même les pairies de ces princes & seigneurs se trouveroient plus anciennes que celles de ses fils naturels & légitimés, ou de leurs enfans.

Au mois de mai 1711, il fit expédier des brevets par lesquels il attribua à ses fils légitimés, ainsi qu'à leurs enfans, dans sa cour, en toutes cérémonies publiques & particulières, aux audiences des ambassadeurs, des princes étrangers, aux logemens,& généralement dans toutes les rencontres ou occasions, les mêmes honneurs, rangs & distinctions que ceux dont jouissoient les Princes du Sang, & immédiatement après eux (1).

Dans le courant du même mois, parut l'édit célèbre des duchés-pairies. Voici ce qu'il porte, article 2. « Nos enfans » légitimés & leurs enfans & descendans » mâles, qui posséderont des pairies, » représenteront pareillement les anciens » pairs aux sacres des Rois, après & à » défaut des Princes du Sang, & auront » droit d'entrée & voix délibérative en » nos cours de parlement, tant aux audiences qu'au conseil, à l'âge de vingt » ans, en prêtant le serment ordinaire » des pairs, avec séance immédiatement » après lesdits Princes du Sang, conformément à notre déclaration du 5 mai » 1694, & ils précéderont tous les ducs » & pairs, quand même leurs duchés » & pairies seroient moins anciennes » que celles desdits ducs & pairs ; & en » cas qu'ils aient plusieurs enfans mâles, » leur permettons (en se réservant une » pairie pour eux,) d'en donner une à » chacun de leursdits enfans, si bon leur » semble, pour en jouir par eux aux » mêmes honneurs, rang, & préséance, » & dignités que ci-dessus, du vivant » même de leur père ».

Louis XIV couronna ces faveurs extraordinaires par une autre plus extraordinaire encore ; nous voulons parler de l'édit du mois de juillet 1714, & de la déclaration du 23 mai 1715, rapportés ci-devant, chapitre 1, section 2.

Mais à peine ce grand prince eut-il les yeux fermés, qu'on pensa à réformer son ouvrage. Les lois que nous venons de rappeler « étoient devenues la source » d'une division inévitable entre les » Princes du Sang & les Princes légitimés par la confusion des rangs & des » honneurs que la nation défère avec » joie à ceux qu'une légitime naissance » appelle au droit de succéder à la couronne, & qui ne peuvent être communiqués à ceux qui, par la constitution de cette monarchie, se trouvent » exclus de cette succession ». Ainsi s'exprime Louis XV dans la déclaration du 26 avril 1723, enregistrée au parlement de Paris le 4 mai suivant.

« Ces justes considérations (continue » ce monarque dans la même loi) nous » ont porté à donner au mois de juillet de » l'année 1717, un édit par lequel nous » avons révoqué celui du feu Roi, du » mois de juillet 1714, ensemble la » déclaration du 23 mai 1715, par laquelle il auroit statué & ordonné qu'il » ne seroit fait aucune différence entre » les Princes du Sang royal & ses fils » légitimés, & en conséquence, qu'ils » prendroient la qualité de Princes du

(1) Ces brevets sont rapportés dans le vu de la déclaration du 26 avril 1723, dont il sera parlé ci-après.

» Sang, & qu'elle leur seroit donnée » en tous actes judiciaires & autres quelconques, & que soit pour le rang, la » séance, & généralement pour toutes » sortes de prérogatives, les Princes de » son sang & ses fils légitimés & leurs » descendans seroient traités également, » conformément à l'édit du mois de » juillet 1714; & néanmoins ayant égard » à la possession dans laquelle étoient nos » très-chers & très-amés oncles le duc » du Maine & le comte de Toulouse, » de recevoir dans notre cour de parlement, les honneurs qui leur avoient » été déférés depuis.... & à leur mérite » personnel, nous aurions ordonné qu'ils » continueroient de jouir desdits honneurs, sans tirer à conséquence, nous » réservant d'expliquer nos intentions » sur l'entrée & séance en notre parlement, de nos très-chers & très-amés » cousins le prince de Dombes & le » comte d'Eu, & sur les honneurs dont » ils pouvoient jouir.

» Mais ayant peu de temps après reçu » de très-humbles remontrances de la » part des ducs & pairs de France...... » Nous aurions, par notre édit du mois » d'août 1718, révoqué la déclaration » du 5 mai 1694, donnée en faveur des » ducs du Maine & comte de Toulouse, » ensemble l'édit du mois de mai 1711, » en ce qu'il leur auroit attribué & à leurs » descendans mâles, le droit de représenter les anciens pairs au sacre des Rois, » à l'exclusion des autre pairs de France, » & en ce qu'elle leur auroit permis de » prêter le serment de pairs au parlement à l'âge de vingt ans, & de donner » une pairie à chacun de leurs enfans » mâles, pour en jouir aux mêmes honneurs, du vivant même de leurs pères; » & en conséquence, nous aurions ordonné que le duc du Maine & le comte » de Toulouse n'auroient rang & séance » en notre cour de parlement, près de » nous, dans les cérémonies publiques & » particulières, & par-tout ailleurs, que » du jour de l'érection de leurs pairies; » & comme en jouissent les autres ducs » & pairs de France; auquel effet nous » aurions dérogé à notre édit du mois » de juillet 1717......

» Et néanmoins, par un effet de la » considération particulière que nous » avons pour notre très-cher & très-amé » oncle le comte de Toulouse, & pressé » par les instances qui nous furent faites » en sa faveur, même par les pairs de » France, nous lui aurions, par notre » déclaration du 26 du même mois & » an, conservé tous les honneurs, rang, » séance & prérogatives dont il avoit » joui avant notre dernier édit, sans » tirer à conséquence, & sans que sous » quelque prétexte que ce fût, pareille » prérogative pût être accordée ni à ses » descendans, ni à aucun autre, tel qu'il » pût être.

» Nous desirerions encore pouvoir lui » conserver les honneurs dont il s'est » montré si digne; mais nous ne saurions voir qu'avec peine la différence » de son état à celui auquel notre très-cher & très-amé oncle le duc du » Maine se trouve réduit depuis notredit édit du mois d'août 1718, & nous » ne pouvons plus long-temps lui refuser, » & à notre chère & très-amée tante » la duchesse du Maine, la satisfaction » qu'ils attendent de nous, de régler & » assurer, tant à notredit oncle le duc » du Maine, qu'à ses enfans, un état » certain & convenable à l'honneur qu'ils » ont d'être alliés de si près à tous les » Princes de notre Sang, en gardant » néanmoins une juste proportion dans » la différence des honneurs qui sont » dûs aux Princes du Sang royal, à » ceux qui peuvent être accordés à des » Princes légitimés, ou à leurs enfans, » & rendant au surplus l'état & la condition de nosdits oncles le duc du » Maine & comte de Toulouse égaux » en tout; à quoi desirant pourvoir » & rétablir l'union telle qu'elle doit

» être

» être entre des personnes aussi proches ; » nous aurions par le brevet que nous » avons aujourd'hui fait expédier en fa- » veur de nosdits oncles, le duc du » Maine & le comte de Toulouse, & des » enfans dudit duc du Maine, réglé les » honneurs & distinctions dont nous en- » tendons qu'ils jouissent en notre cour, » & près de notre personne (1), en sorte » qu'il ne nous reste plus qu'à fixer les » rangs, honneurs & prérogatives dont » nous voulons qu'ils jouissent dans nos » parlemens. A ces causes, & autres à » ce nous mouvant, de l'avis de notre » conseil, & de notre certaine science, » pleine puissance & autorité royale, nous » avons dit & déclaré, & par ces pré- » sentes signées de notre main, disons, » déclarons, voulons & nous plaît, que » nosdits oncles le duc du Maine & le » comte de Toulouse, & après le décès, » ou la démission des pairies de notredit » oncle le duc du Maine, nos cousins » le prince de Dombes & le comte d'Eu, » jouissent, leur vie durant seulement, » dans nos cours de parlement, tant aux » audiences que chambres du conseil, » du droit d'entrée, rang, séance & voix » délibérative après les Princes de notre » Sang, & avant tous les ducs & pairs, de » quelque qualité & dignité qu'ils puissent » être ; & ce en vertu de leurs pairies, » quand même elles seroient moins an- » ciennes que celles d'aucuns desdits ducs » & pairs, après néanmoins (pour ce qui » concerne les enfans de notredit oncle » le duc du Maine) qu'ils auront été » reçus en notre cour de parlement de » Paris, avec le serment accoutumé, & » prendront leur rang entre eux du jour » de leur réception. N'entendons toutes- » fois, que lorsqu'ils viendront y prendre » séance, ils puissent traverser le par- » quet, ce que nous réservons aux seuls » Princes de notre Sang, ni être précé- » dés de plus d'un huissier, ni que leurs » suffrages soient pris autrement, par » celui qui y présidera, qu'en les appe- » lant du nom de leurs pairies, & leur » ôtant le bonnet, ainsi qu'il a été ci- » devant pratiqué à leur égard. Et afin » que ce qui est ci-dessus ordonné de- » meure ferme & stable, nous avons, » de la même autorité que dessus, ré- » voqué & révoquons tous édits, décla- » rations, lettres-patentes, brevets, & » autres titres de quelque nature qu'ils » soient donnés, soit par les Rois nos » prédécesseurs, ou par nous, en ce » qu'ils contiennent de contraire à ces » présentes, & au brevet que nous avons » ce jourd'hui fait expédier en faveur » de nosdits oncles le duc du Maine & » le comte de Toulouse, & des enfans » de notredit oncle le duc du Maine, » du contenu duquel nous voulons qu'ils » jouissent leur vie durant.

» En 1727 (dit M. le président Hé- » nault), le Roi fit expédier de pareils » brevets en faveur de MM. les princes » de Dombes, comte d'Eu, & duc de » Penthièvre ; & en 1745, ces honneurs » passèrent au fils de M. le duc de Pen- » thièvre ».

Ces grâces personnelles, ajoute un

(1) *Voici les termes de ce brevet.*

Le duc du Maine & le comte de Toulouse ne traverseront point le parquet, ainsi que les Princes du Sang ; mais ils auront, comme eux, le salut du bonnet, avec cette différence néanmoins, que lorsque le premier président adresse la parole aux Princes du Sang, il ôte son bonnet, & leur dit : *Monsieur, votre avis* ; & qu'à MM. du Maine & de Toulouse, il ôtera le bonnet, & leur dira *M. le duc du Maine, votre avis, M. le comte de Toulouse, votre avis*, les nommant par leurs noms, ainsi que les ducs & pairs. De plus, le duc du Maine & le comte de Toulouse jouiront de tous les autres honneurs des Princes du Sang à la cour. Mais dans les festins, repas ou cérémonies publiques, ils ne seront point assis, ni placés tout-à-fait sur la même ligne. Le prince de Dombes & le comte d'Eu jouiront, pendant leur vie seulement, du même rang que MM. de Vendôme. (*Mémoires de la Régence de M. le duc d'Orléans, tom. 3, pag. 252 & 253*).

juriconſulte moderne (1), ne ſont que des dérogations momentanées à la loi générale; elles la ſuppoſent & la confirment. Or, ſuivant cette loi générale, le titre de Prince légitimé ne donne par lui-même aucune prérogative, aucune prééminence.

Les Princes légitimés ne ſont point habiles à ſuccéder à la couronne.

(1) M. Polverel, dans le répertoire de juriſprudence, au mot *Prince*.

Ils n'ont ni le titre, ni les prérogatives des Princes du Sang.

Ils n'ont les droits & les prérogatives des pairs, qu'autant qu'ils ſont revêtus d'une pairie.

Ils ſont reçus pairs au même âge & avec les mêmes formalités que les autres pairs.

Ils n'ont de rang entre les pairs, que du jour de l'érection de leurs pairies.

(*M.*)

*Fin de la première partie.*

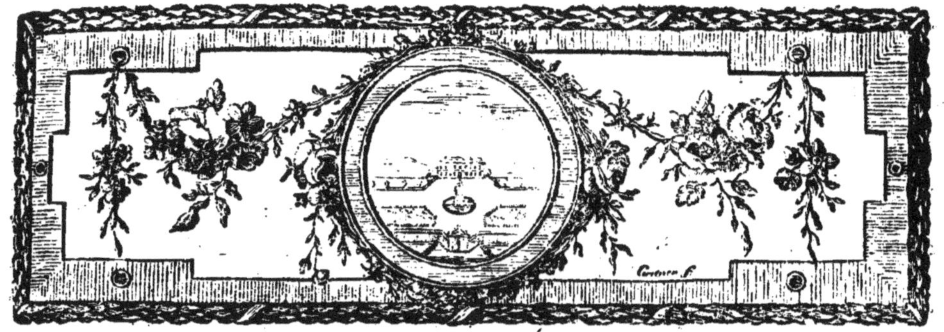

# TRAITÉ DES DROITS, FONCTIONS, FRANCHISES, EXEMPTIONS, PRÉROGATIVES ET PRIVILÈGES

Annexés en France à chaque Dignité, à chaque Office & à chaque Etat, soit Civil, soit Militaire, soit Ecclésiastique.

## CHAPITRE LXXVII.

### *De la Régence du Royaume.*

ON appelle *Régent* en France, celui qui, durant la minorité, l'absence ou la maladie du Roi, gouverne le royaume au nom de sa majesté.

C'est la nature elle-même qui a donné l'idée de la régence. Dans un état où le prince est, par sa naissance, appelé à un pouvoir dont, par la constitution, il est seul propriétaire, il est impossible que la couronne ne tombe pas souvent à un mineur; notre histoire en offre déjà plus de vingt exemples. Un Roi majeur peut avoir besoin ou envie de s'absenter de ses états, comme l'ont fait Philippe-Auguste, S. Louis, Jean, François Ier, &c.; il peut aussi, comme Charles VII, être frappé d'une maladie qui l'empêche de tenir les rênes du gouvernement : dans tous ces cas, le pouvoir qu'il tient de Dieu, ne cesse pas de lui appartenir; mais l'exercice en est suspendu dans sa main, & il faut qu'une autre personne, sans prendre sa place, administre sous son nom.

Notre droit public offre peu de matières aussi importantes que celle-ci; & ce qu'il y a d'étonnant, il en est peu sur lesquelles les loix de l'état soient aussi muettes & défectueuses.

1°. Y a-t-il quelqu'un dans le royaume à qui la régence doit être déférée à l'exclusion de tout autre ?

2°. A qui appartient le droit de nommer le Régent ?

3°. Quelles sont l'étendue, les bornes & la forme de l'exercice du pouvoir attaché à la régence ?

4°. Quels sont les titres & les honneurs dont le Régent doit jouir ?

Voilà quatre questions qui, sûrement, ne sont pas indifférentes à la constitution de l'état; cependant à peine avons-une loi pour en résoudre deux, la première & la troisième. Sur les deux autres, & même sur la manière d'interpréter celles-ci, il n'existe que des faits. Voyons du moins si ces faits peuvent se lier avec les principes d'ordre & de justice, sans lesquels il ne peut y avoir ni société, ni gouvernement.

## SECTION PREMIÈRE.

### *Des personnes à qui la Régence doit être déférée.*

Dans toutes les situations difficiles ou embarrassantes, les premiers regards de l'homme doivent se porter sur ce que lui prescrit l'ordre de la nature : c'est le premier oracle auquel il doit avoir recours; & en se conduisant d'après ses leçons, il ne s'égarera jamais.

Selon cette règle, il est aisé de voir en quelles mains doit naturellement être remis le dépôt de la puissance suprême, pendant que le propriétaire de cette puissance ne peut pas l'exercer en personne.

Un enfant devient roi; qui doit veiller à son patrimoine ? Celui-là même, dit M. Moreau (1), que Dieu a chargé de sa personne. Ici, comme presque par-tout, le droit suppose un devoir : celui de la mère est d'administrer; la nature lui en a fait une loi; si elle ne le peut pas seule, elle se fait aider de sa famille.

Un Roi majeur s'absente, ou tombe dans une infirmité qui le rend incapable de régir lui-même ses états; son épouse, sur-tout lorsqu'elle a le bonheur d'être mère, est la plus intéressée à la conservation de ses droits & de son bien : elle administrera donc, comme le fait pendant l'absence ou la maladie d'un particulier, la compagne qu'il s'est choisie.

A défaut de mère, dans le premier cas, & d'épouse dans le second, celui de la famille du prince qui a le plus d'intérêt à défendre son patrimoine, parce qu'il y est appelé après lui par l'ordre de la naissance, en prendra le soin. Mais comme il n'est pas propriétaire, il s'aidera, autant qu'il le pourra, des conseils & des ministres déjà établis; il sentira qu'il n'a que le droit de conserver, & que ceux qui, ayant joui de la confiance du prédécesseur, connoissent les intérêts du peuple, & savent manier les ressorts du gouvernement, ont aussi le droit de concourir avec lui au maintien de l'ordre public.

Voilà le pototype des loix dont cette matière est susceptible. Il peut y avoir des exceptions, mais elles doivent sortir de la nature même, & les principes restent toujours.

Maintenant, ouvrons les fastes de la monarchie, & voyons s'ils s'accordent avec ces règles.

On a déjà remarqué, *chapitre 67, section 1*, que sous la première race, deux Reines-mères gouvernèrent les états de leurs enfans pendant qu'ils étoient mineurs : à cela près, l'histoire des Méro-

(1) Troisième Discours sur l'Histoire de France, tome 3, page 199.

vingiens n'offre rien qui ne contredise les principes qu'on vient d'établir.

Sous la minorité de Childebert, roi d'Austrasie, Wandelin, & après lui Gontran, gouvernèrent à l'exclusion de Brunehaut, mère du jeune prince.

Clotaire II, roi de Soissons, eut pour régent Gontran, qui, ensuite, fut remplacé par Landry, maire du palais.

Le royaume de Neustrie, sous la minorité de Clotaire III, & celui d'Austrasie, sous la minorité de Childéric II, furent encore gouvernés par des maires du palais.

On voit donc que dans ces temps de confusion & d'anarchie, il n'y avoit sur la régence aucun usage fixe ; la seule règle généralement reconnue, étoit qu'un prince enfant est incapable de gouverner : le reste étoit l'ouvrage des circonstances. Les ducs, les comtes, & les autres officiers qui, sous le dernier Roi, avoient été chargés de l'exercice du pouvoir, continuoient tous d'en jouir ; & quiconque d'entre eux étoit ou le plus intrigant, ou le plus accrédité dans le *plaid royal*, devenoit ce qu'on a depuis appellé *Régent*, parce qu'il se rendoit maître des résolutions.

Ne confondons pourtant pas Gontran avec les maires du palais. Ceux-ci ne dûrent la régence qu'à l'usurpation; Gontran la reçut, en quelque sorte, des mains des Reines-mères, à qui elle appartenoit de droit.

En effet, comment se mit-il en possession de l'autorité sous Clotaire II? nous l'apprenons de Grégoire de Tours (1). Aussi-tôt après la mort de Chilpéric, Frédégonde se sauva à Paris, & y transporta son fils, âgé de quatre mois. Elle avoit été suivie d'une partie des officiers qui avoient formé le *plaid* de son mari ; elle tint conseil avec eux, & envoya des députés à Gontran, pour le supplier de venir prendre le gouvernement des états de son neveu. « Que monseigneur » vienne, lui fit-elle dire, & qu'il re» çoive en sa garde le royaume de son » frère. J'ai un enfant de quatre mois, » que je desire mettre entre ses bras, en » me soumettant moi-même à tout ce » qu'il ordonnera (2) ». Gontran arriva en effet à la tête d'une armée (car alors les Rois ne marchoient qu'en force), & chacun lui prêta serment, en même temps qu'au jeune Roi.

Les choses se passèrent à-peu-près de la même manière par rapport à la régence du royaume d'Austrasie, pendant la minorité de Childebert. Ce prince, reconnu Roi à l'âge de cinq ans, n'eut d'abord pour administrateur de sa puissance, que les officiers du feu Roi. Brunehaut, sa mère, vint ensuite, & se mit à la tête du gouvernement : bientôt elle apperçut des intrigues. Elle avoit affaire à des ministres indociles, qui vouloient être les maîtres ; elle eut recours à Gontran, oncle du jeune Roi ; & celui-ci, pour rendre plus incontestable le droit qu'elle lui donnoit de gouverner à sa place, adopta Childebert, & le déclara son héritier.

Ainsi les deux régences de Gontran font, à la vérité, exception à la règle qui préfère la Reine-mère à tout parent collatéral ; mais c'est une exception qui sort du principe même sur lequel cette règle est fondée. Dans les circonstances malheureuses où Frédégonde & Brunehaut étoient réduites, elles ne pouvoient remplir les devoirs du gouvernement qui leur étoit déféré; il étoit donc naturel qu'elles le cédassent à l'oncle de leurs enfans.

Dans la seconde race, on trouve une loi conforme à nos principes, & trois faits dont deux les démentent.

(1) *Lib. 7. cap. 4 & 5.*

(2) *Veniat Dominus meus, & suscipiat regnum fratris sui. Est mihi infans parvulus quem in ejus ulnis ponere desiderans, me autem ipsam ejus humilio ditioni.*

La loi dont nous voulons parler, est la chartre de Louis le Débonnaire, par laquelle ce prince règle le partage de l'Empire entre ses enfans. « S'il arrivoit, » y est-il dit, que lors de notre décès » quelqu'un d'eux ne fût pas parvenu à la » majorité, suivant la loi des ripuaires, » nous voulons que son royaume soit » gouverné *par son frère aîné*, comme » nous le gouvernons nous-mêmes; & » quand il aura atteint sa majorité, il » exercera lui-même sa puissance ».

On voit que l'ordre établi par cette chartre pour la régence, est déterminé, autant qu'il est possible, par l'ordre de la succession au trône. L'aîné, il est vrai, ne devoit pas alors être l'unique héritier de ses frères, au cas qu'ils mourussent sans enfans; mais il étoit juste & prudent de lui laisser la régence à l'exclusion des autres, parce que d'abord, étant plus âgé, il devoit avoir plus d'expérience & de talens pour gouverner, & qu'ensuite il étoit à craindre qu'en partageant l'administration entre tous ses frères, on ne donnât lieu à des querelles aussi funestes pour eux que pour le mineur.

Pendant la minorité de Charles-le-Simple, la régence, qui appartenoit à sa mère, est confiée à un seigneur nommé Eudes, qui prend le titre de Roi; mais, comme on l'a vu au chapitre 67, section 1, des circonstances particulières avoient occasionné cet événement, & il ne peut tirer à conséquence.

Sous la minorité de Lothaire, Hugues l'abbé gouverne le royaume en qualité de *duc des françois*. Sa puissance fit pour lui ce qu'avoit fait pour Eudes le vœu des grands de la nation; & le renversement de l'ordre dans lequel la régence devoit être déférée, n'eut d'autre motif que sa volonté, son crédit & la dégradation de la royauté.

Après la mort de Lothaire, Hugues-Capet parut d'abord ne pas vouloir aller si loin que l'avoit fait son père Hugues l'abbé; il se contenta de la tutelle du jeune roi Louis V, & laissa la régence à la Reine-mère: mais on sait que bientôt la qualité de tuteur fit place sur sa tête, au titre de roi.

Dans la troisième race, nous trouvons, dès la première minorité, l'exemple d'une Reine-mère & d'un héritier présomptif de la couronne, qui se voient préférer, pour la régence, un seigneur puissant. Le roi Henri I, après avoir fait couronner son fils Philippe, qui n'avoit que huit à neuf ans, ordonna que pendant son bas-âge, le gouvernement & l'administration du royaume appartiendroient à Baudouin, comte de Flandres, oncle maternel du jeune monarque. Voici comme en parle un auteur du temps (1): *Philippus quoniam puerulus erat, tutorem & nutritorem accepit Balduinum Flandrensem Comitem, probum sanè virum, qui usquè ad intelligibilem ætatem eum benignè fovit, regnum suaviter administravit, rebelles correxit, adolescenti verò demum ex integro regnum restituit.* Cependant la mère du jeune roi vivoit encore, & il avoit en outre deux oncles paternels, Robert, duc de Bourgogne, & Eudes de France: mais la première fut exclue de la régence par des raisons qu'on a rappelées dans la section 1re du chapitre 67; & les deux autres, parce qu'ayant fait la guerre à Henri I, il n'auroit pas été prudent de leur confier la garde d'un trône qu'ils avoient eu dessein d'envahir (2).

En 1147, Louis VII, prêt à partir pour la Terre-Sainte, remit les rênes du gouvernement à Suger, abbé de Saint-Denis, & à Raoul, comte de Vermandois (3). En cela, le monarque ne consulta que ses intérêts & ceux de la couronne: ni Suger, ni Raoul n'avoient

(1) *Fragment. histor. apud Pith.* page 86.

(2) Dupuis, Traité de la majorité des Rois, tome 1, page 62.

(3) *Voy.* ci-devant, chap. 67, section 1.

par eux-mêmes le moindre droit à la régence ; elle leur fut donnée précisément parce qu'ils furent reconnus pour les plus capables d'en remplir les devoirs.

Remarquons d'ailleurs, en passant, que le comte Raoul n'étoit, à l'égard de l'abbé Suger, qu'un adjoint subordonné à celui-ci : c'est ce que prouvent deux lettres adressées à ce prélat ; l'une par le Roi lui-même, & l'autre par le chancelier Cadurcus. Par la première, Louis l'avertit de son retour prochain, & lui dit : *quoniam principaliter ad vos respicit cura ac custodia regni* (1). La seconde est encore plus expresse : *reminiscere*, porte-t-elle, *Domini regis præcepti, quod vobis principaliter, secundo comiti* RUDULFO *Remis fecit* (2). Il paroît même par une autre lettre écrite de Bourgueil, qu'il avoit seul la commission de toutes les affaires ecclésiastiques : *quoniam rex famosissimam peregrinationem arripiens in manu vestrâ negocia ecclesiastica dereliquit.* C'étoit en effet lui seul qui faisoit saisir & mettre dans la main du Roi le temporel des évêchés vacans, qui donnoit permission aux chapitres de s'assembler pour élire les évêques, qui recevoit le serment de fidélité des nouveaux prélats, & qui donnoit main-levée de la régale (3).

Sous la minorité de Philippe-Auguste, la Reine-mère Alix de Champagne gouverna le royaume avec Guillaume de Blois, archevêque de Reims son frère (4). Des raisons que l'histoire nous a laissé ignorer firent sans doute préférer celui-ci aux trois héritiers présomptifs que le jeune monarque avoit alors dans la personne de ses quatre oncles paternels, Henri, évêque de Beauvais ; Robert, comte de Dreux ; Pierre, sire de Courtenay ; & Philippe, grand archidiacre de Paris (5).

Quoi qu'il en soit, Philippe-Auguste lui-même, devenu majeur, nomma de nouveau en partant pour la Terre-Sainte, sa mère Alix & son oncle maternel Guillaume de Blois, pour régens du royaume & tuteurs de son fils. (6).

On a vu dans la section 1re du chapitre de la reine, qu'à la mort de Louis VIII, & pendant la première croisade de Saint Louis, la régence fut déférée sans partage à la reine Blanche. Il faut ajouter ici que cette princesse étant décédée en 1250, Alphonse & Charles, frères du roi, gouvernèrent le royaume jusqu'à son retour.

Pourquoi S. Louis, en se croisant pour la seconde fois en 1269, ne nomma-t-il à la régence, ni la reine Marguerite son épouse, ni aucun de ses frères ? & pourquoi leur préféra-t-il Matthieu de Vendôme, abbé de Saint-Denis, & Simon de Clermont, sire de Nesle, auxquels même il substitua Philippe, évêque d'Evreux, & Jean, comte de Ponthieu (7) ? Nous l'ignorons ; mais il est à croire que de puissans motifs dirigèrent cette préférence.

On a rapporté ci-devant, ch. 1, deux ordonnances de Philippe-le-Hardi, des mois d'octobre 1270 & de décembre 1271, qui pourvoient à la régence pour le cas où ce prince viendroit à mourir, avant que l'aîné de ses fils n'eût atteint l'âge requis pour gouverner lui-même.

Par la première, le roi veut sans faire mention de sa femme Isabelle, que Pierre de France, comte d'Alençon, son frère, ait la garde du royaume, & il lui donne pour conseil l'archevêque de Reims, les évêques de Paris, de

(1) Epist. Suger, 69.

(2) Epist. 118.

(3) Epist. 4, 43, 44.

(4) *Voy.* ci-devant, chap. 67, section 1.

(5) Dupuis, Traité de la majorité des Rois, tome 1, page 68.

(6) *Voy.* Rigord, Belleforêt & Dupuis.

(7) Dupuis, Traité de la majorité des Rois, tome 1, page 76.

Bayeux & d'Evreux, Mathieu, abbé de Saint-Denis, Simon de Nesle, Erard de Valery, Pierre Chambellan, Julien de Péronne, Henri de Vezelai, Jean de Troyes, Nicolas d'Auteuil; & pour faire les comptes, Jean Sarrazin. C'est la prèmiere fois que nous voyons un conseil de régence formé par le nominateur même du Régent.

Par la seconde ordonnance antérieure d'un mois à la mort de la reine Isabelle, & aussi muette sur son compte que la précédente, le Roi renouvelle les dispositions de celle-ci, & ajoute que si Pierre d'Alençon vient à mourir durant le bas âge de son fils aîné, le royaume sera gouverné non par Robert de France, comte de Clermont, son deuxieme frère, mais par treize prélats & seigneurs, qu'il déclare principaux gardes, tuteurs & défenseurs du royaume & de ses enfans.

Une ordonnance de Philippe-le-Bel, du mardi avant la fête de la Toussaint 1300, porte que si la reine, épouse de ce prince (qu'on a vu ci-devant chapitre de *la reine*, section 1, appelée à la régence par des lettres-patentes de 1294), vient à mourir sans que l'aîné de ses fils ait encore atteint l'âge de majorité, en ce cas le gouvernement sera dévolu à Charles comte d'Anjou & d'Alençon, frère du Roi, & lui appartiendra jusqu'au moment où le nouveau monarque sera parvenu à cet âge. Les termes de cette ordonnance sont remarquables: « & si par adventure advenoit que après notre décès, notre » seigneur apeloit à soi notredite chiere » compagne la reine, avant que notre » dit ainsné fils, roi de France, venît » en aage de gouverner le royaume: Nous regardans l'especial amour » & la grande fiance que nous avons » à notre chier frère devant dit, meimement *comme il soit li plus prouchain à nos enfans, & de cui plus espéciamment nous nous fions*, voulons » & ordonnons que notre dit ainsné » fils, roi de France, se il n'étoit en » aage de gouverner, se gouverne par » le conseil & par le gouvernement » de notre devant dit frère, jusque tant » que il venît en aage du royaume » gouverner ». On voit ici deux motifs, qui déterminent le choix du régent, l'ordre de la succession à la couronne, à laquelle Charles d'Anjou est appelé au défaut de ses neveux, *comme li plus prouchain*, & la confiance que le souverain a dans son zèle & sa fidélité. Ces deux motifs vont de pair dans l'ordonnance; & de-là on peut conclure que la qualité de plus proche parent n'étoit pas dans l'esprit de Philippe le-Bel, un titre suffisant pour aspirer à la régence si elle n'étoit soutenue par une opinion favorable des talens & des vertus du prétendant. On a remarqué plus haut la même façon de penser dans la conduite de Henri I, de Louis VII, de Philippe-Auguste & de S. Louis.

Les deux régences qui suivirent la mort de Louis Hutin & celle de Charles IV, ne furent déterminées que par l'ordre de la succession à la couronne. La première fut déférée à Philippe-le-Long, frère puîné du feu Roi, « comme plus » proche du défunt, & présomptif héri- » tier de la couronne; nonobstant les » empêchemens que lui donna Charles » de France, comte de Valois, son oncle, » qui lui débattoit cette régence ». Ce sont les termes de Dupuis (1).

La seconde régence, après avoir été vivement disputée entre Philippe de Valois & Edouard III, roi d'Angleterre, fut jugée appartenir à Philippe, parce qu'il avoit *le droit le plus apparent pour parvenir à la couronne*.

Et remarquons que, pour l'une comme pour l'autre régence, il ne fut nulle-

(1) Traité de la majorité des Rois, tome 1, page 82.

ment question des Reines-mères ; on ne considéra que la qualité d'héritier présomptif du trône.

Pendant la prison du roi Jean, la France fut quelque tems sans maître. La reine Jeanne, seconde femme du Monarque, & belle-mère du Dauphin, ne fit aucun mouvement pour se faire nommer régente. Le Dauphin lui-même, *jeune d'âge & de conseil*, dit Froissart, *ne vouloit entreprendre le gouvernement du royaume :* il prit cependant la qualité de *lieutenant du roi ;* mais il est à croire qu'elle ne lui donna pas grande autorité, puisqu'on vit alors les états-généraux établir un conseil, composé de trente-six personnes, qui devoient gouverner jusqu'au retour de Jean. Bientôt néanmoins les choses prirent une face nouvelle ; le 14 mai 1357, le Dauphin prit le titre de *Régent*, & il commença dès ce moment à gouverner seul & sans partage.

On ne sait pas positivement si la régence lui fut déférée, soit, comme l'assure Belleforêt, par le parlement, soit, comme d'autres le prétendent, par les états assemblés à Compiègne, ou s'il la prit de lui-même ; mais on voit par les lettres de lieutenance générale qu'il donna à son frère Jean, comte de Poitiers, au mois de septembre 1359, qu'il la regardoit comme un droit attaché à sa personne, & dont il n'étoit redevable qu'à sa naissance. Voici comme ces lettres sont conçues : « Charles, » aîné fils du roi de France, régent le » royaume, duc de Normandie, & » dauphin de Viennois : à tous ceux, &c. » Comme nous, en absence de notredit » seigneur, *ayons entrepris & nous appartienne* le gouvernement dudit royau- » me, &c. (1) ».

En 1362, le roi Jean, qui étoit rentré dans ses états en 1360, & qui ensuite résolut d'aller en Angleterre pour traiter de la rançon de ses ôtages, rendit au Dauphin le titre de régent, que son retour lui avoit ôté, & celui-ci reprit en conséquence les rênes du gouvernement (2).

Ainsi, dans l'espace d'un demi-siècle, c'est-à-dire, depuis la mort de Louis Hutin jusqu'à celle du roi Jean, on trouve jusqu'à quatre régences déférées par le seul ordre de la succession à la couronne.

Des deux ordonnances que Charles V rendit au mois d'octobre 1374, la première confirme cet ordre de la manière la plus positive, en faveur de Louis d'Anjou, frère puîné immédiat du Roi : elle porte, que si le Monarque vient à mourir avant la majorité de son fils aîné, le duc d'Anjou aura « autorité & plé- » nière puissance de gouverner, garder » & défendre le royaume » ; & elle lui substitue, en cas de mort ou d'empêchement, Philippe de Bourgogne, son frère puîné.

La seconde ordonnance est très-singulière : sans déroger à celle dont on vient de parler, elle appelle à la régence la Reine-mère, Philippe de Bourgogne & Louis de Bourbon, & elle ne dit pas un mot du duc d'Anjou, frère aîné de ceux-ci.

M. le président Hénault croit voiler cette contradiction, en disant que par la première loi, Charles V avoit pourvu à la régence proprement dite, & que l'autre n'avoit pour objet que la tutelle de son successeur (3). Mais, sans doute que M. le président Hénault n'avoit pas lu cette seconde ordonnance ; car elle parle en termes très-précis de la régence, & la fait marcher de pair avec la tutelle. « Avons ordonné, porte-t-elle, & or- » donnons par ces présentes, que... » notre très-chiere & très-amée com- » pagne la Reine, mère de nosdits enfans,

(1) Dupuis, Traité de la majorité des Rois, tome 1, page 99.

(2) Dupuis, Traité de la majorite des Rois, tome 1, page 99. Froissart, chap. 219.

(3) Abrégé chronologique de l'histoire de France, sous l'année 1374.

» ait & à elle appartienne *principalement* » la tutelle, & éducation & nourrissement de Charles notredit ainsné fils, » & de nos autres enfans, fils & filles » nés & à naître, *& le gouvernement,* » *garde & défense de notre royaume;* & avec » elle & sa compagnie nos très-chiers » & très-amés frères Philippe duc de » Bourgogne, & Loys duc de Bourbon, » soient tuteurs de nosdits enfans, *gou-* » *verneurs & défenseurs de notre royaume,* » dès le jour de notre trépassement, jus- » qu'à ce que notredit ainsné fils soit » entré audit quatorze ans; & dès main- » tenant pour lors, donnons & octroyons » à notre compagne & frères dessus dits » autorité & pouvoir de nourrir, gar- » der & enseigner nosdits enfans, *gou-* » *verner & défendre notre royaume* pour » le temps devant dit tant seulement; » créer toutes manières d'officiers, don- » ner pardon & rémission de tous crimes » & délits, lettres de justice ou de grace, » de présentations & collations de béné- » fices à nous appartenans, vacans en » régale ou autrement; recevoir serment » de féauté des prélats, pers & autres » vassaux de notredit ainsné fils, pour » lors Roi de France, en son nom & » pour lui; faire lever & percevoir les » rentes, revenus, profits & émolu- » mens ordinaires & extraordinaires de » notredit royaume, & d'icelles faire » faire & administrer les dépenses néces- » saires & profitables, & supporter les » charges pour l'état de nosdits enfans, » la garde, défense & gouvernement » d'icelui royaume, & généralement, » de faire & exercer, par eux ou par » autres, toutes les choses nécessaires, » profitables, expédientes & convena- » bles, de raison ou de coutume, à la » tutelle, bien, sûreté & nourrissement » de nos enfans; garde, défense & gou- » vernement de notre royaume dessus » dit, combien que celles requièrent » mandement espécial, & soient plus » grands que les choses exprimées ci- » devant, & déclarées par exprès ».

Il n'y a rien, comme on voit, à opposer à ces conditions; elles établissent clairement, nettement & absolument, pour tuteurs & régens du royaume, la Reine-mère, le duc de Bourgogne & le duc de Bourbon: il n'y a donc pas moyen de les concilier avec l'ordonnance de la même date, qui donne la régence au duc d'Anjou.

Mais en convenant que ces ordonnances sont effectivement contraires l'une à l'autre, ne pourroit-on pas conjecturer que la première seule a été publiée, & que la seconde n'est jamais sortie du cabinet du Roi? Ce qui semble autoriser cette conjecture, c'est qu'immédiatement après la mort de Charles V, la première a eu tout son effet. Il est vrai qu'il s'éleva entre les trois oncles du jeune Monarque, des contestations sur l'exercice & le partage de l'autorité; mais il est toujours certain que le duc d'Anjou exerça la régence *pendant 16 jours* (1); que les arrêts même des cours souveraines, furent, tout ce temps, intitulés de son nom, comme Régent, & qu'il n'abdiqua ce titre, qu'à cause qu'il fut arrêté par le parlement de faire sacrer le jeune Roi, pour qu'il pût, suivant l'opinion reçue dans ce temps-là, gouverner ses états par lui-même, *avec le conseil & avis de ses oncles:* c'est ce que nous apprennent les registres même du parlement (2).

(1) Dupuis, *Loc. cit.* pag. 51 & 256.

(2) *Voici ce qu'ils portent:* « Du mardi second » jour d'octobre 1380, au conseil; ce jour furent assemblés en parlement messire Louis » régent le Royaume, duc d'Anjou & de » Touraine, comte du Maine; messieurs les ducs » de Berri & de Bourgogne, frères germains » dudit monsieur le Régent, le duc de Bourbon, » tous oncles du Roi qui est à présent; madame » la reine Blanche, madame la duchesse d'Orléans, le comte d'Eu, messire Charles d'Artois frère, le comte de Tancarville, le comte » de Hareourt, le comte de Bremme, messire » Charles de Navarre aîné, fils du roi de Navarre; les archevêques de Rouen, de Reims

Au

Au mois de janvier 1392, il parut deux ordonnances de Charles VI, sur la tutelle & la régence pendant la minorité du Dauphin. Par l'une, il déféroit la première à la Reine son épouse, aux ducs de Berry, de Bourgogne & de Bourbon, ses oncles, & au duc de Bavière son beau-frère (1) : par l'autre, il nommoit à la régence son frère Louis, duc d'Orléans & comte de Valois, & déclaroit en général que, si ce dernier venoit à décéder avant la majorité du Dauphin, *celui qui seroit mis en son lieu*, seroit tenu de se conformer à tout ce qu'il lui avoit prescrit touchant l'ordre & l'administration du royaume (2).

Charles VI n'avoit prévu par ces ordonnances, que le cas où l'âge tendre de son fils aîné donneroit lieu à une régence ordinaire : l'incapacité dans laquelle il se trouva lui-même par la suite, de gouverner le royaume, nécessita une autre loi, qui occasionna bien des difficultés. « Revenu en convalescence, » dit M. Dupuis (3) d'après Juvénal des » Ursins, il ordonna que Louis, duc » d'Orléans, son frère, auroit, en son » absence, le gouvernement & l'admi- » nistration du royaume ; ce qui fut » exécuté ». On sait en effet que le Roi, étant retombé malade, le duc d'Orléans se mit à la tête des affaires : ce ne fut cependant pas sans obstacle, car il fut traversé par les ducs de Berry, de Bourgogne & de Bourbon. Le Roi eut un intervalle favorable, & il en profita pour déclarer son frère *lieutenant & gouverneur du royaume, lui absent.* Mais ses trois oncles s'y opposèrent, & prétendirent que le duc d'Orléans, vu sa grande jeunesse, étoit plutôt fait pour être gouverné que pour gouverner lui-même. « Cette » opposition, continue Dupuis, fut si » forte, qu'il fut dit qu'il n'auroit point le » gouvernement. Au contraire, le duc de » Bourgogne fut nommé pour gouverner » le royaume, & ne voulut souffrir que » le duc d'Orléans eût aucune autorité, » gouvernement & administration ». Le duc d'Orléans céda en effet, & ne se mêla plus d'aucune affaire. Mais en même tems, dit encore Dupuis, « tous ces » princes furent priés de se retirer, sans » que l'un ni l'autre se mêlât du gouver- » nement : à quoi ils obéirent ».

Quelque temps après, au mois d'avril 1403, Charles VI fit publier une déclaration, par laquelle il vouloit qu'en cas de mort avant que son fils aîné ne fût majeur, la Reine-mère, son épouse, en auroit *la garde, nourrissement & gouvernement;* & qu'à l'égard du royaume, elle le gouverneroit avec ses oncles & son frère, les ducs de Berry, de Bourgogne, de Bourbon & d'Orléans. La même loi ajoute : si la Reine vient à décéder avant son mari, les quatre princes, le connétable, le chancelier & les magistrats du conseil, demeureront chargés à la fois de la tutelle & de la régence.

Le 26 du même mois, nouvelle déclaration, qui ordonne qu'en l'absence ou empêchement du Roi, la Reine son

» & de Sens ; les évêques de Laon, de Beau- » vais, d'Agen, de Paris, de Langres, de » Bayeux, d'Evreux, de Meaux & de Chartres, » & plusieurs autres prélats, barons : & en la » présence desdits seigneurs prélats & barons, » fut dit & exposé par la bouche de messire » Jean Desmarests, que, combien que le Roi » monsieur, qui est à présent, fût mineur dans » la coutume de France, & ne fût que de l'âge » de douze ans, néanmoins, pour le bien de la » chose publique, & pour le bon gouvernement » du royaume, & pour mettre bonne paix & » union entre le Roi notre sire & ses oncles, » dessus nommés, ledit monsieur le Régent a » voulu & consenti, que le Roi notre sire qui » est à présent, soit sacré & couronné à Reims, » en la manière accoutumée ; & ce fait, qu'il ait » le gouvernement & administration du royau- » me ; que ledit royaume soit gouverné en son » nom par le conseil & avis de sesdits oncles » messeigneurs, en tant que chacun touche : & » pour ce & à cette fin, ledit monsieur le Régent » l'a aagé & pour tel réputé ».

(1) Dupuis, *Loc. cit.* page 262.

(2) *Ibid.* pag. 111 & 112.

(3) *Loc. cit.* page 112.

épouse, les ducs de Berry, de Bourgogne & de Bourbon, ses oncles, & le duc d'Orléans son frère, *appelés avec eux les connétable, chancelier, & autres du conseil, tels qu'il leur plaira*, expédieront, au nom de sa majesté, les grandes affaires du royaume, sans néanmoins pouvoir exécuter rien d'important, qu'après lui en avoir communiqué.

Le 26 décembre 1407 est une époque remarquable dans l'histoire des régences. Il fut tenu ce jour-là un lit de justice dans lequel le roi fit publier un *édit perpétuel & irrévocable*, que nos publicistes ont appelé l'édit *de la suppression des régences*. Il porte qu'à l'avenir les rois mineurs gouverneront « par les » bons avis, délibérations & conseil » des reines leurs mères, si elles vivoient, & des plus prochains du lignage & sang royal, qui lors seroient; » & aussi par les advis, délibération & » conseil du connestable & chancelier » de France, des saiges hommes du » conseil, qui seroient lors... & en outre (continue le législateur) voulons & » ordenons que toutes les délibérations, » appointemens & conclusions, qui » par la manière dessus déclairée, seront faites & prises ès faits, affaires & besongnes dessus touchées, » soient advisées, prises & concluses » selon les voix & opinions de la » greigneur & plus saine partie des plus » prouchains & principaux desdits du » sang royal & conseil, & selon ce » qui sera dit & advisé pour & aux » biens & prouffit de notredit & » autres ainsnés fils des susdits, du » royaume, & des fais, affaires & » besongnes devant dites ».

Mais par le même édit, le roi déclara qu'il n'entendoit pas déroger « à » certaine constitution & ordonnance » aujourd'hui faite en faveur de son » fils aîné le duc de Guienne ».

J'ignore quelle étoit cette ordonnance: mais il est à croire qu'elle avoit pour objet de remettre entre les mains du dauphin seul pendant la maladie du roi, tout le pouvoir que l'édit attribuoit pour les régences à venir aux princes du sang royal divisément. (*Voyez* ce que nous avons dit dans la section I du chapitre *de la reine*, sur la manière dont le royaume fut gouverné tout le temps que vécut encore Charles VI.)

Ce ne fut pas la seule dérogation qu'éprouva l'édit de 1407. Charles VI avoit défendu par une clause expresse, qu'on y fît *aucune interprétation, mutation ou changement*. Mais dès la première occasion qui se présenta de le mettre en pratique, on fit tous les efforts possibles pour s'en écarter.

Nous voulons parler de ce qui se passa en 1483. Louis XI étant au lit de la mort, dit Philippe de Comine (1), « envoya quérir M. de Beaujeu duc » de Bourbon, mari de sa fille Anne, » & lui commanda aller au roi son fils » qui étoit à Amboise; ainsi l'appella-t-il en le lui recommandant, & lui » donna toute la charge & gouvernement dudit roi ». Il n'en fallut pas davantage à M. de Beaujeu pour se croire régent du royaume; & en effet, il prétendit en exercer toutes les fonctions. Il se trompoit cependant sur deux points: le premier en ce qu'il supposoit qu'il y avoit lieu à la régence, tandis que Charles VIII étoit entré dans sa quatorzième année & devoit conséquemment être réputé majeur (2); le second en ce qu'il étendoit au gouvernement du royaume, une autorité que Louis XI ne lui avoit confiée que pour l'éducation de son successeur.

Quelque sensible que fût cette double erreur, M. de Beaujeu entraîna beaucoup de monde dans son parti; & se mit de fait à la tête de toutes les affaires. Le duc d'Orléans qui, par

(1) Liv. 6. chap. 21.

(2) *Voy.* ci-devant, chap. 1, section 3.

son titre de premier prince du sang, auroit dû lui être préféré, s'il eût pu être question de régence, se plaignit hautement de cette entreprise. Pour y mettre ordre, on assembla à Tours les états généraux, & après de longues & vives discussions tant sur les droits respectifs des princes que sur l'autorité appartenante aux états en ces matières, il fut conclu que le roi seroit sacré au plutôt & gouverneroit par lui-même; que par ce moyen, il n'y auroit point de régent, mais que le conseil seroit présidé en l'absence du roi par le duc d'Orléans, *qui étoit la seconde personne du royaume de France;* à son défaut, par le connétable de Bourbon; & au défaut de celui-ci, par M. de Beaujeu, qui au surplus auroit dans tous les cas le droit de séance au conseil, ainsi que *tous les autres princes & seigneurs prochains du sang, chacun selon son dégré.* Tout cela fut approuvé par le roi « en la pleine assemblée des états, » dans la grande salle de l'archevêque » de Tours (1) ».

Par ces arrangemens, l'édit de 1407 se trouva sans atteinte, mais il n'en fut pas mieux observé par la suite.

Louis XII s'y étoit assez conformé par son testament fait à Blois le 31 mai 1505 (2); mais cet acte demeura sans exécution, parce que François I étoit majeur lorsqu'il parvint à la couronne.

Depuis le règne de François I jusqu'à celui de Louis XIV, on compte encore plusieurs régences dont il seroit ici à propos de parler, si on ne l'avoit pas déjà fait dans la section 1 du chapitre *de la Reine.* Nous passerons donc à celle qui a eu lieu sous la minorité de Louis XV; c'est la dernière, mais ce n'est pas la moins remarquable de celles que nous offre l'histoire de la Monarchie.

Le 30 août 1714, Louis XIV voyant approcher la fin de sa glorieuse carrière, envoya au parlement de Paris son testament, avec un édit qui en ordonnoit le dépôt au greffe & défendoit de l'ouvrir avant sa mort. Par ce testament, qui étoit du 2 du même mois, le roi, fidelle observateur de l'édit de 1407, ne nommoit point de régent; mais il établissoit un conseil de régence dont M. le duc d'Orléans, premier prince du sang, devoit être le chef. Ce conseil devoit être composé des princes du sang qui auroient atteint l'âge de 24 ans, des ministres d'état, des maréchaux de Villeroi, de Villars, d'Harcourt, d'Uxelles & de Tallard, & le nombre ne pouvoit jamais en être augmenté, même en cas de mort d'aucun d'eux. Sa majesté avoit déclaré par le même acte que toutes les affaires seroient décidées dans ce conseil à la pluralité des voix. Enfin il chargeoit M. le duc du Maine, prince légitimé, de l'éducation du jeune monarque, & lui confioit le commandement des troupes de la maison du roi.

A peine Louis XIV eut-il les yeux fermés, que M. le duc d'Orléans, certain que ses dernières dispositions ne lui déféroient pas la régence, chercha à l'obtenir par d'autres voies. Ses conseils lui firent entendre que si quelqu'un s'opposoit à ses desseins, & pouvoit le traverser, ce seroit le duc du Maine, qui avoit gagné le cœur du peuple & des grands par ses belles qualités; mais qu'il y avoit remède à cela, que son altesse n'avoit qu'à se rendre au parlement, & y représenter ses bonnes intentions pour le roi & pour l'état: qu'il remontreroit ensuite qu'un royaume comme la France, ne pouvoit se passer d'un prince qui eût un pouvoir absolu, & qu'il étoit impossible de remédier aux maux publics, quand les décisions dé-

(1) *Voy.* Dupuis, *Loc. cit.*, pag. 356 & *suiv.* jusqu'à 416.

(2) *Voy.* ci-devant la section 1e du chap. *de la Reine.*

pendoient de tant de voix ; que conséquemment on ne pouvoit se dispenser de nommer un régent, & que par le droit de la naissance & l'ordre de la succession au trône, ce ne pouvoit être que le duc d'Orléans.

M. le duc d'Orléans adopta ce parti, & le lendemain de la mort du roi, le 2 septembre 1715, il se rendit au parlement accompagné des princes du sang, des princes légitimés & des pairs ecclésiastiques & laïques.

Lorsqu'il eut pris séance, M. le premier président lui dit : « Monsieur, le » parlement, profondément affligé de la » perte que la France vient de faire, » conçoit de grandes espérances pour » le bien public, de voir un prince aussi » éclairé que vous, monsieur, aussi » pénétré que vous l'êtes de tous les » sentimens de justice, venir dans la » compagnie avec les dispositions que » vous y apportez. La cour m'a chargé » de vous assurer, monsieur, qu'elle » concourra avec vous au service du roi, » & de l'état, de toutes ses forces, » & avec tout le zèle qui l'a toujours » distinguée des autres compagnies du » royaume. Elle m'a en même temps » expressément ordonné de vous pro» tester, monsieur, qu'elle ira au-devant » de tout ce qui pourra vous prouver » le profond respect qu'elle a pour » vous ».

M. le duc d'Orléans marqua à M. le premier président beaucoup de satisfaction de ce qu'il venoit d'entendre, & témoigna ensuite vouloir parler à la compagnie en présence des gens du roi ; aussi-tôt ils furent mandés par M. le premier président ; & M. le duc d'Orléans, ayant salué la compagnie, parla en ces termes.

« Messieurs, après tous les malheurs » qui ont accablé la France, & la perte » que nous venons de faire d'un grand » roi, notre unique espérance est en » celui que Dieu nous a donné : c'est » à lui, messieurs, que nous devons à » présent nos hommages, & une fi» delle obéissance. C'est moi, comme » le premier de ses sujets, qui dois » donner l'exemple de cette fidélité in» violable pour sa personne, & d'un at» tachement encore plus particulier que » les autres aux intérêts de son état. Ces » sentimens connus du feu roi, m'ont » attiré sans doute ces discours pleins » de bonté, qu'il m'a tenus dans les » derniers instans de sa vie, & dont » je crois vous devoir rendre compte. » Après avoir reçu le viatique, il » m'appella & me dit : *mon neveu, j'ai* » *fait un testament, où je vous ai con*» *servé tous les droits que vous donne vo*» *tre naissance ; je vous recommande le* » *dauphin, servez-le aussi fidellement que* » *vous m'avez servi, & travaillez à lui* » *conserver son royaume ; s'il vient à man*» *quer, vous serez le maître, & la cou*» *ronne vous appartient.* A ces paroles, il » en ajouta d'autres qui me sont trop » avantageuses pour les pouvoir répé» ter, & il finit en me disant : *j'ai* » *fait les dispositions que j'ai cru les plus* » *sages ; mais comme on ne sauroit tout* » *prévoir, s'il y a quelque chose qui ne soit* » *pas bien, on le changera.* Ce sont ses » propres termes..... Je suis donc bien » persuadé, que suivant les loix du » royaume, suivant les exemples de ce » qui s'est fait dans de pareilles con» jonctures, & suivant la destination » même du feu roi, la régence m'ap» partient ; mais je ne serai pas satis» fait, si à tant de titres qui se réunis» sent en ma faveur, vous ne joignez » vos suffrages & votre approbation, » dont je ne serai pas moins flatté que » de la régence même. Je vous demande » donc, lorsque vous aurez lu le tes» tament que le feu roi a déposé entre » vos mains, & les codicilles que je » vous apporte, de ne point confon» dre mes différens titres, & de déli» bérer également sur l'un & sur l'au-

» tre ; c'est-à-dire, sur le droit que ma » naissance m'a donné, & sur celui que » le testament y pourra ajouter. Je suis » persuadé même que vous jugerez à » propos de commencer par délibérer » sur le premier : mais à quelque titre » que j'aie droit à la régence, j'ose vous » assurer, messieurs, que je la mériterai » par mon zèle pour le service du » roi, & par mon amour pour le bien » public, sur-tout étant aidé par vos » conseils & par vos sages remontrances ; » je vous les demande par avance, en » protestant devant cette auguste assem- » blée, que je n'aurai jamais d'autre » dessein que de soulager les peuples, » de rétablir le bon ordre dans les finan- » ces, de retrancher les dépenses super- » flues, d'entretenir la paix au dedans » & au dehors du royaume, de rétablir » sur-tout l'union & la tranquillité de l'é- » glise, & de travailler enfin avec » toute l'application qui me sera possi- » ble, à tout ce qui peut rendre un » état heureux & florissant. Ce que je » demande donc à présent, messieurs, » est que les gens du roi donnent leurs » conclusions sur la proposition que je » viens de faire, & que l'on délibère aussi- » tôt que le testament aura été lu, sur » les titres que j'ai pour parvenir à la » régence, en commençant par le pre- » mier ; c'est-à-dire, par celui que je » tire de ma naissance, & des loix du » royaume.

A ces mots, les gens du roi se levèrent, & M. Joly de Fleuri, premier avocat-général, dit « que la juste dou- » leur qui les occupoit, leur permet- » toit à peine d'exprimer leurs senti- » mens, & qu'ils ne marqueroient en » ce jour leur affliction que par le si- » lence, si leur zèle pour le bien de » l'état ne ranimoit leur courage.

» Nous venons, a-t-il ajouté, de per- » dre un roi dont le règne sera mémo- » rable à jamais dans la postérité, & » les derniers momens de sa vie, mo- » numens éternels de la sincérité de sa » religion, & de la fermeté de son » ame, ajoutant un dernier degré à sa » gloire, mettent aussi le comble à no- » tre douleur.

» Le Ciel, en nous enlevant un prince » qui sera toujours le sujet de nos re- » grets, nous laisse un roi dont les » heureuses dispositions, & un esprit » qui brille déjà au travers des téné- » bres de l'enfance, sont le fondement » de nos plus douces espérances.

» Mais ce n'est point par des larmes » inutiles & par de simples vœux, que » nous devons lui témoigner notre zèle, » & honorer dignement la mémoire d'un » prince qui, n'ayant été occupé en » mourant que du salut de l'état, nous » a appris par son exemple, à ne cher- » cher notre consolation que dans l'é- » tablissement d'un gouvernement pro- » portionné aux besoins de cette grande » monarchie.

» La naissance appelle M. le duc » d'Orléans à la régence de ce royaume ; » il semble même que la nature qui l'y » a destiné, ait pris plaisir à justifier » son choix, par des qualités éminentes » qui le rendroient digne d'être élevé » au titre de régent par les suffrages de » cette auguste compagnie, quand on » pourroit oublier que c'est la nature » même qui le lui présente ; & si la » cour suspend encore sa délibération » sur ce sujet, c'est par un effet de re- » ligion pour le dépôt sacré qui a été » remis entre ses mains.

» Le terme fatal est arrivé, où sui- » vant l'édit qui accompagne ce dépôt, » notre premier devoir est de demander » à la cour l'ouverture du testament que » le roi lui a confié, & la lecture des » codicilles dont M. le duc d'Orléans » vient de parler.

» Nous ne pouvons craindre que la » lecture de ces dispositions, qui, sui- » vant ce que M. le duc d'Orléans a » appris de la bouche même du feu

» roi, tendent à confirmer le droit » de sa naissance, puisse y donner aucune atteinte; & le tempérament » qu'il propose, nous paroît si mesuré » & si plein de sagesse, que nous ne » pouvons rien faire de mieux que d'y » joindre nos suffrages.

» La cour rendra par-là tout ce qui » peut être dû & aux prérogatives de la » naissance, & à la volonté d'un testateur si respectable; elle remplira également le devoir de juge & celui de » dépositaire, & la délibération qui » sera faite ensuite sur les deux titres » qui concourent en faveur de M. le duc » d'Orléans, suivra l'ordre de la nature, quand la cour commencera par » envisager ce qui pourroit appartenir » à ce prince, s'il n'y avoit point de » testament, pour passer ensuite au » nouveau droit qu'il pourra acquérir » par cette disposition.

» Hâtons-nous donc de répondre à » la juste confiance que le roi a eue en » son parlement. Nous desirerions, en » vous apportant ce dépôt que nous » fûmes alors chargés de vous représenter, qu'une vie encore plus longue pût rendre la prévoyance du roi » inutile; mais puisque le ciel n'a point » exaucé nos premiers vœux, acquittons-nous au plutôt de l'engagement » que nous contractâmes alors, & dégageons la foi de cette auguste compagnie.

» C'est ce qui nous oblige de requérir que l'édit du mois d'août 1714, » & le paquet cacheté, attaché sous le » contre-scel, soient tirés du lieu où » ils ont été mis en dépôt, en exécution de l'arrêt de la cour du 29 août » 1714; qu'il soit dressé procès-verbal du » lieu du dépôt par monsieur le premier président, en présence de M. » le procureur-général; & qu'après » l'ouverture du paquet qui sera faite » en la cour, il en soit fait lecture, le » tout conformément à l'édit & à l'arrêt; qu'il soit fait aussi-tôt lecture » des codicilles, pour être ensuite par » nous pris telles conclusions qu'il appartiendra, & délibéré par la cour, » tant sur le droit qui peut appartenir » à M. le duc d'Orléans par sa naissance, que sur l'exécution du testament contenu dans le paquet, & des » codicilles du feu roi ».

Les gens du roi retirés, M. le duc d'Orleans se leva comme ne voulant point assister à la délibération qui le regardoit; mais il fut prié de demeurer, ce qu'il fit.

Et M. le premier président, après avoir recueilli les voix (en commençant par M. le Noyen, doyen du parlement, & finissant par M. le duc d'Orléans qui lui dit que puisque la compagnie avoit jugé à propos qu'il demeurât à la délibération, du moins n'y devoit-il pas opiner), prononça un arrêt littéralement conforme aux conclusions de MM. les gens du roi.

En conséquence, le même magistrat, le procureur-général & le greffier en chef, qui avoient les clefs du dépôt, allèrent au greffe, & peu de temps après en revinrent, M. le premier président tenant en ses mains le porte-feuille dans lequel l'édit & le paquet cacheté, attaché sous le contre-scel, étoient enfermés.

Il mit le porte-feuille sur le bureau, & en tirant le paquet, le présenta à M. le duc d'Orléans, qui en fit l'ouverture avec lui.

L'édit & le testament furent lus l'un après l'autre; ensuite M. le duc d'Orléans fit pareillement lire deux codicilles des 13 avril & 23 août 1715, qu'il avoit apportés.

Cela fait, M. le duc d'Orléans prit la parole & dit, « que malgré le respect » qu'il avoit toujours eu pour les volontés du feu roi, & qu'il conserveroit pour ses dernières dispositions, » il ne pouvoit pas n'être point touché

» de voir qu'on ne lui déféroit pas un » titre qui étoit dû à sa naissance, & » dont il avoit lieu de se flatter par les » dernières paroles que le feu roi lui » avoit dites, & qu'il avoit rapportées à la cour : que comme la compagnie avoit ordonné qu'il seroit statué séparément sur les droits de sa » naissance, après la lecture du testament & des codicilles, il insistoit à » ce que la cour opinât sur la régence, » avant qu'il fît ses observations sur » quelques articles du testament, & sur » le commandement des troupes, & » demandoit que les gens du roi donnassent leurs conclusions ».

A ces mots, les gens du roi se levèrent & dirent :

« Que les droits du sang, le mérite » supérieur de M. le duc d'Orléans, » & les dernières volontés du roi étoient » autant de titres, qui, réunissant dans » la personne de M. le duc d'Orléans, » tous les droits qu'il pouvoit avoir » à la régence du royaume, devoient » aussi réunir tous les suffrages.

» Que si le testament du roi ne donnoit à M. le duc d'Orléans que le » titre de chef du conseil de régence, » il falloit plutôt s'attacher à l'esprit » qu'à la lettre de l'acte ; qu'il étoit » toujours le premier par la volonté du » roi dans la régence du royaume, » comme il l'étoit par son mérite & » par l'élévation de son rang.

» Que si nos mœurs déféroient ordinairement la tutelle dans les familles particulières au plus proche parent, elles appeloient aussi le prince » le plus proche à la régence du royaume ; que c'est ainsi qu'après la mort » de Louis-Hutin en 1316, Philippe-le-Long, son frère puîné, fut déclaré » régent du royaume, comme plus proche du défunt roi, malgré les prétentions de Charles comte de Valois, » qui étoit oncle de Louis-Hutin ; que » c'est ainsi qu'en 1327, Charles-le-» Bel ayant laissé en mourant la reine » sa femme enceinte, la régence fut » jugée devoir appartenir à Philippe » de Valois, cousin-germain, & plus » proche du roi défunt, parce que (pour » nous servir des termes d'un de nos » anciens historiens) *la raison veut que » le plus prochain de la couronne ait l'administration de toutes les affaires.*

» Que si l'édit de 1407 paroît d'abord une loi générale qui abolit l'usage des régences, on ne doit pas » l'étendre au-delà de ses véritables bornes ; que ce n'est pas au titre & au » nom de régent, mais à l'autorité & » au pouvoir des anciens régens du » royaume, que cet édit a donné atteinte. La royauté étoit alors comme » éclipsée pendant la minorité, il ne » se faisoit rien sous le nom du roi, » on mettoit le nom du régent à la » tête des loix : un sceau particulier » & propre au régent, lui donnoit le » caractère de l'autorité publique : on » réforma cet abus par l'édit de 1407, » & c'est depuis ce temps que les rois » suivant les termes de l'édit, ont été, » quoique mineurs, dits, appelés, tenus, & réputés rois de France ; mais » le titre de régent a toujours subsisté » depuis ce temps même ; s'il n'a été » déféré qu'à des reines & à des mères, c'est parce qu'il s'en est toujours trouvé en état d'être choisies » pour régentes. Mais ces exemples justifient que le titre de régent n'a » point été aboli par l'édit de 1407, » qui ne seroit pas moins contraire aux » reines, qu'aux princes du sang royal, » si on vouloit l'entendre dans un sens » trop rigoureux, & si l'on n'entroit plutôt dans son véritable esprit, qui n'a » été que de tempérer l'ancienne autorité des régens, & non d'en détruire » jusqu'au nom : & l'on ne sauroit montrer en effet, que le royaume ait jamais » été gouverné pendant les minorités par » d'autres que par des régens.

» Qu'ils pouvoient donc dire avec » raison, que sous ce nom de chef du » conseil de la régence, le roi avoit » désigné effectivement M. le duc d'Orléans pour régent du royaume, & les » dernières paroles que le roi lui avoit » dites, qu'il n'avoit fait aucun préjudice aux droits de sa naissance, expliquoient encore suffisamment ses intentions.

» Quel avantage pour ce royaume » (ont ajouté MM. les gens du roi), » de voir la conduite de l'état entre » les mains d'un prince si digne de gouverner, qui sait allier la justice & » la bonté, la valeur & la prudence, » les lumières supérieures, & une modestie qui voudroit toujours les cacher; né pour les grandes choses, & » capables des plus petites; au-dessus » de tous par l'élévation de son rang, » & cherchant à se rabaisser pour se » mettre à la portée de tous; la cour » n'a pas besoin du témoignage éclatant qu'il vient de rendre de ses sages dispositions pour le gouvernement de l'état, du desir ardent qu'il » a de soulager les peuples, de son » attention à procurer la tranquillité » au dedans & au dehors du royaume, de son zèle pour la paix de » l'église, de sa confiance en vos lumières, en vos avis, en vos remontrances; & ce qu'il a dit sur ce » sujet, n'ajoute rien à ce que toute » la France avoit lieu de se promettre » de la droiture de ses intentions. Nous » ne voyons donc rien qui ne concourût à déférer la régence à M. le duc » d'Orléans; & c'est par ces raisons que » nous requérons qu'il plaise à la cour » déclarer M. le duc d'Orléans régent » en France, pour avoir en cette qualité l'administration des affaires du » royaume pendant la minorité du roi; » sauf à délibérer ensuite sur les autres propositions qui pourront être » faites par M. le duc d'Orléans ».

Ces conclusions furent adoptées sur le champ par arrêt, & le reste de la journée se passa en délibérations, dont le détail sera mieux placé dans la section 3 ci-après.

Le 12 du même mois, Louis XV vint tenir au parlement son lit de justice, & il y intervint en sa présence un nouvel arrêt qui confirma toutes les dispositions de celui du 2.

Ces arrêts ne souffrirent d'abord aucune difficulté dans l'exécution; mais trois ans après, en 1718, il se forma une conspiration qui avoit pour but de transporter la régence à Philippe V, roi d'Espagne, oncle, & par conséquent plus proche parent de sa majesté que ne l'étoit M. le duc d'Orléans: il parut même à cette occasion un manifeste, donné à Saint-Laurent, le 9 septembre 1718, par lequel ce prince, après avoir reproché à M. le Régent l'abus qu'il faisoit de son pouvoir pour se liguer avec les ennemis de l'Espagne, lui rappeloit l'obligation qu'il avoit à sa majesté catholique, de ce qu'elle n'avoit point cherché dans le temps à l'exclure de la régence. « Le duc » d'Orléans, disoit le roi Philippe, a » vu, après la mort du roi très-chrétien, notre aïeul, avec quelle tranquillité nous l'avons laissé prendre » possession de la régence, pour gouverner le royaume de nos pères, pendant la minorité du Roi, notre très-cher neveu, sans lui faire le moindre » obstacle, & que nous avons toujours » persévéré dans le même silence, parce » que nous aurions mieux aimé mille » fois mourir, que de troubler le repos » de la France, & d'inquiéter le reste » de l'Europe, *quoique les loix fondamentales de ce royaume nous en donnent* » *l'administration préférablement à lui* ». Le manifeste étoit terminé par l'annonce que le roi d'Espagne prendroit les armes, s'il le falloit, *pour procurer l'assemblée des états généraux*.

La publication de cette pièce fut suivie de

de celle d'une prétendue requête des états de la France au roi catholique : « Quoique revêtu d'une couronne, lui » disoit-on, votre majesté n'en est pas » moins fils de France, & ses droits sont » encore mieux établis par le respect & » l'attachement des peuples, qu'ils ne le » sont par la loi du sang. Comme oncle » du Roi pupille, qui peut disputer à » votre majesté le pouvoir de convo- » quer les états, pour aviser aux moyens » de rétablir l'ordre, la tutelle & la » régence ? n'appartenoit-elle pas de » droit à votre majesté ? il n'est pas sans » exemple qu'un prince étranger ait été » tuteur d'un pupille. Sans sortir hors » de chez nous, Baudouin, comte de » Flandres, n'a-t-il pas eu l'administra- » tion du royaume de France, & la » tutelle de Philippe premier, fils de » Henri premier ? votre majesté n'auroit » pas manqué de raisons, si elle avoit » voulu attaquer la prétention du duc » d'Orléans ... »

Ces écrits séditieux & quelques autres semblables, furent supprimés par arrêts du parlement (1), & la prudence du régent acheva de faire échouer la conspiration.

Ici finit la chaîne des faits relatifs à la question de savoir à qui parmi nous doit être déférée la régence, pendant que le bas-âge, l'absence ou les infirmités du propriétaire du trône l'empêchent de gouverner par lui-même. Ces faits, comme l'on voit, ne sont d'accord ni entre eux, ni avec l'édit de 1407, la seule loi que nous ayons sur la matière importante qui nous occupe ici. D'où peut donc venir une discordance aussi marquée ? elle n'a sans doute pas d'autre cause que l'incertitude dans laquelle la nation françoise se trouve depuis treize siècles, sur la question qui fait l'objet de la section suivante ; car il est bien certain, par exemple, que si les Rois peuvent disposer de la régence, soit pour le temps que durera un voyage qu'ils méditent, soit pendant la minorité de leurs successeurs, ce droit entraînera celui de faire à chaque occasion qui s'en présentera, des réglemens qui n'auront rien de commun avec l'édit de 1407, ni avec tout ce qui l'a précédé ou suivi. Si au contraire, les rois n'ont pas ce pouvoir, l'édit de 1407, qui n'est l'ouvrage que d'une tête couronnée, ne peut pas être une loi. Et si l'on ne sait dans cette alternative à quoi s'en tenir, si la puissance royale & l'autorité de certains corps de l'état se trouvent toujours à cet égard en opposition, il est évident que la régence ne sera jamais déférée d'une manière uniforme, parce que la première cédant à la seconde, & demain la seconde à la première, il ne pourra naître de ce choc que des résultats arbitraires & diversifiés.

## SECTION II.

### *En quelles mains réside le droit de nommer les régens ?*

Cette question est, depuis le berceau de la monarchie, la matière d'un grand procès entre les rois eux-mêmes, les princes qui se regardent comme appelés par la loi du sang à la régence, les états-généraux, la cour des pairs, & enfin le parlement de Paris.

On s'attend bien que nous n'aurons pas la témérité de nous ériger en juges de ce grand procès ; exposons-en les faits, c'est tout ce qu'on peut desirer de nous.

1°. On a déjà vu, dans la section précédente, & dans le chapitre *de la Reine*, que les rois ont souvent disposé de la régence comme d'une propriété.

En 647, Dagobert Ier nomme Ega, *l'un de ses conseillers*, pour gouverner le

(1) *Voy.* ci-devant, chap. 1, section 1, vers la fin.

royaume après sa mort, jusqu'à la majorité de son fils Clovis II (1).

En 1053, Henri I dispose de la régence, pendant la minorité de Philippe I son fils, en faveur de Baudouin, comte de Flandres. On a remarqué ci-devant, section I, que cela est attesté par un historien dont il ne nous reste que des fragmens. C'est aussi ce qu'assure une ancienne chronique, dont voici les termes : *Henricus verò rex Francorum moriens, Balduino comiti Flandriæ qui dictus est insulanus, tutelam admodùm parvuli Philippi sui delegavit* (2).

Ce fait n'est cependant pas sans contradicteurs, & l'on y oppose le témoignage de Jean d'Ipres, abbé de Saint-Bertin, auteur d'une chronique que nos savans Bénédictins citent avec confiance, même sur les faits du onzième siècle, quoiqu'elle n'ait pu être écrite, au plutôt, qu'au commencement du quatorzième. Selon cet écrivain, la tutelle & la régence furent déférées au comte de Flandres, par le choix & du consentement des grands, qu'il nomme *barons*, suivant le langage usité de son temps. Il ajoute qu'ils lui firent tous hommage, & lui prêtèrent serment de l'élever lui-même sur le trône, si le jeune roi venoit à mourir en minorité. Cette seconde assertion suffiroit pour faire suspecter la première, quand l'auteur ne seroit pas éloigné de trois cens ans du temps dont il parle ; car on ne croira jamais que des seigneurs aussi puissans que Baudouin, & aussi ambitieux qu'il pouvoit l'être, aient alors promis de le reconnoître pour leur roi. S'il étoit permis de hasarder ici une conjecture, on se persuaderoit assez que ce Jean d'Ipres, qui écrivoit sous Philippe de Valois, auquel les pairs avoient d'abord déféré la régence, ou voulut flatter ce prince, en lui présentant le vœu unanime des grands vassaux, comme devant trancher toutes les difficultés qu'il essuyoit de la part d'Edouard III, ou appliqua à l'époque dont il rapporte les faits, les formes usitées de son temps. On verra en effet dans l'instant, que depuis la mort de Philippe-le-Bel, jusqu'à l'avénement de Philippe de Valois au trône, les pairs avoient été consultés sur toutes les questions relatives soit à la succession de la couronne, soit à l'administration de l'état, lorsque le successeur étoit ou incertain, ou incapable de gouverner.

En 1179, Louis VII fit un testament qui pourvoyoit au gouvernement du royaume pendant la minorité de Philippe-Auguste son fils. Sa volonté fut pleinement exécutée ; mais, comme l'observe Dupuis (3), quelques-uns prétendent qu'elle n'eut son effet que de l'approbation & du consentement des états.

En 1226, Louis VIII nomma la reine Blanche régente du royaume, & voulut qu'elle gouvernât en cette qualité jusqu'à ce que son fils eût atteint *l'âge légitime*. Une faction puissante s'éleva contre la reine Blanche ; mais la fermeté & le courage de cette princesse furent en triompher, & elle demeura régente.

(1) Voici comme en parlent les auteurs qui ont écrit la vie de Dagobert : *Post paucos autem dies, cùm Dagobertus vitæ suæ sentiret periculum imminere, Egam consiliarium suum ad se venire præcepit, Reginam verò Nantildem, & filium suum Huldovium eidem in manu commendans, seque jam discessurum sciens consilium ejus pergratum habebat, quod cùm ipsius instantiâ Regnum filius suus strenuè gubernare posset. Convocatis deindè primoribus palatii, filiumque & uxorem ejus, & ipsos eidem cùm fidelitatis sacramento, ut moris est commendans, matriculariis præceptum fieri jussit.* Et plus bas : *Ega qui fuerat consiliarius regis Dagoberti cum reginâ Nantilde, quam idem Rex reliquerat, & secundo imminente regni anno condignè palatium gubernabat & regnum. Gesta Dagoberti*, pag. 586. A. 587. B. Aimon, cap. 33, Lib. 4 ; Fredegar. in chron. page 763.

(2) Chron. Alberic. trium. Font. *Hist. de Fr.* tome 10, page 357.

(3) Traité de la majorité des Rois, tome 1, pag. 69 & 70.

« Il y en a cependant ( observe encore » Dupuis ), qui ont écrit que l'ordon- » nance de Louis VIII fut approuvée par » les états (1) ».

En 1248, Louis IX, prêt à partir pour la première expédition de la Terre-Sainte, confia le gouvernement à la reine Blanche sa mère, par un acte fait à l'Hôpital près de Corbeil, au mois de juin (2).

En 1269, le même roi nomma, par lettres-patentes, datées du mois de mai, les personnes qui devoient gouverner le royaume pendant la deuxième croisade.

En 1270, Philippe-le-Hardi donna au mois d'octobre une ordonnance, qui pourvoyoit à la régence, pour le cas où il viendroit à mourir avant la majorité de son fils aîné.

En 1271, le même roi ajouta, par une nouvelle ordonnance du mois de décembre, quelques dispositions à celle dont on vient de parler.

En 1285, Philippe-le-Hardi usa encore du pouvoir qu'il croyoit avoir de nommer à la régence; étant prêt à partir pour l'Aragon, il déclara régens Mathieu, abbé de Saint-Denis, & Simon de Nesle (3).

En 1294 & en 1300, Philippe-le-Bel nomma pareillement à la régence, pour le cas où son décès précéderoit la majorité de son successeur; mais soit qu'il craignît des contestations à cet égard, soit tout autre motif, il eut soin de faire approuver la première de ses deux ordonnances par treize évêques, par des princes du sang & d'autres seigneurs (4).

En 1362, le roi Jean, avant de partir pour l'Angleterre, nomma son fils aîné régent & gouverneur du royaume pendant son absence (5).

En 1374, Charles V disposa de la régence pour tout le temps de la minorité de son successeur, & cela par deux ordonnances du mois d'octobre, dont on a parlé ci-devant, section I.

Charles VI en fit de même, par ses lettres-patentes du mois de janvier 1392, & du mois d'avril 1403 (6).

On a remarqué plus haut différentes ordonnances du même prince, qui pourvoyoient à la régence, pour tout le temps où sa maladie l'empêcheroit de gouverner par lui-même.

Le testament de Louis XII, du 31 mai 1505, contenoit un réglement pour la régence, en cas que ce prince vînt à mourir avant la majorité de François I.

Aucun Roi ne disposa de la régence plus absolument & à plus de reprises différentes que François I; ses lettres-patentes du 15 juillet 1515, du 11 août 1523, & du 17 octobre 1524; son édit du mois de novembre 1525, & son arrêt du 24 juillet 1527, sont des monumens bien authentiques du pouvoir qu'il se croyoit d'établir tel régent, & de lui confier telle autorité qu'il jugeoit à propos, pendant les absences qu'il étoit dans le cas de faire.

En 1551, le 12 février, Henri II, sur le point de partir pour l'Allemagne, vint tenir au parlement son lit de justice, & y déclara que s'il étoit forcé de s'absenter, il laisseroit le gouvernement du royaume à la reine, à son fils & à son conseil, & vouloit qu'il leur fût obéi comme à lui-même. Le premier président le Maître lui dit : « Cette compagnie, sire, m'a chargé vous pro- » mettre que vous y trouverez toujours » obéissance & bonne volonté de satis- » faire à tout ce qui vous plaira ordon- » ner & commander, & non-seulement » à vous, sire, mais à la reine, à mon- » seigneur le dauphin, & à messieurs de » votre conseil, *auxquels vous donnerez* » *pouvoir en votre absence de nous com-*

(1) *Loc. cit.* page 73.
(2) *Ibid.* page 74.
(3) *Ibid.* page 80.
(4) *Ibid.* page 81.
(5) *Voy.* ci-devant, section 1.

(6) *Voy.* ci-devant, section 1.

» *mander* (1) ». Le parlement reconnoissoit donc alors que le droit de nommer à la régence résidoit souverainement dans la main du Roi.

Henri II exerça encore ce droit, en réglant, par ses lettres-patentes du mois d'août 1553, la forme qui seroit observée dans le gouvernement pendant le voyage qu'il avoit à faire hors du royaume (2).

Charles IX alla plus loin : le 10 décembre 1566, *n'étant âgé que de dix ans & demi*, il adressa au parlement une lettre de cachet, par laquelle il lui notifioit qu'il venoit de nommer la reine sa mère régente du royaume ; & le parlement répondit, par une lettre de soumission & d'applaudissement, au choix que sa majesté venoit de faire (3). Il faut pourtant convenir, & l'on verra dans l'instant, que ce ne fut pas à ce choix, mais à la ratification qu'en firent les états-généraux, que Catherine de Médicis dut le titre & l'autorité de régente.

Charles IX étant au lit de la mort, fit bien voir qu'il ne regardoit pas ce qui s'étoit fait durant sa minorité, comme un obstacle à ce que devenu majeur, il disposât absolument de la régence. Le 30 mai 1574, il donna des lettres-patentes qui nommoient la reine sa mère régente du royaume, en attendant qu'il fût rétabli ; & en cas qu'il vînt à succomber sous le poids de la maladie, jusqu'au retour de son frère, roi de Pologne.

Henri III ratifia ces lettres-patentes, & y ajouta même par celles qu'il donna à Cracovie le 15 juin suivant : les unes & les autres furent enregistrées au parlement de Paris les 3 juin & 5 juillet de la même année.

Henri IV ne fit aucune disposition sur la régence : le coup fatal qui l'enleva à ses sujets ne le lui permit point ; mais au lit de justice qui fut tenu après sa mort, le 15 mai 1610, M. le chancelier assura lui avoir souvent oui dire, que s'il venoit à décéder avant la reine, « son » intention étoit de lui remettre entié» rement l'administration des affaires de » son royaume, jusqu'à ce que son fils eût » atteint l'âge de majorité ». Ce bon Roi ne regardoit donc pas non plus la nomination d'un régent comme au-dessus de sa puissance.

Louis XIII & Louis XIV pensèrent comme Henri IV, & agirent comme ses prédécesseurs ; mais leurs dispositions ne furent pas respectées ; les règnes de l'un & de l'autre étoient pourtant ceux sous lesquels l'autorité royale avoit été la plus absolue jusqu'alors ; & l'on devoit croire, d'après cela, que personne n'eût osé leur contester le droit de faire, pour la minorité de leurs successeurs, tels réglemens qu'ils jugeroient à propos ; mais par un concours de circonstances que nous avons déjà retracées (4), leur volonté demeura presque sans effet ; & les arrangemens qu'on y substitua n'occasionnèrent aucun trouble.

2°. On a quelquefois vu les personnes qui se regardoient comme appelées de droit à la régence, s'en saisir d'elles-mêmes, & en exercer toutes les fonctions, sans qu'elle leur eût été déférée, ni par les rois décédés, ni par les états, ni par les grands du royaume.

Ainsi firent, durant la première race, la reine Brunehault, le roi Gontran, & quelques maires du palais.

Ainsi firent, pendant la première croisade de S. Louis, & après la mort de la reine Blanche, Alphonse & Charles, frères du Roi.

Ainsi firent, en 1316, les grands officiers de la couronne, en attendant qu'il

(1) Extrait des registres du parlement de Paris.

(2) *Voy.* le chap. de *la Reine*.

(3) *Ibid*.

(4) *Voy.* ci-devant, section 1, & le chapitre de *la Reine*.

fût décidé à qui appartiendroit la régence, à laquelle la mort de Louis Hutin donnoit ouverture (1).

Ainsi fit, suivant quelques auteurs, qui, à la vérité, sont contredits par d'autres, comme on l'a remarqué dans la section précédente, le dauphin, depuis roi, sous le nom de Charles-le-Sage, pendant la prison du roi Jean son père.

Ainsi fit encore Charles VII, n'étant pareillement que dauphin, dans le temps que son père étoit entre les mains des Anglois & des Bourguignons (2). « La » vérité est, dit Dupuis (3), que le roi » Charles VI n'approuva ladite régen- » ce, sous couleur que son fils se l'étoit » attribuée sans lettres-patentes du roi » son père ».

3°. Les états-généraux ont aussi quelquefois disposé de la régence; & ce qu'il y a de remarquable, c'est qu'il existe une loi qui leur en suppose manifestement le pouvoir.

En 1327, après la mort de Charles-le-Bel, *il fut résolu*, dit encore Dupuis (4), après Belle-Forêt, *par les pairs, princes, prélats, seigneurs & communautés de France, représentans les trois états, que Monsieur Philippe de Valois, pour être le premier prince du sang, & le plus prochain mâle de la couronne, & étoit le vrai & légitime régent & gouverneur; & là où la reine feroit une fille, le tenoient dès à présent pour roi; cet arrêt fut prononcé en pleine assemblée des états, y assistans les ducs de Bourgogne & de Bretagne, les comtes de Valois, Clermont, Artois, & deux princes du sang; ceux de Flandres & de Boulogne, & autres.*

Je ne dirai pas que Charles V dut aussi aux états-généraux, la régence qu'il exerça pendant la prison de son père: car j'ai déjà observé qu'il n'y a sur la manière dont le gouvernement lui fut déféré à cette époque, qu'incertitudes & ténèbres.

Mais un point sur lequel il nous reste des monumens plus certains, c'est la contestation qui s'éleva par rapport à la régence, après le décès de Louis XI. On sait en effet que cette contestation fut soumise aux états assemblés à Tours, & que les états, pour écarter tous les concurrens & terminer la dispute, déclarèrent le roi Charles VIII majeur.

Ce fut encore par les états assemblés à Orléans, que la reine Catherine de Médicis fut déclarée régente pendant la minorité de Charles IX: cela est prouvé, non-seulement par le procès-verbal du lit de justice, tenu pour la déclaration de la majorité de ce prince, rappelé ci-devant, chapitre I, mais encore par les lettres-patentes que Charles IX lui-même donna, le 30 mai 1574, pour déclarer la même princesse régente après sa mort, en attendant le retour de son frère, roi de Pologne. Ces lettres-patentes sont précisément la loi dont nous voulions parler tout-à-l'heure; voici ce qu'elles portent à ce sujet: « nous ne » saurions faire élection de personne » sur laquelle nous nous puissions plus » reposer, que sur la reine, notre très- » honorée dame & mère, & qui avec » plus de zèle & affection embrasse ce » qui nous touche & cet état, tant pour

(1) Voici ce que nous lisons à ce sujet dans le Traité de Dupuis, déjà cité plusieurs fois, tome 1, page 91.

« Avant qu'il fût arrêté quel seroit le régent, » les grands seigneurs du royaume tenoient le » conseil du roi, & faisoient la fonction de » régent, comme il se voit par un jugement de » la cour de France, prononcé par Gaucher de » Châtillon, comte de Portian, connétable de » France, parlant pour les grands seigneurs de » France, après le décès de Louis Hutin: qui » promettent (porte le jugement) *que si-tôt » comme on commencera à écrire & à sceller au » nom de celui ou de ceux que le royaume de France » devront gouverner, nous leur baillerons lettres » scellées des sceaux du gouverneur ou des gouver- » neurs dessusdits.* Ledit jugement est donné à » Paris en juillet 1316 ».

(2) *Voy.* ci-devant, chap. 1, section 2.

(3) *Loc. cit.* page 119.

(4) *Ibid.* page 93.

» l'amitié maternelle qu'elle nous porte, » que pour la longue expérience qu'elle » a eue de la direction & maniement » des affaires de ce royaume, depuis » notre minorité jusqu'à présent, *qu'elle » y a été appelée du consentement & requi- » sition de l'assemblée générale des états, » qui fut faite après le décès du feu roi » François, notre très-cher sieur & frère* ».

Au surplus, rien n'est plus propre à faire apprécier les prétentions des états-généraux au droit de nommer le régent, que le discours prononcé par Philippe Pot, seigneur de la Roche, aux états assemblés à Tours en 1484, après la mort de Louis XI. Je vais le transcrire tel qu'il est rapporté, ou plutôt traduit par M. Polverel, dans le Répertoire de jurisprudence (1).

« Si je ne savois ce que pense, sur la » liberté & l'autorité des états, la partie » la plus éclairée de cette assemblée, » je n'aurois garde de m'opposer ici aux » vaines clameurs de la multitude; mais, » après les preuves que vous avez déjà » données de votre discernement & de » vos lumières, je ne dois plus craindre » de proposer ce que la réflexion & la » lecture m'ont appris sur ce point fon- » damental de notre droit public. Si je » parviens à me faire entendre, j'ose me » flatter que ceux qui blâment les soins que » nous nous donnons pour former le con- » seil, changeront d'avis & de langage ».

» Avant d'exposer les raisons sur les- » quelles je prétends fonder l'autorité » des états, qu'il me soit permis d'in- » terroger un moment nos adversaires.

» Pensez-vous, leur demanderai-je, » qu'après la mort d'un roi qui laisse un » fils en bas âge, la tutelle de l'enfant & » l'administration générale du royaume, » appartiennent de droit au premier » prince du sang?

» Non, sans doute, me répondront- » ils; car ce seroit exposer la vie du » pupille à un danger manifeste : aussi la » loi y a-t-elle pourvu; elle défère l'admi- » nistration au premier prince du sang, » & la tutelle à celui qui le suit immédia- » tement dans l'ordre de la naissance.

» Prenez garde, leur répondrai-je, » que par cet arrangement vous n'assuriez » guère mieux la vie de votre roi; car » les deux princes entre lesquels vous » semblez partager l'autorité, peuvent » s'entendre, & avoir le même intérêt.

» Mais de quelle loi parlez-vous? Où » existe-t-elle? Qui l'a faite? Où l'avez- » vous lue? Je vous défie de satisfaire » à aucune de ces questions. Si la loi » dont vous parlez existoit, pensez-vous » que le duc d'Orléans (1) eût consenti » à mettre en arbitrage une question » déjà décidée, & à compromettre si » facilement ses droits?

» En vain m'alléguez-vous l'exemple » de Charles V; cet exemple prouve » contre vous : ce prince ne parvint à » la régence que deux ans après la » vacance du trône, & lorsqu'elle lui » eut été déférée par les états.

» Je m'adresse maintenant à ceux qui » prétendent que dans un temps de mi- » norité, la tutelle & l'administration » sont dévolues à tous les princes du » sang indistinctement; & je leur de- » mande s'ils comprennent dans ce nom- » bre, ceux qui descendent de quelqu'un » de nos rois du côté maternel; & en » ce cas ils auront une liste nombreuse » de tuteurs & d'administrateurs, parmi » lesquels il sera difficile que la con- » corde & l'union puissent s'établir.

» Mais je veux qu'on ne parle que de » ceux qui descendent du trône en ligne » masculine. Si ces princes se disputent » l'administration, qui les mettra d'ac- » cord? Qui ne voit qu'aussi-tôt ils cour- » ront aux armes, & que la patrie sera

(1) Au mot *Régence*.

(1) On a déjà dit que ce prince, madame de Beaujeu & le duc de Bourbon, se disputè- rent la régence.

» déchirée par des guerres civiles? Qui » ne voit encore que dans ce cas l'autorité suprême deviendra souvent la » récompense d'un furieux & d'un perturbateur du repos public, qui, dans » un gouvernement sage, mériteroit les » punitions les plus sévères?

» Non, certes, car alors l'autorité » seroit dévolue aux états-généraux, » qui ne se chargeront pas eux-mêmes » de l'administration publique, mais qui » la remettront entre les mains des personnes qu'ils jugeront les plus capa- » bles de s'en bien acquitter.

» Ecoutons maintenant ce que la lec- » ture & le commerce des sages m'ont » appris sur cette matière importante.

» Lorsque les hommes commencèrent » à former des sociétés, ils élurent pour » maîtres ceux de leurs égaux qu'ils re- » gardèrent comme les plus éclairés & » les plus intègres; en un mot, ceux » qui, par leurs qualités personnelles, » pouvoient procurer de plus grands » avantages à la société naissante. Ceux » qui, après leur élection, ne songèrent » qu'à s'enrichir aux dépens de leurs » sujets, ne furent point regardés comme » de véritables pasteurs, mais comme » des loups ravisseurs; & ceux qui, sans » attendre l'élection, s'emparèrent de » l'autorité suprême, ne furent point » réputés des rois, mais des tyrans.

» Il importe extrêmement au peuple » quel est celui qui le gouverne, puisque » du caractère de ce seul homme dépend » le bonheur ou le malheur de la société.

» Appliquons maintenant ces princi- » pes généraux. S'il s'élève quelques » contestations par rapport à la succes- » sion au trône ou à la régence, à qui » appartient-il de la décider, si ce n'est » à ce même peuple qui a d'abord élu » ses rois, qui leur a conféré toute l'au- » torité dont ils se trouvent revêtus, » & en qui réside fonciérement la sou- » veraine puissance?

» Car un état, ou un gouvernement » quelconque, est la chose publique, & » la chose publique est la chose du peu- » ple; quand je dis le peuple, j'entends » parler de la collection ou de la totalité » des citoyens; & dans cette totalité » sont compris les princes du sang eux- » mêmes, comme chefs de l'ordre de la » noblesse.

» Vous donc qui êtes les représentans » du peuple, & obligés par serment de » défendre ses droits, pourriez-vous » encore douter que ce ne soit à vous » de régler l'administration & la forme » du conseil? Qui peut maintenant vous » arrêter? Le chancelier ne vous a-t-il » pas déclaré que le roi & les princes » attendent de vous ce réglement?

» On m'objecte qu'immédiatement » après la mort du dernier roi, & sans » attendre notre consentement, on a » pourvu à l'administration & dressé un » conseil, & qu'ainsi nos soins seroient » désormais tardifs & superflus.

» Je réponds que l'état ne pouvant » se passer d'administrateurs, il a été » nécessaire d'en nommer sur le champ, » pour vaquer aux affaires les plus ur- » gentes; mais que ce choix & tous » les autres réglemens qui ont été faits » depuis la mort du roi, ne sont que » des réglemens provisoires, & qu'ils » n'auront d'autorité qu'autant que vous » les aurez confirmés.

» Ces assemblées d'états, & le pou- » voir que je leur attribue, ne sont point » une nouveauté, & ne peuvent être » ignorés par ceux qui ont lu l'histoire ».

» Lorsqu'après la mort de Charles- » le-Bel il s'éleva une dispute entre » Philippe de Valois & Edouard, roi » d'Angleterre, par rapport à la succes- » sion à la couronne, les deux conten- » dans se fournirent, comme ils le de- » voient, à la décision des états géné- » raux, qui prononcèrent en faveur de » Philippe. Or, si dans cette occasion les » états ont pu légitimement disposer de » la couronne, comment leur contesté-

» roit-on le droit de pourvoir à l'administration & à la régence?

» Sous le règne du roi Jean, & lorsque ce prince valeureux, mais imprudent, fut emmené prisonnier en Angleterre, les états assemblés ne conférerent pas l'administration à son fils, quoiqu'il eût alors vingt ans accomplis; ce ne fut que deux ans plus tard que ces mêmes états, assemblés pour la seconde fois, lui déférèrent le titre & l'autorité de régent.

» Enfin, lorsque le roi Charles VI parvint à la couronne, âgé seulement de douze ans, ce furent aussi les états généraux qui, pendant le temps de sa minorité, pourvurent à la régence & au gouvernement. C'est un fait dont il reste aujourd'hui des témoins.

» Après des autorités si positives, doutez-vous encore de vos droits? Et puisque par la forme de votre serment, vous êtes ici assemblés pour faire *& conseiller ce que, selon Dieu & vos consciences, vous jugerez de plus utile à l'état*, pouvez-vous négliger le point fondamental de tous vos réglemens? Car si l'on n'observe rien de tout ce qu'on va vous promettre, à qui adresserez-vous vos plaintes?

» L'article du conseil une fois omis, je ne vois pas à quoi bon vous vous donnez tant de peine sur tout le reste.

» Il faudra donc, me direz-vous, que nous commençions par déposer des hommes élus & protégés par les princes du sang: & en ce cas, comment pourrions-nous éviter d'encourir leur disgrace?

» Rien de si facile; & on vous a déjà indiqué les moyens. Il ne s'agit que de mettre les princes dans la nécessité de supprimer une partie de ce conseil provisoire; & de la manière dont on nous a parlé, il paroît qu'on ne sera pas fâché de trouver un prétexte pour faire cette réforme, qui vous paroît si effrayante.

» En un mot, la raison vous prouve que vous avez le droit de régler l'administration & la forme du conseil; un grand nombre d'exemples vous le démontrent, le roi vous l'ordonne, les princes y consentent, la patrie vous y exhorte par la bouche de son premier magistrat. Si des raisons si fortes ne peuvent vous ébranler, n'imputez désormais qu'à votre lâcheté, tous les maux qui affligeront l'état.

» Et si vous conservez encore des cœurs françois, ne souffrez pas que la nation vous accuse d'avoir trahi sa confiance, & qu'un jour la postérité vous reproche de ne lui avoir pas transmis le dépôt de la liberté publique, tel que vous l'aviez reçu de vos pères. Sauvez vos noms de cet opprobre ».

3°. Les pairs de France sont peut-être les personnes à qui l'on a le moins contesté le droit de nommer à la régence, & qui, d'après cela, l'ont exercée le plus souvent.

Pour nous en convaincre il faut d'abord nous souvenir que tout ce que l'histoire de la première race contient à cet égard sur les grands de la nation, *proceres*, & celle de la seconde ou du commencement de la troisième, sur les *barons*, s'applique de soi-même aux pairs, parce que les uns comme les autres n'étoient alors que ce que sont aujourd'hui les pairs du royaume.

Or, dans les temps les plus reculés de la monarchie, nous voyons ces grands, ces barons, ou nommer eux-mêmes le régent, ou concourir, avec le prince régnant, à sa nomination, en approuvant le choix qu'il en fait.

Dagobert I, qu'on a vu plus haut déférer la régence à Ega, maire du palais, ne le fait qu'en présence des pairs de son palais, *convocatis primoribus palatii* (1).

(1) *Voy.* ci-devant, N. 1°.

Après

Après la mort de Clovis II, Clotaire III, l'un de ses enfans, est reconnu roi; la reine sa mère est déclarée régente, & tout cela se fait par les *francs*, c'est-à-dire, par les ducs & les comtes, qui étoient les chefs de la nation (1).

Dans la seconde race, c'est par les grands (*proceres*) de France, de Bourgogne & d'Aquitaine, assemblés à Compiegne, que la régence est donnée à Tuder, comte de Paris (2).

Après la mort du roi Lothaire, ce sont encore les grands qui déclarent la reine-mère régente du royaume. Ils lui prêtent serment en cette qualité; & un an après, rassemblés dans un nouveau plaid, ils la destituent & la chassent de la cour, sous prétexte des liaisons criminelles qu'on lui reprochoit d'avoir avec Adalberon, évêque de Laon (3).

En 1147 Louis VII, avant de partir pour la Terre-Sainte, assemble sa cour à Vezelay; & là, *par l'autorité des états, & du grand conseil de France* (4), c'est-à-dire, des hauts-barons qui composoient le *plaid royal* (5), l'abbé Suger est *fait procureur & régent du royaume durant l'absence du roi* (6).

En 1189 Philippe Auguste, partant aussi pour la Terre-Sainte, demande à ses barons assemblés, la *permission* de pourvoir à la régence pour tout le temps que doit durer son voyage, & c'est avec cette *permission* qu'il laisse le gouvernement du royaume, & la tutelle de son fils à la reine mère & au cardinal de Champagne (7).

On a déjà dit qu'en 1299 & 1300, *treize évêques, princes du sang & seigneurs, approuvèrent, par lettres particulières*, l'ordonnance par laquelle Philippe-le-Bel avoit disposé de la régence en 1294 (8).

Après la mort de Louis Hutin, c'est encore par les *barons*, comme dit Vignier (9), ou, comme s'exprime Belleforêt (10), par le *parlement*, c'est-à-dire, par l'assemblée des grands vassaux, que la régence est déférée à Philippe-le-Long, en attendant l'accouchement de la reine.

En 1417, le 6 novembre, Charles VI, *de l'avis des princes du sang, prélats, barons, gens du parlement, de ceux de l'université & prévôt des marchands de Paris*, établit son fils aîné lieutenant-général *par tout son royaume* (11).

En 1574, Charles IX meurt après avoir nommé la reine Catherine de Médicis, sa mère, régente du royaume, & les lettres de nomination sont enregistrées au parlement : « après que la » reine, mère dudit seigneur, sur la » prière, requête & supplication à elle » faite, tant par le duc d'Alençon, le » roi de Navarre, que le cardinal de » Bourbon, princes du sang & pairs de » France, ensemble par les présidens & » conseillers commis par ladite cour à » cette fin, a accepté la régence, gou- » vernement & administration de ce » royaume ». Ce sont les termes de l'arrêt d'enregistrement. Ainsi, même en exécutant la volonté du feu roi, la cour des pairs exerçoit toujours le droit

(1) Aimoin, chap. 43, l. 4.

(2) *Odonem Franci Burgundiones, Aquitanienfesque proceres congregati in unum, licet reluctantem tutorem Caroli pueri, regnique elegere gubernatorem.* Continuateur d'Aimoin, liv. 5, ch. 41.

(3) Dix-septième Discours de M. Moreau sur l'histoire de France.

(4) Belleforest, Vie de Louis-le-Jeune, page 514.

(5) Cette interprétation des mots *états* & *grand-conseil*, est justifiée par la chronique de Maurigny, qui leur substitue les termes *Franciæ primores. Voy.* Dupuis, *Loc. cit.* page 65.

(6) *Ibid.*

(7) *Accepta licentiâ ab omnibus baronibus suis, Adelæ Carissimæ matri suæ & Gulielmo.... pro tutelâ & custodiâ totum regnum Francorum cum filio suo dilectissimo Ludovico commendavit.* Ce sont les termes de Rigord, auteur contemporain.

(8) Dupuis, *Loc. cit.* page 81.

(9) Sommaire de l'histoire de France.

(10) Vie de Louis Hutin, page 800.

(11) Dupuis, *Loc. cit.* page 117.

qu'elle avoit constamment prétendu de concourir à la nomination des régens.

Des trois dernières régences qu'il y a eu en France, la première, déférée d'abord par le parlement de Paris seul, a été ensuite confirmée dans un lit de justice, & conséquemment dans la pleine assemblée des pairs. La seconde n'a eu d'autre titre qu'un arrêt également prononcé dans un lit de justice. La troisième a été décernée par le parlement, les pairs assemblés, & confirmée dans la même forme que la première.

On a détaillé dans le chapitre *de la reine*, tout ce qui s'étoit passé & dit de remarquable dans les deux premiers de ces lits de justice. Il nous reste ici à rendre compte du troisième.

Le 12 septembre 1715, Louis XV se rendit au parlement accompagné des princes du sang, des grands officiers de la couronne, des maréchaux de France, & des autres seigneurs de sa cour.

Après que chacun eut été placé, le roi dit : « Messieurs, je suis venu ici » pour vous assurer de mon affection, » M. le chancelier vous dira ma vo» lonté ».

M. le chancelier monta au siège royal, mit le genou en terre, & demanda au roi la permission de parler. Revenu en sa place, & couvert, il dit : « Messieurs, » dans l'accablement de la douleur où » nous sommes, causée par la perte que » nous venons de faire, c'est un grand » sujet de consolation de voir revivre » toutes nos espérances dans la per» sonne du jeune roi. Les grandes ac» tions du roi, son bisaïeul, ont fait, » pendant sa vie, l'admiration & l'éton» nement de toute l'Europe. Il a été » encore plus grand & plus admirable » dans les derniers jours qui ont pré» cédé sa mort..... Sa prévoyance & » l'amour qu'il avoit pour son peuple, » l'avoient engagé, pendant qu'il étoit » en santé, à porter sa vue sur l'avenir ; » ses dernières volontés, dont cette » auguste compagnie a été dépositaire, » ont été lues, la conjoncture présente » a fait connoître la nécessité d'y ap» porter plusieurs changemens ; *c'est ce » qui a été fait par l'arrêt du 2 de ce mois ; » le Roi vient tenir son lit de justice pour » le confirmer par sa présence & son au» torité* ».

Ce discours fini, M. le premier président & les gens du Roi parlèrent successivement, comme il est d'usage.

Ensuite les gens du Roi requirent *l'exécution & la publication de l'arrêt du 2 de ce mois*, qui déclaroit M. le duc d'Orléans régent du royaume.

Cela fait, M. le chancelier monta vers le Roi, prit ses ordres le genou en terre, & recueillit de suite les avis des princes du sang, des pairs laïques & ecclésiastiques, des maréchaux de France, des présidens de la cour, des officiers qui étoient sur les bancs & sur les formes du parquet, ayant voix délibérative, & des conseillers des enquêtes & requêtes.

M. le chancelier remonta vers le Roi pour lui rendre compte des avis de la compagnie, & étant redescendu à sa place & couvert, il prononça :

« Le Roi séant en son lit de justice, » de l'avis du duc d'Orléans, & des au» tres princes du sang, pairs de France » & officiers de la couronne, oui & » ce requérant son procureur-général, » a déclaré & déclare, *conformément à » l'arrêt de son parlement*, *du 2 du présent » mois de septembre*, M. le duc d'Orléans » régent en France, pour avoir, en » ladite qualité, l'administration des af» faires du royaume, pendant la mino» rité du Roi..... Ordonne que des *du» plicata* du présent arrêt seront envoyés » aux autres parlemens du royaume, » & des copies collationnées aux bail» liages & sénéchaussées du ressort.... »

On remarque dans ce prononcé la même forme que dans l'arrêt du 15 mai

1610, rapporté ci-devant, chapitre *de la Reine.* Ce n'eſt point l'arrêt du parlement qu'on fait publier, c'eſt celui du lit de juſtice; & c'eſt l'arrêt du lit de juſtice, qui, en rappelant les diſpoſitions de celui du parlement, forme le titre de M. le duc d'Orléans à la régence.

Il y a cependant une grande différence entre le lit de juſtice de 1610 & celui de 1715. Lors du premier, M. le chancelier ne vouloit pas qu'on fît mention de l'arrêt du parlement, & il affecta en prononçant, d'omettre la clauſe, *conformément à l'arrêt donné en la cour de parlement, le jour d'hier.* Lors du ſecond, au contraire, M. le chancelier annonça que le Roi venoit *confirmer, par ſa préſence & ſon autorité*, l'arrêt par lequel le parlement avoit déféré la régence à M. le duc d'Orléans. Quel peut avoir été le motif de cette différence? C'eſt ſans doute qu'en 1610 le parlement avoit ſeul diſpoſé de l'adminiſtration du royaume; au lieu qu'en 1715, il ne l'avoit fait qu'avec le concours des princes du ſang & des pairs. Sa conduite, à la ſeconde époque, n'avoit rien qui pût croiſer les vues de la cour; mais il n'en étoit pas de même à la première: le gouvernement a toujours diſtingué le *parlement*, proprement dit, d'avec *la cour des pairs.* Le parlement eſt un corps de juſtice ordinaire. La cour des pairs eſt le conſeil né de la monarchie.

Quoi qu'il en ſoit, on comprend aſſez que, même en 1715, il étoit convenable que tout en reconnoiſſant la légalité de l'arrêt du 2 ſeptembre, le jeune Roi vînt en perſonne en confirmer les diſpoſitions dans ſon lit de juſtice.

Ce n'eſt en effet que par le concours du monarque avec les pairs, que ceux-ci peuvent régler la manière dont le royaume doit être adminiſtré pendant qu'il eſt lui-même hors d'état de tenir le timon du gouvernement. On ſait que le premier principe de la pairie a été l'union du Roi avec ſes vaſſaux immédiats; & nous voyons dans le fameux traité de Chierſy, que les pairs ne forment, avec le ſouverain de qui ils tiennent leur dignité, qu'un ſeul corps indiviſible; que ce tribunal ſuprême de la nation, eſt indeſtructible, & que les membres ſont obligés, & de conſeiller le prince, & de juger avec lui (1).

4°. Mais voyons ſi, outre l'époque de 1610, le parlement de Paris n'a pas quelquefois prétendu diſpoſer de la régence.

Il faut d'abord laiſſer à l'écart tous les monumens de notre hiſtoire qui ſont antérieurs à l'érection du parlement en corps de juſtice réglé & compoſé d'officiers non revêtus de la dignité de pairs. S'il y eſt queſtion du parlement, c'eſt de la cour des pairs proprement dite qu'on veut parler; & nous ne pouvons en faire aucune application au *parlement*, dans le ſens que nous prenons ici ce mot.

Or, depuis l'érection dont il s'agit, juſqu'à l'année 1610, on ne trouve aucun fait conſtant & bien vérifié, qui ſuppoſe, dans le parlement, le droit de déférer la régence.

A la vérité on voit dans Belle-forêt, le dauphin Charles, pendant la priſon du roi Jean, aſſembler le *parlement*, & s'y faire déclarer régent de France. Mais, 1°, nous avons déjà obſervé que ce fait eſt contredit par d'autres auteurs. 2°. Peut-être Belle-Forêt lui-même, encore attaché aux anciennes locutions, n'entend-il par le *parlement*, que l'aſ-

(1) *Et ſciatis*, diſent les grands qui rédigèrent au nom du roi Charles-le-Chauve ces propoſitions célèbres, *quia ſic adunatus cùm omnibus ſuis fidelibus in omni ordine & ſtatu, & omnes ſui fideles de omni ordine & ſtatu, ut ſi ille, juxtà humanam fragilitatem, aliquid contrà tale pactum fecerit, illum honeſtè & cum reverentiâ ſicut ſeniorem decet admoneamus ut ille hoc corrigat & emendet, & unicuique in ſuo ordine debitam legem conſervet.*

semblée des états. Ce qu'il y a de vrai, c'est qu'environ un siècle & demi après l'époque dont il parle, dans un temps par conséquent où l'on pouvoit avoir là-dessus des mémoires exacts, Philippe Pot, seigneur de la Roche, avançoit aux états de Tours, que Charles V n'avoit reçu que de la main des états généraux, le titre & l'autorité de régent (1).

Le 12 janvier 1484, le duc d'Orléans vint au parlement se plaindre des entreprises de monsieur & de madame de Beaujeu, sur le droit qu'il prétendoit avoir de gouverner pendant le bas-âge du roi Charles VIII. Quelle fut la réponse du parlement? « Par monsieur le président a été dit que.... la cour est instituée » par le Roi pour administrer justice, & » n'ont point ceux de la cour d'administration de guerre, de finances, ne du » fait & gouvernement du Roi, ne des » grands princes. Et sont messieurs de la » cour de parlement, gens clercs & lettrés, pour vaquer & entendre au fait » de la justice; & quand il plairoit au » Roi leur commander plus avant, la » cour lui obéiroit; car elle a seulement » l'œil & le regard au Roi, qui en est le » chef & sous lequel elle est; aussi venir » faire ces remontrances à la cour, & » néanmoins passer plus avant sans le » bon plaisir & exprès consentement du » Roi, ne se doit pas faire (2).

Le 24 juillet 1527, François I, irrité des limitations apportées par le parlement au pouvoir qu'il avoit donné à sa mère, en qualité de régente du royaume, pendant son absence, adressa aux membres de cette compagnie un ordre conçu dans les termes suivans: « le Roi vous » défend que vous ne vous entremettiez, » en quelque façon que ce soit, de l'Etat, » ni d'autre chose que de la justice.... & » avec ce ledit seigneur a révoqué, révoque & déclare nulles toutes limitations » que pourriez avoir faites au pouvoir & » régence de madame sa mère, & a révoqué, annullé & annulle tout ce que » par vous a été attenté, soit par relief » en cas d'appel, appointement, ou autrement. Et a ledit seigneur confirmé » & confirme tout ce que par madite » dame a été fait, ordonné & commandé » comme régente, & en seront dépêchées lettres à ceux qui pour leur intérêt le requerront; & vous signifie » dès à présent comme dès-lors, & dès-lors comme à présent, il institue, fait » & ordonne ladite dame durant l'absence qu'il pourroit faire hors du » royaume, régente en son royaume, » & lui baille tel pouvoir, autorité & » puissance qu'a ledit seigneur, sans rien » réserver, & ordonne que ce qui a été » enregistré en ladite cour, contre l'autorité de ladite dame, sera apporté » audit seigneur dedans quinze jours » pour le canceller ».

On juge bien, d'après un pareil ordre, que François I ne regardoit pas le parlement comme compétent pour disposer de la régence.

## SECTION III.

*Quelles sont l'étendue, les bornes & la forme de l'exercice du pouvoir attaché à la régence?*

Naturellement le pouvoir du régent pendant la minorité, l'absence ou la maladie du Roi, doit être le même que celui d'un Roi majeur, présent & jouissant de toutes ses facultés. Celui qui représente le souverain doit exercer tous les droits de la souveraineté.

Cependant si nous consultons l'histoire de la monarchie, nous ne trouverons sur ce point que discordances & contradictions perpétuelles.

(1) Son discours est rapporté ci-devant, N. 3°.

(2) Extrait des registres du parlement, rapporté par Dupuis, *Preuves du Traité de la majorité des Rois*, tome 1, pag. 422 & 423.

Dans la première race il y eut des circonstances où l'on reconnut tellement que la puissance du régent n'avoit point de bornes, que l'héritier du trône n'étoit pas même déclaré Roi pendant sa minorité; mais en d'autres occasions, on mettoit de suite les nouveaux monarques en possession de la royauté, & quelquefois il résultoit de-là une certaine limitation à l'autorité du régent. La conduite de Gontran en est un exemple sensible; après s'être saisi de la tutelle de ses neveux Childebert & Clotaire second, & leur avoir fait prêter serment par tous leurs sujets respectifs, il exerça, comme régent, l'autorité suprême dans leurs états, & choisit même, de son propre mouvement, les magistrats immédiats. Ce fut ainsi qu'il nomma un comte à la ville d'Angers (1): il donna, malgré Frédegonde, à Bappolenus qu'elle n'aimoit pas, des provisions de duc qui lui soumettoient la plus grande partie des états de Clotaire (2). Enfin il paroît que dans toute l'étendue des deux monarchies de ses neveux, il avoit l'autorité suprême sur les troupes, & cela ne pouvoit être autrement, puisqu'il instituoit les officiers qui avoient le droit de les commander sous lui. Cependant, à l'égard de l'administration suprême de la justice, il est prouvé qu'elle appartenoit toujours au *plaid royal* de chacun des deux états, & qu'elle ne fut jamais rendue au nom du tuteur des princes. Lorsqu'après l'assassinat de Prétextat, évêque de Rouen, Gontran envoya des commissaires à la cour du jeune Clotaire, pour se joindre aux officiers de ce prince, & informer avec eux contre les meurtriers que Frédegonde avoit employés; les magistrats qui composoient le *plaid*, leur répondirent avec fermeté: « si quel» qu'un est trouvé coupable parmi nous, » ce n'est pas à votre Roi qu'on doit le » conduire pour lui faire son procès, » car nous avons le pouvoir de réprimer » & de punir par l'autorité royale, *regali* » *sanctione*, les forfaits des sujets de » notre maître (3) ». Il faut bien remarquer que le jeune Clotaire n'avoit pas alors trois ans, & que c'étoit cependant en son nom que la justice étoit rendue dans le plaid royal, *regali sanctione.*

Au reste, l'administration même de Gontran fut plus ou moins absolue, plus ou moins générale, suivant que les circonstances parurent l'exiger ou le permettre. Peut-on, par exemple, un acte plus éclatant de puissance indépendante, que de céder la régence à un tiers? eh bien! Gontran l'a fait en faveur de Landry, maire du palais de Soissons; il regardoit son titre de régent comme une propriété, & il en disposoit de même.

Sous la seconde race, nous voyons renouveler, pendant la minorité de Charles-le-Simple, l'usage de ne reconnoître l'héritier du trône qu'à sa majorité. Eudes qui n'étoit que régent, gouverna en Roi, comme exerçant une autorité qui lui étoit propre, data ses diplômes des années de son règne, & fut même compté par plusieurs historiens au nombre des Rois.

Les commencemens de la troisième race n'offrent là-dessus rien de fixe. Il nous reste peu de monumens sur la manière dont Baudouin de Lille administroit, pendant la minorité de Philippe I, & encore ne s'accordent-ils pas entre eux. Le père Mabillon (4) en cite un, par lequel il paroît que Philippe premier lui-même appeloit ce prince, *suæ procuratorem pueritiæ*. Il étoit donc son vice-gérent, & on ne doit pas trouver étrange qu'il ait quelquefois parlé en son propre nom: il semble même prouvé que tel étoit son usage, lorsqu'il présidoit le *plaid* de la justice royale. Ainsi on le voit pronon-

(1) Gregor. Tur. lib. 8.
(2) *Ibid.* cap. 42.

(3) Greg. Tur. lib. 8, cap. 31.
(4) Ann. Benedict. lib. 64, page 132.

cer dans une affaire litigieuse, entre l'abbaye de Saint-Médard & un seigneur, nommé *Albéric de Choisy*; mais on remarque aussi que cette décision fut confirmée par le Roi en personne, en 1066, & dans un temps où la régence duroit encore (1). On doit observer de plus, que lorsqu'il s'agissoit d'assembler l'armée pour attaquer quelques vassaux rebelles, le comte de Flandres étoit, comme un autre, ajourné au nom du Roi, à raison du service qu'il lui devoit (2), & se reconnoissoit obligé d'obéir aux ordres de la cour. Ainsi il n'y avoit alors ni uniformité dans les usages, ni règles constantes dans l'exercice de l'autorité, il suffisoit que le régent eût un titre pour commander; tantôt il parloit en son nom, tantôt il faisoit parler le Roi; on étoit peu attentif aux étiquettes : il suffisoit que le succès justifiât les démarches de l'administrateur suprême, & sur cela Baudouin ni la France n'eurent rien à desirer.

Il semble que dans la suite de la troisième race, les régens contractèrent & gardèrent long-temps l'habitude de parler en leur nom dans les actes qu'ils faisoient expédier. Pendant la seconde croisade de S. Louis, Mathieu, abbé de Saint-Denis, & Simon de Nesle, qu'il avoit établis régens, figuroient en nom dans toutes les chartres & toutes les pièces qu'ils signoient en cette qualité (3); & ce qu'il y a de remarquable, c'est que Philippe-le-Hardi, en revenant d'Afrique, après la mort de son père, loin de trouver mauvais qu'ils se fussent ainsi exprimés, ratifia expressément des actes dans lesquels ils l'avoient fait. Voici les termes d'une de ces ratifications: « Nous avons vu les lettres de nos chers » & féaux Mathieu, abbé de Saint-De» nis-en-France, & Simon de Nesle, qui » étoient nos lieutenans pendant que » nous étions au-delà des mers, &c. (4) ».

Il en fut de même pendant le voyage que fit le roi Philippe en Arragon, l'an 1285; témoin une chartre des mêmes régens, dans laquelle ils s'expriment ainsi : *Nos autem ex auctoritate & vice ipsius domini regis nobis commissâ, nomine ipsius domini regis & pro ipso, &c.*; à la fin, ils déclarent qu'ils ont fait apposer à l'acte le scel royal qui est à leur usage. *Litteras sigillo regio quo utimur fecimus sigillari*; & il est encore à remarquer que cette chartre fut confirmée par Philippe-le-Bel, en décembre 1287 (5).

Cet usage ne fit que s'affermir sous les règnes suivans. Nous avons déjà parlé de ce jugement, donné en 1316, après la mort de Louis Hutin, qui porte : « que » si-tôt qu'on commencera à écrire & à » sceller au nom de celui ou ceux qui » le royaume de France devront gou» verner, nous leur baillerons lettres » scellées des sceaux du gouverneur » ou des gouverneurs dessus dits ».

Le 18 mars 1357, le dauphin Charles V, déclaré ou reconnu régent pour tout le temps que dureroit la prison de Jean son père, fit publier une défense d'intituler autrement que de son nom, les actes dans lesquels l'autorité royale devoit intervenir, donna la chancellerie de France à son chancelier particulier, Jean de Dormans, & substitua, pour le châtelet, son sceau, à celui du Roi (6). Il fit plus encore : au mois de septembre 1359, il délégua une grande partie de

(1) Recueil des historiens de France, tome 2, page 581, aux notes.

(2) *Qui (Flandrensis comes) cùm, militari usu Philippo regi Francorum, ut potè Palatinus comes, deserviret ad retundendam superbiam quorundam.... ad quorum convincendam rebellionem prædictus comes accitus, cum apparatu Flandrensis militiæ, optima terræ peragrat oppida.*

(3) D'Auteuil, page 486. Dupuis, *Loc. cit.* tome 1, page 76.

(4) Dupuis, *Loc. cit.* page 79.

(5) Dupuis, *Loc. cit.* pag. 80 & 81.

(6) Chronique de S. Denis, Vie du roi Jean; chap. 65. Registre de la chambre des comptes, cote C, fol. 197.

son autorité à Jean, comte de Poitiers, son frère, en le créant lieutenant-général du royaume; & voici de quels termes il se servit pour cela : « Charles aîné, » fils du roi de France, régent du royau- » me, &c. » : les lettres sont scellées du sceau du régent, en cire jaune.

Cependant Charles V, devenu Roi, sentit lui-même l'inconvénient de la puissance illimitée des régens. Après avoir fait l'ordonnance qui faisoit cesser la minorité des Rois à quatorze ans, il voulut pourvoir, par des réglemens particuliers, dont on a parlé ci-devant, section I, à l'administration des affaires pendant la minorité de Charles VI son fils : il apporta plusieurs modifications à l'autorité du régent qu'il nommoit, lui défendit de faire aucune aliénation, sous quelque prétexte que ce fût; ordonna que ce qui resteroit des revenus du royaume, les charges acquittées, seroit déposé entre les mains de Bureau de la Riviere, pour être remis au Roi lorsqu'il seroit majeur; & enfin forma un conseil de tutelle, composé de ce qu'il y avoit de plus illustre dans les trois ordres de la nation.

Sur ce dernier point, Charles V n'introduisoit, à proprement parler, rien de nouveau; il avoit devant les yeux deux exemples, qui peut-être lui donnèrent l'idée de l'établissement de ce conseil de régence; le premier étoit celui de Louis VII, qui, avec le concours des barons assemblés à Vezelay, avant son départ pour la Terre-Sainte, avoit laissé *plusieurs seigneurs pour conseil* aux deux régens qui devoient gouverner en son absence (1). L'autre exemple est celui de Philippe-le-Hardi : on a vu plus haut, section I, quel conseil ce prince donna, par ses ordonnances de 1270 & 1271, au régent qu'il établissoit, en cas qu'il vînt à mourir pendant la minorité de son successeur.

(1) Dupuis, *Loc. cit.* page 64.

Charles VI sentit, comme son père, l'utilité des conseils de régence, & il en donna un à chacun des régens, dont il fit successivement choix pour gouverner pendant sa maladie (2).

Il alla plus loin, par l'édit du 26 décembre 1407, il supprima pour toujours le titre de régent; voulut qu'à l'avenir les fonctions en fussent exercées par un *conseil*, à la pluralité des voix, & que le nom des rois mineurs fût employé dans tous les actes de la souveraineté, & dans l'administration du royaume, comme s'ils eussent été majeurs (3).

(2) *Voy.* ci-devant, section 1; & le chapitre *de la Reine.*

(3) *Nous avons déjà cité plusieurs fois cette loi importante; il est temps de la présenter à nos lecteurs dans un seul contexte. La voici en entier.*

« Charles, par la grace de Dieu, roi de France. » Comme la disposition & introduction des » droits divin & naturel, démontre les pères » devoir labourer & travailler à ce que, après » leurs décès, leurs enfans usent paisiblement » de leurs successions; & tellement & si seure- » ment y pourvoir, que, après eux, ils n'y » soient ou puissent être perturbez ou empê- » chez. Savoir faisons à tous présens & à venir, » que nous, à qui notre Seigneur, par sa grace, » a donné lignée, laquelle, par son plaisir, » espérons succéder à notre royaume, & à nous » quand il lui plaira nous appeler devers lui, » voulons ensuite & mettre à effet la disposi- » tion & introduction dessus dites; considérons » que si-tôt qu'il plaît à Dieu envoyer au roi » de France, qui est pour le temps, hoirs mas- » les, droit de nature baille le premier né d'i- » ceulx, héritier & successeur audit royaume : » & que si-tôt que son père est allé de vie » à trépas, icelui ainsné, supposé qu'il soit » mendre d'ans, en quelconque minorité qu'il » soit, est, & doit être tenu & réputé pour roi, » & ledit royaume être gouverné, & les fais » & besongnes d'icelui être disposez par lui & » en son nom. Desirons, pour obvier à toutes » doutes & scrupules, & aux grands inconvé- » nients qui sont apparus au temps passé, & » pourroient ensuite au temps à venir, & pour » pourveoir à la seureté de notre très-chier & » très-amé ainsné fils Loys, duc de Guyenne, » ou de celui qui sera pour le temps notre ainsné » fils, & devera par droit de ainsnesse, succé- » der après nous à la couronne de France, &

De ces trois points, aucun ne fut d'abord obfervé; & le troifième eft le feul qui le foit aujourd'hui.

Sous le règne même de Charles VI, on voit Charles VII fon fils, prendre la qualité de régent du royaume; & les lettres font fcellées du fceau du régent, & non du fceau du roi.

» des autres ainfnez fils de nos fucceffeurs rois » de France, afin que fi-tôt que nous & eux » ferons départis de ce monde, notredit & les » autres ainfnez fils de nofdits fucceffeurs, fup- » pofé qu'ils fuffent mendre d'ans, & en quel- » que minorité d'aage qu'ils feuffent, & foient, » peuffent pleinement ufer de leurdit droit, qui » lors, par le déceds de nous & de nofdits fuc- » ceffeurs, leur feroit & fera acquis & advenu » à ladite couronne : Ens de & fur ce grant » avis & meure délibération, avons ordonné » & décerné, ordonnons, décernons & déclai- » rons, & par manière de loi, édit, conftitu- » tion & ordonnance, perpétuels & irrévoca- » bles, établiffons de nos certaines fciences, » pleine puiffance & autorité royale, que noftre » ainfné fils, qui eft à préfent, ou qui le fera » pour le temps, & auffi les ainfné fils de nof- » dits fucceffeurs, en quelque petit aage qu'ils » foient & puiffent être au temps du déceds » de nous & d'iceux de nos fucceffeurs, foit & » foient incontinent après nous & nofdits fuc- » ceffeurs rois, dičts, appelez, tenus & répu- » tez rois de France, & à icelui royaume fuc- » cédans, foient couronnez & facrez en Rois » incontinent après le déceds de nous & de » nofdits fucceffeurs, ou au moins au très- » plutôt que faire fe pourra, & ufent & jouif- » fent de tous droits, préminences, dignitez » & prérogatives appartenans à roi de France » & à ladite couronne, fans ce que quelconque » autre, tant foit prouchain de leur lignaige » entrepeigne, puiffe ne doye ou lui loife, » entreprendre bail, régence, ou autre quel- » conque gouvernement & adminiftration dudit » royaume, ne que à notredit ne autres ainfnez » fils deffus dits, puiffent être fais, mis ou don- » nez en & fur leurdit droit à eulx deu par » droit de nature, ne ez autres chofes deffus » touchées, empêchement & perturbation quel- » conques, fous ombre de ce que dit eft, ne » autrement pour quelconques raifon, couleur » ou occafion que ce foit ou puiffe être. Toute- » voies, s'il advenoit que notredit ainfné fils, » ou nofdits autres enfans, & auffi ceulx de » nofdits fucceffeurs, demouraffent après nous » & iceulx nos fucceffeurs, mendres d'ans, en » quelque minorité que lors feuffent, il nous » pleft, voulons & ordonnons que, en ce cas, » ils foient, durant leur minorité, gardez, gou- » vernez & nourris, & les fais, affaires & be- » fongnes d'eulx & du royaume, traitez, & » délibérez & appoinčtiez par noftredit & au- » tres ainfnez fils de nofdits fucceffeurs, de » leur autorité & en leur nom, par les bons » advis, délibération & confeil des Reines leurs » mères, fi elles vivoient, & des plus prou- » chains du lignaige & fang royal qui lors fe- » roient; & auffi par les advis, délibération & » confeil des connétables & chancelier de » France, & des faiges hommes du confeil » qui feroient lors à nous & à nofdits fucce- » feurs : & que à noftredit & autre ainfné fils » d'iceulx nos fucceffeurs, & non à autres quel- » conques, obéiffent comme à leur Roi tous » les deffus nommez de leur fang & confeil, » & en toutes chofes leur faffent obéir par » tous les jufticiers, officiers, féaux & fubgiez » defdits royaume & couronne, de quelconque » aučtorité, état & condition qu'ils foient, » comme à leurs rois droičtement & fouverains » feigneurs, & à tels leur preftant, & faffent » prefter & faire les foy, hommage & fer- » ment, en quoi & fi comme ils y feront tenus. » Et nous, par ces préfentes, leur mandons en » les requérant fur les foy loyautez efquelles » ils font & feront tenus à nous, à noftredit & » autres ainfnez fils de nofdits fucceffeurs, & » à ladite couronne, que ainfi le faffent & » accompliffent chacun en droit foi, ceffans » & regrettez tous contredits & délais. Et en » oultre, voulons & ordonnons que toutes les » délibérations, appoinčtemens & conclufions, » qui, par la manière deffus déclairée, feront » faičtes & prifes és fais, affaires & befongnes » deffus touchées, foient advifées, prifes & » conclues felon les voix & opinions de la » greigneur & plus faine partie des plus prou- » chains & principaux defdits fang royal & » confeil, & felon ce qui fera dičt & advifé » pour & aux biens & prouffit de noftredit & » autres ainfnez fils, deffus dičts, dudit royau- » me, & des fais, affaires & befongnes devant » dičts. Toutes lefquelles chofes ci deffus expri- » mées, & chafcune d'icelles, nous voulons, dé- » cernons, déclairons & établiffons par la teneur » de ces lettres, avoir, prendre & fortir plain & » entier effet, ores & ez temps à venir, & que » elles aient & obtiennent force & vigueur » de loi, édičt, conftitution & ordonnance » perpétuelles & ftables, & non jamais révo- » cables; & fans ce que aucun ou aucuns, de

Dans

Dans les commencemens du règne de Charles VIII, le sire de Beaujeu & sa femme, sans avoir la qualité de régens, administrent en leur nom, & traitent de même avec les princes étrangers. Voici ce que porte le traité d'alliance & d'amitié qu'ils firent, le 27 septembre 1484, avec le duc de Lorraine : « Pierre » de Bourbon, seigneur de Beaujeu, » comte de Clermont & de la Marche ; » & nous Anne de France, dame de » Beaujeu, comtesse de Clermont & de » la Marche, comme feu de bonne mé- » moire le roi Louis, dont Dieu ait

» quelconque autorité & condition qu'il soit & » use, ou soient & usent, y puissent ou doyent » faire aucune interprétation, mutation ou chan- » gement contre la teneur de ces présentes, » nonobstant quelconques contraires loix, consti- » tutions, édits, ordonnances, usages, coû- » tumes, observances & lettres perpétuelles & » temporelles, soubs quelconque forme de pa- » roles que elles soient faictes par nostredict sei- » gneur & père, & autres nos prédécesseurs, » ou par nous, sur le fait & gouvernement de » nostredit & des autres ainsnez fils du roi de » France, & autres lettres & choses quelcon- » ques ; jaçoit ce que ne soient ci-exprimées, » qui pourroient au contenu en ces présentes » faire ou porter préjudice, ou dérogation quel- » conque, lesquelles nous voulons être de nul » effet & valeur ; & par ces lettres, les révo- » quons, cassons & mettons du tout au néant : » & s'il advenoit, que Dieu ne veuille, que par » inadvertance, importunité ou autrement, nous » octroissions ou commandissions, ou eussions » octroyé & commandé aucunes lettres qui au- » cunement peussent être dérogatives ou pré- » judiciables aux choses dessus touchées, ou » feissions aucunes autres choses au contraire, » nous, dès maintenant, les déclairons & décer- » nons nulles & de nulle valeur ; qu'il n'y soit » obéi, ne aient force ou vigueur contre la » forme & teneur de ces présentes. Toutesvoies, » par icelles nous ne entendons déroguier à » certaines constitutions & ordonnances aujour- » d'hui, par nous faites en faveur de nostredit » ainsné fils le duc de Guienne, & de nosdits » autres enfans. Ainçois, voulons icelles consti- » tutions & ordonnances demourer en leur force » & vigueur. Si donnons mandement, & en- » joignons estroictement à nos amez & féaux » conseillers, les gens de notre parlement, de » nos comptes & trésoriers à Paris, & à tous nos » justiciers, officiers, vassaux & subgiez pré- » sens & à venir, ou à leurs lieutenans & à chas- » cun d'iceulx, si comme à lui appartiendra, que » contre nos présens loi, édit, constitution & » ordonnance, ils ne viengnent, fassent ou souf- » frent venir & faire en quelconque manière, » ne pour quelques cause, couleur ou occasion » que ce soit ou puist-être, ores ne ez temps » à venir ; mais les gardent, teignent & accom- » plissent, & fassent garder, tenir & accom- » plir de point en point, sans enfreindre. Et » afin que ce soit ferme & stable à toujours, » nous avons fait mettre notre scel à ces pré- » sentes. Données & lues publiquement & à » haute voix, en la grant-chambre de nostredit » parlement à Paris, où étoit drécié le lict de » justice, lendemain de la feste de Noël, qui » fut le vingt-sixième jour de décembre, l'an » de grace mil quatre cent & sept, & le vingt- » huitième de notre règne. *Et sur le repli* : Par » le Roi, tenant son parlement, présens le roi » de Sicile, messieurs les ducs de Guienne, » de Berry, de Bourbonnois & de Bavière ; les » comtes de Mortaing & de Nevers, d'Alençon, » de Clermont, de Vendôme, de Saint-Pol, » de Tanquarville, & plusieurs autres comtes, » barons & seigneurs du sang royal, & autres ; » le connétable, les archevêques de Sens & » de Besançon, les évêques d'Auxerre, d'An- » gers, d'Évreux, de Poitiers & de Gap ; grand » nombre de Abbez & autres gens d'église ; le » grand-maître d'hostel, le premier & autres » présidens en parlement ; le premier & plu- » sieurs autres chambellans, grant quantité de » chevaliers & autres nobles, de conseillers, » tant du grant conseil & dudit parlement, » comme de la chambre des comptes, des re- » quêtes de l'ostel, des enquêtes & requêtes » du palais, des aydes, du trésor, & autres offi- » ciers & gens de justice, & d'autres notables » personnes en grant multitude ».

P. Masihac, Neauville. Et à côté, *Visa*. Et scellé du grand sceau de cire verte, en las de soie rouge & verte. *Et sur le dos desdites lettres est escript* : La loi que le premier fils du Roi notre sire, qui à présent est, & qui pour le temps à venir sera, après le décès de son père, soit appelé & obéi comme roi de tous ses subgiez, & couronné le plutôt que faire se pourra, après ledit décez ; & que, en quelque minorité d'aage qu'il soit, il joysse des droits, prérogatives & dignitez appartenans à roi de France & à la couronne, sans que nul autre, tant soit prouchain de la couronne, puisse avoir de lui le bail ou régence.

» l'ame, nous ait en son vivant chargé » & ordonné, qu'après son trépas nous » missions toute notre intention & di- » ligence de servir le roi son fils, » notre très-redouté & souverain sei- » gneur, &c. ».

La régence établie, ou plutôt projettée par le testament de Louis XII, du 31 mai 1505, se rapprochoit davantage des dispositions de l'édit de 1407. « Voulons, ordonnons & déclarons (portoit cet acte), que tous & chacun les » grands & principaux faits, & secrettes » affaires du royaume, soient conduits » & traités par notre compagne la Reine, » & notre très-chère amée sœur la » comtesse d'Angoulême ensemblement; » lesquelles entendons y appeler avec » elles, pour ce faire, notre très-cher » & très-amé cousin le cardinal d'Am- » boise, légat apostolique en notre » royaume, notre très-cher & amé » cousin le comte de Nevers, notre amé » & féal chancelier, notre très-cher & » amé cousin le sieur de la Tremoille, » notre premier chambellan, & maître » Florimond Robertet, notre notaire » & secrétaire, & trésorier de France ».

On voit que Louis XII ne donnoit à personne le titre de régent; qu'à la vérité il en confioit tout le pouvoir à deux princesses; mais qu'il les obligeoit de prendre, sur la manière d'en user, l'avis d'un conseil, dont il nommoit lui-même tous les membres. En cela, rien de contraire à l'édit de 1407; mais si Louis XII n'eût pas vécu assez long-temps pour rendre ce testament inutile, comment l'auroit-on exécuté? l'ambition des deux administratrices ne l'auroit-elle pas interprété autrement qu'il ne devoit l'être? c'est ce que nous laissons à décider?

Sous François I, on voit reparoître, dans la personne de la duchesse d'Angoulême, mère du Roi, le titre de régente, avec toute l'autorité qui y étoit attachée dès le berceau de la monarchie (1); cependant le nom & le sceau de cette princesse ne figurent que dans les lettres de graces & les commandemens; toutes les lettres de justice sont intitulées du nom du Roi, & scellées de son sceau, quoiqu'il soit absent.

Du Tillet donne la raison de cette distinction, entre les lettres de grace & les lettres de justice. « La justice, dit-il, » est estimée toujours durer en ce » royaume, soit le Roi mort, pris ou » absent....... Aussi lettres de justice » expédiées du temps d'un Roi défunt, » sont exécutées au règne du succes- » seur, sans confirmation; ce que ne » sont lettres de grace & commande- » ment, lesquelles dépendent des vou- » loir ou pouvoir de celui ou celle qui » les donne ou commande, & ont » besoin de l'autorité & approbation » de son scel, puisqu'il parle, & que » le secrétaire signe de par lui ou de par » elle ».

Nous avons vu dans le chapitre *de la Reine*, que cette distinction fut encore observée par Catherine de Médicis, après la mort de Charles IX; mais depuis elle cessa tout-à-fait, le nom de régent ne fut plus employé dans aucun acte d'administration, & celui du Roi figura seul par-tout; c'est, comme nous l'avons dit, le seul point de l'édit de 1407 qui soit exécuté; car du reste, on a remarqué dans le même chapitre, que les trois dernières régentes qu'il y a eu en France ont joui d'une autorité sans bornes; & les atteintes portées après la mort de Louis XIV à la dernière volonté de ce prince, qui paroissoit calquée sur l'édit de 1407, ont achevé de faire regarder cette loi comme abolie par la désuétude, & de rendre à la régence tout son ancien pouvoir.

On a détaillé plus haut tout ce qui avoit été dit & arrêté à la séance de la

(1) *Voyez* le chapitre *de la Reine*, & le n° 2 de la section 2 de celle-ci.

cour des pairs, du 2 septembre 1715, relativement au titre de régent, conféré à Philippe, duc d'Orléans. C'est ici le lieu de rappeler également tout ce qui a été fait dans la même assemblée, pour déterminer la forme de l'administration pendant la minorité de Louis XV.

Après la prononciation de l'arrêt, qui déclaroit M. le duc d'Orléans régent en France, ce Prince dit : « qu'après le » titre glorieux que la compagnie venoit » de lui accorder, il avoit des observa- » tions à faire sur ce qui le regardoit, » & sur ce qui pouvoit intéresser les » autres princes : que le conseil, tel que » le Roi l'avoit formé par son testa- » ment, auroit pu suffire à un prince » expérimenté dans l'art de régner, qui » l'avoit composé comme pour lui- » même; mais qu'il avouoit qu'il avoit » besoin de grands secours, n'ayant ni » les mêmes lumières, ni la même ex- » périence; que jusqu'à présent une seule » personne avoit été chargée d'une seule » matière : par exemple, le secrétaire » d'état de la guerre étoit chargé de tout » ce qui regardoit les affaires militaires, » les rapportoit seul, recevoit seul les » ordres du feu Roi, & ainsi des autres; » mais qu'il croyoit devoir proposer » d'établir plusieurs conseils, pour dis- » cuter les matières qui seroient ensuite » réglées au conseil de régence, où l'on » pourroit peut-être faire entrer quel- » ques-uns de ceux qui auroient assisté » au conseil particulier : que c'étoit un » des plans qui avoient été formés par » M. le Dauphin dernier mort, & que » le Roi en donnoit lui-même l'idée par » rapport à la distribution des bénéfi- » ces, pour laquelle il faisoit entrer au » conseil deux évêques & le confes- » seur du Roi; que comme cela deman- » doit un grand détail, & une plus » ample discussion, il en feroit un projet » qu'il communiqueroit à la compagnie, » dont les avis seroient toujours d'un » grand poids sur son esprit; qu'il ne » présumeroit jamais assez de ses propres » forces, & qu'il connoissoit trop son » peu d'expérience, pour prendre sur » lui seul la décision d'affaires aussi im- » portantes que celles qui seroient exa- » minées dans le conseil de régence; » qu'il se soumettoit volontiers à la plu- » ralité des suffrages, mais qu'il deman- » doit la liberté d'y appeler telles per- » sonnes qu'il estimeroit convenables » pour le bien de l'état, son unique but » n'étant que de rétablir les affaires du » royaume, & de soulager les peuples.

» Qu'à l'égard de M. le duc de Bour- » bon, il étoit dit, dans le testament, » *qu'il n'auroit entrée au conseil de régence « qu'à vingt-quatre ans accomplis* ; mais » qu'il croyoit que la compagnie ne » feroit pas de difficulté de lui accorder » place dès à présent dans ce conseil, » puisqu'il avoit vingt-trois ans passés, » & que les Rois qui ne sont majeurs » qu'à quatorze ans, sont pourtant dé- » clarés majeurs à treize ans & un jour; » mais qu'il demandoit encore en faveur » de M. le duc une place que son bisaïeul » avoit occupée pendant la dernière » régence, & qui ne pouvoit regarder » que M. le duc; que c'étoit la place de » chef du conseil de la régence, & qu'il » espéroit aussi que la compagnie ne » refuseroit pas à M. le duc, de présider » à ce conseil en l'absence du régent.

» Qu'il ne pouvoit attribuer qu'à ou- » bli, de ce que M. le prince de Conti » n'étoit pas appelé par le testament au » conseil de régence; que cette place » lui étoit due en qualité de prince du » sang, & qu'il lui paroissoit que la » règle qu'on établiroit pour l'âge à » l'égard de M. le duc, devoit servir » d'exemple pour M. le prince de Conti, » qui étoit le seul que le choix pût re- » garder, les autres princes du sang » étant trop jeunes.

» Qu'il connoissoit que l'éducation du » Roi étoit remise en de très-bonnes » mains, puisqu'elle étoit donnée à M.

» le duc du Maine; mais qu'il avoit sur » cela deux réflexions à faire faire à la » cour.

» La première, qu'il ne pouvoit voir » déférer à un autre qu'à lui régent, le » commandement des troupes de la mai» son du Roi; que la défense du royaume » résidoit dans la personne du régent, & » qu'il devoit par conséquent être le » maître, d'un moment à l'autre, de » faire marcher les troupes, & même » celles de la maison du Roi, par-tout » où le besoin de l'état l'exigeroit; » qu'ainsi il demandoit le commande» ment entier des troupes, même de » celles de la maison du Roi: que la se» conde réflexion qu'il avoit à faire faire » à la compagnie étoit, qu'il n'étoit pas » convenable que M. le duc fût dans la » dépendance de M. le duc du Maine, » pour les fonctions de la charge de » grand-maître de la maison du Roi, & » qu'il demandoit que les gens du Roi » donnassent leurs conclusions sur tous » ces chefs ».

M. le duc de Bourbon dit, « qu'a» près ce que M. le duc d'Orléans avoit » eu la bonté de représenter en sa faveur » à la compagnie, il n'avoit plus qu'à » en attendre la confirmation; persuadé » qu'elle voudra bien lui donner dès à » présent l'entrée au conseil de régence, » & qu'il espéroit qu'en lui donnant » place dans ce conseil, la compagnie » concourra encore par ses suffrages à » lui accorder le titre de chef de ce » conseil, & la présidence en l'absence » de M. le Régent; qu'il croyoit aussi » qu'on ne voudroit pas l'obliger à être » subordonné à M. le duc du Maine, » pour les fonctions de grand-maître » de la maison du Roi, ce qui ne con» viendroit ni à sa naissance, ni à la » dignité de sa charge ».

M. le duc du Maine parla en ces termes:

« Messieurs, je suis persuadé, ou du » moins je veux me flatter, qu'en ce » qui peut avoir rapport à moi dans la » disposition testamentaire du feu roi, » de glorieuse mémoire, M. le duc d'Or» léans n'est pas blessé du choix de ma » personne pour l'honorable emploi au» quel je suis appelé; & qu'il ne l'est » que sur les choses qu'il croit préju» diciable à l'autorité qu'il doit avoir » & au bien de l'état, & que par con» quent, ne considérant que ces deux » points, il se fera un honneur & un » plaisir, dans ce qui n'intéressera ni » l'un ni l'autre, d'aller au plus près » des dernières volontés de sa majesté.

» J'avois bien senti, & même j'avois » pris la liberté de le représenter au » roi, lorsqu'il me fit l'honneur de me » donner, peu de jours avant sa mort, » une notion de ce qu'il me destinoit, » que le commandement continuel de » toute sa maison militaire, étoit fort » au-dessus de moi; mais il me ferma » la bouche en me disant, *que je de» vois respecter toujours ses volontés*. Je ne » crois donc pas avoir la liberté de m'en » désister. J'assure cependant que c'est » sans aucune peine que je vois discu» ter cet article; que je sacrifierai tou» jours très-volontiers mes intérêts au » bien & au repos de l'état; & que » je ne ferai point de difficulté de me » soumettre à ce qui sera décidé, osant » seulement demander que s'il est con» clu qu'il faille changer quelque chose » à cet article, on détermine le titre » de l'emploi qu'il a plu à sa majesté » de me donner; qu'on fasse un régle» ment stable & authentique sur les pré» rogatives qui me seront attribuées; » & qu'avant qu'il y soit procédé, je » puisse dire encore ce que je crois ne » pouvoir me dispenser de représenter, » pour avoir un peu plus que la vaine » apparence de répondre de la personne » du roi ».

MM. les gens du roi s'étant levés, dirent: « que ne devant proposer à la » compagnie que leur vœu commun,

» qu'ils devoient donner par une délibération commune, il ne leur étoit pas possible de se déterminer sur les différentes difficultés qui venoient de naître, si la cour n'avoit la bonté de leur faire donner la communication du testament & des codicilles du feu roi, & ne leur permettoit de se retirer pour quelques momens au parquet, pour y concerter les réflexions qu'ils croiroient nécessaires sur les propositions qui venoient d'être faites, & pour apporter ensuite à la compagnie les conclusions qu'ils estimeroient convenables ».

Après ce discours, MM. les gens du roi sortirent, & étant ensuite rentrés, ils dirent, « qu'après avoir entendu ce qui avoit été dit dans cette auguste assemblée par M. le duc d'Orléans, par M. le duc de Bourbon, par M. le duc du Maine, & après la communication qui leur avoit été faite des dernières dispositions du roi défunt, deux objets principaux sembloient devoir partager toutes leurs vues, & fixer leur attention, la régence du royaume, & l'éducation du roi mineur.

» Que la cour ayant déféré le titre & la qualité de régent à M. le duc d'Orléans, si digne de soutenir les fonctions de cette place éminente, il ne restoit plus, par rapport à ce premier point, que le conseil de régence sur lequel il fût question de délibérer.

» Que ce que M. le duc d'Orléans venoit de proposer sur ce sujet, étoit un témoignage qu'il avoit voulu rendre publiquement, de la défiance qu'il avoit seul de ses propres forces; que dans cette pensée, il ne croyoit pas que les secours que le roi lui donnoit par son testament, lui fussent suffisans pour le gouvernement d'un si grand royaume; que c'étoit ce qui l'engageoit à demander le temps de faire le choix de personnes sages & éclairées, qu'il pût associer à la conduite de l'état, & de proposer des projets de différens conseils particuliers, qu'il croyoit nécessaires pour établir un bon & sage gouvernement; & que comme cette proposition ne tendoit qu'à perfectionner le plan de la régence, ils ne pouvoient qu'applaudir à un dessein si avantageux au public, & qu'il ne restoit qu'à remettre sur ce sujet la délibération au jour auquel M. le duc d'Orléans voudroit bien expliquer ses projets.

» Mais qu'à l'égard de ce que M. le duc d'Orléans avoit proposé par rapport à M. le duc de Bourbon, & aux autres princes du sang royal, & de ce que M. le duc de Bourbon demandoit lui-même, la cour étoit en état dès-à-présent d'y prononcer; que la volonté du roi défunt, & ce qui étoit dû au rang de M. le duc de Bourbon, concouroient également à lui donner place dans le conseil de régence: que quand cet honneur ne seroit pas dû à son rang, il seroit dû à son mérite; que quoique par la dernière disposition du roi, il ne dût y avoir entrée qu'à l'âge de 24 ans accomplis, ses qualités personnelles suffiroient seules pour avancer ce temps en sa faveur, quand même les loix communes du royaume, qui règlent le temps de la majorité, lui seroient contraires.

» Mais qu'outre l'exemple des rois, qui n'étant majeurs qu'à quatorze ans, sont réputés cependant avoir acquis la majorité à treize ans & un jour, exemple qui forme d'abord un si puissant préjugé pour lui; si l'on vouloit consulter la disposition des anciennes loix de France, on trouveroit que plusieurs des coutumes avoient fixé la majorité à quinze ans; que celles qui l'avoient le plus reculée, en avoient marqué le commencement à vingt-un, & que sui-

» vant nos anciennes mœurs, la majorité étoit acquise par toute la France à l'âge de vingt-un ans; que si dans la suite les ordonnances de nos rois avoient fixé la majorité parfaite à vingt-cinq ans pour les familles particulières, ces loix n'avoient point eu d'application à ce qui regardoit le gouvernement du royaume, puisqu'elles n'ont eu aucun effet par rapport à la majorité des rois; & que le duc d'Orléans, âgé de vingt-deux ans, ayant été jugé capable en 1483 d'être le président du conseil de régence pendant la minorité de Charles VIII & d'avoir la principale administration des affaires, il seroit étrange que M. le duc de Bourbon ne pût avoir entrée au conseil dans un âge plus avancé; que dès qu'il seroit admis à ce conseil, c'étoit une suite nécessaire, qu'étant le premier dans l'état, après M. le duc d'Orléans, il fût aussi le premier après lui dans le conseil de régence.

» Qu'ainsi, puisque la cour avoit déféré le titre de régent à M. le duc d'Orléans, on ne pouvoit refuser à M. le duc de Bourbon, la qualité de chef du conseil de régence, sous l'autorité du régent; qualité qui renfermoit en elle-même le pouvoir d'y présider en l'absence de M. le duc d'Orléans, & qu'il ne paroissoit pas que cette proposition pût recevoir le moindre doute, après le dernier exemple de la régence de la reine, mère du feu roi, sous l'autorité de laquelle M. le duc d'Orléans, & M. le prince de Condé en son absence, furent établis chefs du conseil de la régence.

» Que si la cour jugeoit à propos de faire entrer dès-à-présent M. le duc de Bourbon dans le conseil de régence, cette décision seroit une loi pour les autres princes du sang royal, qui pourroient atteindre l'âge de vingt-trois ans, pendant la minorité du roi. Qu'il sembloit donc nécessaire de régler dès-à-présent, qu'ils seroient admis au conseil de régence, aussi-tôt qu'ils auroient atteint cet âge.

» Qu'après avoir épuisé tout le sujet des délibérations sur la régence, il ne restoit plus à régler que ce qui regardoit l'éducation du roi; mais que les difficultés qui venoient de naître, leur avoit paru assez importantes pour mériter de nouvelles réflexions, ce qui les engageoit à demander à la cour qu'il lui plût remettre la délibération à l'après-dînée.

» Que par ces raisons, ils requéroient que M. le duc de Bourbon fût dès-à-présent déclaré chef du conseil de la régence, sous l'autorité de M. le duc d'Orléans, & qu'il y présidât en son absence : qu'il fût ordonné que les princes du sang royal auroient entrée au conseil, aussi-tôt qu'ils auroient atteint l'âge de vingt-trois ans accomplis; que sur l'établissement des conseils & le choix des personnes qui devoient les composer, il en fût délibéré lorsque M. le duc d'Orléans se seroit expliqué plus en détail; & que pour ce qui regardoit l'éducation du roi, le commandement des troupes, & tout ce qui pouvoit y avoir rapport, il plût à la cour remettre la délibération à ce jour de relevée, & à telle heure qu'il lui plairoit indiquer ».

MM. les gens du roi s'étant retirés, & la matière mise en délibération, il fut arrêté, « que le duc de Bourbon seroit chef du conseil de la régence, sous l'autorité de M. le duc d'Orléans; qu'il y présideroit en son absence, & que les princes du sang royal auroient aussi entrée en ce conseil, lorsqu'ils auroient atteint l'âge de vingt-trois ans accomplis ».

Et comme il étoit près d'une heure, le surplus de la délibération fut remis à trois heures de relevée.

Cette heure venue, la compagnie se rassembla dans le même ordre que le matin ; & lorsque M. le duc d'Orléans eut pris sa place, les gens du roi mandés, il dit en leur présence, « qu'après des réflexions plus sérieuses, il » étoit bien aise de s'expliquer sur l'é» tablissement des différens conseils dont » il avoit parlé le matin.

» Qu'il croyoit donc qu'outre le con» seil de régence où se rapporteroient » toutes les affaires, il étoit nécessaire » d'établir un conseil de guerre, un con» seil de finances, un conseil de ma» rine, un conseil pour les affaires étran» gères, & un conseil pour les affaires » du dedans du royaume ; qu'il jugeoit » même important de former un con» seil de conscience composé de per» sonnes attachées aux maximes du » royaume, & qu'il espéroit que la com» pagnie ne lui refuseroit pas quelques» uns de ses magistrats, qui, par leur » capacité & leurs lumières, pussent y » soutenir les droits & les libertés de » l'église gallicane.

» Qu'à l'égard du conseil de régence, » il étoit dans la résolution de se sou» mettre à la pluralité des suffrages, » étant toujours disposé à préférer les lu» mières des autres aux siennes propres.

» Mais que dès le moment qu'il s'as» sujettissoit à cette condition, il croyoit » que la compagnie voudroit bien lui » donner la liberté de retrancher, d'a» jouter, & de changer ce qu'il lui » plairoit dans le nombre & le choix » des personnes dont ce conseil seroit » composé ; qu'il demandoit encore que » l'on exceptât de ce qui seroit soumis » à la pluralité des voix, la distribu» tion des charges, emplois, bénéfices, » graces ; sur quoi pourtant il consul» teroit le conseil de régence : mais » qu'il souhaitoit être à portée de ré» compenser les services dont il auroit » été témoin, & ceux que l'on ren» droit à l'état pendant sa régence ; qu'il » vouloit être indépendant pour faire le » bien, & qu'il consentoit qu'on le liât » tant que l'on voudroit pour ne point » faire de mal.

» Que pour ce qui regardoit les autres » conseils, il demandoit aussi la liberté » de les former comme il le jugeroit à » propos, & qu'il s'offroit de com» muniquer le projet, comme il l'a» voit déclaré dès le matin à la com» pagnie ».

Sur quoi il demanda que les gens du roi donnassent leurs conclusions, après quoi il s'expliqueroit sur le reste.

Les gens du roi s'étant levés, dirent, « que les articles dont M. le duc d'Or» léans venoit de parler à la compa» gnie, n'étant pas les seuls qu'il eût » à proposer, ils croyoient qu'il étoit » plus convenable qu'il voulût bien s'ex» pliquer sur toutes les difficultés qui » devoient faire dans ce jour l'objet des » délibérations de l'assemblée, afin qu'ils » pussent prendre des conclusions sur » toutes les propositions que M. le duc » d'Orléans avoit à faire ; & que la » cour pût aussi pourvoir à tout par un » seul arrêt : que c'étoit là ce qui les » engageoit de supplier M. le duc d'Or» léans, de vouloir bien continuer d'ex» poser à la compagnie tous les arti» cles sur lesquels il étoit nécessaire de » prononcer ».

M. le duc d'Orléans reprit la parole & dit, « qu'il restoit encore l'ar» ticle important qui concernoit le com» mandement des troupes du roi, sur » lequel la cour avoit remis la délibé» ration à cette après-dînée.

» Qu'il ne pouvoit absolument se » départir d'un droit qui étoit insépa» rable de la régence, & qui regardoit » la sûreté de l'état, dont le soin étoit » confié à la personne du régent ; & qu'on » ne pouvoit pas même en excepter le » commandement des troupes employées » chaque jour à la garde du roi ; que » l'autorité militaire devoit toujours se » réunir dans une seule personne ; que » c'étoit l'ordre des commandemens de

» cette nature & l'unique moyen d'empêcher les divisions qui sont une suite » presque inévitable du partage de l'autorité ; que les officiers qui commandoient les corps qui composent la maison du roi, regardoient comme le plus » beau privilège de leurs charges, de ne » recevoir l'ordre que de la personne du » roi, ou du régent qui le représente.

» Que c'étoit à lui principalement, & » par sa naissance & par sa qualité de » régent, de veiller à la conservation » & à la sûreté du roi, dont la vie » étoit si chère à l'état, & qu'il ne doutoit » pas que M. le duc du Maine n'y concourût avec le même zèle.

» Que même suivant le testament du » feu roi, la tutelle & la garde étoit » déférée au conseil de la régence, & » que la compagnie lui ayant accordé » de si bonne grace le titre de régent, » il entroit par-là dans le droit du conseil.

» Qu'enfin la nécessité du commandement demandoit absolument qu'un seul » eût toute l'autorité sur les troupes sans » aucune distinction, & qu'il étoit persuadé que cela ne lui pouvoit être » refusé.

» Qu'ainsi pour se réduire, il demandoit que les gens du roi eussent à prendre leurs conclusions sur ce qui regardoit les conseils, la distribution des » graces, & le commandement des troupes, même de la maison du roi ».

Sur quoi les gens du roi s'étant levés, ils dirent, « qu'après avoir pourvu » ce matin à la régence du royaume, » il ne s'agissoit plus que d'en régler » l'exercice, & de déterminer ensuite ce » qui pouvoit regarder l'éducation du roi; » qu'ils lisoient dans les yeux de la compagnie, ils osoient dire même dans son » cœur, la satisfaction qu'elle avoit du » choix d'un régent, qui répondoit si parfaitement aux justes espérances qu'elle » avoit conçues de son mérite.

» Que les projets des différens conseils dont il n'avoit présenté ce matin » qu'une première ébauche, & qu'il venoit d'expliquer plus en détail, étoient » une nouvelle preuve de sa capacité » dans l'art du gouvernement, & que » le dessein qu'il avoit de se soumettre à » la pluralité des suffrages du conseil » de régence, étoit un nouveau témoignage de l'élévation & de la droiture de ses sentimens.

» Que ces conseils particuliers, où » chaque matière seroit amplement discutée, donneroient une grande facilité pour les décider au conseil général de régence ; que ce projet conçu » par un prince qui, suivant l'ordre de » la nature, auroit dû être notre roi, » & qui auroit été si digne du trône de » ses ancêtres, ne pouvoit être mieux » exécuté que par un régent, qui savoit » connoître & choisir dans chaque chose » ce qu'il y avoit de plus parfait, & » que le dessein qu'il avoit d'associer à » l'examen des affaires ecclésiastiques du » royaume, des magistrats instruits des » maximes de la France sur ces matières, justifioit pleinement le desir » qu'il avoit de soutenir nos plus saintes » loix ; qu'il ne leur restoit donc plus » que d'attendre que quelques jours de » méditation eussent donné à M. le duc » d'Orléans le loisir de former sur ce » plan le systême entier de ces conseils, » qu'il devoit ensuite communiquer à » la compagnie.

» Que la pluralité des suffrages à laquelle M. le duc d'Orléans vouloit se » conformer dans toutes les affaires publiques du royaume, n'étoit que l'exécution de l'édit du 26 décembre 1407, » sur le fait des régences, qui veut que » les délibérations des conseils de régence soient *avisées, prises & conclues* » *selon les voix & opinions* ; que cette » disposition fondée sur presque tous » les exemples antérieurs à cet édit & » affermie par un grand nombre d'exemples postérieurs, n'avoit pas laissé de » souffrir différentes atteintes, sur-tout dans

» dans les régences des reines, mères des » rois mineurs : mais que M. le régent, » loin de s'en prévaloir, loin de tirer » avantage de l'exemple du dernier règne » dans lequel, malgré la disposition de cet » édit, & la volonté du roi Louis XIII, on » n'assujettit point la reine, mère du roi, » à la pluralité des suffrages pendant la » régence, protestoit publiquement que » son intention étoit de s'y conformer, » plus jaloux de la règle que de son » pouvoir, moins touché de son inté- » rêt que de ce qu'il regardoit comme » le bien de l'état ; il vouloit bien se » lier lui-même, & il faisoit connoître » par cette conduite si sage, que ceux » qui devroient avoir une plus grande » confiance dans leurs propres forces, » sont ordinairement ceux qui s'en dé- » fient davantage.

» La confiance entière de la cour (con- » tinuèrent les gens du roi), doit être le » prix d'une si sage & si noble défiance : » eh ! pourroit-elle refuser à un prince » qui ne veut conduire ce grand royau- » me, que par l'avis de personnes éga- » lement sages & éclairées, le pouvoir » d'ajouter, de retrancher, de changer » ce qu'il jugera à propos dans le conseil » de régence ? l'art de connoître les » hommes, ce discernement des esprits » qui lui est si naturel, assure au public » un choix éclairé qui ne tombera que » sur les personnes les plus instruites » des maximes du gouvernement & de » l'état ; & c'est dans cette assurance » que nous croyons devoir proposer à » la cour de remettre entre les mains » de ce prince, un choix qu'il est si ca- » pable de faire.

» Que les affaires publiques soient dé- » cidées dans le conseil de régence à » la pluralité des suffrages, c'est ce » que M. le duc d'Orléans a jugé lui- » même être le plus conforme aux loix » du royaume ; mais de porter cette ré- » solution jusqu'à la distribution des » charges, des emplois, des béné- » fices & des graces, ce seroit ne don- » ner au régent qu'un vain titre, &, » pour ainsi dire, un fantôme d'au- » torité ; ce seroit rendre tout électif en » France, & la seule idée d'élection fait » envisager d'abord les intrigues, les » cabales qui en sont les suites ordi- » naires, & qui deviennent tôt ou tard » des sources funestes de division ; ce » seroit enfin affoiblir, & presque dé- » truire toute l'autorité de la régence, » en ôtant au prince à qui elle est confiée » le pouvoir d'accorder des récompen- » ses, & de faire des graces ; pouvoir » qu'on a toujours regardé comme un » des plus grands ressorts du gouver- » nement ; il n'appartient qu'à celui qui » en est chargé de connoître à fond » la juste mesure des services rendus à » l'état, de les apprécier à leur vérita- » ble valeur, & de leur donner la ré- » compense qu'ils méritent. Ce n'est pas » que M. le duc d'Orléans veuille né- » gliger même sur ce point les avis du » conseil de régence ; il s'engage au » contraire à le consulter ; & pouvoit- » il en faire davantage pour apprendre » à toute la France l'usage qu'il veut » faire de la liberté qu'il demande ? » nous ne pouvons donc que souscrire à » une réserve si juste & si mesurée, & » supplier la cour de conserver à ja- » mais dans ses registres ces paroles mé- » morables de M. le duc d'Orléans : » *qu'il ne vouloit être indépendant que pour* » *faire le bien, & qu'il consentoit qu'on le* » *liât tant qu'on le voudroit pour ne point* » *faire de mal.*

Les gens du roi ajoutèrent « qu'après » avoir tâché de remplir tout ce que le » devoir de leur ministère exigeoit d'eux » par rapport à l'exercice de la ré- » gence, il ne leur restoit plus qu'à » proposer à la cour leurs reflexions sur » ce qui regardoit l'éducation du roi.

» Qu'il n'étoit ni nouveau, ni sin- » gulier de voir dans les familles par- » ticulières, l'éducation des mineurs

» séparée de la régie & de l'adminis» tration des biens, & que les histoi» res étoient pleines d'exemples dans » lesquels la régence du royaume & » l'éducation des rois mineurs avoient » été confiées à des personnes différentes.

» Que c'étoient sans doute ces exem» ples qui avoient inspiré au roi défunt » la pensée de remettre l'éducation du » roi son petit-fils, entre les mains de » M. le duc du Maine; que le vœu d'un » père & d'un roi, qui étoit présumé » mieux instruit que tout autre, de ce » qui pouvoit être plus convenable » à l'éducation de ses enfans, est d'un » si grand poids, que sans de puis» santes raisons, il étoit difficile de » ne pas se soumettre à la sagesse de » ses dispositions.

» Que la volonté du feu roi, le suf» frage de M. le régent, les lumières » & les vertus de M. le duc du Maine » concourant à lui faire déférer une édu» cation si précieuse à la France, il étoit » nécessaire de lui donner un titre qui » répondît au glorieux emploi qui lui » étoit destiné; que la tutelle du roi » étant entre les mains du conseil de ré» gence, suivant les dernières disposi» tions du roi défunt, & M. le duc d'Or» léans entrant par la qualité de régent » qui lui avoit été déférée, dans les droits » du conseil de régence, on ne pou» voit concevoir de titre plus honora» rable pour M. le duc du Maine, & » plus convenable à la fonction à laquelle » il étoit appelé, que celui de surin» tendant à l'éducation du roi, titre qui » renfermoit toute l'étendue du pouvoir » que M. le duc du Maine devoit avoir » dans cet emploi: qu'il ne restoit que » deux difficultés par rapport à ses fonc» tions; l'une qui regardoit le comman» dement des troupes de la maison du » roi, qui étoit déféré par le testament » du roi à celui qui devoit être chargé » de son éducation; l'autre, qui » concernoit M. le duc de Bourbon en » qualité de grand-maître de la maison » du roi.

» Que M. le régent avoit fait assez » connoître à la cour combien tout par» tage de commandement militaire, pou» voit être contraire non-seulement à » l'autorité du régent, mais au bien mê» me de l'état; que la nécessité pouvant » l'obliger à se servir d'une partie des » troupes pour la défense du royaume, » on ne pouvoit lui en ôter le com» mandement, sans le mettre hors d'é» tat de pourvoir suffisamment à la sû» reté de la France; qu'ils sentoient toute » la force de ces raisons; que la cour » avoit bien vu même par ce qui lui » avoit été dit sur ce sujet par M. le » duc du Maine, qu'il avoit aussi prévu » ces inconvéniens, & que la seule dé» férence qu'il avoit pour les dernières « volontés du roi défunt, l'avoit engagé » à ne point se départir de cette dispo» tion, dont il connoissoit toutes les con» séquences: qu'ils avoient cru d'abord » qu'il étoit facile de concilier les deux » autorités, en distinguant dans le com» mandement de ces troupes, ce qui ap» appartenoit au pouvoir légitime du » régent, & ce qui pouvoit être déféré à » l'autorité de celui qui étoit chargé du » soin de l'éducation, & qu'en laissant à » M. le duc d'Orléans le commandement » général des troupes, & ne donnant à » M. le duc du Maine, sous l'autorité du » régent, que le commandement de la » partie de ces troupes qui seroient ac» tuellement à la garde du roi, ils avoient » pensé qu'on pourroit réunir toutes les » différentes vues, & les différens in» térêts: mais que les chefs des différens » corps qui composoient la maison du » roi, prétendoient être en droit & en pos» session de ne recevoir aucun ordre que » de la personne du roi même; que s'ils » convenoient que dans un temps où le » roi n'étoit pas en état de les leur don» ner lui-même, ils devoient les rece» voir du régent du royaume qui repré-

» sentoit la personne du roi, ils soute- » noient en même temps, qu'ils ne » pouvoient & ne devoient obéir en ce » cas qu'au seul régent, comme ils ne » pouvoient & ne devoient obéir qu'au » roi seul, quand il étoit en état de les » commander.

» Que cette discipline militaire dont » ils n'étoient point instruits par eux- » mêmes, mais qui n'avoit point été » contredite, ôtoit toute espérance de » conciliation sur ce sujet, & les obli- » geoit de retomber dans la règle com- » mune qui ne souffroit aucune division » dans le commandement des troupes; » que si l'intérêt de l'état leur avoit paru » intimément lié à cette unité de com- » mandement, il leur avoit semblé en » même temps que l'éducation du roi » n'en souffriroit point; que l'union si » parfaite qui régnoit entre M. le régent, » M. le duc de Bourbon, M. le duc » du Maine, donneroit à M. le duc du » Maine les mêmes avantages pour l'é- » ducation du roi, que s'il avoit le » commandement des troupes, & que » le concert qui subsisteroit toujours entre » M. le duc du Maine & les officiers des » troupes de la maison du roi, sans lui » donner une autorité de droit, lui pro- » cureroit un pouvoir de déférence & » d'affection aussi réel & aussi utile au » roi, que si ce pouvoir lui eût été » déféré.

» Qu'il ne restoit plus que ce qui re- » gardoit les intérêts de M. le duc de » Bourbon. Que sa charge de grand-maî- » tre de la maison du roi, l'attachant » au service de la personne du prince, » ils ne croyoient pas qu'il convînt à » son rang d'obéir à M. le duc du Maine, » en qualité de surintendant à l'éduca- » tion du roi; mais qu'il étoit facile de » prévenir cette difficulté, par une ré- » serve spéciale, qui, en détruisant toute » idée de supériorité sur M. le duc de » Bourbon, pût conserver à ce prince en » qualité de grand-maître de la maison » du roi, son indépendance de tout au- » tre que du roi ou du régent.

» Que telles étoient les réflexions » qu'ils croyoient devoir proposer à la » cour sur les dernières dispositions du » roi défunt, & sur tout ce qui avoit été » dit par M. le duc d'Orléans, par M. » le duc de Bourbon, & par M. le duc » du Maine, soit par rapport à la régence » du royaume, soit par rapport à l'édu- » cation du roi.

» Qu'il ne leur restoit plus que de » féliciter cette auguste compagnie, ou, » pour mieux dire, toute la France, » de la parfaite & prompte unanimité » avec laquelle la plus importante af- » faire de la monarchie étoit sur le point » d'être terminée: qu'on devoit en con- » cevoir les plus grandes espérances » pour toutes les suites d'une minorité » qui commençoit sous des auspices si » favorables.

» Que pendant que tout concouroit » à affermir le trône du roi par un gou- » vernement sage, tranquille & éclairé, » toute la France verroit croître en lui » par les soins de celui qui devoit pré- » sider à son éducation, les heureuses » inclinations que la nature y avoit déjà » formées; qu'une régence établie sur » des principes si solides, seroit le gage » assuré d'un règne parfait, la source des » plus grandes prospérités, & le fon- » dement le plus certain de la tranquil- » lité publique.

» Que c'étoit dans ces vues qu'ils re- » quéroient, qu'après la déclaration qui » avoit été faite par M. le duc d'Or- » léans, qu'il entendoit se conformer » à la pluralité des suffrages dans toutes » les affaires, à l'exception des char- » ges, emplois, bénéfices & graces » qu'il pourroit accorder ainsi qu'il le » jugeroit à propos, après avoir con- » sulté le conseil de régence, sans être » assujetti à la pluralité des voix à cet » égard, il pût former le conseil du

» régence, même tels conseils inférieurs » qu'il aviseroit, & y admettre les per- » sonnes qu'il en estimeroit les plus di- » gnes; le tout suivant le projet qu'il de- » voit en communiquer à la cour; que » M. le duc du Maine seroit surintendant » à l'éducation du roi, l'autorité entière » & le commandement des troupes de » la maison du Roi, même de celles qui » étoient destinées à la garde de sa per- » sonne, demeurant entiérement à M. » le duc d'Orléans, & sans aucune supé- » riorité de M. le Duc du Maine sur M. » le Duc de Bourbon, grand-maître de la » maison du Roi: « que des *duplicata* de » l'arrêt qui interviendroit sur leurs con- » clusions, seroient envoyés aux autres » parlemens du royaume, & des copies » collationnées aux bailliages & séné- » chaussées du ressort, pour y être lues » & publiées; qu'il seroit enjoint aux » substituts de M. le procureur-général, » d'y tenir la main, & d'en certifier la » cour dans un mois ».

M. le duc du Maine dit ensuite, « que » si l'on ne jugeoit pas à propos de lui » laisser le commandement des trou- » pes de la maison du Roi, pas même de » celles qui étoient employées à la garde » de sa personne, il ne pouvoit répondre » que de son zèle, de son attention, de » sa vigilance, & qu'il espéroit au moins » par-là de satisfaire, autant qu'il seroit » en lui, aux intentions du feu roi, puis- » qu'il n'y pouvoit satisfaire autrement, » n'ayant point de troupes sous son au- » torité ».

Les gens du Roi retirés, la matière mise en délibération,

« Il a été arrêté, qu'après la déclara- » tion faite par M. le duc d'Orléans, » qu'il entend se conformer à la plura- » lité des suffrages du conseil de la ré- » gence dans toutes les affaires, à l'ex- » ception des charges, emplois, béné- » fices & graces, qu'il pourra accorder » à qui bon lui semblera, après avoir » consulté ledit conseil, sans être néan- » moins assujetti à suivre la pluralité » des voix à cet égard, il pourra former » le conseil de régence, même tels con- » seils inférieurs qu'il jugera à propos, » & y admettre les personnes qu'il en » estimera les plus dignes; le tout sui- » vant le projet que M. le duc d'Or- » léans avoit déclaré qu'il communique- » roit à la cour: que M. le duc du Maine » sera surintendant à l'éducation du Roi, » l'autorité entière, & le commande- » ment sur les troupes de la maison du » Roi, même sur celles qui sont em- » ployées à la garde de sa personne, » demeurant à M. le duc d'Orléans, & » sans aucune supériorité du duc du » Maine sur le duc de Bourbon, grand- » maître de la maison du Roi ».

Cet arrêt n'eut pas plutôt été con- firmé par celui du lit de justice, du 12 du même mois de septembre, que M. le duc d'Orléans s'occupa de la forma- tion des conseils; & dès le 15, il parut sur ce point important une déclaration que le parlement de Paris enregistra le 16. Voici comment elle fut conçue:

« Louis, &c. le feu Roi, de glorieuse » mémoire, notre très-honoré seigneur » & bisaïeul, pouvoit par ses qualités » personnelles & ses vertus éminentes, » suffire seul au gouvernement de son » royaume. La droiture de son cœur, » l'élévation de son esprit, l'étendue de » ses lumières, augmentées & soutenues » par une longue expérience, lui ren- » doient tout facile dans l'exercice de » la royauté; mais la foiblesse de notre » âge demande de plus grands secours; » & quoique nous puissions trouver tous » ceux dont nous avons besoin dans la » personne de notre cher oncle le duc » d'Orléans, régent de notre royaume; » sa modestie lui a fait croire que pour » soutenir le poids d'une régence qui » lui a été si justement déférée, il devoit » proposer d'abord l'établissement de » plusieurs conseils particuliers, où les » principales matières qui méritent l'at-

» tention directe & immédiate du souverain, seroient discutées & réglées, » pour recevoir ensuite une dernière » décision dans un conseil général, qui » ayant pour objet toute l'étendue du » gouvernement, seroit en état de réunir & de concilier les vues différentes » des conseils particuliers. Cette forme » de gouvernement a paru d'autant » plus convenable à notre très-cher » oncle, le duc d'Orléans, régent du » royaume, qu'il sait que le plan en » avoit déjà été tracé par notre très-honoré père, dont nous aurons au » moins la satisfaction de suivre les vues, » si le ciel nous a privé de l'avantage » d'être formé par ses grands exemples. » Il étoit persuadé que toute l'autorité » de chaque partie du ministère étant » réunie dans la personne d'un seul, » devenoit souvent un fardeau trop pesant pour celui qui en étoit chargé, » & pouvoit être dangereux auprès d'un » prince qui n'auroit pas la même supériorité de lumières que le roi notre » bisaïeul; que la vérité parvenoit si » difficilement aux oreilles d'un prince, » qu'il étoit nécessaire que plusieurs personnes fussent également à portée de » la lui faire entendre; & que si l'on » n'intéressoit au gouvernement un certain nombre d'hommes aussi fidèles » qu'éclairés, il seroit presque impossible » de trouver toujours des sujets formés » & instruits, qui fissent moins regretter » la perte des personnes consommées » dans la science du gouvernement, & » qui fussent même en état de les remplacer. Nous ferons donc au moins » revivre l'esprit de notre très-honoré » père en établissant des conseils si avantageux au bien de nos états, & nous » nous y portons d'autant plus volontiers, que cet établissement ne peut » être suspect par sa nouveauté, puisque » nous ne ferons que suivre l'exemple » de ce qui s'observe avec succès dans » d'autres royaumes, & qui s'est observé dans le nôtre même, pendant le » règne de plusieurs des Rois nos prédécesseurs. Le dérangement que vingt-cinq années de guerre, & plusieurs » autres calamités publiques ont causé » dans les affaires de cette monarchie, » le desir ardent que la qualité de Roi » nous inspire de remettre toutes choses » dans leur ordre naturel, & de rétablir la confiance & la tranquillité publique, sont encore de nouvelles raisons qui appuient la sagesse des conseils, que notre tres-cher oncle le » duc d'Orléans nous a donnés sur ce » sujet. Nous savons d'ailleurs que, chargé du gouvernement de l'état jusqu'à » notre majorité, tous ses vœux ne tendent qu'à nous le remettre tranquille » & florissant, & à y parvenir par des » voies qui montreront à tous nos » sujets qu'il ne cherche qu'à connoître » & à employer le mérite & la vertu; » qu'il veut que les bons sujets de toutes » conditions, sur-tout ceux de la plus » haute naissance, donnent aux autres » l'exemple de travailler continuellement » pour le bien de la patrie; que toutes » les affaires soient réglées, plutôt par » un concert unanime, que par la voie » de l'autorité; & que la paix fidellement entretenue au-dehors avec nos » voisins, règne en même temps au-dedans par l'union des ordres du royaume. A ces causes, de l'avis de notre » très-cher & très-amé oncle le duc d'Orléans, régent; de notre très-cher & très-amé oncle le duc du Maine, de notre » très-cher & très-amé oncle le comte » de Toulouse, & autres grands & notables personnages de notre royaume, » & de notre certaine science, pleine » puissance & autorité royale, nous » avons dit & déclaré, & par ces présentes signées de notre main, disons, » déclarons, voulons & nous plaît:

» I. Qu'outre le conseil général de » régence, il en soit établi six autres » particuliers, qui seront composés cha-

» cun d'un président, & d'un nombre » convenable des conseillers secrétaires, » selon la nature des affaires dont chaque » conseil sera chargé; savoir, le con- » seil de conscience, où l'on traitera » des affaires ecclésiastiques; le conseil » des affaires étrangères; le conseil de » guerre & de tout ce qui y a rapport; » le conseil des finances; le conseil de » marine, & de tout ce qui en dépend; » le conseil des affaires du dedans du » royaume, qui étoient ci-devant portées » au conseil des dépêches: le tout sans » rien innover à l'égard du conseil pri- » vé, même des directions pour ce » qui regarde les affaires contentieuses » de finances, lesquelles se tiendront » ainsi que par le passé, sauf à y être » apporté dans la suite tel réglement » qu'il appartiendra: comme aussi sans » que les affaires, dont la connoissance » appartient à nos cours, & autres tri- » bunaux & jurisdictions de notre royau- » me, puissent être portées dans lesdits » conseils.

» II. Et attendu que le commerce a » presque un égal rapport avec les finan- » ces & la marine, il sera fait choix de » quelques-uns des membres de ces deux » conseils, pour y travailler avec les » députés des villes du royaume, qui » ont eu entrée jusqu'à présent dans le » conseil de commerce; & en cas que » la matière soit importante, les con- » seils de finances & de marine se réu- » niront pour la discuter conjointe- » ment.

» III. Ceux qui seront choisis pour » entrer dans ces différens conseils, se- » ront tenus de s'assembler incessamment » dans le lieu qui sera destiné à tenir » chaque conseil, pour dresser un pro- » jet de réglement sur la forme qui y » sera observée par rapport à l'ordre & » à la distribution des affaires, au tems » & à la manière de les traiter, à la » rédaction qui sera faite des délibéra- » tions, & aux registres qui en seront » tenus; & ce projet sera porté au con- » seil de régence, pour y être autorisé » & confirmé ainsi qu'il sera jugé à » propos.

» IV. Toutes les matières qui auront » été réglées dans les conseils particu- » liers, seront ensuite portées au con- » seil général de régence, pour y être » pourvu par notre très-cher oncle le » duc d'Orléans, régent du royaume, » suivant la pluralité des suffrages; & » en cas d'inégalité d'avis celui du ré- » gent prévaudra, & sera décisif; & » néanmoins en ce qui concerne les » charges & emplois, les nominations » & collations des bénéfices, les gra- » tifications, pensions, graces & ré- » missions, notre très-cher oncle le » duc d'Orléans, régent du royaume, » pourra en disposer, ainsi qu'il jugera » le plus à-propos, après avoir consulté » le conseil général de régence, sans » être assujetti à suivre la pluralité des » voix à cet égard, le tout conformé- » ment à l'arrêt rendu le 2 du présent » mois, par notre cour de Parlement, » & dont nous avons ordonné l'exécu- » tion dans notre lit de justice, du 12 » septembre présent mois.

» V. Le président de chaque conseil » particulier aura séance & voix délibéra- » tive au conseil général de régence, » pour les affaires qui regarderont le » conseil dont il sera président, & fera » le rapport des résolutions qui y au- » ront été prises; & s'il est jugé néces- » saire en certain cas, d'y appeler en- » core quelques-uns des conseillers du- » dit conseil, soit pour faire le rapport » des affaires dont le président n'aura pu » se charger, ou pour d'autres raisons, » ceux qui entreront alors, auront pa- » reillement voix délibérative dans le » conseil général de régence.

» VI. Dans les affaires importantes, » notre très-cher oncle, le duc d'Or- » léans, régent du royaume, appellera » audit conseil général, quand il estimera

» le devoir faire, tous les présidens des » conseils particuliers, même tels des » conseillers desdits conseils qu'il jugera » à propos d'y joindre

» VII. Il commettra un des conseillers » du conseil général, pour recevoir deux » fois la semaine, à l'issue dudit conseil, » avec deux maîtres des requêtes de » notre hôtel, qui seront actuellement » de service en notre conseil, tous les » placets qui seront portés dans une des » salles du palais, où nous ferons notre » demeure; & seront lesdits placets re- » mis entre les mains desdits maîtres des » requêtes, pour en faire l'extrait, dont » ledit conseiller rendra compte en leur » présence, à notre très-cher oncle le » duc d'Orléans, régent du royaume, » qui les renverra ensuite aux prési- » dens des conseils, ou aux officiers » des compagnies, ou autres que cha- » que placet pourra regarder.

» VIII. Et pour ce qui concerne les » réglemens généraux, qui pourront être » à faire pour l'administration de la jus- » tice dans notre royaume, voulons » qu'il y soit procédé par notre très- » cher & féal chancelier de France, » avec tels des chefs & présidens des » premières compagnies, officiers du » parquet & autres magistrats que nous » jugerons à propos de choisir, & aux- » quels nous donnerons les ordres néces- » saires à cet effet, nous réservant de » les appeler même à nos conseils avec » voix délibérative, lorsque leur pré- » sence y pourra être nécessaire pour » notre service & le bien de notre royau- » me, sans les détourner de leurs fonc- » tions ordinaires.

» IX. Voulons aussi que les affaires de » nature à être portées auxdits conseils, » dans lesquels notre domaine, ou les » droits de notre couronne pourroient » être intéressés, soient communiquées » à nos avocats & procureurs-généraux » en notre cour de parlement à Paris, » pour y donner leur avis par écrit, » qui sera lu auxdits conseils, où ils » pourront même être entendus, quand » ils croiront devoir le demander, avant » que lesdites affaires y soient réglées. » Si donnons en mandement, &c. »

La forme donnée par cette déclaration au gouvernement du royaume, changea en 1718, par l'abolition des conseils particuliers, & les affaires furent alors distribuées à des secrétaires d'état, comme elles l'avoient été sous le règne précédent.

On rangea dans le département du marquis de la Vrilliere, secrétaire d'état, les affaires générales de la religion prétendue réformée; la feuille des bénéfices; les dons & brevets, autres que des officiers de guerre ou des étrangers, pour les provinces de son département.

Dans celui du comte de Maurepas, secrétaire d'état, la maison du Roi, le Clergé, les dons & brevets, autres que des officiers de guerre ou des étrangers, pour les provinces & généralités de son département.

Dans celui de M. d'Armenonville, secrétaire d'état, la marine, les galères, le commerce maritime, les Colonies étrangères, les dons & brevets, autres que les officiers de guerre & des étrangers, pour les provinces de son département.

Dans celui de l'abbé Dubois, secrétaire d'état, les affaires étrangères, avec toutes les pensions & expéditions qui en dépendoient; la guerre, le taillon, l'artillerie, les pensions des gens de guerre, tous les états-majors, à l'exception des gouverneurs, lieutenans-généraux, & lieutenans de roi des provinces.

La même année il parut une ordonnance du roi qui régla les départemens du conseil des finances tout autrement qu'ils ne l'avoient été en 1715. En voici les termes :

« De par le Roi. Sa Majesté, par » l'article dernier de son ordonnance du

» 14 novembre 1715, servant de réglement pour le conseil des finances, » ayant ordonné que M. le duc d'Orléans son oncle, régent, auroit la » faculté de changer, ainsi qu'il le jugeroit à propos, les départemens des » membres dudit conseil; elle a, de » l'avis de M. le duc d'Orléans, régent, » ordonné & ordonne que lesdits départemens seront réglés à l'avenir de » la manière suivante.

» *Le régent*, en qualité d'ordonnateur, » aura seul la signature de toutes les » ordonnances concernant les dépenses » comptables & les comptans, tant pour » dépenses secrètes, remises, intérêts, » qu'autres de toute nature, ainsi & de » la même manière que faisoit le feu » Roi, conformément à la déclaration » du 23 septembre 1715.

» Le régent aura pareillement le trésor royal, & les parties casuelles, » suivant qu'il est porté par l'ordonnance servant de réglement pour le » conseil de finance, du 14 novembre » 1715. Et il a commis le sieur *le Couturier* pour tenir seul, sous ses ordres, » les registres du Roi; lui rendre compte » directement des placets qui seront présentés pour demander des paiemens; » ensemble pour expédier les états de » distributions & ordres nécessaires.

» Le garde-des-sceaux aura la direc» tion & principale administration des » finances, & pourra distribuer, aux » membres dudit conseil, ainsi qu'il le » jugera à propos, les affaires qui ne » seront pas comprises dans les départemens ci-après spécifiés.

» Ladite ordonnance du 14 novembre » 1715, sera au surplus exécutée en ce » qui concerne le chef & le président » dudit conseil.

» *A l'égard des départemens*, le sieur » *Amelot* aura entrée, séance & voix » délibérative audit conseil, tant par » rapport aux affaires du commerce, » qu'aux différens bureaux des finances » dont il est chargé.

» Le sieur de *Pelletier des Forges* aura » les domaines, les états des domaines, » la capitation, les impositions des pro» vinces de Flandres & Franche-Comté, » les états de finances de province, & » le cahier de l'assemblée des commu» nautés.

» Le sieur de *Pelletier de la Houssaye*, » conseiller au conseil de régence pour » les finances, présidera en cette qua» lité au bureau établi pour l'adminis» tration des recettes générales, par » l'arrêt du conseil du 17 juillet 1716, » en conséquence de la déclaration du » 10 dudit mois de juin, & il rappor» tera au conseil de régence les affaires » qui concerneront ladite administra» tion, & celles dont il sera chargé: » il aura en outre le clergé, les mon» noies, les impositions d'Alsace & de » Metz, les fonds & états au vrai de » l'extraordinaire des guerres; du pain » de munition & des vivres, de l'artil» lerie, des bâtimens & maisons roya» les, & de la marine du Levant & du » Ponant.

Le sieur *Fagon*, conseiller au conseil » de régence, pour les finances, prési» dera, en cette qualité, au bureau » établi pour l'administration des fermes » générales, par l'arrêt du conseil du 3 » septembre 1718, & il rapportera au » conseil de régence, les affaires qui » concerneront ladite administration, & » celles dont il sera chargé. Il aura en » outre les eaux & forêts, les états des » bois, les chambres des comptes du » royaume, les débets, & toute autre » nature de deniers & revenans bons à » la poursuite & diligence du contrô» leur des restes & autres.

» Le sieur d'*Ormesson* aura la ferme » du tabac, la ferme des poudres & » salpêtre, les états au vrai des comptes » à rendre du dixième.

» Le sieur *Gilbert de Voisins* aura les » généralités

» généralités des pays d'élection pour la » taille, le taillon & les états des finan» ces desdites généralités.

» Le sieur de *Gaumont* aura les aides » & papiers timbrés, les octrois des » villes & dettes des communautés.

» Le sieur *Baudry* aura tous les états » de dépenses des maisons de madame » la duchesse de Berry, de Madame, » du Régent, & de madame la duchesse » d'Orléans; les ponts & chaussées, » turcies & levées, barrage & pavé de » Paris, en ce qui est de finance; les » petites chancelleries; les ligues Suisses.

» Le sieur *Dodun* aura les parlemens » & cours supérieures; la ferme des » greffes, amortissemens, francs-fiefs » & nouveaux acquêts, celle du con» trôle & des insinuations, la ferme des » huiles & les étapes.

» Le sieur de *Fourqueux* aura le do» maine d'Occident, le grand-conseil, » les bureaux des finances. Fait à Paris, » le 15 octobre 1718 ».

Tous ces arrangemens ne furent pas de longue durée : le conseil des finances fut aboli en 1720, & on lui substitua un comité qui tint ses séances au palais royal, en présence de M. le duc Régent. Il fut composé du duc de Villeroy, qui en étoit le chef; du fameux Law, contrôleur-général; de trois conseillers d'état, qui n'eurent voix délibératives que pour leurs départemens respectifs; & de trois maîtres des requêtes, qui furent chargés d'y rapporter ce qui concernoit les leurs, sans voix délibérative.

On remarqua la même année, une chose extraordinaire dans la forme observée jusqu'alors dans l'exercice de l'autorité royale. M. le Régent ne devoit, suivant l'arrêt de 1715, rien ordonner qu'après en avoir communiqué au conseil de régence. Cependant le 20 mai 1720, il porta seul, & sans la participation de ce conseil, un arrêt qui réduisit les billets de banque à la moitié de leur valeur. Le duc de Bourbon, le prince de Conti, le maréchal de Villeroy & plusieurs autres seigneurs, lui en firent leurs plaintes; le peuple murmura hautement; le parlement fit des remontrances très-pressantes; enfin huit jours après l'arrêt fut révoqué.

On remarqua encore, au mois de novembre suivant, la démarche du prince de Conti, qui s'étoit rendu chez le chancelier pour le prier qu'à l'avenir on ne mît point son nom dans les déclarations qui paroîtroient, lorsqu'il n'auroit point assisté au conseil.

Avant tout cela, il s'étoit élevé, à l'occasion de l'affaire des princes légitimés, une question bien importante sur l'étendue de l'usage que le régent pouvoit faire de la puissance souveraine. C'étoit de savoir si cette affaire pouvoit être décidée pendant la minorité du roi.

Les princes légitimés soutenoient la négative, parce qu'ils espéroient de réussir plus facilement auprès du Roi, lorsqu'il seroit majeur, que dans un conseil de régence ou un lit de justice. Ils disoient, pour établir leur prétention, que les honneurs dont l'édit de 1714 & la déclaration de 1715 les avoit décorés, étoient une grace émanée de la volonté personnelle & réfléchie du feu Roi, souverain maître des rangs & des distinctions dans son royaume; que par conséquent cette grace ne pouvoit être révoquée, ni modifiée, ni altérée, que par une volonté personnelle & réfléchie du roi régnant. Ce n'est pas seulement ici la cause des princes légitimés (continuoient-ils), c'est celle des Rois, puisqu'il s'agit des bornes de leur autorité. Ainsi il convient d'attendre que le roi se puisse juger luimême, & qu'il ait acquis, par les années, avec la justesse du discernement, le plein usage de sa volonté.

Après ces réflexions, les princes légitimés faisoient observer que sous d'autres régences, & même sous celle-ci, on avoit remis de moindres affaires à la majorité du roi.

Voici quelle fut la réponse des princes du sang.

« La prétention des princes légitimés » paroîtra également insoutenable, soit » que l'on considère la justice qui est » due aux princes du sang, comme à » tous les sujets du Roi, soit que l'on » fasse réflexion que le pouvoir du Roi » mineur ne diffère en rien de celui du » Roi parvenu à sa majorité.

» Car peut-on soutenir qu'il y ait un » temps, ou des conjonctures dans lesquels » il ne soit pas permis aux sujets » du Roi de réclamer sa justice ? Si, » suivant les anciennes maximes du » royaume, le trône n'est jamais vacant, » la justice des rois n'est jamais interrom-» pue. La perpétuité & la conservation » de la monarchie sont attachées à l'exer-» cice de cette justice. Les sujets du Roi » sont donc en droit d'en ressentir les » effets dans tous les temps ?

» La minorité du Roi ne peut servir » de prétexte pour refuser la justice ; le » Roi, quoique mineur, possède la plé-» nitude de l'autorité royale ; & comme » son bas âge ne diminue rien de l'éten-» due de sa puissance, ni du respect & » de l'obéissance de ses sujets, il ne peut » faire différer l'exercice de sa justice » souveraine, qui est la partie la plus » noble & la plus essentielle de la » royauté.

» La seule différence entre un Roi » majeur & un Roi mineur, est que la » volonté du Roi majeur impose dans » un lit de justice, au lieu que la pré-» sence d'un Roi mineur, autorise seu-» lement les suffrages des juges, sans » les gêner ni les prévenir.

» Si le Roi mineur ne peut exercer la » justice par lui-même, les loix de l'état » y ont suppléé, en lui donnant le se-» cours & le ministère de M. le Régent, » qui exerce pour le Roi & en son nom, » tous les droits de l'autorité souveraine, » avec la même étendue que le Roi le » pourroit faire lui-même.

» Le parlement, qui connoît parfai-» tement quelle est la nature & l'étendue » de la puissance des Rois, étoit bien » convaincu de ce pouvoir du roi mineur, » lorsqu'écrivant au roi Charles IX, il » usoit de ces termes : *Quand, Sire, vous » ne seriez âgé que d'un jour, vous seriez » majeur quant à la justice, comme si vous » aviez trente ans, puisqu'elle est adminis-» trée par la puissance que Dieu vous a » donnée & en votre nom.*

» C'est cette justice que les princes » du sang réclament. M. le Régent, qui » exerce l'autorité royale, doit la leur » faire rendre ; c'est l'obligation qu'il » contracte en se chargeant de la ré-» gence : elle fait partie du serment que » les régens prêtoient autrefois sur les » Saints-Evangiles. Si cette forme est » abolie, l'obligation de M. le Régent » est toujours la même, ainsi que son » autorité.

» Que l'on consulte l'exemple de tou-» tes les régences, on trouvera qu'on » n'a jamais apporté de bornes à l'au-» torité des Rois mineurs, quoique cette » autorité ne fût pas exercée par eux, » mais par ceux que la loi de l'état en » rendoit les dépositaires.

» Le roi saint Louis, né le 25 avril » 1215, successeur à la couronne en » 1226, mais qui ne fut majeur qu'en » 1237, suivant l'usage de ce temps-» là (1), usa, pendant sa minorité, de » tous les droits de la royauté, par le » ministère de la Reine sa mère, ré-» gente du royaume.

» Il accorda, en avril 1226, un sup-» plément d'apanage à Philippe, comte » de Boulogne, son oncle.

» Il rendit, en 1228, le comté de » Toulouse à Raymond, ancien posses-» seur, quoique la propriété en eût été

(1) La majorité des Rois étoit alors fixée à 22 ans.

» acquise au roi Louis VIII, son père.

» Ce prince régla, en 1231, avec le » duc de Bretagne, les droits récipro» ques qui appartenoient au Roi & au » duc sur cette province.

» Il donna l'Artois en apanage à Ro» bert de France, son frère, en juin » 1237.

» Charles, régent de France, pen» dant la prison du roi Jean, son père, » réunit au domaine tous les dons faits » par les Rois, depuis le règne de Phi» lippe-le-Bel, par déclaration des 14 » avril & 9 juillet 1357.

» Charles VI, encore mineur, abolit, » par déclaration & édit des 16 novem» bre & 10 janvier 1380, toutes les » impositions établies depuis le règne » de Philippe-le-Bel. On ne reprocha » jamais à ce prince, qu'il eût décidé » prématurément du pouvoir des Rois » ses prédécesseurs.

» Si en 1385, par un sage tempéra» ment, on remit à un autre temps la » décision de la contestation formée en» tre la jurisdiction royale & la juris» diction ecclésiastique, au sujet des » clercs qui portoient les armes, ce n'est » pas que Charles VI fût mineur (aux » termes de l'édit de Charles V son père, » son prédécesseur, en 1385 il étoit ma» jeur il y avoit trois ans); mais c'est » que l'animosité des différens partis qui » s'étoient formés dans l'état, imposoit » silence aux loix, & arrêtoit le cours » de la justice.

» Les princes légitimés se sont étran» gement trompés, lorsqu'ils ont voulu » tirer avantage d'un édit donné pendant » la minorité de Charles IX, dont l'en» registrement porte : *per modum dun» taxat, & donec aliter fuerit ordinatum.*

» Car le parlement avoit mis la même » restriction en registrant l'édit donné » en 1560 par François II, majeur, & » dont celui de Charles IX étoit l'in» terprétation : *per modum provisionis dun» taxat, & donec aliter per regem fuerit » ordinatum*.....

» Mais, sans s'arrêter aux exemples » éloignés, il suffira de réfléchir sur ce » qui s'est passé pendant la majorité du » feu Roi, pour reconnoître qu'alors la » puissance royale fut exercée avec la » même étendue qu'elle l'auroit pu être » pendant sa majorité.

» L'arrêt rendu par le Roi dans son » lit de justice, le 18 mai 1643[1], ne » changea-t-il pas une partie des con» ditions prescrites pour la régence, par » l'édit de Louis XIII, enregistré un » mois avant son décès?

» N'en usa-t-on pas de même, au mois » de mai 1645, par l'édit de création » de la charge de grand-voyer de France, » supprimée sous le régne précédent?

» Les édits de 1650 & 1651, pour » la réunion de plusieurs domaines à » la couronne; celui de mars 1651, » pour l'échange de la souveraineté de » Sédan avec des domaines de la cou» ronne, ne furent-ils pas donnés avant » la majorité, de toute la plénitude de » la puissance royale?

» N'a-t-on pas suivi la même route » depuis la mort du Roi? Combien de » changemens pour l'avantage de l'état! » Est-il tombé dans l'esprit, que le Roi » mineur ne pût pas, suivant les besoins » & l'intérêt public, révoquer des édits, » faire des suppressions, abolir des im» pôts?

» Le testament du feu Roi n'a-t-il pas » souffert des changemens, que le bien » de l'état & la loi du sang demandoient » en faveur de M. le duc d'Orléans? » Cependant ce testament avoit été con» firmé par un édit enregistré.

» Le pouvoir des Rois, devenu sans » bornes, en abolissant l'usage des re» montrances, n'est-il pas à présent plus » conforme aux loix de l'état, depuis » que le Roi les a rétablies? A-t-on » pensé que le Roi n'ait pu donner cet » édit, parce qu'il s'agissoit de borner

» son pouvoir ? Ce que le Roi a fait » contre lui-même, il ne le pourra donc » plus, quand il s'agira de détruire un » droit donné aux princes légitimés, » contre la loi la plus inviolable de » l'état ?

» Pour faire remettre à la majorité, » la décision du différend dont il s'agit, » les princes légitimés se servent de la » déclaration donnée sur quelques dis- » tinctions que les pairs prétendent au » parlement : mais ils ne peuvent ignorer » que l'on n'a jugé que la provision, & » que cette même déclaration n'empêche » pas M. le Régent de décider le fonds, » s'il le juge à propos ; les raisons par- » ticulières qui font différer cette déci- » sion, n'ont nul rapport à l'autorité du » Roi pendant sa minorité. Le Roi peut » encore porter, dans son lit de justice, » un édit qui explique ses volontés, » pour les faire reconnoître par tous les » ordres de l'état, réunis dans cet au- » guste tribunal.

» Charles IX tint un lit de justice en » 1563, dans sa minorité, pour l'enre- » gistrement d'un édit d'aliénation des » biens ecclésiastiques.

» Le feu Roi en tint trois pendant » sa minorité, un en 1645, & deux en » 1648, pour l'enregistrement d'édits » que la Reine régente jugea nécessaires.

» Mais les princes légitimés, qui ap- » préhendent toute forme de jugement, » soutiennent que le Roi ne peut donner » un édit, parce que la plupart de ceux » qui composent le conseil de régence, » sont aussi parties dans cette affaire.

» Les princes légitimés ont donc ou- » blié que M. le Régent peut appeler » au conseil de régence, telles person- » nes qu'il lui plaît. On ne doit donc » pas appréhender que M. le Régent » manque de conseil pour cette affaire, » non plus que pour les autres affaires » de l'état.

» S'il convient mieux au roi de don- » ner un édit, & de l'envoyer au par- » lement, sur quel prétexte les princes » légitimés pourront-ils le combattre ? » Le Roi, depuis son règne, n'a-t il pas » fait usage de son autorité dans cette » forme, & en a-t-on douté jusqu'à » présent ?

» Les princes légitimés veulent-ils » que la nation se persuade que l'auto- » rité & le pouvoir du Roi doivent être » sans force, lorsqu'il s'agira de leurs » intérêts ?

Telles étoient les raisons par lesquelles les princes du sang établissoient que M. le Régent pouvoit user, pour la décision de leur procès, de l'autorité dont il étoit dépositaire ; & comme on l'a vu ci-devant, chapitre I, section II, elles ont eu tout le succès qu'ils en espéroient. Par-là, il a été reconnu bien solemnellement, que le régent ou la régente peut, sous le nom d'un Roi mineur, tout ce que pourroit le Roi lui-même, s'il étoit en âge de majorité.

Il semble d'après cela, qu'on ne doive plus mettre en question si les régens ont le pouvoir de conférer les bénéfices vacans en régale. Il est même étonnant qu'on ait quelquefois élevé là-dessus le moindre doute, car ce droit n'étoit pas plus privilégié que les autres droits de la souveraineté ; & puisque les régens avoient le libre exercice de ceux-ci, on ne voit pas sur quel fondement on pouvoit leur contester l'usage de celui-là.

Aussi remarquons-nous que Philippe-Auguste, en nommant Alix de Champagne, sa mère, & le cardinal de Champagne, son oncle, régens du royaume, pour le temps que devoit durer son expédition de Terre-Sainte, leur donna nommément le droit de conférer les bénéfices en régale.

S. Louis, dans une circonstance semblable, attribua expressément à la reine Blanche, qu'il établissoit régente du royaume, le pouvoir de faire remise de la régale aux évêques & aux abbés.

Et la régente fit usage de ce pouvoir,

en remettant le droit de régale à l'archevêque de Tours.

Quelques années après, le même pouvoir fut accordé aux régens Mathieu de Vendôme & Simon de Nesle.

Pendant la détention du roi Jean en Angleterre, Charles V son fils, régent du royaume, conféra sans difficulté les bénéfices en régale. De retour en France, le Roi approuva ces collations, & déclara que son fils avoit pu les faire en vertu de la régence (1).

Des exemples aussi précis & aussi uniformes, sembloient avoir tiré pour toujours la question de l'arbitraire; cependant, en 1515, on vit le parlement de Paris ordonner, par arrêt du 5 septembre, que la duchesse d'Angoulême, régente en France en l'absence de François I son fils, ne pourroit conférer, soit librement, soit sur résignation, les bénéfices vacans en régale (2).

François I ne vit pas cet arrêt de bon œil, & il y dérogea par *lettres d'ampliation de pouvoir*, qu'il donna à la régente; mais lorsque ces lettres furent présentées à l'enregistrement, il intervint, le 19 décembre 1515, un nouvel arrêt conforme au précédent (3).

La même réserve fut insérée dans les arrêts des 7 septembre 1523 & 29 novembre 1524, portant enregistrement de nouvelles lettres-patentes, qui accordoient encore nommément à la duchesse d'Angoulême le droit de conférer, en sa qualité de régente, les bénéfices vacans en régale (4); mais comme on l'a vu plus haut, section II, ces arrêts & les précédens furent cancellés en vertu d'un ordre du Roi, du 24 juillet 1527.

Depuis ce temps, la question n'a plus été agitée dans les tribunaux; mais parmi les auteurs qui en ont parlé, Brillon s'est rangé du parti embrassé par les quatre arrêts dont on vient de faire mention. Voici comment il s'explique : « Depuis » plusieurs siècles on n'a point vu d'exem» ples que le régent se soit arrogé le » pouvoir de conférer aucun bénéfice » en régale. Les provisions de tous les » bénéfices s'expédient toujours au nom » du Roi, quoique mineur; le parle» ment auroit la force de s'opposer à » une chose si essentiellement contraire » à la dignité personnelle du Roi ».

On voit cependant (& c'est la remarque de M. Polverel) (5), qu'il n'y a plus en ceci « qu'une dispute de mots, depuis » que le régent n'administre qu'au nom » du Roi mineur; c'est toujours le régent » qui confère en régale sous le nom du » Roi. Auparavant, il falloit bien, quoi » qu'on en dise, que le régent conférât, » à moins qu'on n'aimât mieux que le » droit de régale fût absolument perdu » pour nos Rois pendant leur mino» rité ».

---

(1) Répertoire de jurisprudence, au mot *Régent.*

(2) Dupuy, preuves du Traité de la majorité des Rois, tome 1, page 443.

(3) *Voici cet arrêt.*

« Du 19 décembre mil cinq cent quinze : » cejourd'hui, en expédiant par la cour, toutes » les chambres assemblées, le fait des lettres de » l'ampliation du pouvoir octroyé par le Roi » à la duchesse d'Angoulême & d'Anjou, sa » mère, régente en France, le quinzième jour » de juillet dernier passé, a été ordonné que » remontrances lui seront faites par ceux que » la cour enverra devers elle, que son plaisir » soit ne conférer aucuns bénéfices vacans en » régale, ne admettre les résignations des béné» fices vacans en régale; & pareillement touchant » le pouvoir que ledit seigneur lui donne de pou» voir faire ordonnances & déroger aux ordon» nances; que son plaisir soit, en faisant les ordon» nances, garder la solemnité qu'ont accoutumé » de garder les Rois; & pareillement ne déroger » auxdites ordonnances sans cause : & n'entend » la cour que ladite dame confère lesdits bénéfices » en régale; ne admette les résignations; ne » pareillement puisse faire lesdites ordonnances, » ne déroger, sinon comme dessus est dit. Et » néanmoins a ordonné ladite cour, que les» dites lettres d'ampliation seront enregistrées, » & sur icelles sera mis, *registrata.*

(4) Dupuy, *Loc. cit.* pag. 464 & 467.

(5) Répertoire de jurisprudence, *Loc. cit.*

La régence finie, est-il nécessaire que le Roi confirme les actes de souveraineté qui ont été faits en son nom, par le dépositaire momentané de sa puissance?

Nous voyons qu'en 1271, Philippe-le-Hardi, à son retour en France, ratifia quelques chartres données pendant son absence par Mathieu de Vendôme & Simon de Nesle, régens du royaume (1).

Nous avons également remarqué plus haut, qu'en 1287, Philippe-le-Bel confirma une chartre accordée par les mêmes en juillet 1285, pendant que son père étoit en Aragon.

Mais ce ne sont-là que des confirmations particulières, & c'est ce qui prouve qu'elles n'étoient demandées & accordées que par surabondance.

Le roi Jean, à son retour d'Angleterre, envisagea les choses autrement: il crut que les actes de souveraineté exercés par le régent pendant son absence, avoient besoin de ta ratification, & il les ratifia en effet par lettres-patentes du 14 octobre 1360 (2). Du reste on ne trouve pas qu'il en ait été usé de même, relativement à aucune des régences qui ont été administrées pendant les minorités. Pourquoi cette différence? c'est, selon Villaret (3), parce que « dans ce dernier » cas, les loix & les constitutions du » royaume ayant appelé au gouvernement de l'état celui qui a rempli les » fonctions du souverain, ces mêmes » loix sont censées avoir confirmé tous » les actes qui sont émanés de l'autorité » qui lui a été confiée, au lieu que celui » qui gouverne pour absence ou maladie, n'est régent qu'accidentellement, » &, pour ainsi dire, par prêt ».

Nous n'avons pas besoin d'avertir les publicistes & les jurisconsultes, que cette raison n'est absolument qu'un jeu d'imagination; il vaut mieux reconnoître tout uniment que la différence que Villaret a voulu justifier, n'existe pas; & que dans l'exactitude des principes, il n'est pas plus nécessaire de confirmation pour les actes émanés des régences administrées pendant l'absence ou la maladie du Roi que pour les autres. Il ne faut être ni grand publiciste, ni profond jurisconsulte pour sentir combien cette raison est hasardée.

## SECTION IV.

### *Des titres & des honneurs dus au Régent.*

I. Le titre de *Régent* a été fort longtemps inconnu en France.

Les historiens de la première race de nos Rois, appellent gouverneurs du royaume, *gubernatores regni*, ceux qui, pendant la minorité des nouveaux monarques, prenoient en main les rênes de l'état (4).

Baudouin de Lille, comte de Flandres, qui étoit régent sous Philippe I, se faisoit qualifier *Philippi Francorum regis ejusque regni procurator & bajulus*, c'est-à-dire, tuteur, représentant, & gardien du roi Philippe & de son royaume (5).

S. Louis, en nommant l'abbé de Saint-Denis & Simon de Nesle régens du royaume, pendant sa deuxième croisade, déclare, par les lettres datées de l'an 1269, qu'il leur donne *custodiam, administrationem, defensionem & curam regni*; & ces deux personnages prennent dans les actes qu'ils expédient en conséquence, le titre de lieutenant du roi des Francs,

(1) Voici comment il s'exprime à ce sujet: *Nos litteras dilectorum & fidelium nostrorum Mathei abbatis sancti Dyonisii in Franciâ & Simonis Domini Nigellæ locum nostrum tenentium, nobis agentibus in partibus transmarinis, vidimus, &c.*

(2) Brillon, Dictionnaire des arrêts, *verb.* Régent.

(3) Histoire de France, in-12, tome 9.

(4) Dupuy, Traité de la majorité des Rois, tome 1, pag. 16 & 17.

(5) Vignier, Sommaire de l'histoire de France, Vie de Philippe premier, au commencement.

*locum tenentes domini regis Francorum;* Nangis les appelle simplement gardiens du royaume, *custodes regni.*

Philippe-le-Hardi, par ses deux ordonnances de 1270 & 1271, nomme celui qu'il désigne pour régent, *principal tuteur, défenseur & garde du royaume.*

En 1294 & 1300, Philippe-le-Bel, appelant sa femme à la régence, pendant la minorité de son successeur, veut qu'elle *ait le gouvernement, l'administration & la cure du royaume, & la garde de l'aîné fils dessusdit.*

Le jugement du mois de juillet 1316, dont nous parlions ci-devant, section II, & qui a précédé la nomination de Philippe-le-Long à la régence, qualifie de *gouverneur*, celui qui devra *gouverner le royaume de France*, en attendant les couches de la reine, que le roi Louis Hutin avoit laissée enceinte.

Mais dès le 17 du même mois, Philippe-le-Long prenoit le titre de *régent.* C'est ce qu'annonce le traité fait à cette date, entre ce prince & Eudes IV, duc de Bourgogne. Il débute en ces termes: « Philippe, fils de Roi de France, régent les royaumes de France & de » Navarre (1) ».

» L'on remarque, dit à ce sujet Dupuy (2), que ce prince est le premier » qui s'est fait appeler *régent* ».

Et c'est la qualité qu'ont presque toujours prise ceux qui, après lui, ont eu le gouvernement de l'état pendant l'absence, la maladie ou la minorité de nos rois.

II. Quant aux honneurs dus au régent en France, nous remarquerons, pour ne parler que de ceux dont il doit jouir dans les cours de justice, comment le parlement de Paris en a usé avec M. le duc d'Orléans, durant la minorité de Louis XV.

Lorsque ce prince se fut rendu au palais, le lendemain de la mort de Louis XIV, & qu'il eut fait annoncer son arrivée, le parlement se trouva embarrassé sur la manière de le recevoir. Voici ce que nous apprennent là-dessus les registres de cette compagnie: « M. le » premier président a dit que M. le duc » d'Orléans lui ayant fait l'honneur de » lui dire la veille qu'il viendroit ce » matin en la cour pour assister à l'ouverture du testament du feu Roi, il » étoit nécessaire d'aviser de quelle manière il seroit reçu, attendu qu'il ne » se trouvoit point d'exemple qu'il y eût » eu de députation pour recevoir d'autres princes du sang, que le fils de » France: qu'il ne pouvoit s'empêcher » de dire, que M. le duc d'Orléans lui-même lui avoit dit, que l'on ne devoit » pas lui rendre les mêmes honneurs » qu'aux fils de France; mais qu'il paroissoit à lui premier président, que » la naissance & le rang de M. le duc » d'Orléans pouvoit porter la compagnie à lui faire une députation semblable à celles qui avoient été faites » à M. le duc de Berry, & à M. Gaston, » duc d'Orléans. Sur quoi la cour ayant » délibéré, il a été arrêté, qu'attendu » le rang de M. le duc d'Orléans, dans » la conjoncture présente, deux présidens & deux conseillers iront le saluer » à la Sainte-Chapelle, & le conduiront » en la cour, ainsi qu'il en a été usé pour » feu M. le duc de Berry, le 15 mars » 1713, & pour M. Gaston, duc d'Orléans, toutes les fois qu'il est venu en » la cour ».

Lors du lit de justice du 12 du même mois, il n'y a eu de députation que pour le Roi; & lorsqu'il entra dans le parquet, porté par le duc de Tresmes, premier Gentilhomme de la chambre, il étoit précédé du duc régent & des autres princes du sang.

Environ deux ans après, & au mois d'août 1717, il s'en fallut peu que le

(1) Dupuy, preuves du Traité de la majorité des Rois, tome 1, page 203.

(2) Dans le même Traité, tome 1, page 18.

duc régent n'eût avec le parlement une affaire sur le cérémonial. L'année précédente il n'avoit point assisté à la procession solemnelle qui se fait à Paris, à l'honneur de la Vierge, le jour que l'église en célèbre l'Assomption. Cette année-ci, son altesse royale voulant s'y trouver, envoya demander au parlement quel rang il tiendroit dans cette cérémonie, où il devoit représenter la personne du Roi, en qualité de régent : les chambres s'assemblèrent deux fois sur ce sujet, & le premier président fit réponse à ce prince, que comme membre du parlement, il devoit, selon l'usage, marcher entre deux présidens. Là-dessus, le Roi envoya au parlement & au chapitre de Notre-Dame, une lettre de cachet, par laquelle sa majesté déclaroit, « qu'elle » avoit eu grande envie de se trouver à » la fameuse procession annuelle de Notre-Dame, pour montrer l'exemple à » son peuple, & pour satisfaire sa dévotion envers la sainte Vierge ; mais » que comme on lui avoit représenté » que l'excessive chaleur pourroit altérer » sa santé, elle s'étoit rendue à ces pressantes sollicitations, & avoit prié M. » le duc d'Orléans d'assister à cette procession à sa place, pour implorer le » secours du ciel sur son royaume, ordonnant qu'on reçût son altesse royale » comme elle-même ». En conséquence de cet ordre, le duc régent marcha seul, avec une distinction convenable, avant le premier président du parlement & le cardinal de Noailles, archevêque de Paris ; & il eut aussi un rang distingué dans l'église de Notre-Dame (1).

Du reste, il est à remarquer que le parlement de Paris, qui a pour règle de ne donner le titre de *Monseigneur* qu'au dauphin de France, ne s'écarte pas de ce protocole, même en faveur du régent. Dans toutes les remontrances que cette compagnie a faites au duc d'Orléans pendant la régence, ce prince n'a jamais été qualifié que de *Monsieur* (2).

(1) Mémoires de la régence de S. A. R. Mgr. le duc d'Orléans, tome 1, page 357.

(2) *Voy.* le même ouvrage, tomes 2 & 3.

# CHAPITRE LXXVIII.

## *DES PAIRS DE FRANCE.*

LE mot *Pairs* signifie littéralement des gens égaux, des personnes de même condition, des confrères ; mais dans l'usage actuel, on entend par *pairs*, les princes, les ducs & les comtes qui ont séance au parlement de Paris.

On distingue en général deux sortes de pairies, celle de naissance, & celle d'érection.

La pairie de naissance est une dignité inhérente à la qualité de prince du sang royal. Nous en avons parlé précédemment.

La pairie d'érection est un office qui est créé par le Roi, & que sa majesté affecte au possesseur d'un duché ou d'un comté.

Elle se divise en pairie ecclésiastique & pairie laïque. Pour donner une idée juste & complette de tout ce qui concerne l'une & l'autre pairie, nous diviserons ce chapitre en deux parties ; la première aura pour objet la pairie laïque, & la seconde, la pairie ecclésiastique.

Nous n'entendons pas décider par cette distribution, que la seconde soit inférieure en dignité à la première, ce seroit prévenir une question qui ne manquera

quera pas de se présenter dans le cours de ce chapitre, & sur laquelle nous ne pouvons encore rien pressentir; mais nous plaçons la pairie laïque avant la pairie ecclésiastique, parce que les détails dans lesquels nous serons obligés d'entrer sur celle-là, jetteront de grandes lumières sur celle-ci.

# PREMIERE PARTIE.

## *De la pairie laïque.*

La pairie laïque est celle qui est assise sur des duchés héréditaires & non amortis.

Nous disons sur des *duchés*, parce que depuis long-temps il n'y a plus de comte qui soit pair laïque, & que cette dignité n'est plus conférée qu'à des ducs.

Nous ajoutons *héréditaires & non amortis*, parce que la pairie ecclésiastique ne diffère de la pairie laïque, que parce que les biens sur lesquels celle-là est assise, sont amortis & ne se transmettent pas aux héritiers des pairs qui les possèdent; car il ne faut pas croire que la différence de l'une à l'autre consiste précisément dans l'épiscopat dont est revêtu tout pair ecclésiastique. L'épiscopat les différencie si peu, que si un évêque devenoit, par l'ordre des successions linéales & agnatiques, l'héritier d'une pairie, elle ne formeroit pas entre ses mains une pairie ecclésiastique, & rendroit son possesseur véritable pair laïque. Comme il est important de distribuer dans un ordre méthodique, tout ce que nous avons à dire de la pairie, nous subdiviserons cette première partie en huit sections.

Dans la première, nous parlerons de l'origine de la pairie, des révolutions qu'elle a éprouvées, & de son état actuel.

Dans la seconde, du rang des pairs.

Dans la troisième, de la transmission de la pairie.

Dans la quatrième, des qualités requises pour jouir d'une pairie.



Dans la cinquième, de la réception des pairs.

Dans la sixième, de leurs fonctions.

Dans la septième, de leurs honneurs, prééminences, privilèges & exemptions.

Dans la huitième, des juges auxquels appartient la connoissance des actions concernant les pairs, & de la forme des jugemens qui les décident.

## SECTION PREMIÈRE.

### *De l'origine de la pairie, des révolutions qu'elle a éprouvées, & de son état actuel.*

On divise communément l'histoire de la pairie en trois âges: le premier comprend tout le temps écoulé entre le commencement de la monarchie, & la fin du règne de Charles-le-Chauve. Quelques-uns appellent la pairie de ce temps-là, *pairie de naissance*; mais s'il n'étoit pas plus exact de la nommer *pairie personnelle*, je voudrois qu'on l'appelât *pairie de naissance & de dignité* tout à la fois, & l'on verra bientôt que j'aurois raison.

Le deuxième âge va jusqu'au temps où nos Rois ont commencé à créer des pairs, & à ériger des fiefs en pairie. On nomme ordinairement *pairie de dignité*, celle qui a eu lieu jusqu'à cette époque: j'aimerois mieux l'appeler *pairie réelle*, & j'en dirai les raisons par la suite.

Le troisième âge embrasse tout le temps qui s'est passé depuis qu'il a été érigé des pairies, & descend par conséquent jusqu'à nous. Nous l'appellerons l'âge de la *pairie mixte*.

Un auteur moderne (1) subdivise ce troisième âge en deux parties, & par-là [illegible] à la pairie quatre âges différens: il appelle le troisième, l'âge de la *pairie d'apanage*, érigée en faveur des princes du sang; & le quatrième, l'âge de la *pairie des gentilshommes*; mais comme la

(1) Les quatre Ages de la pairie, ouvrage imprimé à Maestricht en 1775.

pairie qui étoit autrefois érigée en faveur des princes du sang, n'étoit pas d'une nature différente de la pairie qu'on érige aujourd'hui en faveur des gentilshommes : parlons plus juste ; comme dans le temps que l'auteur dont il s'agit, appelle *l'âge de la pairie des gentilshommes*, il a encore été érigé un grand nombre de pairies pour des princes du sang, il paroît plus naturel de réunir ces deux âges en un seul, & par-là de ne diviser qu'en trois époques l'histoire de la pairie.

## §. I. *Premier âge de la Pairie.*

La nature, comme l'a fort bien observé M. Moreau (1), a donné à tous les hommes le pouvoir « de juger leurs » frères, & le droit d'être jugé par eux.

» Le droit d'être jugé par plusieurs » ( continue ce judicieux écrivain ), » tient donc aux premières vérités so» ciales, & rien n'est plus sage que les » loix positives qui ont réglé qu'un ac» cusé seroit déféré au jugement de ses » pairs : car, outre que sur le crime d'un » homme, la société qui demande à être » convaincue, n'est pas obligée de s'en » rapporter au jugement d'un autre hom» me seul, quel sera le prince assez hardi » pour prendre sur lui une décision, de » laquelle dépendent l'honneur, l'état » & la vie d'un accusé ! Dans la démo» cratie, si le peuple condamne comme » souverain, parce qu'il réunit tous les » pouvoirs, c'est comme peuple qu'il » juge, parce qu'il a intérêt de multiplier » tous les moyens d'appercevoir ; & s'il » existe des états où la condamnation » même soit l'ouvrage des magistrats ; si » c'est comme délégués du prince qu'ils » appliquent la peine, c'est comme délé» gués de la société qu'ils prononcent » qu'elle est méritée.

» Qu'un grand crime soit connu de la » multitude, ne commence-t-elle pas » toujours par le juger ? elle l'indigne, » elle demande vengeance ; voilà la voix » de la nature ; mais ce jugement peut » être précipité : il ne déterminera point » encore l'action de la puissance publique. » Que fera celui qui en est revêtu ? Com» ment conciliera-t-il ce qu'il doit, & à » la société qui veut être vengée, & à » l'accusé à qui il ne peut ôter le droit » de se justifier ? il exigera que la société » juge elle-même ; mais il lui prescrira » les formes qui peuvent & le rassurer » sur les dangers de se tromper, & » le délivrer lui-même de l'inquiétude » d'avoir sévi sans raison ».

Ces principes ont été sentis dans tous les temps, & on les voit pratiqués jusques dans les formes des jugemens qu'on rendoit dans l'ancienne Rome. Le pouvoir de punir y étoit toujours séparé du devoir des juges. Chez ce peuple sage, le magistrat ne jugeoit point ; il choisissoit des juges dans la classe des simples citoyens, & il leur ordonnoit d'entendre les parties, d'examiner, de prononcer (2).

Par ce moyen, dans Rome même, chacun étoit jugé par ses pairs.

Ce droit étoit établi dans les Gaules, lorsque les Francs en firent la conquête. Là, un citoyen, dans les grandes comme dans les petites villes, avoit pour juges ses concitoyens. La même chose s'étoit jusqu'alors observée parmi les Francs ; & quand ils furent transplantés dans les Gaules, cet usage qu'ils avoient apporté de la Germanie, ne fit dans leur nouvelle habitation que s'affermir de plus en plus. Aussi dans les justices inférieures, c'est-à-dire, dans les plaids tenus par les magistrats, qu'on appeloit ducs & comtes, un Franc étoit jugé par des Francs, selon la loi salique ; & un Gaulois par des

(1) Discours sur l'histoire de France, tome 7, page 295.

(2) *Eum qui judicare jubet magistratum esse oportet*, dit la loi 13, au Digeste *de jurisdictione omnium judicum.*

Gaulois sur le droit Romain. L'affaire d'un magistrat, duc ou comte, étoit portée au plaid royal, où se trouvoient d'autres magistrats, ducs ou comtes, qui la jugeoient par droit de pairie.

Les pairs alors n'étoient donc pas des officiers, ils n'étoient juges que momentanément & par intervalles.

De-là l'expression de *pairs*, qu'on trouve employée dans nos anciennes chroniques & dans les monumens des deux premières races, pour désigner simplement des personnes de condition égale. Nous lisons dans les annales de Metz, année 765, que Pepin ayant, à cette époque, envoyé des troupes dans le pays de Narbonne, pour y maintenir son autorité, Mancion, général de Waifre, duc d'Aquitaine, marcha à leur rencontre, attaqua les comtes Anstrald, Galemon, & *leurs pairs*, mais que ceux-ci ayant fait de nouveaux efforts, il fut tué *avec tous ses pairs.*

Nous remarquons d'ailleurs que dans toutes les occasions, chacun avoit le droit de réclamer l'assistance de ses *pairs.* « Si quelqu'un de nos fidèles, porte le » capitulaire de Charlemagne de l'an » 813 (1), invoque le secours de quel- » qu'un de ses *pairs*, & si son *pair* refuse » de le secourir, qu'il soit privé des » bénéfices qu'il possède ». Dans une autre loi du même souverain, il est dit (2) : « tous ceux qui possédant quel- » ques bénéfices tenus du prince, refu- » seront d'accompagner leurs *pairs*, lors- » qu'ils marcheront contre l'ennemi, ou » qui les abandonneront, seront privés » de leurs honneurs & bénéfices ».

Hincmar, dans sa lettre écrite en 882 aux principaux seigneurs du royaume, *ad proceres*, nous apprend encore que ce prince avoit douze grands officiers, indépendans les uns des autres; qu'ils étoient *pairs*, mais que les fonctions de leur *pairie* n'étoit que passagère & personnelle.

Les rois eux-mêmes se regardoient alors réciproquement comme pairs.

Louis-le-Begue & Lothaire II, dans le traité qu'ils signèrent en 878, à Foron, maison royale, entre Mastricht & Aix-la-Chapelle, se donnèrent mutuellement cette qualité (3). « C'est pour la première » fois, dit M. Moreau (4), que je vois » les souverains prendre un titre qui » jusques-là n'avoit indiqué que l'égalité » qui rapprochoit les grands; mais peu- » à-peu les rois prenoient le langage de » ceux-ci, qui dès-lors ne voyoient d'au- » tre différence entre le souverain & » eux, que celle du rang & de la hiérar- » chie; car déjà les pouvoirs paroissoient » aux uns & aux autres de la même na- » ture. Au moins, ce titre de *pair* annon- » çoit des devoirs communs & récipro- » ques entre les princes qui le prenoient. » Les royautés différentes que possé- » doient les descendans de Charlema- » gne, étoient donc regardées comme » des pairies supérieures, relevant de » Dieu seul, à-peu-près aux mêmes con- » ditions que les pairies des vassaux im- » médiats relevoient des rois eux-mê- » mes ».

Ceci nous fait entendre que dès-lors, il existoit des pairies attachées à la glèbe, c'est-à-dire, que ceux qui tenoient des *bénéfices* ou fiefs d'un seigneur commun, étoient pairs entre eux; il ne faut même pas descendre jusqu'à l'année 878, date du traité de Foron, pour trouver des preuves de cette vérité. Les capitulaires de Charlemagne que nous citions tout-

(1) Baluze, tome 1, page 510.

(2) *Ibid. Lib.* 3, *cap.* 71.

(3) *Talis enim amicitia inter nos manebit..... ut nemo suo pari vitam, regnum aut fideles suos, vel aliquid quod ad salutem sive prosperitatem ac honorem regni pertinet, non velit aut forconciliet.* Ce sont les termes du premier article du Traité même de Foron. *Voyez* les Annales de Saint-Bertin, année 878.

(4) Discours sur l'histoire de France, tom. 12, page 150.

à-l'heure, la supposent évidemment ; & voici deux faits qui permettent encore moins d'en douter.

Thassillon, duc de Bavière, avoit fait hommage de son duché à l'empereur Charlemagne ; en 788, il fut accusé de félonie, & cité dans l'assemblée d'Ingelheim. Quels furent ses juges ? ses propres *pairs*, c'est-à-dire, les seigneurs qui tenoient leurs *bénéfices* de Charlemagne.

Bernard, roi d'Italie, étoit, en cette qualité, vassal de la couronne de France. Convaincu de révolte en 817, dans une assemblée d'Aix-la-Chapelle, il fut condamné à mort ; par qui ? par ses *pairs*, par des seigneurs qui, assurément, n'étoient pas rois comme lui, mais dont les *bénéfices* relevoient, comme son royaume, de l'empire François.

La mouvance féodale constituoit donc alors un genre de pairie. Les vassaux immédiats de la couronne, sans être ducs ni comtes, avoient, en vertu de leurs *bénéfices*, le droit de suffrage aux assemblées générales ; sans être égaux en dignité, ils l'étoient en mouvance, & cette égalité les rendoit juges les uns des autres.

Cependant, comme l'observe l'auteur des quatre âges de la pairie, tome I, pag. 22, « la mouvance des bénéfices » ne fit pas oublier la pairie, fondée sur » la naissance des hommes libres : un » duc, un comte qui n'auroit pas eu de » fief (mais un simple office), étoit jugé » par les ducs ou les comtes ; ainsi un » duc qui avoit un bénéfice mouvant de » la couronne, avoit deux titres pour » être juge-pair, celui de sa naissance, » & celui de son bénéfice ».

Tel étoit l'état de la pairie, lorsque fut passé, en 856, entre Charles-le-Chauve & les grands de son royaume, ce fameux concordat de Chiersy, qui nous fournit un monument si précieux des droits & des devoirs des pairs.

Le premier principe, dit M. Moreau (1), qu'on y donne à la pairie, est l'union du Roi avec ses vassaux immédiats ; ceux-ci ne forment avec le souverain de qui ils tiennent leur dignité, qu'un seul corps indivisible. Voilà le tribunal suprême de la nation ; tribunal essentiel & indestructible, & dont les membres sont obligés, & de conseiller le prince, & de juger avec lui (2).

De toutes les obligations de ce tribunal, la première & la source des autres, est de veiller à ce que le Roi ne prononce pas arbitrairement sur la vie, sur l'honneur, sur la liberté, sur les propriétés de ses sujets ; de l'en avertir, en cas qu'il se le permette, de s'en plaindre avec tout le respect qu'ils doivent à leur *seigneur* ; enfin de faire ensorte qu'il conserve à chacun le droit d'être jugé dans les formes prescrites par les loix.

La seconde obligation des pairs est d'être fidèles au Roi ; & s'ils manquent à ce devoir, ils seront jugés par sa pairie assemblée. Cependant, comme le Roi seul peut faire grace, comme il a seul la puissance jurisdictionnelle, il peut ne pas mettre le coupable en justice, se contenter de l'avertir de sa faute, & la lui faire réparer ; mais si le crime est grave, ou si le coupable veut être jugé, il doit l'être par la cour & par les pairs du Roi ; & s'il refuse de se soumettre au jugement qui interviendra, il doit être exclu de la société de tous ses pairs, & chassé par eux du royaume (3).

(1) Tome 13, page 311.

(2) *Et sciatis* (ce sont les grands eux-mêmes qui parlent) *quia sic est adunatus cùm omnibus suis fidelibus in omni ordine & statu, & omnes sui fideles de omni ordine & statu, ut ille, juxtà humanam fragilitatem, aliquid contrà tale pactum fecerit, illum honestè & cum reverentiâ, sicut seniorem decet, admoneamus ut ille hoc corrigat & emendet ; & unicuique in suo ordine debitam legem conservet.*

(3) *Et si aliquis de nobis in quocumque ordine, contrà istud pactum in contrà illum* (à l'encontre de lui) *fecerit, si talis est ut ille indè eum admonere valeat ut emendet, faciat. Et si talis est causa*

Cette partie du traité, dit M. Moreau, n'étoit fâcheuse pour le Roi, que parce qu'elle étoit une stipulation, & qui pis est, parce qu'on l'avoit regardée comme indispensable; mais ces dispositions en elles-mêmes n'étoient que le droit commun & public de la monarchie.

La troisième obligation des pairs est de s'entre-secourir contre l'injustice & la tyrannie du maître. Si le Roi (porte le traité) veut sévir arbitrairement, si malgré les représentations qu'on lui fait, il refuse à un grand le jugement de la cour, alors les autres pairs, unis entre eux, comme ils le sont avec lui, feront ensorte de ne pas abandonner leur pair, afin que le Roi ne puisse pas l'opprimer (1).

Il ne faut pas croire que par cette disposition, les pairs soient autorisés à opposer au pouvoir arbitraire du monarque, la force coactive & militaire; une résistance passive est tout ce qu'elle leur permet. Sur quoi, en effet, fondent-ils l'impuissance à laquelle ils veulent réduire le Roi? sur l'union parfaite de tous les pairs. Or, comme l'observe M. Moreau, cette union suffit pour arrêter la violence, sans qu'ils soient obligés de la commettre; car étant eux-mêmes alors les exécuteurs du jugement prononcé contre l'un d'eux, tant que celui-ci n'avoit point été légalement jugé, cette exécution militaire devenoit, par la résistance passive & l'inaction des pairs, impossible au Roi lui-même.

D'ailleurs, ils ne pouvoient pas plus abandonner leur souverain que leur pair. Ils étoient juges du second, ils devoient réclamer en sa faveur, mais ils ne l'étoient point du premier.

Ainsi, outre qu'il n'étoit point dit dans le traité, qu'ils pussent se joindre au vassal opprimé, pour faire la guerre au Roi lui-même, on y eût inutilement exprimé cette clause, qui eût été nulle & illusoire, comme contraire à l'essence même de la souveraineté.

Le devoir des grands vassaux, comme pairs, étoit donc de ne jamais abandonner leurs collègues à des vexations arbitraires; mais les moyens qui leur étoient ouverts, dans ce cas, n'étoient pas eux-mêmes arbitraires. Représentations perpétuelles, réclamations réitérées, avertissemens fermes & respectueux; voilà le premier, *admonitus à suis fidelibus*. Le second est la dernière ressource & la plus efficace: inexécution des ordres qui n'ont point été précédés d'un jugement; résistance passive, mais invincible à tout commandement qui prescrira une violence illégale: *ut contrà suam legem & rectam rationem & justum judicium, etiamsi voluerit, quod absit, rex noster alicui facere non possit.*

Voilà, continue M. Moreau, ce que portoit le traité de Chiersy, qui ne fut honteux, que parce qu'il fut un traité, & dont les dispositions qui regardoient la pairie ne furent terribles, que parce qu'elles annonçoient une confédération.

## §. II. *Second âge de la Pairie.*

Jusqu'à présent, nous avons vu la qualité de pair dépendre de deux causes, & produite indifféremment par l'une ou

*ut indè illum familiariter non debeat admonere, ut antè suos pares illum in rectam rationem mittat, & ille qui debitum pactum & rectam legem & debitam seniori reverentiam non vult exhibere & observare, justum justitiæ judicium sustineat, & si sustinere non voluerit, & contumax & rebellis extiterit, & converti non potuerit; à nostrâ omnium societate & regno ab omnibus expellatur.*

(1) *Et si senior noster legem unicuique debitam, & à se & à suis antecessoribus nobis & nostris antecessoribus per donatam, per rectam rationem vel misericordiam competentem, unicuique in suo ordine conservare non voluerit, & admonitus à suis fidelibus suam intentionem mutare non voluerit; sciatis quia sic est ille nobiscum & nos cùm illo adunati & sic sumus omnes per illius voluntatem & consensum confirmati episcopi atque abbates cùm laicis, & laici cum viris ecclesiasticis, ut nullus suum parem dimittat, ut contrà suam legem & rectam rationem & justum judicium, etiamsi voluerit* (quod absit), *rex noster alicui facere non possit.*

par l'autre. Ces causes étoient la naissance, qui dans chaque classe de sujets, rendoit les hommes égaux entre eux, avec pouvoir de se juger les uns les autres, quand ils étoient appelés au *plaid;* & la possession des offices, des dignités, & des bénéfices ou fiefs, qui en rapprochoit les titulaires ou détenteurs, & faisoit d'eux autant de juges pairs.

Après la mort de Charles-le-Chauve, les offices & les fiefs, qui jusqu'alors avoient été, ou amovibles, ou conférés seulement à vie, devinrent héréditaires & patrimoniaux; la qualité de pair qui y étoit attachée éprouva le même sort, & devint purement réelle. Pour la pairie de naissance, elle ne fut plus qu'un vain nom : dans le systême féodal, ce n'étoit point la naissance, c'étoit la possession des fiefs & l'ordre de la féodalité qui assignoit à chacun son rang, & le mettoit à sa place.

Comme la couronne avoit alors des vassaux immédiats & des arrière-vassaux, il existoit aussi deux sortes de pairs, ceux de la cour du roi, & ceux de la cour des seigneurs

Tous avoient cela de commun, qu'ils étoient tour-à-tour juges & jugés. Dans la cour du roi, subordonnés au monarque, ils étoient présidés par lui; dans celles des seigneurs, ils l'étoient par les seigneurs eux-mêmes.

C'étoit devant eux que se portoient non-seulement les accusations qu'ils pouvoient intenter les uns contre les autres, mais encore celles qui étoient intentées par un étranger contre l'un d'eux; car un vassal ne pouvoit être traduit en justice que devant son seigneur.

C'étoit même directement au seigneur qu'on portoit la plainte; il convoquoit ensuite ses vassaux pour l'examiner & juger le procès; & ils étoient obligés de se rendre à la cour, sous peine de félonie, à moins qu'ils n'eussent une excuse légitime qu'ils étoient tenus de lui envoyer.

Le droit de siéger & de juger dans cette cour, étoit tellement regardé comme réel & attaché à la possession des fiefs mouvans du roi, ou du seigneur qui la présidoit, que les femmes elles-mêmes y prirent séance, lorsqu'elles eurent été admises à la succession des biens-féodaux. Ducange nous a conservé un jugement de 1220, où l'on voit une femme & sa fille au nombre des juges-pairs (1); & nous en trouverons dans la suite plusieurs autres semblables.

Lorsque le seigneur lui-même étoit l'objet des plaintes du vassal, on faisoit, par rapport à la compétence de sa cour, une distinction qu'il importe de bien saisir.

Si ce seigneur étoit le roi lui-même, c'étoit à sa cour qu'il falloit indistinctement se pourvoir.

Si c'étoit un seigneur particulier, on sous-distinguoit. S'agissoit-il d'une injustice qui ne tînt sous aucun rapport à l'ordre féodal? c'étoit dans la cour du suzerain qu'il devoit être traduit, pour y être jugé par ses pairs. Mais dans le cas contraire, les pairs de l'offensé étoient les juges du différend; & le seigneur étoit jugé par ses propres vassaux (2).

Si le seigneur refusoit d'assembler sa cour pour prononcer entre lui & son vassal, celui-ci pouvoit en appeler à la cour du Roi, comme de déni de justice; mais cette voie ne fut guère en usage avant le règne de Philippe-Auguste : il en avoit d'ailleurs une autre, qui même étoit regardée comme nécessaire lorsque le Roi faisoit un pareil refus à son vassal; c'étoit de prendre les armes, de faire la guerre à son seigneur, & s'affranchir soi-

(1) *Præsentibus & ad hoc vocatis hominibus meis paribus, videlicet D. Willelmo de Brute milite, Johanne Clerico Hugone, clavet de Hovel, Sarâ Esblousavede & filiâ ejus majorissâ qui pares à me & à Domino suo propter hoc adjurati, judicaverunt.*

(2) *Voyez* les Conseils de Pierre de Fontaine, chap. 21, §. 35.

même des engagemens féodaux. Voilà, comme l'on voit, une conséquence, mais (comme nous l'avons démontré plus haut) une conséquence forcée du concordat de Chiersy, qui ne permettoit, dans ce cas, qu'une résistance passive.

Cet usage existoit encore dans le règne de S. Louis ; la preuve en est écrite dans les établissemens de ce prince, Liv. 1, chap. 35 (1).

C'est sur cette jurisprudence que se fondoit, au commencement du onzième siècle, Eudes, comte de Chartres, pour faire la guerre au roi Robert, fils de Hugues-Capet. On nous a conservé la lettre qu'il écrivit lui-même à ce sujet au Monarque (2) : il y expose que Richard, duc de Normandie, *fidèle du Roi*, s'étoit chargé d'ajourner Eudes au tribunal de la pairie ; qu'il l'avoit sommé de s'y rendre pour être jugé, ou composer avec Robert : *Richardus tuus fideles monuit me venire ad justitiam aut concordiam, de querelis quas habebas, contrà me* ; qu'il avoit donné sa parole d'y comparoître ; que sur le temps & le lieu de l'assemblée, il s'en étoit rapporté au duc de Normandie, qui, après avoir pris l'ordre du Roi, lui avoit indiqué le plaid dans lequel le différend devoit être jugé, & l'y avoit ajourné de nouveau ; mais que le Roi, non-seulement n'avoit point ordonné l'assemblée des autres pairs, & ne les avoit point ajournés pour le juger, mais, n'écoutant que son ressentiment, il avoit hautement déclaré qu'il entendoit punir ce vassal, en le dépouillant de son fief ; qu'alors le duc de Normandie avoit eu la bonne-foi de prévenir le comte de Chartres sur les dispositions du Monarque ; qu'il lui avoit même mandé qu'il ne se rendroit point à la cour du Roi, qui entendoit user de son autorité absolue pour faire condamner un vassal de la couronne ; que Richard avoit même ajouté, qu'il croiroit manquer à son honneur, en le faisant venir au plaid royal, sans être bien assuré que les autres pairs s'y trouveroient avec lui ; qu'averti de tous ces dangers, Eudes n'avoit pas cru devoir comparoître & se mettre en défense.

Cette lettre prouve deux choses ; l'une, que le refus du seigneur d'assembler les pairs de sa cour pour rendre justice à son vassal, étoit pour celui-ci un prétexte suffisant pour justifier les violences & les hostilités auxquelles il se porteroit par la suite ; l'autre, que les pairs étoient juges entre le seigneur lui-même & son vassal, lorsque le premier jouoit le rôle d'accusateur, comme on vient de voir qu'ils l'étoient également lorsqu'il remplissoit celui d'accusé.

Ainsi, un seigneur particulier pouvoit ajourner & faire juger dans sa cour un vassal contre lequel il avoit des prétentions à former : mais quelquefois, la puissance de ce vassal rendoit vains & l'ajournement que le seigneur lui donnoit, & le jugement qu'il faisoit rendre contre lui : de là vient qu'on a vu des arrière-vassaux de-la couronne traduits dans la cour du Roi par leur propre seigneur, trop foible pour leur en imposer.

Nous en trouvons un exemple célèbre dans le jugement qui fut rendu, sous le règne de Louis-le-Jeune, par la cour assemblée à Moret en 1153, entre Godefroy, évêque de Langres, & Eudes, duc de Bourgogne.

Eudes possédoit dans la mouvance de l'église de Langres, quelques domaines, pour lesquels il refusoit de rendre la foi, & de remplir les autres devoirs féodaux. Le prélat l'avoit ajourné plusieurs fois

(1) Se li Sires a son hom-lige, & il dit : « Venez, vous, à moi, car je veuil guerroyer » mon seigneur, qui m'a véé le jugement de sa » court ». Li hom doit répondre en telle manière à son seigneur : « Sire, je irai volentiers » savoir à monseigneur *ou au roi*, se il est ainsi » que vous le dites, &c. »

(2) *Epist. 42, inter Fulbert. Episc. carn.* du Chesne, hist. Franç. tome 8, page 187.

à sa cour, & non-seulement il s'étoit moqué de ses ajournemens, mais il avoit commis sur ses biens & envers ses hommes des actes de violence très-répréhensibles. Godefroy en porta sa plainte à Louis-le-Jeune, qui, pour lui faire rendre justice, convoqua une assemblée d'archevêques, d'évêques & de barons, qu'il présida lui-même (1).

Les deux parties s'étant rendues à cette assemblée, l'évêque exposa ses demandes; le duc y répondit, & soutint surtout qu'il n'avoit pas pu être ajourné dans la cour du prélat.

Après les plaidoieries, on alla aux opinions; mais quelques-uns des juges proposèrent de remettre la cause. Elle fut remise en effet, & le Roi indiqua une nouvelle séance.

Au jour marqué l'évêque parut; mais Eudes se fit excuser, & la cause fut remise, jusqu'à trois fois, sans que le duc de Bourgogne satisfît aux ajournemens.

Enfin le Roi, las de tous ces délais, prit le parti d'envoyer au duc un courier, qui, s'étant assuré que le duc étoit en bonne santé, & ne faisoit défaut que par mauvaise volonté, en vint rendre compte à la cour. Louis alors ordonna de prononcer, & l'évêque gagna sa cause.

Une chose remarquable, c'est qu'on ne voit dans ce jugement aucune mention des pairs du duc de Bourgogne; il est rendu par les grands officiers de la couronne, par l'archevêque de Sens, & par *plusieurs autres* (est-il dit à la fin): il ne contient pas même le mot de pairs, selon M. Moreau (2). Et ce qui prouve encore mieux qu'il ne fut pas prononcé en forme de pairie, c'est que l'un des ajournemens du duc, fut fait par un simple messager du Roi: *Habito adhuc concilio, nuntium nostrum misimus ad ducem, qui eum reperit incolumem.* D'où vient cela? M. Moreau en donne une raison très-plausible: c'est, dit-il, qu'il ne s'agissoit ni de la pairie du duc de Bourgogne, ni des droits du grand fief qui lui donnoit la qualité de pair, ni de son état personnel.

On distinguoit donc dès-lors deux sortes de cours présidées par le Roi, & dont les grands vassaux étoient regardés comme justiciables; la cour du Roi lui-même, & la cour des pairs: c'est du moins la conséquence nécessaire de ce qu'avance M. Moreau.

Mais sans discuter toutes les raisons de cet écrivain, aussi célèbre que digne de l'être, j'ai peine à croire que les grands vassaux eussent voulu reconnoître la première de ces deux prétendues cours. Eudes ne l'auroit peut-être pas déclinée, parce qu'il étoit proche parent du Roi (3); mais son exemple ne pouvoit pas tirer à conséquence pour eux.

Et une preuve incontestable qu'effectivement ils ne le suivirent point, c'est le soin qu'ils prirent dans tous les actes passés soit entre eux, soit avec le roi, de stipuler qu'ils ne seroient jugés dans sa cour que par leurs pairs.

Dans le traité fait en 1163, entre Henri II, roi d'Angleterre, son fils aîné, & Thierry, comte de Flandres, (4) on lit ces mots: « jusqu'à ce que le roi de » France ait fait juger contre le comte » Thierry ou le comte Philippe, qu'il » ne doit pas aider son seigneur & ami » le roi d'Angleterre, ou Henri son fils » de qui il tient un fief, & cela par ses » pairs qui de droit, doivent juger le » comte de Flandres. *Donec rex Franciæ* » *judicare faciat comiti Theod. vel comiti* » *Phil. quòd non debeat juvare dominum*

(1) *Congregatis multis archiepiscopis, episcopis ac baronibus, in præsentiâ nostrâ.* Ce sont les termes de l'arrêt qui est rapporté en entier dans le Traité de Brussel, *de l'usage des fiefs*, dans les quatre âges de la pairie, & dans le cartulaire de Langres.

(2) Tome 17, page 459.

(3) Il descendoit du roi Robert.

(4) Rymer, tome 1, page 8.

» *& amicum suum regem Angliæ, vel Henricum filium suum, cujus feodum tenet, & hoc per pares suos qui comitem Flandriæ de jure debent judicare* ».

On trouve à-peu-près la même clause dans les traités faits précédemment (en 1101 & 1103) entre Henri I, roi d'Angleterre, & Robert comte de Flandres (1).

En 1220, Thibaut IV, comte de Champagne, promet de servir Philippe-Auguste, tant que ce prince lui fera droit dans sa cour par le jugement de ceux qui peuvent & doivent le juger : *quamdiù ipse mihi faciet rectum curiæ suæ, per judicium eorum qui me possunt & debent judicare.* (2).

La même année, le comte de Rhetel, vassal du comte de Champagne, s'oblige à joindre ses armes à celles du roi contre le comte lui-même, dans le cas où celui-ci abandonneroit le parti du souverain, sans qu'il lui eût refusé le jugement de sa cour : *quamdiù dominus rex vellet facere & faceret rectum curiæ suæ per judicium eorum qui eumdem dominum meum debent & possunt judicare* (3).

Mais avant d'aller plus loin, il faut fixer nos idées sur ce qu'on appeloit alors *pairs*, & sur les personnes qui pouvoient être regardées comme membres de la pairie de France.

Avant la révolution qui porta Hugues-Capet sur le trône des Carlovingiens, le royaume étoit partagé en sept grands fiefs relevans immédiatement du roi : c'étoient le duché de France, la Bourgogne, la Normandie, la Guienne, le comté de Toulouse, le Vermandois & la Flandres.

La cour du roi étoit alors composée & des possesseurs de ces grands fiefs & des Evêques, vassaux immédiats de la couronne : ils étoient pairs les uns des autres, & à ce titre ils avoient droit de juger & d'être jugés dans cette cour même.

Lorsque Hugues-Capet monta sur le trône, il avoit lui-même, comme duc de France, ses vassaux & sa cour féodale. La réunion de son fief à la couronne plaça dans la mouvance immédiate de celle-ci, une foule de seigneurs qui n'en étoient auparavant qu'arrière-vassaux.

Que se fit-il alors ? On sait quelle étoit la fierté & l'indépendance de ces grands feudataires qui jusqu'au moment de la révolution, n'avoient vu dans le nouveau roi que leur égal : si Hugues-Capet, dit fort judicieusement M. Moreau (4), n'eût voulu composer que d'eux seuls, la cour royale, d'un côté il eût eu beaucoup de peine à les y amener, & d'un autre il les eût trouvés & très-embarrassans dans son administration, & peu dociles à ses volontés. Il prit donc un parti plus sage : il rassembla avec les évêques des villes qui lui étoient soumises, les vassaux de son duché de France & les grands officiers de sa maison, & il décora du titre de cour royale, ce plaid qui auparavant n'étoit que la cour féodale d'un feudataire immédiat.

Par cette politique, il n'éleva point à la vérité, jusqu'aux grands vassaux de la couronne, ceux qui n'avoient relevé précédemment que du duché de France : mais ses successeurs forcèrent insensiblement les premiers de descendre jusqu'aux seconds, en les faisant ajourner devant ceux-ci.

Ces ajournemens furent d'abord très-rares ; & même on avoit soin, dans le principe, d'écarter les questions qui pouvoient s'élever sur la distance que les ducs de Guienne, de Bourgogne & de Normandie, pouvoient trouver d'eux

(1) Rymer, tome 1, page 2.

(2) Brussel, de l'usage des fiefs, tome 1, page 340.

(3) M. Moreau, tome 17, page 452.

(4) Tome 17, page 436.

aux comtes de Corbeil, aux ſeigneurs de Dammartin, & à tous ces vaſſaux obſcurs qui autrefois étoient dans la mouvance immédiate du duché de France. Le Roi ſeul convoquoit ſa cour, & pour ne choquer perſonne, il lui ſuffiſoit que, dans les convocations où il s'agiſſoit de juger, elle fût ſuffiſamment garnie de pairs de celui qui étoit ajourné.

Ainſi, s'agiſſoit-il de faire le procès au duc de Normandie ? tous les grands feudataires étoient convoqués. N'étoit-il queſtion que de punir les forfaits d'un ſeigneur de Puiſet ? on n'appeloit que les anciens vaſſaux du duché de France, devenus, par la réunion, vaſſaux immédiats de la couronne.

Comment donc, dans le premier de ces deux cas, les grands feudataires deſcendoient-ils, comme nous le diſions tout-à-l'heure, au niveau des moindres ? c'eſt que l'attention de nos Rois à ne les convoquer qu'à propos, les empêcha d'en faire aucune à la compoſition de la cour royale; il ne leur vint pas dans l'eſprit, dit M. Moreau (1), d'en exclure, lorſqu'ils y étoient appelés, tous ceux qui n'avoient pas un rang égal & parallèle au leur: cette prétention même de leur part eût pu être regardée comme injuſte & contraire aux anciens uſages de la monarchie; car, ſous la première & la ſeconde race même, nos Rois avoient appelé à leur cour tous ceux qu'ils avoient voulu; ils avoient jugé non-ſeulement avec les magiſtrats immédiats, mais même avec les officiers de leur maiſon; ils y avoient introduit des conſeillers qui n'étoient point magiſtrats; & pour que les magiſtrats n'euſſent point à ſe plaindre, il avoit ſuffi que la cauſe fût diſcutée & inſtruite par leurs pairs, c'eſt-à-dire, par un certain nombre de magiſtrats immédiats comme eux, à-peu-près, comme dans les plaids des anciennes cités; c'étoit aſſez, pour conſerver les droits du citoyen accuſé, qu'il eût pour juges des citoyens comme lui & dans le nombre preſcrit par la loi.

Deux ſiècles ſe paſſèrent ſans qu'il eût été élevé, de la part des grands vaſſaux, aucune difficulté ſur le droit des moindres feudataires de prendre ſéance & de donner leurs ſuffrages conjointement avec eux, dans la cour même où ils devoient être jugés.

Mais en 1224, la comteſſe de Flandres ajournée à la cour du Roi par Jean de Neſle, l'un de ſes vaſſaux, qui ſe plaignoit d'un déni de juſtice, conteſta ce droit aux officiers de la maiſon du ſouverain, & les pairs de France ſoutinrent avec elle que le chancelier, le chambellan, le bouteiller & le connétable n'avoient point de ſuffrage dans les cauſes qui intéreſſoient les droits de la pairie. Ceux-ci alléguoient l'uſage (2); & ils ajoutoient que poſſédant leurs dignités en fiefs, ils étoient à ce titre *Barons du Royaume* (3); & la pluralité des voix décida en leur faveur.

Un pareil arrêt faiſoit pour l'autorité royale plus que n'auroit fait dix victoires. Mais ne nous précipitons pas trop vers cette époque brillante pour la monarchie.

Examinons auparavant les arrêts de la cour des pairs qui ont précédé celui dont nous venons de parler, & tâchons de prendre dans leur forme une juſte idée de la conſtitution de la pairie ſous les premiers rois Capétiens.

Nous avons déjà rappelé le démêlé d'Eude, comte de Chartres, avec le roi Robert. Ce demêlé ne fut ſuivi d'aucun

(1) Tome 17, page 438.

(2) *Præterea cùm pares Franciæ dicerent quòd cancellarius, buticularius, cubicularius & conſtabularius Franciæ, miniſteriales hoſpitii Regii non debebant cum eis intereſſe ad facienda judicia ſuper pares Franciæ; & dicti miniſteriales hoſpitii Domini Regis è contrario dicerent ſe debere ad uſus & conſuetudines obſervatas, intereſſe cum paribus ad judicandum pares*, &c. Recueil de Lancelot, p. 29.

(3) Preuves de l'hiſtoire de Montmorency.

jugement ; mais on n'y voit pas moins que ce ſeigneur ſe regardoit comme juſticiable de la cour du Roi, pourvu qu'elle fût garnie de ſes pairs. Le duc de Normandie ( écrivoit-il à Robert ) m'a dit lui-même qu'il ne croyoit pas pouvoir m'engager à comparoître devant votre tribunal, ſans que ſes pairs y fuſſent appellés : *nec ſibi competere dicebat, ut me ad tale judicium exhiberet, ſine conventu parium ſuorum.*

Dans l'intervalle de cette époque au règne de Philippe-Auguſte, on ne trouve qu'un ſeul jugement rendu dans la cour du Roi contre un grand vaſſal de la couronne ; c'eſt celui de 11 3 dont nous avons parlé plus haut : mais il eſt incertain s'il doit être conſidéré comme un jugement de pairie.

Nous voyons bien que, dans cet intervalle, le duc de Normandie avoit été mandé aux plaids de Londres ; mais il s'étoit plutôt rendu à la raiſon du bien public, qu'il n'avoit eſſuyé une condamnation.

Nous voyons encore que Foulques, comte d'Anjou, avoit été ajourné à la cour du Roi Robert ; mais il avoit refuſé de comparoître & étoit reſté impuni.

Sans doute que les Rois encore foibles, écartoient les occaſions de meſurer l'autorité de leur cour contre ces puiſſans feudataires, dont les pères avoient été les égaux des leurs.

Mais ſous Philippe-Auguſte, on voit cette cour prendre ſur ceux-ci un aſcendant qu'elle n'avoit pas encore eſſayé, & ces feudataires eux-mêmes s'honorant d'en être membres, s'y faire diſtinguer par le titre de *pairs de France*, qui déſormais leur ſera affecté, à l'excluſion des autres vaſſaux de la couronne.

Deux jugemens célèbres vont prouver ce que nous avançons.

Le premier fut rendu en 1202, contre Jean-ſans-Terre, roi d'Angleterre & duc de Normandie.

Ce prince s'étoit emparé, ſur Artus, duc de Bretagne, ſon vaſſal & ſon neveu, des provinces d'Anjou, du Maine & de la Touraine, que celui-ci tenoit du roi de France. Artus s'adreſſa à Philippe-Auguſte, qui reçut ſes plaintes & fit ſommer le roi Jean de ſe rendre à Paris pour y répondre à la cour des pairs (1). Celui-ci n'y ayant point comparu, fut déclaré déchu de tous ſes droits ſur ſon ancien vaſſal & privé de ſa ſuzeraineté ſur la Bretagne.

Pour mettre cet arrêt à exécution, Artus prit les armes ; mais il tomba entre les mains de ſon lâche & perfide oncle qui l'aſſaſſina. Conſtance, ſa mère, porta ſa plainte devant le roi ; Jean fut ajourné, ne comparut point &, fut, par contumace, ou condamné à mort, comme quelques-uns l'aſſurent, ou ſeulement privé de tout ce qu'il tenoit en France à foi & hommage du Roi (2).

Philippe, ſoutenu de cet arrêt, s'empara de la Normandie, de l'Anjou, de la Touraine, du Maine & du Poitou. Jean-ſans-Terre, battu de tous côtés, brouillé avec la nobleſſe & le clergé d'Angleterre, excommunié par le pape, ne vit d'autre reſſource que celle de ſe réconcilier avec Rome, en lui faiſant hommage de ſes états.

Le pape Honoré III voulut ſe rendre médiateur entre ſon nouveau vaſſal & le roi Philippe, & prouver que le jugement de 1202 étoit injuſte & irrégu-

(1) Lobineau, hiſtoire de Bretagne, tome 1, page 86.

(2) Voici ce que dit de ce jugement la Chronique de Simon de Montfort, rapportée dans Ducheſne, *hiſtoire de France*, tome 5, p. 764.

*Anno Domini 1202, Johannes, rex Angliæ, Arturum comitem Britanniæ, filium Gaudefridi, fratris ſui majoris, heredem regni, apud Mirabellum Pictaviæ cepit, & latenter peremit ; ſuper quo accuſatus fuit à baronibus apud regem Franciæ cujus vaſſallus erat ; cumque nollet comparere poſt multas citationes, per judicium parium regis Franciæ exheredatus eſt à ducatu Aquitaniæ, & totâ terrâ quam habebat in regno Franciæ.*

lier. Mathieu Paris, historien à-peu-près contemporain, nous a conservé, d'après des lettres écrites de Rome en Angleterre, le précis des conférences qui furent tenues à ce sujet en 1215, entre le souverain Pontife & les Ministres de la cour de France.

On voit d'abord ceux-ci annoncer que Jean-sans-Terre, pour avoir assassiné son neveu de ses propres mains, a été condamné à mort « dans la cour du » roi de France par le jugement de ses » pairs (1) ».

Le Pape objecte que les *barons* de France n'ont pu le condamner à mort, parce que devenu roi par l'onction sainte, il étoit au-dessus d'eux; que d'ailleurs, c'est blesser toutes les loix civiles & canoniques, que de porter un jugement de mort contre un accusé qui n'a ni été convaincu, ni avoué son crime (2).

Les ministres du roi répliquent « que » le roi d'Angleterre est l'homme-lige du » roi, comme duc & comme comte; » que le crime a été commis en France, » où le souverain a toute jurisdiction sur » ses hommes; qu'ainsi le titre de roi » que portoit l'accusé dans ses propres » états, ne pouvoit le soustraire en Fran- » ce au droit qu'y a le souverain de pu- » nir tous les crimes; qu'autrement il » faudroit aller jusqu'à prétendre que » le roi Jean eût pu venir impunément » massacrer les pairs, sous les yeux » même du Monarque, leur défenseur & » leur juge (3) ».

On ne trouve rien dans le récit de Mathieu Paris, qui annonce que les Apologistes de Jean eussent critiqué la forme de l'ajournement qu'il avoit reçu pour venir se défendre à la cour du roi. Cependant, il paroît qu'il ne lui avoit été donné que par un chevalier (4).

Mais les députés de Jean se plaignoient beaucoup devant le pape, de ce qu'ayant envoyé au roi deux ministres fondés de ses pouvoirs, pour l'assurer qu'il comparoîtroit volontiers devant sa cour, pourvu qu'avant tout on lui donnât un sauf-conduit (5), Philippe avoit d'abord répondu d'un air courroucé, *qu'il vienne sans rien craindre*; mais que sur la demande d'une égale sûreté pour le retour il s'étoit borné à dire: *oui, je la lui donnerai, si le jugement de ses pairs me le permet* (6); & qu'enfin, pressé de nouveau à ce sujet, il avoit repliqué en colere: *de par tous les saints de France, il n'en sera que ce qui sera jugé par les pairs.*

Nous ne pousserons pas plus loin l'analyse de cette conférence. Ce que nous en avons vu suffit pour notre objet.

Au jugement rendu en 1202, contre Jean-sans-Terre, succéda celui de 1216 entre Erard de Brienne & la comtesse Blanche.

Il s'agissoit alors du comté de Champagne & de Brie. La comtesse Blanche fut ajournée, sur la plainte d'Erard, par le comte de Bourgogne, l'un de ses pairs, & par deux chevaliers (7). Ceux-ci avoient une commission particulière du roi pour faire jurer à la comtesse qu'elle

(1) *Prima propositio contrà regem Angliæ, in præsentia domini Papæ à nunciis supra dictis, fuit quòd Arturum, nepotem suum, propriis manibus per proditionem interfecit pessimo mortis genere, quòd Angli murdrum appellant, pro quo facto idem rex condemnatus fuit ad mortem in curiâ regis Francorum per judicium pariu.n suorum.*

(2) *Ad hanc objectionem opponit dominus Papa, quòd barones Franciæ non potuerunt judicare eum ad mortem, &c.*

(3) C'est en ces termes que M. Moreau, tome 17, page 471, traduit cet endroit du récit de Mathieu Paris.

(4) Belleforêt, Annales de France, à l'article de Philippe-Auguste.

(5) *Significant ei quòd libenter veniret ad curiam suam, juri per omnia super illâ re pariturus & responsurus.*

(6) *Ita si parium suorum judicium hoc permittat.*

(7) C'est ce que prouve l'arrêt définitif, qui est ainsi conçu: *Cùm dilecta & fidelis nostra Blanca, comitissa Campaniæ, citata esset per ducem Burgundiæ, Matheum de Montmorenciaco & Willelmum de Barris, ut in curiam nostram veniret jure paritura, &c.*

n'en viendroit point aux armes tant que dureroit le procès. Cette commission étoit datée de Melun du mois d'avril 1216: en voici la traduction : « nous vous » envoyons nos amis & fideles, Guil- » laume des Barres & Mathieu de Mont- » morency, afin que vous priez & pro- » mettiez entre leurs mains de justes » treves à Erard de Brienne, qui lui » servent de sûreté contre vos hommes » & les nôtres, sçachant certainement » qu'il a également promis devant nous » les mêmes treves, & garanti par-là » & son inaction & celle de ses hommes. » Sçachez, au reste, que ces treves du- » reront autant que durera le plaid com- » mencé devant nous entre vous & » votre fils d'une part, & ledit Erard » de Brienne & sa femme de l'autre (1) ».

On voit, dans cette commission, qu'Erard avoit pris devant le roi l'engagement de demeurer en paix & de s'en rapporter entiérement à la décision de sa cour. Il paroît néanmoins par un jugement du mois de mai suivant, qu'il viola sa promesse, se permit des hostilités, brûla un village, &c. Car sur les plaintes de Blanche, la cour des pairs ordonna par ce jugement qu'elle & son fils ne seroient tenus de répondre aux demandes d'Erard, qu'après qu'il auroit réparé tout le dommage qu'il avoit causé. Les lettres que chacun des pairs en expédia à l'exemple & par l'ordre du roi, portent: « *nos & alii pares Franciæ* » *cùm domino rege judicavimus & decre-* » *vimus.* (Nous & les autres pairs de » France, avons, avec le roi notre sei- » gneur, jugé & ordonné) ». C'est ainsi, du moins, que sont conçues les lettres délivrées par l'archevêque de Reims en particulier. On les trouve dans le cartulaire de Champagne. Un auteur du dernier siècle (2) en a conclu que l'archevêque de Reims étoit le seul des pairs qui fût en droit de donner des lettres de leurs jugemens interlocutoires. Cette conséquence ne paroît pas juste.

Quoi qu'il en soit, au mois de juillet de la même année, l'affaire fut instruite, plaidée & jugée en faveur de la comtesse Blanche: voici la teneur du jugement, qui fut consigné dans des lettres de Philippe Auguste & dans celles qu'en dressa par son ordre (3) chacun des pairs: « il a été jugé par les pairs de notre » royaume, savoir Albéric, archevêque » de Reims; Guillaume, évêque de » Langres; Guillaume, évêque de Châ- » lons; Philippe, évêque de Beauvais; » Etienne, évêque de Noyon; Eudes » duc de Bourgogne; & par plusieurs » autres évêques & nos barons, savoir..... » en notre présence, & nous approu- » vons ce jugement, que nous ne devions » point recevoir l'hommage d'Erard de » Brienne, tant que la comtesse Blanche » & son fils consentiroient de s'en rappor- » ter à la justice de notre cour, parce que » l'usage & la coutume de France ne » permettent pas au seigneur de rece- » voir l'hommage d'un tiers pour un fief, » quand celui qu'il en a déjà saisi est » prêt à soumettre la contestation au » jugement de la cour de son seigneur » féodal; & parce qu'ayant reçu sans » aucune contradiction, la foi-hommage » de la comtesse Blanche, & ensuite de » son fils, sauf la garde de sa mère, » nous ne devons pas les dessaisir, étant » disposé à les recevoir à notre cour, » pour leur rendre justice ».

Ici, pour la première fois depuis Hugues-Capet, on distingue nettement les pairs de France de cette multitude de barons qui étoient appelés à la cour du roi & coopéroient à ses jugemens.

(1) Recueil de Lancelot, page 21.

(2) Petit-Pied, Traité des prérogatives, page 134.

(3) Cet ordre est exprimé dans les lettres même du Roi : *Dilecti, mandamus & requirimus vos quatenùs juxtà tenorem litterarum nostrarum, patentes litteras vestras faciatis de judicio & erramentis habitis.*

C'est ce qui prouve que les grands-vassaux s'étoient rapprochés sous Philippe Auguste du plaid royal ; qu'ils étoient flattés d'y prendre séance, & que pour caractériser la différence qu'il y avoit entre eux & les autres vassaux immédiats du roi, qui ne l'étoient précédemment que du duc de France, ils avoient pris le parti de s'approprier le titre exclusif de *pairs du royaume*, pour ne laisser à ceux-ci que la qualité de *barons* ou de *pairs de fief*.

Ce fut-là sans doute un des coups les plus heureux de la sage politique du grand roi qui gouvernoit alors la France ; mais sur cela, écoutons M. Moreau (1).

« Plusieurs de nos auteurs font du » corps des douze pairs de France, une » création de Philippe Auguste ; ils se » trompent : le roi n'a pas plus fait de » ces anciens pairs de France, qu'il n'a » fait la haute noblesse de son royaume. » Développons ici ces idées qui ne contrediront nullement ce que je viens de » dire sur le rang donné par Philippe » à l'archevêque de Reims & à ses cinq » collègues.

» Quel étoit alors l'objet de ce mo» narque ? Il avoit jugé Jean-sans-Terre ; » il vouloit non-seulement que le droit » de juger les autres anciens pairs de la » couronne, fût reconnu ; cela étoit fait » depuis long-tems ; mais il vouloit de » plus se procurer le moyen de les juger » très-réellement & de confisquer leurs » fiefs, sans qu'ils eussent à se plaindre » que l'on eût violé à leur égard aucu» nes des anciennes loix Françoises.

» Pour cela il falloit leur indiquer des » pairs qu'ils ne pussent méconnoître ; » il falloit pouvoir leur dire : voilà vos » véritables juges, sans la délibération » desquels vous n'aurez aucune con» damnation à craindre ; il sera essentiel » de les appeler toutes les fois qu'il » s'agira ou de vous ou de vos fiefs.

» Que la cour royale eût encore d'au» tres membres, on ne pouvoit s'en » plaindre raisonnablement ; elle avoit » encore tant d'autres vassaux immédiats » à juger : elle devoit être non-seulement » la cour des pairs de la couronne, mais » celle des barons qui n'avoient jamais » cessé d'y assister depuis Hugues-Capet : » ceux-ci avoient aussi leurs pairs, & on » conservoit à chacun sa loi, *legem suam* ; » si pour juger les uns & les autres, on » appeloit au plaid ceux-là même qui » eussent été leurs juges sous les derniers » Carlovingiens ; dans la même assem» blée, les pairs de la couronne & les » pairs de fiefs pouvoient avoir leurs » juges naturels ; mais si la cour étoit » la même, on n'en devoit pas conclure » que tous ceux qui la composoient » fussent pairs entre eux.

» Or, quels étoient les pairs de France » avant la révolution, à une époque où » Hugues-Capet, qui n'étoit que l'un » d'entre eux, eût pris lui-même la défen» se de l'intérêt commun ? C'étoient les » ducs de France, de Normandie, d'Aqui» taine & de Bourgogne ; le comte de » Flandres, celui de Vermandois, qui, » au temps de Philippe-Auguste, étoit » représenté par le comte de Champagne, » enfin le comte de Toulouse. Tels étoient » les sept pairs qui partageoient à-peu» près entre eux le territoire de la mo» narchie, & qui, occupant dans la » hiérarchie de la magistrature, une » place qui les soumettoit immédiatement » à l'autorité royale, avoient au-dessous » d'eux les comtes entre lesquels étoient » subdivisés leurs districts.

» Ce nombre de sept pairs avoit été » réduit à six au moment où Hugues-Ca» pet fut placé sur le trône, & ces six an» ciennes pairies que le roi n'avoit point » érigées, ne devoient pas être con» fondues avec ce nombreux vasselage » qui, sur les possessions féodales, avoit » tant d'occasions de plaider devant lui. » Ce prince vit donc (que l'on me passe » ce terme) deux cours en une seule ;

(1) Tome 17, page 547 & *suiv.*

» & comme alors on rapportoit tout à » la féodalité, c'étoit encore deux cours » féodales : c'est même vraisemblablement pour cette raison que nous verrons bientôt s'introduire la dénomination de parlement, pour signifier la » réunion de l'une & de l'autre. On appela *cour des pairs de France*, ou simplement *cour de France*, ce tribunal » qui, ayant à sa tête les anciens vassaux » immédiats de la couronne, devoit » juger & leurs personnes & leurs fiefs. » On appella *parlement*, *la cour plénière* » qui, réunissant tout le *baronnage*, jugeoit toute la vassalité immédiate qui » avoit elle-même les pairs de fiefs.

» Ce systême qui parut si vrai, étoit » bien encore mêlé de quelques erreurs : » on n'avoit pas une idée bien juste de » la réunion des fiefs à la couronne; » on ne se persuadoit point assez qu'après » la réunion du fief, le fief n'existoit plus, » & que le roi n'étoit ni duc ni seigneur, » mais souverain par-tout. De ces vérités, » si elles eussent été clairement apperçues, on auroit conclu que les honneurs » étoient différens, mais que les droits » étoient les mêmes entre les dignités » immédiates. Cette erreur, comme nous » le verrons dans la suite, tourna à l'avantage du roi, qui créa des pairs lorsque » la constitution elle-même lui en présentoit un si grand nombre.

» Quoi qu'il en soit, Philippe, persuadé que les pairs égaux aux ducs » de Bourgogne & de Normandie, ne » sont point les pairs égaux aux Rocheforts & aux Coucy (1), se rappelle en » même-temps que la cour royale a toujours réuni & des grands laïques & des » évêques : pour ceux-ci, ils avoient » toujours été pairs entre eux, & immédiatement soumis au monarque; ils » avoient été considérés dans la cour » royale, comme les égaux des vassaux; » ils les avoient jugés, ils avoient jugé » avec eux. Pour que les six anciens pairs » aient encore alors les mêmes juges » qu'ils avoient eus sous les Carlovingiens, Philippe prend le parti de choisir, » pour assister à leurs procès, six des prélats, & de leur attribuer le rang, les » droits, les honneurs qu'il ne pouvoit » contester aux premiers : on prit pour » cela ceux des archevêques & évêques » qui réunirent deux avantages; d'un côté, » la plus grande proximité de la cour; de » l'autre, des seigneuries attachées à leurs » sièges, à raison desquelles ils se trouvassent vassaux immédiats. Pour jouir de la » séance en la cour plénière, il suffisoit » aux autres prélats de leur qualité d'évêques; ceux qu'on assimila aux anciens feudataires de la couronne, reçurent cet avantage comme seigneurs. » Des pairs ecclésiastiques que j'ai nommés plus haut, l'évêque de Langres » étoit celui dont la seigneurie étoit la » moins ancienne; ce ne fut qu'en 1179, » & peu de temps après le sacre de Philippe Auguste, que le duc de Bourgogne, qui avoit acquis de Gui de » Saulx le comté de Langres par un » échange, fit présent de ce fief à Gautier, évêque de Langres, son oncle (2).

» En quel temps & comment se fit » ce changement? Il est certain que ce » fut sous Philippe-Auguste, puisque l'arrêt contre Erard de Brienne, est le » premier où les pairs ecclésiastiques » soient nommés & distingués sous ce » titre, des autres évêques. Il est donc » plus que vraisemblable qu'il ne fut

(1) Les noms étoient aussi anciens; mais les fiefs qui constituoient la pairie, n'avoient pas toujours été dans le même degré de mouvance.

(2) C'est cette date de 1179, qui fait dire à quelques auteurs, que l'évêque de Langres avoit été fait pair pour assister au sacre de Philippe-Auguste; mais, outre que la donation de l'évêque de Langres fut postérieure au sacre, tous les évêques qui assistèrent à cette cérémonie, s'y trouvèrent indistinctement, comme cela s'étoit toujours fait.

» imaginé que pour répondre aux dif-
» ficultés que les anciens pairs eussent
» pu élever sur le nombre & la qualité
» des pairs dont étoit composée une cour
» qui, très-sérieusement, venoit de
» faire le procès au plus puissant d'en-
» tre eux ; mais il pouvoit se faire que
» ces nouvelles distinctions eussent été
» faites, pour la première fois, à l'oc-
» casion du procès de Jean-sans-Terre,
» & pour en rendre l'instruction plus
» solemnelle & moins reprochable (1).
» Ce rang fut-il accordé, par lettres du
» prince, aux six pairs ecclésiastiques ?
» L'histoire n'en dit rien ; cela peut
» être cependant; & dans ce cas-là, ces
» lettres auront, dans la suite, servi de
» modèle à ces créations de pairies que
» nous verrons commencer à la fin de
» ce siècle. Mais pourquoi nous livrer
» sur cela à des conjectures incertaines
» & stériles ? Ne disons ici que ce que
» nous apprennent les monumens ; &
» voici tout ce que j'y trouve.

» 1°. Ce n'est que depuis les arrêts
» & de Jean-sans-Terre & d'Erard de
» Brienne, ce n'est même que sous le
» règne de saint Louis que nos auteurs
» font mention des douze pairs de
» France. Mathieu Paris en parle sou-
» vent; & dans la liste des douze pairs
» qu'il nomme, il comprend les ducs
» de Normandie & d'Aquitaine : nos
» romanciers sont venus ensuite, & ont
» donné ces douze pairs même à Char-
» lemagne.

2°. Ce que je vois, ce ne sont pas
» douze pairs, mais douze pairies ; en-
» core n'y en eut-il que dix depuis la
» confiscation de la Normandie & de
» l'Aquitaine ; car quoique Philippe-
» Auguste n'ait pu s'emparer de cette
» dernière province, sa cour ne put
» pas la mettre au nombre des pairies,
» puisqu'elle dut la regarder comme
» réunie. Lorsque, dans la suite, saint
» Louis la rendit au roi d'Angleterre,
» elle reprit la qualité de grand fief im-
» médiat & de pairie, & on peut com-
» pter onze pairs de France. Nous ver-
» rons quelques jours Philippe-le-Bel,
» non-seulement rappeler, dans les pre-
» mières lettres d'érection de pairies,
» ce nombre de douze pairs, mais le
» compléter par de nouvelles créations.

» 3°. Ce qu'il nous importe princi-
» palement d'observer sous le règne de
» Philippe-Auguste, ce fut l'attention,
» la prudence, & la sage politique de
» ce prince qui, en paroissant rétablir
» les honneurs dus aux anciens vassaux
» de la couronne, & en restituant à
» leur éminente dignité, le rang, les
» droits, les avantages qu'ils eussent pu
» réclamer sous l'ancienne monarchie,
» vint à bout d'affermir sur eux l'auto-
» rité de sa jurisdiction suprême ; du
» côté des formes, il leur accorda tout
» ce qu'ils pouvoient demander, & il
» savoit bien que ces formes même rece-
» vroient successivement tous les chan-
» gemens que la cour jugeroit néces-
» saires : mais ces formes avouées, il fut
» unanimement reconnu qu'il pouvoit
» juger, condamner, dépouiller juridi-
» quement ces petits souverains qui a-
» voient fait la loi à ses prédécesseurs.
» Il se dit à lui-même : *je serai plus que*
» *leur seigneur, je serai leur Roi, & mes des-*
» *cendans le seront encore plus que moi.*

» A cela il gagna deux avantages,
» qu'il

---

(1) On voit par l'histoire de Mathieu Paris, qui écrivoit sous S. Louis, que l'opinion des Anglois étoit, que le roi Jean-sans-Terre avoit été condamné par les douze pairs de France *absit enim ;* aussi fait-il dire aux seigneurs françois, à qui S. Louis proposoit de satisfaire le roi d'Angleterre sur ses demandes, *absit & duodecim parium judicium quo justè adjudicetur rex Anglorum, & privatur Normania, cassetur & pro frivolo habeatur.* Or, si les Anglois, en partant de ce jugement, le supposoient rendu par douze pairs, n'en peut-on pas conclure qu'alors les six pairs ecclésiastiques furent appelés ? Et qui sait si ce ne fut pas même leur présence à ce jugement, qui leur fit ensuite donner ce titre dans l'arrêt pour le comte de Champagne ?

» qu'il fut désormais impossible de lui » disputer; d'un côté, il conserva sa cour » dans l'état où elle étoit; il continua, » & ses successeurs continuèrent après » lui d'y appeler tous ceux de qui ils pu- » rent attendre lumière, conseil & se- » cours; & d'un autre côté, il ôta à ces » Barons immédiats, dont il se servoit » pour contenir & circonscrire le pou- » voir des anciens pairs, toute espèce » de prétexte pour se soustraire à la » jurisdiction de ses tribunaux ordi- » naires ».

Cette dernière idée de M. Moreau sera bientôt justifiée par un arrêt rendu en 1246, contre Enguerrand IV, sire de Coucy; mais avant d'en rappeler les circonstances, il faut dire un mot de trois autres contestations, dans lesquelles des pairs furent encore parties.

La première fut jugée sous Louis VIII en 1224. Nous avons déjà dit que Jean de Nesle, seigneur Flamand, avoit appelé à la cour du Roi, d'un déni de justice qu'il avoit éprouvé de la part de Marguerite, comtesse de Flandres. Sur sa plainte, Philippe-Auguste qui vivoit encore, avoit fait ajourner cette princesse, & l'ajournement ne lui avoit été porté que par deux chevaliers: il paroît qu'elle incidenta d'abord sur la forme; elle se prétendit dispensée de comparoître, jusqu'à ce que deux de ses pairs, suivant l'ancien usage, lui eussent notifié les ordres du Roi. Les choses en étoient-là, lorsque Philippe mourut; la comtesse qui espéroit d'être mieux traitée par son successeur, se rendit effectivement à la cour, & demanda que l'ajournement fût déclaré nul; mais que prononcèrent les *pairs & les barons* assemblés? « *quòd comitissa fuerat sufficienter & » competenter citata per duos milites, & » quòd tenebat & valebat submonitio per » eos facta de comitissa*: (que la comtesse » avoit été suffisamment & compétem- » ment ajournée par deux chevaliers, & » que la semonce qui lui avoit été faite » par leur ministère, étoit valable & » régulière) ».

Par-là, jugea-t-on, comme le prétend M. Moreau (1), que les deux chevaliers étoient ses pairs pour l'ajournement? je n'en sais rien, l'arrêt n'en dit pas un mot; & conjecture pour conjecture, j'aimerois autant dire qu'on jugea que l'usage allégué par la comtesse ne faisoit point loi dans la cour des pairs de France. Je sais bien que l'article 19 du chapitre 21 des conseils de Pierre des Fontaines, prouve que vers ce temps-là il falloit, dans les cours féodales des seigneurs, que l'ajournement fût signifié par deux pairs de l'accusé, avant qu'on pût procéder réguliérement à la confiscation de son fief; mais je ne trouve avant l'arrêt de 1224, aucun exemple de l'extension de cet usage aux ajournemens qui tendoient à faire comparoître un pair de France devant la cour du Roi.

En 1115, Eudes, comte de Chartres, fut ajourné par Richard, duc de Normandie, qui bien constamment étoit son pair; mais ce pair étoit seul.

En 1153, le Roi fit ajourner Eudes de Bourgogne, par un simple messager, *nuntium regium*.

En 1202, Jean-sans-Terre, roi d'Angleterre & duc de Normandie, le fut par un seul chevalier.

En 1216, ce furent deux chevaliers qui, conjointement avec un pair de France, ajournèrent Blanche, comtesse de Champagne.

Dans tous ces ajournemens, rien de fixe, rien de certain; tantôt une forme, tantôt une autre. Ne nous étonnons donc pas qu'en 1224, on ait jugé que la comtesse de Flandres avoit été assignée valablement par deux chevaliers.

Vers le temps où fut rendu cet arrêt, il s'éleva, entre Raymond VII, comte de Toulouse, & Amaury, comte de Montfort, un différend, qui prouve que

(1) Tome 17, page 521.

le droit d'un pair, d'être jugé par les pairs & barons, étoit regardé comme dépendant de l'hommage qu'il falloit auparavant prêter pour les fiefs qu'on tenoit de la couronne. Amaury contestoit à Raymond la possession de l'Albigeois & quelques autres terres du Languedoc ; il lui demanda, dans le concile de Bourges, s'il vouloit s'en rapporter au jugement des douze pairs de France, *ut subiret judicium duodecim parium Galliæ :* « que le Roi reçoive mon hommage, » repliqua Raymond, car je suis prêt à » m'en rapporter à ce jugement ; autrement ils ne voudroient peut-être pas » me reconnoître pour pair (1) ».

On voit qu'alors la distinction des douze pairs de France, d'avec les autres barons ou grands du royaume, étoit généralement reconnue. Il est vrai que c'étoit assez improprement que le comte de Montfort fixoit à douze le nombre de ceux par qui il proposoit de faire juger Raymond ; car Raymond lui-même ne devoit pas être compté, puisqu'il étoit partie.

En 1237, sous le règne de S. Louis, une contestation s'éleva entre ce prince & Thomas de Savoie, comte de Flandres, au sujet du serment qu'il devoit prêter au Roi. Trois pairs de France qui étoient présens au démêlé, furent pris à l'instant pour juges par le Roi lui-même ; c'étoient les évêques de Laon, de Langres & de Noyon ; ils rendirent leur jugement au désavantage du comte, en leur qualité même de pairs (2), & le comte s'y soumit.

L'arrêt rendu en 1246, contre Enguerrand IV, sire de Coucy, est singuliérement remarquable.

Trois jeunes nobles Flamands avoient été pris chassant dans les forêts de ce seigneur, qui les avoit fait pendre. L'abbé de l'Abbaye-du-Bois, de Saint-Nicolas-de-Laon, où ils étoient en pension, & le connétable de France, parent de l'un d'eux, demandèrent justice de cette atrocité au roi S. Louis. Le monarque fit ajourner le sire de Coucy à la cour.

« Quand le sire de Coucy entendit le » mandement du Roi, il vint à Paris, & » se présenta devant le Roi, & lui dit, » *qu'il ne devoit pas répondre de ce fait » devant le Roi, inçois en devoit répondre » devant les pairs de France, selon la cou» tume de baronnie.* A cela fut répondu du » conseil du Roi, que le seigneur de » Coucy ne tenoit pas sa terre en fief » de baronnie, & tout ce fut prouvé par » les registres de la cour de France... » par quoi il fut dit au seigneur de Cou» cy, qu'il répondroit devant le Roi, & » qu'il ne pourroit décliner sa cour (3) ».

Guillaume de Nangis raconte le même fait, & nous apprend que le Roi avoit commencé par s'assurer de la personne d'Enguerrand, en le faisant prendre, non par des pairs ou des chevaliers, mais par des officiers de sa cour. *Rex dominum de Couciaco, non per pares, nec milites, sed per clientes aulicos fecit capi.*

On ne traitoit donc point Enguerrand en pair, quoiqu'il fût vassal immédiat du Roi. Cela seul montre combien l'autorité royale avoit fait de chemin depuis Hugues-Capet. Sous ce prince, & sous les premiers de ses successeurs, on rendoit les droits de la pairie communs à tous les vassaux immédiats de la royauté, afin d'abaisser l'orgueil & d'affoiblir la puissance de ces grands feudataires qui menaçoient le trône, & pouvoient le renverser. Quand on eut commencé à réduire ceux-ci, on remit ceux-là à leur

(1) Mathieu Paris, page 329, édition de Londres, 1640.

(2) *Tunc præcepit Dominus rex nobis tribus qui præsentes eramus, & pares Franciæ sumus, ut super controversiâ prædictâ judicium diceremus.* Ce sont les termes de ce jugement : *Baluz. Miscell.* tome 7, pag. 266 & 267.

(3) Gr. Chroniq. de Fr. tome 2, fol. LVIII, édit. de Paris, 1514.

première place ; & pour resserrer d'autant mieux la dépendance où étoient les premiers de la cour du roi, en flattant leur amour-propre, on les éleva au-dessus des seconds.

Ce qui prouve sur-tout que les grands feudataires tinrent à honneur cette distinction, c'est qu'ils commencèrent alors à se décorer dans les actes de la qualité de *pairs*. On ne voit nulle part qu'ils l'aient prise avant le règne de S. Louis. Jusqu'alors on les avoit bien appelés collectivement pairs de France ; mais c'étoit seulement lorsqu'ils en faisoient les fonctions, & aucun d'eux ne s'en étoit fait en particulier un titre d'honneur. Henri III, roi d'Angleterre & duc de Guienne, est le premier qui, dans un traité fait en 1259, avec le roi S. Louis, ait ajouté la *pairie de France* à ses autres titres (1).

Que de révolutions n'a pas déjà éprouvées la pairie ! dans son origine & jusques vers la fin de la seconde race de nos rois, elle n'indique qu'un rapport d'égalité, tant entre les personnes nées dans la même condition, qu'entre les titulaires des dignités amovibles.

Après cela, elle se transforme en un corps immense, qui comprend autant de membres qu'il existe de possesseurs des offices & des fiefs mouvant immédiatement du roi, & devenus héréditaires.

Mais insensiblement il se fait, dans la foule de ces membres, un choix dicté par la politique des rois, & suivi par l'ambition des sujets. Le titre de *pair* est restreint aux plus grands vassaux de la couronne, qui cependant ne s'en croient pas redevables à la grace du souverain, mais le regardent comme inhérent à la possession de leurs fiefs, & en font un des principaux attributs de la puissance qu'ils avoient acquise.

Avançons, nous allons voir le roi lui-même créer des pairs, & par-là donner à la pairie une constitution toute nouvelle.

## §. III. *Troisième âge de la pairie.*

Quelques écrivains attribuent à Philippe-le-Hardi l'idée de créer des pairs. Ils assurent que vers l'an 1284, ce prince érigea le Valois en comté-pairie, en faveur de Charles, son cinquième fils.

Il est constant que Philippe-le-Hardi a donné à son fils Charles, le comté de Valois : mais il n'existe aucune preuve qu'il ait en même temps décoré cette province du titre de pairie. « Jusqu'à » présent, dit un auteur moderne (2), les » actes de cette érection n'ont point paru ; » on les a cherchés & on n'a trouvé » aucun indice qu'ils aient jamais existé ».

Les premières pairies d'érection que l'on connoisse ont été créées par Philippe-le-Bel. Le duché de Normandie, le comté de Toulouse & celui de Champagne étoient réunis à la couronne : par là, il se trouvoit trois pairs de moins que sous les règnes précédens. Pour les remplacer, le roi Philippe érigea en pairies les provinces d'Anjou, de Bretagne & d'Artois : la première en faveur de Charles, comte de Valois ; la seconde en faveur de Jean, duc de Bretagne ; & la troisième en faveur de Robert, tous princes du sang royal. Les lettres d'érection sont datées de Courtrai, du mois de septembre 1297 : le roi s'y exprime en ces termes : « considérant que le nombre de » douze pairs est tellement diminué, que » l'ancienne forme de notre état en paroît défigurée en plusieurs manières, » nous voulons rétablir l'honneur & la » gloire de notre trône par l'ornement » de ses anciennes dignités (3) ».

(1) Rymer, tome 1, page 45, col. 2.

(2) Les quatre Ages de la pairie, tom. 2, p 88.

(3) *Considerante insuper quòd duodecim parium qui in regno nostro antiquitùs esse solebant, adeo diminutus est numerus, quòd antiquus regni nostri status ex diminutione hujusmodi multipliciter deformatus videatur..... Volentes itaque regni nostri solium veterum dignitatum ornatibus reformare, &c.*

Philippe-le-Bel veut ensuite que les nouveaux pairs « jouissent des mêmes » prérogatives & des mêmes droits de » pairie, que son fidèle & bien aimé le » duc de Bourgogne leur *compair* ».

Louis Huttin, son successeur, suivit son exemple. Il érigea le comté de Poitou en pairie, & en investit Philippe-le-Long, son frère. On remarque dans les lettres qu'il donna à cet effet au mois d'août 1315, les mêmes expressions que dans celles de Philippe-le-Bel.

Le 17 Février 1331, Philippe de Valois donna à son fils Jean, le duché de Normandie, le comté d'Anjou & celui du Maine, pour les tenir, comme il l'exprima dans ces lettres, « à un fié & » hommage-lige & en pairie, par ledit » Jehan notre fils, lequel nous le avons » fait & faisons pair de France, avec » tous droits & honneurs de pairie (1) ».

En 1360, le roi Jean décora pareillement du titre de pairie, une partie de l'Auvergne & du Berry, avec déclaration expresse, que le nouveau pair qu'il créoit (c'étoit le prince Jean son fils) jouiroit & useroit « en toutes choses de tous » les honneurs appartenans aux duchés » pairies, avec le nom, les droits & » toutes autres prérogatives (2) ».

Nous ne finirions pas si nous voulions rappeler toutes les érections de pairies qui ont été faites en faveur des princes du sang, depuis que Philippe-

---

(1) Histoire généalogique & chronologique des pairs, tome 2, page 253. Mss. de Brienne, vol. 236, Bibl. du Roi.

(2) *Voy.* la collection des chartres & diplomes qui concernent les *Preuves des Mémoires des pairs*, pag. 553, 555 & 651.

Quelques-uns prétendent que les lettres qui érigèrent cette pairie, furent enregistrées au parlement; mais cela n'est pas certain.

« L'usage d'enregistrer au parlement les » lettres de pairie, n'est pas fort ancien (dit » l'auteur des quatre Ages de la pairie, tome 2, » page 265). Les premières lettres que l'on » connoisse de cette espèce, avec quelque certitude, sont celles du duché-pairie d'Alençon, datées du 1er juin 1414 (vieux style): » elles furent vérifiées au parlement le 13 » mai 1415, & enregistrées le même jour ». *Voyez* l'histoire des comtés d'Alençon & du Perche, page 316.

Au surplus, c'est toujours au parlement de Paris que doivent se faire ces sortes d'enregistremens. L'article 3 de l'édit du mois de mai 1711, le fait entendre bien clairement, lorsqu'il dit que les ducs & pairs « auront rang & séance » dans les cours de parlement, du jour de leur » première réception & prestation de serment » en la cour de parlement de Paris, après l'en» registrement des lettres d'érection, & seront » reçus audit parlement..... ».

On voit que le parlement de Paris est seul nommé dans cet article pour enregistrer les lettres de duché-pairie: mais cela exclut-il les autres parlemens du droit de les enregistrer concurremment avec lui, lorsqu'on les lui présente, à raison des biens situés dans leurs ressorts, sur lesquels la dignité de pair est assise? L'auteur des *quatre Ages de la pairie*, tome 2, p. 230, adopte l'affirmative: « On croit, dit-il, » que les pairs n'ont plus la liberté de faire en» registrer leurs lettres de pairies dans les parle» mens dont le ressort renferme leurs duchés» pairies. En 1657, le 15 février, M. de Vil» lars, duc & pair, porta ses lettres au parle» ment d'Aix, où elles furent enregistrées; » mais depuis l'édit de 1711, on n'a plus vu » d'exemple pareil ».

Cet auteur se trompe. Depuis comme avant l'édit de 1711, on a vu des lettres de duchés-pairies enregistrées dans des parlemens de province.

Par exemple, celles du duché-pairie de Rohan-Rohan, du mois d'octobre 1714, le furent au parlement de Bordeaux le 11 février 1715, & même avec la clause que le nouveau pair seroit tenu d'indemniser le sénéchal de S. Jean d'Angely, & que jusqu'à ce que cette indemnité fût acquittée, le droit de ressort sur le duché-pairie demeureroit à ce tribunal (Lapeyrere, *édit. de 1717*, *lettre* D., *nombre dernier*).

L'assertion de l'Auteur cité n'est donc pas exacte dans le fait; l'est-elle plus dans le droit? Je ne me permettrai pas de décider cette question; je dirai seulement que l'édit de 1711 la laisse entière; car les termes dans lesquels il s'exprime ne sont pas exclusifs par eux-mêmes: & que le Souverain n'ait pas eu intention directe & précise de les rendre tels, c'est ce qu'il a prouvé bien authentiquement, lorsqu'il a adressé au parlement de Bordeaux les lettres-patentes du duché-pairie de Rohan-Rohan.

le-Bel en eut donné l'exemple. Il suffit de dire en général que dans toutes les lettres-patentes données à ce sujet, les rois « vouloient que les nouveaux » pairs jouissent des mêmes droits, rangs, » honneurs, privilèges, franchises, » exemptions, prérogatives & prééminences que les autres pairs du royaume, » & comme les anciens en avoient de » tout temps joui & usé ».

Aussi voit-on, comme l'observe un auteur que nous avons déjà cité plusieurs fois (1), que depuis Philippe-le-Bel, les nouveaux comme les anciens pairs, ont assisté aux *procès de pairie ;* tous y ont opiné également & sans que ceux-là essuyassent la moindre contradiction de la part de ceux-ci.

Cette succession des nouvelles pairies aux droits des anciennes, a si bien passé en usage fondamental, que Charles VII ayant en 1457, fait consulter le parlement de Paris, sur les droits des nouveaux pairs à l'occasion du procès du duc d'Alençon, cette cour répondit en ces termes : *& doivent les nouveaux créés jouir de pareils privilèges & prérogatives que les douze pairs anciens, soit pour leur jugement, soit pour être appelés au jugement des autres* (2).

Cette réponse ne s'appliquoit pas seulement aux pairies érigées en faveur des princes du sang, les seuls qui, jusqu'à Charles VII, eussent été décorés par lettres, de cette marque d'honneur ; elle frappoit aussi par sa généralité sur celles que Charles VII lui-même avoit créées pour récompenser les services qu'il avoit reçus de deux princes étrangers.

Ces princes étoient Jacques, roi d'Ecosse, & Jean Stuart, sire d'Aubigny. Le premier avoit été gratifié par Charles VII en 1428, de la Saintonge & de Rochefort, pour les tenir *en pairie.* Le second avoit reçu du même Monarque en 1424, le comté d'Evreux avec le titre de pair.

Il paroît que ces concessions déplurent aux princes du sang, qui étoient depuis plus d'un siècle en possession d'être les seuls pairs de la couronne : aussi cette possession fut-elle respectée par Charles VIII & par Louis XI. Mais Louis XII ne fit aucune difficulté de suivre l'exemple de Charles VII ; par lettres-patentes du mois de mai 1505, enregistrées au parlement le 18 août suivant, il érigea en pairie le comté de Nevers, qui appartenoit à Engelbert de Cleves, prince allemand, allié de la maison de Bourbon.

François I éleva également à la dignité de pair, Claude de Lorraine, & cela en érigeant en duché-pairie le comté de Guise, auquel furent unies les baronnies & seigneuries d'Aubenton, de Rouvigny ou Remigny, de Martigues, de Watesales, d'Anies, de Coudry, de Hérissord, de Novion & leurs dépendances. Les lettres-patentes données à cet effet à Saint-Germain-en-Laye, au mois de Janvier 1527, furent enregistrées au parlement de Paris le 12 août 1528.

La chambre des comptes les enregistra aussi, mais avec cette modification : « sauf au procureur-général son action » pour faire unir & incorporer toutes » les baronnies & domaines qu'il saura » à l'avenir être sujets à cette union ». Dupuy, dans son traité des droits du roi, page 538, édition de 1655, dit qu'on a entendu cette clause des baronnies & terres unies au duché de Guise.

Les lettres-patentes portoient qu'au défaut des descendans mâles, la pairie seroit éteinte, mais que le duché subsisteroit. Elle s'éteignit en effet le 16 mars 1575, par la mort de François-Joseph de Guise, duc d'Alençon.

Henri II pensa comme ses deux prédécesseurs, qu'il pouvoit multiplier les pairies, pour en décorer des princes

(1) Les quatre âges de la pairie, tome 2, page 86.

(2) Registres du Parlement, année 1457.

étrangers. Par lettres-patentes de 1547, il érigea le comté d'Aumale en duché-pairie pour François de Lorraine-Guise. Le parlement refusa d'abord de les enregistrer ; il fit au roi le 3 octobre suivant, des remontrances portant (1) que le nombre des douze pairs étant complet, la pairie d'Aumale & celle de Montpensier devenoient surnuméraires ; que la cour le supplioit de déclarer dans ses lettres-patentes, que par la création de ces deux pairies, il n'entendoit pas préjudicier ni déroger à l'ancien nombre des pairs de France ; mais que ceux qui les tiendroient jouiroient seulement de leurs prérogatives, *jusqu'à ce que par effet les anciennes pairies fussent réduites en la jouissance de la couronne ; lequel cas advenant*, les surnuméraires demeureroient éteintes, & qu'il fût mandé à la cour seulement de faire enregistrer lesdites lettres, sans en faire aucune publication pour les causes que ledit seigneur roi & messieurs de son conseil-privé entendoient très-bien.

Le grand moteur de ces remontrances étoient le premier président Lizet, qui, dans plusieurs occasions, avoit déjà mortifié les Guise (2) : ceux-ci le firent destituer en 1550 ; & le 12 février 1551, les lettres furent enregistrées purement & simplement en présence du roi.

Ce n'étoit pas assez de deux pairies en France pour les Guise ; ils en obtinrent deux autres de Charles IX : ce prince, par ses lettres-patentes du mois de décembre 1569, & du mois de septembre 1573, enregistrées peu de temps après sans aucune difficulté, érigea en duché-pairie la principauté de Mercœur pour Nicolas de Lorraine, comte de Vaudemont, & le marquisat de Mayenne, pour Charles de Lorraine & leurs descendans tant mâles que femelles.

La première passa dans la maison de Conti en 1718 ; la seconde fut éteinte par la mort de Henri de Mayenne, duc de Lorraine & d'Aiguillon, pair & grand chambellan de France, tué au siège de Mayenne en 1621 ; mais elle fut ensuite rétablie sous le ministère du cardinal Mazarin, qui, après avoir porté pendant quelque temps le titre de duc & pair de Mayenne, la donna à Hortence Mancini, sa nièce, mariée à Armand Charles de la Porte, duc de Mazarin (3).

Sous Henri III, la maison de Lorraine fut gratifiée d'une quatrième pairie. Des lettres-patentes du mois de novembre 1581, confirmées par d'autres du 18 Mars 1582, décorèrent de ce titre le marquisat d'Elbeuf ; par-là Charles de Lorraine, marquis d'Elbeuf, devint pair de France ; & cette dignité s'est transmise à ses descendans de mâles en mâles, jusqu'à M. le prince de Lambesc, qui la possède aujourd'hui.

Sous le même règne, des lettres-patentes du mois de mai 1598, enregistrées le 27 avril 1589, & confirmées par d'autres du mois de mars 1544, enregistrées le 13 mai 1595, érigèrent en duché-pairie le comté de Montbazon, pour Louis de Rohan & ses descendans mâles. Cette terre & la dignité qui y est attachée sont aujourd'hui dans la main de M. le duc de Montbazon, prince de Rohan.

Au mois d'août 1595, le duché de Thouars fut érigé en pairie en faveur de Claude de la Trémoille ; mais les

(1) Ribier, tome 2, page 90.

(2) Il avoit un jour refusé d'opiner debout & découvert dans un Conseil présidé par le cardinal de Lorraine ; & pressé par ce prélat de suivre à cet égard l'exemple des autres, il lui avoit répondu : *Je ne vois ici personne digne de ce respect.* Une autre fois, un avocat donnant à MM. de Guise, dans son plaidoyer, le titre de prince, il l'interrompit, en lui disant que *la Cour ne donnoit ce nom qu'à ceux du sang.*

(3) Les quatre âges de la pairie, tome 2, page 180.

lettres n'en furent registrées que le 7 décembre 1599.

Au mois d'avril 1603, le vicomté de Rohan fut érigé en duché-pairie, pour Henri, vicomte de Rohan, prince de Léon, & ses successeurs mâles.

Ce titre s'étant éteint par la défaillance de la ligne masculine de Henri de Rohan, Louis XIV l'a rétabli en faveur de Henri Chabot, par des lettres-patentes du mois de décembre 1648, enregistrées au parlement le 13 juillet 1652.

Dans l'intervalle, d'autres lettres-patentes du mois de juillet 1626, avoient érigé la baronnie de Fontenai en duché-pairie en faveur de Benjamin de Rohan, seigneur de Soubise; dans la suite l'extinction de ses descendans mâles ayant opéré celle de la pairie, des lettres-patentes du mois d'octobre 1714, ont rendu cette dignité à la baronnie de Fontenai, sous le nom de Rohan-Rohan.

Au mois de février 1652, Frédéric Maurice de la Tour, duc de Bouillon, obtint des lettres-patentes qui érigèrent en duché-pairie les terres d'Albret & de Château-Thierry, & cela tant pour lui que pour ses descendans mâles & femelles, même pour le maréchal de Turenne, son frère. Ces lettres ne furent enregistrées que le 25 novembre 1665.

Dix ans auparavant, au mois de mai 1642, des lettres-patentes enregistrées le 18 juillet suivant, avoient fait don à Honoré de Grimaldi, prince de Monaco, du duché de Valentinois pour le posséder en pairie.

Cette pairie s'est éteinte dans la suite; mais elle a été rétablie pour la même maison, par d'autres lettres-patentes de 1716.

Les seigneurs françois ne virent point sans une certaine jalousie, des princes étrangers revêtus en France d'une dignité qui, avant le quinzième siècle, avoit été réservée aux princes du sang royal. Déjà Charles VII & Louis XII avoient accordé ce titre éminent à deux princes & à un seigneur qui n'étoient point nés leurs sujets, sans qu'aucun gentilhomme françois eût osé demander ou pu obtenir le même honneur; mais sous François I, Artus de Gouffier, seigneur de Boissi, fut moins timide & plus heureux: il obtint le 3 avril 1519, des lettres-patentes qui élevèrent sa baronnie de Rouane au titre de duché-pairie.

Ces lettres furent sans effet pour lui; il mourut avant d'avoir pu les faire enregistrer, & par-là il fut privé de l'honneur d'être compté pour le premier pair-gentilhomme.

Cet honneur étoit réservé à un Montmorenci; & sans doute c'étoit la maison qui le méritoit le mieux, par son ancienneté, par ses alliances illustres, par les grandes terres qu'elle possédoit, par les charges honorables qu'elle avoit remplies, & sur-tout par les grands services qu'elle avoit rendus à l'État. Aussi le parlement & la chambre des comptes enregistrèrent-ils sans difficulté, le 4 août 1551, les lettres de pairie accordées par Henri II, à Anne de Montmorenci, connétable de France, au mois de juillet précédent.

Cette pairie s'éteignit sous Louis XIII, par la mort funeste de Henri, duc de Montmorenci, amiral & maréchal de France (1), décapité à Toulouse le 30 octobre 1632.

Le second gentilhomme créé pair, fut Jacques de Crussol, duc d'Uzès, de qui descend le doyen des pairs laïques actuels. Son duché fut érigé en pairie en 1572, & la même année, il fit vérifier au parlement les lettres de son nouveau titre. Ce duché y est comparé aux apanages des princes du sang royal; le duc & ses hoirs doivent le tenir en pairie, *comme sont*, dit le souverain, *les autres terres baillées par nous en apa-*

(1) *Ibid*, page 182.

*nages*. Il ajoute que s'il retourne à la couronne « à défaut de mâles, il pourra » tenir lieu d'une pairie d'apanage pour » les derniers enfans de France, & être » convenable à leur grandeur, rang & » dignité ».

Cette clause fait allusion à l'édit du mois de juillet 1566, par lequel Charles IX avoit déclaré qu'il ne seroit fait aucune érection de terres en duchés, marquisats & comtés, sinon à la charge qu'elles seroient réunies inséparablement à la couronne, dans le cas où les propriétaires viendroient à décéder sans hoirs mâles.

Cette loi s'appliquoit aux duchés-pairies comme aux simples duchés; on peut même dire qu'elle étoit surabondante par rapport aux premiers, dès-là qu'on étoit convenu de les assimiler aux apanages.

On a donc eu raison, dit à ce sujet l'auteur d'un mémoire publié pour les ducs & pairs en 1711, contre le marquis d'Antin; « on a donc eu raison d'assurer que toutes les anciennes pairies, » soit que l'on considère le fief qui leur » étoit joint, ou l'office qui y étoit » annexé, étoient des démembremens de » la couronne, & du pouvoir souverain de nos rois. C'est pourquoi si, » dans les pairies nouvelles, le fief n'est » pas originairement du domaine de la » couronne, il s'y réunit néanmoins en » quelque façon dans le temps de l'érection; pour lors on est obligé de » feindre d'un côté, que le vassal remet sa terre entre les mains du roi, » & de l'autre, que le roi la lui accorde de nouveau par un titre d'inféodation si noble & si excellent, » qu'il change la qualité de sa terre, » & souvent même l'ordre & la nature » de la mouvance. C'est sur ce principe » qu'est fondée la réunion des duchés » au domaine royal, & que la jurisprudence des arrêts conserve au fief » le droit de mouvance immédiate de » la couronne, après même que le titre » de duché est anéanti (1) ».

Gardons-nous cependant de conclure de-là que les pairies nouvelles doivent être considérées comme de véritables apanages. « Il faut convenir, dit l'auteur » des quatre âges de la pairie (2), que la » ressemblance entre les pairies nouvelles & les apanages est bien imparfaite. Les rois semblent ne l'avoir » admise que pour déclarer que les duchés-pairies sont réversibles à la couronne, & qu'ils se déférent de droit » commun *par lignes*, comme les apanages ».

Mais reprenons le fil historique des érections de pairies.

Au mois de mars 1582, Henri III donna un édit par lequel « recevant tous » les jours les instantes requêtes qui lui » sont faites par plusieurs seigneurs sous » diverses prétentions, & suivant ce » chacun croit mériter, pour obtenir » des titres & des érections de pairies, » ce qui y apporte une confusion qui » ne peut être réprimée que par une » sûre & inviolable loi, il ordonne :

» 1°. Qu'il ne sera érigé aucune terre » en duché-pairie, si la terre & les annexes ne valent 8000 écus de revenu » annuel.

» 2°. Que la pairie ne sera qu'à vie, » & qu'après le décès du duc-pair en » faveur de qui l'érection aura été faite, » la terre & le duché-pairie seront réunis & incorporés au domaine, soit » qu'il y ait des enfans mâles ou femelles descendans de lui, ou qu'il n'y » en ait pas ».

3°. Il veut « que si par importunité ou » autrement les lettres d'érection sont » accordées sans cette clause, les cours » de parlement n'y aient aucun égard, » & qu'elles en refusent l'enregistrement ».

(1) *Voyez* le Répertoire de Jurisprudence, au mot *Duché*.

(2) Tome 2, page 172.

4°. Il

4°. Il excepte de la rigueur de l'édit » les princes du ſang & les autres princes » reconnus en France, pour l'honneur » de leur perſonne & la dignité de leur » ſang ».

Cet édit fut enregiſtré au parlement le 10 avril 1582.

S'il eût été exécuté ſévérement, il eſt à croire que les gentilshommes françois ſeroient peu empreſſés de ſolliciter les honneurs de la pairie, & qu'on n'auroit guère vu en France d'autres pairs que les princes exceptés de ſes diſpoſitions.

Mais les ſucceſſeurs de Henri IV & Henri III lui-même ſe ſont laiſſés gagner, & les pairies ſe ſont multipliées encore plus ſous eux que ſous les règnes précédens: Louis XIV en a créé juſqu'à quarante-deux, ſans compter celles qu'il a érigées en faveur des princes & des princeſſes du ſang.

Nous ne rappellerons pas ici les titres d'érection de toutes ces pairies; un auſſi long détail ne ſerviroit à rien pour celles qui ſont éteintes; il ſuffira d'indiquer les loix par leſquelles ont été créées les pairies qui exiſtent encore; & c'eſt ce que nous ferons plus à propos dans la deuxième ſection de cette partie de notre chapitre.

Mais parmi les pairies en général ſoit éteintes, ſoit actuellement ſubſiſtantes, il en eſt qui, par leur ſingularité, méritent une attention particulière. Ce ſont celles qui ont été créées pour des femmes.

Les pairies anciennes étoient, comme on le verra dans la ſection III, tranſmiſſibles aux femmes comme aux hommes. Ce fut ſans doute cette juriſprudence qui, par la ſuite, donna l'idée à pluſieurs de nos rois, d'ériger des pairies féminines.

Charles VI eſt le premier qui ait conçu ou du moins réaliſé cette idée. Ce prince érigea au mois de juin 1399, le comté de Blois en duché-pairie, pour Valentine de Milan, mariée à Louis duc d'Orléans. Chopin, dans ſon traité du domaine, livre 3, titre 7, chapitre 6, date cette érection du 22 mai 1404, mais on croit qu'il s'eſt trompé.

L'exemple de Charles VI fut ſuivi par Louis XII. N'ayant point d'enfans mâles, il érigea au mois de février 1505, le comté de Soiſſons en pairie pour Claude de France, ſa fille aînée, depuis femme de François I, ainſi que pour ſes héritiers, tant mâles que femelles, ſoit en ligne directe, ſoit en collatérale.

Au mois de janvier 1538, François I érigea le comté de Nevers en duché-pairie, en faveur de Marie d'Albret, veuve de Charles de Cleves, & de ſes hoirs mâles ou femelles.

Henri IV, par ſes lettres du mois de juillet 1597, érigea en duché-pairie le comté de Beaufort, & en gratifia la marquiſe d'Eſtrées, à la charge de le tranſmettre à *Céſar Monſieur*, leur fils légitimé.

Louis XIII décora de la pairie le duché d'Aiguillon, en faveur de Marie de Vignerod, veuve d'Antoine du Rouvre, ſeigneur de Combalet, & de ſes héritiers & ſucceſſeurs, telle qu'elle voudroit choiſir. Les lettres-patentes données à ce ſujet en janvier 1638, furent enregiſtrées au parlement de Paris le 19 mai ſuivant: il en ſera plus particuliérement queſtion ci-après, ſection III.

Louis XIV créa auſſi pluſieurs pairies féminines.

La première fut aſſiſe ſur le comté d'Eu, par lettres-patentes du 15 mai 1660, enregiſtrées le 30 juillet de la même année, en faveur de la princeſſe Marie-Louiſe d'Orléans, ſes hoirs & ayans cauſe.

La ſeconde fut érigée par des lettres-patentes du mois de mars 1661, pour la marquise de Geneci, comtesse de Redan, & après elle pour la comtesse de Flein ; mais ces lettres ne reçurent pas le sceau de l'enregistrement.

La troisième fut créée par des lettres-patentes du mois de mai 1667, enregistrées le 14, qui décorèrent de ce titre la terre de Vaujour & la baronnie de Saint-Christophe en faveur de Louise-Françoise de la Beaume-le-Blanc de la Valiere, de Marie-Anne princesse légitimée, & de ses descendans tant mâles que femelles.

La quatrième fut accordée à Louise-Renée de Penenrouet de Kerouald, duchesse de Porstmout, & après elle, à Charles de Lenox, son fils, duc de Richemont, fils naturel de Charles II, roi d'Angleterre : les lettres-patentes en furent expédiées en janvier 1684; mais le parlement ne les vérifia point.

Une question qui se présente ici naturellement, est de savoir si les nouvelles pairies, c'est-à-dire, celles qui sont érigées par lettres, ont les mêmes prérogatives que les anciennes, ou pour parler avec plus de précision, que celles dont étoient revêtus, dans le second âge, les grands vassaux de la couronne ?

Nous avons déjà vu différentes lettres-patentes, & le parlement lui-même, en 1457, établir nettement l'affirmative pour les pairies créées jusqu'alors, non-seulement en faveur des princes du sang royal, mais encore pour un prince & un seigneur étranger.

Pourquoi donc en seroit-il autrement de celles qui n'ont été érigées que depuis ? L'autorité royale n'est assurément pas plus bornée aujourd'hui qu'elle ne l'étoit sous Philippe-le-Bel, sous Philippe-de-Valois, sous le roi Jean, sous Charles VII; & ce qu'elle pouvoit faire alors, le bon sens nous dit qu'elle le peut encore actuellement.

Cependant il s'est trouvé des écrivains qui ont pensé différemment.

Boulainvilliers, entre autres, croit que nos souverains ont, « pour ainsi » dire, dégradé la prééminence de la » pairie, en la communiquant à de » petites terres ».

Mais qu'importe à cette dignité l'étendue de la glebe sur laquelle elle est assise ? Il est vrai, dit l'auteur du treizième mémoire publié par les pairs en 1664, p. 64, 66 & 67 ; « il est vrai que les pairs nou» veaux ne sont pas si grands seigneurs ni » si puissans que les ducs de Bourgogne, « de Normandie, d'Aquitaine.... Mais.... » les Rois ayant depuis sagement consi» déré que la dignité de pair ne dépen» doit point de l'étendue des fiefs, ils » ont cru pouvoir, en de moindres du» chés & comtés, conserver la grandeur » & l'éminence de ce titre. Ainsi ils ont » commencé, dans ces derniers temps, » à faire des successeurs aux anciens » pairs, qui, avec une moindre puis» sance pour ce qui regarde l'étendue » de leurs seigneuries, soutiennent la » même dignité & le même rang, & » jouissent des mêmes prérogatives & » des mêmes droits ».

Chopin avoit dit la même chose avant cet auteur, dans son traité du domaine, liv. 3, tit. 2. Il y soutient que l'éminence d'une dignité ne dépend point de l'étendue d'un fief; que cette étendue est étrangère à la pairie ; qu'elle ne la rend pas plus noble ; comme l'étendue d'un diocèse ne contribue point à relever le caractère épiscopal.

Cette idée est bien avantageusement confirmée par la lettre que Philippe-le-Bel écrivit au pape Clement V, en 1307. « Quoique l'église de Laon (y » est-il dit) ait peu de biens, néanmoins » parce qu'elle est honorée du titre de » pairie, nous la considérons comme » surpassant en noblesse & en excel» lence, les autres églises de notre » royaume, qui ne jouissent pas de cette » prérogative ; nous regardons son hon» neur comme faisant partie de notre

» propre honneur & de celui de notre » couronne (1) ».

Voilà des raisons formelles & des autorités décisives; cependant on insiste encore. « Pour connoître avec précision » & par principes ( dit l'auteur de la » requête publiée par la noblesse en » 1716 ) quels sont les droits des ducs » & pairs, il faut distinguer dans leur » personne le *duché* & la *pairie*. Le *duché* » est une seigneurie, & la *pairie* est un » office. Un duc, par son duché, n'a » aucune part à la puissance publique.... ; » mais la pairie, qui est un office, lui » donne droit d'exercer cette puissance... » Elle lui donne droit de séance & voix » délibérative au parlement, après avoir » prêté le serment à vingt-cinq ans.

» Les pairs ( continue-t-il ) ont aussi » le droit de délibérer dans les lits de » justice, immédiatement après les prin- » ces du sang; d'assister au sacre & au » couronnement des Rois; d'y *représenter* » les anciens pairs au défaut des princes » du sang & des princes légitimés qui » ont des pairies (2). Ils n'ont donc pas » toutes les prérogatives des anciens » pairs, autrement ce seroit une injus- » tice de leur donner un nom emprunté, » & de leur faire *représenter les pairs an-* » *ciens*, puisqu'ils seroient pairs comme » eux ».

Raisonner ainsi, c'est lutter contre la loi. Assurément on ne contestera pas aux princes du sang royal, l'honneur d'égaler au moins en dignité les anciens pairs. Une foule de lettres-patentes, en les créant pairs eux-mêmes avant le règne de Charles VII, ont expressément déclaré qu'ils avoient, en cette qualité, toutes les prérogatives de ceux-ci, & le parlement n'en a fait aucun doute en 1458. Cependant les fonctions qu'ils remplissent aux sacres des Rois, ils ne les remplissent que par *représentation des pairs anciens* (3) : donc l'argument tiré de cette représentation, prouve trop, & par conséquent ne prouve rien.

Mais, au surplus, notre question est résolue par toutes les lettres-patentes des nouvelles pairies. Consultons-les; nos Rois y veulent que les nouveaux pairs jouissent « des mêmes droits, » rangs, honneurs, privilèges, franchi- » ses, exemptions, prérogatives & préé- » minences que les autres pairs du » royaume, & comme les anciens pairs en ont de tout temps joui & usé ».

Pour achever de faire connoître l'état actuel de la pairie, disons un mot de l'hommage auquel sa nature de dignité féodale l'assujettit envers le Roi.

La conduite des pairs depuis Philippe-le-Bel, nous offre sur ce point trois usages différens.

Les uns, c'étoient les plus puissans, ont refusé de faire hommage au Roi de leur dignité. C'est ce que nous apprend l'avocat-général Marion, dans son neuvième plaidoyer, page 235. « Aucuns » des ducs, dit-il, de crainte que l'hom- » mage de la pairie ne les astregnît d'un » lien plus étroit que celui du duché, » étant interpellés de les conjoindre en- » semble, ne le voulurent faire; ains » ayant rendu celui du duché, s'excu- » sèrent de l'autre ». De ce nombre furent les ducs de Bretagne. Comme ils n'avoient point sollicité la pairie, & que Philippe-le-Bel les en revêtit presque malgré eux, ils firent toujours difficulté d'en joindre l'hommage à celui de leur duché. Le duc François II ne fit au roi Charles VII que l'hommage de son duché, & ce Monarque ne le pressa pas de prêter celui de la pairie (4).

(1) *Laudunensem ecclesiam licet in facultatibus tenuem inter cæteras regni nostri ( ut potè paritate sive paragio regni ejusdem dolatam ) excellentiâ nobilissimam reputamus..... cujus honorem nostrum & regni nostri proprium arbitramur.*

(2) *Voy.* ci-après, section 6.

(3) *Voy.* ci-après, section 6.

(4) Lobineau, Histoire de Bretagne, page 672.

D'autres prêterent pour la pairie un hommage séparé de celui du fief. Nous en trouvons plusieurs exemples dans les *preuves des mémoires des pairs*, page 564, 565 & 567. On y voit Louis, comte de Flandres, faire hommage au roi Charles V, le 27 juin 1364, par deux actes séparés, l'un pour le comté, & l'autre pour la pairie. On y remarque aussi un acte du 23 mai 1404, dans lequel sont énoncés deux hommages rendus à Charles VI par Jean duc de Bourgogne & comte de Nevers, le premier pour le duché de Bourgogne, & le second pour la dignité de pair. On y voit enfin que l'année suivante, ce prince prêta encore deux hommages au même souverain; l'un pour le comté de Flandres, dont il avoit hérité du chef de sa mère, & l'autre pour la pairie. Ces deux hommages sont exprimés séparément dans le même acte qui est du 26 août 1405, & dans un autre daté du même jour. Le volume 137 des manuscrits de la bibliothèque du roi nous en présente plusieurs autres semblables, notamment pour le comté & la pairie d'Artois: la dignité de pair y est clairement distinguée de la propriété de la terre à laquelle elle étoit attachée.

D'autres enfin n'ont rendu qu'un hommage pour leur pairie & pour leur fief, & il y a long-temps qu'il entre dans la formule des lettres-patentes qui créent de nouveaux pairs, de déclarer qu'ils tiendront leurs duchés-pairies à une seule foi-hommage. C'est ce qu'on remarque singuliérement dans les lettres-patentes du mois de février 1514, de janvier 1527, de janvier 1538, de septembre 1573, d'août & de novembre 1581, de janvier 1621, de mars & d'avril 1622, d'août 1631, de juillet 1637, de janvier 1638, de mars 1711, & d'octobre 1714, qui érigent en duchés-pairies le comté de Vendôme, le comté de Guise, le comté de Nevers, le marquisat de Mayenne, le vicomté de Joyeuse, le marquisat d'Elbeuf, la baronnie d'Epernon, le comté & baronnie de Retz, le comté de Chaulnes, la baronnie de Ville-Bois, le comté de la Rochefoucault, la terre de Richelieu, le marquisat de la Force, la terre d'Aiguillon, le marquisat de Rambouillet & la baronnie de Fontenay.

On trouve même dans *l'histoire de la maison de France*, livre 22, chapitre 2, des lettres-patentes beaucoup plus anciennes qui contiennent la même clause. Ce sont celles du 14 mars 1335, par lesquelles le Roi fait don à Philippe, comte d'Evreux, & à Jeanne de France, Roi & Reine de Navarre, de 5000 livres de rentes sur le trésor royal, de 7000 livres dont il promet de fixer l'assignat, & de 3000 autres livres de la même nature. Il y est dit qu'ils tiendront ces rentes en *baronnie & pairie, à une seule foi & hommage de la couronne de France.*

En s'exprimant ainsi, nos Rois ont fait entendre deux choses.

La première, que la pairie est une dignité unie à un fief;

La seconde, qu'elle est cependant sujette à un hommage particulier, & que c'est par grace qu'ils permettent de le faire en même tems que celui du fonds sur lequel elle est assise.

On voit par-là qu'ils ont pris à tâche de ne point faire perdre à la pairie le caractère d'office, quoiqu'elle fût devenue une dignité féodale. « Les anciens actes » de l'hommage & du serment de fi» délité, dit l'auteur des *quatre âges de* » *la pairie* (1), lui ont conservé ce ca» ractère; ils expliquent même la nature » de cet office. Les pairs y sont appelés » *membres de la couronne*, *ministres de* » *la paix & de la guerre*, *la plus noble* » *portion du corps politique*. La promesse » qu'ils ont faite d'assister le Roi dans ses » hautes & importantes affaires, leur a » mérité le titre de *laterales Regis*, qu'on » leur donnoit autrefois.

» La pairie (continue le même au-

(1) Tome 2, page 93.

» teur) est donc un office féodal, bien » différent des simples titres de duc ou » de comte, quoiqu'ils soient aussi réels » & unis aux terres ». C'est ce qui résulte de cette clause qu'on trouve dans plusieurs lettres des anciennes érections, *qu'en cas que la terre érigée en pairie passe en d'autres mains que celles de la ligne du premier investi, la pairie sera éteinte, & que la terre ne sera plus qu'un duché ou un comté.*

« La pairie (dit encore le même au» teur) est ainsi devenue *un honneur ajouté » à un autre honneur*, comme s'expri» ment les Rois dans plusieurs érec» tions; c'est le comble de la grandeur » à laquelle le roi en France peut élever » un de ses sujets; c'est une dignité per» sonnelle & réelle à la fois, autant at» tachée aux fiefs qu'aux familles, puis» qu'elle suit le sort de la terre, dans » les cas où elle peut subsister avec elle. » L'objet des fondateurs des pairies a » toujours été, que tant que le fief pas» sera à un mâle descendu du premier in» vesti, la dignité demeurera toujours » attachée au fief; mais que lorsqu'il tom» bera à un sujet incapable de posséder la » pairie, celle-ci soit éteinte. La pairie » féodale est donc mixte, réelle autant » que personnelle.

» Il faut donc mettre une grande dif» férence entre la pairie & toutes les » charges & offices de l'état, quelle que » soit leur dignité. Elle n'a jamais été » vénale; les pairs ont toujours passé » pour les juges & les arbitres des gran» des affaires, & on a toujours cru qu'il » ne convenoit point de communiquer » cette puissance à des hommes dont » le principal mérite consiste à être » riches ».

## SECTION II.

### *Du rang des Pairs.*

Nous ne voulons parler ici ni du rang des pairs à l'égard des autres seigneurs, ni de celui des pairs laïques à l'égard des pairs ecclésiastiques. Le premier de ces objets sera la matière de la section VII; le second sera traité dans la seconde partie de ce chapitre.

Il ne sera donc ici question que du rang des pairs entre eux.

Or, à cet égard, nous avons deux questions à examiner.

1°. Quels étoient les rangs des anciens pairs?

2°. Quels sont ceux des pairs actuels?

I. Les auteurs qui ont écrit sur les rangs des anciens pairs, ont été singulièrement partagés sur la préséance. Les uns l'ont donnée au duc de Narbonne, d'autres au duc de Normandie, ceux-ci au duc d'Aquitaine, & ceux-là au duc de Bourgogne (1).

1°. Les écrivains qui placent le duc de Narbonne à la tête des anciens pairs, sont le père Vaissette (2) & l'auteur d'une ancienne chronique sur laquelle il s'appuie.

Suivant eux, il a joui de ce rang jusqu'au règne de S. Louis. Sans doute, dit le premier, « qu'il lui aura été assi» gné dès le tems de la réduction des » anciens pairs de France au nombre » de douze.... Mais comme Raimond » VII, comte de Toulouse, céda, en » 1229, au roi S. Louis son duché de » Narbonne.... il n'aura plus eu depuis » de droit à la pairie, que pour le com» té de Toulouse, dont il fit hommage » à ce prince; & par conséquent il n'aura » pris dans la suite son rang de pair, » que parmi les comtes laïques, dont il » fut le premier.

» Les comtes de Toulouse (continue le » même auteur) ont toujours été du » nombre des douze pairs, dès le tems » de leur institution. Il est plus vrai-

(1) Histoire de Bourgogne, tome 1, dissert. 3, page 471.

(2) Histoire de Languedoc, tome 3, page 578.

» semblable qu'ils ont été mis en ce rang » par une dignité supérieure, savoir, » comme ducs de Narbonne, que par » une dignité inférieure, telle qu'étoit » celle de comte de Toulouse. Par la » dignité de ducs de Narbonne, ils de- » voient avoir la préséance sur tous les » autres ducs ou grands vassaux du » royaume : car ce duché, qu'ils te- » noient héréditairement depuis le com- » mencement du dixième siècle, n'étoit » pas différent de l'ancien duché de Sep- » timanie, dignité beaucoup plus an- » cienne que les duchés de Bourgogne » & de Normandie. D'ailleurs, il con- » venoit que le roi Philippe-Auguste, » en réduisant à douze les principaux » pairs du royaume, donnât la première » place parmi les pairs laïcques à Ray- » mond VI, duc de Narbonne & comte de » Toulouse, son cousin-germain, qui, » outre sa dignité, pouvoit le disputer » à tous les autres, & pour la naissance » & pour l'étendue de ses domaines ».

Ces raisons pourroient être de quelque poids, comme l'observe l'auteur des *quatre âges de la pairie*, tome 2, page 194, s'il étoit vrai que Raymond eût préféré la qualité de duc de Narbonne à celle de comte de Toulouse ; mais il est constant, & don Vaissette lui-même prouve que ce prince s'appeloit indifféremment comte de Toulouse, comte de Saint-Gilles, duc de Narbonne, & comte de Nismes.

On ne voit pas d'ailleurs que les comtes de Toulouse aient été fort jaloux de la pairie, ni des prérogatives qui y étoient alors attachées, puisque, de l'aveu du père Vaissette (1), il n'est prouvé par aucun monument que, dans l'espace de trois siècles, ils aient assisté aux sacres des Rois, ni aux autres cérémonies auxquelles les grands vassaux avoient coutume de se trouver.

2°. Ceux qui attribuent au duc de Normandie la préséance sur les autres pairs, se fondent sur l'autorité de Mathieu Paris, & sur ce qu'au sacre de Philippe-Auguste, Henri Courmantel portoit, comme duc de Normandie, la couronne du nouveau Monarque.

Mais d'abord, Mathieu Paris a écrit dans un temps où la Normandie étoit entre les mains des Anglois à qui il étoit entiérement dévoué ; & s'il suppose que la préséance appartenoit au duc de cette province, c'est uniquement parce qu'il étoit Roi : raison bien foible assurément.

A l'égard du sacre de Philippe-Auguste, il est vrai que Roger de Howeden, historien Anglois (1), dit que c'étoit par un droit inhérent au duché de Normandie, que Henri Courmantel y avoit porté la couronne. Mais, de deux choses l'une : ou le nombre des pairs étoit alors réduit à douze, ou il ne l'étoit pas encore.

Dans la première hypothèse, il faut dire qu'il ne s'en est trouvé que deux au sacre de Philippe-Auguste, puisque le duc de Normandie & le comte de Flandres sont les seuls que l'historien désigne ; & alors tout ce que prouvera son récit, c'est que le duc de Normandie avoit la prééminence sur le comte de Flandres, mais non pas qu'il l'avoit également sur les autres pairs.

Dans la seconde hypothèse (qu'on a démontré ci-dessus, section 1, §. 3, être la véritable), il faut dire que les fonctions qui depuis ont été remplies par les pairs aux sacres des Rois, n'étoient dans la cérémonie de 1179, ni réglées, ni distribuées à chacun d'eux. Aussi Roger de Howeden, en décrivant

(1) *Loc. cit.* page 579.

(1) *Henricus autem, rex Angliæ filius, in progressione à thalamo usque in ecclesiam, ipso die coronationis, ibat antè illum gestans coronam auream de jure ducatus Normanniæ quâ prædictus Philippus, coronandus erat, & Philippus comes Flandriâ, præibat ferens antè illum gladium regni.* Roger de Howeden, *ann. Angl. ad ann.* 1179. Recueil de Lancelot, page 13.

cette cérémonie, dit-il en général que les autres ducs, comtes & barons, précédoient & ſuivoient le jeune roi Philippe rempliſſant chacun leur miniſtère. *Alii verò duces, comites & barones præibant & ſequebantur, diverſi diverſis deputati obſequiis, prout res exigebat.* Dans tout cela, pas la moindre mention du mot de pair; ſilence qui ne vient ſans doute que de ce qu'on ne diſtinguoit pas encore, à cette époque, la pairie d'avec la baronnie. Et dès-lors, les honneurs accordés au duc de Normandie dans le ſacre de Philippe-Auguſte, ne peuvent pas décider qu'il étoit doyen des pairs.

Qu'importent au reſte les uſages de ces temps reculés & que nos annales ont laiſſés couverts de ténebres? venons aux lits de juſtice de 1331 tenus pour le procès de Robert d'Artois: nous y trouverons une déciſion préciſe, & ſur le rang des pairs anciens, & ſur celui des pairs nouveaux.

Les pairs anciens, y eſt-il dit, doivent ſiéger dans cet ordre: le duc de Bourgogne, le duc de Normandie, le duc d'Aquitaine, le comte de Toulouſe, le comte de Flandres, le comte de Champagne. Pour les nouveaux pairs, leur ſéance ſe règle par la date de leur création (1).

(1) *Voici ce que contient le premier feuillet du regiſtre du procès de Robert.*

Au temps ancien n'avoit que douze pairs en France, ſix lays & ſix clercs....; c'eſt à ſavoir....:

Les pairs lays,

*Les Ducs.*

Le duc de Bourgogne,
Le duc de Normandie,
Le duc d'Aquitaine.

*Les Comtes.*

Le comte de Tholoſe,
Le comte de Flandres,
Le comte de Champagne.

Ces pairs anciens ſont mis ſi comme ils doivent ſeoir en jugement en la préſence du Roi, & doivent li pairs lays ſeoir à la dextre, & li pairs clercs & prélats à la ſéneſtre du Roi.

La primauté donnée dans cette occaſion à la pairie de Bourgogne, lui fut confirmée par le Roi Jean en 1363. Le duché auquel elle étoit attachée, ſe trouvant réuni à la couronne, ce Monarque en inveſtit Philippe ſon fils, & en même temps il créa ce prince premier pair de France: *Ducem primumque parem Franciæ facimus & creamus.* Ce ſont les termes des lettres-patentes données à ce ſujet.

Mais il eſt étonnant que ceux des anciens pairs qui exiſtoient encore à cette époque, n'aient point réclamé contre une faveur auſſi contraire au principe déja établi pour le rang des nouveaux pairs. Il eſt certain que la réunion du duché à la couronne en avoit éteint la pairie & les prérogatives: il falloit donc une nouvelle création pour les lui rendre; mais en ce cas, ce n'étoit que du jour de la nouvelle création que le nouveau duc de Bourgogne devoit avoir ſéance. Mais ſoit reſpect pour le ſang royal qui couloit dans les veines de Philippe, ſoit ſoumiſſion à la volonté du Roi, qui lui avoit donné la primauté, les autres pairs ne firent aucune difficulté de lui céder le pas; &, comme on l'a vu ci-devant, chapitre des princes du ſang, le conſeil du roi Charles VI le lui confirma de la manière la plus préciſe en 1380. De-là la préſéance qu'obtinrent les députés de Bourgogne aux états généraux de Tours, en 1484, ſur ceux des autres provinces.

*Les Pairies nouvelles.*

Le roi de Navarre, pour cauſe de ſon comté d'Evreux, & la terre qu'il tient au royaume de France,

Le comte d'Alençon,
Le comte d'Artois,
Le duc de Bourbon,
Le duc de Bretagne,
Le comte d'Eſtampes,
Le comte de Clermont.....

Les pairs nouveaux devroient ſeoir ſelon le temps; c'eſt à ſavoir chacun ſiée premier, ſelon que premier a été fait pair.

Les nouveaux pairs, comme nous l'avons déjà dit, ne doivent prendre séance que du jour de leur réception à la dignité qui leur est conférée par le Roi : cette règle a cependant été enfreinte dans plusieurs occasions.

Au mois d'août 1581, Henri III qui avoit pour Anne de Joyeuse une affection singulière & projettoit dès-lors de lui faire épouser l'une de ses belles-sœurs, érigea sa terre de Joyeuse en duché-pairie, avec la clause que le nouveau pair *marche, opine & délibère, par prérogative particulière, après les princes & avant tous autres ducs & pairs quelconques.* Le parlement refusa d'abord d'enregistrer les lettres-patentes qui contenoient cette clause. Mais des lettres de jussion firent violence aux suffrages des magistrats, & Joyeuse fut reçu pair le 7 septembre 1581, à la condition prescrite par le Roi.

Au mois de novembre suivant, Louis de Nogaret, destiné à épouser la seconde belle-sœur du Roi, obtint une faveur semblable. Henri III lui fit présent de la baronnie d'Épernon, & l'érigea en duché-pairie, avec injonction expresse de lui donner rang après le duc de Joyeuse.

Les autres pairs s'opposèrent en vain, sous Henri III, à ces innovations. Elles furent confirmées par la déclaration du 5 avril 1582 ; il y est dit *qu'excepté les princes du sang, les quatre maisons de princes qui sont dans le royaume, les ducs de Joyeuse, d'Epernon, & ceux dont les terres ont été érigées en pairie par le feu roi Henri*, aucune personne, sous prétexte d'érection de duché, de marquisat, de comté, ou d'autres titres, ne pourra précéder, marcher ni devancer, en quelque lieu que ce soit, les officiers de la couronne (1).

Mais après la mort de Henri III, les ducs & pairs renouvelèrent leur opposition. L'affaire fut discutée devant Henri IV au mois de septembre 1596, & ce Monarque s'empressa de porter remède à la plaie que l'abus de la faveur avoit faite à la justice. Par des lettres-patentes du même mois, il rendit au duc de Montmorency, dont l'érection précédoit celle des ducs de Joyeuse & d'Epernon, le rang qui lui avoit été ôté, & ce prince déclara qu'il le faisoit pour se conformer *à l'ordre ancien du royaume & à la date de l'érection.* Ce sont les termes des lettres-patentes, & ils sont répétés dans l'arrêt du 14 mars 1597, qui les a enregistrées.

Sous Louis XIII, le cardinal de Richelieu porta une nouvelle atteinte à la maxime rétablie par ces lettres-patentes. Il fit insérer dans les lettres d'érection de la terre de Richelieu en duché-pairie, la clause que lui & ses successeurs ducs seroient préférés à tous les pairs, & auroient séance immédiatement après les princes du sang. Le parlement ne voulut point la passer, lorsqu'il enregistra ces lettres le 4 septembre 1631 : mais le cardinal de Richelieu ne laissa pas de l'exécuter dans le lit de justice de 1632. Il s'avança avec les princes du sang sous le dais pour opiner avec eux, & même avec le Roi. Il continua de s'arroger cette prérogative dans les lits de justice de 1633, 1634, 1635 & 1641. Les pairs & le parlement en murmurèrent, mais sans oser éclater.

Après sa mort, l'arrêt d'enregistrement du 4 septembre, 1631 reprit toute sa force. Son héritier, moins puissant & plus juste, se contenta de la place que lui assignoit l'ordre de sa réception.

Par-là fut confirmé de nouveau le principe, que la réception des pairs détermine seule leur rang ; mais ce principe n'étoit encore pas érigé en loi expresse ; il étoit réservé à Louis XIV de le consacrer, pour ainsi-dire, en le revêtant du sceau de l'autorité législative (1).

(1) Duchesne, *Hist. des Chancel.*, page 648.

(1) Nous ne parlons pas ici des dérogations qu'il a éprouvées de la part de Henri IV & de Louis XIV lui-même, en faveur de leurs enfans

Voici

Voici ce que porte l'édit de ce prince du mois de mai 1711, article 3 :

« Les ducs & pairs.... auront rang & » séance entre eux.... du jour de la pre- » mière réception & prestation de ser- » ment en notre cour de parlement de » Paris, après l'enregistrement des let- » tres d'érection.... »

Remarquons ces termes, *du jour de la première réception*. Il en résulte que ce n'est pas la date de la réception personnelle du successeur à une pairie qu'il faut consulter pour connoître le rang qu'il doit avoir, mais qu'il faut seulement faire attention au jour où a été reçu pair celui de ses ancêtres en faveur duquel la pairie a été érigée. C'est ce qu'éclairciront les détails dans lesquels on entrera dans la section suivante sur les manières dont se transmet cette dignité, & la liste que voici des ducs & des pairs actuels, suivant l'ordre de la *première réception* de chacun d'eux.

M. le duc d'Uzès créé pair par lettres-patentes du mois de janvier 1572, enregistrées au parlement de Paris le 3 mars suivant.

M. le duc d'Elbeuf (*prince de Lambesc*) créé pair par lettres-patentes du mois de novembre 1581 & du 18 mars 1582, enregistrées du 29 de ce dernier mois.

M. le duc de Montbazon (*prince de Rohan*), créé pair par lettres-patentes du mois de mars 1594, enregistrées le 13 mai 1595.

M. le duc de Thouars (*duc de la Tremouille*), créé pair par lettres-patentes du mois d'août 1595, enregistrées le 7 décembre 1599.

M. le duc de Sully (*duc de Béthune*), créé pair par lettres-patentes du mois de février 1606, enregistrées le 9 mars suivant.

M. le duc de Luynes & de Chevreuse, créé pair par lettres-patentes du mois d'août 1619, enregistrées le 14 novembre de la même année.

M. le duc de Brissac, créé pair par lettres-patentes du mois d'avril 1611, 7 septembre 1616 & 18 septembre 1619, enregistrées le 8 juillet 1620.

M. le duc de Richelieu (*maréchal de France*), créé pair par lettres-patentes du mois d'août 1631, enregistrées le 4 septembre suivant.

M. le duc de Fronsac, créé pair par lettres-patentes du mois de janvier 1608, enregistrées le 9 février suivant, & rétabli par d'autres de janvier 1634, enregistrées le 5 du même mois.

M. le duc d'Albret & de Château-Thierry (*duc de Bouillon*) & M. le duc de Rohan sont en contestation sur le rang. Le premier prétend la préséance en vertu de lettres-patentes du mois de février 1652, qui ont érigé les lettres d'Albret & de Château-Thierry en duché-pairie; elles ont été enregistrées le 2 décembre suivant, & ont été suivies d'autres lettres-patentes du mois d'août 1662, portant rétablissement de ce titre; le parlement a enregistré celles-ci le 2 décembre 1665, d'après des lettres de surannation du 25 novembre précédent. Mais il est important d'observer que dans l'intervalle, il avoit été enregistré, au lit de justice du 15 décembre 1663, une déclaration portant que le parlement n'ayant vérifié par l'arrêt du 20 février 1652, le contrat d'échange de la principauté de Sedan avec les duchés d'Albret & de Château-Thierry, que sous la condition que le duc de Bouillon obtiendroit de nouvelles lettres d'érection de ces terres & duchés-pairies, & pour tenir rang du jour de cet arrêt; & n'ayant pu se faire recevoir, attendu qu'il n'a pas l'âge requis, il sera procédé à l'enregistrement de ses lettres & à sa réception, aussi-tôt qu'il aura atteint la majorité, & son rang lui sera gardé du 20 février 1652 (1)

naturels. *Voy.* là-dessus le chapitre *des princes légitimés.*

(1) *Voy.* Brillon, au mot *Duché*, nomb. 7.

Le titre de M. le duc de Rohan consiste dans des lettres-patentes du mois de décembre 1648, qui ont été enregistrées le 13 juillet 1652.

M. le duc de Piney (*duc de Luxembourg*), créé pair par lettres-patentes du mois d'octobre 1581, enregistrées le 30 décembre suivant, confirmées par d'autres du 10 juillet 1620, enregistrées le 8 février 1621, & rétabli par de troisièmes du mois de mars 1661, enregistrées le 20 mai 1662 (1).

M. le duc de Grammont, créé pair par lettres-patentes du mois de novembre, 1648, enregistrées le 15 décembre 1663 en vertu de lettres de surannation du 11 du même mois.

M. le duc de Mortemart, créé pair par lettres-patentes du mois de décembre 1650, enregistrées le même jour & en vertu de pareilles lettres que celles de M. le duc de Grammont.

M. le duc de Saint-Aignan,

M. le duc de Gesvres,

M. le duc de Noailles (*Maréchal de France*), créés pairs par lettres-patentes de décembre 1663, enregistrées le 15 du même mois.

M. le duc d'Aumont, créé pair par lettres-patentes du mois de novembre 1665, enregistrées le 2 décembre suivant.

M. le duc de Béthune-Charost (*Duc de Charost*), créé pair par lettres-patentes du mois de mars 1672, enregistrées le 11 août 1690.

M. le duc d'Harcourt, créé pair par lettres-patentes du mois de septembre 1709, enregistrées en 1710.

M. le duc de Fitz-James (*Maréchal de France*), créé pair par lettres-patentes du mois de mai 1710, enregistrées la même année.

M. le duc de Chaulnes, créé pair par lettres-patentes du mois de janvier 1621, enregistrées le 9 mars suivant, & rétabli par d'autres du mois d'octobre 1611, enregistrées le 30 novembre de la même année.

M. le duc de Rohan-Rohan (*Maréchal prince de Soubise*), créé pair par lettres-patentes du mois d'octobre 1714, enregistrées le 18 décembre suivant.

M. le duc de Villars-Brancas (*Duc de Brancas*), créé pair par lettres-patentes du mois de septembre 1769, enregistrées le 7 avril 1710, & rétabli par d'autres enregistrées en 1716.

M. le duc de Valentinois (*Prince de Monaco*), créé pair par lettres-patentes du mois de mai 1642, enregistrées le 18 juillet de la même année, & rétabli par d'autres de 1716, enregistrées le 2 septembre de la même année.

M. le duc de Nivernois, créé pair par lettres-patentes du mois de janvier 1538, enregistrées le 17 février suivant, confirmé d'abord par une déclaration du 2 mars 1566, ensuite par lettres-patentes du mois d'octobre 1660 & janvier 1676, enregistrées en vertu de lettres de surannation du 29 avril 1692, & enfin rétabli par d'autres lettres-patentes enregistrées en 1721.

M. le duc de Biron (*maréchal de France*), créé pair par lettres-patentes du mois de juin 1598, enregistrées le 30 du même mois, rétabli par d'autres du mois de février 1723, & reçu au lit de justice du 22 du même mois (2).

M. le duc d'Aiguillon, créé pair par lettres-patentes du mois d'août 1599, enregistrées le 2 mars 1600, rétabli d'abord par d'autres de décembre 1634, enregistrées le 7 du même mois, ensuite par de troisièmes de janvier 1638, enregistrées le 19 mai suivant, & reçu pour la première fois en 1731 (3).

M. le duc de Fleury, créé pair par lettres-patentes enregistrées en 1736.

(1) *Voy.* la section suivante.

(2) *Voy.* ci-après, section 3.

(3) *Voy.* ci-après, section 3, l'arrêt qui a ordonné la réception.

M. le duc de Duras ( *maréchal de France*), créé pair par lettres-patentes du mois de mai 1668, confirmées par d'autres du mois de février 1689, enregiſtrées le premier mars ſuivant, & rétabli par de troiſièmes enregiſtrées en 1757.

M. le duc de la Vauguyon, créé pair par lettres-patentes enregiſtrées en 1759.

M. le duc de Choiſeul, créé pair par lettres-patentes du mois de novembre 1665, enregiſtrées le 2 décembre ſuivant, & rétabli par d'autres enregiſtrées pareillement en 1759.

M. le duc de Praſlin, créé pair par lettres-patentes enregiſtrées en 1762.

M. le duc de la Rochefoucaud, créé pair par lettres-patentes du mois d'avril, 1622, enregiſtrées le 24 juillet ſuivant, & rétabli par d'autres enregiſtrées en 1770.

M. le duc de Clermont-Tonnerre ( *duc de Tonnerre* ), créé pair par lettres-patentes enregiſtrées en 1775.

M. le duc d'Aubigny ( *duc de Richemont* ), créé pair par lettres-patentes du mois de janvier 1684, non enregiſtrées, rétabli par d'autres enregiſtrées en 1777, & non encore reçu (1).

## SECTION III.

### *De la tranſmiſſion de la Pairie.*

I. Dans le premier âge de la pairie, la qualité de pair étoit purement perſonnelle, & elle s'éteignoit avec la perſonne qui en étoit revêtue.

II. Dans le ſecond âge, au contraire, elle étoit abſolument réelle ; attachée au fief, elle paſſoit indiſtinctement à tous ceux qui devenoient poſſeſſeurs de la glèbe féodale ; & quand les femmes furent reconnues habiles à ſuccéder aux fiefs, on les conſidéra ſans difficulté comme pairs. Les arrêts de 1216 & de 1224, rapportés ci-devant, ſection 1, §. 2, prouvent que cette qualité fut reconnue ſous Philippe-Auguſte & Louis VIII, dans Blanche, comteſſe de Champagne, & dans Marguerite, comteſſe de Flandres. Cette dernière ſiégea même au parlement de 1258, & elle concourut par ſon ſuffrage à l'arrêt qui adjugea au roi S. Louis, le comté de Clermont en Beauvoiſis (1).

III. Dans les premiers temps du troiſième âge de la pairie, on regardoit encore la pairie comme tranſmiſſible aux femmes.

La lettre écrite en 1317 par Philippe de Valois, à Mahaut, comteſſe d'Artois, pour la convoquer au parlement, en eſt une preuve inconteſtable : *veuillant*, y dit le monarque, *avoir notre cour garnie, ſi comme il appartiendra de vous qui êtes pair, & des autres pairs de France, nous vous mandons*, &c.

L'année précédente, en 1316, il s'étoit paſſé quelque choſe de plus extraordinaire : Mahaud avoit fait la fonction de pair du royaume, au ſacre de Philippe-le-Long; elle y avoit ſoutenu la couronne du roi, *choſe ſans exemple*, dit la chronique de Bonair (2).

En 1375 & 1378, Marguerite, comteſſe d'Artois, & la ducheſſe d'Orléans, furent ajournées pour aſſiſter, comme pairs de France, au procès de Jean de Montfort, duc de Bretagne, & pair comme elles (3).

La ſeconde de ces princeſſes aſſiſta auſſi, en mars 1386, au jugement du procès du roi de Navarre, comte d'Evreux; & elle appuya fortement le duc de Bourgogne, lorſqu'il conteſta au roi Charles VI, le droit d'y figurer comme juge (4).

Depuis, on ne voit plus de femmes faire les fonctions de pairs : nous liſons

(1) *Voy.* ci-après, ſection 4.

(1) Du Tillet, *Recueil des Rois de France*, page 380, édition de 1618.

(2) Somm. Royal, édition de 1682.

(3) Les quatre Ages de la pairie, tome 1, page 208.

(4) *Ibid*, page 209.

ſeulement, dans le *cérémonial François*, tome II, page 273, qu'au lit de juſtice du 2 octobre 1614, tenu pour la déclaration de la majorité de Louis XIII, « Madame de Guiſe, douairière, vouloit, comme comteſſe d'Eu, avoir séance aux hauts ſièges avec les ducs & pairs; mais que l'affaire bien entendue par elle, elle ne fut diſputée davantage ».

Cependant, ſans parler des femmes en faveur deſquelles il a été érigé des pairies par Charles VI, Louis XII, François I, Henri IV, Louis XIII & Louis XIV, comme on l'a vu ci-devant, section 1, §. 3, vers la fin, il s'en eſt trouvé pluſieurs à qui des pairies, créées originairement en faveur de mâles, ont été tranſmiſes par droit de ſucceſſion.

Il exiſte en effet un très-grand nombre de lettres-patentes qui, en érigeant des pairies, y appellent les deſcendans mâles & femelles des nouveaux pairs; telles ſont celles

Du mois de janvier 1538, portant création de la pairie de Nevers;

Du mois de décembre 1569, portant érection de la pairie de Mercœur;

Du même mois & de la même année, portant érection de la pairie de Penthièvre;

Du mois de ſeptembre 1573, portant érection de la pairie de Mayenne;

Du mois d'octobre 1581, portant érection de la pairie de Piney;

Du mois de novembre ſuivant, & du 18 mars 1582, portant érection & confirmation de la pairie d'Elbeuf;

Du mois de novembre 1581, portant érection de la pairie d'Epernon;

Du mois de mars 1622, portant érection de la pairie de la Valette;

Du mois d'août 1631, portant érection de la pairie de Richelieu;

Du mois de mars 1633, portant rétabliſſement de la pairie de Montmorency;

Du mois de janvier 1634, portant confirmation de la pairie de Fronſac;

Du mois de décembre 1663, portant érection de la pairie de Mazarini;

Du mois de novembre 1679, portant rétabliſſement de la pairie de la Roche-Guyon;

Du mois de mai 1688, portant érection de la pairie de Beaufort;

Du mois de ſeptembre 1694, portant rétabliſſement de la pairie de Damville;

Du mois de juin 1695, portant rétabliſſement de la pairie d'Aumale.

Du mois d'avril 1697, portant rétabliſſement de la pairie de Penthièvre;

Du mois de juillet 1704, portant rétabliſſement de la pairie de Guiſe.

IV. Si ces lettres-patentes ſont extraordinaires, en ce qu'elles habilitent les femmes à ſuccéder aux pairies, il en eſt qui ne le ſont guère moins, en ce qu'elles y appellent les parens collatéraux de ceux en faveur deſquels l'érection eſt faite. De ce genre ſont les lettres-patentes

Du mois de ſeptembre 1610, portant création du duché-pairie de Damville;

Du mois d'août 1631, portant création de la pairie de Richelieu;

Du mois de février 1652, portant rétabliſſement de la pairie d'Albret & de Château Thierry;

Du mois de juillet de la même année, portant création de la pairie de Verneuil;

Du mois de mars 1661, portant création de la pairie de Randan;

Du mois de novembre 1665, portant érection de la pairie d'Aumont, &c.

V. Au reſte, pour que les collatéraux & les femelles ſoient cenſés appellés, il faut une diſpoſition bien expreſſe dans le titre d'érection : car, on l'a déjà vu dans le §. 3 de la ſection 1, l'édit de 1566 établit pour règle générale, que même les ſimples duchés s'éteignent & ſe réuniſſent à la couronne, quand il ne ſe trouve point, pour les recueillir, d'enfans mâles & deſcendus de mâles en mâles, de ceux en faveur deſquels l'érection en a été faite.

Il y a eu à ce ſujet deux conteſtations

célèbres; l'une concernant la pairie de Piney, & l'autre relative à celle d'Epernon.

VI. Par lettres-patentes du mois de septembre 1576, le Roi érigea la terre de Piney en duché, en faveur de François de Luxembourg: « Avons érigé & » érigeons (portoient ces lettres) lesdites terres à notredit cousin, ses successeurs & ayans cause, tant mâles que » femelles, en titre, nom, dignité, prééminence & autorité de duché, mouvant de notre couronne & ressortissant ledit duché directement & sans » aucun moyen, par privilège spécial, » en notre cour de parlement de Paris, » pour, dudit duché de Piney, jouir par » notredit cousin, ses successeurs & ayans » cause, tant mâles que femelles, en » quelque degré que ce soit perpétuellement ». Le Roi déclare ensuite qu'on ne pourra pas, sous prétexte de l'édit de 1556, prétendre que la terre de Piney soit unie & incorporée au domaine de la couronne, « auquel édit, ajoute-t-il, « attendu les causes particulières qui » nous meuvent d'honorer notredit cou- » sin & sa postérité dudit titre de duc, nous » avons dérogé pour le regard de notre- » dit cousin, ses fils ou filles, ou ceux » de sesdits enfans qui viendront d'eux » en loyal mariage, soit mâles ou fe- » melles, & semblablement pour les au- » tres héritiers ou ayans cause ».

On remarque sans doute la différence qui se trouve entre la clause par laquelle le Roi appelle au titre de duc François de Luxembourg & ses successeurs, & celle qui déroge à l'édit de 1566. Par l'une le titre de duc n'est conféré qu'aux descendans de François de Luxembourg; par l'autre, la propriété du duché est conservée même à ses héritiers collatéraux.

En 1581, des lettres-patentes du mois d'octobre, enregistrées le 30 du même mois, ont érigé ce duché en pairie, « pour notredit cousin (y est-il dit) » ses hoirs & successeurs mâles & fe- » melles, & ayans cause. Voulons & » nous plaît que doresnavant notredit » cousin, ses hoirs & successeurs, & » ayans cause mâles & femelles, se puis- » sent intituler, dire & nommer en tous » lieux & actes, *Duc de Piney, pair de* » *France;* & que cette qualité de pair » de France soit inséparablement unie à » la qualité & dignité de duc, & que » ledit duché de Piney, ses appartenan- » ces & dépendances, par accumula- » tion, soit doresnavant & à toujours » intitulé duché-pairie de France, pour » du contenu en ces présentes jouir par » notredit cousin, ses hoirs, successeurs » & ayans cause, avec tous les hon- » neurs, privilèges, prérogatives qui ap- » partiennent aux autres duchés-pairies » de France ». Le Roi déroge ensuite à toutes les loix contraires à ces dispositions, notamment à celles qui prononcent la réunion des duchés à la couronne, au défaut de mâles.

Ces lettres diffèrent en plusieurs points de celles qui, en 1676, avoient créé le duché de Piney. 1°. Celles-ci, après avoir appelé tous les successeurs mâles & femelles du duché, ajoutent, *en quelque degré que ce soit, perpétuellement.* Ces termes ne se trouvent point dans les autres. 2°. Dans la dérogation aux loix du royaume, les lettres d'érection du duché contiennent cette clause: *nonobstant que les femmes n'aient accoutumé de succéder en duché de telle qualité;* il n'est rien dit de semblable dans la création de la pairie. 3°. La dérogation à l'édit de 1566 est faite dans les lettres de l'érection du duché pour tous les héritiers, même pour les collatéraux; & dans les lettres de la création de la pairie, on ne trouve qu'une dérogation générale, sans marquer en faveur de qui spécialement elle est faite.

François de Luxembourg laissa deux enfans, Henri de Luxembourg, qui fut duc & pair après lui, & Marguerite de

Luxembourg, qui épousa M. le duc de Tresmes.

Henri de Luxembourg n'ayant que des filles, ordonna, par son testament, que ceux qui les épouseroient, seroient tenus de prendre le nom & les armes de Luxembourg, & qu'il en seroit de même des filles qu'elles pourroient avoir, au cas qu'elles ne laissassent point d'enfans mâles.

Après avoir fait ces dispositions, il mourut en 1614, laissant deux filles, Charlotte & Liesse. Celle-ci mourut sans enfans. L'autre épousa en 1620 Léon d'Albert, seigneur de Brantes, frère du connétable de Luynes.

Par le contrat de mariage, Léon d'Albert consentit à prendre le nom & les armes de la maison dans laquelle il entroit, & obtint, le 10 juillet 1620, des lettres-patentes afin d'être reçu pair, comme possesseur de la seigneurie de Piney, & appelé en qualité d'*ayant cause* de sa femme, à la pairie dont elle avoit été décorée en 1581. Ces lettres-patentes furent enregistrées le 8 février 1621, sans aucune opposition, & Léon d'Albert jouit sans aucun trouble de la qualité de duc & pair. Il laissa en mourant un fils, nommé Henri-Léon d'Albert, qui embrassa l'état ecclésiastique, & une fille, qui fit profession religieuse.

Charlotte de Luxembourg, sa veuve, épousa en secondes noces Henri de Clermont-Tonnerre, qui ne fit aucune démarche pour se faire recevoir dans la dignité de pair & n'en prit jamais la qualité, sans doute parce qu'il la regardoit comme dévolue à Henri-Léon d'Albert, fils du premier lit de son épouse.

De ce mariage naquit Charlotte-Bonne-Thérese de Clermont de Luxembourg, qui épousa le comte de Boutteville, de la maison de Montmorency, connu depuis sous le nom de maréchal de Luxembourg.

Par le contrat de mariage passé entre eux en 1661, Henri-Léon d'Albert fit, en tant que besoin seroit, du consentement de Charlotte de Luxembourg sa mère, une démission pure & simple du duché de Piney, avec le titre de pair de France, en faveur de la demoiselle de Clermont sa sœur, & du comte de Boutteville.

Ce contrat de mariage fut confirmé par des lettres-patentes du mois de mars 1661, scellées en cire verte & sans date de jour, comme celles des nouvelles érections. Elles contenoient la clause, « qu'à l'avenir le comte de Boutteville » seroit appelé du nom de Montmoren- » cy-Luxembourg. . . . . ., lesquels noms » & armes le Roi déclaroit transférer » en sa personne, pour jouir du duché » de Piney & pairie de France, par le » comte de Boutteville, ses hoirs mâles » & femelles qui naîtroient en loyal ma- » riage, tout ainsi qu'avoient fait Fran- » çois & Henri de Luxembourg, & Léon » d'Albert, dernier décédé & dernier » reçu au parlement ». Les lettres-patentes vouloient ensuite que les stipulations du contrat de mariage relatives au retour qui y étoit stipulé en faveur de Charlotte de Luxembourg, de Henri de Clermont, du frère de madame de Luxembourg, & enfin au profit de MM. de Gesvres, eussent tout leur effet; après quoi il étoit ajouté que le comte de Boutteville, les enfans mâles & femelles issus du mariage dont il s'agissoit; & à leur défaut le duc de Gesvres & ses descendans jouiroient du duché-pairie, « aux honneurs, dignités, pré- » rogatives, rangs & prééminences géné- » ralement quelconques, en toute justice » & jurisdiction, *en vertu de ladite érec-* » *tion dudit duché & pairie de Piney, tout* » *ainsi qu'en ont joui ceux de la maison de* » *Luxembourg*, & que font les autres ducs » & pairs de France ».

M. de Luxembourg s'étant présenté au parlement avec ces lettres-patentes, les titulaires des pairies érigées depuis 1581 jusqu'en 1661, formèrent une opposition indéfinie à la réception, mais ils la limitèrent ensuite au rang qu'ils lui contestoient.

La cause fut plaidée pendant près de trois mois : enfin la Cour, par arrêt du 20 mai 1662, ordonna qu'il seroit procédé incessamment à la réception de M. de Luxembourg, & sur la demande des pairs opposans pour la préséance, elle appointa les parties en droit. Mais par un arrêté séparé, il fut dit que, pour éviter contestation & sans préjudice du droit des parties au principal, M. le duc de Luxembourg n'auroit rang & séance que du jour de sa réception.

M. de Luxembourg fut reçu deux jours après. L'arrêt de sa réception le dit *pourvu par le Roi de la dignité de pair.*

Le 6 avril 1676, il obtint de nouvelles lettres-patentes, par lesquelles le Roi déclara qu'en lui accordant celles du mois de mars 1661, il n'avoit point entendu faire une nouvelle érection, mais seulement approuver le contrat de mariage de M. de Luxembourg, & après qu'il fût reçu à la dignité de pair de France, suivant ce qui avoit été pratiqué pour Léon d'Albert.

Ces lettres ayant été présentées à l'enregistrement, MM. les ducs & pairs s'y opposèrent, & après une assez longue suspension de procédures, un arrêt de 1692 joignit cette nouvelle opposition à l'appointement de 1662.

Le procès fut instruit contradictoirement. On réduisit la question au rang & à la préséance. On soutenoit, d'un côté, que les lettres de 1661 ne donnoient à M. de Luxembourg qu'un nouveau droit & un nouveau rang. On prétendoit, au contraire, de la part de M. de Luxembourg, qu'elles n'avoient fait que déclarer le droit ancien, & que l'explication n'en pouvoit être douteuse, depuis que le Roi avoit bien voulu en être lui-même l'interprète.

Au moment où la cour alloit prononcer sur cette fameuse contestation, une mort précipitée enleva en peu de jours M. le maréchal de Luxembourg.

Peu de temps après son décès, MM. les ducs & pairs s'opposent à la réception de M. le duc de Montmorency, son fils ; quelques-uns d'entre eux obtiennent des lettres en forme de requête civile contre l'arrêt du 20 mai 1662 ; tous unanimement se joignent ensemble pour demander que la pairie de Piney, érigée en 1581, soit déclarée éteinte, à défaut de descendans mâles.

M. de Montmorency demande à reprendre l'instance de préséance. Ils s'y opposent, ils soutiennent que cette instance ne subsiste plus, ou du moins qu'il faut commencer par examiner si M. de Montmorency est véritablement pair de France, avant de pouvoir l'admettre à prétendre aucun rang en cette qualité.

Sur cet incident, arrêt qui juge que la reprise étant une voie de droit, on ne peut la refuser à ceux qui ont un intérêt apparent ; mais de peur qu'elle ne forme un préjugé en faveur de M. de Montmorency, ordonne qu'elle ne pourra préjudicier ni ajouter aux droits des parties ; & parce que la question de l'extinction de la pairie & l'opposition à la réception doivent nécessairement être décidées avant que de pouvoir fixer le rang de cette même pairie, déclare qu'il sera sursis au jugement de l'instance de préséance, jusqu'à ce qu'il ait été statué sur la demande à fin d'opposition, ainsi que sur les lettres de requête civile.

Depuis cet arrêt, de nouvelles parties se sont jointes aux anciennes, & ont uni leurs efforts contre M. de Luxembourg.

Neuf des pairs, dont les pairies étoient de 1663, sont intervenus, & ont prétendu que, si l'ancienne pairie étoit éteinte, M. de Luxembourg ne pouvoit plus leur opposer la nouvelle érection de 1661, parce qu'il y avoit renoncé expressément en obtenant les lettres de 1676.

La cause portée à l'audience de la grand'chambre, M. de Luxembourg soutenoit d'abord que la demande à fin d'extinction de la pairie devoit être rejetée par la seule qualité de ceux qui la formoient, & qu'il étoit sans exemple qu'on eût jamais osé intenter devant la cour des pairs, une action aussi extraordinaire.

« Il n'appartient qu'au Roi (disoit-il) de créer des pairies; il n'appartient qu'à lui seul de les détruire. Ces dignités sont l'unique ouvrage de sa volonté; sa volonté seule peut les anéantir, après les avoir tirées du sein de sa puissance suprême.

» Le seul intérêt que puissent avoir MM. les ducs & pairs, c'est d'empêcher qu'on ne donne atteinte à leur rang, qu'on ne blesse les droits de leur préséance; mais peuvent-ils trouver mauvais que le Roi conserve une pairie? Ils ne peuvent s'opposer à la création, peuvent-ils empêcher qu'il ne conserve ce qu'il a créé?

» Ce n'est donc pas une demande qui puisse être formée par des particuliers, que celle de l'extinction d'une pairie. C'est entreprendre sur le ministère public, que d'intenter une action qui lui est uniquement réservée. Depuis 600 ans que l'usage des pairies est établi dans le royaume, on n'a jamais entendu dire qu'on ait formé une semblable contestation.

» Au fond, cette demande n'a pour base que de faux principes.

» Le fondement d'une pairie, c'est le fief. Le premier degré d'élévation du fief est la qualité de duché ou de comté; & la dignité de pairie ajoutée à celle de duché, donne au fief le dernier degré de noblesse où il puisse parvenir.

» Mais ce qui perfectionne le fief ne le détruit pas, & n'a pas la force de changer son ancienne nature.

» Que les fiefs autrefois aient été personnels, c'est ce qui est peu important. Mais il est certain que depuis sept cens ans, ils sont devenus purement réels, patrimoniaux, héréditaires, & les femmes ont bientôt cessé d'en être exclues.

» La dignité ou la qualité de duché ajoutée au fief, devient un accessoire du fief, réelle comme le fief même, transmissible par sa nature à tous les descendans; enfin quelqu'importante que soit la dignité de pair, elle est elle-même regardée comme un droit inhérent à la terre, personnel dans ses fonctions, réel dans son principe; & par conséquent rien n'empêche les femmes de la posséder, de la transmettre, de la communiquer.

» Il ne s'agit point ici d'examiner si les femmes peuvent exercer par elles-mêmes cet office éminent, qui est uni à la terre qu'elles possèdent. Autrefois il est certain qu'on ne les en jugeoit pas incapables. Si dans la suite, des raisons plutôt de bienséance que de nécessité leur ont interdit l'entrée & la séance au parlement, le droit réel de communiquer ces fonctions à leurs maris est toujours demeuré en leur personne.

» La dignité de pair ne s'éteint pas, quoiqu'elle soit séparée de l'exercice. Le droit se conserve, quoique l'action soit suspendue. Un mineur & un imbécille sont privés, l'un par une incapacité passagère, l'autre par une incapacité habituelle, du droit de remplir les fonctions personnelles de la pairie; dira-t-on qu'ils ne peuvent en conserver le droit & le transmettre à leur postérité?

» Et ne voit-on pas tous les jours que les femmes communiquent à leurs maris des droits qu'elles ne peuvent exercer par elles-mêmes? C'est ainsi que dans les pays d'état, le droit d'y avoir entrée, séance & voix délibérative se perpétue par les femmes. L'exercice est interrompu, mais la propriété ne souffre aucune atteinte.

» Les exemples s'offrent en foule pour prouver cette vérité. Les six anciennes pairies

pairies, sur le plan & sur le modèle desquelles toutes les autres ont été formées, ont passé par des femmes dans différentes maisons. Non-seulement la fille, mais la fille de la fille, & les degrés encore plus éloignés ont été capables de les posséder & de les transmettre ; & en effet, si le sexe n'est pas une raison d'exclusion, pourquoi le degré en sera-t-il une ? L'incapacité naturelle d'une petite-fille est-elle plus grande que celle de la fille même ? Les nouvelles pairies, l'Artois, la Bretagne, le duché de Nevers, le comté d'Eu & une infinité d'autres qu'il seroit inutile de rapporter, enfin la pairie même de Piney, ont été communiquées par des femmes ; & l'exemple de Léon d'Albert ne devroit-il pas suffire pour décider cette contestation ?

» Où est la loi, où est l'ordonnance qui ait détruit ces principes, & abrogé cet usage aussi ancien que la troisieme race de nos Rois ?

» C'est en vain qu'on emprunte ici le secours de l'édit de 1566.

» Premiérement, on reconnoît donc par-là que les pairies n'étoient pas masculines de leur nature, puisqu'il a fallu une loi pour leur imprimer cette qualité. Aussi le souverain déclare-t-il dans le préambule, qu'il ne l'a faite que pour se délivrer des importunités de plusieurs de ses sujets, qui lui demandoient continuellement de nouvelles érections.

» Secondement, le Roi s'est-il privé par cette ordonnance de la liberté d'y déroger ? Quelques termes qu'elle contienne, c'est une liberté qui est, pour ainsi dire, inséparable de la royauté. La masculinité des pairies est-elle établie par le droit naturel ou par le droit divin, pour pouvoir conclure que le Souverain ne peut pas y déroger ? Aussi l'a-t-il fait presque toujours. Et, si l'on excepte le seul duché d'Uzès, dans lequel la dérogation ne se trouve point, il n'y a eu aucune érection faite depuis 1566, dans laquelle le Roi n'ait eu la bonté de modérer la rigueur de cette loi.

» Troisiémement, cette ordonnance ne parle pas même des pairies. Elle les a regardées comme un accessoire du duché qui devoit & commencer & s'éteindre avec lui.

» Il est donc vrai que les pairies peuvent être femelles. Si elles ne le sont pas communément, le Roi ne se prive pas du droit de faire quelquefois ce qu'il ne veut pas faire toujours. Combien d'exemples pourroit-on rapporter de pairies qui n'ont été originairement créées que pour des femmes ? Mais sans entrer dans ce détail, il suffit d'avoir établi que les pairies ne sont point essentiellement masculines ; ce sont des dignités qui empruntent tout leur éclat de celui que la Majesté royale veut bien leur communiquer. Maître absolu de ses graces, le Souverain peut les étendre ou les modérer, ainsi qu'il lui plaît : & enfin, quel est le duc & pair qui osât seulement penser que la puissance du Roi n'a pas l'autorité de faire une paire femelle ?

» Mais si cette proposition seroit une espèce de blasphême, comme ils en conviennent eux-mêmes, ne doivent-ils pas reconnoître que sa volonté n'est pas différente de sa puissance, ou plutôt que l'une n'a pas eu d'autres bornes que l'autre dans l'érection de Piney ?

» Peut-on douter qu'il n'ait voulu que le duché passât aux femelles, & même à leurs descendans, quand on voit qu'il le crée pour François de Luxembourg, *ses hoirs & ayans cause, tant mâles que femelles, en quelque degré que ce soit, perpétuellement ?* Qui osera distinguer, quand le prince ne distingue point ? Jamais clause fut-elle plus étendue, plus générale, plus indéfinie ?

» Que, si on n'a pas répété dans l'érection de la pairie ces termes, *en quelque degré que ce soit, perpétuellement*, c'est parce que cette répétition étoit inutile. Le Roi, par ces dernières lettres, unisſoit inſéparablement la pairie au duché. Donc toutes les clauſes qui ſont dans l'érection du duché, ſont de plein droit communiquées, transférées, appliquées à la pairie.

» Quand même le Roi n'auroit expliqué ſa volonté que par ces termes de *mâles* & *femelles*, pourroit-on douter de ſes intentions? & ne voit-on pas que, lorſqu'il a voulu limiter ſa grace au premier degré, il l'a marqué expreſſément, comme dans l'érection de Penthièvre en 1569, en faveur d'un cadet de la maiſon de Luxembourg?

» Dira-t-on, après cela, que le mari n'eſt pas expreſſément appelé? Mais à qui peut-on donc appliquer le terme d'*ayant cauſe*, & combien nos hiſtoires & les regiſtres du parlement fourniſſent-ils d'exemples de maris qui ont été reçus à cauſe de leurs femmes?

» Soutiendra-t-on que la ceſſion qui a été faite à M. de Luxembourg, en 1661, n'eſt pas légitime? mais comment pourra-t-on le prouver, dans le tems qu'elle réunit en ſa perſonne les droits de tous ceux qui pourroient avoir la propriété ou la jouiſſance de la terre, ou l'eſpérance même de ſuccéder?

» Enfin, ſera-t-on réduit à faire enviſager les conſéquences dangereuſes de la multiplication des pairies? C'eſt au Roi à les prévenir par ſa prudence: on ne doit point craindre que leur éclat ſoit terni par des alliances peu honorables, puiſque nos mœurs ne permettent point à une ducheſſe de ſe marier ſans l'agrément du Roi, & qu'elle ſeroit juſtement privée de la grace du prince, ſi elle la profanoit par un choix indigne d'elle ».

Ainſi ſe défendoit M. de Luxembourg contre les attaques réunies de tous les ducs & pairs, qui, non-ſeulement vouloient le précéder, mais même lui fermer l'entrée de leur corps.

M. d'Agueſſeau, qui rempliſſoit alors la charge de premier avocat-général, porta la parole dans cette cauſe auſſi intéreſſante par ſon objet que remarquable par la dignité des parties qui en attendoient le jugement.

Il commença par écarter la fin de non-recevoir que M. de Luxembourg tiroit du prétendu défaut de qualité des ducs & pairs.

« Nous ne doutons point (dit-il) du principe qu'on vous a propoſé, qu'il n'y a point de règle plus ſûre pour décider dans la forme ſi une demande eſt recevable, que d'examiner l'intérêt du demandeur dans le fonds. La juſtice ne refuſe jamais ſon ſecours à ceux qui ont un ſujet apparent de l'implorer; & puiſque ce ſecours n'eſt autre choſe que l'action même qu'elle accorde, la meſure de la capacité d'intenter cette action eſt toujours la même que celle de l'intérêt de celui qui l'intente.

» Mais loin qu'il faille conclure de ce principe que la demande de MM. les ducs & pairs ne doive pas ſeulement être écoutée, il ſemble, au contraire, qu'on peut en tirer une conſéquence toute différente.

» Leur intérêt eſt certain; on convient même que cet intérêt eſt raiſonnable. Que les philoſophes diſputent entre eux ſi cet honneur, ce rang, cette préſéance, cette décoration extérieure dont les ames qui ſeroient le plus en droit de la regarder avec indifférence, ſont ſouvent les plus jalouſes, eſt un avantage réel, ou un bien purement imaginaire; il eſt toujours conſtant que ce ſont néanmoins ces diſtinctions qui, de tout tems, ont excité les plus fameuſes querelles.

» Si, pour ſoutenir le droit qu'on peut y avoir légitimement, il eſt abſolument néceſſaire de ſoutenir, en même tems, que la pairie, qui ſeule peut donner ce rang & cette préſéance, eſt entiérement anéantie; ſi, ſans cette demande, il eſt inutile de plaider ſur la préſéance, puiſque, tant que l'ancienne pairie ſubſiſte, il eſt impoſſible de lui refuſer l'ancien rang; ſi toutes ces propoſitions ſont également simples & indubitables, s'étonnera-t-on de voir que MM. les ducs & pairs forment aujourd'hui cette demande, & ne sera-t-on pas surpris, au contraire, de ce qu'ils la forment si tard?

» Que si pour détruire cette objection d'une manière encore plus invincible, il falloit avoir recours aux exemples de ce qui se pratique dans les autres matières, ils s'offriroient en foule pour confirmer le principe que nous venons de proposer.

» C'est ainsi que, quoiqu'il n'y ait point de cause plus publique que celle qui regarde la validité ou la nullité des mariages, on permet néanmoins à tous les particuliers qui y sont intéressés, de les attaquer par la voie de l'appel comme d'abus. C'est par la même raison que l'on permet tous les jours dans tous les tribunaux, à toutes sortes de parties, d'attaquer la noblesse & la qualité d'écuyer de ceux auxquels elles ont été condamnées à payer des dépens. Cependant quelle comparaison peut-on faire d'un pareil intérêt avec celui qui anime MM. les ducs & pairs?

» Mais cherchons des exemples encore plus analogues à la véritable espèce de cette cause. Si les officiers d'un siège subalterne avoient refusé de recevoir un homme pourvu d'un office dans leur siège, & que, pour unique raison, ils prétendissent que cet office est supprimé; si cette contestation étoit portée devant vous, diroit-on que les officiers de ce siège ne seroient pas capables de soutenir, de prouver les causes de leur refus, & de vous demander qu'il vous plût de déclarer que l'office dont il s'agissoit entre eux, seroit déclaré éteint & supprimé ».

Après avoir ainsi réfuté la fin de non-recevoir de M. de Luxembourg, M. d'Aguesseau entra dans la discussion du fonds; & d'abord il fixa la véritable idée qu'on doit se former des pairies. On nous saura sans doute quelque gré de présenter ici une analyse succincte de son discours.

« Une pairie (dit-il en substance) est un seul tout, composé, pour ainsi dire, de corps & d'esprit, de droits réels & de droits personnels, de domaine & de dignité, d'utile & d'honorable, de fief & d'office. C'est à ce tout ainsi formé de deux parties si différentes, qu'on a donné le nom & le titre de pairies.

» Il est vraisemblable que la dignité de pairs prend son origine dans l'office des ducs & des comtes.

» Le gouvernement des peuples, l'administration de la justice, la protection des églises, la défense de la veuve & de l'orphelin, la conduite & la direction des finances étoient soumises à l'autorité des ducs & des comtes. Après avoir reçu dans les assemblées générales du royaume, les ordres & les instructions du prince, ils alloient les faire exécuter dans les provinces & dans les villes dont le gouvernement leur étoit confié.

» Toutes ces fonctions étoient personnelles & à vie seulement, ainsi que le fief que chacun d'eux possédoit ordinairement, & qui n'étoit regardé que comme un simple usufruit qui tenoit lieu à chacun d'appointemens ou de récompense; & de-là la maxime *beneficium datur propter officium....*

» Il suit de ce qu'on vient de dire, que les fonctions des pairs ont été, dans leur origine, essentiellement personnelles & masculines. Voilà leur premier état, & ce n'est que par un enchaînement d'abus qu'on les a regardées depuis comme héréditaires & patrimoniales.

» Dans un second état, on les a tellement réalisées en les attachant aux fiefs, qu'on les a confondues avec eux, & regardées comme faisant un seul & même tout.

» Quand on eut une fois oublié la personne, pour s'attacher uniquement à la terre, il fut naturel d'admettre même pour les plus hautes dignités, toutes les conséquences qui suivent du faux principe de la réalité, & c'est ce qu'on fit en effet.

» Tous étoient capables de posséder des terres, même les femmes. Donc elles avoient droit d'exercer les fonctions les plus personnelles & les plus incompatibles avec leur sexe, parce qu'elles étoient comme réalisées & incorporées avec le fief.

» Après cela, rien n'empêchoit les femmes de communiquer à leurs maris des droits dont elles jouissoient par elles-mêmes.

» C'est en conséquence de ce droit, qu'Aliénor, héritière de la province d'Aquitaine, l'a fait passer à la France par son mariage avec le roi Louis-le-jeune. Il en est de même des comtés de Toulouse, de Flandres & de Bretagne.

» On y admit ensuite les collatéraux, même à titre de vente & d'acquisition. Le comté d'Eu nous en fournit un exemple : après la mort de Charles d'Artois, en faveur duquel l'érection avoit été faite, Jean de Bourgogne, fils de sa sœur, eut assez de crédit pour conserver non-seulement la terre, mais la pairie même. Nous lisons encore dans l'histoire des comtes de Toulouse, que leur comté-pairie fut vendu à Raymond de Saint-Gilles par son frère, & l'histoire des comtes de Champagne nous apprend que Hugues vendit son comté à son neveu Thibaut le grand, lorsqu'il entreprit le voyage d'outre-mer.

» Non-seulement les fiefs de la plus haute dignité, mais même les portions sacrées du domaine inaliénable de nos rois passoient librement aux filles des enfans de France.

» On s'apperçut enfin de l'excès de ces désordres, & on rétablit peu-à-peu les choses dans l'état où elles sont aujourd'hui, & qui n'a jamais reçu la moindre atteinte depuis le règne de Charles V.

» On commença d'abord par ôter aux collatéraux le droit de succéder aux apanages, & on prononça l'exclusion perpétuelle des filles.

» On abrogea tacitement l'ancien usage qui rendoit les femmes capables d'exercer par elles-mêmes les fonctions de la justice.

» On a voulu que personne ne pût exercer la justice, sans un caractère public, émané du souverain. Les pairs eux-mêmes rendent au roi un hommage comme premiers vassaux de la couronne, & font un serment au parlement pour être reçus à la dignité de pairs. L'hommage annonce des vassaux qui viennent reconnoître la supériorité du souverain seigneur de tous les fiefs du royaume. Le serment prêté au parlement montre des officiers qui viennent recevoir du roi, comme chef de la justice, le caractère qui les met en possession des fonctions importantes auxquelles ils sont appelés.

» On trouve dans plusieurs sermens prêtés par les pairs, qui ont été reçus depuis plus de cent-vingt ans, la qualité de *conseiller en la cour* ajoutée à celle de pairs de France (1). Aussi lorsque le parlement fut fixé à un certain nombre d'officiers sous le règne de Philippe de Valois, les douze pairs y furent compris comme membres ordinaires de cette auguste compagnie, sans aucune distinction entre eux & les autres conseillers, que celle du rang & de la séance.

» Il paroît que les pairs ne jugeoient autrefois d'autres causes que celles qui concernoient les droits de la couronne & ceux des pairies ; mais dans la suite on les a considérés comme officiers ordinaires, capables de juger toutes sor-

(1) *Voy.* ci-après, section 5.

tes d'affaires, de quelque nature qu'elles puissent être.

» Aussi a-t-on assujetti les ducs & pairs à la nécessité d'une information de vie & de mœurs, presque dans le même temps qu'elle a été établie pour les conseillers du parlement.

» L'hommage suffit donc encore aujourd'hui pour mettre les pairs en possession de leurs fiefs; mais on leur a imposé la nécessité d'un serment, d'une information de vie & de mœurs, & d'une réception solemnelle, pour les rendre capables d'exercer leurs offices.

» Ainsi, ce qui fait le *pair de fief* ne fait point le *pair de dignité:* ce sont deux caractères différens, deux titres qui peuvent être séparés & dont l'un n'est point une conséquence nécessaire de l'autre.

» De-là il suit que les femmes ne peuvent pas communiquer aujourd'hui de plein droit à leurs maris, les prérogatives éminentes de la pairie. Entre plusieurs exemples, il s'en présente un très-remarquable dans la personne de Louis de Gonzague: lorsqu'il épousa l'héritière de la pairie de Nevers, il eut recours au roi pour demander des lettres de confirmation de la pairie. Ces lettres lui furent accordées au mois de mars 1566, & cela dans des termes qui, sous l'ombre d'une simple *confirmation*, emportoient dans les circonstances particulières, une espèce d'érection nouvelle.

» Il ne faut donc plus envisager aujourd'hui les pairies comme étant seulement des fiefs de haute dignité; on doit régler leur nature par des principes plus élevés, par des maximes supérieures, tirées de l'ordre public, de l'administration de la justice & de l'intérêt de l'état.

» Pour la bien connoître, il faut considérer les pairies dans trois temps différens.

» Dans le premier temps, leurs fonctions étoient tellement affectées aux mâles, qu'une femme qui auroit entrepris d'usurper un droit de cette qualité, auroit passé pour une espèce de monstre dans l'ordre de la politique.

» Dans le second temps, c'est-à-dire, dans celui de l'usurpation des seigneurs, & du renversement général de tous les ordres de l'état, ces mêmes dignités si masculines par leur origine, si personnelles par leurs fonctions, étoient absolument devenues réelles, héréditaires, patrimoniales; distinguées des autres fiefs, par leur grandeur & par leur éclat, plutôt que par leur nature & leur qualité; soumises comme eux à toutes les loix des successions, possédées par des femmes, transmises par des femmes, exercées par des femmes.

» Le troisième temps, qui dure encore aujourd'hui, nous présente un juste tempéramment entre ces deux extrémités, & a rendu les pairies en partie personnelles & en partie réelles, mixtes en un mot, & composées de deux parties très-différentes.

» Il faut soigneusement distinguer ces deux parties.

» L'office dans les pairies a ordinairement pour objet une famille & non une seule personne. Il n'y a qu'un seul titre qui appelle tous les descendans, & par cette raison, il n'y a qu'un seul rang; au lieu que dans les offices ordinaires, il y a autant de titres, autant de rangs que de personnes.

» Si on excepte cette seule différence, rien ne sépare les pairies des autres offices du royaume. Leur pouvoir est le même, leur caractère est également imprimé par les mains des mêmes ministres de la justice; l'information, le serment, l'installation, tout concourt à faire regarder les pairies comme de véritables offices, unis à la vérité à une terre, à un fief, mais qui ne sont, quant aux fonctions, ni la terre ni le fief.

» Comme l'office de la pairie n'est conféré qu'à une seule famille, il ne peut passer dans une famille étrangère sans une nouvelle grace du roi; la femme qui possède la propriété d'un duché, ne peut pas faire revivre une dignité éteinte par la mort des sujets seuls capables de la remplir : elle ne sauroit lui donner un nouvel être, une seconde vie que cette dignité ne peut jamais recevoir que des mains du souverain.

» Si le roi veut bien accorder la transmission ou plutôt le renouvellement de la pairie à des sujets capables de remplir la dignité & d'exercer l'office, c'est une pure faveur de la part du souverain, & non une justice qu'on ait droit d'exiger.

» Prétendre que l'office fût l'accessoire de la terre, ce seroit renverser l'ordre, & faire servir le plus noble au moins noble; ce qui entraîneroit d'ailleurs les conséquences les plus fausses & les plus absurdes, puisque dès-lors tout possesseur du fief, même à titre d'acquisition, auroit droit à l'office & à la dignité de pair.

» Il seroit plus conforme aux principes de regarder le fief comme l'accessoire de l'office; mais les idées que nous ont données les docteurs feudistes ne permettent pas de se livrer entièrement à cette jurisprudence, quoique rien ne fût plus conforme à la nature des choses, à l'origine des pairies, & aux intérêts de l'état, qui regarde plus l'officier que le prix ou la propriété de l'office.

» Il faut donc reconnoître au moins que le fief & l'office unis dans la formation de la pairie, conservent une parfaite égalité; que la pairie composée de tous les deux, est également dépendante de l'un & de l'autre; ensorte que le fief & l'office ne peuvent jamais s'éteindre sans que l'intégrité de la pairie souffre un partage, une division qui produise un véritable anéantissement.

» Ainsi inutilement est-on compris dans le nombre de ceux qui sont appelés à la dignité de pair de France, si on ne joint à ce premier titre celui de possesseur de la terre.

» Mais aussi c'est envain qu'on possède la terre, si l'on est privé du glorieux avantage d'avoir été choisi par le prince dans les lettres d'érection, pour remplir à son tour les fonctions de la pairie.

» De-là ces maximes que les collatéraux sont exclus s'ils ne sont pas expressément appelés, & que les pairies sont indivisibles & impartables, parce qu'en divisant la terre, il faudroit diviser l'office.

» D'après ce principe, comment doit-on interpréter des termes généraux qui se trouvent souvent dans les lettres d'érection ?

» Il y a deux règles générales à cet égard.

» *Première règle.* Il ne faut point approfondir l'étendue du pouvoir du souverain, mais examiner celle de la volonté dans le fait particulier.

» *Seconde règle.* Quand la volonté du roi est douteuse, il faut préférer l'interprétation qui est la plus conforme au droit commun, & à l'intérêt de l'état, parce que le souverain n'est jamais censé y avoir dérogé que par une volonté claire & entièrement exempte de doute.

» *Première conséquence de ces deux règles.* Quand la volonté du roi est claire & évidente, il ne faut point chercher à interpréter.

» *Seconde conséquence.* Quand la volonté du roi est douteuse, il faut l'interpréter par le droit commun, c'est-à-dire, chercher dans la loi générale le sens de la loi particulière, & prendre ainsi le roi lui-même pour interprète de ses intentions.

» Appliquons ces principes aux clauses des lettres qui ont érigé la pairie de Piney.

» D'abord, ces termes *hoirs & successeurs*, doivent être restreints; autrement ils comprendroient les héritiers collatéraux, les héritiers testamentaires & les successeurs à titre particulier ; ce qu'on n'oseroit certainement pas soutenir.

» Rien n'est encore plus équivoque que les mots *ayans cause :* en les prenant à la rigueur, ils renfermeroient les donataires, les acquéreurs même étrangers ; tous ceux, en un mot, qui ont un titre légitime de possession ; & bien sûrement ils ne s'étendent point jusques-là.

» Les termes *mâles & femelles* ne peuvent pas non plus être pris dans leur généralité ; il faut nécessairement les restreindre pour les femelles à la *pairie réelle*, dont les femmes peuvent être capables ; & il est impossible de les étendre à la *pairie personnelle* dont elles sont absolument exclues par leur sexe.

» Il faut interpréter de la même manière, la dérogation que les lettres d'érection font à l'édit de 1566. En effet, comme la loi ne considère que la propriété de la terre, la dérogation à cette loi est limitée à cet unique objet. Le Roi n'a point eu intention de perpétuer par-là une dignité qui ne peut convenir qu'aux seuls mâles.

» Le mariage de la fille d'un duc & pair est également incapable de transférer la pairie à son mari. Celui-ci peut bien acquérir, par cette voie, le bail, l'administration, la jouissance, ou même, si l'on veut, la propriété de la pairie réelle ; mais le mariage ne lui donne pas & ne peut jamais donner par lui-même, la pairie personnelle, c'est-à-dire, l'office ou la dignité.

» Ce sont nos Rois eux-mêmes qui ont établi ces maximes, lorsqu'ils ont commencé à introduire l'usage des nouvelles lettres que les maris ont toujours obtenues depuis cent vingt ans, pour être reçus dans la dignité de pairs de France.

» Ils ont marqué par-là que les termes de femelles qui avoient été insérés dans quelques lettres d'érection, ne pouvoient jamais s'interpréter que de droits réels de la pairie, & que pour les étendre aux droits personnels, il falloit avoir recours, non pas à la pure justice, mais à la bonté du souverain.

» C'est en vain qu'on oppose l'exemple des mineurs & des imbécilles, qui, quoique incapables d'exercer les fonctions personnelles de la pairie, ne laissent pas de les transmettre à leur postérité.

» Quelle comparaison peut-on faire entre une incapacité passagère & une incapacité essentielle, entre une infirmité qui laisse au moins subsister le fonds & le principe de la dignité, & un défaut naturel, invincible, irréparable, qui détruit les premiers fondemens de la pairie personnelle ?

» Mais d'ailleurs il n'est pas vrai qu'un mineur, qu'un imbécille transmettent, à proprement parler, la dignité de pair à leurs enfans. Les enfans ne reçoivent point cette importante dignité des mains de leurs pères, ils la reçoivent comme eux, des mains du roi. L'incapacité personnelle de leurs pères peut bien différer le temps qu'ils jouiront librement de cette dignité, mais non pas éteindre la dignité même ; au lieu que dans la personne de la femme, deux obstacles invincibles s'opposent à la communication de la pairie : le premier est son incapacité naturelle, & le second le défaut de choix & de caractère dans la personne de ceux à qui elle pourroit transmettre cette dignité.

» L'exemple de Léon d'Albert paroît d'abord plus embarrassant. Nous n'examinerons point s'il est vrai qu'il ait joui de l'ancien rang, & qu'il ait été assis dans le lit de justice de 1621, immédiatement après M. le duc d'Uzès, ou si au contraire les rangs ont été confondus dans cette cérémonie. Sans nous arrêter à ce fait sur lequel les registres même de la cour ne laissent que des doutes & des incertitudes, attachons-nous à deux réponses qui paroissent beaucoup plus solides.

» L'une que nous ne voyons point que le droit de Léon d'Albert ait été contesté. Il a été reçu sans aucune opposition. Quelles furent alors les raisons du silence des autres pairs? C'est ce que nous ne voulons point rechercher : il est toujours certain que ce ne fut pas la défiance absolue de leurs droits ; puisque ce n'étoit plus une maxime constante que le mari pouvoit être reçu pair du chef de sa femme ; puisque soixante ans auparavant M. de Nevers avoit cru qu'il étoit nécessaire d'obtenir des lettres de continuation ; puisque le rang de l'ancienne érection lui avoit été contesté par M. le connétable de Montmorency ; puisque enfin la question étoit encore indécise & pendante à la cour.

» Mais d'ailleurs, Léon d'Albert a toujours jugé nécessaire d'obtenir des lettres, ce que n'a jamais fait le fils d'un pair de France ; il a donc reconnu lui-même que la continuation de la pairie ne se faisoit pas de plein droit en sa personne, & ces lettres même prouvent qu'en quelques termes qu'elles soient conçues, nous ne pouvons, suivant les véritables intérêts du Roi & de l'Etat, les regarder que comme un nouveau titre & de nouvelles provisions.

» Mais enfin, supposons pour un moment que la fille d'un pair puisse transmettre la pairie à son mari, oublions la nature des offices, poussons la fiction aussi loin qu'on veut la porter, & reconnoissons que dans le premier degré, on peut admettre à cette haute dignité le mari de la fille d'un pair de France & ses descendans : ne faudra-t-il pas au moins arrêter à sa personne le progrès de cette fiction ?

» Il est certain que les pairies femelles ne sont pas favorables, qu'elles résistent au droit commun, & que par conséquent il faut plutôt chercher les moyens de les restreindre, que de les étendre.

» Ainsi, lorsqu'une fois ce privilège extraordinaire, cette grace singulière a eu entiérement son effet, soit pour la pairie réelle, soit pour la pairie même personnelle, il est nécessaire, suivant tous les principes, d'en arrêter le cours, & de présumer que l'intention du Roi n'a pas été d'accumuler graces sur graces, privilèges sur privilèges, fictions sur fictions.

» Il y a d'ailleurs des différences considérables entre le premier & le second degré.

» D'abord, les motifs d'érection d'une pairie sont toujours tirés de la faveur singulière de la maison à laquelle on accorde ce titre d'honneur, la plus haute récompense qu'un sujet puisse espérer de son maître. Ces motifs ont encore une application naturelle à la fille. Elle porte le nom & les armes de son père. Elle est, à la vérité, la fin de sa famille, mais elle en est encore ; & ces restes précieux d'un nom que le Roi a voulu honorer d'une dignité si éclatante, peuvent obtenir de sa bonté qu'il veuille bien accorder au mari la communication de cette même dignité. Mais cette raison cesse absolument dans le second degré ; la fille de la fille n'est plus de la famille de son aïeul maternel, elle suit la famille de son père, & elle est regardée par le droit comme étrangère, pour ainsi dire, aux privilèges accordés au nom & à la famille de sa mère.

» En second lieu, il resteroit encore quelque distinction entre les pairies & les autres biens, en accordant au premier degré la faculté de communiquer la pairie : il n'en reste plus si l'on porte cette extension jusqu'au deuxième degré: après cela, tout est confondu, & il n'y aura plus de raison de fixer ce progrès infini. Le troisième degré n'en sera pas plus exclu que le second. Ainsi, ou il faut nécessairement regarder les pairies comme de simples fiefs héréditaires & patrimoniaux, ou il faut du moins marquer

quer au second degré les bornes de la durée des pairies.

» Troisièmement, il y a quelques exemples favorables à la fille depuis que le véritable esprit des pairies a été rétabli, comme ceux de Nevers & d'Eu, comme celui de Léon d'Albert; encore même ont-ils tous obtenu des lettres du prince. — Il n'y en a point où l'on ait vu passer une pairie à la fille de la fille.

» L'espèce particulière de la cause prouve encore que l'intention du Roi a été d'empêcher qu'on n'abusât de sa grace, en l'étendant au-delà du premier degré.

» Pour en être persuadé, il suffit de comparer les lettres d'érection du duché de Piney, avec celles qui ont érigé le même duché en pairie. Dans les premières, on trouve ces termes importans: *pour jouir dudit duché par notredit cousin, ses hoirs & ayans cause, tant mâles que femelles, en quelque degré que ce soit, perpétuellement.*

» Mais ces derniers termes, *en quelque degré que ce soit, perpétuellement*, ne se trouvent point répétés dans l'érection de la pairie.

» En vain objecte-t-on que le duché étant uni à la pairie, les mêmes personnes qui sont appelées à la possession de l'un, le sont également à celle de l'autre.

» Les collatéraux sont appelés à la possession du duché, & M. de Luxembourg convient qu'ils ne le sont pas à celle de la pairie. L'argument ne vaut donc rien.

» Quel est donc le sens de cette union? que tant que la dignité de pair subsistera, elle sera unie au titre de duché. Mais cette clause a-t-elle la force de perpétuer la pairie au delà des femelles du premier degré? Pourquoi laisser une différence si importante entre ces lettres? Pourquoi ne pas ajouter que la pairie passera aux femelles en quelque degré que ce soit, s'il est vrai cependant qu'on ait prétendu le faire à l'égard du duché; & c'est ce qui nous paroît encore très-difficile à établir »?

Après ces raisonnemens, qui conduisoient, pour ainsi dire, d'eux-mêmes M. d'Aguesseau à la conséquence que l'érection primitive de la pairie de Piney étoit éteinte, ce magistrat passa aux lettres de requête civile obtenues contre l'arrêt du 20 mai 1662, par ceux des ducs & pairs qui étoient alors mineurs, & il fit voir qu'elles devoient être rejetées.

Ensuite il examina si cet arrêt pouvoit être détruit par l'opposition des ducs dont les pairies avoient été érigées depuis 1662. Cette partie de la cause dépendoit d'une seule question, de celle de savoir si, en regardant l'ancienne pairie comme éteinte, M. de Luxembourg pouvoit être reçu en conséquence du droit acquis à son père & à sa postérité, par les lettres de 1661.

« Pour faire connoître le vrai point de la difficulté, dit M. d'Aguesseau, il faut examiner les lettres de 1661, d'abord en elles-mêmes, ensuite en les comparant à celles de 1676.

» En elles-mêmes, nulle érection nouvelle qui y soit précisément exprimée. Elles en ont l'apparence plutôt que la substance. Elles peuvent seulement la renfermer par une interprétation favorable; & tel est le fondement de l'arrêt de 1662.

» Comparons-les avec celles de 1676. Cette interprétation est détruite par le Roi même, qui déclare n'avoir point entendu faire de nouvelle érection, mais avoir approuvé seulement le contrat de mariage de 1661.

» Qu'oppose-t-on au moyen tiré de ces dernières lettres? 1°. *Que le Roi n'a pas coutume de révoquer ses graces.* Mais il ne révoque pas celle dont il s'agit; il déclare seulement qu'il ne l'a pas accordée. 2°. *Qu'on ne peut rétorquer contre M. de Luxembourg ce qui est introduit pour lui.* Cela est vrai dans le genre de grace qui lui est faite, non dans un autre. 4°. *Qu'il ne faut pas diviser les lettres de* 1661. On ne propose pas aussi de les diviser, mais on soutient que dans leur entier, elles n'emportent qu'un simple agrément qui suppose le droit & ne l'établit pas. 5°. *Que les lettres de 1676 pourront n'être pas enregistrées*; mais il peut arriver aussi qu'elles le seroient.

» Quel titre reste-t-il donc, si l'on ne peut faire usage ni des lettres de 1581, sans s'écarter des vrais principes, ni des lettres de 1661 tant que celles de 1676 existeront ?

» 1°. On fait un dénombrement imparfait, quand on suppose qu'il n'y a que deux partis à prendre; qu'il faut confirmer ou le titre de 1581, ou celui 1661. Ne peut-on pas les rejeter tous deux ? & en ce cas, il n'en resteroit aucun sur lequel on pût procéder à la réception.

» 2°. L'arrêt de réception de feu M. le maréchal de Luxembourg auroit pu y servir de fondement. Mais la face de l'affaire a été changée depuis, par lui-même. Auroit-il été reçu en conséquence d'une nouvelle érection qu'on a cru suffisamment renfermée dans ces lettres de 1661, s'il eût présenté alors celles qui portent qu'il n'y a eu aucune érection nouvelle ?

» Cependant, ce seroit une extrême rigueur de faire tomber tout l'effet de la grace accordée à ce grand homme & de l'arrêt de réception, sur le fondement des dernières lettres qu'il a obtenues, & de priver par-là un nom si illustre d'une dignité par laquelle le roi a voulu en relever l'éclat. Tout concourt à chercher des expédiens pour tempérer cette rigueur.

» Le premier seroit d'admettre M. de Luxembourg à être reçu en conséquence des lettres de 1661, en se désistant de celles de 1676. Mais ce parti ne paroît pas pouvoir être adopté, parce que la déclaration faite par le Roi dans les dernières lettres subsistant toujours, empêcheroit de pouvoir donner aux premières un sens plus favorable.

» Le second expédient, & l'unique qui nous paroisse s'accorder avec les devoirs de notre ministère, est de différer la réception, en indiquant en même temps la voie de s'adresser au Roi, afin que la même autorité qui y avoit mis obstacle, puisse le lever ».

En conséquence, M. d'Aguesseau estima qu'il y avoit lieu de déclarer non-recevables, ceux des pairs qui étoient demandeurs en lettres de requête civile; de faire défense à M. de Luxembourg de poursuivre sa réception en vertu des lettres d'érection de 1581, & d'ordonner qu'il seroit sursis au jugement du surplus des contestations, jusqu'à ce qu'il eût plu au Roi de déclarer ses intentions sur les lettres de 1661.

Ces conclusions n'ont pas été suivies littéralement; mais les juges n'ont pas laissé d'adopter les principes & les vues qu'avoit proposés M. d'Aguesseau.

Par arrêt du 13 avril 1696, le parlement a débouté tous les pairs, savoir les uns de leurs lettres de requête civile, les autres de leur opposition à l'arrêt du 20 mai 1662, & à la réception de M. de Luxembourg; a joint la requête tendante à ce que la pairie de Piney fût déclarée éteinte, à l'instance de préséance pendante à la cour entre les parties: cependant a ordonné que M. de Luxembourg seroit reçu dans la dignité de duc de Piney, pair de France, conformément à l'arrêt du 20 mai 1662 & à l'arrêté du même jour.

Par-là, il a préjugé bien clairement que la pairie créée en 1581 étoit éteinte, & que la dignité de pair n'étoit acquise à M. de Luxembourg que par les lettres de 1661, & l'enregistrement qui en avoit été fait en 1662.

Cet arrêt a été rendu définitif par l'article 9 de l'édit du mois de mai 1711.

» Voulons (y est-t-il dit) que notre cousin le duc de Luxembourg & de Piney » ait rang tant en notre cour de par- » lement de Paris, qu'en tous autres » lieux, du 22 mai 1662, jour de la » réception du feu duc de Luxembourg, » son père, en conséquence de nos » lettres du mois de mars de l'an 1661, » & que les arrêts rendus le 20 mai » 1662 & 13 avril 1696 soient exécu- » tés définitivement, sans que notre » cousin puisse prétendre d'autre rang, » sous quelque titre & prétexte que ce » puisse être ».

VII. Dans la seconde contestation que nous avons annoncée ci-dessus, il s'agissoit de savoir entre les ducs & pairs d'une part, & le marquis d'Antin de l'autre, si celui-ci qui n'étoit point descendu en ligne directe de Jean-Louis de Nogaret, en faveur duquel avoit été faite l'érection du duché-pairie d'Epernon, qui n'étoit que son parent collatéral, & qui ne descendoit de lui que par trois femmes, pouvoit être reçu au parlement, comme fils d'un pair de France qui vient prendre la place de son père.

Nous avons vu ci-devant, section II, que le roi Henri III voulant favoriser également Anne de Joyeuse & Jean-Louis de Nogaret, leur accorda aux mois d'août & de novembre 1581, des lettres de duchés-pairies, dans lesquelles il inséra des clauses de préséance qui blessoient les droits des autres pairs, & furent par cette raison révoquées sous Henri IV.

Jean-Louis Nogaret laissa un fils nommé Bernard, qui fut après lui duc d'Epernon; mais celui-ci mourut sans enfans en 1661.

Il laissa des héritiers paternels & maternels, & un légataire universel. Comme la terre d'Epernon étoit, dans sa personne, un propre naissant paternel, Louis de Gaston de Goth, marquis de Rouillac, & Jacques de Goth, marquis d'Antin, tous deux fils d'Hélène de Nogaret, & sœur du premier duc d'Epernon, en eurent chacun deux quints. Le surplus tomba dans le legs universel.

Louis Gaston de Goth, & après son décès, Jean-Baptiste de Goth son fils, firent différentes procédures pour se faire recevoir au parlement ducs d'Epernon & pairs de France; mais leurs poursuites furent arrêtées par un arrêt du conseil du 7 juillet 1665, qui ordonna que *dans un mois le sieur marquis de Rouillac représenteroit les lettres d'érection de la terre d'Epernon en duché-pairie, & que cependant toutes poursuites pour raison de ce cesseroient au parlement.*

Il ne paroît pas que le marquis de Rouillac ait satisfait à cet arrêt, quoiqu'il ait vécu jusqu'au 3 juin 1690: tout fait au contraire présumer qu'il abandonna ses poursuites, puisque par un contrat du 20 mars 1669, passé avec ses créanciers, il consentit que plusieurs biens spécifiés dans cet acte, & entre autres, *la terre d'Epernon, sous tel titre & dignité qu'elle pût être, fussent vendus & adjugés dans les assemblées de ces créanciers, au plus offrant & dernier enchérisseur.*

Le marquis de Rouillac ne laissa qu'une fille unique: elle fit d'abord différens actes d'héritière de son père; mais ensuite elle voulut renoncer à la succession, & elle en passa l'acte le 28 janvier 1698; & deux jours après, M. l'abbé d'Epernon son oncle renonça comme elle.

Le 4 février suivant, le marquis de Montespan prit des lettres de bénéfice d'inventaire, pour accepter cette succession abandonnée.

Le 6 juin 1698, il acheta la terre d'Epernon des créanciers de la maison de Rouillac, moyennant 140000 liv., & l'on donna à ce contrat le titre *de délaissement*. Le même jour, il en fit donation au marquis d'Antin son fils unique, avec réserve de l'usufruit & de la faculté d'obtenir de sa majesté telles lettres que besoin seroit, même de se faire recevoir duc & pair au parlement, sans que le marquis d'Antin, donataire, pût obtenir de pareilles lettres de son père, donateur, à moins que ce ne fût de son consentement exprès.

Depuis cette acquisition, le marquis de Montespan & le marquis d'Antin demeurèrent dans le silence pendant plus de douze ans; enfin le marquis d'Antin obtint du roi la permission de faire au parlement telles poursuites qu'il aviseroit pour raison du duché-pairie d'Epernon. En conséquence, il reprit une ancienne instance, qu'il prétendoit avoir été pendante entre plusieurs des pairs & le marquis de Rouillac, en 1665. Il les fit depuis assigner presque tous, les uns pour reprendre cette instance, les autres pour se voir débouter de l'opposition qu'ils avoient formée à ce qu'aucun ne fût reçu duc & pair sous le titre d'Epernon; d'autres enfin pour voir déclarer commun avec eux l'arrêt qui interviendroit.

Les ducs & pairs soutinrent, de leur part, que le marquis d'Antin n'étant héritier ni médiat, ni immédiat du marquis de Rouillac, ne pouvoit, en cette qualité, reprendre une instance au lieu de celui-ci; ils demandèrent en conséquence qu'il plût à la cour le déclarer non-recevable dans sa reprise, & en même temps le débouter de sa demande à fin d'être reçu duc & pair de France.

Pour justifier ces conclusions, ils disoient d'abord, sur la forme, que Regine-Elisabeth de Goth ayant fait différens actes d'héritière dans la succession de son père, qu'elle avoit acceptée, & dont elle avoit été en possession pendant huit ans, n'avoit pu y renoncer dans la suite, pour donner lieu à un autre de l'accepter; que le degré avoit été rempli, qu'elle avoit toujours été seule héritière de son père, même après en avoir abandonné les biens; que si le marquis de Montespan, comme il étoit vrai, n'avoit jamais été héritier du marquis de Rouillac, son cousin, il n'avoit pu se faire adjuger, en cette qualité, la terre d'Epernon; qu'ainsi le contrat du 6 juin 1698, quoique qualifié *délaissement*, étoit un véritable contrat de vente; que par la même raison, le marquis d'Antin son fils n'avoit pas été en droit de reprendre, comme héritier du sieur de Rouillac, l'instance qu'il disoit avoir subsisté en 1665, & qui depuis ce temps eût été non seulement périe plusieurs fois, mais même prescrite.

Au fond, les ducs & pairs opposoient trois moyens à la prétention du marquis d'Antin.

Le premier étoit qu'il ne possédoit point la terre d'Epernon par la voie de la succession; que le marquis de Montespan son père l'avoit acquise comme un étranger auroit pu faire.

Le second, qu'il n'étoit point descendu de celui pour lequel l'érection de cette terre en duché-pairie avoit été faite, qu'il n'étoit que son parent collatéral, & que depuis la souche commune jusqu'à lui, il se rencontroit trois femmes, qui étoient entrées dans trois familles étrangères.

Le troisième, que quand on eût pu supposer, contre la vérité, que le marquis d'Antin descendît par les femmes de Jean-Louis de Nogaret, en faveur duquel l'érection d'Epernon avoit été faite, au lieu qu'il ne descendoit que de la petite-fille d'Hélène de Nogaret, sœur du premier duc d'Epernon, il n'auroit pas encore eu droit d'aspirer à la pairie, par la raison qu'un office de cette nature ne pouvoit être possédé, transmis, ni communiqué par des femmes, & que la pairie d'Epernon étoit éteinte depuis 50 ans, par le décès de Bernard de la Valette sans postérité masculine.

Pour établir ces trois moyens, MM.

les ducs & pairs remontoient à l'origine de la pairie, & rappeloient fort au long tous les principes que M. d'Agueſſeau avoit développés en 1696, dans la cauſe de M. de Luxembourg.

« Pour appliquer ces principes à la conteſtation préſente (ajoutoit leur défenſeur) il faut examiner quels ſont les motifs & les termes des lettres du duché d'Epernon, & voir s'ils appellent à l'office & à la dignité de pair de France, non-ſeulement tous les deſcendans mâles & femelles de Jean-Louis de Nogaret, mais encore tous ſes parens collatéraux, n'importe qu'ils ſoient ſes héritiers, ou qu'ils ne poſſèdent la terre d'Epernon que comme acquéreurs étrangers; car il faut porter la ſuppoſition juſqu'à ce degré d'abſurdité, ſi l'on veut faire valoir la prétention du marquis d'Antin.

» Les motifs de cette érection ne s'étendent point au-delà de la famille de Nogaret, que le roi Henri III avoit deſſein d'honorer dans la perſonne de M. d'Epernon; ils n'ont aucun rapport aux différentes familles, dans leſquelles les filles de cette maiſon pourront entrer, & encore moins aux filles des filles de cette maiſon, ou à leurs deſcendans, qui ne ſeroient ni du nom, ni de la famille de Nogaret.

» Mais ſi les motifs des lettres d'Epernon s'oppoſent à la prétention du marquis d'Antin, les termes de ces mêmes lettres ne lui ſont pas plus favorables. *Avons créé & érigé.... la baronnie d'Epernon... en titre, nom, dignité & prééminence de duché-pairie de France, pour en jouir par notre couſin de Nogaret, & après ſon décès par ſes hoirs, ſucceſſeurs & ayans cauſe, mâles & femelles, ſeigneurs dudit Epernon.*

» Il n'y a pas un terme dans cette clauſe, qui ne doive être interprété, & qui, s'il étoit entendu à la rigueur, ne renfermât un ſens directement contraire aux intentions du Roi; il n'y en a aucun par lequel on puiſſe ſoutenir que les collatéraux ſont appelés à la pairie.

» Si l'on donne aux termes *hoirs, ſucceſſeurs & ayans cauſe*, toute l'étendue qu'ils ont dans les actes ordinaires, ils comprendront tous les ſucceſſeurs quels qu'ils ſoient, même les acquéreurs étrangers. Cependant, y a-t-il quelqu'un qui oſe ſoutenir qu'il ſoit appelé à la pairie?

» A l'égard du terme *femelles*, dans quelle abſurdité ne tombera-t-on pas, ſi l'on s'attache ſcrupuleuſement à la lettre! Il s'enſuivra que les femmes pourront elles-mêmes exercer l'office de pair; qu'elles auront ſéance au parlement, & aux états-généraux du royaume; qu'elles aſſiſteront au ſacre de nos Rois, pour y ſoutenir leur couronne; & qu'elles décideront même de l'exécution de la loi ſalique, qui les exclut pour jamais de la ſucceſſion au ſceptre.

» Pour éviter une interprétation ſi contraire aux loix fondamentales de l'état, & aux volontés du légiſlateur, il faut donc avoir recours au droit commun, & dire que le Roi n'a voulu accorder aux filles que les privilèges dont elles étoient capables, les droits de juſtice, le reſſort direct au parlement, la mouvance immédiate de la couronne, l'honneur de poſſéder une terre élevée à la plus haute dignité.

» En effet, toutes les fois que l'intention du Roi peut paroître douteuſe, que les termes des lettres ſont ſuſceptibles de deux interprétations, il faut néceſſairement préférer celle qui ſe rapproche le plus du droit commun.

» Mais il eſt inutile de s'arrêter à examiner quelle ſignification le terme *femelles* doit avoir dans les lettres d'érection dont il s'agit, puiſqu'on n'a point ici à combattre la fille d'un pair, ni ſes enfans. Le marquis d'Antin n'eſt qu'un parent collatéral très-éloigné de celui en faveur duquel l'érection a été faite; il n'eſt donc pas compris dans les lettres d'érection; car il n'y eſt fait aucune mention des parens collatéraux de Jean-Louis de Nogaret ; & toutes les fois que nos Rois ont voulu appeler à la pairie, ou même au duché, les parens collatéraux, ils n'ont jamais manqué de l'exprimer, nommément dans les lettres ; c'est une vérité dont il est aisé de se convaincre par les clauses des lettres de l'érection de Longueville en duché, du mois de mai 1505 ; d'Aumale en duché-pairie, de 1547 ; de Thouars, en duché, de 1563 ; d'Uzès, en duché, de 1566 ; de Damville, en duché-pairie, de 1610 ; de Bellegarde, en 1619 ; de Richelieu, en 1631 ; de Verneuil, en 1652 ; de Randan, en 1661 ; & d'Aumont, en 1665 ».

Le marquis d'Antin opposoit à tous ces moyens deux objections très-spécieuses.

La première, que l'arrêt du 27 novembre 1581, qui avoit ordonné l'enregistrement des lettres d'érection de la pairie d'Epernon, avoit jugé que les collatéraux étoient appelés à cette dignité, puisque M. le procureur-général de la Guesle ayant conclu à la vérification de ces lettres, *pour joüir par l'impétrant du contenu en icelles, & ses hoirs descendans de lui en loyal mariage tant seulement*, la cour n'eut aucun égard à ce requisitoire, & ordonna l'enregistrement des lettres sans aucune restriction.

La seconde étoit fondée sur l'exemple de l'érection du duché-pairie de Joyeuse, que le seigneur, en faveur de qui avoit été faite cette érection, ayant été tué à la bataille de Coutras, ce duché avoit d'abord passé à son frère, ensuite à sa mère, fille du maréchal Capucin de Joyeuse, & enfin au fils puîné de celle-ci, en vertu de la donation qu'elle lui en fit en 1647.

On repliquoit pour MM. les ducs & pairs, à la premiere de ces objections, que le Roi Henri III, en érigeant la baronnie d'Epernon en duché-pairie pour Jean-Louis de Nogaret, ne s'étoit servi d'aucune expression qui pût faire penser que les collatéraux fussent appelés à cette dignité, & que ces termes *hoirs, successeurs* & *ayans cause*, employés dans les lettres d'érection, ne s'appliquoient, comme dans les lettres d'apanage, qu'aux descendans de l'impétrant, ou de l'apanagiste.

« Mais (ajoutoit-on) comme le Roi avoit appris que le parlement vouloit lui faire des remontrances, il manda M. le premier président, & lui dit que son *vouloir* & *intention étoient que les lettres fussent vérifiées & publiées selon leur forme, & ainsi qu'il avoit été fait pour le sieur duc de Joyeuse, & non moins*. M. le procureur-général de la Guesle, pour satisfaire à cet ordre du Roi, donna sur le champ des conclusions entiérement semblables à celles qu'il avoit données lors de l'enregistrement des lettres du duché de Joyeuse, & tendantes par conséquent à ce que l'érection fût restreinte aux descendans du nouveau duc. Mais la cour ne trouva dans les lettres du duché-pairie d'Epernon aucun terme qui pût être appliqué aux collatéraux : elle dut même y voir le contraire ; car le Roi voulant donner le privilège singulier de préséance à tous ceux qu'il avoit appelés au duché-pairie d'Epernon, comme à tous ceux qui l'étoient à celui de Joyeuse, au lieu de répéter les *hoirs, successeurs & ayans cause*, les avoit tous appelés sous ces termes génériques, *ceux qui sortiront dudit de Nogaret*, ce qui marquoit bien précisément que les seuls descendans de l'impétrant étoient appelés dans ces lettres. D'après ces considérations, la cour ne crut pas devoir exprimer dans son arrêt une restriction qui paroissoit inutile.

» Ainsi, bien loin que l'arrêt d'enregistrement ait jugé le contraire de ce qui étoit porté par les conclusions, il est certain qu'il s'y est entiérement conformé, & qu'il en a seulement retranché une clause superflue ; *la cour a ordonné que lesdites lettres seront publiées & enregis-*

*trées ès registres d'icelle, oui sur ce & consentant le procureur-général du Roi.* C'est donc conformément au consentement de M. le procureur-général que l'arrêt a prononcé, & il n'a pas jugé le contraire de ce à quoi ce Magistrat avoit conclu.

» Quant à la seconde objection, il se présente plusieurs réponses.

» 1°. Les lettres du duché de Joyeuse semblent appeler les collatéraux, au lieu qu'il n'y a pas un terme dans celles du duché d'Epernon qui puisse leur être appliqué.

» 2°. Si les faits avancés à cet égard par le marquis d'Antin étoient véritables, cet exemple prouveroit trop, & par conséquent ne prouveroit rien. En effet, si l'on prenoit cet exemple unique pour règle, il faudroit s'écarter des principes les plus constans en matière de pairie; on verroit des juges sans titre, des officiers sans caractère public, des pairs de France dont le Roi n'auroit choisi ni la personne, ni la famille.

» Les femmes, qui, sans être comprises dans les lettres d'érection, posséderoient une terre autrefois érigée en pairie, auroient infiniment plus de droit qu'un duc & pair de France. Si ce pair avoit plusieurs enfans, il ne pourroit, au préjudice de son aîné, faire passer la pairie à son puîné; c'est cependant ce qu'on prétend avoir été fait par madame la duchesse de Guise en 1647. De semblables exemples ne méritent pas qu'on s'arrête à les réfuter.

» 3°. Comment ose-t-on soutenir que le duché-pairie de Joyeuse, &, par une conséquence tirée de l'égalité que le Roi Henri III avoit voulu mettre entre ses deux favoris, le duché-pairie d'Epernon doivent passer aux collatéraux, puisque l'arrêt du 7 septembre 1581, porte en termes exprès, que les lettres du duché de Joyeuse seront enregistrées, *pour jouir par ledit duc de Joyeuse du contenu en icelles*, ET LES DESCENDANS DE LUI EN LOYAL MARIAGE TANT SEULEMENT. Si donc le frère du premier duc de Joyeuse & le fils de sa nièce ont été reçus à cette éminente dignité, comme le marquis d'Antin le suppose, ce sont des contraventions manifestes à l'arrêt d'enregistrement des lettres d'érection, qu'on ne peut attribuer qu'aux troubles de la ligue & à la minorité du Roi.

» Enfin le droit du maréchal de Joyeuse ni celui de Louis de Lorraine n'ont jamais été contestés; si quelqu'un se fût opposé à leur réception, on ne peut pas douter que cette opposition n'eût réussi, puisque outre les véritables maximes qui viennent d'être établies, il auroit suffi de représenter l'arrêt d'enregistrement du 7 septembre 1581, qui condamnoit en termes si précis la prétention de ces collatéraux.

» On ne craint donc point de dire que de semblables exemples ne peuvent servir qu'à redoubler l'attention de la cour des pairs, pour maintenir les véritables maximes de la pairie, & pour empêcher qu'on n'y introduise des abus, dont on pourroit dans la suite tirer les conséquences les plus dangereuses ».

VIII. Tels étoient les moyens que les ducs & pairs opposoient au marquis d'Antin dans cette grande affaire, qui fixoit l'attention de toute la France. On s'attendoit à la voir juger par le parlement, devant qui elle étoit pendante; mais le Roi la crut assez importante pour s'en occuper lui-même : il prévint la décision des magistrats par son édit du mois de mai 1711.

Nous avons déjà rapporté quelques dispositions de cette loi dans les deux chapitres précédens & dans celui-ci; nous en retracerons encore d'autres dans la suite; mais il faut placer ici toutes celles qui ont trait à la manière dont se transmet la pairie.

» LOUIS..... salut. Depuis que les an-
» ciennes pairies laïques ont été réunies
» à la couronne, dont elles étoient éma-

» nées, & que, pour les remplacer, » les Rois nos prédécesseurs en ont » créé de nouvelles, d'abord en faveur » des seuls princes de leur sang, & » ensuite en faveur de ceux de leurs » sujets que la grandeur de leur naissance & l'importance de leurs services en ont rendus dignes, les titres des pairs de France aussi distingués autrefois par leur rareté, qu'ils » le seront toujours par leur élévation, » se sont multipliés, toutes les grandes » maisons en ont desiré l'éclat, plusieurs » l'ont obtenu; & par une espèce d'émulation de faveur & de crédit, elles » se sont efforcées à l'envi de trouver, » dans le comble même des honneurs, » de nouvelles distinctions, par des clauses recherchées avec art, soit pour perpétuer la pairie dans leur postérité » au-delà de ses bornes naturelles, » soit pour faire revivre en leur faveur » des rangs qui étoient éteints, & des » titres qui ne subsistoient plus. Dans » cette multitude de dispositions nouvelles & singulières, que l'ambition » des derniers siècles a ajouté à la simplicité des anciennes érections, les » officiers de notre parlement de Paris, juges naturels sous notre autorité, des différends illustres qui se sont » élevés au sujet des pairies, entraînés d'un côté par le poids des règles » générales, & retenus de l'autre par » la force des clauses particulières qu'on » opposoit à ces mêmes règles, ont » cru devoir suspendre leur jugement, » & se contenter de rendre des arrêts » provisionnels, comme pour marquer » par-là que leur respect attendoit de » nous une décision suprême, qui, fixant » pour toujours le droit des pairies, » pût distinguer les différens degrés » d'honneurs qui sont dus aux princes » de notre sang, à nos enfans légitimés » & autres pairs de France, affermir les » véritables principes de la transmission » des pairies, ou masculines ou féminines, & déterminer souverainement » le sens légitime de toutes les expressions équivoques, à l'ombre desquelles » on a si souvent opposé, en cette matière, la lettre de la grace à l'esprit » du prince qui l'avoit accordée. C'est » cette loi desirée depuis si long-temps » que nous avons enfin résolu d'accorder » aux souhaits des premiers magistrats, » à l'avantage des grandes maisons de » notre royaume, au bien même de » notre état, toujours intéressé dans les » réglemens qui regardent une dignité » si éminente; nous avons cru devoir » y ajouter des dispositions non moins » importantes, soit pour conserver l'éclat & la splendeur des maisons honorées de cette dignité, soit pour » prévenir tous les différends qui se » pourroient former à l'avenir à l'occasion de l'érection, ou de l'extinction » des pairies, soit enfin pour terminer » les contestations qui sont pendantes » en notre cour de parlement, tant » entre plusieurs desdits ducs & pairs, » & notre cousin le duc de Luxembourg, » qu'entre le sieur marquis d'Antin & » plusieurs autres desdits ducs & pairs, » & réunir par l'autorité souveraine de » notre jugement, les esprits & les intérêts des personnes qui tiennent » un rang si considérable auprès de » nous. *A ces Causes*, de notre » propre mouvement, pleine puissance » & autorité royale, nous avons dit, » déclaré & ordonné; disons, déclarons & ordonnons par le présent » édit.....

» Art. IV. Par les termes d'hoirs et » successeurs, & par les termes » d'ayant cause, tant insérés dans les » lettres d'érection ci-devant accordées, » qu'à insérer dans celles qui pourroient » être accordées à l'avenir, ne seront » & ne pourront être entendus que les » enfans mâles descendus de celui en » faveur de qui l'érection aura été faite, » &

» & que les mâles qui en seront des- » cendus de mâles en mâles, en quel- » que ligne & degrés que ce soit.

» V. Les clauses générales insérées » ci-devant dans quelques lettres d'é- » rection de duchés & pairies en fa- » veur des femelles, & qui pourroient » l'être en d'autres à l'avenir, n'auront » aucun effet qu'à l'égard de celle qui » descendra & sera de la maison & du » nom de celui en faveur duquel les » lettres auront été accordées, & à la » charge qu'elle n'épousera qu'une per- » sonne que nous jugerons digne de » posséder cet honneur, & dont nous » aurons agréé le mariage par des let- » tres-patentes qui seront adressées au » parlement de Paris, & qui porteront » confirmation du duché en sa personne » & descendans mâles, & n'aura ce » nouveau duc rang & séance que du » jour de sa réception audit parlement » sur nosdites lettres.

» IX. Et à l'égard du marquis d'Antin, » voulons qu'il n'ait rang & séance » que du jour de sa réception, sur les » nouvelles lettres que nous lui accor- » derons ».

On voit maintenant de quel effet peuvent être dans les lettres-patentes d'érection d'une terre en pairie, les clauses qui y appellent soit les descendans femelles, soit les *hoirs*, *successeurs & ayans cause* de ceux à qui elles sont accordées.

IX. Mais doit-on, en cette matière, assimiler les clauses qui appellent les *héritiers*, à celles qui appellent les *hoirs?* Cette question s'est présentée depuis l'édit de 1711; voici dans quelle espèce.

Françoise Duplessis, aînée des deux sœurs & héritières présomptives de M. le cardinal de Richelieu, épousa René de Wignerod, marquis de Pontcourlay: de ce mariage naquirent deux enfans; un fils nommé François de Wignerod, marquis de Pontcourlay; une fille, Marie de Wignerod, qui fut mariée avec Antoine du Roure, marquis de Combalet, qui demeura veuve sans enfans dès l'année 1622, & qui par des lettres-patentes du mois de janvier 1638, fut élevée à la dignité de pair de France.

François de Wignerod, marquis de Pontcourlay son frère, épousa Françoise de Kemadeu; de leur mariage sortirent plusieurs enfans, & entre autres Armand-Jean-Baptiste duc de Richelieu, Amador-Jean-Baptiste, & Madeleine-Thérèse qui n'a point été mariée.

Amador-Jean-Baptiste, second de ses enfans, eut pour fils & héritier le marquis de Richelieu, qui laissa son nom & ses biens à Armand-Louis de Wignerod-Duplessis de Richelieu, comte d'Agénois, son fils.

Celui-ci se présenta, en 1731, au parlement pour se faire recevoir à la pairie créée par les lettres-patentes du mois de janvier 1638, en faveur de Marie de Wignerod, son arrière-grande tante; & cela a fait la matière d'une grande contestation.

Pour l'intelligence de la difficulté qui en étoit le nœud, il est important d'observer que cette création avoit été accompagnée de deux clauses particulières.

La première portoit que le duché-pairie d'Aiguillon étoit érigé, ou plutôt rétabli, *pour en jouir par ladite dame, & ses héritiers & successeurs tant mâles que femelles tels qu'elle voudroit choisir, perpétuellement & à toujours, sous le nom & appellation d'Aiguillon.*

La seconde, qu'il étoit érigé, *à la charge néanmoins que ladite terre d'Aiguillon & autres qui y sont annexées, & qui pourroient y être unies ci-après, à défaut d'héritiers mâles ou femelles de ladite dame, retourneroient à leur première nature, titre & qualité.*

Ces lettres furent enregistrées au parlement de Paris le 19 mars 1638, sans aucune restriction ni modification. En conséquence, Marie de Wignerod jouit jusqu'à la mort du duché-pairie d'Aiguillon & de tous les honneurs qui y étoient attachés.

Le 17 mai 1674, elle fit un testament par lequel, profitant de la liberté que le souverain lui avoit accordée, elle régla l'ordre & le rang dans lequel chacun de ses héritiers & successeurs recueilleroit la dignité à laquelle ils étoient tous indistinctement appelés par les lettres d'érection.

Elle se proposa pour objet de communiquer à Madeleine - Thérèse de Wignerod sa nièce pendant sa vie, les mêmes honneurs dont elle avoit joui pendant la sienne, en faisant passer sur sa tête le duché-pairie d'Aiguillon, & de fonder ensuite un fidéicommis perpétuel entre ses héritiers & successeurs, préférant toujours les mâles aux filles, & entre les mâles ceux qui n'étoient pas encore revêtus de la même dignité.

Elle institua donc Madeleine - Thérèse, fille de son frère, héritière de son duché-pairie d'Aiguillon pour en jouir par elle avec le titre & la dignité qui en dépendoient, conformément à la faculté que le roi Louis XIII lui en avoit accordée par ses lettres-patentes du mois de janvier 1638.

Elle lui substitua directement & sans intervalle, dans ce même *duché-pairie d'Aiguillon*, le marquis de Richelieu, son petit-neveu, père du comte d'Agénois, à qui elle substitua ses enfans & descendans mâles, l'ordre d'aînesse toujours conservé.

Elle mourut en 1675, & son testament fut d'abord pleinement exécuté. Madeleine-Thérèse de Wignerod, sa nièce, qui étoit instituée dans le duché-pairie se présenta à la cour, y prit le rang que son titre lui donnoit, y recueillit les honneurs attachés à la pairie, & en jouit paisiblement jusqu'à sa mort arrivée en 1704.

La terre d'Aiguillon passa alors au marquis de Richelieu, en vertu de la substitution établie par le testament de 1674. Ce seigneur fit quelques démarches pour se faire recevoir à la pairie, mais il se trouva arrêté par les oppositions qu'y avoient formées quelques-uns de MM. les ducs & pairs. Les mémoires furent présentés au roi de part & d'autres, & l'on prétend (mais c'est une anecdote qui n'est justifiée par aucune pièce authentique,) que Louis XIV, sur le rapport que lui en fit M. le chancelier de Pontchartrain, prononça *verbalement* contre le marquis de Richelieu.

Quelque temps après la mort de Louis XIV, le marquis de Richelieu renouvela ses instances auprès de M. le duc d'Orléans, régent du royaume, pour faire cesser l'obstacle qui s'opposoit à sa réception. M. le duc d'Orléans, sur le compte qu'il s'en fit rendre par M. le chancelier, renvoya l'affaire à la majorité du roi.

Avant la majorité de Louis XV, le marquis de Richelieu se trouva accablé par trois attaques d'apoplexie consécutives, qui le réduisirent à une inaction totale, & lui causerent même une telle foiblesse d'esprit, qu'il fallut dans la suite pourvoir à l'administration de ses biens. M. le comte d'Agénois, son fils unique, fut nommé son curateur.

Il mourut le 23 octobre 1730. Par son décès, M. le comte d'Agénois se trouva appelé à la terre d'Aiguillon. Il demanda au roi la permission de poursuivre au parlement de Paris sa réception dans la dignité de pair, & la main-levée des oppositions qui y faisoient obstacle. Cette permission lui ayant été accordée, il présenta une requête tendante à ce qu'il plût à la cour de le recevoir. Cette requête fut communiquée à M. le procureur-général, qui fit remettre à M. le comte d'Agénois les copies des oppositions que vingt-deux pairs & ducs non pairs y avoient formées entre ses mains. M. le comte d'Agénois a fait assigner les opposans pour en avoir main-levée.

Le moyen général de MM. les ducs opposans, étoit de dire « que la pairie » forme un tout composé de deux par» ties, d'un office & d'un fief ; les » principales fonctions de l'office (con» tinuoient-ils) sont d'assister au sacre » des rois, de prendre séance au parle» ment, d'y avoir voix délibérative. On » juge aisément que ces attributs ne peu» vent se communiquer à une femme, » dont le sexe résiste ouvertement à l'im» pression d'un office si distingué, & » si essentiellement masculin.

» De-là deux conséquences. La pre» mière, que la duchesse d'Aiguillon n'a » pu transmettre à ses héritiers & suc» cesseurs l'office de pair de France, » parce qu'elle ne l'avoit pas. La seconde, » que l'érection d'une pairie produit un » fidéicommis masculin, destiné pour » rouler dans la descendance de celui en » faveur de qui elle est faite, & duquel » par conséquent les filles & les colla» téraux sont également incapables ».

M. le comte d'Agénois convenoit dans sa réponse que la pairie est un tout composé de deux parties, d'un office & d'un fief.

« Mais il faut dire plus (ajoutoit-il) les deux parties qui composent ce tout, sont tellement unies, qu'elles ne peuvent subsister l'une sans l'autre ; le fief sans l'office perdroit sa dignité ; l'office sans le fief ne seroit qu'un vain titre, qui ne feroit susceptible d'aucun attribut.

» Ainsi toutes les fois qu'il plaît au roi d'ériger une terre en duché-pairie, l'érection décore cette terre d'une dignité qu'elle n'avoit pas, & communique à tous ceux qui sont appelés pour y succéder, un office auquel sont attachées des fonctions éminentes & distinguées, office sans lequel la pairie ne pourroit subsister.

» Que les principales fonctions de cet office soient d'assister au sacre des rois, de prendre séance à la cour, d'y avoir voix délibérative ; quand on s'en tiendra-là, ces principes ne seront contestés de personne. Mais qu'il s'ensuive que l'office de pair de France ne puisse se communiquer à une femme, la conséquence est évidemment fausse.

» 1°. Le sexe n'a pas toujours été regardé comme incompatible avec les fonctions éminentes de l'office de pair de France ; l'histoire fourniroit plus d'un exemple de femmes qui ont été admises au sacre des rois, qui ont pris séance à la cour, & qui y ont eu voix délibérative. 2°. Si l'usage contraire a prévalu, il ne s'en est jamais suivi que l'office ne fût point office, ou que la pairie ne fût point pairie, quand elle a été érigée en faveur d'une femme ; car il n'y a point de milieu, il ne peut y avoir de pairie sans office ; l'office suit ou plutôt accompagne toujours l'érection de la pairie ; si l'office ne pouvoit subsister sur la tête d'une femme, il en résulteroit nécessairement qu'elle seroit incapable de la pairie. Or, oseroit-on entreprendre de retrancher à l'autorité souveraine, le pouvoir d'ériger quand il lui plaît, une pairie en faveur d'une femme ; ou, ce qui est la même chose, d'appeler les filles à celle qui, dans son principe, seroit érigée en faveur d'un mâle ?

» Qu'arrive-t-il donc quand une pairie est érigée en faveur d'une femme, ou lorsqu'une fille se trouve appelée à celle qui, dans son principe, a été érigée en faveur d'un mâle ? il arrive que les principales fonctions de l'office demeurent suspendues, jusqu'à ce qu'il se trouve sur la tête de quelqu'un qui ait la capacité nécessaire pour les remplir ; mais en attendant, l'office n'existe pas moins sur la tête d'une femme, que sur celle d'un mâle.

» Ainsi que la duchesse d'Aiguillon

n'ait pu transmettre l'office de pair de France, parce qu'elle ne l'avoit pas, & qu'on infère qu'elle ne l'avoit pas, de ce qu'elle ne pouvoit en remplir les principales fonctions, l'argument n'est qu'un pur sophisme. Les fonctions que la duchesse d'Aiguillon n'a pu remplir ont été suspendues pendant sa jouissance; mais l'office n'en a pas moins existé sur sa tête; dès qu'elle avoit la pairie, elle avoit l'office, & dès qu'elle avoit l'un & l'autre, elle a pu transmettre les deux ensemble.

» La première conséquence est donc fausse; mais la seconde ne l'est pas moins.

» L'érection d'une pairie, dit-on, produit un fidéicommis purement masculin; cela est vrai toutes les fois qu'il plaît au Roi d'en borner la transmission aux seuls hoirs ou héritiers mâles de celui en faveur de qui l'érection est faite; mais cela cesse de l'être, quand il lui plaît d'étendre la vocation aux filles, & c'est ce qui dépend uniquement de sa volonté. Mais dans le cas même où le fidéicommis est purement masculin, résiste-t-il à sa nature que des collatéraux y puissent succéder? Quand il est établi pour la seule descendance de l'institué, il ne passe point au-delà; non qu'il soit contre sa nature que des collatéraux y participent, mais parce qu'ils ne peuvent y prétendre sans une vocation qui leur en donne le droit. S'ils sont appelés, il faut suivre la volonté du fondateur, & le fidéicommis, en passant à des collatéraux, ne perd rien ni de son essence, ni de son caractère ».

En appliquant ces observations générales & préliminaires à sa cause, M. le comte d'Agénois soutenoit que tous les héritiers & successeurs de la première duchesse d'Aiguillon, étoient indistinctement appelés par la clause des lettres-patentes de 1638, qui érigeoit le duché-pairie, *pour en jouir par elle, ses héritiers & successeurs, tant mâles que femelles, tels qu'elle voudra choisir perpétuellement & à toujours*; & il concluoit de-là qu'il étoit lui-même compris dans la vocation.

« Vous vous trompez (lui répondoient » MM. les ducs opposans); vous ne » représentez que des héritiers collaté» raux; mais les collatéraux ne sont » point appelés par lettres de 1638, » & par conséquent vous ne représentez » pas ceux qui sont appelés: il est vrai » que les termes généraux *d'héritiers & » successeurs* s'y trouvent employés; mais » ils ont souffert, par l'édit de 1711, » une interprétation qui détruit votre » système jusques dans sa source. Aux » termes de l'édit, ces expressions d'*hé» ritiers & successeurs* ne peuvent s'en» tendre que des descendans de celui ou » de celle en faveur de qui l'érection » a été faite; il n'y a point de descen» dans de la première duchesse d'Aiguil» lon, & par conséquent le duché est » éteint ».

M. le comte d'Agénois repliquoit que lors de l'érection du duché-pairie d'Aiguillon, il étoit impossible, au moins moralement, d'envisager dans les *héritiers & successeurs* de Marie de Wignerod, une postérité; que quoiqu'elle ne fût alors âgée que de 34 ans, elle avoit passé dans l'état de veuve un espace de temps trop considérable, pour qu'on pût lui supposer encore la volonté de se remarier; que dès-là tout portoit à croire que le souverain, en appelant ses *héritiers & successeurs*, avoit voulu que le duché-pairie passât à ceux qui naturellement devoient l'être; que si cette volonté étoit claire, tous les argumens tirés de l'édit de 1711 disparoissoient; que l'objet de cet édit, ainsi que l'expliquoit parfaitement le préambule, avoit été de déterminer souverainement le sens d'expressions équivoques, à l'ombre desquelles on avoit souvent voulu opposer la lettre de la grace, à l'esprit du prince qui l'avoit accordée; que par conséquent, lorsque la lettre & l'esprit se réunissoient, l'édit n'étoit pas fait pour les contredire; que dans l'espèce, la lettre établissoit bien précisément la vocation des collatéraux, puisqu'elle appeloit les héritiers; & que les collatéraux étoient héritiers; que l'esprit y étoit conforme, puisque Marie de Wignerod avoit visiblement renoncé au mariage lors des lettres de 1638.

« Les expressions équivoques (ajoutoit M. le comte d'Agénois), dont on avoit voulu abuser avant l'édit de 1711, & dont cette loi détermine le sens, sont celles d'*hoirs & successeurs*, d'*hoirs & ayans cause*. Ce n'est pas le terme d'*hoirs* qui demandoit interprétation, car jamais il ne s'est appliqué qu'à la descendance directe; mais on avoit prétendu que, quand les termes de *successeurs* & d'*ayans cause* s'y trouvoient joints, ces expressions réunies devoient être plus étendues, que quand le mot *hoirs* se trouvoit seul. L'édit décide le contraire, il décide que les termes de *successeurs* & d'*ayans cause*, joints à celui d'*hoirs*, n'en sont que les adjectifs, pour exprimer qu'à quelque titre que l'*hoir* succède, soit comme héritier, c'est-à-dire, à titre universel, soit comme donataire ou légataire, c'est-à-dire, à titre singulier, soit enfin comme acquéreur, c'est-à-dire, à titre d'*ayans cause*, il sera toujours également capable de la dignité de la pairie : mais ces expressions réunies ne signifieront jamais autre chose, & ne s'étendront jamais au-delà de la ligne directe. Voilà l'unique point de la décision.

» Trouve-t-on dans l'édit la même disposition pour les *héritiers & successeurs*? Il s'en faut bien : il garde un profond silence à leur égard, & la raison n'en est pas difficile à pénétrer : c'est que ces expressions n'ont jamais fait partie de celles dont l'obscurité ou l'équivoque demandoient une interprétation; c'est que le sens en a toujours été clair, général & absolu; c'est qu'avec grande réflexion on a voulu leur conserver la force & l'étendue qu'ils avoient toujours eue. Or, quand on trouve une vocation précise & certaine, établie par des expressions disertes, & dont l'énergie n'a jamais été altérée, vouloir leur enlever leur effet & leur signification propre sans une loi qui l'autorise, c'est une prétention qui ne trouvera grace auprès de personne ».

Cependant MM. les ducs insistoient. C'étoit descendre, selon eux, à la puérilité, que de vouloir distinguer les termes d'*hoirs* & d'*héritiers*. L'article 138 de la coutume de Paris applique le terme d'*hoirs* à la ligne collatérale comme à la directe; celui d'*héritier* est absolument synonyme : ainsi, quand l'édit de 1711 explique l'un, il faut nécessairement adapter à l'autre l'interprétation qu'il donne au premier.

M. le comte d'Agenois répondoit que la coutume de Paris ne renfermoit rien qui fût favorable au systême de MM. les ducs; qu'on y trouvoit le terme d'*hoirs* appliqué dans un article aux deux lignes, réduit dans beaucoup d'autres à la seule ligne directe; que d'ailleurs le terme d'*héritiers* n'y avoit jamais été restreint à ceux d'une seule ligne, & qu'il n'étoit employé dans aucun article, que pour embrasser tous ceux qui pouvoient l'être, dans quelque ligne & degré que ce fût; qu'au surplus, il ne falloit s'attacher sur ce point qu'au langage des pairies; que, pour le bien connoître, il falloit consulter trois sortes de monumens, savoir, les lettres des différentes érections faites depuis celle du duché d'Uzès, aujourd'hui le plus ancien, les registres du parlement, & l'édit de 1711.

« Qu'on parcoure d'abord (continuoit-il) les lettres d'érection qui ont été faites depuis le duché d'Uzès, on en trouvera de deux sortes; les unes, qui n'ont eu pour objet que la descendance directe de ceux qui les ont obtenues (c'est le plus grand nombre, ou plutôt presque toutes sont renfermées dans ces bornes); les autres, que nos Rois ont accordées à ceux qui ne pouvoient avoir de descendans, & auxquels néanmoins ils ont permis de transmettre leurs dignités après eux, transmission qui sûrement ne pouvoit regarder que leurs collatéraux.

» Les premières, si on en excepte quatre, dont on parlera dans l'instant, sont toutes accordées aux impétrans pour *eux & leurs hoirs*, leurs *hoirs & successeurs*, leurs *enfans*, leurs *enfans & descendans*; ces expressions s'y trouvent perpétuellement confondues, comme parfaitement identiques & synonymes; mais jamais le mot *héritiers* ne s'y rencontre. C'est un fait dont il est facile de s'éclaircir, en ouvrant le père Anselme, qui rapporte toutes ces lettres.

» Quand, au contraire, il a été érigé un duché-pairie en faveur d'une personne qui ne pouvoit avoir de postérité, & à laquelle néanmoins le Roi a bien voulu permettre de le transmettre après elle le terme d'*hoirs* se trouve supprimé, comme absolument impropre pour appeler des collatéraux; celui d'*héritiers* prend la place, comme une expression qui embrasse tout, & qui est singuliérement destinée à la vocation des collatéraux.

» Le duché-pairie de Richelieu, par exemple, érigé en 1631 pour le cardinal de ce nom, le fut pour lui, *ses héritiers & successeurs mâles & femelles.* Celui de Fronsac le fut en 1634, encore pour lui, *ses héritiers, successeurs & ayans cause mâles & femelles.* Le duché-pairie de Nivernois, érigé en 1660 pour le cardinal de Mazarin, le fut aussi pour lui, *ses héritiers & successeurs.* Jamais le mot *hoirs* ne se trouve dans ces lettres; celui d'*héritiers* s'y trouve perpétuellement employé.

» Il s'est trouvé en 1555 un duché non pairie (celui de Chevreuse), dans l'érection duquel les termes d'*hoirs & successeurs* avoient échappé, quoique cette érection fût faite en faveur d'un homme qui ne pouvoit avoir de postérité (c'étoit le cardinal Claude de Lorraine). Mais, par l'arrêt d'enregistrement du 10 mai de cette année-là même, les lettres ne furent enregistrées que *pour lui*, & non pour ses *hoirs ni héritiers.* La cour ne pouvoit convertir le terme d'*hoirs* en celui d'*héritiers*, parce que c'eût été établir une vocation que le Roi n'avoit pas faite, ce qui n'étoit pas possible; elle se contenta de supprimer la vocation des *hoirs*, comme inutile & ne pouvant produire aucun effet relativement à l'état du premier duc.

» Ce n'est point-là le seul arrêt qui nous fasse connoître ce que pense la cour sur la distinction des termes d'*hoirs* & d'*héritiers.* Les quatre érections de duchés que nous venons de laisser à l'écart & auxquelles il faut ici revenir, nous apprennent la même chose.

» Bellegarde fut érigé en 1619, en faveur de Roger de Saint-Lary, qui étoit sans enfans, & avoit un frère connu sous le nom de Baron de Termes; l'érection étoit faite pour lui, *ses hoirs ou héritiers.* Les lettres apportées au parlement, la cour frappée de l'étendue de ces termes, crut ne devoir pas les enregistrer, sans être préalablement bien informée des véritables intentions du Roi; elle ordonna de très-humbles remontrances pour représenter que cette vocation d'*héritiers* embrassoit tous les collatéraux de Roger de Saint-Lary. Le Roi répondit que son intention n'avoit pas été d'appeler tous les collatéraux, mais seulement le Baron de Termes & ses descendans, au cas que Roger de Saint-Lary n'eût pas de postérité. En conséquence, arrêt le 22 juin 1620, qui, du très-exprès commandement du Roi & après très-humbles remontrances à lui faites, enregistra les lettres, *pour jouir par l'impétrant & ses enfans mâles, &, à défaut d'hoirs mâles, par le Baron de Termes son frère & ses enfans mâles.*

» Ce premier exemple fournit trois inductions, auxquelles il seroit bien difficile de ne pas céder. 1°. On trouve dans les lettres une preuve bien sensible & bien claire de la différence des deux expressions d'*hoirs* ou d'*héritiers*; la particule *ou*, qui les sépare, démontre avec la dernière évidence que l'une est faite pour appeler la ligne directe; & l'autre, pour appeler la collatérale. 2°. Cette différence ne fut-elle pas le motif unique de l'attention de la cour, & des remontrances qu'elle fit au Roi, pour prévenir les conséquences d'une volonté aussi générale & aussi indéfinie que celle qu'entraînoit nécessairement avec soi le terme d'*héritiers*? 3°. Peut-il rester le moindre doute sur la distinction nécessaire des deux expressions, après l'explication nette & précise que la cour donna elle-même, par son arrêt d'enregistrement, du terme d'*hoirs*? Elle enregistre pour l'impétrant & ses enfans mâles; au défaut d'enfans mâles, pour le baron & sa descendance masculine; mais comment exprime-t-elle ce défaut d'enfans mâles? *A défaut d'hoirs mâles:* elle n'évite la répétition des termes *enfans mâles*, qu'en suppléant le terme d'*enfans* par celui d'*hoirs*? Peut-on une démonstration plus caractérisée de l'identité de ces expressions & de leur différence d'avec celle d'*héritiers*, que le même arrêt juge devoir nécessairement s'étendre à la ligne collatérale.

» Les duchés de Mortemar, de Noailles & de Coislin furent érigés en 1663: le premier pour Gabriel de Rochechouart, *ses hoirs & ses successeurs mâles*; le second, pour Anne de Noailles, *ses héritiers & successeurs*; le troisieme, pour Armand du Cambout & *ses successeurs mâles*. Les lettres qui contenoient ces expressions, furent présentées à l'enregistrement au lit de justice du 15 décembre 1663. Il ne fut pas question de remontrances par écrit, parce que le Roi étoit présent; mais il lui fut représenté, sur les unes, que le terme *successeurs* étoit trop vague quand il n'étoit pas limité par le mot *hoirs*; & sur les autres, qu'en appelant les *héritiers & successeurs*, elles alloient au-delà de l'intention du Roi, qui n'avoit voulu favoriser que la descendance d'Anne de Noailles. Par les trois arrêts qui intervinrent sur le champ, toutes ces expressions furent réformées, & les lettres ne furent enregistrées que pour les impétrans & leurs *hoirs mâles nés & à naître.*

» Ainsi le style des lettres d'érections & les arrêts qui les ont enregistrées, concourent également à établir que le terme d'*hoirs* est consacré à restraindre la vocation aux descendans; que cette expression a souvent été confondue avec celles d'*enfans* & *descendans*, comme ayant entre elles une identité parfaite; que le terme d'*héritiers* a toujours été celui dont on a fait usage pour étendre la vocation aux collatéraux, comme un terme général, absolu, qui embrasse tout & qui n'excepte rien. Enfin, que, si l'on s'est quelquefois trompé dans l'usage de ces expressions, la méprise n'a point échappé à l'attention de la cour.

» L'édit de 1711 va ajouter, s'il est possible, un nouveau degré d'évidence à ces vérités.

» L'objet principal de cette loi, comme on l'a déjà dit, a été de déterminer souverainement le sens de toutes les expressions équivoques, à la faveur desquelles, en s'attachant trop scrupuleusement à la lettre de la grace, on avoit souvent entrepris de franchir les bornes de la volonté du Souverain qui l'avoit accordée. On ne soupçonnera pas ceux qui furent chargés de remplir ce grand objet, d'avoir omis d'examiner avec la dernière exactitude toutes les érections des duchés existans, & tous postérieurs à la création du duché d'Uzès, qui étoit alors, comme il est encore aujourd'hui, le premier & le plus ancien. On croit aisément que les recherches ne furent pas portées au de-là, parce que ne s'agissant que d'interpréter des termes, dont on pouvoit abuser, ce n'étoit pas dans des titres éteints deux ou trois siècles avant l'édit, qu'il falloit les chercher; mais qu'on ait négligé aucune érection postérieure à celle du duché d'Uzès de 1572, c'est ce que personne ne présumera jamais.

» Qu'a-t-on trouvé dans ces lettres? Dans celles qui n'étoient destinées que pour la descendance des premiers ducs, on a trouvé le mot *hoirs* quelquefois employé seul, souvent accompagné des termes *successeurs & ayans cause.* Cette addition a paru sujette à interprétation, d'autant plus qu'elle étoit l'occasion principale du prétexte dont on s'étoit servi pour opposer la lettre de la grace à l'esprit du prince qui l'avoit accordée; on a réglé, par l'édit, que ces expressions ne s'entendroient jamais que des descendans du premier duc; la décision est nette, il faut s'y rendre & s'y conformer.

» On a trouvé dans d'autres lettres, destinées pour les collatéraux des premiers ducs, que les termes d'*héritiers & successeurs* étoient ceux dont on s'étoit perpétuellement servi pour les appeler; ceux-là n'ont point paru équivoques, on les a laissé subsister dans toute leur étendue; l'édit ne contient pas un seul mot qui puisse leur donner la plus légère atteinte. Est-ce par omission qu'on a gardé le silence à cet égard? C'est ce qu'il est impossible de supposer, non-seulement parce qu'en général toutes les lettres qui renferment ces expressions, & les différentes interprétations que la cour en a faites par ses arrêts d'enregistrement, ont été vues, pesées & mûrement examinées par les rédacteurs de l'édit; mais parce qu'en particulier il est indubitable que les lettres d'érection de duché-pairie d'Aiguillon ne fussent actuellement sous leurs yeux. La question que ces lettres font naître aujourd'hui, n'étoit ni étrangère, ni nouvelle en 1711. Le marquis de Richelieu avoit donné ses mémoires dès 1704. Il prétendoit bien que les termes d'*héritiers & successeurs*, insérés dans ses lettres, emportoient vocation formelle & nécessaire des collatéraux: Louis XIV avoit fait examiner l'affaire; un grand magistrat avoit donné son avis. Si cet avis lui eût été contraire, il n'étoit pas plus difficile de juger sa prétention que celles de MM. de Luxembourg & d'Antin; si on n'eût pas voulu le condamner nommément, il étoit bien aisé d'insérer dans l'édit une disposition qui produisît le même effet contre lui. En un mot, tout ce qui pouvoit décider ou pour, ou contre lui, étoit dans la possession de ceux qui étoient chargés de ce grand ouvrage; quel usage en ont-ils fait? Les termes d'*héritiers & successeurs* sont ceux qui se trouvent employés dans les lettres du duché-pairie d'Aiguillon; les termes d'*héritiers & successeurs* sont ceux qui sont respectés par l'édit; & c'est avec grande réflexion qu'on leur a conservé toute leur force, toute leur étendue; les confondre avec les termes d'*hoirs & successeurs*, eût été saper par le fondement toutes les vocations faites en faveur des collatéraux: or l'objet de l'édit étoit d'interpréter, & non de détruire la volonté des Souverains. Que résulte-t-il donc du silence de l'édit sur ces termes d'*héritiers & successeurs*? Il en résulte nécessairement qu'on n'a voulu faire aucun changement à cet égard, & qu'il a été bien déterminé dans l'esprit du législateur, que ces expressions, destinées de tout tems pour la vocation des collatéraux, produiroient, après l'édit, tout l'effet qu'elles avoient avant l'édit.

» Ajoutons une réflexion qui se présente naturellement, & à l'inspection des lettres du duché-pairie d'Aiguillon. On a déjà remarqué qu'il a été érigé deux fois; une première en 1599, en faveur de de Henri de Lorraine *& de ses hoirs & successeurs mâles:* une seconde, en 1638, en faveur de Marie de Wignerod, *de ses héritiers & successeurs tant mâles que femelles.* On ne peut pas douter que les premières lettres n'aient servi de modèle aux secondes ; non-seulement elles y sont rappelées, mais les secondes sont moins une érection nouvelle qu'un rétablissement de l'ancienne; le Roi rétablit, &, en tant que besoin seroit, érige de nouveau. Cependant la formule est absolument changée dans celles-ci : les premières appeloient les *hoirs & successeurs*, & les secondes appellent les *héritiers & successeurs.* Cela s'est-il fait par hasard & sans dessein ? C'est ce qu'on ne présumera jamais. A quelle autre intention pourroit-on l'attribuer, si ce n'est d'établir, dans les secondes lettres, une vocation qui n'étoit pas dans les premières ? Comment donc, dans de pareilles circonstances, l'édit auroit-il pu prononcer contre une volonté aussi précise ?

» Enfin, toute difficulté doit disparoître devant l'interprétation authentique & publique que les lettres d'érection de 1638 ont reçue par la possession de la seconde duchesse d'Aiguillon. Elle n'étoit point descendante de la première, elle étoit sa nièce, fille de son frère, son héritiere collatérale ; elle n'avoit d'autre qualité que celle-là pour prétendre au duché-pairie : cependant les titres & les honneurs lui en ont été également déférés, & personne, pendant sa vie, n'a entrepris de les lui contester. Elle en a joui publiquement, paisiblement, & sans trouble, de l'aveu du feu Roi, sous les yeux de toute la cour. Peut-il y avoir une reconnoissance plus authentique du droit incontestable qu'elle avoit au titre & à la dignité de la pairie ?

» Sur quoi ce droit pouvoit-il être fondé ? sur la certitude que, par les lettres d'érection de 1638, les collatéraux sont appelés. S'ils sont appelés, le duché-pairie n'est point éteint. Sur la tête de qui subsiste-t-il ? Le comte d'Agénois soutient que c'est sur la sienne ; & un raisonnement bien simple conduit à la preuve de cette proposition.

» Le duché-pairie d'Aiguillon est érigé pour la duchesse d'Aiguillon, *ses héritiers & successeurs, tant mâles que femelles ;* par-là tous les collatéraux sont appelés indistinctement, aucun n'est excepté : le comte d'Agénois est héritier collatéral de la duchesse d'Aiguillon, donc il est appelé. Mais les lettres ne s'en tiennent pas-là ; elles appellent les héritiers & successeurs de la duchesse d'Aiguillon, *tels qu'elle voudra choisir* : par-là, elles lui accordent disertement le pouvoir de régler l'ordre dans lequel ses collatéraux devront y succéder. Elle a usé de ce pouvoir, qui lui étoit bien légitimement acquis, puisqu'il tiroit sa source de l'autorité souveraine qui le lui avoit confié ; elle a voulu que Madeleine-Thérèse de Wignerod sa nièce, recueillît la première ; qu'immédiatement après elle, ce fût le marquis de Richelieu, & après lui son fils aîné. Le comte d'Agénois est non-seulement le fils aîné du marquis de Richelieu, mais il est son fils unique ; il trouve donc le principe de sa vocation dans les lettres d'érection ; le rang dans lequel la duchesse d'Aiguillon l'a placé, suivant le droit qu'elle en avoit, est arrivé. Donc le duché lui appartient, & ne peut appartenir qu'à lui ».

A ce raisonnement, MM. les ducs opposoient que si la duchesse d'Aiguillon avoit eu la liberté de choisir entre ses collatéraux, cette liberté n'avoit pu s'étendre qu'à un seul choix, & par conséquent que tout son droit avoit été renfermé dans la seule vocation de Madeleine-Thérèse de Wignerod. MM. les ducs convenoient pourtant que les termes, *tels qu'elle voudra choisir*, ne s'accordoient pas avec leur systême ; mais ils soutenoient qu'il n'étoit pas impossible de leur donner un sens qui le favorisât. Elle a pu choisir, disoient-ils, un seul de ses collatéraux & appeler ses descendans après lui; par-là, elle auroit eu la liberté de multiplier son choix dans une même descendance; & entre deux manières d'entendre une clause aussi opposée au droit commun, il faut adopter celle qui paroît la plus conforme aux principes.

« Le sens des expressions est clair (répondoit M. le comte d'Agenois), le Roi appelle tous les héritiers & successeurs de la duchesse d'Aiguillon, il les appelle *tels* qu'elle voudra choisir. Quel pouvoit être l'objet de cette liberté? de laisser à la duchesse d'Aiguillon le pouvoir de faire ce que la loi auroit fait sans elle, de lui attribuer le droit de régler les rangs entre tous ceux qui étoient appelés: ce terme *tels* est inconciliable avec l'idée d'une seule vocation; ainsi elle a eu raison de croire qu'elle avoit la liberté d'en appeler plusieurs, & comme ils ne pouvoient posséder conjointement une dignité qui par elle-même est indivisible, elle les a appelés successivement suivant le pouvoir qu'elle en avoit par ses lettres. On n'ignoroit pas plus en 1638 qu'aujourd'hui, le sens & la valeur des termes. Il n'étoit pas plus difficile en 1638 qu'aujourd'hui, d'ériger pour elle & pour celui de ses héritiers qu'elle voudroit choisir, que d'ériger pour elle & pour ses héritiers qu'elle voudroit choisir. La première clause auroit nécessairement réduit la liberté à un seul choix; mais elle n'est pas écrite. La seconde emporte nécessairement la pluralité des choix, & elle est écrite.

» Du reste, la vocation ne comprend pas seulement tous les héritiers, elle comprend encore les descendans de tous. Or, comment imaginer que le choix d'un seul & de ses descendans, eût pu remplir une vocation aussi générale, & en vertu de laquelle ceux qui n'auroient pas été choisis auroient eu le même droit que celui qui l'auroit été? C'est une première réponse à l'expédient imaginé par les adversaires. — Il y en a une seconde; c'est qu'il n'est pas vrai que dans la vocation d'un seul & de ses descendans, il y ait plusieurs choix; il n'y en a qu'un. Les descendans succèdent de droit, s'ils n'en sont empêchés par une exclusion formelle; ainsi la duchesse d'Aiguillon choisissant l'un de ses héritiers, les enfans & descendans de celui-ci n'auroient eu besoin ni de la vocation ni du choix de la duchesse d'Aiguillon. — Une troisième réponse est que, quand on supposeroit cette multiplication imaginaire de choix qu'on propose, la première duchesse d'Aiguillon n'en auroit point usé dans la vocation de la seconde, puisque ses descendans étoient formellement exclus par une substitution directe & immédiate en faveur du marquis de Richelieu; & ce n'eût point été le cas de suppléer dans sa vocation la clause *si sine liberis*, suivant les loix *cùm avus & cùm acutissimi*, qui ne s'appliquent qu'à la ligne directe du testateur ou de la testatrice, & jamais à la collatérale».

Tels sont les moyens que M. le comte d'Agénois fit valoir par l'organe du célèbre le Normant: MM. les ducs lui avoient opposé dans la personne de M. Aubry un adversaire digne de lui; mais leurs efforts n'ont fait que relever l'éclat de sa victoire. Par arrêt du 10 mai 1731, rendu sur les conclusions de M. l'Avocat-général Gilbert de Voisins, M. le comte d'Agenois a été déclaré pair de France, la cour a ordonné qu'il seroit incessamment reçu à cette dignité.

Cette décision, d'autant plus précieuse qu'elle n'est encore rapportée dans aucun recueil, fixe avec bien de la netteté le sens qu'on doit attribuer, dans des lettres de duché-pairie, aux termes *héritiers & successeurs*, & apprend à les distinguer d'avec les expressions *d'hoirs, successeurs & ayans cause*.

X. Il nous reste encore à parler de deux manières de transmettre la pairie.

La première est établie par l'article 6 de l'édit du mois de mai 1711 ; il suffit d'en transcrire les termes.

« Permettons à ceux qui ont des duchés & pairies d'en substituer à perpétuité le chef-lieu, avec une certaine partie de leur revenu, jusqu'à 15000 livres de rente, auquel le titre & dignité desdits duchés & pairies demeurera annexé, sans pouvoir être sujet à aucunes dettes ni distractions, de quelque nature qu'elles puissent être, après que l'on aura observé les formalités prescrites par les ordonnances pour la publication des substitutions ; à l'effet de quoi dérogeons au surplus à l'ordonnance d'Orléans, & à celle de Moulins, & à toutes autres ordonnances, usages & coutumes qui pourroient être contraires à la présente disposition ».

XI. L'autre espèce de transmission se fait par la voie du retrait Ducal. Qu'est-ce que ce retrait ? Sur quoi est-il fondé ? quels sont les principes qui le gouvernent ? C'est ce qu'il faut expliquer.

On sait que les fiefs en général sont héréditaires & patrimoniaux, & que celui qui les possède peut les transmettre à ses héritiers, les vendre, les donner ou en disposer de toute autre manière, suivant les différentes règles prescrites par les coutumes qui les régissent. Mais les duchés-pairies qui sont en partie personnels & en partie réels, qui présentent tout-à-la fois un grand fief & un office considérable, le mêlange de fonctions nobles & élevées avec la possession d'une terre de la plus haute dignité, se gouvernent par des loix particulières & par des maximes qui leur sont propres.

Depuis que la pairie a pu se transmettre, ce n'est plus à une seule personne que la grace du prince est bornée. Son choix s'est étendu sur le nouveau pair & sur ses descendans. L'érection en pairie qui s'accorde ordinairement en considération de la grandeur de la naissance du sujet que le prince gratifie, de l'illustration des alliances de sa maison, & des services importans rendus à l'état, soit par lui ou par ses ancêtres, embrasse jusqu'aux derniers rejetons de son nom. Tous les descendans sont en quelque sorte, appelés, choisis & institués dans la personne de leur père, & lorsqu'ils parviennent successivement à la dignité qui leur est destinée, ils n'acquièrent aucun droit nouveau ; c'est toujours le même être qui se multiplie, par rapport aux sujets capables de le remplir, & qui, dans les degrés les plus éloignés, leur assure à tous le même rang & les mêmes prérogatives.

La transmission de l'office de pair de France, dans le temps que cette dignité étoit réservée aux princes du sang, avoit entraîné celle de la glèbe. La portion du domaine qui étoit donnée en pairie, passoit avec l'office tant que la ligne masculine subsistoit. L'extinction de l'office & la réversion de l'apanage s'opéroient au même instant, & l'apanage se réunissoit au domaine du Roi, exempt des dettes de ceux qui l'avoient possédé. Le duc & pair actuel ne pouvoit, par cette raison, empêcher que la pairie, soit pour l'utile, soit pour l'honorifique, ne se transmît à son fils, telle qu'il l'avoit reçue ; c'étoit un fidéicommis légal, graduel, perpétuel, masculin, & impassible de toute espèce d'altération de la part de ceux qui le recueilloient.

En communiquant à quelques grandes maisons la dignité de pair de France, & en appelant tous les descendans mâles des premiers investis, à y succéder chacun dans son ordre, il étoit sans doute d'une conséquence naturelle que la terre érigée en duché-pairie suivît invariablement la dignité ; qu'elle fût à l'abri, comme elle, de toute espèce d'aliénation, & qu'étant tenue en forme d'apanage, elle fût sujette aux mêmes loix & aux mêmes règles.

C'est effectivement ce qu'ont décidé l'édit du mois de juillet 1566, & l'article 279 de l'ordonnance de Blois, en soumettant au retour à la couronne, dans le cas d'extinction de la descendance masculine, tous les duchés qui seroient érigés à l'avenir par le Roi.

Il est vrai que presque toujours le crédit, la faveur & quelquefois des motifs de justice font insérer dans les lettres d'érection, une clause dérogatoire à ce droit. Mais cela ne change point la nature de la pairie, & n'empêche pas que la terre & la dignité ne soient également affectées aux descendans du premier duc dans l'ordre de leur vocation, sans qu'on puisse jamais les empêcher de les réunir, à l'exclusion de tous autres.

Tout ce qu'opère cette dérogation, c'est que celui qui est appelé à la possession de la dignité, ne peut avoir la terre qu'en en payant le prix à ceux qui ont en leur faveur des titres de propriété; c'est ce qui forme ce droit de *retrait*, qui est nécessairement attaché aux pairies, & qui continue de rendre la terre & la dignité inséparables par une voie différente, mais qui conduit toujours à la même fin.

Ce droit de retrait est fondé sur la faveur de la conservation de la pairie, sur la nécessité reconnue par nos Rois qu'il existe des pairs dont le lustre serve à relever l'éclat du trône; sur le vœu présumé du premier duc, que ses descendans mâles jouissent à perpétuité d'une dignité si honorable; sur la vocation que contiennent les lettres d'érection en leur faveur; enfin, sur l'impossibilité d'aspirer à la dignité de pair, quoique l'on soit du nombre de ceux qui y sont appelés, si l'on ne joint à ce premier titre celui des possesseurs de la terre.

« La dignité de duc & pair, disoit » le célèbre Cochin (1), est toujours » érigée en faveur du premier duc & » de ses descendans mâles; ils sont tous » appelés à la posséder par la volonté » du Roi, par les lettres-patentes d'é» rection, & par l'enregistrement qui » en est fait à la cour, ce qui forme » une substitution graduelle & perpé» tuelle en faveur des mâles : chacun, » dans l'ordre de sa naissance, est ap» pelé; chacun a droit de recueillir, & » rien ne peut déranger cet ordre de vo» cation.

» Le droit à la dignité, continue ce » jurisconsulte-orateur, forme nécessai» rement un droit sur la terre, sans » laquelle la dignité elle-même ne peut » subsister : le Roi, en appelant à la » dignité, en formant une substitution » graduelle pour les mâles qui y doi» vent être élevés, n'a pas prétendu faire » une grace illusoire; le même droit » qu'il leur a donné à la dignité, il le » leur a donné à la terre même qui est » nécessaire pour jouir de la dignité; » ainsi, il y a une vocation graduelle, il » y a une substitution à la terre même; » il est impossible de concevoir sans » cela une substitution sérieuse à la » dignité.

» Ceux qui sont les premiers dans » l'ordre de la vocation (dit encore » ce grand jurisconsulte), ne peuvent » nuire à ceux qui sont appelés après » eux. Un duc ne peut empêcher que » celui qui le suit dans l'ordre de la » vocation, ne soit revêtu de la di» gnité, il ne peut donc pas empêcher » non plus qu'il ne recueille la terre sans » laquelle il n'auroit pas la dignité; ce qu'il » ne peut faire directement, en consen» tant l'extinction de la dignité, il ne » le peut faire indirectement, en dis» posant de la terre d'une manière qui » opéreroit cette extinction. Telle est la » loi de toutes les substitutions, loi » plus inviolable dans ce genre de subs» titution, qui intéresse la splendeur des » grandes maisons, & qui prend sa

(1) Tome 5, pag. 301 & *suiv.*

» fouree dans un titre public émané » de l'autorité du Roi, que dans les » substitutions ordinaires qui ne regar- » dent que la fortune de quelques fa- » milles, & qui ne sont fondées que » sur des actes privés, &, pour ainsi » dire, obscurs.

» Il est vrai (poursuit M. Cochin) » que les duchés conservent le caractère » de patrimonialité qui est attaché à » tous les fiefs; que celui qui en est » propriétaire, les peut vendre, ou en » peut disposer; mais (ajoute-t-il) » cette liberté ne peut pas préjudicier » à ceux qui sont appelés pour les possé- » der; & pour concilier ces deux in- » térêts, le droit de retrait en faveur » de tous les mâles de la maison, est » devenu nécessaire ».

Ces principes, comme l'on voit, sont puisés dans la nature de la chose; ils dérivent de l'essence même des duchés-pairies; de cette union du fief & de l'office, qui est aussi indispensable pour conserver, que pour donner l'existence à l'éminente dignité de pair de France; de la volonté du prince qui appelle à la pairie, tous les descendans mâles du premier duc, & aussi de la justice qu'il y a de ne pas priver un des premiers officiers de la couronne *de son rang* & de son état.

Du reste, ce n'est point, à proprement parler, un véritable *retrait*, que le droit qui appartient aux descendans mâles sur le duché auquel la pairie est attachée. Les descendans mâles sont des héritiers substitués quant au duché, suivant l'ordre des lignes & de la primogéniture; & quand ils usent de leur droit, ce n'est point au dernier possesseur qu'ils succèdent, ni par leur parenté avec lui, que leur droit se détermine. Ils recueillent directement des mains du premier duc, & c'est aussi la parenté entre eux & lui qui décide de la préférence.

Les conditions de cette espèce de *retrait* sont écrites dans l'article 7 de l'édit du mois de mai 1711. Voici ce qu'il porte:

« Permettons à l'aîné des mâles des- » cendans en ligne directe de celui en » faveur duquel l'érection des duchés- » pairies aura été faite, ou à son défaut » ou refus, à celui qui le suivra im- » médiatement, & ensuite à tout autre » mâle de degré en degré, de les reti- » rer des filles qui pourront en être » propriétaires, en leur en rembour- » sant le prix dans six mois, sur le » pied du denier vingt-cinq du revenu » actuel, & sans qu'ils puissent être » reçus en ladite dignité, qu'après en » avoir fait le paiement réel & effectif, » & en avoir rapporté quittance ».

On voit que cet article admet le retrait ducal contre les filles héritières du dernier duc, & fixe dans ce cas au denier vingt-cinq le remboursement dont il doit être suivi. Mais, du premier abord, il semble renverser, par son silence sur les autres cas, tous les principes que nous venons d'établir. Pourquoi, en effet, ne parler que des filles, & spécialement des filles propriétaires de toute la glèbe du duché, si l'intention du législateur avoit été d'assujettir au retrait ducal tous les possesseurs de cette glèbe, qui, ou ne sont pas appelés à l'office, ou ne sont pas les premiers dans l'ordre de la vocation.?

C'est ainsi qu'ont argumenté tous ceux qui, depuis l'édit du mois de mai 1711, ont eu intérêt d'empêcher qu'on n'en étendît les dispositions au de-là de leurs termes précis.

Cependant dès 1713, le Roi annonça assez clairement qu'il n'avoit pas eu l'intention de donner à ces termes un sens restrictif, en permettant par ses lettres-patentes du mois de février au duc de la Roche-Guyon, pair de France, de donner son duché-pairie au comte de Duretal, son fils puîné, & en dérogeant, pour cet effet à la règle générale qui affecte ces sortes de biens aux aînés, il ordonna que « celui-ci en » jouiroit, ainsi que ses descendans mâles, » *conformément à l'édit du mois de mai 1711*, » à la charge de récompenser son frère » aîné & ses autres frères & sœurs, » des droits qui, lors de l'ouverture » de la succession, se trouveroient leur » appartenir sur la terre de la Roche-» Guyon, & *ce à raison du denier vingt-» cinq du revenu annuel* ».

Ces lettres-patentes furent enregistrées le 4 mars suivant; *pour être exécutées selon leur forme & teneur* (1); &, comme l'on voit, elles prouvoient que les vues du législateur ne répugnoient point à ce qu'on fixât au denier vingt-cinq l'estimation à faire dans tous les cas où l'appelé au titre de pair seroit obligé de retirer de mains étrangères, soit la totalité, soit une portion quelconque de la glèbe de la pairie.

Mais ce n'étoit là qu'un exemple, & outre qu'il étoit unique, on pouvoit encore l'écarter, en disant qu'il devoit son existence à la volonté momentanée du souverain. Aussi n'a-t-il pas empêché qu'il ne s'élevât dans la suite une foule de contestations sur le retrait ducal, notamment sur le cas où il peut avoir lieu, & sur le taux auquel doivent être estimés les biens, lorsqu'on l'exerce.

1°. On a d'abord demandé si l'estimation au denier vingt-cinq étant limitée par l'article 7 de l'édit du mois de mai 1711, au cas où le dernier possesseur de la pairie n'a pour héritiers que des filles, & où le successeur à la dignité de pair, est, soit un descendant qui a renoncé à l'hérédité, soit un collatéral qui n'y est pas appelé, & veut néanmoins retirer la glèbe sur elles.

Cette question a été agitée dans la succession du prince Henri-Jules de Bourbon, à l'occasion du retrait ducal que M. le prince de Condé, son petit-fils, vouloit faire des pairies d'Enguien & de Châteauroux.

Madame la princesse de Conti, tante de M. le prince de Condé, s'opposoit à ce qu'on évaluât ces terres sur le pied du denier vingt-cinq : elle prétendoit que cette évaluation n'étoit prescrite par l'édit du mois de mai 1711, que pour le cas dont nous venons de parler; mais il en est autrement, ajoutoit-elle, lorsque c'est dans la succession même du dernier duc qu'il s'agit de fixer le prix du duché entre un mâle qui retient la totalité de la glèbe, & une fille à qui la loi en a donné des portions quelconques, dont il s'agit de la dédommager, ou à l'égard de laquelle il faut toujours estimer le duché, à cause de la contribution aux dettes.

M. Joly de Fleury, avocat-général, qui porta la parole dans cette cause, convint que les termes de l'édit ne paroissoient pas pouvoir s'appliquer expressément au cas de la succession; mais il observa « qu'il falloit examiner ses » vues & son esprit, & voir si l'inten-» tion du législateur n'avoit pas été de » comprendre même le cas des succes-» sions; qu'on ne pouvoit douter en gé-» néral que l'esprit & l'intention de l'édit » n'eussent été de conserver les pairies » dans les familles, & de les conserver » aux mâles, qu'en particulier il ait eu » en vue de faciliter aux mâles les moyens » de posséder les pairies, sans faire tort » à ceux qui pourroient prétendre à la » propriété; qu'en fixant la valeur de la » glèbe au denier vingt-cinq, c'étoit un » prix raisonnable qui ne faisoit aucun » tort au propriétaire, parce qu'on ne » doit point estimer les titres & les di-» gnités (qui en effet ne coûtent rien à » la succession) ».

Tels furent les motifs des conclusions de ce magistrat; & l'arrêt qui intervint,

(1) Histoire des grands officiers de la couronne, tome 9, page 419.

le 27 mars 1716, les adopta ponctuellement.

On jugea donc que l'article 7 de l'édit de 1711, concernant le denier vingt-cinq pour le retrait ducal, devoit avoir lieu entre copartageans en succession directe, par la raison que le cas exprimé dans sa disposition n'est pas limitatif; que le véritable esprit de l'édit est de ne faire tort ni à celui qui a l'investiture, ni à ceux qui ont des indemnités à prétendre sur la glèbe; & que le denier vingt-cinq, supérieur à l'estimation que plusieurs coutumes donnent aux biens-fonds, remplit cette indication avec équité.

La Cour ajouta, à la vérité, que la récompense seroit acquittée en corps de terres de la plus haute dignité, après les pairies de la succession, & que ces terres seroient estimées sur le même pied; mais il fut ordonné en outre que ce seroit à raison du denier vingt-cinq que les unes & les autres seroient employées dans les partages pour la contribution aux dettes; & M. l'avocat-général, qui avoit observé que le denier vingt-cinq étoit un prix raisonnable dans une pareille matière, posa pour principe, que s'il n'y avoit pas de terres dans la succession, autres que les pairies, ce seroit en argent & au denier vingt-cinq qu'il faudroit accorder la récompense.

2°. A cette première question a succédé la question inverse, c'est-à-dire, celle de savoir si le retrait ducal pouvoit avoir lieu avec l'estimation au denier vingt-cinq, de la part d'un parent non héritier contre une parente héritière.

M. le duc d'Estrées étant décédé sans enfans, sa succession fut recueillie, sous bénéfice d'inventaire, par la comtesse de Dampus, sa sœur. M. le maréchal d'Estrées, son petit-cousin, prétendit exercer le retrait ducal de la pairie qui se trouvoit dans cette succession, & offrit d'en rembourser la valeur sur le pied du denier vingt-cinq du revenu. Il trouva un adversaire dans la personne de la comtesse de Dampus; mais par arrêt du 18 mai 1724, le parlement ordonna que le duché-pairie appartiendroit au maréchal, & que l'estimation s'en feroit à raison du denier vingt-cinq de la valeur annuelle, suivant le prix des baux, sous-baux & autres documens.

3°. Peu de temps après s'éleva une troisième contestation. L'édit du mois de mai 1711 ne parle que des filles; peut-on étendre ses dispositions aux mâles? peut-on sur-tout les invoquer, pour assujettir au retrait dont il s'agit, les mâles d'une branche cadette qui réunissent au droit de succession, à la qualité d'héritiers légitimes, l'avantage d'être compris dans la vocation à la pairie, parce que, descendans du premier duc, ils sont aussi habiles que les mâles de la branche aînée à posséder l'office de pair & à en exercer les fonctions? Telles sont les questions que présentoit cette troisième espèce, moins simple assurément que la seconde.

Dans le fait, Maximilien-Henri de Béthune, duc de Sully, étant mort sans enfans en 1729, la succession au duché-pairie de Sully fut contestée entre Louis-Pierre-Maximilien, marquis de Béthune, & Armand de Béthune, comte d'Orval; le premier, descendu de mâle en mâle, & d'aîné en aîné, du premier mariage de celui en faveur duquel l'érection avoit été faite; le second, descendant aussi de mâle en mâle, du même auteur, mais plus proche du défunt de deux degrés, & son héritier aux propres paternels, dont le duché-pairie faisoit partie.

Le marquis de Béthune soutenoit que la *transmission* est la voie par laquelle on est appelé à recueillir la pairie; il fondoit cette idée sur le préambule de l'édit de 1711, dans lequel le législateur dit que l'objet de sa nouvelle loi est d'*affermir les véritables principes de transmission des pairies*; & il concluoit de-là qu'on peut être appelé à la dignité de pair, sans être héritier de celui qui en étoit précédemment revêtu. Or, ajoutoit-il, l'effet de ce droit de *transmission* est de remonter jusqu'à l'auteur & au chef de chaque ligne, qui a transmis à ses descendans l'espérance d'être élevés, dans leur ordre, à la pairie. Les prétendans n'y viennent point de leur chef, ni à raison de leur proximité avec le dernier pair : ils viennent chacun comme représentant le chef de leur ligne, qui leur a transmis le droit qu'ils exercent.

Le comte d'Orval répondoit que le droit de *transmission* étant un droit extraordinaire & exorbitant, il eût fallu, pour l'appliquer aux pairies, qu'il se trouvât établi par une disposition de l'édit de 1711. Or, il n'y a pas, disoit-il, le moindre mot qui y conduise. Donc, lorsque ce terme a été employé dans le préambule, il ne l'a été que comme un terme générique, qui a paru expressif pour signifier l'ordre de déférer les pairies.

Cette réponse n'a pas eu le succès qu'en paroissoit attendre le comte d'Orval. Par arrêt du conseil du 18 mars 1730, le duché a été adjugé au marquis de Béthune, à la charge de le retirer des mains du comte d'Orval, sur le pied & aux charges, clauses & conditions portées par l'article 7 de l'édit du mois de mai 1711.

On a donc jugé que ce n'est point l'inhabilité des filles du dernier duc à exercer la pairie, qui donne ouverture au retrait admis par cette loi. En effet, ce n'est point-là le vrai fondement de ce retrait ; ce n'en est que l'occasion. La raison fondamentale du droit de retirer le duché, est la vocation à la dignité qui en est la partie la plus noble, & qui, par conséquent, attire la terre à elle.

En vain donc les mâles de la branche cadette opposent-ils qu'ils sont dans la vocation de la pairie, comme pour la terre ; que le titre de duc & pair peut reposer sur leurs têtes, & que, conséquemment, la splendeur de la maison n'en sera pas diminuée. — La pairie & la terre qui y est jointe, ne forment qu'un seul corps, un seul tout ; & soit pour la terre, soit pour l'office, ce n'est point l'ordre naturel des successions que l'on suit, mais celui de la vocation, telle qu'elle est consignée dans les lettres d'érection, qui, par l'enregistrement qu'en fait le parlement, sur la demande du chef de la maison ducale, reçoivent tout le caractère de l'autorité publique, établissent un ordre particulier de succession, & donnent à chacun des mâles, dans son rang, un droit qui lui est acquis par sa naissance.

Ce droit n'est pourtant pas une substitution du genre de celles qui sont si communes dans les donations & dans les testamens, puisque celui qui recueille le duché, est tenu d'en payer le prix lorsque ce n'est pas lui qui est héritier. Mais quelle qu'en soit la nature, & de quelque manière qu'on le qualifie, il est toujours certain que c'est de la vocation à la pairie qu'il descend ; que le mâle de la branche aînée qui le met en exercice relativement au duché, use d'un droit qui lui est propre & personnel ; que conséquemment il doit avoir son effet contre les mâles de la branche cadette, aussi-bien que contre les filles, & que, par une suite ultérieure, l'arrêt du 18 mars 1730 est dans les vrais principes.

4°. La question jugée par cet arrêt, a été suivie d'une quatrième, à laquelle s'appliquoient les mêmes motifs de décider.

Le comte de Brionne avoit acquis pendant son mariage le duché d'Elbeuf ; après son décès, il fut question, relativement à ce duché, de régler les droits de la comtesse de Brionne, à qui la moitié en appartenoit à cause de la communauté ; & par un arrêt du 4 juin 1764, rendu par des commissaires du conseil,

Conseil, choisis la plupart dans le sein du parlement, il a été décidé qu'il n'étoit dû à la comtesse de Brionne qu'une indemnité sur le pied du denier vingt-cinq du revenu du duché, & que c'étoit aussi sur ce pied que le duché devoit être estimé entre les enfans pour la contribution aux dettes.

On a donc jugé de nouveau qu'il ne falloit point s'arrêter à la lettre de l'article 7 de l'édit du mois de mai 1711, & que sa disposition est susceptible d'application contre tous ceux qui ont des droits sur le duché, sans en avoir à la pairie.

5°. Mais voici une cinquième question : le retrait ducal peut-il avoir lieu contre les créanciers du dernier possesseur de la pairie? & celui qui est appelé à cette dignité, peut-il, par cette voie, les empêcher qu'ils ne fassent vendre le duché? Il paroît, d'après les principes qui viennent d'être établis, que l'affirmative ne peut pas souffrir de difficulté. Voici d'ailleurs des raisons qui la justifient d'une manière encore plus particulière.

L'héritier, suivant le langage des loix, est le successeur universel de tous les biens du défunt. Tout ce qui peut passer à un successeur passe dans sa personne; & sa condition, en se mettant à la place du défunt, est la même que s'il étoit convenu avec lui qu'en prenant ses biens après sa mort, il seroit tenu d'en acquitter les dettes & les autres charges. « La » condition de l'héritier, dit Domat (1), » est, en un sens, la même que celle » du défunt, en ce qu'il a tous les mêmes » biens & tous les mêmes droits, & » qu'il doit en porter les charges, selon » que ces biens & ces droits peuvent lui » passer ».

Le dernier duc, qui ne laisse que des filles, ou dont la succession, au défaut de postérité, est déférée aux mâles d'une branche cadette, transmet donc aux uns ou aux autres, par la voie de succession, tous les droits de propriété qu'il avoit sur le duché ; il leur laisse, en cette partie, comme pour le surplus de ses biens, tout le domaine qui résidoit dans sa main, tout ce qu'il pouvoit transmettre par donation, par vente ou par échange.

Si le dernier duc, en ce qui concerne le duché, ne transfère à ces filles, ou à des mâles d'une branche cadette, qu'une propriété conditionnelle & résoluble, c'est parce que tel étoit le caractère de sa propriété ; &, par la même raison, il ne peut transmettre à des acquéreurs ou autres successeurs, à titre singulier, qu'une propriété du même genre.

Sur quel fondement, en effet, un duc & pair pourroit-il, en vendant ou en donnant son duché, transférer à l'acquéreur ou au donataire une propriété incommutable, tandis qu'il ne pourroit laisser dans sa succession qu'une propriété résoluble?

S'il y a des biens que la loi assure aux héritiers, quoiqu'on ne puisse les donner ni les vendre, il n'y en a point qu'on puisse vendre ou donner, qui ne soient susceptibles d'être transférés à titre successif. L'acquéreur ou le donataire, ainsi que les héritiers, sont tous des successeurs, les uns à titre singulier, & les autres à titre universel, & il est manifeste que leur qualité ne peut influer en rien sur le domaine qui leur passe, le rendre révocable dans ceux-ci, & incommutable dans ceux-là.

Cela posé, venons aux créanciers. Si un duc & pair ne peut donner ni vendre son duché, que de la même manière qu'il le possède, comment pourroit-il l'hypothéquer avec plus d'effet? Les actes de prêt & d'hypothèque sont favorables sans doute; mais ils reçoivent nécessairement l'impression du titre qui constitue la propriété du débiteur ; &

(1) Loix civiles *des héritiers en général*, tit. 1, sect. 1, n. 1 & 7.

si cette propriété est résoluble en deniers; si elle peut être remplacée par une somme d'argent, ce sont ces deniers, cette somme d'argent, qui deviennent le gage des créanciers, lorsque la résolution vient à s'opérer.

En vain dit-on que les duchés qui sont décorés du titre de pairie, ne cessent pas, par l'érection, de demeurer dans le commerce; qu'un pair de France n'est point grevé de substitution, relativement à la propriété de son duché, & que le possédant librement, il peut le vendre, l'échanger ou l'hypothéquer pour tout ce qu'il vaut.

Un duc & pair n'est pas grevé de substitution, dans le sens ordinaire de ce terme; mais il l'est véritablement dans un sens moins étendu, en ce qu'il ne peut transmettre sa propriété à ses filles ou à des collatéraux, &, à plus forte raison, à des étrangers, qu'à la charge du retrait qui appartient aux mâles de sa maison, chacun selon l'ordre de sa branche & le rang de primogéniture.

Nous l'avons déjà dit, quand le Roi érige une terre en duché-pairie, c'est la maison entière du premier duc qu'il investit. La dignité de duc & pair est assurée, dès le moment de l'érection, à tous les descendans mâles de celui qui la tient immédiatement du prince. Chaque descendant qui recueille successivement cette dignité, occupe le même rang qu'occupoit le chef de la maison; & il ne peut pas plus empêcher la pairie de parvenir à ses enfans mâles, à ceux de ses parens collatéraux qui y sont appelés, qu'il n'auroit pu lui-même en être privé par ceux qui l'ont possédée avant lui.

Le propriétaire qui sollicite l'érection de sa terre en duché-pairie, demande que la dignité de pair demeure unie à la terre, pour ne plus former qu'un seul tout, tant qu'il y aura de lui des descendans de mâle en mâle; & lorsque le Roi veut bien ordonner que la pairie venant à s'éteindre, la terre ne sera pas réunie au domaine, il n'en résulte pas moins que tant qu'il y a des descendans mâles du premier duc, le lien qui joint la terre à la pairie subsiste dans toute sa force, & que tout ce qu'on peut exiger de l'appelé à celle-ci, qui n'est point héritier de celui-là, c'est qu'il en rembourse le juste prix à ceux qui en sont propriétaires, ou qui ont des créances à y exercer.

Du concours de la volonté du Souverain & de celle du propriétaire pour l'union de la pairie au duché, ainsi que pour la perpétuité de cette union en faveur des descendans mâles du nouveau duc, résulte un ordre singulier de succession, qui tient en partie des substitutions ordinaires, & en partie des successions légitimes, ordre fondé sur la diverse nature de deux objets qui sont unis, & absolument inviolable tant qu'il existe des sujets capables de recueillir.

Il est vrai que les lettres d'érection ne contenant pas de substitution proprement dite, quant au duché, le duc & pair continue de le posséder librement, & qu'il en transmet la propriété à ses successeurs. Mais il se fait du moins, par ces lettres, une union du duché à la dignité de pair, laquelle ne se peut rompre ni dissoudre au préjudice de ceux pour qui l'érection est faite; & comme celui qui veut une chose, est censé en vouloir les conséquences, le duc & pair grève par-là ses successeurs de l'obligation de céder le duché à ceux qui sont appelés à la pairie, dès qu'ils veulent bien en payer la juste valeur.

« Souvent, dit M. l'avocat-général » Marion (1), il advient, sans cause pu» blique, qu'en la rencontre de deux » choses diverses, & qui appartiennent » à divers seigneurs, l'une attire l'autre » par prévalence, de façon que de plu» sieurs il s'en fait une seule, laquelle

(1) Plaidoyer 9, page 232.

» devient propre à l'un des deux seul & » pour le tout, le droit réel demeurant » tellement amorti, qu'il ne peut plus ni » vendiquer ce qui a été sien, ni le faire » exhiber pour le séparer; mais il ne lui » reste qu'une action référée à la valeur » de la chose ».

Ce passage reçoit ici naturellement son application. La pairie n'est point un être simple & uniforme; elle est composée de deux parties; l'une est la terre, ou le fief même sur lequel le titre de pair est assis; l'autre est l'office, qui, à la différence des offices ordinaires où il n'y a qu'une seule personne d'appelée, est créé pour tous les descendans mâles de celui en faveur duquel la pairie a été érigée.

L'office & le fief marchent d'un pas égal. Le moindre changement qui arrive dans l'un des deux, donne atteinte à la qualité de pair, qui n'est fondée que sur le titre de propriétaire, réuni à l'avantage d'avoir été choisi par le prince dans les lettres même d'érection.

Le propriétaire qui ambitionne l'éclat de la pairie, est donc censé, en décorant sa terre de cette éminente dignité, vouloir que ceux de ses descendans sur qui il desire que la grace du Souverain rejaillisse, aient un moyen de la conserver. C'est d'ailleurs une suite nécessaire du contrat solemnel qui intervient entre lui & l'état représenté par le prince, & qui, par l'enregistrement des lettres d'érection dans les cours souveraines, devient tout ensemble la règle de sa maison, & une loi publique du royaume.

« Par l'érection en pairie, dit Bruneau (1), une terre est, en quelque » façon, consacrée au public, & sert à » l'honneur & à l'ornement de la cou» ronne. Cela est si véritable, que l'or» donnance porte que, faute d'hoirs mâ» les, les domaines des duchés doivent » revenir au domaine sacré de la cou» ronne, à moins que le Roi, par une » grace particulière, n'ait dérogé à cette » loi dans les lettres-patentes de l'érec» tion du duché ; mais cela montre » toujours que ceux qui reçoivent cette » faveur, ne sont pas maîtres de » vendre & d'aliéner les seigneuries & » domaines qui composent le duché, » lesquels doivent demeurer dans leur » entière union au domaine du duc, afin » que ceux qui portent cette dignité écla» tante de duc & pair, puissent avoir de » quoi en soutenir l'honneur & le » poids ».

Il est vrai que par-là les ducs & pairs sont privés de quelques-uns des droits de la propriété, puisqu'au moyen du retrait auquel est soumis le duché, ils ne peuvent en disposer incommutablement; mais c'est parce que le chef de la maison ducale l'a ainsi voulu, en vertu du domaine de propriété qui étoit dans sa main; c'est parce que telle est la nature du titre par lequel le duc & pair est devenu lui-même propriétaire; c'est enfin parce qu'il est impossible de transmettre par succession, vente, donation ou hypothèque, plus de droit qu'on n'en a.

Les terres que le Roi veut bien ériger en duchés-pairies, rentrent, en quelque manière, dans son domaine, pour y recevoir un nouveau titre d'inféodation; ces terres, nous l'avons déjà remarqué, sont assimilées aux apanages, & les loix de l'état en ordonnent la réversion à la couronne, au défaut de descendans mâles.

Si le Roi a la bonté de déroger à ce droit de retour dans les lettres d'érection, le duc & pair demeure, à la vérité, propriétaire libre du duché; mais son droit de propriété ne peut aller jusqu'à lui donner la faculté d'éteindre la dignité dont le duché est décoré, au préjudice de ceux que la magnificence du prince y appelle. Il faut que le duc & pair prenne son titre tel qu'il est, qu'il

(1) Traité des Criées, page 37, édition de 1704.

l'exécute avec ses conditions & ses charges, & que par conséquent il use de la propriété qui lui est conservée, sans porter atteinte au droit de ceux à qui la pairie doit passer après lui. Quant à ses créanciers, ils doivent s'estimer très-heureux de ce qu'au moyen de la dérogation faite par le Souverain au droit de réversion, les appelés à la pairie ne puissent leur enlever le duché, qu'en leur en payant la valeur. Car si la réversion avoit lieu, le bien rentreroit dans le domaine de la couronne, libre de toutes les dettes du dernier possesseur (1).

Le droit de retrait étant constant, le remboursement au denier vingt-cinq des revenus du duché, en est une suite naturelle. Contester à celui qui a la faculté de reprendre un duché par retrait ducal, le droit d'en rembourser le prix sur ce pied, ce seroit s'élever contre le droit même du retrait, reconnoître le principe & en nier la conséquence, mettre celui qui est appelé à la pairie dans la classe de ceux qui n'ont pas le même avantage, le forcer d'entrer en concurrence avec des étrangers, & l'exposer à perdre le fruit de sa vocation à une dignité aussi honorable.

L'article 7 de l'édit du mois de mai 1711 veut qu'on suive ce taux dans le cas du retrait exercé sur les filles héritières du dernier duc. Le législateur a donc pensé que l'estimation au denier vingt-cinq atteint la juste valeur du duché; & s'il l'a adoptée pour ce cas-là, il est bien naturel de l'admettre dans toutes les conjonctures semblables.

On opposeroit en vain qu'il s'ensuivroit de-là que, si un duc & pair aliénoit son duché, son fils, ou, à son défaut, un parent collatéral, appelé à la pairie, auroit le droit, en dépossédant l'acquéreur, de ne le rembourser que sur le pied du denier vingt-cinq.

(1) *Voyez* le chapitre *des Princes du sang, fils de France*, §. 1, nombre V.

Premiérement, si l'acquéreur d'un duché se trouvoit exposé, en pareil cas, à recevoir du retrayant quelque chose de moins que son acquisition ne lui auroit coûté, ce seroit à lui à se l'imputer; la loi du retrait ducal est une loi publique, chacun est censé la connoître.

En second lieu, quand celui qui useroit du retrait ducal envers un acquéreur, seroit tenu de rembourser le prix porté au contrat de vente, il n'en résulteroit point qu'il ne fallût pas suivre l'édit de 1711, pour le cas du retrait contre des créanciers.

Lorsque le duché est dans la succession du dernier duc, la valeur en est ignorée, &, par conséquent, on ne peut se dispenser, en cas de retrait, de recourir à une regle quelconque pour la fixer.

En cas de vente, au contraire, le prix du duché est déterminé, & ce prix est présumé un prix raisonnable. Si le vendeur cherche communément à vendre le plus cher qu'il peut, l'acquéreur fait ensorte d'acheter le meilleur marché qu'il lui est possible. L'un & l'autre recherchent avec soin ce qui peut augmenter ou diminuer le prix du duché. Tout est vu, tout est examiné, discuté, approfondi. Ce n'est point par caprice, c'est avec connoissance de cause que le prix s'arbitre.

Il se pourroit donc faire que, dans le cas d'un retrait exercé contre un acquéreur, on s'en tint au prix porté par le contrat, & qu'alors la disposition de l'édit de 1711 fût jugée inutile. Mais, lorsqu'au défaut d'un prix certain & connu, on est forcé d'en venir à une estimation, comme cela arrive quand le retrait est dirigé contre des créanciers, alors le ministere des experts devenant nécessaire, c'est le cas d'appliquer l'édit par identité de raison, & de bannir, autant qu'il est possible, tout arbitraire & toute incertitude, en assujettissant les experts à prendre pour point d'appui un denier trouvé juste par le grand magistrat qui portoit sa parole lors de l'arrêt du 27 mars 1716, reçu comme tel dans des opérations analogues, & consacré par le législateur pour un cas entiérement semblable.

C'est aussi ce qui résulte de plusieurs arrêts rendus sur cette matière.

Henri-Albert de Cossé, duc de Brissac, pair de France, étant décédé sans enfans, & ayant laissé une succession très-chargée de dettes, le comte de Cossé son cousin-germain, descendant comme lui, du maréchal de Brissac, premier pair de sa maison, soutint qu'en sa qualité d'héritier par bénéfice d'inventaire, il étoit saisi de la propriété du duché, & qu'il n'en devoit que le prix à la succession. Il offrit en conséquence de le retenir pour 384820 livres, si mieux n'aimoient les créanciers en faire faire l'estimation par experts.

Les créanciers, à la tête desquels étoit M. de Nicolaï, premier-président de la chambre des comptes, prétendirent, au contraire, que le duché de Brissac valoit ce qu'il pouvoit être vendu, suivant la règle ordinaire : *res tanti valet, quanti vendi potest;* & ils couvrirent, par des surenchères, la somme offerte par le comte de Cossé, persuadés que, dans le desir qu'il avoit de devenir duc & pair, il porteroit le prix de cette terre à une somme excessive.

Le comte de Cossé répondit que, dans cette occasion, les enchères ne devoient pas être reçues, parce qu'elles n'étoient faites par les créanciers que par envie, par émulation, sans intérêt véritable & à pure perte pour eux, puisque, dans la personne d'un acquéreur étranger, cette terre perdroit le titre & la dignité de duché-pairie.

Si le retrait ducal ne pouvoit avoir lieu contre les créanciers, &, ce qu'il y a de plus important à remarquer, si ce retrait eût eu besoin de l'édit de 1711 pour pouvoir être mis en exercice, la cour auroit sans doute rejeté les offres du comte de Cossé. Mais elle crut, au contraire, qu'elle ne pouvoit s'empêcher de les admettre ; &, par arrêt du 6 mai 1700, elle décida deux points bien intéressans ; l'un, que le retrait ducal étoit admissible contre les créanciers, & l'autre, que ce n'étoit que le juste prix, un prix raisonnable qui étoit dû par le retrayant.

La cour ne jugea point, à la vérité, que c'étoit sur le pied du denier vingt-cinq que l'estimation se devoit faire, au cas que les créanciers voulussent la provoquer. Mais la raison en est bien simple. Le Souverain ne s'étoit point encore expliqué sur ce qu'on devoit regarder comme un prix juste & convenable dans cette matière, & conséquemment tout ce que la cour pouvoit faire alors, c'étoit, comme elle le fit, de rejeter le prix d'affection, & celui que la brigue, la cabale ou l'émulation des enchères auroient pu mettre.

Depuis cet arrêt, le législateur n'avoit point jugé à propos de parler ; si une loi sage, qui a voulu concilier la valeur du retrait ducal avec l'intérêt de ceux qui ont des droits sur le duché, n'étoit pas venue nous offrir la lumière & nous éclairer sur nos doutes, la seule règle qu'il y auroit encore à suivre pour déterminer le prix du remboursement contre les créanciers du dernier duc, ce seroit, sans contredit, une estimation à dire d'experts, parce que cette estimation seroit la seule voie de parvenir à connoître la juste valeur de la terre qui forme l'objet du retrait.

Mais le Roi, en même temps qu'il a été frappé de la justice qu'il y avoit de conserver les pairies dans les grandes maisons qui en sont honorées, a senti les inconvéniens d'une estimation dans laquelle il pourroit entrer beaucoup de caprice & de fantaisie ; il a appréhendé avec raison, que des experts, au lieu de considérer le prix raisonnable de la glèbe de la pairie, n'envisageassent le prix d'affection, ne confondissent l'honorifique avec l'utile, le titre & la dignité avec la valeur réelle, & que par-là le droit de retrait ne devînt trop onéreux à celui qui l'exerceroit. Le législateur a donc voulu, en parlant du cas où ce droit auroit lieu contre les filles, que ce fût sur le pied du denier vingt-cinq du revenu actuel, qu'on fixât le prix du remboursement ; & comme des créanciers ne sont pas plus favorables que des héritiers, on ne peut pas douter que si l'édit eût précédé l'arrêt de 1700, la cour n'eût ordonné qu'en cas d'estimation, elle se feroit sur le même pied.

Aussi Pocquet de Livonière (1), qui rapporte cet arrêt, décide-t-il en termes formels, que l'article 7 de l'édit de 1711 doit s'appliquer au retrait exercé contre les créanciers. « Si les filles propriétaires » des duchés-pairies, dit-il, sont obli» gées de se contenter du juste prix, sans » pouvoir alléguer leur droit de pro» priété, la liberté de retenir son bien » sans être forcé de le vendre, ni se pré» valoir d'un prix d'affection, à plus » forte raison des créanciers étrangers » ne doivent pas être reçus à des enchè» res arbitraires, pour exclure l'héritier, » & le priver de la dignité due à sa » naissance. Il en doit être quitte pour » le prix de l'estimation, laquelle, sui» vant l'édit, doit être faite sur le pied » du denier vingt-cinq du revenu actuel ».

C'est aussi ce qu'ont jugé deux arrêts postérieurs à l'édit même.

Le premier est celui du 18 mai 1724, que nous avons déjà cité. La comtesse d'Ampus n'étoit pas seulement héritière de Louis-Armand, duc d'Estrées, pair de France ; elle étoit encore sa créancière de 280000 livres ; & comme le bénéfice d'inventaire auquel elle avoit eu recours, conservoit sa créance, elle s'en prévaloit fortement contre la prétention du maréchal d'Estrées d'exercer le retrait ducal, & de ne payer le duché qu'au denier vingt-cinq du revenu. Mais par l'arrêt, le maréchal d'Estrées fut admis au retrait, & ses offres furent déclarées suffisantes.

Le second arrêt a été rendu en faveur de M. le duc de Bouillon. Ce prince descend de Frédéric-Maurice de la Tour d'Auvergne, par qui les duchés-pairies d'Albret & de Château-Thierry, sont entrés dans sa maison lors de l'échange des principautés de Sedan & de Raucourt. En cette qualité, il a assigné au parlement de Paris, en 1778, les créanciers de feu M. le duc de Bouillon, pour voir dire qu'il seroit autorisé à retenir, par droit de retrait ducal, le duché de Château-Thierry sur le pied de l'estimation qui en seroit faite à raison du denier vingt-cinq de sa valeur annuelle ; il a conclu en même temps à ce que la somme à laquelle se trouveroit monter cette estimation, demeureroit compensée jusqu'à due concurrence, avec les créances qu'il avoit sur la succession de son père, dont il n'étoit héritier que par bénéfice d'inventaire ; & il a assigné madame la princesse de Rohan, sa sœur, ainsi que M. le comte de la Tour-d'Auvergne, légataire universel de feu M. le duc de Bouillon, en déclaration d'arrêt commun.

Madame la princesse de Rohan n'a contesté ni le retrait ducal, ni la compensation proposée : mais il n'en a pas été de même de M. le comte de la Tour-d'Auvergne & des créanciers. Réunis pour contredire M. le duc de Bouillon, ils ont prétendu que ce n'étoit que contre les héritiers du dernier duc, & non contre ses créanciers ou ses légataires, que le retrait ducal pouvoit être exercé ; qu'un duché, quoique décoré de la pairie, n'étoit pas moins libre qu'auparavant ; que le duc & pair pouvoit en disposer par vente, par donation ou par échange, & qu'il pouvoit, par la même raison, en hypothéquer la juste

(1) Arrêts célèbres pour la province d'Anjou, Liv. 3, chap. 29.

& vraie valeur ; que cette faculté étoit une suite naturelle du droit de propriété, qui n'eût pu être gênée que par une substitution duement publiée & enregistrée ; que l'édit de 1711, invoqué par M. le duc de Bouillon, étoit une loi nouvelle & extraordinaire ; qu'on devoit le borner au cas qui y étoit prévu, & que par conséquent, cet édit ne parlant que du cas de succession, ne pouvoit être étendu ni à celui où le duc & pair avoit disposé, soit entre-vifs, soit par testament, de son duché ; ni à celui où il l'avoit affecté à des dettes qui en surpassoient la valeur réelle & intrinséque ; que juger autrement, c'eût été attaquer, dans MM. les ducs & pairs, les droits sacrés de la propriété, les gêner & les grever, quoique leur propriété fût libre & parfaite, retrancher, en quelque sorte, du commerce la glèbe des duchés-pairies, & violer enfin la foi due aux contrats de prêt & d'hypothèque, qui appartiennent au droit des gens, comme ceux de donation, de vente ou d'échange.

Ils ajoutoient que M. le duc de Bouillon ayant le duché d'Albret, conserveroit la qualité de pair, quoiqu'il perdît le duché de Château-Thierry, & que par conséquent il ne pouvoit pas invoquer la faveur de la conservation de la pairie, qui étoit le principe de l'article 7 de l'édit du mois de mai 1711.

Ils se prévaloient encore de la circonstance que M. le duc de Bouillon étoit le seul enfant mâle du duc dernier mort, & ils vouloient en inférer qu'ayant le droit de prendre la glèbe, en qualité d'héritier, il ne pouvoit pas être admis au retrait ducal.

Ils disoient enfin, que si le retrait ducal étoit adopté, la première condition à laquelle il faudroit satisfaire, seroit le remboursement réel & actuel du prix du retrait ; & que d'ailleurs les créances dont M. le duc de Bouillon opposoit la compensation, n'étoient ni certaines ni liquides.

M. le duc de Bouillon, défendu par M. Férey, a opposé au premier moyen tous les principes & toutes les autorités que nous venons de rappeler.

Au second, il répondoit qu'il n'étoit point égal, comme les adversaires le supposoient, de n'avoir qu'un titre de pairie, ou d'en avoir deux. Quand il y a deux titres de pairie dans une maison (disoit-il) le duc & pair, de son vivant, peut, avec l'agrément du roi, en transmettre un à son fils. Deux frères ou deux branches peuvent aussi se trouver décorés en même temps de cette dignité éminente : ainsi, outre que deux titres de pairie dans une même maison, en prouvent de plus en plus la grandeur, ils peuvent contribuer à en entretenir l'éclat dans les différentes branches qui s'y forment. Au reste, qu'il y ait dans la maison de Bouillon plusieurs titres de pairies, ou qu'il n'y en ait qu'un, les principes de la question sont toujours les mêmes. M. le duc de Bouillon est appelé à la pairie de Château-Thierry, comme il l'est à celle d'Albret ; sa vocation à l'une & à l'autre est également certaine, puisque toutes deux ont été instituées pour Frédéric-Maurice & ses descendans mâles. Le titre qui lui donneroit le droit de retrait sur le duché d'Albret, le lui donne donc sur celui de Château-Thierry ; & par conséquent, la possession de l'une de ces pairies ne peut devenir un motif d'exclusion à l'égard de l'autre.

Sur le troisième moyen, M. le duc de Bouillon observoit que la qualité de seul enfant mâle du duc dernier mort, n'étoit pas un obstacle à la demande en retrait ; que quoique celui qui étoit appelé par la loi ducale à succéder à la pairie, fût capable, par le droit du sang, de recueillir le duché, quoique la terre & l'office lui fussent également dévolus, enfin quoiqu'il ne tînt qu'à lui de prendre la glèbe, en qualité d'héritier, le retrait ducal ne lui en étoit pourtant pas interdit, lorsque c'étoit par bénéfice d'inventaire, & non purement & simplement, qu'il avoit accepté la succession. La raison s'en présente d'elle-même (disoit M. Férey) : quoique l'héritier bénéficiaire soit vrai propriétaire, vrai héritier ; que sa qualité soit irrévocable & indélébile, il y a cependant un mur de séparation entre son patrimoine & celui du défunt. L'héritier bénéficiaire est assimilé, par rapport aux créanciers, à un dépositaire, à un administrateur des biens de l'hérédité ; il ne confond point ses actions. Il peut, par une prérogative singulière que la loi lui donne, se faire payer comme créancier, & exercer tous ses droits sur la succession.

Enfin, M. le duc de Bouillon a établi que les créances qu'il offroit de compenser avec le prix du retrait, étoient certaines, liquides & incontestables ; qu'elles étoient fondées sur des pièces authentiques, & sur un arrêt rendu contradictoirement avec feu M. le duc de Bouillon, après la discussion la plus longue & la plus vive ; & que ces créances étant infiniment supérieures à la valeur du duché de Château-Thierry, la compensation en étoit aussi juste & aussi naturelle, qu'elle étoit conforme à l'intérêt même des créanciers & de M. le comte de la Tour-d'Auvergne.

Par arrêt rendu en 1779, au rapport de M. Titon de Villotran, après une plaidoirie solemnelle & un appointement en droit, M. le duc de Bouillon a obtenu la pleine adjudication de toutes ses demandes.

Les contradictions que ces demandes avoient souffertes, & la crainte de voir renaître à l'avenir des difficultés semblables, ont engagé MM. les ducs & pairs à solliciter une loi qui fixât pour toujours les principes adoptés par les arrêts que nous venons de passer en revue.

En conséquence, il a été rendu le 20 janvier 1782, une déclaration, qui est conçue en ces termes :

« LOUIS....... Les pairs de notre » royaume nous ont représenté que l'article 7 de l'édit que Louis XIV a fait » publier, concernant les droits, prérogatives & distinctions des pairies, auroit donné lieu à plusieurs contestations » de la part des héritiers ou créanciers » des pairies, lesquels ont prétendu que » la disposition de cet article, par lequel » la valeur des terres érigées en pairies, » & fixées, en cas de retrait, sur le pied » du denier vingt-cinq de leur revenu, » ne pouvoit être opposée qu'aux filles » du dernier possesseur, & que l'estimation devoit en être faite à dire d'experts, lorsque le retrait étoit exercé » dans toutes autres circonstances.

» *Article* I. Interprétant, en tant que de » besoin, l'article 7 de l'édit du mois de » mai 1711, concernant les pairies, » Voulons que, dans tous les cas où ceux » qui sont appelés à posséder une pairie, » en exerceront le retrait sur les héritiers, créanciers ou successeurs, à » quelque titre que ce soit, du dernier » possesseur, ils ne soient tenus d'en » payer la valeur que sur le pied du » denier vingt-cinq du revenu qu'elle » produisoit au dernier possesseur, si le » retrait est exercé dans les six mois du » jour de son décès ; & que, dans le » cas où le retrait ne seroit exercé qu'après les six mois, l'estimation en soit » faite sur le pied du denier vingt-cinq » du revenu qu'elle produisoit au moment où le retrait a été exercé.

» *Art.* II. Voulons que, dans le cas » où une pairie seroit partie d'une succession, celui des co-partageans qui » s'y trouvera appelé, soit tenu de récompenser les autres des portions qu'ils » pourroient prétendre dans ladite terre » estimée au denier vingt-cinq, en autres » terres de la même succession, s'il y » en

» en a, sur le pied du denier vingt-cinq » de leur revenu ; sinon, en autres effets » de ladite succession, ou en argent.

» *Art.* III. Déclarons que dans tous les » cas auxquels les duchés-pairies sont » transmis, par quelque voie que ce soit, » à ceux qui y ont droit par les lettres » d'érection, lesdits duchés-pairies ne » seront sujets à aucuns lods & ventes, » rachats ou autres droits féodaux dus à » notre domaine dans le cas de mutation.

» *Art.* IV. Voulons & ordonnons que » ce qui est porté par notre présente dé- » claration pour les ducs & pairs, ait » lieu pareillement pour les ducs non » pairs, en ce qui peut les regarder. Si » donnons en mandement, &c. ».

Cette déclaration a été enregistrée au parlement de Paris, le 1er mars 1782.

## SECTION IV.

### *Des qualités requises pour jouir d'une Pairie.*

Sur ce point, il faut distinguer la possession de la pairie & l'exercice personnel de l'office de pair.

I. Pour être reçu à l'office de pair & en exercer personnellement les fonctions, il faut avoir toutes les qualités que les ordonnances requièrent dans les magistrats.

Ainsi, 1°. une femme ne peut pas être reçue pair. Voyez à ce sujet la section précédente.

2°. Il en de même d'un mineur.

L'article 3 de l'édit du mois de mai 1711, porte que les pairs *seront reçus au parlement à l'âge de vingt-cinq ans.* Mais cette règle qui ne fait que confirmer la disposition d'un arrêt rendu à ce sujet dès le 30 avril 1643 (1), peut fléchir sous l'autorité du roi, & il n'est pas sans exemple qu'il y ait dérogé. Avant l'édit que nous venons de citer, César de Vendôme, fils naturel de Henri IV, fut reçu pair & en prêta le serment le 9 mars 1606, à l'âge de onze ans & neuf mois : le roi l'avoit dispensé d'attendre vingt-cinq ans. Louis-Auguste de Bourbon, duc du Maine, & Louis-Alexandre de Bourbon, comte de Toulouse, fils naturels de Louis XIV, obtinrent de pareilles dispenses, & prêtèrent le serment de pair, le premier le 5 mai 1694, à l'âge de vingt-quatre ans, un mois & huit jours ; & le second, le 7 novembre suivant, à l'âge de seize ans cinq mois & vingt-un jours. Depuis l'édit de 1711 même, Louis de Melun, prince d'Epinay, fut reçu pair à vingt-un ans : Louis XIV avoit dérogé en sa faveur à cette loi, par des lettres-patentes du mois d'octobre 1714, enregistrées le 18 décembre suivant, & cela pour lui assurer son rang du jour de sa réception. Mais ces lettres portoient la condition que, quoique reçu, il ne pourroit entrer au parlement, & y avoir voix délibérative, avant la pleine majorité.

3°. Il faut qu'un pair soit régnicole, & réside dans le royaume. Mais il en est de cette règle comme de la précédente ; il arrive quelquefois que le souverain y déroge. En voici deux exemples choisis au hasard entre plusieurs qu'on pourroit puiser dans l'histoire du droit public françois.

Charles premier, duc de Nevers, recueille sous le règne de Louis XIII, le duché de Mantoue, comme plus proche héritier de Vincent II, duc de Mantoue, mort sans postérité.

Il obtient de Louis XIII au mois de juillet 1634, des lettres de naturalité, avec la faculté de résider perpétuellement hors du royaume, lui & ses descendans mâles ; faculté en conséquence de laquelle il conserve sans aucune difficulté ses pairies en France.

Charles son petit-fils, duc de Mantoue,

(1) Brodeau sur M. Louet, lettre D. §. 9, nombre III.

*né en Italie*, est maintenu dans le même privilège par des lettres-patentes du mois de janvier 1646, qui le qualifient expressément de pair de France, & il est reconnu tel au parlement, qui d'abord enregistre ses lettres purement & simplement le 23 février de la même année, & ensuite, par un arrêt célèbre du 3 août 1651, sur les conclusions de M. l'avocat-général Bignon, juge qu'il doit succéder en France, aux terres considérables & même aux pairies de son aïeul, que lui disputoient deux tantes paternelles, en lui opposant sa qualité d'étranger.

Le parlement a donc reconnu alors doublement que l'obligation de résider n'est pas nécessairement inhérente à la qualité de pair de France, & que le roi peut légalement en dispenser.

C'est ce qu'il a encore manifesté dans une autre occasion fort importante : & c'est le deuxième exemple que nous avons à citer.

Par le traité de Péronne du 14 septembre 1641, M. le prince de Monaco met ses états sous la protection de la France. Le roi l'établit, par ce traité, lui & ses successeurs, capitaine & gouverneur de la place de Monaco, & commandant de la garnison que sa majesté s'oblige d'y entretenir perpétuellement. Cette résidence habituelle & même stipulée des princes de Monaco en pays étranger, n'empêche pas qu'on ne leur crée une pairie en France, par des lettres-patentes du mois de mai 1642, & que ces lettres n'y soient enregistrées le 18 juillet de la même année. Il y a plus : lors de l'enregistrement de la réérection de la même pairie en 1716, le parlement ordonne en termes exprès, par son arrêt du 2 septembre, qu'elle aura lieu *conformément aux conditions portées par les articles accordés en la ville de Peronne, entre le roi Louis XIII & Honoré de Grimaldi, le 14 septembre 1681* ; & c'est en conséquence de cet arrêt, que M. le prince de Monaco prête le serment de pair. Ainsi le parlement a formellement reconnu que le séjour hors du royaume, non-seulement n'étoit pas incompatible avec la pairie, mais qu'il pouvoit même, pour le bien de l'état, en être quelquefois une condition.

II. Il ne faut pas les mêmes conditions pour obtenir l'érection d'une pairie, ni pour en recueillir une déjà érigée, que pour être reçu à l'office de pair. La question de savoir si l'on est capable ou non d'exercer cet office, ne peut s'élever qu'au moment où l'on poursuit sa réception ; jusqu'à ce moment, elle est prématurée & la grâce est régulière ainsi que la possession qui en est la suite, parce qu'aucune loi ne détermine ni l'époque précise de la réception pour un pair, ni la nécessité de cette réception pour conserver la pairie.

Ainsi un pair majeur qui se trouveroit interdit pour démence ou prodigalité avant sa réception, ne pourroit la poursuivre, puisqu'il ne pourroit, vu son interdiction, rendre la justice aux sujets du roi & le conseiller *en ses hautes & importantes affaires* (1) ; il seroit néanmoins pair de France, saisi du titre, mais sans séance au parlement.

Parmi MM. les ducs & pairs actuels, il en est plusieurs qui, par des motifs qu'il ne nous appartient pas de pénétrer, ne se sont point encore fait recevoir au parlement. Il en est même dont les pères ou les auteurs n'ont point été reçus. Cependant ils jouissent de tous les honneurs de la pairie, à l'exception de la séance au parlement.

A ces deux exemples, se joignent plusieurs monumens qui concourent de plus en plus à établir ce point de droit public, que la possession de la pairie & la réception à la dignité de pair, sont deux choses absolument distinctes, & indépendantes l'une de l'autre.

La pairie de Beaufort fut enregistrée

(1) *Voyez* la section suivante.

au parlement le 10 juillet 1597, en faveur de César, duc de Vendôme, fils naturel de Henri IV, né au mois de juin 1594. A l'âge de trois ans, il ne pouvoit poursuivre sa réception.

La seigneurie de Vendôme lui fut donnée par le roi son père, le 3 avril 1598, & décorée du titre de duché-pairie par lettres-patentes du 15 du même mois, enregistrées le 24 juillet suivant: néanmoins il ne fut reçu que sept ans après.

Les lettres-patentes qui, en 1642, érigèrent le duché de Valentinois en pairie, furent enregistrées le 18 juillet de cette année-là même, & l'enregistrement porta cette clause: « A la charge » que le prince de Monaco ne pourra » avoir séance qu'après information & » serment fait en la cour ». Il fut reçu seulement le 19 février 1643.

L'érection du duché-pairie d'Harcourt a été enregistrée le 26 février 1710; la réception n'a eu lieu que le 9 août suivant.

Le premier duc & pair de Roannès a été reçu le 26 novembre 1716: les lettres-patentes qui érigeoient sa terre en duché-pairie avoient été enregistrées le 7 septembre précédent.

M. le duc d'Aiguillon n'a été reçu pair qu'en 1731; cependant la pairie existoit dans sa famille depuis 1638 (1).

On pourroit en citer encore plusieurs autres.

Enfin, l'enregistrement des lettres d'érection se fait toutes les chambres assemblées, & la réception se fait à la grand-chambre seule.

Ainsi, création de pairie en faveur d'un enfant de trois ans; intervalle quelquefois considérable entre l'enregistrement de l'érection & la reception; différence dans la composition du tribunal: voilà des preuves bien palpables qu'il n'y a rien de commun entre les conditions requises pour l'enregistrement, & celles qui sont nécessaires pour la réception.

En effet, cette grande dignité de la pairie françoise est une grace accordée, non à un individu seulement, mais à une race entière. Si le père n'en peut jouir, quant à l'exercice des fonctions personnelles, le fils, le petit-fils, l'arrière-petit-fils, en jouiront un jour, comme de la portion la plus honorable du patrimoine de leur maison.

Si un enfant créé pair à trois ans, meurt avant d'avoir atteint l'âge de vingt-cinq ans, le fils qu'il laisse jouira de la grâce du roi, & pourra à la majorité, poursuivre sa réception à la pairie existante dans sa maison.

Cette possibilité seule que quelqu'un de la race se présente à la réception, suffit pour asseoir avec sagesse & justice la grace du souverain, & pour faire enregistrer l'érection d'une pairie, comme pour la faire adjuger à celui qui y est appelé, lorsqu'après l'érection elle devient vacante.

Par cette différence essentielle & vraiment légale, entre l'érection ou la possession d'une pairie, & la réception à cette dignité, tous les droits sont conservés.

Le fond même de la grâce & la transmissibilité appartiennent à la famille entière: elle la conserve par l'enregistrement de l'érection, ou par la possession de la pairie érigée.

La jouissance personnelle de la grâce appartient à l'individu qui a les qualités nécessaires pour la réclamer. Il en jouit par sa réception. S'il n'a pas ces qualités, il ne se fait pas recevoir; mais la grâce en elle-même demeure sans aucune atteinte, réservée à la famille que le Roi a voulu gratifier.

C'est en raisonnant de la sorte que M. le duc de Richemond est parvenu en 1777, à faire enregistrer les lettres-patentes de la même année qui réérigeoient sa terre d'Aubigny en duché-pairie.

(1) *Voyez* la section précédente.

On lui objectoit que l'exercice de la pairie de la Grande-Bretagne supposant dans sa personne la profession de la religion protestante, cette présomption étoit un obstacle à ce qu'il pût jouir d'une pairie en France. Voici comment il a écarté cette objection dans le mémoire qui a paru sur ce sujet.

« M. le duc de Richemond conçoit très-» bien que la profession prouvée de la » religion catholique est nécessaire à » l'exercice effectif de la pairie, pour la » séance au parlement. Ainsi, si après » l'enregistrement de ses lettres d'érec-» tion, il se présentoit pour poursuivre » sa réception, ce seroit le cas, sans » doute, d'examiner quelle peut être sa » croyance; ou plutôt la question naî-» troit, pour ainsi dire, d'elle-même, par » la nécessité de rapporter une infor-» mation de vie & moeurs. Jusques-là il » croit pouvoir dire que l'objection se-» roit prématurée & même étrangère à » l'objet, puisque ne s'agissant que de » l'enregistrement d'une érection en pai-» rie, il ne peut être question que de » la consistance de la terre décorée » de ce titre, & de la dignité de la » maison du futur pair, & non de sa » croyance.

» Il répondra encore qu'en créant » cette pairie en faveur du prince Char-» les Lenox, duc de Richemond, son » aïeul, Louis XIV le qualifia dans ses » lettres d'érection (du mois de janvier » 1684), *grand-maître de l'écurie du roi de* » *la Grande-Bretagne, & chevalier de l'or-* » *dre de la Jarretiere*. Ainsi Louis XIV, par » ces qualifications, qui ne pouvoient » appartenir à un catholique, le recon-» noissoit pour protestant; il ne pensoit » donc pas que sa religion fût un obs-» tacle légal à la grâce qu'il accordoit à » sa maison. Mais ce monarque distin-» guoit avec raison l'enregistrement » d'une érection de terre en pairie, & » l'exercice personnel de l'office de pair ».

## SECTION V.

### *De la réception des Pairs.*

Lorsque la pairie étoit purement réelle & attachée à la glèbe, l'hommage-lige ordinaire suffisoit pour mettre les pairs de France en possession de cette dignité, comme à présent encore le serment que prêtent à leur seigneur dans la cérémonie de la foi-hommage, les pairs ou hommes de fiefs qui se sont conservés dans les provinces de Flandres, d'Artois, de Hainaut, & de Cambrésis, suffit pour les rendre habiles, & même pour les obliger de siéger à la cour féodale de la seigneurie, & y exercer la jurisdiction contentieuse en première instance (1).

Cet ancien usage qui est constaté bien authentiquement par un discours de Raymond VII, comte de Toulouse, tenu au concile de Bourges, sous le règne de saint Louis, & rapporté ci-devant, section 1, § 2, a encore existé quelque temps dans le troisième âge de la pairie. Le premier pair qui soit connu pour s'être fait recevoir au parlement, & y avoir prêté serment, est un duc de Bourgogne; sa réception, suivant Pasquier (2), est du 9 septembre 1407. Charles de Bourbon, duc de Vendôme, & Engilbert de Cleves, duc de Nevers, y furent également reçus, le premier en mars 1504, & le second le 18 août 1505 (3).

Dans des temps moins reculés, le parlement a fait sur cette matière un arrêt qui nous apprend la forme dans laquelle on recevoit alors les pairs. En voici le dispositif (4).

« La cour a ordonné & ordonne que

(1) *Voyez* le Répertoire universel de jurisprudence, au mot *Hommes de fiefs*.

(2) Recherches de Pasquier, Liv. 1, page 60.

(3) Les quatre Ages de la pairie, tome 2, page 259.

(4) Il est rapporté sans date dans le *Cérémonial diplomatique des cours de l'Europe*, tome 1, p. 371.

» sur le repli des lettres d'un duc & pair, » sera mis, *qu'elles ont été lues, publiées & » enregistrées, oui & consentant le procu- » reur-général du roi :* & que celui qui est » dénommé sera reçu en la dignité de » pair de France annexée à tel comté » ou baronnie ; & en conséquence de » *conseiller* en icelle, en faisant les ser- » mens accoutumés : & après que, en » qualité de pair de France, il aura » juré & promis d'assister le roi, & lui » donner conseil en ses plus grandes & » importantes affaires : & comme *con- » seiller* en la dite cour, de bien & loyau- » ment administrer la justice aux pauvres » & aux riches, sans acception ni ac- » ceptation de personnes, garder les or- » donnances, obéir aux arrêts d'icelle, & » les exécuter & faire exécuter à son » pouvoir, quand ils lui seront adressés, » tenir les délibérations de ladite cour » closes & secrettes, en tout & par-tout » s'y comporter & conduire comme » il appartient à un généreux & ver- » tueux pair de France, & conseiller » en cour souveraine ; il sera reçu & » montera ès hauts sièges pour faire » profession de sa foi, & l'ayant faite, » il descendra par les degrés du côté des » greffes, & ayant pris son épée hors » le parquet, remontera ès hauts sièges » & s'y asseoira ».

Le cérémonial actuel est un peu différent. Le voici en détail.

Lorsqu'il s'agit de recevoir un pair qui n'a pas encore obtenu l'enregistrement des lettres d'érection de sa pairie, les chambres doivent être assemblées, parce qu'il n'appartient qu'au corps entier du parlement de vérifier ces sortes de lettres.

Autrefois la grand-chambre prétendoit avoir ce droit ; & elle y fut même maintenue provisoirement par une déclaration du 30 août 1631, enregistrée le 2 septembre suivant (1). Mais il y a plus d'un siècle que les autres chambres sont en possession d'être appelées à ces enregistremens.

Lorsqu'en conséquence de cet usage, les chambres sont assemblées, le conseiller-rapporteur des actes concernant la réception du nouveau pair, commence par faire lecture des lettres-patentes obtenues pour l'érection de la pairie, & des conclusions données par M. le procureur-général pour l'enregistrement de ces lettres.

Cette lecture achevée, M. le premier président va aux opinions. Il demande d'abord, sans se découvrir, l'avis du rapporteur, des conseillers d'honneur, des maîtres des requêtes, des conseillers de grand-chambre qui sont sur les hauts sièges, des présidens des enquêtes & des requêtes, des conseillers des mêmes chambres, & des pairs de France qui se découvrent lorsqu'on les nomme par les titres de leurs pairies. Il ôte ensuite son bonnet aux princes du sang, s'incline devant eux, & demande leurs avis ; il reçoit celui des présidens à mortier, le bonnet à la main.

L'enregistrement des lettres étant ordonné, le rapporteur fait la lecture de l'information de *vie & mœurs, fidélité, valeur & expérience au fait des armes*, du récipiendaire : il lit ensuite les conclusions de M. le procureur-général, & les suffrages sont recueillis dans l'ordre qui vient d'être indiqué.

M. le premier président mande alors le récipiendaire, qui pendant ces préliminaires se tient au parquet. Celui-ci entre, laisse son épée au premier des huissiers (2), & passe au premier bar-

(1) *Voyez*, au greffe du parlement, le cinquième volume des ordonnances de Louis XIII, coté 3 D, fol. 14.

(2) Le connétable de Montmorency fut, à cause de son office, reçu au serment de pair sans ôter son épée.

Voici l'arrêt qui fut rendu à ce sujet, le 14 novembre 1595.

« Ce jour, la cour, les grand'chambre &

reau. Là (2), debout & tête nue, il promet « de bien & fidellement servir, » conseiller & assister le roi dans ses » très-hautes & importantes affaires, de » rendre la justice aux pauvres comme » aux riches, de garder les ordonnan- » ces, de tenir les délibérations closes » & secrettes, & de se comporter en » tout comme un bon, sage, vertueux » & magnanime duc & pair de France » doit faire ».

Ce serment fait, M. le premier président prononce l'arrêt de réception; ensuite il dit au récipiendaire d'aller occuper sa place. Le nouveau pair reprend son épée, sort du barreau & monte au siège qui lui est assigné.

Lorsqu'il est assis, M. le premier président ôtant son bonnet & le remettant, le félicite sur sa nouvelle dignité & les services que sa maison a rendus à l'état. Le duc & pair lui répond par un petit discours dans lequel il témoigne combien il est sensible à l'honneur qu'il vient de recevoir.

Quelquefois on reçoit les nouveaux pairs dans les lits de justice. Il en fut reçu quinze sous Louis XIV, au lit de justice du 15 décembre 1663; & trois sous son successeur, au lit de justice du 22 février 1723. Voici le cérémonial qu'on observa dans cette dernière occasion.

Vers la fin de l'assemblée M. le Garde-des-sceaux annonça que « le Roi ayant » jugé à propos d'honorer le marquis » de Biron, le marquis de Lévi & le » marquis de la Valliere, de la dignité » de duc & pair de France, & son par- » lement ayant déjà procédé à l'enre- » gistrement des lettres que sa majesté » leur avoit fait expédier à cet effet, » & au jugement de leurs informations, » sa majesté ordonnoit qu'ils seroient » promptement reçus, & qu'ils pren- » droient place, après avoir prêté le » serment accoutumé ».

M. le Garde-des-sceaux dit ensuite qu'on fît entrer les trois marquis. Ils vinrent, mirent leurs épées entre les mains du premier Huissier, & passèrent au premier barreau. Alors, M. le Garde-des-sceaux adressant la parole au Marquis de Biron, dit: « le Roi, séant en son » lit de justice, a ordonné & ordonne » que vous serez reçu en la qualité & » dignité de duc de Biron & pair de » France, en prêtant le serment accou- » tumé ». Il annonça aux deux autres que le Roi les élevoit à la même dignité: ils firent tous trois le serment, & M. le Garde-des-sceaux dit au duc de Biron de prendre place après le duc de Nivernois, au duc de Lévi après le duc de Biron, & au duc de la Valliere après le duc de Lévi; ce qu'ils firent après avoir repris leurs épées (1).

Observez que par une déclaration enregistrée au lit de justice du 15 décembre 1663, il est dit qu'aucun de ceux qui auront obtenu des lettres-patentes portant l'érection de leurs terres en duchés-pairies, ne sera à l'avenir admis à poursuivre sa réception après

» tournelle assemblées, après avoir délibéré sur » la requête à elle présentée par messire Henri, » duc de Montmorency, pair & connétable de » France, tendante à fin d'être reçu à serment » de pair, à cause dudit duché de Montmo- » rency, à lui advenu & échu par le décès de » défunt messire François de Montmorency, » son frère. Oui sur ce le procureur-général » du Roi, a été arrêté que ledit suppliant, con- » seiller céans & connétable de France, sera » reçu au serment de pair, à cause dudit duché » de Montmorency, sans que, lors dudit ser- » ment, lui soit besoin laisser son épée de conné- » table.

(1) Autrefois, & même pendant le règne de Louis XIV, les pairs prêtoient le serment dans le lieu où se mettent les sénéchaux pour le faire. Mais depuis, le parlement, sur les représentations de M. le premier président de Harlay, s'est relâché sur ce point, & a arrêté que les pairs prêteroient le serment dans le premier barreau.

(2) Les quatre Ages de la pairie, tome 2, pag. 258 & *suiv.*

l'année de la date de ses lettres, qu'il n'ait obtenu & rapporté des lettres de surannation sur les anciennes, dont il voudra demander l'enregistrement, quoiqu'il eût présenté sa requête pour être reçu, qu'il y eût été mis un *soit montré*, & qu'elle eût été suivie d'une information de vie & de mœurs (1).

## SECTION VI.

### *Des fonctions des Pairs.*

I. La pairie, dit un publiciste moderne (2), « est un lien heureux & glorieux tout ensemble, qui unit les pairs » avec le Roi, leur chef, & le Roi avec » les pairs, les principaux membres de » son état, & maintient la force & la » splendeur de la couronne ».

Mais on ne peut pas donner une idée plus noble & plus éclatante des fonctions de la pairie, qu'en recueillant ces expressions magnifiques dont le roi Jean s'est servi pour marquer la grandeur de la dignité de pair de France.

C'est dans ses lettres-patentes du mois de septembre 1359, portant érection du comté de Mâcon en pairie, qu'il nous apprend que les Rois de France, pour *la conservation de l'honneur de leur couronne, conseil & aide de la chose publique, ont institué les douze pairs qui assistent aux dits Rois ès hauts conseils, & de fidélité entr'eux pareille, les accompagnent les premiers en bon ordre ès vaillans faits d'armes pour la défense d'iceux rois & royaume.*

On voit par là, & encore mieux par le serment que font les pairs « de bien » & fidellement servir, conseiller & » assister le Roi dans ses très-hautes & » importantes affaires », quelles sont les principales fonctions attachées à cette haute & antique dignité.

On a détaillé ci-devant, section 1, §. 1, les dispositions que contient là-dessus un traité célèbre fait sous le premier âge de la pairie. Ajoutons-y les réflexions que fait sur la pairie moderne le judicieux historiographe de France que nous avons cité au même endroit (3).

« N'oublions jamais que toutes les » pairies qui ont remplacé les anciennes, » n'ont pas été conférées par le Roi » comme des dignités & des offices de » sa création, mais comme des dignités » & des offices qui, par leur caractère » essentiel, sont autant de propriétés » inamovibles & patrimoniales : il fut » important pour la royauté & pour la » nation, de réduire les prétentions des » anciennes pairies ; il leur est peut-être » encore plus important de ne point » avilir les nouvelles. Malheur à qui » voudroit les réduire à n'avoir plus » qu'un rang & des honneurs stériles ! » Le Roi est obligé d'ériger des pairies » à mesure qu'elles s'éteignent, comme » le propriétaire d'un domaine substitué » est obligé de l'entretenir, de le réparer, » de le conserver. Toutes les fois qu'il » crée un pair, il ajoute à son trône » un nouvel appui, il donne à la liberté » publique un nouveau protecteur, à » sa jurisdiction un ministre essentiel, » à son autorité un défenseur éclairé, qui » lui fait serment de ne la laisser ni » s'affoiblir ni s'égarer. L'esprit de la » Monarchie françoise fut, dans tous » les temps, un esprit de conseil & de » délibération qui, pesant & balançant » sans cesse l'intérêt commun, veille » avec le Roi au maintien de l'ordre » public. Le souverain n'a point de » collègue. Mais par les loix du royaume, » & sur-tout par cette constitution féodale dont il a dû réformer les abus, » mais dont il n'a pu anéantir l'essence, » il y a entre lui & ses peuples, des

(1) Brillon, au mot *Duché*, nombre 7.
(2) Histoire de la pairie, page 56.

(3) Discours sur l'histoire de France, tome 17, Pag. 525 *& suiv.*

» dignités intermédiaires, des vassaux, » de grands propriétaires qui, faisant » partie du corps de la noblesse dont » il est le chef, remplissent & fortifient » cet intervalle que franchiroit si aisé- » ment la licence de la multitude, à » qui la nature donne la force, & à » qui l'autorité doit donner la règle; » rien de tout cela ne peut être détruit, » & le Roi n'en a pas plus le pouvoir, » qu'il n'a celui de dénaturer les droits » de sa couronne. Voilà les vérités qu'on » ne doit jamais perdre de vue, soit » en suivant les anciennes pairies dans » leur affoiblissement successif, soit en » en indiquant la naissance, & déve- » loppant les droits de celles qui ont » été créées à leur place ».

II. A ces fonctions générales des pairs s'en joignent de particulières, qui sont déterminées par l'article 3 de l'édit du mois de mai 1711.

Suivant ce texte, les ducs & pairs ont *droit d'entrée & voix délibérative* dans tous les parlemens du royaume, *tant aux audiences qu'au conseil.*

Il y est dit aussi qu'ils « représenteront » les anciens pairs aux sacres, lorsqu'ils » y seront appelés au défaut des princes » du sang, & des princes légitimés qui » auront des pairies ». C'est bien-là le plus grand honneur & la fonction la plus relevée des pairs : mais le législateur y attache, comme l'on voit, trois conditions; la première, que les ducs & pairs n'assistent pas aux sacres en leur nom, mais par *représentation* des anciens pairs de la couronne; la seconde, qu'ils ne peuvent représenter ceux-ci qu'au défaut des princes légitimés qui ont des pairies; la troisième, que pour cette représentation, il faut avoir été nommé par le Roi.

De ces trois conditions, la seconde a été révoquée par des loix postérieures, comme on l'a vu au chapitre des princes légitimés.

Nous avons détaillé dans le chapitre *du Roi*; section 3, les fonctions que remplissent les pairs aux sacres de nos Rois. Mais voici une question fort intéressante, qui n'y a pas été traitée.

C'est de savoir s'il est vrai, comme l'a avancé un Anonyme de notre siècle (1), que les pairs donnent l'investiture du royaume au nouveau monarque? Ecoutons ce qu'a écrit là-dessus un autre Anonyme; nous conservons ses propres termes parce que son ouvrage est rare (2).

« J'avoue que ce droit d'investiture » du royaume, dont on cherche à relever » la dignité des pairs, me paroît nou- » veau; & je serois curieux de savoir » qui le leur auroit accordé. Il est du » moins contre toutes les règles. Car » pour investir d'un fief, il faut en être » le seigneur dominant ou suzerain; & » les pairs de France sont-ils les suzerains » de la couronne? La nation même l'est- » elle? Je sais bien que dans les états » électifs les nations sont censées inves- » tir de leurs couronnes ceux qu'elles » choisissent pour les porter, parce » qu'elles rentrent à chaque mutation » du Roi dans une pleine jouissance de » la souveraineté, de manière qu'elles » sont alors libres de changer leur gou- » vernement. Mais il n'en est pas de » même des états héréditaires comme » la France, où la couronne ne vaque » jamais que par l'extinction de la ligne » masculine de la famille régnante qui » la possède, & où jusques-là le mort » saisit toujours le vif. Quoique la » nation en demeure propriétaire, ce qui » fait la sûreté du droit que les princes » du sang ont d'y succéder en tous » degrés selon l'ordre de leur naissance, » cependant

(1) *Dissertation sur les dignités héréditaires attachées aux terres nobles; & Mémoire pour servir de supplément* à cette dissertation, imprimés dans les Mercures de septembre 1720, & février 1721.

(2) Dissertation imprimée à la suite de l'histoire d'Evreux, publiée en 1722 par M. le Brasseur, page 43.

» cependant elle ne retient rien de
» l'autorité souveraine qui y est attachée, & elle n'y est pas moins soumise
» que chaque sujet particulier. En investissant Hugues-Capet de cette autorité,
» elle en a investi en même temps toute
» sa postérité masculine, parce qu'en
» l'élisant elle l'a aussi élue. Ainsi elle
» a consommé tout son pouvoir.

» Il est vrai que, sous la première &
» la seconde races, la nation avoit conservé le droit d'élire pour Rois,
» ceux de ses princes qu'elle jugeroit
» lui convenir le mieux; parce qu'étant
» alors toute guerrière, elle étoit bien
» aise de pouvoir aussi toujours avoir
» à sa tête des souverains en état de
» la commander, quand elle en avoit
» besoin; & d'ailleurs la couronne se
» partageant en ce temps-là, & ne se
» partageant pourtant pas à l'infini,
» il auroit été contre toute humanité
» & toute prudence de laisser aux princes
» aînés le droit d'exclure leurs cadets,
» & à ceux-ci le droit d'exclure leurs
» aînés, quand il n'étoit pas à propos
» que les uns & les autres régnassent,
» puisque ç'auroit été leur mettre réciproquement le poignard à la main.
» Mais elle a enfin assujetti la couronne à l'ordre de la naissance sans
» aucun partage, pour la troisième race,
» & il ne peut plus y avoir de difficulté
» pour y succéder.

» Il est vrai aussi qu'on a été assez
» long-temps, sous cette dernière race,
» qu'on n'étoit reconnu pleinement
» pour Roi que par le sacre, & qu'il
» falloit préalablement que le successeur
» au royaume promît par serment de
» gouverner les peuples dans l'équité,
» & de conserver à l'église de France
» les privilèges; sans quoi les François
» ne se croyoient pas non plus obligés de se mettre dans sa foi & hommage. Mais ce serment qui se fait
» encore aujourd'hui à cette auguste
» cérémonie, n'est proprement que la
» ratification de celui de Hugues-Capet,
» dont l'engagement passe de nécessité
» à tous ceux qui y ont été compris;
» & ainsi il n'opère rien de nouveau:
» car celui qui accepte une couronne
» héréditaire, ne transige pas moins
» pour ses descendans que pour lui.

» Il est vrai enfin que l'on continue
» toujours d'élire nos Monarques, &
» de les investir du royaume lors de leur
» sacre: mais l'un & l'autre se fait au
» nom de Dieu même, qui seul donne
» le droit de régner. Les seuls évêques,
» ses ministres, y parlent, & la nation
» n'y intervient que pour applaudir à
» son choix, que pour s'y soumettre.
» C'est lui-même qui les oint de l'huile
» sainte & qui les couronne; & n'est-
» ce pas sous ce rapport qu'on les appelle les *oints du Seigneur* & les *couronnés* de Dieu? c'est aussi ce qui fait
» dire qu'ils ne tiennent leurs états que
» de lui seul, qu'ils ne relèvent que
» de lui seul; & on ne pense point en
» François, quand on pense autrement..

» Si, dans cette occasion, les pairs
» paroissent en figure de souverains,
» la couronne en tête & avec le manteau royal, c'est que ceux qu'ils
» représentent l'étoient réellement, quoique subordonnés à un haut-souverain,
» & qu'ils étoient en droit de conserver leur dignité, par-tout où ils
» étoient appelés. Qui est-ce qui ne sait
» pas qu'ils s'étoient approprié tous les
» droits de la royauté, sur le déclin de
» la seconde race?...

» L'office des pairs au sacre n'est
» donc pas de donner l'investiture du
» royaume au prince élu, mais de lui
» rendre les services qui leur sont réservés par honneur, comme étant les
» plus grands de l'état. Henri-le-Jeune,
» duc de Normandie, quoique déjà
» couronné lui-même roi d'Angleterre,
» porta au sacre de Philippe-Auguste
» la couronne dont il devoit être cou-

» ronné, & le duc de Bourgogne lui » mit les éperons....

» Enfin, ils ne sont pas même les » seuls qui représentent la nation à » cette cérémonie, où l'on a toujours » aussi invité les autres grands du » royaume ; & la prérogative qu'ils » ont sur eux est qu'ils soutiennent seuls » la couronne sur la tête du Roi, » quand l'archevêque consécrateur la » lui met ; ce qui n'est pas accompagné » de la moindre parole qui donne à » entendre que ce soit une action de » juridiction. Aussi n'est-ce là visible- » ment encore qu'un service d'honneur, » la couronne étant trop large & trop » pesante ; & c'est pourquoi ils la sou- » tiennent toujours jusqu'à ce que » l'archevêque la lui ait ôtée, & lui » en ait mis une plus petite.

» De plus, & c'est ce qui lève tout » doute, les pairs étoient tellement » obligés d'assister à cette cérémonie, » pour y servir le Roi, qu'ils étoient » coupables quand ils y manquoient, à » moins qu'ils n'en eussent des excuses » légitimes : de sorte que Jean III, duc » de Bretagne, eut besoin de lettres » de Philippe-le-Long qui lui remissent » *le défaut qu'il avoit fait au sacre &* » *couronnement de ce monarque, sans s'être* » *excusé*, ainsi que du Tillet l'a remar- » qué ».

III. Autrefois la pairie donnoit à ceux qui en étoient revêtus le droit de séance au conseil du Roi. Ils jouissoient même encore de cette prérogative pendant la minorité de Louis XIV. Mais en 1667, il fut fait un réglement pour diminuer le nombre des conseillers-d'état, & les pairs en furent retranchés (1).

IV. Les pairs ont-ils le droit de nommer le régent du royaume, lorsque le Roi est mineur ? Voyez le chapitre *du régent*.

(1) *Voy.* ci-après le chapitre *du conseil du Roi.*

## SECTION VII.

### *Des honneurs, prééminences, privilèges & exemptions attachés à la pairie.*

I. Lorsque les pairs sont en fonctions, c'est-à-dire, lorsqu'ils siègent au parlement, ou qu'ils assistent au sacre, ils doivent avoir après les princes du sang, la prééminence sur tous les grands du royaume, & même sur les princes étrangers. C'est ce qui a été déclaré par François I, au lit de justice du 30 juin 1523 (2).

On a cependant vu au lit de justice du 7 septembre 1616, un prince de la maison de Lorraine prétendre le droit de séance après les princes du sang & avant les ducs & pairs. Mais le Roi & la Reine, dit l'auteur qui rapporte ce fait (2), avisèrent quil ne s'y trouveroit point.

Depuis, les pairs se sont toujours maintenus paisiblement & sans trouble dans leur possession de siéger au parlement, après les princes du sang royal.

II. Mais ont-ils la même prééminence hors du parlement, & lorsqu'il n'est point question d'un sacre ?

Cette question a été agitée fort souvent ; nous n'en dirons rien de nous-mêmes. Voici parmi les faits & les actes qui y sont relatifs, ceux dont nous avons connoissance.

En 1576, il s'éleva une contestation sur la préséance entre le duc d'Usès, pair de France, & le duc prince souverain de Bouillon. Par arrêt du conseil, du 4 août de cette année-là même, Charles IX ordonna « qu'attendu que » le feu roi Henri II, son père, avoit » de son vivant déclaré vouloir & en- » tendre que le feu duc de Bouillon, » père de celui qui étoit lors, tînt lieu

(2) *Voyez* ci-après le chapitre *des princes du sang*, §. 2.

(3) *Cérémonial françois*, tome 2, page 609.

» & rang de duc en son royaume, encore que son duché ne fût au-dedans » des limites d'icelui, & qu'il en avoit » joui en son vivant, & son fils depuis, » en tous actes & assemblées où les rangs » de ducs sont gardés & observés, il précéderoit le duc d'Usès, comme plus » ancien duc que lui; & qu'ès lieux & » assemblées où les pairs de France tien» nent rang & ont séance comme au » parlement, le duc d'Usès, en sa qua» lité de pair, précéderoit le duc de » Bouillon ». C'est en ces termes que l'arrêt est rapporté dans la *remontrance* de 1650, dont il a été parlé au chapitre *des princes du sang*, §. 2.

Il paroît que Henri III a voulu confirmer le premier membre de cette décision par la déclaration du 5 avril 1582; car *les quatre maisons de princes qui sont dans le royaume*, y sont nommées immédiatement après les princes du sang, & avant *ceux dont les terres* avoient *été érigées en pairie par le feu roi Henri.*

A l'assemblée des états-généraux, du 27 octobre 1614, les ducs & pairs étoient précédés par les princes de la maison de Lorraine (1).

Voici un fait d'une autre nature.

Lors du contrat de mariage de MONSIEUR, frère du roi Louis XIII, avec mademoiselle de Montpensier, passé à Nantes le 5 août 1626, il s'éleva, dit l'auteur du Cérémonial François (2), « une grande contestation (pour la pré» séance) entre Mesdames les duchesses » d'Alluin & de Rohan, lesquelles vin» rent des paroles aux poussades & aux » égratignures. La contestation fut jugée » sur le champ en faveur de Madame » d'Alluin, comme duchesse de plus an» cienne pairie ».

Sous Louis XIV, la querelle se renouvela entre M. le duc de Bouillon & les pairs. C'est ce que prouve la *remontrance* présentée au roi par le premier, en 1650: nous en avons déjà parlé plusieurs fois; mais nous devons avertir ici qu'elle n'a été suivie d'aucune décision.

Louis XIV fut cependant sollicité bien des fois de terminer ce différend par un réglement général entre les princes étrangers & les pairs de France; mais il s'y refusa constamment (3).

III. Une autre question, qui a été agitée fort vivement après la mort de ce prince, & qu'on a également laissée indécise, est de savoir si lorsqu'un pair laïque est appelé au conseil du Roi, il doit y précéder ou y suivre les cardinaux qu'il plaît à Sa Majesté d'y admettre en même temps que lui.

Le 22 février 1722, M. le duc d'Orléans, régent du royaume, introduisit dans le conseil de Régence, le cardinal du Bois, qui prit séance auprès du cardinal de Rohan. Le maréchal duc de Villeroi, gouverneur du jeune Monarque, & le duc de Noailles, pair de France, qui étoient prévenus de la chose, n'accompagnèrent le Roi que jusqu'à son fauteuil, & ils sortirent sur le champ de la chambre du Conseil. M. le chancelier d'Aguesseau ne s'y trouva point. Les ducs & les maréchaux de France s'en absentèrent de même. En un mot, le

(1) « A main droite de la chaire du Roi, il y » avoit deux bancs à dossier, couverts d'un drap » de velours violet, à broderie de fleurs-de-lys » d'or, séparés l'un de l'autre d'un pied & » demi: le premier pour les princes du sang, » l'autre pour les autres princes & ducs. Cette » séparation de bancs fut résolue au conseil » secret deux jours auparavant, non pas sans » grande difficulté. Au premier banc étoient » assis messeigneurs les princes de Condé & » comte de Soissons, ..., qui laissoient une » grande place vuide à leur banc, du côté des » autres princes. A l'autre banc étoient M. de » Guise, M. de Reims, M. le prince de Join» ville, M. d'Elbeuf .... (prince de la maison » de Lorraine). Les ducs d'Epernon & de Sully » (pairs de France) remplissoient ce banc ». *Cérémonial françois*, tome 2, page 344.

(2) Tome 2, page 127.

(3) Cérémonial diplomatique, tome 1, p. 6.

conseil ne fut composé que des princes, des cardinaux, des secrétaires d'état, & des autres personnes qui ne disputent point le rang aux cardinaux.

Le duc de Noailles rencontrant, le même jour, le cardinal du Bois au Louvre, lui dit : « cette journée sera fameuse » dans l'histoire, Monsieur : on n'oubliera » pas d'y marquer que votre entrée dans » le conseil en a fait déserter tous les » grands du royaume ».

On s'attendoit bien à cette résistance de la part des ducs & des maréchaux de France. Quelques jours auparavant, ils avoient tenu, chez M. le chancelier, une conférence pour cet objet ; & ce magistrat avoit été député, avec le duc de Saint-Aignan, pour représenter à M. le Régent, que sous le règne de Louis XIII, lorsque le cardinal de la Rochefoucauld avoit été admis au Conseil, & pris séance avant le chancelier & les ducs, le connétable de Lesdiguières avoit obtenu du Roi un brevet par lequel ce prince avoit déclaré que la préséance, dont avoit joui le cardinal, ne seroit à l'avenir d'aucune conséquence contre les parties intéressées. D'après cet exemple, ils prièrent M. le Régent de leur accorder un brevet pareil, relativement à la préséance que le cardinal de Rohan avoit eue au dernier conseil, & qu'auroit sans doute le cardinal du Bois au premier qui devoit se tenir.

M. le Régent promit d'abord aux députés ce qu'ils lui demandoient.

Mais les cardinaux lui représentèrent à leur tour que Louis XIII avoit, à la vérité, donné le brevet dont on parloit, par complaisance pour le connétable, mais qu'il y avoit mis la condition qu'il seroit tenu secret & ne paroîtroit point ; que cette condition n'ayant point été observée, le Roi s'étoit fait rendre le brevet, & l'avoit déchiré ; qu'ainsi les ducs avoient tort de citer cet exemple, puisqu'il prouvoit plus contre eux qu'en leur faveur.

Ces raisons entraînèrent M. le Régent. Lorsque M. le chancelier & le duc de Saint-Aignan revinrent pour lui demander le brevet, il leur répondit « que s'ils » le vouloient, il leur en donneroit un, » à condition qu'ils le lui remettroient » le lendemain pour le déchirer, comme » avoit fait Louis XIII ». Cette réponse ne pouvoit pas satisfaire les députés ; ils le prièrent donc « de ne pas trouver » mauvais qu'ils s'absentassent le lende- » main du conseil, & qu'ils prissent quel- » ques jours pour se consulter ».

Il y eut, peu de temps après, diverses conférences sur ce sujet, entre M. le Régent, le chancelier & les ducs. M. le Régent alla même jusqu'à leur présenter une espèce d'ordre du Roi par écrit, pour tenir lieu de brevet ; mais comme il n'étoit pas conforme à ce qu'ils attendoient, ils ne voulurent point l'accepter, & M. le Régent le jeta au feu en leur présence.

De ce moment, la plupart des ducs & des maréchaux de France demandèrent la permission de ne point assister au conseil ; & de ce nombre furent entre autres les maréchaux ducs d'Uxelles, de Tallard & de Besons. Le maréchal de Montesquiou envoya aussi s'excuser sur une incommodité subite. Le maréchal duc de Villeroi, dans une audience qu'il eut du Régent, pendant près de deux heures, lui déclara qu'il ne pouvoit se séparer des autres ; qu'ainsi, à la première assemblée, il demeureroit sur un tabouret, derrière le fauteuil du Roi, en qualité de gouverneur de Sa Majesté, & qu'il ne siégeroit ni n'opineroit comme membre du conseil.

Le projet fut exécuté comme il avoit été conçu au premier conseil de régence qui suivit cette entrevue ; M. de Villeroi tint parole, & il ne s'y trouva pas un seul des autres ducs ou maréchaux de France. Aussi tous furent rayés de la feuille des pensions, avec défenses de rentrer au conseil. La plupart se retirèrent dans leurs terres; & M. d'Agueſſeau, compagnon de leur diſgrace, ſe retira à Freines.

Dans le même temps, on envoya un courier au duc de Saint-Simon qui étoit en Eſpagne, & ſur le point d'en revenir, pour lui ordonner d'y demeurer juſqu'à nouvel ordre. Le motif de cet ordre étoit la chaleur que le duc avoit miſe précédemment dans la défenſe des droits de la pairie; mais ſon abſence n'empêcha pas ſes confrères d'agir avec la même vigueur qu'il leur auroit inſpirée. Ils publièrent un mémoire, portant en ſubſtance, que ce n'eſt pas toujours par les exemples qu'il faut décider les conteſtations de préſéance; que quelquefois ils prouvent trop; qu'autrement, dans la conjonƈture aƈtuelle, les cardinaux pourroient, ſur ce fondement-là, prétendre le pas ſur les princes du ſang, & alléguer, en faveur de cette prétention, la conférence de la paix d'Arras en 1435, les états de 1467, 1606, 1619, les feſtins royaux de 1539 & 1549, l'aſſemblée des notables de 1558 & 1560, la ſignature des contrats de mariage de la reine d'Eſpagne, des ducheſſes de Savoie & de Lorraine en 1556, de François II en 1558, de Louis XIII en 1612, & beaucoup d'autres occaſions où ils avoient précédé les princes du ſang; qu'ils pouvoient même faire plus, puiſque les brevets des 16 avril 1642 & 26 novembre 1653 leur donnoient en termes exprès cette préſéance; qu'il falloit donc décider cette diſpute par les maximes de l'état.

« Or, voici quelles ſont ces maximes » (continuoit l'auteur du Mémoire): » en premier lieu, le Roi doit être aſſiſté, » dans ſon conſeil, par ceux que leur » dignité & leur ſerment obligent de le » conſeiller dans les affaires du gouver» nement; en ſecond lieu, ceux qui ſont » revêtus de ces premières dignités de » l'état, ne connoiſſent rien au-deſſus » d'eux que le Roi & les princes du » ſang; en troiſième lieu, on ne doit » admettre dans le conſeil perſonne qui » ait déjà prêté ſerment à une autre puiſ» ſance; en quatrième lieu, enfin, ſi le » Roi juge pourtant à propos d'admettre » quelques dignitaires étrangers, ils ne » doivent prendre rang qu'après les con» ſeillers-nés de Sa Majeſté ».

L'auteur rapportoit enſuite un paſſage de l'hiſtoire de Louis XIII, par le Frain, pour prouver que les cardinaux, même françois, devoient être regardés comme étrangers; & il concluoit en ces termes:

« Il n'y a que deux moyens pour dé» cider cette conteſtation, les exemples » & les maximes de l'état. Les exem» ples prouvent trop, puiſqu'ils prou» vent autant contre les princes du ſang » que contre les premières dignités du » royaume. On doit donc s'en tenir aux » maximes de l'état, ſuivant leſquelles » c'eſt aux premières dignités à précé» der les dignités étrangères. La bonté » du Roi pour ſa nobleſſe qui ne s'en » eſt jamais rendue indigne, la véritable » grandeur de celle de ſon état, y ſont » conformes ».

Ces raiſons, dit l'écrivain d'après qui nous rapportons tous ces détails, « éta» bliſſoient les droits des grands avec » beaucoup de force.

» La conduite de Louis XIV ne leur » étoit pas moins favorable. Ce grand » Roi avoit rendu aux princes de ſon » ſang le rang que les cardinaux avoient » uſurpé ſur eux, & il avoit conſervé » à la première dignité de ſon état, la » préſéance qu'une dignité étrangère vou» loit lui enlever. D'ailleurs, on ſait » que depuis la mort du cardinal Maza» rin, il n'avoit plus admis de cardinaux » dans ſon conſeil (1) ».

Au ſurplus, le Mémoire des pairs demeura ſans réponſe, & ne détermina aucune déciſion.

IV. Dans le temps qu'à la déclaration

(1) Mémoires de la régence, tome 3, p. 151.

de la majorité des Rois, les assistans leur rendoient la foi-hommage en plein lit de justice, les ducs & pairs prétendoient le faire avant M. le chancelier; ce fut à cause de ce différend, & pour en éluder la décision, que ce cérémonial fut aboli en 1614 (1).

Mais peu de temps après, en 1618, M. du Vair, qui n'étoit que garde-des-sceaux, se mit sur le pied (dit Amelot dans ses Mémoires, tome 2, page 247) de précéder au conseil (2) les ducs & pairs: ils en furent tous offensés; & le duc d'Epernon, en particulier, en fit des plaintes fort aigres au Roi devant M. du Vair lui-même; mais ce magistrat eut toujours le dessus.

V. Les maréchaux de France ont quelquefois contesté la préséance aux ducs & pairs.

A l'assemblée des états généraux, du 27 octobre 1614, dit l'auteur du *Cérémonial François*, tome 2, page 346, « les » maréchaux de France ne vouloient en» durer d'être précédés par les pairs, » comme étant leurs pairies érigées de» puis les offices de maréchaux; ils con» sentoient de céder aux anciennes pai» ries, mais non aux nouvelles ». Cependant, continue-t-il, M. de Sully (créé pair en 1609) prit place du côté des princes du sang; & MM. de Ventadour & de Montbazon (dont les pairies avoient été érigées en 1588 & 1589) « eurent place avant les maréchaux, au » banc des cardinaux ».

Depuis, à la séance des états de Languedoc, du 2 octobre 1632, « les ma» réchaux de France ont offert le choix » des bancs aux ducs ». C'est ce que nous apprend le même auteur, page 371 du tome cité.

VI. Voici les honneurs que l'auteur du *Cérémonial diplomatique des cours de l'Europe*, tome 1, page 436, attribue aux ducs & pairs, lorsqu'ils vont à la cour.

« Les ducs & pairs ont le privilège » d'entrer en carrosse & en chaise à por» teurs dans la cour du château; ce qui » s'étend également à leurs épouses.

» Ils reçoivent le salut de madame la » dauphine & des enfans de France, mais » pas de la reine, parce qu'elle ne salue » que les enfans & petits-fils de France.

» Les duchesses ont le tabouret chez la » reine; mais leurs filles ne participent » point à cette prérogative.....

» Les ducs dansent avec la reine & » mesdames de France, comme les prin» ces du sang & les princes étrangers.

» Les duchesses ont, dans l'église, » un carreau derrière les princesses du » sang.....

» Le Roi, dans ses lettres (aux ducs » & pairs) leur donne le titre de *cou*» *sins* (3), & ils reçoivent des autres

(1) Voici ce qu'on trouve dans la relation du lit de justice tenu par Louis XIII le 2 octobre 1614, pour la déclaration de sa majorité.

« Avant la séance, trois difficultés se pré» sentèrent.... La seconde difficulté fut l'ordre » que devoient tenir les seigneurs pairs & ducs » à saluer le Roi, & lui faire la foi & hom» mage, comme l'on avoit fait à Rouen l'an » 1563, à Charles IX, lors de la déclaration » de sa majorité.

» M. d'Epernon soutenoit que lui & tous les » pairs devoient aller avant M. le chancelier, » attendu que le Roi étoit en son lit de justice » au parlement, auquel les pairs doivent précé» der tous les autres. M. le chancelier disoit, au » contraire, qu'ayant l'honneur de présider au » privé conseil, & même au parlement, le Roi » y séant, & de prononcer les arrêts, il doit » aussi aller après les princes au baise-main, » comme il se pratiqua à Rouen. Enfin, pour » accorder ce différend, il fut arrêté au privé » conseil, avant que le Roi vînt au parlement, » que la Reine seule feroit le compliment au » Roi; & le Roi lui diroit d'autres paroles d'hon» neur, sans qu'aucun autre allât le saluer, & » ainsi fut fait ». *Cérémonial françois*, tome 2, page 274.

(2) Dans ce temps-là, les ducs & pairs étoient conseillers d'état nés. *Voyez* la section précédente.

(3) Les Rois, dit l'auteur des *Essais sur Paris*, tome 4, page 31, quatrième édition, « les Rois

» celui de *Monseigneur* & de *Votre Gran-* » *deur*.

» Les ducs & les duchesses, lorsqu'ils » vont chez les princes du sang, y sont » servis d'une chaise à bras ».

Cet auteur nous apprend encore, p. 6 du tome cité, qu'en 1676, « la veille de » la cérémonie de la cène, les princes » étrangers, les ducs & pairs vinrent » supplier le Roi qu'ils eussent l'honneur » de le servir à la cène; ce qu'il ne leur » accorda pas.....; & en même temps » ( continue-t-il ) il m'ordonna d'écrire » cette particularité ».

Nous lisons dans le même ouvrage, tome 2, page 831, que depuis l'avé- » nement de Philippe V à la couronne » d'Espagne, il a été convenu, par un » mutuel consentement, entre les cours » de France & d'Espagne, que les pairs » de France jouiroient à la cour du » Roi catholique, des mêmes honneurs, » rangs & prérogatives dont jouissent » les grands d'Espagne, & qu'à leur » tour ceux-ci auroient à la cour de » France, les mêmes distinctions & » privilèges honorables dont y jouissent » les pairs du royaume.

Les pairs de France sont à cet égard bien distingués des pairs d'Angleterre, des princes d'Empire, & des chevaliers de Saint-Esprit, que l'ouvrage cité assure n'avoir aucun rang à la cour d'Espagne. « Ils n'y reçoivent ( y est-il dit ) aucune » distinction particulière, & ils n'y sont » reçus que comme de simples parti- » culiers ».

Les ducs & pairs peuvent-ils se couvrir devant le Roi, lorsque les princes du sang le font eux-mêmes? nous n'avons là-dessus aucune décision expresse: mais voici un fait qui peut faire connoître l'usage.

Le premier février 1730, François, duc de Lorraine, vint à Versailles prêter foi & hommage au Roi pour le duché de Bar. Les ducs & pairs furent invités à la cérémonie; mais sachant que l'ordre étoit donné pour que ce prince se couvrît après la prestation de l'hommage, & que les seuls princes du sang & légitimés se couvrissent en même temps, ils refusèrent d'y assister & le Roi les en dispensa.

Il s'éleva à cette occasion une autre difficulté qui fut levée, ou plutôt éludée de la même manière. Le duc de Mortemar devoit, en qualité de gentilhomme de la chambre exerçant pour son fils, prendre des mains du duc de Lorraine, lorsqu'il s'agenouilleroit, son épée, son chapeau & ses gants. Comme il ne convenoit pas à un pair de France de faire l'office d'un domestique à l'égard d'un vassal, le Roi voulut bien l'en dispenser, & consentir que son fils, qui n'étoit pas encore duc, remplît ce jour-là ses fonctions (1).

VII. A l'égard des honneurs que les ducs & pairs reçoivent au parlement, il faut distinguer le cas où ils y plaident comme parties, de celui où ils y siègent comme juges.

Au premier cas, c'est dans la personne de leur défenseur qu'on les honore; & la distinction dont ils jouissent consiste en ce que celui-ci doit toujours se mettre au barreau du côté de la cheminée, quoiqu'il soit intimé ou défendeur. Cela est établi par un ancien usage, qui a été confirmé par un arrêt du premier février 1618, rapporté dans le recueil de Bardet, tome 1, livre 1, chapitre 12.

Lorsque deux pairs plaident l'un contre l'autre, c'est à l'avocat du plus ancien que doit être déféré cet honneur. Le

» ne traitoient autrefois de cousins que ceux qui » avoient en effet l'honneur d'être leurs parens: » ils écrivoient *très-cher & fidèle ami* aux pairs, » aux grands officiers de la couronne, & aux » cardinaux. Ce n'est que depuis François Ier, » environ l'an 1540, qu'ils ont commencé à » avoir tant de cousins ».

(1) Cérémonial diplomatique, tome 1, page 401.

parlement l'a ainsi préjugé par un arrêt de 1600, dont on trouve la notice dans les mémoires d'Amelot, tome 2, page 248.

Dans le second cas, les pairs jouissent de différentes distinctions, soit pour la convocation, soit pour le costume, soit pour la séance.

Pour la convocation : lorsque le procès au jugement duquel ils doivent assister, se fait en vertu d'une commission particulière du Roi, c'est sa majesté elle-même qui les fait convoquer. Si le parlement en connoît en vertu de sa juridiction ordinaire, alors cette cour charge un des greffiers en chef d'inviter les princes du sang & les pairs au jugement ; mais dans ce cas, la forme de l'invitation n'est pas pour les uns la même que pour les autres : le greffier est obligé de parler aux princes, au lieu qu'il laisse des billets aux pairs. Quand il s'agit de les rassembler ultérieurement pour la même affaire, c'est un autre que le greffier qui porte les billets (1).

Pour le costume : ils ont le droit d'entrer au parlement l'épée au côté ; mais ce n'est que depuis 1551. Auparavant, ils quittoient leur épée pour siéger à l'audience ou à la chambre du conseil ; & en 1551 même, ce ne fut pas sans peine que le parlement les vit s'écarter de cet usage. Il représenta au Roi que de toute antiquité, l'honneur qu'ils vouloient s'arroger avoit été réservé à sa majesté seule ; que sous Louis XII, François I avoit laissé son épée à la porte, quoiqu'il fût l'héritier présomptif de la couronne ; & que Charles de Bourbon en avoit usé de même. Mais ces remontrances n'eurent aucun effet. Le Roi donna le 31 août 1551, un ordre signé de sa main, portant, dit du Tillet (2), « qu'il vouloit que les » pairs de France, princes du sang, con» nétables & maréchaux de France, » allant au parlement en son absence, & » en la chambre de l'audience, fût-ce » à huis ouverts ou clos, y pussent por» ter leurs épées ».

Pour l'ordre de la séance, voici ce qui s'observe aux grandes audiences. Les princes du sang occupent sur les hauts sièges, les premières places à la droite du premier président. Après eux, sont les pairs ecclésiastiques, ensuite les pairs laïques, suivant la date de l'érection de leurs pairies.

Si le premier banc ne suffit pas pour contenir tous les pairs, on forme pour eux un second rang avec des banquettes de fleurs-de-lys.

Le doyen (ou, s'il est absent, le plus ancien) des conseillers laïques doit être assis sur le premier banc des pairs, pour marquer l'égalité de leurs fonctions. Le surplus de ces magistrats se place après le dernier des pairs laïques.

Lorsque la cour est au conseil, & que les chambres sont assemblées, les pairs sont sur les bas sièges.

Aux lits de justice, l'ordre de la séance est le même qu'aux grandes audiences, excepté que les pairs laïques y précèdent les évêques pairs. Ceux-là sont après les princes du sang, à la droite du Roi ; & ceux-ci à la gauche (3).

Une autre différence entre les séances ordinaires & les lits de justice, c'est qu'aux unes les pairs n'opinent, ainsi que les princes, qu'après les présidens & les conseillers clercs ; au lieu qu'aux autres ils opinent les premiers.

Il y a eu autrefois sur ce dernier point, une contestation entre eux & les présidens. Mais elle a été décidée en faveur des pairs, dans un conseil d'état tenu à Paris le 26 avril 1664 (4).

(1) Les quatre Ages de la pairie, tome 2, page 295.

(2) Recueil des rangs des grands de France, page 112, édition de 1607.

(3) *Voyez* là-dessus la seconde partie de ce chapitre.

(4) Brillon, au mot *Duché*.

Ce

Ce n'eſt pas la ſeule difficulté qui ſe ſoit élevée ſur les prééminences reſpectives de ces deux ſortes de dignitaires. En voici une d'un genre particulier.

Le mardi 6 mai 1681, à l'audience de ſept heures tenue par M. le préſident de Novion, M. de Noailles, depuis peu évêque de Châlons, prit ſa ſéance de comte & pair eccléſiaſtique.

M. le duc d'Enghien, M. le prince de Conty, M. le prince de la Roche-ſur-Yon, M. l'archevêque de Reims, M. l'évêque de Noyon & pluſieurs pairs laïques aſſiſtèrent à cette audience.

Quand elle fut levée, pendant que les préſidens à mortier étoient allés à la buvette ſe revêtir de leurs robes rouges pour l'audience de neuf heures, les princes du ſang & les ducs-pairs laïques prirent leurs places aux hauts ſièges, s'y aſſirent; & lorſque M. le premier préſident entra à la tête de la cour, dans la lanterne du côté du greffe, pour aller prendre ſéance, ils ſe contentèrent de ſaluer la cour ſans ſe lever.

M. le premier préſident s'arrêta tout court dans la lanterne; & après qu'il en eut délibéré quelque temps avec M. le préſident le Cogneux, dont l'avis étoit de rebrouſſer chemin, retourner à la buvette & députer vers les princes du ſang pour leur expliquer les raiſons de la retraite de la cour, M. le préſident de Bailleul & & tous les autres magiſtrats s'avancèrent & témoignèrent hautement aux ducs que la cour étoit ſurpriſe de leur conduite; que la conſidération qu'elle avoit pour les princes du ſang les diſtinguoit bien des ducs, dont elle ſe plaignoit; que l'intérêt même des princes étoit joint au ſien, puiſque, par cette entrepriſe, les ducs vouloient s'égaler à eux.

A la fin de l'audience, les ducs, au lieu de ſuivre les préſidens à mortier & de ſortir après eux par la lanterne du greffe, ne ſuivirent pas même les princes, qui deſcendirent par leur petit eſcalier ordinaire derrière le ſiege du greffier: mais ils rebrouſſèrent chemin & ſortirent par la lanterne de la cheminée.

Le lendemain M. le premier préſident alla trouver le Roi, & lui porta les plaintes du parlement ſur l'entrepriſe des ducs & pairs.

J'ai appris (dit Brillon au mot *Parlement*, nombre 54, d'après une note de M. le Cœur); « j'ai appris que le Roi n'avoit point fait d'autre réponſe, ſinon » que cela n'arriveroit plus ».

Cette querelle en amena une autre: les ducs & pairs ſe plaignirent à leur tour de ce que M. le premier préſident en leur demandant leur avis, ne leur avoit pas ôté ſon bonnet, quoiqu'il l'eût fait en demandant celui des préſidens à mortier.

D'abord cette nouvelle conteſtation n'eut point de ſuite, & elle parut s'aſſoupir. Mais en 1714, les ducs & pairs préſentèrent un mémoire à Louis XIV, pour la faire décider en leur faveur. Ils s'appuyoient principalement ſur ce que la manière dont le premier préſident demandoit leur avis, les confondoit avec les ſimples conſeillers.

Le Roi en parla à M. le premier préſident de Meſmes: « ſi votre majeſté » (lui dit ce magiſtrat) veut ôter aux » préſidens à mortier l'honneur de la re» préſenter dans ſon parlement, elle en » eſt maîtreſſe; au reſte, l'uſage contre » lequel réclament les ducs & pairs a » toujours exiſté ». *Si tel a toujours été l'uſage*, reprit Louis XIV, *je n'entends point le changer.*

Cette réponſe, à ce qu'aſſure Brillon(1), » dérangea un peu la fréquentation de la » cour; les ducs s'empreſſèrent moins à » l'avenir d'aller prendre leur ſéance au » parlement ».

Mais leur prétention ſe renouvela après la mort de Louis XIV, & la déciſion en fut renvoyée à la majorité de Louis XV.

(1) Au mot *Pair*, n. 2.

L'auteur des mémoires de la régence de M. le duc d'Orléans, tome 3, page 254, dit qu'elle fut en effet décidée en faveur des pairs, dès que Louis XV fut devenu majeur, & cela par une déclaration du 26 avril 1723. Mais il se trompe évidemment.

Il est vrai que la déclaration du 26 avril 1723, veut que les princes légitimés aient le salut du bonnet comme les princes du sang, lorsque le premier président leur demande leur avis; mais c'est une faveur particulière qu'elle leur accorde: les termes de cette loi & ceux du brevet dont elle ne fait que répéter les dispositions, en sont une preuve non équivoque. Nous les avons rapportés dans le chapitre *des princes légitimés*.

Brillon, qui nous retrace au mot *Duc* la déclaration dont il s'agit, n'a garde d'en tirer la même conséquence que l'auteur des mémoires de la régence de M. le duc d'Orléans. Au contraire, après avoir dit, au mot *Pair*, que ce prince ne voulut rien décider sur ce point, pendant la minorité de Louis XV, il ajoute de suite: « cette grande contestation ou prétention de part & d'autre » n'a point encore été terminée: vraisemblablement, elle ne le sera pas sitôt; à qui la possession ». C'est en 1727 que Brillon s'exprimoit ainsi.

Nous avons oublié, en parlant des démêlés élevés à l'audience du 6 mai 1681, que les ducs & pairs n'avoient pas voulu se découvrir en opinant. Il y eut depuis des discussions là-dessus, mais rien ne fut décidé sous Louis XIV.

Le lendemain de sa mort, le parlement arrêta, sans appeler les ducs & pairs, que si dorénavant quelqu'un d'entre eux refusoit de se tenir découvert en opinant, sa voix ne seroit pas comptée.

Les ducs & pairs se plaignirent à M. le Régent de ce qu'on avoit fait un pareil réglement en leur absence & sans les convoquer. Ce prince donna ordre au premier président, le 27 février 1716, de porter ces plaintes aux chambres assemblées. Il les y porta en effet, & les chambres le chargèrent de répondre, de bouche, « qu'on avoit été obligé de faire ce » réglement, pour empêcher que les premières séances destinées aux intérêts de » l'état & de son altesse royale, ne fussent troublées par des disputes particulières ».

Cette réponse ne satisfit pas les pairs. Au mois de mars suivant, un jour que M. le Régent entroit chez le Roi, ils se présentèrent à lui au nombre de onze. L'archevêque de Reims qui étoit à leur tête, comme premier pair de France, porta la parole, & conclut par supplier ce prince de décider cette affaire.

M. le Régent auroit bien voulu différer ce jugement; mais ils demandèrent avec tant d'instance à être jugés, de quelque manière que ce fût, qu'il se vit obligé d'assembler d'abord le conseil de régence.

Par l'arrêt qui intervint le même jour, il fut dit, 1° que toutes les fois qu'il seroit question de discuter une affaire de droit public, le parlement seroit tenu d'appeler les pairs de France, & d'insérer dans ses arrêts la clause: *la cour suffisamment garnie de pairs*; 2°. que quand il s'agiroit d'affaires concernant les pairs eux-mêmes, il ne pourroit rien ordonner sans les appeler; 3°. que ces dispositions auroient un effet rétroactif contre l'arrêté du 2 septembre 1715, par lequel le parlement avoit statué, avant que M. le Régent vînt se faire reconnoître, que si MM. les pairs n'ôtoient leurs chapeaux, quand on demanderoit leur avis, le premier président les passeroit, ou ne compteroit point leurs voix.

Mais cet arrêt ne subsista pas longtems. Le 22 mars, dès que les pairs l'eurent fait signifier au procureur-général du parlement, ce magistrat en conféra avec tout le parquet, & alla trouver M. le Régent. Il y eut plusieurs allées & venues. On poussoit cette affaire avec tant de chaleur, que les députés du parlement sortirent la dernière fois du palais royal à deux heures après minuit.

Le lendemain, les chambres s'assemblèrent de grand matin, & leur avis fut de commencer par demander justice à M. le Régent. En même temps, on chargea les gens du Roi de se rendre chez ce prince, pour se plaindre de ce qui s'étoit passé, & lui dire que devant se rassembler à deux heures de relevée, on souhaitoit avoir avant ce temps-là des assurances de la révocation de l'arrêt.

La vivacité de ces remontrances & les raisons par lesquelles on les avoit appuyées la veille, frappèrent M. le Régent. Il déchira, en présence des députés, la minute de l'arrêt du conseil de régence, avec l'expédition & la copie de l'huissier à la chaîne (1).

VIII. Du Tillet (2) dit que le parlement a souvent levé la séance avant l'heure ordinaire, pour assister aux enterremens des pairs, lorsqu'il y étoit invité. Il en cite des exemples des 15 avril 1374, 27 janvier 1396, 8 août 1409 & 19 décembre 1413.

IX. Du Tillet nous apprend encore que deux arrêts des 25 novembre 1381 & 9 décembre 1391 ont déclaré les pairs *exempts de tous péages, comme étant du corps du parlement* (3).

X. Ils ont aussi prétendu être exempts de la contrainte par corps, dans le cas où elle a lieu contre des particuliers. Mais le contraire a été jugé par un arrêt du 19 mars 1624, rapporté dans le recueil de Bardet, tome 1, livre 2, chap. 16.

XI. On ne parlera pas ici des prérogatives appartenantes aux justices des duchés-pairies. Le véritable siège de cette matière est dans le second livre.

(1) Mémoires de la régence de M. le duc d'Orléans, tome 1, page 111.

(2) Recueil des Rois de France, page 377, édition de 1607.

(3) *Loc. cit.*

Mais il ne faut pas omettre ici une cérémonie qui s'est pratiquée anciennement par les pairs, à l'occasion des appels de leurs justices.

Cette cérémonie s'appelloit *présentation des roses*. En voici l'origine.

Lorsque le parlement de Paris fut rendu sédentaire, il fit, pour l'instruction des procès, en 1344, un réglement d'après lequel on dressa un rôle des causes de chacune des provinces qui composoient son ressort.

Le 13 novembre 1396, il ordonna par un autre réglement que dans le rôle de chaque bailliage ou sénéchaussée, il seroit inséré un rôle particulier des causes qui viendroient par appel des pairies.

A l'ouverture de chacun de ces rôles particuliers, le pair de la justice duquel venoient les causes qui y étoient placées, présentoit des roses au parlement.

Cette cérémonie se faisoit avec beaucoup d'appareil. Avant l'audience, le pair dont le rôle devoit être appelé, faisoit joncher de roses, de fleurs & d'herbes odoriférantes toutes les chambres du parlement. Il donnoit un déjeuner splendide à tous les magistrats, même aux greffiers & aux huissiers; ensuite, il se présentoit dans chaque chambre, précédé d'un grand bassin rempli d'autant de bouquets & de couronnes de fleurs rehaussées de ses armes, qu'il s'y trouvoit d'officiers. Après cela, on ouvroit l'audience de la grand'chambre; & elle étoit suivie d'une messe pendant laquelle jouoient plusieurs haut-bois. La musique se rendoit ensuite chez les présidens, & y exécutoit différens morceaux pendant leur dîner.

Quoique toute cette cérémonie fût un hommage que les pairs laïques rendoient au parlement, ils le regardoient néanmoins comme un droit important pour eux, non-seulement parce qu'elle les distinguoit des pairs ecclésiastiques qui n'avoient point de rôles particuliers pour leurs justices, mais encore parce que la possession où ils étoient de présenter les roses & de faire appeler le rôle de leur justice, chacun dans leur rang, assuroit la dignité de leur pairie.

Aussi Henri IV lui-même, quoique déjà Roi de Navarre en 1586, ne dédaigna pas de réclamer le droit de présenter le premier les roses comme un honneur attaché à sa qualité de duc de Vendôme, premier pair laïque.

Le mémoire qu'il fit faire à ce sujet justifie ce que nous venons de dire sur les pairs ecclésiastiques : il y est dit que *le droit de présentation des roses & droits de pairie laye n'appartiennent aux pairs ecclésiastiques, non plus que le droit de rôle de pairie conséquent du droit.*

Ce mémoire prouve encore que la cérémonie de la présentation des roses n'a pas cessé en 1573, comme l'insinue le père Anselme, tome 3, page 522, édition de 1728.

Mais aussi c'est le dernier monument qui nous en reste. Il est probable que la guerre de la ligue, & la translation du parlement à Tours qui en a été la suite, ont interrompu cette cérémonie, & qu'on n'a pas cru devoir la rétablir après que Henri IV eut rendu le calme au royaume (1).

XII. On peut juger, par tout ce que nous avons dit dans ce paragraphe & dans le précédent, des distinctions qui sont établies entre les pairs & les autres gentilshommes. Mais nous ne devons pas omettre ici le différend qui s'éleva entre eux en 1717. Voici la requête que les principaux membres de la noblesse présentèrent à ce sujet au Roi.

« Sire, les soussignés de l'ordre de la » noblesse supplient très-humblement » votre majesté de réprimer, par son autorité royale, les entreprises des pairs de » France, qui depuis long-temps font » des efforts continuels pour s'élever au-» dessus de la noblesse, former un ordre » qui lui seroit supérieur, & établir, » s'il leur étoit possible, quelque sorte » d'égalité avec les princes de votre sang; » nous ne fatiguerons point ici votre ma-» jesté de l'histoire de toutes les distinc-» tions qu'ils ont usurpées, qu'ils usurpent » encore chaque jour à la faveur des » conjonctures, & pour lesquelles, s'ils » y persistent, la noblesse pourra former » des demandes particulières.

» Il nous suffit de représenter à votre » majesté que le feu Roi votre auguste » bisaïeul, voyant avec le nombre des » pairs, croître celui de leurs prétentions, » sa profonde sagesse le convainquit de » la necessitéde poser des bornes au-delà » desquelles elles ne pourroient plus s'é-» tendre à l'avenir; & par son édit du » mois de mai 1711, il statua sur les droits » de la pairie. Mais à peine ce grand Roi » avoit-il rendu les derniers soupirs, » que les pairs prétendirent se mettre à » la tête de la noblesse, comme en étant » les chefs, & la présenter à votre ma-» jesté.

» Cette première tentative n'ayant » pas eu tout le succès qu'ils s'en étoient » promis, ils firent reparoître d'anciens » écrits presque oubliés, & ils en joignirent » de nouveaux. Tous les ordres de l'état » y lurent avec indignation, qu'il appar-» tient aux pairs de décider sur les diffé-» rends de la succession à la couronne » & des régences; que c'est aux pairs à » régler les affaires importantes de l'état; » que les pairs sont les juges naturels & » les chefs de la noblesse; qu'ils sont fort » élevés au-dessus d'elle; qu'ils forment » un ordre qui en est distinct & séparé. » Ils ont même fait glisser depuis quelques » mois dans les édits & déclarations de » votre majesté ces termes, *& autres pairs.* » Enfin dans une requête présentée depuis » peu à votre majesté, ils soutiennent » que le droit de représenter les anciens » pairs au sacre des Rois, est une préro-

(1) *Voyez* les Antiquités de Paris par Sauval, & le Répertoire de jurisprudence, au mot *Rôle.*

» gative qui n'est due après les princes du » sang, qu'aux pairs de France. Propositions si contraires à l'autorité de votre » majesté, aux intérêts de la nation, & à la » dignité de la noblesse, que les gentils» hommes de votre royaume seroient » venus en foule aux pieds de votre ma» jesté implorer sa justice, si plus jaloux » de témoigner leur soumission, que de » conserver leurs droits les plus légiti» mes, ils n'avoient cru devoir en atten» dre la permission de votre majesté.

» Nous osons nous flatter, Sire, qu'une » conduite aussi respectueuse ne fera point » de tort à la justice de notre cause, & » que le prince éclairé & équitable à » qui vous avez confié le dépôt de votre » autorité, voudra bien faire observer » à votre majesté qu'il s'agit, non d'un » léger différend entre quelques particu» liers, mais de l'état même de toute votre » noblesse; de cette noblesse dont la di» minution, pour nous servir des termes » des Rois vos prédécesseurs, est l'affoi» blissement de l'état, & qu'on ne peut » laisser avilir, sans que la gloire de la » nation s'obcurcisse & s'efface entiére» ment. Mais, Sire, ce qui fait en même » temps notre joie & notre confiance, » c'est que nos intérêts sont ceux de votre » majesté, & que la noblesse a en cette » occasion, comme en toutes les autres, » la satisfaction de voir que, pour con» server sa véritable grandeur, elle n'a » qu'à défendre celle de son Roi.

» En effet, Sire, la noblesse n'auroit » rien à souhaiter aujourd'hui, si les pairs » respectant l'autorité souveraine, n'en» treprenoient point de franchir les li» mites qu'elle leur a prescrites par l'é» dit de 1711.

» A ces causes, Sire, plaise à votre » Majesté déclarer que les pairs de » France ne forment point de corps, & » en conséquence leur défendre de se » créer des syndics & commissaires; dé» clarer aussi qu'ils n'ont point de droit » de décider seuls de la succession à la » couronne & des régences, ni de régler » les affaires importantes de l'état, qu'ils » ne sont ni les chefs ni les seuls juges » de la noblesse, que les autres gentils» hommes de votre royaume ont un droit » égal à celui des pairs, d'être appelés » aux sacres des Rois pour y représenter » les anciens pairs du royaume; d'ordon» ner qu'à l'avenir on n'insérera plus dans » les édits & déclarations de votre ma» jesté ces termes, *& autres pairs;* & que » les pairs se renfermeront dans la jouis» sance des seuls droits que leur donne la » disposition de l'édit de 1711, sans qu'il » leur soit permis de jouir de nulles au» tres prérogatives ».

Cette requête étoit signée des comtes de Châtillon, chevaliers de l'ordre du Saint-Esprit, du marquis de Listenai, chevalier de la Toison d'or, du marquis de Conflans, premier gentilhomme de la chambre de M. le duc d'Orléans, régent du royaume; du comte de Laval, du comte de Mailly, du comte d'Estaing, du comte d'Hautefort, du marquis de Surville, de M. de Montmorency-Fosseuse, & de plusieurs autres.

Mais comment fut-elle accueillie? Un arrêt du conseil, du 14 mai 1717, qui fut publié à son de trompe, va nous l'apprendre.

« Le Roi étant informé qu'à l'occasion » de quelques mémoires publiés l'année » dernière, où plusieurs personnes d'une » naissance distinguée ont prétendu que » les droits de la noblesse étoient inté» ressés, il a été dressé une requête pour » les défendre, que l'on veut faire si» gner à un grand nombre de gentils» hommes, tant dans Paris que dans les » provinces; & comme la noblesse, » quoiqu'un des premiers ordres du » royaume, & celui que Sa Majesté re» garde comme la principale force de » son état, ne peut ni faire corps, ni » signer des requêtes en commun, sans la » permission expresse du Roi, & qu'ainsi » une telle tentative ne sauroit être auto-

» risée sans blesser les premières maximes » de l'ordre public, outre qu'elle seroit » inutile & prématurée dans une occa- » sion où il ne s'agit que de mémoires » qui n'ont point été faits contre la no- » blesse, & à l'égard desquels elle peut » se reposer sur l'affection dont Sa Ma- » jesté l'a toujours honorée, & qui est » pour elle un titre plus assuré que toutes » les requêtes qu'elle pourroit présenter, » si elle étoit en état de le faire dans une » forme régulière.

» Sa Majesté étant en son conseil, de » l'avis de M. le duc d'Orléans, régent, » a fait très-expresses inhibitions & dé- » fenses à tous les nobles de son royau- » me, de quelque naissance, rang & di- » gnité qu'ils soient, de signer ladite pré- » tendue requête, à peine de désobéis- » sance, jusqu'à ce qu'autrement par Sa » Majesté en ait été ordonné, suivant les » formes observées dans le royaume, » sans néanmoins que le présent arrêt » puisse nuire ni préjudicier aux droits, » privilèges & prérogatives légitimes de » la noblesse, auxquels Sa Majesté n'en- » tend donner aucune atteinte, & qu'elle » maintiendra toujours à l'exemple des » rois ses prédécesseurs, suivant les rè- » gles de la justice & de l'ordre public ».

XIII. Une question commune à tous les points que nous venons de passer en revue, est de savoir si les pairs qui ne sont pas encore reçus au parlement, peuvent prétendre aux honneurs & privilèges de la pairie.

On distingue. S'il ne s'agit que des honneurs de la cour, la réception au parlement n'est pas requise pour qu'on puisse en jouir : cela est si vrai, que les femmes qui recueillent par succession des pairies féminines, reçoivent constamment ces honneurs (1). On a même vu sous Louis XIV, Louise-Renée de Penenrouet de Kerouald, duchesse de Porsmouth, & Charles de Lenox son fils, duc de Richmond, dont les lettres de pairie, datées du mois de janvier 1684, n'étoient pas même enregistrées, avoir tous les honneurs du Louvre, celui de faire entrer leurs carrosses dans la deuxième cour des maisons royales, d'avoir une *chaise à bras* (2) chez les princes du sang, & d'autres prérogatives qu'on ne conteste pas, soit aux ducs & pairs, soit aux dames leurs épouses.

Mais s'agit-il d'honneurs qu'on reçoit au parlement, ou de privilèges qui dépendent de la juridiction de cette cour, c'est autre chose ; il faut, pour en jouir, avoir été reçu pair.

Le 26 février 1626, à l'audience de la grand'chambre, Me Barnabé, avocat du duc de Roannès, intimé dans une cause qui alloit se plaider, demanda que Me Talon, avocat de Michel Chrestot, eût à lui abandonner le barreau des pairs, parce qu'il y avoit trente ans que Roannès étoit érigé en duché-pairie ; que depuis ce temps, son client avoit toujours joui des honneurs attachés à la qualité de pair de France, & même que les appels de ses juges ressortissoient nuement à la cour.

Me Talon acquiesça à cette remontrance, & passa volontairement au barreau, du côté du greffe : mais M. l'avocat-général Servin se leva, & représenta que la pairie dont se prévaloit M. de Roannès, n'avoit pas été vérifiée par la cour.

M. le premier président alla aux opinions, & par l'arrêt qui intervint sur le champ, il fut dit que le duc de Roannès ne devoit pas être traité comme pair, attendu que la cour n'avoit pas enregistré ses lettres ; que les avocats seroient tenus de plaider à l'ordinaire ; que Me Talon, avocat de l'appelant, retourneroit au barreau du côté de la

(1) *Voy.* ci-devant, section 3.

(2) L'auteur des quatre Ages de la pairie, tome 2, page 214, dit *le Fauteuil*. C'est une méprise. *Voy.* ci-devant, nombre V.

cheminée, & que Me Barnabé passeroit à celui du côté du greffe (1).

*Voyez* ci-après dans la seconde partie de ce chapitre, un arrêt rendu sur la même matière contre un pair ecclésiastique.

## SECTION VIII.

*Des juges auxquels appartient la connoissance des actions concernant les pairs, & de la forme des jugemens qui les décident.*

Ces actions sont civiles ou criminelles.

I. La règle générale, qui vouloit autrefois que chacun fût jugé par ses égaux, rendoit la cour des pairs de France seule compétente pour connoître de toutes les causes civiles qui intéressoient ses membres.

De-là la nécessité de la convoquer, toutes les fois qu'il s'agissoit de prononcer sur un différend dans lequel un pair de France étoit partie (2).

Insensiblement, les rois de la troisième race introduisirent dans cette cour leurs propres officiers, & parvinrent à leur y faire attribuer voix délibérative (3). Devenus ainsi juges des pairs eux-mêmes, ils pouvoient d'un moment à l'autre former un tribunal ; ce qui étoit beaucoup plus facile que de convoquer les pairs, presque tous domiciliés fort loin de la capitale du royaume.

Cette facilité devint le germe d'une distinction entre les causes qui n'avoient point un rapport essentiel à la pairie, & celles où elle étoit directement intéressée.

Pour les premières, les officiers du roi s'habituèrent peu-à-peu à en connoître sans le concours de pairs. Thomas de Beaumets, archevêque de Reims, eut en 1258, un différend avec Saint Louis sur le droit de garde de l'abbaye de Saint-Remy. La cause portée au conseil du roi, le prélat y excipa de ce que les pairs n'étoient ni assemblés ni même convoqués ; & le moyen sur lequel il fondoit cette exception est une preuve que la distinction dont nous venons de parler étoit déjà reconnue, c'étoit que la pairie dépendoit en grande partie du droit litigieux ; *cùm ex hâc causâ pendeat magna pars pariæ suæ.* Mais le conseil du roi ne trouva pas ce moyen fondé, & par arrêt rendu la même année, il décida que l'affaire n'étoit pas du ressort des pairs (4).

Environ un demi-siècle après, en 1302, le conseil du roi fut démembré, & il en fut destiné une partie pour former le parlement. Alors s'éleva une nouvelle distinction entre les procès civils des pairs qui concernoient la pairie, & ceux qui n'avoient pas une liaison nécessaire avec cette dignité. Le parlement devint juge exclusif des premiers & fut même déclaré expressément tel, d'abord par deux ordonnances des rois Jean & Charles V de 1363 & 1366 (5), ensuite par une troisième de Charles VII de 1453 (6) ; mais les seconds demeu-

(1) Bibliothèque civile de Bouchel, au mot *Pair.*

(2) *Voy.* ci-devant, section 1, §. 2.

(3) *Ibid.*

(4) Registre *olim*, année 1258.

(5) La première de ces ordonnances est ainsi conçue :

*Ordinamus & statuimus, quòd nulla causa de cætero in nostrâ curiâ parlamenti introducatur, nisi sit talis quæ jure suo debet ibidem agitari ; sicut sunt causæ parium Franciæ, similiter causæ proprietatis nostræ.*

La seconde porte : *Nulla causa in curiâ nostrâ introducatur, exceptis causis parium & personarum privilegiatarum.*

Ces ordonnances sont citées dans le journal du palais, tome 2, page 851, édition de 1755.

(6) Voici ce que porte l'article 6 de cette ordonnance : « Ne seront introduites en notre » parlement toutes sortes de causes, mais celles » de notre domaine, de nos régales & droits en » dépendans. *Item*, les causes des pairs, touchant » leurs terres tenues en pairies & aussi en apa- » nages, & les droits d'icelles pairies ».

rèrent sous la juridiction des tribunaux inférieurs, sauf l'appel au parlement.

Cette distinction est établie dans les lettres-patentes de Louis-Hutin du 7 mars 1315, données en faveur de Charles, comte de la Marche, frère du roi. Le souverain y déclare « que les » affaires de l'apanage de son frère seront » portées au parlement, & que celles » des terres qu'il tient du comte de » Champagne, ressortiront pour la jus» tice aux grands jours de cette pro» vince : mais (ajoute-t-il) notre inten» tion n'est pas que cette grace s'étende » aux cas esquels nos pairs de France » ont à ressortir devant nos sénéchaux, » baillis & autres juges ».

Il paroît néanmoins que cette distinction ne fut pas d'abord bien affermie, & qu'on laissa encore quelque temps aux pairs la faculté de porter toutes leurs causes au parlement : le 18 février 1371, le conseil du roi décida *que l'ajournement au parlement seroit bon* (1).

Le 25 mai 1394, le procureur-général, dans une cause du duc d'Orléans, soutint que les pairs de France pouvoient porter tous leurs procès sans distinction, au parlement, & même que dans tous les cas, les demandeurs devoient *les ajourner en la cour* (2).

Mais dans la suite l'autorité royale a rappelé & fait reconnoître essentiellement la distinction entre les causes qui n'intéressoient pas & celles qui intéressoient véritablement le fond de la pairie. Les premiers juges connoissent de celles-là : à l'égard de celles-ci, le parlement en a la connoissance exclusive. Mais il dépend du roi de les décider par lui-même, & on ne peut les porter au parlement sans une permission expresse de sa majesté.

(1) Histoire générale & chronologique de la pairie, tome 2, page 459.

(2) Les quatre Ages de la pairie, tome 2, page 115.

C'est ce qui résulte de l'article 14 du titre 2 de l'ordonnance du mois d'avril 1667, combiné avec l'article 8 de l'édit du mois de mai 1711.

Le premier de ces deux textes « veut » que les ducs & pairs, pour raison de » leurs pairies soient assignés en première » instance au parlement de Paris ».

Le second est ainsi conçu : « ordon» nons que ceux qui voudront former » quelque contestation sur le sujet des » duchés & pairies, & des rangs, hon» neurs & préséances accordés par nous » aux ducs & pairs, princes & seigneurs » de notre royaume, seront tenus de » nous représenter chacun en particu» lier, l'intérêt qu'ils prétendent y avoir, » afin d'obtenir de nous la permission » de la poursuivre, & de procéder en » notre parlement de Paris, pour y être » jugée, si nous ne trouvons pas à pro» pos de la décider par nous-mêmes ; » & en cas qu'après y avoir renvoyé une » demande, les parties veuillent en for» mer d'autres incidemment, ou qui » soient différentes de la première, elles » seront tenues pareillement d'en obte» nir de nous de nouvelles permissions ».

Le même article ajoute : « sans qu'en » aucun cas ces sortes de contestations » & procès puissent en être tirés par la » voie des évocations ».

Les évocations pour parentés & alliances sont-elles comprises dans cette disposition ? Il y a deux grandes raisons pour l'affirmative.

La première, c'est que la loi est générale : elle ne dit pas *la voie des évocations* pour telle ou telle cause, mais la voie des évocations indéfiniment ; ce qui en comprend toutes les espèces.

La seconde, c'est que la chose avoit été ainsi jugée, même avant l'édit, par un arrêt du conseil du 10 mars 1634, rapporté dans le journal du palais.

Dans le fait qui a donné lieu à cet arrêt, M. le duc de Richelieu demandoit l'évocation pour cause de parentés &

& alliances, d'une contestation de préséance qui étoit pendante au parlement de Paris entre lui & les autres pairs.

La manière dont il défendoit sa prétention, la rendoit extrêmement conséquente pour le parlement de Paris : il ne s'agissoit de rien moins que de savoir s'il étoit exclusivement la cour des pairs, ou si les autres parlemens partageoient cette prérogative avec lui.

On croit empêcher l'évocation (disoit-il en substance), on croit la rendre impossible, en disant que le parlement de Paris est essentiellement juge des causes des pairies; mais ce n'est là qu'un prétexte frivole. Sans doute que les causes des pairies doivent toujours être jugées par les pairs ; mais il n'est pas nécessaire que ce soit dans le parlement de Paris. Pour s'en convaincre, il suffit de remarquer que les assemblées générales que tenoit le roi avec les pairs & les autres grands du royaume, & qu'on appeloit parlemens, sont plus anciennes que le parlement de Paris établi en 1302 sous Philippe-le-Bel. Tout le monde sait que Charles Martel, le roi Pepin son fils, Charlemagne & les premiers rois de la troisième race ont tenu ces *parlemens*, & que par l'avis des pairs ils régloient les affaires principales du royaume. Les historiens qui ont parlé de ces assemblées, les ont qualifiées indifféremment de *parlement*, de *cour de France* & même de *conseil du roi*. « C'est ce qu'on » voit dans l'histoire de la vie de Louis- » le-débonnaire, écrite en latin : *Ludovicus placitum generale habuit Tholosæ* » (Louis tint un parlement général à » Toulouse) ; & dans un autre endroit, » *Rex coacto concilio regni sui Tholosæ*, » le roi ayant assemblé le conseil de son » royaume à Toulouse. Ensorte que » Toulouse même a été le lieu de cette » assemblée à laquelle a succédé le par- » lement de Toulouse ». De-là vient que dans l'ordonnance de Philippe-le-Bel, portant création de cette cour, il est dit qu'il sera tenu un parlement à Toulouse comme il étoit d'usage dans les tems reculés : *quòd parlamentum apud Tholosam tenebitur, sicut teneri solebat temporibus retroactis*. — Tous les parlemens de France ne sont donc que des émanations de ces anciennes assemblées qui se tenoient autrefois tantôt dans un lieu, tantôt dans un autre, « & étoient ap- » pelées la cour du Roi, la cour des » pairs, la cour de France ou parlemens, » *placita* ; ce qui est en effet le conseil » du roi, source de toutes les justices. » C'est de cette source que sont éma- » nés les parlemens, qui ont tous été » successivement institués avec les mê- » mes droits, pouvoirs & privilèges ». — C'est ce qu'observe Pasquier dans le livre 2 de ses *recherches*, chap. 2 ; après avoir parlé de ces anciennes assemblées de la cour de France, il ajoute : *voilà la primitive origine & institution des parlemens.* Aussi voyons-nous par un arrêt du parlement de Toulouse du 28 avril 1589, transcrit dans le volume 232 de la bibliothèque du Roi, concernant les pairs, *folio* 232, que cette cour étoit autrefois, comme le parlement de Paris, dans l'usage de se faire présenter les roses par les pairs dont les duchés étoient situés dans son ressort. — La Rocheflavin dans son histoire des parlemens, livre 7, chapitre 20, article 8, nous apprend que l'Evêque de Langres, *en qualité de pair & à cause de sa pairie* (ce sont ses termes) eut séance au parlement de Toulouse, avant l'archevêque d'Auch. — Il paroît aussi par le volume 239 des manuscrits de la bibliothèque du roi, *folio* 224, que Léon d'Albert, frère du connétable de Luynes, a eu séance, comme duc & pair, au parlement de Provence, le 19 octobre 1623.

A ces moyens spécieux les adversaires de M. le duc de Richelieu ont répondu que le parlement de Paris, depuis qu'il avoit été rendu sédentaire par Philippe-le-Bel, n'avoit jamais cessé d'être considéré comme la cour des pairs de France (1); que les rois Jean & Charles V lui avoient réservé expressément les causes des pairies; que les plus anciens auteurs, tels que celui du grand coutumier, livre 3, tit. 7, & celui de la somme rurale, s'accordoient à dire que *les pairs ne peuvent être tenus de plaider ailleurs qu'en la cour de parlement de Paris, & que s'ils sont ajournés en notre jurisdiction, ils en peuvent excepter*; que mille jugemens rendus pour ou contre des pairs attestoient hautement la compétence exclusive du parlement de Paris en cette matière, & qu'une tradition aussi perpétuelle, aussi constamment soutenue formoit une loi inviolable.

C'est aussi ce qu'a décidé l'arrêt du 10 mars 1694, en déboutant M. le duc de Richelieu de sa cédule évocatoire, & en décidant, par une conséquence nécessaire, que les causes des pairies sont si essentiellement attribuées au parlement de Paris, qu'il n'en peut pas même être dépouillé par l'espèce d'évocation qui est la plus favorable, par celle qui est fondée sur la suspicion de partialité & de faveur que font naître aux yeux de la loi les parentés & alliances trop multipliées d'une partie dans un tribunal.

Ce privilège a-t-il lieu dans les contestations qui s'élèvent entre un nouveau pair & les officiers de la justice ordinaire du lieu de la situation de sa pairie, soit que ceux-ci s'opposent à la distraction de ressort, soit qu'ils demandent une indemnité? Cette question ne s'est pas présentée depuis l'édit de 1711, mais elle avoit été jugée pour la négative, près d'un siècle auparavant.

M. le prince de Condé avoit obtenu le 13 mai 1616, des lettres-patentes qui érigeoient Châteauroux en duché-pairie, & elles avoient été enregistrées au parlement de Paris le 3 août suivant. Les officiers de la justice ordinaire d'Issoudun & de Blois se pourvurent contre l'arrêt qui avoit ordonné cet enregistrement, & en y formant opposition, conclurent alternativement ou à ce que leur ressort sur Châteauroux fût conservé, ou à ce que M. le prince de Condé fût condamné à les indemniser de la distraction qu'ils souffroient. De son côté, M. le prince de Condé s'adressa au Roi, qui, par arrêt du 14 avril 1626, évoqua la demande formée contre lui, & la renvoya au parlement de Dijon (2).

II. A l'égard des procès criminels des pairs de France, il n'existe dans l'état aucune loi proprement dite, qui décide à quels juges appartient le droit d'en connoître. Mais voici les faits que nous fournit à cet égard l'histoire des pairies du troisième âge. Nous ne parlons pas de ceux qui se sont passés sous le premier ni le second âges, parce qu'ils sont rappelés ci-devant, section 1, §. 1 & 2.

1°. En 1305, les enfans de Guy, comte de Flandres, firent avec Philippe-le-Bel, un traité par lequel il fut stipulé que les accusations qui seroient intentées contre *le seigneur de Flandres ou ses successeurs*, seroient jugées par les pairs de France, après un ajournement fait par cri public dans le palais du Roi à Paris (3).

---

(1) *Voyez* sur cette qualification le chapitre *des parlemens*, section 1, dans le second Livre.

(2) Journal du palais, tome 2, pag. 850 & 854, édition de 1755.

(3) Voici les termes de ce traité.

« Le Roi notre sire doit adjourner, par cry
» fait publiquement en son palais à Paris, le
» seigneur de Flandres ou ses successeurs, par
» trois mois de terme, pour venir à la cour droit
» à droit; auquel terme s'il ne venoit, ou ne
» s'excusoit suffisamment de ce qu'il ne seroit
» venu, ou s'il venoit & ne pût s'expurger de
» mesfaits & de la désobéissance que l'on lui met-
» toit sus devant, tant pairs de France, comme li
» roi notre sire, pourroit avoir bonnement audit
» terme; & devant deux grands & hauts hom-
» mes de son conseil, soit prélats ou barons,
» ou autres des plus grands & plus convenables
» qu'il pourroit & auroit en sa bonne foy;
» ainçois, fût jugié par lesdits pairs qui lors s'y

2°. Robert d'Artois ayant été accusé, en 1331, d'avoir fait fabriquer de faux titres pour s'approprier le comté dont il portoit le nom, Simon de Bucy, procureur-général du parlement, requit qu'il fût ajourné à comparoître, le jour de Saint-Michel, *devant la cour, suffisamment garnie de pairs.* Le roi Philippe V donna à cet effet des lettres-patentes, qui sont datées de Breteuil en Normandie, le 8 août 1331. Le bailli de Gisors, qu'elles chargeoient de l'ajournement, s'acquitta de sa commission dès le lendemain. L'accusé n'ayant pas comparu, *la cour suffisamment garnie de pairs, au Louvre, auprès Paris, jour de fête de saint Michel 1331*, prononça contre lui un premier défaut, & ordonna de le réajourner à la quinzaine de la fête de S. André. Cet arrêt fut signifié par Pierre d'Auxerre, conseiller, & Michel de Paris, bailli de Troye.

Robert d'Artois ne comparut pas encore. Le 14 décembre, second défaut; & le 15, autre ajournement au 17 février suivant. Pierre d'Auxerre & Michel de Paris furent encore commis pour le signifier; ce qu'ils firent dans la grand' chambre du parlement, à la table de marbre, à Conches, à Orbec & à Beaumont.

Robert ne se rendit pas plus à cet ajournement qu'aux deux autres. Après un troisième défaut, prononcé au Louvre le 17 février 1331 (vieux style), il fut ordonné, à la prière du roi de Bohême & de Jean, duc de Normandie, qu'il seroit ajourné une quatrième fois. Cet ajournement fut signifié dans Conches, Quatremers, Beaumont & Orbec, par Pierre Bellagent, conseiller, & Pierre de Muis, bailli d'Anjou; Regnault de Ligonart, chevalier, le publia dans la grand'chambre du parlement, & à la table de marbre, en citant Robert *à comparoir à Paris, en l'hôtel du Louvre, en propre personne, en la cour du Roi, suffisamment garnie de pairs.*

Enfin, Robert n'ayant pas encore comparu, il intervint, le 19 mars 1331, un quatrième défaut, qui fut suivi d'un arrêt solemnel, *en cour suffisamment garnie de pairs*, par lequel Robert d'Artois fut banni du royaume, & ses biens confisqués (1).

3°. En 1371, Jean de Montfort, duc de Bretagne, prit des engagemens secrets avec les Anglois. Le roi Charles V en ayant été informé, le fit ajourner au parlement de Paris. Le duc ne comparoissant pas, fut accusé, par le procureur-général, d'avoir commis divers excès contre les barons de Bretagne, qui en avoient appelé à la cour des pairs. Jean de Montfort, loin de répondre à cet appel, avoit exercé contre eux des violences inouies; il avoit d'ailleurs livré aux Anglois plusieurs places. Le procureur-général concluoit de-là qu'il étoit coupable de lèse-majesté, & qu'on devoit non-seulement le déclarer déchu de la noblesse de pairie, mais même confisquer son duché au profit du roi.

Avant de prononcer sur ce requisitoire, il fut ordonné que le duc seroit *ajourné par deux paires de lettres*, forme nouvelle qu'on avoit voulu établir depuis peu: on chargea un prêtre de les lui lire, ou de les mettre entre ses mains; mais le duc, sans attendre qu'elles lui fussent

» pourroient être bonnement, & pour les » autres douze, ou pour la plus grande partie » d'iceux, que s'il eust fait le défaut, mesfait » ou désobéissance, lors seroient lesdites sentences publiées, & les forfaictures mises à » exécution; lequel jugement li dit nostre sire » li Rois, fera rendre au nom desdits pairs; & » ainsi se il étoit absous par le jugement d'iceux, » ou tenu pour innocent, il s'en ira quitte & » absols de ce sur quoi il seroit appellé ». *Preuves des Mémoires des pairs de France*, pag. 176.

(1) *Voyez* les *Preuves & Mémoires concernant les pairs de France*, pag. 365 & 370; les manuscrits de Dupuy, n° 438; ceux de M. de Brienne, n° 179; ceux du chancelier Séguier, n° 419; & *les quatre Ages de la pairie*, tome 2, pag. 149 & *suiv.*

présentées, fit jeter le porteur dans une rivière (1).

Cependant, il se présenta par procureur. *Le 9 décembre 1378, le Roi tint son parlement en la chambre de parlement à Paris, auquel étoient ajournés les pairs de France* (2). L'affaire fut discutée depuis le 10 jusqu'au 17; & le 18, le Roi déclara Jean de Montfort ennemi du royaume, & privé de tous ses droits, honneurs, noblesse, dignités, possessions, terres & seigneuries, qui furent confisquées au profit de la couronne.

Mais les pairs trouvèrent étrange que le Roi jugeât lui-même un procès dans lequel il étoit partie. Ils *maintinrent* devant lui, *que à eux appartenoit la détermination & jugement de la cause, requérant qu'ainsi fût déclaré, ou qu'ils eussent lettres que si le Roi déterminoit la cause, & donnoit jugement & arrêt, ce fût sans leur préjudice, & que par ce aucun nouvel droit ne fût acquis au Roi* (3). Charles V consentit à donner ces lettres, mais elles ne furent pas expédiées sous son règne; elles ne le furent que le 2 mars 1386 (4). On peut voir dans la section 8 du chapitre *du Roi*, ce que nous avons dit de cette prétention.

4°. En 1386, Charles I, dit le Mauvais, roi de Navarre & pair de France, en qualité de comte d'Évreux, fut ajourné pour répondre à plusieurs accusations graves qui étoient formées contre lui. On ne mit pas dans cet ajournement la même forme que dans celui de Jean de Montfort : Charles avoit cependant réclamé, dès 1377, la prérogative de ne pouvoir être ajourné que *par deux paires de lettres* (1); mais on se contenta cette fois de le faire citer par le premier huissier du parlement, à la table de marbre, aux perrons & à la grande porte du palais. La citation fut répétée trois fois; personne ne comparut pour lui, & le 2 mars 1386, il fut déclaré atteint & convaincu de crimes énormes, tant contre le Roi que contre les princes du sang. Mais, dit l'historien du comté d'Evreux, comme le criminel étoit en sûreté dans ses états, « l'infamie de l'arrêt fut presque » l'unique peine qu'il subit de la part de » la justice humaine ».

Il ne se trouvoit au parlement, lors de cet arrêt, que cinq pairs; savoir, le duc de Bourgogne, le duc de Touraine, l'évêque duc de Laon, l'évêque comte de Beauvais, & l'évêque comte de Châlons : tous les autres étoient absens.

5°. Vers le milieu du quinzième siècle, Jean II, duc & pair d'Alençon, mécontent de ce que le roi Charles VII lui avoit ôté la lieutenance générale de ses armées, se ligua avec les Anglois; le comte de Dunois fut chargé par le Roi

(1) Les quatre Ages de la pairie, tome 2, page 120.

(2) Du Tillet, Recueil des rangs des grands de France, page 53 & 54, édition de 1607.

(3) *Voyez* les registres du parlement, à la date du 2 mars 1386; ils sont transcrits par du Tillet, page 55 de l'ouvrage cité dans la note précédente.

(4) *Ibid.*

(1) Voici comme il s'exprimoit dans un mémoire qu'on a conservé à la chambre des comptes de Paris, dans le dépôt des terriers.

« Chacun doit avoir connoissance de la manière dont l'on use en France quand on fait » adjourner un pair de France, soit en cas personnel ou réel; mès il semble que on l'ait » oublié endroit le Roi de Navarre : car on le » deust faire adjourner par deux paires de » lettres, dont les unes sont à adresse du Roi » à li, en lisant après la narration faite : *nous* » *vous adjournons*, &c. & les autres adressées » au bailli prochain du lieu où le cas est échu. » Pour présenter des lettres précédentes audit » Roi de Navarre, s'en commet maintenant à » chacun bailly, qu'il adjourne le Roi de Navarre ou son procureur; non mie en parlement, où toutes ces causes doivent aller, mès » devant un bailly : fait-on procès contre lui » par vertu de tels adjournemens, & donne-l'en » arrêts, sentences & jugemens, tout ainsi » comme l'en fait contre une privée personne? » laquelle chose ne se puet soustenir, selon » raison & selon le style dont on use en la cour » de parlement ».

de l'arrêter. Il parvint en effet à se saisir de lui, & le conduisit à Melun. L'accusé y fut interrogé d'abord par le comte d'Eu & le connétable de Richemond, à qui il ne voulut rien répondre. On le mena ensuite au Roi, qui l'envoya prisonnier à Loches, où il resta environ dix-huit mois.

Pendant ce temps, le Roi députa au parlement Jean Tudert, maître des requêtes, pour le consulter sur les formalités qu'il falloit observer pour faire le procès à un pair de France.

La consultation contenoit sept articles : les réponses qu'y fit le parlement, sont datées du 20 avril 1458, après Pâques : elles sont rapportées par du Tillet, dans son *Recueil des rangs des grands de France*, page 65, édition de 1607. Le Roi demandoit, 1°. quels étoient les juges à qui appartenoit la connoissance des causes personnelles des pairs, & si elles étoient réservées au parlement par son institution. La cour répondit que « par les procès de Robert d'Artois, de Jean de Montfort & du roi » de Navarre, il paroissoit que le roi » lui-même avoit été leur juge dans une » séance des pairs, convoquée à cette » fin, avec quelques-uns des seigneurs » du parlement, d'autres notables de » son royaume & de son conseil étroit; » & que, ni dans l'institution du parlement, ni dans aucune ordonnance » postérieure, on ne remarquoit pas » qu'on lui eût réservé les causes qui » touchoient les personnes & l'état des » pairs de France ».

Les réponses faites aux articles 2, 3 & 4, sont ou indifférentes, ou rapportées ci-devant, tant au chapitre *des princes du sang*, que dans le §. 3 de la section première de celui-ci.

Par le cinquième article, Charles VII demandoit si tous les pairs, sans distinction, devoient être convoqués pour le jugement, s'il suffisoit de les appeler, & si les députés des absens pouvoient opiner. Le parlement répondit que le Roi devoit appeler indifféremment tous les pairs; *que s'ils n'y venoient, le Roi ne devoit surseoir de procéder* au jugement *pour leur absence*, & qu'ils ne devoient pas être admis à opiner par procureur (1). Cette décision fut encore appuyée sur ce qui avoit été observé dans les procès de Robert d'Artois, de Jean de Montfort & de Charles-le-Mauvais.

A l'article 6, contenant la question de savoir s'il étoit nécessaire que le Roi fût présent aux jugemens d'instruction & à l'arrêt définitif, la cour fit réponse qu'on ne pouvoit obliger le Roi d'y assister; que néanmoins il convenoit qu'il fût présent aux uns & à l'autre, & que les exemples déjà cités, ne permettoient pas d'en disconvenir (2).

Enfin, par l'article 7, le Roi demandoit s'il ne pourroit pas nommer un sei-

(1) « Et s'ils envoyent aucuns pour être présens audit procès pour eux & en leur absence, » semble qu'ils n'y doivent être reçus; car ils y » sont appelés & y peuvent être présens, pour » l'autorité, dignité & prérogative de leurs » personnes & seigneuries; en quoi ils ne peuvent ne doivent subroger autres en leurs lieux, » & ne se trouvent point qu'aux procès dessus » dits autrement ait été fait ».

(2) « Semble qu'on ne peut imposer nécessité » précise au Roi, en ce cas ne autres : toutesfois, parce qu'on trouve avoir été observé ès » procès des susdits, les pairs de France & » autres qui y furent appelés, ne procédèrent » point sans la présence du Roi. Bien se trouve » que les Rois commirent aucuns notables hommes pour procéder aux préparations desdits » procès, comme à faire information, à interroger les complices & coupables, & tels & » semblables actes. Mais au regard des appointemens ou jugemens interlocutoires ou diffinitifs, se trouve que les Rois y furent tousjours présens; & semble qu'il est très-expédient, convenable & raisonnable, que pareillement le Roi soit présent au procès de » mondit sieur d'Alençon, mesmement aux délibérations & prononciations des jugemens & » appointemens définitifs & interlocutoires qui » se feront audit procès contre & touchant la » personne dudit monsieur d'Alençon ».

gneur pour préſider à ſa place, ſur-tout dans le cas où des affaires publiques & preſſantes l'obligeroient de s'abſenter. La cour répondit qu'une occupation indiſpenſable qui appelleroit le Roi ailleurs, devroit alors l'engager à différer l'inſtruction & le jugement du procès, & que cette ſurſéance ſeroit au moins plus convenable (1).

Le parlement termine ſa réponſe en diſant que la commiſſion pour laquelle le Roi lui avoit député Jean Tudert, *contenoit créance à ce que la cour nommât ſeize conſeillers laïcs & ſix clercs, pour aller à Montargis, & être au procès de M. d'Alençon ;* & qu'en conſéquence, elle a nommé pour cette fin tels & tels.

C'étoit effectivement à Montargis que le Roi avoit convoqué le lit de juſtice dans lequel il ſe propoſoit de faire juger le comte d'Alençon ; mais une maladie contagieuſe dont cette ville fut affligée, l'obligea de changer le lieu de l'aſſemblée, & Vendôme fut ſubſtitué à Montargis.

Voici, ſelon du Tillet (2), comment fut compoſé ce *parlement.*

Le Roi étoit *en ſon ſiège royal ;* à ſes pieds, le grand chambellan ; à ſa droite ſur le haut banc, Charles fils de France, le duc d'Orléans, le duc de Bourbon, le duc d'Angoulême, le duc du Maine, le comte d'Eu, le comte de Foix, le comte de Vendôme, le comte de Laval. Sur la même ligne, mais ſur des bancs inférieurs, *les trois préſidens*, le grand maître de France, l'amiral, le grand prieur de France, le marquis de Saluces, quatre maîtres des requêtes, le ſieur de Rembures, le bailli de Senlis, deux conſeillers du Roi, & *trente-quatre ſeigneurs en parlement.* A la gauche du Roi étoient, à ſes pieds, M. le chancelier ; ſur les hauts bancs, les ſix pairs eccléſiaſtiques, quatre évêques non pairs, l'abbé de S. Denis ; ſur des bancs inférieurs, MM. de la Tour-d'Auvergne & de Torcy, le premier chambellan du Roi ; le bailli de Touraine, les ſieurs de Prye & de Précigny, le bailli de Rouen, le ſieur d'Eſcars, trois tréſoriers de France, les ſieurs Bérard & Doriole, le prévôt des maréchaux, le prévôt de l'hôtel, *trente-quatre conſeillers de la cour de parlement, chacun ſelon ſon ordre, les deux avocats & le procureur-général du Roi.*

Nous entrons dans ces détails, parce que l'auteur des quatre Ages de la pairie (3) trompé par les mémoires manuſcrits de M. de Marillac, a repréſenté cette aſſemblée comme moins nombreuſe & compoſée d'un moindre nombre des membres du parlement. M. de Marillac va bien plus loin encore : il aſſure (4) que le procès dont il s'agit fut *jugé par des commiſſaires, & non au parlement dont il n'eſt pas fait mention.* Mais ce que nous venons de dire d'après du Tillet, prouve évidemment le contraire : on y voit réunis les princes, les pairs, les grands officiers de la couronne, le conſeil du roi & le parlement, tous formant ſi l'on veut une commiſſion, mais une commiſſion dans laquelle il n'eſt point vrai qu'il ne ſoit pas fait mention du parlement.

Quoi qu'il en ſoit, avant le jugement, les pairs eccléſiaſtiques, l'évêque de Paris & l'abbé de Saint-Denis ſe retirèrent de l'aſſemblée, après avoir ſupplié le

(1) « Semble que s'il ſurvenoit empeſchement » néceſſaire au Roi, il ſeroit plus convenable » & raiſonnable, proroger ou continuer l'expédition dudit procès, juſqu'à quelque autre » temps qu'il y pourroit eſtre ou vacquer ; que » d'y commettre autre en ſon abſence, conſidéré la grandeur du perſonnage, & le cas » dont on traite, & ne ſe trouve point qu'ès » procès deſſuſdits de Robert d'Arthois, de » meſſire Jean de Montfort, & du roi de Navarre, ait eſté fait aucun appoinctement interlocutoire ou diffinitif, que le Roi ne fuſt pré» ſent, & ſéant en ſa cour & majeſté royale ; » & pour ce, ſemble qu'ainſi le doit faire ».

(2) *Loc. cit.* page 67.

(3) Tome 2, page 303.

(4) Mémoires manuſcrits, *fol.* 52.

Roi de préférer la clémence à la rigueur de la justice.

Le comte d'Alençon, après avoir subi son interrogatoire *sur une basse escabelle, au milieu de la salle* (1), sortit pareillement pour laisser les opinions libres.

Par l'arrêt qui intervint sur le champ, & que M. le chancelier prononça en plein lit de justice, il fut condamné à mort. On ne l'avoit pas fait rentrer pour l'entendre, mais il lui fut notifié *en son logis, après son dîner, par maître Yves de Sepeaux, grand président, & d'autres de messieurs de parlement.* Ce sont les termes de du Tillet (2).

Cet arrêt ne fut cependant pas mis à exécution. Le Roi commua la peine de mort en celle d'une prison perpétuelle à Aigues-Morte, où le comte demeura jusqu'à la fin du règne de Charles VII.

Louis XI lui rendit la liberté, avec tous ses biens & toutes ses prérogatives. Mais en 1472 il se vit obligé de le faire arrêter de nouveau, parce qu'il continuoit ses intrigues avec les Anglois. Le comte fut conduit à Paris, & le Roi qui vouloit le faire juger au parlement, y convoqua les pairs.

L'assemblée fut présidée, non par le Roi, mais par M. le chancelier; & l'arrêt que prononça ce magistrat le 18 juillet 1477, condamna l'accusé à perdre la tête; mais le Roi lui fit grace.

6°. Le 13 octobre 1463, le duc d'Angoulême obtint du même monarque des lettres-patentes portant qu'en ce qui concernoit sa personne, il ne seroit tenu de répondre qu'au parlement de Paris *garni de pairs.*

Là-dessus, M. de Marillac (1) fait une réflexion qui n'est pas à l'avantage de la pairie. Si le duc d'Angoulême, dit-il, *eût été bien certain* de ce privilège, *par sa qualité de pair, il n'en eût pas desiré des lettres-patentes.*

Mais voici ce qu'y répond l'auteur des *Lettres historiques sur les parlemens*, pages 41, 46 & 50, *in-4°.*

« Le droit de suffrage dans les assemblées & le droit de n'avoir qu'elles pour juges en matière criminelle, ont toujours marché de pair. La restriction de l'un a tellement emporté la restriction de l'autre, qu'en perdant le premier, on a perdu le second. Ce ne peut être que parce qu'on a regardé le dernier droit comme une suite necéssaire de la prérogative d'être membre de cet auguste corps, & de cet ancien droit général de n'être jugé criminellement que par ses pairs. Ainsi, parce qu'en cessant d'entrer au parlement, on a cessé d'en être membre, & d'avoir pour pairs ceux qui le composent, on a cessé conséquemment de les avoir pour ses seuls juges en matière criminelle. D'où il résulte, par la raison contraire, que quiconque a droit de suffrage au parlement, étant membre de ce premier corps de l'état, & ayant pour pairs tous ceux qui le composent, il a nécessairement le droit de n'être jugé en matière de crime, que dans la cour plénière du parlement, comme le parlement à son tour a seul le droit exclusif d'en être le juge; car c'est une prérogative

(1) Du Tillet, *Loc. cit.* page 68.
Depuis, les princes & les pairs accusés, ont toujours été assis sur une sellette au bas du barreau, lorsqu'ils ont subi leurs derniers interrogatoires, après des conclusions du ministère public tendantes à peines afflictives. *Voy. les quatre Ages de la pairie*, tome 2, page 578.

(2) Les mémoires manuscr. de M. de Marillac, offrent encore une inexactitude sur ce point: il y est dit, *fol. 53*, que ceux qui signifièrent l'arrêt *ne sont point nommés entre les juges.* Il est vrai que le procès-verbal rapporté par du Tillet, ne spécifie pas les noms des présidens & conseillers qui ont assisté au jugement; mais il nomme du moins *Jean Bureau, conseiller & trésorier de France*, que M. de Marillac met au nombre de ceux par qui fut faite la signification de l'arrêt.

(3) Mémoires manuscrits, page 200.

» réciproque entre le corps & les membres ; c'est un droit solidaire de tous » & chacun des pairs les uns sur les autres ».

7°. En 1470, Louis XI fit citer *à la cour des pairs*, le duc de Bourgogne accusé de plusieurs crimes d'état. Celui-ci ne comparut point, & sa puissance le mit à couvert de toutes poursuites ultérieures. Nous ne parlons de cet ajournement, que pour remarquer qu'il fut signifié au duc par un simple huissier du parlement ; forme bien différente de l'ancienne, & qui a donné lieu au proverbe, *sergent de Roi est pair à comte* (1).

8°. Le règne de Louis XI est fécond en procès criminels instruits contre des pairs. Celui que ce monarque fit faire en 1477 à Jacques d'Armagnac, duc de Nemours, nous offre une particularité très-remarquable.

Ce seigneur étoit devenu suspect au Roi par ses intelligences avec le duc de Bourgogne. Louis XI en lui accordant pour la troisième fois des lettres d'abolition, le 17 janvier 1469, le fit renoncer, sous la religion du serment, *au droit de la pairie*, pour le cas où il viendroit encore à lui manquer de fidélité, & il fut stipulé qu'on procéderoit alors contre lui comme s'il eût été simple particulier.

Ce cas, malheureusement, arriva bientôt. Louis XI, informé que le duc de Nemours continuoit ses menées secrettes avec le duc de Bourgogne, le fit conduire à la bastille, & donna ordre au parlement de lui faire son procès. Il avoua qu'il avoit promis au duc de Bourgogne de faire prisonniers le Roi & le Dauphin. Les juges présidés par le chancelier Doriole, le condamnèrent à mort : l'arrêt lui fut signifié le 4 août 1477 & exécuté le même jour. « Il étoit pair de France, » dit le président de la Rocheflavin (2) ; » mais cette qualité ne fut mise en son » arrêt, d'autant que par accord fait » entre lui & le Roi le 17 janvier 1469, » il avoit renoncé à la pairie, & consenti d'être jugé comme personne privée, en cas de récidive ».

Mais cette renonciation, ce consentement pouvoient-ils faire perdre de plein droit au duc de Nemours, la prérogative de la pairie ? Ne falloit-il pas du moins un jugement qui l'en déclarât déchu ? Enfin, les pairs n'avoient-ils pas conservé le droit de revendiquer le procès, & n'auroit-on pas dû les appeler au jugement, s'ils eussent réclamé en effet ? L'exemple des magistrats de cours souveraines, qu'on juge ne pouvoir, en matière criminelle, se soumettre à d'autres tribunaux que leurs propres compagnies (2), paroît devoir faire décider toutes ces questions en faveur de la pairie.

9°. En 1481, René d'Alençon, fils du comte Jean II, fut accusé d'avoir tenu des discours contre le gouvernement & d'être lié avec le duc de Bretagne, ennemi de Louis XI. Le Roi le fit enfermer dans le château de Vincennes ; & quoiqu'il fût à la fois prince du sang & pair de France, il lui fit faire son procès dans la même forme que s'il n'eût été que simple gentilhomme. Par l'arrêt qui intervint en 1482, il fut condamné à demander pardon au Roi, & à recevoir garnison royale dans ses châteaux.

Il ne paroît pas que la forme de ce jugement ait excité la moindre réclamation de la part des pairs de France ; sans doute que déjà habitués par l'arrêt de 1477 à voir condamner leurs pairs

(1) Annales d'Aquitaine, pag. 4 & 9.

(2) Histoire des parlemens, Liv. 13, ch. 19, nomb. 20.

(3) Guéret sur les arrêts de M. le Prestre, Cent. 1, quest. 31. Mornac sur les loix 29 *de pactis*, & 41 *de minoribus*, au Digeste.

sans

ſans leur concours, ils n'oſèrent pas plus ſe plaindre à l'une qu'à l'autre époque. C'étoit le règne du deſpotiſme ; le plus léger murmure étoit promptement dénoncé par des eſpions que le ſoupçonneux monarque ſoudoyoit dans tous les coins du royaume, & la peine étoit toujours très-ſévère.

10°. Le 7 octobre 1567, Charles IX expédia un ordre à des hérauts pour aller de ſa part, citer à la cour des pairs, le prince de Condé, l'amiral de Coligny & d'Andelot, ſon frère. Voilà encore une nouvelle forme d'ajournement, ou, pour mieux dire, une nouvelle preuve de ce que nous avons dit ci-devant, ſection 1, § 2, que les ajournemens des pairs n'ont jamais eu de forme déterminée.

11°. S'il étoit des perſonnes qui ne connuſſent Henri IV que par la réputation de ſa bonté paternelle, elles ſe trouveroient ſans doute frappées de la plus grande ſurpriſe, en apprenant que ſous ſon règne il a été inſtruit un procès criminel contre un pair de France. Il n'eſt pourtant que trop vrai que ce modèle des Rois, ce père du peuple, n'a pas toujours eu des vertus à récompenſer; pluſieurs fois, on l'a forcé de punir des crimes.

Le maréchal de Biron, duc & pair de France, accuſé d'avoir attenté à la vie du Roi, & trahi les intérêts de l'état, fut arrêté à Fontainebleau le 15 juin 1602 & conduit à la Baſtille. Le 18 & le 19 du même mois, le Roi envoya au parlement des lettres-patentes qui commettoient pour l'inſtruction de ſon procès, le premier & le ſecond préſident & deux conſeillers, & ordonnoient qu'il ſeroit jugé les chambres aſſemblées.

Après les informations, les interrogatoires, les confrontations des témoins & la vérification des pièces de conviction, les pairs furent convoqués pour aſſiſter au jugement. Ils s'y refuſèrent, parce que le Roi ne vouloit pas y préſider, & devoit s'y faire remplacer par M. le chancelier. Mais cela n'arrêta point le parlement ; il ordonna, par arrêt du 22 juillet de la même année, *qu'en l'abſence des pairs de France appelés, il ſeroit paſſé outre au jugement du procès.*

Effectivement, le 31 du même mois, le duc fut jugé & condamné à avoir la tête tranchée; l'arrêt déclara en même tems « tout les biens meubles & im» meubles.... acquis & confiſqués au » Roi, la terre de Biron privée à ja» mais du nom & titre de duché-pai» rie, icelle terre, enſemble les autres » biens, tenus immédiatement du roi, » réunis au domaine de la couronne ».

La conduite que les pairs tinrent dans cette occaſion prouve qu'ils ne vouloient pas reconnoître d'autre préſident que le roi, & qu'ils regardoient la préſence de ſa majeſté comme néceſſaire au jugement. Voici ce qu'ils ont dit depuis là-deſſus dans leurs mémoires contre les préſidens à Mortier.

« Les pairs ſont inſéparables du Roi, » n'ayant que lui pour leur chef, ſans » lequel leur corps ne ſauroit être parfait; » auſſi les Rois ont-ils dit eux-mêmes, » qu'ils étoient une portion de leur hon» neur, & les publiciſtes les ont ap» pelés les premiers membres de l'état, » & les plus illuſtres portions de la » royauté. La relation d'eux au roi eſt ſi » eſſentielle & ſi néceſſaire, qu'il ne peut » non plus y avoir des pairs ſans roi, que » des ſujets ſans ſeigneur, puiſque pair » ſuppoſe néceſſairement un ſeigneur ſu» périeur, dont le pair ſoit le premier » vaſſal ; d'où vient qu'il n'y a point de » pairs dans les républiques : & bien loin » que les pairs aient lieu d'exclure le » Roi de leurs aſſemblées, ils n'en peu» vent point faire de conſidérables que » le Roi n'y ſoit comme le chef inſépa» rable de leur corps ».

Ici les pairs font beaucoup valoir les articles 6 & 7 de la réponſe du parlement du 20 avril 1458, à la conſultation du roi charles VII. Après quoi ils continuent ainsi :

« La séance que le roi François I leur » donna (1) pour toujours le plus près » de la personne sacrée des Rois, & qu'ils » ont inviolablement conservée jusqu'à » présent, est encore une marque bien » authentique, qu'ils n'en doivent jamais » être séparés par qui que ce soit ; car » les princes du sang y sont comme les » premiers de leur corps : & pour faire » voir par une considération bien remar- » quable l'attachement inséparable des » pairs au Roi, c'est que parmi eux il » n'y en a aucun, même par *représenta-* » *tion*, qui soit *président* ; il n'y a que le » Roi seul qui soit le chef & le président » de cet illustre collège, ainsi que l'ap- » pellent plusieurs auteurs ; de sorte que » toute assemblée des pairs, pour le » jugement des grandes causes, deman- » de nécessairement le Roi pour y pré- » sider ».

Les pairs disent ensuite que « la pré- » sence du Roi n'est pas toujours né- » cessaire dans le parlement, & que ce » prince y est ordinairement représenté » par les présidens ; mais pour le corps » des pairs ( ajoutent-ils ) la présence » de la personne même du Roi y est » nécessaire ; aussi le parlement est dans » l'usage d'inviter le Roi à venir prési- » der au jugement d'un pair, lorsqu'on » fait à celui-ci un procès criminel ».

Mais, dit l'auteur des *quatre âges de la pairie*, tome 2, page 281, « sans » vouloir combattre les mémoires des » pairs, une invitation n'emporte pas » avec elle la nécessité de la présence ; » au contraire, elle paroît exclure cette » nécessité. Au surplus, la présence du » Roi n'est nécessaire, suivant les mé- » moires des pairs, que par le principe, » *que la pairie est une portion de la royauté*. » Mais d'après ce principe, le Roi devroit » être nécessairement présent au juge- » ment de toutes les causes des pairies. » Or, il est certain que le parlement est » en possession d'être le juge ordinaire, » *sans l'assistance du Roi*, des causes ci- » viles & féodales des pairies, & MM. » les pairs en conviennent eux-mêmes, » puisqu'ils disent dans leur mémoire, » *que la présence du Roi n'est pas toujours* » *nécessaire dans le parlement* ; ce qui d'ail- » leurs est de notoriété publique.

» D'où l'on peut, ce semble, conclure » que la présence du Roi n'est pas non plus » essentiellement requise pour le juge- » ment des procès criminels des pairs ».

12°. Sous Louis XIII, la France partagée par des factions qui la déchiroient, eut la douleur de voir un Montmorency, duc & pair de France, devenir l'ennemi de son souverain, parce qu'il l'étoit du cardinal de Richelieu.

Par une déclaration du 3 août 1632, le Roi le reconnut criminel de lèse-majesté, & ordonna que son procès fût fait par le parlement de Toulouse, *nonobstant le privilège de pairie, ou tout autre que pourroit alléguer le duc de Montmorency, dont il le déclaroit indigne & déchu.*

Cette déclaration fut enregistrée au parlement de Toulouse le premier septembre suivant, & le même jour l'infortuné duc fut pris, les armes à la main, dans la journée de Castelnaudary.

Le 25 octobre de la même année, le parlement de Toulouse reçut & enregistra une commission du Roi qui chargeoit plusieurs conseillers de l'instruction du procès.

Le duc transféré à Toulouse, parut devant les commissaires, & la première fois, il leur dit : « Messieurs, quoique » vous ne soyez pas mes juges naturels, » vu ma qualité de duc & pair de France, » néanmoins puisque le Roi veut que je » réponde, je le ferai (2).

---

(1) *Voyez* ci-devant, au chapitre *des princes du sang*, §. 2, la déclaration faite par ce prince dans le lit de justice du 30 juin 1523.

(2) Mercure françois, tome 18, page 599.

Le président de la commission lui répondit que le Roi, par sa déclaration du 3 août, l'avoit privé de la pairie, & qu'elle étoit devenue une loi inviolable pour lui comme pour la cour, par la vérification & l'enregistrement qui en avoit été fait.

Le procès ne dura pas long-temps. Dès le 30 octobre, le duc fut condamné à être décapité, & l'arrêt qui avoit été rendu les chambres assemblées, présidant M. le garde-des-sceaux, fut exécuté *incognitò* dans la cour de l'hôtel de ville.

Quatre années auparavant, le duc de Rohan avoit pensé essuyer un sort semblable. Le Roi avoit commencé par le déclarer rebelle & déchu du privilège de la pairie; il avoit ensuite adressé une commission au parlement de Toulouse pour lui faire son procès (1); & cette cour l'avoit jugé le 29 janvier 1628 (2).

Mais alors plusieurs pairs avoient élevé la voix & prétendu qu'on ne pouvoit pas le déclarer déchu de la pairie, sans l'entendre; qu'on devoit porter son procès au parlement de Paris garni de pairs; & que la commission envoyée à Toulouse étoit contraire à la jurisprudence observée jusqu'alors dans les procès intentés aux pairs prévenus de crimes.

Mais M. de Marillac soutint dans un de ses mémoires manuscrits (3), que ce privilège de pair n'avoit d'autre fondement que l'usage, qu'il n'étoit appuyé d'aucun titre, que les registres même du parlement ne contenoient rien qui pût le justifier; qu'en le supposant même fondé sur une prescription immémoriale, le duc de Rohan en étoit déchu par sa rebellion; qu'ainsi on ne devoit plus le traiter comme un pair de France, mais comme un particulier dont le crime devoit être jugé & puni dans le lieu où il avoit été commis; que le prince devoit révoquer le privilège lorsqu'il se convertissoit en abus, & que ceux qui en abusoient, ne pouvoient plus s'en servir; qu'un souverain ne donnoit jamais de privilèges contre lui-même; qu'en les accordant, il ne s'ôtoit point la liberté d'user de son pouvoir pour nommer les juges qu'il croyoit nécessaires & propres à faire le procès à un pair prévenu de crimes; qu'enfin un privilège fondé sur la fidélité ne pouvoit servir à l'infidélité & à la révolte; qu'en vain prétendoit-on qu'avant d'agir contre un pair, comme s'il étoit déchu de son privilège, il falloit un jugement qui l'en déclarât indigne & l'en dépouillât; que cette objection n'avoit pour fondement que la confusion des principes ordinaires avec les maximes qu'on devoit observer par rapport aux crimes de lèse-majesté; qu'à la vérité, il étoit de règle générale qu'il falloit faire le procès à un accusé, avant que de lui enlever son droit ou son privilège, & que la notoriété publique ne suffisoit pas; mais qu'il en étoit autrement dans le cas où il s'agissoit du crime de lèse-majesté; que déjà Louis XI avoit prétendu que, par ce crime, Charles, duc de Bourgogne, avoit perdu de plein droit le titre & les privilèges de pair; que plusieurs auteurs (4) enseignoient également qu'il emportoit, *ipso facto*, la privation de tous honneurs; qu'exiger une procédure préalable pour déclarer un pair déchu de sa dignité & justiciable des juges ordinaires, lorsqu'il est accusé de ce crime, c'étoit aller contre l'ordre des jugemens, parce qu'en France la seule accusation déterminoit le choix de la juridiction; qu'on en trouvoit la preuve dans l'exemple d'un ecclésiastique accusé de fausse monnoie, soit devant un pré-

(1) Les quatre Ages de la pairie, tome 2, page 201.

(2) Journal du palais, tome 2, page 850, édition de 1755.

(3) Page 193.

(4) *Voyez* Sixtin. de Regal. Lib. 1, cap. 9, n. 38 & 39.

vôt des maréchaux, soit devant un présidial; que le prévôt ou le présidial pouvoit connoître de ce crime, malgré l'opposition de l'accusé qui réclamoit son privilège, & l'official de son diocèse comme son vrai juge; qu'autrement s'en seroit ensuivi cette inconséquence, qu'il eût fallu juger le procès pour connoître la vérité d'une accusation, avant que de savoir qui en eût été le juge; que d'ailleurs la procédure préalable dont il s'agissoit, n'auroit pas seulement été irrégulière, qu'elle auroit encore préjudicié à la justice; qu'il en feroit résulté ou l'impunité du délit, ou des longueurs qui auroient arrêté la célérité nécessaire pour punir les crimes & détourner les méchans de les commettre.

« Ajoutez, continuoit M. de Marillac, » que si le crime de lèse-majesté, au » moment qu'il est commis, emporte la » perte des biens du coupable, à plus » forte raison emporte-t-il celle de ses » privilèges ».

Comme nous ne faisons ici que rappeler des faits, nous ne nous permettrons aucune réflexion sur ces raisonnemens.

14°. Le duc de la Valette, fils du duc d'Epernon, fut accusé en 1638 d'avoir fait manquer le siège de Fontarabie. Louis XIII fit expédier le 14 octobre des lettres-patentes pour lui faire son procès, & l'on voit dans les mémoires de Montrésor, tome 2, page 62, qu'il commença par appeler dans son cabinet quelques conseillers d'état & quelques officiers du parlement, par lesquels il le fit décréter de prise-de-corps.

L'accusé n'ayant pu être appréhendé, on instruisit le procès par coutumace. Par l'arrêt qui intervint à Saint-Germain-en-Laye, le 24 mai 1639, les princes du sang, les pairs de France, les grands officiers de la couronne, sept présidens & le doyen des conseillers du parlement, tous présidés par le Roi, le condamnèrent à avoir la tête tranchée en effigie (1).

15°. On observa à-peu-près la même forme dans le procès qui fut fait ensuite au duc de Vendôme. Louis XIII en confia d'abord l'instruction au chancelier Seguier & à deux conseillers d'état; & quand ils lui en eurent rapporté toutes les pièces, il manda à Saint-Germain-en-Laye, le prince de Condé, les pairs de France, & les officiers de la couronne: ce fut encore lui qui présida au jugement, & le 22 mars 1641 il prononça l'arrêt (2).

16°. En 1720, il se répandit dans le public que M. le duc de la Force, pair de France, étoit entré dans une société de commerce, & y faisoit des profits usuraires sous des noms empruntés: ces bruits furent bientôt vérifiés.

Au mois de février 1721, on saisit chez les grands Augustins douze ou quinze cens mille livres de fines épiceries. On déclara qu'elles étoient pour le compte de quelques négocians de Saint-Malo; & le procureur du Roi du châtelet dressa son procès-verbal sur cette déclaration: mais ceux qui avoient prêté leurs noms, ayant avoué que ces marchandises appartenoient au duc de la Force, les pièces du procès furent portées au greffe du parlement comme intéressant un duc & pair, qui n'étoit justiciable que de cette cour en première & dernière instance.

Le 15 du même mois de février, le parlement s'occupa de cette affaire, depuis huit heures du matin jusqu'à midi. On y avoit invité M. le duc de Bourbon, M. le comte de Charolois, M. le prince de Conti, & les pairs. Quelques-uns de ceux-ci proposoient de décréter de prise-de-

(1) *Voyez* les quatre Ages de la pairie, tom. 2, page 326; l'abrégé chronologique de l'histoire de France, année 1638; & le chapitre *du Roi*, section VIII.

(2) Mémoires pour l'histoire du cardinal de Richelieu, tome 2, page 649.

corps le duc de la Force ; mais il passa à la pluralité des voix de l'assigner seulement pour être oui.

Le 19, le duc de la Force se rendit au parlement pour prêter son interrogatoire. On avoit auparavant consulté M. le Régent pour savoir si on devoit lui faire ôter son épée ; son altesse royale avoit remis au parlement la décision de cet incident. Il fut arrêté que le duc de la Force répondroit sans épée ; mais celui-ci ne voulut pas se désarmer ; en conséquence, refus de l'entendre.

Deux jours après, le duc de la Force maltraite & expulse un commissaire qui s'étoit rendu avec main-forte dans une maison communiquant à son hôtel par une issue secrette, & dans laquelle on prétendoit qu'il y avoit des marchandises. Le commissaire ne manque point d'en dresser son procès-verbal, & de le remettre à M. le procureur - général.

Là-dessus, assemblée des chambres, où se rendent les princes du sang & les pairs. Le duc de la Force s'y présente pour se justifier : mais on l'oblige de sortir, & sur le champ on le décrète d'ajournement personnel, parce qu'il s'étoit opposé à la justice.

Bientôt il survient un nouvel incident. Les ducs & pairs obtiennent du Roi la permission de conférer ensemble sur l'affaire du duc de la Force, & s'assemblent chez le cardinal de Mailly, premier pair ecclésiastique.

Là on prétendit que le parlement avoit excédé son pouvoir en exigeant que le duc de la Force ôtât son épée, pour être interrogé sur un simple décret d'assigné pour être oui, qui n'emportoit point d'interdiction, d'autant plus que les magistrats en pareille conjoncture gardoient leur robe ; on ajouta même que la cour n'auroit dû procéder contre le duc qu'en vertu de lettres-patentes, comme il en avoit été usé sous Henri IV, pour le procès du maréchal de Biron. Enfin, on arrêta à la pluralité des voix, qu'on solliciteroit de M. le Régent un arrêt d'évocation au conseil.

Cet arrêt fut obtenu aussi - tôt que demandé, & le 28 février on le fit signifier au parlement ; le même jour, les chambres s'assemblèrent, & de concert avec les princes du sang & plusieurs pairs, délibérèrent de faire des remontrances au Roi. Dès le premier mars, ces remontrances furent faites & prononcées devant sa majesté par M. de Mesmes, premier président.

« Nous ne pouvons, dit ce magis- » trat, nous ne pouvons nous dissimu- » ler que M. de la Force est revêtu de » la dignité de pair de France ; & s'il en » néglige les droits, nous ne pouvons » pas les oublier. Seroit-il juste que le » parlement, qui est souvent illustré de » la présence des princes de votre sang » & des pairs de France, fût insensible » à la perte des droits qui leur sont » incontestablement acquis ?

» Oui, Sire, nous le pouvons dire avec » confiance, ce n'est qu'au parlement, » qu'en matière criminelle, que les prin- » ces de votre sang & les pairs peuvent » être jugés.

» La naissance la plus illustre, la dignité » la plus éminente, la vertu la plus pure » ne sont point exemptes des traits de » la calomnie. La fidélité la plus exacte » peut être soupçonnée, on peut être » accusé ; & l'intérêt qu'on a de venger » le soupçon & de réparer l'honneur » qui est attaqué, engage à se justifier. » Les princes de votre sang, les pairs du » royaume qui doivent être inséparable- » ment attachés à votre majesté, & qui » s'engagent à lui rendre service dans » ses hautes & importantes affaires, » seront-ils détournés de cette assiduité » qu'ils doivent auprès de votre majesté, » pour courir dans les provinces, afin de » se défendre des procès injustes que » la malignité ou l'envie voudront leur » susciter ? Faudra-t-il qu'ils abandon- » nent les intérêts de leur gloire & de

» leur justification, ou qu'ils interrompent le service qu'ils doivent vous » rendre chaque jour ?

» Ce n'est qu'au parlement, Sire, qu'ils » doivent rendre compte de leur con- » duite; ce n'est que sous vos yeux, dans » la cour, que nos registres appellent » par excellence *la cour du Roi*, que ces » affaires doivent être traitées, puis- » qu'on ne peut disconvenir que ce » n'est que dans l'assemblée des pairs, » qu'un prince de France peut être jugé. » Faudra-t-il qu'à chaque affaire qui sur- » viendra, le service que les princes du » sang & les pairs doivent à votre majesté » soit interrompu; que la séance des » pairs soit transférée dans un autre tri- » bunal, & que pour satisfaire des vues » intéressées, les princes du sang, les » pairs de France & le parlement éprou- » vent une si funeste dégradation ?

» La condition, Sire, des princes du » sang & des pairs de France seroit plus » malheureuse que celles de vos moin- » dres sujets : tous les hommes ont des » juges naturels, auxquels ils répondent » en matière criminelle, sans qu'on » puisse les évoquer.

» Les princes de votre sang & les » pairs de votre royaume seroient tous » les jours incertains de leur sort & de » leur destinée, ils dépendroient d'une » commission; l'honneur des premières » personnes de l'état pourroit être con- » fié à des personnes rassemblées au ha- » sard, à ces séances arbitraires qui » n'excitent jamais la confiance, qui » n'ont point de stabilité, qui dispa- » roissent presqu'au moment qu'elles sont » formées; & les princes de votre sang » & les pairs du royaume, pour ne pas » abandonner la personne qui seroit ac- » cusée, & pour veiller à sa défense, se » trouveroient forcés de s'unir à des » juges obscurs, à des tribunaux sou- » vent inférieurs; ce qu'ils ne pour- » roient faire sans avilir & prostituer » leur dignité.

» Mais ce qui augmente le desir des » princes de votre sang & des pairs du » royaume, de n'avoir point d'autres » juges que le parlement, c'est la con- » noissance qu'ils ont par leur propre » expérience, de l'exactitude avec la- » quelle les règles y sont observées. » Comme ils sont incapables de manquer » à la fidélité qu'ils vous doivent, & aux » loix que l'honneur & leur naissance » leur prescrivent, ces règles qui alar- » ment le crime, rassurent l'innocence; » il leur suffit d'avoir pour juge un tri- » bunal où elles sont observées avec » une exactitude scrupuleuse. Votre ma- » jesté voudroit-elle priver les princes » de son sang, qui ont, par leur nais- » sance, voix délibérative au parlement, » & les pairs de France, qui prêtent » serment dans la cour des pairs, des » honneurs & des privilèges qu'elle ne » conteste point aux officiers des parle- » mens, qui ne sont jugés en matière cri- » minelle, que dans leur compagnie ?

» Nous pouvons dire, Sire, à votre » majesté, que si le droit des princes » & des pairs est incontestable, leur » possession est immémoriale : nous » voyons dans nos registres, que quand » les autres parlemens ont voulu pour- » suivre les pairs de France, les Rois » vos prédécesseurs ont décidé, non » pas comme un droit nouveau, mais » comme un droit attaché à l'institution » du parlement, & à la nature de la » pairie, *qu'un pair de France n'est tenu* » *de plaider, répondre, ressortir, même-* » *ment pour les causes qui touchent sa* » *personne, & les droits de sa pairie,* » *ailleurs ni en autres cours & jurisdic-* » *tions, fors seulement à la cour de parle-* » *ment à Paris, qui est la cour des pairs.*

» Le feu Roi votre prédécesseur, de » glorieuse mémoire, a décidé que les » affaires de la pairie n'étoient pas su- » jettes à évocation pour cause de pa- » renté, parce que par la constitution de » l'état, la connoissance en appartient

» de droit au parlement. Pourra-t-on » soutenir qu'on peut néanmoins évoquer » les causes criminelles des pairs de » France au gré & au desir des parties ?

» Il ne nous reste plus qu'à demander » justice à votre majesté de la forme en » laquelle l'évocation est prononcée. Les » Rois n'ont coutume de manifester leurs » volontés à leurs parlemens que par » des édits, des déclarations, ou des » lettres-patentes.

» Les trois princes de votre sang qui » ont assisté à nos délibérations, espè» rent de la bonté de votre majesté, » qu'elle voudra bien révoquer un arrêt » qui leur est si désavantageux ; & ils le » font avec d'autant plus de confiance, » qu'on ne peut leur imputer d'y avoir » consenti. Ils sont bien sûrs de trouver » dans M. le Régent les mêmes disposi» tions que dans votre majesté : formé » du même sang que vous, il a les » mêmes sentimens ; formé du même » sang que les princes qui implorent » votre justice, il a les mêmes in» térêts ».

A ces remontrances, M. le chancelier répondit que le Roi voyoit avec plaisir l'attention du parlement pour soutenir l'honneur & les prérogatives de la pairie. M. le duc régent ajouta que sa majesté avoit beaucoup d'égards pour les représentations de son parlement, parce qu'il y signaloit son amour pour la justice.

M. le chancelier reprit ensuite la parole, & dit : « le Roi m'ordonne de » vous assurer, qu'en rendant l'arrêt qui » fait le sujet de vos remontrances, sa » majesté n'a voulu donner aucune at» teinte ni aux privilèges attachés à la » dignité de pair de France, ni à l'au» torité que le Roi confie à son parle» ment. La seule lecture de l'arrêt suffit » pour en faire comprendre les motifs : » il ne s'agit point ici de traiter à fond » les questions qui ont été agitées à l'oc» casion de M. le duc de la Force. De » quelque côté qu'on les considère, dès » le moment qu'il s'agit de décider quelle » est la part que le Roi doit avoir aux » procès qui s'instruisent contre un pair » de France, quel est l'usage qu'il con» vient d'y faire de son pouvoir, & en » quelle forme les pairs y doivent être » convoqués, personne ne sauroit dou» ter que des questions de cette nature » ne soient réservées au jugement de sa » majesté. La division même qu'elles » ont fait naître entre les pairs, est un » nouveau motif qui engage le Roi par » affection à leurs personnes, & par » considération pour leur dignité, à » entrer dans cette affaire pour en pré» venir les suites par les moyens que sa » sagesse & sa justice lui pourront inspi» rer. Les choses sont encore entières » à cet égard. L'arrêt qui a été rendu » montre seulement que la difficulté a » paru assez importante pour mériter » que le Roi la fît examiner ; mais sa » majesté ne s'est pas encore expliquée » sur la résolution qui suivra cet exa» men. Elle s'est contentée de dire par » son arrêt, qu'il y sera poursuivi ainsi & » en forme qu'il appartiendra. Et comme » dans cet état, rien n'empêche que » l'affaire ne retourne au parlement, » c'est à cette compagnie d'attendre » qu'il ait plu à sa majesté de lui faire » savoir ses intentions, qui tendront tou» jours à maintenir les droits publics, à » conserver les justes prérogatives de son » parlement, les véritables privilèges de » la pairie, & à faire régner l'ordre & la » tranquillité dans toutes les parties & » dans tous les états de son royaume ».

La réponse de M. le chancelier ayant paru trop vague, le parlement chargea les gens du Roi d'en solliciter une autre. Les pairs appuyèrent cette démarche ; car ceux qui demandoient l'évocation, furent obligés de se réunir aux autres ; & tous obtinrent le 9 mars 1721, une déclaration qui renvoya au parlement le procès du duc de la Force : cette loi fut enregistrée le lendemain 10, mais à la charge qu'on n'en déduiroit pas la nécessité d'obtenir des lettres pour faire à un pair son procès criminel ; qu'elle ne porteroit aucun préjudice aux prérogatives des princes, des pairs & de ceux qui ont séance à la cour ; qu'elle laisseroit entier leur droit d'y être jugés en la manière accoutumée ; qu'enfin le procès de M. de la Force seroit continué, *conformément aux arrêts du quinze & du vingt février, & qu'il seroit procédé en exécution d'iceux.*

Le même jour après-midi, parut au parlement le duc de la Force ; il étoit sans épée ; son interrogatoire dura quatre heures, & son jugement fut prononcé le 12 juillet 1721 (1), les chambres assemblées, *suffisamment garnies de pairs.* L'arrêt lui ordonna d'en user avec plus de circonspection, & de se comporter dans la suite d'une manière irréprochable, telle qu'il convenoit à sa naissance & à sa dignité de duc & pair. Les marchandises furent confisquées, les deux tiers au profit de l'hôpital-général, & l'autre tiers à celui des épiciers.

17°. Dans tous les procès dont il vient d'être rendu compte, nous n'avons pas encore vu s'élever la question de savoir si le parlement de Paris cesse d'être le juge des accusations formées contre les pairs, lorsquelles ont pour objet des délits commis hors de son ressort, & si dans ce cas un parlement de province en peut prendre connoissance ?

Cette question auroit bien pu être agitée en 1602, en 1628 & en 1632, à l'occasion des procès des ducs de Biron, de Rohan & de Montmorency ; car c'étoit en Bourgogne, dans le ressort du parlement de Dijon, que le premier avoit trahi le Roi, & la rebellion dont les deux autres furent accusés, avoit eu pour théatre la province de Languedoc, qui ressortit toute entière au parlement de Toulouse ; mais on sait qu'ils furent jugés tous trois en vertu de commission expresse du Roi, l'un au parlement de Paris, le second & le troisième au parlement de Languedoc. Ainsi la volonté souveraine du monarque prévint dans ces trois conjonctures tout conflit de juridiction.

Mais la question devoit naître un jour ou l'autre, & elle s'éleva en effet en 1763. Le parlement de Toulouse avoit lancé le 17 décembre 1763 un décret de prise-de-corps contre le duc de...... pair de France, pour des actes de violence dont il se plaignoit de sa part ; mais il avoit ajouté à son arrêt, cette clause : « Et attendu que la cour du » parlement séant a Paris est éminem» ment la cour des pairs, le siège or» dinaire de la pairie, & plus à portée » de convoquer lesdits pairs, a ordon» né & ordonne que copies collation» nées des procès-verbaux & autres » qui pourront être faits, ensemble du » présent arrêt, & des informations qui » seront faites en exécution d'icelui, » seront incessamment envoyées au gref » de ladite cour, & que le duc de..... » si appréhendé peut-être, sera trans» féré ès prisons d'icelles pour le procès » lui être fait & parfait suivant la ri» gueur des ordonnances ».

Cette clause paroissoit conserver, jusqu'à un certain point, le droit exclusif du parlement de Paris, de juger les pairs de France. Mais l'arrêt qu'elle modifioit n'en fut pas mieux accueilli. Dès le 30 du même mois, il en intervint un au parlement de Paris, par lequel « la cour, toutes les chambres assem» blées, suffisamment garnies de pairs, » toujours existante & essentiellement & » uniquement la cour des pairs, dit & » déclare que par l'arrêt du parlement de » Toulouse du 17 décembre 1763, il » avoit été incompétemment décrété » contre le duc de.... pair de France, » & en cette qualité justiciable de la » cour des pairs seulement ; en conséquence

(1) Brillon, au mot *Duché*, nomb. 140.

» quence déclara ledit décret & tout ce » qui s'en étoit ensuivi ou pourroit s'en- » suivre, nul : fit défenses à tous huissiers » ou porteurs dudit décret & de toutes » autres contraintes d'en faire suite, » sous telle peine qu'il appartiendroit ».

Cet arrêt déplut aux autres parlemens. Le 10 août 1764, celui de Rouen fit à ce sujet un arrêté, portant, « que suivant les » loix fondamentales de la monarchie, le » parlement de France, seul & unique » conseil public, légal & nécessaire du » souverain, est essentiellement un comme » le souverain dont il est le conseil & » l'organe; que les différentes classes du » parlement sont toutes le même par- » lement; que la distinction des terri- » toires assignés pour être l'objet immé- » diat de la vigilance de chacune desdites » dites classes, ne fait entre elles aucune » distinction de rang, de fonctions, ni » d'autorité; que ne composant toutes » ensemble qu'un même parlement indi- » visible, aucune d'elles ne peut être » dite la première; que c'est en consé- » quence de cette unité indivisible du » parlement que chacun de ses membres » associé par état aux fonctions commu- » nes à tout le corps, a droit de les rem- » plir dans toute classe ou séance du » corps; que le parlement est également » dans chacune desdites classes la cour » plénière, universelle, capitale, mé- » tropolitaine & souveraine de France, » chargée dans tous les lieux où s'étend » la domination du Roi, du soin de » son intérêt & de sa gloire »...... En con- séquence la cour arrête « qu'elle main- » tiendra en toute occasion les préroga- » tives de la pairie, & le droit des » princes & pairs de France, de ne pou- » voir être jugés en ce qui touche leur » personne, leur honneur, leur état ou » leur dignité, ailleurs que dans une » classe quelconque du parlement les » chambres assemblées, & avec l'assistance » des autres pairs, ou iceux duement » appelés & convoqués, sans néanmoins » que ni le droit de la pairie ni aucune » autre considération puisse empêcher » la cour d'agir & de pourvoir sans délai, » ainsi que le bien du service du Roi & » l'intérêt de l'état l'exigeoient, dans le cas » où il ne pourroit être déféré sans détri- » ment ou péril de la chose publique ».

Le 23 août suivant, il parut un arrêté semblable du parlement de Toulouse.

Mais ni l'un ni l'autre n'ont produit aucun effet. *Voyez* ci-après, Livre 2, chapitre *des parlemens.*

## DEUXIÈME PARTIE.

### *De la Pairie ecclésiastique.*

La pairie ecclésiastique est celle qui appartient à des prélats par le seul titre de leurs prélatures auxquelles sont attachés les biens décorés de ce titre éminent.

Cette définition ne sera vraisemblablement pas du goût de ceux qui mettent l'archevêque de Paris au rang des pairs laïques; mais on verra bientôt que leur opinion n'a pour tout mérite, que la singularité.

Nous avons indiqué ci-devant, partie 1, section 1, §. 2, l'origine de cette pairie; il nous suffira ici,

1°. De passer en revue chacune des pairies en particulier, & de remarquer ce qui lui est propre :

2°. De retracer les fonctions, les honneurs, les droits, les privilèges des pairs ecclésiastiques :

3°. De dire un mot sur leur réception, & d'examiner, à cette occasion, si un évêque qui a été religieux, peut être reçu pair.

### SECTION PREMIÈRE.

#### *De l'origine & des prérogatives de chacune des Pairies ecclésiastiques.*

Il n'y a, suivant la plupart de nos auteurs, que six pairs ecclésiastiques; savoir, l'archevêque de Reims, l'évêque de Laon, l'évêque de Beauvais, l'évêque de Langres, l'évêque de Noyon & l'évêque de Châlons. Mais parlons plus juste; les pairs eccléſiaſtiques ſont au nombre de ſept; il y en a ſix anciens, ce ſont ceux qu'on vient de nommer, & un moderne, qui eſt l'archevêque de Paris. Entrons en détail.

I. Les archevêques de Reims prennent depuis pluſieurs ſiècles le titre de *premier duc & pair de France.*

S'il en faut croire l'abbé Vely, dans ſon hiſtoire de France, tome 2, page 222, le ſiège de Reims étoit en poſſeſſion de ce titre dès l'an 940.

Mais cette aſſertion qu'il n'appuie d'aucune autorité, choque toutes les vraiſemblances & tous les monumens de l'hiſtoire.

Que l'archevêque de Reims ait eu droit en 940, d'aſſiſter au plaid royal, &, en concourant à former les jugemens, d'y remplir les fonctions de *pair*, cela eſt inconteſtable : mais ce n'étoit point là une prérogative particulière à ſon ſiège. Tous les évêques, les abbés même la partageoient avec lui (1); tous étoient *pairs* dans le *plaid royal*, mais aucun n'en prenoit la qualité & ne s'en faiſoit un titre d'honneur.

Parcourons l'hiſtoire latine de Reims en deux volumes : nous y verrons une charte de 1061 où l'archevêque Henri ſe qualifie *abbas & archiclavis Sancti Martini*, & ne dit pas le mot du titre de *duc & pair :* nous y trouverons des diplômes royaux, des titres de fondation, des épitaphes d'archevêques, & dans tout cela rien qui laiſſe ſoupçonner qu'avant le treizième ſiècle le titre de *pair* ait été attribué à ces prélats. Même ſilence dans les lettres écrites par les papes Etienne X, Nicolas II & Alexandre II, à l'archevêque Gervais, ſous le règne de Philippe I (2), dans l'apologie de Manaſſès écrite en 1080 (3), & dans les vies de Gerbert & de Guillaume de Champagne, écrites peu de temps après leur mort.

Le premier acte où l'archevêque de Reims eſt qualifié de *pair de France*, eſt l'arrêt rendu en 1216 ſous Philippe-Auguſte, au ſujet du comté de Champagne (4); & nous avons vu ci-devant, partie 1, ſection 1, §. 2, ſur quelles preuves M. Moreau s'appuie pour croire que ce fut la politique de ce prince qui peu de temps auparavant fit de ce titre une marque de diſtinction. Nous ajouterons ici que Philippe-Auguſte en affectant la pairie à certains prélats, eut un grand motif pour placer à leur tête l'archevêque de Reims. En effet, c'étoit Guillaume de Champagne, ſon oncle, qui occupoit alors ce ſiège.

On a parlé dans le chapitre *du Roi*, ſection 3, §. 1, du droit excluſif que prétend l'archevêque de Reims de ſacrer nos Rois, & l'on y a vu le détail des fonctions que ce prélat & chacun des autres pairs eccléſiaſtiques ont à remplir dans cette auguſte cérémonie.

II. L'évêque de Laon, qui joint à cette qualité celle de duc, eſt inconteſtablement le deuxième pair eccléſiaſtique.

Le cérémonial du ſacre dreſſé ſous Charles V, en 1365, prouve qu'il jouit depuis long-temps de cette qualité.

On diſpoſera, y eſt-il dit, autour de l'autel, des ſièges pour les évêques-pairs; ſavoir, le premier pour l'évêque de Laon, enſuite pour l'évêque de Beauvais, puis pour l'évêque de Langres, puis pour l'évêque de Châlons, & enfin pour l'évêque de Noyon. *Epiſcopis paribus, videlicet primò Landunenſi, poſteà Belvacenſi: deindè Lingonenſi, poſteà Catalaunenſi, ultimùm Noviomenſi.* Quelques lignes plus bas, on lit : les évêques de Laon & de Beauvais qui ſont les premiers pairs entre

(1) *Voyez* la première partie, ſect. 1, §. 1 & 2.
(2) Recueil de Ducheſne, tome 3, p. 198.
(3) Mabillon, tome 2, cabin. d'Ital. p. 117.
(4) *Voyez* ci-devant, partie 1, ſect. 1, §. 2.

les évêques : *Episcopi Laudunensis & Belvacensis qui sunt primi de episcopis* (1).

Cependant en 1566, Jacques de la Roche-Sur-Yon, qui occupoit le siège de Langres, disputa la préséance à l'évêque de Laon ; mais une possession constante, & prouvée par les registres du parlement, fit triompher celui-ci (2).

La plupart des publicistes sont fort embarrassés sur la fixation de l'époque où l'évêché de Laon a été décoré de la pairie. Les uns la font remonter à Barthelemy de Vir, qui a occupé ce siège depuis 1113 jusqu'à 1130 : les autres à Gauthier son successeur, mort en 1155, ou à Gauthier de Mortagne qui se démit de l'épiscopat en 1174 (3). Mais, nous l'avons déja dit, il ne faut point chercher de détermination fixe du caractère & du titre de pair de France avant le règne de Philippe-Auguste ; cependant l'arrêt célèbre de 1216 ne nomme pas l'évêque de Laon entre les évêques qu'il qualifie de pairs ; c'est que vraisemblablement il n'avoit pas pu venir prendre séance à la cour. Car il n'est pas probable qu'il ne fût pas, à cette époque, distingué par le titre de pair, comme l'archevêque de Reims, d'avec les autres prélats du royaume. D'abord, il étoit déjà comte de Laon : & puis, seroit-il, par la suite, devenu le second dans l'ordre de la pairie ecclésiastique, si on ne lui eût reconnu dès-lors la qualité de pair ? Assurément les évêques de Langres, de Beauvais, de Châlons & de Noyon, qui étoient pairs & qualifiés tels dès 1216, ne se seroient pas laissé précéder par un prélat dont la pairie auroit été plus récente.

C'étoit, mais dans un sens différent, le raisonnement que faisoit l'évêque de Langres dans le procès qu'il perdit en 1566. Il disoit : l'évêque de Laon n'est point nommé dans l'arrêt de 1216 ; il n'étoit donc pas encore pair au temps de cet arrêt ; sa pairie est donc plus moderne que la mienne ; je dois donc le précéder.

Pour que ce raisonnement fût proposable, il eût fallu prouver que tous les pairs existans en 1216 avoient assisté au jugement dont il s'agit. Or, non-seulement on n'en avoit point de preuve en 1566, mais le jugement même renferme une preuve évidente du contraire, puisque le duc de Bourgogne est le seul des pairs laïques qui y figure.

III. Si l'évêque duc de Langres n'a pas pu l'emporter sur celui de Laon, il a été plus heureux contre les autres. L'arrêt de 1216 le nomme avant les évêques de Châlons, de Beauvais & de Noyon. C'est une preuve qu'il étoit déjà, à cette époque, en possession de les précéder. Cependant un siècle après, l'évêque de Beauvais prétendit le pas sur lui : il obtint même en 1316, un arrêt qui le lui adjugea par provision, pour le sacre du Roi Philippe V, & il paroît par les endroits du cérémonial de 1365, que nous avons cités plus haut, que cette provision se perpétua sous Charles V. On ignore s'il a fallu un arrêt définitif pour la faire cesser, ou si l'évêque de Beauvais s'est rendu de lui-même. Ce qu'il y a de singulier, c'est que dans les lits de justice tenus en 1331, pour le procès de Robert d'Artois, l'évêque de Langres précédoit celui de Beauvais, tandis qu'en 1365 l'évêque de Beauvais étoit encore regardé comme ayant le pas sur lui aux sacres. Voici ce que contient le premier feuillet de ce procès célèbre.

« Au temps ancien n'avoit que douze » pairs en France, six lays & six clercs, » dont ne se remuent les clercs ; c'est à » savoir, les pairs ducs : l'archevêque de » Reims, l'évêque de Laon, l'évêque de » Langres. Les pairs comtes : l'évêque » de Beauvais, l'évêque de Châlons, l'é» vêque de Noyon. Les pairs lays....

(1) Cérémonial françois, tome 1, page 31.

(2) Les quatre Ages de la pairie, tome 2, page 175.

(3) Voyez *Gallia christiana*.

» Ces pairs anciens sont mis si comme » ils doivent seoir en jugement en la pré- » sence du Roi (1) ».

On trouve encore le même ordre de séance dans le lit de justice tenu le 9 décembre 1378, pour le jugement du procès de Jean de Montfort, duc de Bretagne (2).

IV. D'après ce que nous venons de dire, il est aujourd'hui très-constant que l'évêque comte de Beauvais est le quatrième pair ecclésiastique. On ne le voit, à la vérité, nommé dans l'arrêt de 1216 qu'après l'évêque de Châlons; mais il y a plus de cinq siècles qu'il le précède sans aucune difficulté. L'opinion commune est que le siège de Beauvais est redevable de la pairie à Philippe, fils de Robert de France, comte de Dreux, qui en fut nommé évêque sur la fin du douzième siècle, & mourut le 4 novembre 1217. Outre qu'il étoit du sang royal, sa valeur guerrière le rendoit cher à Philippe-Auguste. On sait que tout engagé qu'il étoit dans l'épiscopat, il fit deux fois le voyage de la Terre-Sainte, qu'il fut pris les armes à la main en 1190 & conduit à Babylone; qu'à son retour il se trouva, en 1197, à la bataille de Milly, où les Anglois le firent prisonnier; qu'il se croisa en 1210 contre les Albigeois; qu'après avoir signalé contre eux son courage, il revint dans son diocèse, d'où il partit presque aussi-tôt pour aller faire la guerre en Flandres; qu'il combattit en 1214, à la célèbre journée de Bouvines, où il désarma Guillaume *à Longue Epée*, comte de Salisbury, le fit prisonnier, & avec cette massue dont il se servoit par respect, disoit-il, pour les canons qui lui défendoient l'usage du sabre, assomma une multitude prodigieuse d'Anglois.

(1) Du Tillet, recueil des rangs des grands de France, pag. 42 & 43.

(2) *Ibid.* pag. 53 & 54.

V. Le cinquième pair ecclésiastique est l'évêque-comte de Châlons.

VI. Le sixième est l'évêque-comte de Noyon.

VII. L'archevêque de Paris, duc de Saint Cloud, est le septième.

Nous savons bien que plusieurs ne le regardent pas comme pair ecclésiastique, & prétendent qu'on doit le mettre au nombre des pairs laïques. Mais cette opinion paroît bien étrange.

Par un édit du mois d'avril 1674, enregistré le 18 août 1690, Louis XIV « érigea « la terre de Saint-Cloud, ap- » partenante à l'archevêché de Paris, en » duché-pairie » ; il unit en même temps à cette terre « celles de Maisons, Cre- » teil, Ozoir, la Ferriere & Armentieres, » ensemble la justice de la temporalité » de l'archevêché, pour en jouir par » messire François de Harlay (alors) » archevêque de Paris, & ses succes- » seurs, en tous droits, justice & juris- » diction de pairie, sous le ressort im- » médiat du parlement (3) ».

On voit clairement, par cette loi, que la pairie dont jouissent les archevêques de Paris est attachée à leur siège; qu'ils ne possèdent cette dignité que comme archevêques; qu'ils ne peuvent pas la transmettre à leurs héritiers; qu'en un mot, elle a tous les caractères de la pairie ecclésiastique. Il n'y a donc pas l'ombre de raison de vouloir en faire une pairie laïque.

Que dans l'ordre de la séance au parlement, M. l'archevêque de Paris soit éloigné des pairs ecclésiastiques, & mêlé parmi les pairs laïques, c'est ce qui importe peu. La séance se règle par la date de l'érection des pairies respectives; & comme il y a actuellement dix-sept pairs laïques dont les pairies ont été créées avant celle de M. l'archevêque de Paris, il faut bien, au parlement, qu'il soit

(3) La Marre, Traité de la police, Livre 1, tit. 9, chap. 1.

assis entre eux & les pairs créés postérieurement.

## SECTION II.

*Des fonctions, honneurs, droits, privilèges & réception des pairs ecclésiastiques.*

I. Les fonctions des pairs ecclésiastiques sont les mêmes que celles des pairs laïques ; ou du moins ce n'est qu'aux sacres de nos Rois, que les premiers en ont de particulières. Voyez la section 3 du chapitre premier de cet ouvrage.

II. Les droits & les privilèges des uns & des autres sont également semblables.

III. A l'égard des honneurs, il faut distinguer ceux que les pairs ecclésiastiques reçoivent au parlement, d'avec ceux qu'ils peuvent recevoir ailleurs.

1°. Au parlement, lorsque le Roi y tient son lit de justice, les six anciens pairs ecclésiastiques sont assis à la gauche de sa majesté ; mais le septième, c'est-à-dire, M. l'archevêque de Paris, est à sa droite, dans le rang que lui donne parmi les pairs modernes, la date de l'érection de sa pairie.

Il paroît par d'anciens monumens, & sur-tout par l'arrêt de 1216 qui met les pairs ecclésiastiques au premier rang des juges dont il rappelle les noms, qu'anciennement ils avoient, dans ces séances éclatantes, le pas sur les princes & pairs laïques. Mais il y a long-temps que cet usage est changé. Dès l'année 1331, au lit de justice tenu pour le procès de Robert d'Artois, on les voit assis à la gauche du Roi (1), & cet ordre s'est perpétuellement observé depuis.

Dans les autres séances du parlement, les pairs ecclésiastiques conservent leur ancienne prérogative ; ils sont assis avant les pairs laïques.

Il n'y a point de dignité dans l'église qui puisse intervertir au parlement le rang des pairs ecclésiastiques. A la vérité, au lit de justice du mercredi avant Pâques fleuries 1331, les archevêques de Sens & d'Auch étoient assis après l'archevêque de Reims, & avant les évêques de Laon, de Beauvais, de Châlons & de Noyon (2). Mais c'est un exemple unique, & qui n'a jamais tiré à conséquence. On voit au contraire dans le cérémonial françois, tome 2, page 505, qu'au lit de justice tenu par François I, le 15 janvier 1536, l'évêque-comte de Châlons étoit assis, comme pair de France, avant l'archevêque de Milan, quoique frere du duc de Ferrare. Il y a même là-dessus une décision expresse du parlement ; elle a été portée le 16 avril 1526, à l'occasion d'une procession où la cour devoit assister en corps, & dans laquelle l'archevêque de Lyon prétendoit avoir le pas sur l'évêque de Langres (3).

Les cardinaux ont tenté plusieurs fois de s'excepter de cette règle.

Le premier octobre 1614, on agita au

(1) *Voyez* ci-devant, partie 1, section 2.

(2) Du Tillet, recueil des rangs des grands de France, page 43, édition de 1607.

(3) Voici comment cette décision est rapportée dans le *Cérémonial françois*, tome 2, p. 936. « Le lundi 16 avril 1526, la cour alla à la Saincte-Chapelle, pour de-là aller en une » procession en l'église Notre-Dame, en laquelle » fut portée la vraie croix ; & pour ce que le » samedi précédent, durant que le *Te-Deum* » fut chanté, l'archevêque de Lyon se trouva » à Notre-Dame, qui voulut précéder l'évêque » duc de Langres, la cour ordonna que ledit » archevêque de Lyon se trouvoit ledit jour à » la procession, qu'il iroit après icelui évêque » duc de Langres, attendu qu'il estoit pair de » France, & du corps de ladite cour, & que » les pairs précèdent en icelle tous les archevêques, évêques & autres prélats, de quelque » état ou dignité qu'ils soient ; & pour éviter » le scandale qui en pourroit advenir, ladite » cour ordonna à l'un des quatre notaires & » secrétaires d'icelle, d'aller pardevers iceluy » archevêque lui signifier cette ordonnance, » lequel rapporta que cet archevêque avoit fait » réponse qu'il obéiroit à icelle ».

parlement par ordre de la Reine, mère de Louis XIII, la question de savoir si, au lit de justice qui devoit se tenir le lendemain pour la déclaration de la majorité du Roi, les cardinaux que la Reine se proposoit d'amener précéderoient les pairs ecclésiastiques. Après en avoir délibéré, on arrêta « que les gens du Roi se » transporteroient présentement vers la » Reine, pour lui faire entendre que cette » contestation ne pouvoit pas être traitée » & décidée en si peu qu'il restoit de tems » avant le jour assigné pour la déclaration » de majorité, que cette cérémonie n'é» toit point *action de pairs* & un jugement, » mais une simple déclaration de volon» té, en exécution de la loi du royaume, » & que le Roi pouvoit s'y faire accom» pagner par qui il lui plaisoit; qu'en consé» quence la Reine seroit suppliée de leur » déclarer sa volonté, & de pourvoir à » ce que l'action se fît sans débats ni » querelle ».

En conséquence, le lendemain quatre cardinaux prirent les premières places à la gauche du Roi. Mais aucun pair ecclésiastique ne se trouva à la cérémonie (1).

Au lit de justice du 16 septembre 1616, les cardinaux voulurent encore précéder les pairs d'église. Mais le roi Louis XIII & la Reine mère, arrêtèrent que les cardinaux ne s'y trouveroient point, parce que c'étoit une *action de pairie*. C'est ce que nous apprend l'auteur du cérémonial françois, tome 2, page 609.

Précédemment on avoit vu à l'assemblée des chambres du 25 juin 1561, présidée par le chancelier de l'Hôpital, le cardinal de Tournon, quoique doyen du sacré collège, assis après les cardinaux de Lorraine & de Châtillon; l'un archevêque de Reims, & l'autre évêque de Beauvais, *parce que c'étoit la cour des pairs*, dit le même auteur, page 551 du même volume.

Précédemment encore, il avoit été décidé le 16 janvier 1552, que les évêques-pairs de France devoient précéder au parlement les nonces du pape.

Toutes ces décisions particulières ont été confirmées par l'article 7 de la déclaration du mois de septembre 1610, & par l'article 45 de l'édit de 1695, qui maintiennent les pairs ecclésiastiques dans le rang dont ils ont joui jusqu'à présent auprès de la personne du Roi dans le conseil & dans les parlemens.

Le premier de ces textes veut en outre que « si quelque difficulté survient à cette » occasion, elle soit jugée à connoissance » de cause au parlement, qui est le » vrai juge des pairs ».

2°. Hors du parlement & par-tout où il n'y a point de fonctions de pairs à remplir, la pairie ecclésiastique ne donne à ceux qui en sont revêtus aucune prééminence sur les autres membres du clergé.

« La pairie, dit un auteur moderne » (2), est une dignité laïque, qui ne » donne aucun rang dans les conciles » & les assemblées du clergé. L'évêque » de Laon & les autres prélats pairs, » n'y ont que le rang que leur donne » leur promotion à l'épiscopat. L'arche» vêque de Reims n'y préside que lors» qu'il est élu. Les cardinaux y ont le » pas sur les évêques, parce que ceux» ci, en leur accordant cet honneur, » ont reconnu le cardinalat comme une » dignité ecclésiastique; ce qu'ils n'ont » jamais fait à l'égard des évêques-pairs, » parce que la pairie en France, ne ve» nant pas du clergé, n'est point censée » un honneur de l'église ».

(1) Cérémonial françois, tome 2, pag. 263 & 264.

(2) Les quatre Ages de la pairie, tome 1, page 158.

## SECTION III.

*De la réception des Pairs eccléſiaſtiques. — Un évêque qui a été religieux, peut-il être reçu pair ?*

I. La réception eſt auſſi néceſſaire aux pairs eccléſiaſtiques qu'aux pairs laïques, pour qu'ils puiſſent exercer les fonctions, jouir des droits & recevoir les honneurs de la pairie. C'eſt ce qu'a jugé un arrêt du parlement de Paris du 13 juin 1735, en faiſant défenſes à M. de Saint-Albin, transféré en 1722 de l'évêché de Laon à l'archevêché de Cambrai, *de prendre en aucun acte la qualité de pair de France, comme n'ayant point été reçu en la qualité, office & dignité de pair de France* (1).

II. Les qualités qui ſont requiſes dans un pair laïque pour être reçu dans ſon office, le ſont également dans un pair eccléſiaſtique, lorſqu'après ſa nomination à la prélature de laquelle dépend ſa pairie, il s'agit de prêter au parlement le ſerment que lui impoſe ſa qualité.

De ce principe il réſulte, ce ſemble, que jamais un évêque qui a été religieux, ne peut être reçu pair. En effet, il eſt certain d'un côté, que l'épiſcopat ne relève point de l'état de mort civile dans lequel l'a réduit ſa profeſſion. C'eſt ce que nous avons démontré particuliérement dans le répertoire de juriſprudence, articles *Teſtament* & *Vœux*. D'un autre côté, la pairie eſt un office purement laïque : c'eſt une vérité que nous venons d'établir ; on ne peut donc pas y recevoir des eccléſiaſtiques que les loix du royaume excluent de la poſſeſſion des offices ſéculiers.

Mais ſi de la théorie nous paſſons à la pratique, nous trouvons celle-ci bien contraire à celle-là.

Louis d'Orléans, fils naturel de Philippe de France, frère du roi Jean, fut fait évêque de Beauvais après avoir été ſucceſſivement religieux profès de l'abbaye de Saint-Lucien, conſeiller au parlement, maître des requêtes, évêque de Poitiers, & avoir obtenu, le 22 novembre 1392, des lettres de légitimation, qui furent enregiſtrées ; & une preuve que le parlement le conſidéroit comme pair, c'eſt qu'à ſa mort il *leva le ſiège avant l'heure ordinaire pour aſſiſter à ſes obſèques :* c'eſt ce que portent les regiſtres de cette cour, à la date du 27 janvier 1396.

En 1557, Jean Docq, religieux profès de l'abbaye de Saint-Denis, s'étant préſenté au parlement après ſa nomination à l'évêché de Laon, pour faire le ſerment de pair de France, les magiſtrats refuſèrent d'abord de le recevoir ; ils repréſentèrent dans des remontrances adreſſées à Henri II, que Jean Docq étant religieux, ne pouvoit jouir d'aucun honneur temporel ; que la profeſſion religieuſe l'avoit réduit à un état de mort civile ; que cet état étoit de règle en France pour les perſonnes engagées dans l'état monaſtique ; que tel étoit le cri des loix, & la juriſprudence uniforme de tous les tribunaux du royaume. — Henri II paſſa au-deſſus de ces remontrances ; il ordonna au parlement de recevoir le ſerment de Jean Docq, & c'eſt ce qui fut exécuté le 11 ſeptembre 1557.

On fit revivre les mêmes difficultés lorſque le roi Henri IV nomma à l'évêché de Laon le P. de Brichanteau, abbé régulier de ſainte Geneviève de Paris. Il parut alors un mémoire, où l'on diſputoit au nouveau prélat la capacité d'être reçu pair ; on y ſoutenoit que d'un religieux on ne pouvoit pas faire un pair de France ; que la pairie étant un office civil, il ne pouvoit être exercé par un homme mort civilement ; qu'un moine pouvoit devenir évêque ſans ceſſer d'être régulier ; qu'il ne lui falloit pas de diſpenſe pour être promu à l'épiſcopat,

(1) Denizart, au mot *Réception.*

mais qu'il lui en eût fallu une pour exercer l'office de juge dans une cour séculière dont il eût été membre ; qu'à la vérité le Roi en avoit donné une au P. de Brichanteau, mais que celle du pape lui étoit aussi nécessaire ; & que néanmoins il n'en étoit fait aucune mention dans les bulles qui lui avoient été accordées pour l'évêché de Laon.

Cependant, le procureur-général conclut à recevoir du P. de Brichanteau le serment de duc & pair ; & il le prêta en effet, mais seulement après que le parlement eut député au Roi un président & un conseiller, pour savoir sa volonté.

L'auteur des quatre Ages de la pairie, tome 1, page 114, dit « qu'il assista en » qualité de pair au lit de justice du 30 » septembre 1614, pour la majorité de » Louis XIII » : c'est une double méprise. 1°. Ce lit de justice n'est point du 30 septembre, mais du 2 octobre. 2°. Il est constant, & nous avons vu plus haut, section 2, qu'il n'y assista aucun pair ecclésiastique. Mais on voit par les registres du parlement, que l'évêque de Laon se trouva dans cette cour le premier octobre de la même année, lorsqu'il fut question de délibérer sur la prétention des cardinaux, de précéder les pairs ecclésiastiques (1).

M. de Brichanteau mourut en 1620, & le Roi lui donna pour successeur Philibert de Brichanteau, son frère. Il étoit chevalier de Malte ; néanmoins (2), le parlement le reçut, sans difficulté, au serment de duc & pair. (M)

(1) Cérémonial françois, tome 2, p. 263.

(2) Les quatre Ages de la pairie, tome 1 page 114.

# CHAPITRE LXXIX.

## *Du Conseil du Roi.*

Ce qu'on nomme *conseil du Roi*, est une assemblée de personnes choisies par le Roi pour connoître de tout ce qui intéresse l'administration générale du royaume, tant pour l'intérieur que pour l'extérieur.

Nous parlerons d'abord de l'origine de ce conseil & de sa forme, depuis le commencement de son existence, jusqu'au règne de Louis XIV.

Nous tracerons ensuite le tableau de son état sous ce monarque & de celui qu'il a de nos jours.

Nous parlerons après cela, de l'autorité de cette auguste assemblée, & des règles qui déterminent sa compétence à l'égard des autres tribunaux.

Nous finirons par le détail de tout ce qui concerne les personnes qui la composent, & celles qui y exercent des fonctions.

### SECTION PREMIÈRE.

*De l'origine du Conseil du Roi, & de sa forme depuis le commencement de son existence, jusqu'au règne de Louis XIV.*

L'institution du conseil du Roi remonte au berceau de la monarchie ; l'impossibilité où se sont vus nos souverains de remplir par eux-mêmes tous les objets de l'administration générale de l'état, les a obligés d'appeler auprès de leurs personnes des sujets distingués par leur capacité & par leurs lumières, pour les décharger des détails.

En 512, Saint-Melaine, évêque de Rennes,

Rennes, avoit la qualité de *grand conseiller du Roi.* En 612, Aride, archevêque de Lyon, Victeric & Saint-Colomban étoient *grands conseillers* de Théodoric, roi d'Orléans. En 632, Aga étoit à la fois maire du palais & *principal conseiller* du roi Dagobert : Saint-Arnoud, évêque de Metz & Gombert, archevêque de Cologne, étoient *conseillers* du même monarque (1).

En 813, on voit Charlemagne tenir un *grand conseil avec les Francs*, & prononcer sur une contestation importante qui s'étoit élevée entre quelques-uns de ses sujets (2).

Le père Sirmond assure, d'après un synode de 881, que le même Roi avoit un conseil formé pour y décider tout ce qu'il trouvoit à propos d'y faire discuter, mais qu'il commençoit par examiner lui-même chaque affaire dans un comité composé de trois de *ses plus sages & plus éminens conseillers*, qu'il avoit continuellement auprès de sa personne (3).

Une ancienne chronique nous représente Louis le Débonnaire tenant à Compiègne en 816, un conseil d'évêques, d'abbés & de comtes (4).

Ces sortes de conseils étoient encore connus dans ce temps-là, sous les noms de *plaids de parlemens*, *de cours plénières*, *d'assemblées du champ de mars*, ou *du champ de mai.*

Ces dernières dénominations n'étoient cependant pas aussi générales que l'autre. Elles ne convenoient proprement qu'à des espèces d'états généraux qui se tenoient de temps à autre. « Dès le » temps de Clovis, dit l'abbé Vély (5), » les François avoient coutume de s'as» sembler chaque année dans un champ » qu'on appeloit le *champ de mars*, » parce que ces diètes se tenoient au » commencement du mois qui porte ce » nom. Ces assemblées avoient plu» sieurs objets ; on y faisoit la revue » des troupes, on y délibéroit de la » guerre & de la paix, on y travail» loit à la réformation des abus du » gouvernement, de la justice & des fi» nances. C'étoit-là qu'on donnoit des » tuteurs aux Rois mineurs ; qu'on ins» truisoit le procès des grands crimi» nels ; c'étoit-là enfin que nos Rois » recevoient tous les ans le don gra» tuit : on appeloit ainsi le présent vo» lontaire en argent, en meubles ou » en chevaux que les grands faisoient à » leur souverain. Ce nom lui est tou» jours demeuré, quoique par la suite » il ait cessé d'être libre. Le Roi pré» sidoit à ces diètes générales de la na» tion. Il étoit accompagné des grands » officiers de la couronne, du maire » du palais, de l'apocrisiaire ou aumô» nier, du grand échanson & du ré» férendaire ou chancelier ; — les évê» ques & les abbés n'étoient pas dis» pensés de s'y trouver : on y mandoit » les ducs & les comtes ; — le Roi ou » le maire du Palais proposoit les ques» tions qu'on devoit examiner. La plu» ralité des voix emportoit la décision. » Ce que la diète avoit prononcé, de» venoit loi de l'état ».

Ces assemblées qui, dans le principe, ne se tenoient qu'une fois l'an au mois de mars, commencèrent, sous Pepin le Bref, à se tenir au mois de mai & insensiblement elles devinrent plus fréquentes (6).

Mais comme il n'étoit pas possible que tout s'y décidât, & que d'ailleurs il arrivoit souvent des cas où l'urgence des affaires ne permettoit point de re-

(1) Chroniq. de France, fol. 41, 43 & 45.

(2) *Chronic. Moissiacensis cænobii*, dans Duchesnes, tome 3, fol. 146.

(3) *Ex notis Jacobi Sirmundi ad Caroli Calvi capitul.* fol. 103 & 104.

(4) Duchesnes, *Loc. cit.* fol. 147.

(5) Histoire de France, tome 1.

(6) L'abbé Vely, *ibid.* Abrégé chronologique du président Hénaut, année 768.

tard, le Roi avoit toujours près de lui un conseil particulier dont il prenoit l'avis, ou employoit le ministère, suivant les occurrences.

Il paroît que ce conseil & la *cour plénière* dont il tenoit lieu quand celle-ci n'étoit pas assemblée, connurent longtemps sans distinction de tout ce qui regardoit l'état, le prince, le public & les particuliers, soit en matière contentieuse ou de pure administration (1).

Les choses commencerent à changer de face vers le quatorzième siècle. La *cour plénière* étoit toujours qualifiée indistinctement de *conseil du Roi* ou de *parlement;* mais elle ne connoissoit plus que du contentieux; & pour expédier d'autant mieux les affaires, elle s'assembloit tantôt dans une ville, tantôt dans une autre. L'article 6 de l'ordonnance de Philippe-le-Bel de 1302, porte, dit l'abbé Vely (2), que tous les ans on tiendra deux fois le parlement à Paris, l'échiquier à Rouen, les grands jours à Troyes, & qu'il y aura également un parlement à Toulouse, si les gens de cette province consentent qu'il n'y ait point d'appel de ceux qui y siégeront.

« Ces grands tribunaux, continue » l'abbé Vely, ne tenoient pas dans » le même temps; car, suivant une an» cienne ordonnance qu'on trouve dans » un vieux registre des chartres du Roi, » les mêmes qui avoient présidé à Pa» ris, se trouvent encore présider dans » la même année à Rouen & à Troyes. » *Quelques-uns*, dit Pasquier, *attribuent* » *le premier plan du parlement de Paris,* » *à Louis Hutin; mais il n'a fait que* » *suivre les erremens de son père.*

Cependant, quoiquecette *cour plénière*, *ce parlement*, qui tenoit ses séances en différens temps & en différens lieux, fût toujours considéré comme une partie & en quelque sorte comme un détachement du conseil du Roi, il en étoit dès-lors distingué par la dénomination de *conseil commun*, qu'il portoit par opposition à celle de *conseil*, qu'avoit simplement l'assemblée des personnes auxquelles le roi avoit réservé tout ce qui étoit de pure administration.

C'est ce que prouve l'ordonnance même de 1302 dont on a déjà parlé. *Item*, porte-t-elle, article 7, *quòd judicata & sententiæ quæ de* NOSTRA CURIA SEU NOSTRO COMMUNI CONSILIO *processerint, teneantur, & sine appellatione aliquâ executioni mandentur. Et si aliquid ambiguitatis vel erroris continere videantur, ex quibus suspicio aliqua inducatur, correctio, interpretatio, revocatio, vel declaratio eorum ad* NOS VEL CONSILIUM NOSTRUM *spectare noscantur*, VEL AD MAJOREM PARTEM CONSILII NOSTRI, *vel providam deliberationem speciali mandati nostri, & de nostrâ scientiâ speciali* (3).

Ce texte nous apprend, comme l'on voit, trois choses remarquables; la première, que le parlement ou la cour du Roi étoient la même chose que le conseil commun: *de nostrâ curiâ seu communi consilio.* La seconde, qu'outre ce conseil commun il y avoit un conseil simple qui étoit toujours auprès de la personne du Roi, & ne formoit, pour ainsi dire, qu'un même individu avec lui; *ad nos vel consilium nostrum*. La troisième, que ceux de qui étoit composé le conseil commun, avoient séance dans le conseil simple: ensorte que dans le cas où ils s'y trouvoient rassemblés, c'étoit par la pluralité des suffrages qu'on jugeoit du sens ou de la validité des arrêts qu'ils avoient rendus; *ad majorem partem consilii.* Cette dernière assertion sera développée dans l'instant.

Dix-sept ans après l'ordonnance qu'on

(1) Histoire du conseil, par Guillard, p. 24, 25 & 26.

(2) Histoire de France, tome 7.

(3) Antiquités de Paris, fol. 98.

vient de rappeler, il en paroît une de Philippe-le-Long de 1319, qui règle plusieurs points concernant les deux conseils.

Ce prince veut que dorénavant il n'y ait nuls prélats au conseil commun ou parlement, parce qu'il *fait conscience de les empêcher de vaquer au gouvernement de leur spiritualité ;* mais il les conserve dans son conseil. Il ajoute que son conseil s'assemblera une fois le mois *pour délibérer sur toutes les graces & les requêtes* qui lui auront été présentées pendant le mois précédent ; qu'il sera fait un registre dans lequel on écrira journellement ce qui sera arrêté de remarquable ; que maître Pierre Barriere, son clerc & son secrétaire, gardera ce journal ; & que quand sa majesté n'aura pas eu la commodité d'assister en personne à son conseil, ceux qui y auront été présens, ou l'un des *poursuivans* (c'étoient les maîtres des requêtes de ce temps-là), l'avertiront chaque jour de ce qui aura été arrêté (1).

En 1320 & 1321, parurent deux autres réglemens, par lesquels le même roi ordonna que les deux maîtres des requêtes suivant la cour, seroient tenus de *seoir* chaque jour *en lieu commun pour ouir les requêtes ;* qu'ils n'en recevroient aucune concernant le parlement, la chambre des comptes, ou le trésor, mais les leur renverroient ; que s'il s'en présentoit d'importantes, soit pour des récompenses de services, soit pour des restitutions de domaines, soit pour des graces particulières, soit même *contre des arrêts donnés au parlement*, ils seroient obligés d'en avertir le Roi.

Nous disions tout-à-l'heure que le parlement n'étoit dans ces temps-là considéré que comme un détachement du conseil du Roi, & que les membres dont il étoit composé s'y réunissoient quelquefois. C'est en effet ce qu'attestent plusieurs monumens.

(1) Du Tillet, Recueil des Rois, fol. 422.

Du Tillet (2) nous apprend qu'il se trouve beaucoup d'arrêts rendus, tantôt par le conseil & le parlement, tantôt par l'un & l'autre réunis à la chambre des comptes.

Il n'est même pas sans exemple que le conseil du Roi ait siégé avec la chambre des comptes seule. L'ordonnance de Charles V, de 1367, concernant l'exécution des deux bulles des Papes Grégoire & Clément dans les sénéchaussées de Languedoc, est signée & donnée par le conseil tenu à Paris en la chambre des comptes (3).

L'ordonnance de 1413 confirme notre assertion. Elle défend aux présidens du parlement de se charger pour les parties d'aucune commission qui puisse les obliger de s'éloigner de plus de trente ou quarante lieues de Paris, *afin*, dit le Monarque, *qu'ils puissent venir en nos conseils quand mandés ils sont* (4) : « ce qui montre, dit un savant de notre » siècle, qu'il y avoit en ce temps-là » amitié & liberté entre les uns & les » autres, & que les jalousies nées de» puis n'avoient point encore occupé » les esprits ».

Et il est à remarquer que le conseil proprement dit, qui alors s'appeloit tantôt *grand conseil*, tantôt *conseil privé* ou *conseil secret*, donnoit son nom à l'assemblée qui, dans ces sortes de cas, étoit composée de ses membres & de ceux du parlement ou de la chambre des comptes. C'est ce que prouve ce passage de Bouchel (5), qui parle d'après Alain Chartier : « En 1459, le Roi (Char» les VII) vint à Vendôme, & tint » son grand-conseil ; & là étant les » grands seigneurs, c'est à savoir » ceux de son conseil, les pairs de » France, & les sieurs de son parle» ment, fut condamné le duc d'Alen-

(2) Recueil des Rois, fol. 423.
(3) *Stil. cur. parlam.* fol. 115.
(4) Fontanon, tome 4, fol. 1333, art. 158.
(5) Tome 1, fol. 639.

» çon.... auquel lieu vous voyez cette » notable compagnie être appelée sous » le nom de grand-conseil & non de » parlement, comme l'on avoit accou» tumé de faire avant que le parlement » fût restreint dedans Paris. Non pas » toutefois à la fin, que le lecteur ne se » surprenne pas en ceci, qu'il faille esti» mer que le grand-conseil ne fut ainsi dit, » que lorsque se faisoient telles nota» bles assemblées, car la vérité est que » le grand-conseil étoit ordinairement » tenu à la suite du Roi; mais je veux » dire que quand ces grandes convoca» tions se faisoient autour de la per» sonne du Roi, *le mot de parlement étoit* » *aboli*, & en son lieu étoit lors pris, & » usurpé celui de grand-conseil, comme » vous voyez par le passage de Char» tier ».

C'est ce qui résulte encore d'un passage de du Tillet, copié par Guillard en son histoire du conseil, page 36: » le lundi dixième jour d'avril 1396, le » Roi en sa personne *tint son conseil en* » *la chambre du parlement*, & à ce con» seil furent présens M. le duc de Ber» ry...... les présidens du parlement, les » maîtres de requêtes de l'hôtel, mes» sieurs de la grand-chambre, messieurs » des enquêtes, le procureur du Roi....».

On ne peut, comme on le voit, de meilleure preuve que, soit en 1376, soit en 1459, le conseil du Roi donnoit son nom au parlement, lorsqu'il se trouvoit en quelque sorte incorporé momentanément à celui-ci. Mais il faut observer que dès-lors même cette espèce de réunion ne se pratiquoit plus que par des ordres exprès du souverain. Déjà le roi Jean avoit ordonné que les officiers de sa cour de parlement n'auroient plus entrée en son conseil, à l'exception de ceux d'entre eux qui y seroient mandés spécialement.

L'ordonnance de 1413 alla plus loin. Charles VII qui en est l'auteur, ordonne, article 207, que dorénavant il ne sera plus admis au conseil que le connétable, le chancelier, les princes & les grands officiers de la couronne qui étoient en possession d'y entrer, & les conseillers d'état, dont le nombre demeurera réduit à quinze.

Par l'article 209, le Roi veut que ces quinze conseillers soient à lui & non à autres. Il défend au chancelier, sur la foi & loyauté qu'il doit à sa majesté, d'en recevoir un plus grand nombre, & il ordonne d'emprisonner tous les autres qui se présenteront pour entrer en son conseil.

Par l'article 210, il réduit les maîtres des requêtes à huit, quatre clercs & quatre laïques, & veut que les requêtes concernant sa conscience soient remises à ses aumôniers & à son confesseur. Il ordonne ensuite que le grand chambellan & les chambellans ordinaires feront le rapport des requêtes qui toucheront les gens & les affaires de sa chambre, & que celles qui toucheront les autres officiers de sa maison seront rapportées par le grand maître & les maîtres ordinaires d'hôtel. Il ajoute que toutes les autres requêtes seront rapportées par les maîtres des requêtes; que ceux-ci signeront les lettres-patentes qui seront accordées en conséquence, & cela avant que le secrétaire qui en aura reçu le commandement les puisse signer, & il fait défense au chancelier de les sceller, qu'elles ne soient effectivement signées du maître des requêtes qui aura rapporté.

L'article 212 porte qu'il ne sera rien rapporté au Conseil, que le Roi ne soit assis, & après lui les princes du sang, le chancelier & les conseillers d'état; & qu'après qu'ils seront tous assis, les affaires seront proposées & mises en délibération par le connétable ou le chancelier, suivant qu'elles les concerneront; & qu'en rapportant, ni l'un ni l'autre n'approcheront du Roi plus près que leur siège.

L'article 222 ordonne qu'il sera tenu un registre de tout ce qui s'expédiera, soit par sa majesté, soit par le chancelier, soit par le conseil, & que ce registre sera à la garde du chancelier qui le fera apporter chaque jour au conseil & reporter en son hôtel.

Jusques-là, on ne voit pas que le conseil du Roi ait été divisé en plusieurs départemens. Louis XI paroît être le premier qui ait imaginé cette division; il avoit en effet trois conseils, le premier pour la guerre & les affaires d'état, le second pour les finances, & le troisième pour la justice. Son exemple fut suivi par Charles VIII, Louis XII & François I, jusqu'à son retour d'Espagne (1).

Mais cet ordre fut changé en 1526: les trois conseils furent alors réunis en un; & cela produisit une confusion & un désordre dont les historiens du tems se plaignent beaucoup. Le grand nombre d'officiers qui se trouvoient ainsi rassemblés empêchoit qu'on ne pût demander à chacun son avis raisonné sur les matières qu'il y avoit à traiter; ceux qui avoient le plus de crédit ou de pouvoir parloient les premiers, personne n'osoit les contredire, & par-là ils donnoient seuls la loi (2).

Henri II chercha à remédier à ces abus. Le 3 avril 1547, il fit un réglement par lequel il ordonna que son conseil s'assembleroit deux fois le jour; la première, pour délibérer sur les affaires d'état & de finance; & la seconde, pour traiter les autres matières & entendre les requêtes des parties: que la première séance se tiendroit le matin, & qu'il n'y entreroit dorénavant que le Roi de Navarre, le cardinal de Lorraine, le duc de Vendôme, l'archevêque duc de Reims, le connétable, le chancelier, les comtes d'Aumale, d'Harcourt & de Saint-André père & fils, messire Jean Bertrand, président au parlement de Paris, le sieur de Villeroy, & les quatre secrétaires des finances, qui tous se borneroient à arrêter ce qu'ils jugeroient le plus convenable, & le feroient ensuite *entendre* au Roi, *pour en ordonner à son bon plaisir;* que la deuxième séance se tiendroit l'après-dinée, & que l'on y admettroit, outre ceux qui viennent d'être nommés, les cardinaux de Bourbon, de Ferrare, du Bellay & de Châtillon, les ducs de Nevers, de Guise & d'Estampes, les évêques de Soissons & de Coutances, messire Pierre Raimont, premier président du parlement de Rouen, & les gens de finance, & que dans cette assemblée, on feroit & concluroit sur le rapport des maîtres des requêtes qui y seroient appelés, les dépêches & provisions que l'on verroit être requises & nécessaires pour le bien & service du Roi, de ses sujets & du royaume.

Ce réglement ne fut pas long-tems exécuté. Le nombre & la qualité de ceux qui composoient le conseil, changeoient suivant les différentes occurrences des tems. On remarque, par exemple, qu'en 1560, Charles IX porta un réglement fort étendu, qui, faisant passer la plupart des affaires par les mains de la reine mère & du Roi de Navarre, donnoit l'entrée au conseil, outre ceux qui le composoient & les secrétaires d'état, aux surintendans, aux deux secrétaires ordonnés pour le fait des finances, & aux trésoriers de l'épargne & des revenus casuels.

Ce Monarque s'apperçut bientôt des inconvéniens que produisoit sa trop grande facilité à multiplier les gens de son conseil. Par une ordonnance du 28 juin 1564, il défendit d'y recevoir personne, que le nombre de ceux qui y avoient entrée & qui étoit immense, ne fût réduit à vingt.

Par un autre réglement du 18 février

(1) Guillard, hist. du Conf. page 38.
(2) *Ibid.*

1566, le même Roi ordonna que les gens de son conseil s'assembleroient tous les mercredi & vendredi de chaque semaine, *pour ouir toutes les plaintes & requêtes de justice, & pourvoir aux parties, sans vaquer à autre chose*, & qu'ils n'admettroient dans leur assemblée que les maîtres des requêtes, les secrétaires ordinaires, les gens des finances, & le sieur de Saint-Bonnet pour le registre du conseil.

Ce réglement ajoute, que quand le Roi assistera en personne à son conseil, il n'y pourra demeurer que les conseillers & secrétaires d'état, le comte de Retz, & en son absence, le sieur de Rostaing pour le service de sa majesté, & le sieur de Rennevenry pour celui de MONSIEUR.

Charles IX ne se borna point à ce réglement sur la discipline de son conseil; il en fit encore trois autres les 11 janvier 1570, 28 juillet & 24 octobre 1572: tout ce qu'ils contiennent de plus remarquable, c'est que le conseil devoit se tenir près de la chambre du Roi, afin qu'il pût s'y rendre sans être vu ni sortir en public; que le conseil privé des parties ne se tiendroit point sans qu'il s'y trouvât, soit un de messieurs ses frères, soit un des princes, ducs ou maréchaux, soit l'amiral, soit le grand écuyer; que tous les gens de robe longue qui auroient été appelés à ce conseil depuis deux ans, seroient distribués par quartiers pour y assister au nombre de quatre, & non plus, pendant chaque quartier.

Henri III commença son règne par régler son conseil; il en réduisit les membres à un certain nombre, & donna des lettres-patentes en commandement, & sous le grand sceau, à ceux qu'il retint pour y servir.

Le 11 août 1578, il porta sur le même objet un réglement très-détaillé, dont on ne croit devoir rapporter que les principales dispositions.

Par l'article 1, le Roi veut que dorénavant il se tienne tous les lundi, mardi, jeudi & samedi, tant le matin que l'après-dînée, un conseil que l'on appellera *conseil d'état*, & qui s'assemblera en un lieu choisi exprès *par tout où sera logée sa majesté.*

L'article 2 détaille fort au long les matières qui devront se traiter en ce conseil, & résume toutes ses dispositions en ces termes: *bref sa majesté entend qu'audit conseil & non ailleurs se traitent dorénavant toutes matières concernant ses finances, le repos, soulagement & conservation de ses provinces.*

L'article 6 porte qu'il n'entrera dans ce conseil que les princes, les cardinaux, les maréchaux de France, les grands officiers de la couronne, le grand-maître de l'artillerie, les gens d'affaires de sa majesté, les gouverneurs & lieutenans-généraux des provinces, le colonel de l'infanterie françoise, les capitaines des gardes, *les sieurs que sa majesté a retenus dudit conseil*, les quatre secrétaires d'état, deux des six intendans des finances, le trésorier de l'épargne & le secrétaire des finances qui sera en quartier.

Par l'article 7, le Roi déclare qu'il se rendra à ce conseil tous les samedis après-dîner, pour se faire rendre compte de tout ce qui y aura été fait pendant la semaine.

L'article 8 veut que le trésorier des parties casuelles ait entrée au conseil, toutes les fois qu'il s'agira de taxer & accorder des offices, & il ordonne qu'il en sera de même des trésoriers quand il sera question de leurs charges & que l'on aura besoin d'eux.

Quant au *conseil des parties*, l'article 10 veut qu'il soit tenu *en la manière accoutumée*, les mercredi & vendredi après-midi, & qu'il n'y puisse entrer d'autres personnes que les princes, les cardinaux, les maréchaux de France, les officiers de la couronne & *autres du conseil d'état*, les maîtres des requêtes qui seront en quartier, & le greffier qui sera tenu faire regiſtre de tout ce qui s'y traitera, & d'en remettre un extrait au ſecrétaire d'état *qui ſera en mois*, pour être repréſenté & lu à ſa majeſté en préſence de M. le chancelier.

Par l'article 16, il eſt dit que les préſidens & gens du Roi du parlement de Paris, les premiers & ſeconds préſidens de la chambre des comptes de la même ville, & les premiers préſidens des parlemens de province, continueront d'avoir entrée, ſéance & voix délibérative au conſeil, & qu'à cette fin ils prêteront *nouveau ſerment, comme les autres.*

Les diſpoſitions de ce réglement ont été renouvelées & modifiées en quelques points par trois autres des 1 mars 1579, 31 mai 1582, & 8 janvier 1585, qu'il ſeroit auſſi long qu'inutile de rappeler ici. On peut les voir dans le recueil de Joly, liv. 2, tit. 2, n. 2, & dans l'hiſtoire du conſeil de Guillart, page 82. Il paroît par un réglement de Henri IV, du mois de mai 1595, que ce prince avoit, comme ſes prédéceſſeurs, un *conſeil d'état & finances*, & un *conſeil privé*; mais le même réglement nous fait voir qu'il en avoit encore deux autres, un *pour les dépêches*, & un *pour la direction des finances.*

Il eſt dit dans ce réglement, que le conſeil des dépêches ſe tiendra « en préſence du Roi & de la reine avec les » princes & autres ſeigneurs de ſon conſeil, qu'il plaira à ſa majeſté y appeler » aux lieux & heures qui ſeront ordonnés ».

A l'égard du conſeil *d'état & finances*, & du conſeil privé, le Roi déclare « qu'ils ſeront compoſés des perſonnages choiſis, de qualité, prud'hommie, » expérience & capacité, qui ſerviront » quatre mois ſeulement, comme il a » été autrefois pratiqué ». Il ajoute que les princes du ſang, les cardinaux, les autres princes, les ducs & pairs, les officiers de la couronne, les ſecrétaires d'état, les membres du conſeil de la direction, les contrôleurs & intendans des finances, & le chevalier d'honneur de la reine, y auront également entrée, ſéance & voix délibérative, & il veut qu'il en ſoit de même des gouverneurs & lieutenans-généraux des provinces, pour tous les cas où il s'agira de faits de leurs charges.

Louis XIII fit auſſi quantité de réglemens ſur ſes conſeils. Il y en a un entre autres du 3 janvier 1628, par lequel voulant réduire le trop grand nombre de conſeillers d'état, « qui diminuoit » beaucoup la dignité de cette charge, » au préjudice de l'autorité que ſa » majeſté devoit avoir en ſes conſeils, & » du fruit qui en devoit revenir pour » le bon gouvernement de ſes affaires & » de celles de ſes ſujets », il ordonne qu'il ne ſera expédié aucun brevet de conſeiller en ſes conſeils, qu'il ne ſoit ſigné de la propre main de ſa majeſté, avec addition de la même main, des mots, *pour un tel.*

## SECTION II.

### *De l'état du Conſeil du Roi ſous Louis XIV.*

Il a été fait ſous Louis XIV, huit réglemens ſur la compoſition, la diſtribution, & la diſcipline des conſeils de ſa majeſté.

Le premier eſt du 16 juin 1644. Il ordonne d'abord qu'il ſera tenu cinq conſeils chaque ſemaine, ſavoir, les mardi & vendredi le conſeil *privé* ou *des parties*; les mercredi & ſamedi, le conſeil *de direction*; & le jeudi, le conſeil *des finances pour les parties.*

Il fixe à huit heures l'entrée du conſeil; il ne veut pas que perſonne puiſſe prendre place avant celui qui devra y préſider; il ordonne que le conſeil étant aſſis, nul ne ſoit admis à y entrer, ſi ce n'eſt les quatre anciens qui pourront prendre leur séance jusqu'à neuf heures seulement.

Ce même réglement porte, « que » toutes les affaires de justice entre les » particuliers & les communautés se » traiteront au conseil privé ; que le » conseil des finances connoîtra de toutes » les affaires de finance, soit de parti- » culier à particulier, soit entre les com- » munautés, soit même entre les traitans, » pourvu que les droits du Roi n'y soient » pas compromis, & que le jugement ne » puisse donner lieu à aucuns recours » contre sa majesté ; qu'enfin on rappor- » tera au conseil de direction, *les affaires* » *des particuliers avec le Roi* ».

Le Roi ajoute dans ce réglement, qu'outre les conseils ci-dessus, il en sera tenu un les mercredis à trois heures après-midi ; que le contrôleur-général & les intendans des finances y rapporteront tous les traités & toutes les affaires qui concerneront purement les finances & autres droits de sa majesté ; qu'à ce conseil assisteront seulement ceux qui en ont été jusqu'à ce tems, à moins que celui qui présidera ne juge à propos d'y faire appeler les conseillers d'état & les maîtres des requêtes.

Le deuxième réglement est du 1 mai 1657. Le Roi se plaint dans le préambule de la multiplicité de ceux qui avoient été admis jusqu'à ce moment dans ses conseils *d'état*, *des parties*, & *de la direction des finances*, même avec le titre d'ordinaire. Il fait sentir que cette multiplicité est très préjudiciable à son état & à son service & contraire à la dignité de la *première compagnie du royaume*, qui doit être honorée bien souvent de la présence de sa majesté, & servir d'exemple & de règle à toutes les autres. Il se plaint aussi que, sous prétexte du service que les conseillers rendoient aux conseils, plusieurs étoient payés de leurs gages, comme ordinaires, sur le pied de 6000 livres par an, ce qui causoit pour ses finances une charge excessive, & dont le poids devenoit encore moins supportable par la longueur de la guerre.

En conséquence, après s'être fait représenter tous les réglemens faits par les Rois ses prédécesseurs pour leurs conseils, sa majesté ordonne que dans ses conseils *d'état*, *des parties* & *des finances*, il y aura douze conseillers ordinaires & douze semestres, & de plus trois conseillers ordinaires d'église & trois d'épée.

Le Roi déclare que ce nombre ne pourra être excédé en aucun cas, & qu'aucun officier de cour souveraine ou autre judicature, ne pourra plus être admis aux conseils tant qu'il sera revêtu de sa charge.

Et après avoir maintenu les maîtres des requêtes dans leurs droits d'entrée & voix délibérative aux conseils, suivant ce qu'on verra ci-après, section 4, §. 4, sa majesté ordonne que les trésoriers de l'épargne, chacun dans l'année de son exercice, seront admis aux conseils des finances & de direction, ainsi que les trésoriers des parties casuelles en exercice, lorsqu'il s'agira des taxes des offices.

Par une dernière disposition, sa majesté confirme les précédens réglemens, en ce qu'il n'y a pas été dérogé par celui-ci.

Le troisième réglement est du 15 septembre 1661. Le Roi supprime pour toujours la commission de surintendant des finances, avec toutes les fonctions qui y étoient attachées, & il établit, pour en tenir lieu, un *conseil royal des finances*, qui sera composé d'un chef & de trois conseillers, dont l'un sera intendant des finances, se réservant sa majesté d'y appeler M. le chancelier lorsqu'elle le jugera à propos ; auquel cas il tiendra le rang & la préséance due à sa dignité, comme chef de tous les conseils du Roi.

Il est parlé dans le même réglement de la *grande* & de la *petite direction des finances*.

*finances. Voyez* ce que nous en disons dans la section suivante.

Le quatrième réglement est du 3 mai 1670. Sa Majesté ordonne qu'à l'avenir son conseil demeurera composé de douze conseillers d'état ordinaires, trois conseillers d'église & trois d'épée, & de douze servans par semestre; & que tous ceux qui ont l'honneur d'y servir en cette qualité, prendront rang & séance suivant la liste qui en a été dressée.

Le cinquième & le sixième réglement sont des 4 & 8 février 1672 : les dispositions qu'ils contiennent seront retracées ci-après, section 5, §. 3; & livre 2, chapitre 2, section 1, §. 3.

Le septième réglement est du 3 janvier 1673. L'article premier veut que le *conseil d'état privé ou des parties*, soit composé de M. le chancelier ou garde-des-sceaux, de vingt-un conseillers d'état ordinaires, dont trois seront d'église & trois d'épée, du contrôleur-général des finances, de deux intendans & de douze conseillers d'état qui serviront par semestres, sans que les uns ni les autres puissent se dispenser d'y assister, sans permission expresse de M. le chancelier.

Il est dit par un autre article, que le conseil se tiendra toujours dans la maison du Roi, en la chambre la plus proche de son appartement, si ce n'est que sa majesté en ordonne autrement, & qu'à cet effet les conseillers d'état, les maîtres des requêtes, les greffiers & les huissiers du conseil seront tenus de se rendre & demeurer à la suite du Roi & de M. le chancelier.

Sa Majesté ajoute que le conseil d'état sera tenu deux fois la semaine pour les affaires des particuliers.

Elle défend à tous ceux qui ont entrée au conseil, de révéler ce qui y aura été résolu, à peine d'en être exclus pour toujours.

Elle ordonne qu'aucun n'opinera ni ne demeurera au conseil, quand il sera traité d'affaires qui le concerneront ou dans lesquelles il aura été valablement récusé.

Elle déclare en outre qu'il suffira que les avis passent d'une voix pour faire arrêt; qu'il n'y aura aucun partage au conseil, & que l'arrêt sera conclu suivant l'avis de M. le chancelier.

Le huitième réglement est du 27 octobre 1674; comme il ne concerne que les maîtres des requêtes, nous nous réservons d'en parler ci-après, section 5, §. 4.

Il y en a un neuvième du 29 juin 1700, qui a pour objet l'établissement d'un conseil de commerce. Nous le rapporterons dans le §. 4 de la section suivante.

## SECTION III.

### *De l'état actuel du Conseil du Roi.*

Le conseil du Roi existe encore à-peu-près sur le même pied que sous Louis XIV. Il est divisé en onze départemens, qui sont le conseil d'état, autrement dit le conseil d'en haut, ou des affaires étrangères; celui des dépêches; le conseil royal des finances, le conseil royal de commerce, le bureau du commerce, le conseil privé ou des parties, le conseil de chancellerie, la grande & la petite direction, & les deux comités des finances.

Voyons quel est l'objet de chacun de ces conseils, quelles sont les matières qui s'y traitent, & de quels membres il est composé.

### §. I.

*Du Conseil d'Etat*, autrement dit, *le Conseil d'en-haut ou des affaires étrangères.*

Ce conseil est celui dans lequel on s'occupe de tout ce qui est relatif à la paix, à la guerre, & aux négociations avec les puissances. Il est composé d'un petit nombre de personnes choisies par le Roi, devant lesquelles le secrétaire d'état qui a le département des affaires étrangères, rend compte au Roi des choses sur lesquelles il y a lieu de délibérer.

Il se tient ordinairement dans la chambre du Roi le dimanche & le mercredi.

Les arrêts qui sont rendus dans ce conseil sont signés en commandement par le secrétaire d'état.

Ceux qui y entrent ont à ce seul titre la qualité de ministres d'état, & ils la conservent toujours, même lorsqu'ils cessent d'assister au conseil. *Voyez* ci-après, section 5, §. 1.

## §. II.

### *Du Conseil des Dépêches.*

C'est celui où l'on discute les affaires qui ont rapport à la grande police & à l'administration de l'intérieur du royaume, « soit, dit Guillard (1), qu'elles regardent » les grandes maisons, les communautés régulières & séculières, & celles » pour lesquelles il est nécessaire d'un » ordre du Roi pour en expédier des » lettres-patentes, soit de grace, soit de » justice, de même que les privilèges des » officiers des maisons royales ».

On le nomme conseil *des dépêches*, parce que, dans l'origine, les décisions qui en émanoient étoient renfermées dans les dépêches ou lettres signées par un des secrétaires d'état, suivant la matière dont il s'agissoit.

Ce conseil est composé de M. le chancelier, de quatre secrétaires d'état (qui y rapportent seuls & debout (2)), de tous les membres qui forment le conseil d'état ou des affaires étrangères, & des autres ministres & conseillers d'état qu'il plaît au Roi d'y faire appeler.

Du temps de Guillard, il ne se tenoit que de quinze jours en quinze jours. Aujourd'hui il se tient ordinairement tous les samedis.

M. le président Hénaut, dans son abrégé chronologique de l'histoire de France, fait sur ce conseil une remarque assez curieuse. « Le conseil des dépêches, dit-il, » dans les commencemens, étoit un peu » différent de ce qu'il est aujourd'hui; » tous ceux qui le composoient y assis» toient debout, même le chancelier; il » n'y avoit d'assis qu'un secrétaire d'état, » lorsqu'il écrivoit: mais alors on n'y rap» portoit pas de procès ».

(1) Histoire du Conseil, page 89.
(2) *Ibid.* page 90.

## §. III.

### *Du Conseil royal des Finances.*

C'est le conseil dans lequel on traite de tout ce qui concerne l'administration des finances & les revenus de l'état. On y porte toutes les affaires qui intéressent le domaine, les droits de la couronne, les fermes du Roi. On y juge aussi les différends qui surviennent entre les fermiers & les traitans.

Les arrêts rendus dans les autres conseils du Roi sur ces différentes matières, ne peuvent servir de règles, & l'on peut toujours se pourvoir au conseil royal des finances en opposition à ce qu'ils ont décidé (3).

On a vu plus haut que ce conseil, par la loi de son établissement, devoit être composé de M. le chancelier, d'un chef, & de trois conseillers, dont l'un seroit intendant des finances.

Dans la suite, dit Guillard (4) « l'in» tendant des finances qui avoit l'entrée » au conseil royal des finances, fut fait » seul contrôleur-général des finances, » & le nombre des intendans des finances » fut augmenté, mais sans avoir droit » d'entrer en ce conseil.

(3) Dictionnaire des domaines, aux mots *arrêt*, *finances* & *commensaux*. Arrêts des 11 mai & 30 juillet 1718, rapportés au tome 3 du Recueil des réglemens sur les droits d'amortissement & franc-fief.

(4) Histoire du Conseil, page 90.

» Depuis, continue cet auteur, le » Roi créa, au mois de juin 1701, deux » directeurs généraux des finances, avec » le droit d'entrer & de rapporter au con- » seil royal des finances, mais avec la » subordination au contrôleur-général, » auquel ils étoient obligés de rendre » compte des affaires qu'ils devoient rap- » porter.

» Ces deux directeurs ont été supprimés » par édit de 1708, & le nombre des » intendans des finances ayant été aug- » menté jusqu'à sept, on leur a donné le » droit d'entrer au conseil royal des » finances; mais avec cette restriction, » que ce ne seroit que dans le cas où le » contrôleur-général ne pourroit pas s'y » rendre, & qu'alors il remettroit la » liasse à celui d'entre eux qu'il voudroit » choisir pour rapporter en son absence.

Aujourd'hui le conseil royal des finances est composé du chancelier, du chef de ce conseil, du contrôleur-général, & des autres ministres & conseillers d'état dont le Roi juge à propos d'avoir l'avis sur les matières qui touchent aux finances.

Il se tient communément le mardi.

## §. IV.

### *Du Conseil de Commerce.*

Cette dénomination est commune à deux des conseils du Roi. L'un s'appelle proprement *conseil royal de commerce*, & l'autre *conseil de commerce* simplement.

Le premier est celui où l'on traite toutes les affaires qui appartiennent au commerce de l'intérieur ou de l'extérieur du royaume: ceux qui le composent sont ordinairement le chancelier, le secrétaire d'état qui a les matières du commerce dans son département, un conseiller d'état chargé d'examiner les affaires avant qu'elles ne soient rapportées, & les autres membres du conseil du Roi que sa majesté trouve à propos d'y admettre.

Le second, c'est-à-dire, le *conseil de commerce* proprement dit, se nomme encore *bureau du commerce*. Il fut établi pour la première fois sous Henri IV en 1607. La mort de ce prince en interrompit les séances. On les reprit sous le ministère du cardinal de Richelieu; mais elles cessèrent une seconde fois après la mort de Louis XIII. Enfin Louis XIV l'a rétabli tel qu'il existe actuellement, non pas comme l'ont avancé quelques auteurs, par un édit, mais par un arrêt de son conseil, du 29 juin 1700.

Cet arrêt contient six articles. Par le premier, le Roi ordonne qu'il sera tenu à l'avenir, au moins une fois dans chaque semaine, un conseil de commerce qui sera composé de M. d'Aguesseau, conseiller d'état ordinaire & au conseil royal des finances; de M. Chamillart, contrôleur général; du comte de Pontchartrain, secrétaire d'état; de M. Amelot, conseiller d'état; de MM. d'Hernothon & Bauyn d'Angerviliers, maîtres des requêtes.

Le même article ajoute que l'on donnera entrée, séance & voix dans ce conseil, à douze des principaux marchands négocians du royaume, ou qui auront fait long-temps le commerce.

L'article 2 porte, que dans ce nombre de douze marchands négocians, il y en aura toujours deux de la ville de Paris, & que chacun des dix autres sera choisi dans les villes de Rouen, Bordeaux, Lyon, Marseille, la Rochelle, Nantes, Saint-Malo, Lille, Bayonne & Dunkerque.

Suivant l'article 3, on doit discuter & examiner dans ce conseil, toutes les propositions & mémoires qui y sont envoyés, ainsi que toutes les affaires & difficultés qui surviennent tant sur les fabriques & manufactures que sur le commerce de terre ou de mer, au dedans & au dehors du royaume; & les délibérations qui y sont prises sur chaque objet doivent être rapportées à sa majesté, qui y pourvoit de la manière qu'elle le juge à propos.

Par l'article 4, le Roi veut que le choix des marchands-négocians qui doivent entrer dans ce conseil, se fasse librement & sans brigue, par les officiers municipaux & par les marchands-négocians de chacune des villes rappelées ci-dessus; lesquels s'assembleront à cet effet dans les hôtels communs. Sa majesté déclare en outre que ce choix ne pourra tomber que sur des personnes d'une expérience consommée en matière de commerce, & d'une probité à l'épreuve de tous reproches.

Aux termes de l'article 5, les élections ne doivent être faites que pour une année, & on doit les renouveler d'année en année, sauf à prolonger le temps du service dans le conseil dont il s'agit, lorsqu'il sera ainsi jugé à propos.

L'article 6 renferme deux dispositions. Il ordonne d'abord qu'il sera nommé par le contrôleur général des finances, deux intéressés aux fermes de sa majesté, pour être appelés à ce conseil, lorsque la nature des affaires le demandera. Il enjoint ensuite au secrétaire du conseil de commerce de tenir un registre exact de toutes les propositions, mémoires & affaires qui seront portés à cette assemblée, ainsi que des délibérations qui y seront prises, & d'en délivrer les expéditions, suivant que le conseil l'ordonnera.

L'édit du mois de mai 1708 & l'arrêt du 5 juin de la même année ont changé quelque chose à la composition du conseil de commerce

Par le premier, le Roi crée six commissions d'intendans du commerce, dont les pourvus, dit-il, auront entrée & séance au conseil de commerce établi par le réglement du 29 juin 1700, pour y faire le rapport des mémoires, demandes, propositions & affaires qui leur seront renvoyés, chacun dans le département qui leur sera distribué, & rendre compte des délibérations qui y auront été prises au contrôleur-général des finances ou au secrétaire d'état ayant le département de la marine, suivant la nature des affaires, lorsqu'ils n'auront pas pu y assister.

Par le second, sa majesté ordonne que le réglement du 29 juin 1700 sera exécuté selon sa forme & teneur, & que néanmoins à la liste des personnes qui y sont nommées pour assister au conseil de commerce, on ajoutera dorénavant un conseiller d'état de plus, le lieutenant-général de police de la ville de Paris, les six intendans du commerce dont on vient de parler, le lieutenant & le syndic ou député de la province de Languedoc.

Les commissions d'intendans du commerce dont il est parlé dans le premier de ces réglemens, ayant été depuis supprimées, il y a été substitué, pendant la minorité de Louis XV, un conseil de commerce, établi par la déclaration du 24 décembre 1715; mais par un édit du 22 juin 1722, ce conseil a été supprimé à son tour, & remplacé par le *bureau du commerce*.

Voyez dans le livre 6, le chapitre *des intendans du commerce*.

## §. V.

### *Conseil privé*, ou *Conseil des parties*.

On appelle ainsi le conseil où se portent les affaires contentieuses qui s'élèvent entre les particuliers, lorsqu'elles sont relatives à la manutention des loix, à l'exécution des ordonnances du royaume, & à l'ordre judiciaire établi par le souverain.

De cette nature d'affaires dont le conseil privé connoît exclusivement, sont, suivant Guillard (1), « les évocations sur » parentés, les réglemens de juges, les » cassations d'arrêts des cours & même » du conseil, quand il y a lieu de la de-

(1) Histoire du Conseil, page 93.

» mander, les oppositions au titre, les » appellations des jugemens des intendans des provinces, les évocations par » privilège avec renvoi, l'exécution des » évocations du pur mouvement, & des » évocations générales ; les dénis de » justice des cours, la cassation des ar» rêts & jugemens attentatoires à l'au» torité du conseil ; l'exécution des édits, » déclarations & arrêts, & les contra» ventions qu'ils peuvent essuyer ».

Guillard ajoute qu'il faut mettre sur la même ligne « un grand nombre d'autres » affaires *où le Roi & ses finances ne sont » point intéressés* ». C'est avec la restriction marquée par ces derniers termes, qu'il faut entendre l'article 18 du réglement du 30 juin 1597 : il porte que toutes les instances & différends où il y aura requête présentée, & appointemens pris entre les parties, ne pourront être jugés ailleurs qu'au conseil privé, & que les parties qui se pourvoiront dans un autre conseil, seront condamnées à l'amende.

Le conseil privé ou des parties est composé du chancelier, des quatre secrétaires d'état, des conseillers d'état & des maîtres des requêtes. Les *doyens de chaque service* du grand-conseil y ont aussi *entrée & voix délibérative*, & ils y ont été maintenus par l'article 12 de l'édit du mois de juillet 1775.

On a vu plus haut, §. 2, qu'aux termes du réglement du 3 janvier 1673, ce conseil doit toujours suivre le Roi, à moins que sa majesté n'en ordonne autrement.

Lorsque le Roi va à l'armée, ou qu'il fait quelque autre voyage où le conseil est dispensé de le suivre, il se tient chez M. le chancelier.

Le conseil privé a dans sa dépendance cinq bureaux pour la communication des affaires qui s'y portent.

Le premier, qui se tient tous les mercredis matin, a pour objet la communication des requêtes en cassation & en revision d'arrêts ou autres jugemens rendus en dernier ressort & l'instruction des instances.

Le second, qui se tient les mardis matin, est celui des affaires ecclésiastiques.

Les trois autres se tiennent les jeudis matin & de relevée, & les samedis matin, pour la communication des instances.

## §. VI.

### *Du Conseil de chancellerie.*

Le conseil de chancellerie fait en quelque sorte partie du conseil privé, & n'en est qu'un détachement.

On y traite des affaires qui concernent l'imprimerie & la librairie.

On y expédie les lettres de relief de laps de temps.

On y fait aussi la distribution du prix des offices vendus au sceau.

Enfin on y connoît des contraventions aux réglemens concernant la chancellerie; mais auparavant elles sont examinées dans un bureau particulier, & M. le chancelier les décide sur le compte que les commissaires députés à cet effet lui en rendent.

C'est à M. le chancelier qu'appartient la nomination de ces commissaires. Ils n'ont d'ailleurs que la voix consultative.

C'est chez M. le chancelier que se tient le conseil de chancellerie, & tous les arrêts qui y sont rendus énoncent qu'ils le sont *de l'avis* de ce magistrat.

## §. VII.

### *De la grande direction des finances.*

On nomme *grande direction des finances*, une séance du conseil privé qui se tient pour le rapport & le jugement des affaires contentieuses auxquelles le domaine & les finances du Roi sont intéressés, & qui ne sont pas réservées au conseil royal des finances.

Guillard (1) dit qu'on y connoît aussi des affaires des communautés, des offices & des réglemens qui ont rapport aux finances.

C'est pareillement là que se fait la réponse aux cahiers des états des provinces. On y admet en ce cas le gouverneur de chacune de celles qui présentent leurs cahiers ; c'est le secrétaire d'état dans le département duquel chaque province se trouve, qui fait le rapport des demandes qu'elle forme.

Cette assemblée est composée du chancelier, du chef du conseil royal des finances, du contrôleur-général, des conseillers d'état qui sont ordinaires au conseil royal, des autres conseillers d'état qui sont des bureaux où ces sortes d'affaires s'examinent avant le rapport, & des maîtres des requêtes.

Elle se tient dans la même salle que le conseil privé, & les arrêts s'y expédient dans la même forme.

Le Roi n'est point censé être présent à cette assemblée. Cependant le rapporteur s'y tient toujours debout.

## §. VIII.

### *De la petite direction des finances.*

C'est encore une assemblée dépendante du conseil privé.

Suivant le réglement du 15 septembre 1661, elle doit se tenir une fois la semaine pour discuter « *toutes sortes d'af-* » *faires de finances*, à l'exception toutefois » de celles réservées au conseil royal, & » particuliérement pour examiner tous les » moyens d'augmenter les revenus or- » dinaires de sa majesté, diminuer & ôter, » s'il se peut, toutes les causes des di- » minutions des fermes & des non-valeurs » des recettes générales, & pour tenir » soigneusement la main à ce que le recou- » vrement des impositions soit fait dans » les temps prescrits par les ordonnances, » ensorte que les dépenses que sa majesté » assignera sur les impositions, soient » ponctuellement payées & acquittées ».

Le même réglement porte que toutes les affaires qui seront examinées dans la petite direction, seront ensuite rapportées dans la grande, pour y être résolues dans la forme précédemment observée.

« Depuis, dit Guillard, l'usage a au- » torisé que l'on rapporte à la petite di- » rection les mêmes affaires & de la même » qualité que dans la grande direction, » mais avec cette différence que l'on y » décide les moins importantes, & qu'on » remet les autres pour la grande di- » rection ».

Aujourd'hui ce sont les commissaires des bureaux où ces sortes d'affaires sont vues d'abord, qui décident si elles méritent d'être portées à la grande direction, ou si elles peuvent être jugées dans la petite.

Le réglement du 15 septembre 1661, ordonnoit que la petite direction se tiendroit par le chef du conseil royal des finances, & seroit composée de trois conseillers du même conseil, des directeurs, des contrôleurs, & des intendans des finances. Cet ordre subsiste encore, à peu de chose près. La petite direction est actuellement composée du chef du conseil royal des finances, du contrôleur-général, de deux conseillers d'état ordinaires au conseil royal, & de deux conseillers d'état qui sont à la tête des bureaux du domaine & des finances. Les maîtres des requêtes y ont aussi entrée & séance ; mais pour la voix délibérative, ils ne l'ont que lorsqu'ils rapportent.

M. le chancelier ne se trouve jamais à cette assemblée. Elle se tient dans le logement que le Roi accorde dans son palais au chef du conseil royal des finances, & c'est ce magistrat qui y préside. Le rapporteur y est toujours assis.

(1) Histoire du Conseil, page 93.

## §. IX.

### *Des deux Comités des Finances.*

C'est aux vues sages & économiques de Louis XVI, qu'est dû l'établissement de ces comités.

On appelle l'un *Comité contentieux ;* l'autre est désigné par la simple dénomination de *Comité des finances.*

Le premier a été établi en conséquence d'un édit du mois de juin 1777, enregistré à la chambre des comptes le 2 juillet suivant. Voici comment s'exprime le souverain dans le préambule de cette loi.

« Nous avons cru conforme à la justice » que nous devons à tous nos sujets, de » chercher à prévenir les inconvéniens » inséparables du trop grand nombre des » décisions abandonnées jusqu'à présent » au ministre des finances, & nous avons » pensé que, sans contrarier l'unité de » dessein & d'opérations, nécessaire à une » telle administration, il étoit de notre » sagesse d'établir un comité, sous les » yeux duquel passeroient les affaires con- » tentieuses qui y sont relatives ; ce co- » mité composé de trois personnes que » nous choisirons de préférence dans notre » conseil, servira particuliérement à assu- » rer l'observation des règles & des » formes, & nous y trouverons l'avan- » tage de procurer aux décisions plus de » confiance & d'autorité. Nous pensons » qu'une pareille institution devenue per- » manente, sera infiniment propre à » maintenir & à perpétuer les principes ; » & nous ne doutons pas que des admi- » nistrateurs véritablement animés de l'a- » mour du bien public, n'envisagent cet » établissement comme un moyen de se » garantir de la surprise & de l'erreur, » & de répondre plus dignement à notre » confiance ».

L'autre comité a été établi par le réglement donné pour l'administration des finances le 26 février 1783 ; les termes en sont trop importans pour que nous ne les transcrivions pas ici.

« Le Roi voulant faire goûter à ses » peuples les avantages de la paix, sa » majesté a considéré qu'elle ne pourroit » leur procurer des soulagemens réels » & durables, que lorsqu'elle connoî- » troit le montant de dépenses dont la » durée de la guerre a retardé le paiement, » & qu'elle auroit fixé invariablement, » avec l'esprit d'économie qui l'anime, » l'état des dépenses de tous les dépar- » temens & de tous les ordonnateurs en » temps de paix.

» Sa majesté a pareillement considéré » qu'il n'étoit pas moins intéressant de » s'occuper des moyens de supprimer » les impositions qui sont les plus à charge, » de changer la nature & la forme de » quelques-unes, de diminuer & simpli- » fier les frais de perception.

» Et comme sa majesté ne peut donner » à ses peuples une plus grande marque » de son amour, qu'en s'occupant par » elle-même de soins aussi importans, elle » a résolu, conformément à l'exemple de » Louis XIV, d'appeler auprès d'elle, » pendant le temps qui lui paroîtra con- » venable, un comité composé du chan- » celier ou garde-des-sceaux de France, » du chef du conseil royal des finances, » & du ministre des finances, qui fera le » rapport des affaires, & rédigera les » résolutions de sa majesté, dont il tien- » dra registre.

» Sa majesté se propose de tenir ce co- » mité une fois par semaine, ou plus » souvent s'il est besoin ; n'entendant, » au surplus, rien changer à l'établisse- » ment de son conseil royal des finances, » qu'elle se réserve d'assembler comme » par le passé.

» Les affaires contentieuses continue- » ront d'être portées au comité conten- » tieux dont sa majesté a confirmé l'éta- » blissement.

» Tous les ordonnateurs, sans aucune » exception, remettront incessamment à

» sa majesté l'état des dettes arriérées de » leur département respectif, au premier » janvier dernier.

» Ils remettront pareillement l'état des » dépenses ordinaires & extraordinaires » qu'ils estimeront indispensables en » temps de paix.

» Tous ces états seront revus, véri» fiés & discutés par le ministre des fi» nances & l'ordonnateur, ou ceux qu'ils » jugeront à propos d'en charger, & ils » seront arrêtés aux comités des finances, » en présence de l'ordonnateur du dé» partement dont il sera question de ré» gler les dépenses, lequel y sera appelé » chaque fois qu'il sera question d'objets » relatifs à son département.

» Déclare sa majesté que son inten» tion est que toutes les demandes ten» dantes à obtenir des dons extraordi» naires, ou le payement d'anciennes » créances, & généralement toutes les » demandes à fin d'emploi de nouvelles » charges dans les états, soient portées au » comité, & discutées en présence de sa » majesté, qui se propose d'y appeler » le sieur Moreau de Beaumont, conseiller » d'état ordinaire & au conseil royal, » quand il sera question de concessions de » bois & domaines.

» L'adjudication ou délivrance des re» venus du Roi, en ferme ou en régie, » sera faite au comité.

» Les fermiers, régisseurs & receveurs » des deniers royaux remettront inces» samment au ministre des finances l'é» tat de leurs recettes, fermes ou régies, » & des frais de perception avec leurs » observations sur les moyens de dimi» nuer lesdits frais & de simplifier les » impositions.

» Le ministre des finances en rendra » compte au comité, & il proposera ce » qui lui paroîtra le plus capable de par» venir à la libération des dettes exigibles, » au soulagement des contribuables, & » aux changemens qui pourroient être » nécessaires dans la nature & la forme » actuelle des impositions.

» Sa majesté autorise le ministre de » ses finances à se faire aider dans son » travail par des membres de son con» seil, en les chargeant de différentes » affaires dont le rapport se fera au co» mité ».

» Sa majesté l'autorise pareillement à » employer deux officiers de sa chambre » des comptes pour les objets de comp» tabilité, & deux de sa cour des aides » pour la partie des impositions.

» Et seront au surplus exécutées toutes » les dispositions du réglement du 15 sep» tembre 1661, en ce qui n'y est pas dé» rogé par le présent ».

## SECTION IV.

*De l'autorité du Conseil du Roi, & des règles qui déterminent sa compétence à l'égard des autres tribunaux.*

Le conseil du Roi est incontestablement *la première compagnie du royaume* : on se rappelle que cette qualité lui est expressément donnée par le réglement de Louis XIV du premier mai 1657.

Son autorité se manifeste par les arrêts qu'il rend, & il y en a de deux sortes : les uns sont rendus en commandement, du propre mouvement du Roi, pour servir de réglement : les autres ne font que juger des contestations particulières.

Les premiers ont incontestablement force de loi dans toutes les matières qui se jugent, soit au conseil, soit dans les juridictions dont les sentences ne peuvent être attaquées que par appel au conseil.

Ainsi les sièges des traites des Pays-Bas, les intendans des provinces, les bureaux des finances lorsqu'ils jugent ou agissent comme commissaires du conseil, sont obligés de se conformer aux réglemens de cette auguste compagnie.

Il a même été jugé par arrêt du conseil du 17 décembre 1686 & 29 décembre 1693,

1693, qu'en matière d'eaux & forêts les arrêts du conseil font loi, & que les sentences rendues aux maîtrises en conformité de leurs décisions, ne peuvent être infirmées par le juge d'appel. Par un autre arrêt du 9 septembre 1692, le Roi a fait « défenses aux officiers de toutes les » tables de marbre... de contrevenir à » l'ordonnance des eaux & forêts du mois » d'août 1669, *& arrêts du conseil rendus en » conséquence*, sur les peines y portées ».

Mais dans les matières qui sont de nature à être portées devant les tribunaux ordinaires, c'est une question s'il faut pour que les réglemens du conseil fassent loi dans ces tribunaux, qu'ils y aient été enregistrés avec des lettres-patentes.

L'affirmative est enseignée par Jacques-Antoine de Ferrière, en son traité des tutèles, page 73; il demande si un préposé à la vente d'offices nouvellement créés à qui un arrêt du conseil accorde l'exemption de tutèle, doit réellement jouir de ce privilège. Voici ce qu'il répond: « un arrêt du conseil qui ne se trouve » pas revêtu de lettres-patentes du Roi, » enregistrées au parlement, n'est pas » considéré comme une loi qui astreigne » les juges à se conformer à sa disposition. » Témoin l'arrêt du parlement de Pro- » vence mentionné par Boniface, tome 3, » p. 425 ». C'est pourquoi, ajoute Ferrière, il a été jugé par deux arrêts du parlement de Paris, rapportés dans le journal des audiences, édition de 1733, tome 5, liv. 5, chap. 8; & livre 8, chap. 36, que les préposés dont nous parlons ne jouissent pas de l'exemption de tutèle, « bien qu'il y » ait un arrêt du conseil qui la leur attri- » bue ».

Cette doctrine est aussi consignée dans le dictionnaire de Brillon, au mot *Arrêt*, n. 30: « si les arrêts du conseil, dit-il, » ne sont enregistrés dans les cours sou- » veraines, ils n'y font point loi ».

C'est ce qu'établissoit aussi le parlement de Paris dans ses remontrances du 1 mars 1721 sur un arrêt du conseil du mois de février précédent qui évoquoit un procès criminel intenté contre le duc de la Force, pair de France: « il ne nous reste plus » (disoit cette compagnie) qu'à deman- » der justice à votre majesté de la forme » en laquelle l'évocation est prononcée. » Les Rois n'ont coutume de manifester » leurs volontés à leurs parlemens que » par des édits, des déclarations, ou des » lettres-patentes ».

Le rédacteur de l'ancien journal de jurisprudence de Bouillon, du mois de décembre 1763, page 175, rapporte un arrêt de la chambre des comptes de Paris qui confirme nettement cette doctrine. Voici les propres termes de cet écrivain: « la chambre des comptes de Paris, en en- » registrant la déclaration du Roi du 17 » septembre 1763, concernant les actions » des intéressés dans les fermes générales, » déclare par son arrêt du 21 octobre de » la même année, qu'elle faisoit cet enre- » gistrement *sans approbation d'aucuns ar- » rêts de conseil y énoncés qui n'auroient été » revêtus de lettres-patentes, & d'aucunes let- » tres-patentes non enregistrées en la chambre* ».

La jurisprudence du parlement de Flandres vient à l'appui de cette opinion, & nous fournit quantité d'exemples qui paroissent la confirmer de plus en plus.

Le 19 février 1778, cette cour a rendu, au rapport de M. Hennet & sur la requisition de M. le procureur-général, un arrêt solemnel qui a « fait défenses aux grands- » baillis des quatre seigneurs hauts-justi- » ciers représentant les états de la Flandre » Walonne, de mettre à exécution un » arrêt qu'ils avoient obtenu au conseil » le 3 décembre 1773, concernant le » droit de plantis sur les chemins royaux, » & à tous seigneurs riverains, & autres » intéressés d'y obtempérer, *jusqu'à ce que » ledit arrêt eût été revêtu de lettres-patentes » duement vérifiées en la cour* ».

Le 7 mars 1778, M. le procureur général du parlement de Flandres donna un nouveau requisitoire contre l'exécution que le comte d'Hérouville & la compagnie des co-propriétaires des moëres de la châtellenie de Berghes-Saint-Winock (1) avoit entrepris de donner à un arrêt du conseil du 9 décembre 1777, en vertu de la seule attache du commissaire départi, & avant que les lettres-patentes dont il étoit revêtu n'eussent été enregistrées à la cour. Sur ce requisitoire, il intervint arrêt au rapport de M. Remy des Jardins, qui porte: « la cour » fait défenses audit d'Hérouville, à » la compagnie des propriétaires des » moëres, & à tous autres, de mettre à » exécution l'arrêt du conseil du 9 dé- » cembre dernier, jusqu'à ce que les » lettres-patentes expédiées sur icelui le » 30 du même mois, & présentées à la » cour par lesdits d'Hérouville & con- » sorts, aient été enregistrées, sous peine » de 3000 livres d'amende, & de tous » dépens, dommages & intérêts. Fait pa- » reillement défenses à tous juges, huis- » siers & à tous autres, de prêter leur » ministère pour l'exécution dudit arrêt » du conseil, sous peine d'interdiction ».

Le 31 mars 1779, autre arrêt du parlement de Flandres, les chambres assemblées, au rapport de M. Warenghien de Flory, qui « fait défenses aux rewart, » mayeur & échevins de la ville de Seclin, » de percevoir ou faire percevoir les » droits (dont il s'agissoit & qui n'étoient autorisés que par un arrêt du conseil non revêtu de lettres-patentes enregistrées), » jusqu'à ce que la perception en eût été » légalement autorisée, à peine de con- » cussion ».

Le 10 janvier 1781, nouvel arrêt, au rapport de M. Remy des Jardins, qui » fait défenses aux baillis & échevins de » Steenvoorde de percevoir ou faire per- » cevoir les droits & impôts repris ès » arrêts du conseil d'état du Roi, pro- » duits au procès, jusqu'à ce que la per- » ception en ait été légalement autorisée, » à peine de concussion, & d'être pour- » suivis suivant la rigueur des ordonnan- » ces ».

A ces arrêts, bien précis sans doute, s'en joint un autre du 10 avril 1782 qui, peut-être, est encore plus remarquable. Le requisitoire sur lequel il a été rendu porte que vers la fin du mois de février 1773, plusieurs particuliers du bourg de Tourcoing, s'étoient adressés à la cour par deux requêtes, pour se plaindre de l'établissement de divers impôts & octrois qui se levoient dans le bourg de Tourcoing, sur le vin, la bière, le sel & l'eau-de-vie, en vertu d'un arrêt du conseil d'état du 15 septembre 1772, non revêtu de lettres-patentes; que la cour, au lieu de répondre à ces deux requêtes, avoit alors préféré d'instruire M. le chancelier des réclamations qui y étoient contenues, « & de lui tracer dans » les termes les plus expressifs, par une let- » tre du 2 mars 1773, l'atteinte formelle » qu'un tel établissement fondé sur un » simple arrêt du conseil d'état non re- » vêtu de lettres-patentes enregistrées à » la cour, donnoit au régime, à l'ad- » ministration & aux privilèges des pro- » vinces Belgiques, confirmés par des » loix expresses & par les capitulations »; que cette lettre avoit produit l'effet qu'on devoit en attendre; que M. le chancelier avoit reconnu par sa réponse à la cour que ses représentations étoient bien fondées, & l'avoit assuré que l'arrêt dont il s'agissoit seroit revêtu de lettres-patentes s'il étoit dans le cas d'être exécuté. Que les plaintes particulières ayant cessé, & l'arrêt n'ayant pas paru à la cour revêtu de lettres-patentes pour y être enregistrées, M. le procureur-général avoit cru que les impôts & octrois ne subsistoient plus; que néanmoins il avoit appris depuis par une requête de différens particuliers de Tourcoing que la perception se continuoit, quoique l'arrêt cité n'eût pas été revêtu de lettres-patentes, & qu'il n'y en eût eu par conséquent aucun

(1) *Voyez* le Répertoire de jurisprudence, *verb. moëres.*

enregistrement fait à la cour pour donner la sanction légale à cette perception d'impôts : que les bailli, lieutenant & échevins de Tourcoing assignés sur cette requête, étoient venus dire pour toute réponse, que quelques négocians s'étoient pourvus au conseil en opposition à l'arrêt du 15 septembre 1772, & qu'ils en avoient été déboutés par arrêt contradictoire du 24 janvier 1775; qu'il étoit aisé d'appercevoir dans ce dernier arrêt une surprise faite à la religion du Roi & de son conseil; que d'un côté, par celui du 15 septembre 1772, il avoit été ordonné *que toutes lettres, si besoin étoit, seroient expédiées pour son exécution*, ce qui marquoit l'intention du souverain que ces impôts reçussent le sceau de la vérification & de l'enregistrement, selon la règle commune; que d'un autre côté, le chef de la justice avoit donné les assurances les plus positives en 1773, que si cet arrêt étoit dans le cas d'être exécuté, il seroit revêtu de lettres-patentes. Que du reste, l'arrêt de 1775 dont se prévaloient les gens de loi de Tourcoing, n'étoit tout au plus appliquable qu'aux personnes avec lesquelles il avoit été rendu. — Sur cet exposé, la cour, les chambres assemblées, a rendu, le 10 avril 1782, un arrêt qui, « par provision & jusqu'à ce qu'il en soit » autrement ordonné, fait défenses aux » bailli, lieutenant & échevins du bourg » de Tourcoing, de percevoir les impôts » & octrois dont il s'agit, à peine de » concussion & de telle autre qu'il appar» tiendra ».

Autre arrêt du 8 janvier 1783, au rapport de M. Plaisant du Château. Les sieurs Carpentier & Peuvion, négocians à Hautbourdin, étoient appelans de plusieurs sentences des bailli & hommes de fief du même lieu, qui les condamnoient à des amendes pour prétendues contraventions à un octroi établi primitivement par lettres-patentes du 5 mai 1601, & renouvelé depuis de dix ans en dix ans par différens arrêts du conseil dont le dernier étoit du 30 mai 1780. Ayant été chargé de leur défense, je fis sur cet arrêt des recherches qui prouvèrent qu'il n'avoit pas été revêtu de lettres-patentes, & que par suite il n'étoit pas enregistré. En conséquence, est intervenu l'arrêt cité, par lequel la cour, après avoir déchargé les sieurs Carpentier & Peuvion des condamnations prononcées contre eux, a « fait défenses auxdits bailli & » hommes de fief, de percevoir les droits » de l'octroi dont il s'agissoit au procès » jusqu'à ce qu'ils eussent fait conster à » la cour de l'établissement légal dudit » octroi ».

J'ai fait rendre un arrêt semblable le premier mars suivant, en faveur des cabaretiers du même bourg.

Voilà des preuves, &, comme on voit, des preuves sans replique, qu'aux yeux des juges ordinaires, un arrêt du conseil non revêtu de lettres-patentes, est une loi sans force.

Mais de son côté, le conseil du Roi n'a presque pas laissé échapper une seule occasion de sévir contre cette manière d'apprécier ses décrets; & de ce choc d'opinions (sur un point qui pourtant mériteroit bien une décision précise & invariable) il en est résulté pour les citoyens une incertitude toujours affligeante, & souvent ruineuse.

Des sept arrêts du parlement de Flandres dont on vient de rendre compte, il n'en est pas un qui ne soit cassé. Les deux derniers l'ont été par arrêt du conseil royal des finances, du 13 mai 1783, au rapport de M. Moreau de Beaumont.

Un arrêt du conseil du 29 avril 1698, rendu sur la requête des états d'Artois, avoit ordonné qu'aucun des pourvus des offices créés depuis la guerre, ne seroit exempt, dans cette province, des impôts sur les boissons; comme cet arrêt n'avoit été ni revêtu de lettres-patentes, ni enregistré au conseil d'Artois, qui est souverain en matière d'aides, & que la publication n'en avoit été faite que de l'autorité de M. Bignon, intendant, à qui il étoit adressé, les officiers de l'élection d'Arras ne crurent pas devoir en suivre les dispositions; & par une sentence du 14 mai 1705, ils déclarèrent nulle l'exécution pratiquée par le fermier des états, contre un nommé Bocquet, chauffe-cire de la chancellerie près le conseil d'Artois, qui refusoit d'acquitter les droits de ses boissons. Mais les députés des états s'étant pourvus au conseil, il y est intervenu, le 21 juillet de la même année 1705, un arrêt, qui, « sans s'arrêter à la sentence des » élus d'Arras, du 14 mai 1705, que » sa majesté a cassée & annullée, a ordonné que l'arrêt du conseil du 29 » avril 1698, seroit exécuté selon sa » forme & teneur; en conséquence, a » déclaré bonne & valable l'exécution » (dont il s'agissoit)...., & a fait dé» fenses auxdits élus & autres juges du » pays d'Artois, de contrevenir audit » arrêt du 29 avril 1698, à peine de » tous dépens, dommages & intérêts ».

On pourroit joindre à ces arrêts une très-longue liste d'exemples semblables; mais on se bornera à un seul. Le lieutenant de l'élection de Blois, ayant refusé de se conformer à ce que prescrit aux officiers de ces sortes de tribunaux, l'arrêt émané du conseil le 15 août 1769, relativement aux visites des commis du fermier des droits de marque & contrôle, sa majesté, sur le compte qui lui en a été rendu, a donné, le 7 juin 1771, un arrêt, par lequel la peine d'interdiction prononcée par celui de 1769, a été déclarée encourue par le sieur Tresneau (c'est le nom de l'officier dont il s'agit); & il lui a été enjoint de se rendre, dans la quinzaine, à la suite du conseil. Il est dit dans le vu de cet arrêt, que les commis du fermier, ayant fait lecture au lieutenant de l'élection, des dispositions du réglement auquel il avoit refusé d'obéir, « il avoit déclaré les con» noître, mais qu'il avoit prétendu que » le Roi ayant, par son édit du mois » d'avril 1771, ordonné que les juges » se conformeroient aux édits, déclara» tions, arrêts & lettres-patentes enre» gistrés en la cour des aides, & que » cet arrêt du 15 août 1769, n'ayant » pas été enregistré en cette cour, il » n'étoit pas obligé de s'y conformer: » comme si l'injonction faite aux juges » de se conformer aux réglemens enre» gistrés dans les cours, les dispensoit de » l'obéissance qu'ils doivent aux arrêts du » conseil, & pouvoit faire supposer que » sa majesté ait entendu déroger par cet » édit au réglement du 8 juillet 1661 (1), » par lequel le Roi ordonne à toutes les » compagnies souveraines, dans toutes » l'étendue de son obéissance, de défé» rer aux arrêts de son conseil; ensorte » que la conduite & les motifs de la » résistance du sieur Tresneau, ne peu» vent être considérés que comme une » désobéissance affectée & réfléchie, » qu'il convient punir ».

Reste à parler des arrêts du conseil qui se rendent entre particuliers, & sur des contestations particulières.

Pour en apprécier au juste la force & l'autorité, il faut savoir de quelles sortes de contestations le conseil est dans l'usage de connoître.

On peut dire à cet égard qu'il a deux sortes de juridictions; l'une ordinaire, & l'autre extraordinaire.

Les matières soumises à la juridiction ordinaire du conseil, sont en très-grand nombre. L'édit du mois de septembre 1643 dit en général, que « de tous les » endroits du royaume, pays & terres » de l'obéissance de sa majesté, les sujets » du Roi sont obligés de se pourvoir en » ses conseils pour leurs plus importantes » affaires ».

Mais quelles sont ces affaires? On

(1) Rapporté ci-après.

ſent que le détail en doit être intéreſſant : le voici.

1°. Le conſeil connoît, à l'excluſion de tous autres tribunaux, de l'exécution de ſes arrêts.

2°. Il en eſt de même des édits & déclarations, dont ſa majeſté ne veut pas confier l'exécution à d'autres juges qu'à ſon conſeil ; ce qui n'arrive que très-rarement, & dans des circonſtances preſſantes.

3°. A l'égard des édits & déclarations que le Roi adreſſe aux cours, c'eſt aux cours à connoître de leur exécution. Mais ſi, au lieu de les enregiſtrer & de les faire exécuter, elles en arrêtoient l'effet, ce ſeroit au conſeil à faire reſpecter les volontés du prince : c'eſt ce que ſuppoſe l'arrêt de réglement du 16 juin 1644, lorſqu'il dit que « les » les maîtres des requêtes rapporteront » toutes les affaires de juſtice, *même les » procès-verbaux de rebellion faite à l'exécu-» tion des édits*, après néanmoins qu'ils » auront communiqué ces procès-ver-» baux aux conſeillers d'état qui ſeront » commis pour telle nature d'affaires » avec l'intendant qui auroit le dépar-» tement de la province & de l'affaire » dont il ſera queſtion ».

Par la même raiſon, lorſque les cours ont apporté à l'enregiſtrement d'un édit quelque modification qui contrarie les intentions du Roi, le conſeil peut la lever, & faire exécuter l'édit purement & ſimplement. Ce que porte à ce ſujet le réglement du 16 juin 1644, eſt remarquable. On renverra, dit-il, dans les compagnies ſouveraines toutes les affaires de juridiction contentieuſe « comme auſſi » celles qui regarderont l'exécution des » édits qui y devront être vérifiés, ſi ce » n'eſt qu'elles euſſent apporté quelques » modifications à l'enregiſtrement des » édits, qui auroient été levées par arrêt » du conſeil ».

4°. Tout le monde connoît les édits qui réſervent au conſeil la connoiſſance excluſive des réglemens de juges, des récuſations propoſées contre les cours en corps, & des évocations pour cauſe de parentés ou alliances. Il n'y a en effet que le conſeil qui puiſſe connoître de ces matières, parce que, d'une part, les cours ne peuvent ſe faire juſtice à elles-mêmes, & que de l'autre, elles n'ont point d'autre ſupérieur que le Roi & ſon conſeil.

5°. C'eſt au conſeil que ſe portent les appels des jugemens rendus par les commiſſions qui ſont établies de temps en temps pour l'aliénation, la vente ou la réunion des domaines, pour les recherches de nobleſſe, pour la régie des francs-fiefs, & autres objets ſemblables.

6°. Par la même raiſon, c'eſt le conſeil qui reçoit & juge les appels des ordonnances rendues par les intendans ou commiſſaires départis dans les généralités du royaume.

Quelquefois, il eſt vrai, les parlemens ont entrepris d'en connoître ; mais leurs tentatives n'ont pas eu de ſuite.

Le ſeul cas où ils croient encore pouvoir le faire, eſt lorſque les intendans ont excédé les bornes de leur compétence, & empiété ſur la juridiction des ordinaires. Les parlemens alors reçoivent les appels qu'on en interjette comme de juge incompétent, & ils prononcent par caſſation des procédures.

Il y en a un exemple dans Henrys, Liv. 2, chap. 1, queſtion 2. L'intendant des provinces de Lyonnois, Forez & Beaujolois, avoit pris connoiſſance d'une conteſtation élevée entre les officiers du bailliage de Montbriſon, ſur la queſtion de ſavoir ſi les offices de lieutenant-criminel & de conſeiller, étoient compatibles dans une même perſonne ; & il avoit rendu, les 5 février & 10 avril 1625, deux ordonnances qui accordoient la proviſion au pourvu des deux offices. Il y eut appel de ces ordonnances au parlement de Paris ; & par arrêt du 26 mars 1616, rendu sur les conclusions de M. l'avocat-général Talon, « la cour dit qu'il avoit été mal, nulle- » ment & incompétemment procédé, » jugé & ordonné, & bien appelé par les » appelans ».

Bretonnier, dans ses observations sur cet arrêt, en trouve la prononciation singulière. « Je doute, dit-il, qu'aujour- » d'hui le parlement prononçât de la » sorte : bien plus, l'on prétend que » l'appel des ordonnances des intendans » des provinces, de quelque nature » qu'elles soient, ne peut être porté qu'au » conseil du Roi ».

Cependant, Bretonnier lui-même (& cette contradiction est frappante) établit un principe qui tend à justifier l'arrêt dont on vient de parler. « Il faut pour- » tant distinguer (ce sont ses termes). » Quand MM. les intendans ont pris » connoissance d'une matière qui appar- » tient à la justice ordinaire, l'appel de » leur jugement doit être porté au par- » lement : je l'ai ainsi fait juger à l'é- » gard d'une ordonnance rendue par M. » Guyet, intendant de la généralité de » Lyon, au sujet du compte présenté » par la veuve de Jean Michel, commis » à la recette des consignations du pays » de Forez ».

J'ai vu le parlement de Flandres, dans ces sortes de cas, accorder sur simples requêtes, des arrêts qui cassoient & annulloient les ordonnances de l'intendant, & faisoient défenses d'y donner suite. J'en connois un de ce genre, qui est intervenu le 8 janvier 1782, pour le comte de Gand, contre la dame de Pont. Il en a été rendu un semblable le 14 août de la même année, sur la requête des ouvriers moissonneurs du village de Cysoing. Mais voyez ci-après le chapitre *des intendans des provinces.*

7°. C'est au conseil que se portent & se jugent les oppositions au titre des offices, parce que ce titre dépendant absolument du Roi, qui seul peut en pourvoir les particuliers, il n'y a que sa majesté qui puisse décider en son conseil quel est celui des deux prétendans au même office à qui il doit demeurer.

8°. Lorsqu'il survient des contestations entre les premiers magistrats des cours, sur les fonctions & les privilèges de leurs offices, c'est le conseil qui en connoît.

9°. Il est pareillement juge naturel des difficultés qui concernent les limites des provinces.

10°. Enfin, le conseil a droit de connoître de la validité des arrêts que les cours rendent dans les contestations portées devant elles, & de les casser lorsqu'ils renferment, non pas un simple mal-jugé, mais une contravention formelle aux ordonnances, aux coutumes ou à l'ordre judiciaire.

Ce droit, qui dérive de la supériorité que le souverain a nécessairement sur tous les tribunaux de son royaume, a été réservé au conseil par la loi même qu'on peut regarder comme le titre constitutif des premiers parlemens de France, c'est-à-dire, par l'article 7 de l'ordonnance de Philippe-le-Bel, de 1302. On a vu en effet plus haut, que cette loi défend de se pourvoir ailleurs qu'au conseil de sa majesté, contre les *erreurs* ou les *ambiguïtés* des arrêts de ce qu'on appeloit alors le *conseil commun.*

On a également remarqué qu'en 1320 & 1321, Philippe-le-Long ordonnoit aux maîtres des requêtes de l'avertir personnellement des requêtes qu'on présenteroit *contre des arrêts donnés au parlement.*

La voie de cassation est encore autorisée bien clairement par le réglement de Henri III du 8 janvier 1585, dont il a été parlé ci-devant (1).

(1) Les dispositions que ce réglement contient, sur le détail des matières réservées à la connoissance du conseil, méritent d'être con-

Voyons maintenant ce qui concerne la *juridiction extraordinaire* du conseil.

Nous entendons ici par *juridiction extraordinaire*, celle qui s'exerce sur des contestations de nature à être jugées par les cours & qui par conséquent sort des règles communes que le conseil s'est imposées à lui-même, mais auxquelles des circonstances particulières l'obligent de déroger.

On a quelquefois osé mettre en question si le conseil du Roi pouvoit réellement exercer une pareille juridiction, c'est-à-dire, s'il pouvoit évoquer & retenir la connoissance d'affaires contentieuses naturellement soumises aux tribunaux ordinaires.

Mais une considération bien simple auroit dû suffire pour lever tous les doutes à cet égard. Le conseil du Roi est certainement le premier tribunal qui ait existé dans la nation. C'est de son sein que toutes les cours sont sorties ; elles n'ont d'autre juridiction que celle

---

nues : les voici telles que nous les retrace Guillard, *Histoire du Conseil*, pag. 82 & 83.

*Le Roi ordonna par ce réglement*, « qu'au conseil » d'Etat seroient traitées les affaires concernant » les requêtes, cahiers & articles, remontrances » & doléances des provinces, envoyées & pré» sentées à sa majesté, tant par les gouver» neurs & lieutenans-généraux, cours de par» lement, & autres officiers de sa majesté, » que par les habitans des villes, & autres ses » sujets.

» Les observations, entretenemens ou con» traventions aux édits & ordonnances de sa » majesté.

» Les requêtes, plaintes & doléances du » clergé.

» Les différends qui pourroient naître à raison » des édits faits sur les érections & suppres» sions d'offices, & remboursement d'iceux, » liquidation de frais & dépens.

» Toutes commissions qu'il sera requis expé» dier, soit pour les domaines, aides, & autres » revenus & finances de sa majesté, pour le » bien & avancement de sa justice, entretène» ment & exécution des édits & ordonnances.

» La police des provinces, communautés & » villes.

» Les remontrances du grand-prévôt, concer» nant la police & ordonnance de la cour.

» Les requêtes concernant le fait & exécu» tion des baux à fermes, généraux & particu» liers, rabais des tailles, & subvention des » villes, & emprunts, desquels il ne se traite» roit & ne seroit fait aucune résolution qu'en » la présence de M. le chancelier, & que l'un » des controlleurs & intendans des finances n'y » assistât.

» Les baux à fermes qui seroient baillez & » délivrez, les solennitez gardées, & toutes » enchères reçues.

» Que les baux & marchez des renouvelle» mens & rafraîchissemens des murs, & muni» tions des places frontières, y seroient aussi » arrêtez, & généralement ce que les commu» nautez ou les particuliers pourroient requérir, » ou supplier sa majesté pour le bien, soulage» ment & la police de leur ville, & entreté» nement de leurs privilèges.

» Les taxes des offices qui se devoient & » pouvoient mettre aux parties casuelles.

» Enfin, que tous les samedis après-dîné, le » grand-prévôt feroit son rapport au susdit con» seil, de ce qui concernoit la police de la cour, » & informeroit particulièrement le conseil des » contraventions aux ordres qu'il auroit donnés.

» Le même Roi, par le même réglement, » veut & ordonne qu'il soit traité, & non » ailleurs, en son conseil des finances, qui se » tiendroit les mardis, jeudis & samedis, dès » les six heures du matin jusqu'à neuf heures » & demie, au plus tard, des affaires concer» nant les états des recettes générales qui au» ront été envoyés à M. le chancelier, & mis » ès mains de sa majesté, tous fermés & ca» chetés.

» Ce qui sera nécessaire pour l'avancement du » payement de l'état général de sa majesté, & » ce qui dépendra de l'exécution dudit état.

» Les lettres, paquets & autres mémoires en» voyés par les trésoriers généraux & autres » officiers de finance.

» Par ce réglement, le roi Henri III veut que » son conseil privé s'occupe aux affaires des » particuliers, ainsi qu'il s'en étoit expliqué par » ses précédens réglemens, en ordonnant par » celui du 5 octobre 1579, que dorénavant » les après-dîné des mercredis & vendredis, » fussent employées, comme de coutume, à » tenir le conseil privé pour les parties, pour » y vuider & décider *tous procès*, requêtes, » & autres affaires de justice, sans qu'elles puis» sent être traitées aux autres jours du conseil ».

que le Roi leur a donnée ; & en la leur donnant, il a sans doute pu se réserver le droit de l'exercer lui-même dans les occasions importantes. Pourquoi d'ailleurs le conseil seroit-il moins privilégié en cette matière que ne l'étoient autrefois les cours même ? car il a été un tems où les juges souverains pouvoient dépouiller les juges inférieurs par autant d'évocations qu'ils croyoient devoir en prononcer. Ils n'avoient en cela d'autre surveillant que leur propre conscience (1) ; & c'est un privilège dont ils jouiroient encore, s'il ne leur avoit pas été ôté par les nouvelles ordonnances.

Au reste, sur une pareille question, des faits valent mieux que des raisonnemens. Or, il y a dans les arrêts du conseil mille exemples d'évocations qui ont eu leur effet sans la moindre difficulté.

Les ordonnances de 1302 & 1316, dit Guillard, « nous apprennent que » les rois Philippe-le-Bel & Philippe-» le-Long assembloient souvent leur » conseil avec le parlement pour juger » les affaires des particuliers, & que le » conseil en jugeoit souvent lui seul sans » le parlement ».

Le même auteur fait mention d'une cause jugée au conseil, le lundi avant l'Ascension 1318, entre l'église & la ville de Laon.

Chopin, en son traité du domaine, liv. 3, n. 2, parle d'un arrêt de 1331, par lequel le conseil du Roi punit ceux qui avoient falsifié les lettres concernant l'apanage de Mahaut.

En décembre 1401, le chancelier de France ayant refusé de délivrer au sieur Bitard un relief d'appel d'un jugement de la chambre des comptes, en vertu duquel il avoit été constitué prisonnier, le parlement lui en fit des plaintes, & demanda que le relief d'appel fût délivré. Le chancelier se rendit au palais, se fit rendre compte de l'affaire, & l'évoqua pour être jugée au conseil (2).

En 1495, un arrêt du conseil privé condamna le sieur d'Entragues au bannissement pour avoir vendu aux Florentins la ville & le château de Pise, où il commandoit, nonobstant l'ordre qu'il avoit de Charles VIII de les y recevoir gratuitement.

En 1560, Antoine Matras, président au parlement de Toulouse, fut condamné par arrêt du conseil à dix mille livres d'amende, privé de sa charge, & déclaré inhabile à posséder aucun office de judicature. Le procès avoit été commencé au parlement de Toulouse, à la requête du procureur-général. Antoine Matras en avoit demandé & obtenu l'évocation au conseil.

En 1564, Augustin Forest, premier président du parlement de Provence, fut accusé devant le Roi. Sa majesté députa deux maîtres des requêtes pour lui faire son procès. L'instruction finie, il parut au conseil assemblé à Montpellier le 28 décembre ; là, interpellé d'accepter ou de récuser les juges réunis pour le juger, il déclara qu'il acceptoit MM. du conseil, les maîtres des requêtes, & les conseillers du grand-conseil qui avoient été mandés pour cet effet. En conséquence, le procès fut rapporté par M. de Pacy, maître des requêtes, en présence des cardinaux de Bourbon & de Guise, du connétable, du chancelier, du Maréchal de Bourdillon, des évêques d'Orléans & de Valence, du comte de Villars, du sieur de la Garde, des maîtres des requêtes & des conseillers du grand-conseil : par arrêt du 29 du même mois, il fut dit, après

(1) Voici ce que porte là-dessus l'ordonnance de Charles VII, de 1443. *Decernimus & ordinamus quòd omnes causæ in nostrâ curiâ parlamenti introductæ, quæ inibi ex earum naturâ tractari non debent, judicibus quibus pertinet cognitio remittentur, nisi aliquarum ex eis curia prædicta nostra, ex certâ magnâ causâ, sibi retinuerit cognitionem. Super quo conscientias eorum oneramus.*

(2) *Placitor. curiæ, Lib. 3, tit. 7.*

après avoir oui l'accusé sur les chefs de plainte, que le procès seroit remis au Roi, pour être décidé par sa majesté, ainsi qu'elle trouveroit convenir.

Le 5 octobre 1571, un arrêt du conseil privé rapporté par Chopin dans l'ouvrage déjà cité, livre 2, titre 10, n. 11, maintint les cinq abbayes de la congrégation de Chésal-Benoît, dans le droit d'élire leurs abbés & de pourvoir aux prieurés qui en dépendent, à l'exclusion du Pape & du Roi.

Le même auteur, n. 10, nous apprend qu'un autre arrêt du conseil privé du 22 mai 1578, déclara que les prieurés de l'ordre de Saint-Jean de Jérusalem étoient à la nomination du Roi.

L'ordonnance de Blois qui parut l'année suivante défendit de traiter au conseil les contestations entre particuliers qui seroient de la compétence des cours : & l'édit de 1597, rendu sur l'assemblée des notables à Rouen, renouvela ces défenses.

Mais il en fut de ces loix comme des réglemens de 1318 & de 1320 qui avoient prescrit la même chose. Le Souverain qui les avoit portés conserva nécessairement le pouvoir d'y déroger; & ce pouvoir, il l'exerça toutes les fois que les circonstances lui parurent l'exiger.

Cela est si vrai, que dès le 31 mai 1582, il parut un réglement, déjà cité plusieurs fois, par lequel il étoit ordonné, article 3, que tous les mercredis & vendredis, « le conseil expédieroit » les matières contentieuses, procès & » différends d'entre les parties, dont la » connoissance seroit retenue & réservée au conseil de sa majesté, & lesquelles n'auroient été renvoyées aux » cours de parlement, grand-conseil » & autres juges ordinaires ».

Cette jurisprudence a été affermie par le célèbre arrêt du 8 juillet 1661, depuis lequel l'usage des évocations au conseil, quoique très-rare, n'a plus souffert aucune difficulté quand il a plu au Roi de le mettre en exercice (1).

---

(1) *Voici cet arrêt.*

Le Roi ayant souvent reconnu pendant la confusion des dernières années de la minorité & depuis, même lorsque sa majesté étoit attachée au soin de la guerre, & qu'elle travailloit au dehors pour la défense de ses sujets & l'accroissement de son état, qu'il s'étoit introduit au dedans de son royaume un désordre en la distribution de la justice, dont la conséquence est si dangereuse, qu'il est absolument nécessaire d'y pourvoir; l'opiniâtreté des plaideurs, que tant d'ordonnances des Rois prédécesseurs de sa majesté n'ont pu entièrement réprimer, s'étant enfin portée jusqu'à vouloir commettre en toutes rencontres l'autorité du conseil avec toutes les compagnies souveraines, & rendre par ce moyen les procès immortels; puisque n'y ayant aucun juge au-dessus de ce tribunal, si les autres cours auxquelles sa majesté a donné le pouvoir de juger en dernier ressort, entreprennent de contester son autorité, & rendre des arrêts contraires à ceux dudit conseil, il faut par nécessité que les affaires qui sont le sujet de ce conflit de jurisdiction, demeurent perpétuellement indécises, & que les parties se consomment en de vaines poursuites; cependant l'audace de ces chicaneurs a trouvé à quelques-unes desdites cours, plus de facilité & plus d'appui qu'elles ne leur en auroient donné, si elles avoient bien considéré que la même puissance qui les a établies, a mis des bornes à leurs jurisdictions, qu'elles ne peuvent passer sans attenter à la majesté du souverain, & ruiner la subordination des juges constitués sur différentes matières, & partagés en plusieurs ressorts dans l'étendue du royaume, avec un rapport de tous à la suprême autorité du conseil que sa majesté a établi pour avoir l'œil sur toutes les autres jurisdictions, régler les différends qui naissent entre elles, empêcher que les sujets ne soient contraints de traiter leurs affaires pardevant les juges suspects, & retenir la connoissance de celles, qui pour des raisons d'état, ne doivent pas être terminées ailleurs que dans ledit conseil : mais bien que ces considérations aient dû retenir tous ceux qui composent les compagnies souveraines d'entreprendre sur l'autorité du conseil, il a été encore plus étrange que ceux qui portent particulièrement le nom de gens du roi dans plusieurs desdites compagnies, établis principalement pour maintenir son autorité, & qui doivent continuellement veiller à la conservation de ses intérêts,

## SECTION V.

*Des personnes qui composent le Conseil du Roi, & de celles qui y exercent des fonctions.*

On a remarqué ci-devant, section III, de quelles personnes sont actuellement composés les différens départemens du conseil du Roi.

Celles dont l'ordre des matières nous permet de parler ici, sont,

Les Ministres d'Etat,
Les Secrétaires d'Etat,
Les Conseillers d'Etat,
Et les Maîtres des Requêtes.

Mais il y a en outre, des personnes qui, sans avoir voix délibérative au conseil, ne laissent pas d'y exercer des

---

aient été requérans de telles entreprises & qu'aucuns aient abusé du nom & de la parole de sa majesté pour s'opposer à ses volontés; ainsi les juges des cours souveraines, fortifiés par les conclusions & requisitions des avocats & procureurs généraux de sa majesté & leurs substituts, ont provisoirement osé faire des défenses d'exécuter les arrêts de son conseil; de-là ils ont passé jusqu'à connoître des affaires qui y avoient été terminées; de prononcer au contraire: & comme si ce n'étoit point assez d'avoir offensé la justice de sa majesté, ils ont voulu ôter à ses sujets la liberté de lui porter leurs plaintes, & de se pourvoir en son conseil contre leurs entreprises, jusqu'à mulcter d'amende & de prison ceux qui y auroient eu recours; ce qui est d'une si préjudiciable conséquence, qu'il ne peut être plus long-temps dissimulé. Et d'autant que sa majesté voulant rétablir ensuite de la paix qu'elle a donnée à son état, tout ce que la licence de la guerre & les tumultes des mouvemens passés ont perverti dans les anciens ordres du royaume, ne peut commencer par un endroit plus important que celui de la justice, dont le déréglement confond toutes choses, & tient la fortune des hommes dans une perpétuelle incertitude: à quoi étant nécessaire de pourvoir, le Roi étant en son conseil, a ordonné & ordonne à toutes les compagnies souveraines, dans toute l'étendue des pays de son obéissance, parlemens, grand-conseil, chambres des comptes, cours des aides, & autres, sous quelques noms qu'elles soient établies, de déférer aux arrêts de son conseil, leur faisant très-expresses inhibitions & défenses de prendre aucune connoissance des affaires & procès dont sa majesté aura retenu & réservé le jugement à soi & à son conseil, à peine d'encourir son indignation; sauf auxdites compagnies de s'adresser à sa majesté par voie de supplications & remontrances sur les inconvéniens qu'elles jugeront pouvoir arriver de l'exécution desdits arrêts, sur lesquelles sa majesté fera toujours grande considération. Défend à tous ses avocats, procureurs-généraux & leurs substituts, de prendre aucunes conclusions contraires aux arrêts de son conseil, pour en empêcher ou surseoir l'exécution. Et dans les affaires de conséquence où sa majesté aura un intérêt notable, sur lesquelles ils pourroient douter de ses intentions, enjoint à sesdits avocats & procureurs-généraux, de ne former & prendre aucunes conclusions, sans en avoir averti M. le chancelier, & reçu par sa bouche les ordres de sa majesté; qu'ils seront tenus de suivre exactement, comme étant établi au seul effet de porter & faire connoître sa volonté dans lesdites compagnies; dans lesquelles, s'ils reconnoissent qu'il se passe quelque chose au préjudice de son autorité & de celle de son conseil, ils en donneront incessamment avis à mondit sieur le chancelier, pour en informer sadite majesté. Et quant aux parties qui continueront, à l'avenir, de se pourvoir par requêtes esdites compagnies au préjudice desdits arrêts, sa majesté s'est réservé de les punir de telles peines qu'elle jugera convenable à leur désobéissance, sauf à elles à se pourvoir audit conseil pour y proposer leur déclinatoire, & représenter les fins de leurs intérêts en la manière accoutumée: & sera le présent arrêt signifié, d'icelui baillé copie à ses procureurs-généraux, pour en faire savoir le contenu auxdites compagnies souveraines, & envoyer par tous les bailliages & sénéchaussées du royaume, pour être lu, publié & affiché par-tout où besoin sera, à ce que personne n'en prétende cause d'ignorance. Veut sa majesté que foi soit ajoutée aux copies collationnées d'icelles comme à l'original. Fait au conseil d'état du Roi, sa majesté y étant, tenu à Fontainebleau le huitième juillet mil six cent soixante & un. *Signé*, DE GUENEGAUD.

fonctions plus ou moins importantes : ce sont,

Les inspecteurs-généraux du domaine de la couronne,

Le contrôleur-général des restes & des bons d'état du conseil,

Les secrétaires des finances,

Les secrétaires-greffiers du conseil privé,

Les commis en chef au greffe du conseil,

Les greffiers-gardes-sacs du conseil,

Les commis pour les expéditions du conseil,

Les gardes & dépositaires des anciennes minutes du conseil,

Les avocats au conseil, & les huissiers du conseil.

Nous allons parler successivement de tous ces officiers, à l'exception pourtant du *contrôleur général des restes & des bons d'état*, qui sera mieux placé dans le livre IV concernant l'administration des finances & revenus publics.

## §. I.

### *Des Ministres d'Etat.*

Un ministre d'état est une personne distinguée que le Roi admet dans sa confiance pour l'administration des affaires de son royaume.

Dans tous les temps les souverains ont eu des *Ministres*. Soumis comme leurs sujets, à la loi de l'humanité qui ne permet pas à un seul individu d'embrasser à la fois des détails qui demandent l'attention réunie & les soins combinés de plusieurs, ils ont toujours eu près d'eux des personnes chargées de les aider de leurs conseils, & sur lesquelles ils se sont reposés de certains détails dans lesquels ils ne pouvoient entrer.

Sous la première race de nos Rois, les maires du palais qui dans leur origine n'étoient que les intendans des maisons royales, accrurent tellement leur puissance, qu'ils devinrent ministres héréditaires.

Sous la seconde race, la dignité de maire fut supprimée, mais la fonction de ministre continua d'être exercée par des personnes de divers états. Fulrad, chancelier de Pepin, étoit en même temps son *ministre*. Charlemagne avoit deux *ministres*; le premier étoit Eginhard son gendre, & le second Adelbard. On remarque aussi que Charles-le-Chauve avoit pour ministre Robert-le-Fort, duc & marquis de France, comte d'Anjou, bisaïeul de Hugues-Capet.

Dans les commencemens de la troisième race, les places de ministres du Roi étoient remplies par les cinq grands officiers de la couronne, savoir, le sénéchal ou grand-maître, le connétable, le bouteiller, le chambrier & le chancelier.

De ces cinq offices, celui de chancelier est le seul qui soit encore comme autrefois ministre né; & le magistrat qui en est décoré est le premier *ministre du Roi* pour l'administration de la justice.

Mais nous n'avons pas à parler ici des *ministres du Roi* en général; les seuls qui nous occupent en ce moment sont les *ministres d'état*.

On demandera sans doute quelle différence il y a entre les uns & les autres? elle est très-grande : les simples *ministres* sont ceux à qui le Roi confie une branche quelconque de l'administration de son royaume, sans leur donner entrée au conseil d'état ou des affaires étrangères. Tels sont ordinairement les contrôleurs-généraux des finances.

Les ministres d'état au contraire sont ceux qui ont entrée au conseil d'état ou des affaires étrangères, & en présence desquels le secrétaire d'état qui a le département des affaires étrangères, rend compte au Roi de celles qui se présentent.

Ainsi tous les ministres d'état sont

ministres du Roi ; mais les simples ministres du Roi ne sont ministres d'état que lorsqu'ils sont appelés au conseil d'état.

Cette distinction n'est connue que depuis Louis XI. Ce prince l'introduisit en divisant ( comme on l'a vu plus haut, section 1, ) son conseil en trois départemens, dont un pour la guerre & les affaires d'état, un autre pour les finances, & le troisième pour la justice.

Avant 1659, le Roi donnoit aux personnes qu'il élevoit à la dignité de ministres d'état, des lettres-patentes qui leur en conféroit expressément la qualité. Mais depuis, le seul choix du Roi imprime à ceux qui assistent au conseil d'état, le titre de ministre d'état ; il s'acquiert par le seul fait, c'est-à-dire, par l'honneur fait à celui qu'il y appelle de l'envoyer avertir de s'y trouver, & ce titre honorable ne se perd point quand même on cesseroit d'avoir séance au conseil.

Les ministres d'état ne sont pas bornés au conseil des affaires étrangères : ils ont aussi entrée & séance au conseil des dépêches.

Mais dans l'un comme dans l'autre conseil, le titre de ministre d'état ne donne d'autre rang que celui que l'on a d'ailleurs soit par l'ancienneté du service aux autres départemens du conseil du Roi, soit par la dignité dont on est revêtu lorsqu'on y prend séance.

Les ministres d'état sont assis & opinent de même, pendant la séance du conseil d'état & de celui des dépêches, quoique le Roi y soit présent.

Ils donnent en leur hôtel des audiences où ils reçoivent des placets & les mémoires qui leur sont présentés.

On leur a toujours donné le titre *d'excellence*, & ils le portent encore.

Le nombre des ministres d'état n'est pas limité. Mais communément il n'est que de sept ou huit personnes.

Le Roi établit quelquefois un premier ou principal ministre d'état. Cette fonction a été plusieurs fois remplie par des cardinaux & même par des princes du sang. « Ce n'est pas du règne de Louis XV, » dit Brillon (1), que les princes du sang » ont commencé d'être premiers & prin» cipaux ministres ; autrefois l'on a vu les » fils de Rois se faire un honneur & un » devoir d'être à la tête des affaires de » l'état & du gouvernement. L'on doit » comprendre qu'ils ont des sentimens » plus élevés, le cœur plus pur, un zèle » plus désintéressé, & que la vérité par » leur canal s'approche plus près du » trône ».

Ce que dit cet auteur du règne de Louis XV se rapporte au temps où il écrivoit. Louis-Henri de Bourbon, prince du sang, étoit alors premier ministre, & il avoit succédé dans cette place à M. le duc d'Orléans, ancien Régent, mort le 2 décembre 1723, qui lui-même avoit remplacé le cardinal Dubois, décédé le 10 août précédent.

## §. II.

### *Des Secrétaires d'Etat.*

I. On appelle secrétaire d'état, un officier de la couronne qui fait au Roi le rapport des affaires d'état de son département, & qui reçoit directement de sa majesté ses ordres & ses commandemens, en conséquence desquels il expédie les arrêts, les lettres-patentes, les lettres closes, les mandemens, les brevets, & généralement toutes les dépêches nécessaires.

Nous n'examinons pas si les secrétaires d'état représentent parmi nous les *magistri sacrorum scriniorum*, ou les *tribuni notariorum* dont il est parlé dans les loix des empereurs romains (2). Il est plus intéressant de savoir comment s'est formée la place de secrétaire d'état & par quels

(2) *Voyez* Ministres.

(1) *Voyez* le Glossaire de Ducange.

degrés elle est parvenue à ce haut point d'honneur où nous la voyons élevée aujourd'hui.

« Au commencement de la troisième » race, dit M. le président Hénaut (1), » le chancelier réunissoit toutes les fonc- » tions des secrétaires & des notaires. » Frère Guérin, évêque de Senlis, étant » devenu chancelier de France, & ayant » infiniment relevé cette charge, le se- » crétariat fut abandonné aux notaires & » secrétaires du Roi, & le chancelier se » réserva seulement l'inspection. Mais les » secrétaires qui approchoient du Roi s'é- » tant à leur tour rendus plus considéra- » bles, il y en eut quelques-uns que le » Roi distingua des autres, & qui furent » nommés *Clercs du secret.* C'est la pre- » mière origine des secrétaires d'état ».

Le même auteur ajoute que suivant l'ordonnance de Philippe-le-Bel de 1309, il devoit y avoir près de la personne de ce Monarque, trois *clercs du secret* & vingt-sept *clercs ou notaires* sous eux.

Les *clercs du secret* étoient donc alors distingués des *notaires du Roi* : ils étoient bien tirés du corps de ceux-ci, mais leurs fonctions étoient plus relevées ; & cette distinction est virtuellement établie par toutes les ordonnances postérieures.

C'est ainsi que dans une déclaration de Philippe de Valois du 1 juin 1334, ce prince dit, *nos* CLERCS, NOTAIRES & *plusieurs autres nos* OFFICIAUX (1).

La chose paroît encore plus sensible par les registres de la chambre des comptes de 1343. On y voit qu'à cette époque Philippe de Valois avoit sept *secrétaires* (terme qui bien sûrement répond à celui de *clercs du secret*,) & soixante-quatorze *notaires.*

Les mêmes registres prouvent que les secrétaires ou clercs du secret prenoient dès-lors le titre de *secrétaires des finances.* Néanmoins il existe plusieurs ordonnances postérieures dans lesquelles le Roi les appelle simplement *nos secrétaires.*

La distinction dont on vient de parler est confirmée par l'ordonnance que Charles V, alors Régent du royaume, fit le 27 janvier 1359. Cette loi porte que dorénavant il n'y aura plus que cinquante *notaires du Roi*, y compris les secrétaires, *desquels*, dit ce prince, *pour certaines causes nous avons retenu en leursdits offices de secrétaires, jusqu'au nombre de dix-huit, dont les douze ont été faits par Monsieur* (le roi Jean), *& les six par Nous.* Il déclare ensuite qu'il ne nommera plus de *secrétaires*, jusqu'à ce qu'ils soient réduits au nombre de six.

Ainsi, suivant cette ordonnance, les *secrétaires* du Roi avoient en même temps la qualité de notaires, mais les simples *notaires du Roi* n'étoient pas qualifiés de *secrétaires.*

C'est ce que prouve aussi une ordonnance de 1361 qui se trouve au registre de la chambre des comptes, *folio 75 verso.* Elle réduit pour cette année le nombre des secrétaires du Roi à *onze*, ce qui ne peut convenir qu'aux secrétaires des commandemens, puisque les autres notaires du Roi étoient alors au nombre de cinquante-neuf.

Il paroît cependant que les secrétaires & les notaires du Roi ne formoient dès-lors qu'un collège, mais qu'il étoit partagé en deux classes. C'est ce qui résulte de l'ordonnance de Charles V du 9 mars 1365, portant confirmation de la *confrairie des clercs-secrétaires & notaires du Roi*, & contenant divers réglemens pour ce corps. On pourroit même croire d'abord que ces trois qualités de *clercs*, *secrétaires & notaires du Roi* étoient toutes communes à chacun des membres de la *confrairie.* Mais en lisant avec attention cette ordonnance, on voit que la confrairie étoit

(1) Abrégé chronologique de l'histoire de France, 1309.

(1) Le mot *official* dans les anciennes chartres, est synonyme avec *commis*, *clerc*, *expéditionnaire.* Il est encore employé en ce sens dans les pays-bas autrichiens, & sur-tout à Mons.

composée de deux sortes d'officiers, savoir, des clercs ou secrétaires du Roi, & des autres notaires (1).

Peu à peu cependant le titre de secrétaire devint commun à ceux qu'on avoit, dans le principe, appelés *clercs du secret*, & aux *notaires du Roi*. L'article 6 des lettres-patentes de Charles VI du 13 juillet 1381 semble même insinuer que cette confusion étoit alors déjà consacrée par l'usage. Par cet article, le Roi nomme pour ses secrétaires, ses amés & féaux maîtres Pierre Blanchet, Yves Darian, Jean Tabari, Jean Blanchet, Thiebaut Hocié, Jean de Saint-Louis, Hugues Blanchet, Jacques Duval, Macé Freron, Jean de Crepy, Pierre Couchon & Pierre Manhac, & il ajoute qu'aucun de ses *autres secrétaires* ne pourra faire ou signer des lettres *touchant don ou finance*. Ces termes *aucun de nos autres secrétaires*, paroît faire entendre que les notaires du Roi étoient dès-lors qualifiés de secrétaires.

Peut-être néanmoins seroit-il plus exact de dire que ces termes ne désignent effectivement que les *secrétaires des finances* ou des commandemens, & que parmi ces officiers le Roi en choisissoit quelques-uns à qui il confioit spécialement la signature de ses lettres de *don ou finance*. Ce qu'il y a de certain, c'est que les choses se passoient ainsi très-peu de temps auparavant. Dans un réglement que Charles V fit pour les finances le 13 novembre 1362, il est dit, article 7, que toutes les lettres de don seront signées par Pierre Blanchet, Yves Daven, Jean Tabary, ses *Secrétaires*, & non autres, & que si l'on apportoit des lettres de don signées par *autre secrétaire*, le chancelier ne les scellera point. On remarque la même chose dans l'article 8 d'un autre réglement que Charles V fit le 6 décembre 1373, si ce n'est qu'au lieu de trois secrétaires seulement, le Roi en nomme cinq pour signer les lettres de don. Ces textes supposent évidemment que le Roi avoit un plus grand nombre de secrétaires, mais qu'il n'y en avoit que trois en 1372 & cinq en 1373, pour les finances. Sans doute que les autres étoient retenus pour le service du conseil.

L'ordonnance de Charles VI du mois de mai 1413 semble justifier cette conjecture. Elle porte qu'à l'avenir il n'y aura pour servir dans les conseils du Roi, que huit secrétaires qui serviront quatre ensemble de mois en mois, & que des quatre qui serviront chaque mois, il n'y en aura qu'un qui signera sur le fait des finances.

La même loi défend à celui des secrétaires qui sera de service pour la signature des lettres de finance, d'en signer aucune, à moins que ce ne soit du commandement du Roi : cela avoit déjà été prescrit par l'article 9 du réglement de Charles V du 6 décembre 1373, & par les ordonnances de Charles VI des 7 janvier 1400 & 7 janvier 1407.

L'ordonnance du mois de mai 1413 dont nous parlons, paroît insinuer, malgré ce que nous disions tout-à-l'heure, qu'on distinguoit encore dans ce temps-là le titre de secrétaire d'avec celui de notaire du Roi : elle déclare que, conformément aux anciennes ordonnances, il ne sera dorénavant reçu aucun *secrétaire du Roi*, si premiérement il n'est *notaire* du nombre & ordonnance ancienne.

Une autre ordonnance du même prince de 1418 (1) nomme cinq *secrétaires des finances* & réduit le collège des notaires du Roi à 159.

Charles VII ne se tint pas à ce nombre

(1) Cela résulte sur-tout des passages suivans : *Ut nullus assumere statum secretarii* VEL *Notarii Regis & Franciæ secretò vel privatim se offerre presumat, nisi in habitu & statu condecenti, &c. . . Qui erit per Regem retentus in secretarium* ; VEL *notarium tenebitur, &c. . . .*

(1) Mémorial H de la chambre des comptes, du 15 août 1418.

de secrétaires des finances : il en établit de nouveaux ; & par une ordonnance du 25 octobre 1443, il leur enjoignit de faire apparoir à la chambre des comptes de leur qualité & de leur pouvoir. C'est de-là qu'autrefois ils y faisoient enregistrer leurs provisions, & qu'ils inscrivoient sur les registres de ce tribunal, deux signatures, l'une avec grille, & l'autre sans grille. Il s'en trouve un très-grand nombre depuis 1567 jusqu'en 1672. Les autres se sont dispensés de cette formalité.

Le règne de Louis XI fut pour les secrétaires des finances l'époque d'un accroissement de fonctions. Ils commencèrent sous ce prince à contre-signer toutes les lettres signées par le Roi, & cela s'est toujours pratiqué depuis.

Charles VIII confirma les secrétaires des finances dans leurs offices & dans tous leurs droits. Une de ces charges étoit alors remplie par Florimond Robertet I; ce fut lui qui commença à les porter à ce haut degré d'élévation où sont maintenant les places de secrétaires d'état. Il continua les mêmes fonctions sous Louis XII & sous François I, & fut toujours maître des plus grandes affaires.

Henri II, par ses lettres-patentes du 14 septembre 1547, réduisit à quatre le nombre des secrétaires dont nous parlons, voulut qu'ils portassent le titre de *conseillers & secrétaires de ses commandemens & finances*, les confirma dans le droit d'expédier seuls & à l'exclusion des *secrétaires du Roi*, toutes les dépêches d'état, & leur assigna à chacun leur département, afin qu'ils remplissent leurs fonctions avec plus d'ordre & d'exactitude.

Jusqu'à présent, nous n'avons pas encore vu les secrétaires des commandemens & finances du Roi, prendre le titre de secrétaires d'état. Ils ne l'ont en effet que depuis Henri II. En 1559, il se fit, comme l'on sait, un traité de paix entre la France & l'Espagne, qu'on appelle le traité du Cateau-Cambresis. Les François y remarquèrent que les ministres du Roi d'Espagne affectoient de se qualifier *Ministres d'état*; il n'en fallut pas davantage pour qu'on se crût obligé d'en user de même. En conséquence, M. de Laubespine, secrétaire des commandemens & finances du Roi, qui assistoit à ce traité, fut aussi qualifié *Secrétaire d'état.* Depuis tous les secrétaires des commandemens & finances ont suivi cet exemple, & le titre isolé de *secrétaire des finances* fut abandonné sans partage aux autres secrétaires du Roi qui portent ce nom (1).

A ce changement dans la qualité, en succédèrent peu de temps après, deux autres plus essentiels, l'un dans la manière d'exercer les fonctions de secrétaire d'état, & l'autre dans la forme de la réception à ces offices.

Le premier de ces changemens est arrivé sous Charles IX. « On remarque, dit » M. le président Hénault (2), que c'est » depuis Charles IX que les secrétaires » ont signé pour le Roi. Ce prince étoit » fort vif dans ses passions ; & Villeroi » lui ayant présenté plusieurs fois des » dépêches à signer, dans le temps qu'il » vouloit aller jouer à la paume : *signez,* » *mon père*, lui dit-il, *signez pour moi. Eh* » *bien, mon Maître*, reprit Villeroi, *puisque* » *vous me le commandez, je signerai.*

L'autre changement est dû à Henri III. Jusqu'au règne de ce prince, les secrétaires d'état n'avoient prêté serment qu'entre les mains du chancelier ou garde-des-sceaux. Mais au mois de mai 1588, il fut porté à Blois un réglement, par lequel le Roi ordonna que dorénavant les nouveaux pourvus de ces charges prêteroient le serment entre ses mains ; ce qui s'est toujours pratiqué depuis.

(1) *Voyez* ci-après, §. 6.

(2) Abrégé chronologique de l'histoire de France, 1574.

Ce même réglement contient quantité d'autres dispositions, pour la plupart très-curieuses (1).

II. Dans l'état actuel des choses, les secrétaires d'état jouissent des plus grands honneurs, & exercent les fonctions les plus importantes.

Ces places, dit Guillart (*Hist. du Conf.* p. 125),

(1) *Voici ce réglement.*

Le Roi ayant singuliérement à cœur de remettre les affaires de son royaume en l'état qu'un bon Prince très-catholique, généreux & amateur du bien de ses sujets, doit; & considérant qu'outre le soin & diligence qui peut dépendre de sa majesté, & qu'elle entend y rendre fort attentivement, il est très-nécessaire que ses ministres & serviteurs, à qui il lui plaît faire tant d'honneur que de se servir d'eux à la conduite & direction desdites affaires près sa personne, soient réglés par si bon ordre, que leurs fonctions se rapportent entiérement à la bonne intention de sa majesté, postposant toutes affections particulières, ne reconnoissant que sadite majesté & n'embrassant que ses seules volontés, & non de quelqu'autre que ce soit: A ORDONNÉ à ses secrétaires d'état par ce présent réglement à chacun la forme & manière qu'elle veut, & leur commande très-expressément être par eux respectivement gardée en leur service d'autant que par icelle les volontés, commandemens & ordonnances de sa majesté, sont manifestés à ses sujets, & à toutes autres personnes, auxquelles elle écrit & fait entendre ses intentions.

Premiérement, sa majesté veut que lesdits secrétaires d'état soient très-bons catholiques, ayant fait & faisant profession de la religion catholique, apostolique & romaine, & n'y en pourra être reçu d'autres.

Qu'ils ne reconnoissent que sadite majesté comme elle les veut choisir & prendre d'elle-même pour avoir charges très-importantes, outre l'honneur qu'ils en reçoivent, & l'obligation extrême qu'ils lui en ont.

Pour cette occasion, veut sadite majesté désormais qu'auxdits offices de secrétaires d'état, il n'en soit admis aucun qu'il n'ait trente-cinq ans passés, afin qu'il soit plus capable de la servir, pour n'être trop jeune, & par conséquent avec moins d'expérience qu'en tel état il est requis, & qu'ils soient pour servir & se comporter auxdites charges comme ils doivent.

Lesquels feront le serment qui leur est ordonné pour raison desdites charges, & outre ce, de garder & observer ledit présent réglement ainsi qu'il est maintenant fait, & comme il plaira à l'avenir à sadite majesté d'en ordonner; & le feront en sa présence, lequel ils signeront de leur propre main, qui sera après mis dans les coffres d'icelle; comme aussi un double dudit réglement signé comme les autres susdits, de quoi ils auront chacun un original.

Lesdits secrétaires d'état seront en nombre de quatre pour le plus, & pourvus par commission & non autrement.

Les paquets & dépêches, & lettres qui viendront à sa majesté, de quelque part que ce soit, lui seront portés tous les matins à cinq heures, à savoir ceux qui viendront au bureau des postes par le contrôleur d'icelles, ou personnes députées par lui en son absence; & ceux qui viendront par personnes expresses ou particulières, eux-mêmes les lui apporteront, les baillant tous au valet-de-chambre que sa majesté ordonnera, lequel les mettra dans un sac de velours violet qu'il aura à cette fin, sans y toucher, ni y laisser toucher par autre, si sa majesté de sa propre bouche ou par écrit signé de sa main, ne le commande autrement.

Ledit valet-de-chambre les présentera à sa majesté incontinent qu'elle entrera le matin en son cabinet, dans ledit sac tout fermé.

Défendant sadite majesté auxdits secrétaires de recevoir aucuns paquets, dépêches, ni lettres concernant les affaires de sadite majesté, ni par les mains dudit contrôleur, ou autre de quelque personne que ce soit, ains renvoyer ceux mêmes qui s'adresseront à eux suivant l'ordre susdit.

Et comme sa majesté veut plus que jamais embrasser l'intelligence & conduite de ses affaires, à ce que chacun le sache, & même ses sujets puissent mieux ressentir le fruit de l'amour & bienveillance qu'elle leur porte, elle ordonne qu'à elle seule soient adressés tous paquets, dépêches ou autres lettres concernant son service, & demandes ou requêtes dépendantes de sa bonté & libéralité, & ses ministres, serviteurs ou autres, soient faites en son nom & par elle signées, sans que lesdits secrétaires en écrivent sous leur nom aucuns de tous ces susdits points, à quelques personnes que ce soit; & conséquemment ne leur en sera aussi écrit ni à autres, fors & excepté d'accompagner lesdites dépêches qui seront faites à sa majesté de lettres particulières à la reine sa mère, voulant sadite majesté qu'en cela & en toutes autres choses soit rendu l'honneur & respect à ladite dame, que mérite le grand soin qu'elle a toujours eu & continue

p. 125), sont devenues si considérables, que les conseillers d'état se tiennent honorés d'y parvenir.

Tel fut en 1716, M. d'Armenonville, qui de conseiller d'état devint secrétaire d'état, & néanmoins fut autorisé par arrêt du conseil du 10 mars, à conserver la première de ces deux dignités, pour

---

prendre en ce qui concernera la manutention & bien de cet état, & la bonne, sincère & extrême affection qu'elle lui porte, & assistance que sa majesté reçoit continuellement de la prudence & bon jugement d'icelle.

Et afin que cet ordre soit exactement gardé, sera donné avis par lettres de sa majesté à ses lieutenans-généraux, gouverneurs des provinces, ambassadeurs & tous autres que besoin sera désormais de son intention, à ce qu'ils soient avertis de la volonté & résolution de sadite majesté en cet endroit, dont elle charge lesdits secrétaires de faire ce qui est de leur devoir ainsi qu'il leur est ordonné en ladite charge chacun au département qui leur sera baillé par sa majesté; lequel elle entend leur changer d'an en an, ou leur continuer selon qu'elle jugera le plus à propos pour le bien de son service, & à ce qu'ils se puissent mieux rendre instruits de toutes affaires concernant son dit service.

Se rendront tous les matins iceux secrétaires en l'ancienne chambre ou salle de sa majesté, à cinq heures, où ils entendront sa volonté après le lui avoir fait dire.

Etant entré où sera sa majesté, les paquets leur seront par elle distribués, lesquels ils ouvriront quand elle leur commandera, & en sa présence, & non autrement; & ils lui liront les lettres, tant à leur tour comme elle les appellera, qu'aussi lesdites lettres ainsi qu'elle leur ordonnera; ne voulant qu'il soit à l'option d'aucun de commencer à lire aucunes lettres que sa majesté ne lui commande.

Cependant que l'un d'eux lira les lettres, si sa majesté ne veut que ce soit tout haut; nul des autres ne s'en approchera, si sadite majesté ne l'y appelle.

Leur ayant sa majesté commandé les réponses sur icelles & autres dépêches qui s'offriront, les lui porteront faites le matin suivant au plus tard, pour les signer après qu'ils les lui auront pareillement lues, ne mettant esdites réponses que ce que sa majesté leur aura ordonné, sans recevoir sur icelles commandement que de la bouche de sa majesté, ou signé d'icelle, ou de la reine sa mère.

Leur défend sadite majesté très-expressément communiquer ni montrer aucunes desdites dépêches ou lettres par elle reçues, & réponses qu'elle leur aura ordonné, ou autres papiers concernant les affaires de sadite majesté, sinon à elle & à la reine sa mère, ou autres personnes qu'il leur sera commandé par sa majesté de sa propre bouche, ou écrit de sa main.

Feront tous les jours un bref extrait des points principaux de toutes les dépêches & réponses commandées, chacun de ce qui sera de son département, pour lesdits extraits bailler à sa majesté.

Et afin de n'être distraits de faire les dépêches nécessaires, & que sa majesté leur aura commandées, ne la viendront trouver aux heures d'après-dîner & du soir; mais enverront chacun l'après-dîner à midi faire savoir à sa majesté si elle leur commandera de l'aller trouver.

Et feront le semblable le soir à sept heures, employant à cet effet chacun un de leurs clercs qui portera à ladite heure par ce même moyen à sa majesté lesdits extraits bien cachetés, à ce qu'autre qu'elle ne les puisse voir, les mettant entre les mains de sa majesté, ou autre qu'elle ordonnera; & veut aussi qu'à la fin de chaque quartier ils lui baillent chacun pour son regard toutes lesdites dépêches & réponses écrites au long en un cahier de papier qu'elle veut garder devers elle, le tout en la sorte qu'elle leur ordonne, sans y omettre aucune dépêche ou réponse qui leur soit passée par les mains durant ledit temps.

Les placets seront présentés à sa majesté à l'audience qu'elle donnera pour les recevoir les samedis à l'issue de son dîner, sans qu'on s'en puisse adresser auxdits secrétaires, ni eux en recevoir aucuns, ce que sa majesté, pour quelque commandement qu'elle leur pût faire ci-après, leur défend d'en faire autrement, si sadite majesté n'étoit dehors pour quelques jours, & en ce cas encore que ce fût par un commandement exprès signé de sa main, & celui desdits secrétaires qui sera en mois se trouvera près d'elle en ladite audience, mettant lesdits placets dans un sac de velours ordonné pour cet effet, puis les portera en son cabinet, où il les laissera; desquels sa majesté fera dresser des rôles & iceux remettre ès mains dudit secrétaire qui sera en mois, lequel en fera faire trois doubles sans y rien ajouter, si ce n'est par commandement exprès de sa majesté fait de sa bouche ou par écrit & signé de sa main, & les représenteront à sa majesté le samedi suivant avec ledit rôle qui leur aura été baillé de sa part, pour les voir & signer ledit jour, s'il

l'exercer conjointement avec la seconde. (Guillard, *Hist. du Conf.* p. 132).

Dans le même temps, les fonctions de secrétaires d'état étoient réunies dans la personne de M. Voisin, à celles de chancelier. Ce magistrat avoit été nommé chef de la justice en 1714, & il n'en étoit pas moins demeuré secrétaire d'é-

---

plait à sa majesté; desquels doubles un demeurera pardevers elle, un autre ès mains du chancelier ou garde-des-sceaux qui seront apostillés sur icelui où sa majesté aura écrit de sa main; le troisième au secrétaire susdit qui sera celui où sa majesté aura écrit, sur lequel il fera les dépêches nécessaires selon que sa majesté les aura ordonnées; lesquels trois rôles seront signés de la main de sa majesté, & s'il se trouvoit audit rôle un même bienfait, don ou grace accordés à diverses personnes, ledit secrétaire saura le lendemain la volonté de sa majesté, & auquel il voudra que la dépêche en soit faite; déclarant sadite majesté pour nul ledit don, bienfait ou grace jusqu'à ce qu'elle ait déclaré auquel elle voudra que ledit don demeure, leur défendant faire aucunes expéditions en faveur de quelques personnes que ce soit pour chose dépendante de la grace, libéralité & volonté de sadite majesté, si elles ne sont passées & accordées sur ledit rôle; & dès-à-présent elle a déclaré & déclare nul & de nul effet celles qui seront autrement faites pour quelque cause & occasion que ce soit.

Celui desdits secrétaires qui sera en mois pour lesdits placets, recevra pendant ledit mois les résultats du conseil, & aura soin de les faire remettre en ses mains jusqu'à trois originaux, pour le plus tard le troisième jour, pour les faire voir à sa majesté, ou après les dépêches le matin ou l'après-dînée au conseil qu'elle tiendra, afin d'ordonner sur iceux sa volonté; & étant par elle signées, l'un des trois originaux demeurera entre ses mains, le chancelier ou garde-des-sceaux un autre, & le troisième sera remis par le secrétaire d'état entre les mains du secrétaire du conseil, pour faire, suivant icelui, les dépêches qui seront de sa charge, & ne sera dépêché aucun article desdits résultats, tant de ceux remis à sa majesté que des autres, soit aux conseils des matinées ou des après-dînées, qu'elle n'ait dit sur iceux, les ayant entendus, sa volonté; & afin que sadite majesté soit mieux instruite de la résolution prise sur chaque article des résultats, le secrétaire d'état qui sera en mois assistera toujours auxdits conseils, si sa majesté ne l'occupe à autre chose, pour les éclaircir en lui lisant les résultats des causes qui auront mû ledit conseil à prendre la résolution qui sera portée par lesdits résultats; où s'il n'y peut être, celui des autres secrétaires d'état que sa majesté ordonnera.

En l'absence de sa majesté les paquets seront portés à la reine sa mère, laquelle gardera le même ordre qui ci-devant dit est en la réception ou distribution d'iceux, & les fera ouvrir & lire en sa présence par lesdits secrétaires, lesquels tiendront la même règle, sujétion & assiduité en toutes choses en leurs charges près ladite dame reine sa mère, sa majesté étant dehors, qu'elle leur a donné près de soi.

Et après avoir lu lesdites dépêches devant ladite dame feront les extraits d'icelles, comme il est ci-dessus ordonné, lesquels ils enverront à sa majesté la part où elle sera de deux en deux jours, avec l'avis qu'il plaira à ladite Reine lui donner sur le contenu d'icelles, des réponses, qui y écherront; pour en être commandées par sa majesté les expéditions auxdits secrétaires, selon qu'elle jugera être expédient au bien de son service; après qu'elle les aura vues & mandé sur ce son intention; & ne laisseront lesdits secrétaires outre ledit extrait, de faire, après avoir entendu la volonté de sa majesté sur les réponses qu'elle trouvera bon être faites, celui que sa majesté a ordonné ci-dessus lui être tous les jours baillé tant des dépêches reçues, que des réponses résolues sur icelles, qu'ils lui enverront après, si elle est dehors, avec les mêmes dépêches.

Avenant que ladite dame reine mère de sa majesté, fût aussi absente, & que lesdits secrétaires fussent demeurés avec le conseil, lesdits paquets seront portés, si le valet-de-chambre qui est ordonné pour les recevoir, n'y étoit, par le contrôleur des postes, ou ses commis, & les autres par les personnes du conseil de sa majesté, qu'elle ordonnera, & non autres où se trouveront lesdits secrétaires; seront lesdits paquets par eux ouverts en présence des susdits pour y être vu & délibéré sur la réponse afin d'en donner avis à sa majesté, & lui enverront lesdits secrétaires, les extraits ainsi que dit est en l'article précédent, pour recevoir ce les commandemens d'icelle, selon lesquels ils feront lesdites réponses qu'ils enverront aussi signer à sa majesté; & lorsque lesdits secrétaires se trouveront au conseil, seront assis près d'une petite table à part & séparement de la séance des conseillers d'icelui, réservé toutefois en iceux, où les personnes de leurs ma-

tat. Mais au mois de janvier 1716, il y eut un édit qui supprima ce dernier office. Il fut enregistré le 5 février suivant.

III. Les secrétaires d'état ont par leurs brevets le titre de *secrétaires d'état des commandemens & finances de sa majesté*; néanmoins en parlant d'eux, on ne les désigne communément que par le titre de secrétaires d'état. Le Roi les qualifie de ses *amés & féaux*.

Leurs offices donnent la noblesse transmissible au premier degré, & même la qualité de chevalier, à ceux qui n'auroient pas d'ailleurs ces prérogatives.

Avant le cardinal de Richelieu, les secrétaires d'état n'étoient que rarement

---

jestés seront, qu'ils demeureront debout, si ce n'est qu'il y eût aucun d'iceux qui eût la séance audit conseil.

Voulant sa majesté qu'ils la suivent par tout où elle marchera, s'ils n'ont autre commandement de sa part, ou congé de se rafraîchir pour quelque temps; auquel cas sera à sa majesté & non à eux de commettre le département de celui qui sera absent, à tel autre d'eux qu'il lui plaira.

Et afin qu'ils aient moyen de s'entretenir & supporter la dépense qu'il leur conviendra faire à la suite de sa majesté, elle leur a ordonné & ordonne à chacun la somme de trois mille écus par an, qui leur seront payés par quartier en son épargne.

Auront un commis & six clercs, & non davantage, pour leur aider aux expéditions desdites charges, deux desquels pourront avoir la charge des extraits & cahiers des dépêches que sa majesté veut lui être baillés, ainsi qu'il est déclaré ci-dessus, & ne feront autre chose; & les quatre autres serviront en ce que lesdits secrétaires d'état verront être bon de les employer: tous lesquels néanmoins pour la jalousie qu'elle a que ses affaires ne soient maniées que par personnes de bonne vie & mœurs, leur commande les choisir de probité connue, surtout non suspects d'aucune tache d'hérésie ou autre mauvaise condition, ains qu'ils soient bons catholiques, ni pareillement d'affection particulière autre que du service de sa majesté; tous lesquels commis & clercs ils ne pourront prendre que sa majesté ne les connoisse & ne les ait agréables, & pour cet effet chacun d'eux en baillera les noms signés de leurs mains à sadite majesté avant de les employer, comme ils feront semblablement, avenant occasion, par mort ou autrement d'en avoir d'autres, en chargeant lesdits secrétaires d'avoir l'œil sur leursdits commis & clercs, prenant garde le plus qu'ils pourront qu'ils ne se laissent pratiquer de quelque part que ce soit pour entendre à autre chose qu'à rendre toute diligence & fidélité à ce qu'ils seront employés, sans leur souffrir de prendre ou avoir état, pension ou présent de quelque personne que ce soit, que sa majesté seule, ni communiquer aucunes affaires de sa majesté qui leur seront commises.

Lesdits commis auront les taxes accoutumées pour les expéditions qu'ils feront sous lesdits secrétaires, à raison de quatre livres dix sous pour peau de parchemin, & quinze sous pour chacun feuillet de papier écrit, ainsi qu'il a été fait par ci-devant.

Ne s'ingéreront lesdits secrétaires de proposer aucunes personnes, soit leur parent ou autres, ès charges & commissions qui seront à pourvoir par sa majesté, mais seulement si elle en veut avoir leur avis, le lui donneront ensemble de toutes autres choses qu'elle leur commandera en toute sincérité, & sans autre respect que du bien de son service.

Lesdits secrétaires ne hanteront ni fréquenteront, ni iront boire ni manger chez quelques princes, seigneurs ni autres personnes que ce soit, que chez sa majesté & la reine sa mère, ou chez eux ou entre eux, ce que sa majesté leur défend très-expressément, ni auront pratique, ni communication, ni intelligence avec aucuns des susdits; ne prendront ni accepteront gages, pensions, ni bienfaits que de sa majesté; ne recevront commandement en chose qui regarde le service, ou la volonté & libéralité de sa majesté, que de sa propre bouche, ou par écrit de sa main, ou signé d'elle ou de la Reine sa mère; ne révéleront à autres les dépêches & secrets; & en tout ce qui dépend desdites charges, se comporteront comme les astreint leur devoir naturel, & par le serment qu'ils en ont fait en cette charge de secrétaire d'état, gardant fidellement & soigneusement le contenu du présent réglement de point en point, sans s'en dispenser en aucune sorte ni pour quelque cause que ce soit, sous peine d'être tenu pour nul, & de nul effet & valeur ce qu'ils feroient au contraire, comme sa majesté le déclare dès-à-présent, & en répondre en leurs biens & personnes. Fait à Blois, au mois de mai 1588.

qualifiés de *Monseigneur*, par les particuliers qui leur parloient ou écrivoient. Mais depuis, ce titre a toujours été regardé comme un attribut de leur dignité. On conte qu'un vieil officier, qui savoit peu le protocole de la cour, ayant écrit au marquis de Louvois *monsieur*, & n'ayant point eu de réponse, lui écrivit *Monseigneur*, & n'en obtint pas davantage, parce que le ministre avoit encore le *monsieur* sur le cœur. Enfin, ajoute-t-on, il lui écrivit, *à mon Dieu, mon Dieu Louvois*, & au commencement de la lettre il mit: *mon Dieu, mon Créateur* (1).

M. de Louvois ne borna point aux particuliers, son attention sur le cérémonial qu'on devoit garder envers lui. Les secrétaires d'état qui l'avoient précédé, étoient dans l'usage d'écrire *Monseigneur*, aux ducs & aux grands officiers de la couronne: il fut le premier qui supprima ce protocole. Il fit plus, il exigea le *Monseigneur* pour lui, de la part de tous ceux à qui il ne le donnoit pas précédemment. Le marquis d'Ambre, lieutenant-général, fut forcé de renoncer au service, pour n'avoir pas voulu s'y soumettre (2).

IV. Ce sont les secrétaires d'état qui dressent les traités de paix, de guerre, d'alliance, de commerce & les autres négociations. Ils les signent au nom du Roi, les conservent dans leurs dépôts (3), & en délivrent des expéditions authentiques.

Ce sont pareillement eux qui dressent & expédient les lettres de don, les brevets, les lettres de cachet & les autres dépêches du Roi.

V. On a déjà remarqué que le nombre des secrétaires d'état n'a pas toujours été le même. Il fut fixé à cinq à la fin de septembre 1718; mais présentement ils ne sont plus que quatre.

Ils ont chacun leur département. Louis XIII les avoit fixés par un réglement du 11 mars 1626; mais il y a été fait depuis bien des changemens.

Aujourd'hui les départemens auxquels se rapportent les différentes branches de leurs fonctions, sont, 1°. les affaires étrangères, 2°. la marine, 3°. la guerre, 4°. la maison du Roi & le clergé.

Le secrétaire d'état qui a le département des affaires étrangères, a aussi ordinairement celui des pensions & des expéditions qui en dépendent, les dons, brevets & pensions tant des étrangers que des personnes non militaires des provinces de son département.

Celui qui a le département de la marine, est de même ordinairement chargé de tout ce qui y a rapport, comme des fortifications de mer, du commerce maritime, des colonies françoises, & de toutes les pensions & expéditions qui en dépendent.

Le secrétaire d'état au département de la guerre, a en même temps les maréchaussées, l'artillerie, les fortifications de terre, les pensions, dons & brevets des gens de guerre, tous les états-majors (à l'exception des gouverneurs-généraux, des lieutenans-généraux & des lieutenans de Roi des provinces qui ne sont pas de son département), les haras du royaume & les postes.

Enfin celui qui a le département de la maison du Roi & du clergé, a communément les affaires générales de la religion-prétendue-réformée, les économats, & l'expédition des dons & brevets pour les provinces de son département, quand ils ne concernent ni des gens de guerre, ni des étrangers.

Voici quelle est actuellement la distribution des provinces entre les quatre départemens.

Dans celui des affaires étrangères sont

(1) Voltaire, Mélanges de littérature, &c. §. des Titres.

(2) Mémorial de M. Duclos, 1781, p. 86.

(3) Ces dépôts ne sont conservés de suite que depuis le temps de M. Colbert: ils sont placés au vieux Louvre.

la Guienne haute & basse, ce qui comprend les intendances de Bordeaux, Ausch & Bayonne, la Normandie, qui comprend les généralités de Rouen, Caen & Alençon, avec la partie du Perche qui dépend de cette dernière généralité, la Champagne & la partie de la Brie qui dépend de la généralité de Châlons, la principauté de Dombes & le Berry.

Le département du ministre de la maison du Roi comprend la ville & généralité de Paris, le Languedoc haut & bas, avec la généralité de Montauban, la Provence, la Bourgogne, la Bresse, le Bugey, le Valromey, le pays de Gex, la Bretagne, le comté de Foix, la Navarre, le Béarn, le Bigorre, le Nebouzan, la Picardie, le Boulonnois, la généralité de Tours, l'Auvergne, qui comprend la généralité de Riom, la généralité de Moulins qui comprend le Bourbonnois, le Nivernois & la haute Marche, la généralité de Limoges qui comprend l'Angoumois & la basse Marche, celle de Soissons, celle d'Orléans qui comprend une partie du Perche, le Poitou, la Saintonge, le pays d'Aunis, Brouage, les isles de Rhé & d'Oléron.

Le département du ministre de la guerre comprend les Trois-Evêchés, la Lorraine, le Barrois, l'Artois, la Flandre, le Hainaut, le Cambresis, les pays d'entre Sambre & Meuse & d'Outre-Meuse, l'Alsace, la Franche-comté, le Roussillon, le Dauphiné, la ville de Sédan avec les dépendances, & l'isle de Corse.

Dans le département du ministre de la marine, sont toutes les colonies françoises, le commerce des Indes, les isles de France & de Bourbon, tous les établissemens françois au-delà du Cap de Bonne-Espérance, les pêches de la morue, du hareng, de la baleine & autres, les consulats, la chambre de commerce de Marseille, les isles Françoises de l'Amérique & tout ce qui regarde l'Amérique.

Anciennement les secrétaires d'état avoient, chacun pendant trois mois de l'année, l'expédition de toutes les lettres, dons & bénéfices que le Roi accordoit pendant ce temps. Actuellement chacun expédie les dépêches qui concernent les affaires & les provinces de son département.

C'est de-là que toutes les lettres & mémoires qu'une province ou une ville adressent au Roi, doivent passer par les mains du secrétaire d'état qui a cette province ou cette ville dans son département.

Par la même raison, les députés des cours souveraines, des états provinciaux & des corps-de-ville, sont conduits à l'audience du Roi par le secrétaire d'état qui a dans son département la province ou la ville d'où vient la députation.

VI. Les secrétaires d'état sont officiers de plume & d'épée. Ils entrent chez le Roi & dans les conseils avec leurs habits ordinaires & l'épée au côté.

Le réglement du 3 janvier 1673 ordonne que les secrétaires d'état auront entrée, séance & voix délibérative dans tous les conseils. Aussi le Roi les qualifie-t-il ordinairement de *nos conseillers en tous nos conseils*. La déclaration du 20 août 1699 dont on parlera ci-après, leur donne expressément cette qualité.

Il y a une exception à l'égard du conseil d'état proprement dit, ou, ce qui est la même chose, de celui dont on a vu plus haut que la seule entrée donne aux personnes que le Roi y admet, le titre de ministres d'état. Des quatre secrétaires d'état, il n'y a que celui dans le département duquel se trouvent les affaires étrangères, qui y a entrée de plein droit pour y faire le rapport de toutes les affaires de cette nature qui se présentent à examiner; & c'est pourquoi il est regardé comme ministre d'état né.

Quant aux autres secrétaires d'état, il est assez ordinaire que le Roi les fasse aussi appeler au conseil d'état, & par-là leur attribue la qualité de ministres; mais ce n'eſt communément qu'après un certain temps de ſervice.

VII. Le rang des ſecrétaires d'état dans les conſeils du Roi ſe règle ſuivant l'ordre de leur réception, ou ſelon les autres dignités dont ils ſont revêtus, lorſqu'ils y prennent ſéance.

Les réſolutions priſes dans les conſeils du Roi ſont recueillies par chaque ſecrétaire d'état pour les affaires de ſon département.

VIII. Les ſecrétaires d'état ſont en poſſeſſion immémoriale de recevoir les contrats de mariage des princes & des princeſſes, qui ſont paſſés en préſence du Roi: ces contrats ſont auſſi authentiques que s'ils étoient reçus par un notaire, ils produiſent les mêmes effets, notamment pour l'hypothèque, & la minute en demeure entre les mains du ſecrétaire d'état qui les a reçus. C'eſt ce qui a été confirmé par une déclaration du 21 avril 1692, enregiſtrée au parlement de Paris le 30 du même mois (1).

Cette loi fit naître une difficulté au mois de juillet 1713. M. le duc de Bourbon épouſa mademoiſelle de Conti, & M. le prince de Conti épouſa mademoiſelle de Bourbon. Les contrats de mariage furent ſignés par les parties, en préſence du Roi, & de MM. de Torcy & de Pontchartrain, ſecrétaires d'état. Le même jour, les parties ſignèrent, pardevant Lange leur notaire, un autre acte portant déclaration que ce jourd'hui elles avoient fait & ſigné le contrat dont les clauſes ſuivoient; le contrat fut copié; & enfin il étoit dit que les parties conſentoient que leurs biens demeuraſſent obligés à l'exécution. M. de Pontchartrain, averti de cela, écrivit ſur le champ au ſieur Dupuy, ſyndic des notaires, & lui dit que ſa majeſté avoit été vivement offenſée d'une contravention auſſi ſenſible à ſa déclaration du 11 avril 1692; qu'on eût inceſſamment à lui rapporter les deux minutes de ces actes, ſinon que Lange & ſon confrère ſeroient punis. Là-deſſus, le conſeil des princes & princeſſes s'aſſembla à l'hôtel de Condé

(1) *Voici les termes de cette déclaration*: Quoique par pluſieurs ordonnances & déclarations des Rois nos prédéceſſeurs, la faculté de recevoir des contrats ait été attribuée aux notaires & aux tabellions, privativement à nos autres officiers, cependant nos amés & féaux conſeillers ſecrétaires d'état, & de nos commandemens & finances, ſe ſont toujours conſervés dans la poſſeſſion de recevoir les contrats de mariage des princes & princeſſes, paſſés en préſence des Rois nos prédéceſſeurs & de nous; & juſqu'à préſent, perſonne n'a pu raiſonnablement douter que les contrats de mariage ainſi paſſés, n'euſſent reçu la forme la plus authentique, qu'ils ne duſſent avoir une entière exécution, & qu'ils ne produiſiſſent les mêmes effets que s'ils avoient été paſſés devant notaires.

Cependant, comme nous avons été informés que, ſous prétexte que cette juriſprudence n'a été fixée par aucun édit ni déclaration, les notaires s'efforcent de jeter des ſcrupules ſur la forme deſdits contrats, & prétendroient introduire la néceſſité d'en dépoſer chez eux une double expédition, reconnue devant eux par les parties; ce qui nous a paru une entrepriſe contraire au reſpect & à la foi qui ſont dus à des actes qui portent un caractère auſſi authentique: nous avons jugé important pour les conſéquences, de réformer un tel abus, & en même tems d'établir à cet égard un droit certain & public.

A ces cauſes, de notre certaine ſcience, pleine puiſſance & autorité royale, nous avons, par ces préſentes ſignées de notre main, dit & déclaré, diſons & déclarons, voulons & nous plaît, que les contrats de mariage paſſés en notre préſence, & reçus par nos amés & féaux conſeillers & ſecrétaires d'état, & de nos commandemens & finances, ſoient exécutés, qu'ils portent hypothèque du jour de leur date, & qu'ils aient en toutes choſes la même force & vertu que s'ils avoient été reçus par des notaires.

Voulons que la minute en demeure entre les mains de celui de noſdits ſecrétaires d'état qui les aura reçus, qui pourra en délivrer des expéditions: & néanmoins, pour la commodité des parties, voulons qu'il en ſoit dépoſé une copie par lui ſignée par collation, chez un notaire qui en pourra délivrer des expéditions comme s'il en avoit reçu la minute.

Si donnons en mandement, &c.

le 18 août 1713, & il fut résolu que les minutes seroient remises sans délai à M. de Pontchartrain. « On voulut, dit » Brillon (1), marquer de la soumission » aux ordres du Roi, complaire au mi- » nistre, ménager un notaire qui auroit » pu devenir la victime du ressentiment, » & en même temps ne pas compro- » mettre l'honneur des princes, qui étant » absens, devoient être censés ignorer » ce qui se passoit. Avant que de rendre » les minutes, M. de Pontchartrain offrit » de donner une expédition en bonne » forme, qui pouvoit être déposée chez » le notaire. Lange pour sa décharge, » mit la lettre dans ses minutes ».

IX. On a mis autrefois en question si l'on devoit punir de mort ceux qui avoient eu la témérité de contrefaire la signature des secrétaires d'état. Une déclaration du 20 août 1699 a tranché la difficulté; voici ce qu'elle porte : « Voulons & nous » plaît que tous ceux qui contreferont » les signatures de nos conseillers en tous » nos conseils, secrétaires d'état & de nos » commandemens, ès choses qui concer- » neront la fonction des charges desdits » secrétaires d'état, soient à l'avenir pu- » nis de mort ». Cette déclaration a été enregistrée au parlement de Paris le 2 septembre suivant.

X. On a déjà observé que par les anciennes ordonnances, & notamment par celle de Charles VI du mois de mai 1413, les secrétaires d'état étoient obligés d'être pourvus d'un office de secrétaire du Roi. Le collège des secrétaires du Roi obtint en conséquence en 1633 un arrêt contre M. de Savigny, secrétaire d'état, qui lui ordonna de se faire pourvoir dans six mois d'une de leurs charges.

Mais cet usage a été changé en 1727, à l'occasion de M. Chauvelin, garde-des-sceaux & secrétaire d'état au département des affaires étrangères. Sa majesté le dispensa d'être secrétaire du Roi, & étendit en même temps cette dispense à à tous les autres secrétaires d'état.

XI. Un édit du mois de décembre 1694 avoit créé quatre offices de commis des secrétaires d'état. Mais ces offices furent supprimés & réduits en simples emplois.

On n'a peut-être jamais agité dans les tribunaux la question de savoir si ces emplois dérogent à la noblesse; mais elle a été prévue par Roussel de Bouret, *avocat en parlement & commis au bureau des affaires contentieuses du contrôle général des finances*, dans son commentaire sur la coutume d'Artois, tome 1, page 5. Voici ses termes : « il est notoire que la qua- » lité de commis de ministre, loin de » déroger à la noblesse, sert quelquefois » de degré pour y parvenir ».

## §. III.

### *Des Conseillers d'Etat.*

I. Les conseillers d'état sont parmi nous ce qu'étoient sous les empereurs romains, les patrices, dignité si éminente que les Rois eux-mêmes se faisoient honneur d'en être décorés (2).

Il a été un tems où le garde-des-sceaux étoit considéré comme *conseiller d'état* & en prenoit le titre. L'édit de janvier 1551 portant érection de la chambre des monnoies en cour souveraine, en contient la preuve. Voici de quelle manière il est terminé : « si don- » nons en mandement à notre amé & » féal *conseiller en notre privé conseil* &

(1) Dictionnaire des arrêts, au mot *Prince*, nombre 7.

(2) *Clodovæus Francorum rex ab Anastasio imperatore ob victos Alemannos idolatras, & Visigothos Arianos, consul & patricius creatus : quâ tituli majestate secundùm Cæsarum decus, nullum majus excellentiusve fastigium excogitari poterat.* ÆMILIUS, *Lib. 8.*

Le roi Pepin prenoit pareillement la qualité de Patrice, & les papes lui écrivoient : *Pipino regi Francorum & patricio Romanorum.* Duchesne, *tom. 1, p. 366.*

» garde-des-sceaux de la chancellerie » de France, que ces présentes il fasse » lire....»

On voit par des lettres de 1550, que les conseillers d'état avoient alors la préséance sur les secrétaires d'état (1).

Les réglemens de 1413, 1585 & 1628, nous présentent de nouvelles preuves de l'éminence de ces dignités. Suivant ces loix, les conseillers d'état ne pouvoient être attachés à aucun autre prince que le Roi; qu'ils devoient accompagner sa majesté lorsqu'elle sortoit en public, & qu'il falloit qu'il y en eût toujours quelques-uns présens, lorsqu'elle étoit à table.

Le réglement du 8 février 1672 est encore un monument bien authentique de la considération dont nos Rois ont toujours honoré les conseillers d'état. La charge de chancelier étoit alors vacante, & il n'y avoit point de garde-des-sceaux par qui devoient être présidés les conseils du Roi. Le réglement cité décida qu'ils le seroient par le doyen des conseillers d'état, que le rapport se feroit devant lui, dans la même forme que s'il y eût eu un chancelier, & que les secrétaires des finances, ainsi que les greffiers du conseil des parties, expédieroient sans difficulté sur sa signature.

II. On conçoit aisément que plus la dignité de conseiller d'état est relevée, plus elle a dû être recherchée dans tous les tems. Aussi a-t-on remarqué ci-devant, sections 1 & 2, que malgré une foule de réglemens faits pour prévenir en cette matière toute surprise & tout abus de faveur, le nombre de ces magistrats s'étoit accru avant Louis XIV à un point tantôt plus, tantôt moins considérable, mais toujours nuisible au bon ordre, & contraire à la saine politique.

Mais on a remarqué en même tems que par le réglement de 1673, ce nombre fut fixé irrévocablement à trente conseillers; savoir, trois d'église, trois d'épée & vingt-quatre de robe. Il n'y a encore eu aucune dérogation à ce réglement.

III. Les conseillers d'état sont divisés en deux classes; les uns sont ordinaires & les autres *semestres*.

On appelle ordinaires, ceux qui doivent servir au conseil pendant toute l'année. Ce sont les conseillers d'état, d'église & d'épée, & douze des conseillers d'état de robe longue.

Les douze autres sont appelés *semestres*, parce qu'ils ne sont obligés de servir que pendant six mois. Mais il est d'usage depuis long-tems qu'ils servent aussi pendant toute l'année.

Lorsqu'il vaque une place de conseiller d'état ordinaire de robe, le Roi la donne toujours à l'un des semestres; le plus ancien est ordinairement préféré.

Autrefois, les conseillers d'état étoient obligés de se faire recevoir au parlement, du moins lorsqu'ils vouloient y prendre séance dans les lits de justice. C'est ce que prouve une ordonnance de Charles VI, adressée aux présidens du parlement & publiée le 29 janvier 1388: & c'est ce que confirment les prestations de sermens faits en cette cour par différens conseillers d'état, en 1421, le 4 juillet 1423, le 18 août 1425, le 18 février 1428 & le 4 juillet 1433 (2).

Aujourd'hui la réception des conseillers d'état se fait en plein conseil. Le récipiendaire y prête serment debout &

(1) « Pour les négociations de la paix, en » 1550, le Roi nomma François de Montmo- » rency de la Rochepot, gouverneur de Picar- » die; Gaspard de Coligny de Châtillon, colo- » nel de l'infanterie Françoise; André Guillard, » seigneur du Mortier, conseiller d'état; & Guil- » laume Bochetel, secrétaire d'état; ce qui m'ap- » prend qu'en ce temps-là les conseillers d'état » étoient nommés & avoient le pas dans les » conseils avant les secrétaires d'état ». Guillard, *Hist. du Conf. p.* 111.

(2) Hist. du Conf. p. 36.

& découvert entre les mains de M. le chancelier, & il prend sa place aussitôt après.

C'est Louis XIII qui a prescrit cette forme par son réglement du 3 janvier 1628. Cette loi défend de recevoir le serment de conseiller d'état ailleurs qu'en plein conseil; & veut que l'acte en soit signé par les six plus anciens conseillers d'état (1).

IV. Il y avoit autrefois de fréquentes contestations sur le rang des conseillers d'état entre eux. Quelques-uns prétendoient que le pas devoit être réglé par ordre d'ancienneté, à compter du jour de l'expédition des lettres; d'autres soutenoient que la prestation de serment, étoit l'époque à laquelle on devoit se fixer. Le plus grand nombre étoit d'avis qu'il ne falloit considérer que l'instant où l'on commençoit un service actuel & c'est ce dernier qui a prévalu. Le réglement du 12 octobre 1622 est formel sur ce point. Louis XIII y dit « qu'attendu qu'aucuns » des officiers de ses parlemens & autres » cours souveraines, après la résignation » de leurs offices, se retiroient au conseil, » & prétendoient y prendre rang du jour » qu'ils y avoient été reçus en vertu des » brevets qui leur en avoient été expédiés plutôt pour honorer leurs charges, » que pour y servir, & ce au préjudice » de ceux qui après avoir été employés » aux ambassades & autres charges importantes de l'état, tant dedans que » dehors du royaume, étoient ordonnés » pour y servir continuellement, ce qui » apportoit de la confusion; en conséquence sa majesté a déclaré qu'elle n'entendoit que lesdits officiers ou autres » qui avoient été honorés de semblables » brevets eussent rang & séance en son » conseil, que du jour qu'ils y serviroient » actuellement après avoir résigné leurs » offices, & qu'ils seroient employés dans » l'état des appointemens ordonnés par » sa majesté à ceux desquels elle veut » être ordinairement servie ».

Le réglement du 1 juin 1624 confirme ces dispositions. Il désigne nommément les personnes que le Roi retenoit pour servir en ses conseils, & il ajoute: « en » cas que sa majesté appelle ci-après quelques autres pour être ordinairement en

(1) La formule de ce serment n'a pas toujours été la même. Voici celle qui est prescrite par le réglement du 31 mai 1582.

« Vous jurez Dieu, votre créateur, de bien » fidellement & soigneusement servir le Roi, » notre souverain seigneur, ci-présent, en l'état » & charge de conseiller en son conseil d'état; » ne révéler jamais à personne vivante les choses » qui se traiteront en votre présence audit con- » seil, ni autres qui vous seront ci-après communiquées par sa majesté, & entendre de ses se- » crets; que vous ne lui donnerez jamais con- » seil ni avis que vous ne pensiez en votre con- » science être juste & équitable, & utile à son » service; que vous l'avertirez très-fidellement » de tout ce que vous connoîtrez & apprendrez » importer l'honneur, la personne & le service » de sadite majesté, sans y faire faute, ni avoir » égard à créature vivante; que vous ne vous » obligerez au service, ni prendrez pension ni » état, d'autre Roi, prince, potentat, ni autre » quel qu'il soit, que de sadite majesté seule, » sans congé & permission, à peine de la vie, » d'être déclaré indigne de servir au conseil de » sadite majesté, & de la servir en la charge de » laquelle elle vous a fait cet honneur de vous » appeler; que vous garderez & ferez garder » de tout votre pouvoir, les édits & ordon- » nances de sadite majesté, & aussi le réglement » qu'il lui a plu faire pour son conseil; ne per- » mettrez qu'en icelui soit fait aucun abus, » brigue ou monopole contre le service de sa » majesté, l'équité & la raison: ains, que vous » vous y opposerez formellement; & ferez en » cela & toutes autres choses qui consistent & » dépendent de ladite charge, tout ce qu'un » personnage craignant Dieu, & aimant la per- » sonne & le service du Roi, doit & est tenu » de faire pour la décharge de sa conscience & » le bien des affaires de sa majesté, laquelle, » moyennant ce, vous admet & reçoit au nom- » bre de ceux de son conseil d'état, pour, dores- » navant, y seoir avec voix délibérative, & » servir aux honneurs & prééminences qui y » appartiennent, comme ont ci-devant fait & » font à présent ceux qui y sont ».

» ses conseils, ils n'auront rang & séance » que du jour qu'ils y seront appelés, encore qu'ils eussent prêté le serment auparavant ».

Le réglement du 9 janvier 1673 renouvelle cette décision. Il déclare, article 9, » que les conseillers d'état, soit qu'ils » soient prélats, gens d'épée ou de judicature, doyen des maîtres des requêtes » ou des quartiers, n'auront rang & séance » que du jour qu'ils y seront appelés, » & serviront actuellement nonobstant » l'ancienneté de leurs brevets & qu'ils » eussent même prêté le serment, à la ré- » serve néanmoins des princes du sang, » des cardinaux & des officiers de la cou- » ronne, qui précéderont les autres con- » seillers d'état ».

Le doyen du conseil jouit de plusieurs prérogatives. Il est assis au conseil vis-à-vis du chancelier, & lorsqu'il est absent, sa place n'est point remplie, il ne la céde qu'aux officiers de la couronne.

On lit même dans l'histoire du conseil, page 208, que M. le chancelier se découvre en demandant l'avis du doyen, comme il fait à l'égard des princes du sang, des pairs & des officiers de la couronne.

V. Il y a eu deux contestations célèbres pour la place de doyen, l'une entre MM. Poncet & de Villayer, & l'autre entre M. l'archevêque de Reims & M. de la Reynie.

Dans la première espèce, M. Poncet, le plus ancien des conseillers d'état ordinaires, prétendoit au doyenné, à l'exclusion de M. de Villayer, conseiller d'état semestre, dont la réception étoit antérieure à la sienne. Des considérations particulières pour M. Poncet firent adopter une espèce d'accommodement entre lui & son compétiteur; mais la question ne laissa point d'être jugée pour l'avenir en faveur des conseillers semestres. L'arrêt est du 9 décembre 1680 (1).

Dans la seconde espèce, il s'agissoit de savoir si M. l'archevêque de Reims qui avoit pris séance au conseil en 1679,

---

(1) Cet arrêt contient le précis des moyens qui étoient employés de part & d'autre dans cette affaire. Le voici:

« Vu par le Roi, étant en son conseil, les re- » quêtes & mémoires respectivement présentés » à sa majesté par les sieurs Poncet, conseiller » ordinaire de sa majesté en son conseil d'état, » & de Villayer, conseiller-semestre audit con- » seil; celle du sieur Poncet, tendante à ce que » les conseillers d'état ordinaires soient mainte- » nus dans le droit de remplir la place de doyen, » à l'exclusion des conseillers d'état semestres; » &, en conséquence, qu'il sera mis & installé » en la place de doyen, vacante par le décès du » sieur de Leseau, avec défenses au sieur de Vil- » layer de l'y troubler; ladite requête fondée » sur ce que le conseil est une compagnie ordi- » naire, qui a une fonction continuelle & dis- » tinguée des autres, & dans lequel il n'y a » jamais eu qu'un doyen, qui a sa fonction pen- » dant toute l'année; que par les anciens régle- » mens, les conseillers d'état ordinaires ont tou- » jours été distingués des semestres; & celui du » 10 janvier 1673, porte, en termes formels, » que les conseillers d'état semestres n'auront » entrée hors leurs semestres, s'ils ne sont appe- » lés; d'où il s'ensuit qu'un conseiller d'état, qui » n'a que six mois de fonctions, ne peut être » le premier d'une compagnie qui en a une or- » dinaire & continuelle, & qu'il a un droit ac- » quis pendant les six mois qui ne sont du se- » mestre dudit sieur de Villayer; ensorte que » n'étant pas de l'ordre qu'il y ait deux doyens » dans le conseil, il doit exclure ledit sieur de » Villayer, qui n'a pas l'aptitude nécessaire pour » remplir cette place, à l'exemple de ce qui arrive » dans le parlement de Paris à l'égard des con- » seillers de la R. P. R. lesquels ne pouvant mon- » ter à la grand'chambre, le conseiller catholique » qui les suit, est préféré à celui de la religion » prétendue réformée, qui, quoique plus ancien, » descend d'un degré. Les mémoires du sieur de » Villayer, pour réponses à la requête & à ceux » dudit sieur Poncet, contenant que la place dont » il est question n'est ni charge ni dignité, & n'est » que le rang que l'âge donne; il a été observé » dans le conseil, entre les conseillers d'état or- » dinaires & les semestres; & il n'y a jamais eu » d'autre distinction entre eux, sinon que ceux-là » ont servi toute l'année, & ceux-ci six mois » seulement: les listes faites en conséquence du » réglement de 1670, nomment tous les conseil- » lers d'état ordinaires & semestres chacun sui-

comme simple conseiller d'état, & y avoit ensuite joui du rang de premier pair de France, pouvoit, à cause de l'ancienneté de son serment, prétendre la place de doyen du conseil. M. de la Reynie soutenoit que les grands officiers de la couronne, ni les pairs, sur-tout les ecclésiastiques, ne pouvoient être admis à cette place, & par conséquent qu'elle devoit lui être accordée, comme plus ancien des conseillers d'état ordinaires laïques. M. l'archevêque de Reims répondoit que sa qualité de duc & pair ne le devoit pas exclure d'une place aussi honorable, principalemeut parce qu'il n'étoit pas entré au conseil comme duc & pair, mais en vertu d'une commission de conseiller d'état d'église. Par arrêt du 17 février 1704, le Roi jugea en faveur de M. l'archevêque de Reims (1).

---

» vant leur rang; il y a toujours été nommé » avant le sieur Poncet; il l'a toujours précédé » dans les commissions; le sieur Poncet est venu » chez lui, où il l'a précédé : ensorte qu'il l'a » reconnu de tout temps pour son ancien; & » comme il n'est question que de ce seul point » entre eux, il a jugé une infinité de fois lui- » même la contestation : il n'y a ni loi, ni juge- » ment qui établisse la prétendue incapacité des » semestres; & la défense d'entrer dans le con- » seil hors le semestre, n'a été faite que pour » la police du conseil & l'expédition des affaires. » Sur ces raisons, il conclut à ce qu'il soit main- » tenu dans le rang & séance d'ancien & de » doyen du conseil; & sa majesté voulant régler » ce différend, & pourvoir à ceux qui pourroient » arriver à l'avenir sur le même sujet : oui le rap- » port du sieur Colbert, conseiller au conseil » royal, contrôleur-général des finances;

» Le Roi, étant en son conseil, a ordonné » & ordonne que pendant six mois, commen- » çant au premier juillet, & finissant au der- » nier décembre de chacune année, le sieur de » Villayer sera doyen du conseil, & pendant » les six mois commençant au premier janvier » & finissant au dernier de juin, le sieur Poncet » sera pareillement doyen, & que les honneurs, » droits & avantages, dont les doyens du con- » seil ont joui jusqu'à présent, seront partagés » également entre eux; ordonne en outre sa ma- » jesté qu'en toutes assemblées publiques & par- » ticulières, ledit sieur de Villayer précédera le » sieur Poncet; veut & entend sa majesté qu'à » l'avenir la place de doyen du conseil venant » à vaquer, le plus ancien des conseillers d'état » y soit admis; & s'il se trouve semestre, il sera » ordinaire du jour que la place de doyen aura » vaqué. Fait au conseil d'état du Roi, sa ma- » jesté y étant, tenu à S. Germain-en-Laye, le » neuvième jour du mois de décembre mil six » cent quatre-vingt. *Signé*, COLBERT.

(1) *Voici cet arrêt.*

Vu par le Roi, étant en son conseil, les requêtes & mémoires respectivement présentés à sa majesté par le sieur archevêque de Reims & par le sieur de la Reynie, conseillers ordinaires du Roi en son conseil d'état; celle du sieur archevêque de Reims tendante à être maintenu dans la qualité de doyen du conseil, & en tous les droits y attribués : cette demande, fondée sur ce qu'il est devenu, par ordre de réception, le plus ancien du conseil, par le décès du sieur Courtin, conseiller d'état ordinaire, qui en étoit le doyen, & sur ce qu'il n'a rien en sa personne qui puisse l'exclure de cet avantage, n'en pouvant être exclu ni par sa dignité de pair de France, que le réglement du 3 janvier 1673, ni aucune ordonnance ne déclarent incompatible avec la qualité de doyen du conseil, où il n'est pas entré comme pair, mais en vertu de ses provisions de conseiller d'état d'église, qui sont conçues dans les mêmes termes que celles du sieur de la Reynie; ni par sa qualité d'ecclésiastique, qui ne porte non plus avec elle, par aucune loi, aucune incompatibilité avec le décanat : que quoiqu'il n'ait pas besoin de sa qualité de doyen pour avoir la préséance au conseil sur tous les autres conseillers d'état, il la regarde néanmoins avec l'estime & la considération qu'elle mérite, & croiroit ne pouvoir y renoncer sans se faire tort à lui-même, & sans blesser les droits des autres conseillers d'état ecclésiastiques, à qui (quoique l'on dise) on veut contester, en cette occasion, dans sa personne, la faculté de devenir doyens du conseil par leur ancienneté, quoique le grand nombre de cardinaux, d'archevêques & évêques, élevés à la dignité de chancelier de France, prouve suffisamment que les ecclésiastiques ne doivent pas être jugés incapables de posséder de moindres places dans le conseil, & que l'usage contraire de quelques compagnies, ne puisse être opposé, surtout depuis les différens arrêts qui ont été rendus sur semblables matières, & particuliérement depuis l'arrêt du 17 mars 1682. Par toutes lesquelles raisons & autres portées par ses mémoires, il conclut, comme il a été dit, à ce

M. de la Reynie se fondoit, entre autres moyens, sur un exemple qu'il s'appliquoit par analogie. En 1665, disoit-il, après le décès de M. d'Ormesson, doyen du conseil, M. de Machault, conseiller d'état, de robe, prit la place de doyen, quoique M. de Chaumont, conseiller d'état, d'épée, fût beaucoup plus ancien que lui dans le conseil : donc, concluoit-il, cette place n'appartient qu'à celui d'entre les simples conseillers d'état qui a l'ancienneté en sa faveur.

Voici ce que répondoit M. l'archevêque de Reims : « un conseiller d'état, » d'épée, qui se trouveroit, dans la suite, » le plus ancien du conseil, répondroit » sans doute à cet exemple de M. de » Chaumont, si on le lui objectoit, que » lorsque M. d'Ormesson mourut, M. de » Chaumont abandonna apparemment » son droit volontairement ; qu'autre- » ment il faudroit prouver qu'il a été » condamné par un jugement contradic- » toire, dont on n'a aucune connois- » sance, & qu'il faudroit encore savoir » sur quoi cette question auroit été jugée. » Un conseiller d'état, d'épée, ajoute- » roit qu'au cas que M. de Chaumont » eût cédé volontairement son droit au » doyenné du conseil, il ne s'ensuivroit » pas que ce qu'il a jugé à propos de » faire, pût être tiré à aucune consé- » quence contre un conseiller d'état d'é- » pée, qui seroit devenu par son ancien- » neté en rang d'être doyen du conseil ».

VI. Les conseillers d'état sont assis dans tous les conseils où ils ont droit d'entrer.

On voit par le réglement du 31 mai 1582, qu'autrefois ils avoient chacun une clef de la chambre du conseil pour y pouvoir entrer quand ils voudroient. Le même réglement prouve qu'on leur départoit alors les différentes provinces du royaume, comme on fait aujourd'hui aux secrétaires d'état, pour en recevoir les remontrances ou les plaintes, se charger des requêtes des particuliers, & en rendre compte au Roi.

Cela justifie l'assertion de Guillard (1),

---

qu'il soit maintenu & gardé en la qualité de doyen du conseil. Les requêtes & mémoires du sieur de la Reynie, contenant au contraire, qu'encore qu'il ne conteste pas l'ancienneté au sieur archevêque de Reims, il est bien fondé néanmoins à lui contester la qualité de doyen, parce qu'elle ne peut appartenir qu'au plus ancien de ceux du même ordre, qui ont toujours gardé entre eux le rang d'ancienneté ; que le sieur archevêque de Reims étant d'un ordre distinct & plus relevé, il ne peut se servir de la loi commune de l'ancienneté, le privilège & le droit commun ne pouvant compatir ensemble : que cette différence est précisément marquée dans le réglement de 1673, qui comprend d'abord, dans sa règle générale, les conseillers d'état, qui doivent garder entre eux le rang d'ancienneté, & qui excepte ensuite de cette règle ceux qui, par leur naissance, comme les princes du sang, ou par leur dignité, comme les cardinaux & les pairs, doivent toujours précéder en tout temps les conseillers d'état ; d'où il s'ensuit que le sieur archevêque de Reims ayant toujours eu la première place au conseil par sa dignité, il ne lui reste plus rien à acquérir qu'il ne possède déjà à un titre plus éminent ; que c'est en vain qu'il déclare qu'il n'agit en cette rencontre que pour soutenir les droits de l'ordre ecclésiastique, puisqu'il ne se trouvera rien de la part du sieur de la Reynie qui puisse donner lieu de croire qu'il s'agisse aujourd'hui d'exclure les ecclésiastiques du doyenné du conseil, & qu'il ne s'agit seulement que de savoir si un pair de France peut être doyen du conseil, & qu'il croit avoir prouvé suffisamment être contre tout ordre & tout usage ; & qu'ainsi il demande aussi de sa part d'être maintenu dans la qualité de doyen du conseil, à l'exclusion du sieur archevêque de Reims ; & tout considéré : le Roi étant en son conseil, a maintenu & gardé, maintient & garde le sieur archevêque de Reims, conseiller ordinaire en son conseil d'état, dans la qualité de doyen dudit conseil, comme plus ancien en réception de tous les conseillers d'état qui le composent actuellement ; & en conséquence, ordonne sa majesté qu'il jouira de tous les honneurs, droits, & avantages dont les doyens du conseil ont joui jusqu'à présent. Fait au conseil d'état du Roi, sa majesté y étant, tenu à Versailles, le dix-septième jour de février mil sept cent quatre. *Signé*, PHELYPEAUX.

(1) Histoire du conseil, page 112.

que « pendant plusieurs années ils ont été » concurremment rapporteurs avec les » maîtres des requêtes, à cette différence » que par prédilection on les chargeoit » des plus considérables affaires ».

Ce n'est pas qu'aujourd'hui même, M. le chancelier ne puisse encore les nommer rapporteurs, quand la nature & l'importance des affaires paroissent l'exiger. Mais cela n'est guère d'usage. Seulement il est de règle qu'un maître des requêtes qui devient conseiller d'état, peut conserver le rapport de toutes les affires dont il a été chargé avant sa promotion à cette dignité.

VII. L'habillement avec lequel les conseillers d'état doivent paroître au conseil, a varié. Suivant le réglement du 8 janvier 1585, il devoit être en hiver tout différent de ce qu'il étoit en été.

Depuis le premier octobre jusqu'au premier mai, les conseillers d'état d'église devoient être vêtus « de velours » violet cramoisi, les manches longues » & étroites, & la cornette de taffetas » cramoisi. » Ceux d'épée & les secrétaires d'état devoient porter de longs manteaux de velours violet fendus jusqu'au bas par le côté droit, attachés d'un cordon de soie violette, & ce manteau devoit être retroussé du côté gauche jusques par-dessus le coude. Les conseillers d'état de robe, laïques, devoient être vêtus de robes de la même étoffe & de la même couleur, « ayant les manches larges & » le collet de la même forme qu'ont ac» coutumé de porter les gens de justice, » avec la cornette de taffetas noir ». Tous ces habits devoient être doublés « de sa» tin cramoisi de haute couleur, sans au» tre bord que le jet du satin, avec un ar» rière-point de soie cramoisie ».

Depuis le premier mai jusqu'au premier octobre, l'habit des conseillers d'état d'église étoit de satin violet cramoisi, les manches longues & étroites, & la cornette de taffetas de même couleur, excepté les cardinaux qui pouvoient porter la cornette de taffetas cramoisi. Les conseillers d'état d'épée, les secrétaires d'état & les conseillers d'état de robe, laïques, étoient respectivement vêtus de même qu'en hiver, si ce n'est que leur habit, au lieu d'être de velours violet, étoit de satin violet cramoisi.

Les conseillers d'état d'épée devoient avoir des bonnets de velours noir, & personne ne pouvoit porter le chapeau.

Il paroît que ce costume étoit changé depuis long-temps, lorsque Louis XIV s'occupa de la réformation de son conseil. Ce monarque ordonna par son réglement du 3 jauvier 1673, que les conseillers d'état de robe ne pourroient prendre séance qu'en robe de soie à collet quarré & manches pendantes; mais il ne parla point des autres, ce qui fait croire qu'ils pouvoient dès-lors entrer au conseil avec leurs habits ordinaires.

C'est ce que font encore les conseillers d'état d'épée, aussi bien que les secrétaires d'état.

A l'égard des conseillers d'état de robe, ils assistent au conseil avec une robe de soie en forme de simarre. Les conseillers d'état d'église qui ne sont pas évêques, en ont une pareille, & ceux qui sont évêques y viennent en manteau long. Les uns & les autres font ordinairement leur cour au Roi en manteau court; mais ils prennent le manteau long dans les occasions de deuil, où les personnes qui sont à la cour se présentent avec cet habillement.

Au sacre du Roi, les conseillers d'état de robe ont une robe de satin avec une ceinture garnie de glands d'or, des gants à frange d'or & un cordon d'or à leur chapeau. Ils portent une robe de satin lorsqu'ils accompagnent le chancelier aux *Te Deum*, où ils sont toujours en petit nombre, parce qu'ils ne marchent jamais en corps comme les cours. L'habit des conseillers d'état d'épée dans ces occasions est le même que celui des gens d'épée qui ont séance au parlement. Le rochet avec le camail est l'habit de cérémonie de ceux qui sont d'église, du moins lorsqu'ils sont décorés d'une prélature.

VIII. Il résulte de ce que nous venons de dire par rapport aux *Te Deum*, que les conseillers d'état ne forment point une compagnie, comme les membres des tribunaux ordinaires.

Ce qu'a écrit là-dessus Guillard dans son histoire du conseil, page 109, mérite d'être ici transcrit : « Les conseillers » d'état, quoiqu'ils soient au-dessus de » toute magistrature, n'assistent au con- » seil & n'y jugent toutes les affaires qui » s'y décident avec le chancelier, & les » maîtres des requêtes, qu'en vertu de » leur commission de conseiller d'état, » qui ne s'étend point au dehors du con- » seil du Prince dont ils font partie, sans » avoir aucun tribunal séparé.

» En effet, les lettres qui furent accor- » dées au chancelier de Sillery au camp » devant Montpellier, le 11 septembre » 1622, pour le maintenir sa vie durant » en tous les droits & honneurs dont il » jouissoit avant que le Roi l'eût déchargé » de son état de garde-des-sceaux, ayant » été adressées aux conseillers au con- » seil d'état, maîtres des requêtes ordi- » naires de l'hôtel & autres tenans le » sceau de la grande & petite chancel- » leries; & ayant été véritablement pu- » bliées le sceau tenant en la grande » chancellerie par MM. du conseil d'état » de sa majesté étant à sa suite, & par » leur ordonnance enregistrée ès regis- » tres de l'audience de France par le » contrôleur-général de la chancellerie » qui se trouva à la suite du Roi le 21 » du même mois, les maîtres des requêtes » qui les firent publier en la chancellerie » de Paris le 28 octobre suivant, firent » leurs protestations que l'adresse qui » en avoit été faite aux conseillers d'état » & la publication qu'ils en avoient fait » faire, ne pouvoit nuire ni préjudicier » aux droits & privilèges des maîtres des » requêtes, ni être tiré à conséquence ».

IX. Les conseillers d'état ont toujours eu séance & voix délibérative au parlement de Paris; ils en étoient même autrefois les principaux membres; &, comme on l'a vu plus haut, cette cour n'étoit, dans son origine, qu'un détachement du conseil.

Nous lisons dans l'histoire chronologique de la chancellerie, par Tessereau, tome 1, page 149, édition de 1706, que Jean de Morvillier, nommé garde-des-sceaux en 1568, « étant évêque d'Or- » léans, obtint le 13 mai 1557, des let- » tres-patentes portant *qu'il auroit séance* » *& voix délibérative au parlement, tant* » *aux jours de plaidoierie que de conseil*, » *comme* conseiller d'état, *en conséquence* » *de l'édit fait en faveur de tous les conseil-* » *lers du conseil privé, nonobstant les mo-* » *difications qui y avoient été apportées pour* » *l'exclusion des jours de conseil* ».

L'auteur ajoute que ces lettres-patentes « furent vérifiées au parlement le 13 jan- » vier suivant, à la charge de ne pouvoir » présider en l'absence des présidens (1) ».

(1) Ces termes prouvent clairement que l'édit avoit été enregistré au parlement, quoique avec des modifications.

C'est donc une erreur de la part des auteurs de la nouvelle édition du recueil de Denisart, d'assurer, comme ils le font, tome 5, pag. 273, que cet édit n'a point été vérifié. Ce qui confirme encore notre assertion, c'est que Pasquier, dans ses Recherches sur la France, livre 2, chapitre 6, dit très-positivement que les conseillers au conseil privé ont obtenu entrée & séance au parlement, & qu'ils y ont tous voix délibérative.

Il est vrai, comme le remarquent les auteurs cités, qu'en 1559, Anne Dubourg, conseiller au parlement, voyant au nombre des juges plusieurs conseillers d'état qui étoient venus au palais avec M. le chancelier, soutint qu'ils n'y avoient ni séance ni voix délibérative; mais c'étoit à la chambre du conseil que ces magistrats prétendoient, dans cette occasion, siéger comme juges; & l'arrêt qui avoit enregistré l'édit dont nous parlons, ne leur donnoit ce droit qu'à l'audience.

Voici, au surplus, comment les mêmes au-

De-là vient, sans doute, que le parlement de Paris donne aux conseillers d'état, comme à ses membres, la qualité de *Monsieur*. C'est ce que prouve une anecdote rapportée par Brillon, au mot *conseil*.

Le 26 avril 1712, on plaidoit à la grand'chambre une cause dans laquelle il étoit question du marquis de Dangeau. L'avocat qui portoit la parole, le qualifioit de *Monsieur*. Le président l'interrompit, & lui dit : *dites, le sieur de Dangeau*. M. Joly de Fleury, avocat-général, se leva & représenta que le marquis de Dangeau étoit conseiller d'état honoraire. En conséquence, on continua de part & d'autre à dire, *Monsieur le marquis de Dangeau*.

Les conseillers d'état ont-ils également séance & voix délibérative dans les autres cours ? M. Maynard, livre 2, chapitre 8, nous a conservé un arrêt du parlement de Toulouse, du 4 juillet 1576, qui refuse l'entrée de ce tribunal au comte de Caylus, *conseiller du privé conseil du Roi :* il ajoute que la même chose avoit été jugée précédemment à l'égard des comtes d'Escars de Saint-Sulpice, & de Negrepelisse.

Mais il paroît bien difficile de justifier ces arrêts. Comment, en effet, refuser aux conseillers d'état une prérogative que l'on reconnoît dans les maîtres des requêtes, & dont ceux-ci jouissent depuis long-temps sans aucune difficulté, comme on le verra dans la section suivante ?

Il y a d'ailleurs beaucoup d'exemples contraires à ce que M. Maynard atteste

---

teurs rapportent ce qui se passa, lorsque l'édit en question fut adressé au parlement.

« On trouve, dans les registres du parlement, » à la date du 26 mars 1556, qu'Henri II avoit » envoyé au parlement des lettres-patentes en » forme d'édit accordées à *ceux de son conseil privé*, » par lesquelles il leur donnoit séance au parlement, ainsi qu'en toutes les cours souveraines » & présidiaux du royaume, avec voix délibérative, tant au conseil qu'à l'audience & la préséance sur tous les membres des cours, hors les » présidens.

» Le parlement fit au Roi des remontrances, » dans lesquelles, après avoir reconnu l'importance des fonctions de conseillers d'état, il » rappelle les différentes dénominations qu'ils ont » eues, tantôt *gens du grand conseil*, tantôt *gens du conseil étroit*, maintenant *gens du conseil privé*. » Il les distingue dans ces différentes époques des » membres du parlement, soit avant qu'il fût rendu » sédentaire, soit depuis. Le parlement ajoute, » qu'au temps du roi Charles VI, les membres du » conseil étroit avoient séance en la cour ; mais » qu'il n'y a aucune preuve dans ses registres qu'ils » y eussent voix délibérative; que l'on voit bien » quelques exemples de lettres particulières accordées à quelques membres du conseil, pour leur » donner voix délibérative, en prêtant le serment; » lettres qui, quelquefois, ont été enregistrées, » quelquefois ont été refusées ; mais qu'on n'en » voit aucun de concessions générales.

» Le parlement s'élève ensuite contre les conséquences de l'édit qu'on lui avoit envoyé, » qui embrassoit tous les membres du conseil, » présens & futurs. *Par ce moyen*, dit-il, *on* » *donneroit pouvoir de juger à ceux qui n'en auroient* » *la connoissance & expérience, encore qu'ils soient* » *assez expérimentés d'autres grandes & bonnes* » *affaires..... Ce seroit, en effet & substance,* » *créer autant de pairs de France, hors le nom &* » *titres, qu'il y auroit de gens au conseil privé du* » *Roi ; & encore seroient-ils plus privilégiés que les* » *pairs, lesquels, combien qu'ils aient droit de* » *séance en ladite cour, droit de donner avis aux* » *jours de conseil & audience, toutefois sont céans* » *du côté des gens d'église, non des gens lais, &* » *ne sont reçus premièrement qu'ils n'aient fait le serment en tel cas accoutumé.*

» Le Roi répondit à ces remontrances, *qu'il* » *les prenoit en bonne part, & accepteroit toujours* » *humainement & bénignement toutes celles qui lui* » *seroient faites par la cour ; que sa résolution étoit,* » *que ceux qui n'étoient expérimentés au fait de la* » *juridiction & judicature contentieuse, n'y auroient* » *entrée céans pour opiner & donner leurs avis ès* » *jours de plaidoierie & conseil, & qu'au demeurant* » *il aviseroit à faire dresser telle provision qui lui* » *sembleroit être bonne & raisonnable, & devoir être* » *par lui octroyée* ».

C'est après ces détails, extraits des registres du parlement ( *conseil, fol. 224-226, coté 118, bis premier* ), que les auteurs de la nouvelle édition du recueil de Denizart, avancent que *l'édit fut retiré* ; mais ils ne citent sur ce point aucun garant ; &, encore une fois, les lettres-patentes acordées à Jean de Morvillier le 13 mai 1557, prouvent qu'ils se sont trompés.

avoir été jugé par le parlement de Toulouse.

Le 4 janvier 1715, on a vu, au grand conseil, M. le marquis de Sourches, après avoir fait enregistrer les provisions de prévôt de l'hôtel, prendre place, *en qualité de conseiller d'état*, au-dessous du plus ancien des conseillers. Il est vrai que ce fut pour cette fois seule; mais aussi, comme le remarque Brillon, au mot *hôtel*, nombre 10, il n'étoit conseiller d'état que par brevet.

Combien de fois les conseillers d'état n'ont-ils pas été chargés par le Roi d'accompagner dans les cours souveraines les princes ou les gouverneurs de provinces qui alloient y porter ses ordres? Il est même à remarquer qu'alors ils font dans ces cours les mêmes fonctions que M. le chancelier fait au parlement de Paris dans les lits de justice.

Le 3 juillet 1771, MM. de la Galaisière & d'Ormesson, conseillers d'état, ont été siéger avec M. le comte de la Marche, prince du sang, à la chambre des comptes de Paris, pour y faire enregistrer un paquet d'édits, déclarations & d'autres actes concernant le tribunal qu'on venoit de subroger au parlement.

Le 5 & le 8 août suivant, M. Bastard, conseiller d'état, a siégé au parlement de Besançon, avec M. le maréchal de Lorges, gouverneur de Franche-Comté, pour y faire enregistrer des édits portant suppression des offices de cette cour & création de nouveaux.

Le 25 & le 26 octobre de la même année, séances du même magistrat au parlement de Rennes, avec M. le duc de Fitz-James, gouverneur de la Bretagne, pour le même objet.

Le 12 novembre 1774, M. d'Aguesseau, doyen du conseil, a siégé au grand-conseil avec MONSIEUR, frère du Roi, pour y faire enregistrer l'édit qui rappeloit ce tribunal à ses anciennes fonctions.

Le même jour, M. Feydeau de Marville, conseiller d'état, a siégé avec M. le comte d'Artois, à la cour des aides de Paris, pour y faire enregistrer l'édit portant rétablissement de cette compagnie.

Le 12 janvier 1775, le même magistrat a siégé au parlement & à la chambre des comptes, aides & finances d'Aix, avec M. le marquis de Rochechouart, commandant en chef dans la Provence, pour y faire enregistrer les édits portant rétablissement de ces deux cours.

Le 2 mars suivant, M. Bouvard de Fourqueux, conseiller d'état, a siégé au parlement de Bordeaux avec M. le maréchal de Mouchy, commandant en chef dans la Guienne, pour y faire enregistrer l'édit qui le rétablissoit dans son intégrité.

Le 14 du même mois, séance semblable tenue au parlement de Toulouse par M. le Comte de Périgord, commandant en chef en Languedoc, assisté de M. Guignard de Saint-Priest, conseiller d'état.

Le 3 & le 7 avril de la même année, autres séances tenues au parlement de Dijon, par le marquis de Saint-Simon & le marquis de la Tour-du-Pin, commandans en chefs dans le duché & le comté de Bourgogne, assistés de M. Feydeau de Marville, conseiller d'état.

Le 31 mai suivant, autre séance tenue à la cour des aides de Paris, par MONSIEUR, frère du Roi, accompagné de MM. d'Aguesseau, doyen du conseil, & de Chaumont de la Galaisière, conseiller d'état.

Le 19 mars 1776, autre séance tenue à la même cour, par M. le comte d'Artois, accompagné de MM. Feydeau de Marville & Bastard, conseillers d'état.

Comme celle-ci est la plus récente, nous croyons devoir extraire du procès-verbal qui en a été dressé par ces magistrats, tout ce qui est relatif au cérémonial & à l'ordre qu'ils ont observé dans cette occasion.

« M. Feydeau de Marville, conseiller
» d'état ordinaire & au conseil royal des
» finances, directeur général de l'Eco-
» nomat, & M. Bastard, conseiller d'état,
ancien

» ancien premier président du parlement » de Toulouse, chancelier & surintendant des finances, bâtimens & jardins de monseigneur comte d'Artois, » ayant reçu chacun, le 17 mars, une » lettre de M. de Miroménil, garde-des-sceaux de France, pour leur faire part » que sa majesté avoit jeté les yeux sur » eux pour accompagner, le 19, monseigneur comte d'Artois, frère du » Roi, dans la mission dont sa majesté » devoit le charger; ils se rendirent le » lendemain 18 à Versailles, au lever de » monseigneur comte d'Artois, pour » y recevoir ses ordres; monseigneur » comte d'Artois voulut bien les dispenser de se rendre à Versailles pour avoir » l'honneur de l'accompagner, & il les » invita à se rendre le 19, à onze heures, » à la barrière du cours, pour les prendre dans son carrosse; il dit ensuite à » M. de Marville que M. Laurent de Villedeuil, secrétaire de ses commandemens, devoit le voir pour prendre » avec lui les arrangemens nécessaires » pour cette cérémonie....

» Le même jour..... M. de Marville & » M. Bastard allèrent ensemble rendre la » visite accoutumée à M. de Barentin, » premier président de la cour des aides, » avec qui ils prirent les mesures nécessaires pour cette séance, & M. le premier président leur rendit le soir leur » visite, ainsi qu'il est d'usage....

» Le 19 mars 1776...... monseigneur » comte d'Artois se rendit.... à la barrière » du cours....; il trouva à son arrivée » M. le maréchal de Nicolaï, & MM. de » Marville & Bastard, nommés par le » Roi pour l'accompagner; ils montèrent » dans son carrosse. M. le maréchal de » Nicolaï se plaça dans le fond à sa gauche, M. de Marville sur le devant, » vis-à-vis de monseigneur comte d'Artois, & M. Bastard vis-à-vis de M. le » maréchal.... »

» (A la descente du carrosse) monseigneur comte d'Artois étoit suivi de » M. le chevalier de Crussol, capitaine » de ses gardes, de M. de Monteil, capitaine de ses suisses, de M. le maréchal de Nicolaï, & de MM. de Marville » & Bastard....

» Monseigneur comte d'Artois se » plaça sur le banc des présidens, entre » le premier & le second....; M. le maréchal de Nicolaï sur le banc des conseillers, à droite, au-dessus du doyen » de la cour des aides, & MM. de Marville & Bastard, sur le banc à gauche, » au-dessus des conseillers....

» La séance prise, monseigneur comte » d'Artois mit son chapeau, ainsi que » M. le maréchal de Nicolaï, & MM. » les conseillers d'état leurs bonnets » quarrés....

» Monseigneur comte d'Artois.... dit: » *Messieurs, je me rappelle avec plaisir que » je suis déjà venu vous apporter des ordres » dictés par la bonté du Roi.... Ceux dont il » me charge aujourd'hui ont pour objet le » soulagement & le bonheur de ses peuples. » M. de Marville va vous faire connoître » plus amplement ses volontés....*

» Après la lecture de la commission..... » M. de Marville se leva, s'avança vers » monseigneur comte d'Artois, à qui il » fit une profonde révérence, se remit » à sa place & se couvrit; lorsqu'il fut » assis, il se découvrit, salua M. le premier président de la compagnie, & dit....

» Le discours fini, M. le premier président s'étant levé, fit une profonde » révérence à monseigneur comte d'Artois, & il dit....

» Le discours fini... le greffier en chef » fit lecture de l'édit portant suppression des corvées; après cette lecture, » monseigneur comte d'Artois fit signe » aux gens du Roi de parler.....

» Après leur discours...., M. de Marville se leva, s'avança vers monseigneur comte d'Artois, lui fit une profonde révérence, puis à M. le maréchal de Nicolaï, & une à M. Bastard, » après quoi il s'assit, se couvrit & pro-

» nonça : *le Roi a ordonné & ordonne que* » *le présent édit sera registré*, &c.

» Il ordonna ensuite au greffier de » transcrire sur le champ cet enregistre- » ment sur le repli de l'édit, ce qu'il fit » en y ajoutant après, ces mots, *du très-* » *exprès commandement du Roi, porté par* » *monseigneur comte d'Artois, frère du* » *Roi, assisté des sieurs maréchal de Nicolaï,* » *de Marville, & Bastard, conseillers d'état...*

» La séance finie, monseigneur comte » d'Artois remonta dans son carrosse » avec MM. le maréchal de Nicolaï, » de Marville & Bastard.... ; à la bar- » rière du cours, il voulut bien les dis- » penser.... de le suivre jusqu'à Versailles.

» Il les remercia, & il s'en retourna à » Versailles, où ces Messieurs allèrent le » lendemain rendre compte au Roi de la » séance de la veille, & rendre leurs res- » pects à monseigneur comte d'Artois....

» M. de Marville ayant supplié mon- » seigneur comte d'Artois de vouloir » bien lui donner son discours pour l'in- » sérer dans le présent procès-verbal, » monseigneur comte d'Artois eut la » bonté de le lui remettre, & de trouver » bon qu'il fût transcrit, comme il a été » dit ci-dessus ».

X. Les conseillers d'état jouissent de plusieurs privilèges.

D'abord, ils ont la qualité de commensaux de la maison du Roi ; elle leur a été attribuée, avec toutes les prérogatives & exemptions qui en dépendent, par des lettres-patentes de Henri II, du 16 janvier 1557.

De-là le droit qu'ils ont d'être exempts non-seulement de la tutelle, mais encore de la nomination à cette charge, surtout dans les pays où les nominateurs d'un tuteur sont garans de sa gestion. C'est ce qu'a jugé un arrêt du conseil du 12 janvier 1740 (1).

XI. Parmi les autres privilèges attachés à la place de conseiller d'état, on

---

(1) *Voici ce qu'on lit dans le préambule de cet arrêt.*

Sur la requête présentée au Roi étant en son conseil, par Bernard Chauvelin, chevalier, conseiller d'état ordinaire, maître des requêtes honoraire ; Jacques-Bernard Chauvelin, conseiller du Roi en ses conseils, maître des requêtes ordinaire de l'hôtel de sa majesté, commissaire départi pour l'exécution de ses ordres, ès provinces de Picardie & Artois ; Louis-Gabriel Chauvelin, abbé de S. Jouin ; Henri-Philippe Chauvelin, abbé de Montieramey, conseiller-clerc au parlement de Paris ; & Jacques Chauvelin, prieur de S. Blin, doyen des administrateurs de l'hôpital général de Paris : contenant qu'ils sont obligés de réclamer l'autorité de sa majesté contre les suites que pourroient avoir des assignations à eux données, à comparoir pardevant le sénéchal de Toulouse, pour procéder à la nomination d'un tuteur à la fille mineure de feu François de Cartaigner, président à mortier au parlement de Toulouse, & de dame Catherine-Marguerite Chauvelin, son épouse. Nul doute que les supplians ne soient tous exempts de tutelle ; les conseillers d'état sont des magistrats entièrement attachés à sa majesté, qui les retient près de sa personne, & qui sont toujours à sa suite ; ils sont les assesseurs du chancelier de France ; ils ont d'autres marques d'honneur très-distinguées : celle entre autres d'avoir été tenus & réputés, non-seulement par privilège spécial, mais par commune observance, de tout temps, domestiques & commensaux de la maison de sa majesté, ainsi que le Roi Henri II l'a déclaré par ses lettres-patentes du 16 janvier 1557. Les maîtres des requêtes ont de même toujours été regardés comme domestiques & commensaux de la maison de sa majesté ; c'est ce qui résulte tant desdites lettres-patentes de 1557, que d'une déclaration du Roi François I^er^, donnée le 22 juillet 1545, par laquelle ce Monarque a voulu que ces magistrats jouissent de tous les privilèges & exemptions attribués à les officiers domestiques. Parmi ces privilèges, est incontestablement l'exemption de tutelle & curatelle ; elle est, par le droit civil, l. 30, ff. *de excusationibus*, attachée aux charges de conseillers des princes ; elle est, par les institutes, liv. 1, tit. 25, §. 3, conférée aux magistrats qui ont une autorité publique ; elle est, par les ordonnances de nos Rois, attribuée aux offices de commensaux, & ce, en considération de leurs services auprès de sa majesté & pour le bien de ses sujets ; elle renferme celle de la nomination aux charges de tuteurs & curateurs : cela a été décidé par deux arrêts du conseil des 20 mai 1730, & 17 avril 1734, rendus

doit compter principalement la noblesse transmissible au premier degré.

C'est ce qui a été jugé par un arrêt du conseil du 17 avril 1753, confirmatif d'une ordonnance d'intendant du 16 juin 1751. En voici l'espèce.

Le fermier demandoit un droit de franc-fief au sieur de Lespés des Hureaux; celui-ci s'en défendoit en disant que Pierre de Lespés, son trisaïeul, avoit été nommé conseiller d'état en 1654, par lettres du grand sceau; qu'il avoit prêté le serment en plein conseil; qu'il y avoit fait le service; qu'il s'étoit même conformé, en résignant son office de lieutenant-général au siège de Bayonne, aux réglemens qui déclarent les places de conseillers d'état incompatibles avec d'autres charges.

L'affaire communiquée à M. Freteau, inspecteur-général des domaines, ce magistrat a observé qu'il ne falloit pas confondre les conseillers d'état par lettres avec les conseillers d'état par brevet; que les premiers jouissent de la noblesse transmissible, quand même ils ne seroient pas nobles d'extraction; qu'ils ont des appointemens & le droit de *committimus* au grand sceau; que les seconds n'ont qu'un titre d'nonneur qui attribue à celui auquel il est accordé des privilèges personnels, mais nullement transmissibles; qu'il n'a aucune entrée au conseil; qu'il ne prête même point de serment, parce qu'il est sans fonctions; qu'il n'a d'ailleurs ni appointement, ni droit de *committimus*, & que son brevet n'empêche pas qu'il ne puisse posséder des offices subalternes de judicature.

C'est, continuoit M. Freteau, ce que prouve en partie le réglement du premier juin 1624. Le Roi y déclare, après avoir désigné nommément les personnes qui auront séance en ses conseils, que « quant à tous les autres qui ont à présent des brevets de conseillers d'état, » ils n'auront entrée auxdits conseils, si » sa majesté ne la leur accorde par de » nouveaux brevets; & qu'aucun ne sera » payé des gages de conseillers auxdits » conseils, sinon ceux qui seront em- » ployés dans les états de sa majesté, » *servant actuellement* ».

L'ordonnance du mois de janvier 1629, a été plus loin (c'est toujours M. Freteau qui parle): elle porte, article 61: « Nous avons révoqué & révoquons tous » les brevets de conseillers en nos con- » seils, obtenus par quelques personnes » que ce soit, fors de ceux qui nous ser- » vent actuellement, auxquelles nous » ferons, pour cet effet, expédier *nos let-* » *tres en commandement & sous notre grand* » *sceau;* & ne pourront ci-après avoir » entrée en nos conseils, ni en prendre » ou recevoir les appointemens, sinon » en ayant obtenu lettres en ladite for- » me, & étant employés dans nos états ». C'est le premier réglement qui ait établi les lettres du grand sceau pour les conseillers d'état destinés à faire le service, & c'est de-là qu'est venue la distinction des conseillers d'état par lettres, d'avec les conseillers d'état par brevet.

Il ne suffit donc pas pour se dire noble (concluoit M. Freteau), de prouver que l'on descend d'une personne qui a obtenu un brevet de conseiller d'état; il est nécessaire que le conseiller d'état ait rempli réellement les fonctions de sa place, par un service assidu dans les conseils du Roi.

Or, poursuivoit M. Freteau, le brevet de conseiller d'état, accordé à Pierre Lespés, le 12 juin 1654, ne spécifie au-

en conformité de plusieurs autres arrêts, & de différens édits, déclarations & lettres-patentes qui y sont rappelés: ces arrêts sont, l'un au profit du sieur le Mazurier, gentilhomme, & l'autre pour le sieur marquis de Lambertz, lieutenant de la grande Vénerie, offices très-inférieurs à la dignité de conseiller d'état, & aux charges des Maitres des requêtes, auxquels, à bien plus forte raison, le même avantage est attaché. L'exemption de tutelle fait aussi partie des privilèges des officiers du parlement de Paris . . .
. . . . . . . . . . . . . . . . . . . . . . . . .

cun service particulier & d'un ordre distingué. Ce brevet, en lui attribuant le titre de conseiller d'état privé & des finances, avec droit d'y avoir séance & voix délibérative, aux honneurs y appartenans, se réfère tant pour l'entrée au conseil que pour les appointemens & les prérogatives dont Pierre Lespés devoit jouir, aux réglemens & aux états arrêtés au conseil. Il ne paroît pas que Pierre Lespés ait prêté serment *pendant la tenue du conseil*, qu'il ait été reçu en plein conseil, & qu'il ait été admis en conséquence à y prendre rang & séance. Il est vrai que le 27 octobre suivant, il a été expédié des lettres de *committimus* au profit de Pierre Lespés, en qualité de conseiller d'état; mais ces lettres ne fournissent pas une preuve de l'exercice actuel des fonctions attachées à ce titre. Du reste, le brevet ne paroît pas revêtu des formalités prescrites par l'ordonnance de 1629. On justifie encore moins que Pierre Lespés ait été employé dans les états du Roi, ainsi ce brevet n'a été qu'un titre d'honneur.

M. Freteau ajoutoit que non-seulement on ne prouvoit point que le sieur Lespés eût fait aucun service comme conseiller d'état, mais qu'il y avoit preuve au contraire qu'il en avoit été exclu par le réglement du 3 mai 1657, puisque le rôle arrêté en exécution de ce réglement, ne comprenoit pas le sieur Lespés; enfin, concluoit-il, une dernière circonstance achève d'écarter la prétention de noblesse de race; c'est que depuis l'obtention du brevet jusqu'en 1742, les descendans de Pierre Lespés n'ont jamais pris d'autres qualifications que celle de *monsieur*, de *maître* & de *noble*.

Voici la réponse du sieur Lespés des Hureaux.

Ce n'est point un brevet que Pierre Lespés a obtenu en 1654, ce sont des lettres du grand sceau qui commencent par ces mots : *Louis, par la grace de Dieu*; au lieu que les brevets commencent par le mot, *aujourd'hui*; — les brevets ne donnent point séance & voix délibérative au conseil, les lettres au contraire y donnent l'une & l'autre après la prestation du serment; — les brévetaires ne prêtent point serment au conseil, parce qu'ils n'y ont point de fonctions; les conseillers d'état par lettres y prêtent serment, parce qu'ils y ont des fonctions. Les brévetaires peuvent remplir des charges de judicature, parce que n'ayant point de fonctions, il n'y a point d'incompatibilité; les conseillers d'état par lettres, ne peuvent remplir les charges de judicature, parce qu'il y a incompatibilité, à cause de la supériorité des charges de conseillers d'état à celles de judicature. — Pierre Lespés a prêté serment en plein conseil, l'acte de prestation est dressé par le greffier du conseil, attesté & signé de lui; les actes de pareille nature, émanés d'un tribunal supérieur, ne sont jamais signés que du greffier; sa signature & son attestation établissent une réception dans toutes les formes. Si Pierre Lespés n'avoit prêté le serment que devant M. le chancelier, l'acte n'en seroit signé & attesté que par un des secrétaires de M. le chancelier, ou tout au plus par un secrétaire du Roi. — Pierre Lespés étoit destiné à faire le service de conseiller d'état, & il en a exercé les fonctions, puisqu'il a résigné à son fils son office de lieutenant général au siège de Bayonne, & que cette résignation porte, *attendu l'incompatibilité des deux places*. Si le Roi ne lui eût conféré qu'un titre d'honneur, s'il ne lui eût donné qu'un simple brevet sans fonctions, il n'y auroit pas eu d'incompatibilité, & rien ne l'auroit obligé à cette résignation. — Paris étoit son domicile, puisque le *committimus* au grand sceau lui fut expédié pour porter toutes ses affaires à Paris : il ne se seroit pas servi de son droit, s'il avoit résidé ailleurs qu'en la capitale. — M. Freteau qui assure que Pierre Lespés n'a pas été compris dans le rôle de 1657, ne dénomme pas les trente-cinq qui ont été conservés, il n'en rappelle que cinq. Le réglement en vertu duquel ce rôle a été arrêté, a bien fait une réduction du nombre des conseillers d'état, mais il n'a pas privé des privilèges attachés à cette qualité, ceux qui ne seroient pas sur le rôle des personnes que l'on conservoit. Il a été dit, au contraire, par ce réglement que vacation arrivant de ceux qui étoient conservés, ils seroient remplacés par sa majesté de ceux qui auroient déjà servi dans ses conseils, ce qui assuroit à ceux qui n'étoient pas sur le rôle, l'expectative de rentrer dans leurs fonctions. — Ce réglement, par rapport aux conseillers d'état non conservés, n'étoit qu'une suspension de l'exercice des fonctions, & non une suppression. Dès-lors la noblesse, attachée à la qualité de conseiller d'état, n'a point été perdue pour ceux qui n'ont pas été inscrits sur le rôle des conservés. — Au surplus, si le fils & le petit-fils de Pierre Lespés, conseiller d'état, n'ont pris dans plusieurs actes que les qualités de *monsieur* & de *maître*, il ne s'ensuit point de-là qu'ils aient interrompu leur noblesse : ce sont des qualités attachées à leur profession, qui, suivant un arrêt du conseil, du 4 juin 1668, peut être exercée par un noble sans dérogeance. Quant au titre de noble qu'ils ont également pris, il prouve pour eux, puisqu'aux termes du réglement de 1703, ce titre est une qualification de noblesse.

Sur ces raisons, arrêt du 17 avril 1753, qui confirme l'ordonnance.

XII. C'est à cause de la différence établie par M. Freteau & avouée par le sieur Lespés entre les conseillers d'état par lettres & les conseillers d'état par simple brevet, que cet arrêt se concilie avec le jugement qu'a rendu, le 15 mars 1669, M. Tubeuf, intendant & commissaire départi pour la recherche des usurpateurs du titre de noblesse, dans les généralités de Moulins & de Bourges. Ce jugement intervenu après une discussion très-contradictoire, entre le procureur-général de la commission & le sieur Pierre Rapine de Fourcherennes, a déclaré celui-ci usurpateur du titre de noblesse pour avoir pris la qualité de noble & d'écuyer, sur le fondement d'un brevet de conseiller d'état, accordé en 1652.

En 1746, la veuve de Henri Rapine de Fourcherennes, & son fils, descendans en ligne directe de ce Pierre Rapine, ayant été imposés aux rôles des tailles de la ville de Nevers, il s'est élevé entre eux & les officiers municipaux, des contestations, qui, après avoir été d'abord portées à la cour des aides de Paris, ont été évoquées au conseil. La dame Rapine & son fils, ont prétendu devoir jouir de la noblesse; ils ont dit que par un jugement rendu le 28 mai 1659, par la chambre souveraine établie sur le fait des francs-fiefs, le sieur Pierre Rapine, en sa qualité de conseiller d'état à brevet, avoit été déchargé de la demande d'un droit de franc-fief; & que par arrêt du conseil, du 14 mars 1730, les veuves d'Anne-Achille Rapine & de Henri Rapine, avoient obtenu des décharges semblables. De leur côté, les maire & échevins de Nevers ont opposé le jugement de réformation du 15 mars 1669, & deux ordonnances de M. l'intendant de Moulins, qui avoient ordonné l'exécution des rôles des tailles. Ils ont ajouté que les décharges des droits de franc-fief ne forment que de simples préjugés, & ne sont même d'aucune considération, lorsqu'il est reconnu que le titre sur lequel elles sont fondées, n'étoit attributif ni de la noblesse, ni d'un privilège d'exemption. — Par arrêt du 19 juin 1747, le conseil a débouté la dame Rapine & son fils de leur opposition, a ordonné que les ordonnances de M. l'intendant de Moulins, ensemble les rôles des tailles de la ville de Nevers de l'année 1746, seroient exécutés selon leur forme & teneur; en conséquence a condamné la dame Rapine & son fils à payer, si fait n'a été, les sommes pour lesquelles ils ont été imposés à la taille, & celles pour lesquelles ils y seroient cotisés à l'avenir, & au coût de l'arrêt liquidé à 200 livres.

Par un autre arrêt du conseil, du 23 juillet 1754, Claude-François Rapine de Sainte-Marie, autre descendant de Pierre Rapine, a été jugé roturier, &, comme tel, condamné au paiement du droit de franc-fief (1).

XIII. Nous venons de voir dans le détail des moyens sur lesquels a été rendu l'arrêt du 17 avril 1753, que les conseillers d'état par lettres, ont droit de *committimus* au grand sceau : mais on conçoit assez que cela n'a lieu que pour les matières civiles. Quant aux matières criminelles, il est de règle que ces magistrats ne peuvent être poursuivis ni obligés de se défendre qu'au parlement de Paris. C'est ce que nous apprend l'arrêt des comte & abbé de Vendôme, de 1352, rapporté par du Tillet, *Recueil des Rois de France*, page 424.

## §. IV.

### *Des Maîtres des requêtes.*

I. Les maîtres des requêtes sont, comme l'annonce assez leur nom, des magistrats dont la principale fonction est de rapporter au conseil du Roi les requêtes qui y sont présentées.

Ces magistrats, suivant quelques auteurs, étoient dans le principe connu sous le nom d'envoyés du prince, *missi dominici*. Ce qu'il y a de certain, c'est qu'il est parlé dans nos anciens historiens & dans les capitulaires de Charlemagne, d'officiers ainsi appelés, que le souverain chargeoit de parcourir les provinces pour y écouter les plaintes des peuples, veiller à la conservation des domaines, réformer les sentences des juges inférieurs, quand elles étoient contraires à la justice & *à l'équité*, avoir inspection sur les percepteurs des impôts, empêcher que l'on n'en fît des répartitions inégales, recevoir les requêtes qui leur étoient présentées, les expédier eux-mêmes sur le champ, quand elles étoient de peu de conséquence, & les renvoyer au Roi lorsque l'importance de la matière l'exigeoit ; toutes fonctions qui depuis furent en grande partie exercées par les maîtres des requêtes dans leurs chevauchées, & le sont encore aujourd'hui par ceux d'entre eux que le Roi nomme intendans des provinces. Voyez ci-après le *chapitre des intendans*.

On peut donc dire que les maîtres des requêtes représentent vraiment parmi nous les anciens *missi dominici*.

Ils représentent également ceux que, dans des temps moins reculés, on appeloit *juges de la porte*, ou *des plaids de la porte*. C'étoient des officiers que le Roi commettoit pour rendre la justice à tous ceux qui se présentoient à la porte de son palais, pour recevoir leurs requêtes & lui en rendre compte. Joinville nous apprend dans la vie de S. Louis, que ces fonctions étoient remplies sous ce monarque, par Pierre de Fontaines & Geoffroy Villette ; qu'ils lui faisoient leurs rapports à des jours marqués ; que quand les choses pressoient, ils prenoient pour le faire le temps où il alloit à la messe ; que d'autres fois assis avec eux au pied d'un arbre dans le bois de Vincennes, il rendoit lui-même la justice à ses sujets, & jugeoit leurs différends *selon l'équité*.

Il paroît que Joinville étoit lui-même *juge de la Porte*, ou que du moins il en faisoit les fonctions. « Souventefois, dit-» il, le Roi nous envoyoit les sieurs » Nesle, de Soissons, & moi, ouir les » plaids de la Porte, & puis il nous en-» voyoit quérir & nous demandoit com-» me tout se portoit, & s'il y avoit » aucuns qu'on ne pût dépêcher sans lui :

(1) Dictionnaire des domaines, au mot *Conseiller d'état*.

» plusieurs fois sur notre rapport, il en» voyoit quérir les plaidoyans & les » contentoit, les mettant en raison & » droiture ».

Peu de temps après S. Louis, les *juges de la Porte* changèrent de nom & prirent celui de *poursuivans* ou *suivans*, parce qu'ils étoient, comme le chancelier, attachés à la personne du Roi & le suivoient par-tout. L'ordonnance de Philippe-le-Long, du mois de juin 1316, porte que nul ne fera signer les lettres de justice, *fors li trois clercs & li trois lais suivans quand ils seront à cour.* L'ordonnance du même prince, donnée au Vivier en Brie, l'an 1320, nous présente la même expression. « Les *poursuivans*, dit-elle, ne passeront nulle requête qui touche notre » parlement, notre chambre des comp» tes, ni notre trésor; ainçois iceux » *poursuivans* renvoyront aux lieux où il » appartiendra, chacun en droit soy : & » pour leurs salaires auront lesdits *pour-* » *suivans* la somme de 24 sols par jour ».

On a remarqué ci-devant, section première, d'autres ordonnances du même prince, où cette dénomination se retrouve encore.

Enfin, sous Philippe de Valois, le nom de *maître des requêtes de l'hôtel* leur est seul demeuré, tant parce qu'ils connoissoient spécialement des causes des domestiques & commensaux de la maison du Roi, que parce qu'étant toujours à la suite du prince, c'étoit dans son palais même qu'ils exerçoient leur jurisdiction. Le premier monument où on les trouve ainsi qualifiés, est une ordonnance de 1345.

Il y avoit autrefois au parlement de Franche-Comté des magistrats qui portoient le même titre. Mais ils ont été supprimés par Louis XIV. Voyez ci-après, liv. 2, chap. 2, section *du parlement de Besançon.*

II. Le nombre des maîtres des requêtes a fort varié. L'ordonnance de 1316, qu'on vient de citer, prouve qu'il y en avoit alors six, *trois clercs & trois lais.* Ce nombre fut augmenté en peu de temps, mais bientôt on le réduisit. C'est ce que nous apprend un édit du 9 février 1387 (1).

Le 22 juillet 1418, Charles VI qui venoit de supprimer tous les offices de son royaume, rétablit ceux des maîtres des requêtes & en fixa le nombre à huit (2).

On parvint insensiblement à excéder ce nombre; par une déclaration du 5 février 1488, il fut dit que le premier office de maître des requêtes qui vaqueroit, demeureroit supprimé, & que ces offices seroient réduits pour toujours au nombre de huit (3).

François I dérogea à cette déclaration. Par un édit du 11 juin 1522, il créa, en faveur de Denis Poillot, un neuvième office de maître des requêtes, à la charge qu'il demeureroit supprimé par la mort du titulaire, ou par sa promotion à une autre dignité.

Par un autre édit du mois de juin 1523, le même Roi créa quatre nouveaux offices du même genre : cet édit souffrit de grandes difficultés dans l'exécution. Le parlement ne l'enregistra que *ex ordinatione regis*, & à la charge que ces quatre offices demeureroient supprimés dès qu'ils seroient vacans. Mais à la suite de cet enregistrement, qui est du 9 juillet 1523, il en paroît un autre du 18 du même mois, qui porte encore la clause *ex ordinatione regis*, & dans lequel il ne se trouve plus de modification (4).

Au mois de mai 1544, il parut un édit qui créa trois nouveaux offices de maître des requêtes, & dans le courant de juin suivant, il en parut un qui en

(1) Mémoire de la chambre des comptes, coté E, fol. 152.

(2) Joly, tome 1, page 202.

(3) Vol. des ordon. de Charles VIII, coté 11, fol. 111.

(4) Joly, tome 1, page 338, aux additions.

créa quatre y compris les trois de la création précédente (1).

Jusqu'alors le nombre des maîtres des requêtes n'étoit que de seize. Il fut porté à vingt par un édit du mois d'août 1553, à vingt-quatre par un édit du mois de juillet 1554, à vingt-cinq par un édit du mois de novembre suivant, & à vingt-six par un édit du mois de février 1555. Ce dernier édit fut enregistré le 10 mars 1555, en vertu de lettres de jussion, portant que les offices de ce genre qui viendroient à vaquer demeureroient supprimés jusqu'à ce qu'ils fussent réduits au nombre de douze (2).

Un autre édit du mois d'octobre 1556, créa un nouvel office de maître des requêtes, à la charge que vacation arrivant, il demeureroit supprimé, ainsi que les autres, jusqu'à ce qu'ils fussent réduits au nombre limité par les réglemens antérieurs. Cet édit fut enregistré le 14 décembre suivant (3).

Le lendemain 15, le parlement enregistra un autre édit du même mois & de la même année qui créoit encore un office de ce genre, *pour en tout faire le nombre de vingt-huit* (4).

Le 18 juillet 1558, il en fut registré un du mois précédent, qui portoit le nombre des maîtres des requêtes à vingt-neuf (5).

Le mois d'octobre 1567, fut l'époque d'une augmentation plus considérable. Charles IX donna un édit par lequel il créa treize nouveaux offices de maîtres des requêtes. Cette loi fut enregistrée le 4 novembre de la même année (6).

En 1571, les offices de maître des requêtes se trouvèrent réduits à trente-neuf. Mais un édit du mois d'avril de cette année qui fut enregistré le 12 juin suivant, en créa un quarantième (7).

Au mois de mai de la même année, il intervint un autre édit qui en créa encore un nouveau, à la charge que le premier qui vaqueroit demeureroit supprimé. L'enregistrement de cet édit est du 28 février 1572 (8).

Un édit du mois d'octobre 1572, enregistré le 23 décembre suivant, créa un quarante-deuxième office de maître des requêtes (9).

L'année suivante vit opérer dans le nombre de ces offices une réduction considérable. Un édit du mois de mai, enregistré le 18 juin, en supprima dix-huit & ordonna qu'ils demeureroient fixés à vingt-quatre (10).

Mais cette loi ne tint pas long-temps contre les sollicitations dont on accabloit le souverain pour le porter à multiplier des charges aussi relevées. Au mois d'août 1574, il parut un édit qui créoit un nouvel office de maître des requêtes. Le parlement refusa de l'enregistrer, mais des lettres de jussion du mois de septembre 1575 l'y contraignirent (11).

Au mois de décembre de la même année 1574, autre édit donné à Avignon qui crée pareillement un office de maître des requêtes.

Au mois d'août 1575, édit qui porte la

(1) 4^e^ vol. des ordonn. de François I^er^, coté N, fol. 229 & 273.

(2) Joly, tome 1, page 668. Mém. de la chambre des comptes, coté 2 T, fol. 140, 271 & 331.

(3) 5^e^ vol. des ordonn. de Henri II, coté T, fol. 381.

(4) *Ibid.* fol. 382.

(5) 7^e^ vol. des ordonn. de Henri II, coté X, fol. 30.

(6) Fontanon, tome 1, page 135.

(7) 6^e^ vol. des ordonn. de Charles IX, coté 2 E, fol. 126.

(8) *Ibid.* fol. 317.

(9) 7^e^ volume des mêmes ordonn., coté 2 F, fol. 193.

(10) *Ibid.* fol. 408.

(11) 1. vol. des ordonn. d'Henri III, coté 2 H, fol. 302.

la même création que les deux précédens. Il fut enregiſtré le 7 ſeptembre ſuivant (1).

En ſeptembre 1575, édit enregiſtré le 17 janvier 1576, par lequel le Roi crée quatre offices du même genre (2).

Il eſt à croire qu'il ſe fit vers ce temslà une nouvelle & très-conſidérable promotion de maîtres des requêtes ; car on aſſure que le 3 février 1576, « il y eut » des remontrances faites au roi par le » parlement, touchant l'éreƈtion d'un » quarante-deuxieme maître des requê» tes (3).

Depuis cette époque juſqu'en 1640, le nombre des maîtres des requêtes alla toujours en augmentant. Il en fut créé quatre par édit du mois d'oƈtobre 1585, enregiſtré le 26 du même mois (4) ; un par édit du mois de mars 1594, enregiſtré le 30 du même mois (5) ; deux par un autre édit de la même date, enregiſtré au mois d'avril ſuivant (6) ; deux par édit du mois de décembre 1630 (7) ; deux autres par édit du mois d'août 1631, enregiſtré le 13 du même mois (8) ; deux par édit du mois d'août 1635, enregiſtré le 20 décembre de la même année ; huit par édit du mois de décembre ſuivant, enregiſtré le même jour (9), & ſeize par édit du mois de décembre 1639, enregiſtré le 23 janvier 1640 (10).

Mais au mois de février 1640, Louis XIII donna un édit par lequel il réduiſit cette dernière création à douze. Cet édit fut enregiſtré le 20 avril de la même année (11).

La réduƈtion fut portée plus loin peu de temps après. Un édit du mois de janvier 1642, que le parlement de Paris enregiſtra le 7 février ſuivant, fixa le nombre des maîtres des requêtes de la création de 1639, à ſix (12).

Au mois de décembre 1647, Louis XIV créa douze nouveaux offices de maîtres des requêtes (13). Il les ſupprima à la vérité par édit du 31 juillet 1648 (2) ; mais depuis il en créa huit autres par édit du mois de janvier 1674, enregiſtré à la chambre des comptes le 16, & à la cour des aides le 22 février ſuivant (3).

Un édit du mois de février 1689, enregiſtré au parlement le 28 du même mois, & à la chambre des comptes le 2 mars ſuivant, ajouta huit nouveaux offices de maîtres des requêtes à ceux qu'on avoit précédemment créés.

Cette création fut ſuivie de pluſieurs autres, dont il eſt inutile de ſuivre le détail. Il ſuffit de ſavoir que les charges de maîtres des requêtes s'étoient multipliées juſqu'à 88, & que par la dernière ſuppreſſion de 1751, elles ont été réduites à 80.

III. L'âge & les qualités requiſes pour être admis à un office de maître des requêtes ſont déterminés par des lettres-patentes du 6 février 1596. Henri IV déclare par cette loi, que quoique les ordonnances de ſes prédéceſſeurs n'aient pas exigé, pour la réception aux offices de maîtres des requêtes, plus de condi-

(1) 1er vol. des ordonn. de Henri III, coté 2 H, fol. 302.

(2) *Ibid.*

(3) Brillon, V. Maître des requêtes, n. 16.

(4) 7e vol. deſdites ordonn., coté 2 O, fol. 57.

(5) 1er vol. des ordonn. de Henri IV, coté 2 R, fol. 11.

(6) *Ibid.* fol. 13.

(7) Brillon, *Loc. cit.*

(8) 5e vol. des ordonn. de Louis XIII, coté 3 D, fol. 308.

(9) Joly, tome 1, *add.* page 92 & 339.

(10) 2e vol. des ordonn. de Louis XIII, coté 3 G, fol. 54.

(11) 8e vol. des ordonn. de Louis XIII, coté 3 G, fol. 302.

(12) *Ibid.*

(13) 2e vol. des ordonn. de Louis XIV, coté 3 F, fol. 232.

(14) *Ibid.* fol. 288.

(15) Brillon, *Loc. cit.*

tions qu'il n'en faut pour être pourvu d'une charge de conseiller de cour souveraine, néanmoins il a trouvé à propos d'ordonner que dorénavant nul ne seroit reçu maître des requêtes qu'il n'eût atteint l'âge de 32 ans, & qu'il n'eût servi six ans soit en qualité de conseiller de cour souveraine, soit en qualité de lieutenant-général d'un bailliage ou sénéchaussée, ou qu'il n'eût exercé la profession d'avocat ou une autre charge de judicature pendant douze ans.

Ces lettres-patentes déplurent au parlement de Paris, qui avoit précédemment arrêté que nul ne seroit reçu maître des requêtes, s'il n'avoit été conseiller de cour souveraine ou lieutenant-général de bailliage pendant dix ans, ou avocat pendant vingt.

Henri IV ne s'arrêta point au refus du parlement. Il donna, le 13 avril de la même année, des lettres de jussion par lesquelles il lui enjoignit d'enregistrer purement & simplement ses lettres-patentes.

En conséquence, la grand'chambre, la tournelle & la chambre de l'édit s'assemblèrent le 8 juin 1596; mais la *matière mise en délibération*, il fut seulement *arrêté & ordonné que le Roi seroit très-humblement supplié, avoir agréable le réglement* de la cour.

Henri IV ne se contenta point de cet arrêté. Il fit resceller ses lettres-patentes le 5 février 1598, & les envoya de nouveau au parlement. Cette cour ayant persisté dans le refus de les enregistrer, il vint une nouvelle jussion, qui produisit l'arrêté suivant : « ce jour, les » grand'chambre, tournelle & de l'édit assemblées, après avoir délibéré » sur la quatrième jussion afin de vérification de lettres sur la réception ès » offices de maîtres des requêtes, de » ceux qui auroient six ans en cour souveraine, conclusions du procureur- » général du Roi, a arrêté que lesdites » lettres seront enregistrées en icelles, » ouï le procureur-général du Roi, & » néanmoins ordonné que ceux qui seront reçus n'auront séance au conseil, » & entrée en ladite cour qu'il n'ait » servi dix ans en cour souveraine ou » audit office de maître des requêtes. » Fait en parlement le 9 mars 1602 ».

IV. Les fonctions des maîtres des requêtes sont de différens genres. On peut néanmoins les rapporter à sept objets principaux : 1°. le service du conseil : 2°. celui des requêtes de l'hôtel : 3°. les commissions extraordinaires du conseil : 4°. l'intendance des provinces & généralités du royaume : 5°. la séance aux parlemens : 6°. l'assistance au sceau dans les chancelleries ; & 7°. la présidence des juridictions royales.

1°. Les maîtres des requêtes forment, avec les conseillers d'état, le conseil privé de sa majesté, qui est tenu par M. le chancelier. Ils y sont chargés de l'instruction & du rapport de toutes les affaires qui y sont portées. Mais, comme on l'a vu ci-devant, section 3, leurs fonctions ne sont pas bornées à ce conseil : ils entrent aussi à celui des dépêches, à celui des finances, aux grande & petite direction, &c.

Pour donner sur tout cela des idées bien nettes, il faut parcourir dans l'ordre chronologique les principales dispositions que les réglemens portés en différens temps contiennent sur leurs fonctions aux conseils du roi.

L'article 209 de l'ordonnance de 1413, porte que « toutes les requêtes » communes, tant pour le général du » royaume, qu'autres qui peuvent se » passer hors la présence du Roi, s'expédieront par les maîtres des requê- » tes de son hôtel, auxquels cela ap- » partient, qui signeront les lettres-pa- » tentes qui en seront faites avant que » le secrétaire qui en aura reçu le com- » mandement, les puisse signer, & fait » défenses au chancelier de les sceller,

» qu'elles ne soient signées du maître » des requêtes qui aura rapporté ».

Le réglement de Charles IX du 18 février 1566, détermine, comme on l'a déjà dit (1), le nombre & les qualités des personnes qui devoient avoir entrée au conseil ; & il fait une mention particulière des maîtres des requêtes.

Celui de Henri III, du 31 mai 1582, veut que les maîtres des requêtes entrent & rapportent aux assemblées du conseil qui se tiendront pour les *affaires contentieuses, procès & différends des parties.* Il ajoute que soit en ce conseil, soit en celui des finances, « nul ne rapportera que les conseillers d'état, les » maîtres des requêtes, & les inten» dans des finances ».

Le réglement du même monarque, du 8 janvier 1585, règle la manière dont les maîtres des requêtes doivent être vêtus « lorsqu'ils seront au conseil privé, » où ils peuvent entrer ».

Le réglement du 3 janvier 1628, paroît supposer que depuis long-temps le service des maîtres des requêtes au conseil étoit divisé par trimestres. Car par cette loi, Louis XIII conserve aux deux plus anciens de chaque quartier des maîtres des requêtes de son hôtel, *pour rendre le corps plus honorable & en faire estimer l'antiquité*, les appointemens qui auparavant étoient payés indifféremment à huit des maîtres des requêtes ; & il ordonne que le doyen de chaque quartier aura séance de conseiller d'état au conseil pendant les trois mois qui suivront le quartier de son service ; « & cela, porte-t-il, pour ren» dre témoignage de ce que dans tous » les temps les maîtres des requêtes ont » eu entrée dans le conseil du prince, & » de ce qu'encore aujourd'hui la récom» pense naturelle d'un maître des re» quêtes qui a bien servi, est d'être » assis au conseil de sa majesté ; soit » qu'on mesure ses services par la lon» gueur des années qui l'avancent à la » tête de sa compagnie, soit que sa ma» jesté fasse attention à l'utilité qu'en a » reçu l'état par des services anticipés ».

Le réglement du 16 juin 1644 mérite une attention particulière. Il ordonne que les maîtres des requêtes qui auront servi pendant dix ans dans leurs offices, & qui en seront encore revêtus quand ils seront appelés par sa majesté pour servir en qualité de conseillers d'état ordinaires ou semestres en ses conseils, prendront rang & séance du jour du serment qu'ils auront fait sur leurs brevets, à la différence de ceux qui se seront démis de leurs offices avant d'être élevés à la dignité de conseillers d'état, qui ne prendront place que du jour qu'ils entreront aux conseils. Le Roi explique lui-même les raisons qui l'ont déterminé à établir cette différence. Elle a pour objet, dit-il, de récompenser « le service que les maî» tres des requêtes rendent actuelle» ment, étant pourvus de leurs char» ges & de les inviter à y servir lon» guement ». Aussi déclare-t-il que le droit de prendre rang du jour du serment fait sur les brevets de conseillers d'état, ne passera point en la personne de ceux qui, ayant servi 20 ans, se seront démis de la charge de maître des requêtes, avant d'être nommés conseillers d'état.

Le même réglement porte que le doyen des maîtres des requêtes aura séance & voix délibérative dans tous les conseils, comme conseiller d'état ordinaire, & pourra rapporter assis & sans se découvrir, toutes sortes d'affaires.

Il ajoute que les maîtres des requêtes qui seront doyens de leurs quartiers, auront entrée, séance & voix délibérative au conseil après leur quartier fini, selon la date de leurs brevets & de leurs sermens, pourvu que leur brevet soit revêtu de lettres-patentes ;

(1) *Voyez* ci-devant, section 1.

mais qu'ils ne pourront rapporter alors les affaires qui leur auront été distribuées pendant leur quartier, comme maîtres des requêtes, ni aucune affaire de justice.

Il veut ensuite que dans le conseil de direction qui se tenoit alors *pour les affaires des Particuliers* avec le roi, les maîtres des requêtes rapportent, le mercredi, après les intendans des finances, & le samedi après les conseillers d'état, selon l'ordre qui leur sera donné par celui qui présidera au conseil.

Il ordonne que les maîtres des requêtes rapporteront toutes les *affaires de justice, même les procès-verbaux de rebellion faite à l'exécution des édits*, après néanmoins qu'ils auront communiqué ces procès-verbaux aux conseillers d'état qui seront commis pour ces sortes d'affaires avec l'intendant de la province.

Il déclare que les maîtres des requêtes *introduiront toutes les instances*, & les rapporteront seuls au conseil, à moins que par des considérations particulières, M. le chancelier ne juge à propos d'en charger des conseillers d'état.

Il enjoint aux maîtres des requêtes, après leur quartier fini, de mettre au greffe toutes les affaires dont ils se trouveront chargés, pour être redistribuées, & il leur défend de les rapporter, encore qu'elles eussent été vues par la compagnie, si ce n'est qu'ils aient été continués, pour le rapport, par M. le chancelier.

Il décide que les maîtres des requêtes qui seront en quartier, rapporteront leurs affaires selon l'ordre qui leur sera prescrit par celui qui tiendra le conseil; qu'ils ne pourront rapporter plus de trois instances & trois requêtes, ou six requêtes, à leur choix; que ceux qui serviront hors de quartier, rapporteront les affaires auxquelles ils auront été nommés rapporteurs, après avoir demandé l'audience au président du conseil; & que les maîtres des requêtes ne pourront être commis rapporteurs sur les requêtes qu'ils rapporteront, à moins qu'elles ne soient dépendantes d'instances dont ils seroient chargés.

Il ajoute que les maîtres des requêtes n'entreront au conseil qui se tiendra pour le rapport des affaires concernant les finances & les droits du Roi, que lorsque le président de l'assemblée jugera à propos de les y appeler, soit pour y rapporter, soit pour y opiner.

Au réglement dont nous venons de rendre compte, succéda celui du 1er mai 1657. La seule disposition qu'il renferme, touchant les maîtres des requêtes, c'est qu'il les maintient généralement dans tous leurs droits, & qu'il confirme spécialement celui des doyens de chaque quartier, d'avoir entrée, séance & voix au conseil, suivant les anciens réglemens.

Le réglement du 3 janvier 1673, contient plusieurs articles importans.

L'article 3 confirme le doyen des maîtres des requêtes dans son rang, séance & voix délibérative au conseil, *comme conseiller d'état ordinaire*, & dans le droit de rapporter assis & couvert.

L'article 4 porte que « les maîtres des » requêtes, doyens des quartiers, auront séance & voix délibérative au » conseil durant les trois mois immé» diatement suivant leur quartier, sans » néanmoins qu'ils puissent rapporter » que debout & découverts; & ne pour» ront prendre place ès jours esquels ils » auront à rapporter ».

L'article 9 ordonne que « le doyen » des maîtres des requêtes, & ceux des » quartiers, n'auront rang & séance au » conseil, que du jour qu'ils y seront » appelés & serviront actuellement, non» obstant l'ancienneté de leurs brevets, » & qu'ils eussent même prêté le ser» ment ».

L'article 10 déclare en conséquence, « que les doyens des quartiers qui ont

» pris place ci-devant au conseil du jour » de leurs brevets & prestations de serment, seront tenus de la quitter, & » ne pourront prendre place que du jour » qu'ils y sont entrés comme doyens » de leurs quartiers ».

L'article 15 porte « que les maîtres » des requêtes auront entrée & voix dé» libérative au conseil aussi-tôt qu'ils au» ront fait le serment entre les mains » de M. le chancelier, sans attendre leur » réception au parlement ».

Le même réglement ajoute que les maîtres des requêtes ne pourront assister au conseil que pendant leur quartier; mais, comme on le verra dans le moment, il a été dérogé, peu de temps après, à cette disposition.

Ce réglement veut encore que les maîtres des requêtes, pendant leur service, se rendent & demeurent assidument auprès du Roi & de M. le chancelier, & qu'ils ne puissent s'absenter sans permission de l'un ou de l'autre, à peine de radiation de leurs gages.

Il déclare en outre, qu'au conseil privé, les maîtres des requêtes seront debout derrière les chaises; qu'ils y rapporteront seuls, & qu'ils opineront debout & découverts.

Le réglement du 27 octobre 1674, forme le dernier état de cette partie de la législation françoise.

L'article 3 déclare que « les maîtres » des requêtes rapporteront, à l'exclusion » de tous autres, à la personne de sa » majesté, les requêtes & affaires de jus» tice, à moins que sa majesté, pour » des causes importantes au bien de son » service, n'en ordonne autrement ».

L'article 4 porte, en dérogeant au réglement du 3 janvier 1673, « qu'ils » auront leur entrée & voix délibéra» tive dans les conseils, tant en quar» tier que hors de quartier ».

Par l'article 5, sa majesté promet de faire « payer, par chacun an, au doyen » des maîtres des requêtes, les appoin» temens du conseil, montans à 3300 liv.; » & aux doyens des quatre quartiers, » lesdits appointemens à 1500 livres » chacun ».

L'article 6 déclare que « les maîtres » des requêtes procéderont à l'avenir, » ainsi qu'ils ont fait par le passé & » avant le réglement du 3 janvier 1673, » à l'examen & visite des instances, tant » du conseil que des requêtes de l'hôtel ».

L'article 7 les maintient dans le droit de connoître « de l'exécution des arrêts » du conseil, & des affaires des com» mensaux des maisons royales, ainsi » qu'ils ont fait du passé ».

Ce réglement a été lu, publié & enregistré *au conseil du Roi, tenant au château du Louvre à Paris*, le 14 novembre 1674.

2°. Le service des magistrats dont nous parlons, aux requêtes de l'hôtel, est encore divisé par quartier. Nous traiterons dans le livre 2, de tout ce qui a rapport à ce tribunal.

3°. Les commissions que le Roi établit quelquefois à la suite de son conseil, pour différentes affaires, exigent de la part des maîtres des requêtes, le même travail que le service du conseil même. Le réglement du 16 juin 1644, porte qu'il s'y en trouvera toujours un, pour faire l'instruction des instances.

4°. Les intendances des provinces & généralités du royaume sont depuis longtemps affectées aux maîtres des requêtes. C'est ce qui résulte de l'article 3 du réglement du 27 octobre 1674, portant qu'ils « seront envoyés dans toutes les pro» vinces & armées ». Cependant, comme par le même texte, le Roi se réserve le pouvoir d'*en ordonner autrement, pour des causes importantes au bien de son service*, il n'est pas sans exemple de voir les intendances remplies par des officiers des cours. C'est ainsi que le premier président du parlement d'Aix, & le premier président du conseil souverain de Perpignan, sont aujourd'hui intendans de Provence & de Roussillon.

5°. Les maîtres des requêtes ont toujours été considérés comme membres des parlemens, & y ont toujours pris séance quand ils l'ont voulu.

Lorsque Philippe de Valois ordonna que le parlement de Paris seroit composé de cent officiers, y compris les ducs & pairs, il voulut que les huit maîtres des requêtes y fussent placés immédiatement après les présidens, dont les emplois étoient alors remplis par des conseillers d'état.

On trouve la même disposition dans l'ordonnance de Louis XI, du 16 septembre 1461, & dans celles de Charles VIII, des 11 décembre 1493 & 9 avril 1494. Cette dernière porte que les maîtres des requêtes siégeront les premiers après les présidens & les pairs, & devant les conseillers laïques, *à la main dextre* (1).

L'édit de Henri II, du mois de mars 1553, portant création du parlement de Bretagne, s'explique sur le même objet d'une manière très-remarquable : « & » d'autant que le corps & collège des » maîtres des requêtes ordinaires de notre » hôtel, a toujours été si révéré & ho- » noré, qu'ils sont reçus & incorporés » aux corps des autres parlemens de notre » royaume, & y ont lieu & séance ho- » norable, & voix délibérative & opi- » nion ; & qu'entre tous les états de jus- » tice, ce sont ceux qui sont les plus » près de notre personne, par lesquels » nous pouvons souvent entendre quel » ordre, police ou défaut se trouvent en » nos parlemens & cours souveraines, » & que d'ancienneté la plupart d'eux » ont tenu conjointement avec leursdits » états de maîtres des requêtes, offices » de présidens & conseillers en notredit » parlement ou grands jours de Breta- » gne ; & considérant aussi que l'exercice » dudit état n'est continuel à l'entour de » notre personne..., nous ordonnons que » nosdits maîtres des requêtes de notre » hôtel, présens & à venir, qui ne seront » originaires dudit pays de Bretagne, » pourront conjointement & avec lesdits » états de maîtres des requêtes, tenir & » exercer lesdits états de présidens & con- » seillers audit parlement de Bretagne, » le lieu, ordre & séance honorable tel » qu'il leur est baillé & ont accoutumé » d'avoir ès cours de parlement de Paris, » Toulouse, & nos autres parlemens, » sans avoir égard à l'ordre & séance » qu'ils devroient avoir selon la récep- » tion de leurs états & offices de con- » seillers ».

Cet édit énonce & prouve, comme on le voit, bien clairement que les maîtres des requêtes ont séance de plein droit dans toutes les cours souveraines ; & s'il leur permet d'acquérir des offices de présidens ou de conseillers au parlement de Bretagne, c'est plutôt pour empêcher qu'on ne leur oppose d'incompatibilité, que pour faire dépendre de l'exercice de cette faculté, le droit de siéger dans cette cour comme dans toutes les autres.

C'est ce que confirme encore bien positivement l'édit donné à Compiegne au mois de mai 1554. Par cette loi, Henri II ordonne que le parlement de Paris sera composé de cent cinquante-six juges, *outre les vingt maîtres des requêtes*.

Ces derniers termes prouvent qu'autrefois les maîtres des requêtes pouvoient tous siéger au parlement. Mais dans la suite, les charges s'étant fort multipliées, le parlement demanda que le nombre de ceux qui pourroient y avoir entrée à la fois fût fixé. Ces remontrances eurent leur effet vers 1600 ; il fut réglé qu'il ne pourroit siéger que quatre maîtres des requêtes à la fois au parlement ; & cet usage a toujours été observé depuis.

C'est une question si en l'absence des présidens, ils peuvent en faire les fonctions, ou si elles sont dévolues à leur exclusion au doyen de la compagnie.

(1) Traité de l'Indult, par M. Cocher de Saint-Valier, tome 1, chap. 4, nomb. 5. Joly, tome 1, page 661. Filleau, tome 2, p. 505.

M. de Sainction, qui étoit maître des requêtes, tient l'affirmative dans sa conférence des ordonnances des eaux & forêts, liv. 1, tit. 1, chap. 1. Il se fonde sur l'exemple de Simon de Bucy, maître des requêtes, qui exerçoit dans le quatorzième siècle l'office de premier président du parlement de Paris.

Filleau (1) répond à cela que Simon de Bucy n'étoit pas maître des requêtes. C'est une erreur. On trouve dans l'histoire du conseil par Guillard (2), un arrêt du conseil privé, du 28 mai 1359, rendu *au rapport de messire Simon de Bucy, maître des requêtes de l'hôtel de sa majesté*, qui casse la destitution que les factieux des états du royaume s'étoient ingérés de faire de plusieurs officiers.

Nous ne croyons cependant pas que l'exemple sur lequel s'appuie M. de Sainction, soit bien appliqué : car il y a apparence que Simon de Bucy avoit une commission particulière pour la place de premier président. C'est ce que font entendre Froissard, liv. 1, chap. 179; Miraumont, dans son *traité de l'origine de la chancellerie*, page 49 ; & Guillard, à l'endroit cité.

Ce qu'il y a de certain, c'est que cet exemple, quel qu'il soit, est combattu par un grand nombre de faits postérieurs & bien prouvés.

Le 7 février 1560, toutes les chambres du parlement de Paris étant assemblées, pour juger le procès criminel de Paul de Foy, conseiller de cette cour, & les quatre présidens se trouvant récusés, il fut question de savoir si le plus ancien des maîtres des requêtes qui étoient venus prendre séance, présideroit la compagnie, ou si ce seroit le doyen des conseillers, ou si l'on procéderoit sans président. Après quelques contestations, on décida que la présidence étoit dévolue à Claude Anjorran, doyen des conseillers (3).

En 1582, le parlement assistant en corps aux funérailles du chancelier de Biragues, les présidens portèrent le drap mortuaire, le doyen des conseillers marcha à la tête de la cour, & les maîtres des requêtes ne prirent rang qu'après lui (4).

La même chose arriva le 7 octobre 1596, aux grands jours de Lyon; M. Forget, président, ne s'étant pas trouvé à l'audience, il fut arrêté que le plus ancien conseiller présideroit à sa place, à l'exclusion de M. du Lyon de la Cave, maître des requêtes (5).

Tel est aussi l'usage du parlement de Bretagne. Nous voyons dans le recueil d'arrêts de Dufail, liv. 3, chap. 343, que cette cour fit le 22 février 1556, un arrêté; par lequel elle régla que les maîtres des requêtes qui avoient acquis des offices de conseillers, suivant la permission que leur en donnoit l'édit du mois de mars 1553, ne présideroient, dans l'absence des présidens, qu'autant qu'ils se trouveroient les plus anciens, à compter du jour de leur réception à la cour.

6°. Nous avons dit que l'assistance au sceau fait partie des fonctions des maîtres des requêtes. En effet, on a vu ci-devant que dès le règne de Philippe-le-Long, c'étoit à eux seuls qu'appartenoit le droit & le pouvoir de *faire signer les lettres de justice*.

La manière dont ils remplissent ces fonctions n'est pas la même quand le sceau est tenu par M. le chancelier ou M. le garde-des-sceaux, que quand sa majesté le tient en personne.

Dans le premier cas, ceux d'entre eux qui sont de service aux requêtes de l'hôtel, y assistent au nombre de deux; savoir,

(1) Tome 2, page 206.
(2) Page 119.

(3) Filleau, *Loc. cit.*
(4) *Ibid.*
(5) *Ibid.*

l'ancien & le nouveau de chaque quartier : ils rapportent, assis, les lettres en réglement des juges, les évocations & les autres lettres de justice dont ils sont chargés, & ils donnent leur avis sur les lettres de rémission qui sont présentées au sceau.

Au second cas, le Roi en nomme six au commencement de chaque quartier, pour y venir pendant ce quartier conjointement avec six conseillers d'état. Ils y assistent en robe, comme dans le premier cas, & se tiennent debout aux deux côtés du fauteuil du Roi. C'est ce qu'a réglé Louis XIV par son ordonnance du 4 février 1672. *Voyez* ci-après, liv. II, chap. II, sect. I, §. 3, nomb. II.

Par une suite des fonctions distinguées que les maîtres des requêtes ont à exercer à la grande chancellerie, c'est à eux qu'appartient de droit la garde-des-sceaux de toutes les chancelleries près des cours & des présidiaux.

La chancellerie du palais à Paris est cependant la seule où ce droit est à leur égard dans un exercice continuel. Le sceau y est tenu par le doyen des maîtres des requêtes le premier mois de chaque quartier, & le reste de l'année par les doyens des quartiers, chacun pendant les deux derniers mois de son trimestre.

Les maîtres des requêtes n'ont pas la garde effective des sceaux des autres chancelleries, parce qu'ils ne résident pas dans les endroits où elles sont établies. Mais cela n'empêche pas que lorsqu'ils se trouvent sur les lieux, ils ne puissent tenir les sceaux à l'exclusion des officiers à qui le Roi en a confié la garde en leur absence. L'édit de Charles VIII, du 11 décembre 1493, enregistré au parlement de Bordeaux, le 10 mai 1494, reconnoît formellement qu'ils ont toujours eu ce droit & le leur confirme (1).

C'est ce que fait aussi l'édit de création de la chancellerie près le parlement de Flandres, du mois de décembre 1680.

---

(1) *Voici les termes de cet édit.*

Charles par la grace de Dieu, roi de France : à tous ceux qui ces présentes lettres verront, salut. Comme nos prédécesseurs rois de France ont d'ancienneté, entre autres offices de justice, créé, ordonné & établi huit maîtres des requêtes ordinaires de l'hôtel de France, pour être & assister principalement à l'entour de leurs personnes en leurs chancelleries & grand-conseil, pour l'expédition des grandes matières & affaires concernant le royaume de France ; aussi pour assister en leurs cours de parlement, esquelles ils furent ordonnés les premiers & principaux après les présidens, auxquels huit maîtres des requêtes en leur première création & depuis, furent & ont été données plusieurs belles prérogatives & autorités ; & entre autres..... ils ont la principale connoissance & charge, avec les chanceliers de France, du fait de la chancellerie, & mêmement la garde du scel de toutes nos chancelleries, soit de Paris, Toulouse, Bordeaux, Dijon, de l'échiquier de Normandie, Bretagne & parlement de Dauphiné, ou autres en l'absence du chancelier, leur appartient en telle manière, que posé ores que pour leur absence, la garde de nos sceaux ordonnés par lesdites chancelleries, ait été souventefois baillée à autres grands personnages, toutefois, quand lesdits huit maîtres des requêtes, ou l'un d'eux, sont venus & se sont trouvés ès lieux où se tiennent nosdites chancelleries de Paris, Toulouse, Bordeaux, Dijon, l'échiquier de Normandie, Bretagne, Dauphiné, le scel *illec* établi, leur a été & leur doit être baillé, pour icelui garder, & en sceller & expédier provisions durant & pendant qu'ils seront esdits lieux, ou en l'un d'eux, sans ce que autres, sous couleur de quelques lettres ou commission qu'ils aient eue de nos prédécesseurs ou du chancelier de France, se soient dû n'entremettre de ladite garde desdits sceaux, ne de faire expéditions.... : & combien que de tout temps lesdits maîtres des requêtes ayent joui & accoutumé jouir desdites prérogatives, autorités & prééminences, toutefois, pource qu'aucuns ayant à présent la garde desdits sceaux en l'absence de nos amés & féaux les huit maîtres des requêtes ordinaires de notre hôtel, qui, à présent, sont sous couleur desdites commissions à eux baillées, & qu'ils sont grands personnages.... Ayons été mus faire sur ce ordonnance & déclaration de notre vouloir & intentions, SAVOIR FAISONS, que nous, bien informés & avertis des prérogatives, autorités & prééminences appartenans à nosdits conseillers les huit maîtres des requêtes en

en déclarant que le garde-des-sceaux, dont il unit l'office à la place de premier président, n'exercera les fonctions qu'il lui attribue, qu'*en l'absence des maîtres des requêtes.*

Le réglement du conseil pour la chancellerie de Nancy, du 26 juin 1770, porte également que « si l'un des maîtres » des requêtes ordinaires de l'hôtel du » Roi, se trouve à Nancy, & qu'il veuille » y tenir le sceau, alors le garde-des-» sceaux sera tenu de lui remettre la clef » du coffre & de l'armoire ».

Voici un exemple qui prouve de plus en plus que ces réglemens sont de droit commun pour tout le royaume. En 1614, M. de Tarabel, maître des requêtes, se trouvant à Montpellier, voulut tenir les sceaux de la chancellerie près la cour des aides de la même ville. M. Boucaut, premier president du tribunal & garde-des-sceaux de la chancellerie, s'y opposa, & fit rendre par sa compagnie un arrêt du 31 mars qui le lui défendit très-expressément. M. de Tarabel fit casser cet arrêt au conseil le 6 mai suivant; mais il ne trouva personne à Montpellier pour signifier le jugement de cassation, & il fut obligé de faire venir pour cela Antoine Radelin, huissier audiencier de la chancellerie de Toulouse. La cour des aides, irritée de cette signification, décréta sur le champ Radelin & ses records, & condamna un de ceux-ci aux galères à perpétuité. Radelin en dressa procès-verbal; & sur le rapport qui en fut fait au conseil, il y intervint arrêt du 16 avril 1616, par lequel il fut ordonné que M. Boucaut, premier président, seroit assigné pour défendre aux requêtes présentées contre lui; que cependant il seroit informé des faits contenus au procès-verbal de Radelin; que le procureur-général & deux conseillers de la cour des aides seroient ajournés à comparoir en personne au conseil dans le mois, pour être ouis sur les charges résultantes du procès-verbal, & que jusqu'à ce qu'ils eussent comparu, ils s'abstiendroient de l'exercice de leurs charges, à peine de faux.

7°. Le droit de présider toutes les juridictions royales, a été assuré aux maîtres des requêtes par l'édit du 11 décembre 1493, que nous citions tout-à-l'heure. Voici ce qu'il porte à ce sujet: « & en outre avons déclaré & déclarons » que auxdits huit maîtres des requêtes » ordinaires, & à chacun d'eux en l'ab-

---

ordinaires de notre hôtel, voulant icelles leur être observées & gardées, de plus en plus augmentées & entretenues. Pour ces causes, & autres considérations à ce nous mouvans, eu sur ce avis & délibération avec aucuns des princes & seigneurs de notre sang & lignage, & autres grands personnages étant à l'entour de notre personne, avons, en suivant les choses dessus dites, & icelles corroborées, ordonné, statué & déclaré, & par ces présentes, de notre certaine science, pleine puissance & autorité royale, ordonnons, statuons & déclarons, que à nosdits huit conseillers les maîtres des requêtes ordinaires de notre hôtel, à cause des prérogatives de leurs offices, a appartenu & appartient, en l'absence du chancelier de France, la garde des sceaux ordonnés pour sceller en nos chancelleries de Paris, Toulouse, Bordeaux, Dijon, de l'échiquier de Normandie, Bretagne, parlement de Dauphiné & autres; & qu'à eux ou l'un d'eux, ou plusieurs d'eux quand ils se trouveront & surviendront en lieux où se tiendront lesdites chancelleries, seront incontinent portés, baillés & délivrés lesdits sceaux par ceux qui, par commission de nous ou dudit chancelier, sont ou auront été commis à ladite garde d'iceux sceaux, pour en avoir la garde & faire sceller en icelles chancelleries, ainsi qu'il appartiendra, durant le temps qu'ils seront & résideront esdits lieux, sans que cependant lesdits commis à la garde, de quelque état, condition ou qualité qu'ils soient, s'en puissent ou doivent, en la présence de nosdits conseillers les maîtres des requêtes ordinaires, ou de l'un d'eux, ou de plusieurs d'eux, mêler ou entremettre en aucune matière: & laquelle chose leur prohibons & défendons, sur peine d'être réputés infracteurs des ordonnances & édits. Aussi défendons, à la peine que dessus, à nos amés & féaux notaires & secrétaires, de non faire aucunes expéditions & signatures de lettres pardevant autres que pardevant lesdits maîtres des requêtes, quand ils seront présens.

» sence des autres, *a appartenu & appar-* » *tient*, à cause de leursdits offices & pré- » rogatives, présider ès sièges des baillis, » sénéchaux & d'autres nos justiciers, & » de connoître de toutes matières dont » ils connoîtront ».

Cette disposition a été renouvellée par l'article 17 de l'édit de Henri II, du mois d'août 1553, enregistré au parlement de Paris le 7 septembre de la même année (1).

V. Les maîtres des requêtes jouissent de beaucoup d'autres prérogatives que celles dont nous avons parlé.

Une déclaration de François I, du 22 juillet 1545, porte qu'ils ont toujours été & doivent être à jamais réputés commensaux de la maison du Roi, & jouir de tous les privilèges, exemptions & franchises attachés à cette qualité (2).

C'est par cette raison qu'aux obsèques des Rois ils ont une place marquée sur le même banc que les évêques, & que du temps de François I & de Henri II, ils avoient leurs entrées au lever du Roi, en même temps que le grand aumônier.

Ils ont toujours été regardés autant comme des *courtisans* que comme des *magistrats*. Dé-là le privilège qu'ils ont de se présenter devant le Roi & la famille royale dans les cérémonies, non par députés, ni en corps de compagnie, comme les cours souveraines, mais séparément comme les autres courtisans.

Ils ont toujours pris & prennent encore le titre de conseiller du Roi en ses conseils. Il est vrai que le réglement du 3 janvier 1673, ne le leur avoit permis que dans le cas où le Roi les auroit gratifiés de lettres de conseillers d'état; mais cette disposition n'a jamais été exécutée.

On a déja remarqué que dès les temps les plus reculés, ils avoient seuls le privilège de recevoir les placets présentés au Roi & de lui en rendre compte. M. le duc d'Orléans les avoit rétablis en possession de ce droit au commencement de sa régence : mais comme il falloit remettre ces placets aux secrétaires d'état, on s'est habitué à les donner au capitaine des gardes qui les met sur un banc dans l'anti-chambre du Roi, où les secrétaires d'état les prennent; de sorte que les maîtres des requêtes ne jouissent actuellement que du droit de suivre le Roi à la messe, d'y assister & de le reconduire jusqu'à son cabinet, comme ils le faisoient lorsqu'il leur remettoit les placets. Il y en a toujours deux nommés par semaine pour cette fonction, qu'ils ne remplissent plus que les dimanches & les fêtes. Ils sont en robe lorsque le Roi entend la messe en cérémonie à son prie-dieu, & leur place est auprès du garde de la manche, du côté du fauteuil du Roi & sur le bord de son tapis. Lorsqu'il entend la messe dans sa tribune, ils sont en manteau court, & se placent auprès du fauteuil : ils ont la même fonction lorsque le Roi va à des *Te Deum* ou à d'autres cérémonies dans les églises.

Les maîtres des requêtes ont tous les privilèges des secrétaires du Roi; & avant l'arrêt du conseil du 26 mai 1771, ils étoient comme eux exempts des droits seigneuriaux pour les biens qu'ils achetoient dans la mouvance du Roi. Il y en a une disposition expresse dans l'édit du mois de janvier 1642, qui réduisit la nouvelle création de seize maîtres des requêtes à six; & cette disposition fut confirmée par un arrêt du conseil du 18 juillet 1676 (3).

(1) Joly, tome 1, page 670.
(2) *Ibid.* page 667.

(3) Cet arrêt, dit l'auteur du Dictionnaire des domaines, aux mots *Maîtres des requêtes*, ordonne « que la déclaration du mois de janvier 1642, par » laquelle sa majesté a accordé aux maîtres des » requêtes de son hôtel, l'exemption des droits de » lods & ventes, quints & requints, rachats & » sous-rachats, & autres droits & devoirs sei- » gneuriaux, à l'instar des conseillers-secrétaires » du Roi, maison, couronne de France & de » finances, sera exécutée selon sa forme & teneur; » & en conséquence, sans s'arrêter à la sentence

Les maîtres des requêtes sont exempts des droits de sceau dans toutes les chancelleries du royaume. C'est ce qui résulte de plusieurs réglemens rappelés & confirmés par une déclaration du 7 décembre 1655, concernant spécialement la chancellerie de Grenoble (1).

Le droit d'indult est une des plus belles prérogatives des maîtres des requêtes, & ils en jouissent comme membres du parlement. Dès le 10 avril 1498, le parlement de Paris ordonna qu'ils seroient compris dans le rôle d'indult de la cour. Il n'y avoit cependant alors que des indults à temps.

Une chose singulière, c'est qu'à cette époque les maîtres des requêtes n'étoient employés dans le rôle qu'après les conseillers. La raison qu'en rend Duluc (2), c'est qu'ils ne rendent pas un service continuel au parlement, & n'y ont que des fonctions honoraires. Mais dans le premier rôle qui fut fait après la pauline, en 1538, & où chaque officier fut placé selon son rang, les maîtres des requêtes furent mis avant les conseillers. « Depuis ce premier rôle, chaque officier s'est inscrit quand il lui a plu, sans qu'on ait gardé aucun ordre ni distinction de charges; & le parlement n'a fait aucune nomination en corps depuis François I (3) ».

On a vu ci-devant que les conseillers d'état n'assistent jamais en corps de cour aux cérémonies publiques, telles que les *Te Deum*. Il en est de même des maîtres des requêtes. Cependant il y en a toujours quatre qui vont à ces cérémonies avec le parlement, & deux qui se tiennent à côté du prie-dieu du Roi, lorsqu'il y vient. Il y en a aussi d'autres qui y accompagnent M. le chancelier, suivant qu'il les y invite, & ordinairement au nombre de huit. Ils y prennent place après les conseillers d'état.

Leur habit de cérémonie est une robe de soie avec le rabat plissé : mais ils ne la portent que pour le service du conseil, du parlement ou des requêtes de l'hôtel. A la cour, ils sont en petit manteau, & ils prennent le grand, lorsque le Roi reçoit des révérences de la cour pour les pertes qui lui sont arrivées.

## §. V.

### *Des Inspecteurs-généraux du Domaine de la Couronne* (4).

La défense du domaine de la couronne est confiée, dans les tribunaux ordinaires, aux magistrats qui exercent les fonctions du ministère public. Il n'existoit au conseil du Roi aucun officier qui fût spécialement chargé de cette défense, lorsque Louis XV commit par deux arrêts du conseil, des 1er & 8 mai 1717, les sieurs Magneux & Poilly, avocats au parlement de Paris, à l'effet de poursuivre & défendre toutes les affaires concernant le domaine, qui sont portées aux différens conseils de sa majesté. On ne sera peut-être pas fâché de trouver ici le titre de la création de ces officiers.

« Le Roi ayant, par édit du présent » mois de mai, supprimé l'un des deux

» rendue en la chambre du trésor au palais à Paris, » le 19 juin 1676, qui avoit condamné le sieur » Bazin, maître des requêtes ordinaire de l'hôtel » du Roi, au paiement des lods & ventes, » quints & requints, de la terre de Bandeville, » par lui acquise par échange, il en a été dé» chargé, avec défenses au fermier du domaine » de faire aucune poursuite contre lui, pour » raison de ce ».

(1) Histoire de la chancellerie, par Tessereau, tome 1, page 492, édition de 1706.

(2) *Placit. cur. lib.* 4, tit. 12, n. 2.

(3) Traité de l'Indult, par M. Cocher de Saint-Valier, tome 1, chap. 4, n. 6.

(4) Ce paragraphe n'est pas de l'auteur qui a composé le reste de ce chapitre.

» offices de contrôleurs-généraux de ses » domaines, créés en la généralité de » Paris, par l'édit du mois de décembre » 1689, & ordonné par le même édit » que le pourvu de l'autre office de son » conseiller-contrôleur-général des do- » maines & bois dans ladite généralité, » en fera seul les fonctions, & contrô- » lera les quittances & actes sujets audit » contrôle, & renfermé les fonctions » dudit office subsistant audit contrôle » seulement; & s'étant réservé de com- » mettre, pour la défense des droits du » domaine dans les causes qui le con- » cernent, & qui sont portées en ses » conseils, telles personnes qu'il lui plai- » roit choisir; & sa majesté étant infor- » mée de la capacité & de l'expérience » du sieur Magneux, avocat au parle- » ment; oui le rapport, sa majesté étant » en son conseil, de l'avis de M. le duc » d'Orléans, régent, a commis & com- » met ledit sieur Magneux pour poursui- » vre & défendre toutes les affaires qui » concernent le domaine de la couronne, » & portées aux différens conseils de sa » majesté, & ce sous le titre d'inspec- » teur-général dudit domaine. Ordonne » sa majesté, que ledit sieur Magneux » aura entrée & séance au bureau des » commissaires de son conseil, pour les » affaires de son domaine, tout ainsi » que les contrôleurs-généraux de ses » domaines, par ledit édit du mois de » décembre 1689, l'avoient, aux termes » dudit édit; qu'il sera entendu audit » bureau lorsqu'il le requerra, & qu'il » aura l'entrée libre dans les archives » de sa majesté, pour y prendre com- » munication des titres, même en pourra » lever des extraits quand il en sera be- » soin, lesquels lui seront délivrés sans » frais ».

On voit qu'avant cet arrêt les affaires du domaine étoient défendues par les contrôleurs généraux des domaines & bois, créés par édit de décembre 1689, pour contrôler les quittances comptables des receveurs généraux, & des contrats & actes translatifs de propriété des héritages mouvans en fief ou censive du domaine de la couronne.

On reconnut bientôt que la défense du domaine exigeoit des connoissances profondes & une habitude de discussion qui pouvoient manquer à des pourvus d'offices dont les fonctions principales étoient de contrôler des quittances : ce fut par ce motif que M. le régent se détermina à supprimer un des offices de contrôleurs généraux des domaines & bois, & à réduire l'autre aux seules fonctions du contrôle.

L'édit de suppression est du mois de mai 1717; par cet édit, le Roi se réservoit de pourvoir à la recherche & à la défense des droits du domaine. Il y pourvut en effet, par les deux arrêts du conseil des premier & 8 mai 1717, dont on a déja parlé : le premier de ces arrêts commettoit le sieur Magneux pour cette défense; le second, qui ne diffère en rien du premier, commit le sieur de Pouilly pour le même objet.

Il avoit existé précédemment des offices de *conservateurs des domaines aliénés* qui avoient été créés en 1582, supprimés en 1639, rétablis en 1645, supprimés de nouveau, & recréés ensuite par édit du mois d'octobre 1506 : mais les fonctions de ces officiers n'avoient rien de commun avec celles qui ont depuis été attribuées aux inspecteurs-généraux du domaine créés en 1717 : les conservateurs des domaines aliénés n'étoient établis que pour tenir un registre de tous les domaines aliénés à quelque titre que ce fût, des noms de ceux qui les possédoient, de leur situation, & des mutations qui arriveroient à l'avenir.

Les nouveaux offices de *conservateurs des domaines aliénés* furent encore supprimés par édit du mois de juillet 1708, & remplacés par des offices d'inspecteurs-généraux des domaines créés par le même édit dans chaque généralité : les pourvus devoient dresser des états de tous les domaines & droits domaniaux aliénés & non aliénés dans tous les fiefs & domaines mouvans de la couronne : mais ces offices, qui n'avoient encore rien de commun avec les commissions d'inspecteurs généraux des domaines donnés en 1717, ont aussi été supprimés en 1710 & 1715.

C'est pour poursuivre & défendre au conseil toutes les affaires concernant le domaine de la couronne, que les sieurs Magneux & de Poilly furent commis ; leur ministère & celui de leurs successeurs n'a pas dû par conséquent se borner à donner des dires & des conclusions dans les affaires qui leur ont été renvoyées : établis pour poursuivre comme pour défendre, ils ont eu le droit d'intervenir dans les instances engagées, même de former des demandes & se pourvoir contre des arrêts toutes les fois que la conservation du domaine de la couronne a pu l'exiger.

En effet, les inspecteurs-généraux du domaine exercent au conseil, en ce qui concerne les affaires domaniales, des fonctions pareilles à celles des procureurs-généraux dans les cours, & ils doivent y défendre les droits de la couronne par tous les moyens ouverts au ministère public : c'est parce qu'ils remplissent un ministère de cette nature qu'il ne peut être prononcé contre eux aucune condamnation ni compensation de dépens, ainsi qu'il a été jugé par un arrêt du conseil du 2 janvier 1736.

Leurs commissions contenues dans un arrêt du conseil, sont revêtues de lettres-patentes qui doivent être enregistrées à la chambre des comptes, où ils prêtent serment de bien & fidellement défendre le domaine ; & comme leurs fonctions s'exercent au conseil du Roi, les lettres-patentes qui les commettent leur donnent entrée & séance aux bureaux des commissaires du conseil ; ils ont le droit de s'y faire entendre & d'y requérir pour la défense du domaine tout ce qui leur paroît convenable.

Les dépôts de toutes les archives leur sont ouverts, & ils sont autorisés à y prendre communication & à y lever sans frais des extraits de tous les titres ; ce n'est qu'avec ce secours qu'ils peuvent se livrer aux recherches profondes qu'exige souvent la discussion & la défense des droits du roi.

Le nombre des inspecteurs-généraux des domaines de la couronne n'est pas fixé ; ils ont été deux, trois ou quatre, suivant que les affaires plus ou moins multipliées ont pu l'exiger. MM. Lorry, Aubry, Vulpian & Treilhard, avocats au parlement, remplissent aujourd'hui ces commissions.

On ne peut méconnoître l'utilité d'un établissement qui consacre à la défense du domaine de la couronne des jurisconsultes dont la réputation garantit ordinairement le zèle & la capacité ; & il étoit bien étrange que le domaine, qui trouvoit dans tous les tribunaux des officiers préposés à sa défense, fût dépourvu de cet avantage au conseil du Roi, où se traitent définitivement les affaires les plus importantes.

La collection des dires & mémoires des inspecteurs-généraux du domaine formeroit un recueil bien précieux sur les droits du Roi : on sait avec quelle profondeur & quelle sagacité ont été souvent traitées les questions les plus épineuses de la domanialité ; & celui qui pourroit ramasser & publier les mémoires épars des inspecteurs-généraux du domaine, rendroit un véritable service à la nation.

## §. VI.

### * *Des Secrétaires des finances.*

I. Les secrétaires des finances sont des officiers établis pour recevoir, rédiger

& expédier tout ce qui émane du conseil royal & de la direction des finances.

Nous avons retracé ci-devant, §. 2, l'origine de ces officiers; on y a vu que les secrétaires des finances ont d'abord été confondus avec les secrétaire du Roi; qu'ensuite on les a élevés au-dessus de ceux-ci, sans cependant les séparer de leur collège; & que c'est de la classe particulière qu'ils formoient dans ce corps, qu'ont été tirés les secrétaires d'état.

Les secrétaires des finances ont été érigés en titre d'offices dès le principe de l'introduction de la vénalité des charges. Il paroît par le réglement de Henri II, du 3 avril 1547, qu'ils étoient alors au nombre de quatre. Nous l'avons rapporté ci-devant, section 1. Charles IX les réduisit à deux, comme on le voit par un réglement de 1560, rappelé au même endroit; mais Henri III les porta de nouveau à quatre.

Le réglement de ce prince du 31 mai 1582 (1), veut que les « *quatre secrétaires* » *des finances* ordonnés pour servir au » conseil, soient tenus de se trouver, » *chacun durant son quartier*, en celui qui » se tiendra les lundi, mardi, jeudi & » samedi, pour enregistrer tout ce qui » s'y ordonnera ».

Un édit du mois de décembre 1647, avoit créé deux nouveaux offices de secrétaires des finances; mais ils furent supprimés par un autre du mois d'octobre 1648. Depuis ce temps le nombre n'en a plus varié, & ils ont continué de servir par quartier, comme sous le règne de Henri III.

II. Ces officiers portent différentes dénominations. Les réglemens qui les concernent, les appellent *secrétaires du conseil*, *secrétaires des finances*, & enfin, *secrétaires ordinaires du conseil d'état, direction & finances* (2), qualité qui réunit toutes celles qui établissent leurs fonctions dans les différens départemens du conseil.

Indépendamment de ces titres, les secrétaires des finances ont celui de conseillers du Roi en ses conseils.

L'article 5 du réglement du 3 janvier 1673, sembloit les en priver; mais il leur a été rendu, ou plutôt il a été déclaré ne leur avoir pas été ôté; & par un arrêt du conseil du 14 mars de la même année, & l'édit du mois de février 1710, ils ont été confirmés dans cette qualité.

III. Les secrétaires des finances sont obligés, comme l'ont été les secrétaires d'état, jusqu'en 1727 (3), de se faire pourvoir d'un office de secrétaire du roi; mais cela n'ajoute rien à la noblesse héréditaire qui résulte de leur office principal.

IV. Ils ont entrée & séance au conseil. Le réglement du 31 mai 1582, que nous avons déjà cité, les oblige de s'y trouver, non-seulement comme on l'a vu tout-à-l'heure, pour enregistrer tout ce qui s'y ordonnera; mais aussi pour y *rapporter & lire* à chaque séance ce qui aura été fait dans la précédente, *afin que chacun en ait la mémoire plus récente*. Le réglement fait à Paris par Louis XIII, le 21 mai 1615, concernant l'ordre que sa majesté veut entretenir en son conseil d'état & des finances, en son conseil établi pour la direction des finances, & en son conseil privé, donne aux secrétaires du conseil de la direction, entrée, séance & voix délibérative aux conseils (4).

Il est parlé dans un édit de Henri IV, du mois de décembre 1594 (5), « de » la qualité & dignité des états de secrétaires (des finances) qui sont chargés » d'assister *au conseil d'état & des finances*,

(1) Joly, tom. 1, pag. 627 & 628.
(2) Déclaration du 1er mars 1631, édits du mois de décembre 1647, & du mois d'août 1691.

(3) Voyez ci-devant §. II, nomb. X.
(4) Histoire du conseil, pag. 228.
(5) Joly, tom. 1, pag. 635.

» de dresser les résultats, arrêts & expédi- » tions qui y seront traités & ordonnés »

Ce droit leur a encore été confirmé par le réglement du 1 juin 1624.

Précédemment il avoit été restreint par celui du 21 mai 1615, au secrétaire des finances en quartier; & le réglement du 5 mai 1657, avoit même ordonné, « que les secrétaires du conseil des fi- » nances & les greffiers de celui des » parties, auroient, chacun dans leurs » quartiers, entrée aux conseils; mais » qu'ils n'y entreroient point en autre » tems, à moins qu'ils n'eussent à y pro- » poser qulque chose d'important au ser- » vice du Roi, ou du devoir de leurs » charges, après quoi ils se retireroient ».

Mais dès le 7 du même mois, les choses ont été remises sur l'ancien pied, par un arrêt dont voici les termes :

« Sa majesté considérant la nécessité » qu'il y a pour le bien & utilité de ses » affaires, que les secrétaires des finances » assistent au conseil d'état, direction & » finances & conseil privé, *tant en quar- » tier que hors d'icelui*, pour rendre raison » dans les occurrences des choses qui s'y » traitent, étant pour ce sujet créés & » établis secrétaires ordinaires desdits » conseils & dépositaires, tant des mi- » nutes concernant les plus grandes » & plus importantes affaires de l'état, » que chargés du plumitif des délibéra- » tions qui s'y traitent, auxquelles il » faut souvent avoir recours. Le Roi » étant en son conseil, en interprétant » le réglement du 5 mai, a ordonné & » ordonne que lesdits secrétaires ordi- » naires en ses conseils d'état, direction » & finances & leurs successeurs èsdites » charges, auront entrée en iceux & au » conseil privé, tant en quartier que hors » quartier, comme officiers ordinaires » auxdits conseils ».

Tous les réglemens postérieurs concernant leur entrée aux conseils, confirment cette disposition.

Lorsque Henri III régla, en 1584, l'habillement des officiers du conseil, il ordonna que les secrétaires des finances auroient, comme les trésoriers de l'épargne, de petites robes de velours, ou de satin noir, suivant la saison, avec des manches longues & étroites pour y passer le bras, qu'elles iroient jusqu'aux genoux, & seroient doublées de noir; mais ce règlement ne s'observe plus. Les secrétaires des finances entrent actuellement au conseil en manteau court : leur costume est, à cet égard, le même que celui des conseillers d'état de semestre, des intendans des finances, & des gardes du trésor royal (1).

V. Les fonctions des secrétaires des finances n'ont jamais varié. Les réglemens du conseil de 1547, de 1578, de 1582, de 1657, & tous ceux qui sont intervenus depuis, prouvent uniformément qu'ils sont créés pour être seuls chargés du dépôt & de l'expédition de tout ce qui est du ressort du conseil des finances, tant en contentieux qu'en administration.

VI. Ils tiennent la plume aux conseils de direction comme à celui des finances.

Il leur est enjoint par différens réglemens, de tenir un registre exact de chaque conseil, pour être présenté au Roi, par le secrétaire d'état du département, & ils ne peuvent expédier aucun acte en administration qu'il n'ait été signé par sa majesté & contre-signé par le secrétaire d'état.

C'est à Henri III qu'est due la première loi qui a servi de modèle à cet établissement. Le réglement de ce prince du 31 mai 1582, porte que le secrétaire des finances qui aura assisté à un conseil, « enverra le même jour au secré- » taire d'état, qui sera en charge, le » résultat qu'il aura dressé, que celui-ci » présentera & lira à sa majesté dès le » lendemain au matin sans faillir, afin » d'être arrêté & signé de la main de sa

(1) Style du conseil, pag. 10.

» majesté & renvoyé le même jour au » secrétaire des finances, pour faire & » délivrer les expéditions qui seront or- » données, tant pour le service de sa » majesté, que pour les parties poursui- » vantes, sans aucune longueur ni retar- » dement. »

Les variations qu'a éprouvées, dans ces circonstances particulières, la forme du conseil des finances, n'ont jamais influé sur les officiers dont nous parlons: leurs droits ont toujours été conservés; c'est ce qui paroît par le réglement fait par M. Colbert en 1682, pour former un comité des finances, & par la déclaration du 14 novembre 1715, portant établissement d'un conseil des finances pour le tems de la régence de M. le duc d'Orléans.

Les secrétaires des finances sont les seuls officiers publics qui puissent rendre exécutoires, par leurs signatures, les expéditions des arrêts, des rôles de taxes, & généralement de tout ce qui est ordonné en finance.

Eux seuls aussi peuvent être dépositaires des motifs d'arrêts & des autres pièces, dont il est ordonné de faire l'envoi au greffe du conseil des finances. Il n'y a point de commis ni de préposé qui puisse les remplacer légalement dans cette fonction délicate.

Les réglemens enregistrés à la chambre des comptes, ne permettent pas non plus qu'il y soit présenté *état au vrai*, s'il n'est signé par un secrétaire des finances.

Enfin, pour se former une juste idée de l'importance & de la noblesse des fonctions des secrétaires des finances, il suffit de se rappeller que jusqu'au règne de Henri II, les secrétaires des finances remplissoient les fonctions des secrétaires d'état, qui n'ont pris cette dernière qualité qu'en 1559, lors du traité de Cateau-Cambresis; & que ce n'est qu'en 1564, que les départemens des secrétaires d'état & les fonctions des secrétaires des finances, ont été définitivement distincts & déterminés.

VII. L'importance & la dignité de ces offices, en a fait porter le prix à un taux énorme. Il n'est pas un des titulaires qui ne représente l'indication & la preuve de près d'un million de quittances de finances.

VIII. Nous ne nous étendrons pas davantage sur les secrétaires des finances. le paragraphe des secrétaires d'état, celui des greffiers du conseil privé, & ce que nous disons des secrétaires du roi dans le livre 2, suppléent abondamment à ce qui peut manquer ici sur leurs prérogatives; mais il faut dire quelque chose de leurs commis.

Les besoins de l'état & l'épuisement du trésor royal, forcèrent Henri IV à ériger en titre d'offices les places de commis des secrétaires des finances.

L'édit porté à ce sujet au mois de décembre 1594, fut enregistré à la chambre des comptes de Paris, le 17 août 1595. Il déclaroit qu'il seroit pourvu à ces offices, sur la nomination qui en seroit faite (à sa majesté) par les secrétaires des finances.

Il ajoutoit que les pourvus seroient tenus de se conformer aux commandemens des secrétaires des finances, chacun dans leurs quartiers, ainsi qu'il étoit accoutumé.

Il finissoit par cette disposition que rend remarquable le tableau qu'elle présente des fonctions des secrétaires des finances. « Et ayant égard à la » qualité & dignité desdits états de se- » crétaires qui sont chargés d'assister » en notre conseil d'état & des finances, » selon les réglemens faits, dresser les » résultats, arrêts & expéditions qui y » seront traités & ordonnés, dont la » plus grande part touche & concerne » notre service seul & le fait de nos fi- » nances, tellement qu'il est très-néces- » saire de n'y employer personne qui, » outre l'affection à notre service, n'ait acquis

» acquis expérience & suffisance, nous » chargeons nosdits conseillers & secré» taires d'y avoir l'œil ouvert à ce que » les secrets de notre conseil n'y soient » révélés & découverts, ni les expédi» tions retardées; leur enjoignons d'y » vaquer eux-mêmes en toutes les occa» sions qu'ils verront être nécessaires, » sans que les clercs commis, sous pré» texte de leurs provisions & de l'érec» tion en offices de leurs charges, » puissent entreprendre aucune chose en » ce que dit est, ni prétendre pour ce » regard ni autrement, aucun réglement » sur l'exercice desdites charges, avec » nosdits secrétaires, attendu comme » dit est, la qualité & gravité des » affaires qui se traitent en notredit » conseil ».

On voit par ces dispositions, que Henri IV appréhendoit que les commis des secrétaires des finances, en devenant officiers en titres, sortissent de la subordination dans laquelle le bien du service exigeoit qu'ils fussent toujours à l'égard de leurs maîtres; mais toutes ces précautions pour empêcher cet inconvénient furent inutiles, & le conseil se vit forcé de rendre, les 4 mai 1600 & 3 août 1601, des arrêts qui permirent aux secrétaires des finances de racheter & rembourser les offices de leurs commis.

Ils ne mirent pourtant pas de suite, cette permission à profit. Elle fut renouvelée sous le règne suivant, par un arrêt du conseil du 2 août 1618, & en attendant qu'on l'exécutât, le même arrêt fit, aux secrétaires des finances, les défenses les plus expresses « de dé» livrer pour l'avenir leur nomination » pour lesdits officiers, qu'aux personnes » qu'ils connoîtroient douées de capa» cité, suffisance, expérience, probité » & autres qualités requises au devoir » & exercice d'iceux offices, sans que » ceux qui desireroient y entrer pussent » se prévaloir, pour y être admis, des » offices dont ils auroient été, ou se» roient lors pourvus, afin que lesdits » secrétaires pussent répondre entiére» ment à sa majesté de ce qui dépendoit » de la fonction & exercice de leurs » offices ».

Les secrétaires des finances ont réuni depuis à leurs offices ceux des commis dont il s'agit; ils en font exercer les fonctions par des personnes d'une exactitude & d'une discrétion reconnues; mais dont le choix & la nomination leur sont entiérement dévolus.

## §. VII.

### *Des Secrétaires des finances, Greffiers du Conseil privé.*

Il ne faut pas confondre les *secrétaires des finances* dont nous venons de parler, avec les *secrétaires des finances greffiers du conseil privé.*

Les premiers sont secrétaires des finances par le titre de leurs offices, & par la nature de leurs fonctions qui sont exclusivement relatives à l'administration des finances.

Les seconds sont greffiers du conseil privé & rien de plus : & le titre de secrétaires des finances ne leur donne qu'une qualité purement honorifique.

L'édit de Henri III du mois d'octobre 1576, qui les a érigés en titre d'office, fait entendre qu'avant cette époque, leurs fonctions étoient exercées dans le conseil privé, par les secrétaires des finances; mais il change cet ordre pour l'avenir, & veut que nul autre que les secrétaires d'état ne puisse partager avec les nouveaux officiers qu'il établit, l'enregistrement, l'expédition & la signature de tout ce qui émanera du conseil privé. Il leur attribue aussi la tenue du registre des présentations, & il ordonne qu'ils jouiront des mêmes prérogatives, honneurs & privilèges que les secrétaires des finances (1).

Cet édit a été suivi de plusieurs réglemens que nous croyons devoir retracer ici dans l'ordre chronologique.

Le premier est un arrêt du conseil de 1597, ainsi que nous l'apprend le préambule de l'édit du mois de septembre 1709: « il fut ordonné qu'aussi-tôt qu'un avocat » du conseil auroit reçu un exploit » d'assignation, soit pour le demandeur, » soit pour le défendeur, il se pré» senteroit au greffe & que le greffier » du conseil enregistreroit la présenta» tion dans le jour, à peine d'être tenu » des dépens, dommages & intérêts » des parties ».

Nous lisons encore au même endroit que, par un autre réglement de 1618, il fut « fait défenses aux avocats du con» seil de faire aucune requête de *com» mittitur & subrogatur*, qu'auparavant » ils ne se fussent présentés ».

Un édit du mois de mars 1631 ayant créé des offices de greffiers des présentations & affirmations du conseil, les greffiers du conseil qui étoient propriétaires du greffe des présentations firent à Louis XIII des remontrances auxquelles ce prince eut égard. En conséquence, par un autre édit du mois de mai 1631, les greffiers du conseil &

---

(1) *Voici cet édit.*

Henri, par la grace de Dieu roi de France & de Pologne, &c. Avons avisé de créer, ériger & établir quatre secrétaires de nos finances, & greffiers de notre conseil privé, pour tenir régistre des décrets, ordonnances, jugemens & arrêts qui y seront donnés entre les parties, en faire, dresser & signer toutes les expéditions & lettres qui seront nécessaires; & afin que plus commodément & avec relâche d'un continuel travail, ils puissent vaquer tant à l'exercice desdits états, qu'autres affaires privées & particulières, nous voulons & ordonnons que ceux qui seront pourvus d'icelles charges, servent par quartier en notredit conseil, ainsi que font à présent les quatre secrétaires ordonnés pour les expéditions de ce qui se traicte pour nosdites finances. Pour ces causes & autres considérations à ce nous mouvant, savoir faisons que..... avons, par édit perpétuel & irrévocable, créé, érigé & établi, créons, érigeons & établissons en titre d'office formé, quatre offices de secrétaires de nos finances, & greffiers de notre conseil privé, pour tenir registre des décrets, requêtes, ordonnances, jugemens & arrêts qui y seront donnés entre les parties, & faire, dresser & signer toutes expéditions & lettres qui seront nécessaires, ainsi & avec même pouvoir & autorité que pouvoient faire nos quatre conseillers-secrétaires & notaires de nos finances, tenir registre des présentations des parties appelées en notredit conseil privé. Voulons que ceux qui seront ainsi pourvus desdits états de secrétaires de nos finances, & greffiers de notre conseil privé, en fassent toutes lesdites expéditions, sans que nuls autres secrétaires de nosdites finances, fors & excepté nos secrétaires d'estat, quand ils se trouveront, se puissent aucunement immiscer, quelques lettres & provisions qu'ils puissent avoir obtenues, de faire ou signer aucunes expéditions, sur peine de faux: mais que lesdits quatre secrétaires exercent leursdits offices, & en jouissent & usent aux honneurs, autorités, privilèges, prérogatives, & tels semblables que nos autres secrétaires des finances, & aux gages de douze cens livres, payables par les quatre quartiers de l'an, par les trésoriers de nostre épargne, présens & à venir, selon les lettres & provisions qui seront expédiées à ceux que nous pourvoirons desdits états: & à ce que nous & les gens de nostre conseil, puissent, à toutes occasions qui se pourront présenter, voir promptement lesdites présentations & expéditions émanées de nostredit conseil privé, & données entre lesdites parties, ordonnons & nous plaît, qu'il soit fait un registre, lequel sera mis dedans une boîte, où seront registrées toutes les expéditions qui seront faites par les quatre secrétaires de nos finances, & greffiers de nostredit conseil privé, pour y avoir recours quand besoin sera: de laquelle boite y aura deux clefs; l'une pour être mise ès mains de nostre très-cher & féal chancelier, & l'autre que gardera celui desdits greffiers qui sera en quartier. Voulons en outre que si, par importunité, nous accordions, par ci-après, à d'autres pareilles commissions, que toutes provisions & déclarations demeurent nulles; & les avons, dès-lors comme dès-à-présent, déclarées nulles & subreptices. Si donnons en mandement aux gens de nos comptes, &c.

leurs commis en chef furent conservés & maintenus dans tous leurs droits & dans toutes leurs fonctions, notamment dans la tenue du registre des présentations, avec défenses aux avocats d'occuper dans aucune instance sans s'être présentés. Cette loi renouvela aussi les dispositions des précédens édits & réglemens, mais elle coûta un peu cher aux greffiers & à leurs commis, ils la payèrent 120,000 livres, somme très-considérable pour ce tems-là.

Les besoins de l'état obligèrent Louis XIV de créer de nouveau, par édit du mois de décembre 1647, deux offices de greffiers des présentations du conseil. Mais les greffiers & leurs commis en chef ayant représenté au roi qu'ils en étoient titulaires, & qu'ils avoient financé de très grandes sommes pour en jouir, le roi révoqua cet édit par un autre du mois d'août 1648.

Au mois de mars 1655, autre édit qui confirme les greffiers du conseil dans leurs offices de greffiers des présentations, en payant une nouvelle finance de 200,000 liv.

A cet édit en succéda un autre du mois de septembre de la même année, qui les maintint encore dans leurs fonctions, & nommément dans le greffe des présentations, moyennant une nouvelle finance de 144,000 livres, par laquelle il leur fut accordé quelques droits.

Au mois d'octobre 1657, les greffiers du conseil & leurs commis en chef financèrent une nouvelle somme de 60000 livres, & il leur fut encore attribué de nouveaux droits.

Par édit du mois d'octobre 1660, il fut créé quatre offices de greffiers des instructions des conseils d'état, des finances & des parties, à qui le souverain attribua 28000 livres de gages, avec plusieurs droits & fonctions; & sur les remontrances des greffiers du conseil & de leurs commis en chef, que toutes ces fonctions leur appartenoient par les édits de création de leurs offices, Louis XIV révoqua, par un édit du mois de juin 1661, celui du mois d'octobre précédent; la même loi renouvela les dispositions de tous les réglemens antérieurs, & confirma de nouveau les greffiers du conseil dans toutes leurs fonctions, notamment dans celle de tenir le registre des présentations, à l'effet de quoi ils payèrent encore une finance de 150,000 livres, pour laquelle il leur fut accordé des droits fort modiques sans gages, quoique l'édit du mois d'octobre 1660, en eût donné pour 28000 livres aux greffiers des instructions qu'il avoit établis.

En 1687 le 17 juin, il fut fait pour la procédure du conseil un nouveau réglement, par lequel le roi jugea à propos d'abolir la présentation des demandeurs, & enjoignit seulement aux avocats des défendeurs de se présenter au greffe, ou par actes signifiés aux avocats des demandeurs. Comme les greffiers du conseil n'avoient point été entendus, ni leurs titres représentés, il fut ordonné par le dernier article de ce réglement, qu'ils rapporteroient devant les commissaires qui seroient nommés à cet effet par le Roi, les édits, les déclarations, les quittances de finances & les autres titres attributifs de leurs droits, pour y être pourvu par un réglement général.

Par ce réglement, les greffiers du conseil & leurs commis en chef se trouvèrent dépouillés du greffe de présentations, sans qu'il leur eût été fait aucun remboursement, quoiqu'ils eussent financé des sommes très-considérables pour en jouir, & que le roi eût remboursé à tous les greffiers tant des cours que des juridictions inférieures, les finances qu'ils avoient payées au sujet des droits qui leur avoient été attribués pour la présentation des demandeurs, supprimée par l'ordonnance de 1667, & rétablie par l'édit du mois d'avril 1695.

C'est ce qui a donné lieu aux greffiers du conseil & à leurs commis en chef de faire leurs remontrances sur ces droits de présentations & d'affirmations que leur enlevoit le réglement de 1687. Ces remontrances n'ont pas été inutiles : un arrêt du conseil du 23 avril 1709 a ordonné qu'ils représenteroient leurs titres devant un commissaire ; & cet arrêt ayant été exécuté de leur part, il en est intervenu un second le 20 août suivant, qui ordonne que les édits, réglemens, & arrêts du conseil seront exécutés selon leur forme & teneur ; ce faisant, que les greffiers du conseil & les commis en chef jouiront des droits de présentation attribués à leurs offices, tant pour les demandeurs que pour les défendeurs ; qu'à cet effet, les avocats du conseil seront tenus de se présenter au greffe sur toutes les assignations, savoir, pour les demandeurs, par une cédule signée d'eux, qui sera enregistrée & demeurera au greffe, ainsi qu'il étoit pratiqué avant le réglement du conseil du 17 juin 1687, & pour les défendeurs par acte de constitution aussi signé d'eux, qui après avoir été pareillement enregistré au greffe, leur sera rendu à l'instant avec l'énonciation de son enregistrement, pour être signifié à l'avocat des demandeurs ; que pour chacun de ces enregistremens, tant des cédules pour les demandeurs, que des actes de constitution pour les défendeurs, les avocats seront tenus de payer aux greffiers & à leurs commis la somme de trois livres.

Le même arrêt, en renouvelant une des dispositions du réglement du 17 juin 1687, déclare que ni les parties, ni leurs envoyés ne seront tenus de faire aux greffes les affirmations de leurs voyages, séjours & retours, mais seulement de payer les huit livres accoutumées, lorsqu'ils voudront faire allouer ces voyages, séjours & retours dans les taxes des dépens qui leur auront été adjugés.

Au mois de septembre 1709, il a paru un nouvel édit par lequel le roi a annoncé qu'il vouloit, 1°. pourvoir en partie tant au dédommagement des grosses finances que les greffiers du conseil avoient payées depuis 1631, & dont sa majesté étoit informée qu'ils n'avoient pas le revenu au denier soixante, qu'à celui qui leur étoit dû pour leur non-jouissance des droits de présentation depuis 1687 ; 2°. leur donner moyen de remplir dignement leurs fonctions & soutenir les dépenses extraordinaires qu'ils étoient obligés de faire à la suite du conseil, en quelque lieu qu'il se tînt ; 3°. leur marquer la satisfaction qu'il avoit de leur zèle & de leurs services.

C'est d'après ces motifs qu'est intervenu l'édit cité. Il contient plusieurs articles.

Les deux premiers ne font que rappeler les dispositions de l'arrêt du conseil du 20 août précédent.

Les autres articles qui concernent directement les greffiers du conseil, sont ainsi conçus :

III. « Voulons que notre édit du mois » d'octobre 1576, portant création des » offices de secrétaires de nos finances, » greffiers de notre conseil privé, en» semble ceux des mois de mars & mai » 1631, août 1648, septembre & mars » 1655, 18 février 1656, octobre 1657, » & juin 1661, portant création des » offices de greffiers de notre conseil » & de contrôleur desdits greffes unis » à leurs offices, soient exécutés selon » leur forme & teneur ; & en consé» quence voulons qu'ils tiennent cha» cun en droit soi pendant le quartier » de leur exercice, les registres des » décrets, des requêtes, ordonnances » de soit communiqué, d'intervention, » & autres jugemens & arrêts qui seront » donnés entre les parties ; comme aussi

» que les greffiers de notre conseil tiennent seuls les registres de *committitur*, *continuatur* & *subrogatur* des maîtres des requêtes de notre hôtel, pour chacun desquels il leur sera payé à l'ordinaire trois livres, & celui des requêtes des commissaires de nos conseillers d'état, pour chacune desquelles requêtes il leur sera payé à l'ordinaire neuf livres; qu'ils signent tous les arrêts d'instruction qui seront rendus entre les parties, de quelque nature qu'ils soient, les commissions sur lesdits arrêts & les exécutoires de dépens, pour chacun desquels il sera payé à l'ordinaire douze livres, savoir, sept livres dix sous pour le greffier, & quatre livres dix sous pour le commis en chef, comme aussi qu'ils signent les arrêts des commissions extraordinaires, & actes de reprises, d'instance de notre conseil, pour chacun desquels actes de reprise, au lieu de treize livres qui se payoient anciennement, il ne sera payé que neuf livres.

IV. » Et à l'égard des actes de soumission de caution, de désaveu, inscriptions de faux, de comparution personnelles, & autres actes, il en sera payé à l'ordinaire treize livres, & pour chacun défaut & congé cinq livres, comme il a toujours été pratiqué; & qu'ils jouissent des gages, droits, émolumens, franc-salé, droits de committimus, honneurs, prééminences, franchises, privilèges & exemptions à eux attribués par tous lesdits édits, déclarations, arrêts & réglemens, sans aucune exception, & ainsi que s'ils étoient exprimés & détaillés par le présent édit, sans qu'ils soient obligés à aucun enregistrement, en quelque cour & juridiction que ce soit, ni ailleurs, soit par rapport aux anciens droits attribués à leurs offices, soit à cause de ceux que nous leur attribuons de nouveau par le présent édit, dont nous les avons expressément dispensés & déchargés pour toujours, & outre lesdits droits, pour les dédommager en partie des finances considérables qu'ils nous ont payées & au feu roi depuis l'année 1631, & de leur non jouissance des droits de présentation depuis l'année 1687, nous leur avons attribué & attribuons par le présent édit, seize deniers pour livre en dehors du marc d'or entier qui se paye pour chacun des offices de judicature, police, finance & autres généralement quelconques qui sont sujets audit marc d'or, à commencer du jour de l'enregistrement du présent édit, ainsi & de la même manière que le sont les autres droits qui se perçoivent sur ledit marc d'or, soit à notre profit, soit à celui de nos conseillers secrétaires de notre grande chancellerie ou autres, à quelque titre & pour quelque cause que ce soit, & ensuite remis par lesdits trésoriers de quartier en quartier, & à la fin de chacun d'iceux, entre les mains de nosdits secrétaires des finances greffiers de notre conseil privé sur leurs simples quittances & sans frais, pour être partagé également entre eux, sans que pour raison de ce, il puisse leur être créé aucun trésorier, ni autres officiers de bourse commune, dont nous les déchargeons aussi pour toujours; & à cet effet, & en tant que de besoin, créons tous lesdits offices, & leur réunissons par le présent édit; & aussi sans qu'il puisse jamais leur être demandé aucune autre finance que celle ci après fixée dont nous les déchargeons aussi pour toujours; dans lesquels seize deniers pour livre en dehors du marc d'or, les commis en chef dudit greffe du conseil ne pourront rien prétendre ni demander, sous quelque prétexte que ce soit ou puisse être, ni même être

» reçus ni admis à l'avenir à demander à » en jouir d'une partie, en contribuant » de leur part à la nouvelle finance ci- » après fixée, dont nous les déclarons » déchus pour toujours.

V. » Voulons que les arrêts en com- » mandement pour les parties soient à » l'ordinaire mis en parchemin au greffe » de notre conseil privé, & les droits » payés ainsi qu'il s'est pratiqué jusqu'à » présent.

VI. » Voulons aussi que lesdits quatre » greffiers du conseil soient tenus à l'a- » venir de garder les minutes des ar- » rêts de notre conseil, à l'effet de quoi » nous les avons en tant que de besoin » créés & érigés, créons & érigeons » par le présent édit, gardes-minutes » desdits arrêts, sans pour ce être obligés » de nous payer autre plus grande fi- » nance que celle ci après fixée, ni qu'il » puisse ci-après leur être créé des gref- » fiers gardes-minutes, sous quelque » prétexte que ce soit ou puisse être, » dont nous les déchargeons encore pour » toujours.

XI. » Et afin que lesdits quatre offices » de secrétaires de nos finances, gref- » fiers de notre conseil & gardes des mi- » nutes, ne puissent être remplis & exer- » cés que par des personnes qui aient la » capacité & l'expérience nécessaire, nous » voulons qu'ils soient à l'avenir à la no- » mination de notre amé & féal chance- » lier, à condition de survivance que » nous fixons pour toujours à la somme » de 5000 livres à chaque mutation, & » à laquelle ils pourront être reçus dès- » à-présent, ainsi que les officiers de nos » chancelleries.

XII. » Ne seront les quatre secrétaires » des finances greffiers de notre con- » seil, ni leurs quatre commis.... en au- » cun cas réputés domaniaux ni sujets » à l'avenir, à commencer du jour de » l'enregistrement du présent édit, à au- » cun droit annuel, dont nous les avons » déchargés & déchargeons dès-à-pré- » sent & pour toujours.

XIII. » Dispensons lesdits quatre secré- » taires de nos finances greffiers de notre » conseil privé, gardes-minutes dudit » conseil, de nous payer aucune finance » pour augmentation de gages ou autre- » ment, en conséquence de l'édit du mois » de mars 1709, en cas qu'ils ne soient » pourvus d'autres offices que de ceux de » nos secrétaires de la grande chancel- » lerie que nous réputons un même & » semblable office avec celui de secré- » taire de nos finances & greffier du con- » seil, attendu qu'ils ne peuvent posséder » l'un sans l'autre.

XIV. » Ne pourront lesdits secrétaires » de nos finances greffiers de notre con- » seil, sous prétexte de la nouvelle finance » qu'ils nous payeront en exécution de » notre présent édit, être sujets à autre » & plus grande capitation que celle qu'ils » payent actuellement, ni être taxés à » l'avenir, soit pour les gages dont ils » ont joui ci-devant, & dont ils jouissent » actuellement, soit pour la confirmation » des seize deniers pour livre sur le marc » d'or à eux de nouveau attribués, ou » sous quelque autre prétexte & occasion » que ce soit ou puisse être ni autrement, » ni être obligés à prendre aucune aug- » mentation de gages, dont nous les dé- » chargeons pour toujours, attendu les » finances considérables qu'ils nous ont » ci-devant payées, & celles qu'ils doi- » vent payer en exécution du présent » édit ».

XV.... » Le tout à la charge par lesdits » quatre secrétaires de nos finances gref- » fiers de notre conseil privé, & gardes » des minutes d'icelui, de nous payer sur » les quittances du trésorier de nos reve- » nus casuels par augmentation de finan- » ces, la somme de 233333 livres 6 sous » 8 deniers, laquelle somme fait pour » chacun d'eux 58333 livres 6 sous 8 de- » niers, qui nous seront payés par cha- » cun d'eux sans solidité.

XVII. » Voulons que les 16 deniers » pour livre sur le marc d'or, attribués » par le présent écrit (aux secrétaires des » finances greffiers du conseil) ne puissent être saisis par d'autres créanciers » que par ceux qui auront prêté leurs de» niers pour les acquérir ; & en cas qu'il » en fût fait quelques autres saisies, nous » en avons dès-à-présent fait main-levée » sans autres formalités ni procédures ».

Le même article leur permet « de por» ter une robe ainsi & de même que por» tent les greffiers en chef des cours supé» rieures ».

Le réglement du 28 juin 1738, pour la procédure du conseil, contient deux dispositions relatives aux officiers dont il est ici question.

L'article 6 du titre 13 de la seconde partie, porte que la minute de chaque arrêt sera remise par le rapporteur au greffier du conseil pour l'expédier à la première requisition des parties ; il ajoute que le greffier ne pourra se désaisir de cette minute, à peine d'interdiction & de demeurer responsable des dommages-intérêts des parties.

L'article 8 veut que le greffier soit tenu d'apporter à M. le chancelier, le lendemain de chaque conseil, un extrait de son plumitif, signé de lui, & contenant les instances qui auront été rapportées, les noms des parties, de leurs avocats, des rapporteurs, & la décision de chaque affaire.

Le même jour 28 juin 1738, il a été ordonné par un arrêt particulier, que les secrétaires-greffiers du conseil, les greffiers-gardes-sacs, les commis du greffe, & les greffiers des commissions extraordinaires du conseil ; représenteroient pardevant des commissaires nommés par le Roi, les édits, déclarations, quittances de finances, & autres titres attributifs des droits prétendus par eux tant pour les expéditions du greffe que pour la remise, le contrôle des productions, & les autres objets sans exception, à l'effet d'être dressé un tarif qui servît à l'avenir de réglement.

Et par un autre arrêt du 12 septembre 1739, le conseil a fait, pour les secrétaires-greffiers, le tarif suivant.

« Pour chaque acte de présentation au » greffe, 3 livres, dont 2 livres au gref» fier, & 1 livre au premier commis.

» Pour l'expédition d'une ordonnance » de *committimus* d'un rapporteur, au » greffier, 3 livres.

» Pour l'expédition d'une ordonnance » portant nomination de commissaire » pour la visite d'une instance, au gref» fier, 9 livres.

» Pour un défaut levé au greffe, 5 liv., » dont 2 livres 18 sous 2 deniers au gref» fier, & 2 livres 1 sous 10 deniers au » premier commis.

» Pour un acte de reprise d'instance, » dans le cas où ladite reprise doit être » faite au greffe, 9 livres, dont 6 livres » au greffier, & 3 livres au premier » commis.

» Pour la signature d'un acte de désa» veu, d'inscription de faux, de soumis» sion de caution, de comparution per» sonnelle, & autres de pareille nature » non compris dans les articles précé» dens, 13 livres, dont 7 livres 15 sous » au greffier, & 5 livres 5 sous au premier » commis.

» Pour la signature de l'expédition d'un » arrêt du conseil, de quelque nature » qu'il soit, 12 livres, dont 7 livres » 10 sous au greffier, & 4 livres 10 sous » au premier commis.

» Pour un arrêt en commandement » entre parties, 12 livres, dont 7 livres » 10 sols au greffier, & 4 livres 10 sols » au premier commis.

» Pour le certificat mentionné en l'ar» ticle 20 du titre 16 de la seconde partie » du réglement du conseil, portant qu'il » ne s'est présenté aucun avocat sur l'assi» gnation donnée pour la taxe de dépens, » au greffier, quatre livres.

» Pour la signature d'un exécutoire de

» dépens, lorsqu'il y a eu séjour ou » voyage passé dans la déclaration de » dépens, 20 livres, dont 12 livres 7 sous » au greffier, & 7 livres 13 sous au pre- » mier commis.

» Et lorsqu'il n'y a eu ni séjour, ni » voyage passé dans ladite déclaration de » dépens, 12 livres, dont 7 livres 10 sous » au greffier, & 4 livres 10 sous au pre- » mier commis.

» Pour le droit de recherche d'un arrêt » ou d'une déclaration de dépens, d'une » année antérieure à la courante, au » greffier, 3 livres.

» Pour la remise d'une déclaration de » dépens, à la partie qui se pourvoit en » revision de la taxe desdits dépens, au » greffier, 3 livres ».

L'article 3 du même arrêt déclare que le papier & le parchemin timbrés qui auront été fournis pour les minutes & les expéditions dont il vient d'être parlé, seront remboursés outre & pardessus les droits portés au tarif.

Jusques-là, les greffiers du conseil avoient été (comme on l'a vu plus haut par l'article 13 de l'édit du mois de septembre 1709, & comme le sont encore les secrétaires des finances) obligés de réunir chacun à la possession de sa charge, celle d'un office de secrétaire du Roi. Mais Louis XV a jugé à propos de les décharger de cette obligation. Par sa déclaration du 27 août 1747, ce prince a ordonné que les quatre *conseillers en ses conseils, secrétaires des finances & greffiers du conseil privé & autres greffes y joints*, tiendroient les registres des décrets, des requêtes, ordonnances, jugemens & arrêts du conseil, donnés entre les parties, qu'ils en feroient, dresseroient & signeroient toutes les expéditions & lettres nécessaires, sans qu'ils pussent en signer d'autres que celles qui en sont une suite nécessaire; & que pour pouvoir, soit signer ces expéditions, soit faire toutes leurs autres fonctions, ils ne pourroient être assujettis à l'avenir à se faire pourvoir d'offices de conseillers-secrétaires du Roi, maison, couronne de France & de ses finances, dont ils ont été dispensés & déchargés pour toujours. La même loi les a en outre confirmés dans tous les titres, qualités, pouvoirs, fonctions, gages, droits, émolumens, honneurs, autorités, privilèges, prérogatives, prééminences, franchises, exemptions, libertés que leur avoient attribués tous les édits, déclarations, arrêts & réglemens rendus à ce sujet, comme s'ils eussent été exprimés & détaillés par le législateur, le tout ainsi qu'ils en avoient joui ou dû jouir.

Le droit de noblesse héréditaire n'étant pas mentionné spécialement dans cette déclaration, il s'est élevé des doutes sur la jouissance qu'ils ont prétendu avoir de ce droit; & le Roi s'en est expliqué par des lettres-patentes du 18 juillet 1784, enregistrées au parlement de Paris le 3 septembre suivant. En voici le dispositif :

« Nous avons par ces présentes, » signées de notre main, confirmé & » confirmons, &, en tant que de be- » soin, attribuons à nos quatre con- » seillers en nos conseils, secrétaires de » nos finances, & greffiers de notre » conseil privé, le droit & privilège de » noblesse héréditaire; voulons que le- » dit droit soit & demeure attaché au » titre de leurs offices, ainsi & de » même que les autres titres, qualités, » pouvoirs, fonctions, gages, droits, » émolumens, honneurs, autorités, pri- » vilèges, prérogatives, prééminences, » franchises, exemptions & libertés à » eux anciennement attribués & con- » firmés par la déclaration du 27 août » 1747 ».

## §. VIII.

### *Des Commis en chef au greffe du conseil privé.*

Les secrétaires-greffiers du conseil, créés par l'édit de Henri III, du mois

d'octobre

d'octobre 1576, ayant pris, pour les aider dans leurs fonctions, des commis qu'ils nommoient & stipendioient eux-mêmes, Henri IV crut devoir ériger ces commis en titres d'office. Par édit du mois de novembre 1594, ce monarque annonça que dans *l'extrême nécessité* où se trouvoient ses affaires, il étoit forcé de *rechercher tous moyens pour trouver promptement* de quoi entretenir l'armée qu'il avoit envoyée sur les frontières de Picardie, sous la conduite du maréchal de Bouillon; & en conséquence il déclara créer « en titre d'office, deux états » & offices de clercs-commis au greffe du » conseil privé, pour être dorénavant, » lesdits deux états & offices, tenus & » exercés, sous les secrétaires & gref- » fiers, par personnes capables, qui en » seroient pourvues par sa majesté, » moyennant la finance à laquelle ils » seroient taxés, & en jouir par les » pourvus, au lieu de ceux qui étoient » ci-devant commis à ces charges par » les secrétaires & greffiers, aux hon- » neurs, autorités, prérogatives, & ga- » ges de 200 écus par chacun an, que » le Roi leur attribua, tant pour la garde » des registres, que pour leur donner » moyen de supporter la dépense qu'ils » seroient tenus de faire à la suite du » conseil ».

Cet édit fut enregistré à la chambre des comptes le 23 du même mois, « à » la charge que ceux qui seroient pour- » vus des états de clercs-commis au » greffe, ne pourroient prendre plus » grands salaires que ce qui avoit été » accoutumé d'être payé ».

Par un autre édit du mois de décembre 1609, le même monarque « in- » clinant à la supplication de ses amés » & féaux conseillers, notaires & se- » crétaires de sa maison & couronne » de France, Louis Viset & Alexandre » Chauvelin, clercs-commis au greffe » de son conseil, démembra leurs char- » ges en quatre offices, dont les pour- » vus jouiroient de 300 livres & d'un » quartier d'exercice chacun, à l'instar » de ceux créés dans le conseil des » finances, droits, profits, revenus & » émolumens qui y appartenoient par » l'édit de création, & sans aucune » chose en excepter ni réserver ».



Voyez dans le paragraphe précédent ce que les loix postérieures ont statué par rapport à ces officiers & à leurs droits.

## §. IX.

*Des greffiers-gardes-sacs, des contrôleurs des productions, actes du greffe & gardes-sacs du conseil, & de leurs commis.*

Les noms seuls de ces différens offices en désigne les attributs & les fonctions.

C'est à Henri III qu'en est due la première création. Un édit de ce monarque du mois de juillet 1578, érigea en titre d'office un greffier-garde-sacs, « aux droits, profits & émolument » dont avoient jusqu'alors joui les » quatre secrétaires-greffiers du con- » seil ».

Un autre édit du mois de février 1624, créa trois autres offices de greffiers-gardes-sacs, auxquels il attribua les mêmes droits & les mêmes émolumens qu'à l'ancien. Il créa aussi un commis pour servir sous ces officiers, en les laissant maîtres de lui céder ce qu'ils voudroient de leurs droits.

Louis XIII, auteur de cet édit, en porta un autre au mois de mars 1631, par lequel il créa un office de contrôleur des productions, actes du greffe & garde-sacs des conseils de sa majesté, avec faculté de percevoir le tiers des droits & émolumens concédés & payés aux greffiers-gardes-sacs & deux sous par chaque rôle des inventaires, avertissemens & écritures des parties.

Un quatrième édit du mois d'avril 1645, créa trois autres offices de contrôleurs des greffes, productions, actes & garde-sacs du conseil pour faire avec celui qu'avoit établi la loi précédente, le nombre de quatre, & servir par quartier ; en même temps il attribua à ces quatre offices, trente-un sous pour chaque production, & quatre sous par rôle des inventaires, avertissemens & écritures.

Le même édit créa trois nouveaux commis des greffiers gardes-sacs, avec attribution de vingt sous pour chaque production, tant à l'entrée qu'à la sortie.

Toutes ces loix ont, en exécution de l'arrêt du conseil du 28 juin 1738 (1), été représentées par les différens officiers dont nous parlons, devant les commissaires nommés pour dresser un nouveau tarif des droits de greffe du conseil.

En conséquence l'arrêt du 12 septembre 1739, a ordonné, article premier, que « les actes & expéditions » qui seroient faites & délivrées au » greffe du conseil des parties, seroient » payées.... aux greffiers-gardes-sacs, » & contrôleurs des pièces & productions du conseil & commis porte-» sacs, sur le pied réglé par le tarif » suivant.

» Pour l'enregistrement de chaque » production remise au greffe, au greffier-garde-sacs, quatre livres.

» Pour le retrait de chacune de ces » productions, après le jugement de » l'instance, au même greffier, quatre » livres.

» Pour le contrôle de chaque requête » qui doit être produite au greffe, au » même greffier, par chaque rôle de ces » requêtes, quatre sous.

» Pour un certificat de non-produit, » ou autres qui se délivrent par le même » greffier, quatre livres.

» Pour le port des productions faites » au greffe, chez le rapporteur qui » aura été commis ou subrogé, au commis-porte-sacs, pour chacune de ces » productions, une livre ».

(1) Voyez le §. VII de cette section.

## §. X.

*Des commis pour écrire les arrêts & autres expéditions du greffe du conseil privé.*

Ces offices ont été créés par l'édit du mois de septembre 1709. Nous en avons déjà rappelé les dispositions relatives aux secrétaires-greffiers du conseil ; voici les autres.

Article VII. « Nous avons, par le pré-» sent édit, créé & érigé, créons & » érigeons dans chaque quartier de » nosdits secrétaires des finances gref-» fiers de notre conseil privé, un com-» mis pour écrire les arrêts & autres » expéditions desdits greffes, au lieu » de ceux qui le font actuellement par » commission, auxquels commis nous » avons attribué & attribuons les mê-» mes dix sous par rôle qui se payent » aux commis qui écrivent les arrêts » & autres expéditions du greffe de nos » finances, lesquels offices de commis, » & les droits y attribués, nous avons » réunis & réunissons à ceux de nos » secrétaires des finances greffiers de » notre conseil, chacun en droit soi, » pour les faire exercer par qui bon leur » semblera sur leur simple nomination, » à la charge d'en demeurer civilement » responsables ; avec faculté néanmoins » de les désunir & vendre à telles per-» sonnes que bon leur semblera, & » toutes fois & quantes qu'ils le juge-» ront à propos sans être obligés de » nous payer pour ladite réunion ou » désunion, autre & plus grande finance » que celle ci-après fixée, & aussi sans » qu'il puisse à l'avenir leur être créé » & établi de nouveau commis, sous » quelque titre & prétexte que ce soit » ou puisse être, dont nous les déchar-» geons pareillement pour toujours.

VIII. » Voulons en cas de désunion » & vente desdits offices de commis, » qu'il soit expédié aux acquéreurs d'i- » ceux des provisions en notre grande » chancellerie, sur les contrats de vente » qui en auront été faits par nosdits se- » crétaires des finances greffiers gardes » des minutes de notre conseil privé, » en payant le droit de sceau & de » marc d'or réglés par nos tarifs.

IX. » Attribuons à chacun desdits » quatre commis un minot de sel de » franc-salé, dont nous voulons que » chacun de nosdits secrétaires des fi- » nances greffiers de notre conseil privé » jouissent outre les trois minots à » eux attribués, & dont ils jouissent » actuellement, en cas qu'ils fassent » exercer lesdits offices de commis, au » moyen de la réunion que nous leur » en faisons par le présent édit, déro- » geant à cet effet, en tant que de be- » soin, à notre ordonnance des gabelles, » & à tous édits, déclarations & ar- » rêts à ce contraires.

X. » Jouiront lesdits quatre commis » des mêmes privilèges & exemptions » dont jouissent les officiers commen- » saux de notre maison sans aucune » exception ».

L'article XI ajoute que ces offices, dans le cas de désunion ou de vente, seront à la nomination de M. le chancelier, à condition de survivance, que cet article fixe à la somme de 200 liv.

L'article XII porte qu'ils ne pourront en aucun cas être réputés domaniaux ni sujets au droit annuel.

L'article XIV déclare qu'ils « ne pour- » ront être mis à autre & plus grande » capitation que celle qu'ils payent ac- » tuellement, en cas que dans la suite » ils soient désunis & vendus ».

L'arrêt du conseil du 12 septembre 1739, attribue « aux commis pour écrire » les arrêts & autres expéditions du » greffe, par chaque rôle des arrêts, » commissions, acte de reprise d'ins- » tance, & autres expéditions du greffe, » de quelque nature qu'elles soient, » dix sous; sans qu'il puisse, en au- » cun cas, être exigé un plus grand » nombre de rôles qu'il n'y en a réel- » lement dans ces expéditions ».

## §. XI.

### *Des gardes & dépositaires des anciennes minutes du conseil.*

La conservation des minutes de tous les actes qui s'expédient dans le conseil du roi, est un objet trop important pour qu'il puisse être négligé par une administration sage & prévoyante. Aussi n'a-t-il pas échappé à Louis XIV; mais c'est à son successeur qu'il étoit réservé de le perfectionner.

Un arrêt du conseil du 17 décembre 1678, a d'abord réglé que toutes les minutes des actes expédiés tant dans le conseil des finances, que dans les commissions extraordinaires, seroient remises entre les mains des secrétaires des finances, chacun selon le quartier de leur exercice.

Ensuite, deux autres arrêts des 5 septembre 1684 & 30 mars 1686, ont ordonné qu'elles seroient portées dans le château du Louvre & mises entre les mains du sieur Coquille, secrétaire du conseil, pour en avoir seul la garde, afin que par là, elle fut & plus facile & plus assurée.

Quelque temps après, au mois d'août 1691, un édit publié au sceau le 6 septembre suivant, a créé & érigé « en » titre d'office héréditaire qui ne pou- » voit être exercé que par l'un des » secrétaires du roi, maison, couronne » de France & de ses finances, un » *conseiller secrétaire du roi, garde des* » *anciennes minutes du conseil des finan-* » *ces & des commissions extraordinaires* » *émanées de sa majesté*, à l'effet de gar- » der les minutes des greffes tant de

» ce conseil que de ses commissions » extraordinaires après le décès, démission ou résignation des officiers qui » en étoient dépositaires, & par quelque vacance que ce fût ».

L'édit ordonnoit ensuite qu'il seroit fait en sa présence inventaire par ordre de date, des minutes qui composeroient le dépôt actuel, & cela pardevant les commissaires du conseil que le roi se réservoit de nommer, « & qu'il en seroit ainsi usé à l'avenir à chaque mutation de ceux qui exerceroient les » greffes dont il s'agit, soit par titre ou » par commission.

» Pour être toutes ces minutes (continuoit le législateur) déposées aussi » en sa présence en notre château du » Louvre, dans un appartement qui sera » à cet effet par nous désigné, dans lequel il pourra coucher ou y faire coucher un commis ».

L'édit l'autorisoit « à délivrer des » expéditions signées de lui à ceux qui » en auroient besoin, & déclaroit qu'il » y seroit ajouté foi, comme si elles » eussent été signées par les secrétaires » du conseil ou par les autres officiers » du roi auxquels sa majesté en avoit » laissé la garde avant le présent édit.

» Il étoit dit après cela, que pour » ces expéditions il jouiroit des mêmes » droits dont jouissoient les conseillers » du roi, secrétaires des finances, » & greffiers des commissions extraordinaires, à la réserve toutefois des » expéditions dont sa majesté auroit besoin, qui seroient par lui délivrées » sans frais ».

Le souverain vouloit en même tems « qu'il jouit pareillement des mêmes » honneurs, rang, séances, privilèges » & prérogatives, dont jouissoient les » secrétaires du conseil, sans toutefois » qu'il y eût entrée, que lorsqu'il y seroit » mandé ».

On lui attribuoit 8000 livres de gages dont il devoit jouir de trois quatiers montant à 6000 livres.

Enfin, il étoit ordonné « qu'en cas » de mutation par mort, résignation ou » autrement, il seroit tenu ou ses héritiers de remettre tous les papiers dont » il auroit été chargé, ensemble tous » les registres & inventaires, entre les » mains de celui qui succéderoit à l'office, lequel leur en donneroit une » décharge ».

Par un autre édit du mois de février 1710, Louis XIV a supprimé l'office établi par la loi qu'on vient de retracer, & a créé, pour en tenir lieu, 1°. un office de *conseiller secrétaire ordinaire du conseil royal, direction & finances, garde & dépositaire des archives de ce conseil & des commissions extraordinaires*, avec 24000 livres de gages; 2°. une charge de premier commis de cet officier, avec 6000 livres de gages & les droits d'expédition.

Le même édit portoit qu'il seroit destiné dans le château du Louvre à Paris, un logement convenable pour la conservation des anciennes minutes des baux, résultats, comptes, arrêts & autres minutes du conseil & des commissions extraordinaires, où le pourvu de cet office pourroit loger ou faire loger un commis, & qu'en attendant il choisiroit pour le dépôt & la conservation des minutes dont il seroit chargé, un lieu commode dont le loyer seroit payé par le Roi, à raison de 1200 livres par an.

Il ordonnoit aussi que les minutes qui avoient été déposées entre les mains du titulaire de l'office de secrétaire-garde-minutes, seroient incessamment remises dans celles de celui qui seroit pourvu de l'office de secrétaire ordinaire du conseil, direction & finances, garde & dépositaire des archives de ces conseils.

Il ajoutoit qu'il en seroit usé de même par rapport aux minutes de tous les comptes, arrêts, résultats & autres expéditions des conseils, trois mois après le décès, la démission ou la résignation des secrétaires ordinaires de quartier, & des greffiers des commissions extraordinaires.

Il étoit ensuite ordonné que le pourvu de l'office créé par cet édit, se chargeroit de toutes ces minutes au pied de l'inventaire qui en seroit fait en présence d'un intendant des finances.

Cet office n'a guère subsisté plus longtemps que celui qu'il étoit destiné à remplacer. Par un troisième édit du mois de mars 1716, Louis XV s'est plaint de ce que les dernières dispositions que nous venons de rappeler étoient mal exécutées; il a d'ailleurs observé que les droits attribués à l'office qui en étoit l'objet, traversoient les fonctions des secrétaires des finances servant par quartier; & qu'enfin cet office n'étoit pas moins à charge aux sujets de sa majesté, qu'onéreux à ses finances, à cause des gages, privilèges & émolumens qui y étoient attachés.

En conséquence, l'édit cité supprime l'office de secrétaire du conseil royal, direction & finances, garde & dépositaire des archives de ces conseils, & des commissions extraordinaires, ainsi que l'office de son premier commis; & le Roi se réserve « de commettre incessamment telles personnes qu'il jugera à propos, pour être chargées de la garde & du dépôt des archives des conseils de sa majesté, des minutes des commissions extraordinaires, & de toutes les autres minutes des expéditions des mêmes conseils, & pour en délivrer des expéditions quand le cas y écherra ».

Par un quatrième édit du mois d'avril suivant, le Roi a confié gratuitement ce dépôt précieux à deux secrétaires des finances, & il a ordonné qu'il seroit incessamment destiné dans le château du Louvre un appartement convenable où ils pourroient faire loger un commis.

Cette commission est passée en 1722, aux sieurs le Fevre & Arrault, qui ont eu pour successeurs les sieurs Lorenchet & Huguenin.

Ceux-ci ont été remplacés, savoir le sieur Huguenin par le sieur Pierron, qui l'est aujourd'hui par les sieurs Boyet & des Bordes, & le sieur Lorenchet par Me Coqueley de Chaussepierre, avocat au parlement, & censeur royal.

Chacun de ces gardes est nommé par un arrêt qui s'expédie en finance. En voici la forme :

« Le Roi ayant, par arrêt de son » conseil du 24 août 1748, commis » le sieur Lorenchet pour remplir l'une » des deux places de garde & dépositaire des minutes & archives du conseil, en exécution de l'édit du mois » d'avril 1716, & pourvoir à celle desdites deux places qui vaque par le » décès dudit sieur Lorenchet, ouï le » rapport du sieur de Boulogne, conseiller ordinaire au conseil royal, contrôleur général des finances, sa majesté étant en son conseil, a choisi » & nommé, commis & commet le sieur » Coqueley de Chaussepierre, avocat au » parlement, pour, au lieu & place du » sieur Lorenchet, & conjointement avec » le sieur Pierron, commis par arrêt du » conseil du 24 novembre 1754, exercer les fonctions de gardes & dépositaires des minutes & archives du conseil portées par l'édit du mois d'avril 1716, & aux appointemens & » droits y attribués, le tout ainsi qu'il » est porté par ledit édit. Fait au conseil d'état du Roi, sa majesté y » étant, tenu à Versailles le 11 octobre » 1757 ».

On voit par cet arrêt que les gardes-minutes du conseil ne prêtent point de serment; du moins, il n'en fait pas mention; & c'est ainsi que dans le fait, ces sortes de commissions s'exécutent.

Du reste, chacun des deux gardes-minutes jouit de 2000 livres d'appointemens; il y a en outre 1200 livres de gratification annuelle pour le plus ancien.

Ils n'ont eu pendant long-temps, qu'un seul commis à qui le Roi payoit annuellement 1200 livres; mais actuellement ils en ont deux qui partagent entre eux les 1200 livres destinées à un seul.

## §. XII.

### *Des Avocats aux Conseils.*

Les avocats *au conseil*, ou *aux conseils* (car les deux expressions sont employées indifféremment dans les réglemens, & notamment dans celui du 28 juin 1738), sont des officiers créés pour présenter, instruire, discuter & plaider les affaires qui se portent dans les différens départemens du conseil du Roi, ainsi que dans les commissions extraordinaires qui en dépendent.

Ces offices nous présentent six choses à considérer.

1°. Leur état & leur nombre ancien & actuel.

2°. Les qualités & conditions requises pour y être reçus.

3°. La forme de la réception des titulaires.

4°. Les fonctions qu'ils exercent.

5°. La discipline qu'ils observent, & les officiers établis pour la maintenir.

6°. Les droits, prérogatives & privilèges dont ils jouissent.

## §. I.

### *De l'état & du nombre, tant ancien qu'actuel, des Avocats au conseil du Roi.*

Dans les anciens tems, il n'y avoit point d'avocats attachés à la suite du conseil du Roi: les parties s'y défendoient ou par elles-mêmes, ou par l'organe, soit de leurs amis, soit des porteurs de leurs procurations.

Sous François I, le chancelier Poyet introduisit au conseil une forme de procéder, qui, en favorisant la chicane, obligea d'y admettre des avocats moitié procureurs, pour postuler & défendre les intérêts des particuliers (1).

Le désordre & les abus qu'occasionna d'abord cet établissement, excitèrent le zèle du chancelier l'Hôpital: ce grand magistrat crut remédier à tout, en excluant du conseil & les avocats & les porteurs de procurations. Le réglement du conseil du 18 février 1566, ordonna « que dorénavant ceux qui auroient à » faire au Roi, pour choses qui regar- » deroient les finances, s'adresseroient » & présenteroient eux-mêmes leurs » requêtes en plein conseil, auquel ils » seroient ouis, si besoin étoit, & leurs » requêtes vues, pour leur être pourvu » sommairement ».

Mais cette facilité donnée à des parties toujours opiniâtres & aveuglées par des préventions indiscrètes, jetta les choses dans un autre inconvénient. Les requêtes n'étant pas signées, étoient souvent désavouées; & il étoit presque toujours impossible de trouver les parties, soit pour leur communiquer les requêtes contraires, soit pour les contenir elles-mêmes dans les bornes d'une légitime défense.

On se trouva donc forcé de rendre aux plaideurs des représentans en état de répondre de ce qu'ils avançoient. D'abord, il fut ordonné par un réglement du conseil du premier mars 1579, qu'il ne seroit présenté ni rapporté aucune requête, qu'elle ne fût au préalable *signée de la partie ou de son procureur*, c'est-à-dire, du fondé de sa procuration;

(1) Pasquier, *recherches sur la France*, liv. 2, chap. 6.

& comme par-là on n'avoit point paré aux inconvéniens qui naissoient de la liberté laissée aux parties de signer leurs requêtes ou de les faire signer par des gens sans caractère public, on ne tarda point d'en venir à ne plus écouter personne au conseil, que par le ministère des avocats.

Un réglement du mois de juin 1597, prouve qu'à cette époque, ce changement étoit déja opéré. Il y est dit, article premier, qu'aussi-tôt qu'un *avocat au conseil* aura reçu de sa partie l'exploit d'assignation donné à celle-ci, il sera tenu de se présenter. L'article 19 ajoute qu'il ne sera rapporté aucune requête, qu'elle ne soit signée de *l'un des avocats au conseil*, à peine de nullité, & de prise à partie contre celui qui aura fait le rapport.

Avec le tems, il se trouva à la suite du conseil un très-grand nombre d'avocats au parlement, inconnus, pour la plupart, au chancelier & aux autres magistrats; ils occasionnèrent dans l'administration de la justice, des desordres dont les états du royaume se plaignirent hautement.

Pour les faire cesser, dit Guillard dans son *histoire du conseil*, « il fut fait un » réglement général, portant qu'aucun » avocat, de quelque parlement qu'il » fût, n'auroit l'honneur de postuler dans » les conseils du Roi, qu'il n'eût une » matricule du chancelier-garde-des-» sceaux de France, & qu'il n'eût eu » l'honneur de prêter serment entre ses » mains ».

Mais les besoins de l'état amenèrent bientôt un nouvel ordre de choses. Un édit du mois de septembre 1643, publié au sceau le 7 novembre suivant, créa cent soixante-dix offices vénaux & héréditaires « d'avocats ès conseils du Roi, » pour occuper & plaider en iceux pri-» vativement à tous procureurs, sans » néanmoins que les avocats au parle-» ment de Paris fussent exclus de plaider » en l'audience des conseils d'état, les » causes des parties, lorsque M. le chan-» celier l'auroit ainsi ordonné ».

Un second édit du mois de janvier 1644, porta le nombre de ces offices à deux cens; deux autres édits de 1645 & 1646, en créèrent encore trente. Mais au mois de septembre 1650, il en parut un cinquième qui les réduisit à deux cens (1).

Le réglement du conseil du 9 janvier 1673 rétablit les choses sur le pied où les avoit mises l'édit du mois de janvier 1644. Par l'article 85 de ce réglement, Louis XIV supprima trente des offices réservés par l'édit du mois de septembre 1650, & enfin en réduisit le nombre à cent soixante-dix.

C'étoit à ce nombre qu'ils étoient fixés, lorsque M. le chancelier d'Aguesseau, pour abréger la procédure du conseil, & en diminuer les frais, fit le réglement du 28 juin 1738, dont nous avons déjà parlé.

Ces officiers, par une conduite que le Roi lui-même regarda comme *contraire à leurs devoirs*, autant *qu'au respect dû à l'autorité* souveraine, se refusèrent à l'exécution de ce réglement.

Mais quelles furent les suites de ce refus? Par un édit du mois de septembre 1738, publié au sceau le 12 du même mois, le Roi, après avoir témoigné dans les termes qu'on vient de rappeler, le juste mécontentement qu'il en ressentoit, supprima les cent soixante-dix offices d'avocats aux conseils qui subsistoient alors, & en créa soixante-dix nouveaux pour les remplacer, à la charge de payer aux parties casuelles les sommes auxquelles ils seroient taxés.

Jusqu'alors ces offices avoient été à la nomination de M. le chancelier, quoique les provisions en fussent expédiées au nom du Roi. C'étoit une des dispositions des édits de 1643, 1644, 1645 & 1646. Sa majesté en les supprimant, a

(1) Style du conseil, chap. 33.

voulu que la même chose s'observât à l'égard de ceux qu'il créoit pour en tenir lieu. C'est ce que porte expressément l'édit du mois de septembre 1783: après avoir déclaré que les nouveaux officiers jouiront des *mêmes honneurs, droits, émolumens, privilèges & prérogatives*, que ceux qui avoient été accordés à ceux qu'il supprime, il ajoute: « voulons au surplus que les dispositions des » édits du mois de septembre 1643, du » mois de janvier 1644 & août 1646, » concernant la nomination aux offices » d'avocats aux conseils, le payement » du droit annuel, l'admission des ré- » signations desdits offices, & la récep- » tion de ceux qui en sont pourvus, » soient exécutés selon leur forme & » teneur à l'égard des offices créés par » le présent édit... »

Cet édit ne pouvant pas être mis de suite à exécution, parce qu'il falloit un certain temps pour consommer l'acquisition des offices nouvellement créés, expédier les provisions, & procéder aux réceptions, le Roi prit le parti de donner, à ceux qui se présentèrent aux parties casuelles pour lever ces offices, des commissions, par lesquelles ils furent autorisés à en exercer les fonctions, comme s'ils eussent été pourvus en titre.

Ensuite, un arrêt du conseil du 8 décembre 1738, ordonna, « qu'en rap- » portant par les avocats au parlement, » qui s'étoient présentés pour acquérir » des offices d'avocats aux conseils, la » nomination de M. le chancelier, les » commissions à eux accordées par le » Roi, & l'acte de prestation de ser- » ment fait en conséquence, ensemble » la quittance de la finance fixée par le » rôle desdits offices, arrêté au conseil, » il leur seroit expédié, en la manière » accoutumée, des provisions desdits » offices, sur lesquelles ils seroient admis » à prêter, entre les mains de M. le » chancelier, le serment en tel cas re- » quis, sans qu'il fût besoin de nouvelle » information de vie & mœurs, ni d'exa- » men, & sans qu'ils fussent tenus de » payer les droits que les avocats aux » conseils étoient en usage d'exiger de » ceux qui entroient en exercice desdites » charges; les dispensant de tout ce que » dessus, pour cette fois seulement, & » sans tirer à conséquence ».

Le même arrêt vouloit que, soit avant, soit après l'obtention de leurs provisions, les nouveaux titulaires ou commis à l'exercice des charges d'avocats aux conseils, prissent entre eux, tant dans leurs assemblées que dans les autres occasions, leur rang & séance, dans l'ordre marqué par l'état annexé à la minute de cet arrêt, en quelque temps qu'ils fussent reçus.

Depuis, le nombre des avocats aux conseils a souffert quelques variations; mais il a été définitivement fixé à soixante-treize, par des lettres-patentes du 20 septembre 1783, enregistrées à l'audience de France le 31 décembre de la même année (1).

---

(1) *Voici ces lettres-patentes:*

LOUIS.... Salut. Par nos lettres-patentes données à Versailles le 20 juin 1775, nous avons entre autres dispositions, ordonné que des quatre offices d'avocats en nos conseils, restans de la création faite par notre édit du mois de janvier 1768, & dont étoient & sont pourvus les sieurs Tripier, Cochu, Duboismartin & Badin, trois seroient éteints & supprimés, vacation arrivant par mort, résignation ou autrement; & que le quatrième, après l'extinction des trois premiers, demeureroit inséparablement uni aux soixante-neuf offices d'ancienne création, pour composer avec eux le nombre de soixante-dix, auquel ils demeureroient fixés, conformément à notre édit de janvier 1768. Mais sur les représentations qui nous ont été faites, nous avons cru qu'il étoit de notre justice de rétablir une égalité parfaite entre lesdits quatre offices & ceux de l'ancienne création. A ces causes... nous révoquons les dispositions de nos lettres-patentes du 20 juin 1775, qui concernent la suppression en cas de vacance, & la réunion des offices d'avocats au conseil, dont sont pourvus les sieurs Tripier, Cochu, Duboismartin & Badin. Voulons qu'à cet égard

§. II.

## §. II.

### *Des qualités & conditions requises pour être pourvu d'un office d'avocat aux conseils.*

I. L'édit du mois de septembre 1643 porte que nul ne sera reçu à l'office d'avocat aux conseils, qu'*il n'ait été auparavant reçu avocat en une cour supérieure, & qu'il n'ait suivi le barreau.*

L'article 155 du réglement du 9 juillet 1687 déclare qu'il faut être *avocat au parlement*, pour pouvoir aspirer à une charge d'avocat aux conseils.

Le réglement du 28 juin 1738 ordonne pareillement, partie 2, titre 17, article premier, « qu'aucun ne pourra » être pourvu d'un office d'avocat aux » conseils du roi, s'il n'a été reçu avocat » en parlement ».

II. Suivant l'article 2 du même titre, « les secrétaires, clercs ou commis de » ceux qui ont entrée, séance & voix » délibérative au conseil, ne pourront » être pourvus d'offices d'avocats aux » conseils, tant qu'ils demeureront en » cet état ».

Par la même raison, l'article 6 ordonne, « qu'aucun avocat aux conseils » (déjà pourvu), ne pourra faire fonc» tion de secrétaire, clerc ou commis » de ceux qui ont entrée, séance & voix » délibérative au conseil ».

Le même article interdit également aux avocats aux conseils toute commission « d'intendant ou d'agent de » quelque personne que ce puisse être ».

En cas de contravention à l'une ou à l'autre disposition, cet article veut que l'avocat aux conseils soit destitué de son office; « à l'effet de quoi, dit» il, les doyens & syndics desdits avo» cats seront tenus de se retirer parde» vers M. le chancelier, pour y être » par lui pourvu.

III. » A l'égard des clercs des avo» cats aux conseils, ils ne peuvent pa» reillement être pourvus de ces offi» ces, si après avoir cessé d'être clercs, » ils n'ont fréquenté le barreau pendant » deux ans au moins, en qualité d'a» vocats au parlement, dont ils sont » tenus de rapporter des preuves en » bonne forme ». C'est encore une disposition de l'article 2.

IV. Il est dit dans l'article 3, que celui qui poursuit sa réception dans un de ces offices, doit être *agréé par M. le chancelier.*

## §. III.

### *De la réception à l'office d'avocat aux conseils.*

Lorsqu'un récipiendaire a obtenu l'agrément de M. le chancelier, ce magistrat lui donne son *soit montré*, c'est-à-dire, comme l'explique Guillard dans son histoire du conseil, met *sur ses provisions* une ordonnance qui enjoint de les communiquer *aux syndics & collège des avocats aux conseils.* « Un syn» dic (continue le même auteur) fait » dans une assemblée générale convo» quée par billets, le rapport des titres » & des capacités du récipiendaire; & » s'ils sont trouvés en bonne forme, » un autre syndic de la compagnie lui » donne la loi pour la rendre à la hui-

lesdites lettres-patentes soient réputées comme non avenues, & que les pourvus desdits offices en jouissent & disposent ainsi & de la même manière que les propriétaires & pourvus des anciens offices; en conséquence nous avons fixé & fixons définitivement le nombre des avocats en nos conseils, à celui de soixante-treize, nonobstant les fixations portées aux édit de janvier 1766, & lettres-patentes du 20 juin 1775, auxquels nous dérogeons à cet effet. Ordonnons au surplus, que lesdites lettres-patentes du 20 juin 1775, seront exécutées en ce qui n'y est point dérogé par ces présentes. Si donnons en mandement à notre très-cher & féal garde-des-sceaux de France, le sieur Hue de Miroménil, que nos présentes lettres il fasse lire & publier, le sceau tenant, & le contenu en icelles garder, observer & exécuter selon leur forme & teneur, nonobstant tous édits, &c.

» taine. Ordinairement cinq ou six con-
» frères ont la liberté d'argumenter contre le récipiendaire, & s'il est trouvé capable, le collège donne son certificat de capacité & son consentement, sur lequel M. le chancelier scelle les provisions ».

L'auteur avoit dit un peu plus haut, que le sceau des provisions devoit être précédé d'une information de vie & mœurs faite pardevant un maître des requêtes, & que ce préliminaire étoit formellement prescrit par l'article 158 du réglement du conseil du 9 juillet 1687.

Tout cela s'observe encore aujourd'hui, comme le prouve l'article 3 du titre cité du réglement de 1738; en voici les termes : « après que celui » qui poursuivra sa réception en l'office » d'avocat aux conseils, aura été agréé » par M. le chancelier, & en aura obtenu le *soit montré* aux doyens & » syndics desdits avocats, il se présentera à l'assemblée desdits avocats; » & s'ils trouvent qu'il ait les qualités » requises, ils en rendront compte à » M. le chancelier; & en conséquence, » il sera fait information de ses vie & » mœurs & religion par un des maîtres » des requêtes qui sera commis à cet » effet ».

Quand les provisions sont scellées & que le récipiendaire a prêté le serment entre les mains de M. le chancelier (nous parlons encore d'après Guillard), il se représente à l'assemblée du collège des avocats aux conseils, où il prête entre les mains du doyen de la compagnie, un nouveau serment conçu en ces termes :

« Je jure & promets à Dieu de bien » & fidellement exercer la charge d'a» vocat aux conseils du Roi, dont il a » plu à sa majesté de m'honorer; d'ob» server & garder exactement les loix » & ordonnances du royaume, & les » réglemens du conseil & de la com» pagnie; de ne prêter mon nom ni » mon ministère aux solliciteurs, & » de ne prendre aucun emploi de se» crétaire auprès de MM. les conseillers » d'état, maîtres des requêtes & autres » qui ont séance au conseil, & que » je me rendrai assidu aux assemblées de » la compagnie, pour m'instruire dans » les fonctions de ma charge ».

Nous devons ajouter, d'après M. de Mirbeck, avocat aux conseils, auteur de l'article du répertoire de jurisprudence qui concerne ces offices, que chaque récipiendaire, « lors de son ad» mission dans la compagnie, prononce » un discours latin ».

## §. IV.

### *Des fonctions attachées aux offices d'avocats aux conseils.*

Les avocats aux conseils ont des fonctions très-étendues : pour les bien connoître, il faut en distinguer de cinq sortes :

Celles qu'ils remplissent dans les conseils du Roi.

Celles qui leur sont attribuées dans les commissions extraordinaires du conseil.

Celles qu'ils exercent dans les affaires portées aux requêtes de l'hôtel au souverain.

Celles qui leur appartiennent dans les autres tribunaux.

Et enfin celles qu'ils peuvent exercer à la grande chancellerie.

I. Dans le conseil du roi, les officiers dont nous parlons ont l'exercice exclusif de toutes les fonctions attachées dans les parlemens aux qualités d'avocat & de procureur. L'édit du mois de septembre 1643, les leur attribue expressément.

A la vérité cette loi réserve aux avocats au parlement de Paris, le droit de *plaider à l'audience des conseils d'état*, quand ils seront admis par M. le chancelier ; mais il y a long-temps que les conseils du roi ne donnent plus d'audiences, & d'ailleurs Guillard prétend que les avocats au parlement « ne doivent pas tirer (de cette disposition) » plus d'avantage qu'en tiroient autrefois les officiers du parlement, de la » chambre des comptes & de la cour » des aides, lorsqu'ils étoient mandés » au conseil pour le jugement de quelque affaire extraordinaire ».

Le même auteur dit que par l'article 10 du réglement du 27 février 1660, il est ordonné que toutes les requêtes, même celles de *committitur*, ou d'instruction, & généralement toutes les autres qui se rapporteront au conseil du Roi, *seront signées par les avocats aux conseils*, & défenses sont faites à toutes personnes même aux parties, de les signer, sans que leur signature soit accompagnée de celle de leur avocat, à peine de nullité.

Le même article porte que tous les arrêts donnés sur requêtes, nommeront l'avocat qui l'aura signée, & que cet avocat sera tenu de défendre pendant six mois, à compter du jour de la présentation de la requête signée de lui.

L'article 12 du même réglement ordonne qu'il ne sera reçu aucune requête qu'elle ne soit signée d'un avocat aux conseils, à peine de nullité de l'arrêt qui interviendroit.

Par l'article 58, les avocats sont tenus de signer toutes les copies des actes, ordonnances, arrêts, & autres procédures qu'ils feront signifier ; & il est fait défenses aux huissiers d'en signifier aucune qu'elles ne soient signées d'avocats, à peine d'amende & de nullité des exploits.

Le réglement du 9 janvier 1673, renouvelle la défense de rapporter des requêtes non signées d'avocats aux conseils, & il interdit *à tous solliciteurs & autres*, non pourvus d'offices d'avocats au conseil, de s'ingérer d'en faire les fonctions, à peine de 500 livres d'amende.

Il défend aussi à tous les avocats au conseil de signer pour les *solliciteurs ou autres*, à péril de la même peine & de l'interdiction.

On retrouve ces dispositions dans l'article 4 du titre déjà cité du réglement de 1738. Cet article « fait défenses aux » clercs, solliciteurs, & à tous autres » qu'aux avocats aux conseils de signer » aucun acte de procédure, soit d'instruction ou autres, ni même de les coter » du nom desdits avocats, à peine de » faux ; & ne pourront lesdits avocats » leur prêter leur ministère directement » ou indirectement, ni signer pour eux » aucune écriture ou expédition, à » peine d'interdiction pour la première » fois, & de privation de leurs charges » pour la seconde ».

Une autre défense également née du droit exclusif des avocats aux conseils de remplir dans les tribunaux suprêmes auxquels ils sont attachés, toutes les fonctions d'avocats & de procureurs, est celle qui a été faite par différens réglemens & renouvelée par un arrêt du conseil du 2 juillet 1786 (1),

(1) *Voici cet arrêt :*

Sur la requête présentée au Roi, étant en son conseil, par les doyen, syndics & collège des avocats aux conseils de sa majesté, contenant : que quoique sa majesté ait bien voulu, sur leurs très-humbles représentations, renouveler par des arrêts de son conseil, les défenses faites par les anciennes ordonnances & par les réglemens publics sur le fait de l'imprimerie & de la librairie, à tous imprimeurs, d'imprimer aucun mémoire au sujet des affaires sur lesquelles les parties procèdent au conseil, sans qu'ils soient signés d'un des avocats en ses conseils, & sans que le nom & la demeure de l'imprimeur y soient marqués, à peine d'être procédé contre les contrevenans, suivant la disposition des réglemens ; cependant il se répand tous les jours dans le public, des mémoires imprimés dans lesdites affaires, sans signatures d'avocats aux conseils, & quelquefois même sans nom d'imprimeur ; que l'édit de création de leurs offices, les déclarations & arrêts qui ont fixé leurs droits & dirigé leurs fonctions,

d'imprimer ou faire imprimer pour l'instruction des affaires portées dans les conseils du roi, aucun écrit, soit en forme de *requête*, soit sous le titre de *mémoire*, *d'observations*, *d'extraits*, de *pieces*, de *consultations*, ou tel autre que ce puisse être, si la minute n'en a été préalablement signée d'un de ces officiers.

II. Cet exercice exclusif de toutes les fonctions d'avocats & de procureurs, l'édit du mois de septembre 1643, le leur attribue encore « dans toutes les » commissions qui s'exécuteront en la » ville de Paris & à la suite du Roi, » par les conseillers de son conseil & les » maîtres des requêtes ».

Aussi l'arrêt du 2 juillet 1786, que nous venons de citer, étend-il aux affaires portées dans *les commissions extraordinaires qui s'exécutent à la suite des conseils du Roi*, les dispositions qu'il renferme, relativement à celles qu'on porte dans les conseils mêmes du Roi.

Mais les termes dans lesquels est exprimée cette attribution, font entendre clairement qu'il en est autrement des commissions du conseil qui s'exécutent dans les provinces, lorsque le Roi ne s'y trouve point; & en effet les avocats aux conseils n'ont à cet égard aucun droit particulier.

III. Quant aux requêtes de l'hôtel au souverain, les avocats aux conseils se prétendent en droit d'y exercer toutes les fonctions d'avocat & de procureur,

---

prouvent suffisamment qu'ils ont le droit exclusif de faire seuls toutes les instructions, de faire seuls imprimer tous écrits sous quelque dénomination que ce soit, dans les affaires portées au conseil; qu'en conséquence, ils supplient sa majesté d'ordonner que les édits, déclarations, arrêts & réglemens concernant leurs fonctions, ensemble ceux rendus sur le fait de l'imprimerie & de la librairie, & notamment l'arrêt du conseil d'état du 25 février 1758, seront exécutés selon leur forme & teneur. Vu ladite requête: ouï le rapport; le Roi étant en son conseil, de l'avis de M. le garde-des-sceaux, a ordonné & ordonne: que les édits, déclarations, arrêts & réglemens concernant les fonctions des avocats en ses conseils, & notamment les arrêts des 9 mars 1723, 7 mai 1725, 27 février & 17 octobre 1740, 27 novembre 1741, 10 décembre 1743, 24 mai 1745, 16 juin 1746, 24 juillet 1747, 24 octobre 1749, 4 septembre 1752, 25 février 1758, 30 avril 1759, 14 septembre 1761, 8 août 1770, seront exécutés selon leur forme & teneur: a fait & fait itératives défenses, tant aux parties qu'à toutes personnes, sans exception, autres que les avocats en ses conseils, de signer ni faire imprimer aucunes requêtes, mémoires, observations, extraits de pièces, consultations ou autres écrits, sous quelque titre & dénomination que ce puisse être, dans les affaires portées ou à porter en ses conseils, ou dans les commissions extraordinaires qui s'exécutent à la suite de ses conseils, sous les peines portées par les édits, déclarations & réglemens: fait pareillement défenses à tous les imprimeurs de Paris, & des autres villes du royaume, à peine de mille livres d'amende applicable à l'hôpital-général de Paris, & même d'interdiction en cas de récidive, d'imprimer aucunes requêtes, mémoires, observations, extraits de pièces, consultations ou autres écrits, sous quelque titre & dénomination que ce soit, & sans exception, donnés pour l'instruction des affaires portées ou à porter dans ses conseils, ou dans lesdites commissions extraordinaires, quand même lesdits écrits seroient signés de la partie, si la minute n'en a été signée préalablement d'un avocat en sesdits conseils, & sans le pouvoir mis au bas d'iceux par ledit avocat en sesdits conseils: défenses à tous libraires, colporteurs & autres, de vendre ou distribuer lesdits imprimés ou lesdites consultations; comme aussi à tous huissiers de les signifier, sous la peine de mille livres d'amende, & même d'interdiction s'il y échet, suivant l'exigence des cas, contre lesdits huissiers: ordonne en outre que le présent arrêt sera lu à l'assemblée du collège des avocats en ses conseils, & transcrit sur ses registres, ainsi que sur ceux de la communauté des libraires & imprimeurs de Paris, & sur ceux des autres chambres syndicales de librairie & imprimerie du royaume, & qu'il sera en outre lu, publié & affiché par tout où besoin sera: comme aussi enjoint au sieur lieutenant-général de police de Paris, & aux sieurs intendans & commissaires départis dans les provinces, de tenir la main à son exécution. Fait au conseil d'état du Roi, sa majesté y étant, tenu à Versailles le 2 juillet mil sept cent quatre-vingt-six. *Signé*, le Baron DE BRETEUIL.

avec la même exclusion des avocats & des procureurs au parlement, qu'ils les exercent dans les conseils du Roi, & dans les commissions extraordinaires du conseil.

Leur raison en est, par rapport aux fonctions d'avocat, que le tribunal des requêtes de l'hôtel, n'est, lorsqu'il juge au souverain, qu'une commission extraordinaire & momentanée du conseil : ils ont d'ailleurs sur ce point une décision solemnelle & précise dans les lettres-patentes qui leur ont été accordées par le feu Roi, le 24 juillet 1771 (1).

Cependant, depuis comme avant cette décision, les avocats au parlement exercent dans ce tribunal, concurremment avec les avocats aux conseils, toutes les fonctions qui dépendent de leur ministère; & il est à remarquer que les premiers, lorsqu'ils y plaident contre les seconds, ne se croient pas obligés de leur communiquer leurs sacs sans récépissé, quoiqu'ils en usent ainsi entre eux.

A l'égard des autres fonctions de procureur, l'édit du mois de septembre 1643, porte bien expressément que les avocats aux conseils doivent les exercer privativement à tous autres, dans « toutes » les instances qui se traitent à l'extraor» dinaire devant les maîtres des requêtes » ordinaires de l'hôtel du Roi ».

Il est d'ailleurs défendu par deux arrêts du conseil, l'un du premier juin 1672, l'autre du 28 mai 1674, aux procureurs au parlement de signer aucun acte concernant les appels des ordonnances du conseil qui se portent aux requêtes de l'hôtel, & d'y occuper sur ceux des taxes & exécutoires de dépens adjugés par arrêt du conseil (2).

Nonobstant ces arrêts & l'attribution qu'ils confirment, les procureurs au par-

---

(1) Le texte de ces lettres-patentes est rapporté ci-après, n°. IV.

(2) Sur la requête présentée au Roi en son conseil, ar Me Jean Faurie, avocat ès conseils de sa majesté, contenant qu'il a occupé, en ladite qualité, pour les maîtres, gouverneurs & communauté des sergens à verge au châtelet de Paris, contre la communauté des huissiers de la cour des aides, en l'instance jugée par l'arrêt contradictoire dudit conseil, du 10 novembre 1672, par lequel arrêt lesdits huissiers de la cour des aides ont été condamnés aux dépens & aux dommages & intérêts de Jean Divry & Richard Ygoust, qu'ils avoient emprisonnés de leur autorité, sous prétexte de contravention, lesquels dépens, dommages & intérêts, ont depuis été liquidés en présence de Me Adam Mithouart, leur avocat, à la somme de mille soixante-trois livres huit sous; & quoique dans la déclaration de dépens, il n'ait été rien employé que dans l'ordre, néanmoins lesdits huissiers, pour en éloigner le payement, ont interjeté appel de ladite taxe; & après que ledit Mithouart a eu croisé les articles de la déclaration desdits dépens, dont lesdits huissiers entendent être appelans, & avec lui, que les parties aient été réglées à produire sur ledit appel, ledit Mithouart ne le pouvant soutenir qu'avec confusion, & l'ayant sans doute témoigné auxdits huissiers de la cour des aides, à cause de ce ils l'auroient révoqué, & par acte du 13 décembre dernier, constitué Me Cimard, procureur au parlement de Paris, de la nullité duquel acte, par autre du 18 dudit mois, le suppliant auroit protesté, attendu que par plusieurs arrêts du conseil & des requêtes de l'hôtel, il a été défendu aux procureurs du parlement, d'occuper auxdites requêtes de l'hôtel, sur l'appel des taxes des dépens adjugés par arrêt du conseil, & leur auroit fait bailler copie même audit Cimard, de celui rendu au conseil le premier juin 1672, sur la requête de François Cleyde, par lequel il est fait défenses aux procureurs du parlement de signer aucun acte concernant les appels des ordonnances du conseil; au préjudice les huissiers de la cour des aides continuent de se servir du ministère dudit Cimard; & ledit Cimard d'occuper pour eux en ladite instance d'appel, avec lequel le suppliant a toujours refusé d'occuper, procéder & répondre aux griefs & moyens d'appel qu'il a donnés, qui est une contravention auxdits arrêts du conseil, qui ne peut ni ne doit être tolérée, moins encore, puisqu'elle ne tend qu'à brouiller par le ministère d'un procureur, qui ignore les procédures & les droits qui se payent pour icelles au conseil, ainsi que les écrits le font connoître, & qui ne peut, non plus que les autres procureurs dudit parlement, procéder ni agir en quelque façon pour le fait d'icelle. A ces causes,

lement, disent les réformateurs de la collection de jurisprudence de Denisart (1), « se sont maintenus dans le droit d'occuper aux requêtes de l'hôtel au souverain, concurremment avec les avocats aux conseils ; mais comme ces derniers réclament toujours contre cet usage, & ne veulent pas paroître l'approuver; lorsqu'un d'entre eux est chargé d'une affaire aux requêtes de l'hôtel au souverain, & qu'un procureur au parlement est chargé d'occuper contre lui dans la même affaire, il remet les pièces à son client, qui se trouve aussi obligé de charger de sa défense un procureur en la cour ».

IV. Pour ce qui est des autres tribunaux de la capitale, les avocats aux conseils ont, par la déclaration du 22 février 1771 (2), & les lettres-patentes

requéroit le suppliant qu'il plût à sa majesté ordonner que ledit Me Mithouart, avocat, continuera d'occuper en ladite instance d'appel pour ladite communauté des huissiers de la cour des aides, sauf à eux, en cas de révocation, à constituer un autre avocat audit conseil, au lieu dudit Me Mithouart : faire très-expresses inhibitions & défenses audit Cimard, & à tous autres procureurs dudit parlement, d'occuper aux requêtes de l'hôtel, ès instances d'appel de taxe de dépens adjugés par arrêt du conseil, à peine d'interdiction, & de trois mille livres d'amende, au payement de laquelle chacun des contrevenans sera contraint, en vertu de l'arrêt qui interviendra sur la présente requête, par toutes voies & par corps.

Vu par le Roi en son conseil, ladite requête signée du suppliant, ledit arrêt contradictoire adjudicatif desdits dépens, dommages & intérêts, l'exécutoire & acte d'appel interjeté desdits dépens, signé de leur syndic & de Me Mithouart, leur avocat : l'arrêt des requêtes de l'hôtel rendu avec ledit Me Mithouart audit nom, par lequel les parties ont été appointées à bailler griefs ; ledit acte de révocation de la personne dudit Me Mithouart, & de constitution de la personne dudit Me Cimard, procureur, pour occuper en ladite instance d'appel, signifié le 12 décembre dernier : acte de protestation de nullité de la constitution dudit Cimart, pour occuper en ladite instance d'appel, au lieu dudit Me Mithouart, signifié le 18 dudit mois, & par lequel acte il fut baillé copie dudit arrêt du premier juin 1672, les procédures faites au préjudice par led. Cimard audit nom, & autres pièces : oui le rapport du sieur de la Martilière, conseiller du Roi en ses conseils, maître des requêtes ordinaires de son hôtel, & tout considéré ; le Roi en son conseil a ordonné & ordonne que ledit Mithouart, avocat, occupera pour lesdits huissiers de la cour des aides, sauf à eux, en cas de révocation, à constituer un autre avocat du conseil : fait défenses audit Cimard, & autres procureurs dudit parlement, d'occuper sur les appellations qui seront interjetées des taxes & exécutoires de dépens adjugés par arrêt du conseil, à peine d'interdiction, & de trois mille livres d'amende, au payement de laquelle chacun des contrevenans sera contraint en vertu du présent arrêt, lequel sera lu & publié à la communauté des avocats. Fait au conseil privé du Roi, tenu à Versailles, le 28e mars 1674.

(1) Tome 2, p. 756, col. 2.

(2) *Cette loi est conçue dans les termes suivans :*

LOUIS..... Salut. Quoique le feu Roi, notre très-honoré seigneur & bisaïeul, ait voulu *maintenir*, par sa déclaration du 6 février 1719, enregistrée en notre cour de parlement de Paris le 23 du même mois, la plus parfaite égalité entre les avocats en nos conseils, & les avocats en notredite cour, sans laisser entre eux d'autres distinctions & préséance que celles qui résultent de l'ordre de leurs matricules : nous avons été néanmoins informés qu'il s'étoit élevé des doutes sur les droits qu'ont incontestablement les avocats en nos conseils de plaider en notredite cour, concurremment avec les avocats en icelle, & de faire toutes les écritures du ministère desdits avocats ; & voulant prévenir toute difficulté à ce sujet, nous avons résolu d'expliquer plus particulièrement nos intentions. A ces causes.... voulons & nous plaît que la déclaration du 6 février 1709 soit exécutée selon sa forme & teneur ; en conséquence, que les avocats en nos conseils, & les avocats en notre cour de parlement de Paris, gardent entre eux dans les assemblées générales & particulières, consultations, arbitrages & ailleurs, le rang & la préséance, suivant la date de leurs matricules ; comme aussi que lesdits avocats en nos conseils puissent plaider en notredite cour de parlement, & y faire toutes les écritures qui sont du ministère des avocats, concurremment avec les avocats en notre cour de parlement, & que les pièces d'écriture entrent en taxe en la manière accoutumée. Si donnons en mandement, &c.

du 24 juillet de la même année (1), le droit d'y plaider concurremment avec les avocats au parlement. Mais, si l'on en excepte le grand-conseil, ce droit est nul pour eux, & jusqu'à présent ils n'ont pas encore pu se mettre en exercice.

Ce que nous disons par rapport au grand-conseil, est justifié par l'édit du mois de novembre 1774, portant rétablissement de ce tribunal. « Les avocats » en nos conseils (y est-il dit, article » 13) *continueront* de plaider en notre » grand-conseil, concurremment avec » les avocats de notre parlement ».

V. A l'égard de la grande chancellerie, les avocats aux conseils peuvent dresser les lettres de justice qui s'y expédient pour les affaires portées ou pendantes au conseil. Un arrêt du 24 juillet 1677, leur avoit interdit cette fonction en même tems qu'aux secrétaires du Roi; mais le 13 novembre suivant, il en est intervenu un autre, qui « permet aux » secrétaires du Roi de signer, & aux » avocats aux conseils de dresser & pré» senter au sceau les lettres de relief » d'appel & autres lettres introductives » d'instances au conseil, & pour y faire » assigner les parties, comme ils auroient » fait, ou dû faire suivant les ordon» nances, avant l'arrêt du 24 juillet (2) ».

Cet arrêt a été suivi de deux autres, l'un du 17 juin 1681, portant défenses à toutes personnes autres que les offi-

(1) *Voici ces lettres-patentes:*

LOUIS.... Salut. Par l'article 7 de notre édit du mois de mai dernier, concernant le tribunal des requêtes de notre hôtel, nous aurions, entre autres choses, ordonné que les plaidoieries des causes, & l'instruction des instances & procès qui seront portés aux requêtes de l'hôtel, appartiendroit aux avocats en nos conseils, à l'exclusion de tous autres avocats & procureurs, & nous avons fait défenses à tous procureurs d'y faire aucunes procédures, à peine de nullité; mais les avocats en nos conseils nous ont représenté que le tribunal des requêtes de l'hôtel est composé de deux espèces de juridictions, qu'il leur paroît important de distinguer; savoir, la jurisdiction au souverain, en ce qui concerne l'exécution des arrêts de notre conseil, & autres matières, dont nous avons attribué la connoissance audit tribunal, & les affaires particulières que nous jugeons à propos d'y renvoyer, & la juridiction à l'ordinaire, qui a pour objet les causes des privilégiés, qui y sont portées en vertu du droit de *committimus*; qu'à l'égard de la juridiction au souverain, les avocats aux conseils ont toujours eu seuls le droit de plaider & instruire les affaires de ce genre, qui ont été portées au tribunal des requêtes de l'hôtel, & que ce n'a été que par abus que d'autres avocats ou des procureurs s'y étoient immiscés; que pour ce qui concerne la jurisdiction ordinaire, l'instruction des affaires de ce genre leur paroît étrangère à leur profession, & ne pourroit que les détourner des fonctions essentielles de leur état; & voulant seconder les sentimens d'honneur & de désintéressement dont les avocats aux conseils n'ont cessé de nous donner des preuves, aussi-bien que de leurs talens, nous avons jugé à propos d'expliquer nos intentions à ce sujet. A ces causes.... en interprétant, en tant que de besoin, notre édit du mois de mai dernier.... voulons & nous plaît que la plaidoierie & l'instruction des causes, instances & procès qui ont été ou qui seront portés par la suite au tribunal des requêtes de l'hôtel au souverain, appartiennent aux avocats en nos conseils, à l'exclusion de tous autres avocats: voulons en conséquence que nosdits avocats en nos conseils fassent seuls à l'avenir toute l'instruction desdites affaires, même de celles dont l'instruction auroit été commencée audit tribunal, & soient seuls admis à y plaider les causes qui seront de nature à être portées à l'audience; à l'égard des causes, instances & procès dépendans de la juridiction ordinaire desdites requêtes de l'hôtel, elles continueront d'être instruites par les avocats titulaires créés par notre édit du mois de mai dernier (remplacés aujourd'hui par les procureurs): voulons au surplus que notre déclaration du 22 février dernier soit exécutée; & en conséquence, que les avocats en nos conseils puissent plaider toutes les causes dont ils seront chargés, tant en notredite cour de parlement, qu'au tribunal des requêtes de l'hôtel, soit au souverain, soit à l'ordinaire, & dans tous les autres tribunaux; & à l'effet de tout ce que dessus, nous avons dérogé & dérogeons, en tant que de besoin, à tout ce qui pourroit y être contraire. Si donnons en mandement, &c.

(2) Tessereau, histoire de la chancellerie tome 2, page 28, édition de 1706.

ciers de la grande chancellerie qui ont droit de signatures, & les secrétaires du Roi, de s'immiscer directement ou indirectement à dresser ou écrire les expéditions faites pour être scellées dans ce tribunal; l'autre du mois d'août suivant, par lequel sa majesté, interprétant celui du 17 juin, « ordonne que les avocats » au conseil pourront continuer à dresser » les lettres de justice, qui se scelleront » en la grande chancellerie, servant à » l'introduction ou instruction des ins- » tances, les transcrire ou faire trans- » crire les grosses, sinon de leurs mains, » du moins de celles de leurs clercs & » non d'autres, ainsi que par le passé, » à la charge que lesdits avocats dépo- » seront les minutes desdites lettres en- » tre les mains des secrétaires du Roi, » qui en signeront les expéditions, au » bas desquelles minutes les avocats cer- » tifieront & signeront de leurs mains » avec leurs paraphes ordinaires, que » lesdites lettres auront été par eux dres- » sées ou écrites par eux ou par tel leur » clerc, & lesdits secrétaires du Roi » mettront au dos de l'expédition que » la minute d'icelle, dressée & signée » par tel avocat au conseil est entre ses » mains (1) »

## §. V.

*De la discipline des Avocats aux conseils & des officiers établis pour la maintenir.*

I. Nous avons déja rapporté dans les §§. 2 & 4, quelques-unes des dispositions que les réglemens du conseil du Roi contiennent sur la discipline des avocats aux conseils. Voici celles qui nous restent à rappeller; elles sont partie du titre du réglement de 1738, que nous avons déja cité plusieurs fois.

*Art. 5.* « Les avocats aux conseils ne » pourront occuper pour leurs confrères, » ou leur prêter leur nom directement ou » indirectement, en quelques affaires que » ce puisse être, quand même ce seroit » pour des parties qui n'auroient pas des » intérêts opposés; & ce, sous telle peine » qu'il appartiendra, sauf aux parties qui » auroient un même intérêt, à constituer » le même avocat....

*Art. 7.* » Les avocats aux conseils tien- » dront une fois la semaine une assem- » blée, composée des doyen, syndics, » greffier, & de ceux d'entre eux qui » seront députés par chaque mois, à » laquelle assemblée les autres avocats » pourront se trouver, si bon leur semble.

*Art. 8.* » Les députés seront tenus » dans le mois de leur députation, & » les avocats nouvellement reçus, dans » les trois premières années de leur ré- » ception, de se trouver à toutes lesdites » assemblées, à peine de 3 livres d'au- » mône pour chaque contravention, s'ils » ne sont excusés par les syndics, pour » causes justes & légitimes.

*Art. 9.* » Dans lesdites assemblées se- » ront examinées les plaintes touchant la » discipline desdits avocats, l'irrégularité » des procédures, & en général l'inob- » servation des réglemens, notamment » en ce qui concerne les termes injurieux » dont aucuns desdits avocats se plain- » dront contre leurs confrères; sur quoi » l'assemblée pourra mulcter les contre- » venans de telle aumône qui sera jugée » convenable, jusqu'à la somme de 100 » livres, applicable à l'hôpital-général.

*Art. 10.* » Ne pourra néanmoins ladite » assemblée prendre connoissance de la » révocation qui auroit été faite d'un » avocat par sa partie; & l'avocat que » ladite partie aura constitué à la place » du premier, ne pourra se dispenser » d'occuper pour elle, sous prétexte de » vouloir y être autorisé par l'avis de » ladite assemblée, pardevant laquelle, » ou pardevant lesdits syndics en charge, » les parties ou leurs avocats ne pour- ront

(1) Tessereau, *ibid.* pag. 87.

» ront être obligés de se pourvoir au » sujet de ladite révocation.

*Art. 11.* » Les délibérations qui auront » été prises dans lesdites assemblées, ne » pourront être attaquées par opposition » ni par appel, sauf à ceux qui auront à » s'en plaindre, à se retirer pardevers » M. le chancelier, pour y être pourvu » ainsi qu'il appartiendra.

*Art. 12.* » Les doyen & syndics des- » dits avocats seront tenus de remettre » tous les mois à M. le chancelier un » extrait des délibérations prises en la- » dite assemblée sur tous les points con- » tenus en l'article 9 ci-dessus, concer- » nant la discipline des avocats aux con- » seils ».

II. On voit déjà par ces dispositions que les avocats aux conseils ont, pour maintenir la discipline de leur collège, un doyen, des syndics & un greffier.

Il y a, sur ces officiers, un arrêt du conseil du 27 décembre 1740, qui ne doit pas être ignoré. En voici le dispositif.

*Art. 1.* « Le nombre des officiers des » avocats aux conseils demeurera fixé, » comme par le passé, à celui de six; » savoir, un doyen, quatre syndics & » un greffier, lesquels continueront de » jouir de tous les droits, honneurs, » prérogatives & émolumens dont ceux » qui ont rempli lesdites fonctions, ont » été en possession jusqu'à présent.

*Art. 2.* » Les fonctions du doyen ne » seront limitées à aucun temps fixe & » certain; & il les remplira pendant le » cours de sa vie, à moins qu'il ne vienne » à se démettre de son office d'avocat aux » conseils : à l'égard des syndics, ils ser- » viront seulement pendant deux années » consécutives, ensorte néanmoins que » des quatre il n'en soit nommé que deux » chaque année, afin qu'il y en ait tou- » jours deux qui aient fait pendant un » an les fonctions du syndicat, & deux » qui entrent dans ladite place : & le » service du greffier sera pareillement » fixé à deux ans.

*Art. 3.* » Lorsque la place de doyen » viendra à vaquer, les syndics seront te- » nus de convoquer dans la huitaine au » plus tard, une assemblée générale des- » dits avocats, pour nommer à la plu- » ralité des voix, trois sujets qui seront » pris entre les plus anciens d'entre eux, » & les présenter à M. le chancelier, » pour être par lui fait choix de celui » des trois qu'il jugera le plus digne de » remplir ladite place de doyen, à » l'effet de quoi la délibération prise » dans ladite assemblée, sera remise trois » jours après à M. le chancelier, & » son choix notifié auxdits avocats, dans » une autre assemblée générale, en la- » quelle ledit doyen sera installé.

*Art. 4.* » Et à l'égard des syndics, il sera » convoqué tous les ans dans les pre- » miers jours du mois de décembre, une » pareille assemblée desdits avocats, » pour y être nommé, en la forme » ci-dessus prescrite, six d'entre eux » qu'ils estimeront les plus capables; » sans qu'il soit nécessaire de suivre l'or- » dre de l'ancienneté de réception en » leur office, pourvu toutefois qu'ils » aient au moins trois années d'exercice » de leurs fonctions, lesquels seront » présentés à M. le chancelier, pour être » par lui choisi entre eux les deux su- » jets qu'il jugera mériter la préférence » pour remplir les places des deux syndics » dont le temps de service expirera au » mois de janvier suivant.

*Art. 5.* » Les dispositions de l'article » précédent auront lieu pareillement, » lorsqu'il s'agira de remplir la place de » greffier, à l'exception seulement qu'il » ne sera présenté à M. le chancelier, » que trois desdits avocats, entre les- » quels il choisira celui qu'il estimera le » plus propre à exercer les fonctions » de greffier.

*Art. 6.* » Dans les années où le temps » de service du greffier expirera, il sera » toujours mis au nombre des six avo- » cats qui seront présentés à M. le chan-

» celier, pour choisir ceux qui devront » remplir les deux places de syndics aux- » quels il s'agira de pourvoir.

*Art. 7.* » La délibération prise par lesdits » avocats dans les premiers jours du mois » de décembre, pour nommer les sujets » qui seront présentés à M. le chance- » lier, suivant les trois articles précé- » dens, lui sera remise par les syndics » actuellement en place, le 15 dudit » mois au plus tard, afin qu'il puisse leur » faire savoir avant le premier janvier » suivant, le choix qu'il aura jugé à » propos de faire.

*Art. 8.* » Le choix fait par M. le chance- » lier sera notifié par les syndics auxdits » avocats, dans une assemblée générale » qui sera convoquée à cet effet le 4 jan- » vier de l'année suivante, selon l'usage » ordinaire, pour en être fait mention » sur leurs registres, & être procédé sur » le champ à l'installation des nouveaux » officiers.

*Art. 9.* » En cas que quelqu'un desdits » officiers vienne à décéder, ou à se dé- » mettre de son office d'avocat aux » conseils, avant que le temps de son » service soit expiré, sa place sera rem- » plie dans le tems, & en la forme pres- » crite par l'article 3 ci-dessus, & en » observant au surplus ce qui a été ré- » glé par les articles 3 & 4, sur les » qualités de celui qui devra être nommé » syndic ou greffier.

*Art. 10.* » Le doyen aura toujours le » premier rang entre tous les officiers des- » dits avocats; & à l'égard des syndics, » la séance sera réglée entre eux, suivant » l'ordre de leur reception dans l'office » d'avocats aux conseils, sans que ceux » qui auront servi pendant une année » dans le syndicat, puissent prétendre » aucune préséance, à titre d'anciens » syndics, sur ceux qui entreront en » place avec eux: & à l'égard du gref- » fier, il n'aura séance en ladite qualité, » pendant le temps de son service, » qu'après tous les syndics, quand il » seroit plus ancien qu'eux en ordre de » réception dans l'office d'avocat aux » conseils.

*Art. 11.* » Enjoint au surplus sa majesté » aux doyens, syndics & greffiers des- » dits avocats, de tenir exactement la » main à l'observation de tout ce qui » concerne l'ordre & la discipline des- » dits avocats, & d'informer M. le » chancelier, de ce qu'ils estimeront » convenable pour le maintien de la- » dite discipline, & pour la réformation » des abus qui pourroient survenir.

## §. VI.

*Des droits, prérogatives & privilèges annexés aux offices d'avocats aux conseils.*

I. Les avocats aux conseils ont, pour le payement de leurs déboursés & honoraires, une action qui dure cinq ans. C'est ce qui résulte de l'article 32 du titre 17 de la seconde partie du réglement de 1738: « toute action (y est- » il dit) en payement de frais, hono- » raires & déboursés faits par les avo- » cats aux conseils, demeurera pres- » crite par le temps & espace de cinq » années, à compter du jour de la ré- » vocation desdits avocats, ou du dé- » cès de la partie, ou du jour du ju- » gement de l'instance ».

Avant ce réglement, l'action des avocats aux conseils n'étoit sujette qu'à la prescription commune à toutes les actions personnelles. C'est ce qui résulte d'un arrêt des requêtes de l'hôtel au souverain du 17 avril 1704, par lequel Philippe Jouet fut condamné à payer à la veuve d'un avocat aux conseils les honoraires, frais & vacations prétendus à sa charge, *sans avoir égard à la fin de non-recevoir* qu'il opposoit, & *résultante de ce que l'affaire dont il étoit question, avoit été jugée depuis plus de quatorze ans.*

La dérogation qu'apporte à cet arrêt

le réglement de 1738, n'a pas été observée par les auteurs modernes qui ont parlé de l'un & de l'autre.

II. Les avocats aux conseils ont, par les édits de création de leurs offices, tous les privilèges des commensaux de la maison du roi. Cette jouissance survit même en eux à l'exercice de leurs charges, lorsqu'après les avoir remplies pendant vingt ans, ils s'en démettent & obtiennent des lettres de vétérance. *Voyez* ci-devant, tome 1, chap. 2.

III. Les lettres-patentes du 26 juillet 1771, les ont confirmés dans le droit de *committimus* au grand sceau, c'est-à-dire, dans le droit de faire évoquer de tous les tribunaux du royaume aux requêtes de l'hôtel, ou à celles du palais de Paris, à leur choix, toutes les causes civiles, personnelles, possessoires & mixtes qui les concernent.

Comme ces lettres-patentes rendent un compte exact & des motifs qui les ont fait accorder, & de la jurisprudence qui en a précédé l'émanation, nous croyons devoir les transcrire ici.

» LOUIS..... Salut. Par notre déclaration du 26 février dernier, nous avons ordonné que ceux qui, depuis l'ordonnance du mois d'août 1669, auroient obtenu le droit de *committimus* au grand ou au petit sceau, ou la confirmation d'icelui, seroient tenus de remettre dans trois mois pour tout délai, ès mains de notre cher & féal chancelier de France, les titres de concession ou de confirmation dudit droit, pour y être par nous pourvu ainsi qu'il appartiendroit. En exécution de cette déclaration, les avocats en nos conseils nous ont représenté les titres & pièces en vertu desquels ils jouissent du droit de *committimus* au grand sceau, & ayant reconnu que *ce droit leur avoit été accordé long-temps avant notre ordonnance du mois d'août 1669*, qu'ils y ont été confirmés dans toutes les occasions (1), & qu'il leur est même

(1) *Le titre de confirmation qui a précédé immédiatement ces lettres-patentes, est un arrêt du conseil du 18 décembre 1740, conçu en ces termes:*

Sur la requête présentée au Roi, étant en son conseil, par les doyen, syndics & greffier des avocats en ses conseils, contenant que sa majesté auroit bien voulu attribuer aux offices d'avocats en ses conseils, créés par l'édit du mois de septembre 1738, tous les droits, privilèges & prérogatives qui avoient été accordés par les édits des mois de septembre 1643 & janvier 1644, aux offices supprimés par le même édit; mais que le droit de *committimus* au grand sceau, n'ayant pas été nommément exprimé dans cet édit, où l'on n'a pas rappelé non plus l'arrêt du conseil du 26 octobre 1671, par lequel lesdits avocats aux conseils avoient tous été solemnellement confirmés dans la possession du droit de *committimus*, ils pourroient se voir exposés à être inquiétés sur ce sujet, s'il n'y étoit spécialement pourvu par l'explication plus expresse de sa majesté: requéroient à ces causes les supplians, qu'il plût à sa majesté maintenir lesdits avocats en ses conseils, dans tous les droits, fonctions, privilèges & prérogatives attribués par les édits des mois de septembre 1643, & janvier 1644, & par l'arrêt du 26 octobre 1671, aux offices d'avocats aux conseils, & notamment dans le droit de *committimus* au grand sceau, pour toutes les affaires personnelles, possessoires ou mixtes, que chacun d'eux pourroit avoir, & dans tous autres privilèges accordés aux commensaux de sa maison. Vu ladite requête, ensemble les édits des mois de septembre 1643 & janvier 1644, l'arrêt du 26 octobre 1671, & l'édit du mois de septembre 1738, ouï le rapport, & tout considéré: LE ROI ÉTANT EN SON CONSEIL, de l'avis de M. le chancelier, a ordonné & ordonne que l'édit du mois de septembre 1738 sera exécuté selon sa forme & teneur; en conséquence, a maintenu & maintient lesdits soixante-dix avocats en ses conseils, dans tous lesdits droits, privilèges, fonctions & prérogatives attribués par les édits, lettres-patentes & arrêts, aux offices d'avocats en ses conseils: veut & entend sa majesté qu'ils en jouissent pleinement & paisiblement, & notamment du droit de *committimus* au grand sceau, en toutes affaires personnelles, possessoires & mixtes, entières & non contestées, qui pourront concerner chacun d'eux, & de tous autres privilèges accordés aux commensaux de sa maison. Fait défenses à toutes personnes de les troubler dans lesdits droits, franchises, privilèges & prérogatives, & d'entreprendre sur leurs fonctions, sous telles peines qu'il appartiendra.

» nécessaire, vu l'assiduité & l'importance du service qu'ils sont tenus de » remplir auprès de nos conseils, & » la multiplicité des fonctions auxquelles » ils se livrent à notre satisfaction, nous » avons trouvé juste de les y maintenir, ainsi que dans tous les autres » droits qui leur sont attribués. A CES » CAUSES & autres à ce nous mouvant, » de l'avis de notre conseil & de notre » certaine science, pleine puissance & » autorité royale, nous avons par ces » présentes, signées de notre main, » maintenu & maintenons les avocats » composant actuellement le collège » des avocats en nos conseils, dans » tous les droits, privilèges, fonctions » & prérogatives attribués par les édits, » lettres-patentes & arrêts, aux offices » d'avocats en nos conseils. Voulons » & entendons qu'ils en jouissent pleinement & paisiblement, notamment » du droit de *committimus* au grand sceau, » en toutes affaires qui pourroient concerner chacun d'eux, conformément » aux ordonnances & réglemens, & de » de tous autres privilèges accordés » aux commensaux de notre maison, » faisons défenses à toutes personnes » de les troubler dans lesdits droits, » franchises, privilèges & prérogatives, » & d'entreprendre sur leurs fonctions, » sous telles peines qu'il appartiendra. » SI DONNONS EN MANDEMENT, &c. »

L'attribution confirmée par cette loi n'a point lieu dans les demandes formées contre les avocats, pour restitution de pièces, de titres, de papiers ou de procédures engagés dans des instances, qui ont été ou doivent être jugées par le conseil; c'est au conseil même qu'il faut porter ces sortes de demandes, & lui seul peut en connoître, suivant un arrêt qu'il a rendu le 26 août 1755, en faveur d'un avocat aux conseils, contre lequel on s'étoit d'abord pourvu au parlement.

En matière criminelle, les avocats aux conseils sont justiciables du parlement comme les citoyens ordinaires. On a même vu assez récemment cette cour sévir contre un de ces officiers pour un délit qu'il avoit commis dans l'exercice de son ministère. Voici le fait, tel qu'il est rapporté dans la collection de jurisprudence de Denisart, tome 2, pag. 736, édition de 1783.

Un avocat aux conseils avoit inséré dans une requête en cassation des faits qui pouvoient compromettre des magistrats de la grand'chambre, l'ordre entier des avocats, & quelques-uns de ses membres. L'ordre des avocats avoit projeté de déférer sa plainte à la cour; l'avocat aux conseils avoit écrit deux lettres, l'une à M. le procureur-général, l'autre au bâtonnier, pour justifier ses sentimens envers l'ordre; mais d'un autre côté, M. le procureur-général avoit rendu plainte des faits injurieux à la magistrature: l'avocat aux conseils avoit été décrété de prise de corps, enfermé, ensuite élargi, & l'affaire renvoyée à l'audience.

« Il n'est aucun citoyen dans l'état, » (dit M. l'avocat-général Joly de » Fleury, en rendant compte de cette » affaire) qui ne soit comptable dans ce » tribunal, soit de ce qui peut troubler » l'ordre public, soit de ce qui peut dans » sa conduite, blesser le moins du monde » la discipline de la cour. Cet avocat » aux conseils oublie qu'avant de remplir la fonction dont il est chargé par » son office, il est obligé de justifier, » non-seulement qu'il a prêté en la cour » le serment d'avocat, mais qu'il y a » fréquenté deux années le barreau, & » qu'il doit à ceux qui ont bien voulu » l'associer à cette profession honorable, » les égards qui lui sont dus, parce » que chacun en doit au mérite & à la » vertu. Il ne considère pas enfin que » par les réglemens particuliers qui fixent » ses devoirs dans son état actuel, il » seroit par sa propre compagnie &

» vis-à-vis de ses confrères, mulctable » d'aumône jusqu'à la somme même de » cent livres, applicable à l'hôpital-gé» néral, si aucun de ses confrères se » plaignoit, *notamment des termes inju» rieux* employés contre lui.

» Cependant (continua M. l'avocat» général) la cour, par considérations » moins personnelles à lui qu'à des ma» gistrats (pour lesquels l'avocat aux » conseils occupoit) dont elle connoît » la droiture & les sentimens, parois» sant portée à user d'indulgence envers » lui par rapport à ce qui pourroit in» téresser dans sa conduite l'honneur & » la dignité de la compagnie, il n'est » plus aucun de ceux qui pourroient » aussi se plaindre, qui ne doive ou» blier ce qui s'est passé ».

Dans ces circonstances, il est intervenu à la grand'chambre, le 22 août 1763, arrêt qui a donné acte à l'avocat aux conseils des déclarations qu'il avoit faites dans ses requêtes & interrogatoires, & qu'il réitéroit (tant sur le respect qu'il portoit à la cour & aux magistrats, que sur ses sentimens pour l'ordre des avocats), en conséquence l'a renvoyé de l'accusation, & a ordonné que son écrou seroit rayé. L'arrêt n'a pas permis l'impression qui avoit été demandée.

IV. Quel est relativement aux avocats au parlement de Paris, le rang des avocats aux conseils ?

Suivant l'arrêt du conseil du 21 février 1683 (1), & la déclaration du 6 février 1709, enregistrée au parlement de Paris le 23 du même mois (2), c'est la date de leurs matricules respectives qui doit régler la préséance entre eux.

Il paroît que ces réglemens n'ont contenté ni les avocats au parlement, ni les avocats aux conseils.

Les premiers se prétendoient supérieurs aux autres, comme exerçant la profession du barreau sans aucun mélange de postulation.

Les seconds, au contraire, les regardoient comme leurs inférieurs, par la même raison qui rend le conseil du Roi supérieur au parlement de Paris.

Guillard, qui étoit avocat aux conseils, faisoit bien voir dans son histoire du conseil du Roi, imprimée en 1718, qu'il tenoit à cet égard aux mêmes idées

(1) *Cet arrêt est ainsi conçu :*

Le Roi étant en son conseil, ayant été informé des fréquentes contestations qui surviennent entre les avocats en ses conseils, & les avocats au parlement de Paris, pour raison de leur préséance dans les contestations, arbitrages & autres lieux où ils se rencontrent ; que ces contestations causent du retardement dans les affaires des particuliers qui ont besoin de leur ministère ; & desirant y pourvoir, sa majesté étant en son conseil, a ordonné & ordonne que les avocats auxdits conseils, & les avocats audit parlement, garderont entre eux, dans les assemblées générales & particulières, consultations, arbitrages & ailleurs, le rang & la préséance, suivant la date de leurs matricules. Fait au conseil d'état du Roi, sa majesté y étant, tenu à Versailles, le vingt-unieme jour du mois de février mil six cent quatre-vingt-trois.

(2) *Voici les termes de cette déclaration :*

Louis, par la grace de Dieu, Roi de France & de Navarre : à tous ceux qui ces présentes lettres verront, salut. Nous avons ordonné, par arrêt de notre conseil d'état du 21 février 1683, que les avocats en nos conseils, & les avocats au parlement de Paris, garderoient entre eux, dans les assemblées générales & particulières, consultations & arbitrages, & ailleurs, le rang & la préséance, suivant la date de leurs matricules ; & voulant que notre volonté à cet égard soit particulièrement connue à notre cour de parlement de Paris, & à nos autres cours, ensorte qu'il ne puisse plus être formé aucune difficulté à ce sujet : à ces causes, & autres à ce nous mouvant, de notre certaine science, pleine puissance & autorité royale, nous avons par ces présentes, signées de notre main, dit, déclaré & ordonné, disons, déclarons & ordonnons, voulons & nous plaît que conformément à notredit arrêt du conseil d'état, du 21 février 1683, les avocats en nos conseils, & les avocats en notre cour de parlement de Paris, gardent entre eux, dans les assemblées générales & particulières, consultations, arbitrages & ailleurs, le rang & la préséance de leurs matricules. Si donnons en mandement, &c.

que ses confrères. Après avoir rappelé en substance l'arrêt de 1683 & la déclaration de 1709, il ajoute : « Cependant, » les avocats aux conseils espèrent toujours qu'il plaira à sa majesté, quand » elle sera plus particuliérement informée de leurs droits, de les maintenir » dans une préséance qu'ils croient qu'on » ne peut leur refuser, ayant l'honneur » d'être officiers attachés nécessairement » à un tribunal qui ne souffre point de » concurrent ».

Il est à croire ou que les avocats aux conseils ont eux-mêmes abandonné cette prétention, ou que s'ils ont continué de la soutenir, elle a été trouvée mal fondée: car la déclaration qu'ils ont obtenue le 21 février 1771 ne fait, relativement à leur rang avec les avocats au parlement, que renouveler les dispositions des deux réglemens par lesquels Louis XIV avoit déjà déterminé ce rang : encore donne-t-elle à entendre qu'ils avoient eu jusqu'alors beaucoup de peine à se maintenir dans l'égalité que ce monarque leur avoit attribuée. Nous en avons rapporté les termes ci-devant, §. 4.

V. La devise des avocats aux conseils est *solis fas cernere solem* (c'est à eux seuls qu'il est réservé d'envisager le soleil.) Ces termes qui servent d'inscription aux jetons qu'on distribue dans leurs assemblées, & les aigles qui y sont représentés dirigeant leur vol & leurs regards vers l'astre du jour, font allusion à la prérogative que les avocats aux conseils ont sur tous les autres avocats, de remplir leurs fonctions auprès du trône, & d'avoir pour juge de leurs travaux le Roi lui-même.

### §. VII.

*Des Huissiers du Conseil.*

La plupart des loix relatives aux huissiers du conseil, leur sont communes avec les huissiers de la grande chancellerie; c'est ce qui nous engage à renvoyer au chapitre du livre 2, où il sera parlé des seconds, le détail des droits & des fonctions des premiers (*M.*)

---

## CHAPITRE LXXX.

*Des commissions extraordinaires à la suite du conseil.*

Les commissions extraordinaires à la suite du conseil, sont des juridictions composées ordinairement de Magistrats tirés du conseil même, auquel le souverain attribue la connoissance de certaines matières, soit parce qu'il les trouve trop importantes pour ne pas les soumettre à un examen particulier, soit parce que son intention est de les faire décider avec une promptitude qui seroit peu praticable dans les tribunaux chargés d'autres affaires.

Idée générale de ces commissions.

Description de celles qui existent actuellement.

Et des offices de leurs greffiers.

Voilà les trois objets que nous nous proposons de remplir ici.

### SECTION PREMIÈRE.

*Idée générale des commissions extraordinaires à la suite du conseil*

Les commissions extraordinaires à la suite du conseil, ont, dans les matières de leur attribution, une autorité distinguée de celle du conseil lui-même : elles sont véritablement juges de ces matières; c'est en leur nom qu'elles prononcent, & ce sont elles qui font exécuter leur jugement.

Ainsi il faut bien se garder de les confondre avec les bureaux ordinaires du conseil, où les magistrats ne font qu'examiner les affaires qui leur sont communiquées, pour en rendre compte au conseil assemblé.

Cependant on donne souvent à ces commissions le nom de *bureau*; & dans le fait, il n'est pas rare qu'on y renvoie l'examen d'affaires relatives à leurs attributions, pour avoir simplement leur avis.

Il y a quelques-unes de ces commissions qui ne jugent qu'à la charge de l'appel. L'article premier du titre 8 du réglement général du conseil du 28 juin 1738, déclare que le conseil seul pourra en recevoir les appellations, & il défend de les porter ailleurs.

L'article suivant ordonne que leurs jugemens seront exécutés nonobstant l'appel, & sans y préjudicier; il ajoute qu'il en sera, à peine de nullité, inséré une clause expresse dans les lettres du grand sceau, ou dans les arrêts qui recevront ces sortes d'appel.

Quand une commission extraordinaire prononce souverainement, ses décisions sont ainsi intitulées: *jugement en dernier ressort de nosseigneurs les commissaires généraux du conseil députés par sa majesté.*

On peut attaquer ces jugemens par la voie de cassation, au conseil privé.

La procédure qu'on doit suivre dans les commissions extraordinaires du conseil, est fixée par un réglement particulier, qui renvoie, pour les cas non prévus, à celui dont nous venons de parler. Ils sont tous deux du même jour.

Il y a dans plusieurs de ces commissions, un procureur général, qui n'est lui-même qu'un commissaire du conseil, & n'a de fonctions qu'autant que la commission dure. Cette place est ordinairement remplie par un maître des requêtes.

## SECTION II.

### *Détail des commissions extraordinaires à la suite du conseil.*

On peut en général distinguer deux sortes de commissions extraordinaires à la suite du conseil; les unes qui ne sont que momentanées, & n'intéressent que quelques particuliers; les autres qui sont permanentes, & que le Roi charge d'objets directement relatifs à l'administration publique.

Les premières sont communément établies, soit pour la consommation de quelques échanges entre le Roi & ceux de ses sujets avec qui il veut bien traiter, soit pour la décision de quelques instances particulières.

Les secondes sont en assez grand nombre.

I. La première est le *bureau du commerce;* nous en avons parlé dans le chapitre précédent, section III.

II. Il en existe une seconde, qui a pour objet l'aliénation des domaines réunis.

Anciennement les aliénations du domaine se faisoient par des actes passés devant notaires. Cette forme s'observoit encore au commencement du règne de Henri IV, comme on peut le voir au dépôt des minutes des finances, par un registre contenant l'extrait des aliénations faites sous ce règne.

Henri IV sentit bientôt les inconvéniens d'une forme trop simple pour un objet aussi important. Il ordonna qu'à l'avenir les aliénations du domaine seroient faites par des commissaires qui les adjugeroient au plus offrant & dernier enchérisseur.

Ces commissaires, pris d'abord dans le parlement & dans la chambre du domaine, ont depuis été choisis parmi les conseillers d'état & les intendans des finances.

L'édit du mois de mars 1695, afin

de donner à tous ceux qui voudront acquérir les domaines, le moyen d'en poursuivre l'adjudication avec plus de facilité, ordonne qu'il sera fait trois publications pardevant les intendans, dans les provinces; qu'il en sera fait ensuite une quatrième publication, qui sera suivie de l'adjudication définitive, devant les commissaires-généraux députés à cet effet, au chateau des Tuileries; que cependant ceux-ci pourront recevoir les offres qui leur seront apportées directement; qu'alors ils feront publier devant eux les domaines, & les adjugeront dans la forme ordinaire, sans publication préalable devant les intendans.

L'édit du mois d'avril 1702, & l'article 18 de celui du mois d'août 1708, prescrivent la même chose.

On voit, par un arrêt du conseil du 21 novembre 1719, que le feu Roi, disposé à réunir tous les domaines aliénés jusqu'alors, nomma à cette époque des commissaires du conseil pour examiner les titres qui seroient représentés par les détenteurs; liquider les sommes qu'il y auroit à leur rembourser, & en même temps juger en dernier ressort toutes les contestations qui pourroient survenir à l'occasion des réunions. Mais bientôt la chûte du systême de Law obligea le gouvernement à abandonner le plan des réunions; de prendre le parti opposé, c'est-à-dire d'aliéner de nouveau, & d'en revenir aux formes prescrites à cet effet par les édits de mars 1595, avril 1702, & août 1708. C'est ce que nous apprend l'arrêt du conseil du 14 juillet 1722.

Les dispositions de ces édits ont encore été renouvelées par l'arrêt du conseil du 13 mai 1724, si ce n'est qu'à l'égard des domaines situés dans la généralités de Paris, il a ordonné, indistinctement, que l'adjudication en seroit faite, purement, simplement & définitivement, par les commissaires-généraux, après trois publications, de huitaine en huitaine.

Aujourd'hui il existe deux commissions pour les aliénations du domaine; l'une ordinaire, & l'autre extraordinaire.

La première, qui est composée de trois conseillers d'état & d'un maître des requêtes, n'est que de pure communication. Elle a été créée par l'article 6 de l'arrêt du conseil du 14 février 1781, pour examiner les déclarations & les offres, tant des engagistes que des autres personnes, ainsi que les observations des administrateurs des domaines, & donner son avis au conseil, sur ce qu'il y a lieu de faire en conséquence des unes & des autres.

La seconde, qui est celle dont nous parlons ici, est composée de quatre conseillers d'état & d'un maître des requêtes, intendant au département des domaines: on peut compter aussi parmi ses membres, les inspecteurs généraux des domaines dont il a été parlé dans le chapitre précédent, section 5, §. 5.

Cette commission, qui est toute d'administration, a deux objets à remplir.

Le premier est, suivant l'article 8 de l'arrêt qu'on vient de citer, de recevoir les soumissions des engagistes ou détenteurs, contenant leur acquiescement aux arrêts du conseil, rendus sur l'avis de la commission ordinaire; leur consentement d'acquitter à l'avenir la rente fixée par ces arrêts, & celui d'exécuter ponctuellement toutes les conditions, clauses & charges qui y sont exprimées.

Le second est de passer aux engagistes anciens ou nouveaux, les contrats d'aliénation, de revente ou d'accensement, que le conseil ordonne sur l'avis de la première commission. Ces contrats sont toujours précédés de l'avis des inspecteurs-généraux du domaine, & signés par tous les commissaires.

Lorsqu'il survient quelque contestation, les commissaires la renvoient à l'intendant du département des domaines, qui,

qui, d'après le vœu du comité contentieux, en fait ſon rapport au conſeil royal des finances.

Cette commiſſion avoit auſſi autrefois la connoiſſance des différends relatifs à la Loterie de l'Ecole-Militaire; mais depuis l'arrêt du conſeil du 30 juin 1776, qui a ſupprimé cette Loterie, & créé la Loterie royale de France, elle n'a plus aucune juridiction en cette partie.

On lui a même ôté la connoiſſance des penſions d'oblats.

Enſorte, que dépouillée de toute attribution, elle n'a plus, pour ainſi dire, qu'une exiſtence nominale.

La place de procureur-général de cette commiſſion, eſt remplie par un avocat au parlement.

IV. La quatrième commiſſion extraordinaire du conſeil, eſt celle des économats. Elle a été établie par un arrêt du 12 janvier 1734, pour recevoir les comptes des économes-ſequeſtres, & juger toutes les conteſtations qui les concernent. Elle eſt aujourd'hui compoſée de quatre conſeillers d'état, & de dix maîtres des requêtes, dont un eſt procureur-général.

Suivant les arrêts du conſeil des 19 janvier 1743, & 24 ſeptembre 1746, les droits dus aux prépoſés à la régie des économats, ne peuvent leur être alloués ou payés, que leurs comptes n'aient été examinés & viſés *par le procureur-général de ſa majeſté en la commiſſion établie pour l'arrêté de compte de l'économat*.

L'arrêt du conſeil du 25 octobre 1754, porte, article 3, que dans le cas où le Roi ayant fait don aux nouveaux titulaires des bénéfices, d'une portion des fruits échus dans l'intervalle de leur nomination à l'expiration de la régie, ce don ſeroit devenu nul par le défaut des donataires d'en avoir fait compter l'économe-ſequeſtre, & de s'être pourvus contre lui à cet effet dans l'eſpace de trois ans, à compter du jour de leur priſe de poſſeſſion, le compte de ces fruits « ſera rendu par-» devant les commiſſaires du conſeil » députés par ſa majeſté pour l'arrêté & » le jugement des économats, à la re-» quête, pourſuite & diligence du pro-» cureur-général de ſa majeſté en la » commiſſion, ſans qu'il ſoit beſoin » d'appeler les donataires; & le juge-» ment qui interviendra pour ordonner » que ce compte ſera préſenté à ſa ma-» jeſté & affirmé par l'économe-ſequeſ-» tre, ſera rendu ſans autre formalité ».

L'article 5 du même arrêt ordonne que « l'économe-ſequeſtre ſera tenu de » remettre au procureur-général, dans » les trois premiers mois de chaque » année, à commencer au premier jan-» vier 1744, un état des ſucceſſeurs aux » bénéfices auxquels ſa majeſté aura fait le » don des fruits pendant l'année précé-» dente, avec mention de ceux auxquels » il en auroit rendu compte, ou qui » auroient fait à ce ſujet quelques pour-» ſuites contre lui ou ſes prépoſés; » pour, ſur le vu dudit état & des » pièces juſtificatives d'icelui, qu'il ſera » tenu de communiquer audit procureur-» général à la première requiſition, être » par lui formé telle demande qu'il ap-» partiendra ».

L'article 6 ajoute que « les demandes » qui ſeront formées par le procureur-» général, en exécution du préſent arrêt, » ſeront portées devant leſdits ſieurs » commiſſaires du conſeil pour y être, » par eux, ſtatué en dernier reſſort, » au nombre de cinq, au moins; ſa » majeſté leur attribuant, à cet effet, » toute cour, juridiction & connoiſſance » qu'elle a interdites à toutes ſes autres » cours & juges: le tout, ſans préju-» dice des conteſtations particulières » entre les prépoſés à la régie des éco-» nomats, & les héritiers ou ayans cauſe » des bénéficiers décédés; les ſucceſ-» ſeurs à leurs bénéfices au ſujet des

» comptes qui leur sont dus, & de la » restitution des deniers & effets qui leur » doivent être remis; lesquelles contestations continueront d'être portées devant les juges royaux qui doivent en » connoître, sauf l'appel aux cours » auxquelles ils ressortissent ».

Cette commission est aussi chargée d'ouir & d'arrêter les comptes des commis à la régie des biens des religionnaires fugitifs. *Voyez* dans le chapitre *des intendans & commissaires départis*, section II, distinction II, ce qu'ordonne à ce sujet l'article 16 de l'arrêt du conseil du premier janvier 1779.

V. La cinquième commission est celle des *péages*. Elle a été établie par un arrêt du conseil du 29 août 1724. L'objet de son institution est de vérifier la légitimité de tous les droits de passage, péage, pontonage, travers & autres qui se perçoivent sur les ponts, chaussées, chemins & rivières navigables dans toute l'étendue du royaume. Le grand nombre de suppressions qu'elle a faites de ces droits, prouve autant la nécessité de son établissement, que l'attention avec laquelle les commissaires qui la composent répondent aux vues du législateur.

Ces commissaires sont cinq conseillers d'état, & onze maîtres des requêtes, dont deux remplissent les fonctions de procureurs-généraux; l'un dans les affaires ordinaires, & l'autre dans celles qui intéressent les privilèges de l'université de Paris.

VI. La sixième commission, qui est composée de trois conseillers d'état & de huit maîtres des requêtes, dont un est procureur-général, a pour objet les contestations relatives aux payemens en écritures & comptes de banque, & la reddition des comptes des traités & affaires extraordinaires. Elle a été établie par un arrêt du conseil du 16 décembre 1720 (1).

(1) Brillon. Voyez *Banque*, N°. 3.

VII. La septième est chargée de tout ce qui regarde les vivres de terre & de mer, les agrès, les étapes, les fourrages, les lits d'hôpitaux & de garnison.

Cette commission est composée de quatre conseillers d'état & de onze maîtres des requêtes, dont un est procureur-général.

Quatre arrêts du conseil, des 4 février, 29 mars, 28 juin & 22 juillet 1710, lui ont attribué la connoissance en dernier ressort de toutes les contestations élevées entre les munitionnaires généraux, leurs cautions, commis, traitans & autres, à l'occasion du service, de l'achat & des fournitures de toute espèce, concernant la subsistance des armées pendant la guerre de la succession d'Espagne.

Elle a aussi été chargée par des arrêts du conseil de 1719, 1720, 1733, 1734, 1735, 1741, 1749, 1755 & 1763, de connoître en dernier ressort de tous les différends relatifs aux vivres des guerres dans lesquelles la France a été engagée à ces différentes époques.

Aujourd'hui elle juge encore souverainement toutes les affaires qui intéressent la régie des étapes & convois militaires pour le compte du roi.

Elle prononce aussi en dernier ressort sur les contestations qui s'élèvent entre des particuliers & les intéressés dans les vivres, ou les régisseurs des étapes; mais ce n'est qu'après que le conseil les lui a renvoyées, en les évoquant des tribunaux ordinaires; ce qu'il fait toujours lorsque ces affaires se trouvent liées avec l'administration.

VIII. La huitième commission a été établie pour connoître des contestations élevées au sujet des actions de l'ancienne compagnie des Indes; des concessions de terre accordées à la Louisiane par cette compagnie; & des affaires restées indécises au bureau de la liquidation des dettes du Canada. Elle est composée de deux conseillers d'état & de treize maîtres des requêtes, dont un est procureur-général.

Les révolutions arrivées dans nos possessions d'Amérique, ont fait cesser les fonctions principales de cette commission. Mais le conseil y renvoie de temps en temps des affaires particulières, qu'elle juge en dernier ressort. Elle est actuellement saisie de trois discussions; la première, du duc & du marquis d'Antin, qui y est pendante depuis plus de quarante ans; la seconde, du sieur le Roux, commis à la recette générale de Bretagne, que le Roi lui a attribuée par arrêt du 8 mars 1771; la troisième, du sieur Caron, trésorier du marc-d'or, dont le renvoi lui a été fait par arrêt du 21 mars 1779. Ces deux dernières discussions se poursuivent à la requête & diligence du contrôleur-général des restes & bons d'état.

IX. La neuvième commission, qui est composée de quatre conseillers d'état & de treize maîtres des requêtes, dont un y remplit les fonctions de procureur-général, a été établie pour juger en dernier ressort les contestations dans lesquelles l'ancienne compagnie des Indes étoit partie, & les différends nés & à naître des billets provenus des différens emprunts faits sur les actions de cette compagnie.

On lui a aussi attribué la vérification des titres des droits maritimes. Par arrêt du conseil du 21 avril 1739, « le » Roi étant instruit que sur la plupart » des quais, ports, havres, rades, » rives & rivages de la mer, & sur » les rivières qui y ont leur embou- » chure, dans l'étendue du royaume », il se percevoit au profit de plusieurs seigneurs, de différentes communautés & même de particuliers, des droits dont les titres n'étoient ni enregistrés aux greffes des amirautés, ni inscrits dans des pancartes approuvées par les officiers de ces sièges, quoique cela fût littéralement prescrit par l'ordonnance de la marine du mois d'août 1681, sa majesté a ordonné que tous ceux qui percevoient des droits de cette espèce & les propriétaires des parcs & pêcheries dans l'étendue du royaume, seroient tenus de représenter leurs titres devant les commissaires du bureau de la compagnie des Indes, à l'effet de quoi les originaux ou les copies collationnées de ces titres seroient remis au greffier de la commission, qui en délivreroit un certificat; & que dans la communication qui en seroit faite au procureur-général, il seroit, sur ses conclusions, statué en dernier ressort par les commissaires, en nombre de trois au moins.

Cette commission n'a presque plus de fonctions à remplir pour ce qui regarde l'ancienne compagnie des Indes.

Mais lors de l'établissement de la nouvelle, Louis XVI a nommé, à l'exemple de Louis XV, des commissions du conseil pour juger les contestations dans lesquelles elle seroit partie. L'arrêt rendu à ce sujet est du 31 décembre 1785 (1).

---

(1) *Voici cet arrêt.*

Le Roi ayant, par arrêt du conseil du 14 avril 1785, portant établissement d'une nouvelle compagnie des Indes, subrogé ladite compagnie aux privilèges dont a joui, jusqu'au 13 août 1769, l'ancienne compagnie des Indes & de la Chine, sa majesté a jugé nécessaire de donner à des commissaires de son conseil la connoissance des contestations qui pourroient intéresser ladite nouvelle compagnie, ainsi qu'elle l'avoit attribuée pour les contestations concernant les privilèges & droits de l'ancienne compagnie des Indes & de la Chine : à quoi voulant pourvoir, ouï le rapport du sieur de Calonne, conseiller ordinaire au conseil royal, contrôleur-général des finances : LE ROI ÉTANT EN SON CONSEIL, a évoqué & évoque à soi & à son conseil toutes les demandes & contestations nées & à naître, au sujet de l'exécution de l'arrêt du 14 avril 1785 & autres subséquens, concernant les droits & privilèges de la nouvelle compagnie des Indes; ce faisant, a renvoyé & renvoye la connoissance desdites contestations pardevant les sieurs de Boulogne & le Noir, conseillers d'état, & les sieurs Colonia, Blondel & Boulogne de Nogent, maîtres

Un autre arrêt du conseil du 29 janvier 1786, a renvoyé à cette commission, la connoissance de toutes les contestations relatives à l'expédition de la Chine.

X. Il en a encore été institué une par deux arrêts des 3 mars & 16 mai 1776, pour liquider les dettes des communautés des arts & métiers de Paris, & reviser leurs comptes depuis 1689. Elle est composée de deux conseillers d'état, de treize maîtres des requêtes, & de M. le lieutenant-général de police de Paris, qui en est procureur-général.

Le conseil y renvoie quelquefois des affaires particulières. Un arrêt du 10 juin 1778 lui a attribué la connoissance de tout ce qui regarde la vente des maisons & bâtimens entourant le marché d'Aguesseau, établi à la porte Saint-Honoré.

Les anciennes communautés d'arts & métiers ayant été supprimées en 1776, un arrêt du conseil du 28 avril 1777 a commis trois conseillers d'état & trois maîtres des requêtes « pour procéder » à la liquidation des dettes des corps » & communautés supprimés ; à l'effet » de quoi tous ceux qui se prétendroient » créanciers seroient tenus de remettre... » leurs titres de créance & autres pièces » servant à établir leur droit de pro- » priété, entre les mains (d'un parti- » culier) commis à cet effet, lequel » en donneroit des récépissés sans frais ; » pour sur les jugemens de liquidation » qui seroient rendus par les commis- » saires, au nombre de trois au moins » & seroient pareillement délivrés sans » frais aux parties intéressées, être les » créanciers payés de leurs créances, tant » en principaux qu'arrérages, ainsi qu'il » seroit ordonné par sa majesté ».

des requêtes, qu'elle a commis & commet pour les juger en dernier ressort, au nombre de trois au moins ; sa majesté leur attribuant toutes cour, juridiction & connoissance, icelle interdisant à toutes ses cours & autres juges, ordonne que toutes significations seront valablement faites à ladite compagnie, à son hôtel à Paris.

L'année suivante, le Roi qui s'étoit réservé par l'article 31 de son édit du mois d'août 1776, portant rétablissement & création de nouveaux corps d'arts & métiers dans la ville de Paris, de prescrire la forme dans laquelle il seroit procédé à la revision de leurs comptes, « a cru devoir en attribuer » la connoissance à la commission éta- » blie par les arrêts des 3 mars & 16 » mai 1716, & autres subséquens, pour » la revision des comptes des anciens » corps & communautés » : ce sont les termes du préambule de l'arrêt du conseil du 16 janvier 1778.

Il est dit dans le dispositif, article 1, que cette commission réglera la forme dans laquelle les gardes, syndics & adjoints seront tenus de rendre chaque année le compte de leur gestion aux adjoints qui auront été élus pour leur succéder, & aux députés du corps dont ils seront membres.

L'article 2 ajoute qu'aussi-tôt après l'arrêté des comptes & dans les trois mois au plus tard après l'expiration de chaque comptabilité, les gardes, syndics & adjoints en exercice remettront ces comptes & leurs débats, s'il y a lieu, avec les pieces justificatives des uns & des autres au greffe de la commission dont il s'agit, à laquelle sa majesté « a attribué & attribue la con- » noissance desdits comptes ; pour, sur » les conclusions du procureur-général » de ladite commission, être procédé » à l'examen & revision d'iceux ».

XI. Il y a aussi une commission pour le soulagement des maisons & communautés religieuses dans tout le royaume.

Cette commission est composée de quatre archevêques ou évêques, de quatre maîtres des requêtes, d'un payeur-trésorier des secours accordés par le roi, aux monastères indigens & d'un garde des archives.

XII. La commission des postes & messageries existe depuis plus d'un siècle ; elle doit son établissement à un arrêt du conseil du 17 octobre 1676 ; mais elle a pris une nouvelle consistance.

Deux arrêts du conseil du 7 août 1775 ayant réuni au domaine les privilèges anciennement accordés, tant pour les droits de carrosses & de quelques messageries, que pour les voitures de la cour, comme il falloit indemniser & les propriétaires de ces privilèges, & les fermiers qui avoient traité avec le Roi pour l'exploitation de ceux qui n'étoient pas aliénés, un troisième arrêt du même jour a commis trois conseillers d'état & quatre maîtres des requêtes, pour procéder aux liquidations de ces indemnités, sur la représentation qui leur seroit faite des titres & des pièces nécessaires. Le même arrêt a ordonné que sur les jugemens qui seroient rendus par eux au nombre de cinq au moins, les possesseurs, engagistes, concessionnaires, fermiers & autres seroient remboursés des sommes qui s'y trouveroient portées dans les termes & de la manière que le Roi jugeroit à propos de prescrire.

Par un autre arrêt du 16 avril 1777, il a été annoncé que le Roi avoit reconnu que les objets de liquidation auxquels avoit été bornée l'attribution donnée à la commission établie par l'arrêt du 7 août 1775, se trouvoient considérablement diminués & moins pressans, depuis que la plupart des anciens fermiers des messageries, carrosses & voitures, dont les privilèges avoient été réunis au domaine, avoient renoncé à toute indemnité, au moyen de ce qu'ils étoient rentrés dans leur exploitation, & que sa majesté s'étoit chargée envers les concessionnaires des privilèges du payement du prix des baux qui en avoient été passés à ces fermiers, en attendant la liquidation, sur la représentation des titres de concession, conformément aux dispositions de l'arrêt du conseil du 17 août 1776 ; que sa majesté avoit aussi considéré que les liquidations d'indemnités qui restoient à faire pour raison de la réunion des privilèges, auroient pu être renvoyées à la commission établie & existante depuis 1676, pour connoître non-seulement des liquidations des privilèges des messageries, diligences, carrosses & coches d'eau, unis alors ou à unir par la suite à la ferme générale des postes, mais encore de toutes les contestations relatives à l'exercice des privilèges dont il s'agit & aux postes, qui peuvent être portées au conseil sur l'appel des ordonnances du lieutenant-général de police de la ville de Paris, & des Intendans des provinces; que cependant sa majesté voulant donner aux membres de la commission de 1775, des marques de sa satisfaction de leurs services, & les mettre à portée de lui en rendre de nouveaux, elle s'étoit déterminée à réunir cette commission à celle des postes, pour en former une seule & même commission composée du même nombre de commissaires qui existoit dans les deux, en le réduisant & bornant par la suite, à mesure que les places viendroient à vaquer à celui dont étoit en ce moment composée la commission des postes, & qui se trouveroit suffisant à l'avenir; au moyen de quoi, la commission des postes ainsi augmentée devoit avoir toute l'activité nécessaire pour accélérer le jugement des affaires qui seroient de nature à être portées devant elle relativement à l'exploitation des messageries, diligences, voitures publiques, coches d'eau, & de leur réunion au domaine.

En conséquence, « le Roi... ordonne » que la commission établie par arrêt » du conseil du 7 août 1775, sera &

» demeurera réunie à celle établie par » arrêt du 17 octobre 1676, pour ne » former avec elle qu'une seule & même » commission; veut en conséquence sa » majesté, que le sieur de Boulogne, » conseiller ordinaire & au conseil » royal, & intendant des finances, » Dufour de Villeneuve, conseiller d'é- » tat; Chardon, Fournier de la Chapelle, » de Trimone & de Colonia, maîtres » des requêtes, commissaires de la com- » mission établie par arrêt du conseil du » 7 août 1775, aient entrée, séance, » & voix délibérative dans la commis- » sion établie pour le fait des postes & » messageries, concurremment & con- » jointement avec les autres commis- » saires de ladite commission : & que » le sieur Raymond de Saint-Sauveur, » maître des requêtes, que sa majesté » a commis & commet pour exercer » les fonctions de procureur-général en » ladite commission, puisse y exercer » pareillement les fonctions de rappor- » teur & de juge dans les affaires qui se- » ront portées en ladite commission, dans » lesquelles il n'aura point rempli celles » de procureur-général. Et attendu que » par ladite réunion, ladite commission » se trouvera composée d'un nombre de » commissaires plus considérable que » les affaires qui y sont portées, ne » l'exigent, sa majesté a ordonné & » ordonne qu'il ne sera nommé à au- » cune des places qui viendront à y » vaquer, jusqu'à ce qu'elle soit réduite » à quatre commissaires conseillers d'é- » tat, & six commissaires maîtres des » requêtes, non compris celui qui y » exercera les fonctions de son procu- » reur-général; ordonne sa majesté que » les propriétaires des diligences, car- » rosses, coches & messageries réunis » au domaine du roi, par les arrêts » du conseil des 7 août & 11 décem- » bre 1775, tant ceux qui ont été dé- » possédés par les régisseurs ou fermiers » des messageries, en exécution de » l'arrêt du conseil du 17 août 1776, » que ceux qui ne l'ont pas encore été » & pourront l'être par la suite; en- » semble les fermiers des anciennes mes- » sageries, qui n'ont pas renoncé à » leurs indemnités, ou qui n'ayant pas » encore été dépossédés par les fermiers » actuels, viendront à l'être, seront te- » nus, conformément aux arrêts du » conseil des 7 août 1775, 17 août » 1776 & 23 janvier 1777, de remettre » leurs contrats d'engagement, baux » & autres pièces servant à justifier » de leurs titres entre les mains du » greffier de ladite commission; pour » être procédé par lesdits commissaires » dans la forme prescrite par ledit ar- » rêt du 17 août 1776, & sur les con- » clusions du procureur-général de la- » dite commission, à la liquidation des » indemnités qui pourront être dues » auxdits cessionnaires & fermiers ».

L'arrêt ajoute que l'appel de toutes les ordonnances que pourront rendre soit le lieutenant-général de police à Paris, soit les intendans dans les provinces, sera porté devant les mêmes commissaires, « auxquels sa majesté a » attribué & attribue de nouveau, en » tant que de besoin, tous les pouvoirs » nécessaires pour y statuer définitive- » ment & en dernier ressort, lorsqu'ils » seront au nombre de cinq au moins, » ainsi que pour procéder au jugement » des autres contestations ci-devant » renvoyées tant à la commission des » postes qu'à celle des messageries ».

Quoique par cet arrêt, tout ce qui intéresse le service des postes & messageries, soit attribué à cette commission, on ne laisse pas de porter au conseil un grand nombre d'affaires qui y sont relatives.

Elle ne connoît guère par appel que des contestations qui ont pour objet soit les effets mis aux messageries & qui se trouvent perdus ou avariés, soit les saisies de voitures & chevaux de louage, qui sont faites à la requête des fermiers des voitures publiques.

Quelquefois elle est chargée par le Gouvernement d'examiner des affaires contentieuses ou des projets de réglemens, sur lesquels le conseil prononce d'après son avis.

XIII. Un arrêt du conseil du 10 août 1768, a établi une commission pour examiner les titres des droits perçus sur les grains, dans les marchés des villes, bourgs & paroisses du royaume.

Un autre arrêt du 13 août 1775, a ordonné qu'il seroit exécuté; qu'en conséquence, tous les seigneurs & propriétaires qui percevoient des droits de cette espèce, seroient tenus de représenter leurs titres, dans six mois, pardevant une commission, composée de deux conseillers d'état, & de six maîtres des requêtes. Le même arrêt a commis un septième maître des requêtes aux fonctions de procureur-général, « pour » par lui prendre telles conclusions, & » faire tels requisitoires qu'il convien- » droit, & y être statué, par les com- » missaires, au nombre de cinq au moins, » ainsi qu'il appartiendroit ».

Un troisième arrêt du 8 février 1776, a chargé les mêmes commissaires de la vérification de tous les droits qui se perçoivent sur les grains, hors des halles & marchés.

Le 24 avril de la même année, un quatrième arrêt leur a renvoyé la liquidation des offices de mesureurs de grains, créés par les édits de 1596 & 1697, & supprimés par celui du mois d'août 1768.

Le 8 juillet suivant, un cinquième arrêt les a chargés de fixer l'indemnité prétendue par la ville de Pontoise, pour la suspension de son droit de minage, qui depuis a été rétabli.

Cette commission est assez ordinairement appelée le *bureau de minage.*

XIV. La commission de *réguliers* a été établie par deux arrêts du conseil des 23 mai & 31 juillet 1766.

Suivant ces arrêts, elle doit être composée du grand aumônier de France, qui en est le président, de quatre conseillers d'état laïques, de trois archevêques ou évêques, & d'un secrétaire-général; mais il est libre aux commissaires d'appeler à leurs conférences, des ecclésiastiques & avocats éclairés, pour discuter les matières & connoître leurs sentimens.

L'objet de cette commission est d'examiner les abus qui se sont introduits dans les ordres religieux, les moyens les plus efficaces d'y remédier, & les voies les plus propres à rétablir dans ces ordres la subordination & la discipline.

Les généraux d'ordres, les abbés réguliers, les prieurs conventuels, les gardiens, les correcteurs, en un mot tous les supérieurs des religieux ou chanoines réguliers, de quelque ordre ou condition qu'ils soient, sont tenus, aux termes des mêmes arrêts, de remettre aux commissaires leurs statuts, constitutions, réglemens généraux & particuliers, titres d'établissement, & généralement tous les mémoires & éclaircissemens jugés nécessaires par la commission, & cela dans le temps qui leur est ordonné, nonobstant tout privilège & exemption, de quelque genre qu'ils puissent être.

Les arrêts cités autorisent la commission à nommer telle personne qu'elle juge à propos, pour se transporter dans les monastères, recevoir les plaintes des religieux, voir l'état des comptes, celui de la recette & de la dépense; assembler le chapitre, & prendre les connoissances nécessaires.

Ils obligent également les archevêques & évêques d'adresser aux commissaires des mémoires sur l'état de leurs diocèses, sur les abus qui peuvent s'y glisser, & les réglemens qu'il conviendroit de faire ou de remettre en vigueur.

Enfin, ils permettent aux commissaires de proposer au roi les réglemens, les voies, & les moyens qu'ils croient avantageux à l'état, à la religion, & aux ordres réguliers.

Par un autre arrêt du 3 avril 1767, les archevêques, évêques, & les supérieurs majeurs des différentes congrégations du royaume, ont été obligés, chacun en ce qui les concernoit, d'envoyer aux commissaires dont nous parlons, les mémoires & éclaircissemens nécessaires sur les avantages, la forme, le temps & la durée des chapitres qui pouvoient être assemblés, & sur les moyens qui pouvoient être employés à constater l'état actuel du régime, des constitutions, & des statuts de chaque ordre sur les changemens, les unions, & translations nécessaires pour établir la conventualité de dix religieux dans chaque monastère uni en congrégation, & de vingt dans ceux qui sont soumis immédiatement à la jurisdiction des archevêques & évêques.

C'est sur le plan tracé par cet arrêt qu'a été exécutée la réforme des différens ordres religieux.

XV. Il existe aussi une commission pour la réunion des sièges & offices royaux.

Cette commission, qui n'a rien de contentieux, est composée de quatre conseillers d'état, de deux maîtres des requêtes, & du trésorier des parties casuelles.

XVI. Il existe encore une commission fort importante par son objet; c'est celle des impositions de la ville de Paris; elle a été établie par un arrêt du conseil du 13 novembre 1785.

Suivant cet arrêt, toutes les requêtes & tous les mémoires en décharges ou modérations sur les impositions de Paris, présentés au prévôt des marchands & au lieutenant général de police, chacun pour ce qui les concerne, doivent être renvoyés par eux, avec l'avis du directeur des impositions, à l'un ou à l'autre des deux maîtres des requêtes, nommés commissaires en cette partie; ceux-ci doivent en faire le rapport à une commission composée d'un conseiller d'état, du prévôt des marchands, du lieutenant-général de police, & de ces deux maîtres des requêtes; & ces mémoires ou requêtes doivent y être jugés sommairement en première instance, & sauf l'appel au conseil, conformément aux principes de chaque nature d'imposition.

Cette commission a été confirmée par deux autres arrêts des 14 janvier & 6 février 1786. Voici le dispositif du second: « sa majesté.... ordonne que la » commission établie pour les impositions » de Paris, en exécution des arrêts de » son conseil, des 13 novembre 1785, » & 14 janvier 1786, sera composée du » sieur le Noir, conseiller d'état, & au » conseil royal des finances; des sieurs » le Pelletier, aussi conseiller d'état, pré- » vôt des marchands de la ville de Paris; » de Crosne, maître des requêtes hono- » raire, lieutenant-général de police, & » de leurs successeurs dans lesdites places » de prévôt des marchands & lieute- » nant-général de police; & des sieurs » Huet d'Ambrun & de Granvelle, maî- » tres des requêtes, lesquels sa majesté » a commis & commet pour juger som- » mairement, en première instance & » sauf l'appel au conseil, toutes les de- » mandes en décharges ou modérations » concernant les impositions de Paris, » d'après le rapport qui en sera fait à » ladite commission, par l'un ou l'autre » des deux maîtres des requêtes commis- » saires, à l'exception toutefois des de- » mandes relatives à des côtes de capi- » tation bourgeoise, qui n'excéderoient » pas vingt-cinq livres en principal, sur » lesquelles le sieur prévôt des marchands » statuera sommairement & en dernier » ressort, sans le concours de la com- » mission, conformément à l'arrêt du » conseil du 14 janvier dernier ».

XVII.

XVII. Un arrêt du conseil du 22 septembre 1786, a établi une autre commission, dont l'objet est de réprimer l'agiotage des effets royaux & publics.

Le roi s'étant fait rendre compte de tout ce qui concernoit le cours de ces effets, sa majesté n'a pu voir sans une vraie peine, que nonobstant les sages mesures qu'elle avoit prises, par l'arrêt du conseil du 7 août 1785, pour réprimer les excès de l'agiotage; ce désordre, aussi nuisible au commerce, dont il détournoit les fonds, qu'aux négociations honnêtes dont il troubloit toutes les combinaisons, s'efforçoit encore depuis quelque temps de se reproduire sous des formes qui, pour être différentes de celles qui étoient déjà proscrites, n'avoient guère moins d'inconvéniens. C'est pour remédier à ces nouveaux abus qu'a été rendu l'arrêt cité. Après avoir exprimé des dispositions qui ne sont point de notre sujet, il continue en ces termes : « sa majesté » évoque à soi & à son conseil la con- » noissance des contestations nées & à » naître au sujet des marchés à terme & » compromis d'effets royaux, ou autres » effets publics, ayant cours à la bourse, » ainsi que toutes les contestations con- » cernant les négociations desdits effets, » faites par le ministère des agens de » change, & de leurs commis pour » eux; comme aussi de celles de même » genre qui auroient été induement faites » par gens sans caractères ni qualités; » & icelles, circonstances & dépen- » dances, a renvoyées & renvoie par- » devant les sieurs le Noir, Vidaud de » la Tour & de Flesselles, conseillers » d'état, Thiroux de Crosne, Raillard » de Granvelle, Tourteau d'Orvilliers & » Alexandre, maîtres des requêtes, pour » être par lesdits sieurs commissaires, au » nombre de trois au moins, statué » sommairement & sans frais sur lesdites » contestations, & prononcé sur les » contraventions, tant audit arrêt qu'à » ceux des 7 août & 2 octobre 1785, » par voie d'amende ou autrement, » ainsi qu'il appartiendra; sa majesté » leur attribuant toute cour, jurisdiction » & connoissance; icelle interdisant à » ses cours & autres juges ».

XVIII. La dernière commission extraordinaire du conseil, est celle de M. le lieutenant-général de police de Paris: elle est composée de ce magistrat qui la préside, & de cinq conseillers de la cour des aides; l'objet de son institution est de juger sans frais, en première instance & sans appel, toutes les contestations qui s'élèvent dans des discussions que le conseil juge à propos d'évoquer pour lui en attribuer la connoissance.

## SECTION III.

### *Des greffiers des commissions extraordinaires du conseil.*

Les fonctions de greffiers étoient autrefois remplies, dans les commissions extraordinaires du conseil, par les secrétaires de la chambre du roi; c'est ce qui résulte d'un édit du mois d'octobre 1613, portant création de cent offices de cette nature, avec la clause que ceux qui en seroient pourvus, seroient « employés » privativement à tous autres, pour » greffiers dans toutes les exécutions des » commissions extraordinaires ».

Par un autre édit du mois de décembre 1625, ces cent offices furent supprimés, & il fut créé trente-deux charges de greffiers des commissions extraordinaires, avec attribution de mille livres de gages à chacun, & faculté de percevoir les mêmes droits & émolumens dont avoient joui ceux qui avoient exercé & exerçoient encore alors les greffes de ces commissions, pour leurs vacations, voyages, écritures & expéditions de contrats, actes d'adjudications, ordonnances de remboursement, & autres actes dont ils devoient être payés suivant les réglemens du conseil.

Au mois de mai 1657, il parut un nouvel édit qui créa huit autres offices de greffiers des commiſſions extraordinaires, aux mêmes gages & droits que les trente-deux précédens.

Un autre édit du mois d'août 1669, prononça la ſuppreſſion de trente-quatre de ces quarante offices, & les réduiſit par conſéquent à ſix.

Louis XV a cru devoir les réduire encore, & les fixer pour l'avenir au nombre de quatre. Dans cet objet, il a ſupprimé les ſix offices exiſtans, & en pourvoyant, comme la juſtice l'exigeoit, au rembourſement de ceux qui en étoient propriétaires, il en a créé quatre autres, « avec des gages & des attributions » ſuffiſans, pour qu'ils puiſſent être rem» plis par des perſonnes capables, & » qui ne s'occupent que de leurs fonc» tions »; ce ſont les termes du préambule de l'édit donné à cet effet au mois de mars 1767 : en voici les principales diſpoſitions.

Art. II. « Nous avons créé & établi, » créons & établiſſons... en titre d'offi» ces formés & héréditaires, quatre » offices de greffiers des commiſſions » extraordinaires de notre conſeil, pour » jouir par eux de toutes les fonctions, » prérogatives & privilèges attribués » aux ſix offices ſupprimés; comme auſſi » des droits de ſignatures, expéditions » & actes à eux accordés par l'arrêt de » notre conſeil du 12 ſeptembre 1739, » portant réglement ſur les droits de » greffe deſdites commiſſions extraor» dinaires (1) ».

III. « La finance de chacun deſdits » quatre offices, créés par notre préſent » édit, ſera & demeurera fixée à la » ſomme de quarante mille livres, ſans » qu'elle puiſſe être augmentée à l'ave» nir, pour quelque cauſe & ſous quel» que prétexte que ce ſoit; & il en ſera » arrêté des rôles en notre conſeil, en » la forme ordinaire.

IV. « Les gages deſdits offices ſeront » & demeureront fixés au denier vingt-

(1) *Voici ce qu'il contient à cet égard :*

ART. II. Les actes & expéditions qui ſe feront & ſe délivreront au greffe des commiſſions extraordinaires du conſeil, ſeront payés aux greffiers deſdites commiſſions, ſur le pied réglé par le tarif ſuivant; ſavoir,

Pour l'enregiſtrement des productions au greffe, lorſque les parties jugeront à propos de les y remettre, & pour le port deſdites productions chez le rapporteur de l'inſtance, deux livres.

Pour le retrait deſdites productions, après le jugement de l'inſtance, une livre.

Pour la minute d'un jugement de remiſe d'une adjudication, trois livres.

Pour la minute d'un jugement d'adjudication, vingt-quatre livres.

Pour chaque acte d'oppoſition, de ſoumiſſion, de caution, de dépôt de pièces ou d'affiches, de déclaration de l'avocat au profit d'un adjudicataire, d'acceptation de l'adjudication lorſqu'elle eſt faite ſéparément de ladite déclaration, de déſaveu, d'inſcription de faux, ou autres actes de pareille nature & qualité, y compris le droit de ſignature, quatre livres.

Pour la ſignature d'un jugement, de quelque nature qu'il puiſſe être, quatre livres.

Pour l'expédition deſdits actes & jugemens, pour chaque rôle, dix ſous; ſans qu'en aucun cas il puiſſe être exigé un plus grand nombre de rôles, qu'il ne s'en trouvera réellement dans l'expédition deſdits jugemens & actes.

Pour l'aſſiſtance à un procès-verbal de ſcellé, d'inventaire, ou autres, lorſque le ſieur commiſſaire aura jugé à propos d'y appeler un des greffiers, au lieu & place de ſon ſecrétaire, les mêmes droits que ceux qui ſeroient dus audit ſecrétaire, ſuivant le réglement du conſeil.

Savoir, pour le procès-verbal, lorſqu'il n'excédera pas ſix rôles, trois livres.

Lorſqu'il excédera ſix rôles, par chaque rôle, dix ſous.

Et en cas que ledit procès-verbal ait été dépoſé audit greffier, par chaque expédition qui en ſera délivrée, ſavoir, pour le droit de ſignature, quatre livres.

Et pour chaque rôle, dix ſous.

ART. III. Le papier & parchemin timbrés, qui auront été fournis pour les minutes & expéditions mentionnées dans les articles précédens, ſeront rembourſés outre & par-deſſus les droits qui y ſont réglés, & ce ſur le pied porté par le timbre.

» cinq de la susdite finance, & il en sera » fait emploi annuellement dans l'état » des gages des officiers de nos gabelles.

V. » Attribuons auxdits greffiers quatre minots de franc-salé, dont il sera » délivré à chacun d'eux, séparément, » un minot par chacun an.

VI. » Voulons en outre qu'il soit payé » annuellement à chacun desdits greffiers, une somme de quinze cens livres, » pour laquelle ils seront employés dans » les états des appointemens des officiers de notre conseil; à la charge de » rapporter, pour la première année » seulement, copie collationnée de leurs » provisions, & tous les ans une attestation de leurs services, signée du plus » ancien de la commission où ils auront » été employés pendant ladite année: » au moyen de quoi, les gages & appointemens attribués aux offices supprimés par notre présent édit, seront » & demeureront rayés de nos états.

VII. » Et à l'égard des gratifications » annuelles qui ne seroient pas employées dans nos états, & qui pourroient être accordées à aucuns desdits » greffiers, à cause de leurs services » dans quelques-unes desdites commissions, voulons qu'il en soit fait bourse » commune, pour être partagées entre » eux par égales portions, sans que » ladite bourse commune puisse s'étendre aux droits de signature & expéditions des jugemens & actes émanés » des commissions dans lesquelles ils » seront employés, lesquels droits appartiendront à chacun de ceux qui auront » fait le service dans lesdites commissions, ainsi que les gratifications extraordinaires qui pourroient être accordées pour quelque travail particulier, dérogeant à cet effet à tous » réglemens & actes à ce contraires.

VIII. « Lesdits quatre greffiers seront » distribués le plus également que faire » se pourra, dans lesdites commissions » extraordinaires de notre conseil; à » l'effet de quoi, ceux qui présideront » auxdites commissions, s'assembleront » aussi-tôt après la publication de notre » présent édit, & toutes les fois qu'il » sera nécessaire; voulons néanmoins » qu'en cas de maladie ou légitime empêchement de l'un desdits greffiers, il » puisse lui en être substitué un autre » par le plus ancien de la commission, » sans toutefois que ledit greffier puisse » jouir des droits appartenans à celui » qu'il remplacera.

XI. » En cas de vacance d'aucuns desdits offices, par démission, décès ou » autrement, ceux qui auront obtenu » l'agrément pour en être pourvus, seront tenus de consigner en nos revenus » casuels, la somme de quarante mille » livres, à laquelle le prix desdits offices a été fixé; de laquelle somme il » leur sera fourni, sans droits ni frais, » par le trésorier de nos revenus casuels, » une reconnoissance, dans laquelle » mention sera faite de la déclaration » des emprunts, si aucuns ont été faits; » pour raison de ladite consignation; » & à cet effet, ledit trésorier tiendra » un registre d'ampliation desdites reconnoissances, chacune desquelles ampliations sera signée pour décharge, » par celui qui aura consigné lesdits » deniers; voulons que du jour du » sceau des provisions desdits offices, » lesdits deniers consignés soient réputés » immobiliers, & sujets à toutes hypothèques.

XII. » Aussi-tôt après le sceau desdites » provisions, sans opposition, celui qui » se sera démis de l'office, ses héritiers, » successeurs ou ayans cause, pourront » retirer de nos revenus casuels lesdits » deniers consignés, qui leur seront remis sans droits ni frais, en justifiant » seulement de leurs titres & qualités, » & en rapportant un certificat du garde » des rôles, portant qu'il n'y avoit audit » jour aucune opposition subsistante

» entre ses mains: déclarons nulles & de » nul effet toutes oppositions qui au- » roient été formées sur lesdits deniers » consignés, après le sceau desdites pro- » visions ».

Cet édit a été enregistré au sceau le 3 mars 1767, & à la chambre des comptes le 10 avril suivant; il l'a été aussi à la cour des aides le 10 juillet de la même année, mais avec une clause de *sans préjudice aux droits des greffiers de la cour.*

Il est à remarquer que les quatre officiers créés par cette loi n'ont point de fonctions dans la commission extraordinaire de M. le lieutenant de police : il y a pour ce bureau un greffier particulier.

Les greffiers des commissions extraordinaires du conseil sont responsables des minutes pendant trente ans; à leur mort, ou lorsqu'ils résignent leurs offices, elles doivent être remises au dépôt dont il a été parlé dans le chapitre précédent, section V, §. XI. (*M*).

*Fin du Tome second.*

# TABLE DES CHAPITRES
## CONTENUS DANS CE VOLUME.



### SECONDE PARTIE.



Fin de la Table des Chapitres.

# ADDITIONS ET CORRECTIONS

## POUR LE TOME PREMIER.

PAGE 64, colonne 1, ligne 41, *au lieu de* chevalier, *lisez* chancelier.

Page 95, colonne 2, ligne 1 de la note (1), *au lieu de* 16, *lisez* 17. Ligne 2 de la même note, *au lieu de* 8, *lisez* 10.

Page 168, colonne 2, ligne 36, *au lieu de* 1681, *lisez* 1781.

Page 214, colonne 1, ligne 7, *après* arrêt, *ajoutez:* mais sa majesté n'y a eu aucun égard; & une lettre de M. le contrôleur-général, du 10 août 1784, que j'ai vue en original, a annoncé à cette compagnie qu'elle étoit dans l'intention de le maintenir, comme conforme aux véritables principes de la souveraineté. Le parlement a cependant persisté dans son ancienne maxime. Peu de temps après, &c.

Page 232, colonne 2, ligne 18, *après* objet, *ajoutez:* est incontestable, suivant le Febvre de la Planche, & il dérive, &c.

Ligne 50, *après* ordonne que, *ajoutez* dans la ville de Paris.

Page 234, colonne 2, ligne 12, *après* siècle, *ajoutez, par alinea:*

Nous ne nous permettrons aucune réflexion sur cet arrêt: nous observerons seulement que si les villes qui jouissent du simple droit de communes, étoient, à ce seul titre, admises à exercer sur leurs murs, fossés & remparts, tous les droits de la propriété, à plus forte raison les seigneurs particuliers devroient-ils les exercer librement sur les murs, les fossés & les remparts des villes dont ils ont la seigneurie.

Et dans le fait, on ne peut pas se dissimuler que les seigneurs ont autrefois disposé de ces objets avec la liberté la plus entière; & que nos Rois n'y réclamoient autre chose que la faculté d'en user momentanément, lorsque les besoins de l'état l'exigeoient.

On trouve plusieurs ordonnances de Charles V & de Charles VI, de 1367, 1370, 1389, 1398, qui parlent des villes, cités, châteaux, forteresses, *tant du domaine du Roi comme autres*, qui sont tenus par des seigneurs, *tant à cause de leur héritage ou autrement*, & ce *tant en frontière qu'en pays;* enjoignent de les faire mettre en état de réparations, munitions & vivres, *aux dépens des seigneurs à qui ils seront* (1).

Toutes ces loix, dont la première est d'autant plus remarquable, qu'elle a été faite en conséquence d'une délibération des états généraux assemblés à Chartres, prouvent clairement deux choses; l'une, que les seigneurs étoient alors reconnus propriétaires des fortifications de leurs villes; l'autre, que le Roi n'y exerçoit qu'un droit d'inspection & de police.

On voit encore régner les mêmes principes dans des temps plus modernes. Les coutumes d'Anjou, article 47; du Maine, article 54; de Touraine, article 72, qui ont été rédigées dans un siècle où nos Rois jouissoient, comme aujourd'hui, des droits de la souveraineté dans toute sa plénitude, donnent expressément au baron, le droit d'avoir *ville close*.

Ainsi, dit Dumoulin, sur la seconde de ces loix municipales, par cela seul qu'une terre est décorée du titre de baronnie, le seigneur peut la clorre de murs, de tours & de ponts-levis. Chopin, sur l'article 47 de la coutume d'Anjou, & Loyseau, *des seigneuries*, chapitre 7, nombre 73, disent la même chose; ils conseillent seulement, par prudence, de se munir préalablement d'une permission du Roi.

Les rédacteurs de ces coutumes n'ont fait que de se conformer à la jurisprudence des arrêts, rendus jusqu'alors sur ces matières. Il y en a un sur-tout du 21 juillet 1490, qui est très-précis.

Par cet arrêt le parlement de Paris a maintenu le chapitre de Dorat dans le droit de se dire seigneur châtelain de cette ville; de la tenir *remparée de toutes fortifications, de bailler congé à ses vassaux & sujets, de fortifier & édifier places fortes en sa terre & justice; d'avoir la garde des clefs des portes de la ville & des tours; & droit d'instituer capitaine en temps périlleux* (2).

On pourroit douter, d'après cela, si les réglemens & les décisions qui adjugent au Roi la propriété des fortifications des villes, peuvent s'appliquer aux villes seigneuriales. Mais l'édit du mois d'août 1709, a prévenu cette difficulté. Louis XIV avoit établi en 1708 des inspecteurs & conservateurs généraux des domaines, pour enregistrer les titres de propriété de tous ceux, qui possédoient des biens doma-

(1) Recueil des ordonnances du Louvre, tom. V, pag. 15 & 692; tom. VII, p. 328; tom. VIII, p. 258.

(2) Chopin, sur l'article 46 de la coutume d'Anjou, nombre 15.

niaux; par l'édit dont nous parlons, il a mis au nombre des personnes soumises à la nécessité de cet enregistrement, les possesseurs des places qui avoient servi aux fossés, remparts & fortifications, tant anciennes que nouvelles, des villes du royaume, & de l'espace étant au dedans de ces villes, près de leurs murs, jusqu'à concurrence de neuf pieds, soit que ces villes appartinssent au Roi, *ou à des seigneurs particuliers.*

Voilà donc l'ancienne jurisprudence renversée! voilà les droits d'usage, d'inspection, de police que nos Rois s'étoient précédemment réservés sur les fortifications des villes seigneuriales, convertis en droit de propriété foncière! Mais non, les loix bursales, que le malheur des temps a arrachées à l'ame paternelle de Louis XIV, ne s'exécutent pas; & les magistrats s'en écartent tous les jours pour conserver les droits légitimes des seigneurs particuliers.

C'est ce que justifient notamment trois arrêts récens.

Le premier, rendu le 15 mai 1770, au rapport de M. Pasquier, conseiller à la grand'chambre du parlement de Paris, a maintenu M. le duc de Noailles, baron de Malemon, &, en cette qualité, seigneur haut-justicier de la ville de Brive, dans le droit & la possession, que lui contestoient les consuls & échevins, de disposer seul des places vagues dépendantes des murs, fossés & remparts de cette ville. L'affaire avoit d'abord été portée au conseil du Roi; &, ce qu'il faut bien remarquer, l'inspecteur-général du domaine y étoit convenu en termes exprès, que, *dans la jurisprudence même du conseil*, la propriété universelle des anciens fossés & remparts de toutes les villes du royaume, étoit restreinte aux seules villes domaniales.

Un second arrêt a été rendu à la troisième chambre des enquêtes du même tribunal, entre M. le marquis de Courtanvaux, & les maire & échevins de la ville de Tonnerre.

Les maire & échevins contestoient à leur seigneur la propriété des murs & des fossés de cette ville, sur le double motif que, de temps immémorial, les habitans avoient seuls supporté les dépenses nécessaires pour l'entretien des murs & des portes, ce qui étoit prouvé; & que d'ailleurs au Roi seul appartenoient les fortifications de toutes les villes du Royaume.

M. le marquis de Courtanvaux leur répondoit que ne prétendant pas se faire adjuger la propriété des objets litigieux, ils étoient nonrecevables à la lui contester; que dès-là, c'étoit bien inutilement qu'ils se prévaloient de leur possession d'entretenir & réparer, soit les murs, soit les portes de la ville; que cette propriété étoit assurée aux seigneurs hauts-justiciers par le droit commun & la jurisprudence des arrêts; qu'enfin les réglemens qu'on lui opposoit devoient être restreints aux villes du domaine du Roi.

Ces moyens ont prévalu; & le 22 août 1776, il est intervenu arrêt, au rapport de M. Choard, en faveur de M. le marquis de Courtanvaux. Les habitans de Tonnerre se sont pourvus en cassation; mais vaine tentative; le conseil a rejeté leur requête.

La même chose a encore été jugée depuis à la table de marbre au souverain, en faveur de la dame Thierry, appellante d'une sentence du bureau des finances d'Orléans, contre M. le procureur-général, qui a lui-même passé condamnation.

Nous devons ces arrêts au savant & judicieux auteur du *Traité des Fiefs de Dumoulin, analysé & conféré avec les autres feudistes.* Nous les avons extraits d'une consultation qu'il a faite depuis peu pour M. l'évêque de Tulles.

Page 312, colonne 1, ligne 16, *au lieu de* quels seigneurs, *lisez* que les seigneurs.

www.ingramcontent.com/pod-product-compliance
Lightning Source LLC
Chambersburg PA
CBHW031441210326
41599CB00016B/2070

* 9 7 8 2 0 1 2 6 2 9 3 4 9 *